Vue de l'ouest. Paris, ville monumentale, s'est construite autour de grands axes : ici, la Seine et la perspective qui unit le Trocadéro au Champ-de-Mars.

La Pyramide du Louvre. Scandale hier, évidence aujourd'hui… L'architecture imaginée par Pei a donné un nouveau souffle au plus grand musée du monde.

Le Printemps. Sous la coupole Art nouveau (1924) de ce temple de la mode défilent, au plus fort des soldes, 150 000 personnes en une seule journée.

Le musée d'Orsay. Pour les impressionnistes, Van Gogh et Gauguin,
un fabuleux écrin : une ancienne gare 1900 imperturbable au temps qui passe...

L'Institut du Monde Arabe. Une façade ? Un immense moucharabieh vivant !
L'ouverture de ses 30 000 diaphragmes varie avec les humeurs du soleil.

Montmartre. Cet authentique village, repaire historique de la bohème, conserve intact, pour ses cinq millions de visiteurs annuels, son pouvoir d'attraction.

GEOGUIDE

Paris
2008/2009

Aurélia Bollé
Tiphaine Cariou
Odile George
Emmanuelle Paroissien
Sandrine Pereira

Virginia Rigot-Muller
Isabelle Vatan
Martin Angel
Antoine Besse
Sébastien Demorand
David Fauquemberg

Bertrand Lemoine
Patrick Mandon
Vincent Noyoux
Nicolas Schœner
Laurent Vaultier
Antide Viand

GEOGuide France

Alsace
Bordelais Landes
Bretagne Nord
Bretagne Sud
Charente-Maritime
et Vendée
Corse
Côte d'Azur
Guadeloupe
Languedoc-
Roussillon

Martinique
Normandie
Paris
Pays basque
Périgord Quercy
et Agenais
Provence
Pyrénées
Réunion
Tahiti Polynésie
française

GEOGuide Étranger

Andalousie
Argentine
Athènes et
les îles grecques
Belgique
Crète
Croatie
Cuba
Égypte
Espagne, côte est
Irlande
Italie du Nord
Italie du Sud

Londres
Maroc
Île Maurice
Mexique
Pays basque
Portugal
Québec
Rome
Sicile
Toscane Ombrie
Tunisie
Venise

Avis aux GEOVoyageurs

*Entre l'enquête faite sur le terrain et la parution du guide, les établissements proposés
peuvent avoir disparu et certaines informations peuvent avoir été modifiées : suggérez-
nous vos corrections ou vos commentaires (**Boîte aux lettres** en fin de volume).*

GEO**DOCS**

GEO**CARTO**

★ Incontournable touristique
de la destination, cf. carte couleur
en page de garde
☆ À ne pas manquer dans le quartier
☺ Coup de cœur de l'auteur

Trois jours à Paris

Le temps d'un week-end à Paris, découvrez toute la richesse culturelle de la capitale, du Louvre à Montmartre, de Saint-Germain aux Champs-Élysées. Entrez dans les boutiques tendance du Marais ou rêvez devant les vitrines de l'avenue Montaigne ; attablez-vous dans un bar à vin ou un café littéraire ; attardez-vous, si vous le souhaitez, dans l'un des musées qui ponctuent ce parcours. Enfin, n'oubliez pas de réserver bonnes tables et places de spectacle... Le tout sur un rythme effréné : à la parisienne !

VENDREDI

Découvrez les quartiers anciens des 1er, 2e, 3e et 4e ardt

Matinée Du Louvre à Beaubourg
9h Café Marly p. 523 Être plus près du Louvre ? Impossible ! 93, rue de Rivoli M° Palais Royal
9h30 Du Palais-Royal... p. 156 Traversez le jardin du Palais-Royal, puis la place des Victoires et prenez les rues Étienne-Marcel, Montmartre et du Jour. Admirez l'église Saint-Eustache (p. 184). M° Étienne Marcel
10h15... Aux Halles p. 184 Pause shopping. À l'est, la fontaine des Innocents, joyau Renaissance. M° Châtelet, Les Halles
11h15 Centre Pompidou p. 190 Arrivée par les rues Berger et Aubry-le-Boucher, appréciez l'architecture du Centre et la fontaine Stravinsky, au sud. M° Rambuteau
12h15 Les Enfants-Rouges p. 620 Goûter une cuisine faussement mémère dans une ambiance faussement pépère ? Certes, mais les vins sont vraiment superbes ! Rés. conseillée. 9, rue de Beauce À proximité, le marché du même nom, accessible par les rues du Temple et Pastourelle (p. 198). M° Temple

Après-midi Du Marais médiéval à Saint-Michel
13h30 Le Marais p. 196 Déambulez rue Charlot, près de l'hôtel de Rohan, le long des Archives, puis rue des Francs-Bourgeois (p. 207) pour ses hôtels particuliers et ses boutiques. Faites une halte **place des Vosges** (p. 209) et rejoignez la rue Saint-Antoine par le passage de l'hôtel de Sully. Après un crochet par la **place du Marché-Sainte-Catherine**, prenez la rue Pavée, la **rue des Rosiers** (p. 211) et enfin la rue Vieille-du-Temple (p. 203), aux nombreuses galeries et boutiques de créateurs. Traversez la rue de Rivoli et descendez la rue François-Miron (p. 213) jusqu'à la rue des Barres.

Les grands musées du Marais
Le musée Carnavalet, consacré à l'histoire de Paris (p. 205) M° Saint-Paul, le musée Picasso (p. 204) M° Saint-Sébastien Froissart, le musée d'Art et d'Histoire du judaïsme (p. 200) M° Rambuteau

15h L'Ébouillanté Pause-café juste en face de Saint-Gervais-Saint-Protais, à deux pas de Notre-Dame... mais si loin de Paris. 6, rue des Barres M° Hôtel de Ville
15h45 Hôtel de Ville et Châtelet p. 183 Longez la façade de l'Hôtel de Ville, puis, par l'avenue Victoria, rejoignez la place du Châtelet (p. 181) et ses deux théâtres. M° Hôtel de Ville
Pont au Change Gagnez l'île de la Cité après avoir profité des bouquinistes et oiseleurs du quai de la Mégisserie (p. 182).

16h15 Île de la Cité et Notre-Dame p. *218* Remontez le bd du Palais, puis la rue de Lutèce à gauche, jusqu'au marché aux fleurs, pl. Louis-Lépine. Rendez-vous ensuite sur le parvis de Notre-Dame pour découvrir la cathédrale (p. 223). Faites une pause square Jean-XXIII (p. 227). *M° Cité*

> **Visite de la Conciergerie** p. *220* **et de la Sainte-Chapelle** p. *221* Ne vous privez pas d'une pause place Dauphine et au square du Vert-Galant. *M° Cité, Pont-Neuf Billet jumelé 9€*

17h15 Île Saint-Louis p. *227* Rejoignez l'île par le pont Saint-Louis pour profiter d'une charmante vue. Promenade sur les quais et dégustation d'une glace Berthillon *31, rue Saint-Louis-en-l'Île.* **Pont au Double** Gagnez la Rive gauche.
18h Quartier Saint-Michel p. *233* Saint-Julien-le-Pauvre (p. 235) ; admirez Saint-Séverin (p. 234) avant d'atteindre la rue de la Huchette. *M° Saint-Michel*

Soirée 5e ardt : le Quartier latin
18h45 Théâtre de la Huchette p. *579* Assistez à une représentation de *La Cantatrice chauve*, à l'affiche depuis 1957. Rés. conseillée. *23, rue de la Huchette*
20h30 Fogon Saint-Julien p. *630* Dîner de tapas chic et choc dans un décor léché : c'est presque Barcelone. Rés. vivement conseillée. *45, quai des Grands-Augustins* Flânez rue de l'Hirondelle et rue Gît-le-Cœur à partir de la place Saint-Michel. *M° Saint-Michel*
22h15 Petit Journal Saint-Michel p. *580* Remontez le boulevard pour une soirée jazz en passant devant la Sorbonne et le Panthéon. *71, bd Saint-Michel RER Luxembourg* **Borne taxi** *Luxembourg et Panthéon*

> **SAMEDI**

Découvrez le Paris populaire des 11e, 20e et 18e ardt

Matinée Le 11e ardt, de la place de la Bastille à la place d'Aligre.
9h Café des Phares Petit déjeuner dans le "premier café-philo" de Paris. *7, pl. de la Bastille M° Bastille*
9h30 Bastille p. *412* Attardez-vous sur le marché de la création, bd Richard-Lenoir, et dans les cours et passages du faubourg Saint-Antoine – celui du Cheval-Blanc, notamment.
10h30 Rues de Charonne et Keller p. *505* Boutiques tendance.
11h30 Place et rue d'Aligre p. *425* Marché d'Aligre.
12h15 Le Baron Bouge p. *558* Déjeunez d'une assiette de charcuterie dans un bar à vins fameux. *1, rue Théophile-Roussel M° Ledru-Rollin*

Après-midi Du 20e au 18e ardt
Bus 69 dir. "Gambetta" De l'arrêt "Bastille", près de l'Opéra, à "Roquette-Père-Lachaise".
14h Cimetière du Père-Lachaise p. *407* Promenade parmi les tombes de personnages célèbres, sans oublier le mur des Fédérés. *M° Père-Lachaise*
Métro ligne 2 dir. "Porte Dauphine" De "Père-Lachaise" à "Anvers".
16h45 Square Louise-Michel p. *368* Jetez un coup d'œil à l'exposition en cours à la halle Saint-Pierre, rue Ronsard, puis remontez la rue Paul-Albert.
17h L'Été en Pente douce Un café en terrasse dans un Montmartre de carte postale. *23, rue Muller M° Château Rouge* Gravissez la rue Maurice-Utrillo pour atteindre les hauteurs de la Butte.

> **Funiculaire de Montmartre** Attention à l'attente ! *M° Anvers Place Suzanne-Valadon*

17h30 Sacré-Cœur *p. 367* Cliché
parisien et vue unique sur la ville.
**17h45 Promenade
montmartroise** *pp. 364-371*
Gagnez la place du Tertre *via* la rue
du Chevalier-de-la-Barre, puis la rue des
Saules par la ruelle Saint-Rustique.
Du Lapin agile et des vignes de
Montmartre, revenez sur vos pas pour
prendre la bucolique rue de l'Abreuvoir
et l'allée des Brouillards. Remontez
la bourgeoise avenue Junot jusqu'à
la place Marcel-Aymé. Puis descendez
la rue Lepic pour longer le domaine
du Moulin de la Galette.
18h15 Quartier des Abbesses
Shopping tendance rue des Abbesses.
M° Abbesses

Soirée Le 18e ardt
19h L'Entracte *p. 678* Le kitsch
montmartrois du décor, la gouaille
de l'accueil, la popote qui bistrote :
une vieille et belle gloire. Rés.
conseillée. *44, rue d'Orsel M° Anvers*
21h Tournée des bars
Des Abbesses à Pigalle, bien sûr !
● **Chez Hammad** *p. 543* Le Vieux
Montmartre bouge encore ! *18, rue
Véron M° Abbesses Lun.-sam. 12h-2h*
● **La Fourmi** *p. 544* Hype et sympa.
*74, rue des Martyrs M° Pigalle
Dim.-jeu. 8h30-2h, ven.-sam. jusqu'à 4h*
● **Le Couloir** *p. 590* Passez-y vers 4h
pour sa faune. *108, bd Rochechouart
M° Pigalle Mar.-sam. 22h-6h*
Borne taxi *Pigalle*

Cabarets et boîtes de nuit
La Loco, Le Moulin-Rouge, le Théâtre
de Dix-Heures, Le Divan du Monde,
La Cigale, L'Élysée Montmartre, etc.
se succèdent sur les bds de Clichy
et de Rochechouart. Pour les
concerts et spectacles, réservez !

DIMANCHE

**Découvrez les grands ensembles
architecturaux de Paris : 8er, 1er, 6e,
7e et 16e ardt**

Matinée Du 8e au 1er ardt
10h La Brasserie du Drugstore
p. 639 Pour voir passer la vie des
Champs. *133, av. des Champs-Élysées
M° Charles de Gaulle-Étoile*
10h30 Arc de triomphe *p. 351*
284 marches pour accéder à la
terrasse (payant). Vue magistrale sur la
voie triomphale et l'arche de la
Défense. *M° Charles de Gaulle-Étoile*
11h Champs-Élysées *p. 342*
Le chic parisien au fil des vitrines
chamarrées d'enseignes renommées
(boutiques ouvertes, pour la plupart,
le dimanche).

Le triangle d'or *p. 346* Le Paris du
luxe autour de l'avenue Montaigne
M° Franklin D. Roosevelt
Les trois palais *p. 342* Les
galeries nationales du Grand Palais
accueillent des expositions et
manifestations d'envergure,
le Petit Palais abrite le musée
des Beaux-Arts de Paris. Enfin,
le palais de la Découverte propose
une approche didactique
des sciences. *M° Champs-Élysées
Clemenceau*

12h Place de la Concorde *p. 343*
L'obélisque, le Crillon, la vue sur
les Champs et le Palais-Bourbon.
M° Concorde

Le temps d'un crochet...
Les fastes des places Vendôme
(p. 162) et de l'Opéra (p. 1646 !
M° Concorde, Opéra

12h15 Jardin des Tuileries *p. 152*
Un musée à ciel ouvert jusqu'à l'arc
du Carrousel. *M° Tuileries*

12h45 Louvre *p. 114* Admirez la cour Napoléon pour la Pyramide de Pei et la cour Carrée pour l'architecture de l'ancien palais royal. *M° Palais Royal*

13h Saint-Germain-l'Auxerrois *p. 182* En sortant de la cour Carrée, attardez-vous sur la façade gothique de l'ancienne paroisse des rois. Si vous êtes en avance, profitez de son carillon à 12h45. *M° Louvre-Rivoli*

Pont des Arts *p. 265* Traversée de la Seine avec vue sur le Pont-Neuf. Rive gauche, jetez un coup d'œil sur l'École des beaux-arts (p. 263). Prenez le passage à droite de la chapelle sur la place de l'Institut (p. 265) et passez devant l'hôtel de la Monnaie (p. 266).

Musée d'Orsay *p. 292*
Fabuleuse collection d'œuvres d'art du xixe siècle, dont les fameux tableaux impressionnistes.
M° Solferino RER Musée d'Orsay

13h15 Fish, la Boissonnerie *p. 630* Vins au verre et assiettes gourmandes. Rés. conseillée. *69, rue de Seine M° Mabillon*

Après-midi Du 6e au 7e ardt

14h Quartier Saint-Germain *p. 260* Prenez la rue de Seine, en direction de Mabillon et du bd Saint-Germain, puis la rue de Buci. Faites un détour par la place de Furstemberg (p. 262). Ralliez l'église Saint-Germain-des-Prés (p. 261). *M° Saint-Germain-des-Prés*

15h Café de Flore *p. 537* Pause dans un haut lieu du Paris littéraire. *172, bd Saint-Germain M° Saint-Germain-des-Prés* Remontez ensuite la rue du Dragon et à gauche devant le théâtre du Vieux-Colombier. *M° Saint-Sulpice*

15h30 Quartier Saint-Sulpice *p. 267* De l'église Saint-Sulpice, prenez la rue Garancière et longez le palais du Luxembourg à gauche.

16h15 Jardin du Luxembourg *p. 273* Entrez dans le jardin par la place Paul-Claudel. Allez admirer la fontaine Médicis et faites le tour du bassin, sans perdre les statues de vue. *M° Odéon RER Luxembourg*

Les cinémas d'art et essai du Quartier latin *p. 579*
Pensez-y s'il pleut !
Action École *23, rue des Écoles*
Le Champollion *51, rue des Écoles*
Reflet Médicis *3, rue Champollion*
Accattone *20, rue Cujas*
M° Cluny Sorbonne

Bus 82 dir. Neuilly Arrêt "Guynemer-Vavin" jusqu'à l'arrêt "École militaire".

Soirée Le 7e ardt, avec une incursion dans le 16e ardt

17h30 Tour Eiffel *p. 315* Si vous voulez y monter (en payant), attention à l'attente ! Sinon, flânez sur le Champ-de-Mars jusqu'à l'École militaire (p. 313). *M° Champ de Mars-Tour Eiffel RER Champ de Mars*

19h Jardins du Trocadéro *p. 323* Franchissez le pont d'Iéna pour gagner les jardins. Barbe à papa à déguster dans les allées. Rejoignez ensuite la place du Trocadéro. *M° Trocadéro*

20h Tokyo Eat *p. 669* Descendez l'avenue du Président-Wilson pour aller dîner dans le cadre singulier du palais de Tokyo. Rés. indispensable. *13, av. du Président-Wilson M° Iéna* Retraversez la Seine.

21h45 Bateau-mouche *p. 109* Pour un panorama nocturne de la capitale. *Départ 22h près de la tour Eiffel Quai de la Bourdonnais*

23h La tour Eiffel illuminée Vue sur la Bergère de Paris, qui scintille toutes les heures, à partir du palais de Chaillot (p. 324). *M° Trocadéro*

Borne taxi *Trocadéro*

Trois nuits à Paris

Guronsan, vitamine C, aspirine et une solide carte de crédit. Vous voilà prêt à partir en virée dans la capitale pour ne revenir qu'au lever du jour, vous écrouler comme une bûche dans votre lit douillet, fourbu(e) mais heureux(se). Pour vous épuiser, voici trois parcours bien distincts pour croiser, discuter, danser (et plus si affinités) avec les trois grandes familles de noctambules qui hantent la nuit parisienne.

NUIT "FLAMBE"

Une rasade de people, une pincée de fringues de marque, pas mal de gel et un portefeuille garni, voilà grosso modo la recette de la nuit fric et chic de la capitale. Tout cela se mitonne entre Madeleine et les Champs : au moins vous économiserez sur les taxis. Tenue correcte exigée.

19h Bar du Raphaël p. 541 Apéritif avec vue unique sur Paris, le couchant inspirant des phrases immortelles comme : "Qu'est-ce qu'on boit ?" *Ouvert lun.-ven. 10h-1h, sam.-dim. 10h-23h 17, av. Kléber 75016 M° Kléber*
20h Les Ambassadeurs p. 644 Pour un dîner... exceptionnel dans un cadre... exceptionnel ! *Fermé dim. et lun. midi Hôtel Crillon 10, pl. de la Concorde 75008 M° Concorde*
21h30 Bar Hemingway du Ritz p. 523 Faites-vous servir un digestif par un barman incollable sur les questions de spiritueux. *Ouvert mar.-sam. 18h30-2h 15, place Vendôme 75001 M° Concorde*
22h30 Le Cab' p. 572 Pour son décor signé du (toujours) jeune prodige Ora Ito et sa musique plutôt *house. Ouvert lun.-sam. 23h30-5h 2, place du Palais-Royal 75001 M° Palais Royal*
0h Mandala Ray p. 587 Jetez-y un œil lors des soirées *house* du vendredi, riches en créatures se croisant dans la pénombre des soirées Dentelles de Luxe. *Ouvert tlj. 18h-2h 32, rue Marbeuf 75008 M° Franklin D. Roosevelt*
2h VIP Room p. 587 Pour croiser Jean-Roch avec son thé et quelques semi-célébrités se trémoussant avec leur coupe. *Ouvert dim.-jeu. 0h-4h30, ven.-sam. 0h-5h30 76, av. des Champs-Élysées 75008 Noctilien N01, 02, 11 et 24, arrêt Champs-Élysées*
5h Mathis Bar p. 586 Le soleil se lève ? Vite, resserrez votre cravate et allez vous réfugier dans ce minuscule bar, pour y retrouver quelques stars dans le même état que vous. *Ouvert lun.-sam. à partir de 22h 3, rue de Ponthieu 75008 Noctilien N01, 02, 11 et 24, arrêt Champs-Élysées*
Borne taxi *Rond-point des Champs-Élysées*

NUIT "ARTY"

L'artiste parisien d'avant-garde (ou assimilé) ne sort jamais le week-end. Trop de monde. Mais comme il n'y a pas grand-chose avant le mardi, il sort finalement le mercredi et le jeudi. Côté look, la frontière est ténue entre le ringard importable et le *über-hype* qui tue, à vous de voir.

19h Point FMR p. 592 Démarrez l'apéritif après être passé à l'Espace Beaurepaire. Avec un peu de chance, vous croiserez la fine fleur des artistes parigots et vous pourrez aller à un vernissage pour un verre gratuit ! *Ouvert lun.-sam. 20-2h (5h pour* certaines soirées) 190, quai de Valmy 75010 M° Louis Blanc

20h Ploum p. 649 Dîner d'inspiration néo-japono-française dans un décor de verre et de béton. Fermé dim. et lun. 20, rue Alibert 75010 M° Goncourt

21h30 Tokyo Self p. 541 Visite jusqu'à minuit des expositions les plus pointues. Prenez un verre au Tokyo Idem pour vous remettre. Ouvert mar.-dim. 12h-23h30 13, av. du Président-Wilson 75016 M° Iéna

23h Le Pop In p. 556 Débutez la nuit en écoutant dans une cave surchauffée les petits groupes montants. Ouvert mar.-dim. 18h30-2h 105, rue Amelot 75011 M° Filles du Calvaire

0h Le Triptyque p. 573 Le jeudi après les concerts, c'est clubbing, c'est éclectique et c'est souvent gratuit. Pourquoi se priver ? Ouvert lun.-mer. 20h30-2h et jeu.-sam. 23h30-5h 142, rue Montmartre 75002 M° Bourse

2h Le Nouveau Casino p. 594 Ce détour s'impose pour le décor inquiétant et ses excellents sets électros. Clubbing jeu.-sam. 0h-5h 109, rue Oberkampf 75011 Noctilien N01, 02, 12 et 23, arrêt République

5h Le Zorba p. 552 Si vous n'avez pas envie de vous coucher, passez donc à ce bar qui ouvre tout juste, pour un contact avec la vraie vie de Belleville. Ouvert tlj. 5h-2h 137, rue du Faubourg-du-Temple 75010 Noctilien N01, 02, 12 et 23, arrêt République **Borne taxi** Pyrénées / Belleville

NUIT "DÉCALÉE"

Le jour on ne fait que croiser les gens, la nuit on les rencontre. Voici un parcours mélangeant les genres. Victimes de la mode, vieillards fringants, transsexuels fatigués, stars décalquées.

Histoire de dire que non, vraiment, Paris ne va pas mourir d'ennui.

19h Le Rosso p. 555 On va glaner des plans autour d'un cocktail. Ouvert tlj. 17h-2h 4bis, rue Neuve-Popincourt 75011 M° Parmentier

20h30 Le Réfectoire p. 652 Dîner dans une vraie-fausse cantoche à l'ambiance survoltée. Ouvert tlj. 80, bd Richard-Lenoir 75011 M° Saint-Ambroise

22h Le P'tit Bar p. 556 Un petit détour chez Mme Paulot, pour écouter des cassettes avec quelques punks alternatifs. Ouvert tlj. 11h-2h 8, rue Richard-Lenoir 75011 M° Charonne

23h Le Baron p. 587 Pour danser sur de vieux hits dans un décor années 1970 de Madame Claude. Arrivez tôt (avant minuit), sinon vous ne pourrez pas rentrer : trop de mannequins et de stars qui dansent. Ouvert tlj. 22h-6h 6, av. Marceau 75008 M° Alma-Marceau

2h Don Carlos p. 583 Écoutez les guitares manouches. Ouvert lun.-sam. 21h-5h 66, rue Mazarine 75006 Noctilien N01, 02, 12, 13, 61, 121, arrêt Saint-Germain-des-Prés

5h Aux noctambules p. 590 Ne manquez pas les dernières chansons du récital de l'incroyable et incarnat Pierre Carré. Ouvert lun.-sam. jusqu'à 5h 24, bd de Clichy 75018 Noctilien N01, 02, 15, 51, arrêt Place de Clichy

6h Le Tambour p. 577 Une entrecôte sur les coups de 6h avec quelques arsouilles qui tombent dans leurs (vos ?) frites. Ouvert tlj. 18h-6h 41, rue Montmartre 75002 M° Étienne Marcel

7h30 Chez Carmen p. 575 Pour partager, jusqu'à 9h en semaine ou midi le week-end, le zinc avec quelques créatures à l'identité sexuelle floue. Pour les infatigables. Vérifiez que vous avez de la monnaie pour le juke-box. Ouvert dim.-jeu. 18h-9h, ven.-sam. 0h-12h 53, rue Vivienne 75002 M° Grands Boulevards **Borne taxi** Richelieu-Drouot

Une journée au Louvre

Face à l'un des plus grands trésors de l'humanité, comment éviter le cauchemar d'une visite marathon ou frustrante ? Tel est l'enjeu de notre proposition : prendre vos quartiers dans le Louvre pour une journée et en vivre le rêve ! Notre parcours doit vous permettre de profiter au mieux des collections et de la mosaïque d'ambiances du palais... Préférez donc les mercredis et vendredis où le musée est ouvert en nocturne : de 9h à 22h, surprenez à leur réveil les saisissants témoins des civilisations disparues, voyez les stars des lieux parader sous les spotlights du soleil de midi et jouez la carte de la légèreté dans les salles désertées le soir !

CONSEILS PRATIQUES Pour éviter toute attente, achetez votre billet à l'avance (FNAC, Internet). Le ticket, valable une journée, permet d'entrer et de sortir à sa guise (accès coupe-file passage Richelieu). Sous la Pyramide, procurez-vous un plan et informez-vous des salles pouvant être fermées. Notre proposition d'horaires est indicative...

MATINÉE

L'aube des civilisations au Louvre ! Petit-déjeunez face à la Pyramide de Pei comme sur le plateau de Guizeh, enfoncez-vous dans les entrailles du Louvre médiéval, remontez aux sources de l'Occident parmi les chefs-d'œuvre des civilisations du Levant et vivez des instants d'éternité avec l'Égypte des pharaons !

8h30 Café Marly p. 523 Pour un petit déjeuner pharaonique... M° Palais Royal-Musée du Louvre

9h10 Le Louvre médiéval p. 122 Un parcours en forme de rêve éveillé dans les douves de la forteresse du XIIᵉ s. Sully, entresol

9h45 Antiquités orientales p. 129 Pour les cônes couverts de cunéiforme (salle 1) ; le Code Hammurabi, 1ᵉʳ texte de droit écrit (s. 3) ; une déambulation hallucinante entre les vestiges des palais de Sargon II (s. 4) et de Darius

(s. 12-16) ; la Statue d'Aïn Ghazal, aînée du musée (s. D). Richelieu, rdc

10h45 L'Égypte pharaonique, circuit thématique p. 123 Tout le quotidien des Égyptiens, avant et... après la mort ! Sully, rdc, s. 1-19

12h L'Égypte pharaonique, circuit chronologique p. 124 Pour l'intemporel Scribe "accroupi" (s. 22) et le sublime visage d'Aménophis IV (s. 25). Sully, 1ᵉʳ étage, s. 20-30

La ville-Louvre
15km d'enfilades, 16ha au sol, 300 salles, des ouvertures magnifiques sur la Seine et la Voie triomphale... À arpenter de long en large !

12h30 L'Égypte romaine p. 125 Pour la jeunesse éternelle des Portraits du Fayoum. Denon, entresol, s. A

12h45 Déjeuner Prévoyez un sandwich, à déguster dans la cour Carrée, la plus magique du palais.

APRÈS-MIDI

Le Louvre incandescent ! Dans les plus belles salles du palais, l'histoire de l'art à ses zéniths : statuaire antique, Renaissance italienne et peinture française.

14h Grèce préclassique p. 126 Pour les émouvantes idoles de l'âge du bronze (s. 1). Denon, entresol

14h10 Antiquités grecques, étrusques et romaines *p. 125*
Pour la forêt de marbres de la salle des Cariatides (*s. 17*) ; la starisée *Vénus de Milo* (*s. 12 et s.74, Sully, 1er étage*) ; l'art du réalisme romain (*s. 22-25*) ; les chefs-d'œuvre méconnus de la civilisation étrusque (*s. 18-20*) ; le mouvement pétrifié du *Gladiateur Borghèse* (*s. B*) et de la *Victoire de Samothrace* (*esc. Daru*). *Denon, rdc*

15h40 Sculptures italiennes *p. 145*
Pour les *Esclaves* de Michel-Ange et *Psyché ranimée par le baiser de l'Amour* de Canova. *Denon, rdc*

16h Peintures italiennes *p. 137*
Pour les fresques de Botticelli (*s. 1*) ; les primitifs Cimabue et Giotto, inventeurs de la peinture moderne (*s. 3*) ; la réunion unique des grands maîtres de la Renaissance, de Fra Angelico à Raphaël (*s. 3-5*) ; l'ineffable *Joconde* de Vinci et l'explosion de couleurs des *Noces de Cana* de Véronèse (*s. 6*). *Denon, 1er étage*

> **Le Louvre côté jardin**
> Le jardin des Tuileries (*p. 153*) est une réplique végétale du palais : chambres de verdure et contre-allées romantiques.

17h10 Galerie d'Apollon *p. 148*
Un Louvre solaire dû à Louis XIV, avec les diamants de la Couronne. *Denon, 1er étage, s. 66*

17h30 Peintures françaises grands formats *p. 136* Pour tous ses morceaux de bravoure : *La Mort de Sardanapale* de Delacroix, la *Grande Odalisque* d'Ingres, *Le Radeau de la Méduse* de Géricault et le *Sacre de Napoléon Ier* par David. *Denon, 1er étage, s. 75-77*

18h Café Richelieu Pause goûter pour sa terrasse ensoleillée en fin d'après-midi. *Richelieu, 1er étage, accès salle A*

> **SOIRÉE**

Le Louvre frivole ! Volupté des appartements Second Empire, badinages bien en chair avec la peinture d'Europe du Nord et libertinage en peinture française, le tout baigné par la lumière dorée du couchant dans des salles ornées de plafonds ajourés !

19h Appartements de Napoléon III *p. 148* Pour leurs délicieux velours cramoisis. *Richelieu, 1er étage, s. 91-82*

19h20 Peinture des écoles du Nord *p. 139* Pour la *Vierge du chancelier Rolin* de Van Eyck dont la perfection ravit les sens (*s. 4*) ; le chardon tenu par Dürer dans son *Autoportrait*, clin d'œil à sa fiancée (*s. 8*) ; la vue sur les lucarnes secrètes de la rue de Rivoli depuis les soupentes (*s. 8-10*) ; les glorieuses rondeurs de Rubens (*s. 17-21*) et de Rembrandt (*s. 31*) ; la peau de nacre de *La Dentellière* de Vermeer (*s. 38*). *Richelieu, 2e étage*

20h10 Peintures françaises *p. 132* Pour le pincement de sein le plus célèbre au monde (*s. 10*) ; le désir en furie de *L'Enlèvement des Sabines* de Poussin (*s. 14*) ; la sensualité mystique de la *Madeleine* de La Tour (*s. 28*) ; la très impudique *Odalisque* de Boucher (*s. 40*) ; la salle 42 lovée dans la colonnade de Perrault ; le vent de passion du *Verrou* de Fragonard (*s. 48*) ; la torpeur du *Bain turc* d'Ingres (*s. 60*). *Richelieu, 2e étage*

21h20 Cours Puget et Marly *pp. 142-143* Deux joyaux architecturaux encore plus ensorcelants la nuit venue. *Richelieu, rdc*

> **Et la prochaine fois...**
> Arts d'Islam, peintures espagnole et anglaise, Arts "premiers", objets d'art, sculptures médiévales, bronzes et céramique antiques...

Le Paris du promeneur

Parader sur les Champs-Élysées comme un régiment au complet, baguenauder dans les Tuileries comme un gentilhomme du XVIIIe siècle, *to stroll* **sur les Grands Boulevards comme les Américains d'avant-guerre... Paris se découvre, se vit à pied ! Mais ne vous arrêtez pas à sa surface : entre les lignes – ces droites artères qui abolissent les distances entre les monuments –, tout un monde caché reste à explorer. Osez, entrez, perdez-vous dans les quartiers qui font la chair de Paris !**

AU CŒUR DU VIEUX PARIS

Derrière la scène des grandes artères percées par Haussmann, un Paris d'un autre âge, fait de ruelles au tracé nonchalant, de pavés usés, de devantures anciennes et, la nuit venue, de réverbères perdus dans l'obscurité...

● **Le Marais** Le fief de l'aristocratie au Grand Siècle dessine la plus élégante des symphonies de vieilles pierres : porches ouvragés, arcades royales et jardins ombragés... p. 196
● **L'Île Saint-Louis** Entre les ramures aériennes de ses platanes et la pierre dorée de ses hôtels particuliers, ses quais sont souvent baignés d'une brume légère qui fait une lumière délicieuse... p. 227

Paris insolite Trois promenades pas piquées des hannetons : disparaître dans les Catacombes (p. 459) ; se promener sous les rues de Paris dans les égouts (p. 319) ; louvoyer sur les marges de la ville à la découverte de ses anciens chemins de ronde et de la Petite Ceinture, cette voie de chemin de fer semi-enterrée et désaffectée, où la faune et la flore sauvages ont repris leurs droits... Le guide de cette randonnée est disponible à l'office de tourisme. **OT de Paris** *25, rue des Pyramides 75001 Tél. 0892 68 3000*

Paris à rollers Les randonnées à rollers sont devenues une institution. Si vous n'êtes pas très sûr de vous, préférez la balade du dimanche, familiale, à celle du vendredi soir, très sportive, Assurez-vous auprès de l'association organisatrice de sa tenue effective et de son parcours. **Pari Roller** *Rdv ven. à 21h30 devant l'Hôtel de Ville (M° Hôtel de Ville) Tél. 01 44 36 89 81 www.pari-roller.com* **Rollers coquillages** *Rdv dim. à 14h30 face au 37, bd Bourdon (M° Bastille) Tél. 01 44 54 07 44 www.rollers-coquillages.org*

● **Le Quartier latin** Sur les pentes nord de la montagne Sainte-Geneviève s'étendent les ruelles des premières fois : celles où l'Université a commencé à prospérer au XIIIe siècle, celles où les étudiants n'ont pas cessé de chahuter... p. 229
● **Saint-Germain-des-Prés** Entre le boulevard Saint-Germain et la Seine, un décor inchangé depuis le XVIIIe siècle, domaine historique des écrivains et des artistes, dont maintes plaques de façade perpétuent le souvenir. p. 256
● **Le faubourg Saint-Germain** Dans le quartier des ministères, le ballet des voitures officielles aux vitres teintées a remplacé celui des carrosses aux volets baissés, quand le Paris de l'Ancien Régime y multipliait les manigances et amours éperdues... p. 277

PARIS VILLAGE

Ces anciens faubourgs n'ont pas échappé à la croissance vorace de la ville, mais ils ont su conserver leur indépendance !

● **La rue Mouffetard** Entre le défilé de ses étals de viandes saignantes et de légumes terreux, elle évoque un Paris provincial. *p. 246*
● **La Butte-aux-Cailles** Ses ruelles bordées de maisonnettes et ses cités-jardins d'avant-guerre distillent toujours une ambiance populaire. *p. 442*

Marathon de Paris
Chaque année, le 1er dimanche d'avril, plus de 35 000 coureurs du monde entier se retrouvent sur les Champs-Élysées pour parcourir les fameux 42,195 km à travers la ville. La marée humaine est saisissante et... en laisse beaucoup essorés ! *www.parismarathon.com*

● **Montmartre** Loin de l'agitation touristique de la place du Tertre et de ses abords immédiats, le village des Abbesses et le versant nord de la butte invitent à des flâneries gouailleuses, entre vignes et moulins... *p. 360*
● **Belleville et Ménilmontant** Fiefs ouvriers séculaires, anciens repaires des "apaches", terre d'asile pour tous les migrants, leurs vieilles ruelles déshéritées défient encore la ville de leur hauteur... *p. 397*
● **Passy-Auteuil** Des hameaux en vogue au siècle des Lumières, qui font aujourd'hui figure de ghettos chic dans les beaux quartiers. *p. 329*
● **Les Batignolles** Décrit dans *L'Œuvre* par Zola à l'heure où il offrait aux impressionnistes ses ateliers bon marché, dans *Les 400 coups* par Truffaut qui y grandit en gamin de Paris, ce quartier se concentre autour d'une petite place d'église. *p. 358*

PARIS BUISSONNIER

De-ci de-là, le Paris des arrière-cours, des voies de traverse et des îlots de verdure qui mettent la ville à la campagne !

● **Le canal Saint-Martin** Un écran sous le reflet de vieux marronniers, des pavés cernés de mousse tendre, des écluses et des ponts en dos-d'âne peints d'un même vert : un couloir sauvage en milieu urbain. *p. 382*
● **La Promenade plantée** Le plus haut et le plus luxuriant des trottoirs parisiens : un ancien viaduc ferroviaire transformé en coulée verte. *p. 421*
● **Les passages couverts** Des raccourcis à travers les quartiers de la Rive droite et des icônes du Paris du XIXe siècle. *pp. 161, 170 et 174*
● **La butte Bergeyre et la Mouzaïa** Avant et après la traversée des Buttes-Chaumont, une butte oubliée au cœur de Paris, puis une succession de villas aux jardinets touffus. *p. 388*
● **Autour de Denfert-Rochereau** À quelques encablures de Montparnasse, la commerçante rue Daguerre, puis de bucoliques cités d'artistes. *p. 458*

Et pour les plus courageux...
Trois sentiers de grande randonnée, d'une longueur totale de près de 60 km, traversent Paris. Tout d'abord deux GRP (balisés en jaune et rouge), dont l'un relie le parc de la Villette au parc Montsouris et l'autre, le bois de Vincennes au bois de Boulogne. Et le GR2 (balisé en rouge et blanc), qui longe les quais de Seine du parc de Bercy jusqu'au parc André-Citroën : 15 km particulièrement agréables en été, à la tombée du jour ! Prévoir 4 h de marche.
***Comité de la randonnée pédestre de Paris** 35, rue Piat 75020 Tél. 01 46 36 95 70 www.rando-paris.org*

Paris au fil de l'eau

Les touristes sur les ponts saluent les touristes sur les bateaux-mouches : c'est automatique, en descendant "la plus belle avenue de Paris", on veut se rêver en chef d'État, accueilli en héros ! Pour jouer à la reine d'Angleterre, prévoyez donc le chapeau, le sac à main pour l'appareil photo et, le soir venu, le tailleur en laine pour le dîner à deux aux chandelles. Mais, une fois embarqué, on arrête de rire : Paris se met en Seine et joue son film préféré, magistral, magique, définitif...

NAVETTES FLUVIALES

● **Batobus** *p. 105*
Huit escales à travers la ville (montée et descente libre) à bord de 6 trimarans.
– Rive gauche : tour Eiffel, musée d'Orsay, Institut de France (Saint-Germain-des-Prés), Notre-Dame, Jardin des plantes
– Rive droite : Hôtel de ville, Louvre, pont Alexandre-III (Champs-Élysées) *Mars-jan. : tlj. 10h-21h (10h30-16h30 en basse saison) toutes les 25-30min Tarif demi-boucle 7,50€, forfait 1 jour 11€, réd. 7 et 5€ Tél. 0825 05 01 01 (0,15€ la min) www.batobus.com*

CROISIÈRES COMMENTÉES

● **Vedettes du Pont-Neuf** *p. 227*
Croisières de 1h, de la tour Eiffel à Notre-Dame (*via* île de la Cité et Pont-Neuf). Commentaires en français et en anglais. Bar à bord. *Tlj. 10h-22h30 départ ttes les 30min Tarif 10€, moins de 12 ans 5€* **Square du Vert-Galant** *75001 Tél. 01 46 33 98 38 M° Pont-Neuf www.vedettesdupontneuf.com*
● **Bateaux parisiens** *p. 109, 227*
Promenades de 1h, de la tour Eiffel à l'île de la Cité (commentaires et musique par audioguides). Du ***port de la Bourdonnais*** *(quai Branly) au quai de Montebello. De fin mars à oct. tlj. et ttes les heures, avr.-sept. tlj. et ttes les 30min Tél. 0825 01 01 01 M° Bir-Hakeim www.bateauxparisiens.com*

● **Vedettes de Paris**
Croisières de 1h, depuis la tour Eiffel jusqu'à l'île Saint-Louis. Elle offre, sur quelques croisières seulement, une possibilité d'être déposés à Notre-Dame mais sans possibilité de réembarquer. *De Pâques à oct. : départs ttes les 30min de 10h à 22h De nov. à Pâques : départs ttes les heures de 11h à 18h Tarif adulte 9€, de 4 à 12 ans : 4€* **Port de Suffren** *75007 Tél. 01 47 05 71 29 M° Bir-Hakeim www.vedettesdeparis.com*

DÎNERS CROISIÈRES

● **Vedettes de Paris**
Boucle de la Statue de la Liberté (*via* îles Saint-Louis et de la Cité) à la BnF. Cuisine réalisée sur place avec des produits frais. *Sam. 20h30-23h, embarquement 20h Tarif adulte 89€, enfant 45€ Résa obligatoire au 01 44 18 19 50* **Port de Suffren** *75007 Tél. 01 47 05 71 29 M° Bir-Hakeim www.vedettesdeparis.com*
● **Bateaux parisiens** *p. 109, 227*
Croisières-dîners en musique (chanteuse et orchestre). Boucle de la Statue de la Liberté (*via* les îles) à la BnF. *20h30-23h, embarquement* ***port de la Bourdonnais*** *(quai Branly) 19h45. Menus de 92€ à 135€. Tenue correcte exigée. Tél. 0825 01 01 01 wwwbateauxparisiens.com*
● **Marina de Paris**
Départ du musée d'Orsay, 7 escales prévues. Pas de commentaires mais

une bande son musicale. Tenue correcte exigée. **Déjeuners** *Ven. et dim. 12h30-14h30, embarquement 12h15 Tarif 49€, moins de 12 ans 39€* **Dîners** *Ven. sam. et dim. 18h30-20h, embarquement 18h15 Tarif 39€ ou 59€, moins de 12 ans 39€ ; 21h15-23h15, embarquement 21h Tarif 89€, moins de 12 ans 39€* **Port de Solferino** *75007 Tél. 01 43 43 40 30 M° Solferino, Assemblée Nationale RER Musée d'Orsay* www.marinadeparis.com

CROISIÈRES THÉMATIQUES

● **Vedettes de Paris : "croisière de Bacchus"**
Croisière de la tour Eiffel à l'île Saint-Louis de 1h proposée avec un billet couplé pour le musée du Vin, valable le lendemain. *De Pâques à oct. : départ ttes les 30min De nov. à Pâques : ttes les heures Tarif adulte 13€, de 4 à 12 ans 4€* **Musée du Vin** *M° Passy 5, square Charles Dickens 75016 Tél. 01 45 25 63 26 www.musee duvinparis.com* **Port de Suffren** *75007 Tél. 01 47 05 71 29 M° Bir-Hakeim* www.vedettesdeparis.com
● **Vedettes de Paris : enfants**
Croisières de la tour Eiffel à l'île Saint-

Paris-plage
Du 3e dim. de juillet au 3e dim. d'août, les quais parisiens se transforment en station balnéaire. Sable fin, palmiers, transats et buvettes, terrains de boules et de beach-volley sont ainsi mis à la disposition de tous ceux qui boycottent les côtes ! Et en soirée, spectacles et concerts…
Emplacement *Entre le quai du Louvre et le quai Henri-IV Tlj. 7h-0h M° Pont Neuf, Châtelet, Hôtel de Ville, Sully-Morland Arrêt Batobus Hôtel de Ville* www.paris.fr

Louis de 1h avec commentaires spécialement adaptés aux enfants (3 croisières thématiques au choix). Diplôme de petit matelot, remis après chaque croisière. *Départ mer. et pendant les vacances scolaires 10h30, 14h45 Tarif adulte 9€, de 4 à 12 ans : 4€ Résa obligatoire au 01 44 18 19 50* **Port de Suffren** *75007 Tél. 01 47 05 71 29 M° Bir-Hakeim* www.vedettesdeparis.com

SUR LE CANAL SAINT-MARTIN

● **Paris Canal** *p. 109, 396*
Croisière sur la Seine et le canal Saint-Martin. Du musée d'Orsay (quai Anatole-France) au parc de la Villette (13, quai de Loire). *Tlj. de mi-mars à mi-nov.* **Départ Orsay** *à 9h30, arrivée Villette à 12h15 ou départ Villette à 14h30, arrivée Orsay à 17h Tél. 01 42 40 96 97 www.pariscanal.com Tarif 16€, réduit 13€, enfant 9€*
● **Canauxrama** *p. 109, 392, 416*
Croisière "vieux Paris" de 2h30 entre le **Port de l'Arsenal** (face au 50, bd de la Bastille) et le parc de la Villette (13, quai de Loire), dans l'un ou l'autre sens. Quatre écluses, l'hôtel du Nord, la rotonde de Ledoux, le pont levant de Crimée… *Tlj. 9h45 et 14h30 Tél. 01 42 39 15 00 www.canauxrama.com Tarif 14€, enfants 8€*

CROISIÈRES SUR LA MARNE

● **Canauxrama** *p. 109, 396, 420*
Croisières d'une journée sur les bords de la Marne "pays des guinguettes". Départ **port de l'Arsenal**, puis Bercy, la BnF, Chinagora, écluse Saint-Maurice, île du Moulin-Brûlé, île aux Corbeaux, chez Gégène, le p'tit Robinson… Déjeuner à Joinville-le-Pont (pique-nique ou restaurant). *Avr.-fin oct. et juil.-août : jeu., sam., dim. 9h-17h15 Tél. 01 42 39 15 00 www.canauxrama.com Tarif 34€*

Paris à la carte

PARIS EN AMOUREUX

Ah ! Le Paris côté alcôves, celui des portes cochères, des ruelles secrètes, des musées confidentiels et des jardins aux contre-allées ombragées... Afin que vous ne vous égariez pas trop (ou plus que jamais), voici un petit bréviaire du flirt dans la capitale de l'amour !

EN TÊTE À TÊTE
Un cocktail avec des bulles,
une musique sucrée, vous
et l'élue de votre cœur...

Bars et clubs

Romances à table

Petits nids parisiens

PARIS EN FAMILLE

Après la romance, l'enfance ! Mais Paris sait assumer ses responsabilités
en proposant d'innombrables activités aux plus petits, dans les musées
ou au grand air. Tout pour se forger des souvenirs !

MUSÉES ET VISITES
Trop ennuyeux pour les enfants ?
Paris regorge de super musées,
pour les petits comme les grands !

Le top 5

L'enfance de l'art

ACTIVITÉS
Découvrir les coulisses du cinéma,
regarder un film en 3D, voir des
animaux, monter un poney, faire
une descente en tyrolienne... .

S'amuser au jardin

Zoos et aquariums

Piscine

Cinéma

PARIS RÉVOLUTIONNAIRE

Le vent de la révolution a soufflé sur Paris plus qu'ailleurs : 1789 et ses Droits de l'homme, 1968 et sa libération des mœurs mais aussi 1830, 1848 et 1870... Voici la géographie du Paris rebelle !

PARIS COSMOPOLITE

Ville-refuge, Paris est un carrefour... Explosion de couleurs des boubous africains, senteurs exotiques, préciosité des décors d'Asie, voyagez à travers le monde sans perdre de vue le bout du nez de la tour Eiffel.

PERSPECTIVES ET PANORAMAS

Paris est belle et, en véritable star qui aime la lumière, bien peu prude... Pour l'admirer sous toutes ses coutures, à vos postes !

De la cour Carrée du Louvre à la coupole de l'Académie

PARIS À SES PIEDS

Soi-même plus haut que
Paris ? C'est possible !

CHAMBRES AVEC VUE...

À ne pas pouvoir en fermer l'œil !

Découvrir **Le Louvre** en famille

Seonaid McArthur et Valérie Lagier

Vos enfants vous guident...

Ce livre unique présente une sélection de 9 itinéraires d'une heure.

Le premier guide ludique et culturel qui fait des visites au Louvre un lieu d'échanges privilégié entre parents et enfants.

180 x 210 mm
18,50 €

• **Des cartes au trésor destinées aux enfants pour découvrir le musée en s'amusant**

• **Un guide parents pour leur permettre d'aller plus loin**

• **Un carnet d'activités à réaliser à la maison**

GallimardÉducation

GEOPANORAMA

Stupeur et tremblements, Paris ne serait plus Paris… Un site archéologique découvert sur la commune de Nanterre pourrait bel et bien être celui de Lutèce, la capitale gauloise des Parisii que l'on a longtemps située sur l'île de la Cité. Si la genèse de la ville est devenue incertaine, sa naissance s'est faite aux forceps. Remercions donc Clovis qui fit de Paris la capitale de son royaume vers 508 et Hugues Capet qui lui donna sa légitimité en 987. À partir de cette date débute une extraordinaire épopée qui se lit dans le tracé des enceintes qui accompagnèrent l'expansion urbaine, l'entrelacs de ruelles médiévales, les arches gothiques de Notre-Dame, le classicisme triomphal de Louis XIV, et plus récemment dans les avenues du baron Haussmann. Aujourd'hui, la mutation continue. Dans la course que se livrent les capitales du monde, Paris doit s'étendre et regarde au-delà du périphérique.

Comprendre Paris

GÉOMEMO

Population	intra-muros : 2,12 millions d'hab. (20 238 hab./km²) agglomération : 9,64 millions d'hab.
Statut administratif	20 mairies d'arrondissement réunies en commune ayant à la fois le statut de municipalité et de département, capitale de la région Île-de-France et de la République Française
Paris dans le monde	23e rang par la population (agglomération), 1er par la densité (intra-muros), 5e par la puissance économique (PIB régional), 1er par la fréquentation touristique (29 millions de visiteurs annuels)
Superficie, bâti, espaces verts et voies d'eau	105 km² : 5 971 rues et voies privées, 2 918 km de trottoirs, 479 places, 276 monuments illuminés la nuit, 400 parcs et jardins, 2 bois, 17,2 km de voies d'eau, 37 ponts sur la Seine, 140 km de pistes cyclables et... 35 km de bd périphérique
Patrimoine mondial de l'Unesco	l'ensemble des rives de la Seine, du pont Sully (île Saint-Louis) au pont d'Iéna (tour Eiffel)
Culture et art de vivre	125 musées, 150 théâtres et salles de concerts, 370 salles de cinéma, 12 870 cafés et restaurants, près de 11 000 magasins de mode et de luxe

GÉOPANORAMA

Géographie

le Bassin parisien

Il y a plus de 30 millions d'années, la mer Stampienne, qui s'étend alors entre la Manche et l'Atlantique, se retire et découvre son œuvre, le Bassin parisien. Né de l'accumulation de dépôts alluvionnaires pendant plus de 250 millions d'années, il témoigne d'une rare stabilité géologique, excluant les risques volcaniques et sismiques. Il jouit également de terres parmi les plus fertiles d'Europe, de surcroît sous un climat tempéré. Avec ses larges plateaux d'altitude modeste (100m en moyenne), il constitue surtout un remarquable carrefour entre le Massif armoricain à l'ouest, le Massif central au sud, les Vosges à l'est et le massif de l'Ardenne au nord-est. Il bénéficie en outre d'une large ouverture sur la Manche et la mer du Nord. Enfin, son cœur se distingue particulièrement : des millénaires d'érosion l'ont creusé de larges vallées et de pentes douces qui possèdent un unique point de jonction, l'emplacement de la ville lui-même, inscrit dans un des larges méandres de la Seine entre les embouchures de la Marne et de l'Oise, une convergence fluviale unique. Le site de Paris était prédestiné !

topographie de Paris

UN PAYSAGE MODELÉ PAR LA SEINE De forme à peu près circulaire (11km d'est en ouest, 9,5km du nord au sud), la ville est traversée par la Seine, qui y pénètre par le sud-est, y décrit une boucle vers le nord sur 12,7km et s'en éloigne par le sud-ouest. Avant la hausse des températures qui a suivi les dernières glaciations, le fleuve présentait un lit très large creusé par ses divagations depuis la Rive gauche jusqu'aux actuels Grands Boulevards. Cette cuvette forme aujourd'hui une large partie de la Rive droite, longtemps restée à l'état de marécage comme le rappelle le nom du quartier du "Marais", drainé et mis en culture au XIVᵉ siècle. En creusant un nouveau lit au cœur de l'ancien, la Seine a dévoilé un chapelet d'îles, dont les îles de la Cité (1km sur 300m) et Saint-Louis (600m sur 170m) sont les plus importantes. L'étroite île aux Cygnes, au pied de la tour Eiffel, reste méconnue avec ses 850m de longueur sur 11m de largeur. Quant à l'île Louviers, elle a tout simplement disparu : elle fut incorporée à la Rive droite en 1843 et forme aujourd'hui le quai Henri-IV, dont on comprend ainsi la drôle de protubérance. Assise sur la Rive gauche face à l'île de la Cité et préservée des crues de la Seine, la montagne Sainte-Geneviève (61m) a constitué le cœur originel de la ville gallo-romaine, Lutèce. Vers l'ouest, la Rive droite se soulève progressivement selon un axe repris par le Grand-Cours – actuels Champs-Élysées –, percé en 1670 jusqu'à la butte de l'Étoile, dont l'écrêtement par Perronet à partir de 1768 visait à atténuer la déclivité de cette voie triomphale.

LE COL DE LA CHAPELLE Plus au nord, les hauteurs préservées de la butte Montmartre (130m) et de la colline de Belleville (qui abrite au 40, rue du Télégraphe le point culminant de la capitale, 148m) forment une crête unique fendue par un col naturel, le "col de La Chapelle". Situé à la hauteur de l'île de la Cité, qui présentait le point de passage le plus aisé sur la Seine (la largeur du fleuve est de 30m au niveau du Petit-Pont contre 200m au niveau du pont de Grenelle), celui-ci a joué un grand rôle pour le développement de la ville : en lien avec les cols du Midi et du Nord, il la plaçait dans l'axe le plus favorable de la romanisation, de la christianisation et des échanges commerciaux médiévaux.

sous-sol ou gruyère ?

Paris vit au-dessus du vide ! Constitué d'un empilement de couches géologiques tantôt meubles (marnes, argiles ou sables), tantôt cohérentes (grès, gypse ou calcaires), le Bassin parisien a fourni dès l'époque gallo-romaine tous les matériaux nécessaires à sa construction, plâtre et pierres. La campagne d'extraction fut telle que le sous-sol de la ville reste truffé de plus de 770ha de carrières comptant 330km de galeries et représentant 6 millions de m^3 de matériaux excavés ! La plupart d'entre elles sont concentrées sous la Rive gauche, notamment à l'aplomb du jardin du Luxembourg et du Val-de-Grâce, dont les liais ont permis la construction, entre autres, de Notre-Dame. De même, la butte Montmartre est si entaillée de plâtrières qu'il fallut prévoir des fondations colossales sous le Sacré-Cœur lors de son édification à la fin du XIXe siècle. On dit ainsi que c'est lui qui soutient la colline et non l'inverse ! Les effondrements ne furent pas rares. En 1774, la route d'Orléans se déroba ; en 1910, la rue Saint-Lazare fut éventrée par un trou béant ; en 2003, la cour d'une école rue Auguste-Perret (XIIIe arrondissement) s'affaissa ! L'arrêt de l'exploitation du sous-sol parisien fut décidé dès la fin du XVIIIe siècle, ce qui favorisa la création de deux entités célèbres : les Catacombes, le plus morbide des ossuaires, en 1786, et les champignonnières, où furent cultivés au cours du XIXe siècle les fameux "champignons de Paris" (on en a produit jusqu'à 25t par jour !). Depuis, le comblement des carrières a été entrepris et se poursuit encore de nos jours : chaque année, ce sont des milliers de m^3 de béton liquide qui sont injectés sous les trottoirs parisiens. Aujourd'hui, l'Inspection générale des carrières estime que les risques d'effondrement des galeries sont infimes, la principale source de danger étant représentée par la nature elle-même. En 1975, des géologues ont découvert sous la gare du Nord une poche grande comme l'Arc de triomphe, formée par des infiltrations d'eau dans des filons de gypse... De même, les remous de la nappe phréatique, située en moyenne à 10m au-dessous du niveau du sol, déstabilisent les fondations de nombreux immeubles. Pour le seul Opéra Bastille, ce sont plus de 100m^3 d'eau qui doivent être pompés chaque heure et rejetés dans la Seine afin d'en contrecarrer les effets...

l'eau à Paris

LA SEINE La Seine prend sa source en Côte-d'Or, sur le plateau de Langres, à une altitude de 471m. Avec pour affluents principaux l'Yonne, le Loing, l'Eure, la Marne et l'Oise, elle traverse l'ensemble du Bassin parisien (du sud-est au nord-ouest) et se jette dans la Manche après un parcours de 776km qui en fait le deuxième fleuve de France, derrière la Loire. Au cœur de Paris, son niveau moyen (l'échelle de référence se situe sur le quai de la Tournelle) la situe à seulement 26m au-dessus du niveau de la mer : elle ne s'y écoule qu'à la vitesse moyenne de 2km/h ! Ce débit mesuré (273m^3/s en moyenne) la rend praticable toute l'année, particulièrement en aval de Paris. Elle a ainsi constitué dès l'époque gallo-romaine l'une des plus intenses voies commerciales du pays. Même si le transport par route l'a aujourd'hui détrôné, le port de Paris, situé à Gennevilliers, reste le deuxième port fluvial d'Europe et le troisième port de France après Le Havre et Marseille : un peu plus de 20 millions de tonnes de marchandises y transitent annuellement. La température moyenne du fleuve est de 14 °C mais peut varier de 5 °C en hiver à 24 °C en été : on pourrait s'y baigner ! De fait, il a récemment retrouvé un degré de qualité biologique honorable grâce aux progrès réalisés en matière de traitement des eaux usées. Sa couleur opaque paraît douteuse, elle résulte simplement des particules minérales qui y sont en suspension. Celles-ci déroberont toujours le fond de la Seine à nos regards (sa profondeur varie de 3,40m au pont National à 5,70m au pont Mirabeau), et surtout ses poissons ! Si elle n'en abritait plus que quatre ou cinq espèces il y a 50 ans, on en recense aujourd'hui une vingtaine au cœur même de la ville : brochets, perches, tanches, ablettes, anguilles, gardons, goujons, chevesnes et, plus inattendus, poissons-chats et silures. Ces derniers, espèces carnivores, furent introduits dans les années 1980 afin de lutter contre la prolifération des brèmes et des écrevisses américaines. Certains individus mesurent aujourd'hui deux mètres ! Bien qu'elle forme la plus belle avenue de Paris, franchie dans le périmètre de la ville par 37 ponts (avec l'achèvement de la passerelle Bercy-Tolbiac), la Seine n'en reste pas moins un couloir naturel de choix au cœur de la capitale.

LE SPECTRE DE LA CRUE CENTENNALE Les crues de la Seine ne sont pas rares en hiver : le débit du fleuve peut atteindre 2 500m^3 /s en cas de précipitations prolongées. Depuis 1856, le *Zouave* du pont de l'Alma signale tous ses excès aux Parisiens grâce à des repères visuels familiers. L'eau recouvre-t-elle le socle de la statue ? l'état d'alerte est déclenché, car cela signifie que le niveau de la Seine a dépassé de 3m sa cote normale ; à partir de 3,5m, le *Zouave* a les pieds mouillés, les quais sont inondés et les voies sur berge fermées à la circulation, ce qui se produit en général une fois par an ; à 4,30m, le courant vient lui lécher les mollets : Bateaux-Mouches et péniches doivent rester à quai, la hauteur sous les tabliers des ponts ne permettant plus leur passage. Ces crues importantes (jusqu'à 6m) ont lieu tous les 25 ans environ. Cependant, la plus redoutée d'entre toutes est la centennale ; elle est le produit de la funeste conjugaison de pluies intenses et d'une longue période de froid qui a gorgé d'eau les sols en amont. La dernière s'est produite en 1910 et est restée dans les annales ! Le *Zouave* eut alors de l'eau jusqu'aux épaules (8,62m) et la Seine submergea l'ensemble des quais, le rez-de-chaussée du Louvre, la gare d'Orsay ; reprenant son ancien cours, elle parvint même jusqu'à la gare Saint-Lazare ! De petites plaques sur les façades portant la mention "1910" rappellent le niveau que les flots atteignirent dans certaines rues. Cette crue motiva un projet d'aménagement du fleuve qui se poursuivit jusque dans les années 1980 : quatre lacs-réservoirs (Pannecière, Seine, Marne et Aube) furent aménagés, et une quarantaine de barrages, écluses et retenues. 800 millions de m^3 d'eau sont ainsi régulés chaque année, écrêtant les crues en hiver et soutenant le débit du fleuve en été. Pour autant, il est avéré que ce dispositif ne pourra pas empêcher la survenue de la prochaine crue centennale ! La Ville a récemment établi un plan d'urgence en vue d'en limiter les inéluctables dégâts : endiguement des berges, murage de 400 bouches de métro, évacuation des œuvres des musées du Louvre et d'Orsay… Toutefois, rien n'indique que la crue advienne prochainement : Paris pourrait ne pas en connaître pendant deux siècles avant d'être touchée deux années consécutives.

ET LA BIÈVRE ? Le deuxième cours d'eau parisien est particulièrement méconnu. Et pour cause, il a été transformé en égout ! Drôle de destin pour une petite rivière qui semble devoir son nom aux castors (*bever* en gaulois) qui prospéraient sur ses rives… La Bièvre pénétrait dans Paris par la porte d'Italie, elle poursuivait son cours sur 8km pour se jeter dans la Seine au niveau de la gare d'Austerlitz. Contournant par le sud la Butte aux Cailles, elle se divisait en deux bras qui enserraient des prairies submersibles : l'hiver, on y récoltait la glace formée par les eaux – ce qui donna son nom à la rue "de la Glacière". Elle coulait ensuite à travers les Gobelins, où elle fit prospérer à partir du XVᵉ siècle de nombreux tanneurs, mégissiers et teinturiers qui, hélas, en polluèrent le cours. Devenue un véritable cloaque, elle fut couverte au début du XXᵉ siècle et perdit même son confluent : emprisonnée dans un siphon d'égouts, elle passe sous la Seine dans un sens puis dans un autre avant de finir dans un champ d'épandage de banlieue ! Ce désastre écologique a récemment motivé un plan de réhabilitation qui permettrait au cours d'eau de retrouver l'air libre sur près de 2km, notamment dans le XIIIᵉ arrondissement (parc Kellermann, square René-Le Gall et rue Berbier-du-Mets).

LE CANAL SAINT-MARTIN ET L'ADDUCTION D'EAU Donnée fondamentale pour la survie de la ville, l'approvisionnement en eau potable a toujours été l'occasion de travaux titanesques dans Paris. Les Romains sont les premiers à capter l'eau de source (à Rungis et à Wissous, en banlieue sud) et à l'acheminer vers la ville par un aqueduc long de 20km. Remis en état au XVIIᵉ siècle, il débouche encore de nos jours sous les jardins de l'Observatoire. Au XIIIᵉ siècle, de nouvelles captations d'eau de source sont effectuées dans les collines de Ménilmontant et de Belleville, véritable château d'eau naturel qui conserve de nombreux puits, dits "regards" (rue des Cascades, des Rigoles et de la Mare). Avec l'essor démographique de la cité au début du XVIᵉ siècle, Henri IV commande la construction d'une machine hydraulique demeurée célèbre, la pompe de la Samaritaine, accolée au Pont-Neuf et ingénieusement actionnée par le courant de la Seine lui-même. Elle fonctionna jusqu'en 1813 ! Vers 1800, en raison de la faible qualité des eaux du fleuve, Napoléon Iᵉʳ décide la dérivation d'une rivière, l'Ourcq, à 100km de Paris. Ainsi naquirent le canal de l'Ourcq et son débouché dans la ville, le canal Saint-Martin, avec ses charmantes écluses, si célèbres. Achevé en 1825, le dispositif alimenta la capitale en eau potable jusqu'au Second Empire. Aujourd'hui, il couvre la moitié des besoins journaliers de la ville en eau non potable (400 000m³), l'autre moitié étant pompée dans la Seine elle-même. Enfin, le préfet Haussmann et l'ingénieur Belgrand réalisèrent un programme colossal, l'installation de l'actuel réseau d'eau potable. L'eau de sources souterraines captées jusque dans le Massif central est acheminée dans d'immenses conduites qui forment un véritable fleuve souterrain. À son entrée dans la ville, le précieux liquide est stocké dans de gigantesques réservoirs, aux Lilas, à Montsouris, à Ménilmontant et à Saint-Cloud notamment. Ce dernier, achevé en 1886, est le plus grand d'Europe avec une capacité de 426 000m³ d'eau. Le réservoir de Montsouris, mis en service en 1874, n'est pas en reste, avec ses 200 000m³ d'eau et sa forêt de piliers, au nombre de 3 600 et hauts de 5,60m. Ces captations de sources couvrent 53% des besoins journaliers actuels de la ville, les 47% restants étant issus désormais du retraitement des eaux pompées dans la Seine et dans la Marne. L'ensemble est acheminé au domicile des Parisiens par près de 1 800km de canalisations d'eau potable, par lesquelles transitent chaque jour en moyenne 680 000m³ d'eau, soit le volume débité par la Seine en 40min en période normale !

LA VILLE SOUTERRAINE DES ÉGOUTIERS Elle est le plus fascinant legs du Second Empire à Paris, une véritable réplique inversée de la cité : ses 2 350km de galeries souterraines épousent le tracé de la plupart de ses rues et sont ornées des mêmes plaques émaillées qui permettent aux égoutiers de se repérer. Avant

Haussmann, le réseau des égouts parisiens ne comptait que 160km de galeries non reliées aux habitations. Comme au Moyen Âge, les rues drainaient les eaux sales jusqu'à la Seine, transformée en égout à ciel ouvert ! Eugène Belgrand arrêta le projet du grand égout en 1856. Il s'agit d'un réseau unitaire qui reçoit les eaux de pluie comme les eaux usées mais, en cas d'orages ou de fortes précipitations, des déversoirs permettent d'envoyer vers la Seine le trop-plein d'eau accumulé dans les galeries afin d'empêcher les inondations. Chaque jour, 1,2 million de m^3 d'eau sont transportés par le réseau pour un débit de 14 m^3/s, soit le vingtième du débit moyen de la Seine ! Les émissaires, des canalisations de plusieurs mètres de diamètre, les conduisent jusqu'aux grands collecteurs situés aux portes de la ville. De là, les eaux sont envoyées vers des plaines d'épandage ou vers les usines d'épuration de banlieue (Seine Aval à Achères, Seine Centre à Colombes, Seine Amont à Valenton, Marne Aval à Noisy-le-Grand), où elles sont entièrement retraitées avant d'être rejetées dans le fleuve. Les égouts parisiens véhiculent également les fameux tubes pneumatiques mis en scène de façon très cocasse par François Truffaut dans *Baisers volés*. Créés en 1879, ils permettaient de faire circuler à l'aide d'air comprimé des plis express à travers la ville.

Environnement

la flore parisienne

Paris est une ville relativement verte : elle inclut près de 2 200ha d'espaces verts, soit environ 20% de sa superficie totale, répartis entre 400 parcs, jardins et promenades et les bois de Boulogne (845ha) et de Vincennes (995ha).

LA CAPITALE LA PLUS BOISÉE D'EUROPE Paris compte plus de 478 000 arbres, dont 300 000 dans les bois de Boulogne et de Vincennes, 70 000 dans ses jardins et cimetières et surtout 92 000 le long des avenues. Ces arbres d'alignement qui font le charme de la ville présentent une palette végétale riche de près de 120 essences, au premier rang desquelles viennent le platane (39%), le marronnier (16%), le tilleul (9%), le sophora (9%) et l'érable (6%). Les bois sont peuplés à plus de 50% de chênes mais les hêtres et les érables viennent également en bonne place. Les marronniers, les platanes, les ifs, les tilleuls, les ormes et les cèdres sont les rois des parcs et jardins parisiens, lesquels conservent, fruits de quatre siècles de politique paysagère, plus de 10 000 espèces de végétaux rapportés du monde entier, parfois très rares, en particulier au Jardin des Plantes. Paris possède également trois petits vignobles, jolis témoins des innombrables coteaux qui le cernaient au Moyen Âge : l'un dans le parc de Belleville, le deuxième sur la méconnue butte Bergeyre (XIXe arrondissement) et le troisième à Montmartre. La cuvée de ce dernier (800 bouteilles environ de 50cl par an) est célèbre.

UNE VÉGÉTATION HERBACÉE SPONTANÉE Partout, sur les murets, dans les interstices des façades, entre les pavés ou les plaques d'égout et sur les terrains abandonnés, prospère toute une végétation relativement riche : lierre, pissenlits, plantain, clématite des haies (aux fruits plumeux), sureau noir (aux baies appréciées des oiseaux), buddleia (aux grappes fleuries violacées), bryone dioïque (aux baies rouges), grande chélidoine (aux fleurs jaunes), ruine-de-Rome (aux jolies petites fleurs violettes)… Quant aux berges de la Seine, même empierrées, elles restent propices à l'épanouissement des végétaux aquatiques : salicaires pourprées, mousses, algues, sagine… Deux jardins permettent d'observer le développement naturel de la flore parisienne : l'un au cœur du Jardin des Plantes, le second à Montmartre (jardin sauvage Saint-Vincent).

la faune parisienne

La densité du bâti et l'agitation qui règne dans les rues ont impliqué un profond reflux de la faune sauvage, au profit des animaux domestiques : Paris abrite 200 000 chiens, qui produisent 16 tonnes de déjections par jour ! La vie sauvage est mieux préservée dans les bois de Boulogne et de Vincennes. Musaraignes, campagnols, écureuils, grenouilles, chauves-souris, hérissons, chouettes et corneilles y sont nombreux. Quelques couples de hérons cendrés et de piverts y ont même été recensés. Les cervidés qu'aimaient à chasser les rois de France en ont disparu. Outre ses poissons, la Seine attire chaque hiver des mouettes et des goélands, qui donnent à la ville un air océanique inattendu. De nombreuses familles de canards colverts ont élu domicile sur ses rives, et il est possible d'y apercevoir, au printemps et à l'automne, des martins-pêcheurs d'Europe y faisant une halte au cours de leur migration. Toutefois, la faune prospère essentiellement dans les espaces délaissés par les hommes. Lézards, escargots, hérissons et fouines ont trouvé refuge en particulier dans les parcs, les cimetières et la Petite Ceinture (cette voie de chemin de fer à demi enterrée qui cerne la ville et est aujourd'hui désaffectée). Les insectes aussi : bourdons, abeilles, gendarmes, andrènes fouisseurs et papillons (petite-tortue, piéride du chou, paon de jour), et les oiseaux : chouette hulotte, mésange huppée ou noire, troglodyte mignon, serin cini, fauvette à tête noire, pie bavarde, rouge-gorge familier, pouillot véloce, gobe-mouches gris… Cependant, les rois de toits parisiens, ce sont les hirondelles, les rouges-queues noirs, les moineaux domestiques, les pigeons surtout. Leur population est estimée à 80 000 individus, soit un pour 25 Parisiens ! Plus rares, une trentaine de couples de faucons crécerelles ont été recensés dans la ville ; l'un d'eux niche sur une gargouille de Notre-Dame ! Enfin, le sous-sol parisien n'est pas en reste. Souris grises, rats, cafards, araignées et chauves-souris prolifèrent dans les caves d'immeubles et les tunnels du métro. La chaleur de ces derniers profite particulièrement aux grillons domestiques, grands amateurs de mégots de cigarette ! Les anciennes carrières quant à elles recèlent dans leurs poches d'eau des espèces particulièrement rares : gammares (petites crevettes blanches d'eau douce) et *Cyclops fimbriatus* (minuscules invertébrés, ainsi nommés en raison de leur unique œil rouge).

de l'air et du silence !

Outre le problème des déchets (les Parisiens en produisent 2t/min !), la pollution atmosphérique et le bruit constituent aujourd'hui les principales nuisances environnementales à Paris avec, pour cause commune et écrasante, la circulation automobile ! Les 35km du boulevard périphérique sont empruntés quotidiennement par plus de 1,2 million de véhicules et les Champs-Élysées par plus de 75 000 ! Depuis 1979, AIRPARIF est chargé de mesurer quotidiennement la qualité de l'air dans la ville. Par ailleurs, l'Observatoire du bruit à Paris, créé en 1999, a dressé une carte exhaustive de l'intensité des nuisances sonores. En journée, les grands axes de circulation sont exposés à un "fond" sonore de plus de 70 décibels ("niveau élevé à très élevé"). Cette donne justifie l'engagement depuis 1999 d'une politique de réduction de la circulation automobile : multiplication des pistes cyclables, création de couloirs de bus protégés, aménagement de "quartiers verts" (avec limitation d'accès pour les voitures), transformation des grands axes en "espaces civilisés" (redistribution de l'espace public au profit des piétons, des cyclistes et de la végétation) et accélération de la couverture du périphérique, lequel est doublé d'une nouvelle ligne de tramway (mise en service en 2006). La circulation automobile a ainsi chuté de plus de 10% entre 2000 et 2005.

Histoire

les premières traces d'occupation humaine

Les conditions favorables du site parisien furent très tôt mises à profit par les hommes. Dès le paléolithique inférieur (–700 000) commencent de prospérer sur les rives de la Seine des premiers groupes itinérants qui vivent de la pêche, de la cueillette et du produit de leur chasse, comme l'attestent les os de mammouths, de cervidés et de rennes découverts dans la région. Les premiers villages apparaissent au néolithique (vers 5000 av. J.-C.) avec le défrichement des forêts et la naissance de l'agriculture. La population locale développe une culture originale, identifiée par sa poterie "rubanée", dont on a découvert des vestiges notamment sous le jardin des Tuileries et près de la place du Châtelet. Des fouilles réalisées dans le parc de Bercy en 1991 ont mis au jour, témoignage saisissant de cette vie préhistorique, un village entier avec des traces de huttes en bois, des vestiges d'un ponton sur l'ancien cours de la Seine et surtout, remarquablement conservées, une dizaine de pirogues (4500 av. J.-C. pour la plus ancienne), aujourd'hui au musée Carnavalet.

l'installation des Parisii

À l'âge du bronze (1800-750 av. J.-C.), le fleuve et ses affluents, en permettant des contacts privilégiés avec des régions lointaines, s'imposent comme des voies commerciales particulièrement actives (transit des céréales et du bois locaux, de l'étain britannique qui permet la fabrication du bronze, etc.). Les Celtes venus du sud-ouest de l'Allemagne s'installent dans la région au cours du second âge du fer (à partir de 450 av. J.-C.). Parmi eux, la tribu des Parisii se fixe vraisemblablement vers 250 av. J.-C. à Lutetia, une petite cité qui serait d'origine précelte. Ils en font un si puissant oppidum, commerçant avec la Gaule du Sud comme avec la Gaule du Nord, que César y convoque en 53 av. J.-C. l'assemblée générale des Gaules. L'année suivante, Vercingétorix appelle à leur soulèvement général, auquel mettra fin la défaite que l'on sait...

Lutèce sera toujours Lutèce, à moins que...

À moins que... César n'ait commis une grosse erreur ! En affirmant dans la *Guerre des Gaules* que Lutèce était "située dans une île de la Seine", il a longtemps convaincu les historiens que l'île de la Cité était le berceau de la ville. Ce qui ne manque pas de vraisemblance : après la défaite des Parisii contre le général Labienus, en

52 av. J.-C., les Romains ont reconstruit Lutèce ravagée sur la montagne Sainte-Geneviève, qui fait précisément face à l'île de la Cité. Cependant, on n'a jamais retrouvé dans l'île de traces d'oppidum gaulois... En 2003, des fouilles ont mis au jour les vestiges d'une ville gauloise étonnamment développée... à Nanterre, en banlieue ! Pour les archéologues, ce pourrait bien être Lutèce, la véritable capitale des Parisii ! La ville paraît l'une des plus riches de la Gaule d'alors, avec ses rues pavées, ses maisons alignées et ses remarquables produits de céramique et de ferronnerie (bijoux, épées...), et le site ne présente pas moins d'avantages que l'île de la Cité : formant un réduit défensif naturel inscrit dans l'une des larges boucles de la Seine, il permet le contrôle du trafic commercial sur le fleuve (soumis dès l'époque à des taxes de passage). Pour autant, que Lutèce soit située dans l'île de la Cité ou à Nanterre, les Parisii n'ont pas cessé d'en être les maîtres, conformément à la politique d'assimilation des Romains. Dans le domaine religieux, le "pilier des nautes", monument votif conservé au musée de Cluny, reste le plus beau témoignage de ce syncrétisme : érigé sous le règne de Tibère (14-37), il est sculpté de la représentation de dieux romains et celtes. Sous l'égide des nautes, en charge du trafic commercial sur la Seine, la ville des Parisii retrouve une certaine prospérité, avec sans doute 6 000 habitants à son apogée.

la fin du monde gallo-romain

Ces trois siècles de paix romaine s'achèvent en 275 avec la première incursion des peuples d'outre-Rhin. L'"Île-de-France" est ravagée en 276, et les Parisii contraints de se réfugier sur l'île de la Cité, qu'ils fortifient face à la ville antique bientôt ruinée. La Cité devient une véritable place forte militaire, sans doute stratégique pour le maintien de l'Empire romain : en 361, après être parvenu à expulser les Germains de Gaule, Julien, neveu de Constantin Ier, s'y fait proclamer empereur. À la même époque, *Lutetia, civitas Parisiorum* ("Lutèce, ville des Parisii") devient simplement *Parisius* ("Paris") ! La société gallo-romaine subit également les assauts d'un autre ennemi, intérieur celui-ci : le christianisme. Vers 250, saint Denis, premier évêque de la ville, est décapité au sommet de la butte Montmartre, qui prend alors le nom que nous lui connaissons ("mont des Martyrs"). La nouvelle religion, en prônant un salut inédit, conquiert rapidement les âmes parisiennes, oppressées par la peur des envahisseurs. En 451, Attila et les Huns menacent la ville : une petite bergère de Nanterre, Geneviève, promise à un grand destin, invoque le Dieu chrétien pour qu'ils s'en détournent, ce qu'il advient ! Les Parisiens conquis à la nouvelle religion en font une sainte et leur patronne. Le monde gallo-romain va sombrer peu après ! En 486, le roi Clovis, vainqueur à Soissons du Romain Syagrius, fonde le royaume franc, qu'il place sous les auspices du christianisme en se faisant baptiser en 496 à Reims.

la difficile naissance d'une capitale

C'est en revenant de Tours, où il avait reçu les insignes consulaires envoyés par l'empereur de Constantinople en 508, que Clovis décide d'installer à Paris la capitale de son royaume et de résider dans le palais de la Cité. Il choisit de se faire enterrer dans une basilique, qu'il construit sur la colline (qui prendra plus tard le nom de montagne Sainte-Geneviève), à proximité de l'ancien forum de Lutèce, tombé en ruines.

GEOPLUS

Le site de Lutèce

À deux pas de Paris, en aval le long de la Seine, des fouilles réalisées à Nanterre de 2003 à 2005 ont étoffé les découvertes faites dans les années 1990 à l'occasion du percement des autoroutes A86 et A14 : le site de Nanterre pourrait bien représenter Lutèce, la capitale préromaine des Parisii, laquelle, à la faveur d'un déplacement du centre de pouvoir après la conquête romaine, aurait été transférée quelques décennies plus tard à Paris, avec une transmission du nom originel au nouveau site.

Lutèce... à Nanterre

Sur le site en question, les fouilles révèlent une ville gauloise vaste et prospère, la seule à ce jour sur le territoire des Parisii (qui, du confluent Seine-Oise au nord-ouest aux environs de Melun au sud-est, couvre une grande partie de l'actuelle Île-de-France) à présenter de telles caractéristiques au moment où César puis Labenius s'y rendent. La question se pose, dès lors, du statut de Nanterre à l'aube de la guerre des Gaules.

des quartiers spécialisés

Les vestiges d'un quartier d'artisanat et ceux d'un probable lieu de culte reposent, oubliés depuis 2 000 ans, en marge du centre-ville actuel. À l'endroit où l'A14

franchit la Seine, des aménagements de berges témoignent de l'existence d'un port fluvial gaulois. Quoique rien ne subsiste des structures en élévation, leurs fondations recèlent nombre d'objets de qualité, témoins de la prospérité des habitants. Parures, armes, outils, et une abondante vaisselle, illustrent le mode de vie à Nanterre aux deux premiers siècles avant notre ère. Les maisons en bois et torchis s'organisaient le long des rues empierrées, lesquelles reliaient des quartiers spécialisés (résidences, zones artisanales, lieux de culte, port...). La fouille de 2003 a mis en évidence, sur une parcelle de 6 000 m², tout un quartier résidentiel cette fois, associé à un probable lieu de rassemblement, sorte de place publique bordée de rues perpendiculaires. Là se sont tenus vraisemblablement des festins ; broches à rôtir, chaudrons, grils, fourchettes et couteaux voisinent avec des fragments d'amphores

> "Là se sont tenus vraisemblablement des festins ; broches à rôtir, chaudrons, grils, fourchettes et couteaux voisinent avec des fragments d'amphores et d'ossements d'animaux, supposant une consommation massive de viandes rôties ou bouillies et de vin"

et d'ossements d'animaux, supposant une consommation massive de viandes rôties ou bouillies et de vin : manifestement, les habitants de Nanterre évoluaient dans un cadre privilégié et prospère.

les premiers Parisii de Nanterre

Cet habitat recouvrait un cimetière : une trentaine d'individus (enfants, femmes, hommes en armes) reposent sous les vestiges, inhumés dans la première moitié du IIIe siècle avant notre ère. Ils permettent de mieux saisir les modalités d'installation des Parisii au sein de ce méandre de la Seine : les premiers occupants gaulois peuvent être considérés comme des pionniers, implantés là pour maîtriser les échanges sur le fleuve et en tirer le meilleur profit, stratégie apparemment opportune, car, un siècle environ après leur décès, la ville gauloise était fondée.

une ville sans équivalent local

Les limites de la ville gauloise fondée vers –150 n'ont pu encore être identifiées. Plusieurs fouilles réalisées sous le centre-ville actuel et en marge de celui-ci ont livré des vestiges urbains du second âge du fer. Cependant, on estime à 15-20ha la superficie originelle de la ville, ce qui ferait d'elle la plus grosse agglomération des Parisii à l'époque de la conquête romaine : de –52, date de la chute de Lutèce, ne sont connus aujourd'hui que quelques fermes ou villages franciliens et la ville de Nanterre, Bobigny étant sensiblement antérieure. D'ailleurs, César ne mentionne qu'un seul oppidum chez les Parisii, Lutèce, où il tient l'assemblée des peuples gaulois en –53. Quant au sous-sol de Paris, hormis l'île de la Cité, il ne livre que de rares éléments antérieurs à la romanisation. La topographie nanterrienne invite à regarder une telle installation comme un oppidum au cœur d'un méandre fluvial. Les matières premières y étaient acheminées de la campagne environnante pour y être transformées puis redistribuées. De cette économie témoignent les nombreux vestiges de productions artisanales mais aussi une très probable émission monétaire pour le compte des Parisii●

MOT CLÉ
Oppidum Agglomération protohistorique, souvent fortifiée, installée à proximité d'axes de commerce ou de défenses naturelles et concentrant les activités économiques, politiques et souvent religieuses des communautés celtiques.

Antide Viand
*Chargé des fouilles à Nanterre pour l'INRAP
(Institut national de recherches archéologiques préventives)*

Childebert Ier, son fils († en 558), roi de Paris, préfère être enterré avec sa famille dans la basilique Saint-Vincent-Sainte-Croix (future abbaye Saint-Germain-des-Prés), qu'il a édifiée sur la Rive gauche à proximité de la Seine. Elle demeurera la nécropole royale jusqu'à Dagobert († v. 638). Sous le règne de Charlemagne, le centre politique se déplace vers l'est, à Aix-la-Chapelle. L'arrivée des Vikings va porter un coup terrible à Paris. En 885-886, elle résiste au siège de quelque 40 000 Normands montés sur 700 vaisseaux, mais en sort exsangue. Il faudra attendre l'élection d'Hugues Capet au trône de France en 987 pour que la ville s'affirme définitivement comme capitale. Robert le Pieux, son fils, fait reconstruire le palais et Louis VI (1108-1137) y fixe sa résidence principale. Des liens étroits se tissent alors entre la monarchie et l'abbaye de Saint-Denis, grâce à l'abbé Suger.

Rive droite, Rive gauche

Ce retour au calme permet un essor économique de Paris sans précédent, qui profite non à la Rive gauche mais à la Rive droite jusqu'alors délaissée. Il s'y développe une "ville neuve" grâce à une activité économique exceptionnelle liée à la Seine. Un marché apparaît place de Grève, que le roi transfère en 1137 à ce qu'il est convenu d'appeler le quartier des Halles, déterminant ainsi la Rive droite comme le cœur marchand de la ville. Les bourgeois enrichis s'organisent, obtiennent des privilèges commerciaux et des attributions municipales. La corporation des marchands de l'eau finit par créer la municipalité parisienne, mais n'obtient pas de charte communale. La prévôté royale lui a été affermée, cependant Saint Louis, revenant sur cette décision en 1261, la confie à un fonctionnaire, Étienne Boileau. La Rive gauche subit une évolution bien différente. Dès le début du XIIe siècle, des écoles éclosent sur la montagne Sainte-Geneviève, en concurrence avec la cathédrale. Le légat du pape reconnaîtra l'Université en 1215 (*universitas magistrorum et scholarium parisiensium*), et en 1257, Robert de Sorbon fonde un collège, aussitôt prestigieux, la future Sorbonne. Rapidement, le quartier devient le premier centre d'enseignement de la chrétienté, attirant tous les grands esprits de l'époque (et jusqu'à 5 000 étudiants dès le XIVe siècle). Aux abords de la "Sorbonne", l'abbaye de Saint-Germain-des-Prés connaît un développement exceptionnel : l'excellence de ses moines copistes et la richesse de sa bibliothèque lui valent de former un centre intellectuel de renommée européenne. Un fossé est tracé : la Rive gauche, avec le Quartier latin et Saint-Germain, sera lettrée ; la Rive droite, avec les Halles, commerçante. Paris est alors la ville la plus vaste et bientôt la plus peuplée de l'Europe occidentale. La transformation par Philippe le Bel du palais de la Cité en une résidence, la plus somptueuse de l'époque, abritant le siège de l'administration royale, se signale comme l'aboutissement de cette période favorable : Paris devient la référence européenne, protégée par les reliques du Christ exposées dans la Sainte-Chapelle, qui veille sur la ville mais aussi sur l'ensemble de l'unique royaume centralisé d'Europe. L'aristocratie l'habite, les artistes y abondent, attirés par une activité créatrice permanente.

cent ans de guerre

La prééminence de Paris sur les villes d'Europe ne peut entraîner que jalousie et désir de possession. Le long conflit entre Capétiens et Plantagenêts dure encore, les différents traités n'ayant pas réussi à y mettre un terme. Tout est prétexte à le relancer, et la mort des trois fils de Philippe le Bel en sera le motif avoué (1328). La peste noire, qui décime la population des villes, dont Paris, la diffère quelque temps, mais il éclate de nouveau et conduit à trois défaites françaises ; la dernière se conclut à Poitiers par la captivité du roi de France Jean le Bon (1356). Le dauphin, Charles, s'efforce de contrôler la situation. Étienne Marcel, prévôt des marchands, tente de prendre le pouvoir à Paris, mais il est assassiné le 31 juillet 1358. L'humiliant traité de Brétigny (1360) ramène le calme. Dès sa montée sur le trône (1364), Charles V se lance dans un réaménagement spectaculaire et raisonné de la ville. Il meurt en 1380, et son fils, Charles VI, lui succède. Son règne n'est pas aussi heureux que celui de son père : les émeutes parisiennes, la rivalité entre Armagnacs et Bourguignons et sa propre folie font basculer le pays qui est défait par les Anglais à la bataille d'Azincourt (octobre 1415). Henri V, roi d'Angleterre, impose le traité de Troyes (1420), qui confisque à Charles VI la quasi-totalité du royaume. Cependant, le fils de Charles VI, devenu Charles VII en 1422, reprend Paris en 1436. Il trouve une ville ruinée, ravagée par la famine, la guerre et la peste ; en un siècle, sa population a diminué de moitié ! Se méfiant tout de même des Parisiens, il choisit d'installer sa résidence sur les bords de la Loire. Paris conserve les organes du gouvernement central mais reste placée sous sa tutelle directe, avec une autonomie municipale limitée. (Ce système perdurera, hors les épisodes révolutionnaires, jusqu'en 1976 ; la capitale bénéficiera alors d'un pouvoir municipal identique à toutes les villes françaises !)

la nuit de la Saint-Barthélemy

La royauté itinérante ne s'achève qu'avec François Ier, qui fixe sa résidence officielle à Paris en 1528. Ce retour de la Cour profite à la ville qui renoue avec la prospérité. Hélas, les guerres de Religion freinent bientôt cet essor. La Réforme prônée par le moine allemand Luther rencontre un vif succès parmi les imprimeurs et les étudiants de la Rive gauche et les élites artisanale et marchande de la Rive droite. En revanche, le petit peuple de Paris reste attaché au pape et à la religion catholique défendue par la Sorbonne. Entraîné par l'affaire des Placards (campagne d'affichage virulente des protestants contre les catholiques) en 1534, François Ier est contraint d'afficher sa confession catholique et laisse l'Université et le Parlement de Paris se livrer à une répression fanatique : la ville se couvre de bûchers, en particulier dans le Quartier latin, où le célèbre imprimeur Étienne Dolet est mis à mort en 1546. Après l'échec du colloque de Poissy, en septembre 1561, qui tente une ultime conciliation, la guerre civile est inévitable. Elle connaît son sommet à Paris dans la nuit du 23 au 24 août 1572 avec le tristement célèbre massacre de la Saint-Barthélemy : plus de 2 000 huguenots sont assassinés. Restés les soutiens indéfectibles de la Ligue catholique, les Parisiens iront jusqu'à se dresser contre Henri III, jugé trop conciliant, lors de la "journée des Barricades" du 12 mai 1588. Lorsque Henri IV, protestant, hérite le trône de France et reconquiert le pays, la réconciliation avec la ville paraît impossible : après l'avoir vainement assiégée en 1589 et 1590, il lui faut abjurer pour en prendre possession. Ce qui lui vaudra de lancer son fameux "Paris vaut bien une messe" ! Entré dans la ville en 1594, il la relève rapidement de ses ruines. Les Parisiens vont alors découvrir l'un de leurs meilleurs rois. Dans les quarante années qui suivent, la population parisienne double !

GÉOPANORAMA

Paris frondeur

Les règnes d'Henri IV et de Louis XIII permettent un essor remarquable de Paris. Tous les pouvoirs politiques et administratifs du pays se concentrent sur la seule personne du roi. Ce centralisme ne va pas sans résistances. En 1648, le Parlement de Paris tente de limiter le pouvoir royal mais, le 26 août, la régente Anne d'Autriche et son ministre Mazarin font arrêter les meneurs du mouvement. Aussitôt, les Parisiens couvrent la ville d'un millier de barricades : c'est le début de la Fronde, bientôt ralliée, sous l'égide de Condé, par une partie de la noblesse provinciale soucieuse de préserver ses prérogatives. La reine et le jeune Louis XIV sont contraints à la fuite. L'armée royale, menée par Turenne, assiège Paris. À l'issue de la bataille décisive, qui a lieu le 2 juillet 1652 au pied de la Bastille, dans le faubourg Saint-Antoine, Condé parvient à entrer dans la capitale, mais l'alliance entre le Parlement de Paris et les princes insurgés s'avère rapidement intenable. Condé doit fuir à son tour. Finalement, le 21 octobre, Anne d'Autriche et Louis XIV fraîchement majeur entrent dans Paris sous les acclamations d'une foule lassée...

l'Est contre l'Ouest

La Fronde marque Louis XIV, qui se méfiera toujours des Parisiens. Dès 1661, il programme la construction du château de Versailles, où il s'installera en 1682, suivi par la Cour et le gouvernement. Paris n'est plus la capitale de la France. Pour autant, le roi n'oublie pas la ville, où il multiplie les chantiers afin qu'elle serve sa gloire. Cependant, les Parisiens ne tardent pas à subir une crise économique terrible, due notamment aux guerres coûteuses entreprises par le roi. Les disettes de 1692 et 1709 provoquent des émeutes et accroissent leur ressentiment à l'égard d'une monarchie jugée trop lointaine. Dans le même temps, Paris connaît une ségrégation sociale inédite : la noblesse et les classes aisées migrent dans les quartiers de l'Ouest, plus proches de Versailles, tandis que le petit peuple se concentre dans le cœur et l'est de la ville. La géographie des révolutions à venir est tracée.

la Révolution

1789 Au début de l'année, la banqueroute des finances publiques contraint Louis XVI à réunir les états généraux à Paris. La ville compte alors 600 000 habitants, de plus en plus gagnés aux idées révolutionnaires et des philosophes des Lumières : journaux, clubs et cafés se multiplient. Avec le spectre de la disette, l'agitation s'empare des faubourgs Saint-Antoine et Saint-Marcel. Les 27-28 avril, la foule saccage la manufacture de Réveillon. En juin, elle prend d'assaut la prison de l'abbaye de Saint-Germain-des-Prés afin de libérer des gardes qui avaient refusé de tirer sur des ouvriers grévistes. Dans le même temps, la fièvre sociale s'empare des états généraux : le tiers état ne montre pas la docilité escomptée par le roi et se proclame Assemblée nationale le 17 juin. Bientôt, les Gardes-Françaises se rangent du côté des Parisiens qui s'en prennent alors au symbole de l'absolutisme royal, la Bastille, le 14 juillet. C'est le début de la Révolution. Louis XVI est contraint de regagner la ville et se voit coiffé de la cocarde tricolore, symbole du nouveau pouvoir. Le mouvement insurrectionnel décide la création d'un conseil municipal et la nomination du premier maire de Paris, Bailly. Pendant cinq ans, sous la conduite des Jacobins sans-culottes dominés par Robespierre à partir de 1792, la capitale dicte sa loi au reste de la nation. La nuit du 4 août 1789 voit l'abolition des privilèges, le 26 août la "Déclaration des droits de l'homme et du citoyen", le 2 novembre la nationalisation des biens de l'Église.

LA TERREUR En fuyant à Varennes, le roi précipite sa chute : le 10 août 1792, le peuple s'empare des Tuileries et renverse la monarchie. La Convention au pouvoir durcit le mouvement. Louis XVI est guillotiné le 21 janvier 1793, les Girondins sont évincés le 2 juin, le règne de la Terreur est institué le 5 septembre : Paris subit de plein fouet les jours les plus sombres de la Révolution. En avril 1794, les dantonistes sont eux-mêmes éliminés. Enfin, en juillet 1794, la réaction thermidorienne conduit à leur tour les robespierristes à la guillotine, à la grande satisfaction des Parisiens, exténués par les outrances de la Terreur. Les émeutes de la faim de mars et mai 1795 et l'insurrection royaliste d'octobre de la même année, réprimée par Bonaparte devant l'église Saint-Roch, marquent les derniers soubresauts de la capitale exsangue…

le siècle des révolutions

LA RESTAURATION Auréolé de gloire militaire, Bonaparte s'impose au pays, non sans priver Paris de tout pouvoir municipal par crainte de voir se reproduire les excès antérieurs. Ville impériale et capitale de l'Europe, la cité concentre bientôt les richesses (et les œuvres d'art) des pays annexés. Toutefois, les crises financières de 1805 et de 1810 l'agitent, et l'épopée napoléonienne s'achève en fiasco : à deux reprises, après la chute de l'Empire en 1814 puis après le retour manqué de l'Empereur – avec la défaite de Waterloo en 1815 –, les armées anglaises et cosaques bivouaquent sur les Champs-Élysées et ramènent les Bourbons au pouvoir.

LES TROIS GLORIEUSES Cependant, un tel régime politique n'est plus adapté à la réalité parisienne, d'autant qu'un exode rural accru, motivé par l'essor de l'industrie dans l'est de la ville, attire à Paris une masse de plus en plus importante d'ouvriers. Charles X, successeur de Louis XVIII, en tentant de restreindre la liberté de la presse et de limiter le corps électoral à une petite minorité très fortunée, provoque une nouvelle révolution, les Trois Glorieuses (27, 28 et 29 juillet 1830). Elle trouve d'abord sa résolution dans une voie de compromis, avec l'accession au trône de Louis-Philippe d'Orléans, mais la monarchie de Juillet ne parviendra pas davantage à assujettir le peuple parisien…

LA RÉVOLUTION DE 1848 En 1832, une épidémie de choléra décime plus de 44 000 Parisiens dans les quartiers pauvres de la ville. En 1847, une nouvelle crise économique affecte Paris de plein fouet, alors que sa population atteint pour la première fois 1 million d'habitants. En 1848, 65% des Parisiens sont trop pauvres pour payer des impôts et 80% ont pour sépulture la fosse commune ! Le choc est inévitable : l'insurrection des 22, 23 et 24 février 1848. Fraîchement instaurée, la IIe République est dépassée par l'aile radicale du mouvement, qui souhaite une révolution ouvrière et socialiste. Durement réprimée au mois de juin par les républicains, celle-ci jette finalement la bourgeoisie de l'Ouest parisien, apeurée, dans les bras d'un neveu de Napoléon Ier, qui, de prince-président élu, se proclame empereur après le coup d'État du 2 décembre 1851. Le règne de Napoléon III annonce la plus profonde métamorphose de Paris. Sous l'égide du préfet Haussmann, sa modernisation est rapide, mais celle-ci a également des implications politiques : en éventrant ses vieilles ruelles médiévales pour y percer de larges avenues, le Second Empire vise également à reléguer les classes populaires en périphérie tout en leur confisquant les rues étroites, bastions propices à la pose de barricades lors des insurrections.

LA COMMUNE DE PARIS La déroute de l'Empire après la défaite de Sedan donne l'occasion au mouvement ouvrier de reprendre la main : le 4 septembre 1870, Napoléon III est destitué et la République proclamée à l'Hôtel de Ville. Cependant, les Prussiens assiègent Paris et le gouvernement de coalition doit se replier sur Versailles. Menant une politique de conciliation, il ne fait qu'exaspérer le patriotisme de la ville, même affamée. Le 18 mars 1871, en tentant de récupérer 227 canons qui avaient été financés par une souscription des Parisiens en vue de leur défense au sommet de la butte Montmartre, il précipite la rupture : les insurgés refusent l'autorité de l'Assemblée nationale et s'érigent en Commune, affirmation de l'autonomie parisienne. Le pouvoir municipal établit un programme inédit : instauration d'un salaire minimum, interdiction du travail de nuit, séparation de l'Église et de l'État, instauration d'une École laïque, obligatoire et gratuite, accès de l'enseignement supérieur aux filles, gestion des industries abandonnées par les ouvriers... Ces réformes valent à la ville d'être assiégée, cette fois par le gouvernement français ! La Commune de Paris s'achève dans un immense incendie et un bain de sang : afin de protéger leur retraite, les fédérés usent de la technique de la terre brûlée, qui touche en particulier les Tuileries et l'Hôtel de Ville ; au terme de cette "Semaine sanglante" (21-28 mai 1871), près de 20 000 communards sont fusillés, notamment au mur des Fédérés, dans le cimetière du Père-Lachaise. La ville perd là des hommes de progrès, et sa vocation révolutionnaire est brisée : ni le soulèvement de 1944 ni Mai 1968 n'atteindront les sommets de 1789, 1830, 1848 et 1871, quand Paris faisait l'Histoire !

la Belle Époque et les Années folles

Après l'instauration de la IIIᵉ République, la ville se développe à vive allure : elle compte 2 millions d'habitants en 1876, 2,71 millions en 1901, 2,88 millions en 1911 ! Avec l'essor soutenu de son industrie et de ses techniques, son goût de la fête et ses brillantes avant-gardes artistiques, elle devient la ville phare, exaltée à l'occasion des célèbres Expositions universelles de 1878, 1889 et 1900. La tour Eiffel, élevée pour celle de 1889, reste le plus insigne symbole de la "Ville lumière" ! Relativement épargnée par la Première Guerre mondiale, Paris demeure le centre culturel de la planète après 1918, attirant les artistes du monde entier. À la Belle Époque des Grands Boulevards et de Montmartre succèdent les Années folles de Montparnasse. Toutefois, cette griserie masque un revirement dans l'histoire de la capitale : en 1921, sa population atteint près de 3 millions d'habitants, cependant, la construction s'y interrompt brusquement ; désormais, c'est la proche banlieue qui absorbe les nouveaux arrivants. Malgré l'avant-gardisme architectural d'un Mallet-Stevens ou d'un Le Corbusier, l'Exposition internationale des Arts décoratifs en 1925 n'est plus qu'un pâle reflet des précédentes, tandis que celle de 1937 annonce de nouveaux jours sombres avec le pavillon tapageur du IIIᵉ Reich...

Paris brûle-t-il ?

À peine dix mois après le début de la Seconde Guerre mondiale, la Wehrmacht entre dans Paris le 14 juin 1940 et défile sur les Champs-Élysées. L'Occupation constitue un véritable électrochoc pour les Parisiens qui n'ont pas pris la route de l'exode. Hitler, qui se fait photographier devant la tour Eiffel le 23 juin, ordonne la destruction systématique de tout quartier qui tenterait de s'insurger : outre un symbole, Paris constitue un verrou stratégique dans le dispositif de défense allemand du nord de la France. Les habitants sont soumis à de sévères privations, aux arrestations et aux exécutions, aussi les gestes de résistance restent-ils rares. Seule une poignée d'étudiants manifeste sur les Champs-Élysées le 11 novembre 1940. Les Juifs de Belleville et du Marais sont les premières victimes de la collaboration : les rafles se multiplient, notamment celles des 16 et 17 juillet 1942, au cours desquelles la police française rassemble 13 000 Juifs au Vél' d'hiv' (Vélodrome d'hiver, XVᵉ arrondissement). Au total, plus de 50 000 Juifs parisiens sont déportés et exterminés dans les camps de concentration. Au Mont-Valérien, à l'ouest de Paris, ce sont également 4 500 résistants qui sont fusillés entre 1941 et 1944. Alors que les troupes alliées débarquées en Normandie le 6 juin 1944 approchent, la ville se soulève : entre le 19 et le 22 août, les Parisiens dressent plus de 200 barricades, et les combats de rue font 1 200 morts dans leurs rangs. La 2ᵉ division blindée de Leclerc entre dans la capitale le 24 août. Le général von Choltitz, qui a reçu de Hitler l'ordre de réduire la ville en cendres en cas de défaite, ne l'exécute pas et capitule le 25. Paris ne brûlera donc pas ! Dans la capitale miraculeusement sauve, la fête est intense ! Elle annonce déjà la dernière des révolutions parisiennes : le Paris libéré de Saint-Germain-des-Prés préfigure le Paris très affranchi des décennies à venir…

Mai 68 ou le dernier sursaut ?

Mai 68 reste l'ultime temps fort de l'histoire parisienne, le dernier où ses rues ont vu se dresser des barricades et ont bien failli renverser le gouvernement et le chef de l'État ! Pour autant, l'épisode reste lourd d'un véritable malentendu… Né le 3 mai avec l'occupation de la Sorbonne, le mouvement étudiant a moins marqué le pays par ses revendications politiques et sociales relayant celles du monde ouvrier que par son souhait de libération morale. Si le Quartier latin a focalisé tous les regards, il tenait pourtant sa force de la grève générale décrétée dans les usines du pays au milieu du mois. Avec la contre-manifestation organisée par les gaullistes sur les Champs-Élysées le 30 mai, la révolution politique a échoué, même si la jeunesse parisienne a gagné sa libération des mœurs.

Les enceintes de Paris

l'enceinte de Philippe Auguste

L'île de la Cité, refuge pour les Parisiens inquiets des invasions germaniques, est protégée au IIIᵉ siècle par une première enceinte. Elle constitue ainsi le cœur historique de la ville, celui à partir duquel elle ne cessera de se développer au gré de nouvelles enceintes concentriques. La première d'entre elles, n'englobant que 40 hectares, a été réalisée au IXᵉ siècle sur la Rive droite. La deuxième, œuvre de Philippe Auguste, protège à partir de 1190 la ville commerçante en pleine croissance autour des

Halles. Ce rempart de pierre, large de 2m et ponctué de tours circulaires, s'ouvre à l'est sur l'actuelle rue des Jardins-Saint-Paul (où l'on peut voir ses plus importants vestiges), inclut le village de Beaubourg, cerne les Halles au niveau de l'actuelle rue Étienne-Marcel et se referme à l'ouest sur une nouvelle et imposante forteresse, le Louvre. Le succès de l'Université au Quartier latin motive également l'édification d'un même rempart à partir de 1210 sur la Rive gauche. Il part de la tour de Nesle qui fait face au Louvre, suit le cours de l'actuelle rue Mazarine, se hisse sur la colline où il vient ceindre l'abbaye Sainte-Geneviève puis rejoint la Seine en longeant l'actuelle rue des Fossés-Saint-Bernard. On peut encore en voir des vestiges cour du Commerce-Saint-André et rue Clovis. L'ouvrage laisse en dehors de Paris l'abbaye de Saint-Germain-des-Prés, qui élève ses propres fortifications, au pied desquelles commence de s'épanouir un petit bourg. De même, dans le nord du Marais, les Templiers construisent une véritable ville fortifiée indépendante, l'enclos du Temple, qui deviendra possession des chevaliers de Saint-Jean-de-Jérusalem après leur condamnation par Philippe le Bel en 1313. Jouissant de privilèges fiscaux, elle abritera plus de 4 000 artisans jusqu'à la Révolution, qui en fera une prison. L'importance de l'enceinte de Philippe Auguste est encore tangible de nos jours : elle dessine les limites du "Vieux Paris", celui dont le bâti reste le plus dense et dont le maillage des rues, très étroit quand il n'a pas été repris par Haussmann, conserve le tracé des anciennes parcelles agricoles qui ont déterminé les formes de son lotissement.

le rempart de Charles V

L'enceinte de Philippe Auguste marquera la frontière sud de Paris jusqu'au XVIIᵉ siècle, la Rive gauche se développant beaucoup plus lentement que la rive droite. Dès le XIVᵉ siècle, celle-ci déborde en effet l'ouvrage, et les nouveaux faubourgs doivent être protégés par un autre rempart à l'heure de la guerre de Cent Ans. Charles V en est l'instigateur : édifié dès 1370 à partir de la Bastille, nouvelle forteresse protégeant l'est de la ville, il suit l'actuelle ligne des Grands Boulevards (Madeleine-République). Au XVIIᵉ siècle, la France jouit de la paix intérieure, à la suite des guerres menées par Louis XIV et de la fortification des frontières par Vauban ; Louis XIV ordonne alors sa destruction et son remplacement par un large cours planté d'arbres et scandé d'arcs de triomphe exaltant ses victoires militaires (portes Saint-Martin et Saint-Denis). Le terme guerrier de "boulevard", qui désigne le terre-plein d'un rempart, évoque dès lors la plus symbolique des voies parisiennes ! Toutes les grandes artères concentriques de Paris prendront ce nom, tandis que ses voies pénétrantes seront baptisées "avenues". Sur la Rive gauche, au développement toujours modéré, les boulevards, dont l'aménagement commence sous Louis XIV, ne seront achevés qu'au XIXᵉ siècle (Montparnasse, Port-Royal et Saint-Marcel). Ils se fraient alors un chemin entre les très nombreux collèges et abbayes, tandis que les boulevards de la Rive droite constituent déjà le haut lieu de la fête à Paris, consacrant le mythe des Grands Boulevards.

le mur des fermiers généraux

La banqueroute des finances publiques à la fin de l'Ancien Régime motive l'édification d'une nouvelle enceinte, non plus militaire mais fiscale : elle est destinée à faciliter la perception des droits d'octroi afin qu'aucune marchandise transitant par la ville n'échappe aux taxes de la Ferme générale. D'une largeur de 100m, elle suit le tracé des "boulevards extérieurs" (trajet des lignes de métro 2 et 6) et englobe la ceinture bâtie relativement lâche qui s'est développée au-delà des Grands Boulevards. Elle marquera la limite administrative de Paris jusqu'en 1860 (date à laquelle les 12 arrondissements créés en 1795 seront portés à 20). Sa construction est confiée à Claude Nicolas Ledoux, visionnaire du néoclassicisme. Il prévoit sur son parcours 51 barrières, dont les volumes simples et grandiloquents font date. Seules celles de Monceau, du bassin de la Villette, de la place Denfert-Rochereau et de la place de la Nation subsistent. L'ouvrage très impopulaire fut détruit à la Révolution.

de la "zone" au périphérique

En 1841, dans le contexte de l'affirmation des nationalismes en Europe, Thiers décide la création d'une nouvelle enceinte afin de prévenir toute incursion ennemie. Défendu par 94 bastions et 17 forts avancés, l'ouvrage est ceint d'un anneau non constructible de 250m de largeur dit "zone militaire fortifiée". Avec ses 39km de circonférence, il traverse les faubourgs populaires de la ville et une partie des communes suburbaines (Les Batignolles, La Chapelle, Montmartre, La Villette, Belleville, Charonne, Bercy, Vaugirard, Grenelle, Auteuil et Passy) qui sont finalement annexées à Paris en 1860, dessinant la limite administrative de la ville que nous connaissons toujours. Les "boulevards des Maréchaux", qui ceinturent la ville, sont aménagés dès 1861 sur le boulevard militaire desservant la ligne de défense côté ville. Désarmée à la fin du xixᵉ siècle, la "zone" abandonnée voit s'élever d'innombrables bidonvilles qu'on dit peuplés de "zonards", donnant son sens à l'expression actuelle. Le boulevard périphérique y trouvera sa place dans les années 1970, devenant le dernier et bruyant rempart de Paris.

Les enceintes de Paris

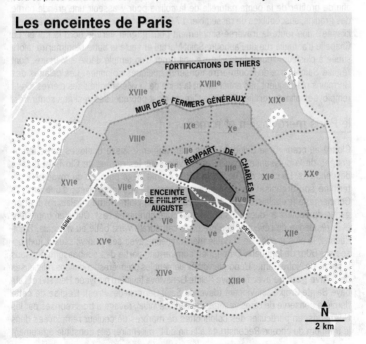

FORTIFICATIONS DE THIERS

MUR DES FERMIERS GÉNÉRAUX

REMPART DE CHARLES V.

ENCEINTE DE PHILIPPE AUGUSTE

SEINE

XVIIᵉ · XVIIIᵉ · XIXᵉ · IXᵉ · Xᵉ · VIIIᵉ · IIᵉ · Iᵉ · IIIᵉ · XIᵉ · XXᵉ · XVIᵉ · VIIᵉ · IVᵉ · VIᵉ · Vᵉ · XIIᵉ · XVᵉ · XIVᵉ · XIIIᵉ

N

2 km

GÉOPANORAMA

Urbanisme et architecture

la ville antique

Après la défaite des Parisii par le général Labienus en 52 av. J.-C., les Romains reconstruisent la ville sur la **montagne Sainte-Geneviève**. C'est une métamorphose ! Tandis que la cité gauloise était constituée de petites maisons de bois et de torchis, ils élèvent une véritable ville italienne, tout en pierre, aux toits de tuile, et organisée selon un strict quadrillage de rues pavées. L'artère principale (le *cardo maximus*), l'actuelle rue Saint-Jacques, prend naissance au débouché du Petit-Pont, stratégiquement construit au passage le plus étroit sur le fleuve. La ville se déploie ensuite vers le nord en formant un large losange, dont la diagonale est constituée par la deuxième artère principale de la ville (le *decumanus maximus*), approximativement repris par la rue des Écoles. À leur croisement s'élèvent les thermes principaux, dits de **Cluny** (fin du IIe siècle), les seuls parmi les trois établissements de bains de la ville dont les vestiges sont encore visibles. Ils conservent la plus grande voûte gallo-romaine de France, dont les consoles sculptées en forme de proues de navire attestent l'importance des **nautes**, en charge du trafic commercial fluvial, dans l'essor de la cité. Au sommet de la colline, sous la présente rue Soufflot, est édifié le forum, centre de la vie lutécienne avec sa curie, sa basilique civile et son temple. Un théâtre s'élève à l'angle des actuels boulevard Saint-Michel et rue Racine, mais il n'en subsiste rien. En revanche, le grand amphithéâtre (improprement appelé "arènes" de Lutèce) a été dégagé à la fin du XIXe siècle. Les Romains l'ont aménagé à l'écart de la ville à l'est (quartier Mouffetard), afin de profiter de la pente naturelle de la colline pour y asseoir une grande partie des gradins, susceptibles de rassembler 17 000 spectateurs. La Rive droite reste délaissée : une route la traverse simplement pour gagner vers le nord le col de La Chapelle (l'actuelle rue du Faubourg-Saint-Martin) et seule la butte Montmartre, alors située à plusieurs lieues de la ville, se voit orner d'un temple dédié à Mercure, dont l'église Saint-Pierre-de-Montmartre conserve quelques colonnes. Les pillages des Germains n'expliquent pas entièrement la ruine de la ville antique : ses pierres furent remployées afin de fortifier l'île de la Cité, et c'est pourquoi ses vestiges sont rares.

le Paris mérovingien et roman

Cloîtré au cœur de la Seine, le Paris mérovingien a laissé quelques rares témoignages de la puissance acquise par la ville sous les règnes de Clovis et de ses descendants. Le choix de l'**île de la Cité** comme siège politique du royaume a déterminé son organisation, qui perdure encore de nos jours avec, d'une part, la Conciergerie (ex-palais de la Cité) et, d'autre part, Notre-Dame : palais royal et organes du pouvoir à l'ouest, institutions du culte chrétien à l'est. Outre un baptistère et la résidence de l'évêque, une première cathédrale y est bâtie au VIe siècle, Saint-Étienne, la plus grande de la Gaule mérovingienne avec ses cinq vaisseaux juxtaposés sur 60m de longueur. On peut en admirer une partie des soubassements sous le parvis de Notre-Dame. L'époque voit également les premières fondations religieuses de la **Rive gauche** avec l'abbaye Sainte-Geneviève (aujourd'hui lycée Henri-IV) et l'abbaye Sainte-Croix-Saint-Vincent (devenue Saint-Germain-des-Prés). L'église de cette dernière conserve de rares vestiges de l'édifice initial, ravagé à trois reprises par les Normands, en particulier des colonnettes de marbres de couleur remployées dans le triforium du chœur. Reconstruite à la fin du Ier millénaire, elle constitue également l'un des rares legs de l'architecture romane à Paris, dont l'essor a été freiné par le développement précoce de l'art gothique : sa tour-porche est ornée de baies en plein cintre caractéristiques (vers 1000) et les chapiteaux de sa nef (vers 1020) passent parmi les plus représentatifs de la sculpture romane avec leur interprétation originale des canons antiques et byzantins.

la citadelle médiévale

Soucieux de défendre les points d'accès à l'île de la Cité, Louis VI fait construire au début du XIIᵉ siècle, de part et d'autre du Petit-Pont et du Pont-au-Change, deux forteresses, le Petit et le Grand Châtelet. La place du Châtelet, sur la Rive droite, en conserve le souvenir. La berge de la Seine qui la jouxte, formant une large grève, est aménagée en port et, en 1141, Louis VII impose que la "**place de Grève**" reste libre de toute construction afin de permettre le développement du marché qui assure l'approvisionnement de la ville. Avec son essor, il est transféré plus au nord, au lieudit les Champeaux, où Philippe Auguste fait construire de premières halles au début du XIIIᵉ siècle. C'est la naissance du quartier des **Halles**, cœur de la ville médiévale. Toutefois, la place de Grève jouit toujours d'une grande importance pour le pouvoir marchand : en y établissant le siège du parloir aux bourgeois en 1358, Étienne Marcel y fixe définitivement les organes du pouvoir municipal (aujourd'hui place de l'Hôtel-de-Ville). Enserrée dans l'enceinte élevée par Philippe Auguste, la Rive droite présente alors le plus parfait visage d'une cité médiévale, tout en ruelles tortueuses et anarchiques ponctuées de places fortes et d'innombrables églises autour desquelles s'agglutinent d'étroites maisons à pans de bois en encorbellement, hérissées de pignons. L'ensemble est dominé par le flambant neuf **donjon du Louvre**, la plus haute tour de la ville (30m). La Seine, elle-même bordée d'un rang serré d'habitations jusque sur ses ponts et encombrée de bateaux, est loin de présenter le visage paisible d'aujourd'hui ! Si le plan de ses anciennes paroisses (Saint-Merri, Saint-Germain-l'Auxerrois, Saint-Gervais, etc.) a parfois été préservé, le Paris médiéval a disparu : le Moyen Âge ne subsiste qu'à l'état de vestiges, toutefois saisissants. Sur le quai de l'Horloge, la façade du palais de la Cité, non dénuée d'élégance avec son bel enchaînement de tours et de créneaux reconstruit à la fin du XIIIᵉ siècle par Philippe le Bel, témoigne de l'ancien caractère défensif de la ville. Le bâtiment recèle en outre une superbe "salle basse" : divisée en deux nefs par une série de minces colonnes, elle est la plus grande salle gothique conservée en France. Quant aux fossés du Louvre médiéval, dégagés lors du récent réaménagement du musée, ils autorisent une étonnante balade au cœur du Paris de Philippe Auguste. Enfin, la **tour de Jean-sans-Peur** (rue Étienne-Marcel), construite au début du XVᵉ siècle, est l'unique exemple d'architecture civile militaire encore visible dans la ville : il faut noter la fière allure de ses murs épais de deux mètres et percés de meurtrières ! Le paysage offert au Moyen Âge par le **Quartier latin** est alors bien distinct : avec l'essor de l'Université, le quartier Saint-Séverin est loti dès le XIIIᵉ siècle en bordure de Seine, mais ce sont surtout les collèges et les couvents qui commencent de coloniser les pentes sud de la montagne Sainte-Geneviève, dont l'aspect est dès lors déterminé ; jusqu'au XVIIIᵉ siècle, elle restera couverte de réfectoires, de pensions, de chapelles et de bâtiments conventuels enclos de larges jardins. Fermés à la Révolution, la plupart ont été détruits ; seuls les réfectoires du collège des Bernardins (rue de Poissy) et du couvent des Cordeliers (rue de l'École-de-Médecine) en conservent l'image ancienne avec leurs volées de baies gothiques et de contreforts, caractéristiques.

GÉOPANORAMA

prouesses de l'âge gothique

LE GOTHIQUE PRIMITIF Si le Moyen Âge a laissé sa marque dans la ville, c'est principalement à travers ses églises et sa cathédrale, véritables chefs-d'œuvre et témoins exemplaires de l'explosion architecturale dont l'Île-de-France est le berceau au milieu du XIIe siècle : l'essor du style gothique. Les bâtiments s'ouvrent à la lumière et accentuent la verticalité. La première croisée d'ogives est réalisée dans le chœur de l'église Saint-Martin-des-Champs vers 1130, mais son emploi, ainsi que celui de l'arc brisé, est véritablement systématisé sur le chantier de la **basilique de Saint-Denis**, nécropole des Rois de France (à 5km au nord de Paris). Les croisées, en reportant les poussées de l'édifice sur les arcs-boutants extérieurs, permettent d'alléger les parois et de les percer de baies élancées. Dans Paris, le chœur de l'église **abbatiale Saint-Germain-des-Prés** est le premier à être reconstruit selon le nouveau style vers 1145 : soutenue par les arcs-boutants les plus anciens de la ville, sa nef témoigne d'une élévation toute maîtrisée accentuée par une élégante série d'arcs brisés et de colonnettes. Au cours des décennies qui suivent, le style gothique s'affine, en particulier sur le chantier de Notre-Dame, dont Maurice de Sully pose la première pierre en 1160.

LE GOTHIQUE RAYONNANT Au début du XIIIe siècle, alors que sa nef est à peine achevée, **Notre-Dame** offre l'occasion d'une libération structurelle exemplaire, qui donne naissance au style gothique rayonnant : les fenêtres sont compartimentées par des meneaux dont le tracé se complique de lobes et de redants. Parallèlement, d'amples arcs-boutants, élevés d'un seul jet, enserrent la structure portante, qui peut ainsi accueillir des fenêtres immenses ; son élévation peut être aussi maximale : Notre-Dame est à la jonction des cathédrales gothiques primitives (Sens, Laon, Senlis) et des grandes cathédrales classiques (Chartres, Reims, Beauvais, Amiens). À partir du premier tiers du XIIIe siècle, la cathédrale a fait l'objet d'une importante modification intérieure et extérieure qui lui a conféré son aspect actuel : à l'intérieur, l'agrandissement des fenêtres hautes apporta encore plus de luminosité ; à l'extérieur, elle prit un côté aérien grâce aux arcs-boutants et à la flèche de la croisée du transept. Enfin, Jean de Chelles et Pierre de Montreuil dressèrent deux vastes portails à l'extrémité de chacun des bras du transept avec une immense rose de 20m de diamètre. On doit la **Sainte-Chapelle** au second de ces deux architectes (1241-1248). Merveille de légèreté et de verticalité, elle n'est plus un bâtiment de pierre mais une véritable cage de lumière, sertie dans des contreforts colossaux et parée de magnifiques vitraux qui restent les plus anciens de la ville. Pierre de Montreuil reconstruit également les bâtiments conventuels des moines de Saint-Germain-des-Prés ; en leur cœur, il réalise une chapelle de la Vierge restée fameuse. L'ensemble est détruit à la Révolution, mais le musée de Cluny conserve quelques fragments de ses dentelles de pierre, qui attestent son ancienne beauté. À ces joyaux s'ajoutent nombre d'églises paroissiales, souvent reprises et agrandies par la suite. Ainsi notamment Saint-Merri, Saint-Séverin et Saint-Médard, et le mieux préservée des églises gothiques parisiennes, **Saint-Germain-l'Auxerrois**, face au Louvre.

LE GOTHIQUE FLAMBOYANT Après la révolution d'Étienne Marcel, Charles V quitte le palais de la Cité pour s'installer d'abord à l'hôtel Saint-Pol dans le Marais, dont il va ainsi déterminer la vocation aristocratique, puis au **Louvre**, dont il décide la transformation en résidence royale. Sous l'égide de Raymond du Temple, la forteresse devient une élégante construction gothique percée de baies élancées et cernée de jardins. Ravagée par la guerre de Cent Ans, Paris conserve son aspect médiéval jusqu'au milieu du XVᵉ siècle : l'absence de la Cour (Charles VII s'est installé sur les bords de la Loire) y freine la Renaissance. Seul Louis XII, se faisant l'écho des préoccupations urbanistiques naissantes, impose la construction de maisons homogènes sur le nouveau pont Notre-Dame, d'après les plans de l'architecte italien Fra Giacondo. François Iᵉʳ accélère cette évolution : il fait bâtir le premier quai en pierre et ordonne la démolition des portes fortes de l'enceinte et l'alignement des rues principales. Cependant, Paris préfère offrir le plus beau des chants du cygne au style gothique flamboyant, exacerbation de la verticalité. L'édification de la tour Saint-Jacques, ancien clocher de l'église Saint-Jacques-de-la-Boucherie, aujourd'hui disparue, donne l'occasion à ses sculpteurs de démontrer leur savoir-faire de véritables dentelliers sur pierre dans une escalade de dais et de pinacles. Au même moment, l'**église Saint-Séverin** est ceinturée d'une exubérante forêt de piliers et de fenestrages de pierre hautement flamboyants.

une Renaissance tardive

Dans ce contexte, les préceptes de la Renaissance, qui revendique un retour aux canons architecturaux de l'Antiquité, peinent à s'imposer. Les églises Saint-Étienne-du-Mont et Saint-Eustache, également construites à l'époque, empruntent plus au nouveau style qu'elles ne l'adoptent véritablement : on y constate la simple application d'éléments architecturaux Renaissance (frontons, larmiers, cartouches…) sur une structure d'ensemble toujours gothique. Alors que François Iᵉʳ ordonne la reconstruction de l'**Hôtel de Ville**, on choisit d'y marquer la double appartenance de Paris à l'aire méditerranéenne et à l'Europe du Nord à travers l'alliance inédite du modèle de la maison municipale flamande et des motifs Renaissance. Enfin, si le goût du confort cher aux princes italiens commence de faire des émules parmi les élites parisiennes, il s'exprime dans une forme originale dont l'**hôtel de Sens** et l'hôtel de Cluny restent les derniers témoins : ressemblant encore à de petits châteaux forts dans la ville et de style gothique flamboyant, ils prennent toutefois l'aspect de véritables demeures de plaisance aux façades finement ouvragées. Un mouvement est initié qui ne cessera de s'affirmer : l'**hôtel de Cluny** passe pour le premier des hôtels particuliers parisiens, dont il anticipe le plan avec son corps central flanqué de deux ailes de retour formant cour d'honneur. Mais, dès lors, c'est un style résolument parisien et urbain qui s'impose.

l'affirmation du classicisme français

Les XVIᵉ et XVIIᵉ siècles voient l'élaboration d'un art original où les architectes se soustraient aux influences italianisantes pour puiser directement aux sources de l'architecture antique des motifs dits "classiques" (colonnes et chapiteaux corinthiens, pilastres, frontons, bas-reliefs, lignes droites, etc.). Pierre Lescot, Jean Goujon et Philibert Delorme en sont les premiers artisans. Pour François Iᵉʳ, qui souhaite la reconstruction du Louvre, le premier dessine de superbes façades (**cour Carrée**) où les emprunts à l'antique sont tempérés par une recherche de la variété décorative. Jean Goujon sculpte les nymphes de la **fontaine des Innocents**, aux Halles, et rehausse l'**hôtel Carnavalet**, dans le Marais, de bas-reliefs italianisants sur le thème des saisons, qui s'inscrivent entre des croisées à meneaux. Enfin, pour Catherine de Médicis, Philibert de l'Orme élève le célèbre **palais des Tuileries**, incendié pendant la Commune : ses pavillons symétriques rythmés de pilastres témoignent d'une recherche de majesté inédite dans Paris, tandis que les jardins qui sont aménagés dans son prolongement annoncent l'art du jardin royal. Henri IV, véritable prince urbaniste, se révèle soucieux d'embellissement et d'ordonnancement, tirant le meilleur parti des enseignements de la Renaissance. Il fait achever le **Pont-Neuf**, qui reste le plus vieux pont de la ville et le témoin d'une véritable révolution : avec ce premier pont de pierre dépourvu de maisons, la Seine commence de devenir un paysage. Il poursuit l'œuvre entreprise par Catherine de Médicis, la réunion du palais des Tuileries au Louvre de François Ier, situé à plus de 500m. L'immense galerie qui longe la Seine, due à Louis Métezeau et Jacques Androuet Du Cerceau (aujourd'hui disparue en cet état), est achevée en 1595 : elle rivalise avec les plus belles galeries italiennes tout en annonçant la galerie des Glaces de Versailles. Enfin, Henri IV est à l'origine d'une évolution fondamentale où l'essor des préoccupations urbanistiques prend un tour original dans le contexte du centralisme monarchique français : la ville commence de se mettre en scène elle-même tout en glorifiant le pouvoir du souverain à travers les premières "places royales", ornées d'une statue du roi. La **place Dauphine** est aménagée à la pointe ouest de l'île de la Cité à partir de 1601 et, surtout, dans le Marais, la place Royale (aujourd'hui **place des Vosges**) à partir de 1604, un carré parfait bordé de maisons d'une même ordonnance rythmées par un élégant chaînage de briques et de pierre.

L'HÔTEL PARTICULIER OU L'ÉLÉGANCE FAITE ART La place Royale s'affirme rapidement comme le centre des réjouissances aristocratiques à Paris, au cœur d'un Marais plus royal que jamais : les hôtels particuliers s'y multiplient. Les hôtels d'Albret, de Coulanges, d'Alméras, Donon et de Sully restent les plus célèbres en consacrant le plan classique. Dans le même temps, Marguerite de Valois (dite la reine Margot) fait élever sur les terres en friche de la Rive gauche en face des Tuileries un palais (aujourd'hui disparu) qui prélude à l'urbanisation du faubourg Saint-Germain, futur quartier aristocratique de la capitale. Cette vocation s'affirme dès 1615 avec la construction à la limite sud de la ville, pour Marie de Médicis, du **palais du Luxembourg**, inspiré du Palazzo Pitti de Florence mais respectant le plan de l'hôtel particulier parisien. Immense, lumineux, il annonce les châteaux de plaisance du XVIIIe siècle. Le jardin qui le ceint marque aussi une évolution essentielle : non plus seulement ouvertes sur le paysage et bien ordonnées à l'italienne, ses lignes prolongent celles du palais et démontrent le triomphe de l'homme sur la nature. Ainsi naît la formule du **jardin à la française**. Vers 1620 débute le lotissement de l'**île Saint-Louis**, jusque-là couverte de champs. Parfaitement alignés sur la rue centrale ou les quais, ses hôtels marquent l'abandon définitif des hauts toits du Moyen Âge au profit de combles brisés percés de lucarnes ou garnis de balustrades et surtout de la brique au seul profit de la pierre. La ville devient monochrome, un grand tableau fait d'une seule tonalité crème !

MATURATION ARCHITECTURALE DE LA VILLE Les larges façades planes des hôtels, dont quelques-uns sont dessinés par François Mansart ou Le Vau (hôtels de Lauzun et Lambert), permettent l'affirmation d'un langage architectural avant tout soucieux de lignes pures et de proportions savantes. Cette maturation s'opère particulièrement à travers l'intense campagne de construction religieuse qui marque la première moitié du XVIIe siècle. Le bourg de l'abbaye de Saint-Germain-des-Prés voit s'élever une nouvelle église, **Saint-Sulpice**, un véritable colosse et un chef-d'œuvre qu'il faudra plus d'un siècle pour achever. Le ciel parisien commence également de changer de forme avec l'édification des premiers dômes inspirés des églises romaines : citons la **chapelle de la Sorbonne**, reconstruite à la demande de Richelieu, et l'**église Saint-Roch**, dues à Lemercier, ainsi que le **Val-de-Grâce**, la plus fameuse des soixante abbayes qui voient alors le jour aux abords du Quartier latin ! François Mansart, Lemercier et Le Duc se succèdent sur le chantier et portent à leur sommet les évolutions engagées avec la Sorbonne et Saint-Roch : ils tempèrent les inspirations baroques du style (lyrisme du fronton, richesse du décor) par un caractère sculptural et une recherche d'équilibre qui marquent la consécration d'un style propre, le classicisme français, sous-tendu par une idée maîtresse, l'ordre, futur emblème du classicisme louis-quatorzien.

Paris, ville en majesté

Avec le règne de Louis XIV, le classicisme triomphe jusque dans l'urbanisme. La ville est conçue comme un organisme réglé voué à assujettir des forces autrefois centrifuges : aux ruelles anarchiques du Moyen Âge s'opposent les premières perspectives rayonnantes et des places parfaitement dessinées qui évoquent l'unique centre de toutes choses, le roi ! Tel ou tel site est retenu en fonction de considérations urbanistiques qui visent à la meilleure valorisation du bâtiment élevé. Sur les bords de Seine, le premier exemple en est le collège des Quatre-Nations (aujourd'hui l'**Institut de France**), une merveille d'élégance et de mesure voulue par Mazarin et due à Le Vau. Deux nouvelles places voient le jour, la **place des Victoires** (qui bénéficie du premier éclairage public nocturne) et la magistrale place Louis-le-Grand (aujourd'hui **Vendôme**), où Jules Hardouin-Mansart met définitivement au point la typologie des places royales, au parfait ordonnancement. Dans le même temps, la destruction du rempart de Charles V sur la Rive droite fait de Paris une ville propice à la promenade. L'aménagement du **jardin des Tuileries** par Le Nôtre marque également le triomphe du jardin français. Dans son axe est percé un grand cours planté, la future perspective des **Champs-Élysées**, si importante dans l'urbanisme parisien. Le nouvel agrandissement du Louvre voulu par le roi donne l'occasion au classicisme français de recevoir son manifeste avec l'illustre **Colonnade** de Perrault : s'y affirme un goût sévère soucieux de symétrie, de proportions qui parlent à l'esprit et de sobriété du décor. Ces canons s'imposent à travers les immenses chantiers qui sont lancés en périphérie de la ville : l'hôpital de la **Salpêtrière**, l'**Observatoire** et les **Invalides**, le plus grand chantier du siècle après Versailles. Le style s'épanouit également à travers les hôtels particuliers qui se multiplient dans le faubourg Saint-Germain (hôtels de Villars, de Rothelin-Charolais) et les villégiatures qui fleurissent à Passy (le château de la Muette, aujourd'hui disparu). En 1718, l'hôtel d'Évreux (actuel **palais de l'Élysée**) achevé inaugure l'urbanisation du faubourg Saint-Honoré. Le Marais passé de mode voit toutefois s'élever quelques-unes des plus splendides constructions de l'époque : les **hôtels de Soubise** et **de Rohan** portent à son apogée le style classique avec leur ornementation discrète et leur ordonnancement rythmé de portiques à fronton. Puis le style Louis XV conduit à un relatif retour de l'exubérance à travers les joliesses du style rocaille qui viennent parer les façades, les mascarons riants qui surmontent leurs fenêtres et les ferronneries aériennes qui les devancent : les hôtels de Beauharnais, de Roquelaure, de Brienne et le petit hôtel de Montmorency au faubourg Saint-Germain en sont les meilleurs exemples.

Louis XV est à l'origine de projets majeurs dans la ville, la fondation de la majestueuse **École militaire** sur le Champ-de-Mars et, surtout, la création de la place Louis-XV (aujourd'hui **place de la Concorde**), due à Ange Jacques Gabriel : ordonnée sur la perspective des Tuileries et des Champs-Élysées et ouverte sur la Seine, elle n'est bordée de bâtiments que d'un côté. C'est la nature et l'espace eux-mêmes qui sont ainsi mis en scène ! Ville spectaculaire, Paris fait dès lors l'admiration de l'Europe.

architecture publique

La révolution intellectuelle du siècle des Lumières marque également le visage de Paris. Le goût pour la nature s'affiche à travers l'architecture (les hôtels particuliers s'ornent d'immenses fenêtres, et leurs façades accueillent des guirlandes de fleurs, comme sur le grand hôtel de Montmorency) et une nouvelle mode paysagère. À partir de 1773, le duc de Chartres fait aménager le **parc Monceau** en l'agrémentant de fabriques, puis en 1777 le comte d'Artois **Bagatelle** dans le goût anglo-chinois : ce sont les premiers jardins pittoresques de la ville, qui s'entiche alors de leurs allées sinueuses. L'affirmation du goût du confort et de l'intimité introduit également une nouveauté fondamentale : les appartements aristocratiques ne viennent plus en enfilade, mais ils sont souvent desservis par un long couloir.

PREMIER PROJET URBAIN D'ENSEMBLE La fin du règne de Louis XVI voit l'aménagement du quartier de l'**Odéon** : y sont tracées des rues bien régulières et rayonnantes, et la hauteur de ses bâtiments est proportionnée à leur largeur pour des raisons d'hygiène et d'aération. Il est également le cadre d'une double révolution : on y aménage les premiers trottoirs de la ville afin d'en finir avec la boue omniprésente sur ses chaussées uniques et on y consacre un nouveau type de logement, l'immeuble de rapport, constitué d'appartements séparés et desservis par des parties communes (cour et escalier). L'ensemble est de plus couronné d'un théâtre jouissant, à la manière antique, d'un bâtiment distinct dans la ville, l'Odéon, témoignant de l'essor d'une sociabilité résolument urbaine qui s'épanouit alors : sur les **Grands Boulevards** également, les cafés et les restaurants se multiplient tandis que les **Champs-Élysées** s'imposent comme un lieu de promenade et de divertissement. La chaussée d'Antin, la plaine Monceau et la couronne des boulevards sont lotis à la même époque d'imposants immeubles locatifs. Le duc d'Orléans lui-même suit l'exemple des banquiers en ceinturant le jardin du Palais Royal (créé par Richelieu) d'un ensemble d'immeubles de rapport aux façades identiques, élevés au-dessus d'un péristyle solennel.

le néoclassicisme

Ces réalisations marquent d'autant plus l'époque qu'elles s'expriment dans un nouveau style architectural, le néoclassicisme, empreint de monumentalité. Le siècle des Lumières nourrit une passion pour l'Antiquité et ses hautes vertus, dont les anciens temples et monuments publics passent pour le premier symbole : les architectes y puisent directement leur inspiration afin de renouer avec ces temps héroïques. L'**hôtel de la Monnaie**, le **théâtre de l'Odéon** et l'**École de médecine** reprennent ainsi à l'envi les frontons et les colonnades des temples grecs et les volumes simples et impressionnants des monuments romains. La Révolution puis le Premier Empire sauront exalter autrement la symbolique de cette architecture digne des Anciens… prêts au sacrifice suprême pour la liberté ! On assiste à une véritable résurgence de l'Antiquité dans la ville : le **Panthéon**, la **Madeleine**, la façade du Palais Bourbon (**Assemblée nationale**), la **colonne Vendôme** (imitée de la colonne Trajane à Rome) puis le palais Brongniart (la **Bourse**) et l'**Arc de triomphe** sont les représentants les plus exemplaires du néoclassicisme, de véritables temps forts dans le paysage parisien.

le Paris d'Haussmann

De la Révolution au Second Empire, Paris change peu. Seul le percement de la rue de Rivoli voulu par Napoléon Iᵉʳ préfigure les bouleversements à venir. Le lotissement privé ne renaît qu'avec la Restauration, où la finance assure l'essor de nouveaux quartiers à la mode : Madeleine, Europe, Saint-Georges et, près des Champs-Élysées, François Iᵉʳ. Ils confirment la poussée vers l'ouest du Paris aisé. Dans le domaine des réalisations publiques, seule l'érection en 1836, sur la place de la Concorde, de l'**obélisque de Louxor**, est notable. Les quartiers du Centre et de l'Est abritent le petit peuple de Paris dans des conditions de promiscuité et d'insalubrité qui ne sont pas sans incidence sur les révolutions de 1830 et de 1848. Avec l'avènement du Second Empire est venue l'heure de leur plus profonde métamorphose.

UN PLAN D'URBANISME RÉVOLUTIONNAIRE Le préfet Haussmann élabore un plan d'urbanisme qui doit accoucher de la ville moderne, percée de larges avenues aérées et propices à la circulation des voitures hippomobiles et des omnibus créés en 1828. L'élan économique et industriel de l'époque permet de mener le projet tambour-battant. Seuls le Marais et les abords de la rive gauche de la Seine seront miraculeusement préservés, faute de temps et de moyens. L'**île de la Cité**, restée pratiquement inchangée depuis l'époque médiévale, est proprement rasée : le parvis de Notre-Dame est dégagé, le palais de justice (la Conciergerie) est doublé, l'Hôtel-Dieu reconstruit selon les doctrines hygiénistes alors en vigueur et une immense préfecture de police élevée au cœur de l'îlot. Un quadrillage d'**amples artères** vient éventrer les anciens quartiers pour traverser la ville de part en part et en dégager le centre (bd de Sébastopol, rue Étienne-Marcel, rue Réaumur, av. de l'Opéra, rue La Fayette et bd de Magenta, Rive droite ; bd Saint-Michel, bd Saint-Germain, rue Soufflot, av. des Gobelins et rue de Rennes, Rive gauche, pour les plus marquantes). Ils sont unis par de **grandes places** qui ponctuent la ville : Châtelet, Saint-Michel, Nation, Bastille, République, Denfert-Rochereau, d'Italie. Les nouvelles artères sont plantées d'arbres et reçoivent un mobilier urbain inédit : bancs, grilles d'arbre, éclairage public à foison, colonnes Morris qui annoncent les spectacles et les cent **fontaines Wallace** offertes en 1872 par un philanthrope anglais. Elles représentent le plus typique des lieux de vie parisiens. La modernisation de la ville passe par la refonte des réseaux d'adduction d'eau et d'égouts et par la création de nombreux squares et de deux grands parcs destinés à former les poumons verts de la ville : les **Buttes-Chaumont** et **Montsouris**, ordonnés selon la mode paysagère anglo-chinoise. Avec l'aménagement des **bois de Boulogne** et de **Vincennes** par Alphand, les espaces verts atteignent 1 800 ha dans la ville. Enfin, sur le plan de l'architecture monumentale, l'Empire lègue à la ville deux créations majeures : l'aile nord du **Louvre** qui double la Grande Galerie (la démolition des ruines des Tuileries en 1883 donnera ainsi au palais sa disposition actuelle en forme de diapason) et l'**Opéra Garnier**, inauguré en 1875, véritable manifeste du **style Napoléon III** par l'éclectisme de son répertoire décoratif.

GEOPLUS

Les grands travaux

**Après les grands projets culturels des années 1980,
Paris continue à se doter de programmes de prestige,
mais à un rythme moins soutenu. Les terrains se font
rares au sein d'une ville déjà très dense et les travaux
sont davantage liés à des opérations de réaménagement
sur des emprises ferroviaires ou industrielles qui mêlent
logements, bureaux et équipements. Paris est le centre
d'une métropole au dynamisme certain, qui produit 5%
de la richesse européenne : c'est aussi dans sa banlieue
que se joue sa croissance.**

une ville constituée

Peuplée de 2 millions d'habitants au sein d'une agglomération qui
en compte plus de 11 millions, Paris reste étroitement enserrée
dans des limites administratives fixées en 1860, matérialisées par
un boulevard périphérique dont le tracé coïncide exactement avec
le glacis de la fortification élevée en 1845. Bien que sa population
ait largement baissé depuis 1927 (on dénombrait alors 3 millions
de résidents), Paris intra-muros est l'une des grandes villes les
plus denses du monde, avec 20 000 hab. au km². Malgré son
tissu urbain très serré, la capitale continue à se renouveler, après
40 ans de transformations importantes. Les grandes opérations
de rénovation des années 1960-1970 portaient avant tout sur
d'anciennes emprises industrielles. Elles ont radicalement
transformé le paysage par de nouveaux quartiers de tours et de
barres groupées autour de dalles réservées aux piétons. Trente
ans après leur construction, ces secteurs font l'objet d'opérations
de "réparation" (quartiers Italie et Olympiades dans le 13e ardt,
Front de Seine dans le 15e, Saint-Blaise dans le 20e, cité Michelet
dans le 19e). Malgré la poursuite de chantiers de grande envergure
comme la reconstruction des abords de la gare de Lyon, la fin des
années 1970 voit un rejet de l'urbanisme moderne. L'attention des
bâtisseurs se porte davantage sur le patrimoine des quartiers
constitués et sur l'Est parisien ; un programme est lancé en 1983
pour réduire le déséquilibre entre les deux moitiés de la ville. Le
centre Pompidou, avec son architecture provocante et magnifique,
est le premier d'une série de projets de prestige lancés par l'État,
aujourd'hui tous réalisés : celui de l'Institut du Monde Arabe
(Jean Nouvel, Gilbert Lézénès, Pierre Soria et Architecture Studio),
premier "petit grand projet" ; les grands projets muséographiques
d'Orsay (ACT et Gae Aulenti), puis du Grand Louvre avec sa
fameuse pyramide (Ieoh Ming Pei). Le parc de la Villette (Bernard
Tschumi), l'Opéra Bastille (Carlos Ott), qui s'est finalement fondu

GEOPLUS

dans le paysage, la Grande Arche de la Défense (Otto von Spreckelsen et Paul Andreu) ont fait l'objet de grands concours internationaux. Enfin, le projet de la Cité de la musique (Christian de Portzamparc) et celui de la Bibliothèque nationale de France (Dominique Perrault) ont été choisis sur un concours restreint. Projet majeur du début du XXIe siècle, le musée du Quai-Branly a été inauguré en 2006. Sur l'un des derniers terrains libres le long de la Seine, où l'on avait déjà pensé édifier un centre de conférences internationales, Jean Nouvel a installé avec générosité un musée au concept original autour d'une collection d'œuvres ethnologiques. Derrière un jardin en retrait des berges, le musée du Quai-Branly s'affirme déjà comme une pièce majeure dans le paysage parisien, sans pour autant écraser son environnement. Façades végétalisées, vitrages imprimés, "cabanes" en saillie, pilotis métalliques au positionnement et à la taille aléatoires comme autant d'arbres ou de totems, les dispositifs évoquent la nature, la forêt, le fleuve, figurent la mort et l'oubli.

> "Derrière un jardin en retrait des berges, le musée du Quai-Branly s'affirme déjà comme une pièce majeure dans le paysage parisien."

les projets en cours

Plusieurs grandes opérations sont actuellement en cours, menées soit par l'État soit par la Ville. Parmi elles, le renouveau du quartier des Halles, envisagé depuis 2004, dont la coordination a été confiée à David Mangin (agence SEURA). Dans son étude de définition, il a proposé un parti clair et raisonnable : le pôle d'échange et les commerces sont abrités sous un vaste dais à 9m du sol, laissant filtrer la lumière et filer le regard tandis que les jardins côté ouest sont réaménagés d'un seul tenant. Un nouveau concours a désigné, en juin 2007, les architectes Patrick Berger et Jacques Anziutti pour leur projet "Canopée" qui couvrira le Forum. Le premier coup de pioche est prévu côté jardin (2008) et les travaux dureront jusqu'en 2012.

les derniers grands terrains...

Le plan local d'urbanisme de Paris arrêté en 2005 prévoit une vingtaine d'opérations de plus ou moins grande envergure, parmi un ensemble qui totalise 940ha sur les 10 000 que compte Paris. Les dernières grandes emprises disponibles proviennent surtout du patrimoine ferroviaire. En effet, les réseaux des principales lignes de chemin de fer installés dans les années 1837-1848 avaient trouvé leur tête de ligne à l'intérieur de l'enceinte construite à la même époque et même du mur des fermiers généraux de 1780. Depuis, la ville s'est étendue et les gares jouissent aujourd'hui d'une situation centrale ; elles disposent de larges •••

GEOPLUS

••• faisceaux et de dépôts de marchandises qui ont aiguisé les appétits fonciers. Le faisceau de la gare d'Austerlitz, qui s'étend jusqu'au périphérique, a été le premier reconquis, simultanément à la reconstruction des terrains industriels de la Rive gauche en amont de Paris. Ce projet de longue haleine lancé en 1991 s'articule autour d'une nouvelle artère, l'avenue de France, aménagée en partie au-dessus des voies ferrées, avec pour monument phare la nouvelle Bibliothèque nationale. Paris-Rive-Gauche se caractérise par un découpage assez large des îlots et une nette séparation des blocs de bureaux et de logements. Moins dense que prévue, l'opération s'achève par la réhabilitation d'éléments initialement voués à la démolition : transformation des Magasins généraux d'Austerlitz en Cité de la mode et du design (Jakob et Mac Farlane), insertion d'un pôle universitaire autour des grands moulins (Rudy Ricciotti), installation d'une école d'architecture dans une usine d'air comprimé (Frédéric Borel)…
L'inauguration en 2006 de la passerelle Simone-de-Beauvoir sur la Seine (Dietmar Feichtinger et RFR) a facilité la liaison avec le quartier de Bercy et son parc, réalisation majeure des années 1990 à l'emplacement de l'ancienne halle aux vins.
Au nord-ouest, le réseau de la gare Saint-Lazare s'élargit autour de la gare de marchandises des Batignolles. C'est là que devait voir le jour le village olympique des Jeux de 2012. Après l'échec de la candidature parisienne, l'aménagement se poursuit autour d'un parc de 10ha, avec un important programme de logements et de bureaux qui s'étire jusqu'au périphérique.

> "Ce projet de longue haleine lancé en 1991 (Paris-Rive-gauche) s'articule autour d'une nouvelle artère, l'avenue de France, aménagée en partie au-dessus des voies ferrées, avec pour monument phare la nouvelle Bibliothèque nationale."

… et les reconversions

D'autres terrains ferroviaires sont en travaux : la gare de Rungis dans le 13ᵉ, mêlant logements et bureaux ; les messageries rue Pajol, dans le 18ᵉ, transformées au profit d'équipements publics ; la cour du Maroc dans le 19ᵉ, le long de l'emprise de la gare du Nord, où, cette fois, les entrepôts sont rasés pour faire place à un parc (Michel Corajoud) ; la gare d'Auteuil dans le 16ᵉ. À une moindre échelle, et de manière plus traditionnelle, on reconvertit de grands sites hospitaliers (Boucicaut, Laennec, Hérold), dont les bâtiments sont en partie conservés. Les anciennes Pompes funèbres municipales du 19ᵉ arrondissement vont devenir un lieu de production artistique innovant (Atelier Novembre). Enfin, quelques grandes opérations de promotion privée de bureaux sont aussi venues restructurer, ces dernières années, des îlots

entiers dans le centre (cour Édouard-VII, ancien siège du
Crédit lyonnais et l'ancien siège de la Seita sur le quai d'Orsay).

les abords du périphérique

Les deux tiers des grandes opérations concernent la limite du
Paris intra-muros, les abords immédiats du boulevard périphérique
et donc, bien souvent aussi, les communes limitrophes. Réalisé
entre 1957 et 1973, il est aujourd'hui le plus fréquenté d'Europe.
Sous le vocable "Grand projet de renouvellement urbain" (GPRU),
les opérations mettent en jeu de vastes infrastructures ferroviaires,
des friches industrielles ou des entrepôts, des ensembles de
logements sociaux, sans compter le périphérique lui-même et ses
échangeurs. L'hétérogénéité de ces tissus induit des typologies
architecturales plus variées qu'au centre, de la tour à la maison
individuelle. Les principaux projets se situent au nord et à l'est.
Entre la porte de la Chapelle et le parc de la Villette, ils touchent
une zone ferroviaire et de vastes entrepôts. À l'est de l'échangeur
de la Chapelle, un ensemble linéaire, le long des Maréchaux,
s'esquisse, avec l'apparition d'une promenade plantée (Dusapin
et Leclercq) sur une partie des voies ferrées. Au nord-est, on
"recouvre" la porte des Lilas pour y installer un nouveau jardin,
des équipements, une résidence universitaire, des bureaux. Près
des portes Pouchet, de Clignancourt, de Vincennes, d'Ivry ou de
Vanves, on souhaite améliorer la qualité du cadre de vie à travers
une assez forte densification et une mise en
valeur des plantations des abords du périphérique
et, parfois, une couverture. De l'autre côté du
périphérique, mais au centre de la région
parisienne, d'importantes mutations sont en cours
à Issy-les-Moulineaux, à Clichy, à Saint-Denis, à
La Plaine Saint-Denis, à Aubervilliers ou à Pantin.
Malgré une réelle volonté de concertation, une
maîtrise d'œuvre diversifiée et un débat d'idées
ouvert, la difficulté à œuvrer à Paris limite l'ampleur
des projets. Sans doute faut-il désormais regarder la capitale
comme une métropole et une fédération de 1 281 communes sur
un territoire de 40km de diamètre. Les transports, le logement,
l'emploi, l'enseignement supérieur ne peuvent plus être considérés
à la seule échelle locale. C'est aussi par une densification
progressive et une intégration plus forte de sa petite couronne
que Paris pourra prétendre rester l'une des capitales mondiales.
Le grand chantier du Paris de demain est aussi politique●

> **"C'est aussi par
> une densification
> progressive et une
> intégration plus forte de
> sa petite couronne que
> Paris pourra prétendre
> rester l'une des
> capitales mondiales."**

Bertrand Lemoine
Directeur de recherche au CNRS

l'immeuble haussmannien

Il représente aujourd'hui l'identité de Paris. Le préfet en a arrêté lui-même le plan sans souffrir aucune exception : six étages (dont le cinquième en retrait et le sixième, abritant les chambres de bonne, en comble), cour intérieure desservant les escaliers (et les ascenseurs qui apparaissent en 1867), façades en pierre rehaussées de pilastres, de bossages, de consoles, de parements de pierre soutenus de modillons et de balcons de fer forgé courant le long des premier et cinquième étages. L'aménagement des appartements est relativement profus : parquet, moulures et cheminées imitent le style des demeures aristocratiques dont l'organisation est également reprise (séparation des pièces de réception et des espaces dévolus au service et au personnel de maison). L'immeuble haussmannien s'impose ainsi comme la demeure type de la bourgeoisie parisienne, la hausse des loyers reléguant en périphérie les classes défavorisées.

l'architecture métallique et la tour Eiffel

Avec le développement de la société industrielle, les ressources de la métallurgie apportent une nouvelle révolution dans la ville dès le début du XIXᵉ siècle. Aux Halles, la **Bourse de commerce** est coiffée en 1809 d'un audacieux dôme de fer et de verre. Dans les années 1840, Labrouste fait le choix d'une structure métallique pour la **bibliothèque Sainte-Geneviève**. Avec l'invention du chemin de fer, la première gare parisienne, la future Saint-Lazare, est inaugurée en 1837. Le principe d'un réseau ferroviaire national formant étoile autour de Paris est arrêté en 1842. Les travaux d'Haussmann lui donnent sa réalité avec la création des **gares** du Nord, de l'Est, de Lyon, d'Austerlitz et de Montparnasse, véritables temples de la modernité précisément construits en métal. Première consécration, Napoléon III demande à Baltard en 1854, dans le cadre de la modernisation du réseau d'approvisionnement alimentaire de la ville, la reconstruction des **Halles**, avec pour mot d'ordre "du fer, rien que du fer". Le résultat – dix pavillons monumentaux – est resté célèbre bien que détruit à partir de 1969. Le métal s'impose même dans l'architecture religieuse avec l'**église Saint-Augustin**, due à Baltard (achevée en 1871). Dès lors, la pierre ne sert plus qu'à former les façades extérieures, qui masquent la structure métallique, à l'instar des murs-rideaux de la gare du Nord, achevée en 1865, et de la gare Saint-Lazare, reconstruite en 1885, posées en avant de leurs immenses halles de fer et de verre. La IIIᵉ République fera tomber cette ultime concession à l'architecture classique à travers les grandioses réalisations des Expositions universelles qui doivent exalter la modernité du pays : **tour Eiffel** en 1889, **gare d'Orsay** et **Grand Palais** en 1900. Le fer y joue un rôle de premier plan, non plus seulement dans la structure en raison de sa solidité, mais également en tant que décor : les jupons de dentelle de la tour Eiffel symbolisent toujours cette révolution. Enfin, l'Art nouveau, qui s'impose en 1900, glorifie les vertus esthétiques du métal : contourné, fondu ou tordu, il lui donne l'occasion de créer de véritables symphonies végétales, dont les bouches de métro d'Hector Guimard, parmi d'innombrables brasseries et magasins, sont le plus célèbre exemple.

Le métropolitain

Le 19 juillet 1900, Paris inaugure, enfin, sa première ligne de chemin de fer métropolitain qui relie, sous terre, la porte Maillot à la porte de Vincennes. La perspective de l'Exposition universelle de 1900, qui place la capitale au centre du monde moderne et annonce la déambulation d'une foule de visiteurs, a eu raison de quelque trente projets, de débats et de tergiversations. Glisserait-il, ce métropolitain, le long d'un plan incliné, tracté au retour par des câbles ? Serait-il propulsé par la vapeur, ou par air comprimé ? Circulerait-il au-dessus des immeubles juché sur de vertigineux viaducs ? Naviguerait-il sous terre telle une chenille "nécropolitaine" ? Au final, c'est la traction électrique et la voie souterraine que la loi du 30 mars 1898 retient pour ce nouveau mode de transport "des voyageurs et de leurs bagages à main". La réalisation en est confiée à l'ingénieur des Ponts et Chaussées Fulgence Bienvenüe. Un gigantesque chantier éventre les rues parisiennes jusqu'à la guerre de 1914. Depuis, le métro a densifié son réseau et gagné la banlieue. Amorcé dans les années 1930, ce mouvement extensif s'est amplifié dans les années 1970 et 1980. Le 15 octobre 1998, la RATP ouvrait une nouvelle ligne, l'automatique 14, portant à 297 le nombre des stations de cette véritable institution qui, aujourd'hui, renoue avec l'esthétique de ses origines – ses célèbres carreaux de faïence blancs –, déroule plus de 200km de rails, avale quotidiennement 5 millions de passagers et se signale sur le bitume par son raccourci emblématique, un m Majuscule.

Beaux-arts

des sculptures au coin de la rue

Un musée à ciel ouvert ? Les multiples bas-reliefs, ronde-bosse, atlantes et cariatides qui agrémentent les monuments et les façades des immeubles de Paris constituent un remarquable florilège de la sculpture. Mais ses nombreuses places, ses 32 ponts, ses quelque 150 fontaines et bassins, ses jardins offrent encore à la curiosité du passant une profusion d'œuvres sculptées. Commandées la plupart du temps à des fins commémoratives, elles sont une manière d'honorer un personnage, de se souvenir d'un fait ou d'exalter une vertu.

SUR LES PLACES ET SUR LES PONTS Espace idéal pour "éterniser la gloire d'un roi", ils accueillent dès le début du XVIIe siècle une statuaire équestre mise en perspective : Henri IV au Pont-Neuf en 1614, Louis XIII place des Vosges en 1639, Louis XIV place des Victoires en 1679... Ces effigies royales ont été détruites à la Révolution, mais le XIXe siècle a remplacé quelques-uns de ces symboles de l'Ancien Régime, et l'on peut aujourd'hui admirer place des Victoires, assis sur son cheval cabré, *Louis XIV* sculpté par Bosio (1828), *Louis XIII* place des Vosges par Cortot et Dupaty (1825) et, sur le Pont-Neuf, *Henri IV* réalisé par Lemot (1818) d'après une gravure. Ce pont aligne un rang serré de mascarons au-dessus de ses arches, où l'on observe des têtes sculptées de dryades, faunes, sylvains et satyres, que la tradition attribue (à tort ?) à Germain Pilon. La statuaire équestre honore aussi des figures héroïques, telle la *Jeanne d'Arc* de bronze doré de Frémiet (1874), caracolant place des Pyramides. Le XIXe siècle utilise les ponts pour célébrer les victoires de Napoléon Ier, au pont d'Iéna où les quatre cavaliers (le Grec, le Romain, le Gaulois, l'Arabe) postés aux extrémités ont mis pied à terre, au pont de l'Alma dans une évocation de la Grande Armée avec le zouave, le grenadier, l'artilleur et le chasseur à pied sculptés par Diébolt aux avant et arrière-becs des piles de l'arche centrale. Ce n'est pas l'Empire mais les liens unissant la France et l'Amérique qui sont évoqués au pont de Grenelle : au centre d'une plate-forme établie à l'extrémité de l'île des Cygnes, se dresse *La Liberté éclairant le monde*, réplique réduite de la gigantesque statue de Bartholdi et Eiffel (1875-1885) offerte par la France aux États-Unis à l'occasion du centenaire de leur indépendance. Enfin, hiératique sentinelle dressée en 1928 au-dessus d'une pile du pont de la Tournelle par le sculpteur Landowski, la sainte patronne de Paris, Geneviève, veille encore sur sa ville.

FONTAINES... Les fontaines sont disséminées dans le paysage parisien au gré des places et des jardins, au coin d'une rue, au fond d'une impasse, encastrées parfois dans un immeuble. Voici leur doyenne, venue du Moyen Âge (XIIIᵉ siècle), la **fontaine Maubuée**, "refaite" en 1733 et dont il ne subsiste qu'un vase de fleurs sur une console à l'angle de la rue Saint-Martin et de la rue de Venise (IIIᵉ arrondissement). Voici encore leur diva, la **fontaine des Innocents** (place Joachim-du-Bellay dans le quartier des Halles), que Jean Goujon rehaussa d'élégantes naïades, au milieu du XVIᵉ siècle, et qu'Antoine Pajou compléta en 1788. Au Luxembourg, pour la plus belle d'entre elles, et la plus "boulevardière", la **fontaine Médicis**, Ottin (1811-1890) met en scène dans le marbre blanc l'étreinte d'Acis et de Galatée épiée par un odieux et jaloux Polyphème de bronze ; au dos de la Médicis figure le souvenir d'une autre fontaine autrefois installée rue du Regard, un exquis bas-relief exécuté par Achille Valois en 1807 représentant Léda, l'épouse de l'ex-roi de Sparte, et Jupiter métamorphosé en cygne. Encastrée dans le mur de l'ancien hôpital Laennec, rue de Sèvres, la **fontaine du Fellah** est révélatrice de l'égyptomanie qui a imprégné le milieu des arts au retour de la campagne d'Égypte de Bonaparte : le fellah que l'on voit aujourd'hui est la copie par Gechter (1844) de celui de Beauvallet réalisé en 1806. N'oublions pas les très allégoriques **fontaines des Fleuves et des Mers**, commandées par Hittorff pour le centre de la place de la Concorde, sculptées par une pléiade d'artistes (Gechter, Husson, Lanno, Brion, Moine, Elshoëcht, Merlieux, Hœgler) et inaugurées en 1840. Place Saint-Sulpice, on rend un culte aux grands hommes : les sculpteurs Feuchères, Lanno, Desprez et Fauginet ont sagement placé Bossuet, Fénelon, Fléchier et Massillon dans les niches de l'imposante **fontaine des Orateurs sacrés** édifiée par l'architecte Visconti. C'est le même Visconti qui, à l'angle des rues Molière et Richelieu, élève en 1844 la **fontaine Molière**, où Seurre a représenté l'écrivain assis, une plume à la main, au-dessus d'un socle sur lequel Pradier a exécuté les figures de la Comédie sérieuse et de la Comédie légère.

... ET JARDINS En buste ou en pied, écrivains, poètes, philosophes, hommes de science prennent la pose ici et là, dans la pierre, le bronze ou le marbre : le monument à Delacroix de Jules Dalou (1838-1902) et la saisissante tête de Beethoven par Bourdelle (1903), tous deux au **jardin du Luxembourg**, le mélancolique monument de Guy de Maupassant par Raoul Verlet (1897) au **parc Monceau** ; Balzac, tout en puissance, façonné par Rodin en 1898 et placé en 1939 au carrefour des boulevards Raspail et Montparnasse, Chateaubriand par Gambier en 1948 au square des Missions-Étrangères, Lamartine au square du même nom, par Paul Niclausse en 1951... Et très récemment, sculptés par Jean Cardot, le général de Gaulle qui semble s'avancer vers Winston Churchill, lui-même à quelques pas de là dans l'avenue qui porte son nom, et, bien sûr, le roc Clemenceau, par François Logné, devant le Petit Palais. Le jardin du Luxembourg (encore !) dans sa partie centrale, nous donne un cours d'histoire avec sa série des reines et dames de France. Au **jardin des Tuileries**, on contemplera parmi les nombreuses œuvres des XVIIᵉ, XVIIIᵉ et XIXᵉ siècles une *Vénus* *callipyge* (XVIIᵉ siècle), une *Diane à la biche* et une *Daphné poursuivie par Apollon* (1710) de Guillaume Iᵉʳ Coustou, ou la *Cassandre* de Millet (1877). Et au **jardin du Carrousel**, depuis 1965, les créatures d'Aristide Maillol (1861-1944) prennent toutes les pauses.

l'école de Paris

Le terme "école de Paris", qui recouvre deux générations, désigne en réalité un ensemble hétérogène d'artistes à la recherche de sensations et de formes neuves. Français ou étrangers, ils ne possèdent en commun que le fait de résider dans la capitale, leur langage plastique étant des plus divers, qu'ils soient peintres, sculpteurs ou photographes.

LES "MONTPARNOS" Vers 1910, Paris connaît une sorte de transhumance artistique qui conduit les artistes de la butte Montmartre à la colline de Montparnasse, des ateliers du Bateau-Lavoir ou de la villa des Arts à ceux de la Ruche, des cabarets du Lapin agile et du Bal Tabarin aux cafés de La Closerie des Lilas, de La Rotonde, du Sélect, pour ne citer que ceux-là. La fréquentation assidue du quartier de Montparnasse vaudra à ces artistes le surnom de "Montparnos", titre du roman que le chroniqueur, peintre et romancier Michel Georges-Michel consacre en 1924 à cette nouvelle "bohème cosmopolite". Jusqu'à la fin des années 1920, des personnalités aussi diverses que Picasso, Chagall, Foujita, Modigliani, Soutine, mais aussi Giacometti, Brancusi, Man Ray, et encore Cocteau, Desnos, Apollinaire… vont créer et vivre intensément dans ce Paris de l'avant et de l'après-Première Guerre mondiale.

LA NOUVELLE ÉCOLE DE PARIS De 1945 à 1960 séjournent à Paris tous les grands représentants de l'art abstrait : les lyriques, les géométriques, les gestuels, les informels… Ils sont russes (Nicolas de Staël, Poliakoff), français (Bazaine, Manessier, Mathieu, Soulages), allemand (Hartung), portugais (Vieira da Silva), chinois (Zao Wou-ki)…, mais tous ont choisi Paris pour cadre de leur activité. Les vitraux de l'église Saint-Séverin (Vᵉ arrondissement), signés Bazaine, révèlent la flamme de l'abstraction lyrique.

Paris populaire

Paris en fête

PARIS EN LIESSE Il y avait dans la capitale composée de villages une naïveté, une joie de vivre qu'exprimait le goût des petits bals et des fêtes foraines, comme la **foire du Trône**, dont l'origine remonte à 1131, et la **fête des Loges**, née sous Saint Louis en forêt de Saint-Germain. Avant d'être appelée "du Trône" la foire Saint-Antoine connut une fortune diverse jusqu'à son extinction. Au début du XIXᵉ siècle, des marchands ambulants vinrent planter dans ce quartier quelques baraques ; très vite, ils s'étendirent et gagnèrent la place de la Nation (auparavant du Trône, puis du Trône-Renversé). Depuis 1961, la foire du Trône est accueillie du 26 mars au 22 mai par la pelouse de Reuilly et constitue un vrai parc d'attractions.

LE 14 JUILLET Les bals du 14 Juillet ne sont pas une exclusivité parisienne, mais c'est sans doute à Paris qu'il s'en donne le plus grand nombre, et cela en vertu de la loi de 1880, qui fixa ce jour-là la célébration de la fête nationale, avec de nombreuses réjouissances, "le tout organisé par les soins des municipalités de chaque arrondissement avec le concours des habitants". Les vingt arrondissements présentent leur bal, souvent sous l'égide des pompiers.

LA FÊTE CONTINUE Ces dernières années, Paris s'est donné de nouveaux rendez-vous joyeux. La fête de la Fierté homosexuelle, ou **Gay Pride**, est l'occasion d'un défilé annuel exubérant avec chars. S'y manifeste l'esprit de carnaval : grimaces, parodies, déhanchements, masques, provocation et dérision… La **Nuit blanche** offre après le coucher du soleil des parcours presque initiatiques en divers lieux de la capitale, semés de surprises à caractère artistique et culturel. Quant à l'esprit forain, il se perpétue, du 18 juin au 26 août, aux Tuileries.

chansons et music-hall

Jacques **Offenbach** combattait sa mélancolie naturelle en écrivant des mélodies étourdissantes, comme dans l'opérette *La Vie parisienne*. Les premières idoles du public se nomment Thérésa, Paulus, Aristide Bruant, Polin, Mayol et "La divette" Yvette Guilbert, l'une des premières chanteuses de renommée internationale. Les "vedettes" se partagent l'affiche du Chat Noir, de l'Élysée-Montmartre, des Variétés, du Moulin-Rouge. Elles incarnent tous les genres et, souvent, les fondent : réaliste, comique paysan ou troupier, fantaisiste. Elles éduquent leurs auditoires, qui adoptent les voix dites de variété, fort éloignées de la tradition du chant classique.

"LA MISS" Formée au dur métier du music-hall, capable de danser, de chanter, d'animer un plateau de boys et de girls, **Mistinguett**, née Jeanne Bourgeois en 1873, atteint à la gloire vers 1920. Douée d'un tempérament exceptionnel, elle règne sur le genre qu'elle a choisi : la revue, où ses jambes et son entrain, sa gouaille aussi, font merveille. Compagne de Maurice Chevalier, elle chante *Mon homme*, de Jacques Charles et Albert Willemetz. Elle mène les somptueuses revues des Folies-Bergères, du Moulin-Rouge et du Casino de Paris. Ses succès s'appellent *Moineau de Paris*, *Ça c'est Paris*, ou encore *Gosse de Paris*, dont l'air est signé Sylviano, les paroles Henri Varna et De Lima, pseudonyme de la Miss.

DES SONS TOUJOURS NEUFS Les oreilles parisiennes se lassent vite et veulent toujours du neuf, ce que comprendra **Maurice Chevalier**, par exemple. Les inséparables pianistes Wiener et Doucet familiarisent leur auditoire avec des accords audacieux. Quand arrive *La Revue nègre*, d'où jaillit l'exquise **Joséphine Baker**, le grand public et le Tout-Paris lui réservent un triomphe. Joséphine est "annexée" par la capitale. Elle prend la nationalité française et chante "J'ai deux amours, mon pays et Paris…" (Géo Koger et Henri Varna, Vincent Scotto). Au reste, plus tard, les grands musiciens de jazz, des Noirs pour la plupart, adopteront Paris et lui rendront hommage, à la manière de l'immense saxophoniste **Coleman Hawkins** dans son album *The Hawk in Paris* (1956). Il y avait du swing dans la voix élégante de Jean Sablon, du rythme dans les chansons signées Mireille et Jean Nohain, et quelle fantaisie ! Qualités qui ne faisaient certes pas défaut aux duettistes Charles (Trenet) et Johnny (Hess). Le "Grand Charles", né à Narbonne, se réjouissait toujours de… "Revoir Paris, un p'tit séjour d'un mois". **Trenet** entraîna après lui des générations d'auteurs-compositeurs-interprètes que Paris ne cessera d'inspirer, de Francis Lemarque à Léo Ferré, de Jean-Roger Caussimon à Enrico Macias, de Barbara à Marc Lavoine. Ils font écho à Lys Gauty, dont on entend la tendre mélodie dans le film *Quatorze juillet*, de René Clair (1933), "À Paris dans chaque faubourg…" (René Clair, Maurice Jaubert).

Figures et images de Paris

la figure du Parisien : du "dandy" au "titi"

La figure du Parisien est peut-être née dans les bouges que fréquentait François Villon (xvᵉ s.). Elle se précise avec l'ère romantique, sous deux formes essentiellement, qui connaîtront la gloire littéraire puis cinématographique : l'artiste, silhouette pressée qui se distingue des simples passants par son élégance souvent chiffonnée, et le voyou, l'affranchi. Ils ont en commun la haine du bourgeois. Un troisième Parisien apparaît bientôt : l'ouvrier, l'homme des faubourgs puis de la proche banlieue, costaud et bagarreur. Le Parisien est aussi bien représenté au cinéma par l'élégant Jules Berry, séducteur et corrupteur dans presque tous ses rôles, que par Jean Gabin, prolétaire ou mauvais garçon, Louis Jouvet et Arletty dans *Hôtel du Nord* (1938, d'après un roman d'Eugène Dabit) ; en littérature par Gavroche sur les barricades (personnage des *Misérables* de Victor Hugo) – frère aîné et dramatique des "morveux" croqués par Poulbot… Autour de ces "gueules d'atmosphère" flotte un air d'accordéon, entêtant, chic et populaire, qu'on reprend en chœur ou qu'on siffle dans la rue.

Paris en vedette

Dans nombre de films, façades, portes cochères, bitume, passants, ponts de Paris, reconstitués en studio ou filmés "en vrai", ont fait mieux que de la figuration intelligente : la ville y est un personnage, un "caractère". C'est ainsi que la capitale demeure indissociable d'*Un Américain à Paris* (1951) de Vincente Minnelli, de *Charade* (1963), de Stanley Donen, et encore du sulfureux *Dernier tango à Paris* de Bernardo Bertolucci. L'*Air de Paris*, pour reprendre le titre d'un film de Marcel Carné (1954), provoque un téléscopage de styles et d'époques et souffle sur un superbe plateau de comédiens et de metteurs en scène : ainsi Antoine Doisnel/Jean-Pierre Léaud dans *Les 400 Coups* (1959), de François Truffaut, mais aussi Jean Gabin et Lino Ventura dans *Touchez pas au grisbi* (1954), de Jacques Becker, Alain Delon dans *Le Cercle rouge* (1970) de Jean-Pierre Melville, Susy Delair dans *Lady Paname* (1949) de Henri Jeanson, ou encore Garance Clavel et son matou dans *Chacun cherche son chat* (1996), de Cédric Klapisch, ou enfin Jean-Paul Belmondo agonisant rue Campagne-Première dans *À bout de souffle* (1960), de Jean-Luc Godard.

les "clichés" de Paris

La photogénie de Paris est une évidence : dressée comme la tour Eiffel, alanguie comme la Seine, honorée comme l'arc de Triomphe, encanaillée comme la Bastille, vaincue comme en 1940, libérée comme en 1944, élégante comme dans les années 1950, ou contestataire comme en 1968. Depuis l'invention du procédé de la photographie (Niepce, vers 1826-1827), on n'a cessé de lui "tirer le portrait". Hommage aux précurseurs, tel Charles Marville : entre 1851 et 1879, inlassable piéton, il fixe des perspectives de ruelles et de places que le baron Haussmann – "artiste démolisseur" comme il se définissait lui-même – fera bientôt disparaître, une ville souvent misérable et insalubre.

Flânerie littéraire

Le flâneur des quais de Paris, depuis le temps que les boîtes des bouquinistes lui présentent leurs trésors, a appris à fouiller avec discernement parmi les volumes et à s'arrêter sur le livre rare. Il espère ainsi emporter des récits de la confrérie parisienne des écrivains promeneurs qui s'est créée avec le temps. Leurs musardises se répondent, se complètent, offrant une belle collection de "choses vues".

métamorphoses capitales

Voici un coquin de voyeur qui rapporte tout : meurtres, exécutions, viols, débauches, rondes des amours tarifées... Nicolas Edme Restif de La Bretonne (1734-1806) n'est pas seulement un vilain rapporteur, mais aussi un excellent reporter : *Les Nuits de Paris* ou *le Spectateur nocturne* constituent un document de première main sur une période plus que troublée (entre 1788 et 1794), où le fait divers se mêle à l'Histoire. On suivra les pérégrinations de l'exaspérant Frédéric Moreau, héros de *L'Éducation sentimentale*, de Gustave Flaubert, dans un moment crucial du développement de Paris, entre 1840 et 1867. Flaubert regardait les insurgés de la Commune avec un mélange de crainte et de répulsion, alors que Jules Vallès (1832-1885), exilé après avoir défendu sa barricade en communard convaincu, les considérait comme des héros et des martyrs.

gens de Paris

Dans *Le Tableau de Paris*, Vallès balance entre l'imprécation et une forme de tendre nostalgie pour le peuple vivant, généreux, qu'il ne juge que provisoirement vaincu. Le héros de *Philémon vieux de la vieille*, de Lucien Descaves (1861-1949), chassé hors de France par la répression sanglante de la Commune, vit surtout dans le souvenir de ces choses terribles et passées : le livre est l'occasion de très jolis errements dans Paris. Peut-être plus habile dans l'art de noter les détails, mais aussi plus sombre, Gustave Geffroy (1855-1926) donne à ses modestes figurines faubouriennes des allures de princesses fatiguées et de seigneurs trahis (*L'Apprentie*, 1901). Jamais vaincus, débrouillards, toujours une chanson aux lèvres, tristes par intermittence, gais par nature, tels sont les Parisiens de Charles-Louis Philippe (1874-1909) dans *Bubu de Montparnasse* et, plus tard, d'Eugène Dabit (1898-1936), qui démontre dans *Hôtel du Nord* et dans son *Journal* une attention

GEOPLUS

sincère, affectueuse et sans complaisance pour les petites gens. Ce peuple moqueur et charmant plaisait aux écrivains et les inspirait. Il est une puissante entité dans presque toute l'œuvre d'Émile Zola (1840-1902) : *Paris*, le cycle des *Rougon-Maquart*... un réservoir de drames et de cocasserie pour Victor Hugo dans *Choses vues*. Et c'est à Paris que Walter Benjamin (1892-1940), venu de Berlin, devient un flâneur émerveillé, saisi en particulier par la beauté utile des passages couverts.

démons et merveilles

Inspiration bien différente chez les écrivains dits fin de siècle, héritiers plus ou moins légitimes de Charles Baudelaire (1821-1867), lequel avait identifié une grande ombre méphistophélique dans le ciel parisien. On trouve des figures soufrées chez Josephin Péladan, dit le Sâr (1858-1918), des décadents, les habitants de Babylone-sur-Seine ; chez Jean Lorrain (1855-1906) également, et encore chez J.-K. Huysmans (1848-1907), ou l'étrange Édouard Dujardin (1861-1949). Mais c'est au bras de Léon-Paul Fargue (1878-1947) que la Parisienne se montre le plus souvent. On les voit ensemble rue de Lappe, à Saint-Germain-des-Prés, s'engouffrant dans la gare de l'Est ou encore sortant de l'hôtel Crillon. Jamais las d'observer sa ville avec la science parfois ironique d'un amateur d'insectes, Fargue écrit *Le Piéton de Paris* (1939).

> "Marcel Proust s'émerveille de la cohabitation poétique, propre à Paris, de la gouaille et du raffinement."

Il est un enchanteur, comme le fut Marcel Proust (1871-1922), qui s'émerveille de la cohabitation poétique, propre à cette ville, de la gouaille et du raffinement. Plus près de nous, Patrick Modiano dévoile une société interlope qui fuit la lumière ou se complaît dans une identité floue, très parisienne elle aussi. Mais c'est une injustice d'omettre de citer des noms prestigieux et de ne faire qu'énumérer dans le désordre, Remy de Gourmont (1858-1915), Romain Rolland (1866-1944), Paul Morand (1888-1976), Jean Rhys (1890-1979), Maurice Sachs (1904-1945), Louis Aragon (1897-1982), et même Joseph Hémard (1880-1961) et son précieux carnet de dessins commenté par ses soins : *Le Coin Maubert* en 1936. Non moins rares, *Paris années 1950*, de Stanley Karnow, correspondant du magazine américain *Time*, et *Paris c'était hier*, "chroniques d'une Américaine à Paris 1925-1939", de Janet Flanner, correspondante du *New Yorker* dans la capitale.●

Patrick Mandon
Éditeur

Marville est méthodique, alors qu'**Eugène Atget** (1857-1927), plus mélancolique, ne néglige ni les personnes ni les détails et accentue par son intérêt pour les petites choses la poésie de son travail, par ailleurs dénué de toute recherche d'effets. Ces deux photographes ont admirablement œuvré à "l'immense édifice" (Marcel Proust) de la mémoire parisienne ; de même les frères Seeberger (Jules, Louis, Henri, puis Jean et Albert, fils de Louis), talentueux serviteurs de l'artisanat (leur mot favori) photographique. Entre les grands événements, telle la crue de la Seine en 1910, la mode, les personnalités, les artistes, les rues, les boutiques, tout cela "capturé" pendant près de soixante-dix ans, la fratrie Seeberger a légué près de cent mille portraits de Paris et des Parisiens ! On retrouve les Seeberger dans le groupe des XV, fondé en 1946, qui compte Amson, Auradon, Bovis, Chevalier, Garban, Lacheroy, Lorelle, Masclet, Michaud, Pottier, René-Jacques, Tuefferd, Sougez, puis **Doisneau**. De ce dernier, il suffit d'évoquer le couple d'amoureux de l'Hôtel de Ville pour que surgisse l'idée du bonheur à Paris… Mais ils sont si nombreux, les photographes de la capitale, qu'on sera loin d'en avoir épuisé la liste quand on aura ajouté à ceux qui précèdent les noms de Willy Ronis, de Daniel Frasnay, des frères Schall, de Brassaï, d'Izis, de Cartier-Bresson…

Paris, capitale de la mode et du luxe

Le luxe parisien s'affiche dans des quartiers historiquement circonscrits. Sous le Second Empire, les bijoutiers-joailliers s'installent place Vendôme, déjà centre financier et des affaires, et les parfumeurs rues de Rivoli et de la Paix. La fête parisienne ayant déserté les Grands Boulevards et la capitale se développant vers l'ouest, les couturiers délaissent vers 1930 le quartier de l'Opéra, où ils étaient installés depuis le milieu du XIXᵉ siècle, pour le quartier François-Iᵉʳ. L'exposition de 1925, qui regroupe entre le Grand Palais et le pont Alexandre-III des boutiques représentatives des arts décoratifs français, esquisse ce qui va devenir le **Triangle d'or** (délimité par les avenues Montaigne, George-V et des Champs-Élysées), voué au commerce de luxe ; l'avenue des **Champs-Élysées** en devient la vitrine mondiale. Toutefois, les frontières de la création ne sont pas aussi précises : à Paris, le couturier est souvent parfumeur et accessoiriste, et il arrive que le maroquinier, ou le bijoutier, soit parfumeur. Cette interpénétration des compétences reflète l'éclectisme qui règne dans le milieu des artisans d'art français de haut niveau, lesquels ont largement contribué depuis le milieu du XIXᵉ siècle à la diffusion d'une image luxueuse de la capitale. Ainsi de la maison Christofle, fondée en 1833, jadis fournisseur en argenterie des paquebots, aujourd'hui des grands restaurants ; et encore de Louis Vuitton, malletier installé à Paris en 1854, dont les initiales VL sont de nos jours mondialement connues.

haute couture et prêt-à-porter

UN ANGLAIS À PARIS La haute couture est née à Paris à la fin du XIXᵉ siècle. Au vrai, c'est à Versailles que Paris doit sa primauté en matière d'élégance féminine : la suprématie de la cour de France du XVIIᵉ et du XVIIIᵉ siècle s'exerce aussi dans le domaine de l'habillement, et la mode française est suivie aveuglément par l'Europe entière ; sa poupée-mannequin "asservit l'univers" (abbé Delille) jusqu'au cœur même de la Russie, vêtue d'atours dernier cri – pour lesquels Rose Bertin, la modiste de Marie-Antoinette, a pu donner le modèle. Autres temps, autres mœurs : en 1858, l'Anglais Charles Frédéric Worth, qui compte l'impératrice Eugénie dans sa prospère clientèle du Second Empire, invente la "couture création" et la formule du "sosie" (mannequin vivant) et du défilé ; en installant sa maison de couture au 7, rue de la Paix, il pose dans le quartier de l'Opéra les premières bornes d'un périmètre du luxe. Les grandes Expositions universelles, la publication de revues de mode (*Le Petit Écho de la mode*) mais aussi l'éclosion de grands noms (Jacques Doucet, Jeanne Paquin, Madeleine Vionnet, les sœurs Callot, Laferrière…) vont concourir bientôt à la réputation internationale de Paris : à la fin du XIXᵉ siècle, toutes les femmes fortunées d'Occident, princesses, actrices, "cocottes" viennent s'habiller dans la capitale.

PARIS, LIGNES NOUVELLES Le XXᵉ siècle arrive avec son cortège de maisons, régies dès 1910 par la chambre syndicale de la couture parisienne. Paul Poiret redessine la silhouette féminine, la libérant de la contrainte du corset. À l'avant-garde, il renouvelle l'inspiration décorative en utilisant des couleurs vives et des motifs folkloriques. L'esprit Art déco, que révélera la grande Exposition des arts décoratifs de 1925, inspire la mode de l'entre-deux-guerres : Sonia Delaunay donne des motifs de broderies à Jacques Heim ; un autre peintre, Raoul Dufy, livre des modèles d'imprimés pour Bianchini-Ferrier… Les créateurs parisiens s'appellent aussi Jean Patou, Jeanne Lanvin, Henri Poirier… Ils lancent la délurée et plate "garçonne", plus conforme aux temps nouveaux. Mais déjà s'avance **Coco Chanel** : elle habille de maille et de mousseline de soie noire la nouvelle femme de l'entre-deux-guerres et crée une silhouette de sportive en pantalon ; après la Seconde Guerre mondiale, elle la vêtira du très célèbre tailleur de tweed, tandis que Pierre Balmain, Jacques Fath, Christian Dior redécouvriront courbes féminines et taille de guêpe, Dior surtout, l'inventeur du célèbre "new-look" et des lignes corolle et en 8, à la fois souples et élégantes.

AVÈNEMENT DE LA CONFECTION Talons aiguilles et Nylon : les années 1950 apportent leur lot de nouveautés et transforment les modes de production avec le prêt-à-porter, mécanisation de la confection fort éloignée du sur-mesure de la haute couture. Dès lors, tout change : les grands couturiers des années 1960 et 1970, quand ils n'expérimentent pas de nouveaux matériaux (Paco Rabanne et ses robes métalliques), transforment encore la silhouette de la Parisienne ; ils lui allongent les jambes, qu'ils dévoilent hardiment ou dissimulent tout à fait (minirobes de Courrèges – inspirées de la londonienne minijupe de Mary Quant –, tailleur-pantalon et smoking d'Yves Saint Laurent…) ; ils se lancent aussi dans la création d'accessoires et dans l'aventure du prêt-à-porter (Pierre Cardin), tandis qu'apparaissent sur le marché des stylistes qui, observant leurs contemporains, signent des modèles destinés à la jeunesse et à la nouvelle classe moyenne. Ils sont indépendants, attachés à une maison de confection, à un bureau de style, à une marque. Paris reste le fer de lance de la mode, cependant Londres, Milan, Tokyo accueillent un nombre croissant de talents. Les créateurs se multiplient dans la capitale : Anne-Marie Beretta, Popi Moreni, Jean-Charles de Castelbajac, et encore Kenzo, Issey Miyake, Yosji Yamamoto… Les deux dernières décennies du XXᵉ siècle voient éclore des noms nouveaux (Karl Lagerfeld, Jean-Paul Gaultier, Thierry Mugler, Christian Lacroix, Alexander McQueen, John Galliano), et exploser les styles et les tendances : la mode délaisse le piédestal luxueux de la haute couture et s'inspire de la rue, tandis que la haute couture récupère les mouvements de la rue, ainsi les jeans de luxe de John

Galliano qui ennoblit le style grunge issu de la "punkitude". Symbole d'un temps révolu, Yves Saint Laurent quitte la scène en 2002, mais aussi, signes d'un temps nouveau, Christian Lacroix présente ses modèles sur son site Internet et Paris s'en-orgueillit d'un musée de la Mode au pavillon de Marsan du Louvre.

bijoux, parfums et accessoires

Éventails, ombrelles, chapeaux et gants, chaussures, ceintures, foulards, colifichets signalant l'imagination et l'humour du créateur... tout naturellement, les couturiers se sont lancés dans la fabrication des accessoires qui accompagnent les toilettes. L'époque Art déco, qui prise les lignes géométriques, les couleurs vives et les matériaux précieux, est propice à leur développement : sac à main cubiste, chapeaux, boas de plumes... Quelques marques, d'ailleurs, y ont gagné en renommée, ainsi le maroquinier Hermès, en 1933, avec son célèbre carré de soie imprimée, ou encore Chanel, la pionnière du bijou fantaisie...

LE PARFUM DE PARIS Suivant l'exemple de son illustre aîné Paul Poiret, lequel crée en 1911 les Parfums de Rosine, Coco Chanel confirme son talent de parfumeur avec le légendaire N° 5 (1921) d'Ernest Beaux – Marilyn Monroe dira plus tard qu'elle ne dort vêtue que de quelques gouttes de N° 5 ! Jeanne Lanvin sort "Arpège" (1927), conçu pour sa fille et que le styliste Armand Rateau enferme dans une sobre boule noire, décorée par Paul Iribe. Jean Patou produit "Joy" (1930), le "parfum le plus cher du monde", tandis que l'irrévérencieuse Elsa Schiaparelli impose son nom avec "Shocking" (1937), présenté dans un flacon en forme de buste féminin, celui de l'actrice américaine Mae West, dessiné par Leonor Fini. Le prestige des grands parfumeurs parisiens, profession officiellement reconnue sous Louis XVI, a largement contribué à la consécration de Paris comme capitale du luxe. D'ailleurs, plus d'un parfum lui est dédié : "Gloire de Paris" de Roger & Gallet (1907), "Gai Paris" de T. Jones (1912), "Champs-Élysées" de Guerlain (1914), une célébration de la voie triomphale parisienne, réitérée en 1996, "Soir de Paris" de Bourjois (1935), "Paris" d'Yves Saint Laurent (1983).

FLACONS PRÉCIEUX Le fondateur de la maison Guerlain, Pierre-François Pascal, lance en 1853 son "Eau impériale", qui lui vaut le titre de parfumeur officiel de la cour de Napoléon III. Cette eau de Cologne – les premiers parfumeurs (L. T. Piver, Lubin, Molinard, Roger-Gallet...) produisent des "eaux merveilleuses" exhalant des senteurs florales – est le premier succès d'une fort longue carrière qui comptera plus de 300 parfums aux noms évocateurs de plaisirs rares, lointains et raffinés : "Jicky" en 1889, considéré comme le premier vrai parfum, "L'Heure bleue" en 1912, "Mitsouko" en 1919, "Shalimar" en 1925, "Vétiver" en 1959, "Nahema" en 1979... Véritables objets d'art, les flacons des premiers temps portent la signature de grands artistes verriers, Baccarat, l'ancien bijoutier René Lalique, que sollicite souvent François Coty pour contenir ses fragrances, et notamment celles de son fameux "Chypre" (1917), à l'origine d'une famille de parfums... "chyprés". Les flacons de l'entre-deux-guerre imitent perles, bague, sac à main... Salvador Dalí conçoit en 1946 le flacon du "Roi-Soleil" de Schiaparelli : un chef-d'œuvre, sorte d'ode au bonheur retrouvé. Toutefois, la Seconde Guerre mondiale met fin à la production de ces flacons d'art, et la cage en soie dotée d'un mécanisme animant le plateau sur lequel est présenté "L'Air du temps" de Nina Ricci (1947) est une autre exception.

GÉOPANORAMA

L'"AIR DU TEMPS" Ligne "new-look" pour le flacon de "Miss Dior" (1947), le parfum de la jeune femme chic et indépendante des temps modernes. Celle-ci désormais intéresse les créateurs et non plus uniquement son aînée, la femme épanouie. "Madame Rochas" (1960) de Rochas, "Calèche" (1961) d'Hermès, "Fidji" (1966) de Guy Laroche : autant de retentissants succès pour des parfums de grande diffusion signalant de nouvelles mœurs commerciales. 1966 : "Eau sauvage" de Dior inaugure la vogue des parfums pour homme ; 1969 : "Ô" de Lancôme témoigne d'un goût nouveau pour les eaux fraîches ; 1976 : "Opium" d'Yves Saint Laurent (version française de l'américain "Charlie" de Revlon) enveloppe de mystère sacré la femme et célèbre les paradis capiteux et artificiels ; 1985 : "Poison" de Christian Dior annonce une femme provocatrice et agressive ; 1992 : "Angel" de Thierry Mugler... Avec la fin du xxe siècle, la création s'internationalise et les lignes olfactives se multiplient, Paris n'est plus seule au centre de la recherche et de la production mais demeure la vitrine la plus célèbre de la parfumerie.

OR ET DIAMANTS PLACE VENDÔME La place du prestige, créée sous Louis XIV, est d'abord le lieu de résidence de l'aristocratie, puis le carrefour des affaires. Elle deviendra le paradis du luxe, lorsque les joailliers s'y installeront à la fin du xixe siècle : Mauboussin en 1827, Cartier en 1847, Boucheron en 1893, Van Cleef & Arpels en 1906... En 1898 y élit domicile le Ritz, dont Coco Chanel sera l'illustre pensionnaire jusqu'à sa mort en 1971. L'endroit constitue bientôt le cœur de la joaillerie internationale. Aujourd'hui, si les financiers l'ont déserté – le Crédit foncier qui y avait son siège depuis 1854 l'a vendu en 2003 à l'émir de Qatar –, les bijoutiers sont toujours là ; ils s'appellent Breguet, Bulgari, Mikimoto, Piaget, tout récemment, en 2001, Dior Joaillerie. À proximité, les palaces, Crillon, Meurice, Intercontinental..., logent toujours une clientèle fortunée, laquelle concourt à la pérennisation du luxe parisien.

GEOVOYAGE

Quand partir ? Privilégiez les demi-saisons : en avril-juin et septembre-octobre, la pression touristique est moindre et le climat souvent clément. C'est aussi à cette période de l'année que se tiennent d'importantes manifestations culturelles – les journées du Patrimoine en septembre, le Festival d'automne, ou encore la très parisienne Nuit blanche – et des salons grand public ou événements sportifs – Mondial de l'automobile, Salon de l'agriculture, Foire de Paris, Internationaux de Rolland-Garros. En été, certes, de nombreux commerçants prennent leurs congés, néanmoins vous trouverez plus facilement à vous loger et vous profiterez de la capitale autrement grâce à Paris-Plage ou aux séances de cinéma en plein air organisées dans différents quartiers. Enfin, si vous souhaitez séjourner à Pâques, pour le 14 Juillet ou les fêtes de fin d'année, pensez à réserver un ou deux mois à l'avance…

Se rendre à Paris

GEOMEMO

Saisons touristiques	mai à juin et septembre à octobre	
Températures	mininales	maximales
en avril	7°C	16°C
en juillet	15°C	24°C
en décembre	2°C	7°C
Ensoleillement	env. 6,5 heures/jour, 99 jours/an	
Précipitations	moyenne annuelle : 650mm	
moyenne en avril	40mm/6j.	
moyenne en juillet	55mm/8j.	
moyenne en décembre	50mm/9j.	
Météo France	tél. 3250 ; www.meteofrance.com	

Se rendre à Paris en avion

de province

Air France. La compagnie assure de nombreuses liaisons quotidiennes avec les grandes villes de province. Nombreux tarifs possibles : "Évasion" dont les prix diffèrent en fonction de la date d'achat ; "Évasion week-end" avec départ le samedi et retour le dimanche (réservation possible jusqu'à la veille du départ). Ces offres ne sont ni échangeables ni remboursables ; "Fréquence jeunes" (moins de 26 ans) : carte nominative permettant de bénéficier de billets gratuits après cumul de *miles*. D'autres tarifs préférentiels sont accordés aux étudiants (moins de 26 ans), couples, familles, seniors (60 ans et plus) et enfants non accompagnés. Plus vous réservez tôt, plus vous bénéficierez de tarifs avantageux. *Renseignements* www.airfrance.com *Minitel 3615 ou 3616 AF France 14, avenue de l'Opéra 75001 Paris Tél. info. 0820 820 820* **Belgique** *Av. Louise, 149 boîte 31 1050 Bruxelles Tél. info. 070 22 24 66 www.airfrance.be* **Suisse** *15, route de l'aéroport case postale 32 1215 Genève Tél. info. 022 827 87 87 www.airfrance.ch* **Canada** *2000, rue Mansfield 15ᵉ étage Montréal ; 151, Bloor Street West suite 810 Toronto Tél. info. 800 667 2747 www.airfrance.ca*

de Belgique

SN Brussels Airlines. La compagnie nationale belge effectue 1 AR/jour Bruxelles-Paris-Charles-de-Gaulle (1h de vol, AS à partir de 99€). *Rens.* www.flysn.com *France 12, rond-point des Champs-Élysées 75008 Paris Tél. 01 53 53 14 75 Tél. info. 0826 10 18 18* **Belgique** *Aéroport Bruxelles National 1930 Zaventem Tél. info. 07 035 11 11*

de Suisse

Swiss International Air Lines. Six AR/jour depuis Genève et Zurich, respectivement 1h10 et 1h25 de vol ; AS à partir de 140€ ; AR à partir de 126€. Arrivée Roissy-Charles-de-Gaulle. *Rens.* contact@swiss.com www.swiss.com *France Aéroport Roissy-Charles-de-Gaulle, terminal 2B Paris Tél. info. 0820 04 05 06* **Suisse** *Aéroport de Genève Tél. info. 0848 85 20 00*

du Canada

Air Canada. La compagnie propose des vols Montréal-Paris et Toronto-Paris (arrivée Roissy-Charles-de-Gaulle) pour 872€ AR en période estivale. *Rens.* www. aircanada.com *France 106, bd Haussmann 75008 Paris Tél. 01 44 50 20 02 Tél. info. 0825 880 881* **Canada** *979, bd de Maisonneuve Ouest Montréal Québec H3A 1M4 Tél. info. 888 247 2262 www.aircanada.ca*

mesures de sécurité pour le bagage de cabine

Lorsque vous passez aux points de contrôle de sécurité des aéroports européens et canadiens, vous pouvez avoir en votre possession des produits liquides (gels, substances pâteuses, lotions, contenu des récipients à pression, dentifrice, gel capillaire, boissons, potages, sirops, parfums, mousse à raser, aérosols...) à condition que les contenants ne dépassent pas, chacun, 100ml ou 100g et qu'ils soient regroupés dans un sac en plastique transparent à fermeture par pression et glissière, bien scellé, d'une capacité maximale de 1l (environ 20cmx20cm). Les articles ne doivent pas remplir le sac à pleine capacité ni en étirer les parois. Un seul sac est permis par personne. Les aliments pour bébé et le lait, quand vous voyagez avec un enfant de deux ans ou moins, de même que les médicaments vendus sur ordonnance et les médicaments essentiels en vente libre ne sont pas soumis à ces restrictions. Nous vous conseillons donc de placer dans vos bagages de soute, avant l'enregistrement, tous les produits liquides dont vous n'aurez pas besoin en cabine.

GEOVOYAGE

se rendre de Roissy au centre de Paris

Il faut emprunter l'**autoroute A1** (23km du centre) jusqu'à la porte de la Chapelle. La course de Roissy jusqu'au centre coûte près de 50€. Compter 30min à 1h de trajet. Les taxis stationnent à la sortie des zones "livraison des bagages" de chaque terminal. ***Rens.*** www.aeroportsdeparis.fr

Lignes	Durée	Fréquence	Prix	Horaires	Arrivée
Rer B	30min	ttes 4-15min	8,20€	5h-0h	Châtelet
Roissybus	45min	ttes 15min	8,60€	6h-23h	Opéra Garnier
Cars Air France 2	30min	ttes 15min	13€	5h45-23h	Porte Maillot, Étoile
Cars Air France 4	1h	ttes 30min	14€	6h30-21h30	Gare de Lyon
Cars Air France 4	1h	ttes 30min	14€	7h-21h	Gare Montparnasse
Noctilien 120/121	1h	ttes les heures	7€	0h30-5h30	Châtelet
Noctilien 140	1h	ttes les heures	7€	1h-5h10	Gare de l'Est

Renseignements. *RATP RER B, Roissybus et Noctilien* Tél. *0892 68 77 14* www.ratp.fr www.noctilien.fr ***Cars Air France*** Tél. *0892 350 820* www.cars-airfrance.com.

se rendre d'Orly au centre de Paris

Il faut emprunter l'**autoroute A6** (15km du centre) jusqu'aux portes d'Orléans ou de Gentilly. La course en taxi depuis Orly jusqu'au centre coûte environ 35€. Compter 20 à 30min de trajet. ***Rens.*** www.aeroportsdeparis.fr

Lignes	Durée	Fréquence	Prix	Horaires	Arrivée
Orlyval + RER B	35min	ttes 4-8min	9,30€	6h-23h	Châtelet
Orlyrail + RER C	35-50min	ttes 15-20min	5,75€	5h-0H	Gare d'Austerlitz
Orlybus	30min	ttes 15-20min	6€	6h-23h30	Denfert-Rochereau
Cars Air France 1	35min	ttes 15min	9€	6h-23h	Invalides
Cars Air France 1	35min	ttes 15min	9€	6h-23h	Gare Montparnasse
Noctilien 31	30min	ttes les heures	5,60€	0h30-5h30	Gare de Lyon
Noctilien 120	30min	ttes les heures	5,60€	0h30-5h30	Châtelet

Renseignements. ***Orlyval*** www.orlyval.com. *RATP RER, Orlybus et Noctilien* Tél. *0892 68 77 14* www.ratp.fr et www.noctilien.fr ***Cars Air France*** Tél. *0892 350 820* www.cars-airfrance.com *RER C* www.transilien.com.

Se rendre à Paris en train

de province

Selon sa région d'origine, on arrive à Paris par six gares différentes : gare de Lyon (sud-est), gare Montparnasse (ouest et sud-ouest), gare du Nord (nord), gare de l'Est (nord et est), gare d'Austerlitz (sud-ouest), gare Saint-Lazare (nord-ouest). **Rens.** *Tél. info 3635 Minitel 3615 ou 3616 www.voyages-sncf.com*

de Belgique

Thalys relie Bruxelles à Paris-gare du Nord en 1h25 (25 AR/jour). 176€ AR (tarif adulte). **Rens.** *www.thalys.com/be/fr* **Belgique** *Tél. info. 02 528 28 28 www.b-rail.be*

de Suisse

Plusieurs TGV (Lyria et SNCF) assurent des liaisons quotidiennes entre Paris-gare de Lyon et Genève (69 à 82€), Berne (74 à 88€), Zurich (70 à 90€), Lausanne (67 à 109€) et Neuchâtel (67 à 81€). **Rens.** *Rail Europe Suisse rue de Lausanne, 11 Genève 1201 Tél. 0900 900 902 Tél. info. 00 41 900 300 300 www.cff.ch*

réductions

Avec le tarif **Loisir**, les voyageurs occasionnels qui réserveront le plus tôt possible leur billet bénéficieront de prix avantageux. Un tarif **Loisir "week-end"** (AR avec nuit du samedi sur place, ou AR dans la journée du samedi ou du dimanche) accorde également une remise, variable selon les disponibilités et la date de réservation. Les tarifs **Prem's** permettent d'obtenir des prix très attractifs (à partir de 17€ pour les trains Téoz, de 22€ pour les TGV), à condition de les réserver longtemps à l'avance (jusqu'à trois mois). Pour les voyageurs réguliers, des **cartes annuelles** attribuent des réductions diverses : carte Enfant + (69€, de 25 à 50% pour les enfants de moins de 12 ans, et 4 accompagnateurs au plus), 12-25 (49€, de 25 à 60%), Senior (55€, de 25 à 50% pour les plus de 60 ans) et Escapades (85€, de 25 à 40% pour tout AR de plus de 200km avec nuit du samedi sur place, ou AR dans la journée du samedi ou du dimanche). La SNCF propose également des avantages pour les professionnels, les grands voyageurs, les familles nombreuses, les groupes, etc.

carte Interrail

Pass InterRail : Les compagnies de chemin de fer de 30 pays d'Europe se sont unies pour proposer 2 pass, permettant de voyager en 1è ou en 2è classe. **Rens.** *www. interrailnet.com*
Global Pass. Il est valable dans l'ensemble des pays, pour une durée de 5 jours à un mois, sans limite de trajets. Pour un pass de 5 jours (utilisable sur une période de 10 jours) en 2è classe, comptez 249€ en plein tarif, 159€ pour les moins de 26 ans. Pour 1 mois, comptez 599€ en plein tarif, 399€ pour les moins de 26 ans.
One Country Pass. On peut l'utiliser dans l'un des 30 pays européens pour une durée de 3, 4, 6 ou 8 jours consécutifs ou non, sur une période d'un mois. Les pays sont

classés en 4 zones tarifaires, la zone 1 (la plus chère) comprenant la France, la Grande-Bretagne, l'Allemagne, la Suède et la Norvège. Pour un pass de 3 jours en zone 1, comptez 189€ en plein tarif, 125€ pour les moins de 26 ans. Pour 8 jours, comptez 299€ en plein tarif, 194€ pour les moins de 26 ans.

Se rendre à Paris en car

La compagnie de cars Eurolines n'assure pas de liaisons depuis la province.

de Belgique

Eurolines. Depuis Bruxelles, les départs se font tous les jours (à 6h, 7h, 8h et 9h), et il faut compter 3h30 de trajet. AR 40€. Plus vous réservez tôt, plus les tarifs seront avantageux. **Le Pass**, valable 15, 30 ou 60 jours, permet de voyager librement sur le réseau Eurolines entre 35 villes européennes. Tarif plein : 203 à 333€ pour 15 jours, 303 à 443€ pour 30 jours. **Belgique** *Eurolines Caoch Station, CCN gare du Nord, place Solvay 4, 1030 Bruxelles Tél. 02 274 13 70 www.eurolines.be info@eurolines.be* **Paris** *Gare routière internationale 28, av. du G^{al}-de-Gaulle Bagnolet Tél. 0892 89 90 91*

Se rendre à Paris en voiture

de province

Le réseau français d'autoroutes relie la province à Paris : du nord passez par l'A1 ou l'A16, de l'est, empruntez l'A4 ou l'A5, de l'ouest l'A10, l'A11 ou l'A13, du sud-ouest l'A10 ou l'A20, et du sud-est l'A5 ou l'A6. Pour s'informer de l'état du trafic consultez les sites : www.bison-fute.equipement.gouv.fr et www.infotrafic.com ou écoutez en voiture Autoroute FM 107,7

de Belgique

De Bruxelles, prenez la direction de Valenciennes par l'autoroute E19/A7, puis l'A1 (autoroute du Nord). Pour le trajet Bruxelles-Paris, 312km, comptez environ 12€ de péage. Tél. rens. 0 892 303 303, ou contacter la Sanef tél. info. 01 44 38 62 00

de Suisse

Au départ de Genève, le trajet le plus rapide consiste à prendre l'autoroute A40, puis, vers Mâcon, l'A6 jusqu'à Paris. Autre itinéraire, intéressant notamment en cas de gros trafic sur l'A6, quitter l'A40 pour prendre l'A39 près de Bourg-en-Bresse puis l'A31/A5 vers Paris à partir de Dijon. La distance Paris-Genève (via A6) est de 541km. Péage : environ 38€.

tableau des distances province-Paris centre

Ville de départ	Distance (km)	Autoroute	Tarif péage
Bordeaux	590	A10-A6B	47€
Brest	594	A81-A11-A10	25€
Poitiers	340	A10-A6B	28€
Lille	220	A1	14€
Lyon	466	A6	29€
Marseille	777	A7-A6	49€
Montpellier	763	A7-A6	49€
Nantes	386	A11-A10	30€
Nice	941	A8-A7-A10	64€
Rennes	356	A81-A11-A10	25€
Rouen	135	A13	12€
Strasbourg	488	A4	32€
Toulouse	679	A61-A20-A71-A10-A6A	12€
Grenoble	572	A43-A46-A6	37€

GEOPRATIQUE

Devenir un as du métro
et de ses correspondances,
ne rater aucun salon ou festival
de la capitale, se tenir paré pour
la randonnée en rollers du vendredi
soir, pouvoir acheter des fleurs
au cœur de la nuit, savoir quel
journal parisien lire en prenant son
petit noir : de **A** comme Assurances
à **V** comme Visites guidées,
en passant par **F** comme Fêtes,
H comme Hébergement ou
M comme Marchés, toutes
les réponses à vos questions
avant de partir et sur place.

Informations utiles de A à Z

GEOMEMO

Informations touristiques	**Office de tourisme et de congrès de Paris** 25, rue des Pyramides 75001 tél. 0892 68 31 12 www.parisinfo.com
	Autres points d'accueil Carrousel du Louvre, Opéra-Grands Magasins, gare de Lyon, gare du Nord, Montmartre (M° Anvers) et tour Eiffel (saisonnier)
Réservations SNCF	tél. 36 65 www.voyages-sncf.com
Informations RATP	tél. 0892 68 77 14 www.ratp.fr

GÉOPRATIQUE

Assurances

Il n'y a pas de risque particulier à visiter Paris, donc pas d'assurance spécifique à souscrire. Si votre assurance bancaire, automobile ou domestique et votre mutuelle ne vous permettent ni d'être dédommagé en cas de perte ou de vol de vos bagages ni de bénéficier d'une **assistance médicale**, vous pouvez souscrire un contrat d'assurance auprès d'une agence de voyages et/ou d'une compagnie aérienne. Cependant, vous ne bénéficierez d'une **assurance voyage** (dédommagement en cas d'annulation ou de retard de vol, perte ou vol des bagages) que si vous réglez votre titre de transport par carte bancaire. Renseignez-vous auprès de votre banque.

AVA (Assurances Voyages Assistance). *Tél. 01 53 20 44 20 www.ava.fr*
Europ Assistance. *Tél. info. 0810 007 577 www.europ-assistance.fr*
Mondial Assistance. *Tél. 01 40 255 255 www.mondial-assistance.fr*

Budget et saisons touristiques

BUDGET JOURNALIER Comme toutes les grandes capitales, Paris est une ville relativement onéreuse, surtout pour l'hébergement et la restauration. Comptez environ 80€ pour une chambre double sans prétention. Si bistrots et restaurants proposent des menus à moins de 15€ à midi, il vous faudra débourser de 25€ à 45€ le soir. En revanche, les transports en commun sont relativement bon marché : le forfait touristique **Paris-Visite** revient à 27,50€ pour 5 jours (zones 1-3). Côté loisirs, une place de cinéma coûte environ 8€ et une entrée dans un musée de 4€ à 10€.

BASSE ET HAUTE SAISON Si les touristes visitent la capitale toute l'année, ils sont moins nombreux du 15 juillet à fin août et du 15 novembre à fin février (hors fêtes de fin d'année). Il est plus difficile de trouver une chambre d'hôtel à Pâques, le 14 juillet (fête nationale) et en juin ou septembre-octobre, période de grandes foires et salons internationaux. De nombreux restaurateurs, cafetiers et commerçants prennent leurs congés annuels de mi-juillet à fin août. C'est aussi à cette période que les hôtels 3 et 4-étoiles proposent des offres promotionnelles.

GAMME DE PRIX Pour l'hébergement, les prix indiqués sont ceux d'une chambre double en haute saison (sans le petit déjeuner). Pour la restauration, ils correspondent à un repas à la carte (entrée+plat+dessert) hors boisson.

Gamme de prix	Dormir	Manger
Très petits prix	moins de 40€	moins de 10€
Petits prix	de 40€ à 60€	de 10€ à 20€
Prix moyens	de 60€ à 100€	de 20€ à 30€
Prix élevés	de 100€ à 150€	de 30€ à 50€
Prix très élevés	plus de 150€	plus de 50€

Cartes et plans

Michelin édite des cartes 1/20 000 (n°54) détaillant les parkings, les sens uniques et les rues piétonnes. L'IGN propose des cartes à thèmes, un Mini Paris à vélo et un Mini Paris spécial musées. Média cartes diffuse un plan de poche du Paris cycliste, ainsi qu'un Plan-guide des 23 sites parisiens évocateurs de Victor Hugo. Vous pourrez obtenir gratuitement des plans de la ville aux guichets des stations de métro, dans les grands magasins et les offices de tourisme.

www.paris.fr Cartes thématiques, dont une des pistes cyclables.
www.ratp.fr Plan du métro et mini-plan des réseaux.

Enfants

Les musées de la Ville de Paris organisent une foule d'activités réservées aux plus jeunes, il s'agit le plus souvent d'ateliers pour s'initier de manière ludique aux arts plastiques. Connectez-vous sur le site de la **Mairie de Paris** pour connaître la programmation détaillée. Concernant les autres musées parisiens, vous trouverez sur leurs adresses Internet respectives la liste de ce qu'ils proposent aux enfants. Toujours sur le site de la Mairie de Paris, vous attend une mine d'informations sur les animations organisées dans les parcs et jardins de la capitale. Que ce soit autour du jardinage, de la sensibilisation à l'environnement, de la découverte des animaux..., les suggestions ne manquent pas. C'est d'ailleurs dans les jardins que se déroulent plusieurs fois par semaine les représentations du théâtre de Guignol pour le plus grand bonheur des petits. Vous souhaitez vous renseigner sur l'ensemble des activités qui sont à l'affiche en ce moment ? Visites, ateliers, spectacles..., toujours sur Internet, des sites spécialisés vous présentent le programme des semaines à venir : connectez-vous sur **Cityvox Paris**, rubrique sorties enfants. Vous pouvez également consulter le magazine **Paris Mômes**, un guide des sorties et des loisirs à Paris et en Île-de-France pour les plus jeunes. Ce bimestriel est diffusé avec le quotidien *Libération* et dans un réseau de 300 lieux incontournables, fréquentés par des familles (musées, cinéma, bibliothèques, chaînes de magasins...). Très attendue, la page "Au secours, c'est dimanche" donne une foule d'idées pour les occuper. Si vous ne l'avez pas trouvé en version papier, faites un tour sur leur site Internet. Dans la presse généraliste, le *Figaroscope* et *Télérama* éditent également des pages spéciales sur les activités à faire en famille. Envie d'une balade à vélo ou à rollers pour découvrir Paris avec un guide ? Renseignez-vous auprès de **Paris Balades** qui recense les organismes proposant ces formules. Enfin, que ce soit pour une visite ludique du Louvre, de la tour Eiffel, de la cathédrale Notre-Dame... contactez l'association **Paris d'enfants** qui conçoit des balades pédagogiques fondées sur l'observation, le jeu et la réflexion. Tout le monde y trouvera son compte !

Mairie de Paris. *www.paris.fr*
Cityvox Paris. *www.fra.cityvox-de.com* ou *www.cityjunior.com*
Paris Mômes. *www.parismomes.fr*
Paris Balades. *www.parisbalades.com*
Paris d'Enfants. *www.parisdenfants.com*

Fêtes et manifestations

fêtes et festivals

Pour obtenir les dates exactes des manifestations répertoriées ci-dessous, vous pouvez contacter l'office de tourisme et de congrès de Paris. *Tél. 0892 68 30 00*

GÉOPRATIQUE

PRINTEMPS-ÉTÉ

Mars-avril

Printemps des Poètes Spectacles, conférences et lectures. www.printempsdespoetes.com Début mars

Festival du Film de Paris Une semaine de projection. Gaumont Marignan, av. des Champs-Élysées. Fin mars-début avr.

Mai

Festival du Théâtre de Verdure du Jardin Shakespeare Répertoire classique. Bois de Boulogne. De début mai à fin oct.

Nuit des Musées La plupart des musées parisiens ouvrent gratuitement leurs portes de 19h à 1h, avec diverses animations. www.nuitdesmusees.culture.fr Le deuxième samedi de mai

Juin

Paris Jazz festival Concerts de jazz et de world music en plein air. www.parcfloraldeparis.com Parc floral du bois de Vincennes. Chaque week-end en juin-juil.

Fête de la Musique Dans les rues, les instituts culturels et les jardins de la ville, de l'impro à l'orchestre symphonique. Le 21 juin

Festival Soirs d'été Cinéma en plein air et concerts. Mairie du 3e ardt. De mi-juin à mi-juil.

Fête du cinéma Toutes les séances à prix réduit. Trois jours fin juin

Fashion Week - Collections automne-hiver Semaine des défilés haute couture. www.modeaparis.com Entre mi-juin et mi-juil.

Marche des Fiertés Défilé de la communauté homosexuelle, bi et trans. www.gaypride.com Le dernier samedi de juin

Paris Cinéma Hommages, rétrospectives, avant-premières, ateliers, et projection de quelque 400 films à prix réduit. www.pariscinema.org Du dernier mercredi de juin au deuxième mardi de juil.

Biennale des Cinémas arabes à Paris Le meilleur du cinéma arabe www.imarabe.org Institut du Monde Arabe. De fin juin à début août

Juillet

Les Étés de la Danse Festival de danse classique et contemporaine. www.lesetesdeladanse.com Juil.-août

Feed Back Festival de musiques actuelles. www.villette.com Parc de la Villette. Premier week-end de juil.

Fête nationale Bals place de la Bastille et dans les casernes de pompiers les 13 et 14 juillet au soir ; défilé militaire sur les Champs-Élysées le 14 au matin ; feu d'artifice au Trocadéro le 14 au soir.

Paris Quartier d'Été Une programmation de qualité en danse, théâtre et musique. www.quartierdete.com De mi-juil. à mi-août

Festival du Cinéma en plein air De grands films sur une vaste prairie idéale pour un pique-nique. www.villette.com Parc de la Villette. De mi-juil. à fin août

Paris-Plage La Seine bordée de sable et de palmiers, avec de nombreuses activités. www.paris.fr Du quai Henri-IV au quai des Tuileries. De la troisième semaine de juil. à la troisième semaine d'août

Festival Classique au Vert Musique classique en plein air. www.parcfloraldeparis.com Parc floral du bois de Vincennes. De début août à fin sept.

Août

Cinéma au Clair de Lune Projection de classiques sur les lieux de leur tournage à Paris. www.clairdelune.forumdesimages.net Les trois premières semaines d'août

Tréteaux Nomades Le festival des Arènes de Montmartre propose ses spectacles de théâtre forain. De fin août à mi-sept.

AUTOMNE-HIVER

Septembre	**Jazz à la Villette** Avec de grands noms du jazz. www.villette.com Parc de la Villette. Fin août- début sept.
	Opéra des rues Festival d'art lyrique. 12e et 13e ardts. www.operadesrues.com Début sept.
	Techno Parade Grand défilé dédié aux musiques électroniques. www.technoparade.fr Le deuxième samedi de sept.
	Rendez-Vous électroniques Débats, films et installations autour des musiques électroniques, avec sets de DJ. www.technopol.net Centre Georges-Pompidou, l'Entrepôt, etc. Le deuxième samedi de sept.
	Fête de l'Humanité Concerts et débats organisés par le PCF. www.humanite.fr Parc de la Courneuve. Le deuxième week-end de sept.
	Festival d'Automne Danse, théâtre, concerts et expositions. www.festival-automne.com De mi-sept. à mi-déc.
	Lire en Fête Lectures, expositions, promenades et conférences autour de la chose écrite. www.lire-en-fete.culture.fr Mi-oct.
	Journées du Patrimoine Entrée libre dans 270 édifices parisiens. www.journeesdupatrimoine.culture.fr Le troisième week-end de sept.
	Fête des Jardins Animations et visites guidées dans les jardins parisiens. www.paris.fr Fin sept.
Octobre	**Nuit Blanche** De 19h à 7h, Paris devient le terrain de jeu des artistes : installations interactives, projections sur les façades, ambiances sonores… www.paris.fr Le premier samedi d'oct.
	Festival du Film gay et lesbien Projections d'œuvres internationales www.ffglp.net Forum des images. Mi-nov.
	Festival du Cinéma d'Animation Pour les enfants et surtout les adultes. www.afca.asso.fr Cinémathèque, Centre Pompidou. Fin oct.
Novembre	**Fête du Beaujolais nouveau** Dans les bars et bistrots de la capitale. Le troisième jeudi de nov.
	Festival du Film gay et lesbien Projections d'œuvres internationales www.ffglp.net Forum des images. Mi-nov.
Décembre	**Festival d'Art sacré** Musique sacrée dans les églises de la ville, au musée d'Art et d'Histoire du judaïsme, etc. www.festivaldartsacre.new.fr Début déc.
Janvier	**Fashion Week - Collections Printemps-été** Semaine des défilés haute couture. www.modeaparis.com Courant jan.

GÉOPRATIQUE

foires, salons et événements sportifs

PRINTEMPS-ÉTÉ

Mars	**Art Paris** Foire d'art moderne et contemporain. www.artparis.fr Grand Palais. Fin mars-début avril
	Musicora Salon de lutherie avec concerts et ateliers de chant. www.musicora.net Carrousel du Louvre. Deuxième quinzaine de mars
	Salon du Livre www.salondulivreparis.com Porte de Versailles. Deuxième quinzaine de mars
Avril	**Foire du Trône** La plus grande fête foraine parisienne. www.foiredutrone.com Porte dorée. De fin mars à début mai

GÉOPRATIQUE

Marathon de Paris www.parismarathon.com
Départ aux Champs-Élysées. Premier dimanche d'avr.
Foire de Paris Plus de 2 000 exposants pour les loisirs et la maison.
www.foiredeparis.fr Porte de Versailles. De fin avr. à début mai

Mai	**Internationaux de France de Tennis de Roland-Garros** www.fft.fr Porte de Saint-Cloud. De fin mai à mi-juin
Juin	**Foire Saint-Germain** Concerts et marchés littéraires à Saint-Germain-des-Prés. www.foiresaintgermain.org De début juin à début juil. **Salon international de l'Aéronautique et de l'Espace du Bourget** www.salon-du-bourget.fr Aéroport du Bourget. Deuxième quinzaine de juin tous les deux ans (années impaires)
Juillet	**Meeting Gaz de France** Rencontre internationale d'athlétisme. www.athle.gazdefrance.com Stade de France. Début juil. **Raid dingue de Paris** Circuits pédestres dans les 6e, 13e et 18e ardts. Deuxième quinzaine de juil. **Arrivée du Tour de France** Sur les Champs-Élysées. Troisième dimanche de juil.

AUTOMNE-HIVER

Septembre	**Festival Automobile historique** Domaine national de Saint-Cloud. Mi-sept. **Biennale des Antiquaires** www.biennaledesantiquaires.com Carrousel du Louvre. Deuxième quinzaine de sept. **Salon du Collectionneur** www.sdcfrance.eu Deuxième quinzaine de sept. Tous les deux ans (années impaires) **La Parisienne** Course à pied des femmes. www.la-parisienne.net Départ au Trocadéro. Deuxième dimanche de sept. **Mondial de l'Automobile** www.mondial-automobile.com Porte de Versailles. Fin sept. et mi-oct., tous les 2 ans (années paires)
Octobre	**Foulées du Luxembourg** Courses de 10km ou 4km pour les adultes, de 1km pour les poussins. www.fouleesduluxembourg.com Jardin du Luxembourg. Dernier dim. de sept. ou premier dimanche d'oct. **Prix de l'Arc de Triomphe Lucien Barrière** L'événement de la saison hippique. Hippodrome de Longchamp. www.prixarcdetriomphe.com Premier week-end d'oct. **Traversée de Paris en aviron** Descente de la Seine en aviron. Départ sur le quai de Bercy. Premier week-end d'oct. **Foire internationale d'art contemporain (FIAC)** www.fiac-online.com Porte de Versailles. Courant oct. **Salon des Papiers anciens, du Livre et des Collections** Espace Champerret. Deuxième quinzaine d'oct. **Salon du Chocolat** Porte de Versailles. Deuxième quinzaine d'oct.
Novembre	**Salon du Patrimoine** Carrousel du Louvre. Début nov. **Festival du Thé** Bourse de commerce (Les Halles). www.festivalduthe.fr Fin oct.-début nov.

	Paris Photo Salon international de la photographie. www.parisphoto.fr Carrousel du Louvre. Deuxième quinzaine de nov.
	Trophée Bompard Anciennement appelé Trophée Lalique, patinage artistique. Palais omnisports de Bercy. Courant nov.
	Salon du Livre et de la Jeunesse À Montreuil. Fin-nov., début déc.
Décembre	**Salon nautique international** www.salonnautiqueparis.com Porte de Versailles. Première quinzaine de déc.
	Noëlissime Paris Tout pour Noël, cadeaux et décoration. Porte de Versailles. Première quinzaine de déc.
	Salon du Cheval www.salon-cheval.com Porte de Versailles. Première quinzaine de déc.
Janvier	**Nouvel An chinois** La communauté chinoise célèbre son Nouvel An : défilés, tambours et cymbales, acrobates, danses, etc. www.chinoisdefrance.com 13e et 3e ardts. Janv. ou fév. (les trois premiers jours du premier mois du calendrier lunaire)
Février	**Carnaval de Paris** www.carnaval-pantruche.org Départ Porte de Bagnolet. Premier dimanche de fév.
	Tournoi des VI Nations Le meilleur du rugby européen Stade de France. En fév.-mars
	Salon international de l'Agriculture www.salon-agriculture.com Porte de Versailles. De fin fév. à début mars

Galeries et ateliers d'artistes

galeries

Hors des musées, on peut prendre de bonnes "bouffées d'art" dans les galeries et ateliers d'artistes de la capitale.

Quartier des Beaux-Arts Au cœur de Saint-Germain-des-Prés, une importante concentration de galeries d'art contemporain, en particulier rue Mazarine.

Rive droite La rue Matignon et le faubourg Saint-Honoré, dans le 8e arrondissement, regroupent les galeries les plus prestigieuses de la capitale et les deux maisons de vente anglo-saxonnes : Sotheby's et Christie's.

Le Marais Depuis l'ouverture du Centre Pompidou, le Marais regorge de galeries nichées dans des cours d'hôtels particuliers, notamment rue Vieille-du-Temple.

Le 13e arrondissement Les rues Louise-Weiss, du Chevaleret et Duchefdelaville abritent une dizaine de galeries d'art très contemporain (photo, vidéo, peinture, design, etc.), avec vernissages hyper-branchés un samedi soir par mois.

appart-galeries

Loin de l'ambiance feutrée des galeries, certains peintres, sculpteurs et designers exposent leurs œuvres chez eux, sur rendez-vous.

Richard Delh. *34, av. Hoche 75008 Tél. 01 42 25 13 82 www.richard-delh.com*
D-Sign by O. *3, rue Debelleyme 75003 Tél. 01 48 87 55 68 www.d-signbyo.com*
Marianne Guédin. *8, passage de la Bonne-Graine 75011 Tél. 06 26 78 10 56*
www.marianneguedin.com
Christophe Delcourt. *39, rue Lucien Sampaix 75010 Tél. 01 42 78 44 97*
www.christophedelcourt.com

GÉOPRATIQUE

ateliers

Les journées "portes ouvertes" permettent de rencontrer les artistes dans leurs ateliers, souvent perdus au fond de cours fleuries ou d'entrepôts dissimulés. Répertoire sur *www.discipline.free.fr/portes_ouvertes_paris.htm*
Ateliers de Belleville. *32, rue de la Mare 75020 Tél. 01 46 36 44 09 www.ateliers-artistes-belleville.org Fin mai*
Ateliers de Ménilmontant. *40-42, rue des Panoyaux 75020 Tél. 01 46 36 47 17 www.artotal.com/menil Fin sept.*
D'Anvers aux Abbesses. *46, rue Clignancourt 75018 Tél. 01 42 54 64 56 www.anvers-aux-abbesses.com Fin nov.*
Les Frigos. Les anciens entepôts frigorifiques de Paris-Ivry abritent une cité d'artistes et l'Association Les Voûtes, la radio Paris Jazz et la galerie l'Aiguillage. *19, rue des Frigos 75013 www.les-frigos.com www.lesvoutes.org*

Handicapés

Le nombre de sites et structures aménagés pour pouvoir accueillir les personnes handicapées est de plus en plus important, bien que toujours insuffisant, notamment dans le métro. La RATP a édité un plan détaillant l'accessibilité de son réseau (*www.ratp.fr*). Les musées de la Ville de Paris proposent des visites guidées et des activités adaptées (pour tout renseignement, contactez le musée concerné). Enfin, vous pourrez consulter la liste des hébergements et restaurants parisiens portant le label **"Tourisme et Handicap"** disponible sur le site Internet de l'office de tourisme (*www.parisinfo.com*).
Infomobi. Service d'information spécialisé dans les transports en Île-de-France. *Tél. 0810 64 64 64 www.infomobi.com*
Association des Paralysés de France. Elle publie un guide et met en ligne une liste des musées, restaurants et lieux de sortie, accessibles aux personnes à mobilité réduite. *13, pl. de Rungis 75013 Tél. 01 45 81 45 41 www.apf.asso.fr*
Comité national français de Liaison pour la Réadaptation des Handicapés. Il publie un guide gratuit de Paris pour les personnes handicapées, intitulé "Paris Île-de-France pour Tous". *236 bis, rue de Tolbiac 75013 Tél. 01 53 80 66 67 et 01 53 80 66 66 (infos sur le guide publié)*
Service d'information de la Mairie de Paris. Destiné aux personnes handicapées. *Tél. 0800 03 37 48 ou 01 43 47 70 70 (appel gratuit) 9h-12h et 14h-17h*

transport adapté

Il est nécessaire de réserver au moins 48h à l'avance.
Airhop et Airhop Trans'dom (77). Liaisons avec les aéroports du lun. au ven. 8h-12h et 13h30-18h. *Tél. 01 41 29 01 29*
GIHP. *Tél. 01 45 23 83 50 www.gihpidf.asso.fr Ouvert lun.-ven. 7h-20h*

Hébergement

Paris dispose d'un vaste parc hôtelier et de formules d'hébergement variées, du camping à l'hôtel 4-étoiles, en passant par les chambres d'hôtes.

camping

Le camping 4-étoiles du bois de Boulogne est le seul de la capitale (cf. Dormir dans le 16e ardt). Il n'existe aucun camping en proche banlieue.
www.camping.fr Répertoire de tous les campings de France.

auberges de jeunesse

À Paris, leurs tarifs varient de 18,50 à 23€ la nuit/pers. Prévoyez un supplément pour la location des draps.
Fédération unie des Auberges de Jeunesse (FUAJ). Peut fournir la liste des auberges de jeunesse de France sur demande et délivre la carte FUAJ, obligatoire pour pouvoir dormir dans toutes les auberges parisiennes : 10,70€ pour les moins de 26 ans, 15,25€ pour les plus de 26 ans, 22,90€ pour les familles et 45,75€ pour les groupes. *Tél. 01 44 89 87 27 www.fuaj.org*
Auberges de Jeunesse de Paris *4, bd Jules Ferry 75019 Tél. 01 43 14 82 07*

hôtels

Les hôtels sont classés de 0 à 4 étoiles mais les prix varient également selon la situation et le confort. Les 2-étoiles parisiens affichent les prix les moins chers d'Europe (en moyenne 80€) après ceux de Budapest et Francfort. Des hôtels de chaîne économique comme Etap Hôtel sont établis près des portes ou en proche banlieue. Concernant l'hébergement haut de gamme, Paris abrite quelques palaces parmi les plus luxueux au monde. La Ville de Paris perçoit une taxe de séjour (de 0,20€ à 1,20€ par pers. et par jour), comprise ou non dans le prix de la chambre. De nombreux établissements pratiquent des tarifs promotionnels durant l'année, moins souvent par téléphone que par le biais de leur site Internet ou de centrales de réservation.

CENTRALES DE RÉSERVATION HÔTELIÈRE
Office de tourisme et des congrès de Paris. Il dispose de sa propre centrale de réservation avec un grand nombre d'offres promotionnelles. Vous pouvez lui confier votre réservation ou procéder vous-même en ligne. *25-27, rue des Pyramides 75001 Tél. 0892 68 30 00 www.parisinfo.com*
ABACA Discount Hotels-Ely. Répertoire de 2 000 établissements indépendants. Service gratuit. *182, rue du Faubourg-Saint-Honoré 75008 Tél. 01 43 59 12 12 Fax 01 42 56 24 33 www.ely1212.com*
www.expedia.com La plus importante centrale de réservation sur le net, avec principalement des offres discount des grandes chaînes présentes dans la ville. Les prix varient au jour le jour en fonction de la demande, soyez flexible sur vos dates.
www.lastminute.com Même trois mois à l'avance, avec des offres promotionnelles d'hôtels de plus petite taille et indépendants.
www.123booking-online.com Offres des 3 et 4-étoiles parisiens.

échanges d'appartements

Cette formule très économique connaît un succès grandissant. Même si vous êtes locataire, vous pouvez échanger votre appartement contre l'équivalent à Paris. Sachez que les interfaces Internet sont souvent payantes. Avant de partir, vérifiez

GÉOPRATIQUE

auprès de votre assureur que vous avez souscrit un contrat "multirisques-habitation". De même si vous souhaitez échanger votre voiture.

Homelink. 19, *Cours des Arts-et-Métiers 13100 Aix-en-Provence Tél. 04 42 27 14 14 Fax 04 42 38 95 66 www.homelink.fr*

Intervac. 230, *bd Voltaire 75011 Paris Tél. 01 43 70 21 22 Fax. 01 43 70 73 35 www.intervac.fr*

chambres d'hôtes

De plus en plus nombreuses dans la capitale, elles s'avèrent idéales pour côtoyer des Parisiens et profiter de leur connaissance de la ville. D'un atelier d'artiste à Montparnasse à une maison avec jardinet du 19e ardt, les prix restent doux : de 45€ à 115€ la nuit/pers. L'office de tourisme de Paris a créé un label "Hôtes Qualité Paris" qui garantit la qualité de l'accueil et de l'hébergement. Les petits déjeuners sont généralement compris dans le prix de la chambre (www.hotesqualiteparis.fr) ; en revanche, la table d'hôte n'est proposée qu'occasionnellement.

Alcôve & Agapes. *Tél. 01 44 85 06 05 www.bed-and-breakfast-in-paris.com*

Une Chambre en Ville. 10, *rue Fagon 75013 Tél. 01 44 06 96 71 Fax 01 44 06 96 72 www.chambre-ville.com*

Good Morning Paris. 43, *rue Lacépède 75005 Tél. 01 47 07 28 29 www. goodmorningparis.fr*

Hôtes Qualité Paris. Plate-forme labellisée par l'office de tourisme. *www. hotesqualiteparis.fr*

location d'appartements

La location d'un appartement meublé est sans doute la formule la moins onéreuse pour visiter Paris en famille. La durée minimum de la location est de 3 nuits à une semaine, selon les agences. Du studio au 3-pièces, comptez de 85€ à 130€ la nuit. Vous devrez également effectuer un dépôt de garantie et acquitter les charges.

Destination Loc'Appart. 75, *rue Fontaine 75011 Tél. 01 45 27 56 41 www. destinationlocappart.com*

123 Mycityflat. 236, *rue Saint-Martin 75003 Tél. 01 42 78 01 58 Fax 01 44 54 97 17 www.123-mycityflat.com*

321… International. 24, *rue Louis-Blanc 75010 Tél. 01 45 80 73 32 Fax 03 23 71 64 92 www.321international.com*

appart-hôtels

Ils conjuguent les avantages d'un appartement loué et ceux d'une chambre d'hôtel : cuisine aménagée, ligne téléphonique individuelle, équipement Hifi-TV, ménage hebdomadaire avec renouvellement du linge et services "à la carte" (baby-sitting, livraison de repas, etc.). Il est possible de n'y passer qu'une seule nuit. Il existe à Paris, outre les résidences des deux grandes chaînes d'appart-hôtels (Citadines et Pierre et Vacances, à partir de 115€ à 150€/j), de nombreuses résidences indépendantes, moins chères (à partir de 60€) et recensées sur *www.cybevasion.fr/hotels/ france/75/paris_hotels_etoiles_residences.html*.

Citadines. Résidences aux Halles, à Saint-Germain-des-Prés, Bastille, République, entre autres. *Tél. 01 41 05 79 05 www.citadines.com*

Pierre et Vacances. Résidences aux Buttes-Chaumont, Tolbiac, Bercy, Montmartre, etc. *Tél. 0825 07 06 05 Fax 01 45 57 28 43 www.pierreetvacances.com*

Horaires

La plupart des commerces ouvrent du lundi au samedi de 9h à 19h (parfois 20h), et le dimanche dans les principaux quartiers touristiques (Champs-Élysées, rue de Rivoli, rue des Francs-Bourgeois, place des Vosges, Carrousel du Louvre, Bercy Village, rue des Abbesses, etc.). Rares sont les supermarchés qui ouvrent le dimanche. En revanche, les commerces de bouche ouvrent le dimanche matin mais beaucoup sont fermés le lundi. Les grands magasins et la plupart des musées assurent une nocturne jusqu'à 21h30 un jour par semaine. Bon à savoir : de nombreuses épiceries de quartier restent ouvertes tard le soir. La poste du Louvre (*52, rue du Louvre 75001*) est ouverte 24h/24 (service restreint après 19h).

Informations touristiques

Office de tourisme et des congrès de Paris. Ventes de cartes City Passeport et Musées-monuments, plans de transports, listes d'hébergements et de restaurants. Plusieurs bureaux d'accueil sont présents dans les gares et les principaux sites touristiques de la ville (Carrousel du Louvre, Montmartre, tour Eiffel). *25, rue des Pyramides 75001 Tél. 0892 68 30 00 www.parisinfo.com*
Mairie de Paris. Elle édite différentes brochures : "le Répertoire des savoirs", "Paris est à vous" (sites touristiques, informations pratiques, musées, etc.), plaquettes des Musées de la Ville de Paris et mensuel municipal *À Paris*. Les mairies d'arrondissement sont en général peu approvisionnées en dépliants touristiques. *4, rue Lobau 75004 Tél. 39 75 www.paris.fr*

Internet

se connecter à Paris

De nombreux hôtels disposent d'une connexion, sinon poussez la porte de l'un des nombreux cyber-cafés de la capitale. Le prix moyen d'une connexion varie selon les quartiers à partir de 2€/h. Sachez qu'on peut surfer gratuitement sur le net dans les stations de métro et de RER les plus fréquentées (comme Châtelet et Gare de Lyon équipées de bornes spécifiques) et à la bibliothèque du Centre Georges-Pompidou mais les files d'attente sont souvent longues ! Si votre ordinateur portable est muni d'une carte Wi-fi, vous pourrez vous connecter dans les aéroports et gares SNCF, dans certains cafés et restaurants, sur quelques places (Saint-André-des-Arts, Tertre, Contrescarpe, etc.) et même dans le bus n°38 (Gare du Nord-Porte d'Orléans).
Bibliothèque publique d'Information. *Centre Georges-Pompidou Rue Beaubourg 75004 Tél. 01 44 78 12 75 Ouvert mer.-lun. 10h-22h (sam.-dim. 11h) www.bpi.fr*
www.cybercaptive.com Ce site recense tous les cyber-cafés de la capitale.
www.linternaute.com Liste des spots Wi-fi dans les lieux publics.
www.hotcafé.fr Répertoire des cafés Wi-fi.

GÉOPRATIQUE

GÉOPRATIQUE

Paris en ligne

www.paris.fr Portail de la Mairie de Paris.

www.parisinfo.com Le site de l'office de tourisme de Paris, très bien conçu.

www.lemondedesarts.com Toute l'actualité culturelle, expositions, musées, etc.

www.parisbouge.com Agenda des soirées et des concerts, adresses des clubs.

www.parisbalades.com Promenades architecturales et urbaines.

www.parisgratuit.com Bons plans et invitations.

www.parisinconnu.com Balades hors des sentiers battus.

www.paris-pittoresque.com Histoires des rues de Paris et photos anciennes.

www.passagesetgaleries.org Tout sur les passages parisiens.

www.restoaparis.com Liste de restaurants et coups de cœur.

www.zingueurs.com Bistrots parisiens, animations et événements.

Marchés

Plus de 70 marchés se tiennent chaque semaine dans les rues de Paris. Il s'en compte un par quartier, organisé une ou deux fois en semaine et une autre fois le week-end, en général le matin (7h-14h30). Parmi les plus notables, citons le marché Bastille, central et bien achalandé (bd Richard-Lenoir 75004, jeu. et dim. matin), le marché Monge au cœur du Quartier latin (pl. Monge 75005, mer., ven. et dim. matin) et le marché Barbès, très cosmopolite (bd de la Chapelle, mer. et sam. matin). Les marchés en après-midi restent rares (Les Halles, Bourse, Saint-Honoré, Baudoyer, Anvers, Bercy). Les treize marchés couverts parisiens ouvrent en général leurs portes du mardi au samedi de 8h à 13h30 et de 16h à 19h, et le dimanche de 8h à 13h. Ils sont souvent très pittoresques, à l'image du marché des Enfants Rouges (39, rue de Bretagne 75004).

www.v1.paris.fr/fr/marches Liste détaillée des marchés et horaires.

www.marchescouverts.com Répertoire des marchés couverts parisiens.

MARCHÉS SPÉCIALISÉS

Marchés bio	**Bd Raspail** Entre les rues du Cherche-Midi et de Rennes 75006 (M° Rennes) Dim. 9h-15h
	Pl. Constantin-Brancusi 75014 (M° Gaîté) Sam. 9h-15h
	Bd des Batignolles 75017 (M° Rome) Sam. 9h-14h
Marchés aux fleurs	**Île de la Cité** Pl. Louis-Lépine 75004 (M° Cité) tlj. 8h-19h30
	Pl. des Ternes 75017 (M° Ternes) Mar.-dim. 8h-19h30
	Pl. de la Madeleine 75008 (M° Madeleine) Lun.-sam. 8h-19h30
Marchés aux oiseaux	**Île de la Cité** Pl. Louis-Lépine 75004 (M° Cité) Dim. 8h-19h
	Quai de la Mégisserie 75001 (M° Pont-Neuf, Châtelet) Tlj. 10h-19h
Marché aux timbres	**Avenues Gabriel et Marigny** 75008 (M° Champs-Élysées-Clemenceau) Jeu., sam.-dim. et j. fériés de 10h à la tombée de la nuit
Marché aux vêtements	**Carreau du Temple** 2, rue Perrée 75003 (M° Temple) Mar.-ven. 9h-12h, sam.-dim. 9h-12h30
Marchés de la création	**Bastille** 75001 (M° Bastille) Sam. 9h-19h30
	Bd Edgar-Quinet 75014 (M° Edgar-Quinet) Dim. 9h-19h30
Marché aux livres	**Parc Georges-Brassens** 75015 (M° Convention) Sam.-dim. 9h-18h
Marchés de Noël	**Blancs-Manteaux** 48, rue Vieille-du-Temple 75004 (M° Hôtel de Ville)
	Pl. Saint-Germain-des-Prés 75006 (M° Saint-Germain-des-Prés)

Médias

presse quotidienne

Le Parisien couvre les faits divers locaux mais également l'actualité nationale et internationale. *Métro* et *20 Minutes*, deux gratuits distribués le matin aux stations de métro, fournissent un résumé de l'actualité. Les kiosques de la ville, où l'on trouve toute la presse nationale et internationale, ouvrent en général de 7h à 19h.

presse culturelle

L'Officiel des spectacles et le *Pariscope*, qui paraissent le mercredi, permettent de se mettre rapidement à l'heure de la capitale : liste de restaurants, programmation des cinémas et théâtres, concerts, musées, expositions, etc. Les suppléments "Sortir" de *Télérama* et "Paris-Île-de-France" du *Nouvel Observateur* couvrent l'actualité culturelle de la capitale. *À nous Paris*, le journal gratuit de la RATP distribué le mardi dans le métro, propose une bonne sélection d'adresses (shopping, restaurants, lieux branchés) et d'événements culturels à ne pas manquer. Le bimensuel gratuit *Lylo*, disponible dans les bars et les salles de concert, répertorie tous les spectacles et concerts donnés dans la capitale. Le bimestriel *Elle à Paris*, qui propose surtout des adresses de shopping, consacre l'une de ses rubriques aux familles, "Métropolissons". Le bimestriel *Paris-Mômes* (supplément gratuit du quotidien *Libération*) liste les spectacles et activités sportives et culturelles pour les enfants.

radios

Les grandes radios nationales ont toutes une antenne (voire leur siège) à Paris. France Bleu Île-de-France, chaîne régionale de Radio France, émet sur 107.1 FM. Les radios locales sont très nombreuses et témoignent de la diversité culturelle de la ville : citons l'engagée Radio Libertaire (89.4 FM), Aligre FM (93.1 FM) qui couvre la vie culturelle des arrondissements parisiens, Paris Plurielle (106.3 FM) dont les "escales Paris" font voyager dans l'histoire de la capitale, Ouï FM (102.3 FM) qui répertorie les concerts parisiens du jour, ou encore FIP (105.1 FM), chaîne musicale qui se distingue par sa sélection aussi pointue qu'éclectique. Par ailleurs, Générations (88.2 FM) propose des chroniques urbaines et une bonne sélection de jazz en soirée, tandis que Radio Latina (99.0 FM) est dédiée aux musiques latines, Beur FM (106.7 FM) aux communautés arabes, Judaïques FM (94.8 FM) aux communautés juives, tout comme existent Fréquence protestante (100.7 FM) et Radio Notre-Dame (100.7 FM). Le *Pariscope* reprend chaque semaine la liste des stations qui émettent dans la ville.

TV

Vous trouverez un certain nombre de chaînes de télévision associatives à Paris mais la plupart d'entre elles sont diffusées uniquement sur Internet. Télé Bocal est une chaîne de proximité qui rapporte les événements locaux et propose des micro-trottoirs sur Internet.
Elle est diffusée dans une trentaine de bars parisiens et sur Télé-Plaisance, le samedi à 21h (canal 49 du bouquet Freebox). Sur le câble, Paris Première dédie plusieurs de ses émissions à l'actualité culturelle parisienne, dont "Paris dernière", idéale pour

connaître les derniers lieux branchés. Sur France 3, en semaine, le journal régional est diffusé de 19h à 19h30.

Musées et monuments

TARIFS Le prix d'entrée dans les musées et monuments parisiens varie en moyenne de 4 à 10€. Les musées de la Ville de Paris sont gratuits (hors expositions temporaires) : musées Carnavalet, Bourdelle, Zadkine, Cernuschi, etc. Le Louvre, le musée d'Orsay, le Centre Georges-Pompidou et de nombreux autres musées sont gratuits pour les moins de 18 ans. Outre les galeries d'art, de nombreux lieux d'exposition comme les centres culturels étrangers sont libres d'accès. Le 1er dimanche du mois, 14 musées nationaux et la plupart des monuments le sont également.

PASS CULTURELS
Carte Musées et monuments. Valable 2 jours (30€), 4 jours (45€) ou 6 jours (60€) consécutifs, elle permet de visiter librement 65 musées et monuments de Paris et de sa région (collections permanentes uniquement). Le billet est coupe-file. *En vente dans les musées et monuments concernés, les offices de tourisme (sauf la carte 5 jours), les gares et les stations de métro les plus fréquentées (Opéra, Concorde, Madeleine, Châtelet, etc.)*
City Passeport Paris. Donne accès à prix réduit (10 à 50%) à une sélection de 90 sites (musées, monuments, boutiques, lieux de sortie, balades organisées) et peut inclure un titre de transport journalier (zones 1-2). *En vente dans les offices de tourisme Tarif 5€ (10€ avec la carte Mobilis qui permet de circuler librement sur le réseau RATP).*
Billet combiné RATP-Louvre. Il offre un accès prioritaire aux collections permanentes du musée du Louvre et comprend deux titres de transport utilisables sur l'ensemble du réseau métro, bus et RER des zones 1-2. *En vente dans les offices de tourisme de Paris et à la tour Eiffel de mai à sept. Tarif 12,50€*

La nuit à Paris

sortir

BUDGET Le prix des consommations varie avec le quartier évidemment, mais la nuit parisienne reste chère. Une entrée en boîte s'échelonne entre 10 et 20€ et une consommation y coûte 15€ en moyenne. Dans un bar de quartier, une bière ne dépasse guère les 2,50€ mais peut atteindre 6€ sur les Champs-Élysées…

AGENDAS DES SOIRÉES Dans les bars et chez les disquaires, précipitez-vous sur les flyers qui annoncent les soirées et *Lylo*, petit mensuel gratuit répertoriant tous les concerts dans la capitale. Si vous pouvez passez dans un "webbar", c'est encore mieux :
www.parissi.com Les bons plans de la nuit parisienne.
www.zingueurs.com Les concerts et événements dans les cafés de la ville.
www.novaplanet.com La sélection de *Nova Magazine*.
www.lesinrocksparis.com La sélection des *Inrockuptibles*.

transports

Le dernier métro part vers 0h30 en moyenne. Selon votre position sur la ligne, vous pouvez donc pousser jusqu'à 0h50, voire 1h, mais gardé ! Le samedi soir et les veilles de fêtes, les métros s'arrêtent une heure plus tard, c'est-à-dire autour de 2h, pour le plus grand plaisir des noctambules. L'horaire du dernier métro (ou du premier à partir de 5h30...) est toujours indiqué à l'entrée des stations. Au cœur de la nuit, les bus Noctiliens prennent le relais entre Châtelet, gare de Lyon, gare de l'Est, gare Saint-Lazare et gare Montparnasse (cf. Transports collectifs). Reste enfin le taxi : soyez patient ou éloignez-vous de quelques rues des stations souvent surpeuplées les vendredi et samedi soirs.

activités sportives

RANDONNÉE EN ROLLER À 22h, tous les vendredis soirs (sauf en cas de pluie), les mordus du roller se donnent rdv place Raoul-Dautry, devant la gare Montparnasse (75014) pour participer à une randonnée – assez sportive – de 3h à travers Paris. Le parcours est annoncé la veille sur le site de l'association organisatrice.
Pari Roller. *Tél. 01 44 36 89 81 www.pari-roller.com*

PROMENADES À VÉLO Proposées par plusieurs associations.
Paris Rando Vélo. Rendez-vous le vendredi à 21h30 devant l'Hôtel de Ville (sauf en cas de chaussée glissante) pour une promenade de 2h30 à 3h. *Tél. 06 10 87 05 87 www.parisrandovelo.com*
Paris à vélo c'est sympa. *Tél. 01 48 87 60 01 www.parisvelosympa.com*

PISCINES Les piscines municipales assurent une nocturne au moins une fois par semaine (en général jusqu'à 21h) : liste et horaires sur *www.paris.fr*.
Piscine Pontoise. Cette piscine sous concession est l'une des plus belles de la ville et reste ouverte jusqu'à 23h45 en semaine pour les nocturnes (forfait). *19, rue de Pontoise 75005 (M° Maubert-Mutualité) Tél. 01 55 42 77 88 www. clubquartierlatin.com Tarif 9€ en nocturne*

activités culturelles

MUSÉES Les grands musées parisiens restent généralement ouverts en nocturne au moins un soir par semaine (jusqu'à 21h30) : le Louvre le ven. (18h-22h), le musée d'Orsay et le Centre Georges-Pompidou le jeu.
Palais de Tokyo. La création artistique contemporaine s'expose tard le soir. *13, av. du Président-Wilson 75016 (M° Iéna) Tél. 01 47 23 54 01 Ouvert mar.-dim. 12h-0h*

VISITES GUIDÉES NOCTURNES
La Voix des Lieux. Visite du Quartier latin et des quais de la Seine à la lueur des lampadaires. *Tél. 06 11 78 70 66 www.lavoixdeslieux.fr*
Les Balades de Magalie. Pour les passionnés du roman *Da Vinci Code*, visite nocturne du Louvre. *Tél. 06 14 66 49 27 www.lesbaladesdemagalie.com*

BATEAUX-MOUCHES Les compagnies parisiennes proposent des croisières jusque tard le soir qui permettent une traversée magique de la Ville-Lumière !

GÉOPRATIQUE

Nuits parisiennes

**N'écoutez pas les grincheux qui vous rabâchent qu'on
ne s'amuse plus à Paris. Il n'y a jamais eu autant de bars
musicaux, de jeunes DJ pleins d'avenir et de nouveaux
lieux où s'amuser... Le noctambule parisien n'est pas
connu pour sa fidélité à un quartier, à une boîte ou à un
style musical. D'époques en lubies, les clubs dernier cri
peuvent devenir illico ringards. Ainsi va la nuit à Paris !**

la Rive gauche

Il est loin le temps où l'intelligentsia parisienne à cheveux longs
se précipitait à Saint-Germain-des-Prés pour refaire le monde.
Le Whisky à gogo, le Buci, le Drugstore jusqu'à l'aube, tous
ont été remplacés par des lieux de luxe bien comme il faut.
À la Butte-aux-Cailles, Montparnasse ou le Quartier latin, on
trouve désormais davantage de touristes en quête de mythe
que de Parisiens écumant les soirées pointues. Seul au tournant
de l'an 2000, le Batofar, tout là-bas dans le 13e arrondissement,
avec sa programmation radicale et électronique, a redonné une
raison au branché de traverser la Seine. Mais le vrai renouveau
de la Rive gauche reste à venir.

Bastille et les Halles

Au début des années 1980, alors que Saint-Germain
s'embourgeoise inexorablement, la frange bohème migre vers
la Bastille. À l'époque, dans les rues de Lappe ou de la Roquette,
on ne trouve que des rades pour artisans. Le mélange s'opère :
blousons noirs, artistes d'avant-garde, journalistes et ébénistes
s'accoudent aux mêmes zincs, au Zorro (aujourd'hui l'Objectif
Lune) ou à la Bastide. Les bars et les magasins branchés
s'y multiplient, en faisant l'endroit où frayer avant qu'Oberkampf
ne prenne la relève... À un jet de chaussure pointue, les Halles
elles aussi se métamorphosent à la fin des années 1970.
Fini les maraîchers, bonjour les branchés ! Leur nouvel habillage
résolument moderne convient bien à la froideur de 1980.
C'est la grande époque des Bains-Douches. Aujourd'hui,
c'est le Marais qui a pris la relève dans le coin.

Oberkampf

Poussé par la foule grandissante qui gravite à la Bastille,
les branchés migrent vers le nord au milieu des années 1990.
Le Charbon, Le Cithéa, Les Couleurs, La Favela Chic en ont été
les bars pionniers. La nouvelle clientèle du coin, le bourgeois
bohème, impose son style : les bars doivent donner l'impression

GEOPLUS

de patine et de vieux et la décoration à base de récup' devient non plus une solution d'urgence mais une esthétique à part entière ! On possède un pouvoir d'achat confortable mais, surtout, on ne le montre pas. Pas loin, du côté de Ménilmontant ou du canal Saint-Martin, c'est le même basculement : les bars vraiment popu se font bien rares. Une fois cette transformation acceptée (que faire d'autre ?), on peut passer d'excellentes soirées à parler taxe Tobin dans un canapé défoncé.

DÉCODEUR

Hype *Remplace "branché", vraiment trop 1980.*
Ex. : "c'est très haïpe ici".
Électro *Elle mêle rythmes électroniques et tonalité sombre, issue du rock.*
After *Fête d'après les soirées. Certains (parfois aidés par quelques substances) y dansent jusque dans l'après-midi.*
BPM *"Beat per minute", indique la rapidité d'un morceau et donc le degré d'énervement des danseurs.*
House *Évolution électronique et populaire du disco, importée par le milieu gay vers 1985.*

les Grands Boulevards

Date importante pour ce quartier : en 1978, Fabrice Emaer ouvre Le Palace. Ce vaste club marquera durablement la mémoire collective des noctambules, même (surtout ?) de ceux qui n'y ont jamais mis les pieds. Là s'invente le *clubbing* moderne : fêtes décadentes, foules immenses et musique d'avant-garde (d'abord le disco, puis la new wave et enfin la house). Au Boy, dans les sous-sols de l'Olympia, Laurent Garnier, jeune DJ prometteur, se colle aux platines. Vers 1990, le Rex Club, boîte principalement rock, bascule dans le tout-techno avec un son qui ridiculise les raves qui s'organisent à la campagne. Les Grands Boulevards deviennent un peu les boulevards électroniques. On apérote au Delaville, on fait la navette entre le Rex et le Pulp, minuscule boîte lesbienne qui attire toute la faune hype le jeudi soir, avant de finir au Triptyque.

les Champs

Ce quartier a toujours gardé le même attrait au cours de son histoire nocturne. Dans les années 1980, les jeunes gens chic vont écouter à la Piscine (aujourd'hui le Pau Brazil) de la new wave (Cure, les Smiths…). Dans les années 1990, le Queen, phare de la house, mêle joyeusement homos et hétéros lors de ses soirées du mercredi et du dimanche. Et, depuis l'an 2000, sous l'influence par exemple du couple Guetta, l'avenue est l'artère majeure de la nuit chic (et fric). Attention, tous les gens en lunettes de luxe et jeans de marque qui zonent entre le VIP Room et l'Étoile ne sont pas tous des people mais souvent des garçons coiffeurs qui s'enivrent d'apparence de luxe. La nuit est faite pour ça, non ?
Antoine Besse, *chroniqueur de la nuit parisienne*

GÉOPRATIQUE

Bateaux Vedettes du Pont-Neuf. *Square du Vert-Galant 75001 (M° Pont-Neuf) Tél. 01 46 33 98 38 www.vedettesdupontneuf.fr Départs jusqu'à 22h30 Tarif 11€*

Bateaux parisiens. Promenades entre la tour Eiffel et l'île de la Cité. *Port de la Bourdonnais 75007 (M° Bir-Hakeim) et, d'avril à oct., quai de Montebello 75005 (M° Saint-Michel) Tél. 0 825 01 01 01 www.bateauxparisiens.com De mai à août jusqu'à 23h Tarif 9,50€*

ouvert la nuit

ALIMENTATION ET RESTAURATION

Boulangeries	**L'Européenne** 2, rue Biot 75017 (tlj. sauf lun. jusqu'à 3h)
	Saint-Germain 10, rue de l'Ancienne-Comédie 75006 (24h/24)
	Mic Mac 123, bd Bessières 75017 (Tlj. sauf mardi jusqu'à 2h du matin)
Épiceries	**Épicerie Clichy** 6, pl. de Clichy 75018 (jusqu'à 5h)
	Supérette 77 77, bd Barbès 75018 (jusqu'à 6h)
Restaurants	**À la Cloche d'Or** 3, rue Mansart 75009 Tél. 01 48 74 48 88 Ouvert lun.-sam. jusqu'à 5h, dim. jusqu'à 1h
	L'Enfance de Lard 21, rue Guisarde 75006 Tél. 01 46 33 89 65 Ouvert mar.-sam. jusqu'à 4h
	Le Tambour 41, rue Montmartre 75001 Tél. 01 42 33 06 90 Ouvert tlj. jusqu'à 6h
	Le Bienvenu 42, rue d'Argout 75002 Tél. 01 42 33 31 08 Ouvert lun.-sam. 9h-6h
	Chez Denise 5, rue des Prouvaires 75001 Tél. 01 42 36 21 82 Ouvert mar.-sam. 24h/24
	Au Pied de Cochon 6, rue Coquillière 75001 Tél. 01 40 13 77 00 Ouvert 24h/24
	La Maison d'Alsace 39, av. des Champs-Élysées 75008 Tél. 01 56 81 13 13 Ouvert 24h/24
	Le Pub St Germain 17, rue de l'Ancienne-Comédie 75006 Tél. 01 43 54 23 81 Ouvert lun.-ven. 5h30-2h30, sam.-dim. 24h/24

SERVICES 24h/24

Baby-sitting	**BabyChou** Pour faire garder vos enfants à votre hôtel par des professionnels ou des étudiants. Tarif (3h minimum) : commission de 16€/h puis 8€/h pour un enfant (+ 1€/h par enfant supplémentaire, 3 maximum). Prévoir les frais de transport du baby-sitter. 31, rue du Moulin-de-la-Pointe 75013 Tél. 01 43 13 33 23 www.babychou.com
Fleuriste	**Elyfleur** 87, av. de Wagram 75017 Tél. 01 47 66 87 19 Ouvert tlj.
Kiosques Presse	**Champs-Élysées** 33 et 58, av. des Champs-Élysées 75008
	Grands Boulevards 2, bd Montmartre. 14, bd de la Madeleine 75009
Internet	**Arena XS Saint-Michel** 53, rue de la Harpe 75005
	Arena XS Panthéon 17, rue Soufflot 75005

Parcs et jardins

Paris compte plus de 400 parcs, squares et jardins. Les activités pour enfants y sont nombreuses, en particulier dans les parcs André-Citroën (75015) et des Buttes-Chaumont (75019), les jardins des Tuileries (75001) et du Luxembourg (75006) : aires de jeux, manèges, tyroliennes, promenades à dos de poneys, spectacles de marionnettes, location de voiliers miniatures ou de mini-karts, etc. Vous pouvez aussi apprendre le jardinage au jardin des Serres d'Auteuil, faire du tennis au parc Kellermann, de la barque au bois de Vincennes, de l'escalade au parc Georges-Brassens et du vélo au bois de Boulogne. *Répertoire des parcs, jardins et activités proposées : www.paris.fr Les horaires d'ouverture des espaces verts parisiens varient selon la saison En hiver : lun.-ven. 7h30-17h30, sam.-dim. 9h-17h30 ; en été : lun.-ven. 7h30-21h30, sam.-dim. 9h-21h30 Seules sont payantes les entrées aux sites du Jardin botanique (parc Floral, arboretum de l'École Du Breuil, Serres d'Auteuil et jardins de Bagatelle).*

Puces, antiquaires et brocantes

puces

Saint-Ouen Le plus ancien des marchés aux puces parisiens et le plus vaste au monde ! *Entre les portes de Saint-Ouen et de Clignancourt 75018 (M° Porte de Clignancourt) Ouvert sam.-lun. 9h-18h*
Montreuil De la fripe à la brocante dans une ambiance "merguez-frites". *Av. de la Porte-de-Montreuil 75020 (M° Porte de Montreuil) Ouvert sam.-lun. 7h-19h30*
Vanves Charmant bric-à-brac de bibelots et objets anciens. *Av. Marc-Sangnier 75014 (M° Porte de Vanves) Ouvert sam.-dim. 7h-19h30*

antiquaires

Village Saint-Paul Entre la rue Saint-Paul et la rue Charlemagne (75004), un charmant dédale de cours où prospèrent près de 80 antiquaires et artisans d'art. www.villagesaintpaul.com
Carré Rive Gauche Au cœur de Saint-Germain, le "carré" formé par la rue de l'Université et le quai Voltaire, la rue des Saints-Pères et la rue du Bac, réunit 120 galeries et antiquaires. *75007 (M° Rue du Bac) www.carrerivegauche.com*
Village Suisse Plus de 150 antiquaires et décorateurs. *54, av. de la Motte-Picquet 75015 (M° Motte-Picquet) www.levillagesuisseparis.com Ouvert jeu.-lun. 10h30-19h*

SALONS D'ANTIQUAIRES

Février	**Salon de la Bibliophilie** Carrousel du Louvre Tél. 01 44 51 74 74
Mars	**Salon des Antiquaires de Paris** Hippodrome de Longchamp 75016
et nov.	Tél. 01 44 88 52 60 www.cmo-antiques.com
Fin mai	**Pavillon des Antiquaires et des Beaux-Arts** Jardin des Tuileries
	75001 www.pavillondesantiquaires.com
Début avril	**Salon des Antiquaires** Espace Eiffel-Branly 29-55, quai Branly
	75007 Tél. 01 44 18 98 98 www.salondesantiquaires.com
Début juin	**Puces du Design** Passage du Grand-Cerf et pl. Goldoni 75002
et mi-oct.	Tél. 01 53 40 78 77

GÉOPRATIQUE

Mi-sept.	**Biennale des Antiquaires** Carrousel du Louvre 75001 Tél. 01 44 51 74 74 www.biennaledesantiquaires.com

brocantes et vide-greniers

Nombreux, ils sont répertoriés dans divers journaux, dont le mensuel *Aladin* ou le supplément "Sortir à Paris" de *Télérama*. Sachez que les brocantes les plus réputées ont lieu au stade Charléty (75013), place de la Bourse (75002) et porte d'Auteuil (75016). Les vide-greniers, organisés à la belle saison dans de nombreux quartiers, combleront les chineurs. Pour plus de renseignements, contactez les mairies d'arrondissement ou consultez le site *www.vide-greniers.org*.

Restauration

Pour prendre un petit noir accoudé à un vieux zinc, rien de tel qu'un bistrot parisien. Une consommation au comptoir vous coûtera en général deux fois moins cher qu'en salle ou en terrasse (environ 2,30€ le café). Autre institution parisienne, les brasseries proposent des spécialités françaises et des plats simples en service continu. Les restaurants "classiques" servent en général à déjeuner jusqu'à 14h et à dîner jusqu'à 22h30. Ils proposent des formules à midi et des plats du jour à moins de 15€. Les restaurants gastronomiques proposent également des formules déjeuner plus accessibles. Hormis dans les établissements branchés ou prestigieux, il suffit de réserver sa table la veille ou l'après-midi pour le soir. Le brunch dominical est à la mode : servi jusqu'à 16h, son prix varie selon les quartiers (autour de 15€).

Spectacles

L'offre en concerts, pièces de théâtre et spectacles est surabondante dans la ville. Pour les productions d'envergure, il convient de réserver très à l'avance. En revanche, il peut être avantageux de risquer la dernière minute pour certains spectacles qui n'affichent pas complet. On peut aussi tenter sa chance sur les lieux : il est courant que quelques places se libèrent juste avant le spectacle.
www.theatresprives.com 50% de réduction sur toutes les places pour les premières représentations. *Tél. 0892 707 705*
www.billetreduc.com et www.ticketac.com Invitations et réductions.

KIOSQUES-THÉÂTRES Très intéressants, ils permettent d'obtenir 50% de réduction sur le prix d'une place pour un spectacle donné le soir même. ***Madeleine*** 15, pl. de la Madeleine 75008 (M° Madeleine) ***Montparnasse*** Esplanade de la Tour-Montparnasse 75014 (M° Montparnasse) Ouvert mar.-sam. 12h30-20h, dim. 12h30-16h30s

Sports et loisirs

randonnée pédestre

Paris se découvre à pied ! Pour les grands marcheurs, elle est même sillonnée de quelque 180km d'itinéraires pédestres. Deux sentiers de grande randonnée de pays (GRP, balisés en jaune et rouge) la traversent sur 20km, l'un du parc de la Villette au parc Montsouris, l'autre du bois de Vincennes au bois de Boulogne. De dimension nationale, le GR2, balisé en rouge et blanc, relie le bois de Vincennes au parc André-Citroën par les quais de Seine. Ces sentiers sont détaillés sur le site Internet du Comité de la randonnée pédestre de Paris et dans les topo-guides de la Fédération française.

Fédération française de randonnée pédestre. *64, rue du dessous des Berges 75013 Tél. 01 44 89 93 93 www.ffrandonnee.fr*
Comité de la randonnée pédestre de Paris. *35, rue Piat 75020 Tél. 01 46 36 95 70 www.rando-paris.org*

vélo

Les adeptes de la petite reine peuvent circuler sur les 371km de pistes cyclables et les 120km de couloirs de bus de la capitale. Une carte gratuite de pistes cyclables à Paris et en Île-de-France est disponible dans les gares, les offices de tourisme et sur le site Internet de la Mairie de Paris (www.paris.fr). L'association Paris Rando Vélo organise une randonnée le vendredi soir (cf. La nuit à Paris) et le 3e dimanche du mois à partir de 10h30 (rdv devant l'Hôtel de Ville, parcours de 20km, accès libre).

Paris à vélo c'est sympa. Visites guidées et thématiques (location de vélos possible). *37, bd Bourdon 75004 Tél. 01 48 87 60 01 www.parisvelosympa.com*
Escapade nature. Association organisant des "Cyclobrunch", qui combinent balades hors des sentiers battus et brunchs à l'arrivée. *Tél. 01 43 43 55 95 www.escapadenature.free.fr*
Mairie de Paris. Balades de 3h aux bois de Boulogne et de Vincennes. *Tél. 01 40 71 75 60*

LOUEURS ET PRESTATAIRES

Vélib'. Depuis juillet 2007, grâce au service Vélib', plusieurs milliers de vélos sont mis à la disposition du public par la mairie de Paris, 7j/7, 24h/24. Le principe est simple : vous retirez un vélo à l'une des 1 451 stations (accueillant au minimum 20 vélos) réparties dans tout Paris, après avoir pris à la borne électronique, grâce à votre carte bancaire, un ticket d'utilisation pour une journée ou contracté un abonnement pour une semaine. Il vous suffit ensuite de redéposer le vélo à une autre station. *Tél. 01 30 79 79 30 www.velib. paris.fr Tarif : 1 journée 1€, 1 semaine 5€, plus la location à l'heure Les 30 premières minutes sont gratuites Se renseigner pour l'abonnement d'un an (29€)*
Roue libre. La RATP a également mis en place un réseau de quinze points de location "Maisons Roue libre", notamment près des stations de métro Châtelet, Denfert-Rochereau et Bercy (tarif 4€/h ou 20€/5 jours). Le réseau propose aussi des circuits guidés : Paris nocturne, Paris au fil de l'eau, le Marais et l'île Saint-Louis. Par ailleurs, des cyclobus stationnés près de l'Hôtel de Ville (av. Victoria), au bois de Vincennes (esplanade du Château) et à la porte d'Auteuil (gare routière RATP) offrent, les week-end et jours fériés, un service de location de vélos. **Maison Roue Libre Châtelet** *1, passage Mondétour 75001 (M° Les Halles) Tél. info. 0810 44 15 34 www.rouelibre.fr Ouvert tlj. 9h-19h* **Maison Roue Libre Bastille** *37, bd Bourdon 75004 (M° Bastille) Tél. info. 0810 44 15 34 www.rouelibre.fr Ouvert tlj. 9h-19h*

GEOPRATIQUE

Circuler autrement

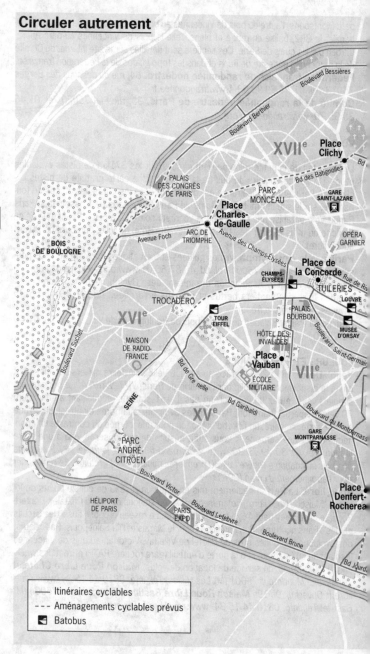

— Itinéraires cyclables
--- Aménagements cyclables prévus
◀ Batobus

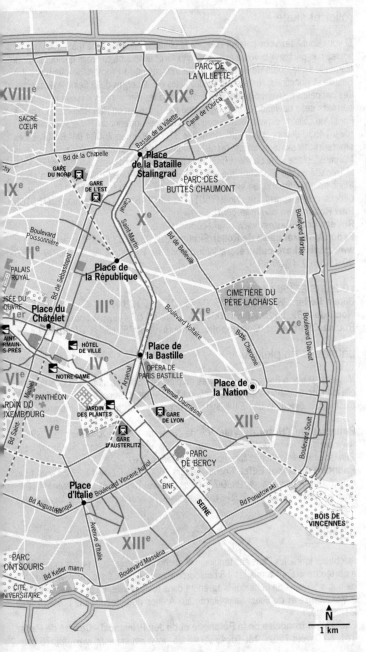

roller et skate

Si vous souhaitez vous balader dans Paris chaussé de vos patins mais que vous ne voulez pas partager la voirie avec les voitures et les scooters, voici quelques spots tranquilles : les bois de Boulogne et de Vincennes, la Promenade plantée entre Bastille et Vincennes, l'esplanade des Invalides et les berges de la Seine le dimanche. Les patineurs peuvent prendre part à deux balades parisiennes lorsque le temps le permet : celle du vendredi soir, organisée par l'association Pari Roller (cf. La nuit à Paris), ou celle du dimanche, beaucoup plus familiale, qu'encadre Rollers coquillages : rdv à 14h30 devant la boutique Nomades 37, bd Bourdon 75004 (M° Bastille). Les amateurs de skate pourront tester quelques spots incontournables : "Les Trois Marches", place de la Bastille (75004), la fontaine des Innocents aux Halles (75001), le Trocadéro face à la tour Eiffel (75016) et la place d'Italie (75013). Il existe seulement trois skateparks en extérieur : le roller du parc de Bercy (75012), le street park du centre sportif Jules-Noël (75014) et au n°146, quai de Jemmapes (75010).
Pari Roller. www.pari-roller.com
Rollers coquillages. www.rollers-coquillages.org
Fédération française de Roller Skating. Tél. 05 56 33 65 65 www.ffrs.asso.fr
www.paris-skate-culture.org Informations sur le skate à Paris. Tél. 09 50 70 90 45 ou 01 42 05 80 91

LOUEURS ET PRESTATAIRES
Bike'n Roller. 38, rue Fabert 75007 Tél. 01 45 50 38 27
Nomades. 37, bd Bourdon 75004 Tél. 01 44 54 07 44 www.nomadeshop.com
Roulez Champions/Cosmopolis. 5, rue Humblot 75015 Tél. 01 40 58 12 22

patinoires en plein air

Magie de l'hiver à Paris, ses patinoires en plein air ! Sur le parvis de l'Hôtel de Ville, elle transporte dans un conte de fées, particulièrement en nocturne, mais le must, c'est la patinoire de la tour Eiffel, installée au premier étage avec vue imprenable sur Paris !
Patinoire de l'Hôtel de Ville. Pl. de l'Hôtel-de-Ville 75004 Rens. tél. 39 75 www.paris.fr Ouvert déc.-fév. : lun.-jeu. 12h-22h, ven. 12h-0h, sam. 9h-0h, dim. 9h-22h (sous réserve) Accès libre (location de patins : 5€)
Patinoire de la tour Eiffel. Champ-de-Mars 75007 Tél. 01 44 11 23 23 www.tour-eiffel.fr Ouvert déc.-jan. : tlj. 9h30-23h (sous réserve) Tarif accès au 1er étage 4,10€, pour les moins de 12 ans 2,30€ (par ascenseur) L'accès comprend la location des patins

pétanque

Aux beaux jours, les Parisiens taquinent le cochonnet, anisette et panier pique-nique à portée de main. Hormis les 16 boulodromes municipaux (liste sur www.paris.fr), de petits terrains de pétanque s'égrènent dans toute la ville, de la Butte-aux-Cailles à Montmartre et du canal Saint-Martin aux Arènes de Lutèce, sans oublier Paris-Plage, l'été.
Fédération française de la Pétanque et de Jeu Provençal - Comité de Paris. 161, bd Davout 75020 Tél. 01 43 79 48 25 www.pétanque.fr www.ffpjp75.com

Amicale bouliste du 11e. *51, bd Ménilmontant 75011 Tél. 01 40 21 93 25*
Amicale bouliste du 13e. *8, rue Lachelier 75013 Tél. 01 45 85 79 69*
Association bouliste du 14e. *17, av. Paul-Appell 75014 Tél. 01 45 41 37 87*
Entente sportive du 18e. *6, rue Boucry 75018 Tél. 01 42 52 07 21*

piscines

Adresses, horaires et activités des 35 piscines parisiennes sur le site www.paris.fr.
Pontoise-Quartier latin. Cette piscine concédée est l'une des plus belles de Paris.
*M° Maubert mutualité 19, rue de Pontoise 75005 Tél. 01 55 42 77 88 www.
clubquartierlatin.com*
Butte-aux-Cailles. Piscine classée avec bassin extérieur. *M° Corvisart 5, pl. Paul-
Verlaine 75013 Tél. 01 45 89 60 05*
Aquaboulevard. Parc aquatique avec toboggans, piscine à vagues et bains à
remous. *M° Balard 4, rue Louis-Armant 75015 Tél. 01 40 60 10 00*
Piscine Pailleron. Un cadre Art déco de toute beauté pour un plongeon. *M° Bolivar
32, rue Édouard-Pailleron 75019 Tél. 01 40 40 27 70*
Piscine Joséphine-Baker. Piscine flottante, amarrée au pied de la Bibliothèque
François-Mitterrand, avec bassin découvrable, solarium : une autre vision de la Seine !
M° Quai de la Gare Quai de la Gare 75013 Tél. 01 56 61 96 50
Piscine Roger-le-Gall. Seule piscine à proposer des plages horaires réservées
aux nudistes. *M° Porte de Vincennes 34, bd Carnot 75012 Tél. 01 44 73 81 12*

Transports en commun

L'ensemble des transports en commun de Paris intra-muros est géré par la Régie
autonome des Transports parisiens.
RATP. *Tél. 0892 68 77 14 www.ratp.fr*

métro et RER

Le **métro** parisien compte près de 300 stations, dont l'entrée est signalée par un
grand "M" jaune, et 14 lignes, identifiables par leur numéro et leur couleur. Le service débute chaque jour à partir de 5h30 et s'achève, en fin de ligne, à 1h20 (1h
plus tard le sam. soir et les veilles de fêtes). La fréquence entre rames varie de 2
à 8min. Elle est moindre le dim. et les j. fériés. Le **RER** (Réseau Express Régional)
dessert Paris et sa région *via* les lignes A, B, C, D et E de 5h30 à 0h30. Il permet
de traverser très rapidement la capitale et de rejoindre les deux aéroports, Orly et
Roissy, mais son usage peut être fastidieux pour les courts trajets (temps d'attente
parfois longs, correspondances limitées). Si possible, évitez de voyager aux heures
de pointe (8h30-9h30 et 18h-19h30), même si vous appréciez les bains de foule…

LIGNES DE MÉTRO INSOLITES Les lignes 2 et 6 disposent de tronçons à ciel ouvert qui se fraient parfois un joli chemin à travers la ville : la ligne 6 offre ainsi de
superbes points sur les boulevards du 15e ardt et surtout les Invalides et la tour
Eiffel. Dernière née du réseau, la ligne 14, appelée Météor, est entièrement automa-
tisée : à l'avant de la rame, on peut observer le tunnel éclairé.

GÉOPRATIQUE

Circuler à Paris

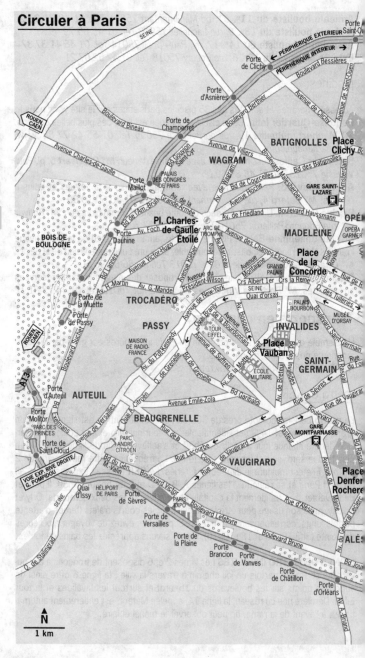

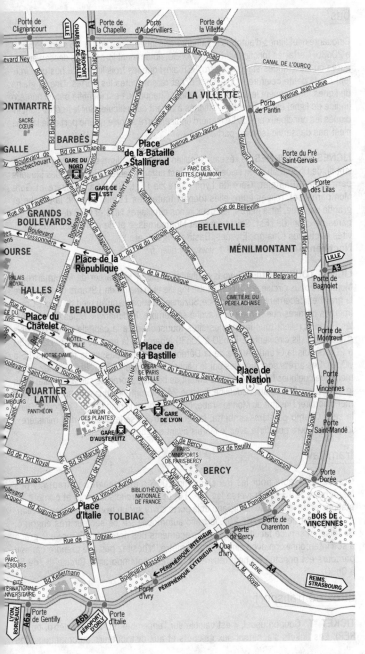

GÉOPRATIQUE

bus

Cinquante-neuf lignes d'autobus sillonnent Paris intra-muros du lun. au sam. de 5h30 à 20h30. Certaines fonctionnent jusqu'à 0h30, notamment lorsqu'elles desservent les gares ou les grandes stations métro/RER ainsi que les trois lignes de bus qui circulent sur la petite ceinture (appelées "PC") et relient toutes les portes. Une vingtaine de lignes fonctionnent le dim. et les j. fériés. Chaque bus est identifié par un numéro (indice de ligne) et une direction, affichés à l'avant du véhicule. Sur les côtés sont indiqués les principaux arrêts. Le numéro (indice) barré signale qu'une partie de la ligne n'est pas desservie (service partiel).

LIGNES NOCTURNES Le réseau Noctilien compte 35 lignes d'autobus qui circulent tlj. de 0h30 à 5h30 en Île-de-France. Il est organisé autour de 5 grandes stations parisiennes (Châtelet, Gare de Lyon, Gare de l'Est, Gare Saint-Lazare et Gare Montparnasse), reliées entre elles (départ toutes les 15min) et avec la proche et grande banlieue. Intra-muros, les deux lignes circulaires NO1 et NO2 desservent les gares de Lyon, de l'Est, Saint-Lazare et Montparnasse et de nombreux lieux d'activités nocturnes (Champs-Élysées, Bastille, Pigalle, etc.). **Noctilien.** *Tél. 0892 68 77 14 www.noctilien.fr*

LIGNES TOURISTIQUES Si vous souhaitez explorer le quartier de Montmartre, le Montmartrobus circule sur la butte entre Pigalle et la mairie du 18e ardt. Un funiculaire la gravit efficacement depuis la place Suzanne-Valadon jusqu'au pied du Sacré-Cœur (mêmes horaires que le métro). D'avril à septembre, le dimanche et les jours fériés, les Balabus relient tous les grands sites touristiques de la capitale en un peu plus d'une heure. Ils circulent de 13h30 à 20h30 à partir de la gare de Lyon et de 12h30 à 20h depuis la Grande Arche de la Défense, avec des passages toutes les 15 à 30min. Les arrêts sont signalés par le pannonceau "Balabus" ou "Bb". Sachez également que quelques lignes ordinaires offrent de beaux panoramas sur la capitale. Dans le sens Gare d'Austerlitz-Madeleine, la ligne 24 emprunte les quais de la Seine et permet d'admirer l'Institut du Monde Arabe, Notre-Dame et la place de la Concorde. Dans le sens Champ de Mars-Gambetta, la ligne 69 traverse le quartier des ministères, longe le Louvre puis flirte avec le Marais avant de gagner Bastille.

tramway

Grande nouveauté pour les Parisiens, fin 2006 a été inauguré le tramway des Maréchaux, le T3, qui traverse les 15e, 14e et 13e arrondissements et compte 17 stations entre le pont du Garigliano et la porte d'Ivry sur un tronçon de près de 8km. L'objectif est de réduire de 25% le trafic automobile sur ce secteur très engorgé. Sa mise en service facilite déjà les déplacements des nombreux Franciliens grâce à son interconnexion avec cinq lignes de métro. N'hésitez pas à le prendre car son parcours est ponctué de neuf œuvres d'artistes contemporains. Circule tlj., de 5h à 0h30.

titres de transport

TICKET "T" Coupon usuel, il est valable sur l'ensemble du réseau (métro, bus et RER). Les tickets s'achètent aux guichets et aux distributeurs automatiques des stations de métro et des gares RER, à certains terminus de bus et chez les commerçants (librairies, points presse, buralistes) signalés par un panneau ou un visuel RATP. Dans les bus, vous ne pouvez acheter auprès du chauffeur que des billets à l'unité, moins avantageux que les carnets de 10 tickets. N'achetez pas vos billets à la sauvette, notamment à Montparnasse où les "vendeurs" sont particulièrement pressants. Conservez toujours votre billet jusqu'à la sortie, où vous pouvez être contrôlé.

ZONES TARIFAIRES Le réseau francilien est divisé en 8 zones tarifaires concentriques. La zone 1-2 reprend globalement les limites de Paris intra-muros : il est rarement avantageux d'acquitter une carte pour une zone tarifaire plus large si on loge dans la ville ou si l'on compte peu circuler en périphérie.

PASS ET CARTES DE RÉDUCTION Sachez que la RATP édite des billets combinés comprenant titres de transport AR et entrée de certains musées (comme le Louvre, 12,50€) et manifestations (salons, expositions, etc.).
Carte Paris-Visite. Ce coupon nominatif, valable 1, 2, 3 ou 5 jours consécutifs, permet de se déplacer librement dans les zones 1 à 3, 1 à 5 ou 1 à 6 des réseaux Île-de-France RATP, SNCF et OPTILE (compagnies privées de bus de grande banlieue). Elle ouvre également droit à des réductions sur une quinzaine de sites touristiques. En vente dans toutes les gares, stations de métro et aéroports.
Carte Mobilis. Forfait 1 jour valable dans les zones de son choix, en vente dans toutes les stations.

TARIFS

Ticket "t" (zone 1-2)	1,50€ à l'unité	valable pour un trajet en métro ou en RER
	11,10€ les 10	avec correspondances, un trajet en bus
		sans correspondance, un trajet en
		Noctilien, le funiculaire de Montmartre
		et le Balabus n(de 1 à 3 tickets selon
		la longueur)
Carte	1j. zone 1-3 : 8,50€	valable 1, 2, 3 ou 5 jours consécutifs
Paris-Visite	3j. zone 1-3 : 18,60€	sur l'ensemble du réseau dans la limite
	5j. zone 1-6 : 46,60€	du périmètre tarifaire acquitté
Carte Mobilis	zone 1-2 : 5,60€	forfait pour une journée valable sur
	zone 1-4 : 9,30€	l'ensemble du réseau dans la limite
	zone 1-6 : 15,90€	du périmètre tarifaire acquitté

batobus

Batobus. Ce service de navettes fluviales fait escale au pied de la tour Eiffel, du musée d'Orsay, de l'Institut de France (Saint-Germain-des-Prés), de Notre-Dame et du Jardin des Plantes puis, rive droite, de l'Hôtel de Ville, du Louvre et du pont Alexandre III (Champs-Élysées). *Tél. 0825 05 01 01 www.batobus.com Passages toutes les 30min à partir de 10h30 Se renseigner pour connaître les horaires exactes car ils changent très régulièrement Tarif demi-boucle 8,50€, forfait 1 jour 12€, réductions 8 et 6€*

Transports individuels

circuler en voiture

Circuler en voiture dans Paris ? La vitesse automobile moyenne n'y dépasse pas 17km/h ! Le double anneau du boulevard périphérique (intérieur, dans le sens des aiguilles d'une montre, et extérieur, dans le sens inverse) est ponctué d'une trentaine de portes qui ouvrent sur les avenues principales de la ville. Attention, les véhicules entrant sur le périphérique ont la priorité et la vitesse y est limitée à 80km/h. Dans la ville, il est interdit de circuler dans les couloirs de bus. Les voies sur berge constituent le moyen le plus rapide pour traverser la ville d'ouest en est mais elles sont interdites à la circulation les dimanches et jours fériés de mi-mars à fin décembre.

Info voierie et circulation. *Tél. 01 40 28 72 72*

Sytadin. État de la circulation en Île-de-France en temps réel. *www.sytadin.tm.fr*

Centre régional d'information et de coordination routières d'Île-de-France. Informations routières. *Tél. 0 826 022 022   www.bison-fute.equipement.gouv.fr*

FIP. Cette radio informe toutes les 15-30min sur l'état du trafic. *105.1 FM*

STATIONNEMENT À Paris, les places sont très rares et chères ! Le stationnement est payant de 9h à 19h, sauf le dimanche et en août, dans la plupart des rues. Limité à 2h, son tarif varie de 0,76€ à 2,29€/h. La Paris-Carte est devenue presque le seul moyen de paiement utilisable dans les horodateurs. Elle est vendue 10€ ou 30€ dans les bureaux de tabac et les points de vente de presse.

Pré-fourrière. *Préfecture de police 9, bd du Palais 75004 Tél. 01 53 71 53 71*

PARKINGS Il existe plus de 200 parkings publics à Paris. Le prix moyen d'une heure de stationnement varie de 1,50€ à 2,50€. Certains proposent des forfaits touristiques pour le week-end ou pour la semaine ainsi que des locations de vélos. Évitez ceux qui sont aménagés près des sites touristiques : le tarif peut atteindre 5€/h.

www.parkingsdeparis.com Répertoire de tous les parkings parisiens.

LOCATION DE VOITURES Les agences de location internationales sont représentées dans les aéroports et dans les gares. Il existe également de nombreuses agences intra-muros. **Ada** *Tél. 0 825 169 169 www.ada.fr* **Avis** *Tél. 0 820 05 05 05 www.avis.fr* **Europcar** *Tél 0 825 352 352   www.europcar.fr* **Hert**z *Tél. 01 41 91 95 25 www.hertz.fr*

STATIONS-SERVICE On trouve des stations-service sur les boulevards extérieurs, près des portes et dans Paris, où elles sont parfois peu visibles. Les stations 24h/24 :

Oil France. *10, rue de Bailleul 75001 Tél. 01 42 60 36 24*

Total. *34, rue des Fossés-Saint-Bernard 75005 Tél. 01 44 07 9000*

Shell. *6, bd Raspail 75007 Tél. 01 45 48 43 12*

Esso. *152, rue La Fayette 75010 Tél. 01 40 37 32 14*

Total. *42, rue de Picpus 75012 Tél. 01 44 74 08 71*

BP. *151, rue de la Convention 75015 Tél. 01 45 30 14 32*

circuler à vélo

Cf. rubrique Sport et loisirs.

taxis

Vous trouverez un taxi près des gares, dans les aéroports, à proximité des grands axes de circulation et dans les 470 stations de la capitale. Vous pouvez aussi utiliser les 200 bornes d'appel installées sur les grandes places et près des stations de métro, ou contacter les centraux radio des différentes sociétés de taxis. Dans ces deux cas, le prix du trajet d'approche s'ajoute au prix de la course. Lorsque vous hélez un taxi dans la rue, sachez qu'il est libre quand le voyant lumineux "taxi" installé sur son toit est allumé (blanc) et occupé quand celui-ci est en veilleuse (orange). On peut réserver son taxi d'une heure à un mois à l'avance. Le chauffeur peut refuser les bagages qui ne sont pas transportables à la main. Il ne peut réclamer aucun supplément à une personne handicapée pour son fauteuil et/ou l'animal qui accompagne un maître non-voyant. Tous les taxis n'acceptent pas le paiement par chèque ou par carte bancaire : si vous souhaitez utiliser ces modes de paiement, signalez-le lors de votre appel. Le pourboire, facultatif mais toujours bienvenu, s'élève à 10% environ. Quelques compagnies :

Alpha Taxis. Tél. *01 45 85 85 85 www.alphataxis.com*
Taxis G7. Tél. *01 47 39 47 39 www.taxisg7.fr*
Taxis Bleus. Tél. *0 891 70 10 10 www.taxis-bleus.com*

CONDITIONS TARIFAIRES LÉGALES

Forfait prise en charge		moins de 3 pers. : 2€
		plus de 3 pers. : 5,70
Prix minimum d'une course		5,20
Supplément bagage		0,90€ (à partir du deuxième bagage de plus de 5kg disposé dans le coffre du véhicule)
Tarif A	0,62€/km	applicable dans Paris intra-muros lun.-sam. 10h-17h
Tarif B	1,06€/km	dans Paris lun.-sam. 17h-10h, dim. et j. fériés 7h-0h ; en proche banlieue (parc des expositions de Villepinte, aéroports d'Orly et de Roissy compris) lun.-sam. 7h-19h
Tarif C	1,24€/km	dans Paris dim. 0h-7h ; en proche banlieue : lun.-sam. 19h-7h, dim. et j. fériés ; en banlieue lointaine : quels que soient le jour et l'heure.

Urgences et sécurité

urgences médicales

Samu. Médecins, dentistes de garde. Tél. *15 (depuis un portable tél. 112)*
Pompiers. Tél. *18 (depuis un portable tél. 112)*
SOS médecins. Tél. *01 47 07 77 77*
Urgences médicales de Paris 24h/24. Tél. *01 53 94 94 94*
Centre anti-poisons. Tél. *01 40 05 48 48*
PHARMACIES DE GARDE Elles sont normalement indiquées sur les vitrines des pharmacies du même périmètre mais vous pouvez aussi vous adresser au commissariat le plus proche. Pharmacies ouvertes la nuit :
Pharmacie Les Champs. *84, av. des Champs-Élysées 75008 (M° Charles de Gaulle-Étoile) Tél. 01 45 62 02 41 Ouvert tlj. 24h/24*

Pharmacie Européenne. *6, pl. de Clichy 75009 (M° Place de Clichy) Tél. 01 48 74 65 18 Ouvert tlj. 24h/24*
Grande pharmacie Daumesnil. *6, pl. Félix-Éboué 75012 (M° Daumesnil) Tél. 01 43 43 19 03 Ouvert tlj. 8h-2h30*
URGENCES DES HÔPITAUX
Hôtel-Dieu. *Parvis de Notre-Dame 75004 Tél. 01 42 34 82 32*
Hôpital Saint-Louis. *1, avenue Claude-Vellefaux 75010 Tél. 01 42 49 91 17*
Hôpital Saint-Antoine. *184, rue du Faubourg-Saint-Antoine 75012 Tél. 01 49 28 27 08*
Hôpital de la Pitié-Salpêtrière. *47, bd de l'Hôpital 75013 Tél. 01 42 17 72 49*
Hôpital Cochin. *27, rue du Faubourg-Saint-Jacques 75014 Tél 01 58 41 27 22*

vols et pertes

Paris n'est pas une ville particulièrement dangereuse mais les touristes sont les premières victimes des vols à la tire et des pickpockets, notamment dans le métro. Évitez les portefeuilles dans la poche arrière du pantalon, les sacs à main ouverts et veillez à votre sac à dos. Rappelez-vous que votre hôtel ou votre résidence de tourisme peuvent mettre un coffre-fort à votre disposition. Si vous êtes victime d'une agression et que vous souhaitez porter plainte, vous pouvez faire constater médicalement les dommages corporels à l'Hôtel-Dieu.
Police. *Tél. 17*
Hôtel-Dieu. *Parvis de Notre-Dame 75004 Tél. 01 42 34 82 34 Ouvert tlj. 24h/24*
Objets trouvés. *36, rue des Morillons 75015 Tél. 0821 00 25 25*

PERTE OU VOL DE CARTE BANCAIRE Gardez toujours à part les numéros de référence de vos chèques de voyage et de votre carte bancaire afin de pouvoir faire opposition. Pour ce, appelez les numéros suivants :
Cartes Visa. *Tél. 0800 90 20 33*
Cartes Diner's. *Tél. 0800 22 20 73*
Eurocard-Mastercard. *Tél. 0800 90 23 90*
Cartes American Express. *Tél. pour les USA 0800 90 08 98 ; pour les autres pays 01 47 77 72 00*
Traveller's American Express. *0800 90 86 00*
Chéquiers volés. *0892 68 32 08*

Visites guidées et circuits commentés

visites guidées

Le *Pariscope* et l'*Officiel des spectacles* répertorient à la rubrique "Promenades" les visites guidées de la semaine. Vous aurez le choix entre des visites thématiques, en langue étrangère, hors des sentiers battus…
www.parisbalades.com Annuaire en ligne des guides-conférenciers de Paris et d'Île-de-France.
Centre des monuments nationaux. Une référence pour visiter les hauts lieux du patrimoine parisien, dont de nombreux sites habituellement fermés au public. Brochure disponible dans les musées, bibliothèques et mairies ou auprès du Centre. *Hôtel de Sully 62, rue Saint-Antoine 75004 (M° Saint-Paul) Tél. 01 44 54 19 30 www.monum.fr*

Mairie de Paris. Visites guidées des parcs, jardins, jardins partagés et cimetières parisiens. *Sur réservation Tél. 01 40 71 75 60 www.paris.fr*

La Voix des Lieux. Visites thématiques (les façades parisiennes, Napoléon et Paris, etc.). *Tél. 06 11 78 70 66 www.lavoixdeslieux.fr*

Purple Beam. Accès aux coulisses de théâtres parisiens (Opéra comique, Théâtre Marigny, Comédie des Champs-Élysées…). *33, rue le Peletier 75009 Tél. 0825 05 44 05 www.purplebeam.com*

Parcours Design. Parcours guidé au gré de boutiques de décoration, de galeries et de show-rooms de designers. *Tél. 01 74 30 16 75 www.designaparis.com*

cars touristiques

Cityrama. Circuits combinés : excursion en car et visites de sites touristiques (Louvre, Notre-Dame, Sainte-Chapelle, etc.). *149, rue Saint Honoré 75001 (M° Pyramides) Tél. 01 44 55 61 00 www.pariscityrama.com Départs tlj. 10h, 11h30, 14h30 (durée 1h30) Tarif 18€*

Cars rouges. Billet valable 2 jours consécutifs permettant de monter et descendre librement aux 9 points d'arrêt (avec circuit commenté). *17, quai de Grenelle 75015 Tél. 01 53 953 953 www.carsrouges.com Tlj. 9h30-20h (durée totale 2h15) Tarif 22€*

Paris-Vision. Excursions en mini-bus dans des quartiers de Paris, visites nocturnes et thématiques en car. *214, rue de Rivoli 75001 Tél. 01 42 60 30 01 www.parisvision. com Départs tlj. à 9h, 12h, 15h et 19h (durée 2h) Tarif 20€*

bateaux-mouches

Bateaux parisiens. Promenade commentée d'une heure de la tour Eiffel à l'île de la Cité. Deux points de départ. **Port de la Bourdonnais** *75007 (M° Bir-Hakeim, RER C Champ de Mars) Départs : avril-sept. tlj. 10h-22h30 toutes les 30min ; oct.-mars tlj. 10h-22h toutes les heures.* **Quai de Montebello** *75005 M° Saint-Michel Départs tlj mars-oct. tlj. 11h-22h toutes les heures Tél. 0825 01 01 01 www. bateauxparisiens.com*

Canauxrama. Balades sur le canal Saint-Martin. *Départs tlj. à 9h45 et 14h30 du port de l'Arsenal (face au 50, bd de la Bastille 75004 M° Bastille) ou à 9h45 et 144h45 du bassin de la Villette (13, quai de la Loire 75019 M° Jean-Jaurès) Tél. 01 42 39 15 00 www.canauxrama.com Tarif de 15€ à 35€*

Paris Canal. Croisières sur la Seine et le canal Saint-Martin. *Départs tlj. de mi-mars à mi-nov. à 9h30 du quai Anatole-France (75007 M° Solferino, RER C Musée d'Orsay), arrivée vers 12h15 au parc de la Villette ; à 14h30 du parc de la Villette (75019 M° Porte de Pantin), arrivée vers 17h au musée d'Orsay. Sur réservation Tél. 01 42 40 96 97 www.pariscanal.com Tarif 17€, réduit 14€, enfant 10€*

GÉOPRATIQUE

GÉOQUARTIERS

Paris est une star, une déesse
née des flots de la Seine il y a plus
de deux mille ans, véritable Vénus
qui voue ses hôtes à la beauté,
voire à l'immortalité ! De Notre-Dame
au pont des Arts, elle charme les
flâneurs en leur insinuant que son
fabuleux décor a été créé pour
eux seuls de toute éternité… De
la Bastille au Panthéon, idole de
la Révolution, berceau de ses
valeurs universelles, elle enflamme
les âmes éprises de liberté. Du
Louvre à Saint-Germain-des-Prés,
patrie des arts, elle subjugue l'œil
et flatte l'esprit. Et puis il y a, sous
le ciel unique de la tour Eiffel, la folle
rencontre de tous les possibles,
ses quartiers : le Marais et ses
nobles ruelles, Pigalle et ses nuits
chaudes, la Sorbonne et ses
éternels étudiants… Et partout
ses cafés, restaurants et théâtres,
ses avenues, la plus belle vitrine
du luxe et de la mode, son goût
de la fête et de l'avant-garde…
Paris est une aventure, un
chef-d'œuvre de civilisation urbaine !

Découvrir Paris

GEO**MEMO**

Paris absolument	la tour Eiffel, l'Arc de triomphe et les Champs-Élysées, le Louvre, Notre-Dame et les îles, Saint-Germain et le Quartier latin, le Marais, Montmartre et le Sacré-Cœur
Paris autrement	le charme des passages couverts, le canal Saint-Martin à vélo ou en bateau, les musées en nocturne, Montmartre pendant les vendanges, une balade le long des anciennes voies ferrées de la Petite Ceinture, Chinatown à l'occasion du Nouvel An chinois, l'atmosphère des marchés aux puces

Le patrimoine à la carte

Paris a du style ? Paris a tous les styles ! Depuis les vestiges de Lutèce jusqu'à l'arche de la Défense, elle a inventé le gothique, le classicisme et l'urbanisme moderne. Un répertoire architectural unique...

GEOQUARTIERS

GÉOQUARTIERS

★ ☺ Le Louvre

plan 28

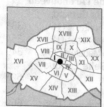

Encadrant cette pyramide qui a fait tant jaser avant de s'imposer comme une élégante évidence, huit siècles d'histoire vous contemplent. Forteresse puis palais des rois de France, le Louvre n'était pas destiné à accueillir le plus vaste, l'un des plus anciens et des plus prestigieux musées au monde, ouvert sous la Convention en 1793. Les travaux du Grand Louvre, entrepris en 1985, auront duré quinze ans pour un coût de 1 milliard d'euros. Mais ils ont permis d'offrir à ce musée pas comme les autres des infrastructures modernes et fonctionnelles. La superficie des salles a presque doublé, les collections ont été réorganisées de manière rationnelle. Elles bénéficient pour l'essentiel d'un cadre parfaitement adapté, à l'image des cours couvertes de la galerie Richelieu qui accueillent les chefs-d'œuvre de la sculpture française. Le Louvre, ce sont bien sûr *La Joconde*, *La Vénus de Milo*, *Le Radeau de la Méduse*, *Les Esclaves* de Michel-Ange. Mais c'est aussi bien davantage : une ville dans la ville, fascinante, dont les moindres recoins recèlent des trésors – environ 35 000 œuvres sont exposées dans quelque 160 000 m² –, un temple de l'art universel vivant et accessible, un lieu où l'on revient sans jamais s'en lasser.

LA FORTERESSE DEVIENT RÉSIDENCE ROYALE Le plus grand musée du monde ne s'est pas fait en un jour : ses édifices sont le fruit de huit siècles d'histoire, riches en péripéties. L'impression d'harmonie et d'ordre qui se dégage de l'ensemble a donc quelque chose de miraculeux. Surtout si l'on considère le gigantisme des lieux : la façade fluviale du Louvre s'étire sur plus de 700 m ! En 1190, Philippe Auguste fait construire un bastion avancé pour protéger la vaste enceinte entourant Paris, en verrouillant l'accès à la capitale de l'aval du fleuve. Cette forteresse est dominée par un puissant donjon ; le roi y fait déposer son trésor, ses archives et son arsenal. On la désigne sous le nom de Louvre, appellation dont l'origine reste obscure, peut-être liée au latin *lupara* (qui évoquerait un lieu associé à la présence de loups) ou au saxon *lower* (forteresse). Avec la construction d'une seconde enceinte au XIVe siècle, le Louvre perd sa vocation défensive : dans les années 1360, Charles V y fait aménager un fastueux château qui accueille la bibliothèque royale. Au XVIe siècle, François Ier partage son temps entre Fontainebleau et le Louvre. En 1546, il fait détruire la Grosse Tour de Philippe Auguste et charge l'architecte Pierre Lescot de bâtir un "grand corps d'hôtel" dont le décor sculpté est confié à Jean Goujon ; un beau palais Renaissance voit le jour sous le règne d'Henri II : les deux ailes de la partie sud-ouest de l'actuelle cour Carrée en sont l'unique vestige. À la mort d'Henri II, son épouse Catherine de Médicis fait édifier, de 1564 à 1570, le palais des Tuileries.

DU GRAND DESSEIN AU MUSÉUM Le "Grand Dessein" d'Henri IV transforme radicalement le Louvre, qu'il va unir aux Tuileries par l'immense "galerie du Bord de l'eau", la Grande Galerie actuelle, en 1608. Accueillant les artistes du roi, elle est reliée à la cour Carrée par la Petite Galerie, dont l'étage est occupé par la célèbre galerie des Rois. Louis XIII reprend le projet resté inachevé. Jacques Lemercier construit le pavillon de l'Horloge (actuel pavillon Sully) en 1624 et prolonge l'aile Lescot vers le nord : le flanc nord de la cour Carrée date de cette époque. Sous Louis XIV, Le Vau reprend la direction des travaux : il ferme la cour Carrée à l'est et lui dessine de magnifiques façades. Après l'incendie de 1661, il reconstruit la galerie des Rois et y aménage, avec l'aide du peintre Charles Le Brun, la galerie d'Apollon, vrai hommage au Roi-Soleil. Mais Colbert, ennemi de Le Vau, suspend les travaux. Après avoir refusé le projet d'extension de l'Italien Bernin, il crée une commission rassemblant Le Vau, Charles Le Brun et Claude Perrault. Elle donne naissance à la colonnade de Perrault, achevée en 1672. Large de 175m, elle fut conçue comme la façade principale du Louvre, face à la ville, d'où la grandiloquence de son décor classique. Mais Louis XIV, ayant opté en 1678 pour Versailles, installe au Louvre l'Académie royale de peinture et de sculpture (qui y organisera un Salon annuel à partir de 1737). Le monument inachevé est laissé à l'abandon, envahi par les magasins du roi, diverses administrations et des ateliers d'artistes ; certaines parties resteront à ciel ouvert pendant près de cent ans. Siècle des Lumières oblige, des voix s'élèvent pour exiger l'ouverture au public des riches collections d'art rassemblées par les rois. Le 10 août 1793, la Convention inaugure, dans la Grande Galerie, le Muséum central des Arts. Les collections s'enrichissent des innombrables œuvres confisquées au clergé et à la noblesse émigrée, et du butin des campagnes napoléoniennes – la plupart des œuvres accumulées dans ce qu'on appellera le "musée Napoléon" seront restituées sous la Restauration. Installé aux Tuileries, Napoléon décide en 1805 de reprendre les travaux de jonction du Louvre et des Tuileries. Du grandiose projet des architectes Percier et Fontaine ne seront réalisés qu'une partie de l'aile Nord et l'arc de triomphe du Carrousel (cf. Palais-Royal et Opéra, Tuileries). Au premier étage de la cour Carrée, le "musée Charles-X", inauguré en 1827, accueille alors les antiquités égyptiennes acquises par Champollion.

LE "NOUVEAU LOUVRE" DE NAPOLÉON III

Il faudra attendre 1852 pour que Napoléon III engage les travaux du "Nouveau Louvre", qui lui donneront sa physionomie actuelle. Le baron Haussmann rase le quartier du Carrousel, qui s'était développé au fil des siècles entre le Louvre et les Tuileries. Un vaste espace est alors libéré pour l'édification des pavillons encadrant l'actuelle cour Napoléon, sur le modèle du pavillon de l'Horloge de Lemercier. La partie occidentale de l'aile sud, sur le site de la Grande Galerie, est reconstruite jusqu'au pavillon de Flore. L'architecte Louis Visconti meurt peu après le début des travaux. Son associé Hector Lefuel prend la relève. Les travaux s'achèveront en 1880. L'immense cour Napoléon est le centre de ce "Nouveau Louvre" ; elle est délimitée par deux ailes symétriques formées de deux pavillons centraux couronnés d'un dôme et flanqués de deux pavillons secondaires. Les façades sont parées d'une ornementation foisonnante : ponctuant le balcon du 1er étage, des statues des grands hommes politiques, artistes et écrivains français ; sur la balustrade de la toiture, des putti. Les pavillons, dont le pavillon des Guichets, qu'on ouvre alors à la circulation, sont ornés de cariatides et d'allégories sculptées par Antoine Louis Barye. Les tympans ciselés sont l'œuvre de Simart et Duret. Le tout glorifiant le régime de Napoléon III, d'ailleurs représenté au centre du tympan du pavillon Denon. L'ensemble n'est pas achevé que la guerre éclate : sous la Commune, en 1871, le palais des Tuileries est incendié, et le Louvre échappe de peu au désastre. En 1872, le ministère des Finances prend ses quartiers dans l'aile Richelieu, mais le Louvre ne sera plus jamais le siège du pouvoir.

LE GRAND LOUVRE La physionomie générale du palais restera inchangée jusqu'aux années 1980. Le président François Mitterrand décide de rendre le Louvre à sa "destination muséographique" : le ministère des Finances, occupant de l'aile Richelieu, déménage en 1989 pour Bercy. Dès 1982, F. Mitterrand confie la conception du "Grand Louvre" à l'architecte Ieoh Ming Pei, remarqué pour son extension de la National Gallery de Washington. Le but ? Augmenter de 80% les surfaces d'exposition, et de 190% celles consacrées aux services. Le Louvre se distingue en effet jusque-là par une structure très peu adaptée à un musée de cette envergure (le Grand Louvre accueillera 7 millions de visiteurs par an, soit deux fois plus qu'avant les travaux). La vision de Pei est limpide : l'occupation des deux ailes rendra aux lieux leur parfaite symétrie. Il faut donc concevoir une entrée centrale et fonctionnelle, dotée en outre d'une architecture résolument contemporaine. L'idée d'une pyramide centrale s'impose, partie émergée d'un gigantesque iceberg. Entrée principale du musée, la **Pyramide** est un édifice de verre et d'acier de près de 180t, culminant à 21m –contre 45m pour les pavillons de la cour Napoléon, sur lesquels on a une vue superbe du sous-sol. Six cent douze losanges d'un verre spécial, parfaitement transparent (évitant les effets de réflexion) sont reliés au châssis, un réseau complexe de câbles tendus équilibrant l'ensemble. Sept bassins triangulaires en granit l'encadrent, ainsi que trois "pyramidions" de 5m. En sous-sol, Pei a aménagé sur 6ha un hall d'accès fonctionnel et élégant (éclairé par la Pyramide), les galeries commerciales et le centre de conférences du Carrousel, les espaces techniques ainsi que les Escalators qui mènent à l'aile Richelieu, magnifiquement refaite. Parallèlement, les ailes Sully et Denon ont été réorganisées. À l'ouest de la Pyramide, le parvis accueille une statue équestre en plomb de Louis XIV, copie d'un marbre réalisé pour Versailles par le Bernin, dont le roi refusa en 1665 le projet d'extension du Louvre, sans doute trop révolutionnaire… un clin d'œil de Pei à ses détracteurs férus de classicisme ! La statue signale le point de rencontre entre l'axe des Tuileries à la Défense et celui du Louvre et dont le léger décalage est dû à un coude de 6 degrés de la Seine.

Le Louvre, mode d'emploi

accès

EN MÉTRO La station Palais Royal-Musée du Louvre (lignes 1 et 7) offre un accès direct par la galerie du Carrousel, mais sortez par la place du Palais-Royal pour aborder la Pyramide de l'extérieur. De la station Louvre-Rivoli (ligne 1), traversez la cour Carrée ou prenez la ligne 14 et descendez à Pyramides.

EN BUS Lignes 21, 24, 27, 39, 48, 68, 69, 72, 81 et 95.

EN VOITURE Parking souterrain accessible par l'av. du G^{al}Lemonnier. *Ouvert tlj. 7h-23h Tél. 01 42 44 16 32*

EN BATOBUS Escale Louvre, quai François-Mitterrand.

orientation

Le hall Napoléon, sous la Pyramide, ouvre sur les trois grandes ailes du musée – Sully (à l'est), Denon (au sud) et Richelieu (au nord) – ainsi que sur l'espace réservé aux expositions temporaires et sur l'auditorium. L'Accueil des groupes (où se font les inscriptions aux visites, aux ateliers, etc.) se trouve côté Denon.

informations touristiques

Bien conçu, le site **www.louvre.fr** permet de préparer sa visite. *Tél. 01 40 20 50 50*
Banque d'information Service d'accueil et d'assistance. Plans-guides, programmes et brochures (sur les expos, les visites-conférences, les activités, etc.), programmes de l'auditorium, dépliants des "parcours de visite", etc. *Hall Napoléon Tél. 01 40 20 53 17 Ouvert tlj. sauf mar. 9h-19h Nocturnes jusqu'à 22h mer. et ven.*
Point information À l'extrémité de l'aile de la Grande Galerie, côté pl. du Carrousel. Attention aux jours et horaires d'ouverture aléatoires. *Porte des Lions Fermé mar. et ven., ouvert en principe 9h-18h45 Nocturnes mer. et ven. jusqu'à 21h45*

les entrées

Pyramide (plan 28, B1-B2) L'entrée principale. Accès pour les personnes à mobilité réduite, les poussettes, etc. *Ouvert tlj. sauf mar. 9h-22h*
Galerie du Carrousel (plan 28, A1) Directement accessible du métro, du parking, du jardin du Carrousel. *99, rue de Rivoli Ouvert tlj. sauf mar. 9h-22h*
Passage Richelieu (plan 28, B1) Côté rue de Rivoli. Réservé aux visiteurs munis de leur billet, d'une carte ou d'un justificatif d'exonération. *Ouvert tlj. sauf mar. 9h-18h*
Porte des Lions (plan 28, A2) À l'extrémité de l'aile de la Grande Galerie, côté pl. du Carrousel. Accès muni de caisses et de distributeurs automatiques ; attention, les jours et les horaires d'ouverture sont aléatoires (cf. Point information).

horaires d'ouverture

Collections permanentes, Louvre médiéval, expositions du hall Napoléon
La fermeture des salles commence à 17h30 (à partir de 21h30 en nocturne). Les caisses ferment à 17h15 (21h15 en nocturne).
Ouverture et fermeture des salles Attention, outre les fermetures exceptionnelles pour travaux, beaucoup de salles ont un voire deux jours de fermeture par semaine selon un calendrier semestriel (tableau disponible à l'accueil). *Tél. 01 40 20 53 17 www.louvre.fr Ouvert tlj. sauf mar. et certains jours fériés (1er jan., 1er mai, 15 août, 25 déc.), 9h-18h Nocturnes jusqu'à 22h mer. et ven.*
Salles d'Histoire *Ouvert seulement les sam. et dim. 9h-18h*
Accueil des groupes *Hall Napoléon Tél. 01 40 20 52 63 Ouvert tlj. sauf mar. 9h-17h15, jusqu'à 20h15 en nocturne*

billets et tarifs

ACHATS DES BILLETS

Sur place Le jour même uniquement. Rendez-vous aux caisses ou aux guichets automatiques (CB uniquement) du hall Napoléon ou de la porte des Lions. Le contrôle des billets (ou des justificatifs de gratuité, cartes) se fait en haut des Escalators menant à chacune des trois ailes du Louvre. *Hall Napoléon Ouvert tlj. sauf mar. 9h-17h15, jusqu'à 21h15 en nocturne, les mer. et ven.*

Autres billetteries Pour réserver et éviter l'attente aux caisses. À la Fnac et dans certains grands magasins (points de vente Fnac : Carrefour, Printemps, Bon Marché) ; commission de 1,10 à 1,30€. *Fnac Tél. 0892 68 36 22 (0,34€/min) Ticketnet Tél. 0892 39 01 00 (0,34€/min) Centrale de rens. et de rés. des musées et des expositions Tél. 0892 68 46 94 (0,34€/min) Internet www.fnac.com ou www.ticketnet.fr*

TARIFS

Collections permanentes Le billet d'entrée au Louvre est valable une journée : on peut donc sortir et rentrer librement. Il donne en outre accès, dans la même journée, au musée Eugène-Delacroix (*6, rue de Furstenberg 75006*). *Tarif 9€ Nocturne (mer. et ven. après 18h) 6€*

Expositions temporaires De grandes expositions thématiques sont organisées sous la Pyramide dans le hall Napoléon (des rétrospectives ont lieu au Grand Palais). *Tarif 9,50€ Nocturne 6,50€ Billet jumelé (coll. permanentes et expos) 13€ Nocturne 11€*

Gratuité Accès gratuit (musée et expositions temporaires) pour tous les visiteurs le 1er dim. de chaque mois et le 14 juillet (sauf expos temporaires) ; pour les moins de 18 ans ; pour les moins de 26 ans le ven. après 18h ; pour les visiteurs handicapés et leurs accompagnateurs, les chômeurs et les RMIstes (sur présentation d'un justificatif).

Abonnements, cartes Pour ceux qui visitent le Louvre sur plusieurs jours ou qui envisagent d'y retourner dans l'année. La carte Musées et Monuments livre l'accès à 60 sites, dont le Louvre, sans passer par les guichets (plusieurs formules sont proposées). La carte Louvre Jeunes est destinée aux jeunes de moins de 26 ans ; elle est valable un an (tarif 15€). Quant à l'adhésion annuelle à la Société des amis du Louvre, elle donne droit à divers avantages (accès libre, entrée prioritaire…) selon qu'on est adhérent (60€), sociétaire (100€) ou bienfaiteur (800€). *Rens. et adhésions à l'espace Adhésion, Allée du Grand Louvre (menant à la Pyramide inversée) Ouvert 9h-17h15, jusqu'à 21h15 en nocturne Tél. 01 40 20 51 04* **Carte Musées et Monuments** *En vente sur place, dans les stations de métro et les OT de Paris Tél. 01 44 61 96 60 www.parismuseumpass.fr* **Société des amis du Louvre** *Tél. 01 40 20 53 34 www.amis-du-louvre.org*

visites guidées, activités, parcours

Visites guidées thématiques, ateliers, conférences, projections, concerts, rencontres exceptionnelles, expositions temporaires, visites intermusées… il se passe toujours beaucoup de choses dans la "ville Louvre" ! Demandez les programmes (programme trimestriel, programme de la saison, "Activités au Louvre", etc.) ou consultez le site Internet. **Renseignements à l'Accueil des groupes** *Hall Napoléon Tél. 01 40 20*

52 63 Ouvert tlj. sauf mar. 9h-17h15, et jusqu'à 20h15 mer. et ven. en nocturne
Visite-découverte Pour une première approche du Louvre. En 1h30, elle présente
les chefs-d'œuvre du musée (*La Joconde, La Victoire de Samothrace, La Vénus de
Milo* et les grands formats de la peinture française) après une visite du Louvre médiéval. *En français : tlj. sauf mar., dim. et jours fériés à 14h30 ; en anglais : tlj.
sauf mar., dim. et jours fériés à 11h, 14h, 15h45 Rés. à l'Accueil des groupes (pas
de rés. par tél.) Tlj. sauf mar. 9h-17h15, jusqu'à 20h15 en nocturne Tarif 5€ en
plus du droit d'entrée*
Visites-conférences Menées par des conférenciers des Musées nationaux, ces
visites – autour d'une œuvre (1h), d'une collection (1h30), d'un thème (1h30), d'un
artiste (1h30) – permettent de se familiariser avec les œuvres les plus célèbres du
Louvre, de mieux connaître une section du musée, une œuvre, un thème ou un
artiste selon un programme trimestriel. Il existe aussi des visites pour enfants (6-
8 ans et 8-13 ans). *Rés. à l'Accueil des groupes (pas de rés. par tél.) Tarif 6,50€,
réduit 4,50€ en plus du droit d'entrée (gratuit pour les enfants)*
Cycles de visites Pour approfondir ses connaissances en découvrant plusieurs
collections autour d'un thème. Programme détaillé sur le site Internet. *Droit de conférence (en plus du billet d'entrée) de 22,50€ (15€ réduit) et 37,50€ (25€ réduit) pour
respectivement 3 et 5 séances en plus du droit d'entrée Tél. 01 40 20 52 63 Rés.
Fnac Tél. 0892 68 36 22 (0,34€/min) lun.-sam. 9h-20h www.louvre.fr ou
www.fnac.com*
Promenades architecturales Suivez le guide (un architecte) pour un panorama
sur l'histoire du Louvre, son architecture ou sa muséographie. Durée moyenne : env.
2 h. *Rés. à l'Accueil des groupes ou par tél. au 01 40 20 51 77 Tarif 6,50€, réduit
4,50€*
Ateliers Ils sont une fabuleuse manière de sensibiliser les petits (dès l'âge de 4 ans)
à la création artistique. Pour les adultes, c'est l'occasion d'appréhender l'art par la
pratique. Il existe aussi des ateliers spécialement conçus pour les adolescents (pour
apprendre à photographier, filmer, dessiner...). Programme détaillé sur le site
www.louvre.fr. *Adulte Rens. et rés. à l'Accueil des groupes ou par tél. au 01 40 20
52 63 Séances de 1h30 à 3h Tarifs variables Enfant Tél. rens. 01 40 20 51 77
lun.-ven. 9h-16h*
Parcours de visite Pour ceux qui souhaitent se laisser diriger par leurs envies et rester autonomes, les "parcours au musée" proposent de plaisantes flâneries à travers
le Louvre. Les thèmes sont variés ("Maudite Aphrodite : les stratégies amoureuses
des couples mythiques", "Les Grecs à la conquête du corps humain"...), souvent transversaux (présentant des œuvres de départements différents) ; certains sont liés à l'actualité du musée et donc provisoires. Des dépliants (disponibles à la banque
d'information et consultables en ligne) vous guident pas à pas tout en apportant un éclairage particulier sur les œuvres ainsi mises en avant. *Thèmes, jours de visite, durées
sur le site Internet www.louvre.fr ou auprès de la banque d'information*
Audioguide Plus de 40 heures de commentaires sont contenues dans ce CD-ROM !
Pratique cependant car on accède directement aux explications souhaitées. *Location
aux entrées Richelieu, Sully, Denon 5€ sur présentation d'une pièce d'identité*

le Louvre pour les personnes handicapées

Le musée a reçu le label Tourisme & Handicap pour ses aménagements adaptés
aux personnes handicapées. *Tél. 01 40 20 59 90 (serveur vocal) handicap@louvre.fr*

Accueil dans le hall Napoléon (sous la pyramide). **Rens.** *tél. 01 40 20 52 63 Rens. pour sourds et malentendants minitel-dialogue au 01 40 20 54 64 Tarif 4,50€*
Visiteurs malentendants Visite de 1h30 en langue des signes conduite par des conférenciers. Atelier "Du geste au signe" à partir de 10 ans (durée 2h).
Visiteurs déficients visuels Galerie tactile du musée (aile Denon). Visites descriptives "Autour d'une œuvre" de 1h et visites "Toucher pour voir" de 1h30 à partir de 10 ans.
Visiteurs déficients mentaux Pour appréhender de manière sensible les espaces du musée et les œuvres. Ateliers "Croquis", "Jeux de couleurs", "Le corps sculpté égyptien" de 2h à partir de 8 ans.

le Louvre avec des enfants

Le plus dur sera de leur faire respecter la consigne : "Ne pas toucher les œuvres !" Mais, sachez-le, vous pourrez asseoir les plus petits dans des poussettes, disponibles au musée (cf. Services). À savoir également : beaucoup d'activités (visites, ateliers, etc.) sont désormais possibles le dimanche sans inscription préalable (dans la limite des places disponibles). *Renseignements à l'accueil des groupes*
Ateliers-visites On choisit de les faire "En duo" (pendant que les enfants sont en atelier, les adultes suivent une visite autour du même thème ; tout le monde se retrouve ensuite pour échanger ses impressions) ou "Ensemble". Consultez le programme (cf. rubrique Ateliers ci-dessus). *Rés. à l'Accueil des groupes ou par tél. au 01 40 20 51 77 Pas de rés. pour le dim. Tarifs 8,50€, réduit 4,50€/adulte et enfant*
Parcours Plusieurs parcours de visite (de 45min à 1h env.) mettent le musée à leur hauteur : "Trop grand !", "Au galop !", "Noël en scène", "Il était une fois Noël" ... *Thèmes, jours de visite, durées sur www.louvre.fr ou à la banque d'information*

auditorium

Situé à l'ouest du hall Napoléon, l'auditorium (430 places) accueille diverses manifestations dédiées aux chercheurs mais aussi au grand public : films sur l'art, concerts, lectures, colloques, spectacles pour les enfants... *Billets et programme sur place ou sur le site Internet www.louvre.fr Tél. 01 40 20 55 55* **Réservations** *Tél. 01 40 20 55 00*

services et restauration

Les services (vestiaire, bureau de poste, etc.) sont rassemblés dans le hall Napoléon, sous la Pyramide. Sur présentation d'une pièce d'identité, fauteuils roulants, cannes et poussettes peuvent être demandés à la banque d'information, qui s'occupe aussi des objets trouvés. Attention, si votre billet vous permet de sortir et rentrer à votre guise, le matériel emprunté, lui, ne peut quitter le musée. Outre la cafétéria du Carrousel, le Louvre compte plusieurs cafés répartis dans les diverses ailes du musée, où l'on peut prendre un verre, grignoter, ou même commander un repas. Sous la Pyramide, ils sont ouverts jusqu'à 19h et 21h-22h en nocturne, sinon, la plupart ferment à 17h et 19h en nocturne.

espace boutiques

L'espace boutiques est situé dans l'allée du Louvre. *Ouvert tlj. sauf lun. 11h-19h Nocturnes jusqu'à 21h45 mer. et ven*

La librairie du Louvre dispose de guides pour les visites traduits en neuf langues, d'ouvrages spécialisés en art ancien, histoire de l'art, beaux-arts et muséologie. Elle est considérée comme la plus grande référence sur les sujets d'art en France. *Tél. 01 40 20 53 53 librairie.louvre@rmn.fr*

Les enfants du Louvre est une boutique spécialisée pour la jeunesse. *Tél. 01 40 20 54 28 enfants.musee@rmn.fr*

La boutique du musée *Tél. 01 40 20 52 43 cadeaux-louvre@rmn.fr*

La boutique souvenirs *louvre.poster@rmn.fr*

les départements

L'élaboration d'un plan de bataille est nécessaire avant d'entreprendre une visite, car, même en une semaine, on ne vient pas à bout du plus grand musée du monde ! Se focaliser sur les œuvres les plus célèbres, sur un artiste, une section, une aile en particulier, tout est possible. Le Louvre est un lieu fascinant : à peine sorti, on se promet d'y retourner très vite. Ses collections sont regroupées en huit départements (souvent à cheval sur plusieurs ailes) auxquels s'ajoutent les vestiges du Louvre médiéval, les salles historiques et les salles consacrées aux arts d'Afrique, d'Océanie et des Amériques. La signalétique du musée est bien conçue. Elle permet à tout moment de connaître le contenu des salles et de se repérer. N'hésitez pas à interroger les nombreux gardiens : même si de réels efforts ont été faits pour rendre plus accessible et logique la présentation, certaines sections tiennent parfois du casse-tête. Mais les collections, d'une richesse prodigieuse, sont remarquablement mises en valeur. Parmi les points forts, citons les œuvres de la Renaissance italienne, les antiquités égyptiennes, grecques et orientales et, bien entendu, les immenses collections de peintures et de sculptures françaises. Les pièces exposées sont accompagnées de notices très complètes ; dans chaque salle, d'excellentes plaquettes proposent des aperçus historiques, esthétiques, anecdotiques.

Le Louvre médiéval et les salles d'Histoire Un voyage archéologique à travers les émouvants vestiges du château de Philippe Auguste et l'envoûtante "salle Basse" et, pour en savoir plus sur l'histoire du palais, des maquettes, croquis...

☆ **Antiquités égyptiennes** Deux circuits, l'un thématique, l'autre chronologique, pour l'un des plus importants départements du Louvre.

☆ **Antiquités grecques, étrusques et romaines** Elles constituent les collections les plus anciennes du musée. *La Vénus de Milo* et *La Victoire de Samothrace* vous y attendent...

Antiquités orientales Pièces venues de Mésopotamie, des pays du Levant et d'Iran : un voyage aux origines de la Syrie et de l'Irak, de Chypre, de la Palestine.

Arts de l'Islam Calligraphie, verrerie, tapis... le 8e département du Louvre, le dernier en date, propose un splendide panorama, de l'Espagne mauresque à l'Inde ottomane en passant par l'Égypte, l'Iran, des débuts de l'ère islamique au XXe siècle.

☆ **Peintures** La peinture française en deux sections : toute l'histoire, du XIVe siècle à l'école de Barbizon, et les grands formats (*Le Radeau de la Méduse*) ; la peinture italienne, autour de *La Joconde*, dans l'immense galerie qui vit naître le musée du

Louvre ; la peinture espagnole (le Siècle d'or) ; les écoles du Nord ; la peinture anglaise et la donation Beistegui.

☆ **Sculptures** La sculpture française selon un circuit chronologique dans une magnifique cour abritant, sous une verrière, les sculptures de Marly ; moins complètes, les collections étrangères livrent néanmoins un très beau panorama sur la sculpture italienne – avec des chefs-d'œuvre de la Renaissance et les célèbres *Esclaves* de Michel-Ange – ainsi que sur les statuaires espagnole et nordique.

Objets d'art Une collection injustement méconnue qui culmine avec les joyaux de la couronne, exposés dans la plus belle galerie du palais, sans oublier les fastes, tout en rouge et or, des appartements de Napoléon III.

Arts graphiques Un fabuleux trésor (dessins de Léonard de Vinci, carnets de voyage de Delacroix…) qui, fragilité du support oblige, ne s'expose que provisoirement… À guetter !

Arts d'Afrique, d'Asie, d'Océanie et des Amériques Un très bel ensemble de sculptures – plus de cent chefs-d'œuvre –, en prélude à la visite du musée du Quai-Branly.

Découvrir l'histoire du Louvre et le Louvre médiéval
Hall Napoléon, Sully

☆ **À ne pas manquer** Les fossés de la Grosse Tour de Philippe Auguste, la salle Saint-Louis **Et si vous avez le temps…** Faites un tour dans la galerie du Carrousel, longez les douves de Charles V, optez pour une "promenade architecturale" (visite guidée)

Salles d'Histoire Juste après le point de contrôle de l'aile Sully, ces deux salles sont organisées par ordre chronologique, de part et d'autre d'une rotonde où sont disposés six superbes reliefs de l'atelier de Jean Goujon (XVIᵉ siècle). Elles retracent l'histoire du palais et du musée : maquettes détaillées, peintures, œuvres diverses. *Entresol Vers l'aile Sully Ouvertes le lun. 9h-18h uniquement*

☺ **Louvre médiéval** Plus loin, on accède aux vestiges du Louvre médiéval, dégagés lors des fouilles de 1983-1985. À droite dans le couloir d'accès, observez les traces des fondations de la tour de la Librairie, où Charles V installa sa bibliothèque en 1367. Au fond à gauche, immense salle dominée par les soubassements des anciens remparts du Louvre, des tours du XIIᵉ siècle et des piles d'anciens ponts-levis. Au bout des remparts, on accède sur la droite aux fossés de l'ancien donjon, entourant les puissantes fondations de la Grosse Tour. La salle suivante rassemble quelques objets découverts lors des fouilles archéologiques sous la cour Carrée et la cour Napoléon, de 1983 à 1990 : 900 objets royaux ou non furent ainsi trouvés dans le puits du donjon, dont les fragments du "chapel doré" (casque présumé de Charles V) mais aussi des pipes, des dés à jouer, des chaussures… Au fond à gauche, la salle Saint-Louis, ou "salle Basse" date de 1230-1240. Elle fut découverte par hasard en 1882, mais ses voûtes d'ogives avaient déjà été amputées pour construire juste au-dessus la salle des Cariatides au XVIᵉ siècle. *Sully Entresol*

☆ Découvrir les Antiquités égyptiennes

Sully, Denon

☆ **À ne pas manquer** Les momies et les sarcophages des salles 14 et 15, pour une leçon d'immortalité, et la chapelle funéraire d'Akhethétep ; un tête-à-tête colossal avec Aménophis IV ou, les yeux dans les yeux, avec le *Scribe accroupi* ; la puissance artistique du poignard du Gebel al-Arak ; l'émouvante beauté des portraits dits "du Fayoum" (Égypte romaine) **Et si vous avez le temps...** Un plongeon dans la vie quotidienne des Égyptiens du temps des pharaons (parcours de visite) ; les salles 27 à 30 pour voir à quoi ressemblait le musée Charles-X.

Totalement réaménagé avant sa réouverture en 1997, ce département, fondé par Jean-François Champollion en 1826, est l'un des fleurons du Louvre. Son fonds d'une richesse inouïe (plus de 50 000 œuvres!) profite désormais d'une présentation simplifiée et logique : un circuit thématique sur la civilisation égyptienne au rez-de-chaussée de l'aile Sully, un circuit chronologique au 1er étage. Entre les deux, en empruntant l'escalier qui mène à la salle 20 (début du circuit chronologique), faites une halte devant l'une des plus récentes acquisitions du Louvre : *Athanor*, peinture de l'artiste contemporain allemand Anselm Kiefer. Installée à l'automne 2007 dans une niche de l'escalier nord de la cour Carrée, cette toile monumentale est une commande du musée. Notez enfin les deux petites salles "orphelines" (Égypte romaine et Égypte copte) à l'entresol de l'aile Denon.

☆ Égypte pharaonique

☺ **Circuit thématique** La visite commence par une excellente présentation thématique de l'Égypte pharaonique : les rites mortuaires, la parure, la chasse, etc. La salle 3 est ainsi consacrée au Nil, élément essentiel de la civilisation des Égyptiens, qui le considéraient comme une résurgence du Noun, l'océan primordial : maquettes de bateaux, figurines en terre cuite ou en bronze de poissons, crocodiles et hippopotames, ainsi qu'une superbe statuette du génie de la crue du Nil. La salle 4, qui évoque les travaux des champs, abrite en outre la chapelle de la tombe, ou mastaba, d'Akhethétep (2400 av. J.-C.), dotée d'une remarquable ornementation. En salle 5, voir l'étonnant menu de Tepemânkh, stèle énonçant les plats favoris du défunt : les Égyptiens adoraient le pain et la bière (*heneket*)! La salle 6, consacrée à l'écriture et aux scribes, est incontournable : principes fort complexes de l'écriture hiéroglyphique et des écritures simplifiées, différents supports. Magnifique collection de documents écrits, de lissoirs à papyrus, de godets à couleurs, de sceaux ouvragés. Salle 6, on découvre également une coudée (règle de 52,3cm) ayant appartenu au ministre des Finances de Toutânkhamon! La salle 7 étudie les matériaux et techniques des artisans égyptiens, ou plutôt des artistes, tant l'art et la perfection esthétique étaient au cœur du quotidien. Magnifique statue en bronze du dieu Horus. Dans la salle 8, on s'aperçoit que les Égyptiens vivaient au ras du sol, et que l'appui-tête qui leur servait d'oreiller manquait de confort. Salle 9, on rêve devant les superbes bagues et bracelets du Nouvel Empire et les accessoires de beauté : cuillers à fard sculptées, miroirs en bronze, étuis à khôl. La salle 11 reconstitue le parvis des temples égyptiens, à l'évidente portée symbolique : le sphinx est l'image divine du pharaon, l'éclat des obélisques symbolise les rayons solaires… La salle 12 est l'une des plus riches de la collection par la beauté et l'aspect monumental de sa statuaire, présentée sous les augustes voûtes de la galerie Henri-IV. Le temple égyptien, c'est la demeure d'un dieu sur terre, érigée par un roi soucieux de s'attirer les faveurs divines. Voir les statues de Sekhmet (déesse à tête de lionne) et les fragments de statues colossales du temple au dieu Amon construit à Thèbes par le roi Aménophis III. Un escalier descend vers la crypte d'Osiris, belle évocation des tombeaux royaux d'Égypte. La légende d'Osiris, détaillée ici, fonde en effet les cérémonies funéraires égyptiennes. Au centre de la crypte, le sarcophage monumental de Ramsès III, masse de granit ciselé de 18t, retrouvé dans la Vallée des Rois. On remonte alors vers la salle 14, où sont exposées toutes sortes de sarcophages, dont l'ornementation vise à aider le mort dans son voyage vers l'autre monde. La salle 15 abrite une terrifiante momie (IIIe-IIe siècle av. J.-C.) accompagnée de tous les objets liés à l'embaumement : tissus de lin peints, couteau d'embaumeur, canopes recueillant les organes. La conservation du corps est primordiale, car elle seule permet l'accès à l'au-delà. La salle 16 analyse la tombe, logis du mort à part entière avec sa chapelle accessible aux vivants qui y déposent leurs offrandes, et le caveau où le corps repose au milieu de reproductions des objets de la vie courante. Dans la salle 17 est détaillé tout ce qui accompagne le défunt dans sa dernière demeure pour assurer son bien-être : le *Livre des morts* destiné à s'assurer la bienveillance des dieux et à déjouer les embûches du long voyage, les amulettes, les "serviteurs funéraires", statuettes qui se chargeront des corvées dans le monde des morts, les "scarabées de cœur" posés sur la poitrine du défunt pour qu'il échappe à l'oubli… La salle 18 contient un véritable "Dictionnaire des dieux" très bien fait, et une présentation des rituels magiques égyptiens. La salle 19 rappelle que les animaux, forme sous laquelle sont représentés certains dieux, faisaient l'objet d'une grande vénération : statuettes, momies de chats, de crocodiles, de poissons, d'ibis. *Sully* Rdc, salles 3 à 19 Accès par l'entresol du pavillon Sully, derrière les remparts du Louvre médiéval

☺ **Circuit chronologique** Les dix salles du 1er étage retracent l'histoire de l'Égypte pharaonique et de son art, de 3800 à 30 av. J.-C. La salle 20 abrite un chef-d'œuvre de l'ère Nagada (4000-3100 av. J.-C.) : le poignard du Gebel al-Arak, avec son manche en silex ciselé illustré de scènes de pêche et de chasse. L'époque thinite (3100-2700 av. J.-C., salle 21) ouvre la période historique avec les premières stèles écrites, et pose les fondements de la civilisation égyptienne. L'Ancien Empire (2700-2200 av. J.-C., salle 22) est l'époque des grandes pyramides, la statuaire prend son essor. Grande star du département, le *Scribe accroupi* est une fascinante statue en calcaire peint. Elle illustre à merveille la statuaire égyptienne : inscription du personnage dans une figure géométrique simple (ici, un triangle), tête droite et corps symétrique à regarder de face, position figée car les statues visent à l'éternité. Mais elle se distingue par l'étrangeté de son regard, d'un réalisme troublant : le fond de l'œil, formé d'une pierre blanche cerclée de cuivre, est incrusté de cristal de roche translucide. Les *Deux Époux* de la vitrine 17 se tiennent par la main, incarnation de l'amour conjugal. La salle 23 est dédiée au Moyen Empire (2033-1710 av. J.-C.), dont les XIIe et XIIIe dynasties sont considérées comme la période classique de l'Égypte. Quelques merveilles d'artisanat, telles les faïences bleutées, l'harmonieuse *Statue du chancelier Nakhti* en bois et la figure sereine du *Roi Sèbekhotep IV*. Le Nouvel Empire naissant (1550-1353 av. J.-C., salle 24) connaît, sous la XVIIIe dynastie, un épanouissement politique et culturel sans précédent : c'est l'apogée de l'architecture monumentale (Karnak, Louxor), et une période de grand raffinement des parures et des statues, comme le prouvent le visage quasi animal et le corps magnifique du prince Iâhmès. Puis vient le règne d'Aménophis IV Akhénaton et de son épouse Néfertiti (1353-1337 av. J.-C., salle 25), époque de remise en cause des traditions religieuses et artistiques. De nouveaux canons de beauté entrent en vigueur, sans doute liés aux particularités physiques du roi : visage déformé, cou et bras démesurés, bedaine saillante… Toutânkhamon et ses successeurs (1337-1295 av. J.-C., salle 26) marquent un retour à la tradition. Dans la statuaire, le drapé des habits devient plus recherché, comme en atteste la statue en bois de Piaÿ, *portier du palais*. Les salles 27 à 30 profitent du cadre grandiloquent de l'ancien musée Charles-X, aménagé par Fontaine sous la Restauration pour accueillir les antiquités égyptiennes rassemblées par Champollion ainsi que la collection de vases antiques grecs (cf. Découvrir les Antiquités grecques, étrusques et romaines, galerie Campana, salles 34 à 38). Elles traitent des derniers siècles de l'Égypte ancienne. Sous Ramsès II, le Nouvel Empire connaît une floraison architecturale, et le royaume se couvre de temples. Salle 29, de splendides statuettes en bronze, comme *La Déesse-Chatte Bastet*. Enfin, la salle 30 couvre la période allant des derniers pharaons à Cléopâtre. La célèbre reine est représentée par une élégante statue, malencontreusement privée de son nez : on ne pourra donc pas juger sur pièce… **Sully** *1er étage, salles 20 à 30*

Égypte romaine et Égypte copte

Bizarrement "exilées" à l'entresol de l'aile Denon, près de la Grèce préclassique, ces deux salles couvrent la période consécutive à l'annexion de l'Égypte par Rome (30 av. J.-C.), jusqu'au IXe siècle. La salle A est dédiée à l'Égypte romaine. L'art du portrait peint connaît un essor sans précédent : on ne peut que se laisser émouvoir par le réalisme des œuvres retrouvées à Saqqara, Touna al-Gebel ou Thèbes ; voir en particulier le splendide *Portrait de femme* d'Antinoé (IIe siècle apr. J.-C.), et le *Cercueil peint* de Chelidona, qui a appartenu à Champollion. Les salles B et C évoquent la culture copte. La salle B est une présentation chronologique de l'art copte (début au fond), qui montre le passage d'une inspiration grecque à l'imagerie chrétienne naissante, puis à l'influence islamique après la conquête de l'Égypte par les Arabes en 641. Ne manquez pas les fragments du *Châle de Sabine*, les objets liturgiques, le relief sculpté *La Naissance d'Aphrodite* et les objets magiques. Un escalier descend vers la salle C, consacrée au monastère copte de Baouit, qui connut son apogée aux VIe-VIIe siècles. À voir, les magnifiques frises ciselées et le panneau peint du Christ et de l'abbé Mena. **Denon** *Entresol, salles A, B et C*

☆ Découvrir les Antiquités grecques, étrusques et romaines
Denon, Sully

☆ **À ne pas manquer** L'escalier Daru, monumental écrin de *La Victoire de Samothrace* ; le *Torse* de Milet et *L'Aphrodite* (plus connue sous le nom de *Vénus*) *de Milo* ; aux origines de la statuaire grecque, *La Dame d'Auxerre* et, chef-d'œuvre étrusque, le *Sarcophage des Époux* **Et si vous avez le temps…** Admirez la cour Carrée des fenêtres de la salle des Cariatides ; dans la galerie Campana, appréciez aussi la belle vue sur la Seine ; non loin de là, arrêtez-vous dans le vestibule Henri-II, sous les *Oiseaux* de Braque, pour un clin d'œil à l'art moderne

C'est l'un des plus anciens départements du Louvre, inauguré par le Premier Consul en 1800. En rachetant en 1807 les 500 marbres de la collection Borghèse, Napoléon en fera le plus grand musée d'antiques de l'époque. Des achats et dons prestigieux viendront au cours du XIXe siècle enrichir le fonds, dont d'extraordinaires collections de vases et de bronzes grecs (acquise par Napoléon III en 1861, la collection Campana rassemble près de 3 500 vases), ou encore les deux vedettes incontestées que sont *La Vénus de Milo* et *La Victoire de Samothrace*.

☆ Antiquités grecques

Riche et passionnante, la collection d'antiquités grecques est organisée de façon quelque peu complexe. Elle débute par un parcours chronologique à l'entresol Denon, et se divise ensuite par thèmes (terres cuites, bronzes...) au rdc puis au 1er étage de Sully et Denon. La sculpture grecque est pauvre en originaux, même si les fidèles copies en marbre romaines exposées au Louvre en offrent un excellent aperçu, sans parler de ses insignes chefs-d'œuvre.

Grèce préclassique La salle 1, vaste galerie de l'entresol, offre un excellent parcours chronologique allant du IIIe millénaire au début du ve siècle av. J.-C. À l'âge du bronze, les artistes issus des civilisations des Cyclades taillèrent dans le marbre de fascinantes idoles aux formes limpides : la géométrie pure de la *Tête féminine* de Kéros ou de la *Statuette féminine* de Paros en est l'illustration parfaite. L'orfèvrerie n'est pas en reste, avec des statuettes et objets de l'âge du bronze, comme une magnifique *Saucière* en tôle d'or martelée. À partir du VIIe siècle av. J.-C., l'art grec archaïque prospère. *La Dame d'Auxerre* est l'un des premiers exemples connus de la statuaire grecque. Laquelle s'épanouit au VIe siècle av. J.-C. avec des œuvres sculptées dans le marbre, telles que la *Corè* de Samos et le *Couros* d'Actium, figures féminine et masculine qui connaîtront un grand rayonnement, ou encore une superbe *Tête de cavalier* athénienne. La galerie de la salle 2 rassemble de nombreuses inscriptions grecques entièrement traduites, illustrant tous les aspects de la Grèce antique. **Denon** Entresol, salles 1 et 2 Accès à gauche après le contrôle de l'aile Denon Attention: le département sera fermé pour travaux au printemps 2008 Il est probable que des expositions temporaires sur la Grèce préclassique seront organisées dans l'aile Sully 1er étage salle 74 pendant ce temps Se renseigner au préalable

☺ **Style "sévère", 480-450 av. J.-C.** Au fond de la salle 1 s'ouvre la petite salle 3, qui abrite certaines des plus belles pièces du département. Le *Torse* de Milet, marbre représentant un torse masculin athlétique, est un chef-d'œuvre de la sculpture grecque archaïque. Splendides statuettes en bronze. *L'Exaltation de la fleur* est un fragment de stèle en marbre d'une infinie délicatesse. Autre belle expression de cette période, les fragments du temple de Zeus à Olympie exposés dans la salle 4, en haut de l'escalier. **Denon** Entresol et rdc, salles 3 et 4

☺ **Salle des Cariatides** Ancienne salle de réception, la splendide salle des Cariatides, construite de 1546 à 1549 par Pierre Lescot, doit son nom aux quatre figures féminines du fond, sculptées par Jean Goujon en 1550 pour soutenir la tribune des musiciens. Elle conserve désormais une fabuleuse collection de répliques romaines, en marbre, d'œuvres grecques du IVe au Ier siècle av. J.-C. Le visiteur est accueilli par des bustes de grands personnages de la Grèce classique : Aristote, Socrate, Démosthène, Alexandre… Parmi les chefs-d'œuvre éternels : *L'Aphrodite accroupie* ; le sublime *Supplice de Marsyas*, où se lit toute la douleur du monde ; *La Diane de Versailles*, déjà exposée au Louvre sous Henri IV ; *Le Faune de Vienne*, au regard lubrique. Sans oublier le fameux *Hermaphrodite endormi*, troublante sculpture mêlant la féminité la plus voluptueuse à la virilité naissante d'un éphèbe (le matelas est un ajout du Bernin au XVIIe siècle !). ***Sully** Rdc, salle 17 Accès direct par le rdc de l'aile Sully, à droite après le contrôle des billets*

☆ ☺ **"La Vénus de Milo" et la galerie de Melpomène** La salle 7 abrite l'une des grandes stars du musée : *La Vénus de Milo*. Cette statue en marbre date de la fin du IIe siècle av. J.-C. Découverte en 1820 sur l'île de Milo, dans les Cyclades, elle est au Louvre depuis 1821. La sensualité de sa poitrine nue et de ses hanches généreuses l'a fait identifier à la déesse de l'Amour et de la Beauté : Aphrodite (Vénus, chez les Romains). La finesse des lignes, la perfection du mouvement font oublier l'absence des bras, jamais retrouvés. Les grandes étoiles étant capricieuses, dirigez-vous sans tarder vers *La Victoire de Samothrace*, qui domine de sa splendeur monumentale le palier de l'aile Denon. Exhumée en 1863 sur l'île éponyme, cette statue reposant sur une base en marbre gris figurant la proue d'un navire, et représentant peut-être une victoire navale (Niké, la Victoire, était traditionnellement symbolisée par une femme ailée), est une œuvre anonyme du IIe siècle av. J.-C. Le dynamisme et la délicatesse de cette figure féminine, le fin drapé de ses habits tantôt plaqués tantôt gonflés par le souffle marin, en font l'une des expressions les plus abouties de l'art grec. Dans la salle 6, la plaque dite "des Ergastines" est un fragment original d'une frise du Parthénon (Ve siècle av. J.-C.). La galerie de Melpomène (salles 14 à 16) est actuellement vidée pour travaux : la date de réouverture reste incertaine. Cette galerie rassemble habituellement d'excellentes répliques de la sculpture grecque classique (Ve-IVe siècle av. J.-C.). De Callimaque, on découvre une copie de la *Vénus Génitrix*, dont la pureté enchante l'œil. D'Euphranor, l'*Athéna Mattéi*, qui se distingue par le naturel de la pose. De Praxitèle, le plus illustre des sculpteurs grecs, des statues d'une perfection inouïe dont le type fut repris dans toute l'Antiquité : *Apollon Saurochtone*, ou "tueur de lézards", *La Diane de Gabies*. ***Sully** Rdc, salles 7 à 16 Sur la gauche par la salle des Cariatides.*

Terres cuites et céramiques grecques Les salles 34 à 38 bénéficient du cadre un peu pompeux du musée Charles-X, ouvert sous la Restauration pour présenter – déjà ! – les antiques grecques. Elles proposent un parcours thématique et chronologique consacré aux figurines de terre cuite hellénistiques. La **galerie Campana** (salles 40 à 47) abrite depuis 1863 la collection de céramiques grecques du marquis Campana, la plus belle au monde : près de 2 000 vases grecs (800-400 av. J.-C.). Ouvert par une salle permettant de se familiariser avec l'usage et la symbolique des vases grecs, le parcours se poursuit par leur évolution chronologique, des motifs géométriques du VIIIe siècle av. J.-C. aux figures noires sur fond rouge puis rouges sur fond noir (qui se développent au VIe siècle av. J.-C.). Trois salles d'étude sont consacrées à l'évolution d'une forme ou d'un artiste particulier : avis aux amateurs… ***Sully** 1er étage, salles 34 à 47*

Bronzes et objets précieux, verres grecs et romains La salle 32 est consacrée à une extraordinaire collection de bronzes grecs et romains. Miroirs grecs richement ornés, fibules romaines, on ne sait où donner de la tête. Parmi les incontournables, citons chez les Romains la superbe *Tête de jeune homme* dite "de Bénévent", les éléments d'armures de gladiateurs et des décors de chars romains. Chez les Grecs, *Alexandre* (fin du IVe siècle av. J.-C.), minuscule statuette réalisée par Lysippe, portraitiste officiel des souverains de Macédoine, ainsi que de superbes casques corinthiens, ou l'*Apollon* de Lillebonne (IIe s. apr. J.-C.). La salle 33 occupe la salle Henri-II, construite en 1660 ; au plafond, les beaux *Oiseaux* (1953) de Braque. Ici sont présentés les objets précieux romains. Le *Trésor de Boscoreale*, découvert près de Pompéi en 1875, compte près d'une centaine de pièces d'orfèvrerie du Ier siècle apr. J.-C., dont une sublime coupe à *emblema*. À voir aussi, les vitrines consacrées à l'orfèvrerie romaine et gallo-romaine, et notamment la magnifique vasque du trésor de Graincourt ou les têtes masculines du trésor de Notre-Dame-d'Alençon. La salle 34 rassemble une belle collection de verres antiques. ***Sully** 1er étage, salles 32 à 34 Accès par l'escalier à droite après le contrôle*

☺ **Salle du Manège et salle Daru : sculptures antiques des grandes collections italiennes du XVIIe au XIXe siècle** Spectaculaires, ces salles rassemblent de véritables trésors de sculpture grecque et romaine, issus des grandes collections d'antiques des XVIIe-XVIIIe siècles : les collections italiennes, au premier rang desquelles la fabuleuse collection Borghèse (500 marbres) rachetée pour le Louvre par Napoléon, mais également les collections de Richelieu ou Mazarin. Des chefs-d'œuvre restaurés par des sculpteurs des XVIIe et XVIIIe siècles dont le Bernin, Girardon. Destinée, sous Napoléon III, aux spectacles équestres, la salle du Manège (salle A, tout droit après l'entrée Denon) abrite de superbes pièces de la collection Borghèse, dont le *Sénèque mourant* en marbre noir (IIe siècle ap. J.-C.), placé au XVIIe siècle dans une vasque en brèche violette. À voir, également, les *Satyres en atlantes* de la collection Albani ou l'*Adonis* de Mazarin. Le fleuron de la collection Borghèse se trouve de l'autre côté du palier, dans la belle galerie Daru (salle B) : sculpture du Grec Agasias d'Éphèse (vers 100 av. J.-C.), le magistral *Guerrier combattant*, plus connu sous le nom de *Gladiateur Borghèse*, étonne par la perfection de sa composition, empreinte d'un puissant mouvement. On l'appelle à tort *Gladiateur* : les Grecs ne connaissaient pas les jeux du cirque. Ne pas manquer le remarquable ensemble de sarcophages romains. ***Denon** Rdc, salles A et B*

☆ Antiquités étrusques et romaines

☺ **Antiquités étrusques** La mystérieuse civilisation étrusque, dont la langue n'a toujours pas été déchiffrée, s'est épanouie en Italie au VIIIe siècle av. J.-C. Elle a légué au monde des œuvres d'art singulières, réinterprétant à leur guise des influences grecques puis orientales, jusqu'à la conquête romaine à partir du IVe siècle av. J.-C. Les artisans étrusques se distinguent par la virtuosité de leur orfèvrerie : magnifiques ex-voto, pendentifs d'une grande finesse, statuettes délicates. Un *Portrait de jeune homme* en bronze (salle 20) témoigne du talent des sculpteurs d'Étrurie. Sans oublier, bien sûr, le chef-d'œuvre de cette section : le *Sarcophage des Époux* (salle 18), composition en terre cuite polychrome raffinée à l'extrême, représentant pour la postérité un couple de défunts enlacés, s'appuyant, à demi couchés, sur des outres de vin. ***Denon** Rdc, salles 18 à 20*

Antiquités romaines L'appartement d'été d'Anne d'Autriche, construit par Le Vau dans la Petite Galerie du Louvre de 1655 à 1658 et orné de fresques allégoriques dues à Romanelli, est réaménagé en 1800 pour accueillir les sculptures antiques rapportées d'Italie. Il abrite aujourd'hui les premières salles de cette section présentant l'évolution de l'art romain de la période républicaine (IIe-Ier siècle av. J.-C.) au Ve siècle apr. J.-C. Un art fortement influencé par l'esthétique grecque et destiné à la célébration de l'empereur et des vertus morales. Reliefs sculptés de toute beauté, tel le relief dit "de Domitius Ahenobarbus" de la fin du IIe s. av. J.-C. (salle 22). À voir, en outre, un fragment de l'*Ara pacis* (salle 23), monument à la paix érigé à Rome pour célébrer le retour victorieux d'Auguste, ainsi que de somptueux sarcophages ciselés, comme le *Sarcophage des Muses* ou l'émouvant *Sarcophage d'enfant* (salle 30). L'art du portrait n'est pas en reste, avec les superbes bustes de l'impératrice Livie et de Caligula (salle 23), ou d'Hadrien, premier empereur représenté en dieu de son vivant (salle 25). Les salles 28 et 29 possèdent de magnifiques objets rituels venus de Gaule ou d'Afrique, et les grandes compositions d'une infinie délicatesse, surtout le *Jugement de Pâris* de la maison de l'Atrium à Antioche, ou la *Scène mystique* de Pompéi, font de la galerie de mosaïques de la salle 30 une salle absolument magique. *Denon* Rdc, salles 21 à 31

Découvrir les Antiquités orientales

Richelieu

☆ **À ne pas manquer** Le *Code de Hammurabi*, chef-d'œuvre littéraire de Babylone, et les taureaux ailés du monumental décor de la cour Khorsabad (Mésopotamie) ; témoin de la splendeur du palais de Darius à Suse, la *Frise des Archers* (Suse, Iran antique) **Et si vous avez le temps...** L'intendant de Mari (statuette d'Ebih-il), la *Stèle de Narâm-Sin* (Mésopotamie) et la statue de *Gudea au vase jaillissant* (Mésopotamie)

Pour accéder aux collections, tournez à droite après le contrôle de l'accès Richelieu et continuez tout droit après l'Escalator au 1er étage. Profitez-en, en levant la tête, pour admirer le magnifique dialogue orchestré par Pei entre la savante construction murale et les volumes suspendus des escaliers mécaniques.

☆ La Mésopotamie

Le "Pays entre les deux fleuves" des Grecs désigne les terres situées entre Tigre et Euphrate, sur le site de l'Iraq actuel et d'une partie de la Syrie. Elles furent au cours du IVe millénaire avant notre ère le témoin de deux révolutions majeures : la fondation des premières villes et de sociétés dominées par un État monarchique et sacerdotal, et l'invention de l'écriture, marquant le début de l'Histoire. Les Sumériens, Babylone, puis les Assyriens, les trois grandes civilisations antiques de la région, sont admirablement représentées au Louvre, grâce notamment aux archéologues français du XIXe siècle. Couvrant une période allant des origines au IIIe millénaire av. J.-C., les salles 1a et 1b s'attachent entre autres à la civilisation sumérienne, qui domina la région au cours du IIIe millénaire. Face à l'entrée, la *Stèle des Vautours* est l'un des premiers documents historiques parvenus jusqu'à nous. À voir, également, des cônes sumériens couverts d'écriture cunéiforme datant du IIIe millénaire, et de superbes objets d'art tels une *Tête de taureau* en cuivre incrusté de nacre et lapis-lazuli. La salle 1b traite plus particulièrement du royaume de Mari : remarquable statuette d'Ebih-il, l'intendant de Mari vêtu de la traditionnelle jupe en laine des Sumériens ; *Masque d'homme*, bijoux et cylindres sculptés. La salle 2 est consacrée aux États d'Akkad (impressionnant obélisque de Manishtusu, orné de 1 519 cases d'écriture), de Lagash (magnifiques statues du prince Gudea) et d'Ur. Chefs-d'œuvre absolus de l'art de Lagash, la statue dite "au vase jaillissant" (vers 2120 av. J.-C.) et une série de figurines-clous en cuivre, dédiées aux dieux. La salle 3 abrite l'un des joyaux du département : le *Code de Hammurabi*. Cette stèle de basalte noir, haute de plus de 2 m, érigée par Hammurabi, célèbre roi de Babylone (1792-1750 av. J.-C.), est à la fois une œuvre d'art et un incomparable témoignage politique, social et scientifique sur la civilisation babylonienne. Ses 3 500 lignes de texte forment un recueil de règlements judiciaires. L'art babylonien est bien représenté, avec *L'Ordonnateur du sacrifice*, peinture murale réalisée vers 1780 av. J.-C., ou encore la statuette *L'Adorant de Larsa*. Après le déclin des Sumériens puis de Babylone, le Ier millénaire av. J.-C. voit triompher la civilisation assyrienne, avant son effondrement en 612 av. J.-C. La cour Khorsabad (salle 4) est l'un des clous du Louvre. Dessinée sur mesure, elle accueille des fragments du fastueux décor du roi Sargon II, bâti sur le site de l'actuelle Khorsabad, en Iraq, de 713 à 706 av. J.-C., et découvert en 1843. Gardiens du palais, les imposants taureaux ailés à visage humain, hauts de plus de 4 m, côtoient d'immenses *Héros maîtrisant des lions* ainsi que de splendides reliefs sculptés représentant divers personnages de la cour, dont Sargon II lui-même. Une vraie merveille ! Au fond de la cour, consultez le plan détaillé de l'ancien palais, qui s'étendait sur 10 ha : il fut découvert en 1843 par le consul de France à Mossoul, Paul-Émile Botta, pionnier de l'archéologie assyrienne. La salle 6 poursuit l'exploration de cette civilisation, avec entre autres les somptueuses peintures murales de Til Barsip. **Richelieu** *Rdc, salles 1 à 6*

L'Iran antique

Autre grand berceau de la civilisation. Les salles 7 à 9 couvrent la période allant du Ve millénaire av. J.-C. au début du IIe. À voir, d'émouvantes statuettes d'orantes, des trésors d'orfèvrerie en argent et en cuivre comme *Le Dieu à la main d'or*, des statuettes colorées, aux formes fines et stylisées, dont un pur chef-d'œuvre : la *Princesse de Bactriane*. Dans la salle 10, la civilisation élamite (de 1500 à 1100 av. J.-C.) est illustrée par une statue exceptionnelle, *La Reine Napu-Asu*. Magnifiques stèles babyloniennes en basalte ciselé. La salle 11 célèbre le talent des orfèvres de l'âge du fer (xive-vie siècle av. J.-C.). Les salles 12 à 16 méritent le détour, pour les célèbres fragments de l'ornementation du palais que Darius, grand souverain perse, fit construire à Suse vers 510 av. J.-C. : les superbes *Frises des Archers* et des *Lions* sont de beaux exemples de reliefs en briques sculptées et peintes. Le monumental chapiteau de l'Apadana, la salle d'audience, orné d'avant-trains de taureaux, laisse également deviner le faste du palais. **Richelieu** *Rdc, salles 7 à 16*

Le Levant

Des origines au début du Ier millénaire Les salles A à D occupent l'ancienne galerie d'Angoulême. Construite à partir de 1639 par Lemercier, elle abrita successivement le Conseil du roi, l'Académie française puis, dès 1816, une partie des sculptures du Louvre. Elle est aujourd'hui dévolue aux œuvres issues du Levant, des origines à l'âge du fer. Parmi les pièces les plus marquantes, signalons pour Chypre (salle A) de superbes figurines en bronze, des sceaux-cylindres ouvragés et des poteries d'une grande créativité ; pour la Syrie côtière (salle B) une belle collection de figurines divines, et d'autres sceaux-cylindres de très belle facture, dont la *Scène de rencontre* du XVIIIᵉ siècle av. J.-C. ; pour la Syrie intérieure (salle C), une tablette cunéiforme dressant l'inventaire du trésor du "dieu du roi" et des maquettes de maisons de 1350-1200 av. J.-C. ; pour la Palestine et la Transjordanie (salle D) une statuette datant du VIIᵉ millénaire av. J.-C. et la *Stèle de Mesha* commémorant la victoire de ce roi sur les souverains d'Israël (vers 800 av. J.-C.). ***Richelieu*** *Rdc, salles A à D Accès par la salle 10 ou par l'escalier côté Sully*

L'Orient tardif La seconde partie de la section consacrée au Levant débute dans la crypte de la salle 17. Une salle consacrée aux royaumes phéniciens des VIIIᵉ-IIᵉ siècles av. J.-C. et en particulier aux objets retrouvés sur les sites de Byblos, Sidon et Tyr : de magnifiques sarcophages anthropomorphes en marbre, des statuettes et de l'orfèvrerie témoignent de la splendeur passée de cette civilisation de grands explorateurs. En remontant, on accède à la salle 18a, dédiée à Carthage et à l'Afrique du Nord punique (VIIIᵉ-Iᵉʳ siècle av. J.-C.), avec de somptueux sarcophages en marbre trouvés à Carthage. Les salles 19 et 20 évoquent l'Arabie (VIIᵉ siècle av. J.-C.- IIIᵉ siècle apr. J.-C.) et ses grandes cités caravanières. Beaux portraits sculptés des tombeaux de Palmyre. Enfin, la salle 21 évoque Chypre, autour de superbes statues, dont la *Dame de Dali* (IIIᵉ siècle av. J.-C.) et d'un vase colossal du sanctuaire d'Aphrodite à Amathonte. ***Richelieu*** *Rdc, salles 17 à 21 (crypte de la salle 17 accessible de la salle 16 (Iran antique)*

☺ Découvrir les Arts de l'Islam *Richelieu, Sully*

☆ **À ne pas manquer** Le damasquinage du *Baptistère de Saint Louis*, la délicatesse du *Plat au paon* **Et si vous avez le temps…** Suivez le parcours de visite dévolu aux "Chefs-d'œuvre de l'Islam" (1h30) pour approfondir ce fabuleux voyage à travers les continents, de l'hégire au XXᵉ siècle

Créé en 2003, le huitième département du Louvre possède l'une des collections les plus fournies au monde, avec 10 000 œuvres allant du VIIᵉ au XIXᵉ siècle, de l'Espagne à l'Inde. L'ouverture, prévue pour 2009, des nouveaux espaces qui lui sont réservés dans la cour Visconti devrait permettre au public d'admirer une plus grande partie de ces œuvres, dont seules 1 300 sont actuellement exposées. Reste que, en l'état (13 salles organisées par civilisation, époque et thèmes), cette superbe section mérite une visite.

La salle 1 est consacrée aux **débuts de l'art islamique** (VIIᵉ-Xᵉ siècle) et recèle des fragments de jarres, de lampes et de chapiteaux sculptés. Le **monde abbasside** (VIIIᵉ-Xᵉ siècle) est à l'honneur dans la salle 2 : une époque marquant la naissance d'un art original, s'écartant des influences grecques. À voir, de superbes frises en bois au décor stylisé, de remarquables ouvrages de marqueterie et des trésors d'orfèvrerie comme le *Brûle-parfum tripode* ou la *Boucle d'oreille aux oiseaux*. On assiste également aux premiers développements des techniques de la céramique peinte et du verre soufflé. L'**Égypte fatimide** (969-1171), salle 3, plaque tournante du commerce entre Méditerranée et océan Indien, développe un artisanat fort prisé. Voir le travail du cristal de roche dans le petit *Flacon en forme de lion*, de l'ivoire avec le *Panneau au joueur de luth*, de l'or et de l'émail avec le *Bracelet aux musiciens*. L'orfèvrerie fatimide se distingue aussi par un *Paon-aquamanile* et un *Lion à queue articulée*. Les salles 4 à 6 sont consacrées à l'**Iran** et notamment aux Saldjuqides (XIe-XIIIe siècle), moment fort de la céramique musulmane : la *Coupe au lion* (salle 5), la luxuriante *Coupe au cavalier fauconnier* (salle 6) en sont l'illustration. L'orfèvrerie se distingue également, avec des pièces au décor exubérant : sphères célestes et astrolabes de la salle 5, témoins de l'essor des sciences ; chandeliers et aiguières de la salle 6. Les salles 8 et 9 évoquent l'**Égypte**, le **Proche-Orient** et l'**Anatolie** des XIIe-XIIIe siècles, période faste de l'artisanat islamique, qui s'enrichit de nombreuses influences. On y trouve certaines des plus belles œuvres de la collection, dont le splendide *Baptistère de Saint Louis*. Ce bassin en laiton incrusté d'or et d'argent de la fin du XIIIe siècle, doté d'une ornementation extraordinaire, est une pièce maîtresse de l'art mameluk. Il faisait jadis partie du trésor de la Sainte-Chapelle. Le *Gobelet aux cavaliers* témoigne de l'essor du verre émaillé. L'immense salle 11 expose un bel ensemble d'objets d'art issus de l'**Orient musulman** du XVe au XVIIIe siècle : de magnifiques armes de l'Inde moghole, ornées selon un code de reconnaissance sociale strict, d'immenses tapis iraniens du XVIe siècle, de belles céramiques safavides. Le **monde ottoman** (XIVe-XXe siècle) est à l'honneur dans la salle 12, avec de fascinants panneaux et frises en céramique au décor floral stylisé, un art porté à son sommet par les potiers d'Iznik. La salle 13 offre un modeste aperçu de l'art du livre, si cher à l'Islam. *Richelieu Entresol, salles 1 à 13 À droite après le contrôle, au pied des Escalators*

☆ Découvrir les Peintures Richelieu, Sully, Denon

☆ **À ne pas manquer** Les plus "grands" : le portrait de Lisa Gherardini, alias *La Joconde*, *Les Noces de Cana* de Véronèse, la plus vaste toile du musée (peinture italienne), et les grands formats de la peinture française. Mais aussi *La Vierge du chancelier Rolin* de Van Eyck, *La Dentellière* de Vermeer et l'*Autoportrait au chevalet* de Rembrandt (écoles du Nord) **Sans oublier** La *Pietà de Villeneuve-lès-Avignon* de Quarton, le *Portrait présumé de Gabrielle d'Estrées et de sa sœur* de l'école de Fontainebleau, *Le Tricheur* de La Tour et le *Souvenir de Mortefontaine* de Corot (peinture française) ; *Le Nain du cardinal de Granvelle* de Moro, l'*Autoportrait* de Dürer et la galerie Médicis, bel écrin aménagé par Pei pour le cycle de Rubens (écoles du Nord) **Et si vous avez le temps…** Suivez le parcours "La Renaissance italienne" ou, avec les enfants, "Il était une fois Noël" ; apprenez, dans le cadre d'un atelier, l'art de la peinture à l'huile ; arrêtez-vous devant le "Tableau du mois"

☺ Peintures françaises

L'immense et enthousiasmante collection de peintures françaises fait l'objet d'un parcours chronologique au 2e étage des ailes Richelieu et Sully (à l'exception des grands formats, qui ont trouvé refuge au 1er étage de Denon). Toute l'histoire de la peinture française est retracée ici, du XIVe siècle à Corot. Et n'oubliez pas que, tous les mois, une peinture, sélectionnée selon l'actualité (acquisition, restauration, commémoration…), fait l'objet d'une exposition particulière ("Le Tableau du mois", *Richelieu, salle 17*). **Richelieu**, *2e étage ;* **Sully**, *2e étage Accès Escalator Richelieu*

Salles 1 à 3 Les origines

Le Louvre conserve des œuvres exceptionnelles du XIVe siècle. Le *Portrait de Jean le Bon* (sur bois), qui ouvre la collection, est le premier portrait indépendant connu, antérieur à 1350. La salle 2 abrite *Le Parement de Narbonne*, grisaille peinte sur soie qui représente Charles V et son épouse Jeanne de Bourbon, priant de part et d'autre d'une Crucifixion. La salle 3 rassemble de beaux exemples du gothique international du XVe siècle et le remarquable *Retable de saint Denis* d'Henri Bellechose (1416).

Salles 4 et 5 Retables du XVe siècle

Avec l'installation des papes en Avignon au XIVe siècle, l'école provençale prospère. En témoigne la sublime *Pietà de Villeneuve-lès-Avignon* d'Enguerrand Quarton. Salle 5, ne manquez pas les *Trois Prophètes* d'une grande richesse expressive, et *Le Calvaire* de Josse Lieferinxe.

Salles 6 à 8 L'art du portrait aux XVe et XVIe siècles

Le plus grand portraitiste du XVe siècle est sans conteste Jean Fouquet (1415/20-1478/81). Ses portraits de *Charles VII* et de *Guillaume Jouvenel des Ursins* se distinguent par l'inscription du modèle dans un cadre géométrique et symbolique des couleurs. À ne pas manquer, dans la salle 6, les portraits réalistes de Jean Hey, le Maître de Moulins. Dans le couloir (salle 7), célèbre *François Ier* de Jean Clouet, grand portraitiste de la Renaissance, ainsi que le touchant *Pierre Quthe* de son fils François. Voir, dans la salle 8, magnifiquement mis en scène dans leurs écrins illuminés, les portraits miniatures de Corneille de Lyon, pour l'originalité des poses et le réalisme des traits.

Salles 9 et 10 L'école de Fontainebleau

Elle est la conséquence directe de l'invitation lancée par François Ier au Rosso en 1530, puis au Primatice, de venir travailler à Fontainebleau. L'influence italianisante est visible chez Jean Cousin : son *Eva Prima Pandora* (vers 1550), toile allégorique d'une grande pureté, mêle les figures féminines d'Ève et de Pandore. La *Diane chasseresse* anonyme, portrait présumé de Diane de Poitiers, est une œuvre emblématique. Le mécénat d'Henri IV aboutira, après une longue période d'instabilité, à l'apparition de la seconde école de Fontainebleau, essentiellement des artistes français influencés par le maniérisme italien. À voir, le fameux *Portrait présumé de Gabrielle d'Estrées et de sa sœur* : deux femmes d'une grande beauté, au bain, et un geste troublant, allusion déguisée à la maternité de Gabrielle, qui donna naissance à un bâtard d'Henri IV…

Salles 11 et 12

La salle 11 évoque l'influence du caravagisme au début du XVIIe siècle. Toute une génération de peintres, dont Simon Vouet et Georges de La Tour, reprennent à leur compte les principes révolutionnaires du Caravage : clair-obscur puissant, humanité des scènes, réalisme cru. On peut ainsi voir sa *Diseuse de bonne aventure* revisitée par Vouet ou Valentin de Boulogne. La salle 12 illustre l'importance de Simon Vouet (1590-1649) qui, à son retour d'Italie en 1627, devient "premier peintre" de Louis XIII et engage la peinture française sur des sentiers originaux, divergeant du baroque italien. Voir en outre le *Louis XIII* et le *Richelieu* de Philippe de Champaigne (1602-1674).

GEO**QUARTIERS**

☆ ☺ **Salles 12 à 19 Nicolas Poussin** S'il fit carrière en Italie, Nicolas Poussin (1594-1665) réalisa quelques commandes en France, où il devint le parangon du classicisme. Une célèbre bataille opposera au XVIIe siècle les partisans de Poussin (primat du dessin) à ceux de Rubens (primat de la couleur). Ses compositions empreintes d'une perfection antique, mêlant le narratif à la rêverie, le vaste registre d'émotions mises en scène par ses personnages en feront une source d'inspiration célébrée par David, Ingres, Delacroix ou Cézanne… La salle 12 abrite le plus beau Poussin du musée, *L'Inspiration du poète*, mais d'autres chefs-d'œuvre sont rassemblés en salle 14 : de splendides scènes mythologiques et religieuses comme *Les Bergers d'Arcadie*, le *Ravissement de saint Paul* ou l'*Enlèvement des Sabines* ; le *Portrait de l'artiste*, autoportrait au regard grave et noble. La salle 16 rassemble ses *Quatre Saisons* commandées par Richelieu en 1660. Un ensemble somptueux, évocateur et d'une extrême pureté, où chacune des saisons est traitée à travers un récit de l'Ancien Testament, et mise en correspondance avec un âge de la vie et une heure du jour. Claude Gellée, dit le Lorrain, maître du paysage classique, est à l'honneur salle 15.

Salles 19 à 27 Découvrez, dans la salle 19, les grands tableaux d'autel du XVIIe siècle, période d'effervescence artistique à Paris grâce aux commandes de la Contre-Réforme : allez voir en particulier les trois œuvres magistrales composées par Poussin lors d'un séjour à Paris en 1641. Sans oublier le chef-d'œuvre d'Eustache Le Sueur (1616-1655), le "Raphaël français" : la *Prédication de saint Paul à Éphèse*. La salle 24 rassemble par ailleurs une exceptionnelle série de 22 tableaux du cycle de la *Vie de saint Bruno*. La salle 25 s'attache au décor de l'hôtel Lambert de l'île Saint-Louis, archétype des demeures parisiennes du XVIIe siècle : œuvres peintes par Le Sueur et Le Brun pour ses cabinets de l'Amour et des Muses. Sur le côté (salles 26 et 27), une collection de tableaux de cabinet, œuvres de petit format aux sujets modestes, très en vogue au XVIIe siècle : Poussin, le Lorrain, Sébastien Bourdon et d'excellentes natures mortes.

☺ **Salle 28 Georges de La Tour** Longtemps oublié, ce peintre remarquable (1593-1652) s'inspire du Caravage. Sa technique sobre mais éblouissante, sa maîtrise absolue de la lumière éclatent dans le célèbre *Saint Thomas à la pique*, la *Madeleine à la veilleuse*, le *Saint Joseph charpentier* et, bien sûr, dans l'incontournable *Tricheur*. Un réalisme humaniste que l'on retrouve dans les œuvres des trois frères Le Nain, autres grandes figures du XVIIe siècle (salle 19).

Salles 31 à 35 Philippe de Champaigne, Charles Le Brun et les peintres de Louis XIV Champaigne et Le Brun, grands maîtres du XVIIe siècle, s'illustrent dans les genres du portrait et de la peinture religieuse. Voir le *Christ mort* de Champaigne, le portrait de *Pierre Séguier* et les quatre immenses toiles épiques de Le Brun consacrées à l'*Histoire d'Alexandre*. La salle 33 abrite des toiles monumentales de Jean Jouvenet, grand spécialiste de la peinture religieuse. Les salles 34 et 35 rassemblent, autour d'un portrait de *Louis XIV* par Rigaud, les peintres favoris du Roi-Soleil : les grands portraitistes Hyacinthe Rigaud et Pierre Mignard, mais aussi Le Brun, dont *L'Adoration des bergers* sera l'ultime chef-d'œuvre.

Salles 36 et 37 Antoine Watteau Influencé par Rubens, Van Dyck et Titien, Watteau (1684-1721) est l'initiateur d'un genre : les "fêtes galantes", rencontres amoureuses dans un cadre bucolique, dont le chef-d'œuvre absolu est le *Pèlerinage* *à l'île de Cythère*. Le peintre est également fasciné par le monde du théâtre, comme en témoigne son *Pierrot*, dit autrefois Gilles, naïf et rêveur. Le *Jugement de Pâris* célèbre la sensualité féminine, tandis que le *Faux Pas* évoque la brutalité du désir masculin.

☺ **Salles 38-39 et 47 Jean Siméon Chardin** Avec 29 œuvres exposées, Jean Siméon Chardin (1699-1779) se taille la part du lion dans la section du XVIIIe siècle. Un honneur mérité pour ce maître incontesté de la nature morte. *La Raie*, inquiétante toile de jeunesse, se manifeste d'un peintre soucieux de révéler la vie intérieure des objets, la vérité d'un reflet, la robe délicate d'un fruit. Une ambition qui touche au génie dans ces chefs-d'œuvre du quotidien que sont *La Fontaine de cuivre*, *La Tabagie*, *Le Gobelet d'argent* ou *Le Panier de pêches*. Il réalise par ailleurs de superbes portraits, tel *L'Enfant au violon*, et des scènes de genre subtiles comme le *Bénédicité*, qui côtoie en salle 40 des œuvres de Subleyras et Boucher.

☺ **Salles 42 à 51** Dans les salles 42 et 44, de superbes pastels de Jean-Baptiste Perronneau et de Maurice Quentin de La Tour : portraits de cour, dont ce chef-d'œuvre, *La Marquise de Pompadour*; voir aussi les deux autoportraits de Chardin âgé. La salle 43 abrite des œuvres religieuses du XVIIIe siècle, dont l'immense et magnifique *Repas chez Simon* de Pierre Subleyras. La salle 46 est dédiée à François Boucher (1703-1770), "premier peintre" de Louis XV. Technique parfaite, couleurs délicates, harmonie des compositions, des qualités mises à profit dans de multiples genres : peinture historique et mythologique, prétexte à une célébration de la femme, comme dans les *Forges de Vulcain*; pastorale, un genre qu'il codifie ; et le paysage, dont il fut l'un des maîtres. La salle 48 évoque les peintres préférés de Diderot, autour d'un portrait du penseur des Lumières par Van Loo : Chardin et Greuze y sont représentés.

Salles 48 et 49 Jean Honoré Fragonard Artiste protéiforme, Jean Honoré Fragonard (1732-1806) aborda avec bonheur une foule de techniques et de genres. La sensualité, l'érotisme de ses œuvres, qui ne se cachent plus derrière des prétextes mythologiques, lui vaudront les foudres des adeptes du néoclassicisme. Le célèbre *Verrou*, chef-d'œuvre des scènes de genre, se distingue par le dynamisme de la composition et l'art de la suggestion : dans l'axe du bras masculin fermant le verrou se trouve la pomme de la tentation… Voir également les petites toiles de la salle 49, notamment *La Chemise enlevée* et les *Baigneuses*, ainsi que les superbes portraits "de fantaisie", dont celui de *Diderot*.

Salle 51 Greuze Paré par l'Académie du statut peu prisé de "peintre de genre", Jean-Baptiste Greuze (1725-1805) éleva ce genre à des sommets insoupçonnés en y insufflant une sensibilité et un réalisme célébrant les vertus morales. Voir *La Cruche cassée*, marquée par l'affliction de la virginité perdue, ou encore les deux pendants que sont *La Malédiction paternelle* et *Le Fils puni*.

☺ **Salles 54 à 73 Du néoclassicisme à Corot** La salle 54 est consacrée à la peinture néoclassique, incarnée par Jacques Louis David (1748-1825) et ses disciples (Antoine Jean Gros, Pierre Narcisse Guérin). Par opposition à la légèreté et à la sensualité de la période précédente, David, qui sera un ardent révolutionnaire puis le chantre de l'Empire, puise dans l'Antiquité une esthétique rigoureuse visant à exalter les vertus morales. Ses œuvres de grand format, les plus célèbres, sont exposées en salle 75, mais on trouve ici un bel ensemble de portraits, dont un *Autoportrait* de 1794. Figure originale sous l'ère néoclassique, Prud'hon peint d'émouvants portraits et des scènes de genre (salle 58), un domaine dont Boilly est l'un des grands représentants (salle 59). Ingres (1780-1867) est reconnu comme un portraitiste inspiré, même s'il préférait la peinture historique. La salle 60 rassemble certains de ses plus beaux portraits, tels *Monsieur Bertin* ou *Charles Cordier*, ainsi que la *Baigneuse Valpinçon* qui annonce les *Odalisques*. Salle 61, on découvre le génie de Géricault (1791-1824), passionné de chevaux (*Le Derby d'Epsom*), portraitiste talentueux (inquiétante *Folle monomane du jeu*), et père du romantisme. Un mouvement dont la figure emblématique est son ami Eugène Delacroix (1798-1863), auquel est consacrée la salle 62. Primat de la couleur et de l'expression, sujets de goût médiéval (*Assassinat de l'évêque de Liège*) ou inspirés de son voyage au Maghreb (*Noce juive dans le Maroc*), portraits enfiévrés (*Chopin*). Les salles 64 et 65 rassemblent des paysages de l'école de Barbizon: Théodore Rousseau, Troyon en sont les chefs de file. Maître par excellence du paysage, qu'il fait entrer dans la modernité, précurseur des impressionnistes, Camille Corot (1796-1875) est très bien représenté dans les salles suivantes, dédiées à de grandes donations. Ne manquez pas ses paysages d'Italie, ses portraits et autres scènes de genre (salles 68 à 70). Parmi ses vues d'Île-de-France, *Souvenir de Mortefontaine* se signale par une absolue maîtrise du reflet (salle 73). Voir également de Delacroix les superbes études de *Lions* (salle 72), la *Nature morte aux homards*, la magnifique *Jeune orpheline* et une *Odalisque* (salle 71).

☆ ☺ Peintures françaises, grands formats

L'un des clous d'une visite au Louvre, ces trois gigantesques salles rassemblent des chefs-d'œuvre monumentaux allant de la fin du XVIIIe siècle au romantisme. La salle Daru (salle 75) est consacrée au néoclassicisme: inspiration des formes grecques antiques, exaltation des vertus morales, austérité sont de rigueur dans ce style imposé par David. Ses grandes œuvres sont présentées ici: *Le Serment des Horaces* de 1784, manifeste du genre, l'immense *Sacre de Napoléon Ier*, hymne à la gloire de l'Empire, le fameux *Portrait de Mme Récamier*. Au fond, la sublime *Grande Odalisque* d'Ingres, ode à la beauté féminine. Du même peintre, on appréciera le hiératique *Homère déifié* et les beaux portraits de la famille Rivière. Jean Auguste Dominique Ingres est également à l'honneur dans l'imposante salle Denon (salle 76): l'académique *Jeanne d'Arc*, de 1854, y côtoie l'*Énée racontant à Didon les malheurs de Troie* (1815) de Pierre Narcisse Guérin. La salle 77, consacrée au romantisme, est l'une des plus passionnantes du Louvre. On peut y admirer *Le Radeau de la Méduse* de Théodore Géricault, l'œuvre colossale qui, inspirée du naufrage de la frégate la *Méduse* en 1816, fit tant scandale. Une composition géométrique, complexe et dynamique, fondée sur le réalisme absolu des corps et la gradation des émotions, de la détresse du père pleurant son fils défunt en bas à gauche au fol espoir des personnages apercevant un bateau, en haut à droite. Voir également le superbe *Officier de chasseurs à cheval* du même Géricault, ainsi que les deux tableaux monumentaux consacrés par Gros aux campagnes napoléoniennes. Mais la grande vedette de cette salle est Eugène Delacroix, incarnation du romantisme à la française. Sur le mur de droite, les célèbres toiles inspirées d'un voyage en Orient: la *Mort de Sardanapale*, composition grandiose, ode à la volupté; les *Femmes d'Alger*. Plus loin, la *Prise de Constantinople*, sombre et désespérée. En face, tout aussi noir, le *Naufrage de Don Juan* côtoie la très populaire *Liberté guidant le peuple*. **Denon** 1er étage, salles 75 à 77

Peintures italiennes

Désormais installée dans la Grande Galerie et les salles attenantes, la superbe collection italienne est l'un des moments forts du Louvre, surtout pour les XIVe, XVe et XVIe siècles. Vedette incontestée, *La Joconde*, acquise par François Ier, a élu domicile depuis avril 2005 dans la vaste salle des États, où elle fait face aux *Noces de Cana*… Plusieurs visites thématiques, comme "La Vierge à l'Enfant dans la peinture italienne", permettent d'appréhender ces collections autrement. Par ailleurs, le parcours de visite "Il était une fois Noël" réunit parents et enfants autour d'une sélection de pièces exposées pour la plupart dans cette section. **Denon** *1er étage, salles 1-25 À droite dans l'escalier devant* La Victoire de Samothrace

Salles 1 et 2 Percier et Fontaine Aménagées de 1809 à 1812, ces deux salles ont gardé leur décor originel. Elles accueillent des fresques florentines du XVe siècle : deux œuvres émouvantes de Botticelli (vers 1445-1510) découvertes dans la villa Lemni, ainsi que l'imposant *Calvaire avec saint Dominique* de Fra Angelico (v. 1400-1455).

☺ Salles 3 à 8 Primitifs italiens et XVe siècle Le superbe salon Carré, édifié par Le Vau en 1661, accueillit dès 1737 les expositions de l'Académie. Jusqu'à la Première Guerre mondiale y étaient réunies les "plus belles œuvres de tous les temps, de tous les pays". Transformé en chapelle pour le second mariage de Napoléon en 1810, il rassemble aujourd'hui les chefs-d'œuvre florentins du XIIIe au XVe siècle. À gauche en entrant, on tombe en extase devant la *Maestà* de Cimabue (v. 1240-apr. 1302), œuvre qui échappe au statisme byzantin par le traitement sensible des chairs et l'animation "gothique". Ami de Dante, Cimabue est le grand rénovateur de la peinture italienne de l'époque, avec Duccio et Giotto (vers 1265-1337), dont le *Saint François d'Assise recevant les stigmates*, œuvre majeure, est exposé ici. *La Bataille de San Romano*, du Florentin Paolo Uccello (1397-1475), se distingue par la géométrie complexe de sa composition. Voir également la touchante *Vierge à l'Enfant* de Botticelli et le *Couronnement de la Vierge* de Fra Angelico, dont la profondeur de champ annonce l'art de la perspective du siècle à venir.

☆ ☺ Grande Galerie Construite de 1595 à 1610 pour relier le Louvre aux Tuileries, dans le cadre du Grand Dessein, puis réaménagée dans sa longueur par Hector Lefuel sous Napoléon III, elle est, comme le salon Carré, à l'origine du musée : c'est ici que s'installa le Muséum central des Arts. Sur la droite débute la salle 4, consacrée à Sienne et à l'Italie du Nord : *Portrait de Sigismondo Malatesta* de Piero della Francesca (v. 1422-1492), figure majeure du quattrocento ; la *Vierge et l'Enfant* de Sassetta (v. 1392-1450), encore redevable à l'imaginaire du gothique ; des œuvres de Raphaël, Pisanello, du Pérugin. De retour dans la Grande Galerie, on découvre les merveilles de la peinture toscane et du nord de l'Italie des XVe-XVIe siècles. Sur la gauche, Andrea Mantegna (1431-1506) s'illustre dans *La Crucifixion* par le brio de la composition, la majesté de formes d'inspiration antique et la maîtrise de la perspective, qualités que l'on retrouve dans son poignant *Saint Sébastien*. En face, le Florentin Ghirlandaio (1449-1494) propose ses compositions sobres, marquées par une perspective parfaite et empreintes d'humanité, dont la splendide *Visitation* et le touchant *Portrait d'un vieillard et d'un enfant*. Plus loin, sur la gauche, Antonello de Messine (connu de 1457 à 1479) offre au spectateur son art du portrait : déchirant *Christ à la colonne*, *Condottiere* au regard fier.

☆ ☺ **Léonard de Vinci et la salle de "La Joconde"** À quelques mètres de là, toujours du côté gauche de la galerie, un perpétuel attroupement attire le regard. Symbole absolu du génie qui marqua l'apogée du quattrocento florentin et figure majeure de la Renaissance (humaniste par excellence, il s'illustra aussi bien comme peintre que comme sculpteur, architecte, savant, etc.), Léonard de Vinci (1452-1519) draine à lui seul chaque année des millions de visiteurs désireux d'admirer le plus riche ensemble au monde de ses tableaux (certains, il est vrai, s'y rendent dans le but de déchiffrer de visu le fameux "code"). Quatre chefs-d'œuvre permettent de se familiariser avec la simplicité de ses compositions (d'une rigueur mathématique), l'intensité et la diversité des expressions, le naturalisme recherché, la transparence de la matière apposée par touches délicates et… le fameux *sfumato* (modelé vaporeux atténuant les contours). *La Vierge aux rochers* est une scène d'une douceur infinie intégrée dans un arrière-plan à l'étonnante géométrie. *La Vierge, l'Enfant Jésus et sainte Anne*, tendre et féerique, inspira à Freud une célèbre réflexion : l'habit de la Vierge, dessinant la forme d'un vautour, serait la représentation inconsciente des excès castrateurs de l'amour maternel… *Saint Jean Baptiste* est le portrait ambigu d'un être androgyne, troublant, touché par la grâce. Ce serait le dernier tableau de Léonard. Mais il est temps d'aller saluer LA star : *La Joconde*, qui trône seule sur le mur central de la salle des États (salle 6). Le portrait de Monna Lisa, épouse du Florentin Francesco del Giocondo, ne fut jamais livré : cette œuvre inachevée, dont Léonard refusa toujours de se séparer, est le travail de toute une vie. Difficile de voir de près son énigmatique sourire, la délicate carnation de son visage, la splendeur du drapé de son vêtement, le mystérieux décor en arrière-plan : la foule est toujours dense au pied de la vitre blindée. Sur le mur opposé, une immense toile de Véronèse (1528-1588), qui connut à Venise une carrière foudroyante : *Les Noces de Cana*. Une folle composition de 10m de large, riche de 130 personnages gardant chacun sa personnalité, son expression propre, avec des couleurs éclatantes et une perspective fascinante organisée en symétrie autour de l'axe vertical du corps de Jésus. Sur le mur de gauche, d'autres toiles de Véronèse et de son maître Titien (vers 1488-1576). Ce dernier est superbement représenté au fond de la salle : scènes religieuses dont le magnifique *Saint Jérôme pénitent*, la déchirante *Mise au tombeau* ou encore *Le Christ couronné d'épines*, puissant chef-d'œuvre ; portraits magistraux tels *L'Homme au gant*, d'une délicatesse inouïe, ou *La Femme au miroir*, envoûtante. À ne pas manquer, la *Suzanne au bain* du Tintoret (1518-1594). ***Denon*** *1er étage, salle 6*

☺ **Suite de la Grande Galerie Raphaël, le Caravage et les autres** Autre grand nom de la Renaissance, Raphaël (1483-1520) entama sa carrière à Florence avant de travailler pour les papes à Rome. *La Belle Jardinière*, œuvre de jeunesse, est une madone d'une douceur divine. Le *Saint Michel* fut offert à François Ier. Les portraits de Raphaël ont fait sa renommée, tel l'émouvant *Autoportrait avec un ami* ou celui de *Baldassare Castiglione*, au regard pénétrant. En continuant, sur la droite, on découvre la grâce des compositions du Corrège et les étranges *Quatre Saisons* de Giuseppe Arcimboldo (1527-1593), célèbres portraits composés d'objets, de fleurs et de fruits. Plus loin sur la gauche, un autre grand maître italien, qui commença sa carrière à Rome à la fin du XVIe siècle : le Caravage (v. 1571-1610). Un peintre révolutionnaire dont le clair-obscur fascinant et l'humanité sans fard donnèrent naissance, dans toute l'Europe, au caravagisme. Soucieux de rendre le réel dans toute sa vérité, il appliqua ses préceptes à des scènes quotidiennes comme dans *La Diseuse de bonne aventure*, mais aussi à des sujets religieux, telle la poignante *Mort de la Vierge*. On admirera aussi les grandes toiles d'Annibal Carrache et du Guerchin, les œuvres religieuses et mythologiques de Guido Reni.

Salles 13 à 25 Les XVIIᵉ et XIXᵉ siècles La Grande Galerie débouche sur une enfilade de salles qui viennent clore le parcours chronologique. Répartie par grandes régions géographiques (Rome et le nord de l'Italie, Venise, Naples…) et par thèmes (paysage, nature morte), la collection est assez représentative d'une période qui, sans avoir l'éclat universel des précédentes, n'en compte pas moins une pléiade de talents. À voir, les œuvres de Pierre de Cortone (salles 13 et 14), Luca Giordano (salles 13 et 16), Giuseppe Maria Crespi (salle 19), des Vénitiens Canaletto et Francesco Guardi (salle 23), des Tiepolo (salle 25).

☺ Peintures espagnoles

La collection de peintures espagnoles du Louvre est assez restreinte, mais d'une qualité hors du commun. Le Siècle d'or espagnol (salle 26) est particulièrement à l'honneur, notamment grâce aux chefs-d'œuvre du Sévillan Bartolomé Esteban Murillo (1618-1682). Le célèbre *Jeune Mendiant*, acquis en 1782, illustre à merveille son réalisme empreint d'humanité, un trait que l'on retrouve dans les scènes religieuses du peintre, comme l'*Apparition de la Vierge* et l'étonnante *Cuisine des anges*. Plus sombres, Francisco de Zurbarán (1598-1664) et surtout Jusepe de Ribera (1591-1652) sont tout aussi talentueux : le *Saint Paul ermite* de Ribera est une composition sublime, d'une noirceur incommensurable. Son mystérieux *Pied bot*, en fait un hémiplégique, est un authentique chef-d'œuvre de l'art du portrait. *Le Christ en croix* du Greco (1541-1614) frappe par sa composition inquiétante, dont les couleurs étranges et les formes stylisées sont d'une absolue modernité. Le génie de Goya (1746-1828) illumine la salle 32 : morbide *Nature morte à la tête de mouton*, portraits de grands d'Espagne telle *La Marquise de Santa Cruz*, célèbre *Femme à l'éventail* au regard troublant. La salle 30 mêle de petits formats de Murillo et des œuvres de l'atelier de Diego Velázquez (1599-1660), dont *L'Infante Marie-Marguerite*. Dans la salle 29, un portrait du Greco et deux toiles d'Alonso Cano. Le gothique espagnol du XVᵉ siècle est représenté par le Catalan Jaime Huguet (salle 28) et le Valencien Bernat Martorell (salle 27), grands maîtres de l'époque. **Denon** *1ᵉʳ étage, salles 26 à 30 Accès dans le prolongement des peintures italiennes ou par la porte des Lions*

Écoles du Nord

Toutes ces collections (peintures germaniques, flamandes, hollandaises, belges, russes, suisses et scandinaves) sont exposées dans l'aile Richelieu, au 2ᵉ étage (Escalator Richelieu, puis à gauche dans la salle 3 des peintures françaises).

☺ Salles 4 et 5 Primitifs flamands du XVᵉ siècle Les primitifs flamands se distinguent par la finesse des compositions, l'art du détail (décor, habits), l'austérité empreinte d'humanité des visages. La salle 4 abrite les trois chefs-d'œuvre que sont *La Vierge du chancelier Rolin* de Van Eyck, le *Triptyque de la*

famille *Braque* de Rogier Van der Weyden, organisé autour d'un Christ rédempteur hiératique et envoûtant, et la *Déploration du Christ* de Dirck Bouts. À ne pas manquer, l'émouvant *Portrait d'une femme âgée* de Memling, le *Triptyque de la famille Sedano* de Gerard David et l'inquiétante *Nef des fous* de Hieronymus Bosch.

☺ **Salles 7-8 et cabinets Allemagne, XVᵉ-XVIᵉ siècle** Au centre de la salle 7, quatre épisodes de l'*Histoire de David* par Beham forment le plateau d'une table. La superbe *Pietà* du Maître de Saint-Germain-des-Prés (début XVIᵉ siècle) offre en arrière-plan une belle vue sur le Louvre médiéval. Les deux cabinets de la salle 8 rassemblent certains des plus grands chefs-d'œuvre du département : le *Portrait de l'artiste* d'Albrecht Dürer (1471-1528) est un autoportrait du peintre en troublant jeune homme aux cheveux longs, à l'indifférence souveraine, avec à la main un chardon, symbole de fidélité. La *Vénus debout dans un paysage* et *L'Âge d'argent* illustrent la maîtrise du portrait et l'art paysagiste du grand Lucas Cranach. On admirera, aussi, le célèbre *Portrait d'Érasme* peint par Hans Holbein le Jeune en 1523.

Salles 9 à 15 Pays-Bas et Flandres au XVIᵉ siècle Quentin Metsys (salle 9) est bien représenté, avec son allégorique *Peseur d'or et sa femme* : le miroir central est un morceau de bravoure. Voir également sa *Vierge à l'Enfant*, où transparaît toute la beauté de la relation filiale et un fascinant portrait : le *Nain du cardinal de Granvelle* de Moro (salle 9). Salle 10, les célèbres *Mendiants* de Bruegel le Vieux, parabole dont le sens reste mystérieux. La salle 13 expose les maniéristes du XVIᵉ siècle : foisonnement des paysages, comme dans la célèbre *Tour de Babel* de Marten Van Valckenborch ; maîtrise de la couleur et des lumières comme dans l'immense *Adoration des bergers* d'Abraham Bloemaert ou le *Baptême du Christ* de Cornelisz Van Haarlem ; magnificence des détails dans le *Persée secourant Andromède* de Joachim Wtewael. Dans le cabinet 2 de la salle 14, ne manquez pas les minuscules toiles de Bruegel de Velours, dont la minutie du rendu est époustouflante. *La Bataille d'Issus* est l'un de ses chefs-d'œuvre, d'une complexité étourdissante. Salle 15, deux autres tableaux illustrant son génie de la représentation du végétal et de la lumière : *L'Air* et *La Terre*.

☆ ☺ **Salles 15 à 18 et 21 à 22 Rubens** On découvre dans les salles 15 et 16 les débuts de Petrus Paulus Rubens (1577-1640) ; la salle 17 présente quatre des plus belles toiles du grand maître de la couleur et de la carnation, dont l'*Adoration des Mages*. La galerie Médicis (salle 18) a été aménagée par Pei lors du remaniement de l'aile Richelieu pour accueillir 24 toiles monumentales : commandées en 1622 par Marie de Médicis pour décorer une galerie du palais de Luxembourg, elles illustrent la vie de la veuve d'Henri IV. Puisant dans la mythologie une inspiration riche en couleurs, elles mêlent avec bonheur l'épique au narratif. L'incomparable génie de Rubens ne s'exprime jamais mieux que dans les détails de ces grandes compositions, telles les voluptueuses naïades en avant-plan de l'*Arrivée de Marie de Médicis à Marseille*. Un génie aux multiples facettes, comme l'atteste la salle 21 : natures mortes, paysages, scènes de la vie quotidienne, telle l'exubérante *Kermesse*. Ou encore ce portrait de la seconde épouse de l'artiste, *Hélène Fourment au carrosse*. La salle 22 possède des esquisses et études de Rubens, dont le *Sacrifice d'Isaac*.

Salles 23 à 30 Flandres et Pays-Bas au XVIIᵉ siècle Toute la truculence flamande est condensée dans le facétieux *Fumeur* de Joos Van Craesbeck, côtoyant la belle *Tentation de saint Antoine* de David Teniers. Le grand Antoon Van Dyck (1599-1641) est à l'honneur dans la salle 24. Le *Portrait de Charles Ier d'Angleterre* est le meilleur exemple de l'étendue de son talent : portrait subtilement mélancolique, maîtrise de l'art animalier, délicatesse du paysage. Voir également le *Portrait équestre de don Francisco de Moncada* et le magistral *Saint Sébastien secouru par les anges*, ainsi que des toiles de Jacob Jordaens et une belle nature morte de Jan Davidsz De Heem. La salle 28 rappelle l'influence du Caravage en Hollande au début du XVIIe siècle, avec des œuvres enjouées et sensuelles de Gerrit Van Honthorst et Frans Hals, dont le *Bouffon au luth* et la *Bohémienne*.

☺ **Salle 31 Rembrandt** Figure de proue de la peinture hollandaise, Rembrandt Harmensz Van Rijn (1606-1669) est le maître incontesté des ombres et des bruns subtils et chaleureux. Plusieurs de ses chefs-d'œuvre sont accrochés ici : le *Philosophe en méditation*, d'une précision diabolique bien que minuscule ; l'*Autoportrait au chevalet* de 1660, œuvre minimaliste et désespérée qu'acheta Louis XIV ; la sensuelle *Bethsabée au bain*, ode aux émois féminins, ou encore *Le Bœuf écorché*, remarquable travail sur la matière, d'un réalisme atroce !

☺ **Salles 33-38 Hollande, fin du XVIIe siècle** La salle 33 permet d'apprécier le talent d'Adriaen Van Ostade, maître des scènes de la vie quotidienne, avec notamment le magistral *Portrait de famille*. On pourra voir une série de portraits de Gerard Dou, fort prisé à l'époque, et une splendide nature morte d'Abraham Mignon : *Bouquet de fleurs*. Les admirateurs du génie de Johannes Vermeer (salle 38) seront captivés par la perfection du détail, la maestria quasi divine dans le rendu de la lumière et des ombres, le réalisme absolu mis au service de la rigueur morale, autant de caractéristiques qui ont fait la renommée de *La Dentellière* et de *L'Astronome*.

Salles A-F Écoles du Nord, XVIIIe-XIXe siècle Cette modeste section permet notamment de découvrir des romantiques belges ou allemands de la stature de Friedrich, mais aussi des artistes russes ou scandinaves : magnifiques *Paysages* du Danemark et de la Norvège par Peder Balke (1804-1887), insolite *Nu assis* du danois Christoffer Wilhelm Eckersberg (1783-1853).

Peintures britanniques

Il faudra s'armer de patience avant de pouvoir découvrir la salle exacte qui abrite cette collection restreinte mais exceptionnelle par sa qualité, composée des plus grands noms des XVIIIe et XIXe siècles : les maîtres du paysage, Constable et Turner, lequel préfigure le XXe siècle ; portraits de Gainsborough (1727-1788), avec sa troublante *Lady Alston*, et de Lawrence (1769-1830), dont un superbe *Charles William Bell*. Pour l'heure, vous pouvez voir ces toiles dans la salle 74, mais celle-ci cédera son espace au printemps 2008 à des expositions temporaires de la Grèce préclassique de l'Entresol, qui aura fermé pour travaux. *Sully 1er étage, salle 74 Se renseigner sur l'emplacement des peintures anglaises à partir de mars 2008*

Collections particulières

Ces trois salles accueillent d'extraordinaires collections particulières de peintures européennes. La donation Carlos de Beistegui (salle A) rassemble ainsi des toiles d'Ingres, Fragonard, Van Dyck, Rubens, la célèbre esquisse du général Bonaparte de David, ou encore l'un des plus beaux portraits de Goya : *La Marquise de la Solana*. Le legs de la princesse de Croÿ (salle B) se compose de tableaux hollandais du XVIIe siècle. Dans la donation Lyon (salle C), on peut admirer des toiles de Canaletto, Giandomenico Tiepolo, Degas, Monet, Cézanne, Sisley, Renoir, Toulouse-Lautrec... *Sully*, *2e étage, salles A à C*

☆ Découvrir les Sculptures Richelieu, Denon

☆ **À ne pas manquer** La verrière de la cour Marly et ses "Coureurs", le lion dévorant le *Milon de Crotone* de Puget et l'intensité dramatique du *Tombeau de Philippe Pot* (sculpture française) ; les *Esclaves* de Michel-Ange et la *Psyché ranimée par le baiser de l'Amour* de Canova (sculpture italienne) **Et si vous avez le temps...** Allez vous promener parmi les sculptures du jardin des Tuileries pour prolonger, en plein air, l'histoire de la statuaire du XVIIe siècle à aujourd'hui

Le département a formidablement profité du réaménagement du Louvre qui, depuis 2005, se double d'une section "à ciel ouvert" (cf. Palais-Royal et Opéra, Découvrir les Tuileries). Mention spéciale pour la sculpture française !

Sculptures françaises

La collection de sculptures françaises est incontournable, par sa richesse sans équivalent bien sûr, mais aussi parce que la "nouvelle" aile Richelieu lui offre un superbe écrin. Les cours couvertes Marly et Puget accueillent ainsi la grande sculpture d'extérieur des XVIIe-XIXe siècles, le reste des salles s'organisant selon un circuit chronologique idéalement documenté. *Accès par la cour Marly, à l'entresol de l'aile Richelieu, tout droit après le contrôle des billets*

☆ ☺ **Cour Marly Les XVIIe et XVIIIe siècles** Dessinée par Visconti puis Lefuel, la cour Marly a été magnifiquement remaniée sur plusieurs niveaux et dotée d'une superbe verrière par Pei et Macary, pour accueillir les sculptures monumentales du parc du château de Marly. La résidence champêtre de Louis XIV, conçue par Hardouin-Mansart à la fin du XVIIe siècle, rassemblait en effet une somptueuse statuaire en marbre. Des œuvres d'Antoine Coysevox et de ses neveux Nicolas et Guillaume Ier Coustou, qui illustrent à merveille le classicisme français. Au premier plan, on découvre ainsi les deux *Chevaux de Marly* tenus par des palefreniers, célèbres groupes rocaille (expression spécifiquement française du baroque) de Guillaume Coustou. Ils furent achevés en 1745 pour remplacer les groupes équestres d'Antoine Coysevox, déplacés aux Tuileries, et que l'on retrouve en arrière-plan : *La Renommée montée sur Pégase* et *Mercure chevauchant Pégase*. Ces véritables prouesses techniques réalisées dans un seul bloc de marbre dominent un groupe de statues exécutées par le même artiste : *Neptune*, *La Seine et la Marne* et *Amphitrite*. Toutes ces œuvres furent commandées à l'origine pour décorer l'abreuvoir de Marly. À noter, également, *Daphné poursuivie par Apollon* de Guillaume Coustou, *Berger et satyreau* de Coysevox, la *Flore* de Frémin. **Richelieu** Entresol

Moyen Âge Le splendide circuit chronologique débute en haut à gauche de la cour Marly. Il suit l'évolution de la sculpture française à travers ses plus belles œuvres. Les salles 1 et 2 sont consacrées au haut Moyen Âge et à la naissance de l'art roman, du VIe au XIIe siècle : décor végétal de la *Porte d'Estagel* (XIIe s.), chapiteaux finement ciselés, émouvant *Christ détaché de la Croix*, chef-d'œuvre roman. Dans la salle 3, on assiste aux changements qui, au milieu du XIIe siècle et en particulier à Saint-Denis, préfigurent l'avènement du gothique. Voir notamment le magnifique retable de l'église de Carrières-sur-Seine et un sublime groupe sculpté, *La Vierge et saint Jean au Calvaire*. Le XIIIe siècle gothique (salle 4) marque le passage à un plus grand naturalisme, et les visages se parent d'expressions sereines et puissantes, comme dans le cas du *Roi Childebert*, statue en calcaire peint, ou du relief ciselé de *L'Évangéliste saint Matthieu écrivant sous la dictée de l'ange*, ou dans la *Vierge d'Abbeville*. Autres beaux exemples d'expressivité gothique, les personnages taillés dans le marbre du *Retable de Maubuisson* (salle 5), les *Vierges* du XIVe siècle présentées salle 6. Une période d'épidémies et de guerres donne lieu à un réalisme macabre, dont témoignent les gisants gothiques de la salle 7, comme celui de Guillaume de Chanac. La fin du XIVe siècle voit également renaître l'art du portrait, notamment sous la main de Jean de Liège (salle 9), auteur de chefs-d'œuvre intemporels comme un portrait réaliste de *Charles V*. La salle 10 abrite le *Tombeau de Philippe Pot*, imposant et lugubre monument funéraire gothique en pierre polychrome réalisé de 1477 à 1483 pour l'abbaye de Cîteaux. Le défunt gît en armes, porté par huit pénitents vêtus de noir qui arborent les blasons attestant de ses huit quartiers de noblesse. Salle 12, le relief en marbre *Saint Georges combattant le dragon* de Michel Colombe préfigure déjà la Renaissance. À voir aussi, un *Saint Jean au Calvaire* d'une pureté inouïe. *Richelieu Rdc, salles 1 à 12*

Renaissance Le XVIe siècle, sous l'impulsion de François Ier, marque l'avènement de la Renaissance française, influencée par l'Italie : idéalisation des traits, monumentalité, référence à l'Antiquité. Les deux figures majeures du XVIe siècle sont Jean Goujon et Germain Pilon. Sont présentées ici leurs plus belles œuvres : reliefs délicats d'une étonnante modernité de Goujon (salle 14) ; *Les Trois Grâces* réalisées par Pilon (salle 15a) pour le monument du cœur d'Henri II (dont l'urne avait été commandée par Catherine de Médicis) ainsi qu'un superbe relief en bronze, *La Déploration du Christ* et une touchante *Vierge de douleur*. Les salles 15b, 16 et 17 mettent en avant d'autres artistes de la Renaissance : Barthélemy Prieur, Pierre Franqueville, Matthieu Jacquet, Pierre Bontemps ou encore Ligier Richier. *Richelieu Rdc, salles 13 à 17*

XVIIe siècle Outre les chefs-d'œuvre de Coysevox de la cour Marly, la sculpture classique du XVIIe siècle prend place dans les salles 18a et 18b : œuvres de Jacques Sarrazin et des frères Anguier. Mêlant les influences du baroque italien à la sobriété antique, elles préfigurent la sculpture classique française de la cour Marly. La salle 20, sous les arcades menant à la cour Puget, expose des œuvres des frères Coustou, de Coysevox, dont de magnifiques portraits de Louis XIV et du Grand Condé, ainsi qu'*Alexandre et Diogène*, superbe relief monumental en marbre de Pierre Puget (1620-1694). Figure majeure du baroque français, ce dernier donne son nom à la cour voisine. *Richelieu Rdc, salles 18 à 20 et cour Marly, entresol*

☺ **Cour Puget** Du XVIIe au XIXe siècle Les deux vases en marbre encadrant l'entrée de la cour sont de François Girardon, autre grand nom du classicisme à la française. Le niveau bas s'organise autour des bronzes réalisés par Desjardins pour la place des Victoires (cf. Palais-Royal et Opéra, Découvrir le quartier du Palais-Royal), conçue pour célébrer les campagnes victorieuses de Louis XIV s'achevant par la paix de Nimègue (1679). Le niveau intermédiaire met à l'honneur les principaux représentants de la transition XVIIe-XVIIIe siècle, dont les frères Coustou, Coysevox, Lemoyne et Legros. Et, bien sûr, le baroquissime Pierre Puget. À ne pas manquer, trois chefs-d'œuvre qui permettent de comprendre pourquoi on le compare souvent à Michel-Ange pour la tension maîtrisée de ses compositions : l'immense groupe *Persée délivrant Andromède*, l'*Hercule gaulois* et surtout *Milon de Crotone*. Admiré à Versailles, ce morceau allégorique sur l'impuissance de la vieillesse et la vanité de l'orgueil est une œuvre majeure dans l'histoire de l'art français. Vers l'arrière, on passe au XVIIIe siècle, avec deux beaux marbres allégoriques de Jean-Baptiste Pigalle, *Madame de Pompadour en Amitié* et *L'Amour embrassant l'Amitié*, ainsi que d'immenses reliefs de Clodion. Au niveau supérieur, on retrouve Pigalle, auteur du bronze *Mercure attachant ses talonnières*, remarquable de légèreté, qu'accompagne le *Faune endormi* d'Edme Bouchardon. Puis on découvre les maîtres du XIXe siècle. Néoclassiques, d'abord, les adeptes des lignes épurées et de la mesure antique, tels François Joseph Bosio avec *Hercule combattant Achéloüs* ou Jean-Pierre Cortot mettant en scène *Le Soldat de Marathon*. Romantiques, ensuite, dès 1831, tels Jehan Duseigneur, auteur d'un *Roland furieux* semblant prêt à rompre ses liens de bronze, et le grand sculpteur animalier Antoine Louis Barye, qui donne avec le *Lion au serpent* toute la mesure de son talent. ***Richelieu** Entresol*

XVIIIe siècle Du niveau supérieur de la cour Puget, on accède de nouveau au circuit chronologique, qui reprend au XVIIIe siècle. La salle 21 évoque l'art funéraire, avec d'intéressants projets et esquisses de Bouchardon, Pigalle, et le somptueux *Mausolée du cœur du comte d'Ennery* de Jean Antoine Houdon. La salle 22 illustre un certain retour à une sobriété tout antique, avec *Andromède*, magnifique statuette en bronze signée Robert Le Lorrain. Bouchardon triomphe salle 23 avec son splendide *Amour faisant un arc dans la massue d'Hercule*, subtil mélange de perfection antique et de réalisme. Pigalle (salle 24), lui, est bien un homme des Lumières avec son intérêt pour l'étude minutieuse de la matière, du corps, comme en témoignent son buste de *Diderot* et son *Autoportrait*, tous deux réalisés en 1777. Au fond, la galerie de l'Académie (salle 25), abritant une sélection des œuvres réalisées pour l'admission à l'Académie, permet de mieux appréhender l'évolution de la sculpture au XVIIIe siècle. La sensualité désespérée de la *Psyché abandonnée* d'Augustin Pajou, dont la nudité fit scandale, contraste avec la noblesse inspirée de son *Pierre Corneille*. Houdon (salle 27) est le maître incontesté du portrait, comme le prouvent ses bustes criants d'humanité, représentant ses propres enfants mais aussi les grands de ce monde : Diderot, Benjamin Franklin... Dans l'allée centrale, près de la salle 24, se trouve sa *Diane chasseresse*, bronze élancé à la grâce céleste. Au XVIIIe siècle, la sculpture joue un rôle essentiel dans la décoration des intérieurs : à ne pas manquer les reliefs monumentaux de Clodion (salle 30) conçus pour la salle de bains d'un hôtel particulier, dont une *Vénus et les nymphes* d'une extrême sensualité. ***Richelieu** Rdc, salles 21 à 30*

Première moitié du XIXe siècle Au début du XIXe siècle et sous la Restauration, le néoclassique reste très en vogue. Destinée à coiffer la colonne Vendôme, *La Paix* d'Antoine Denis Chaudet (salle 31), maître apprécié de Napoléon, a utilisé l'argent des anges qui ornaient les monuments des cœurs de Louis XIII et Louis XIV! Le romantisme compte dans ses rangs James Pradier (salle 32): son *Satyre et bacchante*, exaltant sans retenue les effusions amoureuses, représenterait l'artiste lui-même enlaçant sa maîtresse Juliette Drouet. La salle 33 célèbre le génie de Barye avec des statuettes animalières, des scènes de chasse et des épisodes mythologiques envoûtants: l'*Éléphant monté par un Indien* et *Thésée combattant le Minotaure* sont parmi les plus remarquables. *Richelieu Rdc, salles 31 à 33*

Sculptures italiennes

Galerie Donatello Du VIᵉ au XVᵉ siècle La visite débute par une rencontre avec *L'Impératrice Ariane*, sculpture en marbre du VIᵉ siècle où l'influence byzantine est encore très marquée. Le roman et le gothique italiens restent fort imprégnés des canons antiques. À voir absolument, la sublime *Descente de croix*, groupe sculpté du XIIIᵉ siècle, le surprenant *Saint Ansanus*. Mais la période la plus riche reste sans conteste la première Renaissance. Avec des artistes tels que Jacopo della Quercia, dont la *Vierge à l'Enfant* est une merveille du genre; Mino da Fiesole avec un buste en marbre de Dietisalvi Neroni criant de vérité; et surtout Donatello, dont la *Vierge à l'Enfant* en terre cuite polychrome est un joyau absolu. À voir également, le buste en bois polychrome d'une inconnue, la *"Belle Florentine"*, réalisé à Florence à la fin du XVᵉ siècle et emblématique du quattrocento. Au fond, une petite salle consacrée aux Della Robbia, artistes qui inventent au XVᵉ siècle la technique de la terre cuite émaillée. Blottie au pied de l'escalier, la salle 3 rassemble une minuscule collection de sculptures espagnoles, peu mise en valeur. *Denon Entresol, juste à droite après le contrôle des billets*

☺ Galerie Michel-Ange Du XVIᵉ au XIXᵉ siècle La galerie s'ouvre par l'extraordinaire portail du palais Stanga, de Crémone, dont le marbre ciselé illustre les travaux d'Hercule, fondateur légendaire de la ville. Derrière vous, dominant le palier intermédiaire, la *Nymphe de Fontainebleau* est un immense relief en bronze du Florentin Benvenuto Cellini, invité à la cour de François Iᵉʳ. *Les Esclaves* de Michel-Ange (1475-1564) comptent parmi les insignes chefs-d'œuvre du musée. Peintre, sculpteur, architecte et poète, Michelangelo Buonarroti (1475-1564) domine de tout son génie le XVIᵉ siècle romain et florentin. Les deux sculptures présentées ici furent conçues pour le tombeau du pape Jules II, avant d'être finalement abandonnées. Elles ne sont d'ailleurs pas totalement dégagées de leurs blocs de marbre. On y retrouve l'extraordinaire tension habitant le style de Michel-Ange, et sa force expressive: *L'Esclave rebelle* s'exténue à défaire ses liens, tandis que *L'Esclave endormi* ferme les yeux dans une attitude de soumission, ou d'extase. Jean Bologne (1529-1608) est une valeur sûre du maniérisme italien, de même que son élève Adrian de Vries (1545-1626). Du premier, on admirera le *Mercure volant*, merveille de légèreté et de dynamisme; du second, le bronze *Mercure enlevant Psyché*. Le Bernin (1598-1680) incarne le baroque italien: son buste de *Richelieu* l'atteste, à travers la noblesse de l'expression et la finesse étourdissante des volutes de marbre. Enfin, Antonio Canova (1757-1822), figure emblématique du néoclassicisme, et l'un des sculpteurs préférés de Napoléon. Sa célèbre *Psyché ranimée par le baiser de l'Amour* évoque avec poésie et une sensualité éthérée le mythe platonicien de Psyché. *Denon Rdc, salle 4*

☺ Sculptures de l'Europe du Nord

Une collection restreinte, mais d'une grande densité. La salle B rassemble des "belles madones" allemandes du XVe siècle, ainsi qu'une superbe *Vierge de pitié* et un émouvant *Christ en croix* du XIIe siècle. La salle C est consacrée aux XVe et XVIe siècles, âge d'or de la statuaire germanique : la *Vierge à l'Enfant*, sans doute du Bâlois Martin Hoffman, est un chef-d'œuvre gothique, de même que la *Vierge de l'Annonciation* de Tilman Riemenschneider (v. 1495). Autre merveille, la *Sainte Marie Madeleine* de Gregor Erhart (v. 1515). Sculptée dans un magnifique bois de tilleul polychrome, la sainte est représentée dans sa nudité, drapée dans une longue chevelure blonde, en proie à l'extase mystique. Exceptionnel, aussi, le superbe groupe sculpté du *Christ en croix, la Vierge et saint Jean*, réalisé dans le Brabant à la fin du XVe siècle. Au fond de la salle, quelques beaux exemples de retables flamands des XVe-XVIe siècles, véritables théâtres religieux en trois dimensions : le *Retable de la passion et de l'Enfance du Christ* est une merveille du genre. À l'étage, une minuscule collection des XVIIe-XVIIIe-XIXe siècles. *Denon, entresol, au fond de la galerie Donatello, à gauche de la salle 3*

Découvrir les Objets d'art
Richelieu, Denon

☆ **À ne pas manquer** La galerie d'Apollon, pour son ornementation fastueuse et ses célèbres joyaux ; dans les appartements Napoléon III, les ors et les velours rouges d'un vrai décor d'opéra **Et si vous avez le temps...** *L'Aigle de Suger*, *Les Chasses de Maximilien*, les armoires de Boulle

Le département des Objets d'art n'est pas le plus célèbre du Louvre, mais il mérite une (longue) visite pour sa formidable collection, constituée depuis la fin du XVIIIe siècle, par la confiscation des biens du clergé (comme pour le trésor de Saint-Denis) et de la monarchie, et qui s'est amplifiée par la suite au gré des dons et des achats. Un parcours chronologique fort bien mis en valeur depuis la refonte du musée, et qui permet en outre de découvrir les joyaux de la couronne dans une galerie d'Apollon totalement restaurée, ainsi qu'un exemple unique de décoration intérieure du Second Empire : les appartements Napoléon III. *Accès par l'Escalator Richelieu, 1er étage*

Salles 1 à 11   Moyen Âge La salle 1 rassemble des objets d'arts carolingiens et des œuvres byzantines, dont une statuette équestre dite "de Charlemagne" (IXe siècle), une magnifique collection d'objets en ivoire comme l'*Ivoire Barberini* et la plaque du *Paradis terrestre*, ou encore la *Bulle de l'impératrice Maria* (IVe siècle). La salle 2 évoque la fin du roman et le premier gothique : éléments du trésor de Saint-Denis, dont le célèbre *Aigle de Suger*, vase réalisé pour l'abbé de Saint-Denis avant 1151 ; magnifiques émaux champlevés, technique qui fit la renommée de Limoges dès le XIIe siècle, ou encore l'épée dite "de Charlemagne". Les salles 3 et 4 célèbrent l'art gothique des XIIIe-XIVe siècles. L'ivoire est encore très présent avec la *Vierge à l'Enfant* du trésor de la Sainte-Chapelle et le groupe sculpté de la *Descente de croix*. Les orfèvres gothiques se distinguent par leur talent : le *Triptyque de la Vraie Croix* et la *Vierge à l'Enfant* en argent doré et émaux en sont de beaux exemples. Voir également, salle 4, le *Sceptre de Charles V*, surmonté d'une statuette de Charlemagne. Les salles suivantes traitent du gothique tardif des XVe et XVIe siècles. Les salles 5 et 7, encadrant la 6, rassemblent des céramiques espagnoles (Manises) et italiennes (Faenza). Salle 6, admirez l'*Autoportrait* de Jean Fouquet en émail peint sur cuivre, et le sublime échiquier dit "de Saint Louis". Belles tapisseries flamandes du début du XVIe siècle. La salle 11 évoque l'art du vitrail et celui de l'émail peint sur cuivre, né à Limoges à la fin du XVe siècle. ***Richelieu*** 1er étage

☺ **Salles 12 à 33   Renaissance** Les salles 12 et 13, spécialisées dans l'Italie des XVe-XVIe siècles, rassemblent un riche fonds de statuettes et bas-reliefs en bronze, avec des œuvres du grand maître de Padoue, Riccio, dont les magnifiques bas-reliefs du *Monument funéraire des Della Torre*. La salle 15 abrite des émaux peints français du XVIe siècle. Salle 16, de remarquables meubles de l'époque de François Ier. Les salles 17 et 18 accueillent des verres français et européens du XVIe siècle, dont une large palette de verres vénitiens. L'immense salle 19 a été spécialement conçue pour accueillir *Les Chasses de Maximilien*, chef-d'œuvre de la tapisserie flamande du XVIe siècle : composition harmonieuse et complexe, richesse des coloris, précision des formes. Ses douze tableaux représentent des scènes de chasse correspondant aux mois et aux signes du zodiaque. La série commence en mars (au coin de la salle 8), mais qui marquait dans le calendrier julien le début de l'année. Au centre de la salle, une collection de majolique, faïence italienne de la Renaissance dont l'ornementation fut copiée dans toute l'Europe. En salle 20, autre "tenture" flamande célèbre : une suite de huit tableaux commandés par François Ier sur l'histoire de Scipion, héros des guerres puniques. L'œuvre originale fut détruite sous la Révolution, mais une copie est exposée ici, réalisée à la manufacture des Gobelins au XVIIe siècle. Au centre de la pièce, une belle série d'émaux peints à Limoges au XVIe siècle, dont des œuvres de Léonard Limosin, grand maître du genre, qui est aussi à l'honneur dans les salles 21 et 22 : portraits courtois, scènes mythologiques, retables. La salle 23 illustre l'essor des montres et horloges miniatures à partir du XVIe siècle, avec des objets à la décoration subtile et aux formes variées (croix, sphère, tête de mort). En salle 24, les orfèvres allemands et flamands du XVIe siècle se distinguent : aiguière et bassin de Charles V, armes des grands maîtres de l'ordre de Malte. Les salles 25 et 26 exposent des bronzes italiens des XVIe-XVIIe siècles, dont des œuvres du grand Jean Boulogne et de ses disciples, tel Adrian de Vries. La salle 27 abrite le trésor de l'ordre du Saint-Esprit et des joyaux de l'orfèvrerie française du XVIe siècle, tel ce coffret incrusté de nacre dû à Pierre Mangot, orfèvre de François Ier. La céramique française est présentée en salle 30, et notamment l'école de Bernard Palissy, célèbre pour ses bassins "rustiques" ornés de décors animaliers. Salle 31, de beaux objets d'art français du début du XVIIe siècle : *Portrait de Louis XIII* en émail peint de Limosin, bronzes de Barthélemy Prieur. La salle 33 rassemble des objets ayant appartenu à Mazarin, dont les trois pièces de la *Tenture de Debora*, en soie peinte brodée d'or et d'argent, réalisée dans la première moitié du XVIIe siècle à Florence par Pierre de Cortone et Romanelli. ***Richelieu*** 1er étage

☺ **Salles 34 à 65   Les XVIIe et XVIIIe siècles** Cette riche section s'ouvre par une salle consacrée à André Charles Boulle (1642-1732) : splendide mobilier Louis XIV où le célèbre ébéniste fait montre de sa virtuosité sans égale dans le travail du placage d'ébène, la marqueterie de cuivre et d'écaille. Les salles 35 à 61 (mobilier des XVIIe-XVIIIe siècles) sont fermées pour travaux de rénovation jusqu'en 2009. Une sélection des plus belles œuvres devrait cependant être exposée par roulement dans les salles 62 à 65. ***Richelieu*** 1er étage

☆ ☺ **Galerie d'Apollon** Aménagée et décorée à partir de 1663 par Le Brun pour remplacer la Petite Galerie détruite par un incendie, c'est l'une des plus belles salles du Louvre. Restaurée par Duban en 1849-1851, elle accueille alors des portraits des artistes et des rois qui ont marqué l'histoire des lieux, sous une magnifique voûte dont l'ornementation (la course du soleil, en hommage au Roi-Soleil), commencée par Le Brun, est terminée par Delacroix, à qui l'on doit le compartiment central: le *Triomphe d'Apollon* (1849). Elle abrite de somptueux objets d'art issus des collections royales et aristocratiques, et en particulier la collection de vases en pierre dure de Louis XIV et l'ensemble des joyaux de la couronne (au fond). Clou du spectacle, le *Régent*, célèbre diamant de 140 carats découvert en Inde en 1698 et qui orna la couronne de Louis XV, le glaive de Napoléon puis le diadème de l'impératrice Eugénie. *Denon 1ᵉʳ étage, salle 66*

☺ **Salles 67 à 81 Fin du XVIIIᵉ siècle et XIXᵉ siècle** La visite se poursuit à l'autre bout de l'aile Richelieu. Les salles 68 et 69 célèbrent le mobilier de la fin du XVIIIᵉ siècle, plus particulièrement celui du salon et toute la chambre de Madame Récamier par Jacob Frères, œuvres majeures de l'histoire des arts décoratifs qui préfigurent le style Empire. Les salles 70 à 73 sont consacrées à l'Empire avec, notamment, des créations de Biennais et Jacob-Desmalter, respectivement orfèvre et ébéniste personnels de Napoléon, des vases de Sèvres illustrés de portraits de Napoléon d'après David ou de motifs égyptiens, d'immenses tapisseries des Gobelins. Les salles 75 à 78 couvrent la période de la Restauration: mobilier des Tuileries, collection de la duchesse de Berry – notamment une table et un fauteuil de toilette en bronze doré et cristal – et des "vases séditieux" du début du XIXᵉ siècle, dont les contours dissimulent les profils de Louis XVI et Marie-Antoinette. Les salles 79 à 81 concernent la monarchie de Juillet et le style Louis-Philippe: mobilier de Marie d'Orléans ou du duc de Nemours aux Tuileries; *Coupe des Vendanges*, chef-d'œuvre de Froment-Meurice, services exotiques en porcelaine de Sèvres. *Richelieu 1ᵉʳ étage*

Salles 82 à 92 Appartements Napoléon III Aménagés sous le Second Empire par Lefuel pour accueillir le ministre d'État, ces appartements furent décorés selon les souhaits d'Achille Fould, titulaire du poste de 1852 à 1860. Peintres et sculpteurs de l'époque ont contribué à l'ornementation fastueuse des lieux, dans un style très… Napoléon III: salles aux proportions colossales, murs et plafonds habillés de stucs, de dorures, de velours rouge, de fresques allégoriques, énormes lustres en cristal, mobilier d'inspiration Louis XV. Les salles les plus spectaculaires sont la Grande Salle à manger (salle 83), le Salon-théâtre (salle 85) et le Grand Salon (salle 87). *Richelieu 1ᵉʳ étage*

Découvrir les Arts graphiques

☆ **À ne pas manquer** Les dessins de Léonard de Vinci et de Michel-Ange, les carnets de voyage de Delacroix ou les aquarelles de Daumier, selon les expositions **Et si vous avez le temps…** Allez admirer les planches gravées de la Chalcographie, dans l'espace boutiques de la RMN

Ce département, l'un des moins connus mais des plus précieux du Louvre, réunion de l'ancien cabinet des Dessins et de la collection du baron Edmond de Rothschild, est riche de près de 130 000 dessins, pastels et estampes, et peut se prévaloir, en particulier, de chefs-d'œuvre sur papier de Léonard de Vinci, Michel-Ange ou Dürer. Il recèle aussi des manuscrits. La fragilité de ces supports interdit de les soumettre à la lumière de manière permanente, mais des expositions temporaires sont régulièrement proposées dans le hall Napoléon ainsi que dans diverses salles situées aux niveaux des Peintures françaises et étrangères et dans la chapelle de l'aile Sully. **Dessins français** *Sully, 2e étage, salles 20-23 et 41-43 ; Denon* **Dessins italiens** *Denon, 1er étage, salles Mollien (9-10)* **Salle d'actualité** *Denon, 1er étage, salle 33*

☺ Découvrir les Arts d'Afrique, d'Asie, d'Océanie et des Amériques *Pavillon des Sessions*

☆ **À ne pas manquer** Toute la section, pour la beauté rare des pièces et leur mise en scène **Et si vous avez le temps…** La salle d'interprétation, qui permet d'en savoir plus sur ces œuvres et les cultures qu'elles illustrent ; le musée du Quai-Branly, pour continuer votre rêverie au sein des "arts lointains"

Inaugurées en 2000, préfigurant l'ouverture du musée du Quai-Branly (cf. Le quartier des Invalides et du Champ-de-Mars, Découvrir le quartier du Champ-de-Mars), les salles des Arts "premiers" rassemblent une centaine de pièces sélectionnées parmi les fonds du musée de l'Homme, de l'ancien musée des Arts d'Afrique et d'Océanie et de musées régionaux. Les œuvres sont remarquablement mises en valeur par la muséographie dépouillée de Jean-Michel Wilmotte, qui en souligne la magie. On se promène comme en rêve de l'Afrique à l'Arctique, parmi des pièces d'une beauté stupéfiante : sculptures et masques africains en terre cuite ou en bois d'ancienneté très variable, statuettes indonésiennes ou mexicaines, magnifiques sculptures du Grand Nord américain, tête d'une des célèbres statues de l'île de Pâques, etc. Une divine surprise. **Pavillon des Sessions** *Accès direct par la porte des Lions ou depuis les salles de peinture espagnole, au bout de l'aile Denon*

Palais-Royal et Opéra *plans 1, 8, 9, 15, 28*

Partie la plus récente, et la mieux conservée, du cœur historique, le secteur du Palais-Royal regroupe les quartiers qui se développèrent au XVIIe siècle en périphérie du Louvre, repoussant les limites définies par l'enceinte de Charles V. Accueillant deux places royales – chefs-d'œuvre du classicisme –, la résidence du cardinal de Richelieu et le château des Tuileries, il s'affirmera durablement comme le haut lieu de la culture et du savoir, du luxe et de la finance… Aujourd'hui encore, il fait bon y flâner, des fastes de la place Vendôme à l'émouvante église Saint-Roch, de jardins harmonieux

en passages couverts d'un autre temps. Mais du Paris de l'Ancien
Régime, rien ne subsiste sur les grands dégagements chers au préfet
Haussmann, où l'Opéra Garnier rappelle, par son décor grandiloquent,
la fièvre d'une bourgeoisie triomphante, acheteuse et à l'affût des
plaisirs. Lui a succédé la foule toujours nombreuse qui s'empresse
le jour du côté des grands magasins, le soir à la sortie des théâtres...

LES PASSAGES COUVERTS Ouvertes en 1786, les galeries du Palais-Royal,
alors de simples baraquements de bois bordés d'échoppes, sont les plus vieilles
de Paris. Véritable monde clos à la faveur duquel s'épanouit, autour de leurs
cafés et autres tripots, l'esprit libertaire – c'est sous ces arcades que le jeune
Camille Desmoulins lance sa célèbre harangue un certain 13 juillet 1789 – ,
elles connaissent un succès retentissant. La construction des passages couverts
atteint son apogée sous la Restauration dans les quartiers les plus animés
de la ville, sur la rive vouée au négoce et aux affaires. S'ils permettent au passant
d'échapper aux dangers et à la saleté des rues dépourvues de trottoirs et très
souvent embourbées – situation qui changera quelques décennies plus tard
avec le préfet Haussmann –, ces lieux sont bien plus que de simples raccourcis :
les boutiques de luxe appâtent les chalands, on discute dans leurs cafés et à la
sortie des théâtres, on se retrouve sous l'éclat féerique de leurs becs de gaz.
Plus de 150 galeries et passages focalisent ainsi l'intérêt des badauds à la fin
du XIXᵉ siècle. Mais les travaux d'Haussmann sonnent le glas des galeries
marchandes, que l'apparition des Grands Magasins rend, en outre, caduques.
Il reste aujourd'hui une quinzaine de passages, les plus beaux se situant entre
le Palais-Royal et les Grands Boulevards ; peu à peu rénovés, ils invitent à
de charmantes balades.

Palais-Royal et Opéra, mode d'emploi

orientation

Ils se situent essentiellement dans les 1ᵉʳ et 2ᵉ arrondissements. Dans sa partie
sud, à l'ouest du Louvre, se déploie le vaste jardin des Tuileries, qui rejoint la
Concorde. Au nord du Louvre se tiennent le Palais-Royal, puis la place des Victoires ;
vers l'ouest, la place Vendôme. Principal axe nord-sud du secteur, l'avenue de l'Opéra
débouche au nord sur l'Opéra que longe le boulevard Haussmann : on entre dans le
9ᵉ arrondissement. Derrière les grands magasins, la gare Saint-Lazare annonce,
déjà, le 8ᵉ arrondissement.

☆ **Les Tuileries** Entre le Louvre et la Concorde, bordé au nord par la partie la
plus ancienne de la rue de Rivoli, l'ancien jardin des rois dessiné par Le Nôtre est le
poumon vert du centre historique. Admirablement réaménagé en 1999, il abrite des
sculptures contemporaines qui font du Grand Couvert un vrai musée de plein air.
☆ **Palais-Royal** À deux pas du Louvre, un lieu chargé d'histoire que l'on découvre
au gré des galeries ombragées et des parterres du jardin, parmi les sculptures
contemporaines. Du côté de la place des Victoires, ses passages lui confèrent un
cachet incomparable. L'autre place royale, la place Vendôme, est le bijou du quartier du luxe et de la finance. La rue Sainte-Anne, épine dorsale du quartier japonais,
y essaime ses restaurants jusqu'à l'Opéra.

☆ **Opéra** Au nord, entre la gare Saint-Lazare d'un côté et les Grands Boulevards de l'autre, l'incontournable palais Garnier demeure le centre d'un secteur animé le jour autour des grands magasins, le soir aux abords des théâtres de boulevard. Il inclut, vers l'est, le quartier de la Bourse ; autour du palais Brongniart déserté, une belle architecture évoque les fastes des magnats d'antan.

accès

EN MÉTRO Le quartier du Palais-Royal est desservi par les stations Palais Royal-Musée du Louvre (lignes 1 et 7), Pyramides, près de l'église Saint-Roch (lignes 7 et 14), Tuileries, qui livre l'accès au jardin des Tuileries et à la place Vendôme (ligne 1), Concorde (lignes 1, 12 et 8). La station Opéra est, avec Châtelet, le plus grand nœud de circulation de la capitale : en plus des lignes 3, 7, 8 qui y convergent, elle est en correspondance avec l'arrêt Havre-Caumartin de la ligne de métro 9 ainsi qu'avec les RER A et B. Enfin, les lignes 3, 12, 13 se croisent à Saint-Lazare.

EN RER Gares Auber (M° Havre-Caumartin) de la ligne du RER A et Haussmann-Saint-Lazare (M° Saint-Lazare) du RER E.

EN BUS Le quartier du Palais-Royal est desservi par de nombreuses lignes : 21, 27, 39, 48, 66, 69, 72, 74, 81, 85, 95. À l'Opéra, terminus des lignes 22, 52, 53, 66. Terminus à la gare Saint-Lazare des lignes 20, 21, 24, 26, 27, 28, 29. La gare est aussi le point de départ des bus *Noctilien* 51, 53, 52, 150 (de 0h30 à 5h30 environ).

EN VOITURE Circulation chargée en journée, surtout en semaine, et sur-place assuré aux heures de pointe ! Un conseil : ne vous aventurez pas au volant dans ce quartier, notamment vers la place de l'Opéra, le boulevard des Capucines et le boulevard Haussmann (attention ! il est en sens unique jusqu'à Saint-Augustin). La rue de Rivoli, principal axe est-ouest, à sens unique aussi, est souvent surchargée. La voie Georges-Pompidou (voie express de la Rive droite) est difficilement praticable. Les dimanches et jours fériés, elle est interdite aux voitures entre 9h et 17h ; elle peut être fermée l'hiver en raison des crues de la Seine et, l'été, plusieurs sections sont fermées à l'occasion de Paris-Plage, rendant la circulation très difficile.
Parkings. *Carrousel du Louvre* (plan 28, A1) Av. du Gal-Lemonnier 75001 Tél. 01 42 44 16 32 Ouvert tlj. 7h-23h *Édouard-VII* (plan 8, C2) face au 15, rue Édouard-VII 75009 Tél. 01 40 06 09 43 Ouvert tlj. 7h30-0h30 *Haussmann-Printemps* (plan 8, B-C1) angle de la rue du Havre et rue de Provence ou bd Haussmann 75009 Tél. 01 42 80 50 35 Ouvert 8h-21h jusqu'à 23h le jeu. Fermé le dim. *Olympia-Caumartin* (plan 8, C2) 7, rue de Caumartin 75009 Tél. 01 47 42 37 84 Ouvert tlj. 7h30-1h
Parkings 24h/24. *Palais-Royal/Tuileries* 14, rue Croix-des-Petits-Champs 75001 Tél. 01 47 03 92 21 (plan 28, C1) ; 1, rue de Marengo 75001 (près du Louvre des Antiquaires) Tél. 01 42 97 29 85 (plan 15, D1) ; 39, pl. du Marché-Saint-Honoré 75001 Tél. 01 42 60 55 22 (plan 9, A1-A2) ; 26, pl. Vendôme 75001 Tél. 01 42 60 50 00 (plan 8, C3) ; *Opéra* 4, rue de la Chaussée-d'Antan 75009 Tél. 01 47 42 95 14 (plan 8, C2) ; Haussmann-Galeries Lafayette 48, bd Haussmann 75009 Tél. 01 42 85 50 65 (plan 8, C1) ; Gare SNCF-Saint-Lazare 29, rue de Londres 75009 Tél. 01 40 16 80 25 (plan 8, C1) ; 12, pl. de la Bourse 75002 Tél. 01 42 96 47 04 (plan 8, D2)

EN BATOBUS Escale Louvre, quai François-Mitterrand.

informations touristiques

Espace du Tourisme d'Île-de-France (plan 28). Informations touristiques ; réservations ; billetterie bus, métro, RER, SNCF ; forfait "musées-monuments". **M° Palais Royal-Musée du Louvre** Pl. de la Pyramide-Inversée, Carrousel du Louvre 99, rue de Rivoli 75001 Tél. 01 44 50 19 98 ou 0826 16 66 66 Ouvert tlj. 10h-18h, sauf 25 déc., 1er jan. et 1er mai
OT Pyramides (plan 9, A2). Informations touristiques, réservations, vente de titres de transport, forfaits musées, "passeport Paris". M° Pyramides RER A Auber, 25, rue des Pyramides 75001 Tél. 0892 68 30 00 (0,34€/min) Ouvert tlj. 9h-19h

adresses utiles

Mairie du 1er ardt (plan 28, C2). M° Louvre-Rivoli 4, pl. du Louvre Tél. 01 44 50 75 01 www.mairie1.paris.fr
Mairie du 2e ardt (plan 8, D3). M° Bourse 8, rue de la Banque Tél. 01 53 29 75 02 www.mairie2.paris.fr
Mairie du 9e ardt (plan 8, D2). M° Richelieu-Drouot 6, rue Drouot Tél. 01 71 37 75 09 www.mairie9.paris.fr

marchés

Marché Saint-Honoré (plan 7, A1-A2). M° Pyramides Pl. du Marché-Saint-Honoré, mer. 10h30-20h30, sam. 7h-15h
Marché Bourse (plan 8, D2). M° Bourse Pl. de la Bourse, mar. et ven. 12h30-20h30

★ Découvrir les Tuileries

☆ **À ne pas manquer** Le jardin des Tuileries **À proximité** Le Louvre, le musée d'Orsay

☆ Les jardins des Tuileries et du Carrousel

Comme en souvenir du "Grand Dessein" cher à Henri IV qui fit relier les châteaux du Louvre et des Tuileries par la Grande Galerie, le jardin des Tuileries et celui du Carrousel ont été définitivement intégrés au musée du Louvre en janvier 2005, formant un vaste ensemble palatial où l'art topiaire rejoint les beaux-arts. Admirablement réaménagé, cet immense (27ha) espace vert historique se prête à d'agréables flâneries entre ses grands arbres et ses sculptures contemporaines. La passerelle Léopold Sédar Senghor, dernier élément apporté au projet du Grand Louvre, ajoute à l'intérêt du site ; le musée d'Orsay est à quelques encablures, par-delà les quais que les "plagistes" parisiens envahissent dès les beaux jours.

La place, l'arc de triomphe et le jardin du Carrousel (plan 28, A1-B1) Ils doivent leur nom à une grande fête équestre donnée en ces lieux en 1662

en l'honneur de la naissance du dauphin, fils de Louis XIV. Comme il marqua l'entrée principale du palais des Tuileries, l'arc de triomphe (1806), dessiné par Percier et Fontaine, donne aujourd'hui accès aux jardins du Carrousel et des Tuileries. Célébrant la victoire d'Austerlitz en 1805, il s'inspire de l'arc de Septime Sévère de Rome. Les terrasses latérales et les jardins partant en étoiles à l'ouest de l'arc accueillent de magnifiques bronzes d'Aristide Maillol (1861-1944). Derrière la végétation, la terrasse panoramique, site de l'ancien palais des Tuileries, mène au jardin par un escalier monumental. *M° Palais Royal-Musée du Louvre*

☆ **Jardin des Tuileries (plans 15, B1-C1, 28 A1)** En juillet 1559, après la mort brutale d'Henri II, son épouse Catherine de Médicis s'installe au Louvre. Elle décide alors de faire construire son propre palais hors des limites de la ville. Le chantier débute en 1564, sur les vestiges d'anciennes tuileries, à l'ouest du Louvre. Le Florentin Bernardo Carnesecchi est chargé de la conception d'un vaste jardin. Mesurant 500m sur 300, il est traversé d'allées orthogonales et parsemé de fontaines. Considéré en son temps comme le plus beau d'Occident, il est dévasté par les émeutes précédant l'entrée d'Henri IV à Paris. Remis en état et remanié par le jardinier Claude Mollet en 1609, il s'enrichit d'un bassin central. Henri IV fait planter des mûriers pour nourrir les vers à soie de l'orangerie. De 1659 à 1666, les architectes Le Vau et d'Orbay achèvent pour Louis XIV le château des Tuileries, et André Le Nôtre réaménage le parc. Les Tuileries sont le jardin du roi un formidable espace d'expérimentation (ayant déjà à son actif les jardins de Vaux-le-Vicomte, il est aussi chargé d'agrandir Versailles), où il donne libre cours à son art de la composition et de la perspective : alignements d'arbres, subdivision géométrique de l'espace, bassins reflétant le ciel, subtiles différences de niveau. On lui doit la structure actuelle du jardin, notamment la large allée centrale, les deux grands bassins et les terrasses surélevées. La perspective qu'il a ouverte à l'ouest, dans le prolongement de l'allée centrale, est aujourd'hui vertigineuse, avec l'alignement du grand axe que jalonnent la Concorde, les Champs-Élysées, l'Arc de triomphe et l'Arche de la Défense. En 1789, Louis XVI quitte Versailles pour les Tuileries. Les comités révolutionnaires s'y installent ensuite, préservant le site des pillages. Ce sera la résidence des souverains sous la Restauration puis le Second Empire. Napoléon III fait ériger deux édifices jumeaux dans l'ouest du parc : l'Orangerie (1853) et le Jeu de paume (1862). En 1871, les communards incendient le palais des Tuileries, dont les ruines seront rasées en 1883. À l'occasion des travaux du Grand Louvre, le jardin est remanié de 1991 à 1996 ; 1 300 arbres y ont été replantés. *M° Tuileries, Palais Royal-Musée du Louvre, Concorde* Accès pl. de la Concorde, rue de Rivoli, quai des Tuileries, av. du Gal Lemonnier 75001 Ouvert tlj. 7h-19h (oct.-mars) 7h-21h (avr.-sept.) 7h-23h (juil.-août) Tél. 01 40 20 90 43 Passage de la garde montée : les cavaliers n'ont pas d'horaire fixe mais sont dans le jardin entre 9h et 11h env. puis de 14h30 à 16h30 env. *Visites guidées, activités et événements* Consultez les programmes du Louvre (activités pour enfants notamment) Tél. 01 40 20 53 17 www.louvre.fr

Le Grand Carré (plan 15, C1) Cette première partie du parc, qui comprenait, au pied du palais, les "parterres réservés" de Napoléon III, est un vaste espace aéré, doté de pelouses géométriques encadrant l'allée centrale, et deux petits bassins latéraux. C'était le centre du jardin de Le Nôtre. Les deux promenades surélevées – les terrasses des Feuillants et du Bord-de-l'Eau – courant de part et d'autre du parc datent de cette époque. Le jardin fut d'emblée conçu pour être vu du palais et, de fait, il offre ici une perspective saisissante sur le grand axe, du Carrousel à la Défense. On accède au premier des deux grands bassins, le bassin rond, où les enfants font voguer des voiliers miniatures. *Location des voiliers les mer., sam., dim. après-midi, tlj. pdt les vacances scolaires, 2€ la demi-heure*

Le Grand Couvert (plan 8, B3) Selon le souhait de Le Nôtre commence ensuite la partie boisée, plus sauvage, où des centaines d'arbres ont été replantés, et qui accueille un véritable musée de sculpture contemporaine. Parmi les bosquets se cachent en effet des œuvres emblématiques de la sculpture du XXe siècle. Au bord de la contre-allée sud, découvrez l'étonnant *Arbre des voyelles* (1999) de Giuseppe Penone, illustre représentant de l'arte povera : un arbre mort en bronze couché au milieu d'un jardin. Dans le bosquet suivant, la *Comptine* d'Anne Rochette (1999) est une sorte de jardin féerique peuplé d'objets aux formes oniriques. En rejoignant l'allée principale, on passe devant l'amusant *Microbe* (1964) de Max Ernst. Près du bassin octogonal, le long de l'allée centrale, se trouvent deux sculptures colorées de Roy Lichtenstein, figure majeure du pop art. La terrasse du Jeu de paume accueille elle aussi des sculptures : trois bronzes d'Auguste Rodin, ainsi que le *Bal Costumé* (1973) de Jean Dubuffet. À voir encore au fil de la promenade, parmi d'autres sculptures encore, les œuvres d'Alberto Giacometti (*Grande Femme II*, 1961) et de Henry Moore (*Reclining Figure*, 1951). Le Grand Bassin octogonal, qui marque l'extrémité occidentale du jardin, est resté fidèle aux dessins de Le Nôtre et est entouré de belles sculptures du XVIIIe siècle. Il était autrefois traversé par un "pont tournant". Les deux rampes latérales du Fer-à-Cheval qui mènent au musée de l'Orangerie et au Jeu de paume sont un souvenir du mur du jardin de Catherine de Médicis, que Le Nôtre perça pour ouvrir la perspective. À la belle saison, les quatre **bars-restaurants** du Grand Couvert ne désemplissent pas : une halte fort agréable que leurs tables ombragées. *Activités payantes pour les enfants : trampolines, manège à l'ancienne (tlj.), tour du jardin à dos de poney (le mer. et le w.-e., tlj. pendant les vacances scolaires)*

☺ **Jeu de paume (plan 8, B3)** Jusqu'à l'ouverture du musée d'Orsay, y étaient exposées les œuvres impressionnistes du Louvre. Depuis, on y voit d'excellentes expositions temporaires d'art contemporain, dans un espace remarquable. L'annexe, à l'hôtel de Sully, expose des photos (cf. Le Marais, Découvrir le quartier des Archives). *M° Concorde 1, pl. de la Concorde 75008 Accès également par le jardin des Tuileries Tél. 01 47 03 12 50 www.jeudepaume.org Ouvert lors des expositions temporaires mar. 12h-21h, mer.-ven. 12h-19h, sam.-dim. 10h-19h Fermé lun. Tarif 6€, réduit 3€*

Musée de l'Orangerie (plan 8, B3) En 1922, à l'initiative de Georges Clemenceau, l'Orangerie est choisie pour exposer les dix *Nymphéas* offerts par Monet à l'État. En accord avec le peintre, le bâtiment est réaménagé autour de ces toiles monumentales, l'aboutissement d'une longue réflexion de l'artiste : imaginer un ensemble panoramique "donnant l'illusion d'un tout sans fin, d'une onde sans horizon et sans rivage". Terminée en 1927, cette somme poétique d'une vie reçoit un accueil mitigé car l'époque n'est plus à l'impressionnisme. Remanié, le musée accueille en 1984 la belle collection d'art moderne Walter-Guillaume. Entre 2000 et 2006 il fait l'objet d'une rénovation totale, menée par les architectes Olivier Brochet et Michel Goutal, destinée à remettre en valeur les collections et plus particulièrement le chef-d'œuvre qu'il abrite : un vestibule est aménagé et la lumière naturelle baigne à nouveau les *Nymphéas*. Ne manquez pas la collection Jean Walter et Paul Guillaume qui est exposée au sous-sol. Réunie par le marchand de tableaux Paul Guillaume (1891-1934), elle rassemble 144 œuvres d'artistes majeurs de la fin du XIXe aux premières décennies du XXe siècle. Cézanne, Renoir, Picasso, Matisse, Derain, Modigliani, Laurencin, Utrillo et Soutine... En fin de parcours, vous découvrirez un tronçon de l'enceinte de Paris au XVIe siècle, dite "l'enceinte des fossés jaunes", vestige du bastion des Tuileries, mis au jour en 2003 lors des travaux d'extension du musée. **M° Concorde** *Pl. de la Concorde 75001 Rens. et rés. au 01 44 77 80 07 www.musee-orangerie.fr Ouvert tlj. 12h30-19h (sauf mar., certains j. fér., 1er mai et 25 déc.) Nocturne ven. jusqu'à 21h Tarif 6,5€ réduit 4,50€ Audioguide 5€ réduit 3€* **Espace-boutique** *Ouvert tlj. 9h-18h30, nocturne ven. jusqu'à 20h30*

Passerelle Léopold Sédar Senghor (plan 15, B1) Au sud du jardin, accessible par un passage piéton (sortie de la terrasse du Bord-de-l'Eau), cette audacieuse passerelle en ipé dotée d'une arche unique d'une portée de 106m permet aux piétons de passer du Louvre au musée d'Orsay. Dernier élément du projet du Grand Louvre, inaugurée en 2000, elle remplace sa sœur métallique qui avait succédé au pont de Solferino abîmé par des accidents de péniches et démoli en 1961. Conçue par Marc Mimram, elle se distingue par son étonnante structure qui relie à la fois les quais et les berges. **M° Tuileries, Solferino** *La passerelle relie le quai des Tuileries au quai Anatole-France*

Côté rue de Rivoli

Percée de 1806 à 1835, la rue de Rivoli (plan 8, B3-C3 et plan 11, C1-D1) joignit d'abord la place de la Concorde à la rue du Louvre, en longeant les Tuileries. Bordée au nord d'élégants édifices sur arcades, hauts de trois étages, surmontés de combles bombés et recouverts de zinc, cette première portion de la rue ne manque pas d'allure. Ses galeries abritent désormais des boutiques de souvenirs mais aussi des adresses prestigieuses comme le **Meurice** (au n°228), palace inauguré en 1907 et dont le restaurant est l'un des meilleurs de Paris. Ou encore, au n°224, la plus vieille librairie anglaise de la capitale : Galignani, fondée en 1800. À compter de 1848, l'artère sera prolongée vers l'est, jusqu'à la rue Saint-Antoine : cette seconde partie de la rue, commerçante et très animée, se reconnaît à l'aspect hétéroclite des édifices qui l'encadrent. **M° Tuileries, Concorde**

Les Arts décoratifs (plan 15, C1) Installée dans l'aile de Marsan du Louvre depuis 1905, l'Union centrale des arts décoratifs fut créée en 1884 pour rapprocher le monde de l'industrie de celui de la création. L'énorme richesse de son fonds et la qualité des expositions temporaires organisées par le **musée des Arts décoratifs** méritent une visite. Ce dernier a rouvert ses portes en 2006, après de longs travaux de réaménagement. Ses collections profitent d'un tout nouveau parcours, sur quelque 9 niveaux et plus de 9 000m², dont l'ambition est d'offrir un panorama complet des arts décoratifs du Moyen Âge à nos jours. Des salons ont été entièrement reconstitués comme celui de l'hôtel de Serres du XVIIIe siècle, un faste qui voit naître la porcelaine européenne. Des exemplaires de services fabriqués dans les prestigieuses manufactures de Meissen ou de Sèvres, entre autres, rivalisent de finesse. Au siècle suivant, les Expositions universelles sont l'occasion pour les grandes maisons de faire connaître leur savoir-faire. Le musée a rassemblé quelques pièces emblématiques du goût de l'époque. Une césure importante intervient au tournant du xxe siècle avec l'Art nouveau dont le pavillon de l'Union centrale des arts décoratifs à l'Exposition universelle de 1900 offre une brillante synthèse. Les créations d'Émile Gallé, Louis Majorelle, Hector Guimard sont convoquées et, à leur suite, celles d'artistes Art déco aux lignes plus sobres. Au centre, l'appartement privé de Jeanne Lanvin par Armand-Albert Rateau en 1924-1925 est inclassable. Au fil d'une succession de galeries en mezzanine sont déclinés les courants des arts décoratifs de 1940 à 2000. S'y distinguent les réalisations de deux acteurs majeurs, Jean Prouvé et Charlotte Perriand, et les sièges fantaisistes du design des années 1960-1970. Au pavillon de Marsan, ne manquez pas les deux excellents musées qui proposent des expositions temporaires. Aux 1er et 2e étages, le **musée de la Mode et du Textile** présente des expositions par thème ou par couturier, qui sont aussi l'occasion de montrer au grand public, par roulement, les plus belles pièces d'une collection qui remonte jusqu'au xive siècle. Au 3e étage, le **musée de la Publicité** organise des rétrospectives (thèmes, artistes, marques), qui profitent de la richesse exceptionnelle de son fonds, et sont présentées de manière attractive. Les publivores seront comblés. Enfin, on peut s'émerveiller devant le spectacle féerique qu'offre la **galerie des Bijoux**, au 2e étage : 800 pièces somptueuses, allant de bijoux d'Extrême-Orient aux pièces de grands créateurs français, en passant par des colliers de perles baroques espagnols... Côté jardin, elle est prolongée par la galerie des jouets et la galerie Jean-Dubuffet. Au rdc, faites donc un détour par l'espace-boutique : objets de designers, excellente sélection d'ouvrages spécialisés, affiches, etc. **M° Palais Royal-Musée du Louvre, Tuileries** *107, rue de Rivoli 75001 Accès pour les personnes à mobilité réduite ou handicapées par l'ascenseur au 105, rue de Rivoli 75001 Tél. 01 44 55 57 50 www.lesartsdecoratifs.fr* **Musées** *Ouvert mar.-ven. 11h-18h, sam.-dim. 10h-18h, nocturne le jeu. jusqu'à 21h Entrée (incluant les 4 musées) 8€, réduit 6,5€ (demandeurs d'emploi, 18-25 ans) gratuit pour les moins de 18 ans Audioguide gratuit* **Espace-boutique** *Ouvert tlj. 10h-19h.*

☆ Découvrir le quartier du Palais-Royal

☆ **À ne pas manquer** Le jardin du Palais-Royal, la place Vendôme, la place des Victoires **À proximité** Le Louvre, les Halles, le musée d'Orsay **Sans oublier nos adresses** Faites du shopping de luxe sous les arcades des galeries du Palais-Royal, offrez-vous une matinée au Théâtre Français, finissez la journée en beauté autour d'un cocktail au Ritz

Le palais, le jardin, les galeries

Témoin privilégié de trois siècles d'histoire politique, intellectuelle et artistique, le Palais-Royal a subi au cours de cette période de multiples transformations. Théâtre des premiers soubresauts de la Révolution, il connut son apogée de la fin du xviiie siècle à 1836, époque où il devint l'un des endroits les plus gais et les plus animés de Paris, un lieu de débat, de débauche et de bonne chère dont le prestige dépassait largement les frontières de la France. L'un des plaisirs d'une visite au Palais-Royal est de parcourir les galeries encadrant le jardin, avec leurs vieilles boutiques et les passages mystérieux s'ouvrant sur les rues étroites qui l'entourent.

★ **Palais-Royal (plan 8, D3)** En 1624, le cardinal de Richelieu achète le vieil hôtel de Rambouillet qui a l'avantage d'être situé à deux pas du Louvre, le long de l'enceinte de Charles V. Il demande à Jacques Lemercier de lui construire un immense et luxueux hôtel particulier. La démolition des remparts et l'achat de propriétés mitoyennes permettent l'agrandissement du Palais-Cardinal, achevé en 1636. Richelieu le dote d'un vaste jardin et de deux théâtres, avant de léguer le tout au roi à sa mort, en 1642. Le Palais-Cardinal devient Palais-Royal : Anne d'Autriche et le jeune Louis XIV s'y installent dès 1643 ; Louis Le Vau, architecte du Roi-Soleil, sera ensuite chargé d'en réaménager plusieurs parties. En 1661, Monsieur, frère du roi et duc d'Orléans, hérite des lieux et de nouveaux remaniements seront opérés, notamment par Hardouin-Mansart. À partir de 1781, le duc de Chartres, qui sera bientôt rebaptisé Philippe Égalité, se lance dans un vaste projet immobilier et fait construire par Victor Louis les édifices sur galeries encadrant le jardin ; son but est d'en faire des locaux commerciaux pour renflouer ses caisses. Deux nouveaux théâtres verront le jour, le Théâtre-Français et le Théâtre du Palais-Royal. Les galeries fourmillent bientôt de cafés et restaurants à la mode, de salles de jeu et de maisons closes. Véritable ville dans la ville – la police est interdite d'accès dans la demeure des d'Orléans –, elles jouiront jusqu'au xixe siècle d'une immense popularité. Lieu de rassemblement privilégié, où se pressent gazetiers et orateurs, le jardin et ses arcades deviennent le principal foyer de l'agitation révolutionnaire. Entré dans le domaine public lorsque Philippe Égalité est guillotiné en 1793, le Palais-Royal est restitué à la famille d'Orléans à la Restauration, en 1814. Il connaît alors un succès foudroyant : ses jeux de hasard et ses prostituées sont célèbres dans toute l'Europe. En 1836, Louis-Philippe fait fermer maisons closes et tripots, et le Palais-Royal tombe dans l'oubli… Pillé en 1848, il accueillera sous le Second Empire des membres de la famille impériale. Incendié sous la Commune, en 1871, le palais est restauré et devient le siège de la Cour des comptes (qui déménagera à la fin du siècle), du sous-secrétariat d'État aux Beaux-Arts et du Conseil d'État. Créé en 1958, le Conseil constitutionnel y élit domicile. Au cours des années 1980, la cour d'honneur est réaménagée pour accueillir des sculptures contemporaines. **M° Palais Royal-Musée du Louvre** Place du Palais-Royal 75001

Visite De la rue Saint-Honoré, on découvre l'aile sud du palais. Ses bâtiments, sur le site de l'ancien Palais-Cardinal, furent reconstruits après l'incendie de 1763. Elle est occupée par le Conseil d'État et la cour de l'Horloge. En remontant, à droite du Conseil d'État, la rue de Valois, on débouche sur la gauche, par un étroit passage, sous les arcades de la cour d'honneur. Celle-ci fut remaniée en 1986 pour accueillir les **colonnes de Buren**, nom populaire de l'installation *Les Deux Plateaux*. Cette dernière fit tant scandale que le projet dut être interrompu. Aujourd'hui, les colonnes aux rayures grises et blanches larges de 8,5cm, signature de l'artiste, Daniel Buren, font partie du décor. En été, les enfants rivalisent d'ingéniosité pour récupérer les pièces de monnaie tombées à travers les grilles du sol dans la rivière souterraine : il est d'usage de lancer une pièce sur les colonnes et de faire un vœu si elle reste en place… Sur la cour, l'aile ouest abrite la galerie de Chartres, que surplombe la verrière de la Comédie-Française. À l'est, la galerie des Proues déploie de grands reliefs représentant des ancres surmontées d'une… proue de navire. Unique vestige du Palais-Cardinal, ils rappellent que Richelieu, Premier ministre du Roi, avait en charge le département de la Marine. Au nord de la place se dressent les vestiges de la galerie d'Orléans, dont les deux portiques aériens, construits sous la Restauration, formaient alors une galerie vitrée. Entre les deux colonnades, les badauds s'attardent le temps d'une photo près des deux *Sphérades* de Pol Bury (1985), fontaines minimalistes garnies de grosses billes d'acier.

Le jardin (plan 8, D3 et plan 9, B2) On accède alors au jardin du Palais-Royal. Ses bancs, disposés à l'ombre des rangées de tilleuls, près du bassin ou parmi les parterres géométriques, sont, à la belle saison, une vraie invitation à la paresse. À l'extrémité de la pelouse donnant sur la cour d'Honneur, le petit canon est une réplique du "canon solaire" (1786) que le soleil de midi a fait tonner, tous les jours, pendant de longues années, et qui a disparu en 1999. À l'origine, le jardin était beaucoup plus vaste et ouvrait sur un bosquet où l'on organisait des simulacres de chasse pour le jeune Louis XIV. Au siècle des Lumières, savants et intellectuels s'y réunissent pour discuter des dernières controverses, des thèses philosophiques et autres avancées scientifiques. Au Café de Valois et au Café de la Régence, on rivalise d'éloquence, quand on ne joue pas aux échecs... Diderot, d'Alembert, Voltaire et Bernardin de Saint-Pierre font partie des habitués. À l'orée de la Révolution, le jardin est un espace de débats et de harangues où règne une perpétuelle effervescence. Au début du XIXᵉ siècle, les arcades accueillent les meilleurs restaurateurs de la ville. Au nord-ouest du jardin, sous le péristyle de Joinville, se trouve toujours le fameux **Grand-Véfour**, l'une des meilleures tables de Paris, très prisée des grands de ce monde. Fondé en 1784 sous le nom de Café de Chartres, il se distingue par le raffinement de ses murs et plafonds, que l'on aperçoit de l'extérieur. *Mº Palais Royal-Musée du Louvre 6, rue de Montpensier 75001 Accès par la place du Palais-Royal, la rue de Montpensier, la rue de Beaujolais ou la rue de Valois Tél. 01 47 03 92 16 www.monum.fr Ouvert tlj. 7h-22h15 (avr.-mai) ; 7h-23h (juin-août) ; 7h-21h30 (sept.) ; 7h30-20h30 (oct.-mars).*

Rues de Valois, de Beaujolais et de Montpensier (plan 8, D3 et plan 9, B2)

Ces rues étroites, tracées à l'initiative du futur Philippe Égalité, qui leur a donné le nom de ses fils, communiquent avec le Palais-Royal par de petits passages sous arcades donnant directement sur les galeries de Victor Louis. À l'est, la rue de Valois longe d'abord l'immense édifice en U, rénové en 2004, où s'est récemment installé le ministère de la Culture : l'immeuble des Bons-Enfants. Il s'agit en fait de deux bâtiments dont les différences de style sont voilées par une immense résille métallique. La rue donne ensuite sur la petite place de Valois, dont le tracé insolite rappelle qu'elle servit de cour au palais, avant d'en être séparée par le percement de la rue de Valois en 1787. On rejoint enfin la rue de Beaujolais, l'une des plus jolies du quartier avec, au n° 8, les étroits escaliers d'un passage dérobé rejoignant la rue des Petits-Champs. Le **Théâtre du Palais-Royal** marque l'angle avec la rue de Montpensier, sur le flanc ouest du Palais-Royal. Édifié par Victor Louis en 1784, l'ancien théâtre de marionnettes situé sous la galerie Montpensier est racheté en 1789 par la Montansier et finit par se prêter aux activités les plus frivoles sous le nom de Café de la Paix avant de devenir le Théâtre du Palais-Royal, en 1831. Rénové à la fin du XIXᵉ siècle, il s'est depuis spécialisé dans le théâtre de boulevard. Juste en face, le charmant passage de Beaujolais, l'un des plus vieux de Paris, monte vers la rue de Richelieu. *Mº Palais Royal-Musée du Louvre*

Fontaine Molière (plan 9, B2) Érigée en 1844 à l'angle des rues de Richelieu et Traversière (aujourd'hui rue Molière), elle fut dessinée par Visconti et abrite une statue du dramaturge réalisée par Seurre. Encadrant le piédestal, deux marbres de Pradier représentent les deux faces du génie : *Comédie sérieuse* et *Comédie légère*. C'est en 1661 que Molière s'installe avec sa troupe au Palais-Royal (dans l'ancienne salle du Petit-Cardinal, à l'angle des rues de Valois et Saint-Honoré). Il y créera *L'Avare*, *Le Misanthrope*, fera scandale avec *L'École des femmes*, *Le Tartuffe* et *Dom Juan*. Pris d'un malaise à la fin de la quatrième représentation de son *Malade imaginaire*, il meurt le 17 février 1673 dans sa demeure située au niveau du n° 40 de la rue de Richelieu et aujourd'hui disparue. *M° Palais Royal-Musée du Louvre, Pyramides*

Théâtre-Français-Comédie-Française (plan 15, D1) Dans le prolongement du bâtiment du Conseil d'État, sur la place Colette, cette salle légendaire incarne le classicisme du théâtre français. En 1786, le duc d'Orléans confie à Victor Louis la construction d'un opéra sur le côté ouest du Palais-Royal. L'extérieur du bâtiment, avec sa balustrade de pierre et ses galeries à colonnes doriques s'inscrivant parfaitement dans la continuité de celles du palais, n'a que peu changé depuis la fin du XVIIIe siècle. En 1791 s'y produit pour la première fois, menée par le grand tragédien Talma, une partie de la troupe des comédiens français (née en 1680 du regroupement, par ordre du roi, des comédiens de Molière et des troupes rivales). La salle Richelieu, salle à l'italienne de renommée mondiale, servira de cadre à la bataille d'*Hernani*, drame de Victor Hugo qui opposa romantiques et classiques. Détruite par un incendie en 1900, elle fut reconstruite à l'identique. Le "Français" accueille aujourd'hui encore un répertoire soigneusement sélectionné : quelque 3 000 œuvres choisies depuis 1680. À voir également : l'escalier d'honneur, construit en 1864, le foyer, où trônent les bustes de Corneille, par Caffieri, et de Molière, par Houdon, et les déambulatoires où, sous sa cage de verre, le fauteuil de l'auteur du *Malade imaginaire* rappelle sa dernière apparition sur scène. *M° Palais Royal-Musée du Louvre 2, rue de Richelieu 75001* **Représentations** *cf. GEOAdresses Sortir à Palais-Royal et Opéra, Comédie-Française*

Le Louvre des Antiquaires (plan 28, C1) Sur le côté est de la place du Palais-Royal, cet immense édifice rassemble quelque 250 antiquaires. Construit en 1854 pour accueillir un immense hôtel, le bâtiment, dont les arcades prolongent celles de la rue de Rivoli, abrita de 1885 à 1974 les fameux Grands Magasins du Louvre. Ces derniers furent en leur temps le principal centre commercial de Paris et donnèrent naissance aux "grands magasins". *M° Palais Royal-Musée du Louvre 2, pl. du Palais-Royal 75001 Tél. 01 42 97 27 27 www.louvre-antiquaires.com Ouvert mar.-dim. 11h-19h Fermé le dim. en juil.-août Entrée libre*

☺ **Galerie Véro-Dodat (plan 28, C1)** Ouvert en 1826 par MM. Véro et Dodat, charcutiers de leur état, c'est l'un des plus beaux passages couverts de Paris, avec ses vieilles colonnes et corniches, ses devantures auxquelles la patine du temps confère un surcroît de charme. Le Café de l'Époque, qui s'y trouve toujours, fut très célèbre au XIXe siècle. À l'est du Palais-Royal. Accès à l'angle de la rue Croix-des-Petits-Champs et de la rue du Bouloi. *M° Palais Royal-Musée du Louvre 2, rue du Bouloi et 19, rue Jean-Jacques-Rousseau 75001 Ouvert lun.-sam. 7h-22h Fermé dim. et fêtes*

GÉOQUARTIERS

Autour de la place des Victoires

L'"autre" place royale du quartier est un peu moins bien préservée que la place Vendôme, mais elle reste un haut lieu du shopping de luxe, dont le prestige se prolonge jusque dans ses fameux passages couverts.

☆ **Place des Victoires** (plan 8, D3) Construite en 1685 par Hardouin-Mansart, en même temps que la place Vendôme, elle se distinguait par son harmonie hors du commun. Tracée en hommage au roi victorieux, qui venait de remporter la guerre de Hollande, elle rayonne autour d'une statue équestre de Louis XIV – l'original fut abattu sous la Révolution et remplacé en 1822 par une copie de François Joseph Bosio. Sa belle symétrie se trouva très altérée par les travaux d'Haussmann et le percement de la rue Étienne-Marcel dans les années 1880. Il faut dire que, jouxtant la Banque de France et l'hôtel des Postes (rue Jean-Jacques-Rousseau), elle était devenue très fréquentée. *M° Bourse, Palais Royal*

Banque de France (plan 8, D3) Cette vénérable institution est créée en janvier 1800 par Bonaparte pour favoriser la reprise de l'activité économique mise à mal par les années révolutionnaires et émettre des billets. Elle s'installe en 1811 dans le splendide hôtel La Vrillière, puis de Toulouse, construit de 1635 à 1640 par Mansart et remanié de 1713 à 1719 par Robert de Cotte. Le site s'agrandit en empiétant peu à peu sur les hôtels particuliers voisins, jusqu'à occuper un immense pâté de maisons, avant d'être réaménagé en 1853-1865. La façade monumentale de la rue Croix-des-Petits-Champs date de 1853, comme le portail de la rue La Vrillière, encadré par deux reliefs symbolisant l'Industrie et le Commerce. À voir aussi, à l'angle de la rue La Vrillière, l'hôtel de Jaucourt (1733), reconnaissable à l'étrange physionomie de ses tourelles massives imbriquées l'une dans l'autre, qui font l'angle. *M° Palais Royal-Musée du Louvre 1-3, rue La Vrillière 75001*

Bibliothèque nationale de France, site Richelieu (plan 9, B1-B2)

Fondée au XIVᵉ siècle dans la tour du Louvre par Charles V, la bibliothèque royale s'enrichit considérablement sous le règne de François Iᵉʳ, qui décrète le dépôt légal obligatoire, à la bibliothèque des châteaux de Blois puis de Fontainebleau, d'un exemplaire de chaque livre imprimé. Renaissance oblige, le roi fait acheter des centaines de manuscrits grecs, romains, orientaux. Louis XIV contribuera aussi à l'enrichissement des collections. En 1666, Colbert installe la bibliothèque royale dans l'une de ses demeures de la rue Vivienne, afin de l'ouvrir au public deux jours par semaine. En 1724, elle est transférée dans une aile de l'hôtel de Nevers, rue de Richelieu. Le site se développe bientôt vers le sud, envahissant les hôtels mitoyens. Les fonds deviennent considérables après la Révolution, à la suite des confiscations des bibliothèques du clergé, des émigrés, des universités, académies et sociétés savantes, puis de l'augmentation notable de la quantité d'ouvrages imprimés. À partir de 1857, l'architecte Henri Labrouste réaménage la bibliothèque, devenue impériale, pour rationaliser le classement et l'accès à près d'un million de volumes. S'inspirant de la British Library, il crée deux salles monumentales (l'une pour le public, l'autre pour les chercheurs) éclairées par des coupoles. Depuis la création de la Bibliothèque nationale de France à Tolbiac, inaugurée en 1996, le site Richelieu est réservé aux départements des Manuscrits, des Estampes et de la Photographie, des Cartes et Plans, des Monnaies, Médailles et Antiques, de la Musique et des Arts du spectacle. *M° Bourse 58, rue de Richelieu 75002 www.bnf.fr **Bibliothèque** Ouvert lun. 14h-19h et mar.-sam. 9h-19h Fermé dim., j. fér. et 15 j. début sept. Accès aux salles de lecture sur accréditation (rens. sur le site Internet) **Galerie de photographie** Ouvert mar.-sam. 10h-19h, dim. 12h-19h Tarif 5€ à 7€, réduit 3,5€ à 5€ Programme des expositions sur www.bnf.fr **Cabinet des Monnaies, Médailles et Antiques** Ouvert lun.-ven. 13h-17h45, sam. 13h-16h45 Entrée libre **Visite des expositions** Tél. 01 53 79 86 87 (visites individuelles) et 01 53 79 49 49 (groupes)*

Visite L'entrée de la "BnF", face au square Louvois, donne sur une cour ceinte de façades monumentales. Après le porche, en face de l'entrée, la salle Ovale est la première des deux salles de travail dessinées par Labrouste. Les pupitres égayés de petites lampes vertes sont alignés sous d'augustes voûtes et une coupole centrale qui laisse passer la lumière du jour. Aux murs, des fresques et médaillons dans le plus pur style impérial, et des rayonnages… désormais vides. Les parties publiques sont rassemblées dans l'aile droite. En remontant cette aile vers la gauche, on accède aux salles d'expositions : la crypte du sous-sol, la galerie de photographies qui propose d'excellentes expositions temporaires. Au fond de l'aile, à gauche, derrière l'escalier, l'immense salle de lecture des imprimés, chef-d'œuvre de Labrouste, et son élégante coupole entourée de lucarnes. À l'étage, le cabinet des Monnaies, Médailles et Antiques, sur deux niveaux, présente quelques-unes des plus belles pièces du département du même nom, enrichi au fil des siècles par les antiquités, attributs royaux, manuscrits et autres monnaies rassemblés par les rois de France, puis les saisies des trésors des églises sous la Révolution : plusieurs centaines de milliers d'objets au total. Le musée expose entre autres le trône dit "de Dagobert" (VIIe ou IXe siècle), l'échiquier dit "de Charlemagne" (XIe siècle), une partie des trésors de la Sainte-Chapelle et de Saint-Denis, des médailles et camées à l'effigie des rois de France, de superbes antiquités romaines, grecques, égyptiennes, étrusques, arabo-andalouses… À voir, au niveau supérieur, les splendides objets en argent massif du trésor de Berthouville (Ier-IIe siècle), et trois imposants médailliers, dont un du célèbre atelier de Boulle (début du XVIIIe siècle), et celui du duc d'Orléans par Cressent (1739).

Square Louvois (plan 9, B1) Donnant sur la rue de Richelieu, il abrite la belle fontaine dessinée en 1844 par l'architecte Louis Visconti et ornée de sculptures de Jean-Baptiste-Jules Klagmann : quatre femmes représentant les grands fleuves français (la Seine, la Loire, la Saône et la Garonne) et quatre dauphins que chevauchent des tritons. Le square, créé par Haussmann en 1859, occupe le site d'un ancien opéra construit en 1792 et rasé après que le duc de Berry, neveu de Louis XVIII, y eut été assassiné en 1820. *M° Bourse 69bis, rue de Richelieu, 75002*

Galeries Vivienne, Colbert (plan 8, D3) et passage Choiseul (plan 9, B1) Le quartier compte trois des plus beaux passages couverts parisiens, tracés à une époque où ces galeries marchandes jouissaient d'une grande popularité. À deux pas de la place des Victoires, la rue des Petits-Champs donne accès à la splendide galerie Vivienne. Ouverte en 1826, elle fut dessinée par François Jean Delannoy pour un certain Marchoux, président de la chambre des notaires. Parfaitement restaurée, elle retrouve une certaine animation grâce à son agréable bar-restaurant, à ses librairies et ses commerces. Les boiseries claires de ses boutiques, ses verrières et sa coupole éclairant son sol en mosaïque délicate ont toujours autant d'allure. Le décor des murs et des arches est tout entier dédié au négoce : ancres, cornes d'abondance, caducées de Mercure (protecteur du commerce). Allées et passages secondaires forment en fait un vrai dédale qui communique avec la galerie Colbert. Tracée la même année, dans le même pâté de maisons, cette dernière se livra à une concurrence acharnée avec sa voisine. Son style en diffère notablement, un rien plus pompeux avec ses belles colonnes en marbre et sa splendide rotonde. Bien moins vivante que sa meilleure ennemie, elle abrite un centre de conférences et de recherche universitaire. Plus loin sur la rue des Petits-Champs, on pénètre dans le célèbre passage Choiseul. Inauguré en 1827, il fut aussi l'un des plus courus de Paris. Alphonse Lemerre, premier éditeur de Verlaine, tenait une librairie au n°23. Céline, qui y passa toute son enfance (au n°67 puis au n°64), évoque les lieux, rebaptisés "passage des Bérésinas", dans *Mort à crédit*. Le passage donne également sur l'arrière des Bouffes-Parisiens, ancien théâtre de Jacques Offenbach ; grâce à ses boutiques, ses librairies et ses restaurants, il est resté très vivant. **Galerie Vivienne** *4, rue des Petits-Champs, 5, rue de la Banque et 6, rue Vivienne Ouvert tlj. 8h30-20h30* **Galerie Colbert** *6, rue des Petits-Champs et 4, rue Vivienne Ouvert en permanence* **Passage Choiseul** *40, rue des Petits-Champs et 23, rue Saint-Augustin Ouvert lun.-sam. 7h-21h, dim. 8h-21h* **M° Bourse**

Autour de la place Vendôme

Cœur battant du luxe et de la finance internationale, le quartier est organisé autour d'une sublime place royale. Il recèle aussi un trésor émouvant, Saint-Roch, célèbre église des artistes et vrai petit musée d'art religieux.

★ **Place Vendôme (plan 8, C3)** Il faut bien l'avouer : le premier coup d'œil sur la place au détour de la rue Saint-Honoré est proprement époustouflant ! Inchangées depuis le XVIIIe siècle, les hautes façades de Jules Hardouin-Mansart sont d'une harmonie et d'une élégance classique sans faille, imposantes sans être prétentieuses : arcades en plein cintre couronnées de mascarons, deux étages de fenêtres asymétriques, balustrades en fer forgé portant chacune un soleil doré en hommage au roi, frontons et colonnes classiques. Quant à la colonne Vendôme, isolée sur le terre-plein central, elle est vertigineuse. Puis l'on détaille les devantures des boutiques triées sur le volet qui ont pignon sur ce que Le Corbusier considérait comme "l'un des trésors les plus purs du patrimoine mondial". Pas de doute, nous sommes au royaume du luxe. De prestigieux joailliers une ou deux fois centenaires (Boucheron, Van Cleef & Arpels) y côtoient Dior ou Chanel. Dans le nord-ouest de la place, Cartier expose ses dernières fantaisies dans l'écrin d'une vitrine étroite et d'une élégance très classique. Juste sur la gauche, une berline de luxe dépose quelque grand de ce monde devant le **Ritz**, fondé en 1896 par le Suisse César Ritz et dont la sobre façade cache tout le chic d'un grand palace à la française. La bucolique terrasse du bar Vendôme, l'atmosphère feutrée du bar Hemingway ou les délices du restaurant L'Espadon, l'une des plus grandes tables de Paris, sont d'excellentes raisons de pousser la porte de ce temple du raffinement (mais attention ! Tenue très, très correcte exigée). Juste à côté, le ministère de la Justice a quelque chose d'un peu déplacé… Remarquez, à gauche de l'entrée du ministère (au n°13), le mètre-étalon installé là par la Convention en 1797 pour familiariser les Parisiens avec cette nouvelle unité de mesure. Des seize initialement répartis dans la capitale, il n'en reste que deux (l'autre se trouvant au 36, rue de Vaugirard). Au nord et au sud, percées au début du XIXe siècle pour ouvrir la vaste place aux nouveaux quartiers, la rue de la Paix et la rue de Castiglione accueillent, elles aussi, boutiques de luxe et palaces. *www.place-vendome.net* **M° Tuileries, Pyramides, Opéra**

Un peu d'histoire Dessinée par Hardouin-Mansart, la place répond au souhait de Louis XIV de doter la capitale de places monumentales, quasi inexistantes jusquelà. C'est en 1686 que Louvois, surintendant des Bâtiments, achète au nom du roi l'hôtel de Vendôme et le couvent des Capucines, pour y tracer une "place des Conquêtes" dédiée à Louis le Grand. Organisée autour d'une statue du Roi-Soleil, elle incarne l'idéal esthétique du Grand Siècle : symétrie, harmonie, majesté. Mais l'opération fut d'abord un fiasco : le projet d'y installer des institutions de l'État, notamment la Bibliothèque royale, n'aboutit pas et, pendant près de vingt ans, seules se dressent les façades. C'est au début du XVIIIe siècle que de grands financiers, au premier rang desquels le tristement célèbre John Law (dont l'"invention" du papiermonnaie précipita le pays dans la faillite), s'intéressent au site et font construire de somptueux hôtels particuliers à l'arrière des façades. Symbole de la monarchie et de la fortune, la place sera prise d'assaut sous la Révolution. On y exhibe, au bout de piques, les têtes tranchées d'aristocrates, ce qui lui vaut le nom de "place des Piques". Le 10 août 1792, Danton y proclame la naissance de la République ; la statue de Louis XIV est abattue trois jours plus tard. À la Belle Époque, au début du XXe siècle, les plus riches familles de la capitale occupent de nouveau les hôtels de la place, sur laquelle s'installent alors les joailliers du Palais-Royal. Le siège du Crédit foncier prend possession de l'hôtel d'Évreux.

La colonne Entre 1806 et 1810, Napoléon fait ériger la colonne de la Grande Armée en l'honneur des soldats vainqueurs à Austerlitz. Fondue à partir des 1 200 canons pris aux Autrichiens, culminant à 44 m, elle s'inspire de la colonne Trajane, à Rome, avec ses bas-reliefs en spirale contant la campagne de la Grande Armée ; à son sommet trône une statue de Napoléon en empereur romain, couronné de lauriers. En 1814, cette dernière est abattue pour laisser place au drapeau blanc des Bourbons, et est remplacée, sous Louis-Philippe, par un Napoléon en redingote. L'effigie impériale retrouvera sa toge sous le Second Empire (Napoléon III réside au n°4-6 de la place) mais, en 1871, la colonne, considérée comme un symbole "de force brute et de fausse gloire", est mise à bas. Gustave Courbet, délégué aux Beaux-Arts de la Commune, est jugé à ce titre responsable. Menacé d'avoir à payer une somme exorbitante pour en financer la reconstruction, décidée en 1873, le peintre, après avoir déjà purgé six mois de prison, voit ses biens saisis et vendus aux enchères.

Rue Saint-Honoré (plan 8, B3-C3) Tracée au Moyen Âge, comme en témoigne son parcours sinueux, elle relie la rue Royale, près de la Madeleine, aux Halles. Ce fut le premier axe de communication est-ouest du quartier avant le percement de la rue de Rivoli, au XIXe siècle. Autrefois bordée de couvents et d'hôtels particuliers, dont le somptueux hôtel de Noailles, détruit en 1830, elle rassemble aujourd'hui un grand nombre de boutiques de luxe ou de pseudo-luxe, ainsi que des commerces et des cafés. **M° Tuileries, Pyramides**

Place du Marché-Saint-Honoré (plan 9, A1-A2) Sur le site de l'ancien couvent des Jacobins (autre nom des Dominicains, dont le siège se trouvait rue Saint-Jacques). Après la suppression des ordres au début de la Révolution, le célèbre club des Jacobins de Robespierre y avait ses réunions. Détruit en 1810, il laissa place à une halle dessinée par Victor Louis, où se tint jusqu'au début du xxᵉ siècle un marché populaire. Construit en 1996 par Ricardo Bofill pour abriter boutiques et bureaux, l'immense édifice d'acier et de verre a remplacé un hideux "blockhaus" en béton. *Mᵒ Pyramides* *Accès par la rue du Marché-Saint-Honoré*

Église Saint-Roch (plan 9, A2) Cette église due à Jacques Lemercier, et dont les travaux débutèrent en 1653 avant de s'éterniser faute de moyens, fut achevée grâce à un don de 100 000 livres du financier écossais John Law – il s'y était converti au catholicisme en 1719, et n'avait pas encore mené à la France la banqueroute… La façade (1740), d'une sobriété caractéristique du style classique français, est due à Robert de Cotte. La paroisse jouit d'une grande popularité auprès des artistes et intellectuels de la capitale : Le Nôtre, Corneille et Diderot s'y feront inhumer. Le 5 octobre 1795, un jeune général du nom de Bonaparte s'illustre en faisant mitrailler des insurgés royalistes réfugiés sur les marches du parvis. À l'intérieur, on ne peut qu'être surpris par les dimensions de l'église (c'est l'une des plus grandes de Paris), qui est en outre dotée d'un riche patrimoine artistique ; si elle n'a pas échappé aux pillages de la Révolution, elle a en effet récupéré une partie de ses biens ainsi que des œuvres d'art provenant d'autres églises. On notera surtout la grande originalité de sa construction : une succession d'espaces du sud au nord jusqu'à la chapelle du Calvaire dont la restauration vient de se terminer. La plus imposante chapelle, la chapelle de la Vierge, fut dessinée par Jules Hardouin-Mansart en 1705. *L'Assomption* (1756) de Jean Baptiste Pierre orne son immense coupole et une *Nativité* (1665), marbre de Michel Anguier, son autel. Remarquez, au coin de la rue Saint-Roch, les deux échoppes intégrées dans le flanc de l'église : une pratique qui était autrefois monnaie courante. *Mᵒ Pyramides* *296, rue Saint-Honoré ou 24, rue Saint-Roch 75001 www.saintroch.esqualite.com Tél. 01 42 44 13 20 Ouvert 9h-19h Visites guidées sur rdv mer. 15h-17h et le 1ᵉʳ et 3ᵉ ven. du mois 15h-17h sauf pdt vac. scol.* **Pour les concerts** *Tél. 01 42 44 13 26*

Découvrir le quartier de l'Opéra

☆ **À ne pas manquer** L'Opéra Garnier **Sans oublier nos adresses** Équipez vos petits rats chez Repetto ; faites du shopping dans les grands magasins ; offrez-vous un verre au Café de la Paix sur les traces de Joséphine Baker et de Mistinguett

Mondain et aristocrate – de splendides hôtels particuliers s'élevaient sur les boulevards de la Madeleine et des Capucines voisins –, le quartier se modernise au contact de la gare Saint-Lazare. La percée du boulevard Haussmann puis l'extension de la gare, entre 1886 et 1889, en font l'un des principaux axes de passage de la capitale. Attirés par ce flot incessant de chalands, les Grands Magasins et les banques s'installent sur le boulevard et essaiment alentour. De calme et préservé, le quartier devient animé et populeux. L'argent de la bourgeoisie règne partout mais draine aussi une vraie vie de bohème, celle des Grands Boulevards, avec ses restaurants, ses cafés, ses théâtres. Au xxᵉ siècle, la spéculation immobilière transforme les immeubles résidentiels en bureaux et achève de faire du quartier l'un des principaux carrefours du "Grand Paris". Loin du pieux silence des églises et de l'ambiance feutrée des salons de thé du quartier de la Madeleine limitrophe, il reste assez animé, même si l'esprit "boulevardier" n'y souffle plus depuis l'après-guerre.

Autour de l'Opéra

"Temple mondain de la civilisation" – tel que le dénomma Théophile Gautier –, "monument à l'art, au luxe, au plaisir", selon les mots de son architecte, Charles Garnier, l'Opéra, grande réalisation haussmannienne, caractérise lui aussi parfaitement le quartier : tout, autour, a été conçu de façon à ne pas lui faire de l'ombre !

★ **Opéra Garnier (plan 8, C2)** On lança le projet de sa construction en 1860, après que l'empereur Napoléon III eut essuyé une tentative d'assassinat, le soir du 14 janvier 1858, devant la salle Le Peletier (située rue Le Peletier, dans l'actuel 9e ardt), qui servait alors d'opéra à la ville de Paris. Il fallait bâtir une nouvelle salle, dans un quartier plus sûr, aux abords plus dégagés. Le quartier des Grands Boulevards, déjà remodelé par le préfet Haussmann, y était propice. Encore qu'il fallût purger le sol, de nature marécageuse, et drainer la nappe d'eau souterraine en la contenant dans un bassin – celui du *Fantôme de l'Opéra* ! Tandis que ces lourds travaux étaient en cours, le projet de l'architecte Charles Garnier, âgé alors de 36 ans, fut retenu en 1861 à l'issue d'un concours. À la question de l'impératrice Eugénie, sceptique devant l'aspect hétéroclite du projet : "Qu'est-ce que ce style ?", Garnier aurait rétorqué sans ciller : "C'est du Napoléon III." L'histoire allait lui donner raison. Inauguré en 1875, le palais Garnier est l'un des plus grands opéras du monde par la taille (172m de long, 101m de large pour une superficie de 11 237m²). L'intérieur frappe par son opulence, notamment l'escalier d'honneur, avec ses 30 colonnes de marbre monolithes et le foyer. En effet, plus qu'une salle de spectacle, l'Opéra a été conçu comme un temple bourgeois du divertissement – ce qui n'a pas empêché les créations d'y fleurir. Un peu délaissé depuis qu'une grande partie des productions a été transférée à la Bastille, à partir de 1990, l'Opéra Garnier, rebaptisé palais de la Danse, est voué à l'art chorégraphique. *M° Opéra Pl. de l'Opéra 75009 Tél. 0892 89 90 90 (0,34€/min) www.opera-de-paris.fr Visite libre Tél. 01 40 01 25 40 Ouvert tlj. 10h-17h (accès jusqu'à 16h30) sauf 1er jan., 1er mai Attention aux fermetures en matinée les jours de spectacle et manif. exceptionnelles (se rens.) Tarif 8€, réduit 4€, gratuit pour les moins de 10 ans (billet incluant la visite de la bibliothèque-musée) Visite guidée Tél. 0825 05 44 05 Tarif 12€, réduit 9€, enfants moins de 10 ans 6€ En période scolaire : mer. et w.-e. 10h, 11h30, 14h et 15h30 Pendant les vacances scolaires : tlj. 10h, 11h30, 14h et 15h30 Rés. 48h à l'avance auprès de la Fnac mer., sam.-dim. 11h30 et 15h30 (en français), 11h30 et 14h30 (en anglais) Spectacles cf. GEOAdresses, Sortir à Palais-Royal et Opéra*

Les façades C'est Huysmans, écrivain dandy de la fin du XIXe siècle, qui le premier compara la masse exubérante du palais Garnier à une énorme pâtisserie à la crème. Prolifique et hétéroclite, mêlant le baroque et le classique, colonnes et Pégases, femmes-lampadaires et allégories, frises et pilastres, l'Opéra Garnier séduit par sa candeur architecturale : son accumulation de styles fait style et, vu de près, l'éclectisme de sa décoration donne beaucoup d'allure à l'ensemble. Monumentale, la façade principale est en effet très ornementée : figures féminines et masques ponctuent les trumeaux des arcades du rez-de-chaussée, tandis que, de part et d'autre de cette galerie, se dressent quatre groupes allégoriques, dont le chef-d'œuvre du sculpteur Jean-Baptiste Carpeaux, *La Danse*, qui fit scandale en 1869. L'original, déposé au musée d'Orsay, fut remplacé en 1964 par une copie de Paul Belmondo. Des bustes de compositeurs surmontent les baies de la loggia du premier étage.

Le dôme, de cuivre vert, est couronné d'un *Apollon élevant sa lyre*, de Millet, flanqué de deux fougueux *Pégase* dorés, signés Eugène Louis Lequesne. Les autres façades sont rehaussées de sculptures variées destinées à illuminer le monument : colonnes de marbre portant des lanternes, torchères en bronze, statues-lampadaires. Autre souvenir des fastes d'antan, la rampe d'accès de l'aile ouest de l'Opéra (rue Scribe), conçue pour accueillir le carrosse de l'empereur (mais ce dernier abdiqua cinq ans avant l'inauguration de la salle).

Visite Même sans billet pour le ballet, on peut visiter le bâtiment. Le marbre y domine et se décline en une fascinante polychromie, du vert de Suède au rouge antique, du vieux rose au blanc, voire au bleu. Charles Garnier fit venir des marbres de toutes les carrières de France et même de l'étranger pour créer ces effets multicolores. De l'entrée principale, on accède à un large vestibule d'où s'élève le fameux grand escalier illuminé de candélabres. À l'étage s'ouvre le grand foyer, où le public mondain se rassemblait avant le spectacle et à l'entracte. Des balcons donnant sur l'escalier permettaient d'admirer les dames gravissant les marches… Miroirs, peintures de Paul Baudry, colonnes jumelées et baguées et riche décor sculpté ornent ce foyer récemment rénové. On accède ensuite à la salle de spectacles. Pourpre et or, elle abrite trois étages de loges sous une coupole soutenue par huit colonnes et pilastres corinthiens d'ordre colossal. Un lustre de 8t est suspendu au plafond, qui fut redécoré par Marc Chagall en 1964 d'une fresque s'inspirant de neuf opéras et ballets célèbres. À l'arrière de la scène se cachent les formidables machines du théâtre et, derrière encore, un autre salon, le foyer de la Danse.

Bibliothèque-musée de l'Opéra La "BMO", département de la Bibliothèque nationale de France, est située dans le pavillon flanquant l'Opéra du côté ouest. Ce musée, très intéressant, retrace l'histoire de l'opéra depuis trois siècles à travers des supports variés: peintures (notamment un *Portrait de Wagner* par Renoir et une *Danseuse* de Degas), dessins (dont des aquarelles de Léon Bakst pour les Ballets russes), maquettes d'anciens décors, bustes, partitions manuscrites, livrets, affiches, costumes et bijoux de scène, etc. Les expos sont montées par la BnF en partenariat avec l'Opéra. La belle bibliothèque compte 80 000 volumes et estampes relatifs aux arts du théâtre, du chant et de la danse. *Musée Visite couplée avec celle de l'Opéra, cf. ci-dessus **Bibliothèque** 8, rue Scribe 75009 Tél. 01 53 79 37 40 Accès sur présentation d'une accréditation (rens. sur le site www.bnf.fr)*

Place de l'Opéra (plan 8, C2)

Aménagée en 1860, cette place fut conçue pour être une plaque tournante de la capitale. À l'époque, on lui reprocha d'être trop grande. Les automobilistes ne partagent sans doute pas cette opinion ! Carrefour trépidant, vivant au rythme des klaxons, la place héberge moult banques et agences de voyages, mais aussi des adresses prestigieuses comme le Grand Hôtel et le Café de la Paix. Bâti par l'architecte Alfred Armand pour accueillir le flot des visiteurs de l'Exposition universelle de 1867, le **Grand Hôtel** ne comptait pas moins de 700 chambres et de très nombreux salons. Sa façade monumentale, qui n'a guère changé, répondait à un mot d'ordre général : ne pas concurrencer l'exubérance de l'Opéra Garnier. L'intérieur a été rénové plusieurs fois ; seule subsiste d'origine la grande salle à manger : aménagée sur 3 niveaux, croulant, elle, sous les dorures, elle a été décorée par Aimé Millet. Au rez-de-chaussée, le **Café de la Paix**, qui appartenait jadis à l'hôtel, demeure une adresse très sélecte. *Grand Hôtel 6, rue du Helder 75009 **M° Opéra***

Musée du Parfum Fragonard (plan 8, C2) Installé par le célèbre parfumeur de Grasse dans un hôtel particulier de style Napoléon III (construit par un élève de Charles Garnier), il conserve dans ses pièces parquetées, sous ses stucs et ses lustres, une riche collection d'objets : flacons, alambics, nécessaires de toilette (dont celui du duc de Berry). Trois mille ans d'histoire du parfum sont ainsi évoqués, de l'Antiquité égyptienne au XXe siècle... Le théâtre-musée des Capucines, voué aux techniques d'extraction d'essences, abrite une usine de distillation miniature du XIXe siècle. *M° Opéra* 9, rue Scribe 75009 Tél. 01 47 42 04 56 www.fragonard.com Ouvert tlj. 9h-17h30 sauf dim. et j. fériés De mi-mars à mi-oct. ouvert aussi le dim. 9h30-15h30 Visite gratuite, accès à la boutique qui vend les produits à prix d'usine **Théâtre-musée** 39, bd des Capucines 75009 Tél. 01 42 60 37 14 Ouvert tlj. sauf dim. 9h-17h30 **Espace-boutique** Ouvert tlj. sauf dim. 9h-18h.

Boulevard des Capucines (plan 8, C2) Entre les boulevards Haussmann et des Capucines, un quartier huppé et international, qui fut l'hôte du célébrissime Jockey-Club, prit son essor dans la première moitié du XXe siècle : le quartier "américain" était devenu l'endroit le plus moderne et le plus "smart" de la capitale, le lieu que nombre d'artistes à la mode fréquentaient ou habitaient. Aujourd'hui, le visiteur y découvrira des impasses bien calmes, mais, ancien cœur battant de cet îlot privilégié, le boulevard des Capucines invite toujours à une tournée des théâtres. Ceux qui marquèrent la vie parisienne de l'entre-deux-guerres et qui faisaient rêver de lendemains qui chantent... Il faut absolument prendre le temps de flâner sur ces trottoirs dont les immeubles élégants, les marronniers opulents, les cafés chic et l'ébullition pimpante forment un cadre des plus attachants. On n'est plus sur le boulevard de la Madeleine, aux magasins un peu guindés, pas encore sur les Italiens et leurs vaudevilles, mais entre les deux (de même qu'on y passe du 2e au 9e ardt). On peut commencer par remonter le boulevard jusqu'au n°14, siège du Grand Café. Comme une plaque le rappelle, c'est ici, le 28 décembre 1895, que les frères Lumière organisèrent la première projection publique de photographie animée : la première séance de cinéma de l'Histoire ! Au n°28 se dresse la façade de l'**Olympia**. Rouverte en 1997, cette mythique scène de music-hall parisienne lança bien des vedettes de Piaf à Johnny, après avoir accueilli la Goulue à la fin du XIXe siècle. Au n°24 vécut Mistinguett, qui fut elle aussi à l'affiche de la célèbre salle de spectacle. Au n°27, on peut admirer la belle façade aux cuivres rouges et or de l'ancienne Samaritaine de luxe, annexe sélecte du fameux magasin, édifiée entre 1914 et 1917 – en pleine Grande Guerre : de la provocation ! – par Frantz Jourdain, maître de l'Art nouveau. Au n°35, on passe devant l'immeuble où le photographe Nadar avait son atelier. *M° Opéra*

☺ **Place Édouard-VII** (plan 8, C2) Échappant à l'animation du boulevard, la rue Édouard-VII s'incurve vers la charmante placette à arcades du même nom ; là se dresse le **théâtre Édouard-VII-Sacha-Guitry**, où ce dernier officia entre 1920 et 1930. Sur la place adjacente, le square de l'Opéra-Louis-Jouvet, qui fait partie du même lotissement, le prestigieux théâtre de l'**Athénée** fut, lui, longtemps dirigé par Louis Jouvet (de 1934 à 1951). *Représentations cf. GEOAdresses, Sortir à Palais-Royal et Opéra M° Opéra, Chaussée d'Antin 75009*

Boulevard des Italiens (plan 8, D2) Incontestablement le plus chic des boulevards au XIXe siècle. Au n°20, la clinquante façade rehaussée d'or de la "Maison

Dorée" (1838), devenue siège de la BNP, accueillait le très sélect Café Hardy, concurrent du non moins prestigieux Café Riche (n°16), et à deux pas du glacier Tortoni (n°22) que fréquentait Louis-Philippe... Aux n°s 17-21, la façade éclectique du Crédit lyonnais (1878), œuvre de Van der Boijen, a miraculeusement échappé à l'incendie de 1996. Ornée de cariatides et d'allégories sculptées, elle caractérise l'opulence ostentatoire qu'aimaient afficher les grandes banques en cette fin de siècle. Alors qu'il s'ouvre sur la place Boieldieu, l'**Opéra-Comique**, ancienne Comédie italienne (nom de la troupe des forains et comédiens qui s'unirent pour rivaliser avec l'Opéra et la Comédie-Française), a fini par donner son nom au large mail : le théâtre fut construit sur le terrain du duc de Choiseul qui, dans le but de percevoir des revenus de la location d'un immeuble mitoyen, se réserva l'accès au boulevard. L'édifice a été ravagé par des incendies en 1840 et en 1887, puis entièrement reconstruit en 1898. Il se dénommait alors salle Favart. L'Opéra-Comique a porté au triomphe ce genre musical, ainsi que l'opérette, sous le Second Empire. De là, on quitte l'animation trépidante du quartier pour se faufiler dans le **passage des Princes** (5, bd des Italiens ou 97, rue de Richelieu). Le dernier-né des passages parisiens (1860) est cependant le plus remanié, et n'a rien conservé de ses devantures d'origine. **M° Richelieu-Drouot**

Autour de la gare Saint-Lazare

Un embarcadère provisoire vit le jour place de l'Europe en 1836 pour desservir la première ligne de chemin de fer parisienne. L'ouverture en 1841 de la gare définitive bouleversa le secteur et entraîna, notamment, l'apparition des temples de la consommation, premières vitrines, pour les voyageurs, de la capitale de la mode !

☆ **Boulevard Haussmann** (plan 8, A1, B1, C1, D2) Mieux vaut s'y rendre le matin. Le samedi après-midi est à éviter, à moins que l'on tienne vraiment au bain de foule, le dimanche aussi, car le quartier est alors morne et désert : le boulevard vit au rythme des bureaux et de ses **Grands Magasins** ; sans eux, il ne serait rien qu'une autre de ces grandes avenues cossues, mais sans âme, du XIXe siècle pragmatique. C'est le Printemps, au n°64, qui fut le premier des deux temples du commerce du boulevard : l'enseigne fut fondée en 1865 par un certain Jules Jaluzot, qui se lança dans la vente par correspondance. Entre 1881 et 1889, à la suite d'un incendie, le grand magasin (qui abritait les salles d'exposition et logeait les employés) à l'angle de la rue du Havre fut reconstruit ; l'architecte Paul Sedille lui donna un style exubérant, très Second Empire. Un second bâtiment, dessiné par René Binet, fut édifié à côté en 1910-1911. Également ravagé par les flammes, il fut rebâti en 1924 ; de cette époque, il a conservé, au 6e étage, la verrière Art déco de sa grande coupole. Les Galeries Lafayette (n°40) vinrent bientôt tenir compagnie au Printemps : en 1895, deux Alsaciens fondent une mercerie à l'angle de la rue de la Chaussée-d'Antin, destinée à une clientèle d'ouvrières et de petites employées. Très vite, la mercerie prend de l'ampleur et monte en grade : en 1906-1908, Georges Chedanne construit les Galeries, agrandies dès 1910-1912. Les façades, remaniées dans les années 1950, n'ont plus rien d'époque, contrairement au grand hall, aux étages dotés de balustrades et à l'immense coupole de 33m de haut ornée de vitraux colorés. Avant de continuer sur le boulevard, il faut jeter un coup d'œil, au n°29, à l'immeuble de la Société générale. Derrière une façade austère se cache un splendide intérieur Art déco avec des comptoirs en marbre et une coupole en verre. **M° Havre-Caumartin** RER Auber

Lycée Condorcet (plan 8, C1) L'église Saint-Louis-d'Antin et le lycée forment un bloc "à l'antique" entre les rues du Havre et de Caumartin. Le lycée, l'un des plus vieux de Paris, vint remplacer, en 1804, l'ancien couvent des Capucins. L'ensemble fut bâti par Brongniart entre 1780 et 1782. L'établissement est l'un des plus illustres de Paris : il vit passer, entre autres, André Marie Ampère, le baron Haussmann, Léon Blum, etc. et forma maints hommes de lettres dont Alexandre Dumas fils, les frères Goncourt et bien sûr Marcel Proust, très attaché au quartier, mais aussi Alfred de Vigny, Paul Verlaine, Paul Valéry, Jean Cocteau et, plus près de nous… Serge Gainsbourg et Jacques Dutronc ! *M° Saint-Lazare, Havre-Caumartin RER Auber, Condorcet 8, rue du Havre et 63-65, rue Caumartin 75009*

Gare Saint-Lazare (plan 8, B1) Bâtie une première fois entre 1836 et 1851 sur la ligne Paris–Saint-Germain-en-Laye (Le Pecq, en fait), c'est la première gare parisienne. Dotée d'une armature métallique élancée qui servit d'inspiration à Baltard pour ses Halles, elle est totalement reconstruite entre 1886 et 1889 par Juste Litsch qui y ajoute de grandes verrières, typiques de l'architecture rationaliste de la fin du XIXᵉ siècle. Quoique moins admirée que la gare du Nord, la gare Saint-Lazare garde quelques partisans. Proust la compara à un "grand atelier vitré". Huysmans, qui habitait le quartier de l'Europe, y situa quelques scènes mémorables de son roman *À rebours* ; André Breton et les surréalistes sont venus se perdre salle des Pas perdus. Devant la gare, la cour du Havre, côté est, porte *L'Heure de tous*, et la cour de Rome, *La Consigne à la vie*, deux sculptures élevées par Arman en 1985. La gare dessert l'Ouest parisien par des trains de banlieue (en direction de Saint-Cloud, Versailles, Cergy, Conflans, Mantes…) ; et quelques grandes lignes gagnent la Normandie (Rouen, Le Havre, Caen, etc.). *M° Saint-Lazare RER Haussmann-Saint-Lazare 13, rue d'Amsterdam 75008 Ouverte tlj. 6h-1h30*

Rue Saint-Lazare (plan 8, B1-C1) Une petite virée dans cette rue, du côté est, vers l'église de la Trinité (cf. Montmartre, Découvrir la Nouvelle Athènes et le quartier Saint-Georges), permet d'apprécier à sa juste saveur (piquante) l'atmosphère du quartier. Gare ! Les pickpockets sont légion dans les environs et c'est un des rares quartiers de Paris où l'on peut assister à d'authentiques courses-poursuites entre policiers et mauvais garçons… À l'angle de la rue de Budapest s'élève l'hôtel Concorde-Saint-Lazare, ancien Grand Hôtel Terminus : construit pour l'Exposition universelle de 1889 dans un pompeux style haussmannien, il a gardé la passerelle aujourd'hui désaffectée qui le reliait directement à la gare. Son hall d'entrée est magnifique. *M° Saint-Lazare*

Pont de l'Europe (plan 1, D3) À l'arrière de la gare, sur la place de l'Europe, au centre du quartier du même nom, il enjambe les rails qui filent vers le nord. Ce pont métallique fut construit lors de l'extension de la gare, pour relier les rues que les nouvelles voies ferrées avaient cisaillées (d'où la disposition en étoile des rues du quartier qui convergent toutes vers le pont). Il offre une vue imprenable sur les entrailles de la gare, vue qui inspira les artistes : Monet, entre autres, y planta son chevalet. D'ailleurs, au XIXᵉ siècle et au début du XXᵉ, le quartier, alors bien plus vivant qu'aujourd'hui, abrita de nombreux artistes, dont Manet (qui eut son atelier au 4, rue de Saint-Pétersbourg), Berlioz et Apollinaire. *M° Europe Pl. de l'Europe, 75008*

La Bourse et le quartier de la presse

Comme le quartier de l'Opéra, celui de la Bourse (plan 8, D2) se transforme tout au long du XIXe siècle, conjointement à l'essor de l'ère industrielle et du capitalisme. Ici aussi, les grandes institutions bancaires et financières jalonnent les rues nouvellement tracées de leurs façades opulentes. À la fin du siècle, entre les rues de Richelieu, Réaumur et Montmartre, émerge un quartier de la presse, avec l'installation des rédactions de *L'Aurore*, de *L'Humanité*, du *Temps*, du *Journal*, de *L'Intransigeant*, de *France-Soir*, du *Parisien libéré*, de *La République*, de *La Liberté*... L'immeuble du 144, rue Montmartre, conçu par Ferdinand Bal (1885), a conservé son fronton gravé du nom du quotidien *La France*, de même que, au n°16 de la rue du Croissant, on reconnaît la façade blanche des Imprimeries de la presse, devant laquelle les crieurs attendaient le tirage des éditions du soir. Les journalistes se réunissaient non loin, au café *À la chope du croissant* (146, rue Montmartre), où Jean Jaurès a été assassiné le 31 juillet 1914. Aujourd'hui demeurent dans le secteur *La Tribune* (51, rue Vivienne) ou encore l'*Agence France Presse* (13, place de la Bourse). Quant à l'ex-imprimerie de *L'Aurore*, elle est devenue un club très branché (cf. GEOAdresses, Sortir à Palais-Royal et Opéra).

Palais Brongniart (plan 8, D2) Après moult déménagements, la Bourse s'installe, sous l'impulsion de Napoléon, dans ce palais néoclassique (1807-1826) conçu par Alexandre Brongniart. Le site, jadis occupé par le couvent des Filles de Saint-Thomas, présente l'avantage d'être proche du Palais-Royal, centre commercial important, et de la Banque de France. Un péristyle de 64 colonnes corinthiennes entoure l'édifice rectangulaire, dont les deux entrées sont flanquées de statues allégoriques de *La Justice*, du *Commerce* (par F. J. Duret et A. Dumont, entrée principale), de *L'Industrie* et de *L'Agriculture* (par J. Pradier et É. Seurre, côté rue N.-D.-des-Victoires). Les ailes, au nord et au sud, qui lui donnent sa forme en croix, ont été ajoutées entre 1902 et 1907. La Corbeille, qu'illuminait une coupole à verrière cernée de galeries à arcades, s'est définitivement vidée de ses courtiers ; l'informatisation des échanges a rendu la place financière obsolète. Le bâtiment, propriété de la Ville, accueille encore des conférences et réunions organisées par la société d'exploitation des lieux, mais expiration du bail (en 2009) oblige, le devenir incertain du palais laisse libre cours aux spéculations... *M° Bourse* 4, pl. de la Bourse 75002

Autour de la Bourse (plan 8, D2) À l'est de la place, la rue de la Bourse (percée en 1826) et la rue du Quatre-Septembre (1864) sectionnent brutalement l'ordonnancement de la **rue des Colonnes**, classée monument historique. Ses 36 galeries, aux colonnes antiquisantes décorées de palmes étrusques, s'inspirent de celles du Palais-Royal et préfigurent les arcades de la rue de Rivoli. Elle aboutit au nord à la rue Feydeau, dont le vieux théâtre de 1789 (démoli en 1825) a accueilli la Bourse à ses débuts. La **rue Vivienne**, toute proche, a été rallongée en 1834 ; remontez-la jusqu'au n°33 pour admirer la vieille vitrine (1840) des chocolatiers-pharmaciens Debauve et Gallais, tout en dorures et boiseries. *M° Bourse*

Passage des Panoramas (plan 8, D2) L'un des plus vieux passages de Paris (1800). Conçu du temps où la rue Vivienne (1834) n'existait pas, ce raccourci donnait un accès direct aux Grands Boulevards et connut de ce fait un grand suc-

cès. Il était flanqué à la sortie de deux rotondes où étaient exposés des panoramas, vues réalistes de monuments peintes en trompe l'œil que l'on admirait d'un escalier en colimaçon. Sous ses hautes verrières, les échoppes d'antan, surmontées, à l'étage, d'une réserve, s'alignent derrière des enseignes désuètes. Notez le décor troubadour du graveur Stern (1840) ou celui, Second Empire, du salon de thé L'Arbre à cannelle, ancien chocolatier. L'une des ramifications conduit à la sortie des artistes du Théâtre des Variétés. *M° Grands Boulevards, Richelieu-Drouot* 10, rue Saint-Marc et 11-13, bd Montmartre 75002 Ouvert tlj. 6h-0h

Rue Réaumur (plan 11, A3-B3) Ouverte en 1897, au moment où les règles d'urbanisme s'assouplissent pour encourager l'innovation architecturale (structure métallique, grandes baies vitrées et oriels), cette large artère aligne une suite de façades très décoratives, associant la pierre, le verre et la fonte. La vocation commerciale des bâtiments, élevés pour les poids lourds de la presse et du textile, exigeait de grands espaces faciles à diviser, largement éclairés par la lumière naturelle. Les constructions, à l'architecture souvent délirante, rivalisent d'originalité, effet du tout nouveau concours de façades organisé par la Ville (1898-1936). À voir, en particulier, l'immeuble du n°124, par Georges Chedanne (1905), et sa façade entièrement métallique, percée de grandes baies – seul le dernier étage, réservé à l'habitation, est en brique. Autre bel exemple, l'immeuble de Charles de Montarnal (n°118), édifié en 1900, et dont la façade, rythmée par des colonnes métalliques et de gigantesques verrières, a été primée au concours. Le n°100 appartenait à la rédaction de *France-Soir* et le n°113 à celle du *Parisien libéré*. Les amoureux d'architecture jetteront aussi un coup d'œil aux façades des nos 126, 116 et 101. *M° Bourse, Sentier*

Les Grands Boulevards plans 8, 10, 11

Ils traversent Paris d'ouest en est, de l'Opéra à la place de la République. On se presse, avec la même frénésie qu'au XIXᵉ siècle, dans leurs théâtres, cinémas et lieux de shopping divers, chic à l'approche des quartiers cossus, populaires aux abords du Sentier. On s'échappera volontiers sous les verrières de passages discrets, injustement tombés dans l'oubli alors qu'hier encore les élégantes ne juraient que par leurs boutiques. Au nord des Grands Boulevards, les vieux faubourgs parisiens, toujours aussi trépidants et laborieux, mais bien plus cosmopolites qu'autrefois, promettent le dépaysement le plus total. Entre Bombay et Ankara, voire Jérusalem, on passe d'un monde à un autre en faisant seulement le tour d'un pâté de maisons !

LA GRANDE ÉPOQUE DES BOULEVARDS La Rive droite étouffe à l'intérieur de l'enceinte de Charles V lorsque Louis XIV décide d'araser ces fortifications devenues inutiles. Vers 1670, on comble donc les fossés pour les transformer en une large promenade verte, qui séduit immédiatement les Parisiens. Et au

GÉOQUARTIERS

XVIIIᵉ siècle, on bâtit de beaux hôtels particuliers dans les faubourgs, pour de riches financiers et des actrices entretenues qui reçoivent somptueusement. Sous le Directoire et le Consulat, après le traumatisant épisode de la Terreur, les Grands Boulevards sont au faîte de leur gloire : cocottes en vogue, spéculateurs boursicoteurs, journalistes et dandys s'y croisent à la sortie des théâtres, des opérettes, des cafés et restaurants mondains. On dépense sans compter dans les boutiques féeriques alignées à l'intérieur de passages abrités, directement inspirés des souks orientaux. Le développement de ces passages couverts est étroitement lié à l'effervescence des plaisirs et de la consommation. De tous les passages créés à la fin du XVIIIᵉ siècle et au début du XIXᵉ, Paris n'en conservera qu'une quinzaine. Ils se démodent avec les grands travaux d'assainissement conduits par Haussmann : les égouts, les trottoirs et l'éclairage public rendent obsolètes le confort et le refuge contre les intempéries qu'ils offraient aux passants. Par ailleurs, l'apparition des Grands Magasins déplace les consommatrices.

Les Grands Boulevards, mode d'emploi

orientation

Les Grands Boulevards s'étirent du boulevard Montmartre au boulevard Saint-Martin. Au sud de cet axe s'étendent les 2ᵉ et 3ᵉ arrondissements, au nord les 9ᵉ et 10ᵉ arrondissements. Les grands axes transversaux sont les rues du Faubourg-Montmartre, du Faubourg-Poissonnière (limite du 9ᵉ et du 10ᵉ) et le boulevard de Strasbourg, sans oublier le boulevard Magenta et la rue La Fayette, grandes diagonales qui se rejoignent au niveau de la gare du Nord. Sur les **boulevards** Montmartre, Poissonnière, de Bonne-Nouvelle, Saint-Denis et Saint-Martin se succèdent cinémas et théâtres. Du faubourg Montmartre au faubourg Saint-Martin, les amateurs de voyages se délectent dans les restaurants et épiceries exotiques de ces quartiers cosmopolites.

accès

EN MÉTRO Plusieurs stations des lignes 8 et 9 desservent les Grands Boulevards : Richelieu-Drouot, Grands Boulevards, Bonne Nouvelle, Strasbourg-Saint-Denis. La ligne 4 vous dépose au cœur du 10ᵉ arrondissement (Château d'Eau), la ligne 7 dans différents points du 9ᵉ (Le Peletier, Cadet, Poissonnière).

EN BUS La ligne 20 (Gare Saint-Lazare-Gare de Lyon) longe tous les Grands Boulevards. La 48 (Palais Royal-Porte des Lilas) les dessert côté 9ᵉ arrondissement, la 39 (Issy-Val de Seine-Gare de l'Est) côté 10ᵉ. Les lignes 38 (Porte d'Orléans-Gare du Nord) et 47 (Gare de l'Est-Kremlin-Bicêtre) passent par le bd de Strasbourg et la rue du Faubourg-Saint-Martin.

EN VOITURE Hors des grands axes, la circulation est particulièrement dense dans le maillage serré des 9ᵉ et 10ᵉ ardts. **Parkings 24h/24.** *Chauchat-Drouot* (plan 8, D2) 12-14, rue Chauchat Tél. 01 42 46 03 17 **Rex-Atrium** (plan 11, A2) 5-7, rue du Faubourg-Poissonnière Tél. 01 42 46 67 25 et **Franz-Liszt** (plan 11, B1) rue des Petits-Hôtels Tél. 01 40 16 41 01

informations touristiques

Mairie du 9e ardt (plan 11, A2). M° Richelieu-Drouot 6, rue Drouot 75009
Tél. 01 71 37 75 09 www.mairie9.paris.fr
Mairie du 10e ardt (plan 11, C2). M° Strasbourg-Saint-Denis 72, rue du
Faubourg-Saint-Martin 75010 Tél. 01 53 72 10 10 www.mairie10.paris.fr

marché

Marché couvert Saint-Martin (plan 11, C2). M° Château d'Eau 31-33, rue
du Château-d'Eau 75010 Ouvert mar.-sam. 8h30-13h et 16h-19h30, dim. 8h30-13h

Découvrir le quartier des Grands Boulevards

☆ **À ne pas manquer** Le musée Grévin, les passages couverts **Sans oublier
nos adresses** Allez voir un film dans le décor baroque du Grand Rex ou une pièce
au Théâtre Antoine

Les cafés jadis fréquentés par la haute société parisienne ont cédé la place à des
restaurants de chaîne, des fast-foods, des banques et des cinémas multisalles.
Seuls vestiges du passé, les façades majestueuses qui s'alignent de part et d'autre
des Grands Boulevards, les passages couverts et les théâtres qui, en dépit d'une
histoire tourmentée, ont traversé le temps avec leur répertoire divertissant. Au
contraire, les faubourgs du Nord (9e et 10e arrondissements), déjà populeux, virent
s'installer de nombreuses manufactures après l'ouverture des gares du Nord et de
l'Est, dans les années 1840 et 1850. Certaines rues ont conservé les traces de
ces activités – le cristal et la faïence rue de Paradis, la fourrure vers les rues Richer
et d'Hauteville. Un fascinant mélange de cultures donne à ce secteur une identité très
forte. Le promeneur attentif trouvera le temps de s'émerveiller devant quelques vestiges du passé – les hôtels particuliers des rues du Faubourg-Poissonnière et
d'Hauteville, amputés de leurs jardins, les somptueux intérieurs de quelques brasseries de la fin du XIXe siècle. Les faubourgs Saint-Denis et Saint-Martin, qui partent
des portes du même nom, traversent l'un des plus pittoresques quartiers de Paris,
melting-pot indo-oriental. Maints passages populaires les relient au boulevard de
Strasbourg, percée haussmannienne (1854) favorisant l'accès à la gare de l'Est.

Au fil des boulevards Montmartre et Poissonnière

Les trottoirs de ces deux boulevards **(plan 10, A1-B1)** fourmillent d'une foule bigarrée : les visiteurs du musée Grévin, les chineurs des passages couverts, les
spectateurs des grands cinémas et les badauds qu'attirent les terrasses de ses
cafés. Celle du 6, bd Montmartre n'évoque plus guère le Café Madrid, fief des journalistes républicains où Gambetta exerçait ses talents d'orateur. En revanche, au
n°7, le **Théâtre des Variétés** tient encore le haut du pavé. En 1807, la vaillante
troupe de Mlle Montansier s'y installa après avoir été chassée du voisinage du
Théâtre-Français, auquel elle portait ombrage avec ses vaudevilles hilarants.

Offenbach y donna *La Belle Hélène* en 1864 et *La Grande-Duchesse de Gérolstein* en 1867. Cette salle est demeurée le plus grand théâtre de boulevard parisien. Plus loin, au 24, bd Poissonnière, s'élève le **Théâtre des Nouveautés** (1920), dont le nom fait référence à une salle détruite lors du percement de la rue des Italiens. Jouxtant le théâtre, le **Max Linder Panorama** (1912) a conservé sa salle de cinéma de 700 places sur trois niveaux (orchestre, balcon et mezzanine), mais s'est doté d'un écran panoramique et d'équipements ultramodernes. Autre temple du 7e art, le **Grand Rex** pointe fièrement, au n°1 du bd Poissonnière, sa façade pyramidale Art déco (1932) aux allures de building new-yorkais (cf. GEOAdresses, Sortir sur les Grands Boulevards). *M° Grands Boulevards*

Hôtel des ventes Drouot (plan 8, D1) Les jours d'enchères, une foule bigarrée se presse au n°9, rue Drouot, pour se disputer des objets de toutes sortes, du bibelot anodin aux tableaux de maîtres. Les ventes étant publiques, vous pouvez apprécier librement leur fascinant rituel, orchestré par les commissionnaires à col rouge chargés de présenter les objets, les crieurs qui annoncent les enchères, et le commissaire-priseur muni de son marteau. Le bâtiment, comprenant 16 salles de ventes, a été entièrement refait en 1980 par les architectes Fernier et Biro ; leur "réinterprétation surréaliste de l'architecture haussmannienne" se dresse devant une drôle de fontaine cubiste. *M° Le Peletier 9, rue Drouot 75009 Tél. 01 48 00 20 20 www.gazette-drouot.com Exposition des objets mis en vente mar., jeu. et sam. 11h-18h et le jour de la vente 11h-12h, ventes lun.-sam. 14h Pas de vente en août*

Musée de la Franc-Maçonnerie (plan 11, A1) Les objets, décorations et symboles maçonniques exposés dans la salle relatent un peu de l'histoire de cet ordre secret. On apprend que, en France, il s'est développé sous la tutelle d'un Grand Ordre national, créé en 1773 – le duc d'Orléans, son premier grand maître, dut abjurer la maçonnerie sous la Terreur. L'ordre a joué un rôle dans le débat d'idées et les luttes révolutionnaires (révolutions de 1848 et Commune de 1870, combat pour la laïcité sous la IIIe République) et compta, parmi ses membres les plus connus, Victor Schœlcher (1804-1893), qui fit abolir l'esclavage dans les colonies en 1848, ou encore Jules Ferry, auquel on doit la laïcité, l'obligation et la gratuité de l'enseignement public. Parmi les objets exposés figurent le tablier d'initié de Voltaire et l'épée maçonnique du général de La Fayette (1757-1834), acteur de la lutte pour l'indépendance américaine. *M° Cadet, Grands Boulevards 16, rue Cadet 75009 Tél. 01 45 23 20 92 Ouvert mar.-ven. 14h-18h, sam. 13h-17h Tarif 2€*

☆ **Les passages couverts** (plan 8, D2 et plan 11, A2) Plus récent que celui des Panoramas, le **passage Jouffroy** (1847) bénéficia d'un meilleur confort : volumes amples, charpente en métal élaborée et, comble du luxe pour l'époque, chauffage au gaz par le sol. Ses commerces insolites méritent qu'on s'y attarde : le bazar du Palais oriental, les magasins de jouets et de miniatures, la théâtrale Galerie Ségas et ses cannes anciennes. Après un coude, qui abrite la sortie du musée Grévin, le passage se rétrécit, n'accueillant plus que l'étroite vitrine du libraire Paul Vulin – les réserves qui le dominent sont des trompe-l'œil. La promenade se poursuit sous l'élégante verrière en berceau du **passage Verdeau**. On va chiner dans les bacs de son bouquiniste spécialisé dans la BD d'occasion, flâner dans la désuète mercerie Au bonheur des dames ou rêver devant les appareils photo anciens du magasin Verdeau. *Pass. Jouffroy 10-12, bd Montmartre et 9, rue de la Grange-Batelière*

Ouvert tlj. 7h-21h30 **Pass. Verdeau** *6, rue de la Grange-Batelière et 31bis, rue du Fg-Montmartre Ouvert tlj. 7h30-21h (w.-e. 20h30)* **M° Grands Boulevards**

☆ **Musée Grévin (plan 10, A1)** Ce musée de figures de cire s'est installé dans le passage Jouffroy en 1882, sur une idée du journaliste Arthur Meyer : celle de présenter à ses contemporains les visages des plus grandes célébrités de leur temps. Le caricaturiste Alfred Grévin, chargé du travail artistique, laissa son nom à cette entreprise originale. Toujours aussi populaire, le musée Grévin fascine par le réalisme troublant de ses personnages (des comédiens cachés parmi les statues de cire se chargent d'ailleurs de causer des frayeurs aux visiteurs). Ses salles présentent un panorama de l'histoire de France en 25 tableaux (Jeanne d'Arc au bûcher, l'assassinat d'Henri IV, la cour de Louis XIV…), un palais des Mirages (son et lumière exécuté pour l'Exposition universelle de 1900), les faits marquants du xxe siècle et plusieurs décors fabuleux mettant en scène des personnalités du monde de la politique, du sport, du show-biz, des arts. Toutes entrent au musée sur décision de l'académie Grévin, constituée de professionnels des médias et présidée par Bernard Pivot. **M° Grands Boulevards** *10, bd Montmartre 75009 Tél. 01 47 70 85 05 www.grevin.com Ouvert tlj. 10h-18h30 (19h sam.-dim., j. fér. et vac. scol.) Dernière entrée 1h avant fermeture Tarif 18€, réduit 15,50€, 6-14 ans 10,50€ Visites contées (7-12 ans) mer., sam. et dim. 14h30 (hors vac. scol.) sur rés. 15€ Label Tourisme et Handicap*

Faubourg Montmartre (plan 11, A1-A2) Ce quartier est l'ancien domaine des fourreurs de Paris. La rue qui porte son nom abrite encore quelques vieux commerces, telle À la mère de famille (au n°35), splendide confiserie dont l'enseigne s'inscrit en lettres d'or sur une devanture verte. Un peu plus haut, à droite, s'ouvre la **rue Cadet**, piétonne jusqu'à la rue La Fayette et bordée de commerces de bouche. Au n°16, la façade d'aluminium du Grand Orient de France abrite un petit musée de la Franc-Maçonnerie. Au carrefour de la rue de Provence, la proximité de l'hôtel des ventes de la rue Drouot se devine à la prolifération des boutiques d'antiquaires, des philatélistes et des études de commissaires-priseurs. On poussera jusqu'au porche majestueux de la mairie du 9e arrondissement, installée dans les magnifiques appartements de l'**hôtel d'Augny**, au n°6 de la rue Drouot. Le fermier général Alexandre d'Augny fit construire cette demeure en 1752 pour y installer sa maîtresse, Mlle Gogo, actrice à la Comédie-Française. **M° Grands Boulevards, Le Peletier, Cadet**

Faubourg Poissonnière (plan 11, A1-A2) Il s'étend autour de la longue voie, prolongée au sud par la rue Poissonnière, qu'empruntait jadis le poisson de la Manche jusqu'aux Halles, au cœur de la capitale. Au n°14-18 de la **rue Bergère**, la première transversale à gauche, s'élève la monumentale façade de la BNP, projetée par Corroyer en 1881 et sculptée par Aimé Millet d'allégories de la Prudence (tympan), de l'Industrie et du Commerce (fronton). À hauteur du n°23, un porche s'ouvre sur la paisible **cité Bergère**, lotissement de 1825 composé de jolies façades Restauration, agrémentées de marquises en verre et en fonte ; presque toutes abritent des hôtels de tourisme. Heinrich Heine vécut au n°3. Revenez sur vos pas pour prendre la **rue du Conservatoire**. Elle héberge le Conservatoire national supérieur d'art dramatique (n°2bis), héritier du Conservatoire de déclamation créé par Napoléon Ier en 1811 et dirigé par Talma de 1806 à sa mort, en 1826. De cette époque demeure un théâtre classé – pour le reste, le bâtiment fut profondément re-

GÉOQUARTIERS

manié par Janniard en 1853. L'église néogothique Saint-Eugène, élevée en 1855 par Lusson et Boileau à l'angle de la **rue Sainte-Cécile**, possède une ossature entièrement métallique, grande innovation pour l'époque. Ses colonnes, voûtes, arcs et nervures en fonte revêtent un décor peint or, bronze et bleu, récemment restauré. Plus haut, on atteint la **rue Richer** et ses commerces kasher (le sud-est du 9e ardt abrite une importante communauté juive et une dizaine de synagogues). Traversez-la pour vous engouffrer dans la discrète **cité de Trévise** (1840) : seul le glouglou d'une fontaine, portée par trois cariatides, vient rompre le silence de cet élégant ensemble résidentiel, aux façades néo-Renaissance typiques de la monarchie de Juillet, disposées autour d'un square. En longeant la rue Richer vers l'ouest, vous remarquerez, au n°32, l'emblématique façade Art déco des **Folies-Bergère**, sculptée par Pico en 1929. Les numéros d'acrobates et spectacles "osés" du premier music-hall de France (1869) firent place à des revues au début du XXe siècle ; Mata Hari, Colette, Joséphine Baker, Maurice Chevalier et Mistinguett ont fait la célébrité de cette scène. *M° Bonne Nouvelle, Poissonnière*

Au fil des boulevards de Bonne-Nouvelle, Saint-Denis et Saint-Martin

Plus populaires que les précédents **(plan 11, B2-C2)**, ils participent de l'atmosphère industrieuse des arrondissements limitrophes. Les théâtres y sont encore nombreux, tel le **Théâtre du Gymnase-Marie Bell** (*38, bd de Bonne-Nouvelle*, 1820), où furent données nombre de pièces de Scribe et de Dumas fils. Citons également le **Théâtre de la Porte Saint-Martin** (*16, bd Saint-Martin*, 1802), où triompha *Cyrano de Bergerac* d'Edmond Rostand en 1897, et le **Théâtre de la Renaissance** (*20, bd Saint-Martin*), né sous l'impulsion de Dumas et de Victor Hugo en 1873 et dirigé par Sarah Bernhardt de 1893 à 1901. En faisant un petit détour, on ira admirer une autre salle prestigieuse, le **Théâtre Antoine** (*14, bd de Strasbourg*, 1881), du nom de son plus illustre directeur, André Antoine, qui inventa la mise en scène moderne à une époque où le jeu des acteurs se réduisait à la déclamation. Aux deux extrémités du bd Saint-Denis, les monumentales portes Saint-Denis (1672) et Saint-Martin (1674), arcs de triomphe élevés pour célébrer les victoires militaires de Louis XIV, marquent l'entrée des principales voies d'accès au Paris du XVIIe siècle. Le bd Saint-Martin – dont les trottoirs surélevés rappellent qu'il est aménagé sur les fossés du mur de Charles V – débouche **place de la République**. Une *République* en bronze due aux frères Morice (1883) domine le large rond-point d'où plusieurs percées haussmanniennes rayonnent vers d'anciens faubourgs populaires. Ainsi, l'aménagement du bd Voltaire (1857) entraîna la disparition du "boulevard du Crime" et de sa vingtaine de théâtres où se jouaient chaque soir, à guichets fermés, des mélodrames sanguinolents (cf. GEOAdresses, Sortir sur les Grands Boulevards). *M° Bonne Nouvelle, Strasbourg-Saint-Denis, République*

☺ **Hôtel de Bourrienne** (plan 11, B1) Rare rescapé des somptueux hôtels particuliers élevés à la fin du XVIIIe siècle rue d'Hauteville, cette demeure a appartenu à Fortunée Hamelin, célèbre "merveilleuse" du Directoire et du Consulat, puis à Bourrienne, secrétaire de Bonaparte. Bâtie en 1787-1788 par Célestin Joseph Happe, elle est de nos jours cachée par une maison du XIXe siècle : passé le porche, on découvre sa façade Directoire, jadis cernée de jardins. L'intérieur, décoré par Lecomte, Bellanger et Prud'hon, est un précieux témoignage des arts décoratifs de l'époque. Frises, stucs, cariatides, planchers marquetés et colonnes antiques composent le cadre fastueux et raffiné des salons, jardin d'hiver, cabinet de travail, chambre à coucher. Partout, les références à l'Égypte, la Grèce et la Rome anciennes témoignent de ce regain d'intérêt pour l'antique suscité par les fouilles de Pompéi à l'instigation du roi de Naples et le succès de la campagne d'Égypte de Bonaparte. La salle de bains égyptienne or et ivoire disposait, comble de la modernité, de l'eau chaude. Le jardin arrière permet d'apprécier la façade dans le cadre champêtre d'origine. *M° Poissonnière 58, rue d'Hauteville 75001 Tél. 01 47 70 51 14 Ouvert sur rdv. toute l'année 6€ ; 1ᵉʳ-15 juil. et sept. : tlj. 12h-18h 7€*

Faubourg Saint-Denis (plan 11, B1-B2) Autre ambiance, dans la très commerçante rue du Faubourg-Saint-Denis : tel un marché en plein air, elle étale les comptoirs colorés de ses épiciers et bouchers, majoritairement turcs. À ne pas manquer, le décor centenaire (1902) du "bouillon" Julien, au n°16, tout en volutes et verrières. De part et d'autre de la rue, on se perd dans des passages populeux : le vétuste **passage du Prado** (1785), dont la verrière Art déco protège des échoppes indiennes – coiffeurs à 6€ la coupe, vidéoclubs de films de Bollywood, restaurants, téléboutiques –, le **passage de l'Industrie**, venelle bordée de boutiques de cosmétiques à usage professionnel (prix attractifs !), le pittoresque **passage Brady** (1828), cœur de la *Little India* parisienne, sur lequel flotte un éternel parfum de curry et de cardamome – épiceries où se fournir en encens, henné et bracelets colorés, restaurants animés dont les tables s'éparpillent sous la verrière… Au niveau du n°63, échappez-vous par la cour des Petites-Écuries, enclave pavée et piétonne aux larges trottoirs, où il fait bon boire un café en terrasse. Au n°7 se tapit la brasserie alsacienne Flo, un établissement centenaire dont le décor feutré vaut autant le détour que la cuisine. La cour débouche rue des Petites-Écuries, non loin du prestigieux club de jazz **New Morning**. Tournez ensuite à droite pour remonter la rue d'Hauteville, longue artère percée en 1772. Nous vous conseillons la visite d'une de ses demeures historiques, l'hôtel de Bourrienne, au n°58. La rue croise au nord la **rue de Paradis**, encore bordée de boutiques de vaisselle et d'objets décoratifs signés Baccarat, Lalique ou Christofle. Au n°18 s'élève la spectaculaire façade des anciennes faïenceries Boulanger (1889), dont les panneaux de céramique vantaient la production. *M° Strasbourg-Saint-Denis, Poissonnière*

☺ **Ateliers Hoguet-musée de l'Éventail** (plan 11, B2) Un discret atelier-musée caché chez le dernier fabricant d'éventails haut de gamme de France. Un savoir-faire que les Hoguet se transmettent depuis 1872. La maison survit grâce à son musée, à la restauration de vieux éventails et à la production de modèles destinés à la haute couture, au cinéma et au théâtre. On découvrira, dans les trois pièces meublées d'armoires en noyer d'où s'échappent étoffes précieuses et baguettes en ivoire, les techniques de fabrication des éventails et une belle collection de modèles français, italiens, indonésiens et chinois des années 1730 à nos jours. De petites merveilles de finesse, imprimées, lithographiées, aquarellées ou peintes à la feuille d'or, sur des montures délicatement ouvragées – sans oublier les extravagants modèles des Années folles en plumes d'autruche, d'oie ou de marabout. *M° Strasbourg-Saint-Denis 2, bd de Strasbourg 75010 Tél. 01 42 08 19 89 www.annehoguet.fr Ouvert lun.-mer. 14h-18h Groupe sur réservation au 01 42 08 90 20 Fermé août et j. fér. Tarif 6€*

Faubourg Saint-Martin (plan 11, B2-C2) Envahie par les boutiques de prêt-à-porter de gros, la rue du Faubourg-Saint-Martin a perdu de son charme. On jettera toutefois un coup d'œil, au n°48, au théâtre **Le Splendid**, ancien Casino Saint-Martin (1896) ressuscité par la célèbre troupe du *Père Noël est une ordure*. À côté, l'étroit passage du Marché, où abondent restaurants et épiceries kasher, conduit au récent marché couvert Saint-Martin. Un peu plus haut, le promeneur est surpris par la richesse ornementale de la mairie du 10e ardt (1896), conçue par Rouyer : colonnes cannelées, sculptures féminines, têtes de bélier, feuillages, et de superbes portes en fer forgé. La mairie trône à l'angle de la rue du Château-d'Eau : à l'est, des visiteurs armés de leur guide de voyage s'en vont découvrir la plus petite maison de Paris (n°39), bâtie sur un passage de 1,20m de large ! À l'ouest, vous pénétrez dans l'univers de la cosmétique et de la coiffure afro : boutiques de produits capillaires et salons où se faire tresser les cheveux maintiennent le boulevard de Strasbourg en ébullition. **M° Strasbourg-Saint-Denis**

Châtelet, les Halles et Beaubourg

plans 11, 15, 16, 18, 19

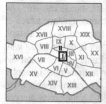

En deux siècles, Paris s'est forgé un nouveau centre, méconnaissable. Avec Haussmann, les ruelles médiévales qui enserraient le Châtelet et l'Hôtel de Ville ont cédé la place à de larges voies rectilignes, bordées de façades en pierre de taille unifiées. Quant au mythique marché central des Halles, qui assurait l'approvisionnement des Parisiens depuis le XIIe siècle, il a déménagé à Rungis, en banlieue sud, avec ses étals gargantuesques et ses milliers de marchands et de portefaix à la gouaille légendaire, en 1969. Le trou béant laissé par le carreau fut bientôt comblé par un centre commercial souterrain directement connecté au métro et au RER, dont la gare Châtelet-Les Halles est devenue le pivot avec plus de 800 000 passagers par jour – le trafic le plus intense au monde ! Mais ce centre "exemplaire" d'une mégalopole contemporaine par sa fonctionnalité et son impersonnalité a dès l'abord déchaîné les passions... Dans la capitale du romantisme, l'affaire a pris la tournure d'un chagrin d'amour ! Depuis qu'il a fait peau neuve, le quartier ne cesse de cristalliser les nostalgies et les rejets. Paris peine à y retrouver son cœur, ce creuset chaleureux et vibrant, foyer de ses échanges et de sa culture populaire. Autant dire que le projet de réaménagement des Halles engagé par la nouvelle municipalité suscite bien des attentes. Espérons qu'il connaîtra le même succès que Beaubourg avec le centre Georges-Pompidou, un geste architectural d'une telle hauteur qu'il met tout le monde sur un pied d'égalité, si ludique qu'il rend des couleurs à la ville et si révolutionnaire qu'il réconcilie l'art et la rue !

LES RÉVOLUTIONS DU "VENTRE DE PARIS" Si Lutèce s'est épanouie sur la rive gauche de la Seine, le Paris médiéval s'affirme sur sa rive droite. Reclus dans l'île de la Cité après les siècles d'invasions qui ont ruiné la ville gallo-romaine, les Parisiens commencent à y prendre leurs aises, au XIIe siècle, quand Louis VI fait bâtir la forteresse du Grand Châtelet sur la place qui en conservera le nom. Cette rive inhabitée dispose, en effet, d'un sérieux atout : une grève peu pentue, propice au débarquement des marchandises. Sous l'égide de la puissante corporation des marchands sur l'eau, qui contrôle le trafic fluvial, ladite "place de Grève" s'impose vite comme le centre de l'activité commerciale parisienne. Pour permettre son essor, on transfère le marché aux Champeaux ("petits champs"), lieu-dit idéalement situé à l'interface du port et des routes commerciales du Nord : draps flamands par la rue Saint-Denis, poisson de la Manche et de la mer du Nord par la rue des Poissonniers, blé par la rue Saint-Honoré... En 1183, Philippe Auguste fait bâtir les premières halles, et le quartier prend leur nom : elles assureront pendant huit siècles l'approvisionnement de la ville et feront sa prospérité... non sans heurts ! Pour faciliter le contrôle de l'activité économique, Saint Louis crée un "parloir aux bourgeois", une ébauche de pouvoir municipal administrée par les marchands et leur chef, le prévôt. Cette institution entre en conflit avec le pouvoir royal dès le XIVe siècle. Élu prévôt en 1355, le drapier Étienne Marcel exige la création d'un conseil de régence et refuse les réformes monétaires ordonnées par le dauphin Charles. Resté maître de la capitale pendant un an, il est assassiné le 31 juillet 1358 et l'Hôtel de Ville, qu'il a établi place de Grève, voit ses prérogatives limitées : cette mise sous tutelle de la municipalité parisienne perdura, hors des épisodes révolutionnaires, jusqu'en 1976 ! Il faut dire que les Parisiens donnent du fil à retordre au pouvoir central, notamment les artisans et vendeurs des rues qui vivotent autour des Halles – l'actuel Sentier abrite ainsi l'une des douze "cours des Miracles" de la ville, rendue célèbre par Victor Hugo dans *Notre-Dame de Paris*. Sous la Fronde, le quartier prend fait et cause pour le Parlement de Paris contre le jeune Louis XIV, et il le fait encore en 1789 pour les États généraux contre Louis XVI ! Les ruelles de Beaubourg deviennent célèbres lors des journées insurrectionnelles de 1832 et 1834 : on en massacre les émeutiers jusqu'au-boutistes derrière leurs barricades... Haussmann ne peut supporter longtemps une telle poudrière au cœur de la capitale. Poursuivant l'œuvre engagée par Napoléon Ier, qui a fait percer la rue de Rivoli, il finit d'éventrer le tissu urbain médiéval pour former un quartier bourgeois autour de la nouvelle place du Châtelet et de ses deux théâtres. Quant aux Halles, Napoléon III confie leur reconstruction à Victor Baltard avec pour mot d'ordre : "Du fer, rien que du fer !" Le résultat est inédit : dix immenses pavillons, véritable cathédrale de fer et de verre, abritant des rues couvertes et des caves, un modèle de fonctionnalité et de salubrité. Mais un siècle plus tard, cette ville dans la ville dont Zola a si bien restitué l'incroyable activité dans *Le Ventre de Paris* ne suffit plus à nourrir une agglomération en pleine explosion démographique. Dans la nuit du 28 février 1969, les marchands des Halles replient leurs étals pour la dernière fois, vaincus, à vrai dire, par l'embourgeoisement de la capitale... La destruction du chef-d'œuvre de Baltard commence en 1971, ouvrant un immense trou béant et une vive polémique quant à son affectation... Finalement, une grande gare et un vaste centre commercial souterrains le combleront. Vous aviez le Ventre, voici les boyaux ! Aujourd'hui, à peine trentenaire, le complexe tant controversé exige un profond lifting… Mais son réaménagement pourra-t-il rassurer les Parisiens sur l'avenir de leur ville : encore populaire ou exclusivement bourgeoise, toujours laborieuse ou vitrine surfaite de la mode, vivante et innovante ou ville musée ?

Châtelet, les Halles et Beaubourg, mode d'emploi

orientation

La place du Châtelet occupe une situation stratégique au cœur de Paris : sur l'axe nord-sud, elle relie la Cité et Saint-Michel (Rive gauche) au bd de Sébastopol (Rive droite) ; d'est en ouest, le quai de la Mégisserie et la rue de Rivoli permettent de rejoindre le Louvre et l'Hôtel de Ville. Au nord de la rue de Rivoli s'étendent les Halles et le quartier Beaubourg. De là, la rue Montorgueil et la rue du Fg-Saint-Martin sont les voies les plus agréables pour gagner respectivement le Sentier et les Arts et Métiers.

Châtelet-Hôtel de Ville Cœur de Paris depuis le Moyen Âge, ce quartier a perdu son caractère médiéval avec les travaux d'Haussmann puis l'avènement de l'automobile. De son lointain passé témoignent encore l'église Saint-Germain-l'Auxerrois, joyau du gothique, et l'Hôtel de Ville, siège historique du pouvoir municipal.

Les Halles Le fief millénaire des marchands de Paris, outragé par les années 1970. Goûtez l'atmosphère populaire qui règne encore rue Montorgueil. Plus au nord, le Sentier demeure la zone de confection artisanale la plus dense d'Europe.

☆ **Beaubourg** Incroyable irruption de l'architecture industrielle au cœur de Paris, le centre Georges-Pompidou propose une rencontre jubilatoire avec l'une des plus belles collections d'art moderne et contemporain d'Europe. Au nord, le quartier Saint-Avoye conserve son caractère artisanal, tandis que le Conservatoire national des arts et métiers retrace magnifiquement l'histoire de l'innovation technique depuis la Renaissance.

accès

EN MÉTRO ET EN RER Incontournables sur le réseau ferré parisien, les stations Châtelet et Les Halles (reliées par un couloir souterrain) sont desservies par les lignes 1, 14, 4, 7 et 11 et les RER A, B et D. La ligne 11 dessert opportunément l'Hôtel de Ville, la ligne 7 le Pont-Neuf et la ligne 3, qui longe la rue Réaumur, le Sentier.

EN BUS La place du Châtelet forme un important nœud de communications, avec notamment les lignes 38, 47, 85 et 96 (nord-sud) et 69, 72 et 76 (est-ouest). La ligne 29 longe la rue Étienne-Marcel, à égale distance des Halles et du quartier Montorgueil.

EN VOITURE Évitez en journée la rue de Rivoli, le quai de la Mégisserie, la rue Réaumur et le Sentier : les embouteillages y sont très fréquents. Les Halles et Beaubourg forment un vaste ensemble piéton interdit aux voitures.
Parkings 24h/24. Beaubourg-L'horloge (plan 18, B1) 31, rue Beaubourg 75003 Tél. 01 40 29 97 29 **Saint-Germain-l'Auxerrois** (plan 15, D1) rue des Prêtres-Saint-Germain-l'Auxerrois 75001 Tél. 01 42 60 19 14 **Hôtel de Ville** (plan 18, B2) 3, rue de la Tâcherie 75004 Tél. 01 42 71 51 96 **Lobau** (plan 18, B2) 4, rue Lobau 75004 Tél. 01 42 77 88 53 **Rambuteau Nord** (plan 18, A1) rue du Pont-Neuf, rue

*Coquillère, rue de Turbigo, rue des Halles 75001 Tél. 01 40 39 03 67 **Saint-Eustache** (plan 18, A1) rue Coquillère 75001 Tél. 01 42 36 57 37 **Sébastopol** (plan 18, B1) 43bis, bd de Sébastopol 75001 Tél. 01 40 13 00 65*

informations touristiques

Hôtel de Ville (plan 18, B2). *M° Hôtel de Ville 29, rue de Rivoli 75004 Tél. 01 42 76 43 43 ou 39 75 www.paris.fr*

adresses utiles

Commissariat de police (plan 18, B1). *M° Étienne Marcel 4bis et 6, rue aux Ours 75003 Tél. 01 42 76 13 00*
XS Arena (plan 18, B1). Accès Internet. *2€/30min. M° Châtelet-Les Halles 43, bd de Sébastopol 75003 Ouvert tlj. 24h/24*

marchés

Marché Baudoyer (plan 19, A1-A2). *M° Hôtel de Ville Pl. Baudoyer Mer. 13h-20h, sam. 7h30-14h*
Marché Saint-Eustache-Les Halles (plan 16, A2). *M° Les Halles Rue Montmartre Jeu. 12h30-20h, dim. 7h-15h*

Découvrir le quartier du Châtelet

☆ **À ne pas manquer** Le quai de la Mégisserie, l'église Saint-Germain-l'Auxerrois **À proximité** Les îles de la Cité et Saint-Louis, le Louvre, le Marais **Sans oublier nos adresses** Faites une pause au Café Bricolo du Bazar de l'Hôtel-de-Ville

Cœur de la ville médiévale, le quartier du Châtelet est devenu, avec les travaux d'Haussmann et l'avènement de l'automobile, une plaque tournante de la circulation parisienne, perdant au passage le tracé tortueux de ses ruelles. L'église Saint-Germain-l'Auxerrois et l'Hôtel de Ville sont les seuls témoins marquants de sa longue histoire.

Autour de la place du Châtelet

Vaste carrefour impersonnel, la **place du Châtelet** (plan 16, A2) n'est pas la vitrine la plus réussie de l'urbanisme haussmannien, tant s'en faut… Elle doit son nom à la forteresse élevée sur le site au XIIe siècle pour protéger le pont de la Cité et qui abrita le premier "parloir aux bourgeois", puis une prison, et fut rasée en 1808. La fontaine du Palmier semble bien isolée sur son terre-plein central. Réalisée par Bralle en 1806 avec une ornementation en bronze de Boizot glorifiant la campagne d'Égypte de Bonaparte, elle fut légèrement déplacée en 1856. Les deux théâtres bâtis par Gabriel Davioud de part et d'autre de la place furent inaugurés en 1862. Ces jumeaux néo-Renaissance accueillirent les compagnies de deux théâtres du "boulevard du Crime" (bd du Temple) rasés par Haussmann. Côté ouest, le Théâtre du Châtelet était alors le plus grand de Paris, avec 2 500 sièges. Son vis-à-vis, l'ancien Théâtre lyrique, fut incendié sous la Commune et rebâti en 1874. Avant de devenir le Théâtre de la Ville, il porta le nom de Sarah Bernhardt, sa célèbre pensionnaire, qui y triompha dans *L'Aiglon* d'Edmond Rostand, en 1900. Au nord de la place, la Chambre des notaires (1855-1857), dont la façade porte les grandes dates de la rédaction du droit privé en France, un cadran solaire (emblème de la profession) et une devise latine des plus péremptoires : "Quoi que nous écrivions, c'est la loi."

☆ **Quai de la Mégisserie (plan 16, A2)** Au Moyen Âge, c'est dans ce secteur qu'œuvraient les bouchers. Le quai, aménagé de 1530 à 1539 pour relier le Louvre à l'Hôtel de Ville, est devenu l'un des grands axes de la capitale. Sur son trottoir s'alignent des commerces de plantes et d'animaux de compagnie et, côté Seine, des bouquinistes. À l'est s'étend l'ancien quartier des Orfèvres, comme en témoignent les vestiges de la chapelle Saint-Éloi (1550-1556), siège de leur confrérie (*8, rue des Orfèvres*), et l'aigle, emblème des orfèvres du quartier, sculpté à l'angle des rues Jean-Lantier et des Lavandières-Sainte-Opportune. *M° Pont-Neuf, Châtelet*

La Samaritaine (plan 15, D1) La Samaritaine doit son nom à la première pompe hydraulique de la capitale, un bâtiment installé au bord du Pont-Neuf en 1608 pour alimenter en eau le Louvre et les Tuileries et qui fut démoli en 1813. La première boutique ouverte en 1869 par Ernest Cognacq et son épouse, Louise Jay, connut un succès foudroyant. En 1905, l'enseigne emménagea dans l'immeuble Art nouveau dû à Frantz Jourdain et dont la façade à armatures métalliques et à la délicate ornementation florale domine la rue de la Monnaie. L'extension donnant sur la Seine, face au Pont-Neuf, fut conçue par Henri Sauvage en 1926 selon les principes des Arts déco : lignes droites et formes géométriques. La réouverture du magasin est prévue fin 2011. Rue du Pont-Neuf se dresse l'élégante silhouette de l'ex-Belle Jardinière (1865), reconnaissable à l'immense ferronnerie de son portail. Ce magasin, qui comptait près de 2 000 employés en 1930, ferma en 1970. Plusieurs magasins et bureaux occupent désormais l'édifice. *M° Pont-Neuf*

☆ **Église Saint-Germain-l'Auxerrois (plan 16, A2)** Elle se dresse face à la grandiose colonnade du Louvre, sur le site d'un sanctuaire mérovingien dédié à saint Germain, évêque d'Auxerre. De l'édifice roman des XIe-XIIe siècles seule subsiste la base du clocher, l'église ayant été rebâtie au XIIIe siècle, remaniée aux XVe, XVIe et XVIIIe, puis restaurée après sa mise à sac en 1831. Son porche ajouré de la fin du XVe siècle est unique en son genre dans la capitale, avec celui de la Sainte-Chapelle. Il jouit d'une luxuriante ornementation, caractéristique du gothique flamboyant. Remarquez la délicate *Cène* qui orne la clé de voûte de sa partie droite. L'intérieur de l'église, sobre et lumineux, mérite vraiment une visite. La chapelle du Saint-Sacrement, sur le bas-côté droit, abrite une magnifique fresque d'Amaury-Duval, élève d'Ingres, *Le Couronnement de la Vierge*. Au milieu de la nef, une chaire sculptée de Mercier (XVIIe s.) fait face à un banc d'œuvre royal dessiné par Le Brun (1682), don de Louis XIV. Saint-Germain était, en effet, la paroisse des rois quand ils résidaient au Louvre, et les architectes et artistes logés dans les galeries du palais, comme Le Vau et Chardin, s'y firent enterrer. La chapelle du bas-côté gauche, derrière le banc, abrite un somptueux retable flamand en chêne sculpté au début du XVIe siècle. Derrière le chœur, refait au XVIIIe siècle, l'abside est éclairée par de magnifiques vitraux, dont la composition et les coloris sont ceux de la Sainte-Chapelle. Notre-Dame de la Garde fait l'objet d'une grande vénération, en témoignent les ex-voto qui tapissent sa chapelle, à gauche du chœur. Le buffet d'orgue (1756), au-dessus de l'entrée, provient de la Sainte-Chapelle. La **mairie du 1er ardt**, érigée en 1857-1860 par Hittorff à gauche de l'église, en est un pastiche néo-Renaissance controversé. Une statue de la Loi domine son fronton, en contrepoint laïque au saint Michel qui veille sur Saint-Germain-l'Auxerrois. Les deux édifices se répondent en une étrange symétrie de part et d'autre du beffroi néogothique édifié par Ballu en 1860 et pourvu d'un carillon en 1878. *Église Ouverte tlj. 8h-20h Visite libre en dehors des offices Messe avec chants grégoriens dim. à 19h **Carillon** Toutes les 2h de 10h à 20h, carillon suppl. le dim. à 12h45 et concert gratuit (40 cloches) mer. 13h30-14h **Mairie** Tél. 01 44 50 75 01 **M°** Louvre-Rivoli Pl. du Louvre 75001*

Tour Saint-Jacques (plan 16, A2) C'est le seul vestige de Saint-Jacques-de-la-Boucherie, église érigée au début du XVIe siècle sur la route du pèlerinage à Saint-Jacques-de-Compostelle et démolie en 1797. La tour (1509-1523) est une merveilleuse illustration du gothique flamboyant, avec ses arabesques ciselées. Elle culmine à 84m. Un escalier en vis monte jusqu'à la plate-forme sommitale, sur laquelle trône une statue de saint Jacques le Majeur. Blaise Pascal y renouvela en 1648 les expériences sur la pesanteur de l'air qu'il avait menées au sommet du puy de Dôme. Depuis 1857, sa statue est assise sous les arcades. Dans le square Saint-Jacques, créé par Haussmann, une stèle est dédiée à Gérard de Nerval. C'est, en effet, à deux pas de là, rue de la Vieille-Lanterne (aujourd'hui disparue), que le poète se pendit en 1855, rongé par l'amertume : "Il s'en alla disant : Pourquoi suis-je venu ?" *M° Châtelet Square Saint-Jacques La tour est fermée au public depuis des années : ses interminables travaux de restauration devraient s'achever fin 2009*

Autour de l'Hôtel de Ville

La place de Grève prit le nom de **place de l'Hôtel-de-Ville** (plan 18, B2) en 1803. Au Moyen Âge, les compagnons de passage à Paris, en recherche d'embauche, se réunissaient sur ce débarcadère, d'où l'expression "être en grève". Longtemps la plus vaste de Paris, l'esplanade prêtait jadis son cadre aux folles fêtes de la Saint-Jean et, surtout, aux exécutions publiques. L'assassin d'Henri IV, Ravaillac, y fut écartelé le 27 mai 1610, au terme de terribles supplices (plomb fondu, huile bouillante, poix, etc.). Et, en 1792, on y testa la guillotine pour la première fois. Devenue piétonne en 1985, la place de l'Hôtel-de-Ville accueille, de décembre à mars, une grande patinoire en plein air très fréquentée (prêt de patins sur place). La passerelle de Grève qui la reliait à l'île de la Cité depuis 1828 devint **pont d'Arcole** en 1830, en souvenir de la victoire remportée en 1796 par Bonaparte sur les Autrichiens à Arcole. L'ancien boulevard de l'Hôtel-de-Ville, à l'ouest de la place, fut remanié pour devenir l'**avenue Victoria** en 1855, à l'occasion d'une visite de la reine d'Angleterre. Au nord-est de l'esplanade se dresse le **Bazar de l'Hôtel-de-Ville (BHV)**. Créée en 1856 par un petit colporteur ardéchois, la boutique du bazar Napoléon connut un franc et rapide succès. Bientôt rebaptisée Bazar de l'Hôtel-de-Ville, elle comptait quelque 800 employés à la mort de son fondateur, en 1900. Le bâtiment actuel, achevé en 1912, se distingue par sa structure métallique, novatrice pour l'époque, et son immense dôme d'angle.

Hôtel de Ville (plan 18, B2) En 1357, le prévôt Étienne Marcel achète la maison aux Piliers, sur la place de Grève, pour y installer l'assemblée municipale.

François Ier, soucieux de moderniser Paris, confie les plans d'un nouvel hôtel de ville à l'Italien Domenico da Cortone, dit "le Boccador". Le chantier, lancé en 1533, s'achèvera en 1628. L'architecte dessine une arche latérale pour enjamber la rue de Martiny et lui en adjoint une seconde à l'autre bout du bâtiment, par souci de symétrie : d'où la curieuse absence d'un portail central. À sa mort, en 1549, ses successeurs remanient sans génie le dessin des façades. Des travaux d'embellissement et d'agrandissement sont réalisés par Godde et Lesueur de 1837 à 1841. En 1848, l'Hôtel de Ville devient le lieu de rassemblement des révolutionnaires, et de glorieux orateurs, tel Lamartine, s'y illustrent. Sous le Second Empire, Delacroix et Ingres réalisent des plafonds pour les salons de la Paix et de l'Empereur, la cour centrale est achevée et elle accueille une immense fête à l'occasion de l'Exposition universelle de 1855. En mai 1871, l'Hôtel de Ville est incendié par les communards et entièrement détruit, comme le palais des Tuileries. Ballu et Deperthes dirigent sa reconstruction, de 1874 à 1882, selon deux principes : agrandir l'édifice et le rendre plus fonctionnel tout en respectant son style premier, alors en vogue. Copies de celles d'origine, ses façades d'inspiration Renaissance sont ornées de statues de Parisiens célèbres et d'allégories. Au-dessus de l'horloge (seule rescapée de l'incendie de 1871) qui domine l'avant-corps central siège une femme voluptueuse symbolisant la Ville de Paris. La décoration intérieure est fastueuse, notamment celle de la salle des Fêtes et du salon des Arcades qui, hélas, ne se visitent pas. Seules solutions : profiter des expositions thématiques qui y sont fréquemment organisées pour jeter un coup d'œil à l'intérieur, attendre les Journées du patrimoine ou faire la visite virtuelle de l'édifice que propose le site *www.paris.fr.* C'est en 1977 qu'un maire prit possession des lieux : l'administration de la capitale était jusque-là confiée à un préfet. **M° Hôtel de Ville** *Place de l'Hôtel-de-Ville 75001 Tél. 01 42 76 40 40 Tél. rdv 01 42 76 54 04*

Découvrir le quartier des Halles

☆ **À ne pas manquer** La fontaine des Innocents, l'église Saint-Eustache **À proximité** Le Louvre **Sans oublier nos adresses** Prenez l'apéritif en terrasse rue Montmartre, faites du shopping rue Étienne-Marcel et dans les rues voisines, découvrez l'espace Créateurs du forum des Halles

Quand on atteint les Halles, on mesure le traumatisme suscité par la fermeture du marché et la destruction des pavillons de Baltard. L'immense esplanade choque par son vide, d'autant qu'elle fut longtemps le cadre d'une intense activité. En témoigne Zola dans *Le Ventre de Paris* : "*Un long roulement partait des Halles. Paris mâchait les bouchées à ses deux millions d'habitants, jetant le sang de la vie dans toutes ses veines. Des camions arrivaient au trot, encombrant le marché de cageots pleins de volailles vivantes. Il y avait aussi des moutons entiers, des quartiers de bœuf, des cuisseaux, des épaules. Les bouchers, avec de grands tabliers blancs, marquaient la viande d'un timbre, la voituraient, la pesaient, l'accrochaient aux barres de la criée. La marée arrivait, charriant les hautes cages de bois pleines de bourriches que les chemins de fer apportent toutes chargées de l'océan. Au milieu des verdures, certains tas étaient si hauts que les gens circulaient entre deux murailles bâties de paquets et de bottes : salades, laitues, scaroles et chicorées ouvertes et grasses encore de terreau. Les Halles débordaient.*" Cette topographie (textile et boucherie au sud ; farine, poisson et légumes au nord) s'était imposée au XIIIᵉ siècle et maintenue sous les pavillons de Baltard. Aujourd'hui, c'est un tout autre paysage qui s'offre à nous : la plus vaste aire piétonne d'Europe – mais, hélas, pas le lieu de balade le plus agréable de la capitale. Quant au Forum des Halles, mieux vaut ne pas être claustrophobe pour y faire du shopping ! Alors, en attendant le réaménagement du quartier, on peut toujours tenter de retrouver dans quelque vieux troquet, telle La Cloche des Halles, l'atmosphère haute en couleur qu'affectionnaient les "forts des Halles", ces portefaix (ils étaient encore 3 000 en 1965) célèbres pour leur jargon fleuri ! Toutefois, c'est sans doute rue Montorgueil que s'est le mieux perpétuée l'ambiance populaire du quartier, bien que les adresses à la mode y soient de plus en plus nombreuses… Pour vous faire une idée de l'encombrement des Halles de jadis, gagnez le Sentier en milieu de matinée : des dizaines de camions viennent livrer à ses ateliers de confection, créant d'immenses bouchons dans un retentissant concert de klaxons… Enfin, il vous faudra pousser en banlieue jusqu'à Nogent-sur-Marne (*12, av. Victor-Hugo*) pour admirer l'un des deux seuls pavillons de Baltard rescapés du massacre de 1969 – l'autre a été remonté à Yokohama, au Japon. Le bâtiment abrite dorénavant une salle de spectacles et ne se visite pas. Cependant, avec son plan carré original, la légèreté de ses supports et l'immensité de ses verrières, il demeure l'archétype du marché couvert tel qu'on le concevait au XIXᵉ siècle.

Forum et jardin des Halles (plan 16, A1-B1)

Est-ce parce que les Shadoks étaient à la mode dans les années 1970 que, à peine les pavillons de Baltard détruits et avant qu'un projet d'aménagement ait été arrêté, on se mit à creuser, creuser et creuser encore l'ancien carreau des Halles ? Au terme d'une vive polémique, on décida d'y installer une immense gare (plus de 2,5 ha de superficie et des quais de 300 m de long), puis de combler le trou d'un centre commercial connecté directement à la station. Située au croisement de trois lignes de RER et de quatre lignes de métro, la station Châtelet-Les Halles est devenue la pierre de touche du réseau ferré francilien. Le "Forum" conçu par Claude Vasconi et Georges Pencréac'h, fut achevé en 1979. Ses quatre niveaux de galeries souterraines s'organisent autour de la "place Basse" et de son *Pygmalion*, un groupe sculpté par Julio Silva. On aura la meilleure vue de cette drôle de termitière du haut des terrasses du bâtiment Lescot, qui forme la face visible du Forum au-dessus du niveau de la rue. Un second complexe, dessiné par Paul Chemetov, fut inauguré en 1985 à l'ouest du premier. Partant de la place Carrée (porte Saint-Eustache), il forme une véritable ville souterraine avec piscine, serre tropicale, commerces, bibliothèque et cinémathèque (Cf. GEOAdresses, Sortir à Châtelet-Les Halles). Ici, on a préféré coiffer le tout d'un grand jardin, conçu par Claude et François-Xavier Lalanne en 1987. Hélas, au milieu de barrières métalliques, de fontaines sans eau, d'entrées de parking et de colonnes d'aération, la végétation peine à pousser… Heureusement, aux abords de l'église Saint-Eustache, *Écoute*, la sculpture monumentale (70 t !) d'Henri de Miller, vient apaiser notre émoi face aux Halles modernes, avec sa tête doucement inclinée et drôlement sereine. Capterait-elle les premiers échos du succès de la refonte, si attendue, du quartier (Cf. GEOPanorama, Les grands travaux) ? *M° Châtelet, Les Halles*

Autour du Forum

Rue Saint-Denis (plan 16, B1-B2)

Voie historique reliant l'île de la Cité et le Châtelet aux Halles, cette rue est aussi celle que les rois de France empruntaient pour entrer dans Paris, après leur sacre à Reims, et l'axe que leur cortège funèbre remontait en direction de la basilique Saint-Denis et de la nécropole royale. Elle inflige aujourd'hui une déconvenue cuisante aux nostalgiques de la monarchie : le bon roi aurait dorénavant à se frayer un chemin entre les néons criards et les petits rideaux de plastique d'innombrables sex-shops ! Toutefois, si sa forme est nouvelle, ce commerce est ancien : les marges des Halles ont toujours été un repaire de filles publiques. Leur présence était si bien admise qu'on trouvait même dans les parages, au XVIIᵉ siècle, une rue Tireboudin et une rue Brisemiche ! Et, aujourd'hui, dans le nord de la rue Saint-Denis, les prostituées sont encore nombreuses à attendre dans l'entrebâillement des portes... Dans ce cadre, bordant rien de moins que la rue de la Grande-Truanderie (un souvenir des petits malfrats qui y opéraient au XIIIᵉ s.), l'**église Saint-Leu-Saint-Gilles** détonne ! On dirait l'un de ces derniers refuges de la foi chrétienne qui tentent de ramener dans le droit chemin les âmes perdues des faubourgs d'Amérique du Sud ou du Bronx ! La nef est gothique (XIVᵉ s.) et le chœur Renaissance (XVIIᵉ s.). Les bas-côtés ont été repris au XVIIIᵉ siècle, pour homogénéiser l'ensemble, d'où ces voûtes d'ogives en plâtre qui ne sont pas du meilleur effet... Enfin, le chœur a été surélevé au XIXᵉ afin d'aménager une crypte au sous-sol : avec sa pompeuse volée de marches, il n'est pas sans évoquer les sanctuaires de Lourdes et de Lisieux. Visites guidées le 1ᵉʳ dim. de chaque mois à partir de 14h jusqu'à 18h. *Église Saint-Leu-Saint-Gilles 92, rue Saint-Denis 75001 Tél. 01 42 33 50 22 Ouverte lun.-sam. 14h-19h30, dim. ouverte le matin pour l'office* **M° Étienne Marcel**

☆ **Fontaine des Innocents (plan 16, B1)** Un chef-d'œuvre Renaissance dû à Jean Goujon, hélas bien peu mis en valeur. Cette fontaine ornée de superbes nymphes faisait partie du décor dressé en 1549 pour l'entrée du roi Henri II dans Paris. À proximité s'élevait l'église des Saints-Innocents, aujourd'hui disparue, dont le cimetière fut longtemps le plus important de la ville. Philippe Auguste avait fait emmurer ce dernier en 1186 par mesure de salubrité, les halles étant à deux pas. Au début du XIVᵉ siècle, pour libérer ses fosses communes, on édifia des charniers le long de l'enceinte. L'odeur fétide qui émanait de ces ossuaires n'empêchait pas le cimetière d'être un lieu de promenade et de rendez-vous populaire ni les écrivains publics, les marchands et les prostituées d'y exercer leur commerce ! Tout le goût du Moyen Âge pour le macabre... Au XVIIIᵉ siècle, les préoccupations hygiénistes s'imposant, on décida de fermer la nécropole et de transférer les ossements (de plus de 1 million de morts) dans d'anciennes carrières de la Rive gauche : un hallucinant ballet de carrioles pleines de crânes et de tibias prit le chemin des Catacombes ! On rasa l'église et les derniers vestiges du cimetière en 1788 afin d'ouvrir la place actuelle, réaménagée dans les années 1970. **M° Châtelet, Les Halles** *Pl. Joachim-du-Bellay*

De la place Sainte-Opportune à la rue Saint-Honoré (plan 18, A1)

La **place Sainte-Opportune** est la mieux préservée des placettes qui cernaient les Halles médiévales et où débordait leur marché. Elle conserve l'une des plus belles bouches de métro Guimard, coiffée d'un étonnant éventail de verre. La **rue de la Ferronnerie** doit dorénavant son animation aux boutiques de mode et aux bars branchés qui l'ont envahie. Face au n°11, une grande dalle frappée d'une fleur de lis marque l'emplacement exact où Ravaillac surgit dans le carrosse royal, bloqué dans les Halles encombrées, et poignarda Henri IV... C'est aussi dans ce quartier que naquit Molière, soit au n°96 de la rue de la Ferronnerie (hypothèse la plus vraisemblable), soit au n°31 de la rue du Pont-Neuf. La refonte du quartier menée dans les années 1970 n'a pas épargné le flanc sud des Halles. Derrière un mur d'immeubles ingrats, la rue des Halles est littéralement barrée par la voie d'accès à l'autoroute qui passe sous le Forum. Bien mieux préservée, la **rue du Faubourg-Saint-Honoré** présente encore ce mélange original d'humbles maisons et de demeures bourgeoises des XVIIe et XVIIIe siècles où se côtoyaient petits et grands marchands. La **rue Bailleul** et la **rue de l'Arbre-Sec** conservent d'admirables façades Louis XV. *M° Châtelet*

Bourse de commerce (plan 16, A1) Dernier témoin du grand marché parisien, cette halle aux blés du XVIIIe siècle fut transformée en 1885 par Henri Blondel pour accueillir la Bourse de commerce. Elle abrite aujourd'hui des bureaux de la Chambre de commerce et d'industrie de Paris. Son décor grandiloquent est typique de la IIIe République, avec son portique monumental soutenant des allégories évaporées. La spacieuse rotonde à cour centrale découverte érigée en 1767 par Le Camus de Mézières devint le plus vaste espace voûté de France en 1783, quand elle reçut une coupole en bois, remplacée en 1809, après un incendie, par une structure en fer et cuivre. À cette dernière fut substituée une verrière, en 1838, formant l'une des premières coupoles en verre de l'époque. Le bâtiment est flanqué d'une curieuse colonne cannelée, dernier vestige d'un palais édifié par Philibert De l'Orme pour Catherine de Médicis en 1571 et détruit en 1748. Il s'agit de la tour d'où la reine se livrait à l'une de ses passions, l'astrologie ! *M° Les Halles Portique principal : 2, rue de Viarmes 75001 Tél. 01 55 65 55 65 Ouvert jeu.-mar. 9h-12h30 et 14h-16h, mer. 9h-12h30*

☆ ☺ **Église Saint-Eustache (plan 16, A1)** Elle a accompagné l'histoire des Halles et en reste le témoin le plus notable : longtemps, l'immense cadran solaire de son tympan sud rythma la vie du marché… C'est François Ier qui décida de sa construction en 1532 sur les vestiges de la chapelle Sainte-Agnès (XIIe siècle) pour marquer le retour de la Cour à Paris après un siècle d'infidélité sur les bords de Loire. Un projet ambitieux pour un superbe résultat ! Le plan et les dimensions de l'église ont été copiés sur ceux de Notre-Dame et, si son décor est Renaissance (dais, cartouches, larmiers, etc.), sa conception reste gothique : la seule élévation du chœur est digne d'une cathédrale ! La façade principale, qui menaçait de s'effondrer, fut relevée au XVIIIe siècle dans le style classique sans qu'on pût en achever les tours, d'où l'aspect quelque peu trapu de l'édifice, atténué toutefois par l'effet de légèreté créé par ses grandes verrières. Beaucoup conservent de magnifiques vitraux des XVIe et XVIIe siècles. Saint-Eustache recèle de précieuses œuvres d'art : au-dessus du portail gauche, *Le Martyre de saint Eustache*, de Simon Vouet ; dans la 5e chapelle à gauche du chœur, *Les Pèlerins d'Emmaüs* de Rubens ; dans la 6e, le tombeau de Colbert sculpté par Tuby et Coysevox sur un dessin de Le Brun, et dans la chapelle axiale, une très belle *Vierge* de Pigalle. La sculpture de Raymond Mason, *Le Déménagement des Halles*, conservée dans une des premières chapelles latérales nord de l'édifice, représente le transport des fruits et légumes. L'église eut les faveurs de la Cour et de la Ville aux XVIIe et XVIIIe siècles : Richelieu, Mme de Pompadour et Molière y reçurent le baptême, Louis XIV la première communion ; on y célébra les obsèques de La Fontaine et de Mirabeau ; Rameau et Marivaux y sont inhumés, de même que la mère de Mozart. L'orgue, avec 101 jeux et 8 000 tuyaux, est l'un des plus fameux de Paris et il magnifie la grand-messe (11h) et les vêpres (18h) du dimanche. Son buffet est dû à Baltard. *M° Les Halles* 2, rue du Jour 75001 Tél. 01 42 36 31 05 Ouvert lun.-ven. 9h30-19h, sam. 10h-19h, dim. 8h45-19h30

Quartier Montorgueil (plan 18, A1) Pour en admirer le spectacle, il faut se poster au sommet de l'escalier, au croisement des rues Montmartre et de Turbigo : s'offrent alors au regard le long défilé des façades avenantes de la rue Montorgueil, ses toits de zinc bonhommes souvent éclatants sous le soleil, ses étals et ses larges terrasses de café et le flot ininterrompu des piétons portés par sa pente, de la rue Réaumur... Pour un peu, on pourrait croire qu'une cohorte de maraîchers et de bouchers revient aux Halles vendre ses victuailles ! Quand on s'approche, cependant, l'illusion se dissipe vite : cette artère commerçante aux airs de marché populaire est devenue un repaire de la faune branchée. L'évolution du quartier illustre parfaitement le phénomène d'embourgeoisement qui affecte Paris aujourd'hui : sa réhabilitation et sa transformation en espace piéton, au début des années 1990, y ont fait flamber les loyers, contraignant à l'exil ses habitants les moins fortunés... Il ne reste plus qu'à apprécier les vieilles enseignes des petits commerces qui jalonnent la rue Montorgueil ("Gibier Volailles", "Rôtisserie", "Au planteur"...) et les humbles façades de la rue Tiquetonne et de ses voisines. La rue Marie-Stuart permet de rejoindre les jolis passages couverts du Grand-Cerf et du Bourg-l'Abbé, moins fréquentés, et donc plus calmes... *M° Les Halles, Étienne Marcel, Sentier*

Tour de Jean sans Peur (plan 11, A3-B3) C'est l'un des rares témoignages de l'architecture civile du Moyen Âge à Paris. Cette tour fut érigée en 1409 par Jean sans Peur, duc de Bourgogne, au flanc de l'hôtel familial aujourd'hui disparu, à l'aplomb du rempart de Philippe Auguste (le rez-de-chaussée en conserve des vestiges). Le duc y trouva refuge quand, ayant fait assassiner Louis d'Orléans, son rival dans la succession au trône, en 1407, il défia la couronne de France, s'alliant aux Anglais contre les Armagnacs. Il fut lui-même assassiné en 1419 après être resté maître de la capitale pendant un an... La tour évoque bien cette époque troublée avec ses salles restées dans leur jus, où de petits panneaux présentent les méthodes de construction médiévale et la vie seigneuriale au XVe siècle (guerre, loisirs, cuisine, vêtements, fêtes, etc.). L'escalier est une merveille de l'architecture médiévale : sa vis centrale se hisse comme un arbre jusqu'à une voûte en pierre sculptée de branches tressées et de feuilles de chêne. Des expositions temporaires bien documentées sur le Moyen Âge y sont organisées. Également des concerts, des soirées de lecture de contes et des activités pour les enfants (7-13 ans) avec un livret de jeux offert. *M° Étienne Marcel* 20, rue Étienne-Marcel 75002 Tél. 01 40 26 20 28 www.tourjeansanspeur.com Ouvert avr.-oct. : mer.-dim. 13h30-18h, nov.-mars : mer., sam.-dim. 13h30-18h Tarif 5€, réduit 3€ Visite guidée à 15h Tarif 8€

Autour du Sentier

Depuis le XIXe siècle, l'industrie de la confection a envahi le dédale des ruelles ramifiées autour des **rues du Sentier, de Cléry, d'Aboukir et du Caire** (plan 11, A2-A3-B3). Une véritable fourmilière, affairée dans le va-et-vient de portants à roulettes tirés sur les trottoirs, de cartons empilés sur des diables poussés au pas de course, de camions de livraison qui bloquent la circulation. Une place de marché fébrile, où fabricants, grossistes et détaillants négocient au jour le jour, suivant les caprices de la mode. Cette extrême réactivité de la production, qui a valu au Sentier une réputation nationale, était assurée, notamment, par la présence d'ateliers clandestins et d'une main-d'œuvre précaire, massivement constituée d'immigrés non régularisés. De nos jours, cette économie est mise à mal par la concurrence des pays émergents, la Chine en tête. Alors que grossistes et ateliers ferment leurs portes, depuis 2000, l'arrivée soudaine dans ces locaux désertés d'une cinquantaine de start-up a valu au secteur le surnom de "Silicon Sentier".

Le quartier du Caire (plan 11, A2-A3, B2-B3) Malgré un bilan militaire mitigé, l'expédition d'Égypte de Bonaparte (1798) suscite un incroyable engouement en France pour la civilisation pharaonique. Dès 1799, on baptise les rues nouvellement tracées sur les lots du couvent des Filles-Dieu rue du Caire, rue du Nil, rue Damiette, etc. Inspiré du Grand Bazar du Caire, le **passage du Caire** (1799), l'un des plus anciens de Paris, réunissait dans un labyrinthe de galeries couvertes des boutiques élégantes, aujourd'hui occupées par des grossistes de la confection. À l'entrée principale du passage, côté place du Caire, une étonnante façade arbore des effigies de la déesse Hathor, des frises décorées de personnages égyptiens et des colonnes à chapiteau en forme de lotus. L'ancienne rue des Fossés-Montmartre (elle longeait le mur d'enceinte de Charles V), devenue la **rue d'Aboukir**, conduit vers le nord du quartier, où la confection demeure active (tout comme la prostitution, vers le passage Sainte-Foy). Parvenu rue Chénier, grimpez la **rue Beauregard**, ainsi nommée pour la vue qu'elle offrait jadis sur la campagne, par-delà les remparts. Elle croise la **rue des Degrés**, la plus petite de Paris. C'est là que le baron de Batz tenta de faire évader Louis XVI au matin de son exécution. Au sud du quartier, à l'emplacement des **rues du Nil, Damiette et des Forges**, se tint, du XIIIe siècle jusqu'en 1667, l'une des plus célèbres cours des Miracles de la capitale, celle qu'évoque Victor Hugo dans *Notre-Dame de Paris*. Ces colonies de mendiants et de voleurs, organisées en bandes, avaient leur langue, leurs lois et un roi qu'elles élisaient. Elles devaient leur nom au "miracle" qui s'y opérait tous les soirs, quand faux aveugles et faux estropiés recouvraient l'usage de leurs sens et leur motricité.
M° Sentier, Bourse

☆ Découvrir le quartier Beaubourg

☆ **À ne pas manquer** Le centre Georges-Pompidou, la fontaine Stravinsky, le musée des Arts et Métiers **À proximité** Le Marais **Sans oublier nos adresses** Prenez un verre au Andy Walhoo, dansez jusqu'au bout de la nuit aux Bains avant un dernier verre au Bar du Palmier

La belle surprise ! Au débouché de quelques ruelles préservées du Vieux Paris, il est là, réjouissant avec son allure de maquette géante et la drôle de chenille qui serpente sur sa façade ! Achevé en 1977, le centre Georges-Pompidou est un hymne à l'invention gratuite, conçu par Renzo Piano et Richard Rogers, deux jeunes architectes alors inconnus, mais bien décidés à mettre l'œil en appétit… Ils souhaitaient que sa piazza suive une pente douce pour signifier l'accueil. L'intuition était bonne : le lieu forme un véritable aimant dans Paris et jouit toujours d'une animation plutôt festive. Certes, lors de son inauguration, la "raffinerie" fit grincer pas mal de dents, "en temps de crise pétrolière" ! Mais cette architecture industrielle forme un testament unique de l'époque et elle va bien à un quartier demeuré jusqu'au XIXᵉ siècle un grand centre artisanal. Beaubourg, ce fut d'abord Beau Bourg, un "charmant" village aux portes de Paris, réuni à lui par la construction de l'enceinte de Philippe Auguste au XIIIᵉ siècle. Son petit peuple avait alors deux spécialités : le textile et le travail du bois (charpenterie, menuiserie, tonnellerie, etc.). Cet artisanat a certes disparu, mais on trouve, dans les ruelles qui rejoignent le Conservatoire des arts et métiers, de nombreux magasins de vente en gros de chaussures, de vêtements, de chapeaux et d'accessoires. Le pop art n'aurait sans doute pas renié ce tableau et, assurément, Beaubourg reste un village à part dans Paris, un lieu qui flatte notre côté mécano et touche-à-tout, en somme, une véritable œuvre d'art contemporain toujours en mouvement…

Le quartier du centre Georges-Pompidou

★ **Centre national d'art et de culture Georges-Pompidou** (plan 18, **B1**) Avec la seconde plus grande collection d'art moderne et contemporain au monde, une bibliothèque publique qui ne désemplit pas, des salles de cinéma qui transportent d'aise les cinéphiles et d'innombrables expos et manifestations, le centre Georges-Pompidou incarne l'excellence en matière d'institution culturelle. Voulu par le président Georges Pompidou pour être le lieu vivant et démocratique de la création contemporaine, il accueille aujourd'hui plus de 25 000 visiteurs par jour ! Il faut dire que le bâtiment a particulièrement bien rempli sa mission en permettant à beaucoup de pénétrer pour la première fois dans un musée…

Un jeu architectural Renzo Piano et Richard Rogers ont imaginé un bâtiment ludique comme un jeu de construction et particulièrement ouvert sur la ville grâce à ses parois de verre. Révolutionnaire aussi le principe qui a régi sa conception : rejeter à l'extérieur toutes les structures porteuses, voies de circulation et circuits techniques nécessaires à son fonctionnement. Le centre Pompidou ressemble ainsi à un vêtement que l'on aurait enfilé à l'envers pour en montrer les coutures ! À l'intérieur, chaque étage forme un plateau entièrement vide et modulable à volonté. À l'extérieur, un code précis de couleurs éclatantes indique la fonction des différents éléments : blanc pour la structure, bleu pour les gaines d'air conditionné, vert pour les conduites d'eau, jaune pour les circuits électriques et rouge pour les espaces de circulation, escaliers mécaniques et ascenseurs. Le résultat est saisissant : quand on est dehors, on est déjà dedans, et une fois dedans, on est encore dehors !

Activités culturelles Outre la billetterie et l'Atelier des enfants, où ces derniers peuvent s'initier à l'art contemporain, le hall principal abrite un kiosque d'accueil qui vous permettra de vous informer sur toutes les activités proposées : visites guidées des collections et du bâtiment, projections, conférences, débats, festivals, concerts, théâtre, expositions temporaires, performances, le choix est vaste !

Conseils pratiques Le centre Pompidou offre de quoi flâner : une librairie au rez-de-chaussée, une boutique de design et un café au niveau 1, et un étonnant café-restaurant au niveau 6 "Georges" (cf. GEOAdresses, Boire un verre dans le Marais). À noter : les tuyaux bleus du bâtiment le climatisent si bien qu'il devient, l'été, un véritable réfrigérateur… Prévoyez une petite laine ! **Mᵒ Rambuteau**, RER Châtelet-Les Halles Place Georges-Pompidou 75004 **Rens.** tél. 01 44 78 12 33 www.centrepompidou.fr **Ouvert** Centre et bibliothèque lun., mer.-ven. 12h-22h, sam.-dim. 11h-22h **Forfait** "Billet musée et expositions" : accès aux expositions en cours, au musée national d'art moderne et à la galerie des enfants dans la journée

Tarif 10€, réduit 8€ Gratuit le 1er dim. du mois **Entrée libre** *au hall, à l'atelier Brancusi et à la bibliothèque*

☺ **Musée national d'Art moderne** Installé aux niveaux 4 et 5 du centre, il offre un époustouflant panorama de l'art du XXe siècle avec vue sur les toits de Paris. Un juste retour des choses pour la ville qui fut le berceau de l'art moderne ! La plus grande collection en Europe d'art moderne et contemporain n'est cependant pas chauvine : elle couvre toute la production artistique internationale jusqu'à l'époque la plus récente. Les salles n'exposent qu'une infime partie des quelque 59 000 œuvres entreposées dans la réserve. Après deux années de chantier (2005-2006), le musée renouvelle annuellement l'accrochage de ses collections. Depuis février 2007, l'art moderne (1905-1950) est mis à l'honneur au 5e étage, avec près de 1 300 œuvres. La grande nouveauté dans ce parcours chronologique réside dans la présentation de 500 revues d'avant-garde qui constituent l'un des plus importants fonds documentaires du monde. Par ailleurs, l'accrochage met l'accent sur les grands ensembles monographiques (Kandinsky, Braque, Matisse, Léger, Picasso, Gris, Rouault, Mirò, Dubuffet…) et des espaces ont été ouverts à la photographie (Brassaï, Nagy, Man Ray), à l'architecture et au design (Prouvé, Chareau). L'alternance de salles consacrées aux artistes avec d'autres construites autour d'une personnalité, tel André Breton, d'une grande revue, d'un mouvement ou d'un événement en contre-point des monographies permet de confronter et d'appréhender les courants qui ont traversé un demi-siècle de création artistique. L'ouverture du 4e étage consacré aux collections contemporaines permet de poursuivre le dialogue avec des artistes de l'après-guerre, chefs de file de l'art conceptuel, de Fluxus, de l'arte povera, du pop art… entre autres, à travers des œuvres marquantes de César, Arman, Klein, Pollock, Liechtenstein et de nouvelles acquisitions. Le gain de surface permet aussi de présenter les installations aux dimensions plus importantes, telles les œuvres de Beuys, Long, Tinguely, Graham, Raynaud… et des créations de la scène actuelle. L'accrochage des collections devrait être modifié à partir de juin 2008. *Ouvert tlj. sauf mar. 11h-21h (fermeture des caisses à 20h)* **Accès** *niv. 4 et 5* **Billetterie** *au rdc* **Tarif** *10€, réduit 8€, gratuit 1er dim. du mois (le billet comprend l'accès au musée, aux expositions en cours, à l'atelier Brancusi et à la Galerie des enfants)*

☺ **Atelier Brancusi (plan 18, B1)** Constantin Brancusi n'a pas seulement révolutionné la sculpture moderne en abandonnant toute étude préparatoire et en s'attaquant directement à la matière, il était aussi un maniaque de la forme et de son déploiement dans l'espace. Jusqu'à sa mort, en 1957, il ne cessa de parfaire l'agencement de son atelier et de la forêt d'œuvres qu'il y exposait : il avait décidé de léguer l'ensemble à l'État à la condition que ce dernier ne changerait rien à son organisation ! Présenté dans un bâtiment indépendant conçu par Renzo Piano au nord de la piazza, l'ensemble est de toute beauté : on se croirait transporté au royaume de la forme pure, entre paysage d'art primitif empli de totems et extrême sophistication de volumes à la captivante essence symbolique… La collection comprend quelques chefs-d'œuvre de l'artiste, en particulier sa *Danaïde* en bronze doré (1933). N'éludez donc pas la visite, comprise dans le billet d'entrée du musée national d'Art moderne. Attention, les horaires d'ouverture sont restreints. *M° Rambuteau Sur la piazza, côté rue Rambuteau Ouvert tlj. sauf mar. 14h-18h Entrée libre*

Institut de recherche et de coordination acoustique-musique (IRCAM) (plan 18, B1) Créé à l'initiative du centre Georges-Pompidou et du compositeur Pierre Boulez en 1969, l'IRCAM est un établissement unique au monde,

voué à élargir le champ de la création musicale contemporaine en permettant aux compositeurs de rencontrer des chercheurs et experts en acoustique et techniques du son. Au public, l'institution propose divers concerts qui permettent de découvrir les œuvres de demain, en particulier lors du **festival Agora**, organisé chaque année en juin. Le bâtiment constitue lui-même un objet singulier : sa haute paroi de brique n'est que le sommet d'un iceberg, les studios et les chambres insonorisées s'étendant sous la fontaine Igor-Stravinsky. L'ensemble est dû aux architectes Renzo Piano, Richard Rogers, Patrick et Daniel Rubin (1977). Des visites du bâtiment sont proposées, simplement architecturales ou destinées à faire découvrir les missions et les activités de l'Institut. *M° Rambuteau 1*, pl. Igor-Stravinsky *(à droite de la piazza, au sud du centre) 75004 Tél. 01 44 78 48 16 www.ircam.fr* **Visites guidées** *inscriptions par tél. Pas de visite en août* **Tarif** *5€* **Programme** *sur place et à l'accueil du centre Georges-Pompidou*

☆ **Fontaine Stravinsky (plan 18, B1)** Elle coiffe l'IRCAM souterrain et rend un bien joli hommage à la musique : les sculptures sont dues à Niki de Saint Phalle et les mobiles à Jean Tinguely, chaque élément venant illustrer une œuvre d'Igor Stravinsky. *L'Oiseau de feu* est immanquable… L'ensemble n'a pas fini de réjouir les passants : les volutes de ses jets d'eau et ses couleurs tournoyantes en font un concert symphonique pour les yeux ! *M° Rambuteau Pl. Igor-Stravinsky (au sud du centre Pompidou)*

Église Saint-Merri (plan 18, B2) Enchâssée dans son pâté de maisons, l'église historique du village Beaubourg n'en paraît que plus ancienne. Consacrée au XIe siècle, relevée vers 1200 puis, telle que nous la voyons, de 1515 à 1620, elle condense tous les styles des églises parisiennes : gothique flamboyant de la façade, nef et bas-côté gothiques, décor baroque du chœur (XVIIIe s., réalisé par Michel-Ange Slodtz), chapelle classique sur le bas-côté droit (œuvre de Germain Boffrand en 1744, dotée d'un éclairage zénithal original). Saint-Merri renferme quelques vitraux du XVIe siècle, une étonnante chaire sculptée de palmiers (années 1750) et, entre autres toiles religieuses, *Saint Merri délivrant les prisonniers* par Simon Vouet (bras gauche) et *Marie l'Égyptienne* par Chassériau (3e chapelle à gauche du chœur). Les bénévoles de la paroisse, très dynamiques, y organisent des expositions et surtout des concerts de musique classique gratuits et de belle tenue, dont certains permettent de découvrir de jeunes pianistes et violonistes virtuoses. Une initiative dont nous vous invitons à profiter ! *M° Hôtel de Ville, Châtelet 78*, rue Saint-Martin *75004 Tél. 01 42 71 93 93 Ouvert tlj. 15h-19h* **Concerts** *gratuits sam. 21h et dim. 16h (programme dans la presse)*

Quartier Saint-Merri (plan 18, B1) Seule la **rue de Venise** donne encore une idée de l'étroitesse des ruelles qui formaient un lacis entre la rue des Lombards et la rue Rambuteau. Cette configuration valut au quartier Saint-Merri de former, en 1832 et 1834, le camp retranché des révolutionnaires jusqu'au-boutistes dont la police et l'armée avaient maté l'insurrection dans le reste de Paris. Le préfet Haussmann eut vite fait de décréter le quartier insalubre et d'en commander la destruction : en 1930, ce n'était plus guère qu'un terrain vague, et il fallut attendre les années 1970 pour que le site reprît vie avec l'implantation du centre Georges-Pompidou… L'institution a su imprimer un air bonhomme à ce mini-quartier : le sud de la **rue Quincampoix** recèle quelques façades Louis XV bien restaurées (nos 10 à 14) et la rue des Lombards, agréable annexe du Marais gay, jouxte sans complexe la vieille église Saint-Merri... *M° Rambuteau, Châtelet*

Quartier de l'Horloge (plan 18, B1) Aux abords immédiats de Beaubourg, on découvre les immeubles modernes sans charme et les petites cours du quartier de l'Horloge, aménagé de 1972 à 1982 sur un ancien îlot insalubre. Côté rue Rambuteau, une sculpture de Zadkine, *La Fuite de Prométhée* (1964), en indique l'entrée. Au centre du quartier, rue Bernard-de-Clairvaux, est installée l'*Horloge du défenseur du Temps* (1979), sculpture monumentale et animée de Jacques Monestier. À chaque heure, son homme armé s'attaque à l'un de ses quatre animaux symbolisant les éléments, dans un bruit de tonnerre. À midi, 18h et 22h, il les affronte tous en même temps... Plus à l'ouest, le charmant **passage Molière** abrite la Maison de la poésie, qui propose des spectacles, concerts et lectures de qualité, dans le cadre de l'ancien Théâtre Molière, fondé en 1791. Le passage débouche sur la **rue Quincampoix**, célèbre pour avoir accueilli, en 1719, la banque de Law et sa monnaie de papier : la rue fut alors envahie par les spéculateurs et les badauds avides d'argent facile, avant que la grande banqueroute n'emportât tout ce monde dans son tourbillon dès 1720 (cf. Palais-Royal et Opéra, Découvrir le quartier du Palais-Royal). *Maison de la poésie-Théâtre Molière* **(plan 18, B1)** *Passage Molière (au niveau du 157, rue Saint-Martin) 75003 www.maisondelapoesieparis.com Rés. sur place mar.-sam. 14h-18h ou par tél. 01 44 54 53 00* **M° Rambuteau**

Le quartier Saint-Avoye

Ce très ancien quartier (plan 18, B1-C1) s'étend du boulevard de Sébastopol et de la rue de Turbigo, à l'ouest, à la rue des Archives, à l'est, et de la rue des Gravilliers, au nord, à la rue Rambuteau. Ses ruelles médiévales bordées de demeures sans âge évoquent le Marais avant sa "réhabilitation" entamée dans les années 1960 : un quartier artisanal et commerçant, fort animé le jour, où les maroquiniers et bijoutiers en gros ont peu à peu pris le pas sur les ateliers. La **rue Chapon** et la **rue des Gravilliers**, au nord, en sont les meilleurs exemples. Aux portes du Conservatoire des arts et métiers, la **rue Volta** forme le cœur d'un minuscule Chinatown : c'est là que s'installèrent les premiers Chinois arrivés à Paris après la Première Guerre mondiale. Longtemps considérée comme la plus vieille demeure de la capitale, la maison à colombages du n°3 daterait, en fait, du début du XVIIe siècle. La maison de Nicolas Flamel, au n°51 de la **rue de Montmorency**, plus au sud, prétend aussi à ce titre. Cette belle demeure fut bâtie en 1407 par Nicolas Flamel – un écrivain public qui, selon la rumeur, devait sa fortune à l'alchimie et à la découverte de la pierre philosophale – pour offrir le gîte et le couvert aux miséreux. La **rue Michel-Le Comte** abrite de beaux hôtels particuliers. Au n°21, celui où Jean d'Alembert passa les 48 premières années de sa vie, chez Mme Rousseau, nourrice qui l'avait recueilli à sa naissance. Plus loin, au n°28, l'hôtel d'Hallwyl, bâti en 1766 par Claude Nicolas Ledoux. C'est là que naquit, la même année, Germaine Necker, future Mme de Staël. **M° Arts et Métiers, Rambuteau**

Musée de la Poupée (plan 18, B1) Ce musée insolite est blotti au fond de l'impasse Berthaud, à deux pas de Beaubourg, au cœur de l'ancien quartier des bimbelotiers, ou fabricants de poupées. Ouvert en 1994, il rassemble quelque 500 poupées, du début du XIXe siècle à nos jours. Elles sont présentées, vêtues de leurs plus beaux atours, dans des vitrines organisées en petits tableaux : au salon, dans les jardins du Luxembourg, etc. Un bel aperçu de l'évolution de ce jouet, de l'objet artisanal à la fabrication en série, en passant par des automates et des poupées dessinées par des artistes. Également, des expositions temporaires, telle "Poupées et peluches : l'éveil des cinq sens" (mars-sept. 2008), des ateliers pour les enfants certains jours et des cours de confection d'habits de poupée donnés par des professionnelles… *M° Rambuteau Impasse Berthaud (28, rue Beaubourg) 75003 Tél. 01 42 72 73 11 www.museedelapoupeeparis.com Ouvert tlj. sauf lun. et j. fériés 10h-18h Tarif 7€, réduit 5€/3€ Label Tourisme et Handicap*

Le quartier des Arts et Métiers

☺ **Conservatoire national des arts et métiers** (plan 11, B3) C'est en 1794 que l'abbé Henri Grégoire, prêtre "jureur" (rallié à l'idéal révolutionnaire), fonde le Conservatoire des arts et métiers, dont la mission est de réunir machines et outils de pointe et de les mettre à la disposition du public, des scientifiques et des artisans. L'installation du conservatoire à Saint-Martin-des-Champs, un prieuré supprimé en 1791, permettra d'en sauver l'église du XIIᵉ siècle et quelques bâtiments conventuels – dont le magnifique réfectoire gothique (milieu du XIIIᵉ s.), devenu la bibliothèque du CNAM. Les locaux seront considérablement agrandis de 1845 à 1896. Dès le départ, fidèle à l'esprit humaniste des Lumières, le lieu s'attribue une vocation pédagogique – des rails permettaient de déplacer les énormes machines dans les salles de démonstration. Le musée actuel retrace, au fil de 6 000 objets, l'histoire de l'innovation technique de la Renaissance à nos jours. Le rôle éducatif de l'institution est assuré par de nombreuses visites et démonstrations gratuites (quotidiennes et sans réservation, rens. sur place) et par la présence, à chaque étape du parcours, de bornes interactives, d'albums de consultation, d'ateliers d'expérimentation et de kiosques de formation professionnelle. *M° Arts et Métiers, Réaumur-Sébastopol 60, rue Réaumur 75003 Tél. 01 53 01 82 00 www.arts-et-metiers.net Ouvert tlj. sauf lun. 10h-18h (jeu. 21h30)*

☆ **Musée des Arts et Métiers** Les collections sont réparties sur 3 niveaux, en 7 domaines, traités chronologiquement. Première étape, les **instruments scientifiques** servant à mesurer le temps, l'espace, et au calcul arithmétique, avec nombre de sphères, sextants, astrolabes et cadrans solaires du XVIᵉ au XVIIIᵉ siècle. Ne manquez pas la sphère céleste de Bürgi (1580), l'astrolabe d'Arsenius (1569), les machines à calculer de Pascal, la reconstitution du laboratoire de Lavoisier, les horloges de marine de Berthoud (fin XVIIIᵉ s.), le pendule de Foucault servant à mesurer la vitesse de la lumière… Suit la section consacrée aux **matériaux** et à la maîtrise de leur transformation, avec pour pièces maîtresses le métier à tisser de Vaucanson (1746) et la superbe vitrine de Gallé (marqueterie de bois, vases de verre émaillé). Le domaine "**construction**" présente des maquettes de charpentes, de ponts, d'escaliers, dévoilant leur structure complexe, ainsi que des miniatures de chantiers du XIXᵉ siècle à nos jours. Dans le domaine "**communication**", où le XXᵉ siècle occupe une place prépondérante, on suit l'évolution de l'imprimerie, de la photographie, du cinéma, des télécommunications, de la micro-informatique…. La section "**énergie**", depuis la traction animale, les moulins à vent et les roues hydrauliques, jusqu'à l'énergie nucléaire, expose surtout des maquettes et modèles réduits. Au domaine "**mécanique**" figure une fascinante collection de boîtes à musique, de jouets mécaniques et d'automates, essentiellement du XVIIIᵉ siècle. Pour les voir en mouvement, demandez le calendrier du théâtre des automates (seulement 3 après-midi/mois). Ce voyage dans les inventions du génie humain s'achève avec les **transports** : calèches, tricycles à moteur, véhicule à vapeur, locomotives, etc. Les plus gros prototypes (premiers avions, voitures anciennes, moteur de la fusée Ariane 5) trônent dans la nef de l'ancienne église. Si le chœur, qui abrite le pendule de Foucault (preuve expérimentale de la rotation de la Terre), remonte au xIIᵉ siècle, les voûtes et fenêtres de Saint-Martin-des-Champs sont de la fin du xIIIᵉ siècle et leur superbe polychromie flamboyante, un pastiche du xIXᵉ siècle. *Tarif 6,50€, réduit 4,50€, gratuit pour les moins de 18 ans Label Tourisme et Handicap*

Théâtre de la Gaîté Lyrique (plan 11, B3) Inauguré en 1862, ce théâtre,

qui évoque les opérettes débridées d'Offenbach, les trémolos de Luis Mariano ou les récitals de Georges Guétary, connut son heure de gloire sous le Second Empire. Condamné à une mort lente après la fermeture définitive à la fin des années 1980, il doit sa survie à la municipalité qui a décidé d'y créer un centre culturel dédié aux musiques actuelles et aux arts numériques, et devrait rouvrir en 2010. Lieux d'exposition, médiathèque, salle de spectacle, studios d'enregistrement et bien d'autres équipements encore y trouveront leur place derrière la façade monumentale rythmée d'arcs et de pilastres en marbre rouge. Un vrai bain de jouvence pour cette vieille dame. *M° Réaumur-Sébastopol 3bis, rue Papin 75003 Paris*

Église Saint-Nicolas-des-Champs (plan 11, B3) Les rues de Turbigo,

Réaumur et Saint-Martin ont impitoyablement isolé la vieille église paroissiale (1184) du bourg Saint-Martin du reste du tissu urbain. Derrière une façade noircie par les pots d'échappement, Saint-Nicolas-des-Champs renferme, malgré sa vétusté, une précieuse collection de tableaux, dont certains, rescapés de la Révolution, figurent parmi les rares témoignages de la peinture religieuse parisienne du xVIIᵉ siècle. Citons le retable de Simon Vouet, *Les Apôtres au tombeau de la Vierge* et *L'Assomption* (1629), *La Circoncision* de Finsonius (vers 1615), la *Vierge de la famille de Vic* de François II Pourbus (vers 1618) et les fresques de Georges Lallemant (1620). L'église abrite des œuvres plus tardives, comme *L'Adoration des bergers* de Noël Nicolas Coypel (xVIIIᵉ s.), *Jésus bénissant les petits enfants* de Noël Hallé (1775) et *Le Rachat des galériens par saint Vincent de Paul* de Léon Bonnat (1865). Hélas, certaines toiles pâtissent d'un éclairage indigent. Seules les sept premières travées de la nef sont du xVᵉ siècle. Les six autres et le beau portail sud datent des travaux d'agrandissement menés aux xVIᵉ-xVIIᵉ siècles. *M° Réaumur-Sébastopol 254, rue Saint-Martin 75003 Tél. 01 42 72 92 54 Ouvert lun.-ven. 7h45-19h15, sam. 10h30-13h et 15h-19h30, dim. 9h-12h30 et 15h30-18h30 En juil.-août : 15h30-19h*

☆ **Le Marais**

plans 11, 18, 19

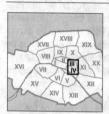

Miraculeusement épargné par les remaniements haussmanniens, le Marais demeure l'un des quartiers emblématiques du Vieux Paris. De la place des Vosges à la rue des Rosiers, il offre au promeneur curieux d'innombrables surprises. Surtout, il se présente comme un mariage réussi entre l'ancien et le moderne. Ses hôtels particuliers des XVIIᵉ et XVIIIᵉ siècles, magnifiquement restaurés, abritent de passionnants musées. Ses ruelles et ses places romantiques sont une véritable invitation à la flânerie. Le Marais, c'est aussi une concentration sans égale de galeries d'art contemporain, de boutiques de mode et de lieux de sortie branchés. Un quartier vivant, aux multiples facettes, à découvrir de jour comme de nuit...

À LA PÉRIPHÉRIE DE LA VILLE Ce quartier, ou plutôt cette mosaïque de quartiers, doit son nom aux terres qu'il occupe : des marécages transformés très tôt en pâtures, puis dédiés aux cultures maraîchères, ou "marais". Traversé dès l'époque romaine par une importante voie de communication (sur le tracé actuel des rues Saint-Antoine et François-Miron), ce faubourg naît vers le VIIᵉ siècle du peuplement de ses buttes. En 1060, l'abbaye Saint-Martin-des-Champs s'y installe. Puis, le prestigieux ordre du Temple, fondé en 1118 à Jérusalem, y établit sa commanderie au XIIIᵉ siècle. Véritable ville aux portes de la capitale, le vaste enclos fortifié du Temple s'ordonne autour d'un puissant donjon, où Louis XVI et les siens seront emprisonnés à la Révolution. Jaloux de la richesse des Templiers et se sentant menacé par leur puissance, Philippe le Bel obtient du pape l'abolition de cet ordre guerrier en 1312, et il envoie au bûcher son grand maître, Jacques de Molay, en 1314. L'enclos du Temple est concédé à l'ordre concurrent des Hospitaliers de Saint-Jean-de-Jérusalem (actuel ordre de Malte). Le Marais accueille d'autres fondations pieuses, comme le montre encore sa toponymie. Aux XIIIᵉ et XIVᵉ siècles, riches financiers et conseillers des rois s'y font aussi construire de belles demeures, à l'écart de la Cité et du Louvre, bientôt imités par la famille royale. Le comte Charles d'Anjou (1226-1285), frère de Saint Louis et un temps roi de Sicile (une rue en garde la mémoire), se fait construire une somptueuse résidence près de la rue Pavée. Au milieu du XIVᵉ siècle, Charles V fuit le palais de la Cité pour s'établir à l'hôtel Saint-Pol. Cette grande demeure, qui s'étendait entre les actuelles rues Neuve-Saint-Pierre et des Lions-Saint-Paul, sera démolie en 1543. Aux abords de l'actuelle place des Vosges sort de terre, vers 1388, l'hôtel des Tournelles, vaste résidence acquise par la Couronne en 1407. Plusieurs rois y séjournent, dont François Iᵉʳ, qui s'y amuse, dit-on, des combats que se livrent les lions de sa ménagerie ! Henri II, mortellement blessé lors d'un tournoi rue Saint-Antoine, y rend l'âme en 1559. Sa veuve, Catherine de Médicis, déserte alors la résidence et la fait raser cinq ans plus tard.

L'ÂGE D'OR DU MARAIS À la fin du XVIe siècle s'ouvre pour le Marais un bref mais scintillant âge d'or. La noblesse de robe et la grande bourgeoisie se bousculent pour y avoir pignon sur rue. Au début du XVIIe siècle, l'aménagement de la place Royale, l'actuelle place des Vosges, intensifie le mouvement. Le Marais devient le quartier résidentiel d'une aristocratie éclairée, comme en témoigne Mme de Sévigné dans son abondante correspondance.
Les plus grands architectes de l'époque se voient confier la construction de superbes hôtels particuliers aux façades magnifiques et aux intérieurs raffinés, dotés de vastes cours intérieures et de jardins. La vie mondaine du quartier est aussi d'une richesse sans égale : les savants et les artistes, de Molière à Lully, fréquentent ses nombreux salons.

DÉCLIN ET RENAISSANCE Au XVIIIe siècle, même si de somptueuses demeures, comme les hôtels de Soubise et de Rohan, continuent d'y voir le jour, le Marais est délaissé par l'aristocratie au profit des faubourgs de l'Ouest parisien, situés sur la route de Versailles. Après la Révolution, le quartier périclite et, au XIXe siècle, ses hôtels particuliers sont morcelés en ateliers et en boutiques. Le Marais s'appauvrit et finit par devenir insalubre. Heureusement, une politique de sauvegarde et de réhabilitation de son patrimoine inestimable est mise en œuvre dans les années 1950-1960. Depuis, le Marais est redevenu un quartier huppé, avec ses belles demeures restaurées, ses bars et restaurants *hype* et la litanie de ses boutiques de mode.

Le Marais, mode d'emploi

orientation

Le Marais s'inscrit dans le quadrilatère délimité par l'Hôtel de Ville au sud-ouest, la place de la République au nord, le boulevard Henri-IV et la place de la Bastille au sud-est et la Seine au sud. Ses principaux axes sont les rues du Temple et des Archives (sud-nord), rues Vieille-du-Temple et de Turenne (nord-sud), rues Saint-Antoine et de Rivoli (est-ouest) et la rue des Francs-Bourgeois (ouest-est), au cœur du Marais, qui en constitue la principale artère commerçante. Autour sont concentrés les grands musées.
Temple Ce quartier, qui s'est constitué sur le site de l'enclos de l'ordre du Temple et de ses terres maraîchères, forme la partie nord et la plus populaire du Marais.
☆ **Archives** Autour du vaste quadrilatère des Archives nationales et du musée Carnavalet, ce quartier abrite certaines des plus anciennes rues du Marais et leurs nombreux hôtels particuliers.
★ **Place des Vosges** L'une des plus belles places de Paris, joyau du XVIIe siècle, elle s'étend dans l'est du Marais, non loin de la Bastille. Le quartier juif la prolonge vers l'ouest.
Saint-Gervais-Saint-Paul Au sud des rues François-Miron et Saint-Antoine, le secteur le plus paisible du Marais, champêtre par endroits.

accès

La marche est la meilleure manière de découvrir les richesses du Marais, quartier mal desservi par les transports en commun, si ce n'est à sa périphérie, et peu pratique si vous êtes motorisé.

EN MÉTRO La station Saint-Paul (ligne 1) est la plus centrale. Le quartier du Temple est desservi par la station du même nom (ligne 3), celui des Archives est proche de Rambuteau (ligne 11) et la place des Vosges à deux pas de la station Chemin Vert (ligne 8). Pour les quartiers sud du Marais, proches de la Seine, descendez à Saint-Paul (ligne 1), Sully-Morland ou Pont Marie (ligne 7).

EN BUS La ligne 29 traverse tout le Marais d'ouest en est, desservant les Archives et Carnavalet. La ligne 75 remonte la rue des Archives, la 76 la rue Saint-Antoine et la 96 les rues François-Miron, de Sévigné et de Turenne.

EN VOITURE Rues à sens unique, circulation dense même le week-end, stationnement problématique : évitez de vous engager dans le Marais en voiture!
Parkings 24h/24. *Baudoyer* (plan 19, A1-A2) face à la mairie du 4e Tél. 01 42 77 00 38 **Pont Marie** (plan 19, A2) 48, rue de l'Hôtel-de-Ville 75004 Tél. 01 42 72 23 20

informations touristiques

Hôtel de Ville (plan 19, A1-A2). *M° Hôtel de Ville* 29, rue de Rivoli 75004 Tél. 01 42 76 43 43 ou 39 75 *www.paris.fr*

marchés

Marché des Enfants-Rouges (plan 18, C1). L'un des plus anciens de Paris.
M° Filles du Calvaire 39, rue de Bretagne 75003 Marché alimentaire : mar.-jeu. 8h30-13h et 16h-19h30h, ven.-sam. 8h30-13h et 16h-20h, dim. 8h30-14h
Carreau du Temple (plan 11, C3). Boutiques de vêtements, sous de belles halles XIXe. *M° Temple* 2, rue Perrée 75003 Ouvert mar.-ven. 9h-12h et sam.-dim. 9h-12h30

fêtes et manifestations

Journées du patrimoine. Le 3e week-end de septembre : une occasion unique de découvrir de superbes demeures du Marais. *www.journéesdupatrimoine.culture.fr*

Découvrir le quartier du Temple

☆ **À ne pas manquer** Le marché des Enfants-Rouges **À proximité** Le centre Georges-Pompidou **Sans oublier nos adresses** Visitez les galeries et boutiques tendance de la rue Charlot, achetez des épices rares chez Goumanyat

Au XIIe siècle, le puissant ordre du Temple installe sa commanderie hors les murs de Paris, aux abords de l'actuelle rue du Temple. Sur le vaste prieuré fortifié veille un imposant donjon du XIVe siècle : une tour carrée, haute de 50m et flanquée de tourelles d'angle. Après la dissolution de l'ordre, en 1312, la forteresse est concédée aux Hospitaliers de Saint-Jean-de-Jérusalem. Les terres maraîchères que les Templiers cultivaient à l'est de leur enclos sont loties au début du XVIIe siècle. C'est au donjon du Temple que Louis XVI et la famille royale sont emprisonnés en août

1792. Napoléon fait raser les derniers vestiges de la commanderie en 1811. Juste au nord du square qui fait l'angle des rues Dupetit-Thouars et Gabriel-Vicaire, un plan détaillé de l'enclos du Temple permet de mieux le visualiser. Du square du Temple au marché des Enfants-Rouges se déploient aujourd'hui des rues populaires et commerçantes, moins "mode" que le sud du Marais : qui s'en plaindra ?

Du square du Temple au carreau du Temple (plan 11, C3) Ce secteur occupe le cœur de l'ancien enclos du Temple. Aménagé par Alphand en 1867, lors des remaniements haussmanniens, le **square du Temple** forme un surprenant jardin à l'anglaise avec son kiosque à musique, son étang, ses parterres savamment désordonnés et ses bancs disposés à l'ombre de grands marronniers d'Inde. À l'est du square se dresse la mairie du 3e arrondissement, édifiée en 1864-1867 dans un pompeux style néo-Renaissance. Au nord du square, **rue Perrée**, ne manquez pas l'immense cadran solaire Belle Époque du n°18, réalisé par Rispal en 1908. Au n°14, l'immeuble de La Garantie (1912-1926), siège de l'administration créée en 1797 pour contrôler le titre des métaux précieux. La façade de cet édifice en brique est décorée de médaillons reproduisant différents poinçons d'orfèvre, et du nom des grandes villes de France inscrits dans une frise de mosaïque. À l'est, la rue donne sur le carreau du Temple, halle en fonte et verre érigée en 1863 sur le site de la rotonde du Temple (1781). La tradition à y vendre les vêtements au rabais à même le sol ("sur le carreau") a donné son nom au lieu. Ses dizaines d'échoppes sont occupées, chaque matin (sauf le lundi), par des marchands d'habits… neufs cette fois ! Au nord des halles, la petite **place de la Corderie** accueillit en 1869 l'Association internationale des travailleurs : c'est là que fut lancé, en février 1871, le signal de la Commune. *M° Temple*

Église Sainte-Élisabeth-du-Temple (plan 11, C3) Édifiée de 1628 à 1646, l'ancienne chapelle du couvent des Filles-de-Sainte-Élisabeth fut remaniée par Godde en 1858. On peut y admirer une belle *Pietà* du XVIIe siècle (à gauche du chœur), 100 panneaux de bois du XVIe siècle représentant des scènes de l'Ancien et du Nouveau Testament, rachetés à l'abbaye Saint-Vaast d'Arras (dans le déambulatoire) et un orgue de tribune classé, construit par Antoine Suret en 1853. *M° Temple* 195, rue du Temple 75003 Tél. 01 49 96 49 10

☆ **Marché des Enfants-Rouges** (plan 18, C1) C'est l'un des plus anciens marchés en activité de la capitale. Créé en 1615, il prend son nom actuel à la fin du XVIIIe siècle, en souvenir d'un hospice fondé au profit des orphelins par Marguerite d'Angoulême, sœur de François Ier, et dont les pensionnaires étaient vêtus de rouge. Restaurées dans les années 1990, ses belles halles en fonte et en verre de la fin du XIXe siècle accueillent un plaisant marché du mardi au dimanche. Les rues environnantes, percées, pour la plupart, au début du XVIIe siècle, invitent à la flânerie, avec leurs édifices anciens et leurs élégantes boutiques. Comme la rue de Bretagne, elles font honneur à la tradition commerçante et artisanale du quartier : l'enclos du Temple échappant au contrôle des corporations et à leurs redevances, une foule d'artisans indépendants s'y réfugia au Moyen Âge… Les rues de Poitou, de Picardie, de Saintonge, du Perche et de Normandie doivent leur nom à un projet d'Henri IV qui ne vit jamais le jour : une immense "place de France" et son réseau en étoile de rues portant le nom des grandes provinces du royaume. La **rue Charlot**, tracée en 1608, doit le sien à Claude Charlot, un financier qui y bâtit plusieurs maisons, dont le bel hôtel de Sauroy (n°58), en 1623. Ce *self-made man* d'extraction paysanne fit faillite en 1645 après avoir spéculé dans l'immobilier. Autres édifices dignes d'intérêt, les hôtels de Vaucresson (n°57) et de Wenzel (n°62), du début du XVIIIe siècle. La **rue Béranger,** aux abords de la place de la République, possède elle aussi de beaux édifices : au n°3-5, les hôtels jumeaux Bergeret de Frouville et de La Haye (début XVIIIe s.) et, au n°6, l'hôtel Lacarrière (1844-1855). Au niveau du n°16-18 s'ouvre le **passage Vendôme**, inauguré en 1800 et couvert en 1827, à l'époque où ces galeries parisiennes bordées de boutiques connurent une grande vogue (cf. Palais-Royal et Opéra). *M° Temple*

☆ Découvrir le quartier des Archives

☆ **À ne pas manquer** Le musée Carnavalet, le musée Picasso, le musée d'art et d'histoire du Judaïsme **À proximité** Le centre Georges-Pompidou **Sans oublier nos adresses** Faites du shopping, même le dimanche, rue des Francs-Bourgeois, délassez-vous au hammam Les Bains du Marais, programmez une soirée au café de la Gare

Le quartier des Archives abrite certains des plus beaux hôtels particuliers du Marais. Ces merveilles, érigées à partir de 1545 sur les anciennes terres maraîchères de Sainte-Catherine et de Saint-Gervais, sont longtemps restées à l'abandon avant d'être brillamment restaurées et d'accueillir, outre le formidable fonds des Archives nationales, de grands musées. Un incontournable, entre visites culturelles, flânerie, shopping et vie nocturne.

Le quartier des Archives nationales

Rue du Temple (plan 11, C3) C'est l'une des plus anciennes rues de Paris puisqu'elle fut tracée au XIIe siècle pour relier l'Hôtel de Ville à l'enclos du Temple. Elle n'a pourtant plus grand-chose de médiéval et peut même dérouter, avec son enfilade de magasins en gros de bijoux de fantaisie, de sacs, de parfums, et de bric-à-brac chinois. Deux exceptions notables, cependant. Au n°71, le superbe hôtel de Saint-Aignan, construit par Pierre Le Muet dans les années 1640 et agrandi en 1691, abrite aujourd'hui le musée d'art et d'histoire du Judaïsme. Au n°79, l'hôtel de Montmort, édifié en 1623 pour Jean Habert de Montmort. Le fils de ce financier y reçut Molière et les plus grands savants de son temps, dont Huyghens et Gassendi, qu'il hébergea de 1653 à sa mort, en 1655. À voir également, au fond de la cour qui s'ouvre au niveau du n°41, Le Café de la Gare, café-théâtre rendu célèbre par la troupe du Splendid (cf. GEOAdresses, Sortir dans le Marais), et le centre de danse du Marais, très couru. *M° Rambuteau, Temple*

☆ ☺ **Musée d'art et d'histoire du Judaïsme (plan 18, B1)** Ce remarquable musée, inauguré en 1998, bénéficie du cadre splendide de l'hôtel de Saint-Aignan. Dans la cour se dresse l'émouvant *Hommage au capitaine Dreyfus*, un bronze de Tim (1919-2002). Le musée, dans le bâtiment du fond, s'ouvre au magnifique escalier magnifique, reconstruit d'après les plans de Le Muet. *M° Rambuteau* Hôtel de Saint-Aignan 71, rue du Temple 75003 Tél. 01 53 01 86 60 www.mahj.org Ouvert lun.-ven. 11h-18h, dim. 10h-18h La billetterie ferme *dès 17h15* **Tarif** *musée 6,80€, réduit 4,50€ Expositions temporaires 5,50€, réduit 4€ Billet combiné 8,50€, réduit 6€, gratuit pour les moins de 18 ans, audioguide disponible gratuitement Label Tourisme et Handicap*

Une approche didactique et séduisante La première salle se veut une introduction au judaïsme, dont elle présente les grands fondements : la Loi, ou Torah (rouleau de Torah du XVIᵉ s.), l'attachement à Jérusalem (dont un splendide plan en relief de 1892 est exposé)... Les 13 salles suivantes offrent un parcours thématique très complet et fort bien présenté. Les notices, la traduction systématique des inscriptions et leur explication, ainsi que l'excellent audioguide disponible à l'accueil permettent de se familiariser avec l'histoire du judaïsme et ses coutumes. De la présence juive en France au Moyen Âge à la diaspora au fil des siècles (Juifs d'Italie, Séfarades d'Espagne puis d'Afrique du Nord et d'Orient, Ashkénazes d'Europe de l'Est), c'est un fascinant voyage, souvent tragique, qui est ainsi retracé. Les traditions et rites judaïques font aussi l'objet d'une description minutieuse mais claire : organisation de *l'espace* de la synagogue, signification du shabbat et des fêtes juives telles que Hanoukka ou Pourim, précisions sur la *kashrout* (ensemble des règles alimentaires). On découvre au passage une remarquable collection d'objets liturgiques : arche sainte sculptée de la fin du XVᵉ siècle, bagues de mariage italiennes de la Renaissance, lampes de Hanoukka, costumes de mariée séfarades, etc. Sont ensuite évoqués les changements apportés par la Révolution française, la montée de l'antisémitisme à la fin du XIXᵉ siècle (espace consacré à l'affaire Dreyfus) et la naissance du sionisme. La dernière salle est consacrée aux artistes juifs de l'école de Paris : Chagall, Modigliani, Sonia Delaunay, Zadkine, etc. Le café du rez-de-chaussée occupe une ancienne salle de séjour ornée d'une belle fresque en grisaille. Également une riche médiathèque.

☺ Hôtel de Soubise-musée de l'Histoire de France (plan 18, C1)

En 1704, la puissante famille Rohan-Soubise confie à Delamair la transformation et la modernisation de la résidence médiévale élevée par Olivier de Clisson, connétable de France, puis rachetée et embellie par les Guises au XVIᵉ siècle. De l'hôtel de Clisson subsiste, au n°58 de la rue des Archives, un magnifique porche gothique surmonté de tourelles en encorbellement, exemple sans égal dans le Marais de l'architecture civile de la fin du XIVᵉ siècle. Si Delamair conserve les bâtiments existants, il offre au corps de logis une nouvelle façade, richement ornée, donnant sur une splendide cour d'honneur à portique. À la décoration des appartements, confiée à Boffrand dans les années 1730, participent des peintres aussi éminents que Boucher et Natoire. Affecté aux Archives nationales en 1808, l'hôtel de Soubise abrite aussi le musée de l'Histoire de France depuis 1867. Installé dans les fastueux salons du XVIIIᵉ, ce dernier puise dans son immense fonds, qui comprend les originaux de l'édit de Nantes et de la Déclaration des droits de l'homme, des lettres de Voltaire et de Jeanne d'Arc, pour organiser des expositions thématiques. **Mº Rambuteau, Hôtel de Ville** *60, rue des Francs-Bourgeois Tél. 01 40 27 60 96 Ouvert lun. et mer.-ven. 10h-12h30 et 14h-17h30, sam. et dim. 14h-17h30 Fermé mar. et j. fériés Tarif 3€, réduit 2,30€*

Caran (plan 18, C1) Le Centre d'accueil et de recherche des Archives nationales est établi dans un édifice moderne (1986-1988) conçu par Stanislas Fiszer, à l'arrière du quadrilatère des Archives. Sa façade en verre, acier et béton teinté porte un bronze d'Yvan Theimer, *Les Quatre Fils Aymon*, héros d'une chanson de

GÉOQUARTIERS

geste qui ont donné leur nom à la rue. **M° Rambuteau** *11, rue des Quatre-Fils 75003*

☺ **Hôtel de Rohan (plan 18, C1)** Pour la construction de ce bel hôtel, le cardinal de Rohan s'en remit en 1705 à Delamair, alors même que l'architecte transformait l'hôtel voisin pour ses parents, le prince et la princesse de Soubise. Achevée en 1708, la résidence passa en 1749 au cardinal de Soubise puis, en 1779, au cardinal de Rohan-Guémené, poursuivi puis exilé à la veille de la Révolution pour son implication dans l'affaire du Collier de la reine. Au fond de la cour, la sobre façade classique dissimule des intérieurs raffinés. Les appartements du 1er étage, qui accueillent les expositions temporaires des Archives nationales, ont été soigneusement restaurés. À voir, les tapisseries monumentales du XVIIIe siècle, le salon Doré, le cabinet des Singes avec ses amusantes chinoiseries peintes par Christophe Huet en 1749-1752, et le cabinet des Fables, dont les médaillons illustrent les œuvres de La Fontaine. Du haut de l'escalier, on découvre par la fenêtre, au fond de la cour des écuries, *Les Chevaux du Soleil*, remarquable relief de Robert Le Lorrain (1734-1738). **M° Hôtel de Ville** *87, rue Vieille-du-Temple 75003 Ouvert lors des expositions temporaires des Archives nationales*

Fontaine des Haudriettes (plan 18, B1-C1) Cette fontaine néoclassique fut érigée vers 1770. Son bas-relief représentant une naïade alanguie est dû à Mignot. La fresque peinte par Robert Combas en 2001 sur la façade qui domine la fontaine est librement inspirée du *Don Quichotte* de Cervantès. **M° Rambuteau** *Angle rue des Archives et rue des Haudriettes 75003*

Musée de la Chasse et de la Nature (plan 18, C1) Il est installé depuis 1967 dans le bel hôtel de Guénégaud des Brosses, construit de 1648 à 1651 sur des plans de Mansart et remanié au XVIIIe siècle. Après deux années de travaux, début 2007, le musée inaugure un nouveau parcours muséographique qui associe désormais l'hôtel de Mongelas nouvellement restauré, modèle d'architecture civile de la fin XVIIe. L'exposition de son importante collection suit trois thèmes : l'histoire de la chasse et des armes, les trophées de chasse et la représentation de la chasse dans l'art. Conformément au vœu de ses fondateurs, il est conçu comme une maison particulière et a retrouvé son décor XVIIIe fait de tentures, rideaux et mobilier ancien. Une demeure altière qui ressemble à celle d'un collectionneur passionné n'hésitant pas à confronter les œuvres d'époques différentes et mêlant armes de prestige, tableaux, tapisseries, pièces de mobilier, entre autres, ainsi que nombre de trophées et animaux naturalisés. Ainsi, dans le cabinet Rubens, tendu de velours, des tableaux de Pierre Paul Rubens et Jan Bruegel côtoient une chouette empaillée de l'artiste contemporain Jan Fabre. Au fil des salles, le rapport de l'homme à l'animal ne cesse d'être questionné par de passionnants allers-retours dans le temps. **M° Rambuteau**, *60-62, rue des Archives 75003 Tél. rens. 01 53 01 92 40 www.chassenature.org Ouvert mar.-dim. 11h-18h Tarif 6€ réduit 4,50€ Gratuit le 1er dim. du mois et pour les moins de 18 ans*

Cathédrale Sainte-Croix-des-Arméniens-Catholiques (plan 18, C1) Il s'agit de l'ancienne chapelle du couvent des Capucins du Marais, et c'est Claude Charlot, promoteur du quartier du Temple, qui finança sa construction en 1625. Elle est depuis 1970 la cathédrale du rite catholique arménien. Remarquez le joli porche néoclassique ajouté par Baltard en 1855. *M° Rambuteau, Saint-Sébastien-Froissart* 6, rue Charlot et 13-15, rue du Perche 75003

Crédit municipal (plan 18, C1) C'est l'ancien Mont-de-Piété, institution de prêt sur gages fondée par Louis XVI en 1777. Des générations de miséreux ou de dépensiers ont déposé bijoux, montres et toutes sortes d'objets chez… "ma tante". L'établissement doit ce surnom populaire aux mésaventures d'un des fils de Louis-Philippe qui, y ayant gagé sa montre pour éponger des dettes de jeu, affirma à sa mère qu'il l'avait égarée chez… sa tante ! L'édifice actuel date de 1810, et sa façade a été remaniée en 1880. Au fond de la cour, la salle des ventes aux enchères (*jeu. et ven. à 10h30*) jouxte celle des prêts sur gage : mauvais présage ? *M° Rambuteau, Hôtel de Ville* 53bis-57, rue des Francs-Bourgeois 75004

Les Blancs-Manteaux (plan 19, A1) Ce minuscule quartier s'étend autour de la rue Vieille-du-Temple, juste au sud de la rue des Francs-Bourgeois. Il doit son nom aux Serfs de la Vierge-Marie, ou Servites, un ordre mendiant installé là par Saint Louis en 1258 et dont les membres portaient un long manteau blanc. L'ancienne église conventuelle des Servites, **Notre-Dame-des-Blancs-Manteaux**, s'élève rue des Blancs-Manteaux. Reconstruite à la fin du xviie siècle et remaniée par Baltard en 1863, elle recèle une splendide chaire en bois marqueté, œuvre flamande de 1749, et un superbe buffet d'orgue du xviiie siècle. Le petit square aménagé au pied de l'église, sur le site du couvent, est idéal pour déguster un falafel acheté rue des Rosiers, à deux pas (cf. Découvrir le quartier de la place des Vosges). À l'est de la rue Vieille-du-Temple, les halles des Blancs-Manteaux (1813-1819), pourvues d'une armature métallique en 1837 par Jules Delespine, abritèrent un marché jusqu'en 1912. Elles ont été transformées en un espace d'animation culturelle en 1992. *M° Rambuteau, Hôtel de Ville*

Rue Vieille-du-Temple (plan 18, C1-C2 et plan 19, A1-B1) Sur le tracé du chemin qui, au xiiie siècle, menait à l'enclos du Temple, elle relie la rue de Bretagne, au nord, à la rue de Rivoli et au quartier branché du Marais au sud. Sa partie septentrionale est dévolue depuis quelques années aux galeries d'art contemporain, aux boutiques de designers et de créateurs de mode, aux librairies spécialisées dans l'art et à des antiquaires. La rue Vieille-du-Temple recèle quelques splendides hôtels particuliers. Au n°110, l'hôtel d'Hozier, construit vers 1625 et remanié au xviiie siècle, comme l'atteste le remarquable décor rocaille de son portail. La sobre façade sur rue de l'hôtel Mégret de Sérilly, au n°106, fut réalisée à la charnière des xviie et xviiie siècles. Elle cache une belle cour dominée par des façades en brique et pierre de 1620. Juste au sud, un petit square offre ses bancs au promeneur fatigué, sous l'altière façade arrière de l'hôtel Salé (musée Picasso). Au n°47, l'hôtel Amelot de Bisseuil, ou des Ambassadeurs de Hollande, fut édifié en 1638, puis magistralement remanié en 1657. C'est ainsi que son portail, l'un des plus beaux du Marais, doit au sculpteur Regnaudin ses inquiétantes têtes de Méduse, ses Renommées, ses lions et ses chérubins. Au n°42, remarquez la belle façade de la maison de Louis Le Tellier (1732). Vous voilà dans le secteur le plus *hype* et festif du Marais, avec sa théorie de cafés, de restaurants et de bars agréables. C'est aussi le cœur du Marais gay – en témoignent les drapeaux arc-en-ciel de certaines devantures, notamment aux abords de la **rue Sainte-Croix-de-la-Bretonnerie**. À deux pas de là, jetez un coup d'œil à la **rue du Trésor**. Cette charmante impasse bordée de

cafés et de restaurants doit son nom à un trésor bien réél découvert lors de la démolition de l'hôtel d'Effiat, en 1882. Les boutiques de mode ne manquent pas dans les environs, notamment **rue du Roi-de-Sicile**. Aux abords de la rue de Rivoli s'étend la charmante **place du Bourg-Tibourg**, dont les terrasses sont prises d'assaut aux beaux jours. *M° Hôtel de Ville, Saint-Sébastien-Froissart*

☆ **Musée Picasso (plan 18, C1)** Ce musée consacré au démiurge de l'art du xxe siècle est installé dans le cadre splendide de l'hôtel Salé. Une collection riche et variée, parfaitement présentée et bien mise en valeur. Incontournable ! *M° Saint-Sébastien-Froissart, Saint-Paul 5, rue de Thorigny 75003 Tél. 01 42 71 25 21 www.musee-picasso.fr Ouvert avr.-sept. : tlj. sauf mar. 9h30-18h ; oct.-mars : tlj. sauf mar. 9h30-17h30 Fermé 1er jan. et 25 déc. Accueil et billets à droite de la cour Tarif 6,50€, réduit et dim. 4,50€, gratuit pour les moins de 18 ans et le 1er dim. du mois*

L'hôtel Salé Acheté par la Ville de Paris en 1962, l'hôtel Aubert de Fontenay (1656-1659) doit son surnom à son premier propriétaire, Pierre Aubert, fermier général chargé de collecter la gabelle, ou impôt sur le sel... L'imposante cour d'honneur, qui donne sur la rue de Thorigny, est dominée par une élégante façade dont le tympan sculpté porte les armes de la famille Juigné, maîtresse des lieux au xviiie siècle. Remarquez de part et d'autre les statues de sphinges, d'inspiration égyptienne.

Le musée La collection du musée est constituée d'une part revenue à l'État, en 1979, dans le cadre de la succession de Picasso (1881-1973), à laquelle d'importants dons et une seconde dation se sont ajoutés depuis. Elle rassemble ainsi 220 tableaux, 3 000 estampes et dessins, 80 céramiques, des sculptures et une foule de documents du maître, ainsi que des œuvres d'autres artistes qui lui ont appartenu. L'exposition permanente – à laquelle s'ajoutent de remarquables expositions temporaires – suit l'évolution de Picasso, et d'excellentes notices permettent de se familiariser avec les multiples facettes de son génie. La visite débute au 1er étage, en haut d'un escalier monumental à l'ornementation délicate. Les premières salles évoquent les débuts de l'artiste, à Barcelone, et son installation à Paris, en 1904. La période bleue est illustrée par le magnifique *Autoportrait* et le célèbre portrait de *La Célestine*, réalisés tous deux en 1901. Lui succède la période rose (en 1905), qui laisse place à la stylisation des formes, sous l'influence de la sculpture grecque et de l'art africain. On découvre ainsi la riche collection de statuettes et de masques africains du peintre. Vient ensuite la période cubiste des années 1910. Picasso cherche alors une nouvelle manière de figurer les volumes sur une surface plane. Une recherche dont les différentes étapes sont parfaitement illustrées, avec le déroutant *Homme à la mandoline* (1911), les premiers collages et des tableaux-sculptures en relief. Les années 1917-1924 marquent un bref retour à la figuration classique, avec d'émouvants portraits de son fils Paul et de sa première femme, Olga. Avec la naissance du surréalisme, dans les années 1920, le trait et l'expression se libèrent. À voir, notamment, *Le Peintre et son modèle* (1926), l'inquiétant *Baiser* (1931) et la célèbre série des *Baigneuses* aux formes fantaisistes. Puis viennent la période dite de Boisgeloup (1931-1935), où le peintre est envoûté par sa muse Marie-Thérèse, et la série de toiles consacrées à la tauromachie et à la figure du Minotaure. Au milieu des années 1930, Picasso rencontre Dora Maar, qu'il portraiturera à plusieurs reprises à la fois de face et de profil. En 1954, l'artiste fait la connaissance de Jacqueline Roque : cette période de joie est marquée par un travail de réinterprétation des grandes œuvres classiques, comme les *Femmes d'Alger* de Delacroix (1954) et le *Déjeuner sur l'herbe* de Manet (1961). La dernière salle couvre la période 1962-1973 : Picasso crée à un rythme toujours aussi intense, à 90 ans passés ! À l'arrière du musée, le jardin de l'hôtel Salé accueille des sculptures du maître et un agréable café en terrasse à la belle saison.

Le quartier du musée Carnavalet

☆ **Musée Carnavalet (plan 19, B1)** Occupant deux superbes hôtels particuliers, ce musée retrace l'histoire de Paris à travers une immense collection iconographique et d'arts décoratifs. Un cours d'histoire passionnant où l'on reconnaîtra certaines œuvres qui illustraient les manuels de notre enfance. *M° Saint-Paul, Chemin Vert Accès par le 23, rue de Sévigné Accueil à droite dans la cour Tél. 01 44 59 58 58 www.carnavalet.paris.fr Ouvert tlj. sauf lun. et certains j. fériés 10h-18h Collections permanentes Entrée libre (comptez au moins 3h) Exposition thématiques Tarif 7€, réduit 5,50€, gratuit pour les moins de 13 ans, de 13 à 18 ans : 3,50€*

Un peu d'histoire C'est Jacques des Ligneris, président au Parlement de Paris, qui fait bâtir cet hôtel aux façades richement ornées, à partir de 1548. Les allégories des Saisons, œuvres de Jean Goujon, qui veillent sur la cour d'honneur, datent de cette époque. La résidence est vendue en 1578 à Françoise de Kernevenoy : une déformation de patronyme breton vaut à l'hôtel le surnom de Carnavalet. En 1660-1661, son nouvel acquéreur, le financier Claude Boislève, charge François Mansart de l'embellir : adjonction de l'aile droite, reconstruction de l'aile gauche et du portail de la rue de Sévigné, surélévation des bâtiments sur rue, ajout des fameuses allégories des *Éléments* par Van Obstal. Madame de Sévigné louera l'hôtel de 1676 à sa mort, en 1696. Racheté par la ville et restauré en 1866, Carnavalet accueille dès l'année suivante un musée consacré à l'histoire de Paris. En 1989, l'hôtel Le Peletier de Saint-Fargeau (fin XVIIe siècle) lui est rattaché par une galerie enjambant le lycée Victor-Hugo.

L'extérieur Commencez par découvrir la partie la plus ancienne de l'hôtel Carnavalet, au n°23 de la rue de Sévigné. Passé l'élégant portail dessiné par Mansart et orné d'une allégorie de l'Abondance, on tombe nez à nez avec une magnifique statue en bronze de Louis XIV. Cette œuvre de Coysevox, réalisée pour l'Hôtel de Ville de Paris en 1689, est l'une des rares statues royales rescapées de la Révolution. Veillant sur les augustes pavés de l'ancienne cour d'honneur, les façades Renaissance, remarquablement restaurées, ont une grâce indéniable : mascarons inquiétants du rez-de-chaussée, reliefs symbolisant les Saisons sculptés par Jean Goujon, fenêtres à meneaux. Côté rue des Francs-Bourgeois, un portail monumental livre accès à la cour des Drapiers, séparée de celle de la Victoire par une galerie tout aussi monumentale. Cette partie de l'édifice est issue de remaniements du XIXe siècle souvent décriés.

Les collections Consacrées à l'histoire de Paris du XVIe au XVIIIe siècle, les collections de Carnavalet en font revivre les grands moments grâce à un immense fonds de peintures, de meubles, de maquettes et d'objets de l'époque et à la reconstitution d'intérieurs, dont ceux de luxueux hôtels particuliers du Marais détruits par Haussmann. Il faut prendre le temps de lire les cartels des tableaux, rappels de l'histoire de Paris et donc de France, et d'observer minutieusement le décor mural et le mobilier. Les deux ailes du rez-de-chaussée qui encadrent la cour de la Victoire accueillent de riches expositions thématiques. La section archéologique et les collections liées à la période révolutionnaire, au XIXe siècle et à la Belle Époque sont installées, depuis 1989, à l'hôtel Le Peletier de Saint-Fargeau.

La visite L'aspect labyrinthique des lieux rend l'orientation difficile, d'autant que certaines salles sont fermées en alternance. Ainsi, pour accéder à la section "Paris au XVIᵉ siècle" du rez-de-chaussée, il faut d'abord grimper au 1ᵉʳ étage et traverser des salles consacrées aux périodes ultérieures! Difficile, donc, de s'en tenir à un ordre de visite strictement chronologique. Le plan disponible à l'accueil et les conseils des nombreux gardiens sont indispensables. La visite débute par deux salles consacrées aux enseignes parisiennes : outre leur vocation commerciale, elles permettaient de repérer les maisons, avant la numérotation des rues au XVIIIᵉ siècle… Les fonds concernant les XVIᵉ, XVIIᵉ et XVIIIᵉ siècles sont trop riches pour qu'on puisse les détailler ici. La section "Paris au XVIᵉ siècle" (rdc, salles 7-10) comprend des portraits et bustes d'Henri IV et de Catherine de Médicis, des mascarons grimaçants du Pont-Neuf, de belles cheminées et des meubles, ainsi qu'une maquette de l'île de la Cité au XVIᵉ siècle. Les sections du 1ᵉʳ étage consacrées aux XVIIᵉ et XVIIIᵉ siècles, dont certaines occupent les anciens appartements de la marquise de Sévigné, rassemblent de vrais trésors. Parmi les intérieurs reconstitués, ne manquez pas la grande chambre et le salon doré de l'hôtel de La Rivière (salles 19-20), qui fut l'une des demeures les plus somptueuses de la place des Vosges. Les dorures et les fresques des plafonds, œuvres de Le Brun, sont splendides. À voir également, les salons Louis XV des salles 43-44, la salle des Philosophes (salle 48) consacrée à Diderot, d'Alembert, Voltaire et Rousseau, et l'exubérant décor champêtre du salon du graveur Demarteau (salle 58), réalisé vers 1765 par Boucher et son élève Fragonard. La galerie du 1ᵉʳ étage mène à l'hôtel Le Peletier de Saint-Fargeau. La section "Belle Époque", particulièrement riche, comprend la reconstitution de la chambre de Proust (salle 147) et l'extraordinaire boutique Art nouveau conçue pour le bijoutier Fouquet par Alfons Mucha en 1901 (salle 142). Le XIXᵉ siècle est bien représenté, avec des tableaux qui en illustrent les grands moments (salles 128-132) et des objets ayant appartenu à Zola et à Daudet (salle 136). Au 2ᵉ étage sont évoqués les acteurs et faits marquants de la Révolution, du serment du Jeu de Paume (salle 101) à la prise de la Bastille et à l'exécution de Louis XVI. Les gouaches de Le Sueur (salle 112) offrent une incomparable galerie de portraits du Paris révolutionnaire. Le rez-de-chaussée couvre la période qui s'étend du Premier Empire, avec le nécessaire de campagne de Napoléon et son masque funéraire, à la IIᵉ République. Au fond (salle 115), accès à l'orangerie, qui abrite la section archéologique avec, en point d'orgue, les célèbres pirogues néolithiques découvertes à Bercy en 1999.

Hôtel de Lamoignon-Bibliothèque historique de la Ville de Paris

(plan 19, B1) Signalé par une belle tourelle à l'angle de la rue Pavée, face au musée Carnavalet, cet hôtel particulier abrite la Bibliothèque historique de la Ville de Paris. Édifié en 1611-1612 pour Diane de France, duchesse d'Angoulême, il connut son heure de gloire à la fin du XVIIᵉ siècle, Guillaume de Lamoignon y invitant chaque lundi Racine, Boileau, la marquise de Sévigné ou encore La Rochefoucauld. Ne manquez pas son splendide portail et les façades monumentales qui dominent sa vaste cour pavée. **M° Saint-Paul** 24, rue Pavée 75004 Tél. 01 44 59 29 40 Bibliothèque ouverte lun.-ven. 13h-18h, sam. 9h30-18h

Rue des Francs-Bourgeois **(plan 18, C2-D2)** Reliant la place des Vosges

à la rue des Archives, la principale artère commerçante du Marais est particulièrement animée le week-end : ses boutiques de mode et de décoration restent ouvertes le dimanche (cf. GEOAdresses, Shopping dans le Marais). Percée en 1851, elle réunit plusieurs rues médiévales qui longeaient l'enceinte de Philippe Auguste, dont celle des Francs-Bourgeois. Cette dernière doit son nom à une maison d'aumône fondée au xive siècle pour venir en aide aux bourgeois "francs" (c'est-à-dire exonérés d'impôts) car les plus démunis. Au xviie siècle, les hôtels particuliers fleurirent le long de cette voie d'accès privilégiée à la place Royale. Outre les hôtels Carnavalet et de Lamoignon, on remarquera l'hôtel d'Albret, au n°29bis-31, reconnaissable à son portail ciselé dont les vantaux sont percés d'une élégante lucarne et à ses jolis balcons en fer forgé. Cet ensemble du xvie siècle, agrandi et remanié aux xviie et xviiie siècles, héberge la Direction des affaires culturelles de la Ville de Paris. Dans la cour trône une sculpture de Dubuffet. La Maison de l'Europe occupe l'hôtel de Coulanges (n°35-37), édifié au début du xviie siècle et doté d'une cour aux arcades harmonieuses. Juste en face, au n°26, l'hôtel de Sandreville (1585) se distingue par les pilastres ciselés de sa façade, remaniée dans le style néoclassique en 1767. Au n°30 se dresse la façade en brique et pierre de l'hôtel d'Alméras (1612). Remarquez le fronton sculpté du portail, l'un des plus beaux du quartier, et ses superbes vantaux ouvragés. L'**impasse des Arbalétriers**, où Jean sans Peur fit assassiner son cousin Louis d'Orléans en 1407, s'ouvre au n°38. Cet étroit passage pavé abrite le Centre culturel suisse, ses rencontres littéraires, expositions et séances de cinéma (*www.ccs-paris.com*) et dessert un dédale de cours d'un autre temps qui débouche sur la rue Vieille-du-Temple. À l'angle de cette dernière et de la rue des Francs-Bourgeois s'élève l'hôtel Hérouet, identifiable à sa tourelle. Érigé au xvie siècle pour le secrétaire du duc d'Orléans, Jean Hérouet, et gravement endommagé par un bombardement allemand en 1944, l'édifice a été restauré depuis. *M° Saint-Paul*

☆ **De la rue Payenne à la rue Elzévir (plan 19, B1)** La **rue Payenne**, à l'ouest de Carnavalet, est l'une des plus charmantes rues du Marais. Au n°5 s'élève la maison que Mansart édifia en 1642 et qu'il occupa jusqu'à sa mort, en 1666. La façade, hélas refaite, est ornée d'un buste d'Auguste Comte : l'édifice fut acheté en 1903 par des adeptes de la "religion de l'Humanité" prônée par le philosophe positiviste. Au n°11 se dresse le bel hôtel de Marle, bâti dans les années 1560, puis remanié en 1639. Le Centre culturel suédois, qui s'y est installé, organise des expositions d'art contemporain et des concerts. Son jardin est égayé de sculptures contemporaines et sa cour pavée accueille, aux beaux jours, un agréable café en terrasse. Juste en face, le petit **square Georges-Cain** aligne ses bancs sous la façade de l'hôtel Le Peletier de Saint-Fargeau et de son orangerie. Le mur de droite porte quelques éléments monumentaux des collections lapidaires de Carnavalet. Au n°13 de la rue Payenne, un harmonieux portail d'un ocre délavé dissimule la cour de l'hôtel de Châtillon. Le grand square Léopold-Achille, très fréquenté, s'étend à l'angle de la **rue du Parc-Royal**. Cette dernière abrite quelques beaux hôtels particuliers du xviie siècle : l'hôtel de Canillac (n°4), reconnaissable à sa façade en brique et pierre de couleur saumon, l'hôtel Duret de Chevry (n°8) ou encore l'hôtel de Vigny (n°10). À l'ouest, la rue du Parc-Royal débouche sur la place de Thorigny, à deux pas du musée Picasso. À l'angle de la **rue de la Perle** se remarque l'hôtel Libéral Bruant, construit à la fin du xviie siècle par le promoteur du même nom, architecte des Invalides. Sa façade est d'une grande pureté, avec l'arrondi de ses hautes fenêtres et ses niches garnies de bustes d'empereurs romains, sous un beau tympan sculpté. Au sud de la place s'ouvre la **rue Elzévir**, siège du musée Cognacq-Jay et dont, en quelques années, Valérie Schlumberger a fait une vitrine de l'Afrique. En 1997, cette passionnée installe au n°1-3 la Compagnie du Sénégal et de l'Afrique de l'Ouest

GÉOQUARTIERS

(CSAO) ; la boutique, désormais installée au n°9, propose un excellent choix d'artisanat et d'œuvres d'art en provenance de cette région. En 2000, elle ouvre un restaurant africain, Le Petit Dakar, au n°6, puis, en 2003, en partenariat avec Youssou N'dour, un bar où sont organisées des expositions et des rencontres, le Jokko, au n°5. **Galerie et café du Centre culturel suédois** *Hôtel de Marle 11, rue Payenne 75003 Tél. 01 44 78 80 20 www.ccs.si.se Galerie et café ouverts tlj. sauf lun. 11h-19h (12h-18h en hiver), mar. jusqu'à 21h* **M° Saint-Paul**

☺ **Musée Cognacq-Jay (plan 19, B1)** Ce musée consacré à l'art et aux arts décoratifs du XVIIIᵉ siècle abrite une partie de l'immense collection rassemblée de 1900 à 1925 par l'homme d'affaires Ernest Cognacq et son épouse Marie-Louise Jay, fondateurs de la célèbre Samaritaine. D'abord installé boulevard des Capucines, il occupe depuis 1990 le cadre somptueux de l'**hôtel Donon**. Bâtie vers 1575 pour Médéric de Donon, un proche de Catherine de Médicis, cette demeure a été drastiquement restaurée. Le musée possède une belle collection de peintures et de sculptures, avec des toiles de Boucher (salles 2, 4 et 8), Fragonard (salles 3 et 8), Chardin (*Nature morte*, salle 8), Watteau de Lille, Reynolds, Greuze et les Vénitiens Canaletto et Tiepolo. À découvrir également, la *Contadine de Frascati*, magnifique buste en marbre de Houdon (salle 9), et *L'Ânesse du prophète Balaam* de Rembrandt (salle 4). Il offre aussi un remarquable aperçu du raffinement des intérieurs des privilégiés au XVIIIᵉ siècle : mobilier souvent marqueté, boiseries ouvragées, porcelaines de Chine, de Meissen et de Sèvres, pendules… Un bonheur pour les amateurs ! Grimpez ensuite jusqu'au grand comble du 3ᵉ étage, pour admirer sa charpente et les remarquables collections d'objets (étuis, boîtes, tabatières…) conservés dans des vitrines. Il est fermé le dim. et le mardi, sauf quand des expositions temporaires y sont organisées. *M° Saint-Paul 8, rue Elzévir 75003 Tél. 01 40 27 07 21 Ouvert tlj. sauf lun. et j. fériés 10h-18h Entrée libre en dehors des expositions temporaires Tarifs variables selon les expositions Activités pour enfants certains jours : animation et contes tarif 3,80€, ateliers tarif 6,50€ Visites guidées thématiques avec des spécialistes du musée d'Orsay Tarif 4,50€, réduit 3,80€, ateliers adultes 8€, réduit 6,50€ Tél. rens. 01 40 49 49 78*

Rue de Turenne (plan 18, C2-D2, D1) Reliant le quartier du Temple à celui de la place des Vosges, cette rue, qui suit le tracé d'un égout couvert au XVIᵉ siècle, ne fut lotie qu'à partir de 1636. Envahie par les boutiques de costumes et chemises de marque à prix réduits, elle mérite le détour pour deux édifices : l'**église Saint-Denys-du-Sacrement** et l'hôtel d'Ecquevilly. La première, au n°70, fut érigée de 1826 à 1835 par Hippolyte Godde. La chapelle, à droite de l'entrée, abrite un tableau monumental de Delacroix, *La Déposition de croix* (1844). À voir aussi, la frise du chœur, une grisaille de Pujol (1838) aux saisissants effets de relief. En redescendant vers la place des Vosges, on découvrira, au n°60, le somptueux portail de l'**hôtel d'Ecquevilly** (1646), dit "du Grand Veneur" : le marquis d'Ecquevilly, qui le racheta en 1733, était capitaine général de la vénerie du roi. D'où le motif de ce portail : deux têtes de chien encadrant une hure de sanglier. On peut admirer la façade arrière de l'hôtel à partir du paisible jardin aménagé rue de Hesse. *M° Saint-Sébastien-Froissart, Saint-Paul*

☆ Découvrir le quartier de la place des Vosges

☆ **À ne pas manquer** La place des Vosges, l'hôtel de Sully, la rue des Rosiers
À proximité L'île Saint-Louis, le quartier de la Bastille **Sans oublier nos adresses**
Dégustez un falafel ou des pâtisseries juives rue des Rosiers

Vitrine de l'élégance classique du Marais, la place des Vosges semble figée dans un temps suspendu, malgré l'animation perpétuelle de ses arcades et de son square. L'hôtel de Sully et la place du Marché-Sainte-Catherine raviront également les amateurs de belles pierres. Le plus vieux quartier juif de Paris s'étend à deux pas, autour de la légendaire rue des Rosiers, où se conjuguent plaisir des yeux et délices du palais.

Autour de la place des Vosges

★ **Place des Vosges (plan 18, D2)** Elle fut aménagée à la charnière des XVIe et XVIIe siècles, quand le Marais entra dans son âge d'or. En 1564, Catherine de Médicis fait raser l'hôtel des Tournelles, résidence qu'elle a désertée depuis que son époux, Henri II, s'y est éteint. Un marché aux chevaux occupe ensuite le site jusqu'à ce qu'Henri IV décide d'en faire une place royale, en 1594, et en confie l'aménagement à Sully. Une manufacture de soieries est bientôt établie sur le côté nord, tandis que sur les trois autres s'élèvent des pavillons identiques, aux façades en pierre et brique, avec quatre arcades formant galerie au rez-de-chaussée, et deux étages sous un haut comble habillé d'ardoise. La manufacture, qui fait faillite en 1607, est remplacée par des pavillons semblables aux autres. De ces 36 édifices (9 de chaque côté) se dégage une impression de parfaite harmonie. La nouvelle place Royale, carré de 108m de côté, est dominée au sud et au nord par les pavillons surélevés dits du Roi et de la Reine. Inaugurée en avril 1612 par Louis XIII, elle devient le lieu de promenade favori de l'aristocratie, et les boutiques de ses arcades prospèrent. La marquise de Sévigné naît en 1626 dans l'un de ses hôtels particuliers. Rebaptisée place des Fédérés, puis de l'Indivisibilité sous la Révolution, la place prend son nom actuel en 1800, en l'honneur du premier département à avoir payé ses impôts. De nos jours c'est un lieu de vie et de flânerie fort plaisant, surtout en fin de semaine et à la belle saison. Des musiciens de rue se produisent devant les galeries d'art et les restaurants abrités sous ses arcades, et une foule joyeuse et cosmopolite envahit, l'été, son grand square Louis-XIII. En 1639, Richelieu fit ériger une statue équestre de Louis XIII au milieu de la place. Il s'agissait, par la présence dissuasive de la figure royale, de mettre fin aux duels qui s'y déroulaient. L'original, en bronze, fut fondu à la Révolution et remplacé par un marbre sous la Restauration.
M° Chemin Vert, Saint-Paul, Bastille

☺ **Maison de Victor Hugo (plan 18, D2)** Inaugurée en 1903, la Maison de Victor Hugo occupe les étages supérieurs de l'hôtel de Rohan-Guémené (1605), le plus vaste et l'un des plus somptueux de la place. L'illustre homme de lettres vécut dans les appartements du 2e étage de 1832 à 1848. C'est l'écrivain journaliste Paul Meurice, grand ami et exécuteur testamentaire de Hugo, qui permit l'ouverture du

GEOQUARTIERS

musée en faisant don à la ville d'un important fonds de gravures, dessins, livres et objets personnels du poète. *M° Chemin Vert, Saint-Paul, Bastille 6, pl. des Vosges 75004 Tél. 01 42 72 10 16 www.musee-hugo.paris.fr Accueil et billets à droite en entrant Ouvert mar.-dim. 10h-18h Entrée libre Visite guidée (4,50€, réduit 3,80€) mer. et sam. à 14h30 Ateliers (8€, réduit 6,50€) Exposition temporaire (tarifs variables selon les expositions) mer. 14h30 et sam. 16h*

Visite Au 1er étage, des expositions thématiques mettent à l'honneur les milliers de dessins et gravures que Victor Hugo réalisa tout au long de sa vie, ainsi que les livres, manuscrits et objets donnés par Paul Meurice. Au 2e étage, on pénètre dans les anciens appartements de Hugo, avec une partie du mobilier d'origine, et une foule de portraits et d'objets retraçant la vie de l'écrivain. Les salles 1 et 2 évoquent la jeunesse de ce fils d'un général proche de la famille Bonaparte, son mariage avec Adèle Foucher, en 1822, d'où naquirent quatre enfants. Puis apparaît la figure de Juliette Drouet, qui devint en 1833 la maîtresse de Hugo et le resta jusqu'à sa mort. La salle 3 occupe l'emplacement du salon où Hugo recevait la fine fleur des artistes, de Balzac à Berlioz. Elle accueille l'exubérant décor de chinoiseries dessiné par ses soins pour Hauteville Fairy, la demeure qu'il offrit à Juliette Drouet à Guernesey, non loin de la sienne. Dans la salle 4, l'étonnant mobilier en bois ciselé conçu par Hugo pour d'autres pièces de la maison de Juliette Drouet, et dont il sculpta lui-même certains éléments. La salle 5 présente d'émouvantes photographies du début de son exil dans les îles Anglo-Normandes, réalisées à Jersey en 1853-1854. La salle 6, l'ancien cabinet de travail de l'écrivain – où il conservait, dit-on, la boussole de Christophe Colomb –, évoque son retour à Paris. On y voit un beau portrait réalisé par le célèbre photographe Nadar en 1876, et un étrange miroir dessiné par Hugo. La dernière salle reproduit la chambre où Hugo mourut en 1885. Dans un coin, la surprenante table haute sur laquelle il passait ses journées à écrire, debout.

☆ Hôtel de Sully-Centre des monuments nationaux (plan 18, C2)

Le passage ménagé dans l'angle sud-ouest de la place des Vosges permet d'y accéder, mais l'entrée principale se trouve au n°62 de la rue Saint-Antoine. Construit par Androuet Du Cerceau de 1625 à 1634, l'hôtel de Sully marque un vrai changement de style : la brique fait place à une pierre de taille au riche décor sculpté. Les façades présentent de remarquables reliefs allégoriques : les Saisons sur le corps de logis principal (automne et hiver côté cour, printemps et été côté jardin), et les Quatre Éléments sur les ailes disposées autour de la cour. L'hôtel doit son nom au fameux ministre et conseiller d'Henri IV, qui l'acheta en 1634 pour y finir ses jours. Au fond du jardin, le duc fit édifier le Petit Sully, orangerie qui communique avec la place des Vosges. L'hôtel de Sully abrite aujourd'hui le siège du Centre des monuments nationaux, et son bâtiment principal, une très bonne librairie dédiée au patrimoine. L'annexe dite du Jeu-de-Paume installée au sous-sol accueille d'excellentes expositions consacrées à la photographie contemporaine et à l'image. *M° Saint-Paul 62, rue Saint-Antoine 75004 www.monum.fr Espace d'exposition/Jeu-de-Paume : accès par le jardin Rens. tél. 01 42 74 47 75 www.jeudepaume.org Ouvert mar.-ven. 12h-19h, w.-e. 10h-19h Tarif 5€, réduit 2,50€, billet jumelé 8€, réduit 4€*

Place du Marché-Sainte-Catherine (plan 19, B2)

Cette placette pavée et plantée d'arbres s'étend sur le site du prieuré Sainte-Catherine, détruit pour laisser place à un marché en 1773. Même envahie par les restaurants touristiques, elle reste un lieu éminemment romantique, qui mérite le coup d'œil. *M° Saint-Paul*

Le quartier juif

Le petit périmètre délimité par les rues Pavée, du Roi-de-Sicile, Ferdinand-Duval et la fameuse rue des Rosiers forme le cœur du séduisant *pletzl* (quartier juif) du Marais. L'installation des Juifs à Paris est fort ancienne : dès 582, il est fait mention d'une synagogue dans l'île de la Cité. Cette communauté se développe au Moyen Âge, avant d'être chassée au XIVe siècle par des avis royaux d'expulsion successifs, dont le dernier, en 1394, émane de Charles VI. Quelques familles se réinstallent dans la capitale au XVIIIe siècle, et surtout au XIXe siècle, notamment à Belleville et aux abords des places de la Bastille et de la République. Mais le *pletzl* ("petite place" en yiddish) du Marais est le plus ancien de Paris et le plus emblématique. Il s'est constitué au Moyen Âge, autour d'un ancien chemin de ronde de l'enceinte de Philippe Auguste. Au XIXe siècle, ce quartier artisanal, pauvre et laborieux, se peuple d'Ashkénazes venus surtout de Russie et de Pologne. La communauté, nombreuse à la veille de la Seconde Guerre mondiale, paie un lourd tribut aux rafles de 1941-1942 et à la déportation, en témoignent les plaques apposées sur les façades du quartier. On estime à 25 000 le nombre de victimes de la barbarie nazie pour le seul Marais… Dans les années 1950 et 1960, des Séfarades venus d'Afrique du Nord s'installent dans le Marais.

☆ **Rue des Rosiers (plan 19, A1-B1)** Étroite et tortueuse, la rue la plus célèbre du quartier est bordée d'édifices anciens qui soulignent ses origines médiévales. Elle connaît une animation perpétuelle et fort agréable, car s'y mêlent les habitants du quartier et les visiteurs attirés par ses marchands de falafels, ses pâtisseries, ses restaurants et ses boutiques de mode *trendy*. Au n°7, le restaurant le plus réputé de la rue, Jo Goldenberg, fut la cible d'un attentat terroriste qui fit six victimes en 1982. Il marque l'angle de la **rue Ferdinand-Duval**, ancienne rue des Juifs, renommée au moment de l'affaire Dreyfus. À deux pas de là, ne manquez pas, au n°10 de la **rue Pavée**, la superbe façade de la synagogue édifiée en 1913 par Hector Guimard, maître de l'Art nouveau. Une inspiration que l'on retrouve ici dans le dessin des étroites fenêtres et les douces courbes de l'édifice. Guimard a aussi conçu le splendide décor intérieur de la synagogue qui, hélas, ne se visite pas. *M° Saint-Paul*

Découvrir Saint-Gervais et Saint-Paul

☆ **À ne pas manquer** L'hôtel de Sens **À proximité** Les îles de la Cité et Saint-Louis, la cathédrale Notre-Dame **Sans oublier nos adresses** Rendez visite aux antiquaires du village Saint-Paul ; faites un tour chez Izrael, fabuleux comptoir à épices ; prenez un verre chez Raymond, allez voir un film argentin ou roumain au Latina

Enserré entre les rues Saint-Antoine et François-Miron, au nord, et la Seine au sud, ce petit quartier paisible occupe une place à part dans le Marais, loin des bars branchés et des boutiques de mode. Et dire que, dans les années 1940, les autorités comptaient raser l'essentiel de cet îlot, alors insalubre…

Autour de Saint-Gervais-Saint-Protais

Église Saint-Gervais-Saint-Protais (plan 19, A2) C'est l'une des plus anciennes paroisses de la Rive droite : la présence d'une basilique dédiée aux frères martyrs saint Gervais et saint Protais est attestée sur le site dès le VIe siècle. Bâti de 1494 à 1657, l'édifice actuel fut endommagé en 1918 par un bombardement allemand. Première réalisation classique à Paris, sa façade principale (1616-1618) illustre à merveille ce style naissant en superposant les trois principaux ordres antiques : dorique au rez-de-chaussée, ionique au 1er étage et corinthien au 2e étage. On peut toutefois regretter le manque de perspective, l'église étant imbriquée dans un lacis d'immeubles et de ruelles : il faut prendre du champ pour pouvoir apprécier la silhouette monumentale de son clocher. L'architecture de la nef est caractéristique du gothique flamboyant, avec ses belles voûtes d'ogives en étoile que l'on retrouve au niveau du chœur. Ne manquez pas, dans l'abside, la chapelle de la Vierge, dont la clé de voûte en relief est représentative du gothique flamboyant. La chapelle suivante, sur la droite, accueille le remarquable ensemble sculpté du mausolée du chancelier Le Tellier, conçu par Jules Hardouin-Mansart. À voir également, les stalles du chœur, dont les miséricordes sculptées évoquent les petits métiers de jadis, et les beaux vitraux de la chapelle Saint-Jean-Baptiste (1531), représentant la "Sagesse de Salomon". **L'orgue** sur lequel ont joué les Couperin, de 1653 à la Révolution, remonte au XVIIe siècle, ce qui en fait le plus ancien de la capitale. *M° Hôtel de Ville*

Rue de l'Hôtel-de-Ville et ses abords (plan 19, A2)

Les ruelles médiévales qui cernent Saint-Gervais-Saint-Protais figurent parmi les mieux préservées du Marais. La maison du n°82-84 **rue de l'Hôtel-de-Ville**, reconnaissable à ses robustes piliers en bois sculpté du XVIIe siècle, abrite les compagnons du Devoir depuis 1945. Plus loin, sur la gauche, s'ouvre l'étroite rue des Barres, dont les pavés inégaux dessinent des terrasses pittoresques. Elle offre une belle vue sur le chevet de l'église. L'élégante galerie médiévale du n°15 est un vestige d'une des chapelles élevées autour du charnier de Saint-Gervais (fermé en 1765). La façade à colombages dressée à l'angle de la **rue du Grenier-sur-l'Eau** remonte à 1327. Admirablement restaurée, cette maison accueille l'un des trois hôtels MIJE du quartier. Passé la rue des Barres, la rue de l'Hôtel-de-Ville poursuit sa course vers l'est. Elle coupe bientôt l'agréable **rue du Pont-Louis-Philippe**. Tracée en 1833 pour relier la rue Vieille-du-Temple au pont Louis-Philippe et à la Rive gauche, cette dernière rassemble de jolies boutiques : luthiers, galeries d'art, antiquaires. La suivante, la **rue Geoffroy-Lasnier**, compte quelques belles demeures anciennes, dont la plus remarquable est l'hôtel de Chalon-Luxembourg (1626), au n°26. Même s'il aurait bien besoin d'être restauré, son portail monumental demeure un joyau du baroque avec ses pilastres ioniques, sa frise de rinceaux et son élégant tympan orné d'une tête de lion. Juste en face se visite l'émouvant mémorial de la Shoah (cf. plus bas). L'austère façade en béton brut, au n°18 de la rue de l'Hôtel-de-Ville, est celle de la Cité internationale des arts, fondation qui, depuis 1965, accueille en résidence des artistes du monde entier. Des expositions et des concerts sont organisés régulièrement dans ses locaux (entrée libre). À droite du bâtiment, le jardin et la belle façade classique de l'hôtel d'Aumont. Ce palais édifié dans les années 1640 par Le Vau (et qui a perdu une partie de son décor au XIXe siècle…) abrite le tribunal administratif de Paris. La rue de l'Hôtel-de-Ville s'achève au pied de l'élégant hôtel de Sens. Juste au sud, belle perspective sur les étals des bouquinistes du quai des Célestins et sur les façades de l'île Saint-Louis. *M° Hôtel de Ville, Pont Marie*

☆ Hôtel de Sens-bibliothèque Forney (plan 19, A2-B2)

Au bout de la rue de l'Hôtel-de-Ville, ses arabesques gothiques attirent le regard. En 1296, l'archevêché de Sens, dont dépend l'évêché de Paris, s'offre une luxueuse résidence dans la capitale. Vendu à Charles V en 1366, le palais est intégré à l'hôtel Saint-Pol. Il tombe en ruine quand Tristan de Salazar, archevêque de Sens, le fait reconstruire de 1475 à 1519. Cet hôtel particulier, restauré au XXe siècle, est donc l'un des plus anciens édifices civils de Paris. Ce fut aussi, à la fin du Moyen Âge, le plus somptueux de la capitale. Marguerite de Valois, la célèbre "reine Margot", première épouse d'Henri IV, le réaménagea en 1605. Son architecture, qui mêle les ciselures du gothique flamboyant à des éléments préfigurant la Renaissance, est remarquable. Des poivrières aériennes et les nervures délicates des fenêtres viennent alléger cette massive structure fortifiée. L'hôtel a accueilli en 1961 la bibliothèque Forney, dédiée aux beaux-arts, aux arts décoratifs et aux techniques artisanales. **M° Pont Marie, Saint-Paul** 1, rue du Figuier 75004 Tél. rens. 01 42 78 14 60

Rue François-Miron (plan 19, A2-B2) Vivante et bordée de remarquables édifices anciens, elle relie la place Saint-Gervais à la rue Saint-Antoine en suivant le tracé d'une voie romaine. Au n°68 se dresse l'hôtel de Beauvais, érigé en 1654 pour la femme de chambre et confidente d'Anne d'Autriche. C'est cette Mme de Beauvais qui, selon Saint-Simon, aurait initié le jeune Louis XIV aux plaisirs de l'amour… L'hôtel héberge désormais la cour d'appel administrative de Paris. Si vous le pouvez, jetez un coup d'œil à sa superbe cour intérieure. Aux n°s 11 et 13, à l'angle des escaliers de la pittoresque rue Cloche-Perce, se côtoient deux hautes et étroites maisons en pans de bois, longtemps considérées comme les plus vieilles de Paris. Sous leur forme actuelle, elles dateraient en fait du XVIIe siècle. L'ensemble qui porte les n°s 2 à 14 fut bâti de 1733 à 1737. Les Couperin, célèbre dynastie d'organistes officiant à Saint-Gervais-Saint-Protais, résidaient aux n°s 2 et 4. **M° Hôtel de Ville, Saint-Paul**

☺ Mémorial de la Shoah (plan 19, A2) Le mémorial du Martyr juif inconnu, fondé en 1956, a pris ce nom à sa réouverture, en janvier 2005, après trois ans de travaux. Ce centre commémoratif, de recherche et de documentation sur l'histoire de la Shoah offre un excellent outil de réflexion sur le passé et, bien sûr, le présent. S'il y a la queue, prenez votre mal en patience : on n'y entre que par petits groupes. La visite commence au 1er sous-sol, dans l'atmosphère de recueillement de la crypte, tombeau symbolique des millions de victimes de la Shoah restées sans sépulture. Puis l'on descend d'un niveau pour accéder à l'exposition permanente. Très bien faite, elle rassemble une foule de documents, de films et de témoignages qui permettent de mieux comprendre l'histoire de la destruction des Juifs d'Europe, la montée de l'antisémitisme et la mise en place de la politique d'extermination nazie. L'occasion de mesurer l'intolérance et les persécutions subies par les Juifs en France avant et pendant la Seconde Guerre mondiale. La section consacrée aux camps d'extermination est très documentée. En remontant, on traverse le mémorial des Enfants, où sont exposées 2 500 photographies de jeunes déportés. La visite s'achève dans la cour au pied du mur des Noms, gravé à la mémoire des 76 000 hommes, femmes et enfants juifs déportés de la France vers les camps de concentration. Bouleversant. Le mémorial dévoile aussi au public son immense fonds d'archives, de livres et de photos. En juin 2006 a été inauguré le mur des Justes, le long de l'allée des Justes, sur le mur de schiste vert, à l'extérieur du Mémorial rendant hommage aux 2 693 personnes qui ont œuvré, en France, au péril de leur vie, pour sauver des juifs persécutés. **M° Pont Marie, Saint-Paul** 17, rue Geoffroy-l'Asnier 75004 Tél. 01 42 77 44 72 www.memorialdelashoah.org Ouvert tlj. sauf

sam. 10h-18h, jeu. jusqu'à 22h Visite commentée sur rés. Tarif 6€ réduit 3,50€ Expositions temporaires et auditorium Entrée libre Visite guidée tous les dim. à 15h Ateliers pour enfants (7-12 ans) le mer. Tarif 6€

☺ **Maison européenne de la photographie (plan 19, A2)** Ce centre dédié à la photographie contemporaine sous toutes ses formes occupe l'hôtel Hénault de Cantobre (1706), remarquablement réaménagé. Depuis 1996, la MEP puise dans un fonds riche de plus de 20 000 œuvres pour organiser des expositions thématiques, mais ce sont surtout ses rétrospectives consacrées à de grands photographes comme Raymond Depardon, Irving Penn et Marc Riboud qui attirent les foules. Comptez au moins 2h pour découvrir les différents espaces d'exposition, du sous-sol au 2e étage. Également une bibliothèque-photothèque-vidéothèque et un auditorium, où l'on projette, le week-end, des films et documentaires en liaison avec les expositions du moment. Idéal pour une petite pause, le café de la MEP s'abrite sous les belles voûtes en pierre de l'entresol. En ressortant, jetez un coup d'œil à la superbe façade du n°82 de la rue François-Miron. *M° Saint-Paul 5-7, rue de Fourcy 75004 Tél. 01 44 78 75 00 www.mep-fr.org Ouvert mer.-dim. 11h-20h Fermé j. fér. Tarif 6€, réduit 3€, gratuit mer. à partir de 17h Visites commentées des expositions, sans supplément, à certaines dates Tél. rens. 01 44 78 75 30*

Autour de Saint-Paul-Saint-Louis

Rue Saint-Antoine (plan 18, C2-D3) Reprenant le tracé d'une voie romaine, cette rue était, au Moyen Âge, l'une des principales voies d'accès à la capitale. À l'endroit où elle s'élargit en une petite esplanade, près de la place des Vosges, avaient lieu les tournois de chevalerie. C'est là qu'Henri II fut mortellement blessé par le comte de Montgomery en 1559. Son tracé sinueux donne du cachet à cette rue, et sa situation privilégiée entre le paisible quartier Saint-Gervais et le Marais festif, dans le prolongement de la rue de Rivoli, en a fait une artère commerçante et animée. *M° Saint-Paul, Bastille*

Église Saint-Paul-Saint-Louis (plan 19, B2) Au début du xviie siècle, quand triomphe la Contre-Réforme, les Jésuites se voient attribuer une maison rue Saint-Antoine. Surtout, ils font ériger une vaste église qu'ils dédient à Saint Louis, en hommage aux rois de France. Louis XIII en pose la première pierre en 1619. En 1641, Richelieu célèbre la messe inaugurale en présence de la famille royale. Saint-Louis devient la grande église du Marais aristocratique, et les plus célèbres orateurs, tels Bossuet et Bourdaloue, y font des sermons. Quand son riche patrimoine artistique est dispersé, à la Révolution, le peintre Saint-Martin acquiert les cœurs de Louis XIII et du Roi-Soleil, déposés dans le chœur – et les aurait broyés pour les mélanger à ses pigments... À sa réouverture, en 1802, l'église prend son nom actuel en souvenir de l'église Saint-Paul voisine, rasée en 1799. Son plan rappelle celui du Gesù, la grande église jésuite de Rome, et sa décoration est d'inspiration italienne baroque. La nef unique, flanquée de hautes chapelles, est couronnée de voûtes ouvragées. Le transept et la coupole, qui culmine à 53m, sont tout aussi richement décorés. À voir, au niveau de la croisée du transept, *Le Christ au jardin des Oliviers* de Delacroix (1826) et, dans la chapelle à gauche du chœur, la *Vierge de Douleur* de Germain Pilon (1586). Dans le bas-côté droit s'ouvre une porte qui donne sur le paisible passage Saint-Paul. *M° Saint-Paul 99, rue Saint-Antoine 75004*

Rue Saint-Paul et ses environs (plan 19, B2) La rue Saint-Paul a gardé de ses origines médiévales un tracé tortueux. Près de la rue Saint-Antoine, elle donne d'ailleurs sur des ruelles et impasses d'un autre temps : le charmant passage Saint-Paul, qui mène à une entrée dérobée de l'église Saint-Paul et, un peu plus loin, la rue Eginhard, toute biscornue. Entre la rue Charlemagne et celle de l'Ave-Maria, plusieurs passages débouchent sur le **village Saint-Paul**. Ce dédale de cours pavées plantées d'arbres – un îlot qui faillit être rasé pour insalubrité avant d'être réhabilité dans les années 1970 – accueille des dizaines d'antiquaires, de brocanteurs, d'artisans et de galeristes. De l'autre côté de cet ensemble remarquable court l'étroite **rue des Jardins-Saint-Paul**. Elle domine le terrain de sport du lycée Charlemagne, aménagé au pied des plus importants vestiges de l'enceinte de Philippe Auguste (1190). On devine ici la puissance de ces remparts hauts de 9m et épais de 3, qu'une tour fortifiée renforçait tous les 70m. Les ruines de la tour Montgomery côtoient celles de la poterne Saint-Paul, l'une des nombreuses portes de Paris. Juste au nord se dresse l'ancienne maison professe des Jésuites. Après le départ de l'ordre, chassé de France en 1764, elle abrita brièvement la première École centrale, fondée sous la Révolution. Le lycée Charlemagne l'occupe depuis 1804. *M° Saint-Paul, Pont Marie*

Musée de la Magie (plan 19, B2) Il bénéficie d'un cadre splendide et propice aux mystères : des caves voûtées du XVIe siècle qui auraient accueilli un "cabaret osé". La visite commence par un petit spectacle qui remet au goût du jour les classiques du *close-up* : tours de balles, de cartes, de cordelettes… Puis sont illustrés les grands moments et domaines de la magie. L'occasion d'apprendre que le mot "prestidigitation" fut forgé au début du XIXe siècle et de se souvenir que le Français Robert Houdin créa, dans les années 1840, les premières illusions modernes dans son théâtre du Palais-Royal. La salle des illusions d'optique rassemble d'amusants accessoires : miroirs, tableaux, objets qui se jouent de nos sens. Mais, au bout du compte, on reste un peu sur sa faim. Cours de magie tous niveaux le samedi après-midi (20€/pers.). *M° Pont Marie*, Saint-Paul 11, rue Saint-Paul 75004 Tél. 01 42 72 13 26 Ouvert mer., sam. et dim. 14h-19h Tarif 9€, réduit 7€ (pas de CB). www.museedelamagie.com

En direction de l'Arsenal (plan 18, C3) À l'est de la rue Saint-Paul, sur le site de l'hôtel Saint-Pol, immense résidence royale du XIVe siècle, des ruelles paisibles, bordées de vieilles façades et de jardinets, apportent une note bucolique au cœur du Vieux Paris. Les plus agréables sont la rue Charles-V, celles des Lions-Saint-Paul, du Petit-Musc et la rue Beautreillis. Admirez, à l'angle de la rue du Petit-Musc et du quai des Célestins, l'hôtel Fieubet, édifié par Mansart et rénové en 2006. À l'angle des rues Saint-Antoine et Castex se dresse l'élégant dôme du temple de la Visitation-Sainte-Marie, église élevée en 1632-1634 par Mansart et dévolue au culte protestant depuis 1802. Au-delà du boulevard Henri-IV, on rejoint le quartier de l'Arsenal, proche de la Bastille (cf. La Bastille, Autour de la place de la Bastille). *M° Sully-Morland*

GEO**QUARTIERS**

☆ L'île de la Cité et l'île Saint-Louis

plans 15, 16, 17, 18

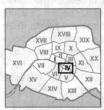

L'île de la Cité est le berceau historique de Paris. S'y côtoient, depuis l'Antiquité, le pouvoir temporel – celui des rois puis des institutions républicaines et de la justice – et le pouvoir religieux, matérialisé par sa cathédrale majestueuse. Mais aucun autre quartier de la capitale n'a été aussi profondément transformé par Napoléon III et son fidèle Haussmann. À tel point qu'on peine à imaginer, sous son vernis monumental et administratif, la Cité médiévale densément peuplée, aux ruelles sombres et étroites. L'île témoigne aussi des efforts des hommes pour stabiliser et aménager cet espace naturel et le protéger des crues du fleuve. À l'origine, la Cité n'était qu'une île d'à peine 7ha, traversée par un chenal et cernée d'îlots et de terrains inondables. Grâce aux patients efforts des bâtisseurs s'est formée une île unique de quelque 17ha, hissée de 6 à 8m au-dessus du fleuve. L'île Saint-Louis, déserte jusqu'au XVIIe siècle, vit naître en quelques décennies de somptueux hôtels particuliers. Elle garde de cet âge d'or l'atmosphère romantique de ses paisibles quais.

UN PEU D'HISTOIRE De par sa position stratégique dans un méandre de la Seine, la Cité a joué un rôle majeur dans l'édification de la ville et du royaume. Les Celtes Parisii, qui ont fondé Lutèce au IIIe siècle av. J.-C., en sont délogés en 52 av. J.-C. par les légions de Jules César. Les Romains s'installent sur les hauteurs de la Rive gauche et occupent la Cité. De solides ponts en pierre font de l'île un lieu de passage vital sur les routes nord-sud. Dans l'est de la Cité est érigé un temple et, dans l'ouest, une citadelle, où réside le gouverneur de Lutèce et où séjournent les empereurs. À la fin du VIe siècle, deux églises, Saint-Étienne et Sainte-Marie, et un baptistère ont remplacé le sanctuaire gallo-romain. Quelque peu délaissée par les Carolingiens, puis harcelée par les Normands à la fin du IXe siècle, la Cité reprend vie au début du XIe. Sa population double et l'île se construit. Les premiers Capétiens confirment ce renouveau en y installant leur palais. Bientôt, on rase la basilique Saint-Étienne pour ériger la cathédrale Notre-Dame près de l'enclos où vivent les chanoines, de l'évêché et de l'Hôtel-Dieu, qui accueille malades et miséreux. On dénombre alors près de vingt églises dans les rues surpeuplées qui séparent le palais royal du quartier ecclésiastique, et les quatre ponts qui desservent la Cité sont garnis de maisons. L'île constitue bientôt le centre de référence, par rapport à l'Université de la Rive gauche, "outre Petit-Pont", et à la Ville commerçante et industrieuse de la Rive droite, "outre Grand-Pont". Quand Charles V la délaisse pour s'installer sur la Rive droite, le palais insulaire devient le siège de la Justice royale. Au début du XVIe siècle, Henri IV achève la construction du Pont-Neuf et aménage la place Dauphine. Dans les années 1850-1870, le préfet Haussmann fait raser la plupart des édifices médiévaux de l'île. Ces transformations permettent de rétablir un semblant d'ordre dans le plan d'urbanisme en supprimant un labyrinthe de ruelles, refuge potentiel des émeutiers. Mais il s'agit surtout de décongestionner le centre de Paris, d'en améliorer l'hygiène (en particulier de lutter contre la tuberculose et le choléra) et de créer une ville monumentale à la gloire du régime. La Cité se mue en un immense pôle administratif, et sa population chute de 40 000 à 8 000 habitants… Le quartier qui s'étend à l'ouest de Notre-Dame est rasé pour offrir un vaste parvis à la cathédrale. Le Palais de justice prend des allures imposantes. Face à lui, on érige un vaste tribunal de commerce, non loin d'une immense caserne et du nouvel hôpital. Ces travaux supposent un remaniement total des ponts et des quais et le percement de grands axes impersonnels. La Cité que l'on peut admirer de nos jours est donc en grande partie celle d'Haussmann.

L'île de la Cité et l'île Saint-Louis, mode d'emploi

orientation

L'ouest de l'île de la Cité, entre le Pont-Neuf et la rue de la Cité, est le quartier du Palais de justice. Du quartier de Notre-Dame, qui occupe la partie orientale de l'île, on rejoint à pied l'île Saint-Louis par le pont Saint-Louis.

☆ **Île de la Cité** Le plus vieux et peut-être le plus célèbre pont de Paris, le Pont-Neuf déploie ses arches à mascarons de part et d'autre de la pointe occidentale de l'île de la Cité. Installé sur le site de l'ancien palais des rois de France, le gigantesque Palais de justice est l'emblème des remaniements haussmanniens de l'île. Tout comme le pompeux tribunal de commerce et l'immense préfecture de police. La légendaire cathédrale Notre-Dame déploie ses fastes gothiques dans l'est de l'île.

☆ **Île Saint-Louis** Si elle ne bénéficie ni de l'aura ni des grands monuments de son illustre voisine, cette île au charme prenant, dotée de splendides hôtels particuliers du XVIIᵉ siècle, mérite néanmoins le détour.

accès

EN MÉTRO Ligne 4, stations Cité et Châtelet. RER C, station Saint-Michel Notre-Dame. Ligne 7, station Pont Marie ou Sully-Morland (près de l'île Saint-Louis). Ligne 1, station Hôtel de Ville.

EN BUS Île de la Cité lignes 21, 27, 38, 58, 70 et 96. **Île Saint-Louis** lignes 67, 69, 86 et 87.

EN VOITURE Île de la Cité principaux accès par le pont Saint-Michel (de la place Saint-Michel) et le pont au Change (de la place du Châtelet). **Île Saint-Louis** principaux accès par le pont de Sully (Rive gauche) et le pont Marie (Rive droite). Le pont Saint-Louis, qui relie la Cité à l'île Saint-Louis, est piéton. Les deux îles, en particulier le quartier de Notre-Dame et l'île Saint-Louis, se prêtent mal à une visite motorisée. **Parking 24h/24.** *Harlay Pont Neuf* (plan 18, A2) *Quai des Orfèvres, île de la Cité Tél. 01 46 33 97 48*

EN BATOBUS Arrêt Notre-Dame.

informations touristiques

Hôtel de Ville (plan 18, B2). *M° Hôtel de Ville 29, rue de Rivoli 75004 Tél. 01 42 76 43 43 ou 39 75 www.paris.fr*

marchés

Marché aux fleurs (plan 18, A2). *M° Cité Pl. Louis-Lépine et quais alentour Tlj. 8h (en principe…) 19h30*
Marché aux oiseaux (plan 18, A2). Vente d'animaux de compagnie, des poissons rouges aux hamsters. *M° Cité Pl. Louis-Lépine et quais alentour Dim. 8h-19h*

☆ Découvrir l'île de la Cité

☆ **À ne pas manquer** Le Pont-Neuf, la Sainte-Chapelle, la Conciergerie et la cathédrale Notre-Dame **À proximité** Le quartier Saint-Michel, le Louvre, le Marais

Autour du Pont-Neuf

☆ **Pont-Neuf (plan 16, A2 et 18, A2)** Le plus vieux pont de Paris est aussi son premier pont moderne, par les techniques de construction utilisées et du fait qu'il ne porte aucune maison. Ce fut aussi le premier à relier directement les deux rives de la Seine, en prenant appui sur des terrains gagnés sur le fleuve à la pointe occidentale de l'île de la Cité. Lancée en 1578, sa construction s'achève en 1604, sous Henri IV. Sa largeur (21,50m) et sa longueur (233m) en font un somptueux ouvrage d'art. Comme tous les ponts de l'époque, il repose sur une série de courtes arches, d'une envergure variable, et d'une portée de 15m pour la plus grande. Sa physionomie en "dos-d'âne" était bien plus marquée avant la reconstruction du XIXᵉ siècle. Conçu par le pouvoir comme un monument à part entière, il offre une perspective nouvelle sur le Louvre. Ses larges trottoirs en pierre (là encore, une première) restèrent longtemps les plus animés de la ville. Les avancées en demi-lune ménagées au-dessus des piles accueillaient jadis des marchands ambulants, bouquinistes, montreurs de marionnettes et charlatans. Elles sont, depuis le XIXᵉ siècle, encadrées d'élégants lampadaires en fer forgé, signés Baltard. Mal entretenu, le Pont-Neuf est entièrement reconstruit de 1848 à 1855 : sa chaussée est abaissée, 8 de ses 12 arches reconstruites, l'ornementation totalement refaite, en particulier les 385 mascarons des corniches. En 1990 débute une rénovation radicale, dont on appréciera le résultat sur le petit bras (partie sud) du pont. Symbole de la créativité et de l'esthétique à la française, le Pont-Neuf continue d'envoûter les artistes : Christo l'enveloppe en 1985 dans un "paquet cadeau" de 40 000m², le cinéaste Léos Carax lui dédie en 1991 ses *Amants du Pont-Neuf*, et le couturier Kenzo le recouvre de fleurs en 1994… *M° Pont-Neuf*

Square du Vert-Galant (plan 15, D2) Quand on emprunte le grand bras du pont, en venant de la Rive droite, on aperçoit le pont des Arts sur la droite. Bientôt, en se retournant, on jouit d'une belle vue sur le Louvre. L'ouverture de cette perspective constitua l'un des motifs de la construction du pont et de la décision de n'y ériger aucune habitation. Sur la gauche apparaît l'harmonieuse façade de la

Conciergerie et, dominant le Palais de justice, la flèche élancée de la Sainte-Chapelle. D'emblée, le pont frappe par la largeur de sa chaussée et de ses trottoirs. Sur le terre-plein central trône une **statue équestre d'Henri IV**. L'original ayant été fondu sous la Révolution, en 1792, le bronze actuel est une œuvre de François Lemot (1818). Derrière la statue, un escalier descend vers le **square du Vert-Galant**, surnom que valut au bon roi Henri son amour immodéré des femmes… Cet agréable jardin public occupe le triangle de terre gagné sur la Seine pour soutenir le pont. Situé au niveau de Lutèce, il permet de mesurer à quel point la Cité, 7m en contre-haut, est le fruit du labeur des hommes. Belle vue sur l'hôtel de la Monnaie et l'Institut, Rive gauche. *M° Pont-Neuf*

☺ **Place Dauphine (plan 18, A2)** Cette place triangulaire fut aménagée en 1607, à l'initiative d'Henri IV, pour relier le Pont-Neuf au Palais de justice, et baptisée en l'honneur du futur Louis XIII. Henri IV la dota d'un ensemble harmonieux d'immeubles en brique et pierre de taille de trois étages sur galerie, pour loger des commerçants et officiers de justice. Les maisons dressées à l'est de la place furent rasées en 1874 pour ouvrir une perspective sur le Palais de justice, dont la façade occidentale, rue de Harlay, est une œuvre néoclassique de Joseph Louis Duc (1854). Miraculeusement épargnée, dans ses grandes lignes, par les remaniements haussmanniens, la place Dauphine reste l'un des seuls sites résidentiels de l'île. Du Pont-Neuf, on y accède par une étroite ouverture ménagée entre deux jolis pavillons du XVIIᵉ siècle, uniques vestiges de l'ensemble d'origine. *M° Pont-Neuf, Cité*

Quai des Orfèvres (plan 18, A2) Il accueillait aux XVIIᵉ et XVIIIᵉ siècles de grands orfèvres et joailliers parisiens. Siège de la police judiciaire (n°36), rendu célèbre par le personnage du bon commissaire Maigret, il débute au pied du petit bras du Pont-Neuf. À l'angle du bd du Palais se dresse l'harmonieuse façade des chambres correctionnelles, réalisée en 1904-1914 sous la direction d'Albert Tournaire, et dont les deux tours font écho aux bâtiments médiévaux de la Conciergerie. *M° Cité, Saint-Michel*

Autour du Palais de justice

Dès le Bas-Empire romain, une citadelle protège l'ouest de l'île. Au XIᵉ siècle, les Capétiens y installent le siège de leur monarchie, notamment la *curia regis*, ou Conseil du roi. Le palais est remanié et étendu au XIIIᵉ siècle par Saint Louis. C'est de cette époque que datent ses parties les plus anciennes, en particulier la Sainte-Chapelle. Au XIVᵉ siècle, Philippe le Bel l'agrandit considérablement au bénéfice de ses services judiciaires. Quand Charles V abandonne cette résidence, dans la seconde moitié du XIVᵉ siècle, le palais de la Cité revient au Parlement de Paris, cour souveraine de justice du royaume. Incendié en 1618, 1737 et 1776, le Palais est en grande partie reconstruit dans les années 1780. Puis, sous le Second Empire, Haussmann place l'extension des bâtiments au cœur de son projet urbanistique.

Palais de justice (plan 18, A2) Véritable ville dans la ville, il occupe près d'un tiers de l'île. Un vaste ensemble architectural qui juxtapose tous les styles, de l'élégance gothique de la Sainte-Chapelle et de la Conciergerie aux façades pompeuses dessinées sous Napoléon III. Le Palais de justice de Paris centralise une partie du tribunal de grande instance, le tribunal correctionnel, la cour d'assises, la cour d'appel et la cour de cassation, la plus haute juridiction française. Près de 4 000 magistrats et fonctionnaires travaillent dans le dédale de ses 24 km de couloirs sur lesquels donnent 7 000 portes! La surveillance des lieux, drastique, est assurée par le corps militaire de la garde républicaine, qu'assistent des gendarmes mobiles. *M° Cité 4, bd du Palais 75001 Tél. 01 44 32 50 00 Ouvert lun.-ven. 9h-17h Les audiences des différents tribunaux sont publiques : horaires variables selon les chambres Infos pratiques détaillées : www.ca-paris.justice.fr*

Entrée principale Le pavillon central à la façade monumentale qui donne sur le bd du Palais date du règne de Louis XVI. Remarquez, sous le dôme, les allégories de la Force, de l'Abondance, de la Justice et de la Prudence. Au fond de la cour de Mai, fermée par une grille d'honneur en fer forgé aux somptueuses dorures, un escalier monumental monte vers le vestibule. Ce dernier occupe l'ancienne galerie marchande du Palais – en son temps l'une des plus courues de Paris. La salle des Pas perdus, à droite, a remplacé la Grand-Salle, qui accueillit au fil des siècles banquets royaux, hommages des vassaux, puis cours plénières. Elle communique avec l'ancienne Grand-Chambre, où le Parlement de Paris rendait la justice au nom du roi et où siège, de nos jours, la première chambre du tribunal de grande instance. C'est aussi là que le Tribunal révolutionnaire condamna à mort Marie-Antoinette, Robespierre et bien d'autres.

★ **Conciergerie (plan 18, A2)** L'un des plus beaux édifices médiévaux de Paris, elle occupe l'aile nord de l'immense Palais de justice. Elle doit son nom au concierge, personnage affecté à des tâches de justice dans le palais sous Philippe Auguste et qui en devient l'intendant au XIVe siècle. Sous Philippe le Bel, elle accueille le Parlement et le réfectoire des personnels du roi. Afin de désengorger la prison du Châtelet, on y aménage des cachots à l'intention des condamnés dépendant de la juridiction du Parlement. Sous la Révolution, cette prison occupe presque tout le niveau bas. D'avril 1793 à juillet 1794, les chambres "de la Liberté" et "de l'Égalité" du tristement célèbre Tribunal révolutionnaire mèneront à la guillotine plus de 2 600 accusés! Les prévenus sont entassés dans les cellules de la Conciergerie dans l'attente de leur jugement, puis de leur exécution (Robespierre y passe sa dernière nuit le 28 juillet 1794). Celle-ci servira de prison jusqu'en 1914. *M° Cité 2, bd du Palais (à droite de l'entrée principale du Palais de justice) Tél. 01 53 40 60 97 http://conciergerie.monuments-nationaux.fr Ouvert mars-oct. : tlj. 9h30-18h; nov.-fév. : tlj. 9h-17h Fermé 1er jan., 1er mai et 25 déc. Visite guidée 11h et 15h (sans supplément) Tarif 6,50€, réduit 4,50€, gratuit pour les moins de 17 ans accompagnés Billet jumelé avec visite de la Sainte-Chapelle le même jour : 10€, réduit 7,50€ Tarifs majorés de 1,50€ en cas (fréquent) d'exposition temporaire à la Conciergerie*

L'extérieur La façade de la Conciergerie rassemble certaines des parties les plus anciennes du Palais. Ainsi, à l'angle du bd du Palais et du quai de l'Horloge se dresse la **tour de l'Horloge**, massive et anguleuse (1350-1353). Elle porte la plus ancienne horloge publique de Paris, une œuvre du Lorrain Henri de Vic installée en 1370, sous Charles V. Le cadran reçut un entourage sculpté par Germain Pilon en 1583. Il se détache sur le traditionnel fond bleu parsemé de fleurs de lis, entre des allégories de la Loi et de la Justice. L'inscription qui le souligne invite les juges à s'inspirer de la justesse de l'horloge. Les trois autres tours médiévales qui dominent le quai donnaient, à l'origine, directement sur le fleuve. La surélévation des quais, au XVIIe siècle, repoussa au sous-sol leurs parties basses. Les tours jumelles, dites de César et d'Argent, au milieu de la façade, furent érigées sous Philippe le

Bel pour encadrer l'entrée du Parlement. À leur droite, la **tour Bonbec** est la plus ancienne du palais, puisqu'elle date de Saint Louis. Sa partie supérieure fut ajoutée au XVIᵉ siècle. Les édifices qui relient la tour de l'Horloge aux tours jumelles remontent au XVIIIᵉ. À droite de la Conciergerie se dresse la façade de la **cour de cassation**, édifice haussmannien, dont le fronton classique est frappé des armes impériales.

L'intérieur La visite débute dans la splendide **salle des Gens d'armes**, sous des voûtes gothiques que soutient une forêt de colonnes dénudées. Construite au début du XIVᵉ siècle pour servir de réfectoire aux 2 000 serviteurs du roi, elle a des dimensions hors du commun : 69m de long sur 27m de large ! On peut encore admirer l'une des quatre cheminées monumentales qui la chauffaient. La galerie du fond donne, à droite, sur la **salle des Gardes**, dont les voûtes en ogives reposent sur de massifs piliers aux chapiteaux ouvragés. À l'autre extrémité, on débouche sur les parties dites "révolutionnaires" de la Conciergerie. Une prison qui accueillit, au plus fort de la Terreur, jusqu'à 800 captifs ! On n'y faisait pas de vieux os, étant donné le caractère expéditif des procès. Charlotte Corday fut ainsi exécutée quatre jours après avoir assassiné Marat… Sur place sont reconstituées les loges du greffier, chargé de tenir le registre des prisonniers, et du concierge, administrateur et gardien des lieux. Plus loin, la salle de la toilette, où l'on rasait la nuque des condamnés pour faciliter le travail du bourreau. Juste à côté, la porte derrière laquelle des charrettes attendaient de les conduire à la guillotine. Dans un recoin, la grande cellule où Marie-Antoinette fut transférée au cours de l'été 1793. Elle passa 76 jours à la Conciergerie, jusqu'à son exécution place de la Concorde le 16 octobre 1793. À l'étage sont reconstituées les cellules de l'époque, de trois types différents. Les "pailleux" sans le sou s'entassaient sur la paille crasseuse des cachots. Les plus fortunés disposaient d'un lit dans les "chambres à la pistole". Les détenus de marque avaient droit à une cellule individuelle où ils pouvaient lire et travailler. La visite s'achève par la **chapelle expiatoire** construite à la Restauration et dédiée à la mémoire des souverains exécutés sous la Révolution. Elle occupe le site d'une ancienne chapelle où Marie-Antoinette serait venue se recueillir et où les 21 députés girondins, condamnés à mort, auraient tenu leur ultime banquet.

★ **Sainte-Chapelle (plan 18, A2)** Louis IX, dit Saint Louis, qui régna de 1226 à 1270, fit agrandir le palais des Capétiens vers la rive nord. Son œuvre la plus notable est sans conteste cette somptueuse chapelle palatine, consacrée en 1248 : la Sainte-Chapelle, joyau absolu du gothique, avec ses vitraux chatoyants et la légèreté de son architecture. Un lieu qu'on aimerait visiter dans la solitude et le calme… Son aménagement touristique laisse, au mieux, songeur : un stand de souvenirs défigure tout le côté gauche de la chapelle basse, tandis que des chaises pliantes en plastique sont disposées tout autour de la chapelle haute ! *Mᵒ Cité 6, bd du Palais (accès à gauche de l'entrée du Palais de justice) Tél. 01 44 07 12 38 (concerts) 01 53 40 60 97 (la chapelle) http://sainte-chapelle.monuments-nationaux.fr Ouvert mars-oct.: tlj. 9h30-18h ; nov.-fév.: tlj. 9h-17h Fermé 1ᵉʳ jan., 1ᵉʳ mai et 25 déc. Tarif 7,50€, réduit 5,70€ pour les groupes de plus de 20 adultes, gratuit pour les moins de 17 ans accompagnés Billet jumelé avec visite de la Conciergerie le même jour : 10€, réduit 7,50€ Tarif majoré de 1,50€ lors des expositions (fréquentes) à la Conciergerie Concerts de musique sacrée (cf. GEOAdresses, Sortir dans le Marais)*

L'extérieur Une armée de gargouilles veille sur les piliers massifs de l'édifice. De la cour de Mai, face à l'entrée du Palais de justice, belle vue sur la **flèche**, qui culmine à près de 75m. Elle remplaça en 1853 l'originale, du XVe siècle, effondrée en 1793. Cet immense vaisseau protégé par une charpente couverte de plomb (230t) s'inspire du gothique flamboyant. Son socle porte des statues des apôtres.

L'intérieur L'édifice abrite deux chapelles superposées, sur le modèle palatin : une chapelle basse, ouverte au culte public, et une chapelle haute, réservée à la famille royale, qui y accédait par une galerie privée. Il fut aussi et surtout conçu comme une châsse monumentale pour accueillir les reliques les plus précieuses du royaume – la Couronne d'épines du Christ et un morceau de la Vraie Croix –, achetées à prix d'or par Saint Louis à l'empereur byzantin en 1239 et 1241. Un acte politique fort, affirmant la suprématie temporelle et spirituelle des rois de France. Quand on entre dans la chapelle basse, on est frappé d'emblée par le foisonnement des colonnettes latérales, qui soutiennent des voûtes aériennes... La structure procure une grande impression de légèreté et d'espace. Cette sensation est encore plus forte dans la chapelle haute. La restauration du XIXe siècle a paré les colonnes et les voûtes de fleurs de lis sur fond bleu et de tours castillanes sur fond rouge, hommage à la mère de Saint Louis, Blanche de Castille.

☆ **Les vitraux** Au détour de l'étroit escalier en vis qui monte vers la chapelle haute, le visiteur découvre, le souffle coupé, un joyau de l'art sacré, témoignage incomparable de l'apogée du gothique. Le report des forces sur les discrets contreforts de l'édifice a libéré les murs intérieurs de toute contrainte et permis l'ouverture d'immenses baies, qu'habillent plus de 600m[2] de vitraux. Un tour de force que ces 15 parois lumineuses (16 avec la rosace), hautes de 15m, magnifiées par le moindre rayon de soleil... Chaque baie illustre un thème différent de l'Ancien ou du Nouveau Testament, avec une richesse de détails et de coloris inouïe. Dans la nef, de gauche à droite et de bas en haut, on passe ainsi de la Genèse et de l'Exode à l'histoire des saintes reliques, jusqu'à leur achat par Saint Louis, représenté sur son cheval blanc au milieu de la dernière baie de droite. Les baies de l'abside représentent des scènes des vies de saint Jean, de la Vierge et du Christ. On remarquera que les thèmes abordés ont une évidente portée politique : il est avant tout question de rédemption du monde et de lutte contre les idolâtres, au moment où se prépare la 7e croisade, et les rois de France sont présentés comme les descendants directs des rois hébreux... La notice détaillée des vitraux, disponible près de l'escalier de sortie, permet d'apprécier toute la richesse narrative de ces chefs-d'œuvre conçus par des maîtres verriers inconnus. Une paire de jumelles permettra de décrypter la partie haute des baies. Malgré l'usure des ans et même si leurs parties inférieures furent détruites ou dispersées quand la chapelle servit de dépôt d'archives judiciaires (1803-1837), deux tiers des vitraux sont des originaux du XIIIe siècle... Les baies sont séparées par de fines colonnes dont les socles accueillent des statues des apôtres. Au fond de la nef, une tribune ouvragée soutient le baldaquin sous lequel était jadis exposée la Couronne d'épines. En se retournant, on découvre la splendide rose qui illumine la façade ouest de la chapelle. Refaite au XVe siècle, dans le style gothique flamboyant, elle représente l'Apocalypse selon saint Jean.

☺ **Place Louis-Lépine et marché aux fleurs** (plan 18, A2) Le noyau médiéval du cœur de l'île de la Cité n'a pas résisté aux réaménagements haussmanniens. En témoignent la place Louis-Lépine et l'imposant Tribunal de commerce construit par Ballu (1860-1865) à l'est du Palais de justice. Prouesse technique, le dôme de l'édifice fut désaxé pour se trouver dans l'alignement de celui de la gare de l'Est, à l'autre bout du bd Sébastopol. Haussmann fit ériger au sud de la place une immense caserne, occupée désormais par la préfecture de police. Il confia à Jacques Gilbert et à Stanislas Diet les plans du nouvel Hôtel-Dieu, énorme hôpital de style néo-Renaissance (1864-1870). Le célèbre **marché aux fleurs** de la place Louis-Lépine se tint du Moyen Âge à 1808 quai de la Mégisserie, sur la Rive droite. **M° Cité**

Notre-Dame et ses environs

★ **Cathédrale Notre-Dame (plan 17, B1 et plan 18, B3)** Emblème du Paris médiéval et du temps des cathédrales, chef-d'œuvre gothique, Notre-Dame est l'un des monuments les plus visités au monde : elle attire chaque année de 10 à 12 millions de personnes. À toute heure du jour, cet immense vaisseau captive et émerveille le visiteur car, comme le remarquait Hugo, "sur chaque pierre, on voit surgir en cent façons la fantaisie de l'ouvrier disciplinée par le génie de l'artiste". Voisine de l'ancien palais des rois de France, la cathédrale est aussi la "paroisse de l'Histoire de France" : actions de grâce célébrant les grandes victoires, funérailles de François Ier, mariage, en 1572, entre la catholique Marguerite de Valois et le protestant Henri de Navarre, sacre de Napoléon Ier en 1804, mariage de Napoléon III et baptême de son fils. Le 26 août 1944, de Gaulle y entendit un *Te Deum* célébrant la libération de Paris, au milieu des tirs. **M° Saint-Michel, Cité** *RER Saint-Michel-Notre-Dame 6, pl. du Parvis-Notre-Dame 75004 Tél. 01 42 34 56 10 Ouvert lun.-ven. 8h-18h45, sam.-dim. 8h-19h15 Visites guidées gratuites: tlj. 14h-15h, w.-e. 14h30 Audition publi-que d'orgue dim. de 16h30 à 17h15* **Musique sacrée** *http://notredamedeparis.fr Tarifs 15€, réduit 10€, gratuit pour les moins de 18 ans Tél. 01 44 41 49 99 Ensemble orchestral de Paris Rés. 0800 42 67 57 www.ensemble-orchestral-paris.com Tarifs 20-50€ Accès au trésor 3€, réduit 2€, 1€ pour les enfants, audioguide 5€ Fermé dim.*

Un peu d'histoire En 1160, Maurice de Sully, évêque de Paris, décide d'édifier une cathédrale sur le site de Saint-Étienne, basilique du IVe siècle dont on peut lire le plan sur le parvis actuel. Si Notre-Dame présente une unité sans pareille, c'est que sa construction est très rapide pour l'époque. Les "chefs maçons", qui se succèdent à partir de 1160, introduisent progressivement les dernières innovations techniques. En 1218, un incendie accidentel des charpentes offre l'occasion de remplacer les arcs-boutants à double volée de la nef par des arcs-boutants d'une seule volée, d'en pourvoir le chœur et de ménager de plus grandes ouvertures. En 1235, l'essentiel de la structure est réalisé. La cathédrale est achevée au début du XIVe siècle. Au XVIIe siècle, elle est remaniée comme les autres églises gothiques : Louis XIII ayant promis en 1638 d'élever un nouvel autel à la Vierge s'il avait un fils, Louis XIV décide en 1699 d'exaucer ce vœu et confie à Robert de Cotte la rénovation du chœur. Ce dernier perd son jubé, ses autels, retables, stalles et monuments funéraires au profit d'un nouveau décor, partiellement conservé (autel et stalles). Sous la Révolution, la Convention décrète la destruction des édifices gothiques, symboles de l'Ancien Régime. Rebaptisée "temple de la Raison" en 1794, la cathédrale est vandalisée et perd une grande partie de sa statuaire. Quand elle est rendue au culte, en 1802, la cathédrale est en piteux état. Le roman de Victor Hugo *Notre-Dame de Paris* (1831) attire l'attention du public, et Louis-Philippe engage en 1841 des travaux de restauration, brillamment dirigés par Lassus et surtout Viollet-le-Duc (1814-1879). Désireux de rendre à la cathédrale son élégance gothique, ce dernier reconstruit la flèche, répare les charpentes, érige une nouvelle sacristie. En 1871, les communards tenteront en vain d'incendier l'édifice, lequel échappera plus tard aux bombardements de la Seconde Guerre mondiale. Grâce aux travaux de restauration menés ces dernières années, la façade principale a retrouvé toute sa splendeur. Pour profiter pleinement de cet édifice hors du commun, détaillez l'extérieur et faites-en le tour avant d'y entrer. Concerts de musique sacrée (chœurs, récitals d'orgue).

Parvis Cette vaste esplanade aménagée dans les années 1860-1870, récemment baptisée place Jean-Paul-II, offre une vue unique sur la façade monumentale et les tours vertigineuses de la cathédrale. Le parvis médiéval était gigantesque pour l'époque avec ses 17m de large et ses 40m de profondeur. Au sud s'élevaient le palais épiscopal et l'Hôtel-Dieu ; au nord s'étendait l'enclos canonial. À l'ouest, dans l'axe de la façade, la rue Neuve-Notre-Dame traversait un quartier commerçant et populeux pour déboucher sur la grande artère nord-sud enjambant la Seine. On menait les condamnés à mort devant Notre-Dame pour qu'ils fissent amende honorable avant leur supplice en place de Grève. À l'ouest du parvis se dresse la préfecture de police, dont l'ornementation martiale rappelle que ce fut d'abord une caserne, et, au nord, le nouvel Hôtel-Dieu. La statue équestre de Charlemagne, œuvre des frères Rochet, veille sur la partie sud de l'esplanade, là où s'étendait l'Hôtel-Dieu de Philippe Auguste. Au milieu du parvis, une plaque de bronze matérialise le Km0 des routes nationales.

Crypte archéologique Ce site remarquable est une véritable machine à remonter le temps. La visite commence par une série de plans et de maquettes permettant de comprendre l'évolution de Paris depuis l'installation des Parisii, trois siècles avant notre ère. Plans détaillés, gravures anciennes et jeux de lumière permettent de mieux visualiser les lieux. Des vestiges gallo-romains, dont le quai du port de la Cité (Iᵉʳ s.), côtoient les fondations de demeures médiévales, et le tracé de la rue Neuve-Notre-Dame, large de 7m, créée au XIIᵉ siècle pour faciliter le transport des matériaux jusqu'au chantier de la cathédrale et son accès. *1, place du Parvis-Notre-Dame Tél. rens.* 01 55 42 50 10 *Ouvert tlj. sauf lun. et j. fér.* 10h-18h *Tarif* 3,30€, *réduit* 2,20€, *gratuit pour les moins de 13 ans*

Façade principale Comme celle de toutes les grandes cathédrales gothiques, la majestueuse façade ouest de Notre-Dame est conçue comme un entrelacs savant de cercles et de carrés parfaits, selon un principe géométrique courant à l'époque. Vous aurez remarqué son asymétrie. La tour de gauche est sensiblement plus large que celle de droite. Mais n'y voyez pas une erreur: au Moyen Âge, la symétrie parfaite symbolise la perfection divine à laquelle les hommes ne sauraient prétendre. La façade s'articule sur trois niveaux. Au premier, trois portails monumentaux surmontés d'une galerie des Rois ; au deuxième, une rose ciselée, de 9,60m de diamètre, et au troisième, une immense galerie ouverte jetée entre les deux tours et soutenue par de fines et élégantes colonnes. L'ornementation du **portail principal**, au centre, illustre le thème du Jugement dernier. Son tympan est lui-même divisé en trois : en bas, la résurrection des morts ; au centre, le jugement et la séparation des élus et des damnés ; au sommet, le Christ en majesté, trônant sous la voûte céleste symbolisée par les voussures ciselées du portail. Le **portail de la Vierge**, sur la gauche, est sans doute le plus élégant des trois. Son pilier central porte une moderne *Vierge à l'Enfant*, au-dessus d'un magnifique relief illustrant le Péché et la Chute. Son tympan évoque la glorification de la Vierge. En bas, l'Arche d'alliance, avec les trois prophètes et les trois ancêtres royaux de la Vierge qui lui annoncent sa destinée. Au milieu, la Dormition de la Vierge en présence du Christ et des apôtres. En haut, le Couronnement. Les quatre archivoltes des voussures sont ornées d'anges, de rois, de prophètes et de patriarches, replaçant la Vierge dans sa lignée divine. Les statues qui encadrent le portail datent du XIXᵉ siècle. Remarquez également les bas-reliefs qui associent aux mois les travaux et signes du zodiaque correspondants. Le **portail Sainte-Anne**, sur la droite, possède les plus anciennes statues de Notre-Dame. Exécutées vers 1164, elles occupent les deux niveaux supérieurs du tympan, représentant la vie de la Vierge et une Vierge en majesté. Au-dessous sont illustrées des scènes de la vie de sainte Anne, mère de Marie, et de son époux Joachim. Les grandes statues qui encadrent ce portail sont des copies du XIXᵉ siècle, comme celle qui, sur le trumeau, figure saint Marcel, évêque de Paris qui aurait délivré la ville d'un dragon, au Vᵉ siècle. Surplombant les portails, la **galerie des Rois** abrite 28 rois de Juda, ancêtres du Christ. Il s'agit de copies réalisées au XIXᵉ siècle sous la direction de Viollet-le-Duc (lequel en profita pour prêter ses traits à l'un des rois!). Les ayant pris pour des statues des rois de France, les révolutionnaires détruisirent les originaux en 1793 (mais on peut voir les têtes de certains au musée de Cluny). L'immense **rose** ciselée du deuxième niveau – une prouesse technique accomplie de 1220 à 1225 – est flanquée de deux arcs brisés. Elle domine une statue de la Vierge qu'accompagnent des anges et, sur les côtés, Adam et Ève. Ces statues ont été inventées par Viollet-le-Duc au XIXᵉ siècle.

Les tours Les tours de Notre-Dame culminent à 69m. Il s'en dégage une impression de force mêlée de finesse, surtout depuis que les travaux de restauration leur ont rendu leur aspect d'origine. Du pied de la tour nord (sur la gauche), un escalier de près de 400 marches grimpe vers les hauteurs de l'édifice. De la galerie des Chimères, on peut admirer les statues de monstres, dessinées par Viollet-le-Duc, qui veillent sur les contreforts des tours. La tour sud abrite "Emmanuel", célèbre bourdon de 13t refondu à la fin du XVIIᵉ siècle. La plate-forme panoramique aménagée à son sommet offre une vue somptueuse sur la forêt de pinacles, d'arcs-boutants et de contreforts de la cathédrale, sa flèche de 45m refaite par Viollet-le-Duc et les statues qui entourent sa base. L'architecte a d'ailleurs prêté son visage à l'une d'elles… ***Accès*** et billets au pied de la tour nord (celle de gauche) ***Ouvert*** oct.-mars : tlj. 10h-17h30 ; avr.-sept. : tlj. 10h-18h ; juil.-août: nocturne jusqu'à 23h le w.-e. Fermé 1ᵉʳ jan., 1ᵉʳ mai et 25 déc. ***Tarif*** 7,50€, réduit 4,80€, gratuit pour les moins de 18 ans accompagnés Rens. tél. 01 53 10 07 02

L'intérieur Dès le portail franchi, Notre-Dame de Paris s'offre dans sa grandeur solennelle : ses 133m de long, 33m de haut et 48m de large au transept en font la plus vaste cathédrale de l'époque. On est frappé par le rythme qu'imposent les colonnes qui portent cette masse de pierre : les tribunes qui la ceinturent, ses hauts murs percés de grandes baies, que de petites roses (restituées par Viollet-le-Duc au XIXᵉ s.) interrompent à la croisée du transept, et ses voûtes à six branches d'ogives dont le mouvement s'achève sur la clé de voûte. Les deux bas-côtés se poursuivent au-delà du transept pour enfermer le sanctuaire dans une forêt de supports cylindriques qui constitue la réussite la plus remarquable du premier architecte. On modifia l'édifice dès le début du XIIIᵉ siècle pour lui donner plus de lumière. Mais au moment où on agrandissait les baies, on aménagea des chapelles entre les contreforts, d'abord dans la nef, puis sur le déambulatoire, éloignant ainsi les sources d'une lumière déjà rare. Au milieu du XIIIe siècle, deux des plus grands architectes de l'époque entreprirent de renouveler le transept en donnant à chacune de ses extrémités les dimensions et l'aspect d'une façade, avec un portail surmonté d'une galerie vitrée et d'une immense rose. Jean de Chelles osa percer le mur nord sur presque toute sa largeur et plus de la moitié de sa hauteur pour y inscrire ce réseau de pierre de plus de 20m de diamètre fermé par un écran de verre. Pierre de Montreuil acheva le bras sud, dont la façade très ajourée est tout aussi audacieuse. Au même moment, le chevet était profondément modifié. Les masses qui s'équilibraient jusqu'alors horizontalement dans leur superposition furent animées par une série de contreforts verticaux et d'arcs-boutants finissant sur une flèche dressée à la croisée du transept. Cette nouvelle orientation de l'art gothique allait s'imposer aux autres édifices cultuels de la capitale. La longue histoire de la cathédrale explique la richesse de son **mobilier**. Ne subsistent du décor médiéval que les deux clôtures latérales du chœur, l'*Histoire du Christ* (nord), de la fin du XIIIe siècle, et les *Apparitions du Christ* (sud), du début du XIVe siècle, autrefois réunies par un jubé tendu à l'aplomb des piles orientales de la croisée. La vitrerie d'origine a été largement remplacée par des verrières dues, pour certaines (dans le déambulatoire, notamment), à Viollet-le-Duc – ce dernier cherchant à retrouver la polychromie médiévale –, et, pour d'autres, à François Le Chevalier (1963-1967, dans les tribunes). De la nouvelle décoration du chœur, confiée par Louis XIV à son architecte Robert de Cotte, restent *Le Vœu de Louis XIII* (Guillaume Ier Coustou) et la statue agenouillée de Louis XIV (Antoine Coysevox), les stalles et le sol de marbre. Un certain nombre de chefs-d'œuvre sont présentés dans les chapelles, tels le tombeau du comte d'Harcourt sculpté par Pigalle en 1775 (déambulatoire à droite) et les fameux Mays offerts par la corporation des orfèvres le 1er mai de chaque année, de 1630 à 1707. L'orgue, récemment modernisé, a été installé en 1730. La sacristie ajoutée par Lassus et Viollet-le-Duc au sud du chœur recèle le **trésor** de Notre-Dame. Outre les reliques de la Passion pour lesquelles Saint Louis fit édifier la Sainte-Chapelle, on y trouve une lettre dans laquelle l'écrivain Paul Claudel évoque sa conversion de 1886, un dessin de Viollet-le-Duc représentant la nouvelle flèche, des reliquaires luxueux offerts par Napoléon Ier en 1804 ou par l'empereur d'Éthiopie Hailé Sélassié en 1954.

Autour de la cathédrale Faites le tour de Notre-Dame dans le sens des aiguilles d'une montre. Au nord, la rue du Cloître-Notre-Dame rappelle que l'enclos des chanoines jouxtait la cathédrale. Le **portail du cloître** (façade du croisillon nord) fut réalisé vers 1250 par Jean de Chelles. Son trumeau présente une remarquable *Vierge à l'Enfant* du XIIIe siècle et son tympan évoque la légende de Théophile, ce diacre qui aurait vendu son âme au diable avant que la Vierge ne vînt le sauver. Mais ce qui impressionne surtout, c'est l'envergure de la rose ciselée au-dessus de la galerie vitrée. D'un diamètre de 13m, elle montre combien l'art des bâtisseurs évolua en quelques décennies vers davantage de légèreté et donc de lumière. Un peu plus loin, la **porte Rouge**, plus modeste, était réservée aux chanoines. Sur le tympan, Couronnement de la Vierge, qu'entourent Saint Louis et Marguerite de Provence. Au fil de la progression, on découvre en levant les yeux une armée de gargouilles dont les gueules béantes crachent au gré des intempéries des trombes d'eau ou des filets de glace, au milieu d'une forêt gothique de pinacles et de contreforts. À l'est de Notre-Dame s'étend le **square Jean-XXIII**, aménagé en 1843. Prototype des jardins publics imposés par Haussmann dans tout Paris, il offre une vue magnifique sur le chevet de la cathédrale. À contempler l'envolée des arcs-boutants et l'entrelacs des contreforts, on comprend comment le report des forces à l'extérieur de l'édifice a permis d'évider l'intérieur et de ménager de grandes baies pourvoyeuses de lumière. On peut aussi admirer les ciselures néogothiques de la **flèche** de Viollet-le-Duc, œuvre de charpente recouverte de plomb, élevant ses 750t jusqu'à 90m du sol, avec, à sa base, un cortège d'apôtres et d'évangélistes. Le square de l'Île-de-France, à la pointe sud-est de l'île, renferme un poignant **mémorial des Martyrs de la Déportation**. Conçu en 1962 par Pingusson, il est dédié aux 200 000 déportés de France morts dans les camps nazis, symbolisés par autant de pointes de cristal. Le palais de l'archevêque érigé en 1697 au sud de la cathédrale fut détruit par des émeutiers en 1831. La sacristie néogothique qui l'a partiellement remplacé jouxte le magnifique **portail Saint-Étienne**, dont le tympan évoque la vie et le martyre de saint Étienne. *Mémorial des Martyrs de la Déportation* Ouvert oct.-mars : tlj. 10h-12h et 14h-17h ; avr.-sept. : tlj. 10h-12h et 14h-19h Entrée libre Tél. rens. 01 99 74 35 87

Quartier de Notre-Dame (plan 18, B3) Avant les travaux d'Haussmann, un quartier médiéval aux ruelles enchevêtrées s'étendait juste au nord de la cathédrale : l'enclos canonial, organisé comme un petit village d'une quarantaine de maisons avec jardins. La **rue Chanoinesse**, jadis la principale artère de ce cloître, en laisse imaginer l'atmosphère. La dernière maison de chanoine (au n°24) a miraculeusement conservé son portail et ses étroites ouvertures du XVIe siècle. En contrebas du quai aux Fleurs, aménagé au début du XIXe siècle, se faufile l'étroite **rue des Ursins**, dont la base renflée de certains immeubles rappelle l'origine médiévale. Mais ne vous y trompez pas : la maison d'apparence gothique du n°3 date de… 1958 ! Au n°9 du quai aux Fleurs, on tombe sur un élégant portail surmonté d'un portrait en médaillon d'Abélard : l'immeuble, du XIXe siècle, a remplacé la demeure qui abrita, au XIIe, les célèbres amours d'Abélard et Héloïse… *M° Cité*

Au fil de l'eau

Vedettes du Pont-Neuf. Cette compagnie de bateaux-mouches propose des excursions d'une heure jusqu'au pied du Trocadéro et retour en contournant les îles. *Accès au pied du Pont-Neuf (près du square du Vert-Galant) 75001 Tél. 01 46 33 98 38 www.vedettesdupontneuf.com Ouvert toute l'année, tlj., départs réguliers de 10h30 à 22h-22h30 Billet 11€, réduit 6€*

Bateaux parisiens. Toute l'année, les Bateaux parisiens assurent des excursions similaires à partir du quai de Montebello, au pied de Notre-Dame, et à partir de la Tour Eiffel, Port de la Bourdonnais. *Départ toutes les 30min d'avril à octobre et toutes les heures de novembre à mars Tél. 0 825 01 01 01 www.bateauxparisiens.com Horaires variables (10h-22h30) Billet 10€, réduit 5*

Découvrir l'île Saint-Louis

☆ **À ne pas manquer** Les quais **À proximité** Le Marais, l'Institut du Monde Arabe

Jusqu'en 1726, l'**île Saint-Louis** s'appela île Notre-Dame, car elle dépendait du chapitre de la cathédrale. La légende veut que Saint Louis y ait souvent rendu la justice et qu'il y ait reçu la bénédiction du pape à la veille de la 8e croisade. Elle demeura inhabitée jusqu'au début du XVIIe siècle : on y allait, en barque, faire paître des vaches, se battre en duel ou se promener, et les lavandières y étendaient leur linge. Et il fallait sans cesse reconstruire ses ponts de bois (fragilité liée aux impératifs défensifs de la ville). Au début du XVIIe siècle, Christophe Marie, entrepreneur général des Ponts de France, obtient d'Henri IV le droit de bâtir à ses frais un pont solide en échange des droits de péage. Il s'associe à Luggles Poulletier et François Le Regrattier pour lotir l'île et maçonner ses quais. Malgré la faillite de nos audacieux entrepreneurs, l'urbanisation de l'île suit son cours. Un plan orthogonal s'impose et d'élégantes demeures, souvent conçues par Louis Le Vau (qui se fait bâtir une belle maison au n°3 du quai d'Anjou et deviendra premier architecte du roi en 1654), sortent de terre. Leur corps de logis s'avance au-dessus du quai, pour mieux profiter de la vue et de l'air, et non plus sur cour, comme le veut alors la règle. Leur façade en pierre de taille cache de riches intérieurs qui mettent à l'honneur les talents des artistes de l'école française. La plus vaste et la plus fastueuse fut l'hôtel de Bretonvilliers (1640), dont il ne reste presque rien. Aristocratique jusqu'au XVIIIe siècle, devenue un refuge d'artistes et d'écrivains au XIXe, l'île Saint-Louis reste un lieu vivant et captivant, propice à la flânerie.

☺ **Les quais (plan 18, B3-C3)** Du quartier Saint-Paul, on accède à l'île par le pont Marie, le plus vieux de Paris après le Pont-Neuf. À droite débute le **quai de Bourbon**. À l'angle de la rue des Deux-Ponts s'élève "Le Franc Pinot", une ancienne taverne de mariniers, et, au n°15 du quai, l'ancien hôtel Le Charron (1637-1640). De sa séparation avec Rodin, en 1899, à son internement, en 1913, Camille Claudel vécut au n°19, derrière les superbes frontons de l'hôtel de Jassaud (1660). Passé le pont Louis-Philippe (1860-1862) et la passerelle de l'île de la Cité, on rejoint le **quai d'Orléans**. L'imposant hôtel de Roland (1775) porte les nos18-20. L'immeuble du n°6, bâti en 1655, fut racheté en 1852 par l'un des nombreux Polonais réfugiés à Paris après l'insurrection manquée de 1830 contre les Russes. Il abrite la Bibliothèque polonaise, un musée consacré au grand patriote et poète Adam Mickiewicz (1798-1855) et une salle dédiée à Chopin, habitué des lieux, avec des partitions originales (horaires variables). Juste en face s'avance le **pont de la Tournelle**, reconstruit en 1928, avec sa statue stylisée de sainte Geneviève, par Paul Landowski. Il doit son nom à une tourelle de l'enceinte de Philippe Auguste qui s'élevait sur la Rive gauche. L'une de ses piles porte une échelle graduée : la graduation "9m", au sommet, correspond au niveau de la crue historique de 1910. Au-delà du pont débute le **quai de Béthune**, appelé au XVIIIe siècle "quai des Balcons", car Louis Le Vau avait imposé des balcons en ferronnerie à toutes ses façades. En témoigne, au n°22, l'hôtel Lefebvre de Malmaison (1645), qui possède aussi un joli porche ouvragé. Baudelaire y habita en 1842-1843. Au bout du quai, les puissantes arches métalliques du pont de Sully partent en direction de l'Institut du monde arabe. En traversant le bd Henri-IV, on rejoint le **square Henri-IV** et son monument érigé en 1894 à la mémoire du sculpteur Antoine Louis Barye (1796-1875). Au fond du parc se déploie un beau panorama sur la Seine avec, au loin, les hautes tours de la bibliothèque François-Mitterrand et la silhouette massive du ministère des Finances, à Bercy. **Quai d'Anjou**, sur la rive nord-est de l'île, une belle tourelle signale l'**hôtel Lambert**, construit de 1640 à 1644 par Louis Le Vau. Célèbre pour ses décors peints de style baroque dus à Le Brun, Le Sueur et à d'autres artistes de renom, il ne se visite pas, hélas. Les hôtels voisins, également du XVIIe siècle, ne manquent pas d'allure. Le célèbre caricaturiste Honoré Daumier vécut au n°9 de 1846 à 1863. Au n°17 se dresse l'**hôtel de Lauzun**, édifié à partir de 1656 et racheté en 1682 par le futur duc de Lauzun. Sa façade restaurée se distingue par ses gouttières sculptées et dorées (1910). Rebaptisé hôtel de Pimodan au XIXe siècle, il accueillit un salon littéraire fréquenté par George Sand, Alfred de Musset, Gérard de Nerval et Théophile Gautier. Baudelaire y logea de 1843 à 1845 et y composa certains poèmes des *Fleurs du Mal*. Dans ses *Paradis artificiels*, il évoque les expérimentations du célèbre "club des haschischins", auxquelles il participa et qui ne furent pas sans choquer l'auguste voisinage… *M° Pont Marie*

Rue Saint-Louis-en-l'Île (plan 18, B3-C3) L'artère centrale de l'île reste un lieu de vie et de culture fort appréciable. Elle est bordée de restaurants, de boutiques, dont celle du célèbre glacier Berthillon, au n°31, et de galeries d'art qui ont parfois gardé leur devanture ancienne. Les Ludovisiens qui vaquent à leurs occupations, font leurs courses chez le fromager ou le boucher, ou devisent sur le pas d'une librairie y côtoient des touristes ébahis. Au n°51, on peut admirer la façade et le porche de l'hôtel Chenizot (1619), remaniés au début du XVIIIe siècle dans le style rocaille. Plus loin se dresse l'**église Saint-Louis-en-l'Île**, reconnaissable à son horloge suspendue de 1741. Sa construction débuta en 1664, sur les plans de François Le Vau, frère cadet de Louis. La nef, caractéristique du baroque français, fut refaite en 1723, et le curieux clocher ajouré date de 1765. Pillée à la Révolution, amplement restaurée à la fin du XIXe siècle, l'église a accueilli au printemps 2005 un orgue neuf au magnifique buffet en chêne. Le splendide pavillon suspendu qui enjambe la rue de Bretonvilliers est l'ultime vestige de l'immense hôtel de Bretonvilliers (1637-1640), l'un des plus fastueux de son temps. *M° Pont Marie*

GEOQUARTIERS

☆ **Le Quartier latin** plans 17, 18, 23, 24

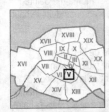

Nostalgiques de l'insouciance estudiantine et des promesses de l'âge des possibles, le Quartier latin et sa légende vous tendent les bras ! Depuis le XIIIe siècle, où il est devenu le fief de l'Université et des écoles parisiennes, on y entend le même refrain : "*Tu quoque, mi fili !*" Ce sont les pères qui comprennent que leurs fils refusent le monde qu'ils leur laissent… avant d'y trouver eux-mêmes leur compte. Le Quartier latin, en éternel étudiant, ne cesse de cristalliser ce moment : c'est une véritable institution prise dans les rouages du conformisme et du changement ! On l'a toujours craint, certes, mais il suscite également pas mal d'indulgence… Alors, que risquez-vous ? Chahutez sur le boulevard Saint-Michel comme en Mai 68, en snobant le monde en général et la police en particulier ; espérez qu'avec une thèse, vous pourriez jouer au docteur à la Sorbonne ; passez la nuit à parler politique dans les pubs de l'ancien faubourg ouvrier Mouffetard ou rêvez d'ailleurs et d'un monde meilleur dans la vingtaine de cinémas d'art et d'essai des environs ! Car on est toujours des étudiants : on aime bien remettre nos devoirs au lendemain… ou à la prochaine génération !

LUTETIA PARISORIUM En deçà des mythes et des symboles, le Quartier latin, c'est avant tout un fabuleux sous-sol qui recèle les vestiges du plus ancien cœur de Paris, ceux de Lutèce la Romaine, cité des Parisii, la tribu gauloise vaincue par les légions de César en 52 av. J.-C. Les conquérants décident de reconstruire la ville sur la rive gauche de la Seine selon le modèle des cités italiennes. Lutèce est bâtie toute de pierre selon un strict quadrillage de rues pavées ordonnées autour de deux axes principaux : du sud au nord, le *cardo maximus* (l'actuelle rue Saint-Jacques) et d'est en ouest, le *decumanus maximus* (rue des Écoles). Sans doute charmés par les formes capitolines de la colline, les Romains édifient à son sommet (face à l'actuel Panthéon) le forum, centre de la vie politique et religieuse avec sa place, sa curie et son temple. Les Parìsii ont vraisemblablement pris goût aux agréments du mode de vie romain : la cité ne comptait pas moins de trois établissements de thermes, l'un aux environs de la rue Gay-Lussac, le second à la hauteur du Collège de France et le troisième sous l'hôtel de Cluny, le seul dont les vestiges soient encore visibles. Pour les après-midi-spectacles et les soirées-théâtre, on aménage également des arènes un peu à l'écart du centre, sur les pentes ouest de la colline. Leurs vestiges témoignent encore étrangement de la vie lutécienne… Tout a changé en effet dès le IIIe siècle, quand les invasions germaniques ont commencé de mettre en péril le monde gallo-romain. En 361, Julien, neveu de Constantin, parvient à expulser les Barbares de Gaule et se fait proclamer empereur à Lutèce. Mais le répit est de courte durée. Les Francs multiplient les assauts, les Lutéciens se retranchent sur l'île de la Cité et la colline redevient peu à peu campagnarde… La peur qui domine assure le succès d'une nouvelle religion du salut, le christianisme. Au Ve siècle, une petite bergère gallo-romaine nommée Geneviève prie Dieu pour qu'Attila et ses hordes saccageuses épargnent la cité. La réussite de l'invocation en fera une sainte, patronne des Parisiens et objet d'un culte fervent. Au sommet de la colline abandonnée, le roi franc Clovis, baptisé à Reims en 496, fonde une abbaye qui reçoit les reliques de la patronne. L'ancien cœur de Lutèce prend alors le nom de "montagne Sainte-Geneviève" tandis que Paris, recluse au milieu de la Seine, s'enfonce dans le haut Moyen Âge…

DES AMOURS D'HÉLOÏSE ET ABÉLARD À… MAI 68 Île de la Cité, vers 1120 : on s'agite, les maîtres et leurs élèves ne supportent plus la mainmise du chapitre de la cathédrale Notre-Dame sur l'enseignement et la délivrance des diplômes. Parmi les premiers, le docte Abélard décide de prendre du champ en allant professer sur les pentes de la montagne Sainte-Geneviève. Mais l'affaire se double d'un drame : le maître est épris d'Héloïse, nièce du chanoine de la cathédrale. Ce dernier, pour lui faire expier l'amour étonnamment moderne que la célèbre correspondance des amants atteste, le fait capturer et… castrer. Un premier acte qui sonne comme un défi pour le nouveau quartier : mener à terme l'éducation du sentiment ! Alors commence sa double histoire. Les professeurs affluent sur la Rive gauche et donnent leurs cours là dans une grange, ici dans une écurie… Afin de se protéger, ils forment une organisation, appelée *Universitas magistrorum* ("la totalité des maîtres"). La papauté lui délivre ses premiers statuts en 1215 : c'est la naissance de l'Université. Éclosent alors de nombreux collèges contrôlés par les grands ordres religieux de l'époque (franciscains, bernardins, cisterciens…), dont les couvents prennent leurs aises sur la colline encore peu urbanisée. Les études débutent vers l'âge de quatorze ans avec la faculté des arts : enseignement du grec et du latin, de la rhétorique et de la dialectique – l'art de raisonner –, puis des mathématiques, de la musique et de l'astronomie. Après six ans, c'est le passage du baccalauréat puis de la "maîtrise", qui permet de devenir professeur ou de poursuivre en doctorat de droit ou de médecine. Mais la clé de voûte de l'ensemble, qui confère au parcours universitaire toute sa valeur et sa dignité, c'est le doctorat de théologie, quinze années d'études pour devenir expert du combat des idées hérétiques ! On dénombre ainsi au XVᵉ siècle plus de soixante collèges dans le quartier devenu "latin" (car c'était la langue de l'Église et de l'enseignement) avec, au sommet de la hiérarchie, la faculté de théologie, la célèbre Sorbonne fondée en 1257. Voilà pour la réputation studieuse du quartier. Car il y a l'autre versant de son histoire, celui de ses tavernes et de ses bouges à l'aura sulfureuse, celui de ses élèves sans le sou (les martinets) qui refusent l'ordre établi et cultivent la liberté de pensée, parfois délinquants et toujours ripailleurs ! En 1530, avec le renouveau humaniste, François Iᵉʳ crée le Collège de France ; au XVIIᵉ siècle, les progrès des sciences de la nature motivent l'aménagement du Jardin des Plantes ; puis les révolutionnaires inaugurent l'École polytechnique, l'École normale supérieure et les lycées Louis-le-Grand et Henri-IV : autant de nouvelles gloires pour le Quartier latin, mais dont aucune n'a pu venir à bout de l'insubordination légendaire de ses étudiants. Les révoltes éclatent régulièrement… En 1830 et 1848, beaucoup prennent fait et cause pour les révolutionnaires, avant de se frotter dans les cafés du boulevard Saint-Michel aux idées anarchistes ou socialistes.

DES BARRICADES DANS LE QUARTIER LATIN Dans les années 1960, le Quartier latin couve une nouvelle révolte… Le conservatisme des diplômes et des méthodes d'enseignement, l'absence de débouchés, le contexte de la guerre froide et des luttes pour l'indépendance des colonies, tout pousse les jeunes à vouloir mettre la main sur un monde qui leur échappe. La seule solution pour un véritable changement de société apparaît la venue du Grand Soir ! Au printemps 68, les manifestations se multiplient, les tensions s'exacerbent. L'université de Nanterre est fermée le 2 mai, la Sorbonne occupée le 3. On commence à dépaver le Quartier latin, qui se hérisse de dizaines de barricades de la rue Gay-Lussac à la place Maubert. L'écho donné au mouvement (et aux violences policières…) le fait grossir davantage chaque jour. Les ouvriers se mettent en grève le 13 mai. Une semaine plus tard, le pays est entièrement paralysé : le Quartier latin est au cœur de tous les espoirs et de toutes les peurs… Sur place, les événements ont un retentissement existentiel inédit : on prépare certes la révolution mais, entre deux combats de rue, on découvre l'amour libre. Un choc pour les aînés ! Un temps dépassés, les partisans du pouvoir en place organisent une contre-manifestation le 30 mai sur les Champs-Élysées. Elle réunit plus d'un million de personnes : c'est la fin de l'aventure pour le Quartier latin… Aujourd'hui, aucun monument ni plaque ne commémore les événements près de la Sorbonne. Mai 68 pose toujours problème ! Les étudiants ont cherché à exaspérer les contradictions entre l'ordre établi et l'épanouissement personnel… Une histoire qui court depuis le XIIIᵉ siècle et toujours litigieuse. À quand le prochain épisode ?

Le Quartier latin, mode d'emploi

orientation

Aujourd'hui, les limites du Quartier latin se confondent avec celles du 5e ardt, dédié à l'Université, entre Saint-Michel et Censier et de Jussieu à Port-Royal. Le quartier Saint-Séverin, l'hôtel de Cluny et la Sorbonne occupent un périmètre restreint qu'il est plus simple d'explorer à partir de la place Saint-Michel. Le Panthéon, qui constitue le meilleur point de repère du Quartier latin, en est également la véritable colonne vertébrale : en passant sur les pentes est de la montagne Sainte-Geneviève, on peut redescendre vers les arènes de Lutèce ou la rue Mouffetard. Le Jardin des Plantes, un peu plus excentré, est à lui seul le but d'une demi-journée, voire d'une journée de visite.

☆ **Saint-Michel** Des bords de Seine jusqu'à la Sorbonne, les ruelles médiévales du cœur historique du Quartier latin conservent en mémoire huit siècles d'histoire universitaire française. Du sérieux mais aussi du pittoresque, voire une folle agitation !

★ **Le quartier du Panthéon** Le temple de la fierté française domine le Quartier latin et étend son ombre sur quelques-unes de ses institutions les plus renommées. Solennité garantie !

☆ **Mouffetard et Jussieu** L'envers de la montagne Sainte-Geneviève est colonisé par les étudiants de Jussieu et de Censier qui portent haut la nonchalance distillée par la truculente rue Mouffetard, la Mosquée de Paris et l'Institut du Monde Arabe.

★ **Le Jardin des Plantes** De superbes parterres qui feront le bonheur des botanistes en herbe et un musée qui met en scène la beauté de la faune terrestre.

Quartier du Val-de-Grâce Véritable antichambre religieuse du Quartier latin, on y dénombrait avant la Révolution plus de soixante abbayes. Dans une atmosphère toujours recueillie, le Val-de-Grâce reste leur dernier et grandiose témoin.

accès

EN MÉTRO ET EN RER La station Saint-Michel (ligne 4 et RER B et C) constitue la principale porte d'entrée du Quartier latin. On peut également descendre à la station Cluny-La Sorbonne, sur la ligne 10, ou à la station Luxembourg (RER B), la plus proche du Panthéon. Pour le Jardin des Plantes, les arènes de Lutèce et la rue Mouffetard, la station Place Monge (ligne 7) est la plus commode.

EN BUS Central, le 5e ardt est parcouru par de très nombreuses lignes qui le relient à tous les points de la ville (lignes 28, 31, 85, 24, 87, 89, 27, 47).

EN VOITURE Entre la Seine et le Panthéon, il est préférable d'emprunter les grands axes, car les ruelles adjacentes sont livrées aux piétons, comme la rue Mouffetard. **Parkings.** *Saint-Michel* (plan 17, A1) 9, bd Saint-Michel 75005 *Saint-Germain-Maubert* (plan 17, B2) Face au 37, bd Saint-Germain 75005 *Soufflot* (plan 24, A1) 22, rue Soufflot 75005 *Patriarches* (plan 24, B2) Pl. Bernard-Halpern 75005

informations touristiques

Mairie du 5e ardt (plan 24, A1). *RER Luxembourg* 21, pl. du Panthéon 75005 *Tél.* 01 56 81 75 05 www.mairie5.paris.fr Ouvert lun.-ven. 8h30-17h et nocturne le jeu. jusqu'à 19h30

accès Internet

Luxembourg Micro (plan 24, A1). *81, bd Saint-Michel 75005 Tél. 01 46 33 27 98 Ouvert tlj. 9h-23h www.luxembourg-micro.com 2,50€/h, réduit pour les moins de 25 ans 2€/h*

marchés

Maubert (plan 17, B2). *Place Maubert Mar., jeu. et sam. 7h-15h*
Monge (plan 24, B2). *Place Monge Mer., ven. et dim. 7h-15h*
Rue Mouffetard (plan 24, B2-B3). L'un des plus pittoresques de Paris. *En bas de la rue Mer., ven. et dim. 7h-13h*

adresses utiles

Pharmacie Bader (plan 17, A1). *12, bd Saint-Michel 75005 Tél. 01 43 26 92 66 www.pharmaciebader.com Ouvert tlj. 9h-21h*
Commissariat de police (plan 17, B2 et plan 24, A1). *4, rue de la Montagne-Sainte-Geneviève 75005 Tél. 01 44 41 51 00*

☆ Découvrir le quartier Saint-Michel

☆ **À ne pas manquer** L'église Saint-Séverin, les thermes et l'hôtel de Cluny **À proximité** La cathédrale Notre-Dame, l'île de la Cité, l'île Saint-Louis **Sans oublier nos adresses** Swinguez jusqu'à l'aube au caveau de La Huchette, découvrez la littérature anglo-saxonne à la librairie Shakespeare & Co, faites-vous une toile dans les cinémas d'art et essai

Autour de la place Saint-Michel

Ah, le joli quai Saint-Michel, ses bouquinistes, sa vue magnifique sur Notre-Dame : un véritable Paris de carte postale ! Mais ne vous y trompez pas, ce décor cache une rupture fondamentale, celle-là même qui a donné naissance au Quartier latin au XIIIe siècle : c'est sur ces bords de Seine que les maîtres du chapitre de Notre-Dame se sont soustraits à sa tutelle en allant y donner leurs premières leçons. Pour preuve, les immeubles du quai, serrés les uns contre les autres, paraissent toujours contenir difficilement les ruelles médiévales qui s'étendent derrière eux, comme si elles étaient encore prêtes à fondre sur leur ancienne rivale ! Pourtant, tous les anciens collèges qui abondaient dans les environs ont disparu. De surcroît, le percement du très haussmannien boulevard Saint-Michel en 1859 a profondément modifié la physionomie du quartier en l'ouvrant aux dimensions du Paris moderne. À force de l'emprunter et de prendre du bon temps dans ses cafés, les étudiants ont pris l'habitude de désigner l'ensemble du secteur du nom de "Saint-Michel". Malheureusement, sur le boulevard, les librairies cèdent le pas peu à peu aux magasins de prêt-à-porter et, ces dernières années, l'émotion a été grande lorsque quelques-uns des cafés qui faisaient sa réputation ont été transformés, ici en pizzeria, là en sandwicherie industrielle… Une seule solution, donc : s'enfoncer dans les ruelles adjacentes ! C'est là que vous retrouverez l'ancien visage du Quartier latin, tout en venelles tortueuses à l'atmosphère sombre et agitée qui rappelle l'époque où les étudiants aimaient à y ripailler dans des tavernes douteuses entre d'innombrables imprimeries, collèges et couvents...

Place Saint-Michel (plan 17, A1) Alors qu'on décide le percement du boulevard Saint-Michel, on juge plus pertinent de ne pas le dessiner dans l'alignement du pont Saint-Michel, reconstruit en 1857. Une horreur pour Haussmann qui compense ce forfait d'asymétrie par la création de la place, bien ordonnée avec ses immeubles aux façades régulières et surtout sa **fontaine** qui vient clore avec majesté la perspective du boulevard du Palais. L'œuvre, due à Davioud (1860), est caractéristique de l'éclectisme du style Napoléon III avec ses motifs architecturaux antiques et Renaissance, et surtout son *Saint Michel terrassant le dragon*, qui ressemble à un dieu grec habillé en empereur romain... Ne vous inquiétez pas si vous voyez de nombreux étudiants faisant le pied de grue sur la place : aucune manifestation ne se prépare, elle est simplement l'un des points de rendez-vous les plus fréquentés du Quartier latin ! À l'arrière, comme une excroissance, la **place Saint-André-des-Arts** a conservé son plan irrégulier de place médiévale, à laquelle quelques maisons anciennes ajoutent leur caractère. La **rue Hautefeuille** recèle également, sur l'envers du boulevard Saint-Michel, un vestige du vieux quartier : au n°5, une tour en encorbellement (vers 1520) dont la console finement sculptée mérite le coup d'œil. *M° Saint-Michel*

Le quartier Saint-Séverin

Resserré autour des rues de la Huchette et de la Harpe, le quartier Saint-Séverin (plan 17, A1) est l'une des paroisses du Vieux Paris les mieux préservées. Il a conservé son plan du XIIIe siècle, époque de son lotissement, et de nombreuses maisons des XVIe et XVIIIe siècles. Appartenant au noyau originel du Quartier latin, il regorgeait au Moyen Âge de tavernes prisées des étudiants mais aussi de librairies, d'ateliers d'enlumineurs, de copistes ou de relieurs, ce dont la **rue de la Parcheminerie** garde le souvenir : c'est là que les élèves venaient s'approvisionner en parchemins ! Le quartier est également resté longtemps mal famé en raison des nombreuses rapines dont on y était victime, le plus souvent de la part d'écoliers sans le sou. La **rue du Chat-qui-Pêche**, l'une des plus étroites de Paris, paraît encore un véritable coupe-gorge ! Quant à l'ambiance des rues, elle a toujours été furieusement animée : au XVIIIe siècle y abondaient déjà les rôtisseurs de volailles, comme aujourd'hui, à ceci près que les vendeurs de kebabs et les restaurateurs grecs font dorénavant le spectacle pour attirer la foule des touristes, très compacte dans le quartier... En 1945, celui-ci fut l'un des hauts lieux de réjouissance du Paris libéré et les Américains s'en entichèrent particulièrement : Hemingway aimait résider à l'hôtel du Mont-Blanc (28, rue de la Huchette) et le Caveau de la Huchette (au n°5), le premier club de jazz de la capitale, cultive toujours une tradition très "Nouvelle-Orléans". Quant au théâtre de la Huchette (au n°23), il donne sans interruption depuis 1957 *La Cantatrice chauve* de Ionesco, contribuant à sa manière à l'atmosphère surréaliste des lieux ! Heureusement, la fin de soirée fait le clair parmi la foule : les pubs commencent à se distinguer parmi les restaurants fermés et l'on découvre, dans une ambiance agréable, que le quartier a aussi ses étudiants autochtones, heureux de pouvoir retrouver l'un des lieux historiques de leurs chahuts ! Conseil inverse pour une visite patrimoniale du quartier : ne vous y prenez pas après 11h du matin...

☆ **Église Saint-Séverin (plan 17, A1)** Elle contribue particulièrement à l'atmosphère médiévale du quartier avec sa haute flèche en forme d'éteignoir (élevée en 1250) et ses nombreux clochetons, gables sculptés et gargouilles fantastiques. L'édifice n'a cessé d'être agrandi du XIIIᵉ au XVIᵉ siècle en raison de l'essor de l'Université, qui attira une population de plus en plus dense. Les trois premières travées de la nef sont les plus anciennes et rappellent le sanctuaire initial. Plutôt que de l'élargir, les bâtisseurs ont préféré l'encercler d'un premier puis d'un second déambulatoire qui, par son originalité, revêt un caractère unique au sein du gothique flamboyant : une véritable palmeraie formée de dizaines de fûts de pierre dont les multiples nervures s'élancent d'un seul jet jusqu'aux croisées d'ogives. En retour, celles-ci reportent le poids de l'édifice de colonne en colonne depuis la nef jusqu'aux contreforts extérieurs, créant un grand sentiment d'équilibre. La réalisation la plus célèbre de l'ensemble est le pilier tors, situé dans le chœur : ses nervures spiralées semblent élever directement l'âme vers le ciel ou... l'aspirer en enfer ! Les beaux vitraux de la nef datent des XIVᵉ et XVᵉ siècles. Dans les chapelles rayonnantes, les vitraux de Charles Bazaine (1966) font un bel écho à l'esprit flamboyant de l'édifice. *Mº Saint-Michel 1, rue des Prêtres-Saint-Séverin 75005 Tél. 01 42 34 93 50 www.saint-severin.com Ouvert lun.-sam. 11h-19h30, dim. 9h-20h30 Label Tourisme et Handicap*

Square André-Lefèvre (plan 17 A1) Il jouxte l'église sur la droite et complète le tableau du quartier en rappelant la présence de celle qui habitait tous les esprits du Moyen Âge, la mort ! Ce square aménagé sur l'ancien cimetière Saint-Séverin est toujours bordé d'un chapelet de voûtes gothiques surmontées de frontons. Charmant ? Il s'agit du dernier charnier encore visible dans Paris ! Y ont été déposés les restes des indigents enterrés dans sa fosse commune jusqu'à la création des catacombes au XVIIIᵉ siècle. *Mº Cluny-La Sorbonne*

Rues du Petit-Pont et Saint-Jacques (plan 17, A1-B1) Elles reprennent le tracé de la rue principale de Lutèce, la première qui fut sans doute percée sur les bords de Seine ! Un honneur qu'elle devait au fait d'être située dans l'axe du **Petit-Pont**. L'ouvrage a été reconstruit en 1852 mais il conserve le nom qu'on lui donnait déjà (en latin) il y a 2 000 ans : il avait été stratégiquement bâti à l'endroit le plus étroit du fleuve. Jusqu'à l'édification du pont Saint-Michel, en 1378, il est resté le seul point de passage entre l'île de la Cité et la Rive gauche, ce qui valut à la rue Saint-Jacques de former le noyau originel du Quartier latin avant d'être détrônée par le boulevard Saint-Michel. Elle fut connue jusqu'à la fin de l'Ancien Régime comme le royaume des imprimeurs, qui y disposaient d'un quasi-monopole sur l'édition. La famille Estienne, célèbre dynastie du métier, y était installée et c'est d'ici que Robert, sympathisant de la Réforme, a commencé à fournir aux Parisiens les premières bibles imprimées, s'attirant les foudres de la Sorbonne qui perdait ainsi son monopole sur la diffusion et l'interprétation des textes saints. *Mº Saint-Michel RER Saint-Michel Notre-Dame*

☺ **Église et square Saint-Julien-le-Pauvre (plan 17, B1)** L'église, avec sa façade d'ordonnance classique d'une belle sobriété, a été reconstruite au XVIIᵉ siècle sur un sanctuaire plus ancien auquel était accolé un prieuré. Au cœur du Quartier latin des XIIIᵉ et XIVᵉ siècles, le lieu jouissait d'une grande importance : les maîtres y tenaient les assises générales de l'Université. Ils élisaient à cette occasion leur

Rector magnificus, ce qui valut à l'église d'être saccagée en 1524 par des étudiants mécontents. Mais les collèges avaient d'ores et déjà colonisé les pentes de la montagne Sainte-Geneviève et le pouvoir avait migré vers la Sorbonne... pour une nouvelle histoire ! Aujourd'hui, l'église est dévolue au rite catholique gréco-byzantin et abrite, conformément à ses préceptes, une iconostase : cette paroi de bois rehaussée de nombreuses icônes sépare la nef et le chœur en voilant et manifestant tout à la fois la présence divine... Le square attenant offre l'angle de vue idéal pour saisir toute la majestueuse élévation de Notre-Dame vers les célestes hauteurs divines ! Il abriterait le plus vieil arbre de Paris, un robinier planté en l'an 1602 et aujourd'hui soutenu par des poutrelles de béton : un rescapé... *M° Saint-Michel* Rue Saint-Julien-le-Pauvre 75005 *Église* Ouvert tlj. 9h30-13h et 15h-18h30

☺ **À l'arrière du quai de Montebello (plan 17, B1)** C'est dans le secteur délimité par la rue Galande et la rue Maître-Albert que s'épanouit d'abord le Quartier latin. La tradition veut que les maîtres dissidents aient donné leurs premières leçons en plein air dans la **rue du Fouarre** : "fouarre" dériverait du mot "foin", sur lequel les étudiants s'asseyaient pour écouter les leçons ! Puis les premiers collèges se mirent à fleurir dans les environs, à la suite de celui de Constantinople, créé en 1206 près de l'actuelle impasse Maubert. Les collèges ont disparu, mais les rues conservent le souvenir, là "des Anglais" qui étudiaient au collège de Cornouailles installé rue Domat, ici de "Dante" qui aurait été pensionnaire à proximité. Quant à la rue "des Trois-Portes", elle rappelle qu'on barrait les rues pour protéger les riverains et les passants des vols des élèves ! N'hésitez surtout pas à vous aventurer au-delà de la rue Lagrange, qui arrête souvent les touristes : elle cache les ruelles parmi les plus calmes et les plus pittoresques des environs, notamment la **rue de la Bûcherie** et la **rue des Grands-Degrés**. Les petites places que ménage leur tracé irrégulier invitent à la flânerie et, quand elles ouvrent sur le chevet de Notre-Dame, on croirait avoir remonté le temps... La plupart des maisons anciennes datent des XVIᵉ-XVIIᵉ siècles et certaines ont conservé leurs assises médiévales (parfois même les caves d'anciens collèges) ou, à l'issue d'obscurs couloirs, des escaliers à vis hérités de la même époque. Au détour d'une porte qui s'ouvre, peut-être...

Autour de la place Maubert

Avec la rue du Fouarre, la place Maubert (plan 17, B2) aurait été le cadre des premières leçons données par les professeurs dissidents du chapitre de Notre-Dame. Le célèbre Maître Albert aurait été l'un d'eux et son souvenir pourrait se perpétuer, déformé par des siècles de prononciation parisienne, à travers le nom actuel de la place. Celle-ci dut ensuite sa célébrité à la grande pauvreté qui s'y rencontrait : elle passait pour l'une des "cours des Miracles" parisiennes et fut dévolue (peut-être pour des raisons de proximité !) aux exécutions publiques. À l'heure de la Réforme, on y brûla par dizaines des protestants, dont le célèbre Étienne Dolet, condamné en 1546 pour hérésie par la Sorbonne. La place a été remaniée dans le cadre des travaux haussmanniens et rien ne rappelle ce long passé. En Mai 68, elle fut un centre important des combats de rue entre CRS et étudiants, lesquels ont su à cette occasion encore raccourci son nom, connu aujourd'hui comme la Maub'.

Musée de la préfecture de police (plan 17, B2) Il est installé au deuxième étage de l'hôtel de police du 5ᵉ ardt : la traversée des portillons et la présence des uniformes mettent déjà dans l'ambiance ! La collection (costumes, armes, affiches, photographies…) retrace l'histoire de la police du XVIIe siècle à nos jours : époque révolutionnaire, criminalité du XIXe siècle, insurrections, autant d'épisodes qui montrent le rôle central joué par l'institution policière dans l'histoire moderne… *M*o *Maubert-Mutualité* 4, rue de la Montagne-Sainte-Geneviève 75005 Tél. 01 44 41 52 50 Ouvert lun.-ven. 9h-17h, sam. 10h-17h Entrée libre

Église Saint-Nicolas-du-Chardonnet (plan 17, B2) Son nom est connu
car il est le fief des émules de monseigneur Lefebvre, excommunié par le pape en 1988 pour ses positions intégristes. L'ouverture d'esprit n'est pas le fort du mouvement et les visiteurs ne semblent pas particulièrement bienvenus… Évitez absolument l'heure de la messe (en latin) si vous voulez admirer les belles proportions du bâtiment, édifié au XVIIe siècle, ainsi que le tombeau du peintre préféré de Louis XIV, Charles Le Brun, réalisé par Coysevox, et celui de sa mère, dû à Collignon, dont la figure passe pour un chef-d'œuvre de la sculpture classique française (deuxième chapelle du chœur). *M*o *Maubert-Mutualité* 23, rue des Bernardins 75005

Rue de Bièvre (plan 17, B2) Du quai de Montebello, elle s'élève en pente
douce entre un joli défilé de maisons anciennes dominées au loin par la coupole du Panthéon. C'est peut-être cela qui donna des idées de grand homme à François Mitterrand, qui avait son appartement au n°22. La rue doit son nom à la Bièvre : cette petite rivière, restée longtemps fameuse en raison des castors qui y prospéraient, traversait Paris à partir des Gobelins et se jetait dans la Seine à proximité. Polluée par les colorants des teinturiers qui travaillaient sur ses rives et rendue insalubre par les détritus (et les déjections !) qu'on y déversait, elle fut recouverte et transformée en égout au XIXe siècle. *M*o *Maubert-Mutualité*

Musée de l'Assistance publique et des Hôpitaux de Paris (plan 18,
B3) Il est établi dans l'un de ces beaux hôtels particuliers qui ont fleuri au début du XVIIe siècle sur le quai de la Tournelle, face à l'île Saint-Louis. À travers une mise en perspective historique claire et intéressante, la collection (peintures, archives, matériel médical…) offre un beau panorama de l'évolution de l'hôpital depuis le Moyen Âge jusqu'au XIXe siècle. Une chronologie d'abord marquée par une singulière cruauté à l'égard des plus faibles – malades parqués, enfants abandonnés exploités, prostituées et fous maltraités –, puis par un humanisme croissant à mesure que la raison médicale et les préoccupations sociales triomphaient de l'obscurantisme. *M*o *Maubert-Mutualité* 47, quai de la Tournelle 75005 Tél. 01 40 27 50 05 www.aphp.fr Ouvert mar.-dim. 10h-18h Fermé lun., j. fériés et août Tarif 4€, réduit 2€, gratuit pour les enfants de moins de 13 ans Entrée libre pour tous le 1er dim. du mois

Collège des Bernardins (plan 24, B1) Si vous souhaitez avoir une petite
idée de ce à quoi ressemblait le Quartier latin lorsqu'il était couvert de plus de soixante collèges, n'hésitez pas à faire un crochet par la rue de Poissy qui conserve, des n°s18 à 24, les rares vestiges encore visibles de l'un d'eux, le collège des Bernardins. Élevé aux XIIIe et XIVe siècles dans le style gothique, le bâtiment, qui abritait le réfectoire et le dortoir, est très suggestif avec ses séries de contreforts et de baies en ogives. Après quatre années de restauration, les architectes Hervé Baptiste et Jean-Michel Wilmotte ont livré en 2007 un édifice splendide, conjuguant

la sobriété cistercienne et l'esthétique contemporaine. Déblayé, le cellier s'ouvre pour la première fois depuis le Moyen Âge dans toute l'ampleur de ses trois travées, tandis que des panneaux de bois et de verre le cloisonnent en salles de conférence. La grande salle gothique abritant la librairie et le café est un alliage de pierre claire et de verre. Dans les étages, l'enduit simple des murs révèle la pierre originelle. Habillé de tissu et de bois sombre, l'auditorium de 230 places invite au recueillement dans le grand comble. Mais au-delà de cette renaissance du patrimoine, le collège des Bernardins affiche sa fierté de renouer avec sa vocation spirituelle initiale : un lieu d'étude, de recherche et de débat sur le sacré dans la société contemporaine. L'interrogation sur l'homme et son avenir trouvera son expression au Collège dans les multiples activités qu'il proposera : culturelles (séminaires, conférences), pédagogiques (formation théologique assurée par l'École Cathédrale) et artistiques (expositions, musique, cinéma). *M*° *Maubert-Mutualité* 18-24, rue de Poissy 75005 Ouvert lun.-sam. 10h-18h, dim. 14h-18h Fermé 24 déc.-2 janv., 20 juil.-20 août et semaine précédant Pâques Entrée libre Expositions gratuites Conférences et festivals de cinéma payants (abonnements possibles) contact@collegedesbernardins.fr

Où aller à la piscine et jouer au squash ?

Piscine de Pontoise - Club Quartier latin (plan 24, B1). Une piscine peut-elle être belle ? Ce legs de l'architecture sportive des années 1930 plaide en faveur du oui ! Les réalisateurs de cinéma ne s'y sont pas trompés en la prenant souvent pour décor (Kieslowski pour *Bleu*, Chatilliez pour *Tanguy*...). Avec ses mosaïques, son bassin de 33m et son double étage de galeries qui desservent plus de 160 cabines individuelles, cette piscine est l'une des plus agréables de Paris. Le club propose des cours d'aquagym et dispose de salles de squash et de fitness. *M*° *Maubert-Mutualité* 19, rue de Pontoise 75005 Tél. 01 55 42 77 88 www.clubquartierlatin. com **Piscine** Tarif 3,7€, réduit 2,90€ ; tarif unique 9,50€ en nocturne **Court de squash** Tarif 26€ pour 40min (heure pleine) et 17,50€ (heure creuse)

★ Autour des thermes de Cluny

Le périmètre délimité par les boulevards Saint-Michel et Saint-Germain, les rues de Cluny et du Sommerard et le square Paul-Painlevé recèle des trésors d'art, d'histoire et de nature : on y trouve pêle-mêle un jardin médiéval, le très gothique hôtel de Cluny (siège du Musée national du Moyen Âge) et les vestiges des plus beaux thermes de Lutèce. Un conseil : faites-en un premier tour pour en démêler les différents aspects, puis recommencez pour saisir toute la beauté de leur entrelacs assez unique !

★ Thermes de Cluny (plan 17, A2)
Ils étaient le plus important établissement de bains publics de Lutèce. Les ruines, à l'alternance soignée de bandeaux de moellons et de briques, donnent une belle idée de cet ensemble où les Lutéciens pouvaient se prendre pour de vrais Romains ! Construits entre la fin du IIe siècle et le début du IIIe siècle, ils reprennent le plan traditionnel des thermes antiques. Les hommes devaient s'y rendre en début d'après-midi après leur "journée" de travail. Après s'être déshabillés dans le vestiaire, vraisemblablement situé à l'emplacement de la cour actuelle de l'hôtel de Cluny, ils commençaient par pratiquer des exercices physiques sur la palestre, dont les fondations bordent le jardin à l'arrière. Ils s'adonnaient ensuite

aux soins thermaux en respectant toujours un ordre strict. Ils se rendaient d'abord dans le *caldarium* pour un petit massage, noyés dans la vapeur dégagée par une piscine d'eau chaude. Les fondations de cette salle sont visibles à l'angle du boulevard Saint-Michel et de la rue du Sommerard. Ils se prélassaient ensuite dans de petites baignoires d'eau tiède individuelles aménagées dans les niches du *tepidarium* dont on voit les fondations juste en dessous, sur le boulevard. Enfin, ils sautaient dans la piscine d'eau froide du bien nommé *frigidarium* pour se raffermir les chairs. Cette salle, la plus importante du complexe, était située en son centre. Elle est toujours couverte et l'on peut admirer sa voûte d'arêtes, d'une hauteur de 13,5m (la plus grande conservée en Gaule), en visitant le musée du Moyen Âge. Ses retombées reposent sur des consoles en forme de proue de navire, ce qui laisse penser que le bâtiment a été édifié grâce à la puissante corporation des nautes parisiens, qui étaient en charge du transport des marchandises sur le fleuve. Le complexe thermal devait également inclure des salles de détente et des bibliothèques, qui en faisaient un lieu essentiel de la sociabilité lutécienne. *Mo Cluny-La Sorbonne Vestiges visibles des boulevards Saint-Germain et Saint-Michel, frigidarium visible du musée du Moyen Âge*

★ **Hôtel de Cluny (plan 17, A2)** De 1 200 ans le cadet des thermes ! Ce sont les abbés de l'illustre abbaye de Cluny, en Bourgogne, qui décidèrent sa construction afin d'en faire leur pied-à-terre parisien. On pourrait aussi y voir un pied de nez aux païens, le bâtiment reposant en partie sur des thermes antiques : tout le monde ne pouvait pas se vanter d'avoir des caves pareilles ! Ce petit joyau, élevé entre 1485 et 1498, est l'un des rares témoignages de l'architecture civile médiévale à Paris. Son style gothique flamboyant est aussi majestueux qu'exubérant : hautes lucarnes ornées de frontons sculptés, gables élancés, arcs en ogives, gargouilles grotesques… Cependant, l'hôtel de Cluny marque une transition essentielle dans le paysage parisien. Sa silhouette encore défensive fait sourire : son mur surmonté de créneaux pourrait être transpercé par le moindre boulet de canon et le chemin de ronde qui le couronne est flanqué d'une balustrade ciselée comme une collerette de dentelle ! À l'inverse, les meneaux des fenêtres et les parements de pierre horizontaux des façades créent une géométrie nouvelle qui annonce le classicisme français. La Renaissance est proche et, s'il appartient encore au Moyen Âge, le bâtiment prend l'allure d'une véritable demeure de plaisance où s'affirme le souci du confort. Il passe en cela pour le premier hôtel particulier parisien, dont il anticipe également le plan typique (un corps principal flanqué de deux ailes en retour). *Mo Cluny-La Sorbonne 6, pl. Paul-Painlevé 75005*

★ **Musée national du Moyen Âge et des thermes de Cluny** Il ne pouvait être mieux loti que dans les grandes salles aux épaisses poutres et aux cheminées monumentales de l'hôtel de Cluny. Il est impossible d'énumérer les richesses de sa collection, foisonnante, qui couvre l'ensemble des productions artistiques médiévales (sculpture, peinture, tapisserie, ivoire, orfèvrerie, vitrail, mobilier, textile, ferronnerie, etc.). À travers elles, c'est tout le quotidien de l'époque, marqué par la religion, la guerre mais également les loisirs, qui reprend corps ! Le musée a deux points forts : il possède une superbe collection de vitraux (dont quelques-uns issus de la Sainte-Chapelle, salle 6) et brosse un panorama remarquable de la sculpture médiévale. Les artistes excellaient alors dans la représentation de visages plus divins les uns que les autres et l'émotion qu'ils suscitent reste intacte. Entre autres chefs-d'œuvre, les amateurs ne manqueront pas les statues de Notre-Dame conservées dans la salle 8, dont un superbe *Adam* et quelques-uns des rois monumentaux qui ornaient la galerie de sa façade avant la Révolution (on les a redécouverts dans une cave parisienne en 1977 !), ni de saisissants Christ en croix auvergnats du XIIᵉ siècle (salle 10) et de superbes statues issues de la Sainte-Chapelle (salle 11). Côté architecture, le musée conserve quelques beaux vestiges de l'abbaye de Saint-Germain-des-Prés : le portail de la chapelle de la Vierge élevée par Pierre de Montreuil au XIIIᵉ siècle (entrée de la salle 8) et douze des remarquables chapiteaux romans de l'église principale – ils ont été remplacés par des copies –, que l'on peut ici admirer de près (salle 12). La chapelle de l'hôtel (salle 20) est elle-même un petit bijou d'architecture médiévale avec ses voûtes multiples on ne peut plus flamboyantes. Quant à l'œuvre la plus célèbre du musée, ***La Dame à la licorne*** (salle 13), elle mérite assurément le détour : ses six "tableaux" portent l'art de la tapisserie à son sommet ! Le sujet en serait vraisemblablement un thème cher à la sagesse antique : c'est en exerçant sa raison et non en se livrant immodérément aux plaisirs sensuels qu'on profiterait le mieux de ces derniers. La morale s'exprime ici dans une forme-sens parfaite : sur un fond vermeil parsemé de centaines de rameaux de fleurs et habité d'un fabuleux bestiaire, la Dame trouve sa place dans le tout harmonieux de la nature en usant de ses cinq sens – évoqués dans les cinq premiers tableaux – avec art et maîtrise, ce que symbolise le panneau principal où elle renonce à ses bijoux (le titre "À mon seul désir" renverrait au libre-arbitre). Enfin, sachez que le musée réserve un moment solennel : la descente dans le *frigidarium* des thermes antiques, véritable plongée dans les tréfonds de Lutèce ! C'est ici que l'on peut admirer le fameux **pilier des Nautes** découvert sous le chœur de Notre-Dame en 1711, le vestige le plus ancien de Paris. Cette colonne votive (dont subsistent cinq tronçons) a été élevée sous le règne de l'empereur Tibère (14-37) et conserve sur ses faces les noms de nombreux habitants de Lutèce à l'époque. Elle est ornée de représentations de dieux romains et de divinités gauloises qui rappellent l'incroyable syncrétisme de la religion antique. ***Musée du Moyen Âge*** *6, pl. Paul-Painlevé 75005 Tél. 01 53 73 78 00 www.musee-moyenage.fr Ouvert tlj. sauf mar. 9h15-17h45 Fermé le 1ᵉʳ jan., 1ᵉʳ mai, 25 déc. Tarif 7,50€, réduit 5,50€, gratuit pour les moins de 18 ans et pour tous le 1ᵉʳ dim. du mois Des visites guidées thématiques sont proposées les mer., sam. et dim. (6,5€ pour 1h30, et 4,5€ pour 1h, en sus du prix d'entrée)*

Le jardin médiéval (plan 17, A2)

C'est le nouveau visage du square de Cluny depuis l'an 2000. Son aménagement est dû aux paysagistes Éric Ossart et Arnaud Maurières. Avec pour décor l'hôtel de Cluny et les ruines des thermes, ses allées aux pavés de terre cuite, ses clôtures de branches tressées et ses petites "clairières" forment un ensemble très harmonieux. On n'a planté ici que des espèces dont la culture médiévale a été attestée par leur représentation dans les tapisseries dites "mille-fleurs", notamment la fameuse série *La Dame à la licorne* conservée dans le musée. Le lieu renoue ainsi avec l'intérêt porté à l'époque aux plantes les plus simples, les herbes qui paraissent aujourd'hui folles et les graminées dont on ne s'attarde plus à considérer la finesse des fleurs minuscules. Ainsi le jardin retrouve-t-il à nos yeux le charme sauvage d'un chemin de campagne ! Des panneaux explicatifs bien documentés révèlent sa symbolique ancienne. À l'arrière de l'hôtel de Cluny, la *Fontaine aux roseaux d'argent* de Brigitte Nahon ajoute une brillante note contemporaine à l'ensemble. En empruntant le joli "chemin creux" qui borde la rue de Cluny, on rejoint le square Paul-Painlevé, dont le centre a été aménagé en "tapis mille-fleurs". *Mᵒ **Cluny-La Sorbonne** Accès bd Saint-Germain et rue du Sommerard*

☆ Découvrir le quartier du Panthéon

☆ **À ne pas manquer** Le Panthéon, l'église Saint-Étienne-du-Mont **À proximité** Le jardin du Luxembourg **Sans oublier nos adresses** Flânez chez les disquaires, équipez-vous au Vieux Campeur, prenez un verre au Pantalon

Le sommet de la montagne Sainte-Geneviève a toujours constitué l'un des grands temps forts du paysage parisien. Les Romains y ont bâti le forum de Lutèce, cœur de la ville antique, puis Clovis y a fondé vers l'an 500 l'abbaye qui devait recevoir la dépouille de sainte Geneviève, la patronne des Parisiens, ce qui lui valut d'être un lieu de pèlerinage extrêmement fréquenté. Au XIIIe siècle, avec le développement du Quartier latin, les collèges, dont la Sorbonne, en ont colonisé les pentes pour en faire tout le symbole des hauteurs intellectuelles de Paris… Enfin, on y éleva le Panthéon qui, la Révolution venue et l'abbaye Sainte-Geneviève fermée, devint le cadre d'une nouvelle et intense ferveur : la Constituante en fit en 1791 la nécropole des grands hommes de la patrie, le temple de la fierté française, une véritable porte vers l'immortalité nationale !

Autour de la Sorbonne

☺ **Place de la Sorbonne (plan 24, A1)** Ses cafés aux terrasses généreuses et ses librairies résistent vaille que vaille à l'assaut des magasins de prêt-à-porter qui colonisent le boulevard Saint-Michel. Elle a pour décor la chapelle de la Sorbonne, le seul vestige des bâtiments de l'Université reconstruits par Richelieu dans les années 1620. Son architecte, Lemercier, s'est inspiré des plus belles églises baroques de Rome : élévation toute maîtrisée, majestueux fronton et dôme parfaitement ordonnancé affirment le caractère vénérable de l'institution… *M° Cluny-La Sorbonne*

La Sorbonne (plan 17, A2 et plan 24, A1) Née du collège fondé par le chanoine Robert de Sorbon en 1253 (d'où son nom), elle est demeurée jusqu'à la Révolution le siège de la faculté de théologie de Paris, la plus importante dans la hiérarchie de l'Université. Longtemps restée le premier collège d'Europe, accueillant jusqu'à 10 000 étudiants, elle a été au cœur de tous les débats qui ont agité le très chrétien Occident médiéval, ce qui n'en fit pas une championne de la liberté de penser… Véritable État dans l'État, autant crainte que respectée, elle sut user de son autorité morale sur le plan politique en prenant par exemple, en pleine guerre de Cent Ans, fait et cause pour les Anglais contre le roi de France et Jeanne d'Arc ! Richelieu, averti de sa puissance tutélaire, décida au début du XVIIe siècle la reconstruction de ses bâtiments médiévaux et se fit enterrer dans la chapelle. Mais l'épisode révolutionnaire sonna le glas de cette glorieuse histoire… Certes, la IIIe République s'est emparée du symbole en décidant une nouvelle fois sa reconstruction : achevés en 1900 dans un style très solennel, ses façades sculptées (en particulier celles donnant sur la rue des Écoles), ses immenses amphithéâtres et même son observatoire astronomique (dont la tour est visible rue Saint-Jacques) devaient en faire le premier des temples du savoir moderne et laïque. Mais, en Mai 68, les étudiants le choisirent comme bastion principal, y voyant toujours l'incarnation du conservatisme des études, dont les cours magistraux passaient pour la plus ennuyeuse des démonstrations ! L'université parisienne fut alors profondément réformée : la Sorbonne n'est plus qu'une coquille qui accueille les cours de différents instituts et universités. Attention, bien qu'historiques, les bâtiments restent un lieu d'étude et l'on ne peut y pénétrer sans arborer une carte d'étudiant ou… une solide raison. Nous vous conseillons de faire preuve d'imagination, car la cour d'honneur vaut vraiment le coup d'œil : ses façades inspirées du style Louis XIII (hauts toits, lucarnes monumentales) et l'auguste fronton nord de la chapelle composent un ensemble que sa majesté et sa minéralité portent à une forme d'intemporalité… Pour admirer les fresques d'artistes du XIXᵉ siècle (dont Puvis de Chavannes et Gervex) qui ornent la bibliothèque et les amphithéâtres, il vaut mieux attendre les journées du Patrimoine, vous risquez sinon de faire irruption au milieu d'un cours ! La chapelle n'est ouverte qu'à l'occasion de rares expositions, ce qu'on peut regretter car le tombeau de Richelieu, sculpté par Girardon d'après un dessin de Le Brun, est un chef-d'œuvre du classicisme français, comme les fresques de Philippe de Champaigne peintes sur la coupole. *M° Cluny-La Sorbonne* Entrée de la cour d'honneur 17, rue de la Sorbonne 75005

Collège de France (plan 17, A2)

Un temple de la culture ! Fondé en 1530 par François Iᵉʳ à la demande du célèbre Guillaume Budé, il avait pour but de promouvoir les disciplines mises au goût du jour par l'humanisme mais que l'Université se refusait à enseigner parce que contraires à la théologie, comme l'hébreu ou la littérature gréco-latine. Le Collège est resté indépendant et peut toujours recruter ses professeurs parmi des non-universitaires. Il ne délivre pas de diplôme mais a pour mission de "montrer le savoir en train de se faire" par le biais de cours gratuits et ouverts à tous. Une institution sans équivalent à travers le monde ! Le nombre de chaires n'a cessé de croître au cours des siècles (plus d'une cinquantaine aujourd'hui) ; elles sont tenues par les plus grands spécialistes du moment, qui brossent un panorama complet des dernières recherches en mathématiques, physique, sciences naturelles, histoire, archéologie, philosophie et sociologie. À la suite de Michelet, Claude Bernard et plus récemment Roland Barthes, Michel Foucault, Claude Lévi-Strauss, Pierre Bourdieu et Jacques Derrida, on peut assister aux cours de véritables "stars", tels Yves Coppens ou Jean-Pierre Changeux. Procurez-vous le programme ! Le bâtiment, reconstruit dans les années 1770, est l'œuvre de Chalgrin. Au centre de la cour trône une statue de Champollion par Bartholdi. *M° Cluny-La Sorbonne* 11, pl. Marcelin-Berthelot 75005 Tél. 01 44 27 11 47 www.college-de-france.fr

De la rue des Écoles à la place du Panthéon (plan 24, A1)

On peut bien sûr emprunter en ligne droite la rue Saint-Jacques ou le boulevard Saint-Michel pour rejoindre la rue Soufflot, d'où la vue sur le Panthéon est incontournable, mais nous vous conseillons de divaguer sur les dernières hauteurs de la montagne Sainte-Geneviève, à l'est du Collège de France et du très coté lycée Louis-le-Grand, au n°123, rue Saint-Jacques. L'un des derniers témoins de la vingtaine de collèges établis dans ce secteur avant la Révolution fut reconstruit au XIXᵉ siècle à l'emplacement du célèbre collège de Clermont, fondé par la Compagnie de Jésus au XVIᵉ siècle. En revanche, des collèges qui bordaient la **rue de Lanneau**, la **rue Laplace** ou la **rue de la Montagne-Sainte-Geneviève**, il ne reste aucun souvenir si ce n'est cette atmosphère médiévale et des étudiants très nombreux, en particulier sur les terrasses ombragées de la jolie petite place qui marque l'ouverture de la **rue Descartes** (à l'angle de la rue de la Montagne-Sainte-Geneviève). Sous ses airs nonchalants, celle-ci a traversé toute l'histoire du Quartier latin… Elle fut d'abord bordée par le prestigieux collège de Navarre dont Henri IV, Richelieu et Bossuet furent les élèves. Fermé à la Révolution, le bâtiment accueillit ensuite la célèbre École polytechnique, créée en 1794, mais celle-ci quitta les lieux en 1977 pour Palaiseau, en banlieue parisienne, dans le cadre de la décentralisation. Digne témoignage de cette présence, l'ancien portail d'honneur de l'école est sculpté de tout l'attirail du parfait ingénieur (1835-1836).

Où assister à un cours de philosophie ?

Collège international de philosophie (plan 24, A2) Une institution récente, créée en 1983 dans une partie des anciens locaux de l'École polytechnique. Professeurs et chercheurs y proposent de nombreux séminaires, colloques et journées d'étude qui ont pour dessein l'ouverture de la philosophie à la société et aux autres disciplines, tels le droit, la politique, la psychanalyse et la littérature. Mieux vaut cependant déjà disposer d'une bonne culture générale… *M° Cardinal Lemoine, Maubert-Mutualité 1, rue Descartes 75005 Tél. 01 44 41 46 80 www.ciph.org Ouvert lun.-ven. 9h-12h30 et 14h-18h (17h le ven.) Fermé le mer. après-midi Accès libre et gratuit dans la limite des places disponibles (prévoir une pièce d'identité)*

Autour de la place du Panthéon

★ **Le Panthéon (plan 24, A1)** En 1744, Louis XV, pris d'une mauvaise fièvre, promit à Dieu de reconstruire l'église de l'abbaye Sainte-Geneviève si celui-ci le guérissait. On s'étonne que Dieu l'ait entendu au vu de la future destination de l'édifice mais c'est ainsi, le bon roi recouvra la santé et put tenir parole. La construction fut confiée à Soufflot, qui produisit l'une des œuvres les plus magistrales du néoclassicisme. Le siècle vivait alors une passion inégalée pour l'architecture antique, dont il jugeait la grandiose simplicité la plus apte à élever l'âme. Mais le bâtiment était sur le point d'être achevé quand la Révolution éclata, et celle-ci lui donna un sens moral inédit ! On en effaça les attributs religieux, on en mura les fenêtres (dont on devine l'emplacement à travers la pierre plus claire qu'on utilisa) : le monument, devenu sépulcral, pouvait rappeler, non seulement dans la forme mais également dans l'esprit, l'Antiquité. Son fronton, imité du Panthéon romain, devint le symbole de la renaissance des valeurs républicaines ; ses volumes impressionnants apparurent comme une forme d'invite à renouer avec la vertu des Anciens, illustres héros de la liberté ; enfin, son dôme immense vint signifier à la ville et au monde le rayonnement universel d'un nouvel idéal ! Quant à l'intérieur de l'édifice, laissé entièrement vide sous la hauteur impressionnante des voûtes, il est un véritable hymne à l'architecture monumentale, voire, comme Foucault ne s'y est pas trompé, un véritable théâtre cosmique ! En effet, le physicien fit, en 1851, la première présentation publique de son célèbre pendule sous la coupole centrale (83m) et le dispositif y a été remonté en 1995. Son principe est simple : un pendule oscille toujours selon le même axe, or la trajectoire de ce pendule gigantesque dévie chaque heure d'un angle de près de 11 degrés. C'est donc que ce qui l'entoure tourne, vous-même et le Panthéon tout entier, emportés par le mouvement giratoire de la Terre : l'expérience permet de voir tourner notre bonne vieille planète ! Les parois de la nef, peintes à fresque par de grands artistes du XIXe siècle (dont Cabanel et Puvis de Chavannes), content les hauts faits de l'Histoire de France. Les grands hommes reposent à l'étage inférieur : Voltaire, Rousseau, Hugo, Zola, Dumas, Jaurès, Jean Moulin, Victor Schœlcher, Pierre et Marie Curie… La mise en scène est pour le moins réussie : la perspective créée par la succession des cryptes sombres et basses dans la longueur du bâtiment est envoûtante ! Des panneaux disposés à l'entrée des caveaux restituent la biographie de chacun de leurs hôtes. Il est préférable de visiter le Panthéon entre début avril et fin septembre, car on peut alors monter à son dôme pour le même prix : l'ascension permet d'accéder aux tribunes hautes puis de jouir, entre les colonnes de la galerie circulaire de la coupole, d'une vue magnifique sur Paris. *M° Cluny-La Sorbonne*, RER Luxembourg Pl. du Panthéon 75005 Tél. 01 44 32 18 00 http://pantheon.monuments-nationaux.fr Ouvert 1er avr.-30 sept. 10h-18h30 ; 1er oct.-31 mars 10h-18h Tarif 7,50€, réduit 4,80€, gratuit pour les moins de 18 ans et chômeurs Visites guidées (prix compris dans le billet d'entrée) à 14h30 et 16h (11h en été) Label Tourisme et Handicap

GEOQUARTIERS

Rue Soufflot (plan 24, A1) D'abord percée afin d'offrir un dégagement face au Panthéon, elle ne fut prolongée jusqu'au jardin du Luxembourg qu'à la fin du XIXe siècle. Aujourd'hui, de nombreuses librairies juridiques y profitent de la proximité de la faculté de droit Paris-I installée dans l'un des deux immeubles classiques aux façades curvilignes qui ouvrent la perspective. Celui-ci a été dessiné par Soufflot lui-même en 1774, tandis que son pendant n'a été édifié que dans les années 1850. Il abrite la mairie du 5e ardt. *M° Cluny-La Sorbonne*, RER Luxembourg

Bibliothèque Sainte-Geneviève (plan 24, A1) Elle est née du fonds de la bibliothèque de l'abbaye Sainte-Geneviève, fermée à la Révolution. La construction du bâtiment fut décidée en 1838 sur l'emplacement du jadis prestigieux collège de Montaigu, dont Rabelais, Érasme et Calvin furent les élèves les plus fameux. Dessiné par Labrouste avec pour mission de refermer le nord de la place, le bâtiment partage l'austérité toute néoclassique du Panthéon mais fut également précurseur : Labrouste fit jouer pour la première fois au métal, dans la structure comme dans l'ornementation, un rôle de premier plan. La salle de lecture (750 places), scandée de fins piliers de fonte ouvragés, mérite le coup d'œil. L'ensemble est agrémenté de bustes classiques et de reproductions de fresques Renaissance. La bibliothèque, aujourd'hui riche de près de deux millions d'ouvrages, est l'une des plus fréquentées du Quartier latin – mais on peut la visiter avant l'arrivée des étudiants. *M° Maubert-Mutualité, Cardinal Lemoine, Cluny-La Sorbonne*, RER Luxembourg 10, pl. du Panthéon 75005 Tél. 01 44 41 97 97 www-bsg.univ-paris1.fr Ouvert lun.-sam. 10h-22h Visite libre lun.-ven. 9h-10h après réservation par tél.

☆ Église Saint-Étienne-du-Mont (plan 24, A1) Elle fut fondée au XIIIe siècle en vue d'offrir un lieu de culte aux maîtres et écoliers qui commençaient d'abonder dans le quartier. Devenue trop exiguë, elle fut reconstruite à partir de 1492 : une période de transition entre l'âge gothique et la Renaissance dont sa conception assez hybride porte la marque ! La façade (1610-1622) est constituée de trois frontons superposés qui auraient chacun pu en faire une seule... À l'intérieur, même contraste entre les sobres arcs brisés du chœur et ses exubérantes clefs de voûte ou les arcades en plein cintre assez grandiloquentes de la nef. L'église est célèbre, car elle recèle le dernier jubé encore visible dans Paris. Si cette tribune qui sépare le chœur et la nef et de laquelle on lisait les épîtres est passée de mode au XVIIIe siècle, celle-ci fut conservée en raison de sa rare beauté : élevée entre 1525 et 1535, la pureté de ses lignes et la dentelle de son décor en font un chef-d'œuvre de stéréotomie et de sculpture sur pierre. Depuis la destruction de l'abbatiale Sainte-Geneviève qui lui était accolée, Saint-Étienne abrite la châsse de sainte Geneviève (décor du XIXe siècle). Celle-ci ne contient

plus qu'un fragment de son ancien tombeau, ses restes ayant été dispersés pendant la Révolution, mais cela n'empêche pas de nombreux Parisiens de venir toujours invoquer leur patronne (à droite du chœur). Racine et Pascal sont inhumés au fond du chœur. Magnifiques vitraux des XVIe et XVIIe siècles. Dans la deuxième chapelle gauche du chœur, fresques du XVIe siècle. Chaire de 1651 par Germain Pilon. *M° Cardinal Lemoine 30, rue Descartes 75005 Tél. 01 43 54 11 79 Ouvert lun. 14h30-19h30, mar.-ven. 8h45-19h30, sam.-dim. 8h45-12h et 14h30-19h45*

Lycée Henri-IV (plan 24, A1) Il est l'un des plus célèbres lycées parisiens avec ses classes préparatoires qui passent pour l'antichambre des grandes écoles nationales. L'édifice affiche une austérité toute monacale qu'on pourrait croire le fait d'un pion maniaque du XIXe siècle mais, en réalité, le lycée a pris lieu et place de l'abbaye Sainte-Geneviève en 1796. Les bâtiments visibles derrière le Panthéon reposent sur des assises du XIIIe siècle et ont été largement remaniés aux XVIIe et XVIIIe siècles, comme le cloître qu'ils conservent en leur sein. De l'église abbatiale, détruite en 1802 pour permettre le percement de la rue Clovis, il ne reste que ladite "tour Clovis" qui domine l'ensemble. Sa partie basse date du XIe siècle et ses étages gothiques du XVe siècle. *M° Cardinal Lemoine 23, rue Clovis 75005*

Fortifications de Philippe Auguste (plan 24, A1-B1) En raison de l'importance de l'abbaye Sainte-Geneviève, Philippe Auguste choisit de l'inclure dans le rempart dont il décida la construction à la fin du XIIe siècle pour protéger Paris. Aujourd'hui, la rue des Fossés-Saint-Jacques, la rue du Cardinal-Lemoine (ex-rue des Fossés-Saint-Victor) et la rue des Fossés-Saint-Bernard dessinent une unique boucle dont elles conservent sans équivoque le sens : elles ont été construites sur les fossés comblés au XVIIe siècle. Un imposant vestige de l'enceinte est toujours visible à côté du lycée Henri-IV : il paraît littéralement surgir des tréfonds du Paris médiéval entre les deux façades des n°s 1 et 5, **rue Clovis**… Pendant 600 ans, en le franchissant, on quittait la capitale ! Difficile aujourd'hui de l'imaginer, mais on sent toujours que la place du Panthéon marque un changement d'ambiance dans le Quartier latin, formant un véritable carrefour entre son domaine historique et ses développements plus récents, le populaire quartier de la Mouff' et le quartier du Val-de-Grâce, ancienne abbaye aux portes de Paris. *M° Cardinal Lemoine*

Rue de l'Estrapade (plan 24, A2) Comme un écho à son charme provincial, son nom paraît évoquer quelque fugue au-delà des murs du Vieux Paris. En réalité, il rappelle le supplice qu'on y pratiquait ! L'estrapade est l'une de ces efficaces gâteries dont avaient le secret les hommes du Moyen Âge : on hissait les condamnés au-dessus du vide, les mains liées derrière le dos, pendus à une corde… qu'on lâchait par à-coups. *M° Place Monge*

☆ Découvrir les quartiers de Mouffetard et Jussieu

☆ **À ne pas manquer** La place de la Contrescarpe, l'Institut du Monde Arabe **À proximité** Le Jardin des Plantes **Sans oublier nos adresses** Flânez chez les disquaires, buvez un thé à la menthe à la Grande Mosquée de Paris

GÉOQUARTIERS

C'est l'envers de la montagne Sainte-Geneviève, aussi jeune que le quartier de la Sorbonne est historique, aussi gouailleur que le Panthéon est solennel, aussi nonchalant que Saint-Séverin est agité ! Pourtant, il est loin le temps où ses pentes sud étaient encore couvertes de champs et seulement traversées de routes qui permettaient de gagner la province... Avec leurs lignes très droites, les universités de Jussieu et de Censier marquent de leur emprise l'ensemble du quartier, la première en bord de Seine et la seconde au pied de la rue Mouffetard. Elles furent créées dans les années 1960 afin de désengorger la vieille Sorbonne. Les architectes avaient alors le sens du fonctionnel : selon le dogme en vigueur, seule l'utilité devait fonder la valeur esthétique d'un bâtiment. Ainsi, sur le parvis de Jussieu, on se croirait presque dans un film de science-fiction ! Cependant, une fois quittés ces abords indélicats, le quartier retrouve un charme indéniable : la présence des deux facultés y draine à elle seule plus de 70 000 étudiants qui en ont fait l'un des hauts lieux des félicités estudiantines du Quartier latin.

☆ ☺ En descendant la rue Mouffetard

L'idéal est d'atteindre la rue Mouffetard (plan 24, B2) de la place du Panthéon pour saisir toute l'originalité de son ambiance. Ce n'est pas un hasard si elle prend sa source, avant de dévaler la pente sud de la montagne Sainte-Geneviève, sur la très pittoresque **place de la Contrescarpe** : une contrescarpe désignait autrefois le talus extérieur d'un fossé, et la place a été en effet aménagée à proximité de l'ancien rempart de Philippe Auguste. La rue Mouffetard, c'est donc la banlieue d'autrefois ! Dès l'époque gallo-romaine, elle a drainé des chars par milliers car elle était le chemin qui reliait Lutèce à sa capitale d'alors, Rome. Au Moyen Âge, elle est restée la "route d'Italie", permettant aux prélats d'aller saluer le pape en son Saint-Siège et aux artistes d'aller se former auprès des artistes de la Renaissance... Ses abords jouirent dès lors d'une grande animation, se hérissant de relais de poste, de tavernes et de petits commerces. Les maisons qui la bordent ont conservé les fondations de ce plan initial et, même si beaucoup ont été reconstruites, les plus anciennes arborent toujours leurs humbles façades des XVIIᵉ-XVIIIᵉ siècles. La rue atteignait alors la place d'Italie, traversant les Gobelins et le faubourg ouvrier Saint-Marcel, à la pointe de tous les combats révolutionnaires du XIXᵉ siècle. Face au danger représenté par ses ruelles d'où il était difficile de déloger les insurgés derrière leurs barricades, Haussmann décida de le raser en perçant l'avenue des Gobelins. Aujourd'hui, en arrivant en bas de la rue Mouffetard, le contraste est saisissant : cette immense artère de 40m de large (efficacité antibarricade garantie !) est comme une cicatrice sur l'histoire sociale de Paris. Vaille que vaille, la Mouff' a continué de cultiver son art de vivre populaire. Avec le développement du Quartier latin, les étudiants fauchés ont commencé de coloniser les environs, devenus au XIXᵉ siècle le royaume des pensions à quatre sous, à l'instar de la pension Vauquer du Père Goriot et de Rastignac que Balzac situe rue Tournefort (ex-rue Neuve-Sainte-Geneviève). La rue se mit à symboliser toute une vie, faite de fins de mois difficiles passées dans des chambres de bonne sordides, idéales pour jouer aux écrivains maudits tout en se livrant à des réjouissances décomplexées en milieu plébéien... Le 39, rue Descartes résume à lui seul ce tableau : Verlaine endetté s'y suicida en 1896 puis Hemingway s'y installa pour commencer sa carrière d'homme de lettres. Il rendra hommage au quartier Mouffetard, aimé des écrivains américains de l'entre-deux-guerres, dans *Paris est une fête*. Aujourd'hui, le niveau de vie des étudiants s'est accru mais, avec des chambres de bonnes de 10m² louées 500€ par mois, tout reste relatif ! Depuis les années 1970, le quartier a pâti de son charme provincial, qui lui a valu un certain embourgeoisement. Mais si les bouchers, pâtissiers et fromagers cèdent peu à peu le pas aux magasins de prêt-à-porter, de vieux Parisiens y faisant leur marché tentent d'y préserver la douceur de vivre dans la capitale, tandis que le flot incessant des étudiants y fait prospérer les sandwicheries bon marché et les cafés sympathiques. En descendant la rue, avant d'atteindre l'église du quartier, prenez le temps de vous aventurer dans les venelles adjacentes, parfois très pittoresques. *M° Censier-Daubenton, Les Gobelins*

Église Saint-Médard (plan 24, B3) Un sanctuaire qu'on croirait sorti d'un village… La nef, sombre et étroite, en est la partie la plus belle et la plus ancienne (moitié du XVe siècle). La construction du chœur a couru du milieu du XVIe siècle jusqu'au début du XVIIe siècle, faute de financement. Son couvrement n'a pu être achevé et il arbore toujours une drôle de voûte en bois. À la fin du XVIIIe siècle, on a percé dans le chevet la chapelle de la Vierge, au décor très classique. Croyant sans doute bien faire, les architectes ont voulu harmoniser l'ensemble en transformant les colonnes du chœur en piliers doriques. Quel dommage… Les verrières datent pour la plupart du XIXe siècle, mais certaines conservent quelques beaux fragments de vitraux du XVIe siècle aisément identifiables. Chaire du XVIIIe siècle. *M° Les Gobelins* 141, rue Mouffetard 75005 Tél. 01 44 08 87 00 Ouvert mar.-sam. 8h-12h et 14h30-19h30, dim. 8h30-12h30 et 16h-20h30

De Censier à Jussieu

☺ **Mosquée de Paris (plan 24, B2)** Avec ses grands murs blancs qui paraissent vouloir le protéger contre le soleil de Rabat, son minaret recouvert de mosaïques comme en Syrie et ses portes aux arcs cintrés qu'on croirait issues de l'Espagne arabo-andalouse, le lieu est saisissant : c'est l'Orient à Paris ! Le bâtiment a été construit dans les années 1920 en hommage aux combattants de la Première Guerre mondiale originaires du Maghreb. Outre la salle de prière, il abrite un Institut d'études musulmanes, un hammam et un café. Le complexe est ouvert à la visite, alors ne vous privez pas : vous pourrez profiter de la fraîcheur de ses patios fleuris de glycines et admirer ses cours ornées de moucharabiehs secrets, de dentelles de stuc d'un grand raffinement et de mosaïques à la superbe géométrie ou qui portent haut l'art de la calligraphie arabe. Le style est hispano-mauresque et trahit particulièrement les multiples influences de l'art arabe : persane, indienne, byzantine et même asiatique… La visite est guidée, dans le souci de mieux faire connaître la religion musulmane. *M° Place Monge* Entrée principale : 2bis, pl. du Puits-de-l'Ermite 75005 Tél. 01 45 35 97 33 Ouvert tlj. sauf ven. et jours de fêtes religieuses 9h-12h et 14h-18h Visites guidées 20-30min Tarif 3€, réduit 2€ www.mosquee-de-paris.net

☺ **Arènes de Lutèce (plan 24, B1-B2)** Abandonnées après les invasions barbares, elles sont restées ensevelies pendant plus de 17 siècles avant qu'on ne les redécouvre lors de la construction du quartier, dans les années 1860. Elles furent alors dégagées, mais il s'en fallut de peu qu'elles ne soient complètement rasées : la moitié est en a été engloutie sous la rue Monge ! Contrairement à l'expression usitée, il ne s'agit pas d'arènes mais d'un amphithéâtre à scène où l'on donnait aussi bien des jeux que des pièces de théâtre. Le monument fut édifié au

Ier siècle apr. J.-C. à l'extérieur de Lutèce, sur les pentes est de la colline, qui permirent d'y asseoir une grande partie des gradins. Ceux-ci pouvaient contenir jusqu'à 17 000 spectateurs ! Le site a été transformé en un agréable jardin public et offre aujourd'hui un autre spectacle : sur l'ancienne scène, des boulistes hésitent, comme s'ils allaient ou non franchir le Rubicon, avant de tirer et de nombreux jeunes y prennent des poses de gladiateurs… en jouant au foot ! **M° Cardinal Lemoine** *Accès par le 49, rue Monge ou par les rues de Navarre et des Arènes Ouvert tlj. de 8h au coucher du soleil*

Collection de minéraux de l'université Pierre-et-Marie-Curie

(plan 24, B1-C1) Elle est installée dans un local de la faculté des sciences de Jussieu. Un décor bien peu charmant pour de véritables joyaux de la nature ! Les 2 000 spécimens exposés dans des vitrines panoramiques constituent l'une des collections minéralogiques les plus remarquables au monde. Un intérêt scientifique qui n'empêche pas d'apprécier les couleurs et formes incroyables des roches exposées : faisceaux de gypses contournés comme des rameaux de vigne, sulfures ornés de milliers de filaments, fluorites aux couleurs incandescentes, diamant brut, filon d'or encore pris dans sa roche… **M° Jussieu** *Université Pierre-et-Marie-Curie 4, pl. Jussieu 75005 La collection est présentée au 2e sous-sol de la tour 46 Tél. 01 44 27 52 88 Ouvert tlj. sauf le mar. 13h-18h Tarif 4,50€, réduit 2€*

★ ☺ Institut du Monde Arabe **(plan 24, C1)** Sa construction fut décidée

en 1980 par la France et les pays de la Ligue arabe en vue de développer la connaissance de la civilisation arabo-musulmane. Vingt ans après l'inauguration, le pari est plus que réussi ! L'Institut comprend un musée et une bibliothèque et propose d'innombrables manifestations (débats, projections, concerts, expositions) qui rencontrent toujours un vif succès. Quant au bâtiment, dû à Jean Nouvel, il s'est imposé dans le paysage parisien comme l'un des plus beaux témoins du dialogue interculturel : un objet hautement sophistiqué, tout de verre, de béton et de métal, qui entretient des relations habiles avec son environnement et l'architecture traditionnelle arabe. Côté Seine, sa façade curviligne s'insère en douceur dans la ligne des quais et du boulevard Saint-Germain, tandis que la faille audacieuse qui la transperce vient s'inscrire dans l'axe du chevet de Notre-Dame. Dans le même temps, le cœur du complexe cache un patio aux parois couvertes de fines plaques d'albâtre : la douce lumière ainsi dispensée dans les salles du musée évoque l'atmosphère d'une maison maghrébine… La **bibliothèque** recèle quant à elle une tour intérieure aux parois tapissées de livres qui s'inspire des ziggourats, ces sommets de l'architecture mésopotamienne qui auraient fourni le modèle de la tour de Babel… Enfin, point d'orgue du projet, la façade sud est ornée de plus de 30 000 diaphragmes en aluminium équipés de cellules photoélectriques qui en commandent l'ouverture en fonction de la luminosité ambiante. Un immense moucharabieh de l'âge de la technique qui vient consacrer l'ambition de l'Institut : ces milliers d'iris observent le monde et semblent en absorber toute la modernité dans un magnifique accord avec la tradition. Le **musée** mérite une visite : grâce à une mise en scène d'une grande sobriété et sa collection marquée par une savante parcimonie, il permet de traverser toute l'histoire de l'art arabe depuis ses origines jusqu'à l'époque moderne : influences mésopotamiennes, chefs-d'œuvre des civilisations omeyyade, abbasside, fatimide, etc., avancées de la science arabe (mathématiques, astronomie, médecine, navigation), arts de la céramique et du textile, notamment du tapis, autant de manifestations exemplaires d'une aire civilisationnelle témoignant d'un haut raffinement ! Le parcours est ponctué de panneaux historiques d'une grande clarté. Les expositions temporaires régulièrement organisées par l'Institut ne sont pas moins exemplaires : renseignez-vous et réservez longtemps à l'avance, elles sont souvent très courues. Ne manquez pas également de vous procurer le programme des débats, projections et concerts proposés. Enfin, la terrasse qui trône au sommet du bâtiment abrite un **café** qui jouit d'une vue superbe sur la Seine et le chevet de Notre-Dame. À admirer quoiqu'il advienne, et très agréable pour déguster un bon thé à la menthe ou des pâtisseries orientales, mais les prix pratiqués sont très élevés... **M° Jussieu** 1, rue des Fossés-Saint-Bernard-Pl. Mohammed-V 75005 Tél. 01 40 51 38 38 www.imarabe.org **Musée** Ouvert mar.-dim. 10h-18h Tarif 5€, réduit 4€ Visite guidée (1h30) : 15h mar.-ven., 15h et 16h30 sam.-dim. Tarif 8€, réduit 7€ **Bibliothèque** Ouvert mar.-sam. 13h-20h Entrée libre **Café** Ouvert mar.-ven. 10h-19h (22h le jeu.), sam.-dim. 10h-20h

★ Découvrir le Jardin des Plantes

☆ **À ne pas manquer** La grande galerie de l'Évolution, la galerie de Paléontologie **À proximité** L'Institut du Monde Arabe, la Grande Mosquée de Paris

Au petit matin, les allées du Jardin des Plantes (plan 24, B2-C2) sont souvent noyées d'une brume légère qui remonte de la Seine, comme si la nature reprenait son emprise sur ces terres autrefois marécageuses... L'air retentit alors de grognements féroces de tigres et de lions, de chants d'oiseaux inconnus et de hurlements de singes. Derrière les grandes baies de la galerie de Paléontologie, d'immenses squelettes de baleines et d'éléphants ont l'air sur le point de reprendre leur marche... Plus loin, à l'entrée de la galerie de Minéralogie, de superbes améthystes semblent invoquer les abîmes de la terre, tandis que, dans les serres tropicales, un bout de forêt vierge surgit directement du fond des âges... C'est l'appel vertigineux de la nature et des temps géologiques ! Le Jardin des Plantes de Paris est une véritable terre de découverte qui fait voyager les enfants comme les adultes et dont on ne peut espérer épuiser les richesses en moins d'une demi-journée, voire une journée : parterres botaniques, ménagerie, serres tropicales et galeries de l'Évolution, de Minéralogie et de Paléontologie.

Au commencement Le Jardin des Plantes est né en 1633 dans le contexte des progrès de la botanique. D'abord "Jardin royal des Herbes médicinales", il est destiné à l'instruction des étudiants de médecine du Quartier latin, ce qui ne l'empêche pas d'être ouvert aux Parisiens dès 1640, devenant ainsi le premier jardin public de la capitale. C'est son intendant entre 1739 et 1788, Buffon, le père des sciences naturelles, qui en détermine la vocation : former une véritable encyclopédie de la nature ! Au cœur du siècle des Lumières, la science témoigne en effet d'une soif inédite de connaissances : les savants, transformés en explorateurs, parcourent le monde à la recherche d'espèces nouvelles qu'ils répertorient et classent avec rigueur. Les membres de la famille Jussieu, célèbres botanistes, reviennent au jardin avec de fabuleux herbiers et y introduisent de nombreuses essences rares, tandis que le naturaliste Daubenton commence d'y constituer une incroyable collection d'animaux empaillés venus des cinq continents. Un souci d'observation dont l'*Histoire naturelle* de Buffon marque le sommet : celui-ci y pressent que les espèces pourraient évoluer au cours des âges, s'attirant les foudres de la Sorbonne qui voit là les vérités de la Genèse mises à terre et l'oblige à se rétracter ! Cependant, avec la Révolution, le foyer scientifique s'affirme et, en 1793, la Convention le promeut "Muséum national d'histoire naturelle".

Le "Muséum d'histoire naturelle" En 1794, sous l'égide de Bernardin de Saint-Pierre, la ménagerie royale de Versailles est transférée dans son jardin afin de permettre l'étude *in situ* des animaux, et l'institution étend également ses champs d'investigation aux minéraux et surtout aux fossiles et aux squelettes. Jugeant frappantes les parentés morphologiques entre les espèces, Lamarck suggère que toutes pourraient procéder d'une origine unique, mais ses contemporains ne sont pas encore prêts à accepter que l'homme soit le produit du hasard ! La théorie de l'évolution n'est systématisée qu'à la fin du XIXe siècle en Angleterre par Darwin à travers l'idée de sélection naturelle : la faune et la flore actuelles sont le produit des transformations successives qu'ont subies les êtres vivants au cours des temps géologiques. Cet aboutissement a donné son sens ultime au Muséum et le réaménagement récent de la Grande Galerie de l'Évolution, immanquable, en a renforcé l'esprit : retracer l'histoire de la vie depuis son apparition sur terre il y a 4 milliards d'années. Avec les collections du jardin et des galeries de Minéralogie et de Paléontologie, le Muséum conserve un patrimoine de plus de 10 millions de spécimens des ordres minéral, végétal et animal. Mis en perspective de manière très pédagogique, ce véritable trésor pour l'humanité illustre merveilleusement la richesse de la biodiversité et invite à la préserver en faisant prendre conscience qu'elle est le fruit inestimable d'une évolution unique...

Les galeries du Muséum

☆ **Grande galerie de l'Évolution (plan 24, B2-C2)** Un musée vraiment extraordinaire ! La collection d'animaux naturalisés du Muséum, pour la plupart rapportés des grandes expéditions du XIXe siècle, compte parmi les plus remarquables au monde. Réaménagée au début des années 1990 par Paul Chemetov et Borja Huidobro, la magnifique galerie, toute de métal et de bois, de Jules André (1889) paraît aujourd'hui une incroyable arche de Noé : les animaux y paradent sous les *spotlights* telles des stars de cinéma qui prendraient la pose avant de se remettre là à brouter, ici à chasser ! Le troupeau est à la hauteur de la nouvelle ambition du musée : illustrer le grand élan de la vie, superbe et pérenne mais aussi terriblement fragile, en revenant sur les origines de la biodiversité actuelle, en démontrant les beautés et en levant le voile sur les conséquences de l'histoire humaine depuis dix petits siècles. Pédagogique sans être culpabilisante, la visite ne manque pas de nous remettre à notre place et force l'humilité et la responsabilité ! La collection est présentée sur quatre niveaux. Le premier illustre la diversité du vivant en milieu marin : à travers une mise en scène qui transporte du littoral jusqu'aux récifs coralliens et aux sources hydrothermales des grandes profondeurs, les squelettes de baleines et les poissons, oiseaux et mammifères marins naturalisés permettent une bonne entrée en matière pour comprendre les mécanismes d'adaptation des espèces à leur milieu. Le niveau supérieur, consacré à la faune terrestre, est le plus saisissant avec sa longue file de girafes, éléphants, hyènes, serpents, hippopotames, fauves, singes, etc., semblant venir directement de la brousse ! Toutes les espèces sont regroupées en fonction de leur milieu d'origine : savane africaine mais également, sur les bas-côtés, Arctique et Antarctique (ours blanc et phoques), désert saharien et forêt tropicale. L'ensemble témoigne notamment des ressources de la vie quand elle a à conquérir des milieux aussi divers ! Le troisième niveau, particulièrement intéressant, traite des conséquences de l'activité humaine sur la biodiversité : chasse et cueillette, domestication, transfert d'espèces, pollution, industrialisation, explosion démographique, autant d'épisodes qui ont transformé le monde (voir l'exemple de Paris) et tous ceux qui y vivent… La **galerie des espèces disparues** vient en démontrer les pires méfaits : dans une ambiance très solennelle, elle regroupe plus d'une centaine de spécimens naturalisés issus d'espèces disparues ou en voie d'extinction. Des animaux étonnants qu'on n'a souvent jamais vus… et pour cause ! Mention spéciale au cerf de Schomburgh, au cheval de Przewalski, au lion de Barbarie, au grand pingouin, au couroucou resplendissant et à la harpie féroce. Enfin, le dernier niveau est consacré aux mécanismes de l'évolution, en particulier ses facteurs génétiques et leur corollaire, la sélection naturelle. La présentation est d'une grande clarté et assez ludique, comme ces beaux spécimens d'insectes et de papillons qui viennent illustrer l'explication de la transmission des caractères génétiques. La galerie organise également des expositions temporaires qui rencontrent toujours un vif succès : procurez-vous le programme et réservez suffisamment à l'avance pour pouvoir y accéder en cas de forte fréquentation. *M° Place Monge, Gare d'Austerlitz Accès 36, rue Geoffroy-Saint-Hilaire 75005 Tél. 01 40 79 54 79 www.mnhn.fr Ouvert tlj. sauf le mar. et le 1ᵉʳ mai 10h-18h Tarif 8€, réduit 6€ Gratuit pour les enfants (moins de 4 ans), les chômeurs, les personnes handicapées et leur accompagnateur Label Tourisme et Handicap*

☆ Galerie de Paléontologie et d'Anatomie comparée (plan 24, C2)

C'est d'abord un lieu qui doit beaucoup au génie architectural de son créateur, Ferdinand Dutert, qui réalisa dans les années 1890 ce bel alliage de briques et de fonte ouvragée : la parfaite image d'un muséum d'histoire naturelle du XIXᵉ siècle ! Mais c'est surtout une collection extraordinaire : au cœur des galeries, des cohortes de squelettes exhibent fièrement leurs carcasses vieilles parfois de plusieurs centaines de millions d'années ! Un spectacle saisissant… La galerie du rez-de-chaussée est dédiée à l'anatomie comparée, c'est-à-dire à l'étude du squelette ou des organes en vue d'estimer les degrés de parenté entre les espèces. Si le propos peut sembler complexe, il trouve dans la collection exposée une illustration parfaite : des serpents aux poissons, des reptiles aux mammifères, de l'homme à l'éléphant, les ressemblances morphologiques sont extraordinaires ! Elles rappellent l'origine unique de la vie et sa formidable capacité d'adaptation à des milieux divers : d'une aile d'oiseau à une patte de kangourou en passant par une nageoire de baleine, le même modèle paraît avoir été décliné à l'infini pour s'épanouir sur tout le globe terrestre ! L'étage supérieur, qui abrite la galerie de Paléontologie, n'est pas moins vertigineux : il ressuscite les formes animales qui se sont succédé depuis 600 millions d'années : outre d'étranges fossiles, on y voit les squelettes des monstres gigantesques qui peuplaient la terre avant leur disparition il y a 64 millions d'années, les dinosaures ! Si le diplodocus (près de 26m de long) paraît bien placide, on tremble devant le terrifiant *Allosaurus fragilis* ou le massif *Megatherium* ! Cette envolée vers le passé est d'autant plus fascinante que les descendants de ces espèces nous sont familiers : ne manquez pas l'étonnant *Glyptodon asper*, ancêtre du tatou, dont la queue est dotée d'une grosse massue, le gigantesque *Sarcosuchus imperator*, père du crocodile, qu'on verrait bien peupler nos cauchemars, ou les squelettes des grands carnivores du quaternaire qui ont donné naissance aux lions, aux ours et aux hyènes, lesquels paraîtraient presque des animaux domestiques à côté de leurs énormes prédécesseurs dotés de dents aiguisées comme des poignards ! Pour finir, le squelette d'un mammouth contemporain de l'homme des cavernes fait le lien entre cette histoire du gigantisme et la nôtre. Un saut dans le temps qui laisse songeur… *M° Gare d'Austerlitz* Accès 2, rue Buffon 75005 Tél. 01 40 79 56 01 www.mnhn.fr Ouvert tlj. sauf le mar. 10h-17h (18h sam.-dim. 1er avr.-30 sept.) Tarif 6€, réduit 4

Galerie de Minéralogie et de Géologie (plan 24, B2-C2) Installée dans un très digne bâtiment néoclassique édifié dans les années 1830, elle invite à une splendide descente dans les profondeurs de la Terre. La première salle renferme une collection unique au monde : 59 cristaux géants issus des chaînes montagneuses brésiliennes et datant de plus de 500 millions d'années. Une mise en scène lumineuse très réussie en accroît l'allure spectaculaire… Ne manquez pas les vitrines qui abritent des roches phosphorescentes, fluorites, calcites et *willémites* aux couleurs incandescentes ! Le cœur de la collection est présenté dans la "salle du Trésor", une galerie de près de 190m de long où l'on peut admirer plus de 4 000 gemmes, cristaux, minéraux précieux et objets d'art, dont l'émeraude qui ornait le lys central de la couronne de Saint Louis, ainsi que des météorites dont l'une en provenance de Mars. La galerie organise régulièrement des expositions qui permettent de s'initier à l'histoire de la Terre et aux phénomènes géologiques. *M° Place Monge, Gare d'Austerlitz* Accès 36, rue Geoffroy-Saint-Hilaire Tél. 01 40 79 56 01 www.mnhn.fr Ouvert tlj. sauf le mar. 10h-17h (18h, sam.-dim.) Tarif 6€, réduit 4€

Le Jardin et ses parterres

Agrandi à plusieurs reprises depuis le XVIIe siècle, le Jardin des Plantes (plan 24, B2-C2) se déploie aujourd'hui sur 28ha et doit la plupart de ses aménagements aux XVIIIe et XIXe siècles. Il s'ordonne sur la **perspective centrale** dominée par le bâtiment de la grande galerie de l'Évolution, construit par Jules André en 1889 avec l'ambition qu'elle paraisse le Louvre des sciences naturelles… Avec sa double rangée de platanes taillés longue de 500m, ses statues de Buffon et de Lamarck (début du XXe siècle) et ses parterres fleuris qui descendent jusqu'à la Seine, la perspective ne manque pas d'attrait. Ses abords recèlent également de petites merveilles paysagères et de nombreux arbres rares issus des quatre coins de la planète et parfois plantés par Buffon ou les frères Jussieu eux-mêmes. Des pancartes indiquent leur provenance et leur date de plantation. Face à la galerie de Minéralogie s'étend la **roseraie**, un havre de senteurs délicates qui offre également un beau panorama de l'histoire de la rose à travers plus de 170 espèces majeures et 180 spécimens de création récente. Entre la galerie de Botanique et la galerie de Paléontologie, le **carré d'iris** nous transporte dans un tableau de Van Gogh avec ses 150 variétés à découvrir absolument au moment de leur floraison ! De l'autre côté des serres tropicales, le jardin est aménagé à l'anglaise, avec allées tortueuses et buissons touffus. L'ensemble est dominé par le **labyrinthe** en forme de tertre. À son sommet trône un joli belvédère : construit en 1787, il serait la plus vieille construction métallique de Paris. Sur ses pentes, on peut admirer un arbre célèbre, le premier cèdre du Liban introduit en France et planté par Bernard de Jussieu en 1734. L'un des enclos qui entourent la butte a été transformé en "lieu de nature accompagnée" dans les années 1970 : les jardiniers y limitent leurs interventions afin d'y observer le développement naturel de la végétation parisienne (on ne peut bien évidemment pas y pénétrer). À proximité, l'hôtel de Magny, le Grand Amphithéâtre, la maison de Cuvier et le laboratoire où Becquerel découvrit la radioactivité en 1896 ajoutent au charme champêtre des lieux avec leurs murs tapissés de vigne vierge ou leur architecture classique qui tombe à point nommé dans ce décor exemplaire du goût pour la nature qui saisit le siècle des Lumières. Le muséum propose régulièrement des parcours de découvertes thématiques des parterres : plantes saisonnières, plantes à parfum, etc. *M° Place Monge*, *Gare d'Austerlitz* **Accès Jardin des Plantes** *Pl. Valhubert, rue Buffon, rue Geoffroy-Saint-Hilaire ou rue Cuvier Ouvert 7h30-17h30 en hiver et jusqu'à 20h en été Entrée libre* **Parcours de découverte** *Rens. auprès de l'accueil de la grande galerie de l'Évolution ou par tél. au 01 40 79 36 00 Tarif 6€*

☺ **Jardin botanique et jardin alpin (plan 24, C2)** Ils forment un enclos spécifique le long de la perspective centrale et jouissent d'horaires d'ouverture particuliers. C'est ici le royaume de l'École de botanique du muséum, qui y déploie ses trésors de connaissance du monde végétal depuis le XVIIe siècle : dans ses parterres bien ordonnés qui ressemblent tantôt à un potager, tantôt à un jardin de curé, on peut admirer 4 500 végétaux des milieux tempérés, groupés par familles et genres ou selon leur intérêt médicinal ou économique. En cas de question, n'hésitez pas à solliciter les jardiniers : ils sont toujours heureux de partager leur science ! Une galerie souterraine permet d'accéder à la fosse dans laquelle a été aménagé le jardin alpin afin d'y favoriser les micro-climats nécessaires à l'épanouissement de ses 2 000 plantes et arbres de montagne. Ceux-ci sont originaires des Alpes mais également des Pyrénées, de Corse, du Maroc, du Caucase, de Chine et même de l'Himalaya ! Sur de jolies rocailles entre lesquelles serpente un petit ruisseau, les mousses délicates, les fleurs minuscules et les pins en forme de bonsaï composent un ensemble de toute beauté. **Cours de botanique** *L'École propose des formations payantes pour les amateurs Renseignements et inscription auprès du service formation Tél. 01 40 79 34 33 ou 01 40 79 48 85* **Accès** *Allée Becquerel ou allée de Jussieu Ouvert tlj. 8h-11h et 13h30-17h Le jardin alpin n'est accessible que d'avr. à sept. Entrée libre en semaine, payante le week-end (0,50€/enfant, 1€/adulte)*

Serres tropicales (plan 24, B2-C2) Construites au début des années 1830, elles furent les premières serres métalliques réalisées au monde, un coup d'essai qui ne les empêche pas d'être superbes ! Le jardin d'hiver transporte littéralement au cœur de la forêt tropicale : ambiance chaude et humide garantie à travers de luxuriants bananiers, ficus, cycas, orchidées, fougères… Quant à la serre mexicaine, son incroyable désert de cactus évoque un décor de cinéma pour un western des années 1950. Elle est dévolue à l'étude des plantes des pays arides. *Le long de l'allée centrale Attention, les serres sont fermées à la visite pour travaux jusqu'en 2008*

Où aller au zoo ?

Ménagerie du Jardin des Plantes (plan 24, C1-C2) Une étonnante jungle au cœur de Paris ! On aime ou non les zoos, mais il est difficile de nier le charme de celui-ci, dont l'aménagement a peu évolué depuis le début du XXe siècle : petites allées, pavillons néoclassiques, pavillons en forme de hutte primitive, grande volière à la belle architecture métallique, vivarium mosaïqué... L'ensemble abrite près de 1 000 animaux : serpents, caméléons, araignées, dromadaires, autruches, antilopes, lamas, baudets du Poitou, orangs-outangs, lions, tigres... Mention spéciale aux crocodiles à l'air terriblement sournois, aux étonnantes chèvres des Montagnes rocheuses et aux grands-ducs aux têtes de Gremlins ! *Mº Jussieu, Gare d'Austerlitz Entrée par le Jardin 57, rue Cuvier ou par le 3, quai Saint-Bernard Tél. 01 40 79 37 94 www.mnhn.fr Ouvert 9h-18h (18h30 les dim. et j. fériés) Tarif 7€, réduit 5€*

Découvrir le quartier du Val-de-Grâce

☆ **À ne pas manquer** Le Val-de-Grâce **Sans oublier nos adresses** Savourez une pinte en terrasse à l'Académie de la bière

Aux frontières du très religieux Quartier latin (enseignement et théologie étaient alors indissociables), l'ancien faubourg Saint-Jacques vit prospérer d'innombrables abbayes dont le Val-de-Grâce reste le témoin le plus grandiose. La plupart disparurent à la Révolution mais leurs emprises libérées permirent le développement de nouvelles institutions universitaires. Aujourd'hui, ce quartier est l'un des plus studieux du 5e ardt. Comme au temps des sœurs et des moines, ce n'est pas là qu'on peut faire la fête !

☆ **Le Val-de-Grâce (plan 24, A2-A3)** De la dizaine d'abbayes royales qui peuplaient les environs, celle-ci est la seule qui soit parfaitement conservée, elle est devenue un hôpital militaire dès l'amorce de la Révolution. Elle fut fondée par Anne d'Autriche, épouse de Louis XIII, qui avait fait le vœu "d'élever à Dieu un temple magnifique s'il lui envoyait un fils". Dieu l'entendit et Louis XIV lui-même, âgé de sept ans, posa la première pierre de l'édifice en 1645. Quant à la reine, elle tint parole : l'ensemble, grandiose, constitue le legs le plus important de l'architecture religieuse du XVIIe siècle à Paris. Les plans de l'église sont dus à François Mansart et son dôme à Le Muet, inspirés tous deux par le baroque romain. Cependant, le bâtiment fit date : son caractère sculptural et sa retenue marquent l'élaboration d'un nouveau langage architectural, le classicisme français lui-même ! L'intérieur de l'église traduit particulièrement cette évolution en mêlant emprunts à l'art italien (baldaquin imité de celui du Bernin pour Saint-Pierre de Rome, coupole peinte en trompe-l'œil par Pierre Mignard...) et recherche de lignes équilibrées dont le sens des proportions annonce les triomphes de l'art louis-quatorzien. L'ancien cloître de l'abbaye abrite le musée du Service de santé des armées. On ne peut admirer les beaux bâtiments conventuels de l'ensemble que par l'arrière, c'est-à-dire du boulevard de Port-Royal : au milieu d'un vaste espace laissé libre (mais transformé en parking...), la vue des grands bâtiments scandés d'innombrables fenêtres restitue une image assez fidèle de ce qui s'offrait au regard de ceux qui entraient dans Paris au XVIIe siècle... *Mº Censier-Daubenton, RER Port-Royal 1, pl. Alphonse-Laveran 75005 01 43 29 12 31 Église Ouvert lun.-sam. 14h-18h, dim. 9h-12h et 14h-18h Le Centre des monuments nationaux propose des visites-conférences du Val-de-Grâce : programme et renseignements au tél. 01 44 54 19 30 Tarif 8€, réduit 6€ Concerts gratuits le samedi à 18h30 Tél. pour rés. 01 44 54 19 49 www.monum.fr www.desarbres.com*
Musée du Service de santé des armées À force d'estropier les corps, de casser les gueules ou de favoriser la propagation des maladies infectieuses (notamment tropicales au temps de la colonisation), les guerres ont permis à la médecine

militaire quelques contributions notables à l'histoire des soins et de la chirurgie : une dialectique désolante et absurde ! Le musée en retrace l'histoire et sa visite ne manque donc pas de susciter des sentiments contradictoires, entre horreur (scies à trépanation, monstrueux masques à gaz et civières d'évacuation, moulages de gueules cassées) et consolation (progrès des soins d'urgence ou hospitaliers, de l'aide humanitaire, etc.). *Tél. 01 40 51 51 92 Ouvert mar.-mer. et sam.-dim. 12h-18h Fermeture des caisses à 17h Tarif 5€, réduit 2,50€*

Ancienne abbaye de Port-Royal (plan 23, D3) Elle est née en 1626 du

transfert aux portes de la capitale de l'abbaye de Port-Royal-des-Champs, située dans la vallée de Chevreuse, au sud de Paris. Dirigée par la célèbre mère Angélique Arnauld, qui rallia après 1640 les idées de Jansénius, chantre d'une rigueur morale absolue, elle marqua profondément les esprits du XVIIe siècle. Avec leur adage "plus on ôte aux sens, plus on donne à l'esprit", les "solitaires de Port-Royal" (surnommées ainsi car elles n'avaient aucun contact avec l'extérieur) furent au centre de la polémique religieuse la plus vive de l'époque. Pascal, dont la propre sœur était cloîtrée dans l'abbaye, reste le défenseur le plus célèbre du jansénisme contre les Jésuites, qui dominaient alors la Cour… en sachant fermer les yeux quand il le fallait ! Craignant que le mouvement ne se transforme en complot politique, Louis XIV le condamna en 1664 et contraignit les sœurs à l'exil. Chaptal fonda sur le site en 1802 l'une des premières écoles de sages-femmes, devenue la **maternité Baudelocque**. À travers ses grilles, on peut observer la façade de l'ancienne église et une partie des bâtiments conventuels qui renferment le cloître, mais l'ensemble est fermé au public. *M° Censier-Daubenton, RER Port-Royal 123-125, bd de Port-Royal 75005*

Institut océanographique-Centre de la mer (plan 24, A2) Créé en

1906 par Albert Ier de Monaco afin de promouvoir la connaissance des océans, il abrite différents laboratoires de recherche et un espace muséographique à destination du grand public. Les maquettes et plusieurs petits aquariums d'eau de mer (où s'ébattent notamment des poissons-clowns et des chirurgiens jaunes) permettent de découvrir différents aspects de la vie marine depuis les plages du littoral jusqu'aux grandes profondeurs. L'ensemble pourra amuser les plus jeunes, en particulier à travers les animations qui leur sont proposées : bassin de manipulation (pour toucher des mollusques et des crustacés), découverte de la vie cachée d'un aquarium (derrière loupes et microscopes), etc. *M° Place Monge, RER Luxembourg 195, rue Saint-Jacques 75005 Tél. 01 44 32 10 95 www.oceano.org Ouvert sept.-juil. : mar.-dim. 10h-12h30 et 13h30-17h30 (sans interruption le w.-e.) ; août : mar.-ven. 10h-12h30 et 13h30-17h30 Fermé les deux premières semaines de sept. Tarif 4,60€, réduit 3€, 3-12 ans 2€ Activités enfants : se renseigner et réserver au préalable Tarif 5€ par enfant et 4,60€ par accompagnateur*

Rue d'Ulm (plan 24, A1-A2) Elle abrite deux institutions fameuses. Au n°31,

l'**École nationale des arts décoratifs**, issue de l'École royale de dessin fondée en 1766, a toujours été à la pointe des recherches ornementales, s'affirmant comme l'un des fiefs des arts décoratifs dans les années 1920, du design industriel dans les années 1970 et, aujourd'hui, des recherches multimédias. Mais c'est surtout à l'**École normale supérieure** (n°45) que la rue d'Ulm doit d'être aussi connue. Fondée en 1794, elle avait pour mission de former les meilleurs professeurs de la République et son concours extrêmement sélectif lui valut de devenir l'une des grandes écoles les plus renommées. Restée un haut lieu de l'intellectualisme français et de l'agitation étudiante dans la seconde moitié du xxᵉ siècle, elle forme aujourd'hui essentiellement des chercheurs et son audience dans le champ social a largement décrû. Le corps de bâtiment principal est dû à Alphonse de Gisors (1841). *Mᵒ Place Monge*, RER Luxembourg

☆ **Musée Curie (plan 24, A2)** Un haut lieu de la science où l'on cultive avec une humilité touchante la mémoire de Pierre et Marie Curie. Après leur fameuse isolation du radium en 1898 dans un hangar de l'École de physique et de chimie industrielles situé à proximité, les époux décidèrent la création de la Fondation du radium (aujourd'hui l'Institut Curie) afin d'y développer les recherches sur les applications médicales des radiations, notamment le traitement des cancers par radiothérapie. Le musée est installé dans l'un des bâtiments les plus anciens de l'Institut (1914), qui conserve en leur état d'origine le bureau de Marie Curie ainsi que le laboratoire personnel où elle poursuivit ses recherches avec sa fille et son gendre, Irène et Frédéric Joliot-Curie, qui découvrirent la radioactivité artificielle en 1935. Une petite exposition éclaire différents aspects de la découverte, dont certains plus inattendus, telles ces crèmes "radioactives" vendues par l'industrie cosmétique naissante pour "embellir et rajeunir la peau"… *Mᵒ Place Monge*, RER Luxembourg 11, rue Pierre-et-Marie-Curie 75005 Tél. 01 42 34 67 49 www.curie.fr/musee Ouvert mar.-ven. 14h-18h (19h le mer.) Visite guidée le ven. à 15h Ateliers pour enfants (à partir de 10 ans) organisés les mer. à 15h sur inscription au 01 55 43 14 70 Fermé j. fér., en août et la dernière semaine de déc. Entrée libre

Musée de Minéralogie de l'École des mines (plan 23, D1) L'École des mines a été fondée en 1783 afin de former des ingénieurs experts de l'exploitation minière, une mission stratégique à l'époque qui lui valut de s'installer en 1815 dans ce bel hôtel particulier (hôtel de Vendôme, début du xvIIIᵉ siècle) et de réunir l'une des plus importantes collections de minéraux au monde : plus de 80 000 pièces (diamants, agates, géodes, quartz, météorites, etc.) aux couleurs incroyablement pures et aux formes cristallines d'une finesse de dentelle ou d'une géométrie parfaite (voir les étonnantes sépiolites qui ressemblent à des sculptures de Brancusi). Présentée dans une superbe galerie lambrissée de 80m de long avec vue plongeante sur le jardin du Luxembourg, la collection ravira les amateurs comme les esthètes. *Mᵒ Place Monge, Censier-Daubenton* RER Luxembourg 60, bd Saint-Michel 75005 Tél. 01 40 51 91 39 www.musee.ensmp.fr Ouvert mar.-ven. 13h30-18h, sam. 10h-12h30 et 14h-17h Fermé dim.-lun. et j. fér. Tarif 5€, réduit 2,50€

☆ Saint-Germain-des-Prés plans 14, 15, 23

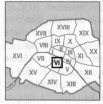

Une légende, un hymne, un emblème ! Ce quartier a lié le sort de la capitale aux flâneries littéraires et à la poésie des terrasses ombragées, bien loin de la Rive droite bancaire et commerçante. Car, à l'origine, Saint-Germain-des-Prés n'est pas un village aux portes de Paris mais une illustre abbaye, un lieu déjà hautement intellectuel qui attirera dans son sillage les philosophes des

Lumières, les romantiques, les surréalistes et surtout, après la Libération, les existentialistes ! Ceux-ci en firent le dernier des quartiers parisiens dont la chronique quotidienne eut un retentissement international : annonçant au monde conservateur les décennies de jeunesse et de combats à venir, la culture s'y fit engagement politique, les jeunes filles, pantalon, regard effronté et cigarette au bec, y clouèrent enfin celui des hommes, et l'amour libre s'y épanouit dans des caves jazzy aux rythmes du be-bop naissant ! Mais, aujourd'hui, Saint-Germain-des-Prés n'est plus que l'ombre de lui-même : l'esprit Rive gauche est tout dépenaillé depuis que les grandes marques de luxe qui l'envahissent soldent l'art de penser... La jeunesse bohème, les libraires, les éditeurs, les écrivains et les artistes peinent à résister à la déferlante et fuient de plus en plus le quartier. Finalement, Sartre n'a peut-être jamais été autant d'actualité : si vous croyez comme lui que vous pouvez donner aux choses le sens de votre choix, continuez à jouer aux intellectuels engagés à la terrasse du Flore, perdez-vous dans ces ruelles galantes encore pénétrées de l'esprit de la Révolution, et entretenez un certain esprit français à l'ombre de la coupole de l'Académie... En un mot, cultivez l'art le plus hautement germanopratin, le seul qui vaille, celui de la liberté !

DES ABBÉS AU PAPE DE L'EXISTENTIALISME En 542, Childebert, fils de Clovis, sollicite Germain, évêque de Paris, pour la fondation d'une abbaye aux portes de la ville. Située au milieu des champs et déjà courue en raison de la canonisation de l'évêque fondateur, elle prend vite le nom de "Saint-Germain-des-Prés". Après l'inhumation de Childebert dans ses murs, elle reste la nécropole royale des Mérovingiens jusqu'à Dagobert, enterré en 638 dans la basilique de Saint-Denis. Protégée par ses propres murailles et dominant en maître la rive gauche de la Seine jusqu'au XVIIe siècle, époque de son annexion à Paris, l'abbaye n'a de cesse de défendre son indépendance, appuyée sur l'un des domaines les plus riches de France, avec des possessions jusqu'en Bretagne et en Moselle. Les moines sont également à la pointe des avant-gardes architecturale et intellectuelle : avant de faire appel, au XIIIe siècle, à Pierre de Montreuil, qui œuvre alors sur les chantiers de la Sainte-Chapelle et de Notre-Dame, pour la reconstruction de leurs bâtiments conventuels, ils élèvent l'un des premiers chœurs gothiques et profitent de l'occasion de son inauguration par le pape Alexandre III, en 1163, pour mettre l'archevêque de Paris à la porte afin de lui signifier qu'ils relèvent de la seule autorité du pontife ! La cité ecclésiastique jouit de plus d'un rayonnement intellectuel immense en Europe. Les moines excellent dans la copie des textes antiques et constituent une bibliothèque de plus de 7 000 manuscrits auxquels s'ajoutent, après Gutenberg, plus de 50 000 imprimés. De Hugues Capet, futur roi de France, à Jean-Casimir, ex-roi de Pologne, les abbés prestigieux se succèdent. À l'heure de la Renaissance, Guillaume Briçonnet y tente avec son ami Lefèvre d'Étaples d'introduire l'humanisme dans la pratique de l'Évangile ; au XVIIe siècle, Mabillon et Montfaucon y assoient les fondements d'une érudition rigoureuse. Le bourg qui entoure ses murailles se constitue alors en foyer du monde artistique et dramatique parisien. En 1643, Molière crée à proximité l'Illustre-Théâtre, à quelques dizaines de mètres de la salle où ouvrira en 1671 le premier opéra de Paris. Les comédiens et les écrivains aiment alors à se retrouver au Procope, premier café littéraire de la capitale ouvert en 1689. Au XVIIIe siècle, Montesquieu et Voltaire y ont leurs habitudes, et Rousseau, d'Alembert et Diderot y mûrissent le projet de l'*Encyclopédie*. Mais tout s'accélère à partir de 1789. Le 30 juin, les Parisiens s'attaquent à la prison de l'abbaye pour délivrer des gardes nationaux qui ont refusé de tirer sur des ouvriers en grève du faubourg Saint-Antoine. La Révolution est proche, la fin de l'abbaye aussi ! En 1790, les moines sont chassés – ou, plus efficacement, exécutés – et l'église est transformée en fabrique de salpêtre. En août 1794, 15 tonnes de poudre entreposées dans le réfectoire explosent, endommageant irrémédiablement les bâtiments conventuels : ils sont rasés, et le terrain libéré autour de l'église est loti. Pour autant, le quartier conserve sa vocation intellectuelle et s'affirme plus que jamais comme la terre d'élection des écrivains et des artistes parisiens. Delacroix y imprime l'esprit du romantisme, Balzac lui donne le goût de l'observation, Sand, Verlaine et Rimbaud celui de l'indépendance… Enfin, les avant-gardes du début du siècle dernier font la renommée de nouvelles et véritables institutions : Les Deux Magots, le Café de Flore, la Brasserie Lipp ou La Rhumerie. Apollinaire y chante l'amour perdu, Breton et Éluard la folie douce, avec, entre autres voisins de table, Joyce, Hemingway et Picasso ! Mais c'est surtout l'âge de Simone de Beauvoir et de Jean-Paul Sartre, sacré "pape de l'existentialisme", qui, en résumant toutes ces gloires passées, vont asseoir définitivement le mythe de Saint-Germain-des-Prés…

L'EXISTENCE EN LUTTE Tout commence lorsque Sartre découvre qu'exister, c'est être libre, radicalement libre. Pour la jeunesse parisienne assoiffée de vie après quatre années d'occupation, c'est un autre révélateur ! Dans les caves enfumées du Bar vert, de La Rose rouge et du Montana, on vénère jusqu'au matin Sidney Bechet, Duke Ellington et Boris Vian ; au Tabou, on élit Miss Vice ; partout, on tente de s'inventer libre de tout, à l'effroi des bourgeois dont on se plaît à se jouer radicalement de l'autorité… C'est peut-être ce qu'on vient toujours chercher à Saint-Germain-des-Prés, pourtant, tout a bien changé. Dans ce quartier qui fut le cœur de l'édition française pendant la seconde moitié du XXe siècle, aujourd'hui, entre les boutiques à la mode et les cafés-musées, seules quelques librairies rescapées font de la résistance, tandis que les dernières maisons d'édition prestigieuses œuvrent à assurer la pérennité de l'indépendance si germanopratine de la culture. Tout un enjeu de civilisation, peut-être…

Saint-Germain-des-Prés, mode d'emploi

orientation

Saint-Germain-des-Prés s'étend entre le jardin du Luxembourg et la Seine. Le boulevard Saint-Germain en est le point de repère incontournable, comme la rue Bonaparte et la rue de Seine qui permettent de rallier Saint-Sulpice au sud, Odéon à l'est et l'Institut sur les quais. Du carrefour de Buci, la rue Saint-André-des-Arts se révèle être sans conteste la meilleure voie pour gagner la place Saint-Michel.

☆ **Saint-Germain** Sur les ruines de l'ancienne abbaye vit le cœur historique du quartier, où se concentrent cafés et magasins de luxe. En descendant vers la Seine se déploie un Paris inchangé depuis le XVIIIe siècle, pré-carré des galeries d'art contemporain. Les quais déroulent une promenade architecturale magistrale à l'ombre de l'auguste dôme de l'Académie française.

☆ **Saint-Sulpice** Au sud du boulevard Saint-Germain, l'ancienne église paroissiale du bourg de l'abbaye, Saint-Sulpice, distille l'esprit Grand Siècle dans un charmant lacis de ruelles anciennes.

☆ **Odéon** À la frontière du Quartier latin, un urbanisme pénétré de raison dû au siècle des Lumières, où rôde le souvenir de grandes figures de la Révolution ; côté Seine, les façades délicates de l'îlot Saint-André-des-Arts.

★ **Le jardin du Luxembourg** Le fief de la nature domestiquée au royaume de la culture et surtout le doux domaine des amours estudiantines…

accès

EN MÉTRO Les lignes 4 et 10 desservent les points centraux du quartier avec les stations Odéon (place Henri-Mondor), Mabillon (rue du Four), Saint-Germain-des-Prés (place de l'église) et Saint-Sulpice (rue de Rennes). À plus ou moins 5min à pied, la station Sèvres-Babylone permet de profiter de la ligne 12 qui rejoint la place de la Concorde, Pigalle et le quartier Montmartre (place des Abbesses).

EN BUS Les lignes 63, 95 et 96 relient le quartier aux principaux points touristiques.

EN VOITURE Il est difficile de circuler dans les nombreuses ruelles du quartier dont les sens interdits reconduisent immanquablement au boulevard Saint-Germain.
Parkings. *Saint-Germain-des-Prés* (plan 15, C3) Entrée face au 169, bd Saint-Germain 75006 Tél. 01 45 44 13 09 Ouvert 24/24 *Saint-Sulpice* (plan 14, A2) Entrée face au 8, pl. Saint-Sulpice 75006 Tél. 01 43 25 45 57 *École de médecine* (plan 15, D3) Entrée face au 21, rue de l'École-de-Médecine 75006 *Rennes* (plan 14, A2) Entrée au 15bis, rue de Rennes 75006

informations touristiques

Mairie du 6e ardt (plan 14, A2). *M° Saint-Sulpice* 78, rue Bonaparte 75006 Tél. 01 40 46 75 06 www.mairie6.paris.fr

accès Internet

Cyber Cube (plan 18, A3). Comptez 0,15€ la minute. *M° Odéon* 5, rue Mignon 75006 Tél. 01 53 10 30 50 www.cybercube.fr Ouvert tlj. 10h-22h

adresses utiles

Pharmacie (plan 14, A2). *M° Saint-Germain-des-Prés* 45, rue Bonaparte 75006 Tél. 01 43 26 52 92 Ouvert tlj. 9h-0h **Commissariat de police** (plan 14, A2). *M° Saint-Sulpice* 78, rue Bonaparte 75006 Tél. 01 53 71 33 00

marchés

Marché couvert Saint-Germain (plan 14, A2). Dans des halles construites à l'emplacement de l'ancienne foire Saint-Germain. *M° Mabillon* 4-8, rue Lobineau

75006 *Ouvert mar.-sam. 8h30-13h et 16h-19h30, dim. 8h30-13h* **Marché biologique du boulevard Raspail (plan 23, C1).** *Entre les rues du Cherche-Midi et de Rennes Ouvert dim. 9h-14h Marché traditionnel mar. et ven. 7h-14h30* **M° Rennes**

fêtes et manifestations

Foire Saint-Germain (plan 14, A2). L'illustre foire moyenâgeuse hissée au goût du jour avec expositions, concerts et, sur la place Saint-Sulpice, marchés littéraires : foire aux antiquaires (*mi-juin*), salon d'Art contemporain (*mi-juin*), marché de la poésie (*fin juin*), salon du théâtre (*fin juin*), marché de la bibliophilie (*début juil.*), salon de la céramique (*début juil.*). *Entrée libre Rens. au tél. 01 43 29 61 04 www.foiresaintgermain.org De début juin à début juil.*
Les 4 Jours d'Art-Saint-Germain-des-Prés. Vernissages et expositions dans la centaine de galeries du quartier. *2, rue des Beaux-Arts 75006 Rens. au 06 60 97 06 35 www.artsaintgermaindespres.com Fin mai*
Festival Jazz in Saint-Germain (plan 14, A2). Nouveaux talents et valeurs sûres pour faire revivre l'esprit de Saint-Germain-des-Prés. *Rens. au 78, rue Bonaparte 75006 Tél. 01 56 24 35 50 www.espritjazz.com Début mai*
Marché de Noël (plan 14, A2). *Pl. Saint-Sulpice (en déc.)*

☆ Découvrir Saint-Germain

☆ **À ne pas manquer** L'église Saint-Germain-des-Prés, la place de Furstemberg, l'École des beaux-arts, le pont des Arts, l'Institut de France **À proximité** Le musée d'Orsay, le Louvre, le Luxembourg **Sans oublier nos adresses** Faites une pause littéraire au Flore ou, plus artiste, à La Palette

Le temps est loin où la prestigieuse abbaye de Saint-Germain-des-Prés prospérait aux portes de Paris. Sa clôture s'étendait de la rue Jacob jusqu'à l'actuel boulevard Saint-Germain, avec pour limites la rue de l'Échaudé et la rue Saint-Benoît. Seule l'église rappelle aujourd'hui cet illustre passé, mais les choses n'ont peut-être pas tant changé… En effet, tous les hauts lieux du Saint-Germain-des-Prés littéraire et cafetier contemporain font front sur le boulevard Saint-Germain, en redessinant exactement le rempart et peut-être plus encore le fossé qui protégeait cette institution élitiste ! À l'angle de la rue de l'Échaudé, on trouve la **Rhumerie**, fondée en 1932, dont les accents antillais furent appréciés en leur temps par Georges Bataille, Antonin Artaud ou Man Ray ; à l'angle de la rue Saint-Benoît, **Les Deux Magots** et le **Café de Flore**, les célèbres fiefs de Picasso, Hemingway, Sartre et Beauvoir, et sur le trottoir d'en face, la très parisienne **Brasserie Lipp**, fondée en 1880 et toujours grand rendez-vous du Tout-Paris littéraire, politique et journalistique. En somme, si les valeurs du quartier ont évolué depuis l'époque des moines, sa géographie n'a pas varié et les stratèges du devenir social se doivent toujours de la maîtriser parfaitement ! En revanche, les anciennes voies intérieures de l'abbaye, autrefois impénétrables, s'offrent aujourd'hui au piéton en un charmant entrelacs de ruelles d'une bien agréable quiétude…

Autour de la place Saint-Germain-des-Prés

La physionomie de la place (plan 14, A1) a été profondément modifiée avec le percement de la très haussmannienne rue de Rennes, qui aspire dorénavant les regards jusqu'au sommet de la tour Montparnasse. Pourtant, cet ancien parvis reste le centre des parades germanopratines ! Les mondains et les magasins de luxe cachent cependant une autre histoire : à droite de l'église se dresse toujours le logis du prieur (XVIIe siècle), le moine qui était en charge de la vie spirituelle de l'abbaye... L'aile concave encadrait autrefois, avec sa jumelle disparue, l'une des entrées principales de la cité ecclésiastique. À gauche de l'église, le square Laurent-Prache recèle quelques vestiges, en forme de ruines romantiques, de la chapelle de la Vierge (1245), la perle des bâtiments conventuels élevés par Pierre de Montreuil au XIIIe siècle et célébrée pour sa beauté jusqu'à sa destruction après l'incendie de 1794. Le square abrite également un buste de Dora Maar légué à la Ville par Picasso en l'honneur de son ami Guillaume Apollinaire, mort en 1918 au 202, bd Saint-Germain. Levez également les yeux jusqu'aux fenêtres du quatrième étage du 42, rue Bonaparte : Sartre y habita (avec sa mère !) pendant 17 ans jusqu'en 1962, où il échappa à un attentat de l'OAS que lui valurent ses positions en faveur de l'indépendance de l'Algérie. Le square Félix-Desruelles (le long du bd Saint-Germain) conserve quant à lui un portique en céramique de Sèvres exécuté à l'occasion de l'Exposition universelle de 1900, qui marqua le sommet de l'Art nouveau, comme l'atteste sa riche décoration. Là s'élevait la prison de l'abbaye qui jouissait, en tant que cité autonome, du pouvoir de justice. De l'autre côté du boulevard, une statue de Diderot marque l'emplacement de son ancienne maison.

☆ **Église Saint-Germain-des-Prés (plan 14, A1)** La construction de cette abbatiale (certainement pas une église de village !) fut engagée peu avant l'an mil et achevée en 1030. Elle comptait alors trois tours romanes mais, après l'incendie de 1794, les deux tours qui encadraient le chœur durent être arasées au niveau du toit (observez leurs bases, toujours impressionnantes). Ainsi fut profondément modifiée l'une des silhouettes les plus fameuses des environs de Paris au Moyen Âge... La tour-porche, préservée, a gardé ses contreforts dignes d'un donjon médiéval. Son dernier étage est gothique (XIIe siècle), comme les vestiges de son portique visibles sous l'avant-porche (colonnettes, beaux chapiteaux et linteau représentant la Cène). À l'entrée de l'église, la chapelle Saint-Symphorien (XIe siècle) commémore l'emplacement d'une nécropole mérovingienne (quelques fragments de fresques du XIIIe siècle). Laissée à l'abandon après 1794, l'église fut sauvée au XIXe siècle grâce à une intense campagne de restauration. En pénétrant dans la nef, le legs essentiel en paraît cependant aujourd'hui les motifs polychromes dont on a recouvert l'ensemble : pour un peu on se croirait au pays des Mille Merveilles des chevaliers de la Table ronde ! Considérez avec attention les chapiteaux historiés de la nef (vers 1020) : très travaillés, ils comptent parmi les plus remarquables de la sculpture romane. Douze ont été déposés au musée de Cluny et remplacés par des copies (essentiellement ceux des grandes arcades). Vers 1145, les moines décidèrent la reprise du chœur, jugé trop étroit, selon les canons gothiques naissants : la nouvelle technique des croisées d'ogives a permis, en reportant les charges non sur les murs mais sur les arcs-boutants extérieurs (touchants dans leur extrême simplicité !) d'alléger les parois et de créer une véritable cage de lumière. Tout autour ont été aménagées des chapelles rayonnantes desservies par un large déambulatoire, selon un plan appelé à une large postérité en France. Elles cachent de belles curiosités : dans les premières, des orants du XVIIe siècle qui, bien qu'en armure, adoptent une pose très décontractée ; dans la deuxième à droite, les tombeaux de Mabillon, Montfaucon et Descartes (depuis 1819), trois grands esprits qui contribuèrent à l'émergence de la raison moderne ; enfin, dans les chapelles les plus au fond de l'édifice, le décor de superbes arcatures géminées et, dans celle située à droite de la chapelle axiale (refaite au XIXe siècle), deux vitraux rescapés de la chapelle de la Vierge, contemporains de ceux de la Sainte-Chapelle et donc parmi les plus anciens de Paris. Dans le transept nord, ne manquez pas la statue de saint François-Xavier par Guillaume Coustou. À droite de la nef, dans la chapelle Sainte-Marguerite, le tombeau des Castellan par Girardon. À droite en entrant, une Vierge du XIVe siècle. *M° Saint-Germain-des-Prés 3, pl. Saint-Germain-des-Prés 75006 Rens. au 01 55 42 81 33 www.eglise.sgp.org Ouvert tlj. 8h-20h Accueil touristique mar. et jeu. 14h30-18h avec accès à la chapelle Saint-Symphorien Entrée libre le 3e dim. du mois à 15h (sauf juil.-août)*

Rue de l'Abbaye (plan 14, A1)

Elle fut percée à partir de la place Saint-Germain-des-Prés sur les vestiges des bâtiments conventuels. Pour les faire revivre, il faut donc faire preuve de beaucoup d'imagination ! En longeant le square Laurent-Prache, on en traverse le cloître, bordé à gauche par l'illustre bibliothèque des moines (à son emplacement s'élèvent aujourd'hui un magasin de luxe et un commissariat de police !), puis par le réfectoire. Entre les n⁰ˢ 10 et 11, on franchit la salle du chapitre et, du n°8 jusqu'à la rue de Furstemberg, on côtoie la chapelle de la Vierge. En revanche, au n°3, l'ancien palais abbatial a été conservé. C'est ici que résidait l'abbé, chef des lieux et véritable seigneur ! Le bâtiment fut achevé en 1586, date décisive : ses bossages et ses refends très marqués, ses hautes lucarnes et ses fenêtres à meneaux rappellent le Moyen Âge ; avec les tons chauds de la brique et leurs proportions harmonieuses, ils annoncent cependant moins une place forte qu'un palais de villégiature inspiré du goût italien. C'est, de fait, une photographie unique du changement qui saisit les nobles demeures de Paris au cœur de la Renaissance, vingt ans avant les premiers travaux de la future place des Vosges... *M° Saint-Germain-des-Prés*

☆ ☺ Place de Furstemberg (plan 14, A1)

Face au palais abbatial, avec ses persiennes mi-closes et l'ombre de ses généreux paulownias, elle est l'une des plus charmantes places de la capitale. On retrouve sans doute ici le mieux l'ambiance du monastère, secret et voué à la contemplation mais assez chic tout de même... Cette place est l'ancienne cour d'honneur de l'abbaye. Au n°6, on peut encore observer un vestige de son décor (un pilier surmonté d'un pot à feu pris dans la maçonnerie à l'angle de la rue) et, à l'intérieur de la cour, une des larges arcades sous lesquelles stationnaient les calèches. Delacroix résida ici de 1857 à sa mort, en 1863, et sa maison a été transformée en musée. *M° Saint-Germain-des-Prés*

☺ Musée national Eugène-Delacroix (plan 14, A1)

"Mon logement est décidément charmant. La vue de mon petit jardin et l'aspect riant de mon atelier me causent toujours un sentiment de plaisir." À nous aussi ! Niché au cœur de l'îlot Saint-Germain, ce cocon de lumière et de fraîcheur se révèle idéal pour se reposer de la frénésie parisienne. Divers objets personnels, le décor XIXe siècle des quelques pièces conservées (salon, bibliothèque, chambre, atelier) et, surtout, des photographies de l'artiste lui rendent une épaisseur touchante. Le musée renferme quelques œuvres originales, essentiellement des études et des portraits dont une saisissante *Madeleine au désert* et un beau *Nègre au turban*. Pour compléter la visite, rendez-vous à l'église Saint-Sulpice, dont Delacroix décora une chapelle, ce qui motiva son emménagement ici même. *M° Saint-Germain-des-Prés 6, rue de Furstemberg 75006 Tél. 01 44 41 86 50 www.musee-delacroix.fr Ouvert lun.-dim. 9h30-17h Fermé mar. et 1ᵉʳ jan., 1ᵉʳ mai et 25 déc. Tarif 5€, gratuit pour les moins de 18 ans et pour tous chaque 1ᵉʳ dim. du mois Le billet d'entrée au musée du Louvre donne accès librement au musée Delacroix dans la même journée (cf. Louvre, Mode d'emploi)*

De la place de Furstemberg au carrefour de Buci (plan 14, A1-B1)

De la rue de l'Abbaye, quelques ruelles tortueuses, édifiées sur les chemins utilisés autrefois par les moines à l'intérieur de l'enceinte, mènent à ce carrefour animé. Avec leurs crépis rose, jaune ou crème et leurs belles devantures, elles transportent dans des temps anciens ! La **rue Cardinale**, drôlement coudée, aligne des maisons, tantôt trop droites, tantôt trop ventrues, qui datent pour la plupart du XVIIᵉ siècle. Quant à la **rue de Bourbon-le-Château**, elle forme un étrange boyau : c'est qu'en franchissant la **rue de l'Échaudé** on s'extirpe de l'abbaye, sur les fossés de laquelle cette ruelle a été lotie. En rejoignant la rue de Buci, on comprend qu'on change de décor : jusqu'au XVIIᵉ siècle, on était derrière la muraille de l'abbaye, mais pas encore dans Paris. Le rempart de Philippe Auguste s'élevait à l'autre bout de la **rue de Buci**, à l'emplacement de la rue Mazarine, et on le franchissait par une porte qui y était percée au niveau de l'actuel carrefour. Comme au Moyen Âge, la rue de Buci connaît toujours une importante animation de passage à laquelle son petit marché quotidien ajoute un caractère certain. Il a conservé le nom de "marché de Buci", bien qu'il prenne aujourd'hui principalement ses aises dans la rue de Seine. Au n°69 de cette rue (côté descente), ne manquez pas une belle "Boissonnerie" toute mosaïquée : cherchez l'erreur ! *M° Odéon*

Autour de l'École des beaux-arts

Entre la rue Jacob et la Seine (plan 15, C2-D2), ce petit quartier en pente douce sait cultiver l'art de la distinction. Posé à l'abri de l'agitation des quais, dont il est protégé par les larges bâtiments de l'École des beaux-arts et de l'Institut, il fut fort heureusement préservé, malgré Haussmann qui souhaitait prolonger la rue de Rennes jusqu'au pont des Arts ! Il a ainsi conservé ses nombreux immeubles des XVIIᵉ et XVIIIᵉ siècles, dont le faible nombre d'étages contribue à l'atmosphère provinciale. De petites portes cochères fermées au public et masquant parfois des arrière-cours arborées ajoutent au charme secret des parages. Partout se dressent de belles devantures de bois aux miroirs piqués par les années et sur lesquelles de grandes lettres soigneusement dessinées annoncent "Galerie". C'est en effet ici le domaine des galeries d'art : on en compte plus d'une centaine, notamment dans les rues des Beaux-Arts, de Seine et Mazarine. Se répondant de part et d'autre des vitrines, leurs œuvres, de toutes les époques et de tous les continents (Océanie, Afrique, XVIIIᵉ et XIXᵉ siècles et surtout art contemporain), dessinent des visages sans cesse changeants au quartier. Aucun itinéraire ne s'impose vraiment : flânez librement sans manquer d'admirer les façades préhaussmaniennes, dont certaines sont ornées de mascarons riants et de balcons aériens (indices d'un immeuble Louis XV) ou de jolies arcades fermées surmontées d'entresols à l'allure confidentielle (à la mode à la fin de l'Ancien Régime). Enfin, sachez que vous voyagez ici dans une haute terre d'artistes : levez la tête pour découvrir les innombrables plaques qui ornent les façades, vous croiserez le souvenir de Baudelaire, Colette, Manet, Mickiewicz, Corot, Wagner, Oscar Wilde, Champollion, George Sand, Desnos, Anatole France...

Rue Mazarine (plan 14, B1 et plan 15, D2-D3) Située à la marge de Paris (elle fut construite sur l'ancien fossé de Philippe Auguste), elle devint le cadre de réjouissances nouvelles au XVIIe siècle. À l'emplacement du n°36 s'élevait le jeu de paume de la Bouteille, où s'installa le premier opéra de Paris en 1671 ; au n°12, le jeu de paume des Mestayers, où le jeune Molière créa en 1643 l'Illustre-Théâtre ! Les arts dramatique et lyrique ne disposaient pas encore de bâtiments publics spécifiques et profitaient le plus souvent des salles de sport existantes (la paume est l'ancêtre du tennis). Voir également, au n°28, la maison où Champollion déchiffra les hiéroglyphes et, au n°20, un antique porche Louis XIII aux bossages caractéristiques. Mᵒ **Odéon**

☺ **Rue Visconti (plan 14, A1)** Un petit air de campagne relevé d'une coquetterie toute parisienne avec de vieux réverbères dont ses façades se parent comme de pendentifs... Cette rue étroite aligne, du n°12 au n°22, une suite remarquable d'hôtels de la fin du XVIIe siècle. La largeur de leurs portes cochères s'explique par le souci de faciliter les manœuvres en carrosse ! La rue a toujours frayé avec le mystère et les manigances : avant d'être prisée par les actrices-courtisanes de la Comédie-Française, à l'époque où celle-ci était installée sur la Rive gauche, elle fut un important foyer huguenot à Paris. Racine y mourut au n°24 et Balzac installa au n°17 une imprimerie dont la faillite le poussa à devenir écrivain : une bonne affaire pour nous ! Enfin, à l'angle de la rue de Seine (au n°26), on peut voir l'ancien cabaret où mourut le poète du XVIIe siècle Saint-Amant, bon vivant notoire : "Parbleu ! J'en tiens, c'est tout de bon / Puisque je préfère au jambon / Le visage d'une donzelle" (L'Énamouré). Mᵒ **Saint-Germain-des-Prés**

☆ **École nationale supérieure des beaux-arts (plan 15, C2-D2)** Elle s'implanta en 1816 sur ce site qui réunit jusqu'à la Seine d'anciens hôtels particuliers et les vestiges du couvent des Petits-Augustins, élevé au début du XVIIe siècle par la célèbre reine Margot. Après la Révolution, y fut installé le "musée des Monuments français" destiné à préserver les pièces maîtresses de la sculpture nationale. Toutes ont aujourd'hui rejoint le Louvre, mais de nombreux vestiges ont été employés lors du réaménagement des lieux. Ainsi, la façade de l'ancienne chapelle, à droite dans la cour d'honneur, est parée de l'avant-corps central du château d'Anet, chef-d'œuvre de la Renaissance réalisé par Philibert De l'Orme pour Diane de Poitiers au milieu du XVIe siècle. Le palais des Études (achevé en 1839) domine aujourd'hui la cour de sa large façade qui forme un mur-rideau assez théâtral. L'ensemble est agrémenté de nombreuses copies de statues antiques, dues pour la plupart à des élèves du XIXe siècle, ce qui transporte dans un univers "prix de Rome" très représentatif de l'époque ! Depuis Mai 68, où l'école fut un grand centre de l'agitation étudiante, l'imitation des Anciens n'est plus à la mode et le léger abandon dans lequel les bâtiments sont laissés, avec leurs reproductions défraîchies de fresques de Raphaël et de Michel-Ange, ajoute beaucoup au charme des lieux : un joyeux dédale de cours et d'ateliers dont les dalles usées sont égayées d'éclaboussures de peinture et où les apprentis artistes et architectes mettent en place des installations in-attendues ! Des visites guidées permettent de découvrir l'ensemble des bâtiments, en particulier la chapelle ; à ses côtés, la cour du Mûrier, belle imitation d'un atrium romain, décorée de reproductions des frises du Parthénon d'Athènes ; enfin, l'hôtel de Chimay (années 1740), dont on peut admirer la façade Louis XV du quai Malaquais (n°17). Au n°13 du même quai, on peut voir la façade du bâtiment Perret, élevé au début des années 1860 dans le style chargé du Second Empire (voir les œils-de-bœuf). L'école y organise des expositions d'art contemporain ouvertes au public. Certaines sont réservées aux travaux des élèves. Des journées portes ouvertes se déroulent chaque fin d'année scolaire et permettent de découvrir tous les ateliers. ***Cour d'honneur*** 14, rue Bonaparte 75006 ***Journées portes ouvertes*** Un week-end en fin d'année scolaire Rens. au 01 47 03 50 00 www.ensba.fr ***Visites-confé-rences*** Chaque 3e lun. du mois à 14h30 : s'assurer de la tenue de la visite auprès du Centre des monuments nationaux Tél. 01 44 54 19 30 www.monum.fr Tarif 8€, réduit 6€ pour les moins de 25 ans ***Expositions de l'ENSBA*** 13, quai Malaquais 75006 Tél. 01 47 03 52 15 Ouvert mar.-dim. 13h-19h Tarif 4€, réduit 2,50€ ***M° Saint-Germain-des-Prés***

Sur les quais de Conti et Malaquais

C'est le côté Seine de Saint-Germain-des-Prés, monumental et cérémonieux, et également l'un des tableaux les plus réussis de Paris. Sous la fraîcheur des platanes qui s'abreuvent directement au fleuve, entre les façades silencieuses de l'Institut de France et la longue bibliothèque en plein air des bouquinistes, on embrasse d'un seul regard, fait rare et difficile, les 700m de longueur du Louvre posé sur l'autre rive ! Au cœur de ce spectacle, le pont des Arts passe pour le lieu le plus romantique de la ville…

☆ ☺ **Pont des Arts (plan 15, D2)** Cette passerelle pour piétons toute de bois et de métal fut inaugurée en 1804 et reconstruite en 1982. Elle offre une vue magnifique sur l'île de la Cité avec, au loin, les tours de Notre-Dame, les toits pointus de la Conciergerie et la flèche de la Sainte-Chapelle et, au premier plan, le Pont-Neuf et le square du Vert-Galant. Là où les deux bras de la Seine se rejoignent, comme le plus beau des clins d'œil aux amoureux ! ***M° Pont-Neuf***

☆ **Institut de France (plan 15, D2)** Sans conteste la perle des quais germanopratins. Le bâtiment, l'un des legs les plus exemplaires du classicisme à Paris, fut édifié à partir de 1662 sur des plans de Le Vau, architecte de Vaux-le-Vicomte et, en partie, de Versailles. La clarté de l'expression et l'élégance sobre de l'ensemble, formant une exquise demi-lune, rythmée d'arcades et de pilastres et rehaussée par une pierre dorée et lumineuse, expriment parfaitement les idéaux de l'époque : participer de l'ordre harmonieux du monde et cultiver la convenance des sentiments… C'est cela sans doute qui contribue à porter au comble de la passion les amoureux qui musardent sur le pont des Arts, comme si ce décor avait été créé pour eux seuls de toute éternité ! Mazarin, ministre du jeune Louis XIV, demanda par testament la fondation de ce corps de bâtiments, souhaitant qu'y fût établi un collège appelé "des Quatre-Nations", car destiné aux jeunes gens méritants originaires des provinces récemment annexées par la France (notamment le Roussillon, la Flandre et l'Alsace) : une belle bourse d'études ! Avec la dissolution du clergé en 1792, le collège fut fermé et, en 1805, l'Institut de France s'y installa. Sa célèbre silhouette donna alors naissance à une nouvelle légende : la chapelle fut transformée en salle de séances et sa coupole ovale devint le symbole, surpassant le bicorne, l'habit vert et l'épée arborés par les académiciens, du rayonnement de leur divin prestige ! Fondé en 1795 par la Convention afin de constituer une encyclopédie vivante à l'appui des délibérations du peuple, l'Institut est composé de cinq académies, pour la plupart issues des anciennes académies royales : l'Académie des sciences morales et politiques (fondée en 1795), l'Académie des beaux-arts (1648), l'Académie des Inscriptions et belles-lettres (1663), l'Académie des sciences (1666) et, enfin, l'**Académie française**, vénérable aînée inaugurée par Richelieu en 1635. Celle-ci compta dans ses rangs La Fontaine, Perrault, Boileau, La Bruyère, Racine, Montesquieu, Voltaire, Condorcet, Chateaubriand, Hugo, Lamartine, etc., mais quelques omissions se font cruellement ressentir (Balzac, Flaubert, Proust, Aragon…) : "la Française" est en effet loin d'être exempte de partis pris idéologiques, politiques ou claniques, ce qui a toujours fait le régal de la chronique mondaine parisienne… De même, sous couvert de "respect des traditions immuables", la première femme n'y entra qu'en 1980, en la personne de Marguerite Yourcenar. En plus d'exalter la fierté nationale, les académiciens ont pour mission de veiller sur la langue française, ce qui leur vaut d'être souvent raillés : après bientôt quatre siècles d'existence, la dernière et seulement huitième édition de leur dictionnaire est parue en… 1935 ! Mais ceux que l'on dit "Immortels" n'ont sans doute pas la notion du temps du commun des mortels… *Mo Saint-Germain-des-Prés, Louvre-Rivoli 23, quai Conti 75006 Tél. 01 44 41 45 32 www.institut-de-france.fr Visites guidées uniquement (sam.-dim. et j. fér. sur réservation téléphonique) Tarif 3,10€* ☺ **Bibliothèque Mazarine** Elle illustre à merveille les mœurs policées et érudites du XVIIe siècle ! Née de la bibliothèque de Mazarin et aujourd'hui gérée par l'Institut, elle fut la première bibliothèque publique de Paris : son créateur, Gabriel Naudé, requit son ouverture gratuite chaque jeudi après-midi, y voyant un "grand bienfait social". Davantage galerie que salle, elle conserve son superbe décor d'époque et exhibe, sur 150m de rayonnages, les dos des reliures en cuir doré de milliers d'ouvrages des XVIe, XVIIe et XVIIIe siècles. N'hésitez pas, on peut y accéder librement. *Entrée à gauche de la chapelle de l'Institut Ouvert tlj. 10h-18h Demander un badge "Visiteur" valable 2 jours consécutifs (fourni contre une pièce d'identité) à l'accueil Tél. 01 44 41 44 06 www.bibliothèque-mazarine.fr Fermé 1er-15 août*

Tour de Nesle (plan 15, D2)

Son ancien emplacement est signalé par une plaque sur l'aile gauche de l'Institut. Il convenait en effet d'en conserver la mémoire tant elle a marqué le paysage et l'imaginaire parisiens au Moyen Âge : elle signalait, face au Louvre, la frontière occidentale de la ville sur l'enceinte de Philippe Auguste, mais elle passait surtout pour le cadre des ébats de Marguerite et Blanche de Bourgogne, belles-filles de Philippe le Bel. La mémoire populaire rapporte qu'elles jetaient leurs amants, sitôt la chose faite, du haut de la tour directement dans la Seine ! La vérité historique n'est pas plus ragoûtante : les deux femmes furent en effet condamnées pour adultère et Marguerite, devenue reine de France en prison, se suicida en se pendant avec ses cheveux tandis que les amants, arrêtés, furent dépecés, leur sexe tranché et jeté aux chiens ! *Mo Saint-Germain-des-Prés*

Hôtel de la Monnaie (plan 15, D2)

Le bâtiment, construit d'après les plans de Jacques-Denis Antoine, est achevé en 1777. Avec l'Institut situé à sa droite, il com-

pose l'une des séquences les plus intéressantes pour comprendre l'évolution de l'architecture française du classicisme, qui triomphe avec Louis XIV, au néoclassicisme, qui s'impose sous Louis XVI. Ou comment un siècle change d'esprit ! Dans l'œuvre de Le Vau domine le souci de séduire à travers des formes variées et inventives, une décoration relativement sensuelle et une certaine fraîcheur (observez les toits irréguliers et les lucarnes à l'air bonhomme). L'hôtel de la Monnaie, en revanche, marque le triomphe des formes simples et pleines et de la ligne rigoureusement maîtrisée. Les fenêtres s'ordonnent sur la façade comme sur du papier à musique et, si l'on en enlève le décor, il ne reste que trois épais volumes faits pour impressionner ! En ce siècle des Lumières, les architectes retrempent leur inspiration dans l'Antiquité, dont ils apprécient la force morale des formes mâles. Un souci qui prévaut dans les bâtiments publics, tel cet ensemble destiné à accueillir les ateliers de frappe de la monnaie royale, sorte d'invite des sujets à l'entreprise économique ! Aujourd'hui, l'hôtel de la Monnaie conserve les ateliers nationaux de frappe des médailles, des décorations officielles et des monnaies de collection dont il est le premier producteur mondial. *M*° *Pont-Neuf, Odéon* 11, quai de Conti 75006
Musée de la Monnaie Il présente plus de 2 000 pièces anciennes, des monnaies gauloises à l'euro. Leur valeur documentaire est bien mise en relief, et la collection permet ainsi une traversée originale de l'histoire de France sur les plans technique, esthétique, politique et économique (avec deux films d'une durée totale de 1h15). On peut également visiter les ateliers : une bonne manière d'apprécier le talent des graveurs et des fondeurs. De nombreuses animations sont proposées, notamment pour les enfants avec une chasse au trésor tous les samedis après-midi ! *Tél. 01 40 46 55 35 www.monnaiedeparis.fr Ouvert mar.-ven. 11h-17h30, sam.-dim. 12h-17h30 Tarif 5€, gratuit pour les moins de 16 ans et audioguide (5 langues) gratuit* **Visite des ateliers** *(sur réservation) : mer. et ven. à 14h15 Tarif 3€, gratuit pour les moins de 16 ans* **Visite architecturale du bâtiment** *(conférence avec accès aux salons d'honneur, sur réservation) : dim. 15h Tarif 6€, gratuit pour les moins de 16 ans* **Chasse au trésor** *Sam. 12h-16h Tarif 4*

☆ Découvrir le quartier Saint-Sulpice

☆ **À ne pas manquer** La place et l'église Saint-Sulpice **À proximité** Le Luxembourg **Sans oublier nos adresses** Faites une pause en terrasse au Café de la Mairie, dégustez une pâtisserie d'exception chez Pierre Hermé, prenez un apéritif rue des Canettes

L'église Saint-Sulpice fut fondée en 1180 pour servir d'église paroissiale au nouveau bourg de Saint-Germain né autour de l'abbaye, lequel comptait alors 600 habitants ! Ce quartier a longtemps eu partie liée avec la religion : la compagnie des Sulpiciens joua un rôle important dans l'histoire religieuse française en raison de sa piété rigoureuse et zélée, et son grand séminaire forma et marqua un nombre important de prêtres. L'église Saint-Sulpice accueillit également longtemps les dévotes du quartier de la rue de Sèvres, tout proche, où abondent encore les couvents, les missions et les pensions de jeunes filles. Elle fut surtout à partir du XVIIᵉ siècle l'église paroissiale du très aristocratique faubourg Saint-Germain, dont les mœurs furent largement décrites par Balzac. Jusque dans les années 1970, on trouvait encore dans le quartier, entre autres librairies spécialisées, de nombreux magasins de chasubles, d'encensoirs, de tabernacles et autres bondieuseries dont le caractère kitsch a conduit à forger l'expression d'art "sulpicien". Aujourd'hui, les religieux ont quitté les lieux mais de nouveaux dévots les ont envahis, attirés par les magasins de luxe installés ici dans le sillage de la place Saint-Germain-des-Prés. Mais, à l'ombre de son immense église, le quartier offre toujours l'occasion d'une belle balade dans la monumentalité de l'esprit chrétien du Grand Siècle.

Autour de la place Saint-Sulpice

☆ ☺ **Place Saint-Sulpice (plan 14, A2)** Abritée au cœur d'un carré de marronniers et dominée par les tours de l'église, elle est littéralement habitée par la grâce ! La fontaine des Orateurs sacrés qui trône en son centre fut dessinée par Visconti dans les années 1840. Elle représente quatre grands orateurs chrétiens du XVIIe siècle français : Fénelon, Bossuet, Massillon et Fléchier. Face à elle s'élève l'ancien séminaire Saint-Sulpice, reconstruit dans les années 1830 dans le style florentin, et désaffecté après la loi de 1905 (aujourd'hui le centre des impôts des 6e et 7e ardt). Côté rue Bonaparte se dresse l'hôtel de ville du 6e ardt, typique des constructions de la IIIe République. L'immeuble du n°6 est le seul qui ait été construit selon le plan initialement prévu par Servandoni, architecte de la façade de l'église : la place devait être entièrement scandée de larges arcades en réponse à son double portique. *M° Saint-Sulpice*

☆ **Église Saint-Sulpice (plan 14, A2)** Un véritable mastodonte de pierre ! Il fallut plus d'un siècle pour la sortir de terre : sa construction, en remplacement de l'église fondée au XIIe siècle, fut rendue nécessaire par l'urbanisation rapide du faubourg Saint-Germain, mais, commencée en 1646, elle ne fut achevée qu'en 1780, faute de financement. Avec sa colonnade et sa loggia d'une superbe hauteur, la façade principale, véritable décor, exprime toute la grandiloquence maîtrisée de l'âge classique, portée à leur manière par les grands orateurs représentés sur la fontaine. À l'intérieur de l'église, qui exalte bien le sens de la vanité cultivée à l'époque, la parfaite géométrie et l'ordonnance marquée du déambulatoire entraînent impérieusement le regard vers le chœur ; l'importance des proportions de la nef contribue à brouiller les repères habituels de la perception ; enfin, le chevet dévoile un double fond d'où émerge sur un nuage de pierre une statue de la Vierge. Tout l'art classique exhibe ici la nature théâtrale du monde pour mieux faire deviner, derrière le voile des apparences, la pleine présence divine ! Mais d'aucuns diront aujourd'hui que la pierre de l'édifice est si grise qu'elle paraît surtout poudrée comme une perruque de l'époque… Ne manquez pas la chapelle des Saints-Anges (première à droite en entrant) ornée de superbes **fresques de Delacroix**. Sur le mur de gauche, *Le Combat de Jacob avec l'ange* pourrait être pris pour un manifeste romantique. Rompant avec les compositions harmonieuses de la peinture classique, centrées sur leurs sujets, l'artiste impose un regard nouveau : l'immobilité des branches vigoureuses et envahissantes des arbres répond à la mâle et impossible puissance de Jacob, superbement retenu par l'ange, sorte d'icône romantique de la force tranquille. À droite, *Héliodore chassé du Temple* rappelle sans plus de mesure les compositions orientalistes du peintre, tout en contorsions furieuses, en riches parures et en couleurs profuses presque brouillées par le mouvement qui saisit la scène. Les statues du chœur ont été exécutées par Bouchardon et ses élèves (1735-1740). Les parois de la chapelle de la Vierge (dans l'axe du chœur) sont ornées de toiles de Carle Van Loo et la *Vierge à l'Enfant* située derrière l'autel est de Pigalle, comme les supports des bénitiers placés à l'entrée de la nef. Dernière curiosité dans le bras sud du transept : un gnomon élevé en 1744 et composé d'un obélisque de marbre blanc duquel jaillit un rail de cuivre qui traverse le chœur. Ce dispositif, installé dans l'église en raison de sa grandeur, n'a rien de mystique : il permet de marquer le changement des saisons. La ligne, orientée sud-nord, est frappée chaque jour à midi (heure de référence) par un rayon de soleil, le point d'impact montant et descendant d'équinoxes en solstices. *M° Saint-Sulpice Pl. Saint-Sulpice Tél. 01 42 34 59 98 www.paroisse-saint-sulîce.org Ouvert tlj. 7h30-19h30 Visite guidée gratuite le dim. à 15h et les 2e et 4e ven. de chaque mois (rdv dans la nef)*

De Saint-Sulpice à Saint-Germain (plan 14, A2)

De la place Saint-Sulpice au boulevard Saint-Germain, de nombreuses rues rappellent le souvenir de l'ancien bourg de l'abbaye de Saint-Germain-des-Prés. La **rue du Vieux-Colombier** doit son nom à son ancien colombier : l'élevage des pigeons était alors un privilège ! Dans la **rue du Four** se trouvait le four utilisé par les moines et les habitants pour cuire leur pain. La **rue Mabillon** permettait quant à elle de gagner la foire Saint-Germain, qui se tenait chaque année aux mois de février et mars à l'emplacement de l'actuel marché couvert et qui resta longtemps l'une des plus grandes attractions de la capitale. On s'y procurait des produits de luxe importés par la route de la Soie ou des Flandres et l'on venait s'y amuser dans des attractions qui devaient la faire ressembler à une fête foraine. De toutes les ruelles sombres et étroites qui s'étendent à proximité, la **rue des Canettes** est sans doute la plus animée. Son nom fait sourire dans ce décor de basses devantures de bois derrière lesquelles on fait depuis longtemps commerce de boissons alcoolisées. Pourtant, comme de nombreuses rues parisiennes, elle doit son appellation à l'une des enseignes qui ornaient ses façades et qui a été conservée : au n°18 (xviiie siècle), au cœur d'une belle ornementation rococo, de petites canes se désaltèrent dans une mare…

En se dirigeant vers le jardin du Luxembourg (plan 15, D3)

Ici s'étendent comme autrefois de petites rues lumineuses et délicatement pavées dont les façades transportent dans le Paris de 1700… Alexandre Dumas ne s'y est pas trompé en situant le logement d'Aramis dans la **rue Servandoni** et celui d'Athos dans la **rue Férou**. Le n°14, rue Servandoni conserve deux superbes portes en chêne sculptées (fin du xviie siècle). La **rue Garancière** offre quant à elle une vue imprenable sur le chevet de l'église Saint-Sulpice. Remarquez, au n°8, les chapiteaux des pilastres qui ornent la façade de l'hôtel de Sourdéac, construit en 1640 : ils arborent de grosses têtes de bélier, très réalistes ! Dernière curiosité, en haut de la rue à droite (sous les arcades, mur du fond) : l'un des derniers mètres-étalons mis en place par les révolutionnaires à Paris. Ils visaient à familiariser les habitants avec le nouveau système métrique afin d'éviter les fraudes.

☆ Découvrir le quartier de l'Odéon

☆ **À ne pas manquer** L'Odéon-Théâtre de l'Europe, la cour du Commerce-Saint-André **À proximité** Le Quartier latin, l'île de la Cité, le Luxembourg **Sans oublier nos adresses** Savourez un *strudel* à la Pâtisserie viennoise, assistez à une représentation au théâtre de l'Odéon

Situé à mi-chemin entre l'église de Saint-Germain-des-Prés et la Sorbonne, il dépend de la paroisse de la première avec ses magasins de mode et ses maisons d'édition mais, avec ses cinémas et les innombrables étudiants qui y fraient, il appartient également au Quartier latin. Côté Seine, autour de la rue Saint-André-des-Arts, on retrouve tout le charme du Paris ancien, avec ses nobles façades et ses ruelles aux lignes indolentes ; au sud du boulevard Saint-Germain, au contraire, la ligne droite domine, comme la pierre de taille haute et fière. Cet ensemble est le produit de l'un des premiers programmes d'urbanisme à Paris, entrepris au cœur du siècle des Lumières. Le souci du progrès motive alors l'émergence d'une architecture qui se veut publique. Autour du nouveau théâtre de l'Odéon, inauguré en 1782, et dans les rues, bien ordonnées et lumineuses, qui rayonnent depuis sa place, les hommes de l'époque, habitués aux ruelles tortueuses et glauques, découvrent le visage de la ville moderne ! Le choc est d'autant plus grand qu'on y aménage les premiers trottoirs de Paris, qui permettent d'en finir avec la boue restée depuis le Moyen Âge l'une des images les plus associées à la capitale ! La monarchie s'enorgueillit de ces travaux et croit voir l'effet de ses bienfaits dans le succès rencontré par le quartier… Mauvaise pioche ! Une nouvelle puissance publique est en train de naître et, ainsi porté à la pointe de la mode, l'Odéon devient l'un des foyers révolutionnaires les plus actifs après le 14 juillet 1789…

Autour du théâtre de l'Odéon

☆ **Odéon-Théâtre de l'Europe (plan 15, D3)** Il a été le premier théâtre de la capitale spécifiquement dédié à l'art dramatique, renouant ainsi avec le monument public de style antique, précisément incarné par les illustres odéons grecs. Symbole marquant de ce changement des mentalités, on ménage devant lui une large place en hémicycle : une véritable avant-scène où se joue un autre type de représentations, sociales cette fois ! Voulu par Louis XVI pour accueillir les comédiens-français et conçu par Peyre et De Wailly, le bâtiment est exemplaire du style néoclassique. Le goût pour l'antique se répand alors jusqu'à l'architecture et la morale : par le recours aux volumes simples qui s'adressent directement à la raison, on souhaite renouer avec la grandeur d'âme des Anciens, dont l'héroïque vertu passe pour s'être incarnée dans les frontons des temples et les formes mâles. Après la Révolution, en 1791, les comédiens-français, suspectés de sympathie pour la monarchie, doivent quitter les lieux mais, réhabilités, ils s'installent définitivement au Palais-Royal, sur la Rive droite. Aujourd'hui, le théâtre reste une grande institution du Paris culturel. Il a bénéficié, depuis 2002, d'une campagne de restauration sans précédent qui s'est achevée en 2006 : les cariatides dorées, les soieries damassées lie-de-vin et les peintures rouge pompéien de sa salle à l'italienne ont retrouvé leur lustre d'antan et l'appareil scénique a été complètement modernisé. Ce lieu de mémoire de l'histoire du théâtre qui a vu le triomphe de Beaumarchais avec le *Mariage de Figaro* et, plus près de nous, de Jean Genet avec *Les Paravents* s'est transformé en une maison commune du théâtre européen en accueillant des productions étrangères. Par ailleurs, il dispose désormais d'une seconde salle, les Ateliers Berthier, située sur le boulevard des Maréchaux dans le 17e ardt. *M° Odéon 1, pl. Paul-Claudel 75005 Tél. 01 44 85 40 40 www.theatre-odeon.fr*

Maison d'Auguste Comte (plan 14, B2) L'intérieur suranné de cette demeure transporte littéralement au cœur du XIXe siècle. On y cultive surtout le souvenir du philosophe, chantre du positivisme et fondateur de la sociologie, dont l'importance est mal connue en France alors que sa "religion de l'humanité" compte encore de nombreux adeptes dans le monde et que sa devise est devenue celle du Brésil : "Ordre et Progrès". *M° Odéon 10, rue Monsieur-le-Prince Tél. 01 43 26 08 56 www.augustecomte.org Ouvert mer. 14h-17h Fermé août Visite sur rdv Entrée libre*

École de chirurgie (plan 15, D3)

La rue de l'École-de-Médecine ne doit pas son nom au hasard : toute proche du Quartier latin, elle fut le centre de la chirurgie parisienne depuis le Moyen Âge jusqu'à l'époque moderne. La plupart des bâtiments qui la bordent restent occupés par la faculté de médecine de Paris ou des librairies spécialisées. Au n°12 se dresse un véritable monument, l'ancienne École de chirurgie, achevée en 1786 et second legs du néoclassicisme dans le quartier. Comme le théâtre de l'Odéon, elle illustre parfaitement les emprunts de l'époque aux canons architecturaux de l'Antiquité : péristyle, fronton sur la façade et, derrière elle, hémicycle (où l'on pratiquait les dissections devant les élèves) en forme de théâtre à l'antique surmonté d'une voûte imitée de celle du Panthéon romain avec ses caissons et percée à son sommet d'un oculus. À la fin du XIXe siècle, l'école est enveloppée sur ses trois côtés par de nouveaux bâtiments universitaires et un second ensemble est construit sur la place dégagée qui la devançait, rompant ainsi l'effet magistral que la colonnade devait produire lorsqu'elle s'élevait seule au-dessus de la rue… On peut pénétrer librement dans la galerie du n°12 : aménagée sous la IIIe République, elle est on ne peut plus pompeuse. Elle permet de rejoindre le musée de l'Histoire de la médecine. *M° Odéon 12, rue de l'École-de-Médecine 75006*

Musée de l'Histoire de la médecine

La collection retrace l'évolution des techniques médicales depuis l'Égypte ancienne jusqu'au XIXe siècle. De dignes outils de guérison qui ont aujourd'hui l'air de véritables objets de torture : scies à amputation, abaisse-langues, glossocatoches et autres gastroscopes à découvrir parmi des pièces plus délicates, tels un précieux coffret à trépanation ou des dentiers en porcelaine, parfaits pour avoir des dents éclatantes ! La salle, avec ses galeries lambrissées et sa verrière (1905), vaut le coup d'œil. *Tél. 01 40 46 16 93 www.bium.univ-paris5.fr/musee Ouvert 14 juil.-30 sept. : tlj. sauf sam.-dim. 14h-17h30 ; le reste de l'année : tlj. sauf jeu. et dim. 14h-17h30 Tarif 3,50€, réduit 2,50€ Visites guidées sans rdv sauf pour les groupes Tarif 8€*

Ancien couvent des Cordeliers (plan 14, B2)

Dans la cour du n°15 de la rue de l'École-de-Médecine, le Moyen Âge se rappelle soudainement au souvenir du Paris moderne. Le réfectoire de l'ancien couvent des Cordeliers est immanquable avec sa belle façade de style gothique flamboyant (rare dans la capitale) ornée de fenêtres à meneaux et de gables moulurés (vers 1505). C'est le seul vestige de l'ensemble monastique fondé au XIIIe siècle par les Franciscains (et qui doit son nom au cordon de chanvre avec lequel ils serraient leur robe de bure). Le couvent est surtout connu aujourd'hui pour des raisons situées aux antipodes de la religion : après 1789, il accueillit le fameux club des Cordeliers, animé par Danton et Marat, l'un des clubs politiques les plus actifs de l'époque révolutionnaire. Après son assassinat, dans sa baignoire, par Charlotte Corday en 1793, Marat fut enterré dans le jardin du couvent. Le réfectoire dépend désormais de la Ville de Paris, qui y organise régulièrement des expositions d'art contemporain. Un nouveau contraste saisissant dans l'immense salle toute de pierre et de bois scandée de larges baies ogivales ! Les autres bâtiments conventuels, affectés à la faculté de médecine, ont été abattus. Seule la galerie qui fait face au réfectoire cultive encore une simplicité toute monastique avec le simili-cloître qui y a été aménagé. Un havre de paix, voire de trop grande paix, car il est orné de quelques saisissantes sculptures qui mettent en scène la mort, dimension inséparable de la médecine jusqu'au xxe siècle. L'une des ailes du jardin abrite le non moins macabre musée Dupuytren. *Mo Odéon 15, rue de l'École-de-Médecine 75006*

Musée d'Anatomie pathologique Dupuytren Âmes sensibles, s'abstenir ! Il renferme plusieurs milliers de pièces (xviiie-xxe siècle) : des cires, des squelettes ainsi que des spécimens momifiés (telle la tête d'une femme à barbe) ou conservés dans le formol (fœtus malformés, cerveaux, etc.). Certaines ont permis de grandes avancées scientifiques, mais il est difficile de se concentrer sur la question... *Tél. 01 42 34 68 60 Ouvert lun.-ven. 14h-17h Fermé juil.-août Tarif 5€, réduit 3€ Visites guidées sur demande (photos pour usage privé 8€ en supplément de l'entrée)*

Du carrefour de l'Odéon à la Seine

Rue de l'Ancienne-Comédie (plan 14, B1-B2) Pourquoi ce nom ? Celle qu'on appelle aujourd'hui la Comédie-Française s'installa en 1689 dans un jeu de paume situé au niveau de l'actuel n°14 et y résida près d'un siècle. La façade de l'immeuble conserve une trace de cet illustre passé : un bas-relief représentant Minerve, vestige de l'ancien décor du bâtiment. Face à lui (au n°13), **Le Procope** cultive le mythe de son histoire tricentenaire. En 1670, un Arménien introduit le café à la foire Saint-Germain et ouvre une "maison à café" pour le déguster, bientôt imité par un Sicilien nommé Procopio, qui s'installe ici en 1686 : avec l'arrivée des comédiens, l'échoppe devient vite à la mode. Le "café", si essentiel à la sociabilité parisienne, est né ! Procopio y affiche les nouvelles du jour et son établissement s'impose comme un lieu d'information, de discussion politique et... de propagation des rumeurs. Prisé par les auteurs dramatiques et les écrivains, il devient le premier café littéraire de la capitale, donnant un ton nouveau à Saint-Germain-des-Prés. Après 1789, Danton, Marat, Fabre d'Églantines et Camille Desmoulins, qui habitent à proximité, en font l'un de leurs quartiers généraux. On dit que le bonnet rouge fit ici sa première apparition, que les révolutionnaires y lancèrent le mot d'ordre pour l'attaque des Tuileries en 1792 et que Benjamin Franklin y aurait peaufiné la Constitution américaine... *Mo Odéon*

☆ ☺ **Cour du Commerce-Saint-André (plan 14, B2)** Un passage charmant avec ses pavés tordus et ses petites devantures de bois sombre, et historique à plus d'un titre. Du Moyen Âge d'abord, il a gardé le tracé de l'ancien fossé de Philippe Auguste et d'impressionnants vestiges de la muraille qui protégeait l'ancien Paris : au n°4, visible à travers la vitrine de la Maison de la Catalogne, une énorme tour qui paraît jaillir du mur ; à côté, dans la belle cour de Rohan, un ancien pan du rempart sur lequel a été aménagée une terrasse (juste à gauche en entrant). Mais le lieu conserve surtout la mémoire de la Révolution. Le passage s'étendait autrefois jusqu'au boulevard Saint-Germain et la statue de Danton qui surveille l'entrée du métro Odéon rappelle l'emplacement de la maison où il vécut de 1789 jusqu'à son arrestation en 1794. Marat installa au n°8 l'imprimerie où il publiait *L'Ami du peuple* et le célèbre docteur Guillotin inventa sa "machine à décapiter" au n°9, heureux qu'elle abrège la souffrance des condamnés en "ne provoquant qu'une vive impression de fraîcheur sur la nuque" ! *M° Odéon*

☺ **Rue Saint-André-des-Arts (plan 14, B1 et plan 15, D3)** Elle est si étroite que l'on imagine mal qu'elle fut l'une des voies les plus importantes de la ville au Moyen Âge, permettant aux Parisiens de gagner Saint-Germain-des-Prés de l'île de la Cité. Livrée aux piétons, elle invite aujourd'hui à une agréable flânerie au gré de ses magnifiques façades Louis XV (aux nᵒˢ 47, 48 et 52). *M° Odéon*

Rue des Grands-Augustins (plan 14, B1 et plan 15, D2-D3) Elle est sans doute la plus caractéristique des jolies ruelles qui descendent vers la Seine de la rue Saint-André-des-Arts : une succession de façades délicates qui conservent leurs ferronneries du xviiᵉ siècle (voir les nᵒˢ 19 à 25) et de dignes porches du xviiiᵉ siècle (comme au n°5). Certaines devantures sont encore étayées de grosses poutres de bois (notamment au n°17), élément d'origine médiévale. Le n°7 est d'illustre mémoire : Picasso y peignit *Guernica*, là même où Balzac avait rédigé *Le Chef-d'œuvre inconnu*. Ne manquez pas, sur le bâtiment d'en face, la plaque qui rappelle que Louis XIII fut investi à cet endroit quelques minutes après l'assassinat d'Henri IV par Ravaillac dans le quartier des Halles. Les rues de Savoie et Séguier offrent le même visage architectural, ainsi que la rue Christine, qui permet de rejoindre le passage Dauphine, bien apaisant. *M° Odéon*

Musée des Lettres et Manuscrits (plan 14, B1) Venez feuilleter quelques-unes des plus belles pages de l'Histoire, une lettre d'amour de Géricault, le manuscrit Einstein-Besso sur la généralisation de la théorie de la relativité, une partition de Mozart… Au cœur de la sphère littéraire, ce musée inauguré en 2004 présente des lettres originales de personnalités du monde politique, scientifique ou artistique dans une ancienne demeure du xviiᵉ siècle en pierres apparentes et sol en marbre. On se plonge dans les déliés des *Mémoires de Sainte-Hélène* de l'Empereur déchu ou des poèmes écrits par Verlaine lors de son séjour en prison. Un endroit précieux et hors du temps ! Des expositions temporaires de qualité y sont également organisées. *M° Saint-Michel*, *Saint-Germain-des-Prés 8, rue de Nesle 75006 Tél. 01 40 51 02 25 www.museedeslettres.fr Ouvert mar.-ven. 10h-20h, sam.-dim. 10h-18h Tarif 6€, réduit 4,50€, gratuit pour les moins de 12 ans Fermé en nov.*

★ ☺ Découvrir le jardin du Luxembourg

☆ **À ne pas manquer** Le palais du Luxembourg, la fontaine Médicis **À proximité** Le Panthéon

Ah ! le jardin du Luxembourg ! Le royaume où s'épanouissent les amours estudiantines nées au Quartier latin, où Saint-Germain-des-Prés prête son dandysme à tout ce que Paris peut avoir de champêtre… Il faut y pénétrer par le petit portail situé au débouché de la rue de Médicis sur la place Edmond-Rostand. Ses grilles aux pointes dorées y forment de véritables rivages. Puis vient la nef unique de ses arbres parfaitement équidistants qui dévoilent des espaces pelés que l'on traverse comme un temple. On devine à travers leurs fûts les façades du Sénat et l'on a l'impression (n'était la foule…) d'être entré dans une propriété privée. On atteint enfin le grand parterre, niché au cœur de terrasses cernées par de délicates balustrades et par la dentelle des hautes frondaisons de marronniers centenaires. Tout invite alors à s'échapper vers le haut : l'œil brillant du bassin, la façade du palais, qui a souvent la blancheur du ciel, et ses innombrables bossages qui, en accrochant le regard, font vibrer la lumière et l'air cristallin au-dessus des tapis de fleurs… Enfin, tout au fond, le jardin anglais, avec ses allées savamment ondoyantes et ses sous-étages de buis et de houx à la couleur ténébreuse, ouvre soudainement sur d'amples pelouses : vous voilà transporté au XIXᵉ siècle et les arbres vous font des ombrelles de leurs ramures aériennes !

☆ **Palais du Luxembourg (plan 23, D1)** Après l'assassinat d'Henri IV, sa veuve, Marie de Médicis, lasse du Louvre qu'elle trouve trop triste (ou dont elle ne supporte peut-être plus les fossés malodorants), décide de prendre le vert aux portes de Paris en s'y faisant construire un petit palais. Elle jette son dévolu sur les terrains de l'hôtel de François de Luxembourg, qui ont gardé son nom. Les travaux commencent en 1615 et sont achevés en 1630. Résultat ? Un petit bijou d'élégance, dû à Salomon de Brosse, inspiré ici, à la demande même de la reine d'origine florentine, du Palazzo Pitti. Il en reprend notamment l'ordonnance en trois ordres superposés (toscan, dorique puis ionique), mais conserve le plan français de l'hôtel particulier, porté cependant à des proportions inégalées : l'aile principale comme les deux ailes en retour sont dignes d'un château et le tout se referme sur un portique surmonté d'un dôme de pierre monumental (côté rue de Vaugirard, n°15). Pour décorer la galerie occidentale du premier étage, Marie commande à son peintre favori, Rubens, une suite de 24 tableaux contant sur plus de 300 m² les hauts faits de sa vie : un chef-d'œuvre d'autopropagande (aujourd'hui au Louvre) qui fait dire que son petit-fils Louis XIV avait de qui tenir ! La vie est donc douce au palais jusqu'à cette fameuse journée des Dupes dont il est le cadre : le jeune Louis XIII y reprend les rênes du pouvoir en choisissant le parti de Richelieu contre sa mère, qu'il condamne à l'exil en commanditant au passage le meurtre de son amie d'enfance et conseillère avisée, Leonora Galigaï. Le palais devient la propriété de la famille d'Orléans jusqu'en 1779. Le Consulat en fait 20 ans après le siège du Sénat. L'ensemble des bâtiments a été réaménagé au XIXᵉ siècle dans un style assez pompeux, mais la salle des séances (dont le dôme est visible du jardin) et la bibliothèque décorée de peintures de Delacroix méritent la visite. **Mᵒ Odéon** 15, rue de Vaugirard 75006 Visites les lun., ven. et sam., sous réserve que le Sénat ne siège pas Effectifs limités Le Centre des monuments nationaux propose des visites-conférences du palais chaque mois Rens. au 01 44 54 19 49 www.monum.fr Tarif 8€, réduit 6

Palais du Sénat La seconde Chambre est née avec la Constitution thermidorienne de 1795. Appelée alors "Chambre des Anciens", elle devint sous le Consulat, peut-être par un excès de pudibonderie, le "Sénat conservateur" (du latin *senex*, signifiant "ancien"). Après avoir été doté d'importantes prérogatives sous le régime parlementaire de la IIIᵉ République, il voit son rôle réduit par la Constitution de 1946 puis la Vᵉ République au profit de l'Assemblée nationale : les sénateurs sont élus au suffrage indirect et peuvent seulement proposer d'amender les lois dont le vote final revient à cette dernière. Une séance par semaine au moins est réservée aux questions au gouvernement. Les débats des mardi, mercredi et jeudi sont ouverts

GÉOQUARTIERS

au public. Accueil au 15, rue de Vaugirard S'informer préalablement de la tenue d'une séance au 01 42 34 20 01 (répondeur du service de la Séance) www.senat.fr Se présenter à l'accueil muni d'une pièce d'identité Nombre de places limité

★ **Jardin du Luxembourg** (plan 23, D1) Créé par la reine dès 1612, il reste longtemps limité au sud par les terrains du couvent des Chartreux, qui ne veut lui en céder aucun pouce. Puis la Révolution chasse les moines et permet la création du parterre central. Conformément au plan du jardin français, les allées de cette véritable chambre de verdure prolongent les lignes du palais dans un exact et harmonieux ordonnancement qui marque le triomphe de la raison sur la nature. À la fin des années 1860, l'annexion de nouveaux terrains situés au sud et à l'ouest confère au jardin ses dimensions actuelles (23ha). Ce nouvel espace sera aménagé à l'anglaise. Son innocence apparente est cependant tout autant le fruit d'une extrême sophistication, appuyée sur l'analyse du relief, la savante alternance des bosquets et des pelouses et de l'ombre et de la lumière. On donne au même moment son aspect actuel à la magnifique **fontaine Médicis** (le long de la rue Médicis) : noyés dans l'ombre de platanes centenaires, ses larges hampes garnies de lierre, son imperturbable petit bassin et ses pierrailles couvertes de mousse transportent littéralement dans les jardins de la villa d'Este, près de Rome ! Le jardin est également un véritable musée en plein air de la sculpture française du XIXe siècle, avec, sur les terrasses, la suite des reines de France et partout ailleurs de nombreux ensembles dédiés à des artistes, dont le célèbre *Monument à Delacroix* par Jules Dalou (1890) à gauche du palais. Aux beaux jours, les orangers, les citronniers et les palmiers dattiers remisés dans l'orangerie pendant l'hiver retrouvent **le parterre central** et l'égayent d'une touche méridionale très agréable. Malheureusement, le jardin devient alors très fréquenté. Un conseil : si vous souhaitez trouver une chaise libre, tentez votre chance du côté du **jardin anglais**, plus calme. Le Sénat accroche régulièrement sur ses grilles de belles expositions de photographies et organise des concerts symphoniques (notamment à l'occasion de la fête de la Musique). *M° Odéon, RER Luxembourg Ouverture entre 7h30 et 8h15 et fermeture entre 16h15 et 21h45 (selon la saison)*

Musée du Luxembourg (plan 23, D1) Le premier musée public de France fut ouvert dès 1750 à partir de tableaux issus du cabinet du Roi. L'ensemble de la collection a depuis longtemps rejoint le Louvre et le lieu, qui ne dispose plus de fonds permanent, organise, sous l'égide du Sénat, d'ambitieuses expositions temporaires (ces dernières années : Botticelli, Véronèse, Matisse, Titien…). Elles sont très courues, aussi est-il recommandé de réserver pour éviter une interminable file d'attente. *M° Odéon 19, rue de Vaugirard 75006 Tél. 01 42 34 25 95 www.museeduluxembourg.fr Ouvert tlj. 10h30-19h, nocturne les lun., ven. jusqu'à 22h Réservation par tél., en ligne ou par le réseau Fnac et Virgin Tarif 10€, réduit 8€ (sous réserve), gratuit pour les enfants de moins de 10 ans Label Tourisme et Handicap*

Perspective de l'Observatoire (plan 23, D3) L'espace compris entre la grille sud du Luxembourg et la grille nord de l'Observatoire ne relève d'aucun genre particulier dans Paris. "Ce lieu tient à la fois de la place, de la rue, du boulevard, de la fortification, du jardin, de l'avenue, de la route ; certes, il y a de tout cela ; mais ce n'est rien de tout cela : c'est un désert" (Balzac, *Ferragus*). Comme à son habitude, l'illustre écrivain n'y va pas avec le dos de la cuiller ! Il est vrai que l'avenue de l'Observatoire, calme et résidentielle, porte toujours l'empreinte de la déshérence dans laquelle est resté le sud de la Rive gauche jusqu'au xviiie siècle. Cependant, l'Observatoire de Paris a donné sa tonalité à la perspective en la faisant participer du monde astronomique lui-même ! La **fontaine des Quatre-Parties-du-monde** (à l'issue du jardin Marco-Polo, face au 147, bd Saint-Michel) en est le premier indice, avec sa sphère céleste portée haut par de superbes statues féminines dues à Jean-Baptiste Carpeaux. Chacune représente un continent, avec l'Afrique enchaînée au pied : l'unité du cosmos ne devait pas, malgré tout, venir à bout des bornes humaines… *M° Port-Royal*

Observatoire de Paris (plan 23, D3) Créé en 1667 par Colbert, il est le plus ancien observatoire en activité du monde. Construit sur les plans de Claude Perrault, auteur de la colonnade du Louvre, le bâtiment central s'ordonne sur la mécanique céleste. Il est d'abord traversé en son centre par le méridien de Paris, méridien origine pour tous les marins du globe jusqu'en 1884 (où il fut détrôné par le méridien de Greenwich) et dont le passage est matérialisé du nord au sud de Paris par les médaillons de bronze "Arago" que l'on croise parfois sur les trottoirs. Mais ce n'est pas tout : les façades des bâtiments sont orientées selon les quatre points cardinaux et les pans des deux tours qui le flanquent donnent la position du Soleil aux équinoxes et aux solstices. Un instrument scientifique en soi ! En 1676, le Danois Römer y découvrit le caractère fini de la vitesse de la lumière et en proposa une première approximation. Aujourd'hui, la pollution lumineuse des nuits parisiennes est telle que les lunettes astronomiques qui couronnent le bâtiment ne permettent plus des observations de qualité mais, associé aux centres de Meudon et de Nançay, l'Observatoire reste la première institution de recherche astronomique en France. Les astronomes du site proposent des visites guidées, des conférences et des nuits d'observation. *M° Port-Royal* 61, av. de l'Observatoire 75014 Entrée au 71, av. Denfert-Rochereau 75014 Tél. 01 40 51 22 21 **Conférences et nuits d'observation** Programme sur www.obspm.fr Entrée libre

Où s'initier à l'apiculture ?

Rucher-école du Luxembourg (plan 23, C2) Étonnantes et pourtant installées dans le jardin depuis 1856, ces petites ruches permettent de s'initier au travail des insectes les plus laborieux qui soient. La Société centrale d'apiculture propose des cours théoriques et pratiques en fonction de la saison. Idéal pour renouer avec le rythme de la nature ! La récolte de miel (né des fleurs du jardin !) est vendue dans l'orangerie lors de l'exposition d'automne. *Pavillon Davioud (au sud-ouest du jardin) Inscriptions en nov. auprès de la Société centrale d'apiculture 41, rue Pernety 75014 Tél. 01 45 42 29 08 www.la-sca.net*

Où courir, jouer au tennis… ou aux échecs ?

Les activités sportives pour adultes sont également nombreuses au jardin du Luxembourg. Les licenciés peuvent rejoindre les joueurs de pétanque ou de boule lyonnaise sur l'ancien terrain de criquet (allée de Fleurus) ou s'adonner à la longue paume, ancêtre du tennis (avec une balle molle et une raquette étroite), pratiquée ici depuis 1860 (tous les dim. matin, allée de Fleurus). Le secteur est également très prisé des amateurs de jogging. Pour les intellectuels, les joueurs d'échecs ont colonisé les abords de l'orangerie où l'on peut toujours trouver un adversaire prêt à en découdre (à gauche du Sénat).

Paris-Tennis (plan 19, D1). Tout le monde peut profiter des courts du jardin du Luxembourg, où l'on peut enfin jouer avec panache même avec un niveau médiocre, tant il est distingué de faire ici son tennis ! Six courts découverts, à réserver au moins une semaine à l'avance. *Jardin du Luxembourg Les courts et l'accueil sont situés allée de Fleurus Il est nécessaire d'obtenir un identifiant et un mot de passe par Internet ou sur place pour pouvoir réserver ensuite par Internet www. tennis.paris.fr Tarif 6,50€/h, réduit 4€/h*

Où se distraire en famille ?

Le Luxembourg ne manque pas de ressources pour amuser les enfants : ils peuvent comme autrefois pousser à l'aide d'une perche de petits bateaux de bois sur le bassin central ; faire un tour de poney ou de voiture à pédales ; voir un spectacle de marionnettes ; faire un tour de manège sur un antique carrousel (1880) classé monument historique ou jouer dans le grand parc à jeux. Tout pour se forger des souvenirs ! *Jardin du Luxembourg Ces activités sont regroupées dans l'axe de la rue de Fleurus Elles sont proposées les mer. sam. et dim. et tlj. pendant les vac. scol. (compter 1,50-3€)* **Théâtre de marionnettes** *Représentations le mer. à 15h15 et 16h30, sam.-dim. 11h, 15h15, 16h30 (durée 45min) Rens. au 01 43 26 46 47 (répondeur) http://guignolduluxembourg.monsite.orange.fr Tarif 4,40€, tarif groupe sur rés. 3,50€*

Le faubourg Saint-Germain

plans 15, 23

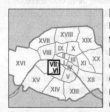

Deux larges boulevards aux sages marronniers. Une enfilade de rues grises et longilignes. Des façades lisses d'où rien ne sourd. Et, partout, le ballet des fonctionnaires affairés, les nuées d'énarques battant le pavé et les allées et venues de voitures s'engouffrant derrière des portails vite refermés... Quel miel peut tirer l'humble visiteur d'un quartier si jalousement gardé ? Il peut, à l'image de l'ingénieux Talleyrand qui marqua tant le "Noble Faubourg", biaiser : attendre au coin des porches que les portes s'ouvrent, s'aventurer dans les rues de traverse et découvrir des jardins cachés, des trésors d'architecture, des squares charmants et deux merveilleux musées, Rodin et Maillol. Cerise sur le gâteau, la balade s'achève au carrefour Sèvres-Babylone, prémices de Montparnasse : son Bon Marché, ses magasins, ses cafés... Car le faubourg Saint-Germain sait aussi faire le (discret) bonheur des dames.

DE L'ANCIEN "PRÉ AUX CLERCS"... La géographie du faubourg Saint-Germain correspond aux frontières de l'ancien domaine de l'abbaye de Saint-Germain-des-Prés. Il ne fut habité, jusqu'à la fin du XVIᵉ siècle, que par de rares paysans. Les terres proches de la Seine étaient souvent inondées et laissées en friche. Au Moyen Âge, les étudiants du Quartier latin prirent l'habitude d'aller s'y délasser et y régler leurs comptes – ce qui valut à l'endroit le surnom de "Pré-aux-Clercs", l'équivalent du terrain vague moderne ! Ces frasques estudiantines ne plaisant guère aux religieux, le fameux pré resta longtemps source de conflits entre l'Université, qui en était propriétaire, et l'abbaye, qui y exerçait un droit de justice. Même perdu en rase campagne, le futur faubourg était déjà marqué par les batailles de pouvoir !

... AU "NOBLE FAUBOURG" Au tout début du XVIIᵉ siècle, la première femme d'Henri IV, Marguerite de Valois (plus connue sous le nom de reine Margot), rachète à l'Université une partie du pré bordant la Seine. Elle y fait élever une somptueuse demeure, entourée de jardins qui descendent jusqu'aux rives du fleuve. À sa mort, en 1615, l'hôtel n'est pas encore achevé, mais la tocade de Margot a attiré l'attention de la Cour sur les 200ha de ce domaine de Saint-Germain encore inexploité. Les quais sont aménagés et un premier pont en bois, le Pont-Rouge, est jeté en 1632 entre le faubourg naissant et les Tuileries, où réside le roi. Il sera remplacé en 1685 par un pont de pierre : le Pont-Royal. À partir de 1671, la construction des Invalides accélère l'urbanisation du faubourg. En l'espace d'un siècle, trois cents hôtels particuliers y voient le jour, dont il ne subsiste qu'une centaine. Les hôtels particuliers du faubourg Saint-Germain reflètent un nouvel art de vivre, typique de l'aristocratie du XVIIIᵉ siècle : un impérieux désir de luxe et de confort, allié à un souci de discrétion. Leurs façades à l'ordonnance austère cachent des intérieurs raffinés et d'immenses jardins, les plus grands de Paris.

UNE CAPITALE AU SEIN DE LA CAPITALE La Révolution va faire exploser comme une poudrière ce monde de luxe, de calme et de volupté. Les aristocrates émigrent, leurs hôtels sont vendus aux enchères au mieux offrant, à savoir l'État. En 1795, le Palais-Bourbon, ancienne demeure de la duchesse de Bourbon, fille de Louis XIV, est confisqué pour abriter le Conseil des Cinq-Cents, organe législatif du nouveau régime : tout un symbole ! Depuis cette date, le pouvoir législatif n'a jamais bougé, faisant du faubourg Saint-Germain une capitale politique au sein de la capitale. Le quartier se repeuple durant l'Empire et la Restauration. Mais l'atmosphère n'y est plus la même : la cote va désormais au faubourg Saint-Honoré, Rive droite, où est installé le palais de l'Élysée, tout nouveau siège de l'exécutif. Le "Noble Faubourg" devient alors la chasse gardée d'une vieille aristocratie bigote crispée sur ses valeurs. Les congrégations religieuses affluent et contribuent à donner au quartier le caractère policé dont il ne s'est jamais départi. En même temps, en 1852, Boucicaut inaugure le Bon Marché et la rue du Bac devient l'une des artères les plus commerçantes de Paris. Religion, argent, politique, ces différentes sphères du pouvoir, qu'on pourrait croire antagonistes, ont su trouver un sage terrain d'entente dans le quartier. Au tournant du XXᵉ siècle, le percement des boulevards Saint-Germain et Raspail achève de donner son visage actuel au faubourg. Les derniers hôtels d'une aristocratie vacillante passent à l'État, qui y installe ses ministères. De grandes écoles, pépinières de politiciens, et des maisons d'édition de prestige y font aussi leur nid. Tout indique, dans cet inaltérable cénacle du Faubourg, que le pouvoir a beau changer de mains, il garde toujours les attributs du pouvoir.

Le faubourg Saint-Germain, mode d'emploi

orientation

Le faubourg Saint-Germain est délimité au nord par la Seine, à l'est par la rue des Saints-Pères, au sud par la rue de Sèvres et à l'ouest par le boulevard des Invalides. Le Palais-Bourbon et son quartier occupent le coin nord-ouest du faubourg, tout à côté des Invalides et face à la place de la Concorde. C'est là que naît l'axe du boulevard Saint-Germain, qui file vers l'est et passe dans la partie nord du faubourg, isolant en bordure de Seine un petit territoire peuplé d'antiquaires, appelé le Carré Rive gauche, et dont le musée d'Orsay domine la pointe ouest. Le boulevard Raspail forme une fourche avec le boulevard Saint-Germain à la hauteur de la rue du Bac : entre les trois artères se déploie un quartier vivant, aux rues sinueuses, proche de Saint-Germain-des-Prés. Le boulevard Raspail aboutit au sud au carrefour Sèvres-Babylone, secteur très commerçant dont les lieux phares sont le Bon Marché et l'hôtel Lutetia. Toute la partie centrale du faubourg est occupée par le vaste quartier des ministères, riche en hôtels particuliers (dont le musée Rodin).

Sèvres-Babylone Un carrefour babylonien, qui mérite bien son nom, et sans nul doute l'endroit le plus animé du faubourg. Des boutiques au Lutetia, de la Croix-Rouge à La Pagode, partout le quartier jette de la poudre aux yeux. Si la tête vous tourne, des squares habilement placés vous permettront de reprendre vos esprits. C'est surtout dans les petites rues qui bordent les grands boulevards que l'intérêt se porte et que ces lieux prennent vie.

Le quartier des ministères Quartier monumental et à l'agitation intense où se trame, on le devine, le destin du pays. Derrière les porches hautains, de belles découvertes. Un secteur où chaque façade a une histoire et qui valut à cette partie de la capitale le surnom de "Noble Faubourg".

accès

EN MÉTRO ET EN RER Les deux lignes les plus pratiques pour accéder au quartier sont la 12 et la 10 : la 12 dessert les stations Assemblée nationale, Solferino, Rue du Bac et Sèvres-Babylone, la 10, celles de Duroc, Vaneau et Sèvres-Babylone. Le RER C marque un arrêt à Musée d'Orsay, la ligne 13 dessert les stations Varenne, Saint-François-Xavier et Duroc.

EN BUS De nombreuses lignes sillonnent le quartier. La ligne 69 emprunte la rue Saint-Dominique vers l'est, la rue de Grenelle vers l'ouest. La ligne 87 suit la rue de Babylone. Les lignes 63, 68, 83, 84 et 94 parcourent le boulevard Saint-Germain.

EN VOITURE De l'est (Quartier latin, île de la Cité), suivez les quais, puis remontez la rue des Saint-Pères jusqu'au carrefour Sèvres-Babylone. Du nord, accès par le pont de la Concorde, en remontant le boulevard Saint-Germain à partir du Palais-Bourbon. Du sud, accès par le boulevard Raspail.

circulation

Les grands axes de circulation du faubourg sont ceux des quais, de la rue des Saint-Pères, à sens unique vers le sud, du boulevard Saint-Germain, à sens unique d'ouest

GÉOQUARTIERS

en est, du boulevard Raspail, de la rue du Bac et de la rue de Sèvres. La rue de Grenelle, à sens unique vers l'ouest, est également très fréquentée. La circulation dans le faubourg est intense, compliquée par de nombreux sens interdits et par la priorité fréquente donnée aux convois policiers ou aux voitures ministérielles... En journée, le stationnement dans la rue est problématique, surtout dans le quartier des ministères : on peut tourner 1h rue de Grenelle sans trouver de place ! En revanche, la circulation est fluide en soirée.

Parkings. Il n'y en a que trois. *Boucicaut (plan 15, B3-C3) Rue Velpeau 75007 À l'angle des rues Babylone et Velpeau, carrefour Sèvres-Babylone 75007 Tél. 01 45 48 43 30 Ouvert 6h30-23h* **Musée d'Orsay-Deligny** *(plan 15, B1-C1) Face au 25, quai Anatole-France 75007 Ouvert 24/24* **Bac-Montalembert** *(plan 15, C2) 9, rue Montalembert 75007*

informations touristiques

Mairie du 7e ardt (plan 15, B2). M° Solferino *116, rue de Grenelle 75007 Tél. 01 53 58 75 07 www.mairie7.paris.fr*

adresses utiles

Postes de police (plan 15, B2). *Antenne administrative* M° Solferino *116, rue de Grenelle 75007 Tél. 01 45 51 07 07 Dans la mairie*
UPQ (unité de police de quartier) (plan 15, C2). M° Rue du Bac *10, rue Perronet 75007 Tél. 01 45 49 67 70*

conseils pratiques

Mis à part les musées et le Palais-Bourbon, le quartier s'apprécie le plus souvent sous forme de balade dans les rues. Il est recommandé de prévoir sa visite en semaine, pendant la journée (le week-end et après 18h, le faubourg se vide et devient morne), par beau temps (c'est indispensable) et, si possible, pendant la belle saison pour pouvoir admirer à leur juste valeur les jardins qui se cachent derrière les porches.

fêtes et manifestations

Les hôtels particuliers, qui font le principal intérêt du faubourg, sont fermés au public. Ils sont ouverts aux visites une fois par an, lors des journées du Patrimoine : il y a alors foule, surtout à l'hôtel de Matignon. Un programme des visites est disponible en septembre à la mairie du 7e ardt. *Journées du Patrimoine 3e w.-e. de sept.*

☺ Découvrir le quartier Sèvres-Babylone

☆ **À ne pas manquer** Le musée Maillol **À proximité** Le musée d'Orsay, Saint-Germain-des-Prés **Sans oublier nos adresses** Consacrez un après-midi au shopping rue du Bac, découvrez les saveurs du monde entier à la Grande Épicerie de Paris, au Bon Marché

Les "grands boulevards" du 7e ardt n'ont pas grand-chose à voir avec leurs *alter ego* du 9e ardt, sur la Rive droite. Ils ont pourtant été également percés, à l'initiative du baron Haussmann, à partir de 1866. Mais l'atmosphère y est, disons, plus calme : administrations, librairies, magasins de mode ou de design dont les prix imposent une minute de silence (et de réflexion). Avis aux imprudents : on ne s'aventure pas dans le quartier sans un portefeuille bien garni. Car il est impossible de ressortir du Bon Marché (qui n'a de bon marché que le nom !) les mains vides.

De la Seine au boulevard Saint-Germain

☺ **Rue du Bac (plan 15, C2-B3)** Elle a remplacé un ancien chemin herbeux ouvert en 1564. On y charriait les pierres tirées des carrières de Vaugirard, plus au sud, jusqu'au château des Tuileries, alors en construction. Un bac, installé en 1550 au niveau de l'actuel pont Royal, et sur lequel on chargeait les pierres, donna son nom à la rue. Celle-ci a toujours gardé le tracé sinueux de l'ancien chemin, ce qui fait son grand charme. Elle est, à ce titre, une exception dans ce faubourg où l'urbanisation foudroyante, en à peine un siècle, créa des artères rectilignes, selon un quadrillage presque à l'américaine. La partie de la rue du Bac proche de la Seine offre un bon point de départ à une balade à la fois littéraire et religieuse. On s'arrêtera d'abord devant la vitrine du magasin Deyrolle, le dernier taxidermiste de Paris. En face, la rue de Montalembert bifurque vers la droite. Deux luxueux hôtels parisiens s'y côtoient : l'hôtel Pont-Royal au n°7, avec son bar fréquenté par les écrivains et des célébrités, et l'hôtel Montalembert au n°3. *M° Rue du Bac*

Carré Rive gauche (plan 15, C2) Il s'étend depuis Saint-Germain-des-Prés jusqu'au musée d'Orsay et doit son nom à la stricte ordonnance des rues des Saints-Pères, de l'Université, de Verneuil, de Beaune et de Lille. Serait-ce le fruit d'un urbaniste maniaque ? Dans les années 1600, la célèbre reine Margot fit élever à l'emplacement de l'actuelle École des beaux-arts l'un des premiers hôtels particuliers de la Rive gauche et fit aménager sur les terres encore vierges, face aux Tuileries, un immense parc : les rues du Carré Rive gauche en sont les anciennes allées. Certaines d'entre elles, étroites et charmantes, comme la **rue Allent** ou la **rue de Verneuil**, rappellent aujourd'hui cet aspect champêtre… Cette installation donna le signal de l'urbanisation du faubourg Saint-Germain et le jardin lui-même finit par être loti. Conformément à la vocation aristocratique du quartier, y fleurirent alors en nombre des hôtels ou immeubles monumentaux aux pierres de taille, dotés de porches imposants, pour la plupart du XVIIIe siècle ou Empire. Certains conservent des éléments architecturaux originaux, tels ces lions patibulaires (1753) qui forment les consoles des balcons du n°6, rue des Saints-Pères. Aujourd'hui, le quartier concentre, fait unique, plus de deux cents antiquaires, qui lui confèrent toujours une ambiance opulente et assez guindée : leurs grandes vitrines métamorphosent les rues en cabinets des merveilles avec mobilier haute époque, lustres en cristal et soieries délicates… La rue de Verneuil abrite également la **maison de Gainsbourg** (n°5bis, ne se visite pas) : il y mourut en 1991 et elle a été transformée en mausolée par les centaines de graffitis de fans qui la recouvrent… Voltaire (mort au n°27, quai Voltaire), Ingres, Daudet et Lacan ont également marqué de leur souvenir le quartier. Dernière curiosité pour les amateurs : dans les locaux de la Caisse des dépôts et consignations, on peut librement admirer deux œuvres monumentales de Dubuffet et de Lichtenstein (3, quai Anatole-France ou 56, rue de Lille ; passage public ouvert 7h30-20h). *M° Rue du Bac*

Du côté de la rue des Saints-Pères (plan 15, C2-C3) Le périmètre contenu dans la fourche formée par les boulevards Saint-Germain et Raspail est, comme la rue du Bac, typique d'un Paris plus médiéval avec ses rues étroites et tortueuses, ses culs-de-sac, ses coins de verdure secrets. On sent la proximité du 6e ardt et de Saint-Germain-des-Prés. La **rue Saint-Guillaume** (percée au XVIe siècle, c'est la plus ancienne du quartier) a d'ailleurs été rebaptisée, dans sa première partie, **rue du Pré-aux-Clercs**. Elle rappelle l'époque où les sorbonnards venaient s'ébattre (et se battre !) dans le faubourg. L'ambiance de la rue Saint-Guillaume n'a guère changé avec le temps : sur le trottoir s'agglutinent toujours les bandes d'étudiants, notamment devant le n°27, où est installé depuis plus de cent trente ans l'Institut d'études politiques, plus connu sous le nom de "Sciences-Po". Tout à côté se cache une des œuvres mythiques de l'architecture du XXe siècle. Là encore, on ne devine rien de la rue ; il faut pénétrer la cour intérieure du n°31, rue Saint-Guillaume pour admirer l'étonnante maison du Dr Dalsace, rebaptisée la Maison de verre. Bâtie en 1931 par Pierre Chareau, elle possède une façade translucide en briques de verre – une trouvaille architecturale qui lui permet de capter la lumière, malgré sa situation en fond de cour. De retour rue de Grenelle, on remarque au n°36 un drôle de bistrot : les grilles de fer forgé et l'enseigne "À la petite chaise" datent du XVIIe siècle. Il s'agit d'une des plus anciennes guinguettes de Paris. Passé le boulevard Raspail, large et aéré, l'œil est attiré, aux nos 59-57, **rue de Grenelle**, par une gigantesque fontaine sculptée : la fontaine des Quatre-Saisons. Édifiée en 1739 par Edme Bouchardon, sculpteur du roi, elle était destinée à alimenter le quartier en eau. Œuvre de prestige, elle représente la Ville de Paris entourée par la Seine et la Marne. Les bas-reliefs figurent les quatre saisons. **Mo Rue du Bac**

Église Saint-Thomas-d'Aquin (plan 15, C2) Cette majestueuse église de style jésuite se dresse sur une place carrée. Le silence austère qui règne sur le parvis contraste avec l'agitation, toute proche, du boulevard. La façade tripartite de l'église, flanquée d'obélisques et sommée d'un fronton à l'antique, a été élevée en 1765, en pleine période néoclassique. Elle ne doit pas cependant dissuader la visite : le chevet, très profond, du sanctuaire, est l'un des plus originaux de Paris. Il date de 1722 et se prolonge par un "chœur des religieux", au plafond décoré d'une *Transfiguration* de Lemoyne. Qui croirait que c'est ici qu'eurent lieu les obsèques du poète Apollinaire (il vivait au n° 202, bd Saint-Germain), en novembre 1918, en présence de Picasso, Derain, Léger et bien d'autres. **Mo Rue du Bac** *Pl. Saint-Thomas-d'Aquin 75007 Tél. 01 42 22 59 74 www.eglisesaintthomasdaquin.fr Ouvert 9h30-12h et 14h30-19h ; dim. 12h-16h et juil.-août : 9h30-12h et 16h-19h*

Du boulevard Saint-Germain au carrefour Sèvres-Babylone

De l'autre côté du boulevard Saint-Germain, la **rue du Bac** ondule en méandres charmants jusqu'à la rue de Sèvres. L'ambiance y est très animée et le trottoir souvent encombré, notamment devant les vitrines des boutiques qui ravissent la vue et le palais. Les hôtels particuliers se font plus rares – on découvre même, dans certaines arrière-cours, des maisons basses d'artisans, une exception dans le faubourg : ainsi, aux nos 110 et 112. Mais on admirera encore quelques beaux spécimens de maisons nobles au no 97 ou aux nos 118-120 : le no 120 fut d'ailleurs la dernière demeure de Chateaubriand, qui y habita de 1838 à sa mort, en 1848.

Le buste du fameux écrivain est dressé à quelques pas de là, au fond du square des Missions Étrangères.

☆ **Musée Maillol** (plan 15, B2) Il est installé, tout à côté de la fontaine des Quatre-Saisons, dans l'immeuble où vécut la famille d'Alfred de Musset. La collectionneuse et marchande d'art Dina Vierny, muse de Maillol, racheta l'immeuble par lots à partir de 1955 et y ouvrit un musée en 1995. Celui-ci est donc consacré à l'œuvre d'Aristide Maillol (1861-1944), célèbre pour ses sculptures rondes et voluptueuses de nus féminins (dont certaines, superbes, ornent aujourd'hui le jardin des Tuileries). Le rez-de-chaussée abrite ses œuvres monumentales, les étages ses peintures, dessins, tapisseries et terres vernissées, ainsi que d'autres sculptures. Mais vous pourrez y découvrir aussi des dessins de Matisse, Gauguin, Bonnard, Kandinski, des peintures de Picasso, Degas, Cézanne ainsi que les œuvres de grands maîtres naïfs français, dans la lignée du Douanier Rousseau, tels Camille Bombois, André Bauchant… Les artistes de l'avant-garde russe dont Ivan, dit Jean, Pougny sont également représentés. Le musée se distingue enfin par sa politique culturelle : chaque année, il consacre un espace de plus de 3000m² à trois grandes expositions. De Picasso à Basquiat, Magritte, Lévy Ra'anan, ou "La Dernière séance" (photographies de Marylin Monroe) de Stern Bert furent parmi les dernières à y être proposées, ainsi que Pzscin et Weegee dans la collection Berinson. On attend avec impatience les prochains invités. *M° Rue du Bac 61, rue de Grenelle 75007 Tél. 01 42 22 59 58 www.museemaillol.com Ouvert tlj. (sauf mar. et j. fér.) 11h-18h Tarif 8€, réduit 6€, gratuit pour les moins de 16 ans Fermé les jours fériés Label Tourisme et Handicap*

Séminaire des Missions étrangères (plan 15, B3)

Dans ce séminaire fondé en 1663, qui donna son nom au square, on formait les religieux destinés à évangéliser les terres d'Asie. L'architecture très classique de la chapelle, qui date de la fin du XVIIe siècle, ne retient pas beaucoup l'attention, mais on pourra y pénétrer pour honorer de nouveau la mémoire de Chateaubriand, dont les obsèques furent célébrées ici, en présence d'une foule considérable. *M° Sèvres-Babylone 128, rue du Bac 75007 Tél. 01 44 39 10 40 Ouvert tlj. 7h-22h*

Jardin Catherine-Labouré (plan 15, B3)

Il s'agit de l'ancien potager du couvent des Filles-de-la-Charité. Il a été converti en verger, doté de terrains de jeux et de pelouses où l'on peut s'allonger à l'ombre d'un pommier, à moins que cela ne soit un cerisier… Les contre-allées recèlent des noisetiers, des groseilliers, et même une pergola où poussent des pieds de vigne. Le parc est abrité de la rue par de hauts murs qui masquent la circulation. C'est la campagne à Paris. *M° Sèvres-Babylone 33, rue de Babylone 75007 Ouvert tlj. : hiver 9h-17h30 ; été : 9h-21h30*

Chapelle Notre-Dame-de-la-Médaille-miraculeuse (plan 15, B3)

Seule la foule qui s'attroupe devant ses portes au moment de la messe (à 12h30) ou avant les heures d'ouverture laisse deviner sa présence. Cette chapelle dissimulée derrière un porche banal attire plus de 2 millions de visiteurs chaque année et a même son pèlerinage, du 17 novembre au 8 décembre ; à ces dates, en 1830, la Vierge serait apparue ici à Catherine Labouré, une toute jeune religieuse des Filles de la Charité de Saint-Vincent-de-Paul (dont le couvent est situé à l'arrière de la chapelle). Le lieu est devenu depuis un Lourdes en miniature : on s'y rend de loin pour prier et faire brûler un cierge dans la petite chapelle aux couleurs bleu et or. L'impressionnante collection d'ex-voto qui couvre le mur de l'allée y menant prouve que certaines de ces prières ne restent pas vaines. *M° Sèvres-Babylone 140, rue du Bac 75007 Tél. 01 49 54 78 88 www.chapellenotredamedelamedaillemiraculeuse.com Ouvert tlj. 7h45-13h et 14h30-19h, mar. en continu*

Squares et jardins (plan 15, B3-C3) Après une balade, qui peut s'avérer

onéreuse, dans le quartier – les magasins ont envahi toutes les rues adjacentes, faisant du carrefour une véritable mecque de la consommation –, soufflez donc un instant sur l'un des bancs du **square Boucicaut**, face au Bon Marché. Le square offre une vue imprenable sur le carrefour, ou place Le Corbusier, et son animation. Ceux qui cherchent plus de tranquillité iront découvrir le **square Récamier**, niché au fond de la rue du même nom. Il doit son appellation à la belle Madame Récamier, qui tint en ces lieux, entre 1819 et 1849, un salon littéraire réputé, fréquenté par Lamartine, Hugo, Musset, Balzac et Chateaubriand. Le square, au relief savamment accidenté, embaume dès le printemps le rhododendron, l'azalée et la lavande. Un figuier en garde l'entrée. Quelques bancs sous les saules attendent le visiteur en quête de repos. Avant de revenir vers le Bon Marché, on pourra aller jeter un coup d'œil à la **place Michel-Debré**, anciennement carrefour de la Croix-Rouge (angle des rues de Sèvres et du Cherche-Midi), où se dresse depuis 1988 le *Centaure* de César. *M° Sèvres-Babylone*

Espace EDF Electra (plan 15, C3) Cachée au fond d'une impasse dans ce

quartier chic, une ancienne sous-station électrique du début du siècle dernier a été transformée en espace d'exposition par la fondation EDF. Derrière une belle façade de verre et de métal, se déroulent deux à trois expositions par an sur les thèmes de l'art contemporain, du patrimoine et de l'environnement qui mettent en scène le rôle de la lumière. *M° Sèvres-Babylone 6 rue Récamier, 75007 Tél. 01 53 63 23 45 Ouvert tlj. sf. lun. et j. fériés 12h-19h Accès libre*

☺ Le Bon Marché (plan 15, B3) Ce temple du bon goût et du luxe n'était à

l'origine qu'une vulgaire petite boutique de bonneterie. Rachetée en 1852 par l'ambitieux Aristide Boucicaut, la boutique s'agrandit rapidement pour devenir, dans les années 1870, le premier "grand magasin" de la capitale. Boucicaut fait alors reconstruire les lieux en s'adjoignant les services de Louis Auguste Boileau et, surtout, de Gustave Eiffel qui conçoit, en 1879, la charpente métallique du magasin principal (celui situé entre les rues du Bac et Velpeau). Le bâtiment, bien que très remanié aujourd'hui, a gardé ses larges verrières, ses balustrades de fer forgé et ses mosaïques extérieures (au niveau de l'entrée de la rue de Babylone). Le second magasin (au 36, rue de Sèvres) date de 1923 ; il fut dessiné par Boileau fils, l'architecte de l'hôtel Lutetia. Le Bon Marché mérite donc une visite à plusieurs titres : comme témoignage architectural et comme lieu historique, Boucicaut étant l'inventeur du marketing moderne et le magasin ayant servi de décor à Émile Zola pour un de ses romans les plus marquants, *Au bonheur des dames*. Enfin, pour ses marchandises, si tentantes avec leurs entassements babyloniens, ses flamboiements de couleurs, ses étals raffinés et précieux. *M° Sèvres-Babylone 22-38, rue de Sèvres 75007 Tél. 01 44 39 81 00 www.lebonmarche.fr Ouvert lun.-ven. 9h30-19h (21h pour La Grande Épicerie), sam 9h30-20h*

☺ Hôtel Lutetia (plan 15, C3) Juste en face du Bon Marché s'élève la façade

Art nouveau de ce palace réputé, le seul que compte la Rive gauche. À grand magasin, il fallait un grand hôtel : le Lutetia fut construit de 1907 à 1910 pour loger les riches clients du Bon Marché. La façade à elle seule est une fête pour l'œil : des balcons tout en rondeur, des guirlandes et des grappes de raisin sculptées, des effets de vagues qui évoquent les immeubles de Gaudí à Barcelone. *M° Sèvres-Babylone*

Au fil de la rue de Sèvres (plan 15, B3-C3 et plan 23, A1-B1)

La rue de Sèvres descend en oblique vers le sud, jusqu'à une partie moins connue, parce que plus retirée, du faubourg Saint-Germain, à l'ambiance quasi provinciale. Dès qu'elle s'éloigne du carrefour du Bon Marché, la rue de Sèvres prend un caractère plus grave et un peu désuet, avec ses églises (comme au n° 33, l'église jésuite Saint-Ignace ou, au n° 95, la chapelle de la Mission de Saint-Vincent-de-Paul, qui abrite la dépouille du saint) et ses hospices. L'ancien hôpital Laënnec, aujourd'hui désaffecté, s'étend en face, au n° 42. Un projet de réhabilitation doit restituer à la propriété son aspect d'origine : celui du vieil hospice des Incurables, qui s'y était installé en 1634, et que l'hôpital a remplacé à la fin du XIXᵉ siècle. Les bâtiments, défigurés par les aménagements successifs, vont donc être restaurés d'après le modèle du XVIIᵉ siècle (dont le lanternon, seule partie visible du bâtiment de la rue, donne un aperçu charmant). Le potager où les religieux cultivaient leurs herbes médicinales va aussi être reconstitué, et le jardin devenir un parc public : de belles balades en perspective. À côté du portail de l'hôpital et de la bouche du métro Vaneau, on remarquera l'iconoclaste **fontaine du Fellah** (plan 11, B1), exécutée en 1810 d'après la statue d'Antinoüs, conservée au Louvre. Cette curiosité rappelle l'engouement pour l'art pharaonique qui suivit la campagne de Bonaparte en Égypte. On atteint ensuite l'extrémité du faubourg, les "lointains perdus de la rue de Sèvres", comme l'écrivait Edmond de Goncourt : le carré endormi des rues Vaneau, Rousselet et Oudinot, peuplé de souvenirs d'écrivains : Barbey d'Aurevilly habita au n° 25 de la rue Rousselet, André Gide au n° 9bis de la rue Vaneau. La rue Oudinot vit grandir Victor Hugo : il a décrit d'ailleurs dans *Les Misérables*, sous le nom de rue Plumet. *M° Sèvres-Babylone*

Fondation Dubuffet (plan 23, A1)

Si les principales œuvres de l'artiste sont regroupées à Périgny-sur-Yerres (Val-de-Marne), ce discret hôtel particulier abrite une exposition du peintre et sculpteur. Vous y découvrirez des dessins et des tableaux de la période 1962-1974 qui, sous un trait faussement naïf, dévoilent des formes et des visages. Jean Dubuffet (1901-1985), fondateur du concept d'Art brut, est aussi connu pour ses grandes sculptures découpées aux aplats blancs, noirs, rouges et bleus et striées de hachures. *M° Duroc 137, rue de Sèvres 75006 Tél. 01 47 34 12 63 www.dubuffetfondation.com Ouvert lun.-ven. 14h-18h Tarif 4€*

Autour de la rue du Cherche-Midi

Saint-Sulpice et Saint-Germain ont marqué jusqu'à la Révolution la limite sud de l'urbanisation de la Rive gauche. Vestiges de ce long sommeil, la rue du Cherche-Midi (plan 23, B1-C1) et la rue de Vaugirard (la plus longue de Paris avec ses 4,4km) filent à travers la ville comme si elles traversaient toujours les champs où Louis XIII aimait à chasser la perdrix ! À l'époque d'Haussmann, le percement des très rectilignes boulevard Raspail et rue de Rennes a encore accru cette valeur d'espace intermédiaire. Seule la **rue Saint-Placide**, à la hauteur de laquelle se croisent les rues de Rennes et de Vaugirard, a pu prendre davantage de consistance en étant identifiée comme le cœur du quartier devenu commerçant dans le sillage de

Montparnasse, très en vogue au début du XXe siècle. Beau témoin de cette époque, au n°140, rue de Rennes, l'ancien grand magasin Félix-Potin (pionnier de la grande distribution alimentaire) exhibe une extravagante architecture Art nouveau rehaussée de mosaïques vert anis et dorées (1904). Aujourd'hui, la **rue de Rennes** est toujours saisie d'une furieuse fièvre acheteuse chaque samedi (à éviter pour une balade), mais ses marges sont restées résidentielles : il faut s'y promener au petit matin, un jour de soleil, pour surprendre les Parisiens au saut du lit et profiter de ce que les concierges lavent à grande eau les seuils de leurs royaumes (fermés sinon par des digicodes…) pour épier parmi les plus belles et vastes cours d'immeubles de la capitale, en particulier **rue du Cherche-Midi**. De fait, contrairement à l'urbanisation dense de l'ancien Paris, la faiblesse des emprises a permis ici de ménager de larges espaces au cœur des immeubles. De véritables havres de paix dont on aimerait imposer l'ouverture pour intérêt général… À découvrir au hasard d'une promenade en appréciant également l'architecture simple et avenante du quartier.

Hôtels de Montmorency (plan 23, B1)

Ce sont les deux plus beaux hôtels particuliers de la rue du Cherche-Midi. Au n°85, le petit hôtel de Montmorency, achevé en 1743, affiche un style Louis XV riche et original, en particulier avec ses sculptures de griffons et ses mascarons aux regards étrangement vides. Il abrite le **musée national Hébert**, peintre officiel du Second Empire (attention, fermé pour travaux jusqu'en 2008 : se renseigner au 01 42 22 23 82). Au n°87, le grand hôtel de Montmorency, édifié 15 ans plus tard, permet d'apprécier par comparaison comment le goût pour l'espace et la lumière a triomphé à partir du milieu du XVIIIe siècle (hauts volumes, grandes ouvertures). Sous le Premier Empire, cet hôtel fut la résidence de l'épouse du maréchal Lefebvre, la célèbre madame Sans-Gêne ! Il héberge aujourd'hui l'ambassade du Mali. *M° Vaneau* 85 et 87, rue du Cherche-Midi 75006

Ancien domaine des Carmes-Déchaussés (plan 23, C1)

Au croisement des rues d'Assas et de Vaugirard, le couvent des Carmes-Déchaussés a été créé en 1611 par des moines venus d'Italie. Leur domaine s'étendait de Saint-Sulpice jusqu'à la **rue du Regard**, où ils prirent l'initiative, sous Louis XV, de construire face aux champs, afin d'en tirer des loyers, de beaux hôtels particuliers qui comptent donc parmi les plus anciens des environs (voir les nos 1 à 13, rue du Regard). C'est également à partir des herbes cultivées dans leurs jardins qu'ils inventèrent l'eau de mélisse, ou "eau des Carmes", longtemps préconisée pour le traitement des migraines. À la Révolution, le couvent fut fermé et les terres, confisquées comme bien national, commencèrent d'être loties. Les bâtiments conventuels, aujourd'hui insérés au cœur de la ville et siège de l'Institut catholique de Paris, ont perdu leur simplicité et leur calme monastiques, mais ils restent bien préservés, en particulier la cour intérieure et l'église Saint-Joseph-des-Carmes (achevée en 1625 dans le style jésuite alors en vogue, ici assez peu inspiré). L'Institut conserve également deux collections ouvertes à la visite : le musée Bible et Terre sainte évoque l'Ancien et le Nouveau Testament à travers des céramiques et des objets venus de Palestine (de – 5 000 à 600) ; le musée Branly présente les appareils scientifiques légués par Édouard Branly (1844-1940), inventeur de la télégraphie sans fil (TSF). *Institut catholique de Paris* 21, rue d'Assas 75006 *Musée Bible et Terre sainte* Tél. 01 45 48 09 15 Ouvert sam. 16h-18h *Musée Branly* http://museebranly.isep.fr Visite guidée (durée 1h30) sur rdv Tél. 01 44 39 52 84 ou 01 56 61 71 72 Tarifs 9,50-13€ *Église Saint-Joseph-des-Carmes* 70, rue de Vaugirard 75006 **M° Rennes**

☺ Découvrir le quartier des ministères

☆ **À ne pas manquer** Le Palais-Bourbon, l'hôtel de Lassay, le musée Rodin
À proximité Les Invalides, le musée d'Orsay, les Tuileries

Face à la Seine et la Rive droite, le quartier des ministères (plan 15, A1-B1) sert à la fois de vestibule d'entrée dans le faubourg Saint-Germain et de porte de sortie. Les allées et venues incessantes des voitures ministérielles, l'intense présence policière et les façades monumentales à chaque coin de rue, tout rappelle au visiteur qu'il est ici au cœur politique du pays. Ce secteur concentre la plus grande densité d'hôtels particuliers du XVIIIe siècle de la capitale. Bien mal avisé qui se fie à l'apparence austère des façades : ces splendides demeures, dissimulées pour la plupart derrière de hauts murs, restent les témoins d'une histoire riche et tumultueuse. Même si administrateurs et fonctionnaires ont pris la place des princes du sang, la fascination demeure. Venez découvrir le quartier en semaine, lorsqu'il est actif et que les portes cochères s'ouvrent et dévoilent leurs mystères.

Autour du Palais-Bourbon

Le Palais-Bourbon, siège de l'Assemblée nationale, l'hôtel de Lassay, résidence du président de l'Assemblée et le ministère des Affaires étrangères occupent le devant de la Seine (… et de la scène) en une succession prestigieuse, de l'imposante façade de l'Assemblée à la perspective sur la place de la Concorde et la Rive droite. On ne peut qu'applaudir.

☆ **Palais-Bourbon (plan 15, A1-B1)** Notre palais législatif fut bâti entre 1722 et 1728 pour la duchesse de Bourbon, fille de Louis XIV et de Mme de Montespan. L'édifice, dont les plans étaient de Giardini, fut commencé par Lassurance et terminé par Jacques V Gabriel et Jean Aubert ; ses jardins, sompteux, descendaient en terrasses jusqu'à la Seine. En 1764, le prince de Condé le racheta pour l'agrandir et l'embellir, le rebaptisant humblement "le Petit Bourbon". C'est à la Révolution que naît la vocation du palais : confisqué, il abrita, à partir de 1795, le pouvoir législatif sous ses différents avatars. Depuis le 6 novembre 1945 y siègent les 577 députés (rarement au complet) de notre Assemblée nationale. Le Palais-Bourbon est souvent délaissé par les visiteurs, qui se contentent de lever la tête vers sa façade monumentale : dessinée en 1806 par l'architecte Poyet, elle est typique de l'art néoclassique du Premier Empire. Pour l'anecdote, il s'agit d'une façade écran, destinée à masquer le fait que le Palais-Bourbon n'est pas orienté dans l'axe du pont et de la place de la Concorde. Elle fut bâtie, selon les vœux de Napoléon, pour faire écho à l'église de la Madeleine dont elle copie la largeur et le péristyle à colonnade. Mais, malgré ses abords, le Palais-Bourbon se visite : ses salles intérieures valent plus que le détour. Autour de la salle des Séances et de son fameux hémicycle, on admirera la salle des Pas perdus, ornée d'un plafond d'Horace Vernet, le salon Casimir-Perier où court un bas-relief en bronze de Dalou et, surtout, une magnifique bibliothèque, haute et voûtée comme une église byzantine, dont les plafonds furent décorés de 1838 à 1847 par Eugène Delacroix – l'un de ses chefs-d'œuvre.

M° **Assemblée nationale** *33, bis quai d'Orsay 75007 Visites autorisées en prenant contact avec le député de sa circonscription au 01 40 63 64 08 ou 01 40 63 77 77 (répondeur téléphonique de l'assemblée) www.assemblee-nationale.fr On peut aussi assister à une séance, en possession d'un "billet de séance" délivré par son député Entrée libre, se munir d'une pièce d'identité*

Pont de la Concorde

Pris en tenailles entre le Palais-Bourbon et la tout aussi monumentale place de la Concorde, il passe presque inaperçu ! L'architecte Perronet, qui en dirigea la construction de 1787 à 1791, voulut en faire un pont discret, presque invisible, pour valoriser la perspective et la proximité de la Concorde. Détail amusant, les pierres qui servirent à construire la partie haute du pont viennent de la prison de la Bastille, démolie par le peuple à la Révolution. C'est donc un pont rebelle qui ouvre l'accès au faubourg le plus respectable de Paris... *M° Concorde*

☆ **Hôtel de Lassay (plan 15, A1)** Le voisin du Palais-Bourbon ne fait pas pâle figure : bâti entre 1724 et 1734 par les mêmes architectes que le Palais-Bourbon, il appartenait au marquis de Lassay, un intime de la duchesse de Bourbon. Remanié dans les années 1840, il devint en 1843 la propriété de l'Assemblée nationale et la résidence de son président. Cette demeure originale fut conçue comme une maison de campagne : assez basse, avec une balustrade courant le long du toit, de larges baies, une façade riante et blanche. Les jardins, magnifiques, sont protégés par des grilles où cascadent les glycines à la belle saison. Même si la demeure est alors peu visible, elle mérite un coup d'œil. À l'intérieur, derrière les baies, se déploient des salons du XVIIIᵉ siècle aux belles boiseries Louis XV. *M° Assemblée nationale Les visites s'effectuent dans les mêmes conditions que le Palais-Bourbon, en réservant au 01 40 63 64 08 ou au 01 40 63 77 77 (répondeur téléphonique de l'Assemblée) Se présenter au 33, quai d'Orsay, muni d'une pièce d'identité Entrée libre*

Quai d'Orsay (plan 15, A1)

Le ministère des Affaires étrangères est si fréquenté qu'il s'est arrogé le nom de son quai. Le bâtiment, édifié entre 1845 et 1853, s'affirme comme un manifeste de l'art officiel de la monarchie de Juillet. Jusqu'en 1973, de nombreux chefs d'État et diplomates étrangers sont venus y loger pendant leur séjour à Paris. À côté du portail d'entrée, on note la présence d'un monument de bronze dédié à Aristide Briand, qui dirigea le Quai d'Orsay de 1925 à sa mort en 1932, et œuvra (vainement) au rapprochement de la France et de l'Allemagne à l'issue de la Première Guerre mondiale. En revenant vers le Palais-Bourbon, il faut absolument jeter un regard vers le panorama offert par la Rive droite : à l'ouest, les verrières du Grand Palais et les ors du pont Alexandre III scintillant au soleil (dans le meilleur des cas) ; devant, l'obélisque de la Concorde ; à l'est, les feuillages des Tuileries et, tout au fond, le Sacré-Cœur. *M° Invalides, RER Invalides*

Au fil de la rue de Lille (plan 15, B1-C2)

En contournant le palais par la rue Aristide-Briand, on s'enfonce, juste à gauche, dans une rue étroite, d'apparence austère : la rue de Lille. On gagne pourtant à s'y engouffrer, car on y découvre, à quelques mètres de distance, certains des plus beaux hôtels particuliers du faubourg. Au n° 80, on peut admirer (quand les portes s'ouvrent) la façade classée de l'**hôtel de Seignelay**, bâti par l'architecte Germain Boffrand en 1714. La vue sur l'hôtel est meilleure du quai Anatole-France, d'où l'on aperçoit aussi ses jardins en terrasse. Au milieu de la pelouse se dresse une petite plaque gravée du nom de

Coco : c'est là que le petit chien de Marie-Antoinette est enterré ! Juste à côté, au n°78 de la rue de Lille, le regard est arrêté par un porche imposant que dominent deux aigles imperturbables : il s'agit de l'**hôtel de Beauharnais**. Œuvre de Boffrand (1713), cet hôtel était la propriété du neveu de Colbert. Il fut racheté en 1803 par Eugène de Beauharnais, le fils de Joséphine, qui en entreprit la restauration dans un mélange de styles hétéroclite (pompéien, turc, oriental...). Quand le portail s'ouvre, on découvre le portique égyptien de 1807, inspiré par l'expédition de Napoléon en Égypte, puis restauré par Hittorff en 1837, qui orne la façade. Racheté par le roi de Prusse en 1818, l'hôtel est à présent la résidence de l'ambassadeur d'Allemagne. *M° Assemblée nationale*

Place du Palais-Bourbon (plan 15, A1-B1) À l'arrière du palais s'ouvre cette place d'aspect semi-circulaire (elle est en fait trapézoïdale), dont l'architecture, très homogène, est frappante. Elle fut aménagée entre 1764 et 1791, sur la volonté du prince de Condé, à l'époque le propriétaire du Palais-Bourbon. Le but était de dégager l'entrée du palais et de lui donner plus de cachet. Objectif atteint : la place aligne en arc de cercle les façades, toutes identiques, d'hôtels d'époque Louis XVI. Très sobres, toutes blanches, avec leurs volets de bois et leurs vitres à l'ancienne, elles donnent un peu le vertige. Impression sans doute renforcée par l'absence d'arbres sur la place et par les voitures officielles qui tournent sans répit autour de la statue de *La Loi* (1855) occupant le centre du rond-point. Seul point d'ancrage, la terrasse du restaurant-brasserie Le Bourbon, à l'angle nord-est, où s'attablent aux beaux jours les députés. N'hésitez surtout pas à vous y attarder quelques instants pour observer la faune parlementaire et la belle façade sud du Palais-Bourbon, révélée à chaque ouverture (fréquente) du portail. *M° Assemblée nationale*

En remontant la rue Saint-Dominique

On y accède, de la place du Palais-Bourbon, par la charmante rue de Bourgogne, dont l'ébullition commerçante contraste avec le calme de ses voisines. La rue Saint-Dominique (plan 15, A1-A2, B2), qui longe les hauts murs de l'hôtel de Brienne (n°s 14-16, à gauche) et de l'hôtel de Broglie (n° 35, à droite), rétablit tout de suite l'ambiance aristocratique. L'**hôtel de Brienne**, au n° 14, a absorbé l'ancien "petit hôtel de Conti", au n° 16, pour loger l'énorme ministère de la Défense. Le meilleur moyen d'avoir une vue sur la propriété est de passer rue de l'Université, à l'arrière. Quand le portail s'ouvre, c'est l'émerveillement : de splendides jardins, un hôtel néoclassique, tout en finesse, édifié par Aubry entre 1724 et 1728, et réputé comme l'un des mieux conservés du faubourg. C'est là que vécut la princesse de Conti, avant que l'hôtel ne passe, en 1802, aux mains des Bonaparte ; "Madame Mère" y eut ses quartiers jusqu'à son exil, en 1814. L'État s'appropria les lieux dès 1817 pour y loger son ministère de la Guerre, devenu de la Défense. L'**hôtel de Broglie** date lui aussi de 1724 ; il abrita un proche de Napoléon, le baron Corvisart, son médecin. Le beau portail s'ouvrant plus rarement (l'hôtel accueille à présent une annexe du ministère de la Culture), on admirera la façade de l'hôtel sur jardin, très belle, de la rue Las-Cases.

Basilique Sainte-Clotilde (plan 15, B2) Au fond du square Samuel-Rousseau, elle dresse vers le ciel ses tours néogothiques, un style absent partout ailleurs dans le faubourg et qui trahit l'origine tardive du sanctuaire. Bâtie de 1846 à 1856 par l'architecte allemand Christian Gau, puis par le tout jeune Théodore Ballu, la basilique est la première église néogothique à être construite à Paris. Le compositeur César Franck (dont la statue orne le square) en fut l'organiste pendant trente-deux ans, de 1858 à sa mort, en 1890. Bien qu'elle soit la paroisse officielle du faubourg, supposée refléter son caractère policé et accueillant tous les mariages du beau quartier, Sainte-Clotilde est apaisante parmi les proportions carrées des bâtiments environnants. Poursuivez votre promenade dans la paisible rue Las-Cases (nom du secrétaire et compagnon d'exil de Napoléon), ponctuée d'hôtels et de portiques anciens. *M° Solférino* 12, rue de Martignac 75007 Tél. 01 44 18 62 60 www.sainteclothilde.com Ouvert lun.-ven. 9h-19h30, sam.-dim. 10h-20h

Au fil de la rue de Grenelle

La tranquillité cesse ici : la rue de Grenelle (plan 15, A2-B2, C3), connue pour son ministère de l'Éducation et ses accords historiques de Mai 1968, est souvent envahie par la foule des manifestations et fréquentée par un flux automobile continu. Venteuse, ombragée par les hauts murs des administrations, elle aligne pourtant quelques bâtiments parmi les plus beaux du faubourg. Le premier est situé au n°127, tout près du boulevard des Invalides : l'**hôtel du Châtelet** arbore une impressionnante façade ornée de quatre demi-colonnes corinthiennes d'ordre colossal. Sa construction, en 1770, fit sensation. En revenant vers l'ouest, on passe, au n°118, devant le petit hôtel de Villars, où Delacroix eut son atelier, puis, au n°116, devant le grand hôtel de Villars, où la mairie du 7e ardt est aujourd'hui installée. Vient enfin, au n°110, l'énorme bloc du ministère de l'Éducation : ses murs épais cachent l'**hôtel de Rochechouart**, élevé de 1776 à 1778 par Cherpitel (comme l'hôtel du Châtelet) dans le style néoclassique alors à la mode. Au n°106, la rotonde du **temple réformé de Pentémont** attire les regards. Le bâtiment, doté d'une façade de style Louis XIV, fut élevé entre 1747 et 1756 ; sa construction grandiose vida complètement les caisses des bernardins de l'abbaye ! L'église fut transformée en temple protestant par Victor Baltard en 1844. D'autres hôtels de belle facture se détachent aux abords de la rue du Bac : l'**hôtel d'Avaray** (1718), au n°85, qui est la résidence de l'ambassadeur des Pays-Bas, le **grand hôtel d'Estrées**, au n°79, signale par ses froides couleurs blanc et crème qu'il est la résidence de l'ambassadeur de Russie. *M° Varenne*

En empruntant la rue de Varenne

Moins étroite et venteuse que sa voisine de Grenelle, la rue de Varenne (plan 15, A2, B2-B3, C3) est l'une des plus cotées de Paris. Une garenne boisée y courait autrefois, dans laquelle on perça la rue dès 1605. C'est sans conteste la plus belle du quartier, alignant les adresses prestigieuses. L'ambassade d'Italie a trouvé à se loger au n° 47, dans le joli **hôtel de Boisgelin** (1732-1787).

Hôtel de Gallifet (plan 15, B2) Il accueille les services culturels de l'ambassade d'Italie. Bâti entre 1784 et 1791 par Legrand, l'hôtel servit de demeure à Talleyrand sous le Directoire. Il y recevait Bonaparte, Joséphine et Mme de Staël. La maison, typiquement néoclassique, est tout entière peuplée de colonnes : elles sont grandes et ioniques sur la façade sur cour, à cannelures en trompe-l'œil à l'intérieur. Le "grand salon" est considéré comme l'un des plus beaux ensembles Louis XVI de Paris. *Institut culturel italien* 50, rue de Varenne 75007 Tél. 01 44 39 49 39 www. iicparigi.esteri.it *Bibliothèque* Ouvert lun.-ven. 10h-13h et 15h-18h *M° Rue du Bac*

Hôtel de Matignon (plan 15, B2-B3) Au n°57, il impose l'arrêt. Son fameux portail en demi-lune, qui épouse la forme de la cour, servait autrefois à faciliter la manœuvre des carrosses. L'hôtel, qui, depuis 1959, sert de résidence au Premier ministre, passe pour être le plus beau du faubourg. Avec raison. Édifié en 1720 par Jean Courtonne qui le laisse inachevé, vendu au comte de Matignon, embelli et terminé en 1724 par le fils de celui-ci, époux de la princesse de Monaco, l'hôtel Matignon est l'illustration éclatante du style rocaille en vogue dans la première moitié du XVIIIᵉ siècle. On notera sa façade sur cour, très ornementée, ce qui est inhabituel (on préférait à l'époque décorer la façade sur jardin et garder celle sur cour, visible de la rue, très sobre). L'intérieur de l'hôtel est fabuleux et justifie les foules qui s'y pressent lors des journées du Patrimoine : ne manquez pas, au rez-de-chaussée, le vestibule ovale, le salon blanc et or, le grand escalier ni, au premier étage, les dessus-de-porte peints par Fragonard. Autre attraction majeure, le jardin de Matignon est l'un des plus grands parcs privés de Paris. Il s'étend derrière, jusqu'à la rue de Babylone. Tout au fond surgit le dôme blanc du "Petit Trianon", un charmant pavillon Louis XV datant de 1725 qui servait de salon de musique. *Mᵒ Varenne*

☆ **Musée Rodin (plan 15, A2)** Voilà un musée comme on les aime. Tout d'abord, il est entouré d'un **parc splendide** où de nombreuses œuvres de Rodin sont exposées et que l'on peut parcourir pour le prix démocratique d'un euro. Personne ne devrait s'en priver. *Le Penseur* pense, *Balzac* campe, drapé dans sa robe de chambre (la statue fit scandale pour cette raison), *Les Trois Ombres* dansent en s'effleurant. D'autres sculptures ont été ajoutées depuis peu, enrichissant le parcours. Au printemps fleuriront dans le parc sept cents roses Rodin, une création spéciale de Meillant. La cafétéria, sise sous les tilleuls d'une allée, a le mérite de garder ses tables dehors toute l'année : au moindre rayon de soleil, on s'y pose et on sirote en contemplant toutes ces merveilles. Un paradis ! Le musée a comme second atout d'être installé dans un lieu d'exception, l'**hôtel de Biron**. Chef-d'œuvre rocaille, il fut édifié de 1728 à 1731 par Gabriel et Aubert, les mêmes architectes qui ont dessiné le Palais-Bourbon. L'hôtel change de mains plusieurs fois, est laissé à l'abandon. Aristide Briand le loue finalement à des artistes : Matisse, Cocteau, la danseuse Isadora Duncan, l'écrivain Rainer Maria Rilke y occupent des chambres à leurs débuts. Rodin, ami de Rilke, a vent de l'occasion et décide de louer les quatre grandes pièces du rez-de-chaussée pour y exposer ses œuvres. Il sauvera ainsi l'hôtel de la démolition en 1908 en promettant de léguer ses collections à l'État pour qu'elles y soient conservées. Le musée, inauguré en 1919, restitue l'ambiance du lieu du vivant de Rodin : les sculptures du maître y sont mêlées à des statues antiques qui appartenaient au sculpteur. Grâce à cette disposition, on comprend mieux l'influence de l'art antique sur l'œuvre de Rodin et la façon dont est née chez lui l'esthétique du fragment, du corps démembré, qui l'amena à rompre avec les modèles de la sculpture du XIXᵉ siècle. Le musée se visite sans contrainte : la lumière qui pénètre à flots dans les salons, l'odeur du parquet ciré, les fenêtres ouvertes sur le parc, les banquettes présentes dans chaque salle, la distribution aérée des œuvres, tout y est reposant, agréable. Ne manquez pas *L'homme qui marche*, *La Cathédrale* (deux mains entrelacées), *Le Baiser* et *Iris*. Sans oublier les tableaux de Van Gogh (dont *Le Père Tanguy*), Monet, Renoir qui agrémentent le parcours. L'entrée se fait dorénavant par l'ancienne chapelle que les religieuses de la congrégation du Sacré-Cœur-de-Jésus firent construire en 1820. Ce bâtiment gothique qui vient d'être restructuré accueille les expositions temporaires sur 400m². *Mᵒ Varenne 79, rue de Varenne 75007 Tél. 01 44 18 61 10 www.musee-rodin.fr.*

Ouvert tlj. sauf lun. ; avr.-sept. : 9h30-17h45 (parc jusqu'à 18h45) ; oct.-mars : 9h30-16h45 (parc jusqu'à 17h) Dernière entrée 30min avant la fermeture Tarif 6€, réduit 4€, gratuit pour les moins de 18 ans et le 1er dim. de chaque mois Billet jumelé obligatoire en période d'exposition temporaire 9€, réduit 7€ Tarif entrée du parc 1€ Label Tourisme et Handicap

☺ Musée de la Légion d'honneur et des Ordres de chevalerie

(plan 15, B1) Vous vous préparez à parcourir au pas de charge d'ennuyeuses rangées de médailles sous verre ? Détrompez-vous ! Admirez le cadre tout d'abord : l'hôtel de Salm, qui accueille depuis 1804 la chancellerie de la Légion d'honneur, présente en effet une magnifique façade de pierre face au musée d'Orsay. Construit au XVIIIe siècle pour le prince allemand Frédéric III de Salm-Kyrbourg, il a été rebâti en 1871 après un incendie mais conserve tout son apparat. La scénographie ensuite : "Temple de l'honneur" et "reliquaire de gloire", le musée l'a particulièrement soigné. Bornes audiovisuelles, qui diffusent les portraits de personnalités décorées – un large panthéon qui va du maréchal Lannes à Louis Pasteur en passant par Geneviève de Gaulle-Anthonioz ou Jean-Claude Killy, tableaux, illustrations, objets de cérémonie mettent en scène, de façon très réussie, les différentes époques. Une large place est accordée à la Légion d'honneur, le plus prestigieux des ordres nationaux, créé en 1802 par Bonaparte, alors Premier consul ; outre les médailles, trois colliers de la Légion d'honneur réservés aux présidents depuis la IIIe République sont exposés. On découvre également les différents ordres royaux, des ordres étrangers mythiques comme celui de la Toison d'Or de Charles Quint à la célèbre jarretière du Royaume-Uni, ainsi qu'une multitude de décorations nationales telle la médaille militaire, dont l'histoire se confond avec celle de la France, ou encore la "benjamine des récompenses", l'Ordre national du mérite, fondé en 1963. **M° Solférino**, RER Musée d'Orsay 2, rue de la Légion-d'Honneur 75007 Tél. 01 40 62 84 25 Ouvert mer.-dim. 13h-18h Mardi : accessible aux groupes sur réservation Fermé 1er jan., 1er mai, 15 août, 1er nov., 25 déc. Entrée libre

★ ☺ Le musée d'Orsay

plan 15

Il abrite sans doute la plus belle collection d'œuvres impressionnistes au monde. Quel écrin pouvait mieux convenir qu'une ancienne gare, symbole de la fin du XIXe siècle ? Orsay, c'est toute la foi dans le progrès technique des bâtisseurs d'alors, symbolisée par l'immense arche de lumière de sa nef qui semble défier le ciel lui-même ! Ce véritable ouvrage d'art nous reconduit de manière exemplaire aux débuts de l'ère industrielle, du chemin de fer et du cinématographe, avec quelques saisissantes prémonitions de nos temps modernes... Ainsi, sur les tympans de la nef, plusieurs étages de galeries transparentes dessinent, avec leurs poutrelles métalliques et leur verre poli comme des glaçons, des espaces anonymes que paraissent traverser en tous sens, au milieu d'un brouhaha confus, les visiteurs réduits à des ombres furtives... Comme s'ils avaient voulu conjurer cette fuite accélérée des choses, les artistes de la seconde moitié du XIXe siècle ont tenté de retenir les instants les plus fugaces et les sensations les plus vives. Soudain, on ne sait plus où l'on est. Avec Millet regrettant la campagne normande comme les paysans partis travailler dans les usines des villes ? Sur les routes d'Île-de-France avec Pissarro et Monet profitant des premiers trains de banlieue pour capturer la lumière qui donne vie à tout un paysage ? Dans les tourbillons des cabarets de Pigalle avec Toulouse-Lautrec ? Dans l'œil angoissé de Van Gogh ? À Tahiti avec Gauguin afin de renouer avec notre nature primitive ? Mais tout est toujours déjà fini : au sommet du bâtiment, à travers les aiguilles en marche des deux énormes horloges qui ornent sa façade, on voit tout Paris courir après le temps. Terminus, tout le monde descend !

DE LA GARE AU MUSÉE Alors qu'approche l'Exposition universelle qui doit inaugurer le nouveau siècle, la Compagnie des chemins de fer d'Orléans et du Sud-Ouest souhaite disposer au cœur de Paris d'une gare de prestige. Élevé d'après les plans de l'architecte Victor Laloux, entre 1898 et 1900, l'édifice fait l'événement avec ses proportions démesurées (la halle de verre est d'une portée de 40m) et son architecture de transition entre classicisme et Art nouveau. La façade de pierre n'est plus qu'un masque destiné à orner l'armature métallique du bâtiment et, à l'intérieur, bien que poutrelles, rivets et écrous soient laissés apparents, l'ornementation très soignée crée une véritable structure d'ambiance dont les motifs empruntés à la flore mettent en valeur les liaisons organiques. Mais la gare se montre rapidement incapable d'absorber la croissance du trafic : elle est désaffectée dès 1939. On songe à la détruire en 1971 mais, après l'émoi suscité par la démolition des halles de Baltard, on décide finalement sa transformation en musée. Le pari était osé. Est-il réussi ? L'architecte italienne Gae Aulenti, en charge de l'aménagement, privilégia des formes monumentales faites d'un épais calcaire, disposées en deux séries de pavillons reprenant le tracé des anciennes voies et couronnées de deux tours massives, le tout cherchant à lutter contre le volume écrasant du hall. Une intention louable dont le lourd résultat peut être diversement apprécié… On peut de même regretter que l'orientation nouvelle du bâtiment ait rompu l'unité de la magnifique série de coupoles en ellipse qui formaient un vestibule largement ouvert sur la Seine. Pourtant, et finalement pour le mieux, rien ne semble pouvoir venir à bout de l'architecture de Laloux ! L'ancienne gare reste belle comme son époque, dessinant ainsi l'atmosphère idéale pour la présentation de l'art de la seconde moitié du XIXe et du début du XXe siècle, un véritable pont entre les collections du Louvre et celles de Beaubourg pour l'une des périodes de plus intense création artistique de l'histoire de Paris.

Le musée d'Orsay, mode d'emploi

accès

EN MÉTRO ET EN RER La station la plus proche (Musée d'Orsay) est desservie par le RER C qui longe la Seine. La fréquence des trains n'étant pas maximale et les correspondances de métro à RER étant parfois fastidieuses, il est préférable de prendre le métro : la station Solferino, desservie par la ligne 12, est à moins de 5min à pied.

EN BUS De nombreuses lignes à proximité, dont certaines reliant directement les grands points d'intérêt de Paris : le bus 73 permet par exemple de rallier les Champs-Élysées, le 63 la tour Eiffel ou le Quartier latin.

EN VOITURE Étant situé sur les quais, le musée est facilement accessible. On peut tenter sa chance pour se garer dans les rues avoisinantes, mais il est plus sage d'aller directement au parc Deligny-Musée d'Orsay, aménagé face au musée (accès sur les quais).

EN BATOBUS Un arrêt sur le quai de Solferino, au pied du musée.

orientation, horaires et tarifs

Pour les visiteurs individuels sans billets, l'accès au musée (plan 15, B1-C1) se fait par l'entrée A, côté Seine, sur le parvis situé à sa droite lorsqu'on est dos au fleuve. L'entrée C (côté rue de Lille), est réservée aux détenteurs de cartes Blanche ou Muséo (cf. ci-après), aux personnes munies de billets, de laissez-passer ou handicapées. **Accès** *Entrée A 1, rue de la Légion-d'Honneur 75007 (quai de Solferino)* **Horaires d'ouverture** *Mar.-dim. 9h30-18h, nocturne le jeu. jusqu'à 21h45* **Tarifs** *7,50€, réduit 5,50€ ; dim. à partir de 16h15 et jeu. à 20h 5,50€ Billet musée et exposition temporaire 9€, réduit 7€ ; dim. à partir de 16h15 et jeu. à 20h 7€ Entrée libre le 1er dim. du mois, pour les moins de 18 ans, les détenteurs des cartes Blanche et Muséo, personnes handicapées, chômeurs Label Tourisme et Handicap*

informations touristiques, visites guidées

Plusieurs points d'information sont situés près des caisses et après le contrôle. On peut le retirer des audioguides (5€ en sus du prix d'entrée) ou s'y informer sur les visites guidées proposées. La plupart sont consacrées aux "chefs-d'œuvre du musée", aux divers courants de l'art au XIXe siècle ou aux expositions en cours (durée 1h30 ; tarif 7,50€, réduit 5,70€), mais d'autres, plus approfondies, permettent un gros plan sur une seule œuvre ou certains aspects plus précis (durée 1h ; tarif 5,30€, réduit 4,10€). Des conférences en histoire de l'art sont également régulièrement organisées dans l'auditorium (accès libre). **Comptoir information visiteurs individuels** *Tél. 01 40 49 48 00 ou 49 78 www.museeorsay.fr*

abonnements, cartes

Les cartes Blanche et Muséo du musée d'Orsay permettent un accès illimité et sans attente par l'entrée C (côté rue de Lille) et offrent des réductions à la librairie, à la boutique (5%) et au restaurant (10%). *Valide 1 an à compter du jour de l'adhésion Rens tél. 01 40 49 47 28* **Carte Blanche** *Tarif 42€, duo 70€* **Carte Muséo** *Réservée aux 18-25 ans Tarif 18€, duo 35€*

Orsay avec des enfants

Parcours et activités C'est un fait, Monet, Pissarro et Van Gogh parlent aux enfants. Des activités, très bien menées, et des parcours, avec ou sans les parents, sont spécifiquement proposés aux 5-12 ans. Également des spectacles dans l'auditorium (gratuits) selon les places disponibles. *Tél. rés. 01 40 49 47 50 Durée 1h30 Tarif 4,70€/enfant Adulte : prix d'entrée du musée*

Visites-ateliers À destination des 5-8 ans et des 9-11 ans, différents ateliers sont organisés autour des collections et des expositions temporaires. *Tél. rés. 01 40 49 47 50 Durée 2h Tarif 6€/enfant*

restauration

Trois possibilités, mais un point faible du musée, dans la mesure où il est difficile d'y passer moins d'une demi-journée… Au niveau médian, le Restaurant, situé dans la salle à manger de l'ancien hôtel de luxe de la gare, dont il conserve la décoration très précieuse, n'est pas du meilleur rapport qualité/prix (formule plat-dessert 15,30€, menu enfant 7,10€, brunch le dimanche 23€). Au dernier étage, Le Café des Hauteurs et la Mezzanine (au-dessus, pour manger sur le pouce) font de la restauration rapide. Attention, longue attente les jours d'affluence… *Le Restaurant Ouvert mar.-dim. 11h45-14h30 Salon de thé 15h30-17h30 Nocturne le jeu. 19h-21h30.* **Café des Hauteurs** *Ouvert mar.-dim. 10h30-17h Nocturne le jeu. jusqu'à 21h* **Mezzanine** *Ouvert tlj. 10h-17h Tél. 01 45 49 47 03*

conseils pratiques

Afin d'éviter de trop longues **files d'attente**, arrivez dès l'ouverture et évitez le mardi, jour de grande affluence car la plupart des autres musées parisiens sont fermés. Le meilleur moment pour une visite : la nocturne du jeudi, de 18h à 21h, dans des salles désertées et à la lumière du soleil couchant ! L'entrée est libre le premier dimanche de chaque mois – mais impossible ces jours-là d'éviter la foule… On peut acheter la veille pour le lendemain un billet coupe-file au kiosque situé à gauche de l'entrée. Pour les grandes expositions, il est vivement conseillé de réserver (par le réseau FNAC par exemple). Procurez-vous un **plan** à l'accueil, indispensable pour vous orienter sans rien manquer… Évitez également les **photographies**, dommageables aux œuvres et désagréables pour vos voisins !

Découvrir les collections du musée d'Orsay

☆ **À ne pas manquer** Millet (salles 5 et 6), Courbet et *L'Origine du monde* (salle 7), Manet, *Olympia* et *Le Déjeuner sur l'herbe* (salles 14 et 19), les chefs-d'œuvre de Monet, Sisley et Pissarro (salles 20, 22 et 32 à 34), Van Gogh (salle 35), Cézanne (salle 36), les pastels de Degas (salles 37 et 38), Gauguin (salles 43 et 44) **Et si vous avez le temps…** Découvrez la collection Art nouveau (niveaux intermédiaires) et photographies (salle 10)

Les pavillons de la nef sont consacrés à la peinture de 1850 à 1870. Ceux de droite (dos à l'entrée) brossent un panorama assez complet des différents courants qui la dominent à l'époque. Mais une nouvelle ère s'engage à gauche avec les œuvres de l'école de Barbizon puis celles des impressionnistes, dont la présentation se pour-

GÉO**QUARTIERS**

suit au dernier étage (accès direct par l'escalator situé à l'issue de la nef à gauche). S'inscrivent dans leur prolongement les salles Van Gogh, Cézanne, Gauguin, néo-impressionnistes, nabis... Notre itinéraire épouse cette chronologie (attention, des œuvres peuvent avoir été prêtées ou déplacées). La sculpture, la photographie et les arts décoratifs sont traités en fin de parcours.

Académisme, romantisme et symbolisme

Où en est la peinture au milieu du XIXᵉ siècle ? Si les romantiques ont pas mal dépoussiéré les choses, ils peignent leurs dernières œuvres et Ingres règne en maître sur l'École des beaux-arts, qui forme la plupart des artistes. C'est la domination de l'"académisme". On fait du beau, certes, on dessine incroyablement bien et on excelle dans le "tout-lisse", mais l'ensemble commence à sentir le renfermé, surtout avec ce carcan de la hiérarchie des genres codifiée au XVIIᵉ siècle par l'Académie royale de peinture : c'est le sujet qui fonde la valeur de l'œuvre avec, en haut de l'échelle, la peinture d'histoire puis la peinture de genre, le portrait et, presque une infamie, le paysage et la nature morte. Les symbolistes, quant à eux, s'aventurent à explorer une voie nouvelle dont l'originalité marquera durablement les artistes jusqu'à Gauguin.

Salle 1 Ingres et l'ingrisme La salle du maître de l'académisme. Sa *Vierge à l'hostie*, scène hautement religieuse, vise à l'éternel dans l'éviction de toute nature charnelle : voir l'ovale mathématique du visage et comment la couleur n'est qu'un rempli du dessin. Est-elle ou n'est-elle pas, là n'est pas la question car la beauté est idéale ! La *Vue d'une villa romaine*, d'Achille Bénouville, se transforme de même en mythe d'une nature incorruptible, tandis que les œuvres de Jean Léon Gérôme transportent parmi les dieux de l'Olympe, immortels...

Salle 2 Romantisme Contraste absolu dans cette salle qui présente les dernières œuvres du romantisme (comme pour Ingres, celles exécutées avant 1850 sont exposées au Louvre). Ici, *exit* la surface limpide du beau surnaturel : le regard est emporté dans les tourments de l'âme romantique (voir la *Chasse aux lions* de Delacroix), qui préfère à la civilité occidentale le voluptueux Orient (voir le *Passage d'un gué au Maroc*, toujours de Delacroix). Une ouverture dont sauront s'inspirer les futurs peintres voyageurs !

Salle 3 Peinture d'histoire Quelques chefs-d'œuvre pompiers d'Alexandre Cabanel, l'un des artistes préférés de Napoléon III. Sa technique irréprochable tend à la parfaite sublimation de la sensualité (comparez sa *Naissance de Vénus* à *L'Origine du monde* de Courbet, salle 7). Autres morceaux de bravoure : *La Mort de Francesca de Rimini et de Paolo Malatesta* et, à droite en sortant de la salle, *Les Romains de la décadence*, par Couture.

Salles 11 et 12 Symbolisme Pour les symbolistes, le réel devient un mystère dont le sens est à déchiffrer et dont le peintre se fait le mage. Puvis de Chavannes restitue ainsi une attente indéfinie et rêveuse à travers des compositions vides traitées à l'aide d'une palette restreinte (voir *Le Pauvre Pêcheur*, qui fascina son époque). Chez Gustave Moreau, ce sont la préciosité des parures et des bijoux, les carnations d'opale et les horizons brumeux qui transportent dans des paysages oniriques. Un synthétisme et l'évocation d'une réalité mentale qui feront date...

Salle 13 Degas avant 1870 La jeunesse du peintre, encore marqué par les canons classiques (intérieurs hollandais, hiératisme du Quattrocento, etc.).

Salle 4 Honoré Daumier Un esprit indépendant et polémiste dont la manière libre le fit précurseur du réalisme. Quand il ne caricature pas ses sujets, il les croque avec la rapidité du romantisme et une crudité nouvelle relevée par des contrastes violents. Toulouse-Lautrec s'en souviendra…

L'école de Barbizon, Millet et Corot

L'hégémonie de la peinture académique fut d'abord remise en cause par les peintres de l'école de Barbizon. Vers 1850, Rousseau, Decamps, Diaz, Dupré, Daubigny et Millet quittent leurs ateliers et s'installent dans ce charmant village situé à l'orée de la forêt de Fontainebleau. Refusant la hiérarchie des genres, les pompeuses références à l'antique destinées à moraliser et le goût pour la propreté du rendu (et du sujet !), ils privilégient les scènes rurales et s'adonnent au paysage en peignant directement sur le motif. Un programme choquant ! Face aux *Glaneuses* de Millet, la critique bourgeoise s'indigne qu'on lui donne à voir la pénibilité des conditions de travail des classes laborieuses ! Surtout, elle n'y voit plus trace de véritable peinture. Un regard nouveau s'impose : s'agit-il désormais de "restituer l'enveloppe atmosphérique des choses" (Millet), et tout ce qui n'était qu'un prétexte ou un arrière-fond (les effets de lumière, les ambiances paysagères, le poids des corps…) devient le sujet d'une beauté nouvelle, et toujours neuve…

☆ **Salles 5 et 6 Millet et Corot** Les toiles de Decamps, de Diaz et de Rousseau rendent ainsi particulièrement l'atmosphère de certaines heures du jour ou de certaines conditions météorologiques, comme celles de Millet, magnifiques : arrêtez-vous longuement devant elles pour retrouver une forme de naïveté face à *L'Angélus*, *L'Église de Gréville* et tant d'autres chefs-d'œuvre… En montrant comment la lumière s'accroche au moindre brin d'herbe nimbé de rosée et témoigne d'une consistance même dans la pénombre d'un contre-jour, en peignant les plus fins échos de couleurs (les pieds se teintent de vert, les visages de bleu…), il parvient à rendre sensible l'ambiance particulière d'un crépuscule, restituant de la sorte toute la densité et jusqu'au silence de ses personnages : ainsi commencent-ils de palpiter, émouvants, du fond du tableau… Attardez-vous également sur la lourdeur concentrée des gestes de *La Fileuse* ou d'*Un vanneur*, qu'a copiés Van Gogh. Corot atteint à la même mélancolie (avec plus ou moins de réussite selon les goûts) par des moyens différents : il privilégie les teintes nacrées et les lumières vaporeuses qui jettent un voile bleuté sur les frondaisons des arbres… *La Neige* de Daubigny marqua profondément les impressionnistes avec sa touche rapide et suggestive qui annonce leur vision instantanée. Enfin, *Labourage nivernais* de Rosa Bonheur, artiste officiel du Second Empire, suscite souvent des avis contrastés.

Courbet et le réalisme

☆ **Salle 7 Courbet** Il est le maître du réalisme en peinture, qu'il impose à partir de 1840. Pour lui, il s'agit de "faire un art essentiellement concret [qui] ne peut consister qu'en la représentation des choses réelles et existantes". La peinture rejoint ici les préoccupations sociales de l'époque : délivrer l'art de ses carcans traditionnels, qui flattent seulement le bon goût de la haute société, c'est dans le même mouvement dévoiler la dureté de la réalité sociale, maintenue par de fausses idéologies. Pari plus que réussi avec *L'Origine du monde*, qui oppose un démenti cinglant à la morale et à la religion... *L'Enterrement à Ornans*, qui restitue la misère quotidienne à la manière d'une peinture d'histoire, défraya également la chronique : un critique s'horrifia de ces "figures horribles" ! *L'Atelier du peintre* fait quant à lui figure de manifeste : au centre, Courbet y démontre sa parfaite maîtrise du nu féminin (rendu dans sa crudité) et des paysages naturels (exempts de toute présence humaine), révélant ainsi les vertus sociales de l'art, qui fait passer de la misère, représentée à gauche, au monde des lumières (avec des portraits de Baudelaire et de Proudhon), figuré à droite.

Salle 15 Courant réaliste Sont réunies ici des œuvres de ses principaux tenants : Vollon, Legros, Stevens (voir *Le Bain*) et Tissot, dont la *Dame au gant* témoigne particulièrement de l'art du portrait à l'époque, moins soucieux de ressemblance photographique, dont la manière léchée permettrait d'embellir le sujet, que de rendre les expressions qu'animent les traits du visage. Ainsi le personnage jaillit-il du tableau dans sa vérité. Les œuvres du courant naturaliste, héritier du réalisme, sont exposées à l'étage supérieur (**salles 55, 56 et 58**).

Manet et Monet, l'essor d'une vision instantanée

Après 1860, la peinture de plein air continue de prendre son essor. À travers une observation directe de la nature, saisie sur le vif, ceux qu'on nommera les impressionnistes mettent au point leur technique.

☺ **Salle 16 Peinture de plein air** Un beau panorama de ses réussites dans les années 1860. Digne représentant de l'école de Honfleur, Eugène Boudin mérite son surnom de "roi des ciels" donné par Baudelaire : dans *La Meuse à Rotterdam*, il restitue comme nul autre les mouvements de l'atmosphère et les effets de lumière sur la masse humide et toujours mouvante des nuages. La luminosité tend à devenir le sujet principal des tableaux. Avec *La Seine et Notre-Dame de Paris*, Jongkind matérialise une lumière vibrante rendue par des touches fragmentées. *Soleil couchant*, de Mesdag, dégage lui aussi une luminosité suggestive, qui annonce *Impression, soleil levant* de Monet sans atteindre encore à sa fulgurance. Également des toiles de Mauve, Maris et Lépine.

☆ **Salle 14 Manet avant 1870** C'est ici que trône, superbe, *Olympia*. Mais pourquoi est-elle si fameuse ? La toile défraya certes la chronique en raison de son absence de pudeur du modèle, de son regard frontal et de sa nudité offerte aux yeux d'une servante (noire, de surcroît), mais, en y concentrant le fruit de ses réflexions sur la peinture et en osant s'inspirer de la *Vénus d'Urbin* de Titien, Manet irrita l'œil des critiques : sa manière de peindre était entièrement nouvelle. Les différentes parties du tableau sont traitées de façon distincte. Elles n'épousent pas un point de vue idéal ou divin mais miment le regard humain qui, en faisant le point sur un objet, brouille son voisinage : le corps nu est rendu avec le plus grand soin tandis que le bouquet de fleurs est résumé par des éclats de peinture jetés sur la toile et que les draps ou l'habit de la servante sont rapidement brossés. *Olympia* accroche tous les regards... Même réussite avec le portrait de Berthe Morisot au premier plan du *Balcon* (inspiré des *Majas au balcon* de Goya). Quel effet ! Le *Combat de taureaux* illustre d'une autre manière le fait que la recherche d'une vision instantanée ne peut pas être photographique, car l'œil ne voit pas des instants mais saisit toujours les choses en mouvement... *Le Fifre*, *Zola* ou *Lola de Valence* témoignent quant à eux du traitement si singulier des visages par le peintre : d'épais aplats de blanc cernés de noir rendent sa chair et sculptent son modelé, à l'opposé des masques de porcelaine de l'académisme.

☆ **Salle 18 Monet, Renoir et Bazille avant 1870** Monet s'intéresse également à l'époque aux effets de la perception immédiate. Son *Déjeuner sur l'herbe* paraît restituer les impressions vives qu'il a laissées sur son œil : feuilles des arbres traitées comme de simples réflecteurs de lumière, couleurs obsédantes, traits rendus en esquisse, taches de soleil qui éclatent à la vue... Voyez le drapeau qui flotte au vent de *L'Hôtel des Roches noires à Trouville*... Belles études également sur les jeux de lumière avec le saisissant paysage enneigé *La Pie*, l'étonnante *Réunion de famille* de Bazille ou encore chez Renoir (tels ses effets chatoyants dans *Frédéric Bazille* ou *Le Garçon au chat*). Plusieurs pastels dans la **salle 17** (Millet, Manet, Degas…).

☆ **Salle 19 Autour du "Déjeuner sur l'herbe"** Parmi quelques Puvis de Chavannes, Carrière, etc., le célèbre tableau attire l'œil d'une étrange manière, voire le déroute. Zola, irrité par l'accusation d'obscénité portée à son encontre (Manet s'est inspiré du *Concert champêtre* de Titien, exposé au Louvre, où une femme nue était déjà représentée entre des hommes vêtus !), l'a le mieux défendu : "Ce qu'il faut voir dans le tableau, ce n'est pas un déjeuner sur l'herbe, c'est le paysage entier, avec ses vigueurs et ses finesses, avec ses premiers plans si larges, si solides et ses fonds d'une délicatesse si légère ; c'est cette chair ferme modelée à grands pans de lumière, ces étoffes souples et fortes." Une œuvre moderne dont le sujet importe moins que la matière, peinte franchement, avec des plans juxtaposés et non emboîtés qu'on explore comme la réalité…

L'impressionnisme en gloire

L'impressionnisme a un acte de naissance : en 1874, Manet, Boudin, Pissarro, Sisley, Renoir et Degas décident de soumettre au public leurs travaux. Monet expose parmi eux *Impression, soleil levant* (qui est bien conservé à Paris mais au musée Marmottan). Un critique outré s'inspire de son titre pour dénoncer la ridicule tentative "impressionniste" de ces nouveaux artistes. Bien mal lui en prit : un courant illustre prenait corps !

☆ **Salles 20 et 22 La maturité de Monet, Sisley, Pissarro et Guillaumin** Une succession de beautés qui consacrent les succès des recherches impressionnistes : la lumière elle-même paraît signer les toiles ! Les peintres commencent alors de tirer profit des progrès de l'optique, qui leur confirment que deux couleurs juxtaposées légèrement mélangées l'une à l'autre paraissent plus éclatantes. De même, en réglant leur palette sur une même tonalité, ils parviennent à créer une ambiance lumineuse propre au tableau, qui semble ainsi irradier de l'intérieur ! Voyez *Place à Argenteuil* et *Le Canal Saint-Martin* de Sisley. Monet excelle également dans le rendu des impressions immédiates, particulièrement sai-

GÉOQUARTIERS

sissantes. Dans *Carrières Saint-Denis*, le fleuve a l'air d'avoir été peint au fil de l'eau, comme si le regard ne pouvait accrocher ses reflets, toujours déjà emportés par les flots... Quant aux célèbres *Coquelicots*, leurs touches diaphanes paraissent traduire la vibration de l'air elle-même... Pissarro déploie une large palette rendue à travers une pâte épaisse aux touches innombrables qui transforment la toile en un écran ainsi libre de restituer la présence physique de chaque paysage. Il tend également à écraser les perspectives, comme dans *Gelée blanche*, qui provoqua l'ire d'un critique en 1874 : "Ça n'a ni queue ni tête, ni haut ni bas, ni devant ni derrière." Et pour cause ! L'absence de véritable ligne de fuite, qui organiserait l'espace selon la focalisation d'un regard seulement spectateur, permet au relief de se déployer comme dans la réalité en transportant l'œil au sein même du tableau, cadre non plus fermé mais ouvert... Voyez également (**salle 21**) des petits formats de Manet, Monet, Morisot, Fantin-Latour et Pissarro. *Suite de la visite au niveau 5*

Salle 29 Les portraits de groupe de Fantin-Latour. *Un atelier aux Batignolles* permet de faire connaissance avec Manet (au pinceau), Renoir (avec un chapeau), Zola (à sa droite) puis Bazille (costume vert) et Monet (dont on ne voit que la tête), *Un coin de table* avec Verlaine et Rimbaud (au premier plan à gauche).

☺ **Salle 30 Caillebotte et Whistler** *Les Raboteurs de parquet* du premier et le *Portrait de la mère de l'auteur* par le second ne sont pas des œuvres impressionnistes à proprement parler mais quel effet ! L'une est claire comme le verre, avec une lumière si bleue qu'elle fait presque prendre corps à la géométrie de l'espace, l'autre grise et noire comme un requiem... pour quelqu'un qui regarderait la mort en face.

☆ **Salles 30 et 31 Degas et le dernier Manet** Le talent original de Degas éclate lorsqu'il découvre son sujet favori, les danseuses de l'Opéra, qui prêtent à des cadrages audacieux et à un traitement époustouflant de la lumière (voir *Les Danseuses bleues*) : grâce à l'évanescence envahissante de leurs tutus, ses demoiselles nous apparaissent comme sur une scène ! Également de belles et nombreuses études en bronze, dont la *Grande Danseuse habillée*. Ne ratez surtout pas ses magnifiques pastels, dont il a su le mieux exploiter les qualités lumineuses (**salles 37 et 38**). Quant à Manet, il n'a rien perdu de sa manière : voir l'incroyable *Dame aux éventails*, dont la touche ample se marie à des noirs dignes de Velázquez.

☆ **Salle 32 Autour de Renoir** Cette salle abrite également des chefs-d'œuvre de Pissarro, Sisley et Monet (traité ci-après). C'est l'âge de la maturité, où ces peintres tirent le meilleur parti des recherches déjà décrites. Avec ses deux vues de *L'Inondation à Port-Marly*, Sisley forme un spectacle si complet entre le ciel et l'écran de l'eau qu'on croirait pouvoir s'y refléter... Voyez également la magnifique *Bergère* de Pissarro. Quant à Renoir, sa réputation de maître de la lumière n'est plus à faire : à travers des touches diaphanes et sensuelles, il parvient à montrer comment celle-ci émane des choses plutôt qu'elle ne les frappe, comme dans *La Balançoire* (voir le costume). Dans le célèbre *Bal du Moulin de la Galette*, son analyse très fine des taches de soleil sur la foule restitue toute l'unité et l'ambiance de la scène. Ses dernières toiles (après 1880) sont exposées dans la **salle 39** : avec les fameuses *Danse à la campagne* et *Baigneuses*, les figures finissent par s'unir au décor ou à la nature environnante dans une même lumière dorée. Un aboutissement qui justifie tout son parcours d'artiste.

Vers l'art moderne : Van Gogh, Cézanne, Gauguin

À partir de 1890, Monet lui-même et de nouveaux artistes formés à l'école impressionniste commencent d'explorer des voies inédites qui ouvrent le champ à l'art moderne…

☆ **Salles 33 et 34 Monet** Un aboutissement de l'impressionnisme qui en outrepasse les enjeux premiers. S'il le fallait encore, avec ses drôles de *Dindons*, Monet prouve que la peinture s'est émancipée du souci du sujet pour faire de la lumière toute sa raison d'être (voir également *Les Tuileries*). *La Seine à Vétheuil* marque magnifiquement le sommet de la recherche d'une vision instantanée : elles paraissent comme imprimées sur la toile, laissée visible à travers les reflets de l'eau, comme une image fugace sur la surface de l'œil… Avec *La Gare Saint-Lazare*, l'air lui-même, traversé de lumière, tend à prendre autant de consistance que l'architecture. Ces œuvres annoncent la dernière évolution du peintre, marquée par ses fameuses séries. Avec celle des quatre *Cathédrale de Rouen*, Monet fixe des instants de lumière dont les variations prennent le pas sur la matérialité de la pierre : il a consacré trente toiles à leur inscription dans la durée. Avec *Le Bassin aux nymphéas*, les échos de couleurs forment un spectacle perceptif total où la lumière donne autant de solidité au pont japonais qu'aux reflets de la surface de l'eau… Enfin, avec *Les Nymphéas bleus* (l'une des 250 versions réalisées de 1897 à sa mort), la dématérialisation est complète et le choix d'un cadrage audacieux conduit à l'abandon de toute profondeur au profit de la seule analyse des couleurs. Un grand pas est franchi en direction de l'abstraction !

☆ **Salle 35 Van Gogh** Résolu à devenir peintre, il arrive à Paris en 1886 et s'enthousiasme pour l'impressionnisme, dont il emprunte la lumière et la touche fragmentée en leur donnant cependant une tonalité inédite : "Au lieu de chercher à rendre exactement ce que j'ai devant les yeux, je me sers de la couleur plus arbitrairement pour m'exprimer fortement." Personnalité assaillie par le "sentiment mélancolique de ne pas se trouver dans la vraie vie", d'Arles à Auvers-sur-Oise, où il se suicide en 1890, Vincent peint des toiles chorales, solaires et graves : de véritables visions ! La collection du musée d'Orsay compte quelques-uns de ses plus grands chefs-d'œuvre : *L'Église d'Auvers-sur-Oise*, branlante, avec ses vitraux au bleu profond qui la font flotter dans l'espace comme une planète ; les *Chaumes de Cordeville*, où les conditions atmosphériques sont rendues dans leur inconstance primordiale et où les arbres et même les maisons, d'une matérialité mouvante, peinent à exister dans le tout chaotique de la nature ; *La Chambre à Arles*, dont les perspectives et les proportions audacieuses, relevées par des couleurs pures qui semblent sortir directement du tube, dessinent un univers mental dont l'identité vacille sous une profusion d'impressions. Quant à la magnifique *Nuit étoilée à Arles*, sa voûte céleste où flamboient les étoiles et son Rhône traversé de reflets composent un monde vivant parcouru d'un flux d'énergie unique, aussi créateur que destructeur, qui dépasse les deux spectateurs du premier plan : tout le sentiment de la plénitude de l'existence, et à la fois de sa nature accidentelle et de sa finitude… Avec Van Gogh, précurseur des expressionnistes (et des Fauves par le traitement de la couleur), l'artiste commence d'imprimer sa propre vision du monde par le biais de la peinture. La collection du docteur Gachet, protecteur de Van Gogh à Auvers-sur-Oise, est présentée dans la **salle 41** (toiles de Cézanne, Pissarro, Renoir, Monet, Sysley, Guillaumin, etc.).

☆ **Salle 36 Cézanne** Autre grand maître de l'effort moderne de la peinture pour se dégager de l'illusionnisme et acquérir sa propre dimension, Cézanne développe de nouveaux procédés qui visent à restituer la façon dont les choses nous apparaissent. Pour lui, "la nature est à l'intérieur" : la forme ou le dessin ne sont que des enveloppes abstraites, les choses existent par leurs multiples facettes, façonnées par les couleurs elles-mêmes. Ainsi les *Baigneurs*, les *Joueurs de cartes* et surtout ses fameuses natures mortes retrouvent-ils un vibrant volume dans la profondeur de la toile… Même pari réussi avec la montagne Sainte-Victoire, que le peintre prit pour sujet de nombreuses fois et dont Orsay conserve un exemplaire. Par ce rendu, Cézanne se fait précurseur des recherches cubistes de Picasso et de Braque.

Salle 40 Autour d'Odilon Redon Avec des peintres comme Roussel, Segantini, Lévy-Dhurmer ou encore Knopff, exposés dans cette salle, il incarne un courant européen (début du xxᵉ siècle) marqué par le symbolisme et où affleure le pressentiment de l'inconscient (voir *Les Yeux clos*), tandis que s'affirme le souci du décoratif qui fit les beaux jours de l'Art nouveau. À compléter, au niveau 2, avec les œuvres exposées dans les salles d'art décoratif (Burnes-Jones, **salle 59** ; Klimt, **salle 60**).

Salle 42 Le Douanier Rousseau Un peintre autodidacte (il doit son surnom à son métier de commis à l'octroi de Paris) à l'imagination profuse et malicieuse. Sa naïveté apparente, mâtinée d'étrangeté, est en réalité le fruit d'une extrême recherche, tout en formes simples et couleurs harmonieuses (*La Terrible Guerre* et *La Charmeuse de serpents*).

☆ **Salle 43 École de Pont-Aven** Ce petit bourg du Finistère est, dans les années 1880, le cadre d'une révolution picturale. Attirés par l'exotisme de ses coutumes, dont la nature celte passait pour ignorante de l'héritage gréco-romain dispensé à l'École des beaux-arts parisienne, de nombreux artistes s'y installent afin de s'y ressourcer. Émile Bernard, le premier, met au point le "cloisonnisme" et le "synthétisme" (*Madeleine au bois d'amour* en est le précurseur), dont s'empare avec brio Gauguin, nouveau venu. Les toiles sont composées de larges aplats de couleurs vives, cernées et disposées dans le plan du tableau : cette simplification des formes impose une synthèse des sensations. Paul Sérusier, qui tire tout le parti de cette mise en page neuve et en accentue la valeur décorative, devient ainsi le chantre des nabis (cf. plus bas). Gauguin s'inspire également de la simplicité des estampes japonaises, dont la fusion assez insolite avec le monde breton est résumée par *La Belle Angèle*.

☆ **Salle 44 Gauguin à Tahiti** "Je pars pour être débarrassé de l'influence de la civilisation. Je ne veux faire que de l'art simple, très simple ; pour cela, j'ai besoin de me retremper dans la nature vierge, de ne voir que des sauvages […] sans autre préoccupation de rendre, comme le ferait un enfant, les conceptions de mon cerveau avec l'aide seulement des moyens d'art primitifs, les seuls bons, les seuls vrais." Un programme et deux voyages (1891-1893 et 1895-1903) fondateurs de l'art moderne : touche-à-tout (sculpture, céramique…), Gauguin libère les arts plastiques et réinvente le monde ! Les visages impénétrables et les petits corps musclés des Maoris, leurs postures naïves et énigmatiques comme leurs regards graves et fuyants, tout concourt, à travers une explosion de couleurs et l'harmonie des formes, à renouer avec les possibilités du premier âge (*Arearea*, *Et l'or de leur corps*, etc.).

☺ **Salle 45 Néo-impressionnisme** Lors de la dernière exposition impressionniste, en 1886, Pissarro introduit parmi ses pairs Seurat et Signac : une nouvelle ère s'ouvre. Seurat fait l'événement en systématisant les principes de ses maîtres avec la technique des touches divisées, qui reprend la loi physique selon laquelle chaque couleur produit sa complémentaire dans son voisinage immédiat. En en décomposant les effets, la trame pointilliste confère une cohérence énigmatique aux tableaux. *Poseuse de dos*, *Port-en-Bessin* et *Le Cirque* tendent vers la même interrogation : voit-on jamais les choses elles-mêmes ou seulement leurs images cérébrales ? Seurat meurt à 31 ans : il a doté la peinture d'un langage propre, en analysant la lumière et libérant la couleur, mais ce sont Delaunay, Mondrian, Kandinsky et Klee qui en approfondiront bientôt les conséquences… Signac reprend le divisionnisme à travers des touches plus larges qui créent un effet de mosaïque (voir *La Bouée rouge*) ; Matisse emploie une riche gamme colorée : *Luxe, calme et volupté* annonce sa période fauve.

Salle 47 Toulouse-Lautrec Une femme tire son bas, une autre lève la jambe, c'est Toulouse-Lautrec qui s'exécute. Excellent dessinateur, il croque les scènes de la vie parisienne de la Belle Époque sans complaisance et dans un trait rapide qui suggère plus qu'il ne décrit. Un précurseur des expressionnistes.

☺ **Salle 48 Nabis** Peint par Sérusier sous le regard de Gauguin, *Le Talisman* fit date et passe pour l'une des premières toiles abstraites. C'est également l'acte de naissance du mouvement des nabis ("prophètes" en hébreu) constitué notamment de Vuillard (*Au lit*), Denis (*Taches de soleil sur la terrasse*), Bonnard et Vallotton. Leur vision elliptique, rendue par des couleurs vives juxtaposées, annonce les audaces plastiques de la peinture moderne, où le réel est sacrifié au style, mais ici principalement dans un souci d'ornementation. Pour finir, ne manquez pas la **salle 50**, où est exposée la collection Max et Rosy Kaganovitch : de magnifiques Courbet, Renoir, Sisley, Van Gogh, Gauguin, Seurat et Vlaminck permettent de réviser tous ses classiques – car ces anciens révolutionnaires le sont devenus…

Sculpture, photographie et arts décoratifs

Nef centrale et terrasses latérales Sculptures Orsay offre un excellent panorama de la sculpture de la seconde moitié du XIXᵉ siècle depuis le romantisme (voir *Ophélie* de Préault, où le bronze paraît se prêter à la représentation de l'éphémère) et l'académisme inspiré par l'Antiquité (*Cénotaphe des Gracques* de Guillaume, *Sapho* de Pradier, *Le Vainqueur au combat de coqs* de Falguière, *Une trouvaille à Pompéi* de Moulin, *Femme piquée par un serpent* de Clésinger…) ou par le Moyen Âge (*L'Archange saint Michel* de Frémiet). Jean-Baptiste Carpeaux domine cependant la période avec ses œuvres frémissantes de joie de vivre (voir *La Danse* réalisée pour la façade de l'Opéra-Garnier, *Les Quatre Parties du monde soutenant la sphère céleste* destinées à la fontaine de l'avenue de l'Observatoire…). Puis surgit Rodin, dont les sculptures visionnaires et puissantes, avec leurs personnages enchevêtrés comme au bord de l'abîme (*La Porte de l'Enfer*, *L'Hiver*, *Ugolin*) ouvrent sur le XXᵉ siècle : ainsi son *Balzac* marque-t-il l'abandon du réalisme au profit de formes amplifiées et signifiantes (voyez sa tête énorme qui symbolise son génie créateur). À leurs côtés, les figures en proie au désir de Camille Claudel paraissent d'autant plus émouvantes (*La Pensée*, *L'Âge mûr*). Enfin, Bourdelle renoue avec l'archaïsme (*Héraclès archer*), tandis que Maillol excelle dans la composition de volumes simples (*Méditerranée*), selon un procédé appelé à une grande prospérité, notamment avec Picasso et Zadkine.

Nef et Tour Seine Architecture Orsay brosse un tableau intéressant de l'évolution de l'architecture au tournant du XIXᵉ siècle, alors que naît le souci du patrimoine (Viollet-le-Duc, *Tour Seine*) et que l'essor rapide des villes et la complexité accrue de l'espace urbain imposent le renouveau des bâtiments publics et le recours à des matériaux inédits, en particulier le fer (maquettes de la tour Eiffel et magnifique gros plan sur l'Opéra-Garnier).

Niveaux médians Mobilier et arts décoratifs À la fin du XIXᵉ siècle, les arts décoratifs connaissent un renouveau majeur. Les objets d'art commencent d'exhiber un éclectisme inédit où se mêlent les références classiques, japonisantes ou encore médiévales (**salles 61 à 65**). Puis émerge le mouvement anglais des *Arts and crafts* (dans la tour Amont) qui, dans un univers de plus en plus saturé de biens, vise à tout ennoblir de beauté à travers un travail artisanal luxueux. Ce souci explose enfin en 1900 avec l'Art nouveau (ou Modern Style), qui cherche à contrevenir à la montée du fonctionnalisme en créant de toutes pièces un environnement marquant : le décor enveloppe des structures contournées et amollies qui se font spectacle plastique, aux courbes flexueuses ordonnées sur des rythmes végétaux ou musicaux. Ne ratez pas les œuvres de Gaudí (salle 65), de Guimard (**salle 61**) et la salle à manger de Charpentier et Bigot reconstituée dans les salles 65-66.

☺ **Salle 10 Photographie** Un art né au XIXᵉ siècle dont l'importante collection conservée ici (plus de 50 000 images, exposées en alternance) permet à la fois d'être transporté à l'époque et d'apprécier les frémissements d'une esthétique nouvelle…

☆ Le quartier des Invalides et du Champ-de-Mars *plans 5, 15, 22, 23*

Les Invalides, l'École militaire, la tour Eiffel : nulle autre partie de la capitale n'est à ce point hérissée de symboles. Les Invalides furent bâtis à la gloire de Louis XIV, l'École militaire à celle de Louis XV et la tour Eiffel, dressée lors du centenaire de la Révolution, à celle de la République. En bordure de Seine, une nouvelle construction gigantesque est récemment sortie de terre : le musée ethnologique du Quai-Branly, né de la volonté de Jacques Chirac. Pourtant, malgré tout ce faste architectural, le quartier le plus mégalomaniaque de Paris séduit là où on s'y attend le moins : au ras des pâquerettes. Car, de l'immense esplanade des Invalides au vaste parc du Champ-de-Mars, c'est aussi le quartier le plus vert, le plus aéré, le plus arboré de tout Paris. Le bonheur est plus que jamais dans le pré.

LES INVALIDES "Grande pensée du règne" de Louis XIV, le chantier des Invalides fut bouclé en un rien de temps : la première pierre en était posée le 30 novembre 1671 ; trois ans après, toute la partie orientale de l'hôtel tenait déjà debout et les premiers pensionnaires s'installaient. Enfin, en 1678, l'ensemble des bâtiments (hormis les églises) était achevé. Ce chantier efficace – mais énorme : c'est, après Versailles, le deuxième chantier du règne de Louis XIV – fut dirigé par Libéral Bruant, l'architecte de l'hôpital de la Pitié-Salpêtrière, près du Jardin des Plantes. Avant les Invalides, courait ici ce qu'on appelait "la plaine de Grenelle", une étendue ininterrompue de champs et de petits bois. Le chantier métamorphosa la zone en déclenchant l'urbanisation de tous ses environs : celle du faubourg Saint-Germain, à l'est, du "village" du Gros-Caillou (qui sépare les Invalides du Champ-de-Mars), à l'ouest, et du futur quartier de l'École militaire, au sud. Ce sont donc les Invalides qui donnèrent naissance à l'actuel 7e ardt de Paris.

LE DÔME Point de référence dans le paysage parisien, il culmine à 103m. Ce fameux dôme qui coiffe l'église royale des Invalides, bâtie entre 1680 et 1691, n'est peut-être pas aussi haut que sa vertigineuse voisine, la tour Eiffel, mais il est nettement plus éclatant : 555 000 feuilles d'or (ce qui représente 12,65kg d'or à 24 carats) le recouvrent et lui donnent la plus belle des parures, en particulier quand le soleil vient s'y refléter. Pas de doute, le Roi-Soleil a vraiment laissé un de ses rayons dans la capitale ! L'éclat du Dôme, surtout depuis que l'église abrite les cendres de Napoléon (en 1840), a éclipsé le prestige de l'hôtel des Invalides lui-même. Plus d'un million de visiteurs s'y pressent chaque année pour admirer le tombeau de grès rouge sang de l'Empereur, installé dans une crypte de 6m de profondeur creusée dans le sous-sol de l'église. Sous le casque d'or se cache un sombre caveau. Un symbole à méditer…

LA TOUR EIFFEL La tour Eiffel est le monument le plus visité de Paris. Elle reçut, dès les six premiers mois de son existence, du 15 avril 1889, date de son inauguration, au 15 octobre de la même année, 28 millions de visiteurs. À l'époque, pourtant, elle choquait, était jugée "monstrueuse et inutile" : on affirmait même qu'elle faisait le "déshonneur de Paris". Aujourd'hui, reconnue et admirée dans le monde entier, elle est devenue l'orgueil et le symbole de la capitale et accueille, chaque année, 6 millions de visiteurs. Bâtie en deux ans, de 1887 à 1889, à l'occasion de l'Exposition universelle de 1889, elle fut jusqu'en 1931 le plus haut bâtiment du monde, détrônée par l'Empire State Building. La "bergère" que chanta Apollinaire est aujourd'hui la bonne étoile de Paris, surtout la nuit, quand elle scintille de l'éclat magique de ses milliers d'ampoules.

Le quartier des Invalides
et du Champ-de-Mars, mode d'emploi

orientation

Il est très simple de se repérer dans le quartier, il suffit de lever les yeux : la tour Eiffel et le dôme des Invalides émergent souvent au-dessus des toits et servent de guides. Le quartier forme un triangle : l'hôtel des Invalides occupe le côté droit (à l'est), le Champ-de-Mars le côté gauche (à l'ouest), la Seine forme la base, et l'École militaire ferme le triangle, au sud. Au centre s'étire le quartier du Gros-Caillou.

★ **Les Invalides** L'hôtel des Invalides est une cité à lui tout seul : église, musée, monument historique, hôpital et siège militaire – sa visite vous réservera de belles émotions.

Le quartier de l'École militaire À l'arrière des Invalides, un quartier calme et résidentiel vit au son du clairon et des sabots des chevaux de la très traditionnelle École supérieure de guerre. Un voyage dans le temps autant que dans la ville.

☆ **Le quartier du Champ-de-Mars** La tour Eiffel, notre vigie parisienne, veille sur les pelouses d'un des plus beaux parcs de la capitale. Entre les Invalides et la Tour, se cache un quartier animé, le Gros-Caillou, anciennement populaire, qui garde encore un peu de sa gouaille d'autrefois. Une surprise touristique.

accès

EN MÉTRO ET EN RER Le métro dessert principalement les Invalides et le quartier de l'École militaire. Par la ligne 8, arrêts Invalides, La Tour Maubourg ou École militaire. Par la ligne 13, arrêts Invalides, Varenne ou Saint-François-Xavier. Par la ligne 10, arrêt Ségur. Le RER C longe le front de Seine et dessert les stations Champ-de-Mars-Tour Eiffel, Pont de l'Alma et Invalides.

EN BUS Parmi les lignes de bus qui sillonnent le quartier, les plus pratiques sont le 69 (Gambetta-Champ-de-Mars) qui suit la rue de Grenelle des Invalides jusqu'au Champ-de-Mars et la rue Saint-Dominique dans l'autre sens ; le 87 (Champ-de-Mars-Porte de Reuilly) marque les arrêts École militaire et Champ-de-Mars ; le 82, qui s'arrête devant l'École militaire et la place Vauban, relie le quartier avec celui du Luxembourg, dans le 6e ardt. Le 28, partant de la gare Saint-Lazare, circule bd de La Tour-Maubourg ; le 80, venu de Montmartre, passe av. Bosquet, comme le 82 venu de la gare Montparnasse ; le 42, au départ de la gare du Nord, dessert la tour Eiffel. Le 93 (Suresnes-Invalides) est très pratique pour relier le quartier de l'Étoile et des Champs-Élysées à celui des Invalides. Enfin, les 63, 83 et le fameux Balabus suivent les quais.

EN VOITURE L'accès le plus évident se fait par les quais, qui peuvent s'emprunter à double sens (à partir des Invalides). En venant du sud, accès par le bd de Montparnasse, la rue de Sèvres, puis l'av. de Breteuil (vers les Invalides) ou l'av. de Suffren (vers la tour Eiffel). Depuis le 15e ardt, accès par l'av. de La Motte-Picquet. Depuis la rive droite, accès par le pont de l'Alma et l'av. Rapp, pour arriver au Champ-de-Mars, ou par le pont de la Concorde, en longeant ensuite les quais.

EN BATOBUS Le batobus permet de s'approcher de la tour Eiffel par la voie royale, celle des eaux. Le terminus et port de départ des navettes se trouve port de la Bourdonnais, juste au pied de la tour Eiffel. Traversez la rue et descendez l'escalier situé à l'angle droit du pont d'Iéna. ***Compagnie Batobus*** *Port de la Bourdonnais* Tél. *01 44 11 33 99 Fax 01 44 13 35 21*

informations touristiques

Mairie du 7e ardt (plan11, B2). *M° Varenne* 116, *rue de Grenelle 75007* Tél. *01 53 58 75 07 www.mairie7.paris.fr*

circulation

Les larges avenues et boulevards (Bosquet, La Bourdonnais, La Tour-Maubourg, Suffren, La Motte-Picquet) qui sillonnent le quartier rendent la circulation plus fluide que dans le faubourg Saint-Germain voisin. À part le long de l'avenue de La Motte-Picquet, où elle est souvent intense ainsi que sur les quais, il y a peu d'embouteillages. Là encore, le quartier se distingue par son côté "vert", reposant : les voitures s'y font plus discrètes que dans d'autres parties de Paris.

Parkings Invalides (plan 15, A1-A2) 35-37, rue Fabert 75007 Accès face au 23, rue de Constantine 75007, à l'est de l'esplanade **La Tour-Maubourg-Orsay** (plan 5, D2) Accès face au 43, quai d'Orsay 75007 **Joffre-École militaire** (plan 5, D3) 2, pl. Joffre 75007 Accès à l'angle des av. de La Motte-Picquet et de la Bourdonnais 75007 **Gouraud** (plan 5, D3) Pl. du Général-Gouraud 75007 Accès face au 4, av. Émile-Pouvillon 75007 **Suffren** (plan 5, D3) Sous le Champ-de-Mars, côté Suffren, face au 19, pl. Joffre 75007 **Hilton-Suffren** (plan 5, C3) 18, av. de Suffren 75007 Accès juste à côté de la tour Eiffel, à l'ouest du Champ-de-Mars

adresses utiles

Commissariat central du 7e ardt (plan 15, A1). M° **Invalides** 9, rue Fabert 75007 Tél. 01 44 18 69 07
Commissariat de quartier (plan 5, D3). M° **La Tour Maubourg** Dans le quartier du Gros-Caillou 6, rue Amélie 75007 Tél. 01 44 18 66 10

marchés

Rue Cler (plan 7, B2). Petit marché tous les matins.
Avenue de Saxe (plan 22, D1). Jeu. 7h-14h30 et sam. 7h-15h

★ Découvrir les Invalides

☆ **À ne pas manquer** L'esplanade, la cour d'honneur, l'église du Dôme et le tombeau de Napoléon, le musée de l'Armée **À proximité** Le musée d'Orsay, le Grand Palais, le Champ-de-Mars **Sans oublier nos adresses** Offrez-vous des chocolats chez Jean-Paul Hévin

L'hôtel royal des Invalides (plan 15, A2) fut créé par ordonnance royale du 24 mai 1670 afin d'accueillir les soldats âgés ou estropiés qui, jusqu'alors, ne disposaient d'aucune ressource et vivaient de mendicité. Hospice à l'origine, mais aussi couvent – l'hôtel abritait une importante communauté religieuse, veillant sur les soldats et leur prodiguant des soins –, les Invalides ont évolué avec le temps, mais n'ont jamais renié leur vocation. Les* 4 000 pensionnaires qui y logeaient en 1710 se sont réduits aujourd'hui à 80 irréductibles. L'hôpital, fermé à la Révolution, a rouvert ses portes après 1945 et s'est spécialisé dans la rééducation et les prothèses : c'est de nos jours un centre chirurgical réputé. Sous l'Empire, les Invalides se virent également attribuer le rôle de panthéon militaire : le tombeau du maréchal de France Turenne (1611-1675) et l'urne contenant le cœur de Vauban, maréchal de France (1633-1707), furent placés dans l'église du Dôme. En 1840, les cendres de Napoléon y furent aussi transférées, suivies des dépouilles de toute la famille de l'Empereur, puis de celles, plus récemment, des maréchaux Foch (1851-1929) et Lyautey (1854-1934). Enfin, depuis 1905, le musée de l'Armée rassemble aux Invalides un total de 500 000 pièces retraçant l'histoire militaire de la France, une collection d'objets de guerre parmi les plus riches au monde. D'autres musées (Plans-Reliefs et Ordre de la Libération) sont venus grossir les rangs. Hospice, hôpital, église, mausolée, musée, mais aussi résidence du gouverneur militaire de Paris, responsable de la sécurité en Île-de-France, et site militaire opérationnel si besoin, les Invalides ont plus d'une corde à leur arc. Véritable ville dans la ville, l'hôtel bruit d'une agitation constante, entre les hordes de touristes défilant sous les arcades de la cour d'honneur, les militaires en short qui font leur jogging sur l'esplanade, le vieillard couvert de médailles qui file en chaise roulante et les infirmières tout de blanc vêtues qu'on croise dans les jardins de l'Intendant. Contrairement à ce que l'on pourrait croire, aux Invalides, ça bouge !

De l'esplanade à l'hôtel des Invalides

Pont Alexandre-III (plan 15, A1) Les pégases dorés du pont s'accordent à merveille avec le dôme des Invalides et forment, les jours ensoleillés, une ligne de perspective éblouissante qui aboutit, de l'autre côté de la Seine, au toit verdi du Grand Palais. L'ouvrage fut construit de 1896 à 1900 en pleine période d'amitié franco-russe – pour l'anecdote, la première pierre fut posée par le fils du tsar Alexandre III, Nicolas II de Russie, le 7 octobre 1896. Outre sa monumentalité exubérante, le pont peut être admiré pour son arche en métal de 109m de long ; destinée à faciliter la navigation fluviale, elle constituait un exploit d'ingénierie à l'époque. **M° *Invalides***

☆ **Esplanade des Invalides (plan 15, A2)** Cet immense espace rectangulaire de 500m de long et 250m de large fut aménagé de 1704 à 1710 par l'architecte Robert de Cotte, beau-frère de Hardouin-Mansart. Semée de six parterres de gazon, l'esplanade est bordée de chaque côté, sur toute sa longueur, de trois rangées de tilleuls argentés. Le vert domine l'ample et généreuse perspective, entre le blanc des immeubles cossus qui l'encadrent et les ors du Dôme et du pont Alexandre-III. À l'origine, elle accueillait les cérémonies militaires. Aujourd'hui, ses pelouses tolèrent les parties de football. Dès les beaux jours, pique-niques et *farniente* : ignorant le voisinage sévère des Invalides, les corps se dénudent, et l'endroit prend alors les airs d'un petit Central Park parisien. **M° *Invalides***

Hôtel des Invalides (plan 15, A2) L'accueil n'est pas des plus chaleureux : des dizaines de canons, alignés derrière les douves, pointent leur gueule noire vers le visiteur. Datant des XVIIe et XVIIIe siècles, pris par l'armée française à l'ennemi, ils formaient autrefois la "batterie triomphale" qui tonnait aux grandes occasions. Rassurez-vous, ils ne sont plus chargés ! **M° *Invalides*,** Varenne, La Tour Maubourg RER Invalides **Accès Sud** : boutique, librairie, café, vestiaires, billetterie, accès église du Dôme **Accès Nord** : entrée libre cour d'honneur et église Saint-Louis, billetterie, accès musée de l'Armée **Horaires** Ouvert tlj. excepté le 1er lun. de chaque mois (sauf juil.-sept.) et les 1er jan., 1er mai, 1er nov. et 25 déc. ; 1er oct.-31 mars : 10h-17h ; 1er avr.-30 sept. : 10h-18h **Tarif** Un billet unique donne accès au tombeau de Napoléon, au musée de l'Armée, au musée des Plans-Reliefs, aux expositions Tarif (audioguide inclus) 8€, réduit 6€, gratuit pour les moins de 18 ans, *gratuit pour tous le 14 Juillet et lors du Printemps des musées* **Rens**. *tél. 01 44 42 38 77 www.invalides.org culture-ma@invalides.org*

Façade Son extraordinaire façade (196m de longueur) et la pureté de ses lignes confèrent à l'hôtel beaucoup de majesté. Son décor est strict : les mascarons grimaçants au-dessus des 45 fenêtres du rez-de-chaussée et les lucarnes coiffées de casques de chevalier du quatrième étage forment les seules fantaisies que s'est permises l'architecte, Libéral Bruant. Le portail, en revanche, plus ornementé et incurvé en arc de triomphe, adoucit la façade tout en lui conférant beaucoup d'allure.

☆ **Cour d'honneur** Dans ce "cloître militaire", selon Chateaubriand, il règne un calme saisissant, malgré l'affluence. Libéral Bruant s'inspira de l'Escurial du roi Philippe II d'Espagne pour dessiner le plan des Invalides ; la filiation entre les deux bâtiments est évidente. La cour, 102m de long et 63m de large, est entourée de deux rangées d'arcades, ménageant sur tous les côtés des galeries-promenoirs typiques des monastères. Là encore, la décoration des bâtiments est d'une grande simplicité : à gauche et à droite, les pavillons abritaient autrefois les réfectoires des militaires (au rez-de-chaussée) et, aux étages, des ateliers de tapisserie, calligraphie, enluminure (où les invalides, comme les moines des couvents, travaillaient pendant la journée), ainsi que les chambres des soldats. Ils accueillent aujourd'hui le musée de l'Armée. Le bâtiment nord est réservé à l'administration et à la résidence du gouverneur militaire de Paris. La façade sud ouvre sur l'église Saint-Louis-des-Invalides.

Les églises des Invalides

On ne le soupçonne pas de l'extérieur, mais les Invalides comprennent deux églises : Saint-Louis-des-Invalides, dite l'"église des Soldats", et celle du Dôme, beaucoup plus célèbre, qui servait d'église royale. Cette structure double est née du caprice de Louis XIV, qui souhaitait assister à la messe en même temps que ses chers soldats, tout en disposant d'une entrée séparée, plus digne de sa majestueuse personne ! Les deux édifices communiquent donc au niveau de l'autel ; une verrière a été ajoutée en 1873 pour les séparer. Saint-Louis est due à Libéral Bruant, l'église du Dôme à Jules Hardouin-Mansart.

Saint-Louis-des-Invalides (plan 15, A2) Démocratie oblige, on commencera la visite par l'église des Soldats ! Achevée en 1676, elle est d'une grande simplicité et de dimensions très réduites : 70m de long, 22m de large, un plan classique de croix latine, une nef principale en berceau, deux nefs latérales surmontées de tribunes en bois. La grande clarté qui s'y dégage la rend très agréable. Des drapeaux colorés sont suspendus aux tribunes : il s'agit de trophées de guerre pris à l'ennemi au cours des conflits des XIXe et XXe siècles (les plus anciens furent brûlés le 18 mars 1814 par le gouverneur des Invalides, le jour où les armées européennes alliées contre Napoléon envahirent Paris). Sous la nef, dans des cryptes interdites au public, reposent la plupart des maréchaux de l'armée française. L'église possède encore son gigantesque orgue de 1679, à 4 800 tuyaux, sur lequel Berlioz créa son célèbre *Requiem*, en 1837. **Accès** Par la cour d'honneur de l'hôtel des Invalides

☆ Église du Dôme (plan 15, A2) Avis aux frileux, elle n'est pas chauffée et une petite laine rendra la visite plus agréable ! D'emblée, l'église surprend par sa hauteur, mais aussi par son plan carré, qui contraste avec l'arrondi de la coupole. Le bâtiment suit un plan classique en croix grecque inscrite dans un carré. L'innovation

(et le trait de génie) de Hardouin-Mansart concerne le dôme, constitué de deux coupoles emboîtées, la première tronquée, la seconde venant la coiffer comme un chapeau – ce dispositif permet d'intensifier l'éclairage naturel du décor peint, dont le plafond achevé en 1704 par Charles de La Fosse. La décoration de l'église est fastueuse : sol en marqueterie de marbre, mosaïques, peintures des meilleurs artistes du temps, colonnades, dorures. Tout est fait pour impressionner. Les chapelles rayonnant autour de la rotonde centrale abritent des sépultures diverses : celles de Joseph et de Jérôme, frères de Napoléon, de Turenne et de Vauban, et surtout, au fond, le très beau tombeau du maréchal Lyautey, gravé d'inscriptions en arabe, et celui du maréchal Foch, surmonté d'une procession de soldats de bronze représentés grandeur nature (œuvre du sculpteur Paul Landowski en 1937). L'église, dans son ensemble, évoquerait la basilique Saint-Pierre-de-Rome, si elle n'était pas, en son beau milieu, percée d'une immense excavation : c'est là, dans la crypte, qu'est posé le tombeau de Napoléon. *Accès Pl. Vauban Ouvert tlj. : 1ᵉʳ oct.-31 mars : 10h-17h (dim. jusqu'à 17h30) ; 1ᵉʳ avr.-14 juin et 16-30 sept. : 10h-18h (dim. jusqu'à 18h30) ; 15 juin-15 sept. : 10h-19h Billet groupé 8€*

☆ **Tombeau de Napoléon** Les cendres de Napoléon furent ramenées à Paris sur ordre du roi Louis-Philippe qui désirait, tout en rendant hommage à l'Empereur, légitimer son pouvoir. Pour l'anecdote, elles débarquèrent à Cherbourg le 30 novembre 1840 et remontèrent la Seine à bord d'un caboteur baptisé la *Dorade*. Sur tout le parcours, les rives étaient noires de monde, malgré les –15° ambiants. Elles pénétrèrent en grande pompe sous le Dôme le 15 décembre 1840. L'aménagement de la crypte dura 21 ans et c'est seulement en 1861 que les cendres furent déposées dans le sarcophage actuel. De la rotonde, on bénéficie d'une belle vue sur le tombeau : il fut taillé dans un bloc de grès rouge qu'on fit venir de Finlande. Ce monument renferme cinq cercueils emboîtés : un de fer-blanc, un d'acajou, deux de plomb, un d'ébène. Les restes de Napoléon sont donc bien protégés... *Pour descendre dans la crypte, il faut emprunter des escaliers dissimulés derrière le maître-autel du chœur de l'église*

Les musées des Invalides

☆ **Musée de l'Armée (plan 15, A2)** Inauguré en 1905, il est le fruit de la réunion de deux musées plus anciens, le musée de l'Artillerie et le musée historique de l'Armée. Il occupe les bâtiments est et ouest entourant la cour d'honneur. L'aile ouest, consacrée aux armures et à la Première Guerre mondiale, a récemment rouvert. *Accès Par la cour d'honneur Billet groupé 8€ Cafétéria et boutique du musée Ouvert oct.-mars : 10h-17h (17h30 le w.-e.) ; avr.-sept. : 10h-18h (18h30 le w.-e.)*

Aile d'Orient Consacrée à l'histoire de l'armée française du XVIIᵉ à la fin du XIXᵉ siècle (actuellement fermée, elle rouvrira ses portes début 2008). S'y détache particulièrement le panorama des troupes montées françaises de 1803 à 1939, présentant des hussards, dragons, cuirassiers, spahis, chasseurs d'Afrique, etc., juchés sur leurs chevaux empaillés. Aux étages supérieurs, le musée, divisé en diverses petites pièces charmantes, devrait conserver l'atmosphère des anciennes chambres de soldats. Les collections Empire demeuraient, jusqu'à présent, les plus courues. Elles comptent en effet la tente de campagne, très rudimentaire, les armes, dont la belle épée d'Austerlitz, la redingote un peu râpée, mais aussi le cheval arabe Vizir, couvert de cicatrices, et le chien fidèle de l'Empereur, tous deux naturalisés, ainsi que le fameux tableau d'Ingres, au Napoléon impérial et triomphant, et celui de Delaroche, montrant le Napoléon défait de la capitulation de 1814. *À l'est de la cour d'honneur de l'hôtel des Invalides*

Aile d'Occident On peut enfin y admirer la fabuleuse collection d'armes et d'armures du musée dans son intégralité, comme la formidable "armure aux lions" de François Ier (qui mesurait près de 2m !) qui côtoie celle, minuscule, de Charles IX enfant. Armures "sculptées" ou gravées par les meilleurs artistes florentins, casques ornés de griffons, armes orientales incrustées d'or, l'art de la guerre recèle de véritables chefs-d'œuvre. On peut aussi découvrir les souvenirs de la Première Guerre mondiale (dont les uniformes imprégnés de boue des poilus de Verdun). Ne manquez surtout pas la salle orientale, avec ses armures de samouraïs du XVIe siècle et ses arcs et carquois turcs et iraniens. Les collections napoléoniennes, clou du musée, y sont déplacées pendant les travaux de l'aile orientale; une grande partie des souvenirs personnels de l'Empereur sont notamment exposés sous le dôme des Invalides près de son tombeau. *À l'ouest de la cour d'honneur de l'hôtel des Invalides*

Département de la Seconde Guerre mondiale Ce département du musée de l'Armée a été inauguré en 2000 par Jacques Chirac. Il se déploie sur 2 000m^2 et trois niveaux, dans le pavillon ouest qui borde l'église des Soldats – baptisé l'"aile des Prêtres" car s'y trouvaient autrefois les chambres des religieux ; les salles ont gardé la configuration des cellules monacales d'origine. Le musée retrace les combats du conflit sur tous les fronts mondiaux, à travers une scénographie très réussie : films projetés sur grand écran, animation sonore (on se croirait parfois en plein bombardement !), bornes interactives. Sont aussi évoqués la Résistance et les combats des Forces françaises libres du général de Gaulle. Beaucoup d'objets marquants parmi lesquels se détachent la maquette, grandeur nature, de la bombe atomique *Little Boy* larguée sur Hiroshima. À la fin du parcours, dans une partie un peu à part, se distingue un dédale de blocs noirs, austères : là, le silence se fait, la lumière faiblit et l'on aperçoit, dans des cavités creusées dans les blocs, les objets personnels d'anciens déportés. *À l'ouest de l'église des Soldats, dans l'aile des Prêtres*

Musée des Plans-Reliefs (plan 15, A2) Installé sous les combles de l'aile d'Occident, il présente plus de 100 maquettes de villes fortifiées, exécutées entre 1668 et 1875. Ces maquettes étaient utilisées à des fins de stratégie militaire, notamment défensive – on y retrouve celles de Vauban (28 au total) qui servirent de modèle pour fortifier les principales villes des côtes françaises. Au début de la visite, un film de 10min démontre les procédés complexes de fabrication d'un plan-relief. Ces maquettes, d'une extraordinaire précision, constituent un témoignage inestimable non seulement sur le plan militaire mais aussi sur le plan humain, géographique et urbanistique. La collection a d'ailleurs été classée monument historique en 1927. **Accès** *À l'ouest de la cour d'honneur de l'hôtel des Invalides, dans l'aile d'Occident Tél.* 01 45 51 95 05 *www.monum.fr Ouvert* 1er *oct.-31 mars :* 10h-17h *;* 1er *avr.-30 sept. :* 10h-18h *Billet groupé* 8€

Musée de l'Ordre de la Libération (plan 15, A2) Aménagé dans le pavillon Robert-de-Cotte, près de l'aile des Prêtres, il est consacré à l'ordre que créa le général de Gaulle en novembre 1940 à Brazzaville pour récompenser les combattants ayant œuvré de manière exceptionnelle à la libération de la France. Ses 200 vitrines retracent le parcours épique de Leclerc en Afrique, la bataille de Normandie, le combat de Jean Moulin dans le maquis des Glières… Le musée mériterait lui aussi d'être modernisé. **Accès** *Dans l'enceinte de l'hôtel des Invalides dans le pavillon Robert-de-Cotte Tél. 01 47 05 04 10 Ouvert avr.-sept. : 10h-17h45 ; oct.-mars : 10h-16h45 www.ordredelaliberation.fr Billet groupé 8€*

Musée d'Histoire contemporaine (plan 15, A2) Ce musée est en réalité une bibliothèque iconographique, rassemblant plus de 1,5 million de documents en tout genre : affiches, photographies, estampes, dessins, peintures... Ces objets relatent l'histoire du xxe siècle dans le monde, sur un plan social, politique et culturel. Le musée organise une à deux expositions par an. *Bibliothèque de documentation internationale contemporaine Hôtel national des Invalides 129, rue de Grenelle 75007 Tél. 01 44 42 54 91 ou 01 44 42 42 44 Fax 01 44 18 93 84 www.bdic.fr.Ouvert lun.-ven. sur rdv uniquement*

Les jardins des Invalides

À l'arrière des Invalides s'étendent des jardins à la française : le jardin de l'Intendant (plan 15, A2-A3), à l'ouest, et les carrés de gazon bordés d'arbres fruitiers de la cour de l'Abondance, à l'est. Cette dernière côtoie les jolis petits bâtiments de l'hôpital actuel. On peut s'aventurer dans leurs allées pavées, où règne une atmosphère sereine. L'hôpital abrite toujours l'apothicairerie royale où, sous Louis XVI, Parmentier fit ses premiers essais de culture de la pomme de terre (il plantait ses semis dans le potager de la cour de l'Abondance). *M° Invalides, RER Invalides Ouvert tlj. jusqu'à la tombée de la nuit*

Découvrir le quartier de l'École militaire

☆ **À ne pas manquer** La maison de l'Unesco **À proximité** Les Invalides, le Champ-de-Mars

Ce quartier, au sud des Invalides, se déploie en étoile autour des grands axes ouverts sur la plaine de Grenelle à partir de la place Vauban. Calme, cossu, principalement résidentiel, à l'exception de quelques administrations, il se prête à une agréable balade.

En descendant l'avenue de Breteuil

Place Vauban (plan 15, A3) Mansart souhaitait créer un large dégagement à l'arrière des Invalides afin de mettre en valeur la façade de l'église du Dôme. La place Vauban vit donc le jour, vers 1680. Sa forme semi-circulaire évoque immanquablement la place Saint-Pierre de Rome, dont la basilique inspira par bien des aspects la construction du Dôme. La place, pavée à l'ancienne, est flanquée de deux statues d'officiers s'étant illustrés lors de la Grande Guerre : les maréchaux Fayolle et Gallieni. On la traversera rapidement pour s'engager dans l'avenue de Breteuil. *M° Saint-François-Xavier*

Avenue de Breteuil (plan 15, A3 et plan 23, A1) La perspective sur le dôme des Invalides y est époustouflante. Avec sa pelouse centrale, ses deux rangées d'arbres de chaque côté, ses beaux immeubles en pierre de taille et le dôme doré à l'arrière-plan, l'avenue de Breteuil, large de 70m, ménage une seconde esplanade à l'arrière des Invalides. Décidément, que de verdure et d'espace dans cet arrondissement, pourtant si central, dans Paris ! Les enfants l'ont compris qui emplissent la pelouse de leurs jeux et de leurs rires dès que pointe le premier rayon de soleil. *M° Saint-François-Xavier, Sèvres-Lecourbe*

Place de Breteuil (plan 23, A1) S'ouvrant généreusement au milieu de l'avenue, elle est décorée d'une imposante statue en marbre de Louis Pasteur. Il s'agit de la dernière œuvre réalisée par le sculpteur Alexandre Falguière, mort en 1900. Du centre de la place, on bénéficie de l'une des plus belles vues qui soient sur la tour Eiffel : elle apparaît immense, en son entier, comme sur les photos. Superbe. *M° Ségur, Sèvres-Lecourbe*

Sur la place de Fontenoy

On y accède, venant de la place de Breteuil, par l'avenue de Saxe. Les environs immédiats de l'École militaire, côté Invalides, ne retiennent pas beaucoup l'attention : hauts bâtiments impersonnels, à vocation administrative, immeubles bourgeois. L'atmosphère y est plutôt morne. Tout l'intérêt se concentre donc sur la place de Fontenoy. Elle fut dessinée en 1770 par Ange-Jacques Gabriel, l'architecte de l'École militaire. Au sud-ouest de la place s'élève l'édifice moderne de l'Unesco. Au-dessus de l'École elle-même jaillit, dans un axe parfait, la pointe métallique de la tour Eiffel. La nuit, quand les deux monuments sont illuminés, c'est un véritable enchantement. *M° Ségur*

☆ **Maison de l'Unesco (plan 22, D1)** Construits entre 1955 et 1958 par trois architectes (l'Américain Breuer, l'Italien Nervi et le Français Zehrfuss), ses trois bâtiments se veulent une synthèse des tendances internationales de l'architecture du milieu du XXe siècle. Celui du secrétariat, qui fait face à l'École militaire, a une forme en Y reconnaissable. Haut de 7 étages (28,50m), il repose sur des piliers en porte-à-faux et ses lignes incurvées lui permettent de s'intégrer harmonieusement à la place de Fontenoy. Le deuxième bâtiment, visible de l'avenue de Suffren, est un trapèze de béton : des murs, en béton cannelé, et un toit, en voile de béton, plié comme un accordéon et recouvert de cuivre. Le troisième bâtiment, visible de l'avenue de Ségur, est un cube de 16m de côté bordé par un ravissant jardin japonais. Outre sa créativité architecturale, la Maison de l'Unesco recèle de nombreuses œuvres d'art : une peinture murale de Picasso et une céramique de Miró, une *Silhouette au repos* d'Henry Moore, un mobile de Calder ou encore une mosaïque de Bazaine et d'autres œuvres signées Arp, Le Corbusier, etc. C'est donc un véritable musée d'art contemporain qu'il est possible de visiter. *M° École Militaire, Ségur 7, pl. de Fontenoy 75007 Tél. 01 45 68 10 60 www.unesco.org Visite guidée mer. 15h sur rdv Entrée libre*

☺ **École militaire (plan 5, D3)** C'est un monument imposant mais souvent négligé par les visiteurs. On se contente de la regarder de loin, du Champ-de-Mars, dont elle ferme la perspective. Ou bien on y jette un coup d'œil en allant prendre le métro avenue de La Motte-Picquet à la station École Militaire. Plutôt que de l'aborder côté Champ-de-Mars, par sa façade principale saturée de colonnes, et son grand fronton à la gloire de Louis XV, approchez-la plutôt par l'arrière, côté place de Fontenoy. Et là, surprise ! Devant vous s'ouvre une belle cour d'honneur, la cour Morland, convertie depuis le XIXe siècle en terrain d'équitation. Elle est bordée par les bâtiments bas des écuries, contrastant avec la façade élégante, presque gracieuse, qu'on aperçoit au fond. Au-dessus s'élève un dôme à la Mansart, quadrangulaire. Le plan de l'école et son architecture évoquent de manière troublante les Invalides. De fait, l'architecte Gabriel voulut à la fin de sa vie rendre hommage à Hardouin-Mansart, concepteur de l'église du Dôme. Son architecture très classique ne correspondait pas au courant rococo en vogue à l'époque de Louis XV. Cela explique sans doute son infortune : sa construction, entamée en 1751, ne s'achèvera qu'en 1786. Trois ans plus tard éclate la Révolution et l'école est fermée. Elle servira de caserne jusqu'en 1878, date à laquelle elle reprend sa vocation première d'école de guerre. Mal-aimée hier, mal-aimée aujourd'hui, faire-valoir de la tour Eiffel, à la lisière du Champ-de-Mars, elle mérite pourtant plus qu'un coup d'œil distrait. **Mo École Militaire, Ségur** 1, pl. Joffre 75007 Tél. 01 44 42 40 65 Ouvert lun.-ven. 7h30-19h30 (18h30 le ven.) Sont ouvertes à la visite : la cour Morland, la chapelle et la bibliothèque Pour les groupes uniquement, visite sur rdv en demandant par écrit l'autorisation au commandant de la 1re BSC (30 pers. max.) Entrée libre (en dehors du prix du conférencier)

☆ Découvrir le quartier du Champ-de-Mars

☆ **À ne pas manquer** La tour Eiffel et le Champ-de-Mars **À proximité** Les Invalides, le Trocadéro **Sans oublier nos adresses** Approvisionnez-vous en charcuterie italienne chez Davoli

★ **Champ-de-Mars** Ce "champ" (plan 5, D3 et plan 7, A2), qui était autrefois couvert par les cultures maraîchères de la plaine de Grenelle, fut aménagé par Ange-Jacques Gabriel, de 1765 à 1767, pour servir de terrain de manœuvre aux soldats de l'École militaire (d'où son nom, Mars). Au XVIIIe siècle, jusqu'à 10 000 hommes s'y exerçaient quotidiennement au tir ou aux charges de cavalerie : mieux valait ne pas flâner dans les environs ! À la Révolution, le Champ-de-Mars change d'affectation et devient un lieu de rassemblement populaire. On le nivelle alors pour qu'il puisse accueillir la mémorable fête de la Fédération, le 14 juillet 1790. La fête ne durera pas longtemps : la guillotine s'y installe en 1793 ! Au XIXe siècle, le champ sert de terrain de courses hippiques, avant que celles-ci ne se déplacent à Longchamp en 1860, puis est racheté par la Ville de Paris en 1881, qui l'aménage en un vaste jardin de 243 000m². En 1907, la Ville trace deux larges bandes de terrain de chaque côté. Des immeubles de luxe s'y élèvent alors et le quartier prend sa forme actuelle. Le Champ-de-Mars est aujourd'hui l'un des jardins publics les plus fréquentés de la capitale. Ouvert sur la ville (il n'est pas délimité par des grilles), c'est un espace convivial doté d'immenses pelouses et d'allées bordées d'arbres où les Parisiens aiment à se retrouver le week-end. Bordé par de superbes immeubles en pierre de taille, le Champ-de-Mars est littéralement habité par la présence vertigineuse de la tour Eiffel. Il se termine (ou commence, selon le sens de la promenade), sous les jupes de la Demoiselle, par un charmant petit jardin à l'anglaise avec des étangs et des allées sinueuses. Tout proche, le pont d'Iéna mène à la colline de Chaillot (cf. Du Trocadéro à Auteuil). *M° **École militaire**, RER Champ-de-Mars-Tour Eiffel*

★ Tour Eiffel (plan 5, C3)

Depuis un peu plus d'un siècle, la tour Eiffel est devenue le symbole de Paris dans le monde entier. Difficile, dans ces conditions, d'imaginer qu'en 1700 ne s'étalait ici qu'une rase campagne, qu'en 1800 le Champ-de-Mars servait de terrain d'exercice militaire et que, en 1887, lorsque la Tour commença à s'élever dans le voisinage des nobles Invalides, tout le monde ou presque cria au scandale. À présent, elle fait référence. Mais, pour lui rendre hommage, pour l'apprécier vraiment, il faut se rappeler en quoi elle fut audacieuse, révolutionnaire, excentrique même. En quoi elle changea Paris et fit entrer "la plus belle ville du monde" dans la modernité. Elle se visite par temps clair et ensoleillé, autant que possible, pour profiter de la vue. Prévoyez de faire la queue un certain temps, 30min avec de la chance, souvent plus longtemps. Il existe 4 entrées, une par pilier : les piliers nord, ouest et est sont dotés d'ascenseurs, le pilier sud est réservé aux plus courageux qui tiennent à monter par les escaliers. L'attente semblera moins longue à ceux qui ouvrent grands les yeux : la tour Eiffel n'est jamais plus belle que vue du dessous. Au pilier nord, remarquez le buste doré de Gustave Eiffel, sculpté par Antoine Bourdelle en 1930. *M° **Bir-Hakeim**, arrêt RER Champ-de-Mars-Tour Eiffel Tél. 01 44 11 23 23 www.tour-eiffel.fr* **Horaires** *Ouvert tlj. sans exception Par l'ascenseur : 3 sept.-15 juin : 9h30-23h45 ; 16 juin-2 sept. : 9h30-0h45 Par l'escalier : 3 sept.-15 juin : 9h30-18h30 ; 16 juin-2 sept. : 9h-0h45 Dernier accès au sommet à 23h* **Tarifs** *Par l'ascenseur 1er étage : 4,50€, 2e étage : 7,80€, 3e étage : 11,50€ Tarif réduit 2,30€ (1er étage), 4,30€ (2e étage), 6,30€ (3e étage) Par l'escalier (pour les 1er et 2e étages) 4€ pour les plus de 25 ans, 3,10€ pour les moins de 25 ans Label Tourisme et Handicap*

Côté histoire L'Exposition universelle de 1889 est la quatrième que reçoit Paris. Elle a lieu, comme toutes les précédentes, autour du Champ-de-Mars, dans un quartier encore peu urbanisé de la capitale. Mais l'Exposition de 1889 marque pour la France le centenaire de la Révolution. La toute jeune République, désireuse d'asseoir son pouvoir, cherche un symbole fort : parmi les 107 projets présentés, c'est celui de Gustave Eiffel (en réalité, il reprit le projet de deux ingénieurs de ses ateliers, Kœchlin et Nouguier) qui est retenu le 12 juin 1886. Le chantier est lancé le 28 janvier 1887 et s'achève le 31 mars 1889. L'inauguration a lieu le 15 avril suivant. La construction de la Tour déclenche un scandale général. Les habitants du quartier intentent un procès à la ville, en accusant l'édifice de menacer la sécurité de leurs immeubles ! Les artistes de l'époque (parmi lesquels Gounod, Garnier, Leconte de Lisle, Maupassant, Zola, Verlaine) se liguent pour signer la "Protestation des 300" (en référence aux 300m de la Tour) taxant le monument de "chandelier creux", "lampadaire tragique", "squelette disgracieux", "suppositoire vulgaire"... Mais la Tour – qu'on dit "monstrueuse" – connaît pendant l'Exposition un succès lui aussi monstrueux avec plus de 12 000 visiteurs par jour ! Il n'empêche : l'Exposition terminée, la tour Eiffel devait être détruite en 1909. La télégraphie sans fil la sauva : pendant la Première Guerre mondiale, la Tour gagne ses lettres de noblesse en transmettant aux armées alliées 50 millions de mots. À l'issue du conflit, elle est transformée en centre de radio : la première émission, mythique (Sacha Guitry y participait), est diffusée le 22 décembre 1921. Phare de la modernité, la Tour accueille également les premières expérimentations de la télévision en 1937, qui y

installe définitivement ses antennes en 1957 (ce qui lui fait gagner 20m de hauteur). Aujourd'hui, à l'ère du numérique, la tour Eiffel fait figure de retraitée. Mais plus personne ne menace l'existence de la vieille "Demoiselle de fer", notre aïeule nationale.
Côté technique Plus de 18 000 pièces de métal, maintenues par 2,5 millions de boulons sur 320m de hauteur : la tour est avant tout un formidable exploit technique. Sa forme particulière n'est pas une coquetterie, mais une nécessité architecturale. De même, sa fameuse et très féminine résille de poutrelles enchevêtrées ne sert qu'à lui assurer une meilleure prise au vent. Au sol, quatre massifs de maçonnerie de 26m², ancrés entre 9 et 14m de profondeur, soutiennent les 4 pieds métalliques de la Tour. Elle a trois plates-formes : l'une à 57m, la seconde à 115m et la dernière à 276m, tout près du sommet, et au total 1 652 marches. La Demoiselle pèse 10 100 tonnes. Une telle armature s'entretient : tous les 7 ans, la Tour est intégralement nettoyée et repeinte : 60 tonnes de peinture (de couleur "brun tour Eiffel", s'il vous plaît) sont alors répandues sur ses 200 000m² de poutrelles. Depuis 1986, l'éclairage de la Tour est assuré, non plus par des projecteurs installés sur le Champ-de-Mars, comme autrefois, mais par 4 projecteurs internes, qui soulignent l'aspect diaphane de son architecture. Depuis 2003, 20 000 ampoules ont également été fixées : elles scintillent les 10 premières minutes de chaque heure, de la tombée du jour à 1h du matin (2h en été).
Les ascenseurs Ils sont doubles, puisque chaque étage se voit doté d'une double galerie, inférieure et supérieure. Aux piliers est et ouest, on peut admirer la machinerie d'origine (qui date de 1899), peinte en orange. Les ascenseurs ont été automatisés en 1986. Tâchez d'être l'un des premiers à y pénétrer pour voir Paris apparaître devant vos yeux comme par magie.
Premier étage À 57m (ou 345 marches) de haut, il est le moins fréquenté. Un petit musée, le Cineiffel, relate la construction de la Tour à travers un court-métrage de 20min. Pour les philatélistes, il y a également un bureau de poste avec des timbres spéciaux et un tampon "tour Eiffel". Le salon de thé Altitude 95 plaît beaucoup aux enfants !
Deuxième étage À 115m, 359 marches le séparent du premier étage, et 704 marches du sol. On embrasse tout Paris, la colline de Montmartre, celle de Ménilmontant, les bois de Boulogne et de Vincennes, l'Arc de triomphe. Les Invalides, vus de si haut, semblent minuscules. Boutiques et brasseries s'ouvrent à cet étage, ainsi que le restaurant Jules-Verne avec sa vue panoramique, une adresse très romantique…
Troisième étage À 276m de haut, accessible seulement par ascenseur, il ne peut contenir que 800 personnes. Il est parfois fermé pour cause d'affluence. Par temps dégagé, la vue porte à plus de 60km de Paris. Pour plus de clarté, il faut y monter 1h avant le coucher du soleil. L'étage accueille aussi le bureau reconstitué de Gustave Eiffel.

★ **Musée du Quai-Branly (plan 5, D2)** Après diverses dénominations (musée des Arts premiers, musée des Arts et civilisations), le musée du Quai-Branly tient désormais son nom de sa localisation en bord de Seine. C'est justice car ce bâtiment, œuvre de Jean Nouvel, se situe résolument dans la continuité des frondaisons qui jalonnent les berges du fleuve. Protégé par un écran de verre en partie sablé, un vaste jardin planté de grands arbres et semé de pièces d'eau sert d'écrin à une construction courbe qui semble flotter au-dessus de la verdure. Comme des cabanes dans les arbres, des boîtes aux coloris allant de l'ocre au rouge formant autant de salons d'exposition émergent d'une façade aux vitrages texturés de feuillages. À l'intérieur, l'espace est fluide et ouvert, avec un vaste étage noble, le plateau des collections, desservi par une rampe en spirale. Du toit, où se trouvent le restaurant et la bibliothèque, se déploie un paysage dominé par la tour Eiffel. Sur le quai, les bureaux administratifs ont pour façade un étonnant et superbe mur végétal, conçu par Patrick Blanc. La métaphore naturelle, voire "primitive", est partout présente pour préparer déjà le visiteur à découvrir des mondes autres, et le jardin de 18 000m², dessiné par Gilles Clément et partie intégrante du musée, en constitue une démonstration supplémentaire. Les collections, au statut artistique désormais reconnu, se répartissent en quatre grands départements : Océanie, Asie, Afrique et Amériques, et regroupent des pièces en provenance du musée de l'Homme, de l'ancien musée national des Arts d'Afrique et d'Océanie ainsi que de nouvelles acquisitions. Elles s'organisent en un parcours géographique d'un seul tenant autour de 3 500 objets, au cours duquel se rencontrent civilisations et cultures : Asie-Océanie, Insulinde, Mashreck-Maghreb. En leur cœur, "la rivière" offre un espace thématique et transversal ponctué d'installations qui sollicitent les sens et l'esprit. Outre les richesses des collections, le musée, qui se conçoit comme un lieu de dialogues et d'échanges, propose de nombreuses manifestations culturelles autour de pièces de théâtre, de films, de conférences ou d'ateliers. Trois galeries en mezzanine accueillent un espace multimédia qui permet d'approfondir des notions fondamentales de la recherche anthropologique et des salles dédiées aux expositions thématiques. Son département de recherche et d'enseignement accueille étudiants, chercheurs et universitaires. **M° Iéna**, Alma-Marceau, Bir-Hakeim, RER Pont de l'Alma *51, quai Branly 75007 (entrée principale) Tél. 01 56 61 70 00 www.quaibranly.fr Ouvert tlj. sauf lun. 11h-19h, nocturne jeu.-sam. jusqu'à 21h Fermé 1ᵉʳ jan., 1ᵉʳ mai et 25 déc. Tarif 8,50€, réduit 6€, audioguide 5€ Gratuit pour les chômeurs, Rmistes et 1ᵉʳ dim. de chaque mois*

Quatre collections exceptionnelles Forte de plus de 25 000 objets datant pour la plupart des XIXᵉ et XXᵉ siècles, la **collection textile** recense de nombreuses techniques, tissage bien sûr, mais aussi broderie, application ou teinture. Si les fibres végétales (raphia, écorces variées, coton) ou animales (vers à soie, toisons, plumes d'oiseaux) constituent les principaux matériaux des pièces exposées, certaines s'ornent de métaux précieux, attestant d'un savoir-faire ancestral dans l'élaboration du vêtement. Les 700 000 pièces de la **collection photographique**, quant à elles, rassemblées pour la plupart vers 1930 dans un but documentaire, se répartissent en deux ensembles chronologiques. Le premier (1840-1870) regroupe un fonds de daguerréotypes unique, provenant pour l'essentiel de l'apport de scientifiques ou de voyageurs. On doit le second (1920-1930) aux travaux des premiers ethnologues, témoignage inestimable sur les populations d'Amérique latine (Mexique, Pérou, Brésil) et d'Afrique équatoriale. Instruments à cordes, à vent, idiophones ou tambours, en tout une **collection musicologique** riche de 9 500 pièces datant de différentes époques, composent, avec la collection textile, l'autre grande thématique transversale du musée. En effet, dès le hall d'entrée, le visiteur est accueilli par une tour de verre dévoilant la réserve instrumentale, tandis que le plateau des collections permanentes présente plus d'une centaine d'instruments. Enfin, la **collection d'histoire**, principale source du programme multimédia, compte près de 10 000 gravures, tableaux, carnets de voyages, croquis d'explorateurs, aquarelles orientalistes, dioramas...

Océanie Ce fonds très riche témoigne de l'extrême diversité des expressions artistiques et des échanges entre les différentes régions du Pacifique, que sont la Mélanésie

(Nouvelle-Guinée, îles Salomon, Vanuatu, Nouvelle-Calédonie), la Polynésie, l'Australie et l'Insulinde (Asie du Sud-Est insulaire). À ce titre, les pièces, impressionnantes, liées à la "maison des hommes" ou maison cérémonielle mélanésienne, sont spectaculaires. Les thèmes des ancêtres, de la guerre, de la chasse aux têtes ou les rites funéraires reviendront régulièrement au cours de ce parcours. Nombre des masques exposés sont originaires des sociétés mélanésiennes dans lesquelles ils occupent une place primordiale, chacun incarnant dans les rituels un être mythologique, un médiateur entre vivants et morts ou encore l'emblème d'un groupe. Avant d'atteindre la section consacrée à la Polynésie, une installation, le "carrefour des peuples", permet d'en mieux comprendre le peuplement et les techniques de navigation. Relations avec leurs dieux, arts de la parure ou encore art maori de Nouvelle-Zélande sont également évoqués. Les peintures sur écorce d'eucalyptus des aborigènes d'Australie du Nord et du centre occupent une place importante, complétées par un accrochage d'œuvres contemporaines, directement inspirées de ces représentations. Prestige individuel, échanges matrimoniaux, trésors familiaux, culte des ancêtres sont autant de thèmes fortement présents dans la culture insulaire d'Asie du Sud-Est, sous forme de parures, sculptures lithiques à caractère commémoratif (effigies funéraires) ou d'objets usuels (boucliers, ornements, monnaies et parures).

Asie Le continent est essentiellement évoqué au travers des costumes et textiles des peuples. Les collections, datant de la fin du XIXe siècle et surtout du XXe siècle, illustrent la mémoire de peuples souvent oubliés de Sibérie, du nord du Japon, de la Chine des Han, entre autres, en présentant armes et parures, costumes (quatre très belles vitrines évoquent les diverses populations du continent), objets cultuels et usuels… Le visiteur pourra ainsi découvrir les cultures villageoises de l'Asie du Sud-Est, les mythes et rituels indiens ou la civilisation du désert en Arabie. Un module passionnant met en scène les différents types d'écriture, chinoise, indienne, arabe, mais aussi pictographique. Parallèlement, un programme sonore donne à entendre l'exceptionnelle richesse des traditions orales des populations sans écriture. Ce département offre un parfait complément au musée Guimet (cf. Du Trocadéro à Auteuil, Découvrir le Trocadéro).

Afrique La muséographie des collections africaines s'articule autour d'une double approche, géographique (découverte du continent du nord au sud) et thématique (exploration du sacré, du mariage, de la mythologie…) à travers de véritables petits cabinets d'étude consacrés à une famille d'objets et égrenés tout au long du parcours. Second point fort à côté des collections océaniennes, l'art africain est magistralement représenté, notamment par le biais des sculptures. Libres de toute contrainte réaliste, les corps sculptés incarnent un ancêtre ou un esprit. Très souvent, les proportions humaines sont déformées par le surdimensionnement de certains éléments symboliques comme le nombril, la tête ou les mains. La panoplie de masques portés lors des fêtes et des rituels est tout aussi fascinante, à l'image des Dogons. Parmi les pièces rares, le legs Pierre Harter compte plusieurs chefs-d'œuvre de l'art africain en provenance du Cameroun. Le visiteur s'attardera aussi sur les statues magiques et les masques anthropomorphes d'Afrique centrale et les œuvres en métal du royaume de Bénin. L'évocation se clôt par un ensemble unique de peintures sur toile provenant d'églises chrétiennes d'Éthiopie qui dépeignent des scènes de l'Ancien Testament et des personnages bibliques.

Amériques Céramiques, statues, sculptures en pierre ou en bois, pièces d'orfèvrerie permettent d'appréhender les cultures de la Mésoamérique, de l'Amérique centrale et des Andes. Après une plongée dans les rituels amérindiens à travers des masques, des objets cérémoniels, une belle collection de textiles qui couvre toute l'Amérique, sont présentées des pièces rares produites par les civilisations préhispaniques, Olmèques, Mayas, Huastèques, Aztèques, peuples andins.

Le quartier du Gros-Caillou

Ce quartier (plan 5, D2-D3 et plan 7, B1), pris en tenailles entre deux monstres sacrés, les Invalides et la tour Eiffel, est souvent ignoré par les touristes. C'est dommage car il réserve quelques surprises architecturales dominées par le style Art nouveau du début du XXe siècle, une rareté dans le 7e ardt. L'endroit fait aussi exception par son caractère populaire et commerçant. Son urbanisation accompagne la construction des Invalides. Au XVIIIe siècle, il se développe : le village, puis le bourg du Gros-Caillou (du nom d'un rocher qui se dressait à l'angle des rues Clerc et Saint-Dominique) est un quartier de petits artisans et boutiquiers où s'alignent des guinguettes et des cabarets réputés. Au XIXe siècle, le Gros-Caillou fait parler de lui pour ses joyeuses lavandières, qui se comptaient par centaines. Aujourd'hui, il s'est quelque peu assagi. On peut le diviser en deux parties, séparées par l'avenue Bosquet : à l'est, autour de la rue Cler, l'ambiance est toujours un peu festive. À l'ouest, autour de l'avenue Rapp, elle est nettement plus paisible. **M° *École Militaire***

☺ **Rue Cler (plan 7, A2)** Cette petite rue est piétonne sur sa première portion, jusqu'à la rue de Grenelle. Elle accueille un marché tous les matins et les étals des commerçants débordent souvent sur la chaussée. Gaie et pleine de charme, elle mérite qu'on s'y attarde. À l'angle de la rue, au 33, rue du Champ-de-Mars, s'élève un bel immeuble Art nouveau, orné de décors floraux. À l'angle de la rue de Grenelle (au n°151) se dresse une autre construction Art nouveau : il s'agit de la première œuvre de l'iconoclaste Jules Lavirotte (1864-1924), qui marqua beaucoup le Gros-Caillou. **M° *École Militaire***

Avenue Rapp (plan 5, D2-D3 et plan 7, A1-A2) Dès qu'on franchit la frontière de l'avenue Bosquet, l'ambiance change. L'avenue Rapp concentre toute l'attention. Non loin de l'angle qu'elle forme avec la rue Saint-Dominique, au 129 de celle-ci, la fontaine de Mars est l'œuvre du sculpteur François-Jean Bralle (1750-1832), auteur de fontaines exotiques à Paris : celle du Fellah, rue de Sèvres, dans le faubourg Saint-Germain, et celle du Palmier, place du Châtelet. Au n°29 de l'avenue Rapp se détache une façade en grès flammé et brique à la décoration exubérante. Cette maison est le chef-d'œuvre Art nouveau de Jules Lavirotte, réalisé en 1900. La vraie innovation tient dans la loggia à l'italienne qui couronne le dernier étage. À quelques pas, 3, square Rapp, dans l'une de ces petites impasses fréquentes dans le quartier, on découvre un autre immeuble de Lavirotte dont le style, qualifié de "nouille", fut méprisé par les tenants du "bon goût". Au bout de la rue, on rejoint la Seine et le pont de l'Alma. **M° *Pont de l'Alma***

Les égouts de Paris (plan 5, D2 et plan 7, B1) C'est là, à l'angle du quai d'Orsay et du pont de l'Alma, que s'ouvre une des portes des enfers de Paris : celle du musée des Égouts. Le système d'évacuation des eaux usées de la capitale, mis en place à partir du XIVe siècle, fut surtout développé au XIXe siècle par l'ingénieur Eugène Belgrand. En 1878, le réseau mesurait 600km ; à présent, il court sur 2 100km. Un "circuit pédestre" de 200m y a été aménagé (avant, la visite se faisait en wagonnet, puis en barque), permettant de découvrir le travail des 500 égoutiers de Paris et les différentes structures en place. Sensations (et odeurs) fortes garanties. *M° Pont de l'Alma* Face au 93, quai d'Orsay 75007 Tél. 01 53 68 27 81 Ouvert tlj. sauf jeu. et ven. ; mai-sept. : 11h-17h ; oct.-avr. : 11h-16h Fermé les 3 dernières sem. de jan., 25 déc., 1er jan. Dernière entrée 1h avant la fermeture Fermé en cas de fortes pluies Tarif 4,10€, réduit 3,30€

Du Trocadéro à Auteuil plans 5, 6, 22

GEOQUARTIERS

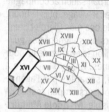

Ah ! que n'a-t-on pas dit sur le 16e ardt, un arrondissement très sélect où se côtoient – sans se mélanger – une grande bourgeoisie établie de longue date, des parvenus en quête de standing et des célébrités fuyant la foule. L'augmentation générale des prix de l'immobilier dans toute la capitale tend toutefois à atténuer cette image haut de gamme, exclusive et inaccessible. Alors qu'un regard extérieur ne voit qu'un tout homogène, de subtiles différences, connues des seuls initiés, séparent ces quartiers huppés. Au nord, autour du Trocadéro, se concentrent de prestigieuses institutions culturelles, comme les musées du palais de Chaillot, l'exceptionnel musée Guimet sur les arts asiatiques ou le palais de Tokyo, haut lieu de la création contemporaine. Le sud affirme une identité plus provinciale autour de Passy et Auteuil, qui tournent résolument le dos à l'agitation parisienne. Pour les nordistes, Auteuil serait presque populaire et bruyant. Pas en tout cas dans les hameaux privés, exquis havres de paix à faire pâlir de jalousie un habitant de Passy ! Quant à la Muette, la présence de nombreuses ambassades et des fonctionnaires internationaux de l'OCDE lui confère une atmosphère plus cosmopolite. Quoi qu'il en soit, ces beaux quartiers bénéficient de l'insigne privilège d'être à deux pas du bois de Boulogne, véritable poumon vert de l'Ouest parisien qui borde tout l'arrondissement.

LA COLLINE DES PALAIS Attaqué de toute part par la spéculation immobilière sous le Second Empire, le village campagnard de Chaillot suscite les projets architecturaux les plus fous. La colline se couvre d'immeubles qui bénéficient d'une vue féerique sur la Seine et bientôt sur la tour Eiffel. Point d'orgue de cet essor, le palais de Chaillot, expression de l'architecture des années 1930. Napoléon voulait construire à cet emplacement le palais du roi de Rome, les insurgés de 1848 exigeaient un palais du peuple... C'est finalement un palais mauresque qui y sera élevé pour l'Exposition universelle de 1878. Très critiqué, il sera remplacé par le palais de Chaillot, conçu pour celle de 1937. Surplombant le Champ-de-Mars, le bâtiment tout en lignes horizontales offre une vue grandiose sur la tour Eiffel et déroule de fastueux jardins jusqu'à la Seine.

DES VILLAGES À LA MODE Comme Chaillot, Auteuil et Passy forment des villages aux portes de la capitale jusqu'à la veille de la Révolution. Ils sont organisés en vastes domaines agricoles où paissent les vaches et où prospère la vigne sur les coteaux. Annexés par Paris en 1860, ils font l'objet d'une urbanisation galopante. Depuis bien longtemps, on ne va plus se fortifier aux sources d'eau bienfaisantes de Passy, pas plus qu'on ne se rend aujourd'hui en villégiature à Auteuil aux beaux jours. Il flotte malgré tout dans l'air un parfum champêtre. C'est surtout vrai pour Auteuil, urbanisé plus tardivement, qui recèle des îlots protégés, véritables oasis de verdure, reliés à la rue par des voies privées comme la villa Montmorency, le hameau Boileau et, nos préférées, les trois villas de la rue Claude-Lorrain. C'est également au bon air de la campagne d'Auteuil que les lettrés aimaient se rencontrer. Boileau, mais aussi Molière et Racine y avaient déjà leurs habitudes. Au siècle des Lumières, le salon de Mme Helvétius accueille les grands esprits de son temps. Plus tard encore, les Goncourt s'installent dans un hôtel particulier du boulevard de Montmorency où ils reçoivent dans leur "grenier" Zola et Maupassant.

UN LABORATOIRE DES ARCHITECTURES Hector Guimard (1867-1942) a jalonné le quartier d'Auteuil de ses constructions que les mauvaises langues de son époque qualifiaient de style "nouille". Émule de l'Art nouveau qui fleurit à Nancy et à Bruxelles, cet architecte français reste incompris dans son pays. Le Castel Béranger, rue La Fontaine, exprime un talent novateur et une imagination sans limite qu'il bridera par la suite dans des constructions plus sages. Tout aussi décriés sont les édicules qu'il dessine pour les stations du métro parisien. Après diverses tentatives dans l'Art déco et quelques déceptions supplémentaires, il s'installe en 1938 à New York, où il meurt oublié de tous. En rupture avec ce qui avait été fait jusque-là, les architectes Mallet-Stevens et Le Corbusier ont eux aussi laissé leur empreinte dans l'entre-deux-guerres.

Du Trocadéro à Auteuil, mode d'emploi

orientation

Situé entre la Seine et le bois de Boulogne, cet arrondissement s'étire en longueur dans l'Ouest parisien, dans le prolongement des Champs-Élysées. La colline de Chaillot, sur laquelle trône la place du Trocadéro, est son point culminant et un important carrefour de communication qui dessert à l'ouest la Muette, au nord l'Étoile et au sud Passy et Auteuil. Au-delà du périphérique s'étend le bois de Boulogne, également limitrophe des communes de Neuilly au nord et Boulogne-Billancourt au sud.

★ **Le Trocadéro** Grandiose par ses édifices des années 1930, il concentre aussi autour de sa grande place les brasseries avec terrasse et autres restaurants qui donnent à ce quartier huppé un surcroît d'animation. Près de la place d'Iéna, hôtels particuliers et immeubles haussmanniens se succèdent le long de larges artères. Après la fermeture des musées, les passants se font rares. Très chic et un peu ennuyeux.

Passy Espaces verts, appartements spacieux et établissements scolaires réputés donnent le ton de ce quartier fréquenté par des familles aisées. Dans le prolongement occidental de Passy, le quartier de la Muette entoure les somptueux jardins du Ranelagh et s'adosse au bois de Boulogne.

Auteuil Le sud du 16e ardt est tout en contrastes. Populaire autour du parc des Princes, bruyant près de la porte d'Auteuil, parfaitement tranquille dans ses hameaux privés et commerçant autour de la rue d'Auteuil.

Le bois de Boulogne Le plus grand espace vert de l'Ouest parisien. On va s'y oxygéner le dimanche, le Jardin d'acclimatation fait les délices des enfants.

accès

EN MÉTRO, EN RER Les stations Trocadéro, Iéna et Alma-Marceau sur la ligne 9 (Pont de Sèvres, Mairie de Montreuil) desservent les lieux de visite du Trocadéro et du quartier d'Iéna. On peut aussi descendre à Trocadéro et rayonner à pied. Cette même ligne traverse l'arrondissement du nord au sud et s'avère très pratique pour visiter Auteuil ou La Muette. Pour se rendre à Passy, prendre la ligne 6 (Charles de Gaulle-Étoile-Nation) arrêt Passy. Le RER C permet de se rendre du côté de la Maison de la Radio (arrêt Avenue Kennedy-Maison de Radio France). Pour le bois de Boulogne, la ligne 1 (Porte Maillot, Sablons), RER C (Porte Maillot, Av. Foch), la ligne 2 (Porte Dauphine), ou la ligne 10 (Porte d'Auteuil).

EN BUS Le bus 63 (Porte de la Muette-Gare de Lyon) marque un arrêt place du Trocadéro puis emprunte l'avenue du Président-Wilson que jalonnent le musée Guimet, le musée de la Mode, le palais de Tokyo. Sur la place du Trocadéro s'arrêtent aussi les bus 30 (Trocadéro-Gare de l'Est) et 22 (Porte de Saint-Cloud-Opéra). Le bus touristique Open Tour passe par la place du Trocadéro. Le bus 22 (Porte de Saint-Cloud-Opéra) dessert l'avenue Mozart. Le bus 32 (Porte d'Auteuil-Gare de l'Est) le carrefour La Muette-Passy. Le bus 52 (Parc de Saint-Cloud-Opéra) Radio France et la rue de Boulainvilliers. Pour le bois de Boulogne, lignes 43, 73, 82, PC, 174.

EN VOITURE Le périphérique ouest ménage plusieurs points d'entrée dans le 16e ardt, de la porte de Saint-Cloud, à l'extrême sud, à la porte Dauphine au nord. Pour rejoindre le Trocadéro, sortez porte de la Muette et empruntez l'avenue Georges-Mandel. De Paris intra-muros, suivez les quais de Seine vers l'ouest. Le bois de Boulogne est aisément accessible du périphérique par la porte Maillot (au nord), la porte Dauphine, la porte de la Muette et la porte d'Auteuil (au sud).

informations touristiques

Mairie du 16e ardt (plan 5, B2). *M° Rue de la Pompe* 71, av. Henri-Martin *75016 Tél. 01 40 72 16 16 www.mairie16.paris.fr*

circulation

Le réseau de grandes avenues rend la circulation relativement fluide. Aucun problème pour circuler le soir, le quartier est très résidentiel, en revanche, il est plus difficile de trouver une place de stationnement.
Parkings Kléber-Longchamp *(plan 5, C2) 65, av. Kléber 75016* **Porte d'Auteuil** *(plan 22, A1) À l'angle de l'av. de la Porte d'Auteuil et du bd Murat 75016* **Paul-Doumer** *(plan 5, B3) À l'angle de la rue de Passy et de l'av. Paul-Doumer 75016*

marché

Avenue du Président-Wilson (plan 6, A2). Sur le terre-plein central, face au palais de Tokyo, se tient l'un des marchés les plus chic de Paris. *Mer.-sam. 7h-15*

☆ Découvrir le Trocadéro

☆ **À ne pas manquer** L'esplanade du Trocadéro et la perspective sur la tour Eiffel, le palais de Chaillot, le musée Guimet, le musée d'Art moderne de la Ville de Paris **À proximité** La tour Eiffel **Sans oublier nos adresses** Dînez en compagnie des avant-gardes au palais de Tokyo à la nuit tombée, programmez une soirée au Théâtre national de Chaillot

Autour de la place du Trocadéro

Ironie de l'histoire, la place du Trocadéro (plan 5, C2), l'une des plus imposantes de Paris, porte le nom d'un obscur bourg espagnol, "Trocadero", pris par les troupes de Louis XVIII. La commémoration se poursuit avec un monument à la gloire des soldats de la Grande Guerre qui est adossé au cimetière de Passy et la statue du maréchal Foch trônant en évidence au centre de la place. Mais ce sont aujourd'hui davantage les musées du palais de Chaillot et la vue d'exception sur la tour Eiffel qui attirent les visiteurs.

★ **Esplanade du Trocadéro (plan 5, C2)** Sur la colline de Chaillot, loin d'effrayer les passants par son style monumental, l'esplanade du Trocadéro fait le bonheur des touristes, qui immortalisent leur séjour parisien devant la tour Eiffel. Baptisée "parvis des Droits de l'homme", l'esplanade est souvent le théâtre de manifestations qui se déroulent sous le regard impavide d'un *Apollon* en bronze d'Henri Bouchard et d'un *Hercule* d'Albert Pommier. Bref, il se passe toujours quelque chose entre les deux pavillons du palais de Chaillot. *M° Trocadéro*

Jardins du Trocadéro (plan 5, C2) Si une grande partie des touristes se masse sur la terrasse pour contempler la tour Eiffel, ils sont moins nombreux à descendre dans les vastes jardins en pente douce créés pour l'Exposition de 1937. Pourtant, quand le soleil tape, il fait bon flâner sur les pelouses le temps d'un piquenique ou d'une sieste. Un manège en contrebas fait le bonheur des enfants. On s'y donne aussi rendez-vous pour le feu d'artifice du 14 Juillet et pour des projections de films en plein air. *M° Trocadéro, Champ de Mars-Tour Eiffel* Accès libre

CinéAqua Paris (plan 5, C2) Bienvenue dans 20 000 lieues sous la mer ! Aménagé en sous-sol dans une carrière de la colline du Trocadéro, face à la tour Eiffel, l'aquarium du Trocadéro offre une plongée spectaculaire dans l'univers des océans. Rouvert en 2006 après avoir été complètement repensé, il présente 500 espèces aquatiques issues des quatre coins du monde sous un déluge d'animations multimédias. Après avoir franchi un puissant jet d'eau formant une vague plus vraie que nature sous laquelle se précipitent avec délice petits et grands, se détachent des aquariums où évoluent une faune et une flore magnifiques. Séance frisson pour clore la visite : le tunnel aux requins permet d'admirer dans un bassin géant (33m de long sur 10m de profondeur) des squales et différentes espèces multicolores. Égrenant le parcours, des salles de cinéma diffusent en continu des dessins animés. Pour les plus petits, ateliers d'activités manuelles et bassins des caresses où les enfants peuvent toucher les poissons. La scénographie impressionnante (et réussie) ainsi que l'importance des moyens mis en œuvre pour séduire le jeune public expliquent sans doute le prix d'entrée très élevé. *M° Trocadéro, Champ de Mars-Tour Eiffel 2, av. des Nations-Unies 75016 Tél. 01 40 69 23 23 www.cineaqua.com Ouvert tlj. 10h-20h Tarif 19,50€, réduit 12,50€, gratuit pour les moins de 3 ans*

★ **Palais de Chaillot** (plan 5, C2) Le défi architectural est de taille pour Jacques Carlu (grand prix de Rome) et ses deux confrères Hippolyte Boileau et Léon Azéma : ils doivent concevoir la porte d'entrée – forcément magistrale – de l'Exposition internationale des arts et des techniques de 1937 face à l'impressionnante tour Eiffel. Soumis à des contraintes budgétaires importantes, ils décident de conserver la structure d'origine, un palais mauresque construit par Davioud pour l'Exposition universelle de 1878, mais détruisent la rotonde centrale et en dédoublent les deux ailes qui se déploient en arrondi vers la Seine en enserrant des jardins. Les deux pavillons reflètent le style néoclassique caractéristique des années 1930. Plus de 70 artistes participent à la décoration de l'ensemble. Des citations de Paul Valéry sont gravées en lettres d'or sur les façades surmontées de groupes monumentaux en bronze. La simplicité des lignes, la sobriété de la décoration et l'horizontalité du bâtiment remportent un franc succès. Depuis septembre 2007, la Cité de l'Architecture et du Patrimoine a ouvert ses portes dans l'enceinte du palais, avec ses trois institutions : le musée des Monuments français (MMF), l'Institut français d'architecture (IFA) et l'École de Chaillot (école prestigieuse de formation à la restauration). Quant au musée de l'Homme, après le transfert des collections ethnologiques au musée du Quai-Branly (cf. Le quartier des Invalides et du Champ-de-Mars, Découvrir le Champ-de-Mars), il se réorganise lentement autour d'un musée des Sciences de la vie et de la société qui sera achevé en 2008. *M° Trocadéro 17, pl. du Trocadéro 75016*

☺ **Musée de la Marine** (plan 5, C2) Il réunit de somptueuses maquettes (le fonds en comprend 3 000) dont celle de la *Couronne*, premier grand vaisseau construit en France en 1637. Vous voguerez de siècle en siècle parmi des modèles réduits de galères, de trois-mâts, de canots d'apparat – celui de Napoléon Ier aux décors sculptés à la feuille d'or est particulièrement luxueux – jusqu'à la période contemporaine, représentée par les navires de guerre, des sous-marins et la marine marchande. Au fil de la visite, vous découvrirez une suite de tableaux de J. Vernet (1714-1789), peintre de marines ; sa série des ports de France offre une image fidèle de la puissance maritime française au XVIIIe siècle. Cette évocation de la Royale est complétée par des expositions temporaires de grande qualité. *Aile Passy Tél. 01 53 65 69 69 Fax 01 53 65 69 65 www.musee-marine.fr Ouvert mer.-lun. 10h-18h, fermé mar. Tarif 9€ (musée et exposition), réduit 7€ Animations pour les enfants le mer. et visites commentées en famille sam.-dim. Label Tourisme et Handicap*

Musée de l'Homme (plan 5, C2) Héritier du musée ethnographique du Trocadéro fondé en 1878, il a perdu une grande partie de son fonds au profit du musée du Quai-Branly. Un projet prévoit de le réorienter autour de la préhistoire, de l'anthropologie et de l'évolution de l'homme dans son environnement. En attendant la fin du chantier, de grandes expositions temporaires présentent les résultats de missions d'exploration côtoient des expositions permanentes. La plus intéressante, "La nuit des temps", met en scène l'évolution humaine depuis 4,5 millions d'années. Les deux autres, "Six milliards d'hommes" et "Tous parents, tous différents", souffrent d'une scénographie vieillotte et maladroite. *Aile Passy Tél. 01 44 05 72 72 Ouvert lun., mer.-ven. 10h-17h, sam.-dim 10h-18h Tarif 7€, réduit 5*

Cité de l'Architecture et du Patrimoine (plan 5, C2) Un seul mot d'ordre : la diversité culturelle ! Se définissant comme "un grand centre de diffusion de la connaissance pour tout ce qui touche à la qualité de l'architecture, à la valorisation du patrimoine et à la préservation de l'environnement urbain", la Cité s'est assigné un objectif ambitieux. Installée dans l'aile de Paris du palais de Chaillot, elle accueille depuis 2007 de grandes expositions, articulées autour des tendances de la création architecturale en France et dans le monde, dont l'exposition temporaire "La peau – entre texture et ossature" (jusqu'à fin 2008). Ces expositions sont accompagnées de débats, colloques, ateliers et projections. Les galeries d'actualité présentent déjà, dans des espaces spécifiques en accès libre, des expositions plus ciblées sur les grands débats et enjeux de la ville et de l'architecture aujourd'hui. Le patrimoine n'est pas pour autant oublié. Les collections du musée des Monuments français, dont le fonds compte quelque 6 000 moulages d'édifices et de sculptures monumentales ainsi que des copies de peintures murales médiévales et Renaissance, confrontent passé et présent. Autre point fort dans la galerie d'architecture moderne et contemporaine, la reproduction d'un appartement de Le Corbusier construit pour la Cité radieuse à Marseille. Une bibliothèque et un centre de formation et de recherche s'adresseront aux professionnels. Un lieu prometteur… *M° Trocadéro Cité de l'architecture et du patrimoine, Palais de Chaillot, 1, pl. du Trocadéro 75016 Tél. 01 58 51 52 00 **Galeries d'actualité**, 7, av. Albert-de-Mun www.citechaillot.fr Ouvert tlj. sauf mar. 12h-20h, jeu. nocturne jusqu'à 22h, dim. 11h-19h Entrée libre*

☆ Où admirer une très belle vue sur la tour Eiffel ?

De l'esplanade du Trocadéro, on peut admirer à loisir la Grande Demoiselle qui dévoile ses plus beaux atours à la nuit tombée quand sa robe scintille ; derrière elle, l'esplanade verte du Champ-de-Mars. À vos pieds, de puissants jeux d'eau dessinent des arabesques sur un tapis de verdure qui se déroule jusqu'à la Seine.

Autour de la place d'Iéna

Plusieurs musées sont rassemblés dans un rayon de quelques centaines de mètres. À n'en pas douter, les collections d'art asiatique du musée Guimet en constituent le fleuron.

☺ Conseil économique et social–ancien musée des Travaux publics (plan 5, C2) Un lot de consolation pour Auguste Perret ? L'architecte se voit confier ce projet en 1937 après l'échec de sa candidature pour le réaménagement du Trocadéro. Sans rancune, il construit ici l'un de ses plus beaux édifices en utilisant avec virtuosité toutes les possibilités du béton. La chaleur de ce matériau obtenue par l'emploi de plusieurs couleurs, la proportion des volumes, le style des colonnes, les claustras créent une véritable harmonie. Demandez à entrer dans la salle hypostyle longue de 60m et point de départ d'un escalier en courbe libre très aérien. *M° Iéna 9, pl. d'Iéna 75016 Tél. 01 44 43 60 00*

★ Musée national des Arts asiatiques-Guimet (plan 5, C2) Passionné par les religions anciennes, l'industriel lyonnais Émile Guimet (1836-1918) accumule une fabuleuse collection d'œuvres d'art, principalement asiatiques, qu'il cède à l'État en échange de la fondation d'un musée des religions qui ouvre ses portes en 1889, place d'Iéna. Au fil des ans, l'établissement, devenu musée national en 1945, se consacre de plus en plus à l'Asie et bénéficie de nombreuses donations. Il détient

aujourd'hui la plus importante collection d'art khmer au monde hors du Cambodge et rassemble près de 45 000 œuvres illustrant les différentes cultures et civilisations qui s'étendent de l'Inde au Japon. Depuis janvier 2001, après un profond réaménagement mené par les architectes Henri et Bruno Gaudin, le musée connaît une seconde vie. Jouant avec les volumes et la lumière, l'ensemble rénové obtient d'emblée les faveurs du public. Grâce à la donation Krishna Riboud en 2003, le musée s'enorgueillit de posséder aujourd'hui l'une des plus belles collections de textiles d'Asie au monde. La scénographie divise le continent asiatique en deux grandes entités : le monde indien et le monde chinois, chacun ayant marqué durablement la production artistique des cultures du sous-continent. *M° Iéna 6, pl. d'Iéna 75016 Tél. 01 56 52 53 00 www.museeguimet.fr Ouvert tlj. sauf mar. 10h-18h* **Musée** *Tarif 6,50€, réduit 4,50€* **Musée et exposition temporaire** *Tarif 8,50€, réduit 6€ Livret enfant gratuit disponible à l'accueil*

Rez-de-chaussée À l'entrée, la monumentale chaussée des Géants (fin XIIᵉ-début XIIIᵉ siècle) provient d'Angkor. Sur 9m de long le serpent aux multiples têtes en grès gris est soutenu par des divinités. Et ce n'est là qu'un fragment de la sculpture ! Sont aussi rassemblés plusieurs chefs-d'œuvre de l'art khmer. Au centre, les têtes des trois divinités de l'hindouisme, Vishnu, Shiva et Brahma, sont caractéristiques du style de la période angkorienne (IXᵉ-XVᵉ siècle) qui aboutit à une stylisation des visages. Vishnu porte un disque solaire, Shiva est doté d'un troisième œil et Brahma se démultiplie en 4 têtes. Sur la gauche, remarquez la sculpture de la divinité Harihara datant du premier art khmer préangkorien (VIIᵉ-VIIIᵉ siècle), qui réunit en une seule figure les deux grands dieux de l'hindouisme, Vishnu à droite avec la tiare, Shiva à gauche.

Salle de l'Inde Elle réunit d'abord des premiers témoignages de l'art bouddhique. Des bas-reliefs provenant d'un stupa du IIᵉ siècle (monument funéraire dans lequel sont placées des reliques du Bouddha) décrivent des scènes de la vie de "l'Éveillé", dont la présence invisible – sa représentation intervient plus tard – est signalée par des objets. Parmi les chefs-d'œuvre, une tête de Bouddha en grès rose du Vᵉ siècle dont les paupières baissées expriment l'indifférence au monde et un état de profonde méditation. La statue reflète à la perfection la codification de l'image du Bouddha qui est définitivement fixée à cette époque. Plus loin, c'est à l'hindouisme que renvoie la danse cosmique de Shiva. Ce bronze du XIᵉ siècle d'Inde du Sud figure le cycle perpétuel de la création et de la destruction du monde. Le dieu piétine l'ignorance, et la flamme qu'il tient dans sa main souligne son action destructrice. Cette statue était transportée lors des processions religieuses. La visite du rez-de-chaussée se poursuit avec des œuvres en provenance du Vietnam, d'Indonésie et de Thaïlande, dont quelques très hiératiques figures du Bouddha en bronze doré.

Premier étage Un ample escalier aérien conduit aux salles supérieures. À gauche, dans une rotonde, l'ancienne bibliothèque, aujourd'hui classée, accueille une série de gravures indiennes. À sa suite s'ouvre toujours sur la gauche une galerie consacrée au Tibet et au Népal où sont rassemblés des exemplaires de *thang-ka* (peintures portatives) ainsi qu'une statue du Mahakala (stèle en pierre du XIIIᵉ siècle) qui témoigne du syncrétisme religieux à l'œuvre dans l'Himalaya. Le dieu prend la figure d'un Shiva converti au bouddhisme. Après avoir emprunté la route de la soie à travers l'Asie centrale, vous découvrirez les premières collections du monde chinois, l'autre grande civilisation, avec l'Inde, qui a influencé le continent. Plus de 20 000 objets couvrant 7 millénaires se répartissent sur plusieurs étages. La Chine antique est présente avec de nombreuses pièces funéraires : figurines en terre cuite de la dynastie Tang (VIIᵉ-Xᵉ siècle apr. J.-C.), une série de chevaux très expressifs de la dynastie Han (IIIᵉ siècle apr. J.-C.) et une collection d'objets en bronze datant de l'empire Shang (XVIᵉ-XIᵉ siècle av. J.-C.), dont un magnifique éléphant, récipient à alcool. Dans le domaine de la statuaire, ne manquez pas plusieurs têtes de Bouddha.

Deuxième étage La section dédiée à la Chine classique débute par des porcelaines Yuan (XIIIᵉ-XIVᵉ siècle) et Ming (XIVᵉ-XVIIᵉ siècle) et des meubles. Après un passage par la Corée, illustré par des paravents, des figures du Bouddha et des masques, se déploie la section du Japon. De ce panorama de l'art japonais se détache un exceptionnel ensemble de sculptures et de peintures sur soie. Plus spécifiquement, l'histoire de la peinture japonaise est illustrée par 3 000 estampes. Ne manquez pas *La Plaine de Musashi* d'Utamaro (1753-1806), un des maîtres de l'*ukiyo-e* ("Images du monde flottant"), les estampes caractéristiques de l'époque Edo, et la célèbre *Vague au large de Kanagawa* de Hokusai (1760-1849).

Troisième et quatrième étage La visite s'achève par des porcelaines chinoises de la dynastie des Qing et, quelques marches plus haut, dans la rotonde aux laques, par deux immenses paravents.

Panthéon bouddhique (plan 5, C2) L'hôtel particulier Heidelbach dissimule
un très exotique jardin japonais et un pavillon dans lequel sont organisés des cérémonies du thé. C'est aussi l'annexe du musée national des Arts asiatiques et ses galeries abritent le fonds personnel d'Émile Guimet, soit 250 œuvres bouddhiques japonaises et une trentaine en provenance de Chine rapportées de son expédition en 1876. La collection montre la remarquable diffusion du bouddhisme qui, né en Inde, pénètre progressivement le monde chinois puis le pays du Soleil levant. Ne manquez pas de faire un tour dans le jardin. *Mᵒ léna 19, av. d'Iéna 75016 Tél. 01 40 73 88 00 (téléphoner de préférence avant de s'y rendre) Fax 01 56 52 53 54 Ouvert tlj. sauf mar. 9h45-17h45 Entrée libre*

Musée de la Mode et du Costume-Galliera (plan 5, D2) "Il n'y a pas
de cour en Europe où les étoffes françaises ne soient à la mode. Elles flattent la vanité des grands, la frivolité des femmes ; elles brillent dans les jours de gala", notait le marquis Caraccioli en 1777. Cette tradition française forte de plusieurs siècles méritait bien qu'on l'honore d'un musée. Et quel musée ! Un véritable palais. Construit à la fin du XIXᵉ siècle dans un style Renaissance par la duchesse de Galliera afin d'y exposer ses collections d'art, il déploie sa superbe au centre d'un jardin arboré. Le musée de la Mode de la Ville de Paris s'y est installé en 1977 et trouve ici l'espace nécessaire pour entreposer 150 000 pièces du XVIIIᵉ siècle à nos jours. Lors de prestigieuses expositions, les visiteurs émerveillés découvriront une partie de la collection. *Mᵒ léna, Alma-Marceau 10, av. Pierre-Iᵉʳ-de-Serbie 75016 Tél. 01 56 52 86 00 www. galliera.paris.fr Ouvert pendant les expositions temporaires Ouvert tlj. sauf lun. 10h-18h Tarif 7€, réduit 5,50€*

Fondation Mona-Bismarck (plan 5, C2) Face à la tour Eiffel qui se reflète sur
la plaque de cuivre de l'entrée, la fondation Mona-Bismarck organise des activités culturelles qui ont comme fil conducteur l'amitié franco-américaine. Les conférences, expositions, lectures… mettent l'accent sur les échanges culturels de part et d'autre de l'Atlantique. Le programme des expositions est consultable sur le site… en version anglaise seulement ! *M° Alma-Marceau, Trocadéro, 34, av. de New-York 75016 www.monabismarck.org Ouvert mar.-sam. 10h30-18h30 Accès libre*

GÉOQUARTIERS

Le palais de Tokyo

Au début des années 1930, Paris n'avait pas de musée d'art moderne digne de ce nom. On décida alors d'en construire deux, le premier pour les collections de la Ville, à l'étroit dans le Petit Palais, le second placé sous la tutelle de l'État. À l'approche de l'Exposition internationale de 1937, les autorités donnent leur feu vert à un quatuor d'architectes, Dondel, Aubert, Viard et Dastugue. L'édifice retenu se distingue par une ligne gracile. Un portique central formé d'une double colonnade entoure un patio et relie deux pavillons. Le fort dénivelé du terrain ménage, du parvis, une vue dégagée sur la Seine et permet de jouer avec les volumes où pénètrent des flots de lumière. Aujourd'hui, une aile est occupée par le musée d'Art moderne de la Ville de Paris, l'autre par un lieu de création contemporaine que l'on appelle, par simplification, palais de Tokyo.

☆ **Musée d'Art moderne de la Ville de Paris (plan 6, A2)** Grâce à sa politique d'acquisition et aux legs d'artistes et de collectionneurs généreux, des œuvres de choix issues des différents courants artistiques du XXe siècle ne cessent d'enrichir les collections. Après deux ans de travaux de rénovation, le musée a rouvert début 2006. Le public redécouvre avec bonheur les fabuleux volumes de ce palais qui permet un accrochage aéré et une déambulation très libre qui débute par les grandes figures du fauvisme, Derain, Vlaminck, et du cubisme, Picasso, Delaunay, Braque, Léger. Les chefs de file de l'école de Paris, Soutine, Modigliani et Zadkine, sont aussi bien représentés. Bel ensemble de photographies de Lisette Model et de Brassaï entre 1930 et 1940 sur la société urbaine. Après-guerre, des œuvres d'Yves Klein, César ou Arman sont emblématiques des nouveaux réalistes des années 1960. À leur suite, des artistes du mouvement Fluxus, Annette Messager, Ben, Jean-Jacques Lebel, installent l'art dans la vie courante. Ne manquez pas la belle évocation de l'arte povera avec Giuseppe Penone et Lucio Fabro. Différentes œuvres entre peinture, sculpture et vidéo esquissent un panorama de la création contemporaine. À l'écart du parcours, deux salles monumentales accueillent la *Fée Électricité* de Raoul Dufy, réalisée pour le pavillon de la Lumière à l'occasion de l'Exposition de 1937, *La Danse de Paris* (1931-1933) et *La Danse inachevée* qui constituent deux des trois versions de la décoration commandée à Henri Matisse par le docteur Barnes pour sa fondation en Pennsylvanie. Au niveau -1, la salle noire diffuse des vidéos de créateurs actuels et la salle Boltanski réunit un ensemble emblématique de la démarche de cet artiste entre poésie et enfance comme la *Réserve du musée des enfants I et II* (1989). On se presse aussi devant les portes de l'ARC pour découvrir des grandes expositions temporaires qui font toujours l'événement. *M° Iéna, Alma-Marceau, 11, av. du Président-Wilson 75016 Tél. 01 53 67 40 00 www.mam.paris.fr Ouvert dim.-jeu. 10h-18h, nocturne les ven.-sam. jusqu'à 22h Entrée libre hors expositions temporaires*

Palais de Tokyo, site de création contemporaine (plan 6, A2) À son

ouverture début 2002, il défraie la chronique car les architectes Vassal et Lacaton ont choisi de le dépouiller de tout ornement au nom d'une "esthétique de l'essentiel" et… d'une enveloppe financière réduite. C'est donc dans une friche industrielle que déambulent les visiteurs séduits par les volumes spacieux, souvent plus dubitatifs sur les expositions et installations expérimentales. Bien que la programmation, certes audacieuse, soit régulièrement critiquée, le palais n'est pas boudé. Dès 2009, le Centre Pompidou pourra déployer des expositions dans les espaces inoccupés du palais de

Tokyo consacrées à des artistes confirmés de la scène française dans les arts plastiques, le design, la vidéo et le cinéma. Par ailleurs, il dispose d'un restaurant ouvert fort tard et d'une terrasse bien agréable… *M° Iéna 13, av. du Président-Wilson 75016 Tél. 01 47 23 38 86 www.palaisdetokyo.com Ouvert mar.-dim. 12h-0h Tarif 6€, réduit 4,50€ Pour le jeune public, ateliers Tok Tok Pour les non-voyants, visites Tokyo Feel*

En remontant vers la place de l'Étoile

Musée Baccarat (plan 5, C2) Synonyme de luxe à la française, dès le XVIIIe siècle, le cristal de Baccarat s'invite aux tables des cours européennes. Ce fleuron des arts décoratifs né dans les environs de Metz s'est installé dans l'ancien hôtel particulier de Marie-Laure de Noailles où sont exposés quelques-uns des chefs-d'œuvre de la manufacture. La galerie transformée par Philippe Starck offre à ces joyaux un écrin somptueux. Des pièces légendaires des Expositions universelles côtoient des éditions limitées, dessinées par des créateurs contemporains de renom. *M° Iéna, Boissière 11, pl. des États-Unis 75016 Tél. 01 40 22 11 00 Ouvert lun., mer.-sam. 10h-18h30 Tarif 5€, réduit 3,5€*

Place des États-Unis (plan 5, C2) Dessiné dans l'esprit des squares new-yorkais, le jardin de la place est bordé d'hôtels particuliers luxueux dont celui de la vicomtesse de Noailles (cf. musée Baccarat, ci-dessus), dont le salon littéraire était fameux dans l'entre-deux-guerres. Plusieurs monuments rendent hommage à l'amitié franco-américaine, notamment *Les Volontaires américains morts pour la France en 1914-1918* de Boucher, *La Fayette et Washington*, un bronze de Bartholdi (1895), l'auteur de la statue de la Liberté. *M° Boissière, Iéna*

En se dirigeant vers la place de l'Alma

Fondation Yves-Saint-Laurent (plan 6, A2) YSL, trois lettres enlacées et un symbole d'élégance. En 1962, la maison de haute couture ouvre ses portes, avenue Marceau. Après le départ d'Yves Saint Laurent, en 2002, l'activité haute couture cesse. Afin de conserver vivantes 40 années de création, la fondation Yves-Saint-Laurent présente des trésors de la collection. Elle programme aussi des expositions sur la mode et les arts en général. *M° Alma-Marceau 3, rue Léonce-Reynaud 75016 Tél. 01 44 31 64 31 www.ysl.hautecouture.com Ouvert mar.-dim. 11h-18h Tarif 5€, réduit 3€*

Découvrir le quartier de Passy

☆ **À ne pas manquer** La maison de Balzac, le musée Marmottan-Monet **À proximité** La tour Eiffel, le Trocadéro **Sans oublier nos adresses** Faites une pause shopping rue de Passy

Du côté de Passy

Une promenade à travers le village de Passy vous permettra de découvrir un quartier paisible où hôtels particuliers côtoient jardins secrets et boutiques de mode.

À proximité du viaduc du métro, la **rue des Eaux** fait référence à des sources dont les vertus curatives étaient bien connues de la bonne société de l'Ancien Régime. Elle abrite aujourd'hui un musée... du vin. Une volée de marches conduit ensuite à la **rue Raynouard**. Côté impair, les immeubles élevés sur les anciens coteaux de Passy bénéficient d'une vue superbe sur la Seine. Ils abritent en outre derrière leur hall monumental des jardins suspendus et des fontaines inspirées de l'Art déco. Au n°47, un portail s'ouvre sur la maison de Balzac dont le jardin surplombe l'ancien hôtel de Lamballe (aujourd'hui l'ambassade de Turquie), où mourut Maupassant. Au n°51, jetez un coup d'œil à la façade de l'immeuble construit par l'architecte Auguste Perret (1874-1954), grand promoteur du béton armé. Il habita ici jusqu'à sa mort. Côté pair, l'inventeur du paratonnerre et l'un des pères fondateurs des États-Unis, Benjamin Franklin (1706-1790), séjourna au n°62-68 où il fit installer le premier paratonnerre construit en France. Sur la droite, la rue des Vignes passe devant le Théâtre du Ranelagh (au n°5), classé monument historique, puis croise la rue de Boulainvilliers qui mène au **carrefour de la Muette**. Rien ne subsiste du château de la Muette, résidence royale et haut lieu de divertissement sous l'Ancien Régime, si ce n'est une partie du parc au fond duquel se dresse le siège de l'OCDE (Organisation de coopération et de développement économique) près de la place de Colombie. Sur la gauche, dans une villa en retrait du boulevard Beauséjour (au n°7), d'étonnantes isbas couleur chocolat, souvenirs de l'Exposition universelle de 1867, pimentent l'architecture monotone du hameau. Revenez sur vos pas et empruntez la très commerçante **rue de Passy**, foisonnant de multiples restaurants, commerces de bouche, boutiques de mode et dépôts-ventes version chic. Place de Costa-Rica, sur la gauche, la **rue Franklin** grimpe à l'assaut de la colline de Chaillot. Au n°8, s'élève la maison de Clemenceau, au n°25bis les frères Perret signent leur premier immeuble (1903), qui utilise le béton comme matériau.

Musée du Vin (plan 5, C3)

Un musée du Vin rue des Eaux, cela ne s'invente pas ! Aménagé dans d'anciennes carrières, ce musée privé évoque dans ses galeries souterraines la vigne et le vin à travers les objets, des outils anciens et la reconstitution des métiers d'autrefois comme celui de tonnelier. Le tarif, relativement élevé, inclut un verre de vin dans un cadre vraiment insolite. Vente de vins, restaurant et conférences œnologiques. *M° Passy Rue des Eaux 75016 Tél. 01 45 25 63 26 Fax 01 40 50 91 22 www.museeduvinparis.com Ouvert mar.-dim. 10h-18h Tarif 8,90€ Label Tourisme et Handicap*

☆ Maison de Balzac (plan 5, B3-C3)

Poursuivi par ses créanciers, menacé de saisie, Balzac emménage dans cette maison au cœur du village de Passy en octobre 1840, sous le pseudonyme de M. de Breugnol. Il vivra incognito pendant sept ans dans les dépendances de cette folie du XVIIIe siècle, entourée d'un jardin lui aussi sauvegardé. Lors de son séjour, il écrit quelques-uns de ses chefs-d'œuvre de la *Comédie humaine* et en corrige les épreuves. Transformée en musée littéraire, la maison présente des objets personnels de l'écrivain et, dans son cabinet de travail, la fameuse table "témoin de mes angoisses, de mes misères, de mes joies, de tout...", confie-t-il à Mme Hanska. On découvre au passage plusieurs portraits de cette Polonaise qu'il finira par épouser après 18 ans de correspondance amoureuse. Des vitrines exposent des centaines de plaques pour impression et de statuettes évoquant les protagonistes de son œuvre. *M° La Muette, Passy RER C Boulainvilliers, Radio France 47, rue Raynouard 75016 Tél. 01 55 74 41 90 Fax 01 45 25 19 22*

Ouvert tlj. sauf lun. et j. fér. 10h-18h Entrée libre hors expositions temporaires (4€)
www.paris.fr/musees/balzac/

Rue Berton (plan 5, B3-C3) Pour une fois, on n'hésite pas à qualifier de "pittoresque" cette rue qui descend de Passy vers la Seine. Elle offrait à Balzac une sortie secrète pour fuir les opportuns et même, dit-on, les créanciers. Étroite et pavée, bordée par de hauts murs, elle semble échappée d'un autre siècle. *Mᵒ La Muette*

☺ **Musée Clemenceau (plan 5, C3)** Un drapeau bleu blanc rouge flotte discrètement à l'entrée de cet immeuble pas tout à fait comme les autres. Il abrite en effet l'appartement d'un héros de la Grande Guerre. Celui qui n'est pas encore le Tigre s'installe ici en 1895 et y restera jusqu'à sa mort en 1929. La demeure est modeste pour un homme de cette envergure et les visiteurs rares. À tort ! L'intérieur intact dévoile la personnalité intime de ce collectionneur d'objets d'art d'Extrême-Orient et grand ami de Monet. À l'étage, place à l'homme public. De nombreux documents d'archives évoquent le parcours de ce dreyfusard convaincu dont l'action au gouvernement lui valut tour à tour le qualificatif méprisant de "briseur de grève" puis celui de Père la Victoire. *Mᵒ Trocadéro, Passy 8, rue Franklin 75016 Tél. 01 45 20 53 41 www.musee-clemenceau.fr Ouvert mar.-sam. 14h-17h30 Fermé en août Tarif 6€, réduit 3*

Au fil de la Seine

Île aux Cygnes (plan 5, C3) Entre le pont de Grenelle et le pont de Bir-Hakeim s'étire sur 850m (pour seulement 11m de large) la longiligne île aux Cygnes à la pointe de laquelle se dresse la version miniature de la **statue de la Liberté** offerte à la Ville de Paris en 1885 par la communauté américaine. Malgré une taille respectable (9m), elle semble bien frêle au pied des immeubles modernes qui jalonnent la rive gauche de la Seine. Orientée vers l'est à l'origine, elle regarde maintenant plus logiquement vers l'ouest… en direction du continent américain. Cette allée plantée de deux rangées d'arbres est le paradis des joggers et des promeneurs, un usage que n'imaginaient pas ses promoteurs, qui l'édifièrent en 1827 pour protéger le port de Grenelle des convoitises immobilières. *Mᵒ Bir-Hakeim Accès par le pont de Bir-Hakeim ou le pont de Grenelle*

☺ **Pont de Bir-Hakeim (plan 5, C3)** Il est au xxᵉ siècle naissant ce que le viaduc de Millau représente à l'orée du xxıᵉ : une prouesse tant technologique qu'esthétique. Pour les besoins de l'Exposition universelle de 1900, on projette de remplacer la passerelle de Passy, uniquement piétonne, par un ouvrage qui associe voies automobiles et métropolitaine. Le résultat est un chef-d'œuvre de l'architecture métallique agrémenté de groupes de sculptures en fonte postés sur les piles du pont et de quatre figures allégoriques. N'hésitez pas à prendre le métro aérien entre les deux rives de la Seine. Pour la vue spectaculaire, bien sûr, et mieux encore. Juste avant d'entrer dans la station de Passy, on passe au raz des immeubles à la hauteur des fenêtres du premier étage. Étonnant ! *Mᵒ Passy, Bir-Hakeim*

Du côté de la Muette

Jardins du Ranelagh (plan 5, B2-B3) Ultime survivance du domaine de la Muette vendu aux enchères à la Révolution, ce vaste parc était fréquenté par une très aristocratique société sous la monarchie. La noblesse a cédé la place aux mères de famille qui accompagnent leurs enfants au spectacle de marionnettes, à l'aire de jeux, ou bien faire un tour de manège. Mais rien ne vous interdit d'y goûter vous aussi une pause bien méritée après la visite du musée Marmottan, qui le jouxte. La pelouse est belle, et les arbres vénérables étendent une ombre protectrice. L'allée Pilâtre-de-Rozier, qui borde le côté nord du jardin, commémore cette journée du 21 novembre 1783 où le physicien expérimente avec succès le premier vol en ballon au-dessus de Paris. *Marionnettes du Ranelagh* Av. Ingres 75016 Tél. 01 45 83 51 75 Représentations *mer., sam. dim. et vac. scol. à 15h15 et 16h15 Tarif 2,50€* **M° La Muette**

☆ **Musée Marmottan-Monet (plan 5, B2-B3)** Grâce aux legs du fils cadet de Monet et du médecin et ami des impressionnistes Georges de Bellio, le musée possède une exceptionnelle collection de tableaux de Monet qui trouve dans l'ancien hôtel particulier de Paul Marmottan un cadre particulièrement élégant, entièrement inspiré du style Empire. Vous pourrez mesurer l'évolution de ce peintre de génie de ses premiers paysages de la côte normande à *Impression, soleil levant* (1872) qui ébranle les conventions artistiques de l'époque et donne son nom à l'impressionnisme. Parmi les chefs-d'œuvre, *Vue de la cathédrale de Rouen* (1893), les toiles de son séjour londonien comme le célèbre *Parlement* (1900-1901) qui se reflète dans les eaux de la Tamise. Point d'orgue de cette promenade dans l'œuvre de Monet, les toiles inspirées de son jardin de Giverny peintes entre 1914 et 1920, dont une série de nymphéas vibrant de couleurs, d'autres plus crépusculaires. À l'étage sont exposées des œuvres d'autres "grands" impressionnistes tels que Renoir, Sisley, Pissarro et un superbe Gauguin. Ne manquez pas le *Portrait de Berthe Morisot* par Édouard Manet et *Claude Monet lisant* d'Auguste Renoir. Expositions temporaires de qualité. *M° La Muette*, RER C Boulainvilliers 2, rue Louis-Boilly 75016 Tél. 01 44 96 50 33 Fax 01 40 50 65 84 www.marmottan.com Ouvert 10h-17h30 tlj. sauf lun. et j. fér. Tarif 8€, réduit 4,50€

Découvrir le quartier d'Auteuil

☆ **À ne pas manquer** L'architecture d'Hector Guimard, la rue Mallet-Stevens

Autour de la Maison de Radio France

Maison de Radio France (plan 5, B3) En 1963, c'est encore l'époque de la RTF, Charles de Gaulle inaugure la Maison ronde, dont l'architecture fait sensation en bordure de Seine. Avec ce vaste cylindre (500m de périmètre) coiffé d'une tour de 68m, Henry Bernard conçoit un bâtiment novateur et élégant. Héritage de la guerre froide, les sous-sols sont équipés d'abris anti-atomiques. La RFT démantelée, l'édifice accueille désormais les antennes de Radio France. **Musée** Ouvert lun.-ven. 3 visites/jour 11h, 14h30 et 16h Tarif 5€, réduit 3€ **M° Passy** 116, av. du Président-Kennedy 75116 Tél. 01 56 40 20 12 www.radiofrance.fr/rf/musee/ accueil/ Attention : le musée est fermé pour une durée indéterminée

☆ **Architecture d'Hector Guimard (plan 5, B3)** À l'ouest de la Maison de la Radio, la **rue Jean-de-La Fontaine** aligne plusieurs immeubles signés par Hector Guimard (1867-1942). Au n°14, le Castel Béranger constitue le chef-d'œuvre de cet architecte influencé par l'Art nouveau et les conceptions de Viollet-le-Duc. Surnommé par ses détracteurs le "Castel dérangé", cet édifice de style néogothique, réalisé entre 1895 et 1897, présente des façades asymétriques ornées de silènes et d'hippocampes en fer forgé, et rythmées par des pignons, échauguettes et encorbellements. Conçu à l'origine pour être une résidence à loyer modéré, il offre au regard une joyeuse polychromie qui en souligne les volumes. Quelques mètres plus loin, c'est un Guimard assagi qui dessine autour de 1911 un ensemble plus sobre aux n°s 17-21. Les façades lisses aux lignes épurées forment une vague de pierre qui se prolonge rue Agar (n°8 et n°10) avec, cette fois, un immeuble de brique. Un procédé semblable est appliqué au n°43, rue Gros. Architecte méticuleux, Guimard pousse le détail jusqu'à dessiner également les devantures des boutiques dans les **rues Gros** et **Jean-de-La Fontaine**. Au n°60, remarquez l'hôtel Mezzara (1910-1911), autre fleuron de l'Art nouveau, dont le hall éclairé par une verrière zénithale baigne le patio de lumière. La décoration originale a été préservée. Plus loin, sur le trottoir opposé, le Studio Building d'Henri Sauvage (1873-1932) comprend des ateliers en duplex, dont la façade est décorée de carreaux de céramique qui en accentuent les lignes. Prenez à droite la rue George-Sand. Dans son prolongement, la **rue Henri-Heine** accueille au n°18 l'un des derniers immeubles construits par Guimard en 1926 dans le style Art déco. *M° Ranelagh*, *RER Maison de Radio France*

☆ **Rue Mallet-Stevens (plan 5, B3)** Architecte remis à l'honneur, Robert Mallet-Stevens (1886-1945) a beaucoup marqué ses contemporains dans l'entre-deux-guerres. C'est à Auteuil que l'on admirera son œuvre la plus significative : un lotissement de cinq hôtels particuliers construit en 1926-1927. Les résidences d'un blanc éclatant jouent avec les empilements et les décrochements. Classées tardivement, en 1975, elles avaient hélas déjà subi des ajouts qui déséquilibrent leurs volumes. Seule la maison du n°10 n'a pas été modifiée. L'agence et l'hôtel de Mallet-Stevens occupaient le n°12. Les portes en fer sont signées Jean Prouvé. "Manifeste de l'architecture moderne" par ses lignes géométriques et sa simplicité fonctionnelle, ce bloc homogène très cohérent va à l'encontre des constructions de l'époque. *M° Jasmin*

☺ **Fondation Le Corbusier (plan 5, A3-B3)** "La Roche, quand on a une belle collection comme vous, il faut se faire construire une maison digne d'elle" : c'est par ces quelques mots que Le Corbusier (1887-1965) convainc son ami le banquier suisse Raoul La Roche de lui confier la réalisation de sa villa en 1923. Il dessinera en réalité deux villas, la seconde étant réservée à son frère aîné. Marquées du sceau de la modernité la plus radicale, elles privilégient les jeux de lumière et de perspectives. Le grand hall offre de multiples points de vue et sépare l'espace public, consacré à une galerie de tableaux, de la sphère privée dans laquelle la chambre dite "puriste" reflète un dépouillement très marqué. Avec cette construction, Le Corbusier met en pratique les principes fondamentaux qui régissent son architecture : un toit-terrasse, des fenêtres en bandeau, des pilotis, des façades libres de toute structure. Les deux villas abritent désormais la fondation Le Corbusier, qui assure la conservation du patrimoine architectural de ce génial précurseur. *M° Jasmin*, **Michel Ange-Auteuil** *10, square du Docteur-Blanche 75016 Tél. 01 42 88 41 53 Fax 01 42 88 33 17 www.fondationlecorbusier.fr Ouvert lun.*

GÉOQUARTIERS

13h30-18h, mar.-jeu. 10h-12h30 et 13h30-18h, ven. 10h-12h30 et 13h30-17h, sam. 10h-17h Tarif 3€, réduit 2€ Expositions 4€, réduit 3€

Autour de la rue d'Auteuil

Les hameaux privés et les villas font tout le charme et la particularité du quartier. Leurs heureux habitants y savourent le calme et la verdure qui les isolent de la rumeur urbaine. Les **villas** Dietz-Monnin, Meyer, Cheysson sont les plus attachantes. Destiné à l'origine aux familles modestes, ce lotissement ouvrier situé dans la rue Claude-Lorrain, au sud de la station de métro Exelmans, a depuis radicalement changé de visage. Des passages pavés débordant de végétation desservent des maisons de petite taille qui se vendent maintenant à prix d'or. Quelques centaines de mètres plus au nord, le hameau Boileau, au n°38 de la rue du même nom, constitue une autre enclave privée qui réunit des constructions plus hétérogènes. À deux pas, la villa Molitor affiche de luxueuses résidences sur un vaste domaine arboré, comme la villa Boileau au n°18 de la rue Molitor. S'il vous reste encore un peu de force, poussez jusqu'au **pont du Garigliano**. Le dernier pont de l'Ouest parisien à enjamber la Seine n'a certes rien d'exceptionnel, en revanche la vue sur Paris est prodigieuse.

Rue d'Auteuil (plan 22, A1-B1) Les petits commerces contribuent à sa joyeuse animation qui se concentre autour de la place Jean-Lorrain, pourvue d'agréables terrasses de café, où se tient le marché. Faites un petit crochet par la rue Poussin : au n°12, la villa Montmorency cache des maisons luxueuses dans l'ancien parc de la duchesse du même nom. Gide et Bergson y avaient élu domicile. Au XIXe siècle, les Goncourt préfèrent le boulevard de Montmorency. Leur "grenier" au n°67 a vu défiler Maupassant, Huysmans, Zola. Revenez rue d'Auteuil. Au n°59, Mme Helvétius recevait dans son salon littéraire les brillants esprits du XVIIIe siècle. Un siècle plus tôt, au n°40, l'Auberge du Mouton blanc avait pour hôtes Boileau, Molière, La Fontaine, Racine. À l'autre extrémité de la rue, la place d'Auteuil ombragée conserve un aspect villageois malgré l'architecture étrange de l'église Notre-Dame-d'Auteuil, vaguement byzantine. *M° Michel Ange-Auteuil*

Où se mettre au vert ?

Parc Sainte-Périne (plan 22, B1) Des arbres d'essence exotique, des aires de jeux pour les enfants et des pelouses ouvertes à tous. *M° Mirabeau Rue Mirabeau 75016*

Jardin des poètes (plan 22, A1) Jouxtant le domaine des serres d'Auteuil, il vous convie à une promenade littéraire parmi les grands auteurs français et étrangers dont les vers sont gravés sur des stèles. *M° Porte d'Auteuil Av. du Général-Sarrail 75016*

☺ **Jardin des serres d'Auteuil (plan 22, A1)** À l'exception des riverains, ce jardin est méconnu des Parisiens, en raison probablement de sa situation géographique excentrée. Quel dommage ! Car ce lieu n'est pas un jardin comme les autres. Ouvert en 1898, le Fleuriste municipal (son nom d'alors) cultive les plantes à massifs, avant de se consacrer aux collections végétales provenant du monde entier. Les espèces sont élevées dans de grandes serres ouvertes à la visite, dont la plus spectaculaire, à dôme central, abrite le palminarium. À côté des orchidées, plantes carnivores et azalées, l'ancien jardin botanique de Louis XV fournit chaque année 100 000 plantes destinées à la décoration des édifices municipaux. Les serres accueillent aussi des concerts de musique classique, une bonne occasion pour y faire une escapade. *M° Porte d'Auteuil 1bis, av. de la Porte-d'Auteuil 75016 ou 1, av. Gordon-Bennett 75016 Tarif 1€*

Dans les coulisses de Roland-Garros

Le stade destiné aux Internationaux de tennis n'aura plus de secrets pour vous après cette visite qui vous emmène dans ses zones les plus confidentielles, les vestiaires, la maison du tennis, le centre de presse… Vous pourrez aussi découvrir le Tenniseum, qui retrace l'épopée du tennis français, marquée par les Mousquetaires, Suzanne Lenglen et les champions actuels. Ce musée expose également des objets inédits et insolites, tels que le tout premier blazer siglé d'un crocodile. Dans la salle multi-média, on peut profiter de près de 400 heures de programmes et de films d'archives. Les passionnés pourront consulter à la médiathèque le premier traité de jeu de paume (qui date de 1550) et beaucoup d'autres documents plus récents. *M° Porte d'Auteuil Accès Porte des Mousquetaires, av. Gordon-Bennett 75016 Tél. 01 47 43 48 48 www.fft.fr/site-tenniseum/ **Tenniseum** Tarif 7,50€, réduit 4€ **Visite guidée des coulisses** Tarif 10€, réduit 8€ Se renseigner pour connaître les horaires et les jours d'ouverture*

Où assister à un match ?

Parc des Princes (plan 22, A1). Inauguré en 1972 par Georges Pompidou, le stade parisien peut accueillir jusqu'à 50 000 personnes sur ses gradins. Si vous êtes supporter d'un autre club que le PSG, sachez vous faire discret ! Mieux vaut éviter en tout cas la tribune Boulogne, rendez-vous des défenseurs les plus ultras du club parisien. Le parc est aussi loué pour de grands événements et des concerts. *M° Porte de Saint-Cloud, Porte d'Auteuil Pl. de l'Europe 75016 **Boutique du PSG** 24, rue du Commandant-Guilbaud 75016 Tél. 01 47 43 72 91 (250m² d'articles en tout genre, des maillots aux écharpes pour les fans du club !) **Autre adresse** 27, av. des Champs-Élysées 75008 Tél. 01 56 69 22 22 **Club du PSG** 24, rue du Commandant-Guilbaud 75016 Tél 01 47 43 71 71 (visites du parc, etc.) www.psg.fr **Billetterie** 24, rue du Commandant-Guilbaud 75016 Ouvert lun.-ven. et sam. de match 9h-19h*

Stade Jean-Bouin (plan 22, A1). Les amis du ballon ovale ne manquent pas d'assister aux rencontres du Stade français, une des meilleures équipes du moment. Spectacle garanti ! *M° Porte d'Auteuil Stade Jean-Bouin 20-40, av. du Général-Sarrail 75016 **Boutique** 2, rue du Commandant-Guilbaud 75016 Tél. 01 46 51 00 75 Fax 01 46 51 24 24 www.stade.fr Ouvert lun.-sam. 10h-19h*

Découvrir le bois de Boulogne

☆ **À ne pas manquer** Le Jardin d'acclimatation, le parc de Bagatelle **Sans oublier nos adresses** Faites une pause romantique au Chalet des Îles

Poumon vert de l'Ouest parisien, le bois de Boulogne est pris d'assaut le week-end par les Parisiens en mal de nature. Ses 845 ha offrent sans peine un petit coin de forêt à chacun. S'il est fréquenté de jour par des familles, c'est une population bien plus interlope qui arpente ses sous-bois la nuit. Vestige de l'ancienne forêt médiévale de Rouvray, le Bois fut longtemps réservé aux chasses et exploitations royales avant de devenir un lieu de divertissement et de libertinage de la noblesse. Au XVIIIᵉ siècle, le château de la Muette, la Folie Saint-James, celle de Bagatelle abritent des fêtes et des rendez-vous galants. Aménagé sous Napoléon III par Alphand (1817-1891), le bois de Boulogne est doté de lacs et d'étangs, de nouvelles allées, d'une cascade et d'un zoo… qui aura la vie courte. En effet, pour nourrir la population assiégée pendant la guerre de 1870, ses pensionnaires apparaissent au menu de la Saint-Sylvestre. Avec la réalisation de l'avenue de l'Impératrice (avenue Foch), la construction des hippodromes et l'ouverture de pavillons comme le très chic Pré-Catelan, les phaétons de la Belle Époque se croisent dans les allées. Des cercles sportifs élégants ouvrent leurs portes. Encore aujourd'hui, il faut être parrainé pour entrer au Racing Club de France, au Cercle du bois de Boulogne ou au Polo de Bagatelle. Mais n'ayez crainte, ce ne sont pas les activités de plein air qui manquent ! Du canotage à la pêche à la mouche en passant par la visite de la roseraie de Bagatelle… **En métro et RER** Ligne 1 : Porte Maillot, Sablons, Av. Foch Ligne 2 : Porte Dauphine Ligne 10 : Porte d'Auteuil, RER C Porte Maillot **En bus** Lignes 43, 73, 82, PC, 174 **En voiture** Plusieurs sorties de périphérique mènent au bois de Boulogne, du nord au sud, la porte Maillot, la porte Dauphine, la porte de la Muette et la porte d'Auteuil

☆ **Jardin d'acclimatation (plan 5, A1)** Des générations d'enfants se souviennent encore de la Rivière enchantée, attraction indémodable de cet ancêtre des parcs de loisirs français. Les enfants s'amusent toujours autant sur les manèges délicieusement datés, dignes d'une fête foraine de village. Pour éveiller les petits Parisiens à la nature, une ferme pédagogique permet de découvrir une vraie basse-cour et de voir pousser les légumes du potager. Parmi les activités culturelles, des ateliers éducatifs, des représentations théâtrales, l'Explor@dome, le musée en herbe… Une journée ne suffira pas pour faire le tour de toutes les attractions. Il faudra donc revenir. **Mᵒ Les Sablons** Suivre la rue d'Orléans, l'entrée du Jardin d'acclimatation est à 150 m **Bus** 43, 73, 82, PC, 174 **Petit train**, au départ de la porte Maillot (AR 2,70 €, AR + entrée 5,40 €) Tél. 01 40 67 90 82 Fax 01 40 67 98 73 www.jardindacclimatation.fr Ouvert mai-sept. : tlj. 10h-19h ; oct.-avr.: tlj. 10h-18h **Tarif** Adultes et enfants 2,70 €, plus carnet de tickets pour les attractions

★ **Parc de Bagatelle (plan 5, A1)** Sa roseraie donne lieu à un concours international chaque année depuis sa création en 1907. Le mois de juin est le plus propice à sa visite, quand les roses embaument l'air. Iris, clématites, plantes vivaces et nymphéas parent les jardins de couleurs changeantes au fil des saisons. La Folie du comte d'Artois, même profondément remaniée depuis 1777, conserve beaucoup de charme avec sa cohorte de paons. Au détour des sentiers surgissent petits ponts, rocailles et cascades artificielles. Ce lieu enchanteur accueille aussi des concerts et des expositions. **Mᵒ Pont de Neuilly** puis bus 43 ou **Mᵒ Porte Maillot** puis bus 244 Allée de Longchamp, route de Sèvres à Neuilly Tél. 08 26 30 20 30 Ouvert avr.-juin 10h30-17h30/19h (w.-e. et parfois semaine) ; juil.-août 10h30-21h30 ; sept. : sam.-dim. 10h30-17h30/19h

Faire le tour du Bois à vélo

Au départ de la porte Maillot, prenez la piste cyclable qui débute dans l'allée de Longchamp au niveau du pavillon d'Armenonville et rejoint le lac Inférieur. En poursuivant vers le sud, vous ne tarderez pas à apercevoir, entre les arbres, les eaux du lac Supérieur, beaucoup plus petit. Après une pause au bord du lac Inférieur, reprenez la piste cyclable jusqu'au jardin du Pré-Catelan. Planté d'arbres séculaires, dont un magnifique hêtre pourpre, il dégage une délicieuse atmosphère romantique avec ses allées ombragées et serpentines qui vous emmèneront au théâtre de verdure. Ce jardin accueille aussi le fameux restaurant du Pré-Catelan pour une échappée gourmande – et onéreuse – dans sa salle à manger Belle Époque ou sur la terrasse particulièrement champêtre. Poursuivez ensuite jusqu'à la Grande Cascade du carrefour de Longchamp. À l'emplacement d'une abbaye fondée par la sœur de Saint Louis, dont le moulin représente l'ultime vestige, se dresse l'hippodrome de Longchamp. Au nord, on aperçoit le château de Longchamp occupé par l'association du WWF France. Quelques coups de pédale séparent le carrefour de Longchamp du parc de Bagatelle par la route de la Longue-Queue. Si vous être pressé de rentrer, vous pouvez couper par l'avenue du Mahatma-Gandhi où vous croiserez des cavaliers du très prestigieux cercle équestre de l'Étrier. Une piste cyclable où s'entraînent des amateurs chevronnés fait le tour de l'hippodrome de Longchamp. *Location de vélos* Porte des Sablons, près du Jardin d'acclimatation et au bord du lac Inférieur Tél. 01 47 47 76 50 Ouvert 15 oct.-16 avr. : mer., sam. dim., 10h-19h (sauf par temps de pluie) ; 17 avr.-14 oct. : 10h-19h et vac. scol. : 13h-18h Tarifs 3,50€ les 30 min , 5€ l'heure, 6€ la demi-journée, 12€ la journée entière

Où faire une promenade en barque ?

Si le temps s'y prête, n'hésitez pas à louer une barque et sacrifiez au rituel du sacrosaint tour sur le lac Inférieur, ponctué par deux charmants îlots, dont le plus grand possède un restaurant, Le Chalet des Îles, véritable chalet suisse. *Location de barques* Lac Inférieur Tarif 9,50€/l'heure

Où assister à une représentation en plein air ?

Théâtre de verdure du jardin Shakespeare (plan 5, A2). Découvrez ce théâtre de verdure composé de petits jardins inspirés par l'œuvre de Shakespeare. Chaque été, ils prêtent leur cadre à des représentations en plein air de *Macbeth*, du *Songe d'une nuit d'été*, d'*Hamlet* et de *La Tempête*. *M° Porte Maillot* Bus 244 Arrêt Bagatelle-Pré-Catelan Allée de la Reine-Marguerite 75016 Tél. 01 40 19 95 33

Où jouer aux courses ?

Hippodrome de Longchamp (hors plan). L'hippodrome de Longchamp (57ha) a été inauguré en 1857 par Napoléon III lorsque, pour des raisons de commodité, les courses de galop plat ont été transférées du Champ-de-Mars au bois de Boulogne. Depuis, ce sont les courbes de la plaine de Longchamp qui donnent sa pente à la principale des cinq pistes de l'hippodrome ; une originalité particulièrement bien exploitée lors du fameux Week-end de l'Arc de triomphe (1er week-end d'oct.), pour la plus grande joie des amoureux de la course : ils sont nombreux puisque Longchamp peut accueillir jusqu'à 50 000 personnes (dont 7 000 assis)! Par ailleurs, le restaurant panoramique, la brasserie, le salon de thé pourront vous distraire si vous parvenez à vous extraire du bureau des paris. Pour les moins joueurs, la visite guidée du dimanche, l'Espace Poney et les ateliers 2-10 ans pour vos enfants sont à votre disposition ainsi qu'une boutique de souvenirs. *M° Porte d'Auteuil Accès Bus 244, 244N Arrêt Carrefour de Longchamp Route des Tribunes Bois de Boulogne 75116 Tél. 01 44 30 75 00 Tél. Info. 0821 213 213 En voiture De Paris, porte Maillot, prendre allée de Longchamp ou porte de Passy puis route de l'Hippodrome Des quais et pont de Neuilly, prendre l'allée du Bord-de-l'Eau (parking payant à prox. de l'hippodrome) Tarif 3 à 8€, réduit 1,5€ à 4€ pour les 18-25 et plus de 60 ans, gratuit pour les moins de 18 ans ; une loge de quatre personnes sera louée de 66€ à 120€ la journée selon la course*

Hippodrome d'Auteuil (plan 5, A3). L'hippodrome d'Auteuil (33ha) est consacré exclusivement à la course d'obstacles depuis sa création en 1873, selon la mode anglaise du steeple-chase alors en vogue. Aujourd'hui, de multiples types de courses ont lieu, dont les très "courus" Grand Steeple-Chase de Paris (fin mai) et Grand Week-end de l'Obstacle (1er w.-e. de novembre), qui réjouissent les amateurs de doubles barrières, oxers, open- et rail- ditches ou autres. Deux restaurants dont l'un panoramique, une brasserie, deux expositions saisonnières, une garderie pour enfants (2-10 ans) et des baptêmes à poney gratuits (3-10 ans, dim. et jours fériés) agrémenteront vos pauses entre les courses. Celles-ci se déroulent sur la piste de haies, les deux pistes de steeple et la piste du huit. *M° Porte d'Auteuil Hippodrome Route des Lacs 75016 Tél. 01 40 71 47 47 Tél. info. 0821 213 213 Bus PC 1, 52, 123 et (sauf w.-e.) 32, 241 Voiture : par le périphérique, porte de Passy ou d'Auteuil Tarif 3€ à 8€ (selon la course), réduit 1,50€ à 4€, gratuit pour les moins de 18 ans*

Où faire des longueurs ?

Piscine d'Auteuil (plan 5, A3). Avec son toit ouvrant et son solarium, la piscine municipale située dans l'hippodrome d'Auteuil offre un cadre propice pour parfaire musculature et bronzage. *M° Porte d'Auteuil Hippodrome, 75016 Tél. 01 42 24 07 59 Ouvert mar., jeu., ven. 7h-8h et 11h30-13h30, mer. 7h-8h30 et 11h30-18h, sam. 7h-13h, dim. 8h-18h ; vac. scol. (sauf juil.-août), lun. 13h-17h, mar.-sam. 7h-17h, dim. 8h-18h La piscine ferme à 13h les jours de courses hippiques Tarif 2,60€*

☆ Le quartier des Champs-Elysées

plans 5, 6, 8

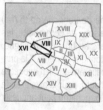

Exit la forêt où Louis XIII chassait le renard, *exit* les marécages qui s'étendaient le long de la Seine, place aux Champs-Elysées, une percée vertigineuse (1,9km de long pour 71m de large) qui monte jusqu'à l'Arc de triomphe dans une savante mise en scène. Et si un écrin de verdure entoure encore leur partie basse, c'est une forêt d'immeubles qui borde la partie haute. Fruit d'une double exigence, urbaniser l'Ouest parisien et créer une perspective somptueuse à l'échelle du rayonnement de la ville, les Champs-Elysées ont dès leur naissance associé luxe et monumentalité. En dépit de leur existence tardive (ils ont été tracés au milieu du XIXe siècle), ils symbolisent Paris dans tous les esprits. Peu importe le paradoxe ! C'est la nuit, quand scintille de tous ses feux la célébrissime avenue, que l'échappée semble la plus grandiose. Entre les phares des voitures et les enseignes lumineuses se découpe sur un tertre la silhouette massive de l'Arc de triomphe, étape prestigieuse de la voie triomphale qui relie le Louvre à la Grande Arche de la Défense sur un axe rectiligne de 7km.

UNE ENTREPRISE RÉCENTE Pour accroître le faste du château des Tuileries, Le Nôtre, paysagiste de Louis XIV, a l'idée de dessiner vers 1670 une allée entre le jardin royal et l'actuel rond-point des Champs-Élysées afin de lui offrir une perspective digne de son statut. Les Champs-Élysées sont nés. Le cours la Reine sur les bords de Seine, créé par Marie de Médicis autour de 1620, est vite supplanté par cette nouvelle promenade où les calèches se croisent sous les allées ombragées de marronniers. Le prolongement de l'avenue jusqu'à l'Étoile puis Neuilly est achevé au XIXe siècle. La "plus belle avenue du monde" ne compte encore que 6 maisons en 1800 ! Son épopée démarre véritablement sous le Second Empire. De grands hôtels de voyageurs et des hôtels particuliers sortent de terre, rivalisant de luxe comme en témoigne l'un des rescapés de cette époque, l'hôtel de la Païva, au n°25.

UN LIEU VOUÉ AU DIVERTISSEMENT Ne dit-on pas que Marie-Antoinette, en cachette du roi, venait s'amuser incognito dans les bals masqués du Colisée vers 1785 ? Déjà, les futurs Champs-Élysées étaient un lieu de fête apprécié. Mais le véritable âge d'or commence à partir de 1838 quand Hittorff réaménage les jardins. Il fait installer l'éclairage public et construit des pavillons sur le modèle du restaurant Ledoyen où l'on va festoyer entre deux spectacles. Cirques, théâtres, cafés se multiplient, attirant dans leur sillage un public enthousiaste. Au plus fort de la mode de la polka, le bal des frères Mabille est réputé pour son orchestre. À sa suite, l'Alcazar devient le roi des caf'-conc', talonné par le Café des Ambassadeurs, peint par Toulouse-Lautrec. En 1855, Offenbach lance la mode des opérettes aux Bouffes-Parisiens qui deviendront plus tard le Théâtre Marigny. Autre grand succès, les panoramas, ces peintures disposées sur le mur intérieur des rotondes qui recréent des vues à 360 degrés. Celle du futur Théâtre du Rond-Point illustre l'incendie de Moscou. En 1894, une mode chassant l'autre, elle est transformée en un palais des Glaces et devient la grande attraction des "Champs" de la Belle Époque. Avec la vogue des chansonniers, le pavillon de l'Élysée et celui des Ambassadeurs (futur Espace Cardin) accueillent Yvette Guibert, Mistinguett, Maurice Chevalier. Jean Marais y fait ses débuts dans *Les Parents terribles* de Cocteau en 1938. En 1935, un physicien original propose des spectacles de "physique amusante, fantasmagorie et curiosité" au Carré Marigny. L'histoire du plus ancien théâtre des Champs-Élysées démarre. Salle Lacaze, Folies-Marigny, Bouffes-Parisiens d'été, Bouffes-Marigny, Bouffes-Debureau, Théâtre féerique, Théâtre des Champs-Élysées... Toutes ces appellations renvoient au Théâtre Marigny. Scène lyrique, théâtre illustre, panorama incontournable, music-hall renommé, Marigny cultive très tôt cette alternance des genres qui fait l'originalité et la richesse de sa programmation actuelle.

LA PATRIE RECONNAISSANTE Le cadre hors normes des Champs-Élysées est devenu tout naturellement le théâtre privilégié des grands moments de ferveur patriotique et de communion nationale. Les défilés militaires commémorent les victoires de 1918, 1945 et la fête nationale du 14 Juillet. La tombe d'un soldat inconnu de la Grande Guerre repose sous les piliers de l'Arc de triomphe depuis 1921. Deux événements avaient déjà créé des précédents au XIXe siècle : lors de la translation des cendres de Napoléon en 1840 et de la disparition de Victor Hugo en 1885, la patrie reconnaissante avait rendu un hommage fervent à ses grands hommes sous l'Arc de triomphe. L'artère est si bien associée à la gloire nationale qu'en 1940 les troupes nazies défilent sur ses pavés. À la Libération, une marée humaine sans précédent acclame Charles de Gaulle, qui descend triomphalement l'avenue. Il faudra attendre la victoire française lors de la Coupe du monde de football en 1998 pour retrouver un rassemblement d'une telle envergure.

VITRINE DE LA MODERNITÉ ? Les Champs-Élysées actuels n'ont pas grand-chose à voir avec le lieu de séjour funèbre des héros de la mythologie chanté par Homère. Jusqu'au début des années 1960 on pouvait encore y croire. Dutronc chante les "petits minets du Drugstore", le bar à la mode, Belmondo et Jean Seberg s'y retrouvent dans le film de Godard *À bout de souffle*, les cinéastes de la Nouvelle Vague, Truffaut en tête, se réunissent au Fouquet's. Aujourd'hui ? Le luxe s'est replié sur le triangle d'or formé par les avenues Montaigne et George-V, la vitrine prestigieuse est devenue une artère commerciale qui offre pour tout horizon des magasins ouverts le dimanche et des divertissements formatés.

Le quartier des Champs-Élysées, mode d'emploi

orientation

Situés nettement dans l'Ouest parisien sur la Rive droite, les Champs-Élysées forment une large et profonde percée. Au sud, le quartier est contenu par la place de l'Alma et longe la Seine par le cours Albert-Ier et le cours la Reine. Au nord, il est coiffé par le faubourg Saint-Honoré. À l'ouest, il se prolonge jusqu'à l'Étoile. Au-delà commence le quartier de Dauphine traversé par l'avenue Foch et l'avenue Victor-Hugo. À l'est, le jardin des Tuileries, place de la Concorde, en marque la frontière.

★ **Champs-Élysées** Paris ne serait pas Paris sans "la plus belle avenue du monde" ! La place de la Concorde, peut-être la plus grandiose place de la ville pour les échappées qu'elle ménage sur la voie triomphale, en demeure un prélude de choix… Quant à l'avenue Montaigne, elle concentre tous les grands noms du luxe : maisons de haute couture, joailliers ou palaces feutrés.

Le faubourg Saint-Honoré Le quartier de la Madeleine est tout petit : il se résume à deux artères cossues, les rues Tronchet et Royale, à une place et surtout à une église qui attire à elle toute l'attention. Au-delà de la place Saint-Augustin, le faubourg Saint-Honoré, haut lieu du pouvoir politique, est aussi un quartier à vocation artistique.

☆ **L'Étoile** Tout ici n'est que grandeur et monumentalité. Incarnation des beaux quartiers de la capitale, la place Charles-de-Gaulle est célèbre dans le monde entier pour la perspective fabuleuse qu'elle offre du sommet de l'Arc de triomphe sur l'avenue des Champs-Élysées. Au-delà, la Grande Arche de la Défense vous ménage un autre panorama sublime sur Paris.

accès

EN MÉTRO, EN RER Cinq stations de métro : Concorde (lignes 1, 12, 8), Champs-Élysées-Clemenceau (ligne 1, 13), Franklin D. Roosevelt (lignes 1, 9), George V (ligne 1) et Charles de Gaulle-Étoile (ligne 1, 2, 6) et une station de RER Charles de Gaulle-Étoile "desservent la plus belle avenue du monde". Un grand nombre de lignes de métro s'entrecroisent dans le quartier de la Madeleine qui est, avec Châtelet, le plus grand nœud de circulation de la capitale. Les lignes 3, 12, 13 se croisent à l'arrêt Saint-Lazare, qui communique avec la station Haussmann-Saint-Lazare du RER E. À la Madeleine s'arrêtent les lignes 8, 12 et la ligne 14.

EN BUS Outre le Balabus, le 52 remonte et descend les "Champs" sur toute leur longueur. Place de la Concorde, bus 24, 42, 84, 94, 52, 72, 73, Noct A, Balabus De l'Arc de triomphe, bus 22, 30, 31, 52, 73, 92, Noct A et Balabus. Rond-point des Champs-Élysées, bus 42, 28, 32, 80, 83, 93. À Madeleine, passage des lignes 24, 42, 52, 84, 94.

EN VOITURE Les Champs-Élysées occupent un tronçon de l'axe est-ouest qui structure la Rive droite. En venant de l'est, prenez la direction de Bastille, Châtelet, Concorde. Si vous arrivez par l'ouest, sortez à la porte Dauphine et remontez l'avenue Foch jusqu'à l'Étoile ou prenez la porte Maillot et empruntez l'avenue de la Grande-Armée. L'avenue des Champs-Élysées est tellement monumentale qu'elle se prête à une excursion nocturne en voiture. En revanche, ne vous aventurez pas dans le quartier de la Madeleine au volant ! Accès par les grands boulevards de l'est (en venant de la porte Saint-Denis ou de République). Du sud, accès par la place de la Concorde et la rue Royale. De l'ouest, empruntez le boulevard Haussmann jusqu'à la place Saint-Augustin et bifurquez boulevard Malesherbes. Du nord, descendez par le boulevard Malesherbes ou de Clichy et la rue d'Amsterdam.

À VÉLO À éviter absolument : trop de voitures et pistes cyclables rares.

informations touristiques

Mairie du 8ᵉ ardt (plan 8, A1). *Mᵒ Europe* 3, rue de Lisbonne 75008 Tél. 01 44 90 75 08 www.mairie8.paris.fr

circulation

Les grands axes de circulation qui conduisent aux Champs-Élysées sont souvent saturés. Évitez absolument les quais de Seine dans la journée. La rue de Rivoli n'est pas plus fluide depuis l'aménagement d'un couloir de bus. Quant à la place de l'Étoile, elle est régulièrement engorgée. Bref, on ne circule bien que le soir. Optez dans la mesure du possible pour le métro. Du côté de la Madeleine, sur-place assuré aux heures de pointe ! Pour vous garer, vous avez des chances de trouver une place dans le nouveau parking aménagé place de la Madeleine, à l'ombre de l'église.

Parkings Concorde (plan 8, B3) Angle av. Gabriel et rue Boissy-d'Anglas 75008 **Champs-Élysées** (plan 8, A2) Angle av. Matignon et rue Rabelais 75008 **Faubourg Saint-Honoré** (plan 8, A2) Angle rue de Mirosmesnil et rue du Faubourg-Saint-Honoré 75008 **Madeleine** (plan 8, B2) Face au 19, place de la Madeleine **Malesherbes-Anjou** (plan 8, B1-B2) 33, bd Malesherbes 75008 **Square Bergson** (plan 8, B1) Face au 35, rue de Laborde 75008

adresses utiles

Commissariat central (plan 6, B2). *M° Champs-Élysées Clemenceau* 1, av. du Général-Eisenhower 75008 Tél. 01 53 76 60 00
Police de quartier (plan 6, A2-B2). *M° Franklin D. Roosevelt* 5, rue Clément-Marot 75008 Tél. 01 53 67 78 00 **Madeleine (plan 8, B2)** 31, rue d'Anjou 75008 Tél. 01 43 12 83 83

marchés

Rue d'Aguesseau (plan 8, B2). *Pl. de la Madeleine 75008 Mar. et ven. 7h30-13h*
Marché aux fleurs (plan 8, B2). *Pl. de la Madeleine 75008 À l'est de l'église Tlj. sauf lun. 8h-19h30*
Marché couvert (plan 8, A1). *Rue Corvetto 75008, dans le quartier de l'Europe Mar.-sam. 8h-13h et 16h-19h30, dim. 8h30-13h*

fêtes et manifestations

Défilé militaire du 14 Juillet. Une institution. L'armée défile au pas cadencé jusqu'à la tribune présidentielle pendant que les avions de chasse zèbrent le ciel. *M° Champs-Élysées Clemenceau, Franklin D. Roosevelt, George V*
Commémorations militaires. En souvenir du 11 novembre 1918 et du 8 mai 1945 avec dépôt de gerbes sur la tombe du Soldat inconnu. *M° Champs-Élysées Clemenceau, Franklin D. Roosevelt, George V*
Illuminations de Noël. Un spectacle de toute beauté. Les Champs-Élysées sont décorés *in extenso* de guirlandes lumineuses. *M° Champs-Élysées Clemenceau, Franklin D. Roosevelt, George V*
Arrivée du Tour de France. *3e dim. de juil. M° Champs-Élysées Clemenceau, Franklin D. Roosevelt, George V*

★ Découvrir les "Champs"

☆ **À ne pas manquer** L'obélisque de la place de la Concorde, le Petit Palais, le Grand Palais, l'avenue des Champs-Élysées **À proximité** L'Arc de triomphe, les Tuileries **Sans oublier nos adresses** Faites du lèche-vitrine avenue Montaigne, profitez d'une séance de cinéma au Balzac, buvez un verre au bar du Plaza Athénée

Autour de la Concorde

Reconnaissable à son obélisque, l'immense place construite sous Louis XV par Ange-Jacques Gabriel n'est pas l'amie du piéton qui doit déployer une énergie peu commune pour venir à bout du flot de voitures. Les projets de réaménagement restent pour l'instant lettre morte. Malgré cette infortune, elle offre de magnifiques échappées dans un cadre majestueux.

★ **Place de la Concorde** (plan 8, B3) Tirer un trait sur le passé : telle est la volonté de Louis-Philippe en 1836 quand il décide d'ériger sur cette place où furent exécutés Louis XVI et les principaux chefs de la Révolution... un obélisque rapporté de Louxor. On ne craignait aucune récupération politique autour de cette colonne haute de 22m gravée de hiéroglyphes célébrant le pharaon Ramsès II. Aucune polémique non plus n'était envisageable avec l'Égypte, car l'obélisque avait été librement offert par Méhémet-Ali à la France en 1831. Enfin, la Concorde méritait son nom ! À la différence des places royales, elle n'est fermée que d'un côté, au nord, pour préserver la perspective sur les Champs-Élysées définie par André Le Nôtre. Son lointain successeur, l'architecte Hittorff, remodèle la place à partir de 1830. Il dessine les fontaines qui sont installées à l'emplacement de la guillotine et les somptueux lampadaires ornés d'une proue de navire, emblème de la capitale. Les fougueux chevaux de Marly exécutés par Guillaume Coustou signalent l'entrée sur les Champs-Élysées depuis 1795. Les originaux en sont conservés au Louvre. Huit statues représentent les grandes villes de France ponctuent le pourtour de la place. Strasbourg, sculptée par Pradier, prend les traits de Juliette Drouet, l'amante de Victor Hugo et sa grande égérie. Au nord, les palais de Gabriel (1698-1782), inspirés de la colonnade du Louvre, forment un ensemble très harmonieux. À l'angle est, se dresse l'ex-ministère de la Marine, à l'ouest, le luxueux hôtel Crillon, qui fête en 2007 son centenaire, et l'Automobile-Club de France. Le palace jouxte l'ambassade des États-Unis, véritable camp retranché. **M° Concorde**

☺ Où apprécier une perspective exceptionnelle ?

Du terre-plein de l'Obélisque, placé dans l'axe exact des Champs-Élysées, vous pourrez observer à loisir la voie triomphale, illuminée le soir jusqu'à l'Arc de triomphe. En vous retournant, vous ferez face au jardin des Tuileries. Sur les côtés, l'Assemblée nationale et la Madeleine... Le pont de la Concorde ménage également un point de vue majestueux sur la Seine et la Madeleine. Construit avec les pierres de la prison de la Bastille en 1791, il mène au Palais-Bourbon. Tout un symbole... **M° Concorde**

De la Concorde au rond-point des Champs-Élysées

De la Concorde au rond-point des Champs-Élysées, les jardins et les allées ombragées par des marronniers appellent à une promenade comme au temps de Proust – à moins que vous ne préfériez musarder dans les musées du Petit et du Grand Palais. Au-delà commencent véritablement les "Champs", immense artère commerçante où les enseignes internationales ont pignon sur rue, du fast-food à la chaussure de sport, relayées le soir par les bars et autres lieux de sortie.

Jardins des Champs-Élysées (plan 8, A2-B2) Oubliés la circulation et le tumulte de la ville ! Dans ces jardins à l'anglaise, les allées conduisent à des pavillons enfouis sous la verdure et les pelouses soigneusement entretenues sont ponctuées de fontaines et de statues. Massifs de fleurs et arbres centenaires accentuent le charme de ce havre de paix que l'Histoire, au détour d'un chemin, rattrape par une statue de Jean Moulin, une autre de Charles de Gaulle descendant les Champs-Élysées lors de la glorieuse journée d'août 1944 ou celle, plus hiératique, de Churchill. Les établissements de divertissement qui ont fait la réputation de ces jardins ont presque tous disparu. Les fameux panoramas ont été transformés en théâtres à l'instar du Théâtre Marigny dans l'avenue Matignon et du théâtre du Rond-Point à l'angle de l'avenue Franklin-D.-Roosevelt. Le pavillon Ledoyen, près du Petit Palais, le pavillon de l'Élysée rebaptisé Élysée-Le Nôtre à deux pas de l'avenue Marigny, le pavillon Gabriel et Laurent sont désormais des restaurants sages et luxueux qu'on peut louer pour des réceptions. Parallèle aux Champs-Élysées, l'avenue Gabriel borde les jardins des ambassades des États-Unis et de Grande-Bretagne. Plus haut, le parc du palais de l'Élysée (cf. Découvrir la Madeleine et le faubourg Saint-Honoré) est fermé par la haute grille dorée dite "du Coq". *M° Champs-Élysées Clemenceau*

☆ **Petit Palais, musée des Beaux-Arts de la Ville de Paris (plan 8, A3)** Si le Grand Palais est une ode à la modernité avec sa prodigieuse verrière métallique, son voisin ressemble davantage à une coquetterie du temps passé inspirée du style éclectique propre à la fin du XIXe siècle. Ses élégantes grilles dorées surmontées des armoiries de Paris s'ouvrent sur un vaste palais décoré de stucs et de mosaïques. Construit à l'occasion de l'Exposition universelle de 1900 par Charles Girault pour accueillir une rétrospective de l'art français, le Petit Palais devient par la suite un musée de la Ville de Paris. Restauré avec talent par les architectes Chaix et Morel en 2006, il dispose désormais d'un espace agrandi et modernisé, qui permet de doubler le nombre de tableaux exposés et ménage de belles échappées sur la Seine et les Champs-Élysées. Les collections qui s'étendent de l'Antiquité aux années 1914-1918 offrent une large place à l'art français entre 1870 et 1914 avec de nombreuses œuvres de Carpeaux, Dalou, Carriès, Vuillard, des symbolistes et des représentants de l'Art nouveau (Hector Guimard, le verrier Émile Gallé, les bijoutiers Lalique et Fouquet). Mais le XIXe siècle n'est pas en reste, en attestent d'admirables œuvres du maître du réalisme, Gustave Courbet, des impressionnistes et des chefs de file de l'école de Barbizon. Parmi les surprises, au sous-sol, vous découvrirez une importante collection de peintures flamandes et hollandaises du Siècle d'or (XVIIe siècle) signées Rubens, Rembrandt, Jordaens, Ruysdael ainsi que plusieurs trésors de l'orfèvrerie émaillée médiévale. Et pour profiter encore quelques instants de ce palais plein d'élégance, faites une pause au café situé fort à propos dans le jardin intérieur sous une arcade. *M° Champs-Élysées Clemenceau 80, av. Winston-Churchill 75008 Tél. 01 53 43 40 00 www.petitpalais.paris.fr Ouvert mar.-dim. 10h-18h, nocturne mar. jusqu'à 20h lors d'expositions temporaires Entrée libre (hors expositions temporaires)*

★ **Grand Palais (plan 8, A3)** La chute de 35m d'un rivet de la nef en 1993 a donné l'alarme et précipité sa fermeture pour des travaux de grande ampleur. Le bâtiment, qui est posé sur des pieux enfoncés dans la nappe phréatique, était en train de s'effondrer. Le chantier, pharaonique, s'est achevé en 2007. La nef accueille depuis sa réouverture des manifestations culturelles et divers événements. Le Grand

Palais abrite également les Galeries nationales consacrées à des expositions de peintures d'envergure internationale et le palais de la Découverte (cf. ci-dessous). Le monument a été construit "à la gloire de l'art français" pour l'Exposition universelle de 1900, avec le Petit Palais et le pont Alexandre–III, dans le but de créer une nouvelle perspective des Champs-Élysées aux Invalides. Au final, l'édifice mesure 240m de long et 45m de haut. Ce dôme d'acier et de verre répond à celui des Invalides peint à la feuille d'or. Ce fleuron influencé par l'Art nouveau reste l'un des plus importants lieux culturels parisiens. *M° Champs-Élysées Clemenceau, Franklin D. Roosevelt 3, rue du Général-Eisenhower 75008* **Nef du Grand Palais** *Av. Winston-Churchill 75008 www.grandpalais.fr Ouverture selon la programmation* **Galeries nationales du Grand Palais** *Tél. 01 44 13 17 17 Fax 01 44 13 17 19 www.rmn.fr/galeriesnationalesdugrandpalais/ Ouvert lun., jeu.-dim. 10h-20h, mer. et ven. 10h-22h Tarif 10€ (sans réservation, visite l'après-midi), sur réservation 11,50€ (visite le matin), Réduit 8€ Tél. rés. 0 892 684 694*

Palais de la Découverte (plan 6, B2 et plan 8, A3)

Usant de son crédit auprès des autorités, Jean Perrin, prix Nobel de physique en 1926, suggère la création d'un palais de la Découverte afin de "rendre manifeste la part déterminante que la science a prise dans la création de notre civilisation et de faire comprendre que nous ne pouvons espérer rien de vraiment nouveau, rien qui change la destinée, que par la recherche et la découverte". Bien lui en a pris, car ce temple des sciences attire chaque année des milliers de visiteurs. Fidèle à l'esprit de son fondateur, le palais privilégie une approche pédagogique par le biais d'expositions et de conférences. Chaque jour, des animations – sous la forme d'expérimentations, d'ateliers et d'exposés – sont programmées. Dans les espaces permanents, les univers se télescopent et si le matériel est parfois vieillot les enfants adorent : ici on peut toucher à tout et passer d'une machine à l'autre sans avoir à respecter un circuit défini. Après avoir traversé cette longue rétrospective des disciplines scientifiques qui englobe les sciences de la vie et de la terre, la chimie, la physique, les mathématiques, vous n'en serez pas quitte pour autant. Il vous faudra encore plonger la tête dans les étoiles du planétarium. On y observe le ciel de Paris dans 14 000 ans, la prochaine éclipse du Soleil, l'occultation d'une planète par la Lune et le système solaire. *M° Champs-Élysées Clemenceau, Franklin D. Roosevelt 93, av. Franklin-D.-Roosevelt 75008 Tél. 01 56 43 20 21 www.palais-decouverte.fr Ouvert mar.-sam. 9h30-18h, dim. 10h-19h Tarif 7€, réduit 4,50€, supplément de 3,50€ pour le planétarium*

Où applaudir Guignol ?

Théâtre de Guignol (plan 6, B1-B2).

Dans les jardins des Champs-Élysées, près du rond-point, les petits font de la balançoire, prennent d'assaut le manège et rient aux éclats aux farces indémodables de Guignol. *M° Champs-Élysées Rond-point des Champs-Élysées 75008 Tél. 01 42 45 38 30 www.theatreguignol.fr Représentations mer., sam.-dim., jours de fête et vac. scol. à 15h, 16h, 17h Tarif 3€*

★ En remontant les "Champs"

Entre le rond-point et l'Étoile (plan 6, A1-B1)

Les vitrines de marques internationales se succèdent : automobile, mode, restauration ou culture, il y en a pour tous les goûts. Plusieurs compagnies aériennes conservent aussi ici leur siège pour le prestige. Dénaturés par le stationnement des voitures et le développement anarchique des enseignes, les Champs-Élysées ont retrouvé un peu de leur lustre après l'intervention de l'architecte Bernard Huet en 1994. Les trottoirs ont été doublés, les voitures chassées, une nouvelle rangée d'arbres a été plantée et le mobilier urbain harmonisé. *Mº George V*

Côté impair Pour les amateurs du ballon rond, une visite s'impose à la boutique du Paris-Saint-Germain (n°27). Au-delà, l'Atelier Renault (n°51-53) se veut la vitrine de la marque automobile dans un espace qui conjugue publicité et divertissement. Beaucoup plus chic, le Fouquet's (n°99) est inscrit depuis 2000 à l'Inventaire supplémentaire des monuments historiques. Fréquenté dans les années 1960 par les cinéastes de la Nouvelle Vague, il cultive soigneusement son image culturelle. Sa terrasse, à l'angle de l'avenue George-V, est toujours prise d'assaut. Au 101, le plus grand magasin de luxe du monde a ouvert en 2006. Il s'agit du "navire amiral" de la célèbre marque Louis Vuitton. Rien n'a été laissé au hasard dans la décoration somptueuse des 1800 m^2 pris d'assaut par les touristes japonaises. Au dernier étage, une galerie d'art, l'Espace Louis Vuitton, est destinée à évoluer avec la marque et son époque et à "refléter toute la richesse et la diversité du monde qu'habite Louis Vuitton depuis 1854". Prendre l'ascenseur conçu par l'artiste danois Olafur Eliasson constitue déjà un voyage en soi… Remarquez aussi L'Élysée Palace (n°103), un ancien grand hôtel devenu le siège d'une banque. Un peu plus haut, le fameux Drugstore Publicis (n°133) a fait peau neuve avec un habillage de verre et d'acier très tendance dû à l'architecte américain Michele Saee. Sa clientèle mêle touristes, hommes d'affaires et célébrités. Heureusement, sa galerie commerciale abrite toujours une pharmacie et une librairie et l'on peut acheter un tube d'aspirine et la presse internationale jusqu'à 2h du matin.

Côté pair Au n° 22, l'équipementier sportif Adidas a ouvert son plus grand magasin placé sous le signe de la haute technologie. Si les clients ne trouvent pas leur bonheur parmi les 1500 références de la marque, ils peuvent faire analyser leur foulée par une machine qui conçoit une chaussure sur mesure et personnalisable, un service réservé jusque-là aux seuls champions. Le marketing sportif n'est jamais à court d'idées ! Citroën est de retour au n° 42. La marque automobile a retenu une architecture en verre pour mettre en valeur ses véhicules qui sont exposés dans une colonne de huit plateaux superposés. Magasins de luxe et boutiques plus communes se pressent également sur ce trottoir toujours ensoleillé. L'immeuble du parfumeur Guerlain (n°68) ou le Claridge (n°74) évoquent fugacement une autre époque. Dans le registre du divertissement, le Lido (n°116) a réussi sa transformation. Inauguré en 1928 sous les Arcades du Lido, il proposait alors une piscine et des salons de beauté. Les colonnes d'origine en marbre et les luminaires signés Lalique rappellent cette première période. Devenu cabaret en 1948, il déménage en 1977 dans ce bâtiment très moderne où, chaque soir, le rideau se lève sur un spectacle plein de paillettes.

Le quartier François-Ier (plan 6, A2-B2) Dans le triangle d'or, formé par l'avenue George-V, l'avenue Montaigne et la rue François-Ier, s'affiche la quintessence du luxe français. Autant dire que l'ancienne allée des Veuves du XVIIIe siècle (avenue Montaigne) n'est plus du tout ce lieu de promenade de dames esseulées en quête d'aventures galantes. Tous les grands noms de la haute couture, de la parfumerie et de la joaillerie ont pignon sur rue. Vuitton, Hermès, Dior entraînent dans leur sillage les marques internationales Armani, Versace, Ricci, Fendi, Dolce e Gabbana, Ungaro…

réservées à quelques privilégiés. Il n'est pas rare de voir des voitures aux vitres teintées stationner en double file avant de repartir en direction des palaces. Le Prince
de Galles, le George V, dans l'avenue du même nom, le Plaza Athénée avenue
Montaigne rivalisent de luxe et de prévenance pour accueillir une clientèle internationale dont ils satisfont le moindre caprice. Dans cette enclave préoccupée de valeurs toutes terrestres, l'église américaine Holy Trinity Church (*23, av. George-V*)
élance sa flèche néogothique à 84m de hauteur. De l'autre côté de l'avenue, au
n°12, le Crazy Horse Saloon revendique sans complexe ses spectacles de danseuses nues évoluant dans des mises en scène à l'américaine très rodées. Si
France 2 a troqué ses locaux de l'avenue Montaigne pour de plus vastes bâtiments
dans le 15e ardt, il reste encore RTL, rue Bayard, et Europe 1, rue François-Ier. Les
deux avenues convergent place de l'Alma qui, depuis l'accident mortel de lady Diana
en 1997, connaît une notoriété inattendue. La *Flamme de la Liberté*, réplique de la
flamme de la statue de la Liberté, inaugurée en 1987, est devenue un autel païen
où gerbes de fleurs et graffitis honorent la mémoire de la princesse tuée dans un
accident de voiture à proximité. Le pont de l'Alma a retrouvé son zouave, une statue de Georges Diébolt, postée sur son unique pilier. Quand il a les pieds dans l'eau,
la Seine est en crue. Le pont d'origine a été inauguré en 1856 par Napoléon III qui
lui a donné le nom de sa victoire en Crimée. *M° Franklin D. Roosevelt*

Découvrir la Madeleine
et le faubourg Saint-Honoré

☆ **À ne pas manquer** L'église de la Madeleine, la rue Royale **À proximité** Les
Tuileries, les "Champs" **Sans oublier nos adresses** Assistez à une vente aux enchères chez Christie's, faites le tour des épiceries fines autour de la Madeleine, flânez entre boutiques de luxe et hôtels particuliers dans le faubourg Saint-Honoré,
dégustez un macaron à la menthe glaciale chez Ladurée

Le quartier de la Madeleine

Pris en étau entre, d'un côté, le boulevard Haussmann et sa folie acheteuse, et, de
l'autre, la circulation intense de la place de la Concorde, le quartier de la Madeleine
(plan 8, B2) fait presque figure de refuge. La circulation y est également intense, mais,
se heurtant à l'énorme bloc de l'église, elle semble refluer comme la marée re-
poussée par une falaise inébranlable.

Place de la Madeleine (plan 8, B2) Quel drôle d'endroit que cette place de
la Madeleine ! Est-ce d'ailleurs vraiment une place ? Quand on s'y tient au nord, on
n'y voit pas le sud ; à l'est, on n'y voit point l'ouest… Plus qu'une place, c'est une
galerie. Une promenade quasi conventuelle, à l'ombre des colonnes sacrées. La
tentation est partout : boutiques précieuses, épiceries fines, restaurants ont pros-
péré dans le giron de l'église. Oui, la Madeleine porte bien son nom : autour d'une
église qui a commis le péché de grandeur, une place pleine de péchés mignons.
Les abords en sont très élégants. Rayonnant autour d'elle, de larges avenues mènent toutes à des destinations majeures : la rue Tronchet part vers la gare Saint-Lazare
et le boulevard Haussmann, la rue Royale vers la place de la Concorde, et le bou-

levard de la Madeleine ouvre la percée des Grands Boulevards qui mènera le promeneur jusqu'à la place de la République. *M° Madeleine*

☆ **Église de la Madeleine** (plan 8, B2) Première "icône" architecturale du quartier, l'église Sainte-Marie-Madeleine, de son vrai nom, est l'un des monuments les plus connus et les plus en vue de Paris. Difficile de l'ignorer tant elle est imposante – formant un rectangle de 108m de long, 43m de large et 30m de haut, elle est flanquée sur tout son pourtour de 52 colonnes corinthiennes de 19,50m de haut ! – et stratégiquement placée, dans l'axe de la place de la Concorde et du Palais-Bourbon. Actuelle paroisse du gotha parisien, sa construction fut lancée en 1764, alors que le quartier était en plein essor pour remplacer une chapelle médiévale. La Madeleine mit 80 ans à s'élever et fit plancher quatre architectes différents. On voulut d'abord la faire ressembler aux Invalides, puis au Panthéon de Jacques Germain Soufflot dont elle est contemporaine. Ensuite, on la rasa complètement et on la reconstruisit dans le style du Parthénon grec ! Louis XV la souhaita somptueuse, Napoléon la voulut glorieuse… Elle est sans doute un peu de tout cela. Pendant la Révolution, on pensa convertir l'église inachevée en Bourse, tribunal de commerce, bibliothèque nationale. En 1837, elle faillit devenir la gare de la première ligne de chemin de fer parisienne. Enfin terminée en 1845, elle fut intronisée comme église et la gare émigra un peu plus haut, à Saint-Lazare. *M° Madeleine Pl. de la Madeleine 75008 Tél. 01 44 51 69 00 Ouvert tlj. 9h-19h Messe solennelle le dimanche à 11h, avec orgues et ensemble vocal*

La visite Soyons honnête, rares sont ceux qui apprécient son style architectural, mais qu'importe ! Le projet originel de Pierre Contant d'Ivry (il fut son architecte de 1764 à sa mort, en 1777) qui aurait dû la faire ressembler à l'église royale des Invalides, fut complètement dénaturé par ses successeurs, et surtout par l'architecte Pierre Vignon, qui reprit le projet en 1806 et érigea, selon les vœux de Napoléon : "un monument tel qu'il y en avait à Athènes, et pas à Paris". De ce point de vue, le projet est réussi ! Conçue comme un "temple à la gloire des armées françaises", la Madeleine n'a ni clocher, ni croix. Surélevée sur un socle de 4m de haut, dotée d'un imposant perron, bardée d'un corset de colonnes, elle semble inaccessible. Oublions donc que la Madeleine est un sanctuaire et admirons-la pour ce qu'elle est : une figure du Tout-Paris. Peu de visiteurs osent pénétrer dans l'église. C'est pourtant, malgré son impérieuse apparence, tout à fait possible. Dès que l'on passe les colonnes, elle se révèle un peu : 32 statues de saints vous accueillent dans les niches qui creusent ses murs extérieurs. Une fois ses monumentales portes de bronze franchies, elle s'ouvre sur une vaste nef de 80m, séparée en trois travées surmontées d'immenses coupoles surbaissées. Le tout couvert de marbre et baignant dans une semi-obscurité. La nef s'achève sur un chœur en hémicycle couvert d'un cul-de-four de 250m² au décor peint de Jules Ziegler évoquant l'histoire du christianisme. Parmi les autres œuvres retenant l'attention, citons le groupe sculpté qui domine le maître-autel, le *Ravissement de sainte Marie Madeleine*, de Marochetti, et, surtout, dans le vestibule à gauche, un chef-d'œuvre de François Rude, *Baptême du Christ*. L'orgue de 1846, réalisé par Cavaillé-Coll, est également réputé. Camille Saint-Saëns, qui fut organiste à la Madeleine de 1857 à 1877, y composa ses cantates et oratorios.

Pinacothèque de Paris (plan 8, B2) Après une exposition remarquée sur Picasso en 2004 qui s'était déroulée dans l'ancien siège des cristalleries Baccarat dans le 20e ardt, la Pinacothèque a emménagé à une luxueuse adresse place de la

Madeleine, inaugurée en 2007. *M° Madeleine, 28, pl. de la Madeleine 75008 Tél. 01 42 68 02 01 www.pinacotheque.com Ouvert tlj. 10h30-18h30, Tarif 8-10€ (selon l'exposition)*

☆ **Rue Royale (plan 8, B2-B3)** Elle ménage une superbe perspective, de la colonnade de la Madeleine à celle du Palais-Bourbon, en passant par l'obélisque de la Concorde. Très cossue, la rue aligne parmi les plus prestigieuses adresses de la capitale, notamment dans le domaine des arts de la table : l'orfèvre Christofle, la cristallerie Lalique, le fleuriste Lachaume, installé depuis 1845, mais aussi Bernardeau, Saint-Louis, Gucci, Poiray, etc. Le célèbre restaurant Maxim's, autre institution parisienne, occupe le n°3, à quelques pas de l'hôtel Crillon et de la Concorde. Sa décoration Belle Époque est l'une des perles du quartier. Amoureux de sites préservés, ne ratez surtout pas le petit passage du Village-Royal qui s'enfonce vers l'ouest au n°25 de la rue Royale : percé en 1745, il possède sur la gauche de charmantes maisons villageoises, au milieu de boutiques d'une mode plus accessible et de terrasses de café. *M° Concorde, Madeleine*

Où visiter des toilettes Art nouveau ?

Toilettes publiques de la Madeleine (plan 8, B2). Les toilettes publiques de la Madeleine sont sans conteste les plus belles de Paris ! Aménagées en 1905, elles sont ornées d'un décor Art nouveau, avec un plafond en céramique et des portes en acajou dotées de vitraux fleuris. L'élégance suprême ! L'entrée est située juste à droite (côté est de la place) de celle de l'église de la Madeleine. *M° Madeleine Pl. de la Madeleine 75008 Ouvert 10h-12h et 13h-18h15*

Autour de la place Saint-Augustin

Du côté de la place Saint-Augustin s'élève l'église du même nom, mais l'atmosphère est différente de celle de la Madeleine : nous sommes dans le 8ᵉ ardt ! Les immeubles de bureaux se succèdent rue de la Pépinière et boulevard Haussmann. Pourtant, le secteur est riche en trouvailles.

☺ **Chapelle expiatoire et square Louis-XVI (plan 8, B1)** Boulevard Haussmann, une première surprise attend le visiteur : un petit square tranquille, empli de fleurs blanches, couleur de la royauté. Au milieu du jardin se dresse un joli cloître d'allure gréco-romaine. Le square et la chapelle furent aménagés par l'architecte Fontaine, entre 1815 et 1826, selon les vœux et aux frais de Louis XVIII, à l'emplacement d'un cimetière où l'on mit au jour, en 1814, les restes de Louis XVI et de Marie-Antoinette ainsi que de 3 000 autres victimes de la Révolution, dont Charlotte Corday, Mme Du Barry, Danton… L'autel, qui a l'aspect d'un tombeau, est situé dans la crypte de la chapelle, à l'endroit exact où les corps royaux furent exhumés. Les dépouilles ont été déposées dans des tombes qui forment une galerie autour de la chapelle. N'y cherchez pas celles du roi et de la reine : celles-ci furent transférées à Saint-Denis, dès 1815. *M° Saint-Augustin Entrée 29, rue Pasquier 75008 Tél. 01 44 32 18 00 Ouvert jeu.-sam. 13h-17h Tarif 5€ Label Tourisme et Handicap*

☺ **Église Saint-Augustin (plan 8, A1-B1)** Cette église, dont la généreuse coupole culmine à 50m de haut, est le plus grand monument religieux édifié à Paris au XIXe siècle. C'est aussi l'une des constructions les plus novatrices de l'époque : ses murs de pierre cachent une charpente métallique, apparente à l'intérieur. Le sanctuaire fut bâti par Victor Baltard, entre 1860 et 1871, de front avec le chantier des Halles. L'architecte conçut un plan ingénieux pour s'adapter à la configuration triangulaire de la place Saint-Augustin : l'église s'élargit progressivement, jusqu'au chœur coiffé de la coupole. Quant au style, il est hétéroclite (c'est le "style Napoléon III", tel que défini par Garnier) mêlant la byzantin des clochetons au gothique des sculptures et arcades, avec même un peu de roman et de néo-Renaissance ! *M° Saint-Augustin 46, bd Malesherbes 75008 Tél. 01 45 22 23 12 Ouvert lun.-ven. 8h30-19h, sam.-dim. ; l'église est fermée à l'heure du déj. ; vac. scol. : 10h-12h45 et 15h30-18h*

Au fil du faubourg Saint-Honoré

L'ancienne route de Neuilly et de Normandie doit son cachet à ses hôtels particuliers aristocratiques du XVIIIe siècle dotés de somptueux jardins donnant sur l'avenue Gabriel. Étroite et sinueuse dans sa partie haute, la rue du Faubourg-Saint-Honoré, qui reliait l'ancien village du Roule à Paris, héberge désormais la présidence de la République mais aussi de nombreuses galeries d'art contemporain et quantité d'antiquaires.

Hôtels particuliers (plan 8, A2-B2) Parmi les hôtels que fait construire l'aristocratie au XVIIIe siècle à proximité de la place Louis-XV (rebaptisée depuis place de la Concorde), le Cercle de l'Union interalliée (n°33) occupe l'ancien hôtel Le Vieux (1713). Au n°39, l'hôtel de Charost (1720) est le siège de l'ambassade de Grande-Bretagne. Ses intérieurs aménagés par Pauline Borghèse, la sœur de Bonaparte, ont été conservés. Juste après, l'hôtel de Pontalba (n°41) abrite la résidence de l'ambassadeur des États-Unis. Faites un crochet par la rue de La Ville-l'Évêque pour admirer la façade de l'hôtel Alexandre du XVIIIe siècle (n°16) où habita le maréchal Suchet. *M° Concorde*

Palais de l'Élysée (plan 8, A2) À maintes reprises vendu, cédé, échangé, l'hôtel d'Évreux (1718) a connu d'illustres occupants, Madame de Pompadour, le comte de Provence, la duchesse de Bourbon-Condé… avant d'être transformé sous la Révolution en parc d'attractions. Une fois la parenthèse révolutionnaire refermée, il devient un lieu de résidence des grands acteurs de l'Empire. Murat le céda en 1808 à l'Empereur qui y signa son abdication après les Cent-Jours. Passé entre les mains de Louis-Philippe puis de Napoléon III, la République le consacre comme la résidence officielle des présidents en 1871. Le corps de logis reste celui de l'hôtel d'Évreux, les ailes ont été ajoutées au Second Empire. Il ouvre exceptionnellement ses portes au public lors des journées du Patrimoine qui, émerveillé, découvre les salons décorés à la feuille d'or, rehaussés de tapisseries des Gobelins, de meubles et de tableaux du XVIIIe siècle. *M° Concorde 55, rue du Faubourg-Saint-Honoré 75008 Tél. 01 42 92 81 00 Ouvert lors des journées du Patrimoine*

Église Saint-Philippe-du-Roule (plan 6, B1) Cet édifice de Jean-François Chalgrin, bâti entre 1774 et 1784, a beaucoup influencé l'architecture religieuse du XIXe siècle. Avec son plan basilical et son portique à quatre colonnes, il inaugure la vogue des églises néo-antiques. À voir, la *Descente de croix* (1855) de Théodore

Chassériau, dernière grande œuvre du peintre romantique qui tapisse le chœur.
M° Saint-Philippe du Roule 154, rue du Faubourg-Saint-Honoré 75008

☺ **Musée Jacquemart-André (plan 5, D1)** À peine le porche franchi, nous voilà plongé dans l'univers raffiné d'un couple de collectionneurs du XIXe siècle : les Jacquemart-André. Ils ont consacré leur vie à acquérir des fleurons de la peinture italienne de la Renaissance, d'artistes français du XVIIIe siècle et des écoles du Nord. Leur hôtel particulier constitue l'un des musées les plus attachants de Paris. Le café-restaurant ouvrant sur le jardin est le prétexte tout trouvé à une agréable pause gourmande. *M° Miromesnil, Saint-Philippe-du-Roule 158, bd Haussmann 75008 Tél. 01 45 62 11 59 Fax 01 45 62 16 36 www.musee-jacquemart-andre.com Ouvert tlj. 10h-18h Tarif 9,50€, réduit 7€*

Rez-de-chaussée La première salle de réception rassemble des tableaux français du XVIIIe siècle de Boucher et Chardin, ainsi que deux ravissantes vues de Venise de Canaletto. Après le Grand Salon, tout en dorures, se succèdent des pièces plus intimes ornées de tapisseries de Beauvais. Les plafonds du cabinet de travail et du boudoir sont ornés de fresques de Tiepolo, la bibliothèque renferme des chefs-d'œuvre de Rembrandt, Van Dyck et Ruysdael.

Étage Un fabuleux escalier à double révolution relie le jardin d'hiver à l'étage décoré par une fresque de Tiepolo, provenant de la villa vénitienne des Contarini. L'atelier de Nélie Jacquemart, peintre à ses heures, abrite une collection de peintures et de sculptures italiennes de la Renaissance mais les œuvres les plus intéressantes sont rassemblées dans les salles suivantes. La première, consacrée à l'école florentine, réunit des *Vierge à l'Enfant* de Botticini, Botticelli, le Pérugin, Baldovinetti et un *Saint Georges terrassant le dragon* d'Uccello. La seconde, encore plus spectaculaire, constitue un florilège de l'art vénitien et d'Italie du Nord avec des tableaux de Mantegna, Bellini et Carpaccio.

☆ Découvrir le quartier de l'Étoile

☆ **À ne pas manquer** L'Arc de triomphe, la Grande Arche de la Défense **À proximité** Les Champs-Élysées **Sans oublier nos adresses** Buvez un verre au bar du Raphaël, face à l'Arc de triomphe avant de poursuivre la soirée au Queen ou au Baron

Autour de la place Charles-de-Gaulle-Étoile

Dans ces rues cossues où le prix du mètre carré atteint des records, on est au cœur des beaux quartiers de la capitale occupés par les ambassades : les hôtels particuliers, les grandes fortunes, les places Foch, Victor-Hugo et des États-Unis évoquent la société distinguée de la Belle Époque. Les artères qui rayonnent en étoile autour de l'Arc de triomphe ont donné son nom à cette place prestigieuse, rebaptisée depuis du patronyme du Grand Charles.

★ **Arc de triomphe (plan 5, C1-D1)** Œuvre d'un mégalomane ? Preuve si besoin était de l'arrogance française ? On aimerait se glisser dans les pensées d'un touriste étranger devant ce mastodonte à l'esthétique douteuse posté sur une éminence. Napoléon ne lésine pas sur les moyens quand il commande en 1806 un monument en l'honneur de la Grande Armée. Il veut un arc de triomphe qui domine tout Paris, flatte son goût pour l'Antiquité romaine et… assure sa postérité. Lorsqu'il est inauguré en 1836, sous le règne de Louis-Philippe, il a subi plusieurs remaniements et célèbre désormais les exploits militaires de la France sous la Révolution et le Premier Empire. Quatre grandes allégories décorent les parties basses, *La Marseillaise* de François Rude (côté Champs-Élysées, pilier droit) éclipse les autres par son expressivité. En face, le *Triomphe de Napoléon*, œuvre de Jean-Pierre Cortot, offre un bel exemple de culte de la personnalité. Les bas-reliefs racontent des épisodes des guerres révolutionnaires et napoléoniennes. Les noms des victoires gravés à l'intérieur des piliers sont l'occasion de revisiter l'histoire militaire de cette période tumultueuse. Passage obligé des fêtes nationales, c'est ici qu'est honorée la mémoire des soldats morts au combat. Une flamme ranimée chaque soir veille sur la tombe du Soldat inconnu de la Grande Guerre. Un musée situé dans l'attique évoque la construction de l'Arc et les événements auxquels il a été associé. *M° et RER Charles de Gaulle-Étoile Pl. Charles-de-Gaulle Tél. 01 55 37 73 77 Ouvert tlj. 1er avr.-30 sept. : 10h-23h; 1er oct.-31 mars : 10h-22h30 sauf j. fér. Tarif 8€, réduit 5€, gratuit pour les moins de 18 ans Accès par un tunnel piéton de l'avenue des Champs-Élysées et de l'avenue de la Grande-Armée www.monum.fr/m_arc/ Label Tourisme et Handicap*

☺ **Terrasse de l'Arc de triomphe** Après avoir gravi 284 marches, vous embrassez tout Paris à 50m de hauteur. Allez-y de préférence le soir quand la ville scintille de lumières. Des tables d'orientation permettent de localiser les principaux monuments. Des douze avenues qui rayonnent autour de l'Arc, celle des Champs-Élysées déroule la perspective la plus impressionnante, car le regard porte jusqu'à la Concorde et, au-delà, sur les Tuileries. Dans ce tracé transparaît la volonté de frapper les esprits et de donner de la ville un aspect grandiose. Sur le côté opposé surgissent les gratte-ciel de la Défense. Depuis la construction de la Grande Arche, l'Arc de triomphe n'est plus le point d'orgue de cette "voie triomphale" mais reste malgré tout le temps fort d'un axe qui mesure désormais 7km.

En se dirigeant vers la porte Dauphine

Avenue Foch (plan 5, C1) À l'heure du "tout automobile", il est difficile d'imaginer une multitude d'équipages traversant la place de l'Étoile et parcourant l'avenue de l'Impératrice pour se rendre au "Bois" et à Neuilly ! Cette large avenue bordée par des espaces verts prolonge l'esprit monumental de la voie triomphale avec ses 120m de large. Créée en 1854 par le baron Haussmann pour rejoindre le bois de Boulogne, elle aligne ambassades et hôtels particuliers invisibles derrière leurs hautes grilles. L'hôtel Rothschild, aujourd'hui occupé par l'ambassade d'Angola (n°19), a inauguré l'avenue sous le Second Empire. Porte Dauphine, ne manquez pas l'entrée de métro dessinée par Hector Guimard. *M° Charles de Gaulle-Étoile*

☺ **Fondation Olfert-Dapper (plan 5, B1-C1)** Véritable lieu de culture équipé d'une salle de spectacle et d'une librairie, ce musée consacré à la découverte du patrimoine artistique africain fait l'événement à chaque exposition. À l'ouverture de son nouvel espace conçu par Alain Moatti en 2000, l'exposition Arts d'Afrique a rassemblé plus de 150 pièces d'une qualité exceptionnelle. Le bâtiment aux lignes simples est mis en valeur par un jeu de lumières sophistiqué qui invite à s'attarder dans ses murs. N'hésitez pas à déjeuner dans son restaurant, très accueillant.

M° ***Victor Hugo, Charles de Gaulle-Étoile*** 35, rue Paul-Valéry 75016 Tél. 01 45 00 91 75 www.dapper.com.fr Ouvert tlj. sauf mar. 11h-19h Fermé mi-juil.-mi-sept. Tarif 6€, réduit 3€, gratuit dernier mer. du mois

Musée d'Ennery (plan 5, B1-C1) Ce musée, rattaché depuis 2004 au musée Guimet, renferme une superbe collection d'objets d'Extrême-Orient du XVIIe au XIXe siècle, réunie par la femme de l'auteur dramatique Adolphe d'Ennery. *M°* ***Victor Hugo*** 59, av. Foch 75016 Tél. 01 45 53 57 96 Le musée était fermé lors de notre passage pour une durée indéterminée

Musée de la Contrefaçon (plan 5, B1) Risques de sanctions pénales et santé du consommateur : l'Union des fabricants veut sensibiliser le public sur les dangers auxquels s'expose une personne en possession d'objets contrefaits. Très didactique, le musée présente des copies de grandes marques. *M°* ***Porte Dauphine***, RER C Av. Foch 16, rue de la Faisanderie 75016 Tél. 01 56 26 14 00 Fax 01 56 26 14 02 Ouvert mar.-dim. 14h-17h30 Tarif 4€, réduit 3€

Avenue Victor-Hugo (plan 5, B2-C1) Cette longue artère fréquentée par la grande bourgeoisie affiche un luxe tranquille dénué d'ostentation, à l'instar des rues attenantes comme la rue de la Pompe qui accueille le brillant lycée Janson-de-Sailly (n°106). *M°* ***Victor Hugo***

Une excursion à la Défense

Le quartier d'affaires sorti de terre dans les années 1960 poursuit l'extension vers l'ouest de la voie triomphale qui, du Louvre, marque la physionomie de Paris. La forêt de tours que l'on aperçoit distinctement de l'Arc de triomphe structure la perspective autour de la ★ **Grande Arche**, monumental cube évidé. Cette réponse contemporaine à l'Arc de triomphe, inaugurée pour le bicentenaire de la Révolution française, dessine une porte ouverte sur le futur. À n'en pas douter, l'architecte danois Johan Otto von Spreckelsen a réalisé ici un véritable exploit. Technique déjà, car le cube presque parfait est gigantesque : un toit-terrasse de plus d'un hectare, une hauteur de 100m, 87 000m^2 de bureaux. Mais aussi esthétique : façades habillées par des panneaux en marbre de Carrare, un escalier monumental et aérien. Comme pour son homologue de l'Étoile, de son toit on peut admirer une vue à couper le souffle. De retour sur la terre ferme, en flânant sur l'esplanade, vous découvrirez quelques fleurons de l'architecture moderne, en premier lieu, la magnifique coque de béton du Cnit (1958). Des statues de Calder et de Miró, le miroir d'eau de Takis ponctueront cette promenade entre les tours. Celles dites de la troisième génération, les plus récentes, présentent une silhouette élancée, telles les tours Athéna, Elf, Cœur Défense. Dernière livrée, une mince colonne de verre signée par l'architecte Pei abrite les bureaux d'EDF. Considéré souvent comme le "21e ardt de Paris", le quartier accueille chaque jour 150 000 personnes, essentiellement des cadres. *M°* ***et RER A La Défense*** Grande Arche Toit de l'Arche, 1, parvis de la Défense Tél. 01 49 07 27 57 www.grandearche.com Ouvert 1er avr.-30 sept. tlj. 10h-20h ; 1er oct.-31 mars : tlj. 10h-19h Accès par ascenseur Tarif 9€, réduit 7,50€

GÉOQUARTIERS

Les quartiers de Monceau et des Batignolles

plans 1, 5, 8

Du pied-à-terre vendu 1 million d'euros à l'hôtel particulier estimé à plus de 15 millions, les immeubles du quartier Monceau font dans le haut de gamme et séduisent beaucoup les étrangers fortunés. On les comprend. Comment résister au charme des luxueuses demeures des avenues Vélasquez, Van-Dyck ou Ruysdael fermées par les grilles d'or du parc, ou d'une petite maison de la rue Fortuny, amusant pastiche gothique ? Pas étonnant donc de croiser à l'heure de la récréation une nuée d'enfants sages parlant toutes les langues dans le merveilleux parc Monceau. Encore sous le charme de cet îlot exquis, il sera plus difficile de s'émouvoir devant les longues avenues haussmanniennes des Ternes fréquentées par une bourgeoisie un peu compassée. Au nord-ouest de la plaine Monceau, changement de décor et d'atmosphère : nid d'amour des jeunes parents à la recherche d'un cadre de vie "provincial", chouchou des créateurs et artistes boudant le Paris des beaux quartiers, voilà quelques années que le village des Batignolles, au nord-ouest de la plaine Monceau, vit sa petite révolution sociologique… Il ne reste plus grand-chose de l'ancien quartier ouvrier, hormis son maillage urbain serré et ses nombreuses maisons basses. De nos jours, on se rend ici pour flâner entre une myriade de boutiques originales, dénicher une pièce vestimentaire unique, ou faire ses courses de produits frais triés sur le volet…

UN QUARTIER SURGI DE NULLE PART "Aristide Saccard, depuis les premiers jours, sentait venir ce flot montant de la spéculation, dont l'écume allait couvrir Paris entier. (…) Il se trouvait au beau milieu de la pluie chaude d'écus tombant dru sur les toits de la cité." Dans *La Curée*, Émile Zola évoque les gigantesques opérations immobilières qui bouleversent le visage de la capitale. Celle de la plaine Monceau fut unique dans ses proportions et très fructueuse pour les frères Pereire. Ces deux banquiers avisés, dont le nom est lié aux premières voies de chemin de fer, saisissent tout de suite l'intérêt que présentent les terrains de Monceau, qu'ils acquièrent puis revendent en parcelles à bâtir, réalisant au passage de belles plus-values. Un médaillon à leur effigie place du Maréchal-Juin (ancienne place Pereire) et un boulevard portant leur nom leur rendent hommage.

Les quartiers de Monceau et des Batignolles, mode d'emploi

orientation

Le quartier de Monceau se situe à cheval entre le 8e et le 17e ardt. Ses frontières sont comprises entre le boulevard Haussmann au sud, la rue de Courcelles à l'ouest,

la rue Cardinet au nord, la rue de Rome à l'est. Dans le prolongement du boulevard de Courcelles, le boulevard des Batignolles délimite au sud le quartier des Batignolles, petit "village" parisien isolé par les rails de la gare Saint-Lazare, compris entre les rues de Rome et Cardinet et l'avenue de Clichy.
Monceau Chic, cher et charmant, telle pourrait être la devise de ce quartier huppé.
Batignolles À l'opposé des froides avenues rectilignes de la plaine Monceau, le quartier des Batignolles séduit les jeunes Parisiens par ses dimensions humaines… Quelques placettes ombragées, une enclave de verdure appréciée des enfants et des canards, une myriade de boutiques de créateurs et de commerces gourmands. La balade idéale pour *fashion victims* exigeant(e)s et palais délicats.

accès

EN MÉTRO Le quartier Monceau est desservi par les stations Monceau, Courcelles, (ligne 2, Porte Dauphine-Nation). Le quartier des Ternes est desservi par la station Ternes sur la ligne 2. Le quartier des Batignolles est desservi par les stations Brochant, La Fourche (ligne 13), Place de Clichy (lignes 13 et 2), Rome (ligne 2).

EN BUS Les bus 30 (Charles de Gaulle-Opéra) et 31 (Charles de Gaulle-Gare de l'Est) sont pratiques car ils traversent tout le 17e ardt. Pour rejoindre le quartier des Batignolles, empruntez les lignes 30 (Trocadéro-Gare de l'Est, arrêts boulevard des Batignolles), 31 (Charles de Gaulle-Gare de l'Est, arrêts rue Cardinet), 53 (Porte de Levallois-Opéra, arrêts sur la rue de Rome) ou 66 (Clichy-Opéra, arrêts rue des Batignolles).

EN VOITURE Par l'ouest, le mieux est de gagner la place de l'Étoile puis de prendre l'avenue Hoche qui rejoint le parc Monceau. Si vous venez de l'est, récupérez le boulevard Malesherbes à la hauteur de l'église Saint-Augustin.
Parkings Batignolles *(plan 1, D3)* À l'angle des rues de Berne et de Moscou 75017, tout près du M° Rome **Brochant** *(plan 1, D2)* À l'angle des rues Brochant et Lemercier 75017

informations touristiques

Mairie du 17e ardt (plan 1, D3). *M° Rome, Pl. de Clichy 16-20, rue des Batignolles 75017 Tél. 01 44 69 17 00 www.mairie17.paris.fr*

adresses utiles

Hôpitaux. Beaujon 100, bd du Général-Leclerc 92110 Clichy Tél. 01 40 87 50 00 **Bichat** 46, rue Henri-Huchard 75018 Paris Tél. 01 40 25 80 80 **Ambroise Paré** 9, av. Charles-de-Gaulle 92100 Boulogne-Billancourt Tél. 01 49 09 50 00 **Commissariat central (plan 1, D2).** *M° La Fourche 19, rue Truffaut 75017 Tél. 01 44 90 37 17*

marchés

Marché aux fleurs (plan 1, B3). *M° Ternes Pl. des Ternes 75008 Mar.-dim. de 8h-19h30*

Marché alimentaire (plan 1, C3). *M° Villiers* Rue de Lévis 75017 Lun.-sam. 8h-19h, dim. 9h-13h

Marché couvert des Ternes (plan 1, A3). *M° Ternes* 8bis, rue Lebon 75017 Mar.-sam. 8h30-13h et 16h-19h30, dim. 8h30-13h

Marché biologique des Batignolles (plan 1, D3). *M° Rome* L'un des deux seuls marchés "bio" de Paris. *Bd des Batignolles (entre la rue des Batignolles et la rue Puteaux) Sam. 9h-14h*

Marché des Batignolles (plan 1, D2). *M° Brochant* Un marché couvert au cœur du chaleureux quartier des Batignolles. *96bis, rue Lemercier 75017 Mar.-ven. 8h30-13h et 15h30-20h, sam. 8h30-20h et dim. 8h30-14h*

fêtes et manifestations

Batignolles noctambules. Pour vos emplettes de Noël, partez à la chasse aux cadeaux originaux lors de la nocturne des créateurs et galeries d'art des Batignolles. Un plan recensant les lieux de shopping, les animations et les étapes gourmandes est disponible dans les boutiques participant à l'opération. *Ven. (1ʳᵉ quinz. déc.) 20h-1h30*

Découvrir le quartier du parc Monceau

☆ **À ne pas manquer** Le parc Monceau **À proximité** L'Arc de triomphe **Sans oublier nos adresses** Admirez les antiquités chinoises à la galerie Loo, faites une pause gourmande au Stübli, assistez à un concert salle Pleyel

Autour du parc Monceau

☆ **Parc Monceau (plan 1, C3)** S'opposant à la froideur géométrique des jardins à la française, la Folie de Chartres, futur parc Monceau, incarne la frivolité et l'amour des ruines antiques propres au xvɪɪɪᵉ siècle finissant. Décidé par le duc de Chartres en 1773, il est mis en œuvre par le paysagiste Carmontelle (1717-1806) qui en fit un cabinet de curiosités et un lieu de festivités dont subsiste le bassin ovale d'une naumachie copiée sur les jeux de combats navals romains. La rotonde, visible dès l'entrée par le boulevard de Courcelles, a été réalisée par Claude Nicolas Ledoux. Il s'agit d'une partie d'un bâtiment d'octroi du mur des Fermiers généraux qu'intégra le parc lors de son extension. Même amputé de moitié sous le Second Empire lors du lotissement de la plaine Monceau, le parc conserve intacte son élégance avec ses statues jouant à cache-cache dans les bosquets et une ceinture aux portes monumentales de grilles dorées. En fin de semaine, les joggers passent sans le savoir sous les fenêtres de l'hôtel particulier de Moïse de Camondo. *M° Monceau Accès bd de Courcelles, av. Vélasquez, av. Van-Dyck, av. Ruysdael Ouvert en hiver : 7h-20h ; en été : 7h-22h*

☺ **Musée Cernuschi (plan 1, C3)** Le bouddha Amida a retrouvé sa sérénité depuis qu'il a réintégré la grande salle du musée qui, après trois ans de travaux, a rouvert ses portes en juin 2005. Cette statue monumentale en bronze du xvɪɪɪᵉ siècle a été rapportée de Tokyo par le collectionneur Henri Cernuschi (1821-1896) et constitue un joyau de sa collection d'objets d'art asiatiques présentée dans le cadre exceptionnel de son hôtel particulier du parc Monceau. Au fil des ans, achats et donations ont porté à 15 000 objets le fonds du musée principalement composé de pièces chinoises allant du néolithique au XIIIᵉ siècle. La série des bronzes archaïques est mondialement réputée. À voir aussi, l'ensemble de statuettes funéraires et la très belle parure funéraire en bronze doré de la dynastie des Liao (916-1125 apr. J.-C.). Bronzes, céramiques et peintures de l'époque Edo (1600-1868) sont exposés dans la section japonaise. La rénovation a permis de rendre au fumoir d'Henri Cernuschi son état d'origine et de moderniser les espaces dévolus aux expositions temporaires bi-annuelles. *Mᵒ Villiers, Monceau 7, av. Vélasquez 75008 Tél. 01 53 96 21 50 Ouvert mar.-dim. 10h-17h30 Entrée libre pour les collections permanentes, expositions temporaires 7€*

☺ **Musée Nissim-de-Camondo (plan 1, C3)** Inspiré de l'architecture du Petit Trianon de Versailles, l'hôtel particulier construit en 1911 reflète dès sa façade la passion que voue le comte Moïse de Camondo (1860-1935). Ce banquier passe le plus clair de son temps à acquérir des meubles, tableaux et objets décoratifs pour son hôtel particulier de la plaine Monceau qu'il léguera au musée des Arts décoratifs, après la mort de son fils Nissim à la Grande Guerre. Sa générosité nous permet de découvrir l'un des plus beaux ensembles de mobilier et d'objets d'art de la seconde moitié du XVIIIᵉ siècle français. Le Grand Bureau dégage une atmosphère feutrée, séduisante avec ses boiseries en chêne naturel et ses tapisseries murales d'Aubusson illustrant des fables de La Fontaine. Le salon des Huet, en forme de rotonde, présente une suite de ravissantes scènes pastorales peintes par Jean-Baptiste Huet, contemporain de Fragonard. Le Grand Salon s'ouvre sur le parc Monceau. La salle à manger jouxte un remarquable cabinet des porcelaines, dont un très précieux service de table en porcelaine de Sèvres, dit de Buffon. Neuf esquisses pour la tenture des Chasses de Louis XV par Jean-Baptiste Oudry ornent les murs du Petit Bureau. À l'étage, les appartements privés des Camondo donnent sur le jardin ombragé. *Mᵒ Monceau, Villiers 63, rue de Monceau 75008 Tél. 01 53 89 06 50 www.lesartsdecoratifs.fr Ouvert mer.-dim. 10h-17h30 Tarif 6€ réduit 4,50€ Label Tourisme et Handicap*

Autour de la place du Général-Catroux (plan 1, C3) Sur le terre-plein central se dressent les statues des deux Dumas et de Sarah Bernhardt. En face, la façade en brique inspirée de la Renaissance (1878), propriété de la banque de France, tranche avec la rigueur haussmannienne des constructions alentour. Au n°43 de l'avenue de Villiers, le musée Henner est logé dans un hôtel particulier qui a appartenu au peintre Guillaume Dubufe (1853-1909). Un ensemble de tableaux du peintre alsacien (1829-1905) permet de mieux connaître l'œuvre nimbée de poésie de cet artiste un peu oublié. Il jouxte la rue Fortuny, véritable florilège de pastiches architecturaux caractéristiques de la fin du XIXᵉ siècle, à l'instar de la rue voisine Henri-Rochefort. Ouverte en 1876, elle séduit d'emblée des artistes de l'époque. Edmond Rostand (n°2), Sarah Bernhardt (*n°35*), la Belle Otero (n°27) y font construire leur hôtel particulier. Marcel Pagnol habitera plus tard au n°13. La rue Cardinet, qui croise l'avenue de Villiers, est bien connue des mélomanes qui fréquentent la salle Cortot. Elle gagne en animation à l'approche de la rue de Lévis, où alternent commerces d'alimentation et boutiques de mode. Son marché aux alentours du métro Villiers offre une conclusion colorée à cette balade. *Musée national Jean-Jacques-Henner 43, av. de Villiers 75017 Tél. 01 47 63 42 73 Fermé pour travaux, réouverture prévue en automne 2008 Mᵒ Malesherbes*

Autour de la place des Ternes

Les amateurs de musique classique sont des familiers de ce quartier qui abrite, rue du Faubourg-Saint-Honoré (n°252), la **salle Pleyel**. À proximité, 12, rue Daru, se cache la cathédrale russe Saint-Alexandre-Nevski. De la rue Pierre-le-Grand, ses bulbes dressés vers le ciel vous transportent dans la sainte Russie. Impression que prolonge le restaurant mitoyen À la ville de Pétrograd, un grand classique de la cuisine russe à Paris. Sur la place des Ternes, un marché aux fleurs donne une note champêtre à ce carrefour important. Sur la gauche, l'avenue Wagram possède un joli hôtel Art nouveau (1904) signé Jules Lavirotte. En face, la **salle Wagram**, monument historique classé, a toujours été depuis son inauguration, sous le Second Empire, un lieu de spectacles. Retour sur l'avenue des Ternes, à l'intersection avec la rue Poncelet, où se déroule un marché bien approvisionné. En toute saison, on trouve des melons, des fraises, des haricots verts vendus à prix d'or, et on se régale des pâtisseries d'Europe centrale de la maison Stübli. La Fnac occupe un peu plus loin sur l'avenue le magnifique bâtiment des Magasins réunis, doté d'une coupole et de décors floraux. L'artère très commerçante croise ensuite le boulevard Pereire dont les jardins tout en longueur suivent le tracé de l'ancienne voie ferrée Pont Cardinet-Auteuil. Roses trémières et parterres fleuris offrent une oasis de fraîcheur au milieu du boulevard. La tour du Concorde Lafayette signale à l'extrémité du boulevard Pereire la porte Maillot, qui abrite le palais des Congrès et son centre commercial rajeuni par l'architecte Christian de Portzamparc. *Salle Pleyel 252, rue du Faubourg-Saint-Honoré 75008 Tél. 01 42 56 13 13 www.sallepleyel.fr Cf. GEOAdresses, Sortir aux Champs-Élysées **Salle Wagram** 5bis, rue de Montenotte 75017 Tél. 01 55 37 86 86 www.sallewagram.com **M°** Ternes*

Découvrir le quartier des Batignolles

À voir La cité des Fleurs **À proximité** Montmartre **Sans oublier nos adresses**
Dénichez des objets de créateur chez French Touch, allez boire un verre au Refuge

Le quartier des Batignolles

L'artère principale du quartier (plan 1, D2-D3), la très vivante **rue des Batignolles**, se compose d'une suite de commerces de proximité. En chemin, elle croise la mairie du 17e ardt et une petite place paresseuse qu'encombre la terrasse d'un café, puis elle termine sa course au pied des colonnes grecques de l'église Sainte-Marie-des-Batignolles (1828). Autour du parvis de l'église et de la place du Dr-Félix-Lobligeois règne une paisible vie de quartier : quelques tables au soleil où prendre un verre, un traiteur italien pour un casse-croûte gourmand ; un peu plus loin, les pots d'un fleuriste envahissent le trottoir tandis que de jeunes mères contournent les flancs de l'église avec leur poussette pour rejoindre le rafraîchissant square des Batignolles. Du chevet de l'église part à droite la **rue des Moines**, où fromagers, bouchers, charcutiers et marchands de primeurs précèdent l'activité du marché couvert des Batignolles. Descendez ensuite la résidentielle rue Lemercier, où Verlaine vécut enfant au n°45, jusqu'à la discrète rue Jacquemont, refuge de quelques boutiques de créateurs. Elle conduit à l'avenue de Clichy, que l'on remontera le temps d'arriver au **cours Saint-Pierre** (n°47). Faites-vous discret pour ne pas déranger les riverains de cette charmante impasse, bordée de maisons ouvrières, d'anciens ateliers et ornée de gros pots de fleurs posés sur les pavés. Son entrée est libre la journée, notamment pour faciliter l'accès aux élèves du cours d'arts plastiques de l'atelier Terre de Sienne. Regagnez le quartier des Batignolles par la **rue des Dames**, longue et tortueuse artère que l'on sillonne en papillonnant de disquaires en galeries d'art, de boutiques affriolantes en restaurants feutrés. Remarquez au passage les peintures murales de l'Américain William Mackendree (2000) qui décorent un mur aveugle à l'angle de la rue Biot. Vous pouvez revenir sur vos pas par le boulevard des Batignolles et son terre-plein arboré. Manet et Mallarmé ont vécu ici, respectivement aux n°s 34 et 89. Au loin se dessine en perspective l'impressionnante silhouette blanche du Sacré-Cœur. *M° Place Clichy, La Fourche*

Square des Batignolles (plan 1, C2) Ce jardin doucement vallonné, parcouru par un cours d'eau, un pont-passerelle et une petite cascade, a été créé en 1862 sur le modèle des squares londoniens par Jean Charles Alphand, le "jardinier" d'Haussmann. Ses platanes majestueux, ses hêtres centenaires, ses saules pleureurs, ses belles pelouses et son manège font la joie des familles du quartier. Dans le vaste bassin, à l'ombre d'un cerisier du Japon, s'ébattent carpes et poissons rouges, cygnes noirs et canards variés. À la sortie du square, côté rue Cardinet, les friches de l'ancienne gare de marchandises de la SNCF sont en passe de devenir un immense parc de 10ha, nouveau poumon vert de l'Ouest parisien. Une première tranche de 4,4ha a été inaugurée en juillet 2007. Cet aménagement est le prélude d'un vaste chantier sur plusieurs années qui aboutira à la création d'un nouveau quartier comprenant 3 514 logements. Ce projet d'envergure se déploiera sur les terrains qui avaient été choisis pour accueillir le village olympique mais, après l'échec de la candidature de Paris aux JO de 2012, il a été décidé de les reconvertir sans attendre au profit des habitants. La chanteuse Barbara est née tout près de là, au 6, rue Brochant. *M° Brochant Entrée rue Cardinet ou pl. Charles-Fillon*

En se dirigeant vers les Épinettes

Au-delà de l'avenue de Clichy, le 17e ardt devient plus populaire et cosmopolite, à l'image du 18e, tout proche. Les communautés africaines tiennent des restaurants et salons de coiffure dans ses nombreuses rues transversales. Le quartier des Épinettes, limité par la rue Guy-Môquet et l'avenue de Saint-Ouen, est apparu au XIXe siècle avec les lotissements ouvriers. Empruntez les ruelles tracées au cordeau et traversez le square des Épinettes, longez l'église Saint-Joseph, sans négliger une incursion dans la surprenante cité des Fleurs. Au nord-ouest du quartier, après la petite ceinture, s'étend le cimetière des Batignolles, où reposent les dépouilles de Blaise Cendrars, Paul Verlaine, André Breton, entre autres personnalités.

☺ Cité des Fleurs (plan 1, D2) N'hésitez pas à pousser ses grilles pour fuir le concert de klaxons de l'avenue de Clichy. Cette délicieuse voie pavée, gardée par une concierge, cache un coin de campagne en plein Paris ! De chaque côté, des maisonnettes de trois étages avec perron, balustrade ouvragée et marquise en verre s'alignent derrière des tonnelles croulant sous les glycines et les chèvrefeuilles au printemps. À la création de ce lotissement (1847), le règlement imposait à chaque propriétaire de planter trois arbres dans le jardin et de fleurir les vasques bordant l'allée. Votre promenade silencieuse entre magnolias, tilleuls ou érables sera à peine troublée par les cris des enfants de l'école maternelle, à quelques pas. Au n°25, une plaque rappelle l'existence, pendant l'occupation allemande, d'un atelier de faux papiers. L'allée débouche rue La Jonquière. **M° Brochant** *154, av. de Clichy 75017 Fermeture des portes à 19h30*

☆ **Montmartre**
plans 1, 2, 3, 8

GÉOQUARTIERS

Faubourg traditionnellement excentré et prolétaire, le 18e ardt est resté l'un des arrondissements les plus pauvres de Paris, patchwork socioculturel cousu au fil des migrations. Seule exception, la butte Montmartre, petit village perché à 130m au-dessus de la capitale. Tous les ans, de 4 à 6 millions de visiteurs gravissent ses flancs escarpés, sur les traces des figures illustres d'une bohème disparue – Renoir, Toulouse-Lautrec, Van Gogh, Picasso... Que reste-t-il des avant-gardes d'hier, des révoltes ouvrières, des anars, des jeunes modèles dévergondées, des folles fêtes foraines ? À première vue, le dôme blanc du Sacré-Cœur domine de son écrasante silhouette un Montmartre livré au tourisme le plus mercantile. Pour retrouver le souvenir du dernier village parisien, il faut se replier sur ses ruelles où cohabitent Montmartrois de naissance, bobos et nouveaux artisans créateurs. Du côté de Pigalle, en revanche, flotte un parfum de scandale frelaté : le Red Light District parisien égrène au pied du mont sacré son chapelet de néons roses, enseignes de boîtes de strip-tease, de cinémas pornos et de boutiques de lingerie en latex... Les danseuses du Moulin-Rouge offrent désormais un spectacle bien sage au regard des tractations interlopes qui s'opèrent dans les peep-shows. Mais aux consommateurs de sexe se mêlent, toujours plus nombreux, les noctambules qui fréquentent les boîtes de nuit, salles de spectacle et théâtres des boulevards. Plus à l'est, dans les quartiers largement africains de Barbès et de la Goutte-d'Or, changement d'ambiance : une tour de Babel aux 56 nationalités, grouillant de mille commerces de rue, aux marchés bruyants et colorés.

DU MONS MARTIS À MONTMARTRE... Occupée depuis le néolithique, la butte Montmartre sert de lieu de culte aux Gaulois, puis aux Romains. Ces derniers y édifient des temples à Mars et à Mercure – d'où l'étymologie probable du toponyme, mons Martis ou mons Mercurii... Au IIIe siècle, le martyre de saint Denis et de ses compagnons, Rustique et Éleuthère, décapités par les Romains alors qu'ils cherchaient à évangéliser Lutèce, ouvre la page de l'ère chrétienne. Selon la légende, saint Denis ramasse sa tête, la lave à une source et marche jusqu'au site de la basilique qui porte aujourd'hui son nom. Au VIe siècle, un hameau se développe sur le tertre autour d'une chapelle et de son cimetière. L'éminence est bientôt dénommée mons Martyrium, en l'honneur de saint Denis, patron de Paris, et les pèlerins viennent de toute l'Europe s'y recueillir. En 1134, la pieuse reine Adélaïde de Savoie, épouse de Louis VI, installe une abbaye de bénédictines au sommet de

Bateaux Parisiens

Croisières sur la seine

Le temps d'une balade, d'un déjeuner ou d'une soirée en tête-à-tête, musiques et chansons rythment la croisière pour vous faire découvrir l'émotion et la magie de Paris, majestueux le jour et féerique la nuit.
Embarquez pour une rencontre unique et inoubliable avec Paris...

L'île de la Cité. Une vision d'artiste selon Émile Zola : "la Cité sereine, battant dans la transparence de l'air, comme élargie par le ciel immense", *L'Œuvre*.

Les fontaines Wallace. De gracieuses cariatides ornent ces édicules, offerts par Sir Wallace en 1872 : bel exemple d'hygiène publique et de mobilier urbain.

Le Moulin-Rouge. Chorégraphié par Mistinguett, c'est dans ce mythique cabaret de Pigalle que le french cancan a acquis ses lettres de noblesse.

Capitale de la mode. C'est à Paris que furent inventés la formule du mannequin vivant et le principe du défilé : jeux des lignes, des formes et des matières.

Le Luxembourg. Surnommé familièrement le "Luco" par les étudiants, ce jardin forme un îlot de verdure inestimable au cœur du Quartier latin.

Le centre Pompidou. Un édifice hautement contemporain pour l'art moderne, qui a déjà reçu 150 millions de curieux depuis son inauguration en 1977.

La Parisienne. Une ligne, une démarche assurée, élégante, la Parisienne frappe vivement le pavé de Paris, lui aussi emblématique de la capitale.

la colline sacrée. Au XVIIe siècle, quand on redécouvre la crypte du martyrium de saint Denis au niveau de l'actuelle rue Yvonne-Le Tac, les Dames de Montmartre délaissent le couvent et son église Saint-Pierre pour s'installer à côté. Le pouvoir féodal de cette "abbaye d'en bas" s'exerce jusqu'à la Révolution sur la Butte et tout l'actuel 9e ardt. En 1790, tandis que les terres basses sont confisquées aux religieuses et rattachées à Paris, le village de Montmartre s'érige en commune indépendante. On y cultive, depuis des siècles, la vigne et les céréales, broyées dans les moulins dressés alentour et, surtout, on exploite les carrières de plâtre du sous-sol pour construire Paris. Dès le XVIIe siècle, pour échapper aux taxes frappant le vin, comme toute marchandise destinée à la consommation de la capitale, des cabaretiers s'installent sur la Butte, et l'on voit fleurir les guinguettes et estaminets (doublés de maisons closes) qui vont forger son identité festive et lui valoir un essor fulgurant. Les Parisiens prennent l'habitude de passer le mur des fermiers généraux pour aller guincher et s'encanailler. Puis Montmartre accueille une population ouvrière trop modeste pour pouvoir se loger dans la capitale. De 1 000 âmes en 1806, le village en compte plus de 36 000 en 1860, quand Haussmann décide de l'annexer à Paris.

LA BOHÈME ET LA PEINTURE Au XIXe siècle, Montmartre devient le foyer d'une intense activité littéraire et artistique, indissociable de la vie des bals et des cabarets. Les premiers peintres installés sur la Butte, Géricault et Horace Vernet, puis Corot, apprécient ce village pour le pittoresque de ses moulins et la gaieté bon enfant de ses guinguettes. Après 1870, les impressionnistes se réunissent au café Guerbois, avenue de Clichy, puis à la Brasserie des Martyrs. Pissarro et Renoir, adeptes de la peinture en plein air, campent leur chevalet dans ses rues et ses champs baignés de lumière. Ils seront bientôt imités par Van Gogh. Cafés-concerts et salles de bal prolifèrent sur les nouveaux terrains constructibles aux portes de Paris. Grâce à la fête, dans laquelle le Montmartre meurtri par la Commune se jette avec un appétit vorace, les barrières sociales s'estompent, les artistes y côtoient le petit peuple. Le quadrille naturaliste, frénétique ancêtre du French cancan, fait son entrée au Moulin-Rouge, dont Toulouse-Lautrec croquera inlassablement les danseuses et les habitués. Degas puise son inspiration dans la misère des ouvriers et petits artisans, l'absinthe et les maisons closes. Dans le sillage de Toulouse-Lautrec, Steinlen, Gill et Willette s'adonnent à la caricature, dessinent des affiches, des menus, publient dans les revues satiriques. On s'affranchit des conventions dans les cénacles de ces cabarets qui brassent une clientèle d'artistes, de journalistes, d'hommes politiques, d'ouvriers et d'étudiants. En 1881, Rodolphe Salis et Émile Goudeau ouvrent le cabaret du Chat-Noir. On s'y presse pour écouter les chants de révolte d'Aristide Bruant, assister à son théâtre d'ombres et aux concerts improvisés d'Erik Satie. Suivront le Mirliton (1885) et le Quat'z'Arts (1893). Au début du XXe siècle, le Lapin agile et les hauteurs de la Butte deviennent le repaire de la "nouvelle bohème" de Montmartre : Dorgelès, Picasso, Max Jacob, Van Dongen, Modigliani... Peintres et écrivains gravitent autour des ateliers du Bateau-Lavoir où naissent, dans le plus grand dénuement, mais dans une atmosphère de liberté totale, le fauvisme et le cubisme. La bohème, ce doux mélange de plaisirs, de révolte, d'insouciance et d'humour, s'achève avec la Belle Époque : avant même que la Première Guerre mondiale ne disperse tout le monde, la communauté d'artistes aura commencé d'émigrer à Montparnasse.

GÉOQUARTIERS

Montmartre, mode d'emploi

orientation

Le Sacré-Cœur domine la colline de Montmartre et son réseau dense de ruelles et de placettes. Au sud, les boulevards de Clichy, de Rochechouart et de la Chapelle matérialisent la frontière nord des 9e et 10e ardts. Grand axe nord-sud du 18e ardt, le boulevard Barbès rejoint la porte de Clignancourt. Il marque la limite ouest de la Goutte-d'Or, et le boulevard de la Chapelle sa frontière sud.

☆ **La butte Montmartre** De la bohème au phénomène *Amélie Poulain*, le plus grand des villages parisiens charme par ses rues pavées et ses maisons fleuries.

Barbès et la Goutte-d'Or Au sud-est de la Butte, ces quartiers populaires et cosmopolites sont en plein réaménagement. Le marché de Château-Rouge et les vitrines de la rue des Gardes méritent le détour.

☆ **Pigalle** Au pied de la Butte. Rendez-vous des noctambules, les boulevards de Rochechouart et de Clichy croisent de petites impasses à explorer le jour et mènent à l'enclave de verdure du cimetière de Montmartre et à la place de Clichy.

La Nouvelle Athènes et le quartier Saint-Georges Ces charmants quartiers du 9e ardt, dont l'histoire est liée à celle de Montmartre, recèlent quelques magnifiques façades du xixe siècle.

accès

EN MÉTRO La ligne 2 passe au pied de la Butte, sur l'axe des boulevards de la Chapelle, de Rochechouart et de Clichy. Pour rejoindre la Chapelle, Barbès ou Pigalle, descendez aux stations du même nom. Pour le funiculaire de Montmartre, sortez à Anvers. La ligne 12 dessert Saint-Georges et la Nouvelle Athènes (Trinité, Notre-Dame de Lorette, Saint-Georges) ainsi que les versants sud (Abbesses) et nord (Lamarck-Caulaincourt) de la Butte. La ligne 4 longe le quartier de la Goutte-d'Or (Château Rouge) et mène aux puces de Clignancourt (Porte de Clignancourt).

EN BUS Le Montmartrobus relie Pigalle à la mairie du 18e ardt (pl. Jules-Joffrin) en passant à proximité des principaux sites d'intérêt de la Butte. Pour Pigalle ou les bds de Clichy et de Rochechouart, empruntez les lignes 30, 54 ou 67. Les lignes 31, 85 et 56 traversent le 18e par le bd de Barbès. Les deux dernières rejoignent les puces de Clignancourt. Pour la Trinité (Nouvelle Athènes), empruntez les lignes 26, 32, 43 ou 68.

EN VOITURE La circulation est souvent difficile sur les boulevards. **Parkings 24h/24h Rédélé Forest** (plan 1, D3) 11, rue Forest Tél. 01 43 87 57 18 **Clichy-Montmartre** (plan 1, D3) 12, rue Forest Tél. 01 43 87 64 50, **Anvers** (plan 3, B2) 41, bd de Rochechouart Tél. 01 42 81 05 11, **Place Saint-Georges** (plan 2, A3) 20, rue Clauzel 01 48 78 94 72 **Grand Garage de Clignancourt** (plan 3, B2) 120, rue de Clignancourt Tél. 01 46 06 48 72 et **Atelier Versigny** (plan 2, B1) 12-16, rue Versigny Tél. 01 46 06 74 35

À VÉLO Les boulevards de Clichy et de Rochechouart sont désormais aménagés pour prolonger les pistes cyclables qui mènent au bassin de la Villette.

informations touristiques

Syndicat d'initiative de Montmartre (plan 3, A1-B1). Le seul syndicat d'initiative de quartier de Paris. Il organise des visites guidées thématiques, sur les pas des écrivains, des peintres et… d'Amélie Poulain ! *M° Abbesses 21, place du Tertre 75018 Tél. 01 42 62 21 21 Ouvert tlj. 10h-19h Visites guidées tlj. selon demande*
Point accueil Anvers de l'OT de Paris (plan 3, B2). *M° Anvers Terre-plein, face au 72, bd de Rochechouart 75018 Tél. 0892 68 3000 (0,34€/min) www.parisinfo.com Ouvert tlj. 10h-18h sauf 1er mai, 25 déc. et 1er jan.*
Point accueil Gare du Nord de l'OT de Paris (plan 2, B3-C3). *M° Gare du Nord 18, rue de Dunkerque 75010 ("Bulle accueil", gare Île-de-France) Tél. 0 892 68 3000 (0,34€/min) www.parisinfo.com Ouvert tlj. 8h-18h sauf 1er mai et 25 déc.*

circulation

La butte Montmartre se visite à pied. Ses petites rues pentues, jalonnées d'escaliers et encombrées de piétons ne se prêtent guère à la circulation automobile. De plus, vous passeriez à côté du charme du village, qu'il faut découvrir en flânant. Un funiculaire géré par la RATP grimpe de la place Saint-Pierre à la rue du Cardinal-Dubois, au pied du Sacré-Cœur. Barbès, la Goutte-d'Or, côté 18e ardt, et la Nouvelle Athènes, côté 9e, se prêtent aussi à la marche, les distances étant courtes. Pour visiter le nord du 18e ardt (les puces, la mairie, le quartier de la Chapelle), mieux vaut se déplacer en voiture ou en transports en commun.

marchés

Marché Barbès (plan 2, B3). Le plus grand. *M° Barbès Bd de la Chapelle, face à l'hôpital Lariboisière Mer. 7h-14h30 et sam. 7h-15h*
Marché de Château-Rouge (plan 2, B2). Le plus exotique. *M° Château Rouge Rue Dejean Mar.-dim. matin*

fêtes et manifestations

Jazz à Montmartre. Pendant une semaine, le jazz envahit les restaurants, squares et théâtres de la Butte. *Arènes de Montmartre, Studio 28, jardins du musée Montmartre, Théâtre des Abbesses, etc. Fin juin*
La Goutte-d'Or en fête. Tous les ans, festival pluridisciplinaire organisé par les associations du quartier pour célébrer sa diversité ethnique et culturelle. *Dernière semaine de juin ou 1re semaine de juillet www.gouttedorenfete.org*
Lavagem do Sacré-Cœur. La grande fête de rue de Bahia s'exporte à Montmartre, avec défilé en costume blanc traditionnel et lavage des marches de la basilique du Sacré-Cœur. *1er ou 2e sam. de juil. http://lavagedusacrecoeur.free.fr*
Fête des Vendanges. Les vendanges insolites des vignes de Montmartre donnent lieu à un défilé festif, organisé par les confréries et associations folkloriques du quartier. *1er ou 2e sam. d'oct. www.fetedesvendangesdemontmartre.com*
Portes ouvertes d'Anvers aux Abbesses. Une soixantaine d'artistes installés sur le versant sud de la Butte ouvrent les portes de leur atelier au public. *Mi-nov. www.anvers-aux-abbesses.com*

GÉO**QUARTIERS**

☆ La butte Montmartre

☆ **À ne pas manquer** La basilique du Sacré-Cœur, la place du Tertre, la place Émile-Goudeau, le musée de Montmartre **Sans oublier nos adresses** Allez aux puces de Clignancourt, achetez du tissu au marché Saint-Pierre, prenez un verre au Sancerre

Pour apprécier les charmes de la Butte, il faut savoir s'écarter des foules. La plupart des visiteurs se contentent, en effet, d'un aller-retour entre le funiculaire, le Sacré-Cœur et la place du Tertre. N'hésitez donc pas à vous échapper par les passages et venelles qui vous éloignent du secteur touristique pour profiter en toute quiétude des squares cachés, places minuscules et ruelles tortueuses de la Butte. Prenez les escaliers qui dévalent ses pentes. Empreintes indélébiles des saignées opérées par les anciennes carrières, ils sont indissociables du paysage montmartrois, et c'est peut-être grâce à eux que la Butte conserve une certaine quiétude provinciale. Nous ne vous proposons pas d'itinéraire précis, mais plutôt des axes de promenade que vous pourrez adapter, selon le temps dont vous disposez et votre curiosité, en relevant les principaux points d'intérêt en chemin.

Autour de la place des Abbesses

La place des Abbesses est le centre d'un des périmètres les plus branchés de la capitale. La rue des Abbesses et la rue Lepic attirent une population mi-huppée, mi-estudiantine, qui se dispute leurs terrasses de café, traiteurs fins et boulangeries transformées en bistrots de charme. Çà et là, des placettes ombragées invitent à s'assoupir le temps d'un verre, tandis que le long de discrètes ruelles, les boutiques de stylistes et de designers rythment la flânerie.

La station Abbesses, l'une des plus profondes de Paris (30m), avec son escalier en colimaçon orné de fresques, débouche sur la place. Pour gagner la place des Abbesses à partir de la station Pigalle, grimpez la rue Houdon ou la rue André-Antoine, souvent déserte.

Place des Abbesses (plan 3, A2) Cette place biscornue doit son nom aux bénédictines de l'"abbaye d'en bas", démantelée à la Révolution. Une fontaine Wallace, une colonne Morris et une bouche de métro Guimard, coiffée de sa marquise d'origine, par rareté, lui donnent un petit air rétro. Derrière la place, le **square Jehan-Rictus** offre ses bancs aux amoureux venus déchiffrer les 311 façons de dire "je t'aime" inscrites en 250 langues sur un panneau de lave émaillée – une œuvre signée Frédéric Baron et Claire Kito. De l'autre côté de la rue se dresse la façade rouge de l'église Saint-Jean-l'Évangéliste et, un peu plus loin, le porche du Théâtre des Abbesses, succursale montmartroise du Théâtre de la Ville. La **rue Yvonne-Le Tac**, à l'est de la place, abrite le martyrium élevé sur le lieu présumé de la décollation de saint Denis. La chapelle actuelle (1887), au n°9, a remplacé celle où Ignace de Loyola fonda avec six condisciples en 1534 la Compagnie de Jésus. *Martyrium* Crypte ouverte ven. 15h-18h **M° Abbesses**

Église Saint-Jean-l'Évangéliste (plan 3, A2) Elle vint remplacer, en 1904, la paroissiale Saint-Pierre, juchée sur la Butte, en trop piteux état. Les Montmartrois eurent tôt fait de la surnommer "Notre-Dame-des-Briques", par allusion à sa structure en brique et béton armé. L'emploi de ces matériaux, révolutionnaires par leur légèreté et leur coût modique, permit à son commanditaire, l'abbé Sobeaux, de financer les travaux malgré l'opposition de l'Administration. Le clocher-porche élancé, flanqué de deux tourelles, arbore des arcs entrelacés d'inspiration orientale, rehaussés de pastilles de grès flammé. On retrouve les mêmes motifs décoratifs à l'intérieur. **M° Abbesses** 19, rue des Abbesses 75018 Tél. 01 46 06 43 96 www.saintjeandemontmartre.com Ouvert lun.-sam. 9h-19h, dim 9h30-18h (hiver) et 9h30-19h (été)

Le long de la rue Durantin (plan 3, A1-A2) Jalonnée d'ateliers-boutiques de jeunes créateurs et d'artisans, elle relie la place des Abbesses à la rue Lepic. Elle coupe la **rue Burq**, au fond de laquelle (à droite) se cache l'un de ces squares dont Montmartre a le secret et où, au creux de hauts immeubles, vont jouer les enfants du quartier. La transversale suivante, la **rue Tholozé**, abrite la salle de cinéma et l'agréable bar du Studio 28 (au n°10). En remontant cette rue et sa volée de marches, vous déboucherez rue Lepic, au pied du moulin Blute-Fin (cf. Sur la crête des moulins, plus loin). Du haut des marches, vue saisissante sur Paris, avec le dôme doré des Invalides en point de mire. **M° Abbesses**

Le bas de la rue Lepic (plan 2, A3 et plan 3, A2) De la rue des Abbesses à la place Blanche, son enfilade de fleuristes et de commerces de bouche donne à cette rue de faux airs populaires et une perpétuelle animation. Des pèlerins d'un nouveau genre, en quête du Paris villageois d'*Amélie Poulain*, viennent prendre la pause devant le café des Deux Moulins, au n°15. Le Lux Bar, au n°12, mérite une mention pour son décor Belle Époque. La place Blanche, au bas de la rue, doit son nom à la poussière déposée par les carrioles chargées de gypse qui dévalaient la Butte. En remontant, faites un crochet par la rue Constance : elle rejoint la verdoyante **impasse Marie-Blanche**, dominée par un extravagant manoir d'allure médiévale, avec tourelle, mâchicoulis et colombages (1880). **M° Blanche**

☆ **Place Émile-Goudeau (plan 3, A1)** À hauteur du n°20 de la rue des Abbesses, empruntez le passage des Abbesses, dont les escaliers débouchent **rue des Trois-Frères**, face à la célèbre épicerie d'*Amélie Poulain*. Prenez ensuite les rues Androuet, puis Berthe à gauche, pour gagner cette charmante place pentue, baptisée du nom d'un chansonnier de la Butte. Elle offre un cadre idéal à une halte reposante : des bancs sous les marronniers et, en contrebas, une terrasse de café avec vue plongeante sur Paris. Au n°13bis, une vitrine aménagée par le musée de Montmartre rappelle la formidable ébullition artistique que connut le **Bateau-Lavoir**. Poussez jusqu'à la **rue d'Orchampt**, juste derrière la place : les ateliers du n°1 évoquent encore ce terreau artistique fertile d'où est sortie la peinture moderne. La chanteuse Dalida vécut dans la villa du n°11bis. La ruelle débouche face au domaine du Moulin de la Galette (cf. Sur la crête des moulins, plus loin) ; en prenant à droite, vous rejoindrez tout de suite le vieux village (cf. Autour de la place du Tertre, ci-après). **M° Abbesses**

Le Bateau-Lavoir (plan 3, A1-A2) Il ne reste plus grand-chose du "laboratoire central de la peinture" (la formule est de Max Jacob) où œuvrèrent les plus grands génies de l'art moderne… Un incendie le ravagea en 1970, alors qu'André Malraux venait de le classer. La bicoque sommaire, une ancienne fabrique de pianos, se divisait en une quinzaine d'ateliers branlants, disposés le long des coursives qui lui ont valu son surnom. Malgré la précarité des lieux (ni chauffage, ni isolation, un seul point d'eau pour tous les locataires), la modicité des loyers eut vite fait d'y attirer une colonie d'artistes désargentés. Picasso, déjà un habitué de Montmartre (il avait résidé au 49, rue Gabrielle, puis au 130, bd de Clichy), y prit un atelier en 1904. C'est là qu'il réalisa *Les Demoiselles d'Avignon* (1907), tableau manifeste du cubisme, aujourd'hui exposé au Museum of Modern Art de New York. D'autres artistes, des poètes et des écrivains, ses voisins de palier ou des visiteurs assidus de l'endroit, vécurent là une étape déterminante de leur création : Max Jacob, Pierre Reverdy, Pierre Mac Orlan, Kees Van Dongen, Georges Braque, Juan Gris, Constantin Brancusi, André Salmon, Guillaume Apollinaire… Reconstruit par Claude Charpentier en 1978, le Bateau-Lavoir est resté fidèle à sa vocation en offrant une vingtaine d'ateliers à des artistes français et étrangers. *M° **Abbesses** 6, rue Garreau 75018 Ne se visite pas Vitrine 13bis, pl. Émile-Goudeau*

Autour de la place du Tertre

Au sommet de la Butte, le lacis de venelles enroulées autour de la place du Tertre forme le cœur du vieux village. Un secteur très touristique, mais qui n'en demeure pas moins intéressant pour son église paroissiale romane, ses deux petits musées et ses nombreux points de vue sur la capitale. Pour sortir des sentiers battus, gagnez les hauteurs par les ruelles qui grimpent de la place des Abbesses jusqu'à la rue Norvins ou, pour les plus intrépides, par les escaliers du passage Cottin, puis la rue du Chevalier-de-la-Barre. Le funiculaire qui monte de la place Saint-Pierre déverse son flot de visiteurs rue du Cardinal-Dubois, non loin du parvis de la basilique du Sacré-Cœur, formidable point de vue panoramique sur Paris. À gauche, la rue Saint-Éleuthère mène à l'église Saint-Pierre et à la place du Tertre. Juchée en balcon sur le versant sud de la Butte, elle domine les arènes de Montmartre, lieu de spectacles à la saison estivale.

Rue Norvins (plan 3, A1) Jusqu'au croisement de la rue des Saules et les premiers étalages de cartes postales, la rue Norvins, principale artère du village, conserve une atmosphère champêtre. Au n°9bis, on remarquera l'ancien château d'eau, devenu le siège de la commanderie du Clos Montmartre. Le manoir du n°22, la Folie Sandrin, abrita la maison de santé du docteur Blanche, où Gérard de Nerval fit plusieurs séjours à partir de 1841. Derrière les grilles du n°24, des pavillons dispersés dans une enclave de verdure accueillent des logements-ateliers de la Cité internationale des arts. *M° **Abbesses, Lamarck-Caulaincourt***

☆ **Place du Tertre (plan 3, A1-B1)** Il faut arriver tôt pour jouir pleinement du charme de cette ancienne place de village bordée de maisons basses. Passé 10h, il devient difficile de se frayer un passage entre les tables en terrasse des cafés, les serveurs à béret et bretelles, les chevalets du "carré des artistes", les portraitistes racoleurs, les chanteurs de rue… et la cohue des touristes émerveillés par ce folklore pourtant suspect. Au n°3 de la place se dressait la première mairie de Montmartre (1790). Au n°6 tourne le plus ancien restaurant de la Butte, La Mère Catherine (1793). C'est là qu'aurait été forgé le mot "bistrot" : pendant l'occupation de 1814, les cosaques y commandaient à boire en tonnant *"bistro !"* ("vite" en russe), et le terme est resté dans la langue française pour désigner un débit de boissons. La placette du Calvaire, au sud de la place, offre un joli point de vue sur Paris et donne accès à l'espace Montmartre-Dalí. *M° **Abbesses, Anvers***

Espace Montmartre-Dalí (plan 3, A1) Il abrite la seule exposition permanente en France consacrée au surréaliste Salvador Dalí (1904-1989). Celle-ci présente surtout des sculptures du maître, qui reprennent les thèmes récurrents de sa création picturale, comme les montres molles, l'éléphant spatial, Alice au pays des merveilles. Également des illustrations et lithographies revisitant des classiques de la littérature (*Don Quichotte*, *Roméo et Juliette*, *Les Songes drolatiques de Pantagruel*). La section Art déco expose des meubles, tel le canapé-lèvres, des lampes et des couverts réalisés d'après des dessins de Dalí. Au final, un voyage onirique dans l'univers de cet artiste protéiforme, dont le parcours reste lié à celui d'autres artistes de la Butte : Max Ernst, Tristan Tzara, André Breton… *M° Abbesses 11, rue Poulbot 75018 Tél. 01 42 64 40 10 www.daliparis.com Ouvert tlj. 10h-18h Tarif 10€, réduit 6€*

☺ **Église Saint-Pierre-de-Montmartre (plan 3, B1)** Cette petite église, au nord-est de la place du Tertre, est l'ultime vestige du monastère de bénédictines fondé par Adélaïde de Savoie. Elle cache, derrière une façade Louis XIV, des éléments mérovingiens, témoignant de la très ancienne vocation spirituelle de la Butte. L'Histoire a pourtant bien malmené le bâtiment : désaffectée à la Révolution, l'église devient temple de la Raison sous la Convention, station du télégraphe optique de Chappe en 1793, puis atelier de confection sous la Commune… Délabrée, rendue obsolète par l'érection du Sacré-Cœur voisin et de l'église Saint-Jean-des-Abbesses, elle aurait dû être démolie à la fin du XIXᵉ siècle. C'était sans compter avec l'énergique mobilisation des Montmartrois et de leur maire, Georges Clemenceau. Les travaux de restauration (1900-1905) furent dirigés par Sauvageot, un disciple de Viollet-le-Duc. *M° Abbesses, Anvers, Lamarck-Caulaincourt 2, rue du Mont-Cenis 75018 Tél. 01 46 06 57 63 Ouvert lun.-sam. 8h30-19h30, dim. 8h30-19h*

Extérieur La façade est percée de superbes portes en bronze aux vantaux historiés, illustrant les vies de la Vierge, de saint Denis et de saint Pierre, œuvre de Tommaso Gismondi (1980). Le sculpteur italien a aussi réalisé la lourde porte du cimetière du Calvaire attenant. Ouvert seulement lors des journées du Patrimoine et le jour de la Toussaint, ce cimetière est celui des vieilles familles montmartroises. À travers le portail, on aperçoit le monument funéraire, coiffé d'un petit moulin sculpté, des Varennes-Debray, propriétaires du Moulin de la Galette.

Intérieur Saint-Pierre-de-Montmartre a conservé le plan caractéristique des églises romanes : une nef orientée plein est, un transept court et une abside en hémicycle, flanquée d'absidioles. À l'origine, un mur dressé à hauteur de la 4ᵉ travée de la nef séparait l'espace dévolu au service paroissial de la partie réservée aux abbesses. Les voûtes de la nef furent refaites à la fin du XVᵉ siècle dans le style gothique. La voûte d'ogives du chœur, en revanche, date de la première moitié du XIIᵉ siècle et est, à ce titre, la plus ancienne de Paris. Quant à celle de l'abside, à l'origine en cul-de-four, il s'agit d'une réfection de la fin du XIIᵉ siècle. Les 4 colonnes en marbre blanc et à chapiteau sculpté à l'entrée de la nef sont des remplois du VIIᵉ siècle. Sur le mur nord est exposée la pierre tombale d'Adélaïde de Savoie, qui se retira dans l'abbaye royale qu'elle avait contribué à fonder. Parmi les apports contemporains figurent les 27 vitraux (1953) dus à Max Ingrand.

★ **Basilique du Sacré-Cœur (plan 3, B1)** Sa massive silhouette romano-byzantine, juchée sur la plus haute colline de Paris, n'a pas fini de déchaîner les passions… Pourtant, la basilique s'est bel et bien imposée comme l'une des plus célèbres cartes postales de la capitale. La polémique concerne non seulement ses qualités esthétiques, mais aussi sa vocation spirituelle. Lorsqu'en 1873 l'Assemblée nationale reconnaît d'utilité publique la construction d'une basilique expiatoire, le sanglant dénouement de la Commune hante encore tous les esprits. Cette fin de siècle tourmentée, qui a vu la défaite de 1870, la perte de l'Alsace-Lorraine, l'annexion des États pontificaux par l'Italie et la guerre civile en plein Paris, apparaît aux croyants comme les signes d'une déchéance. Le site choisi est hautement symbolique : Montmartre, lieu saint d'où le catholicisme a été chassé par la Révolution. L'entreprise est menée à bien, malgré la virulente opposition des républicains, d'après un projet de Paul Abadie, disciple de Viollet-le-Duc. Les travaux débutent en 1876 et s'échelonnent sur plus de 30 ans. C'est un véritable gouffre financier car les carrières creusées dans la Butte contraignent les entrepreneurs à consolider les fondations en forant des puits pour couler 83 colonnes de maçonnerie de 38m de profondeur. Prête à l'aube de la Première Guerre mondiale, la basilique doit attendre 1919 pour sa consécration. Le résultat est d'une écrasante monumentalité : les dimensions de la nef, la vaste mosaïque au-dessus du chœur (475m²), due à Luc-Olivier Merson et Marcel Magne, la crypte et sa statuaire colossale, le dôme géant, le porche surmonté des statues équestres de Jeanne d'Arc et de Saint Louis. Perché à 84m, le campanile (que les Montmartrois ont surnommé "minaret") est l'œuvre de l'avant-dernier architecte en charge du projet, Lucien Magne. Il renferme la Savoyarde (1895), cloche de 19t que durent hisser au sommet de la Butte une trentaine de chevaux. L'édifice doit sa blancheur immaculée au calcin que la pierre calcaire sécrète au contact de l'eau de pluie. Si vous n'êtes pas claustrophobe, osez grimper par un escalier en colimaçon exigu jusqu'au dôme : entre ses colonnettes, Paris se déploie à 360°. Vous distinguerez aisément la masse verte des Buttes-Chaumont, les tuyaux bleus et rouges de Beaubourg, le clocher de Notre-Dame, le dôme des Invalides, la tour Eiffel, les tours de la Défense… et jusqu'au grand stade de Saint-Denis. *M° Anvers, Abbesses Église ouverte tlj. 6h-23h Dôme et crypte tlj. 9h-17h30 (19h en été)*

Autour de la place Saint-Pierre (plan 3, B2)

Au bas des jardins en terrasse du **square Louise-Michel** (ex-square Willette) s'étire la place Saint-Pierre : la proximité du funiculaire et des pelouses où l'on prend la pose au pied du Sacré-Cœur orchestre l'incessant va-et-vient des visiteurs. Les vendeurs à la sauvette arpentent la **rue de Steinkerque**, livrée aux snacks, bureaux de change et à une flopée de boutiques de souvenirs dorés de pacotille… Nous sommes là à la frontière d'univers radicalement différents : il suffit de tourner à gauche dans la **rue d'Orsel** pour se retrouver au milieu des étalages de tissu, avant-goût de l'activité commerçante de Barbès. L'autre portion de cette rue, bien plus tranquille, rejoint le carré des créateurs des Abbesses : ses vitrines invitent à un shopping choisi. Sous les tilleuls de la **place Charles-Dullin** règne une atmosphère paisible, à peine perturbée, le soir, par les spectateurs du Théâtre de l'Atelier, ancien Théâtre de Montmartre (1822), rebaptisé par Dullin un siècle plus tard, quand cet acteur en prit la direction. Au nord, la **rue des Trois-Frères** amorce sa montée vers les Abbesses. Autre ambiance dans les ruelles en escalier du flanc est de la Butte : le passage Cottin et la rue du Chevalier-de-la-Barre (d'anciens chemins des carrières) ne voient pas le moindre touriste. En revanche, les **rues Pierre-Picard**, **André-del-Sarte** et **Muller** sont animées par de sympathiques galeries, cafés et boutiques ; enfin, en haut des marches de la **rue Paul-Albert**, la plaisante terrasse de L'Été en pente douce jouxte une ribambelle de restaurants à la mode où il fait bon s'attarder par une chaude soirée.

Halle Saint-Pierre (plan 3, B2) Ce pavillon en fer, verre et brique de style Baltard (1868) héberge une salle d'exposition consacrée aux arts brut et naïf et à l'art populaire contemporain. On peut aussi bouquiner dans sa librairie spécialisée ou se poser à la caféteria, le temps de lire la presse ou de prendre un repas léger (salades, tartes salées et sucrées) ou assister certains soirs à des concerts de musique classique et de jazz. **M° Anvers** 2, rue Ronsard 75018 Tél. 01 42 58 72 89 www.hallesaintpierre.org Ouvert tlj. 10h-18h Entrée 7,50€, réduit 6€

Rue du Chevalier-de-la-Barre (plan 3, B1) Elle débute dans le périmètre touristique du vieux village, puis contourne le chevet du Sacré-Cœur pour dégringoler en escalier vers le quartier de la Goutte-d'Or. Est-ce par hasard que cette rue qui longe le Sacré-Cœur, basilique expiatoire des crimes d'un siècle laïc, perpétue le souvenir du chevalier de la Barre (1747-1766), libre-penseur décapité à 19 ans pour avoir mutilé un crucifix, omis de saluer une procession religieuse et parce qu'il détenait le *Dictionnaire philosophique* de Voltaire ? À ceux qui ont pris cette rue pour gravir la butte, le parc de la Turlure, perché au-dessus des toits en zinc de Paris, offre ses gazons et ses bancs, le temps qu'ils reprennent leur souffle. Une plaque rappelle que c'est contre le mur de ce jardin qu'eut lieu la fusillade qui déclencha la Commune. La révolte sourd à Montmartre dont les habitants, mécontents des conditions de l'armistice signé par Thiers, se sont organisés en "comités de vigilance républicains", à l'instar de celui que préside Louise Michel. Le 18 mars 1871, les soldats chargés de récupérer les pièces d'artillerie amassées par les gardes nationaux lors du siège de Paris fraternisent avec les insurgés. La foule lynche deux de leurs officiers, les généraux Lecomte et Thomas, sonnant le coup d'envoi des affrontements. Au n°34 de la rue se dresse l'entrée du Carmel et, un peu plus loin, celle du prieuré Saint-Benoît. **M° Château Rouge**

Sur le versant nord de la Butte

☺ **Rue des Saules et les rues adjacentes (plan 3, A1)** À l'angle de cette rue et de la **rue Norvins**, remarquez la façade du restaurant Le Consulat, qui figure dans nombre des paysages montmartrois peints par Maurice Utrillo. Juste après s'ouvre la **rue Saint-Rustique**, la plus ancienne de la Butte (XIe s.), qui a conservé sa rigole centrale. Le restaurant La Bonne Franquette, qui fait l'angle, a remplacé Aux billards de bois, estaminet fréquenté dans la seconde moitié du XIXe siècle par Renoir, Monet, Zola, Cézanne, Pissarro, Diaz, Sisley, Toulouse-Lautrec… Van Gogh représenta son jardin dans *La Guinguette*, aujourd'hui au musée d'Orsay. La rue Saint-Rustique débouche **rue du Mont-Cenis**, ancienne voie de pèlerinage reliant l'abbaye de Montmartre à la basilique Saint-Denis. La rue des Saules coupe ensuite la **rue Cortot**, qui abrite le musée de Montmartre. Le compositeur Erik Satie occupa, au n°6, un minuscule 9m² qu'il qualifiait de "placard" et Aristide Bruant habita au n°16. De retour rue des Saules, vous vous retrouvez face à un autre sujet célèbre d'Utrillo : la maison rose du n°2 de la rue de l'Abreuvoir. **M° Lamarck-Caulaincourt**

☆ **Musée de Montmartre (plan 3, A1)** L'une des doyennes de la Butte, cette Folie cernée de jardins qui domine les vignes de Montmartre, a appartenu à Claude La Roze, sieur de Rosimond (v. 1640-1686), comédien de la troupe de Molière. À la charnière du XIXe et du XXe siècle, ses dépendances sont transformées en ateliers et louées à des artistes, dont Renoir, Suzanne Valadon et son fils, Maurice

GÉOQUARTIERS

Utrillo, ainsi que Francisque Poulbot. En 1960, la Société d'histoire et d'archéologie du Vieux Montmartre sauve la demeure de la démolition et la transforme en musée. Ses collections évoquent la bohème montmartroise, ses cabarets, ses chansonniers et ses peintres. Sur trois étages sont exposés affiches et enseignes célèbres, comme celles du Lapin agile et du Chat-Noir, lithographies, mobilier d'origine, et de savoureux clichés des danseuses du Moulin-Rouge… *M° Lamarck-Caulaincourt, Abbesses* 12, rue Cortot 75018 Tél. 01 49 25 89 37 www.museedemontmartre.fr *Ouvert mer.-dim. 11h-18h Tarif 7€, réduit 5,50€*

Vignes de Montmartre (plan 3, A1-B1) À l'angle des rues des Saules et Saint-Vincent, sur un carré exposé au nord, poussent des rangs de vignes amoureusement entretenus par les agents des Parcs et Jardins de la Ville. Chaque année, on en tire en moyenne 500l de clos-montmartre, vinifiés dans les caves de la mairie du 18e arrondissement et vendus au bénéfice des œuvres de la commune. Cette culture, symboliquement réintroduite sur la Butte en 1933, vient surtout couronner de succès le combat mené, à partir de 1929, par la République de Montmartre, association créée par Poulbot et Willette pour sauvegarder ce bout de terrain vague de la spéculation immobilière. Et si le vieux picolo, infâme piquette aux effets diurétiques, dont on disait au XVIIe siècle "qui en boit pinte en pisse quarte", n'a pas laissé un souvenir impérissable, il nous a néanmoins légué le verbe "picoler". *M° Lamarck-Caulaincourt*

Rue Saint-Vincent (plan 3, A1) Du parc de la Turlure au cimetière Saint-Vincent, cette rue paisible longe les vignes de Montmartre ainsi qu'un drôle de petit **jardin sauvage** où, depuis 1985, on laisse la végétation urbaine s'épanouir librement. Une expérience prise très au sérieux : le jardin n'ouvre au public que très exceptionnellement (le sam., d'avril à octobre) et toutes les espèces végétales y sont scrupuleusement répertoriées. *M° Lamarck-Caulaincourt*

Au Lapin agile (plan 3, A1) Depuis 1869, le cabaret n'a pas dérogé à sa vocation : organiser de festives veillées en chansons et en poèmes. André Gill offre un jour de 1875 une enseigne figurant un lapin bondissant hors d'une casserole, et le Cabaret des Assassins devient bientôt Le Lapin à Gill, puis Au Lapin agile. C'est sous la direction du père Frédé qu'il se mue, au tout début du XXe siècle, en rendez-vous privilégié de la bohème. Sur les murs roussis de tabac sont placardées, dans le plus grand désordre, les œuvres laissées par les clients amis : affiches de Poulbot, dessins de Willette, aquarelle de Picasso… Personnage à la gouaille railleuse et imagée, chansonnier et musicien à ses heures, Frédé monta, en 1912, un canular resté célèbre. Agacé par les innovations que prônaient les peintres du Bateau-Lavoir, il présenta au Salon d'automne des Indépendants une toile peinte par la queue de son vieil âne, Lolo, et pompeusement intitulée *Et le soleil se coucha sur l'Adriatique*. La farce avait été organisée en présence d'un huissier. Quant au tableau, il fut admis au Salon, et trouva même acquéreur… *M° Lamarck-Caulaincourt* 22, rue des Saules (angle rue Saint-Vincent) 75018 Tél. 01 46 06 85 87 www.au-lapin-agile.com *Soirées cabaret mar.-dim. 21h-2h Entrée 24€*

Cimetière Saint-Vincent (plan 3, A1) L'accroissement rapide de la population communale nécessita l'ouverture d'un second cimetière en 1831, pour suppléer à celui du Calvaire. C'est là que repose Maurice Utrillo (1883-1955), le fils de Suzanne Valadon, devenu alcoolique très jeune. Enfant de la Butte, Utrillo est un peintre autodidacte, comme sa mère (modèle de Renoir et maîtresse de Toulouse-Lautrec, elle se mit à la peinture encouragée par Degas). Il consacra toute son œuvre à des vues de Montmartre, dans un style imperméable aux courants artistiques de son époque. Autres sépultures célèbres : celles d'Émile Goudeau, cofondateur du Chat-Noir, de l'écrivain Marcel Aymé, du peintre Eugène Boudin et du dessinateur Théophile Steinlen. **M° Lamarck-Caulaincourt** *Entrée côté pl. Constantin-Pecqueur Ouvert nov.-mars : tlj. 8h-17h30 (sam. 8h30, dim. 9h) ; avr.-oct. : tlj. 8h-18h (sam. 8h30, dim. 9h)*

Plus au nord, le stade de France

Stade de France À peine construit qu'il entrait déjà dans l'Histoire ! Bâti pour les besoins de la Coupe du Monde de football 1998, il fut le témoin de la victoire des Bleus au Mondial, l'inoubliable 3-0 contre le Brésil le 12 juillet 1998. Avec 80 000 places, c'est le plus grand stade français, le plus aérien aussi. De loin, sa silhouette gracile dessine la forme d'une soucoupe volante. L'arène gigantesque accueille aussi bien des rencontres sportives que des événements, des concerts ou des grands spectacles. Installé tout près de Paris, sur la commune de Saint-Denis, son aménagement a dopé le renouveau urbain et économique d'une zone industrielle tombée en déshérence. Et si aucun match n'est programmé lors de votre séjour parisien, optez pour la visite guidée. Assis sur les gradins, vous n'aurez pas de peine à imaginer la clameur de la foule. **M° Saint-Denis**, *RER B La Plaine Stade de France, RER D Stade de France - Saint-Denis, Visite guidée 1h tlj hors manifestations, entre 10h et 17h* **Accès** *porte H Tél. 0892 700 900 www.stadefrance.fr Tarif 10€, réduit 8€*

Sur la crête des moulins

C'est à la fin du XIXe siècle, quand la minoterie triomphe, que les ailes des derniers moulins à vent de Montmartre cessent de tourner. Nombre d'entre eux s'alignaient sur la ligne de crête qui sépare l'avenue Junot de la rue Lepic. Au début du XXe siècle, les parcelles situées entre la rue Lepic et la rue Saint-Vincent constituent un vaste terrain vague, surnommé le "maquis" et plutôt malfamé, où des chiffonniers ont construit quelques bicoques. Les promoteurs disposent là de tout l'espace nécessaire pour aménager l'une des zones résidentielles les plus cossues de la Butte, dont on peut encore admirer les façades au gré de la flânerie.

Allée des Brouillards (plan 3, A1) On la rejoindra par la rue Girardon ou par la rue de l'Abreuvoir (Pissarro vécut au n°12), histoire de passer par la petite place Dalida où trône un buste en bronze de la chanteuse. L'étroite allée qui débute de l'autre côté de la placette traverse l'ancien domaine du château des Brouillards (1772), élégante Folie construite par un marquis sur le site d'un moulin, où Gérard de Nerval habita en 1846. Les maisonnettes cachées derrière les grilles qui bordent cette romantique allée ont remplacé les baraques en bois qui avaient succédé aux dépendances du château, abattues en 1850. L'allée aboutit, par des escaliers, place Casadesus, à côté du **square Suzanne-Buisson** et de sa statue de saint Denis martyrisé tenant sa tête dans ses mains.

Le long de l'avenue Junot (plan 3, A1) Cette large artère bourgeoise fut tracée dans le "maquis" en 1905. Côté des numéros pairs, dans le virage, la **villa**

Léandre (1926) aligne le long d'une impasse pavée une suite de pavillons aux airs de cottages anglais. Max Ernst résida au n°36. Plus bas, à hauteur du n°23 de l'avenue, un passage débouchant rue Lepic traverse le dernier carré de "maquis" : un terrain en friche de part et d'autre d'un pavement irrégulier, barré par un énorme rocher. La sobre résidence du n°15 fut construite par l'Autrichien Adolf Loos pour l'écrivain dadaïste Tristan Tzara. Francisque Poulbot (1879-1946), dessinateur des gamins de la Butte dont le coup de crayon est aujourd'hui imité partout, finit ses jours au n°13 – une frise en mosaïque figurant ses "petits poulbots" anime la façade de l'immeuble. L'avenue s'interrompt brusquement à l'angle de la rue Girardon ; elle aurait dû traverser le vieux village pour rejoindre le Sacré-Cœur, mais ce projet impopulaire fut suspendu à temps ! Au n°1 s'élève le **Ciné-Théâtre 13**, salle ouverte par Claude Lelouch sur le domaine du Moulin de la Galette. L'avenue débouche **place Marcel-Aymé** (l'écrivain résidait rue Norvins) où se dresse sa statue du *Passe-Muraille*, due à Jean Marais. *M° Lamarck-Caulaincourt*

Le haut de la rue Lepic (plan 3, A1) Dans sa partie la plus résidentielle, la rue Lepic vit s'installer quelques personnalités de la Butte : au n°110, près de la place qui a pris son nom, résida Jean-Baptiste Clément, maire de Montmartre de mars à mai 1871 et auteur du *Temps des cerises* ; au n°87, le dessinateur Willette. De 1886 à 1888, Vincent Van Gogh fut hébergé par son frère Theo au n°54 et le poète maudit Jehan Rictus (1867-1933) vécut au n°50. Faites un crochet par la rue de Tourlaque pour passer devant la **cité des Fusains** (n°22, voie privée). Dans cette cité d'artistes, composée de pavillons récupérés de l'Exposition universelle de 1889, logèrent Renoir, Bonnard, Miró, Ernst et Éluard. *M° Abbesses*

☺ **Moulin de la Galette (plan 3, A1)** Le Blute-Fin et le Radet (au-dessus du restaurant Moulin de la Galette, où Dalida avait sa table attitrée) sont les derniers de la quinzaine de moulins qui coiffaient la Butte aux XVIIe et XVIIIe siècles. En 1834, leurs propriétaires, les Debray, ont l'idée d'offrir des galettes chaudes et du lait frais aux Parisiens venus se mettre au vert et admirer le panorama depuis leurs jardins. La fréquentation augmentant, on installe des tables en bois, on sert du vin, on invite des musiciens. Ainsi naît l'une des plus populaires guinguettes de la Butte. Renoir a immortalisé son ambiance joyeuse et champêtre dans son *Bal du Moulin de la Galette* (1876) exposé au musée d'Orsay. Fort de son succès, le Bal du Moulin de la Galette deviendra une salle de bal en dur, plus élégante. Dans le jardin de ce domaine privé s'élève la **mire du Nord**. Invisible de la rue, cette stèle fichée dans le sol par Cassini en 1736 marque le passage du méridien de Paris, supplanté par celui de Greenwich en 1884. Vous remarquerez peut-être, rue Lepic, l'un des 135 médaillons en bronze gravés du nom d'Arago et incrustés dans le sol qui traversent aujourd'hui la capitale sur la ligne fictive du méridien. *Blute-Fin 75-77, rue Lepic 75008 Radet 83, rue Lepic 75008 Ne se visitent pas M° Abbesses*

Découvrir Barbès

À voir Le marché Dejean à Château-Rouge **Sans oublier nos adresses** Rendez visite aux créateurs de la rue des Gardes, faites des affaires sur le boulevard de Rochechouart, écoutez de la musique *live* à l'Olympic Café

Passé la rue de Clignancourt, on entre dans les quartiers populaires du 18ᵉ ardt. À l'approche de la station de métro Barbès, les vendeurs ambulants de montres et de sacs "griffés" disputent le trottoir aux mères de famille venues farfouiller dans les bacs à vêtements des bazars à bas prix. L'effervescence est à son comble le mercredi et le samedi matin, quand le marché déploie ses étals sous le métro aérien, le long du boulevard de la Chapelle. Entre la rue de la Goutte-d'Or et la rue Myrha s'étend sans doute le "village" parisien le plus exotique, par l'incroyable diversité ethnique de ses habitants. Pour en avoir un aperçu, rendez-vous au **marché de Château-Rouge**, installé dans une voie piétonne. Du mardi au dimanche, on y croise des femmes en boubou chatoyant venues acheter le poisson frais (tilapia, thiof ou capitaine), qu'elles accommoderont comme au pays. Puis on poursuit ses courses aux alentours, dans les boucheries *halal* ou les épiceries aux sacs débordant de dattes, de manioc, de bananes plantains, de poisson séché… Plus loin, ce sont les boutiques de pagnes colorés – wax, bazins, batiks –, les marchands de cheveux destinés aux tissages, les agences de voyages qui proposent des vols discounts… Malgré cette intense vitalité commerciale, ces endroits pauvres et largement insalubres connaissent les fléaux de la misère et de l'exclusion sociale : le deal, le crack, la prostitution, notamment rue Myrha. Depuis 1983, de concert avec les populations locales, la municipalité a entrepris de réhabiliter nombre de logements sociaux délabrés et d'hôtels vétustes, pour y réinstaller les familles. Plus à l'est, le quartier de la Chapelle, enserré dans le maillage des rails de l'ancienne gare de marchandises, est lui aussi en passe de subir de profondes transformations. La friche industrielle des entrepôts SNCF, la halle Pajol (1920) en particulier, devraient accueillir d'ici à 2011 des équipements de culture et de loisirs et des espaces verts, désenclavant ce secteur marginal.

Barbès (plan 2, B2-B3) C'est en 1948 que fut inauguré, boulevard de Rochechouart, le premier des magasins Tati auquel ce secteur doit son agitation. L'enseigne bleue sur fond vichy rose et blanc s'étale de nos jours pratiquement de la rue de Clignancourt au boulevard Barbès. On remarquera, à l'angle du boulevard de Magenta, l'ancien palais du cinéma **Le Louxor** (1921), à la façade néo-égyptienne classée. Racheté par la municipalité, il devrait abriter en 2009 une Maison des cultures méditerranéennes. Sur le trottoir de gauche du **boulevard Barbès** (nᵒˢ 7-15), on ne peut pas manquer les anciens grands magasins Dufayel, bâtiment construit par Gustave Rives en 1895 et que se partagent aujourd'hui une banque, deux magasins et des appartements. Ce "Palais de la nouveauté", pionnier de la vente à crédit, occupait alors tout le pâté de maisons délimité par les rues de Sofia, de Clignancourt, Christiani et le boulevard Barbès. L'ancienne entrée principale (26, rue de Clignancourt) a conservé son majestueux fronton sculpté par Dalou, *Le Progrès entraînant dans sa course le Commerce et l'Industrie*. Le boulevard Barbès prend fin rue Ordener. Les amoureux d'architecture pousseront jusqu'au n°13 de la **rue des Amiraux**, pour découvrir les logements sociaux bâtis de 1922 à 1927 par Henri Sauvage selon les tout nouveaux "principes hygiénistes" visant à lutter contre l'insalubrité en général et la tuberculose en particulier : des logements étagés en gradins pour bénéficier d'une ventilation et d'un éclairage meilleurs et de terrasses-jardins. Derrière sa façade carrelée de blanc, l'édifice abrite une piscine municipale, inaugurée en 1930. *M° Barbès, Simplon*

La Goutte-d'Or (plan 2, B2-B3, C2-C3) Le quartier doit son nom au vin, très prisé au Moyen Âge, qu'on cultiva longtemps sur les coteaux de La Chapelle. Au XIXe siècle, ce village périphérique accomplit sa mutation urbaine en accueillant une main-d'œuvre ouvrière venue des quatre coins du pays, puis du continent. Depuis les années 1920, cette tradition d'immigration s'est perpétuée avec l'établissement de populations maghrébine, africaine, turque, puis asiatique. Un incroyable melting-pot que reflètent les boutiques, restaurants et lieux de culte de la Goutte-d'Or : on remarquera, à l'angle de la commerçante **rue des Poissonniers** (qu'empruntait le poisson de la Manche destiné aux Halles centrales de Paris) et de la rue Polonceau, la mosquée al-Fath, où vont se recueillir la plupart des musulmans du quartier. Sur la **rue Polonceau** donne aussi un temple bouddhique (n°36) et **rue Affre** s'élève Saint-Bernard (1861), église qui s'est rendue célèbre en abritant des sans-papiers grévistes de la faim au cours de l'été 1996. Derrière le square Léon, la **rue des Gardes** s'est muée en une vitrine de la mode, avec son enfilade de boutiques de créateurs. *M° Château Rouge*

Gare du Nord (plan 2, B3-C3) La première gare du Nord fut bâtie en 1846 à un jet de pierre de la gare de l'Est, sur le boulevard de Magenta, mais les bâtiments, trop exigus, furent démontés dès 1857 (et reconstruits à Lille) pour laisser place à la gare actuelle en 1865. L'architecte Hittorff conçut un véritable palais néoclassique en pierre, verre et métal. La majestueuse façade arbore 21 statues figurant les grandes villes du nord de l'Europe et de la France. Destinée à relier la capitale aux régions industrielles du Nord, la gare s'est depuis imposée comme l'une des plus importantes du monde, avec un flux annuel de 180 millions de passagers. Elle gère notamment le trafic des trains Eurostar, Thalys, TGV Nord et une partie du réseau de banlieue (Éole, RER B et D). *M° Gare du Nord Rue de Dunkerque 75010*

Où assister à une procession hindoue ?

Chaque année, début septembre, surgit sur le pavé parisien l'effigie du dieu Ganesh qui est promenée dans les rues autour du métro de La Chapelle (plan 2, C1) avec ferveur. C'est l'occasion de découvrir le temps d'un après-midi la discrète communauté tamoule qui s'est établie dans la partie haute de la rue du Faubourg-Saint-Denis, jusqu'à l'avenue Marx-Dormoy. Dans ce quartier surnommé **"Little Jaffna"** en raison de la présence de nombreux Tamouls – Jaffna est la capitale tamoule du Sri Lanka –, le dieu à la tête d'éléphant est transporté sur un char suivi par une foule compacte. Au passage du cortège, des fidèles fracassent des noix de coco sur les trottoirs en signe d'ouverture à l'autre. Il rejoint ensuite le temple qui a été installé dans une arrière-cour vétuste pour les ultimes offrandes. *Temple 72, rue Philippe-de-Girard Calendrier des fêtes hindoues www.templeganesh.fr M° La Chapelle*

☆ Découvrir Pigalle

☆ **À ne pas manquer** Le musée de l'Érotisme, le Moulin-Rouge **Sans oublier nos adresses** Allez écouter Pierre Carré aux Noctambules, réservez une place de concert à la Cigalle ou à l'Élysée Montmartre

La "ceinture de non-chasteté" parisienne n'a rien perdu de sa sulfureuse réputation ! La nuit, des grappes de touristes arpentent les boulevards, égarées dans ce

Montmartre du sexe devenu plus glauque que piquant. À la bohème impudique a, en effet, succédé le crime organisé : la pègre contrôlait, jusqu'aux années 1980, toutes les filles et les boîtes de nu du secteur. Depuis les années 1990, cependant, la mode a voulu ramener les Parisiens sur ces vieux trottoirs de débauche : la (ré)ouverture d'une dizaine de cafés branchés et salles de spectacle mythiques, que l'on pensait condamnées à la projection de films X, a insufflé une nouvelle jeunesse aux boulevards. Le programme de réhabilitation lancé par la Ville de Paris en 2003 (élargissement du terre-plein central des boulevards Rochechouart et de Clichy, création de pistes cyclables, éloignement des cars touristiques) vient compléter ce renouveau. Quant à l'industrie du sexe, elle quitte de plus en plus le pavé pour s'envoler vers de nouveaux horizons audiovisuels et cybernétiques…

De la place Pigalle à la place de Clichy

☆ **Place Pigalle** (plan 3, A2) Elle a été aménagée à l'emplacement de la barrière de Montmartre, l'un des octrois du mur des fermiers généraux. Les peintres fréquentaient dans les années 1860-1910 le "marché aux modèles" qui se tenait autour de son bassin : des jeunes filles des faubourgs désireuses d'arrondir leurs fins de mois. Au sud de la place, la rue Frochot descend vers la rue Victor-Massé, fief des boutiques d'instruments de musique. Entre les deux rues, l'**avenue Frochot**, percée en 1830, est devenue une impasse privée. Les grilles qui en barrent l'accès laissent entrevoir ses petits immeubles et villas XIXᵉ de styles variés. Toulouse-Lautrec eut son dernier atelier au n°15, et bien d'autres artistes – dont Gustave Moreau, Alfred Stevens, Jean Renoir, Django Reinhardt – y ont habité. Juste à côté (2, rue Frochot), signalée par un vitrail Art déco encadré de portes en ferronnerie, l'Académie de billard des Boulevards occupe l'ancien Théâtre en rond. Au n°12 de la rue Victor-Massé, une plaque rappelle que Salis y transféra son célèbre cabaret artistique, le **Chat-Noir**, en 1885. Pour rejoindre la rue des Martyrs, traversez la **cité Malesherbes** (accès libre le jour), lotissement de résidences bourgeoises, né de la fièvre immobilière qui s'abattit sur Paris au Second Empire. Remarquez la façade du n°11, dont les décors en lave émaillée (1858) sont empruntés à la chapelle Sixtine. *M° Pigalle*

Boulevard de Rochechouart (plan 3, A2-B2) En 1973, les coups de pioche eurent raison du célèbre Cirque Médrano qui se dressait à la jonction des boulevards de Rochechouart et de Clichy, au niveau de la rue des Martyrs. Cette dernière abrite une salle de concert, **Le Divan du monde**, ex-Divan japonais, où la chanteuse Yvette Guilbert débuta sous l'œil de Toulouse-Lautrec. Certains cabarets du boulevard, transformés en cinémas dans les années 1930, ont eux aussi bénéficié du renouveau de Pigalle. Le premier fut **La Cigale**, caf'-conc' qui avait succédé en 1894 au célèbre bal de la Boule noire. Au n°120, sa façade à hublots cache une salle de spectacle renouvelée par Philippe Starck en 1987. L'**Élysée Montmartre** (n°72), (cf.GÉOAdresses, Sortir à Pigalle) perpétue le souvenir du bal homonyme, le plus ancien de Pigalle (1806). La salle de concert du n°80, **Le Trianon** (1902), a aussi repris du service. *M° Pigalle, Anvers*

Boulevard de Clichy (plan 3, A2) Comme le boulevard de Rochechouart, il suit le tracé de l'ancien mur des fermiers généraux. En 1860, on y vit pousser (côté 9ᵉ ardt) nombre d'ateliers d'artistes aux façades bourgeoises, exposés au nord pour bénéficier d'une lumière plus homogène. L'immeuble du n°9, aux trois étages de baies vitrées, présente encore un beau décor de médaillons et de frises en faïence. Dans la cité d'artistes cachée derrière le portail du n°11 ont vécu Sarah Bernhardt, Renoir et Picasso. André Breton eut un atelier au n°53. Émile Bernard, Toulouse-Lautrec et Van Gogh fréquentèrent l'atelier de Fernand Cormon au n°104. **M° Pigalle, Blanche**

Les cités ouvrières (plan 2, A3 et plan 3, A2)

Appelés "cités", "villas" ou "passages", ces îlots d'habitations disparates se sont bâtis sur d'anciens chemins vicinaux des zones maraîchères. Demeurés en marge des aménagements haussmanniens, ils offrent un contraste frappant avec l'animation trépidante des boulevards. Entre les n°48 et 50 du boulevard de Clichy, on peut ainsi remonter la **cité du Midi**, tout droit sortie d'un autre temps avec sa rigole centrale, la façade en bois de sa vieille menuiserie et celle, rehaussée de faïence, d'anciens bains-douches. Les ateliers et maisons basses de la **villa des Platanes** firent place, en 1896, à l'ensemble monumental dont on aperçoit le premier corps de bâtiments derrière les grilles du n°58. La **cité Véron**, près du Moulin-Rouge a, en revanche, conservé les siens (Boris Vian et Jacques Prévert logèrent au n°6). **M° Pigalle, Blanche**

☆ Musée de l'Érotisme (plan 3, A2)

Un musée sur 7 niveaux, entièrement consacré au sexe et à l'érotisme, ne pouvait trouver quartier plus approprié que celui de Pigalle ! Ses collections tantôt amusantes, tantôt troublantes, s'attardent sur la représentation du sexe et de l'érotisme dans l'art populaire (approches satiriques ou humoristiques et sensuelles estampes japonaises du XVIIIe s.), sacré (statuettes de divinités d'Amérique centrale, d'Inde ou du Népal) et contemporain. Au 2e étage, une intéressante exposition retrace l'histoire des maisons closes et de la prostitution de la fin du XIXe siècle à 1946 : photos, monotypes de Degas et documents racontent la vie des "petites femmes" et de leurs clients parfois riches et importants. **M° Blanche** 72, bd de Clichy 75018 Tél. 01 42 58 28 73 www.erotic-museum.com Ouvert tlj. 10h-2h Entrée 8€, réduit 5€ Label Tourisme et Handicap

☆ Le Moulin-Rouge (plan 2, A3)

Près de la place Blanche, ses ailes lumineuses tournoient fièrement en face de la chapelle consacrée à sainte Rita, patronne des causes désespérées. En 1889, les entrepreneurs Charles Zidler et Joseph Ollier rachètent, sur ce boulevard déjà mythique, le bal de la Reine-Blanche et en font un lieu de divertissement plus huppé. Pour mieux concurrencer la célèbre guinguette du Moulin de la Galette, le vaste hangar qui accueille les danseurs est coiffé d'un faux moulin. Et pour faire recette, ses propriétaires exploitent toutes les fantaisies et extravagances de cette fin de siècle : dans le jardin trône un gigantesque éléphant en stuc dans lequel les hommes peuvent assister à des spectacles de danse du ventre, tandis que les dames font, dehors, une promenade à dos d'âne. On débauche, à prix d'or, des danseuses connues aux sobriquets imagés, la Goulue, Grille d'égout, Nini-Patte-en-l'Air, la Môme Fromage, Rayon d'or… Au programme figurent attractions foraines et danses endiablées mêlant bonds, grands écarts et levers de jambe vertigineux sur des airs d'Offenbach. Interdit depuis 1820 et exilé en Angleterre, le quadrille naturaliste fait ainsi un retour triomphal en France sous le nom de French cancan. Toulouse-Lautrec s'en fait le principal chroniqueur. À partir de 1903, quand une luxueuse salle de café-concert remplace le hangar, les spectacles évoluent vers le music-hall. En 1925, la revue "Ça, c'est Paris", menée par Mistinguett, fait un triomphe. À l'aide de moyens techniques impressionnants, les revues actuelles présentent des danseuses aux seins nus, parées de plumes et de strass, dans des décors somptueux, et d'authentiques numéros de cabaret : magiciens, acrobates, dompteurs de serpents… Sans oublier, évidemment, le traditionnel French cancan du "grand finale". Aussi, même si les danseuses ne se mêlent plus au public pour faire voler, d'un coup de pied agile, le chapeau des messieurs, le Moulin-Rouge symbolise encore à l'étranger l'esprit de la fête parisienne. Avec le **Théâtre de Dix-Heures** (au n°36) et celui des **Deux Ânes** (au n°100), c'est l'un des rares cabarets du boulevard de Clichy qui n'ait pas cédé au commerce du sexe. *M° Blanche 82, bd de Clichy 75018 Tél. 01 53 09 82 82 www.moulin-rouge.com Tlj. revue à 21h (99€) et à 23h (89€) 1/2 bouteille de champagne offerte ; revue et dîner à 19h 145€, 160€, ou 175€ selon le menu*

Cimetière de Montmartre (plan 1, D2 et plan 2, A2) Ce grand cimetière

qu'enjambe le pont Caulaincourt occupe d'anciennes carrières de plâtre (les Grandes Carrières). À l'instar du Père-Lachaise, ses allées ombragées sont bordées de sépultures envahies par les herbes folles et de chapelles endormies dont l'admirable statuaire est à découvrir au cours d'une promenade. De l'entrée, accessible à partir du boulevard de Clichy, on gagne aisément la place Ronde, puis la 31e division où reposent Louise Weber, dite la Goulue, célèbre danseuse du Moulin-Rouge qui finit sa vie dans le plus grand dénuement, et Godefroy Cavaignac, chef du Parti républicain sous Louis-Philippe, dont on remarquera le gisant réalisé par Rude et Christophe. Si les cendres d'Émile Zola ont été transférées au Panthéon, un buste de l'écrivain signale toujours la sépulture familiale (19e div.). De l'autre côté du pont, chemin des Gardes, reposent Dalida (18e div.), Lucien et Sacha Guitry (1re div.). L'avenue de la Croix longe les tombeaux du danseur Nijinski (31e div.), des écrivains Stendhal (Henri Beyle) et Georges Feydeau (30e div.), du cinéaste Henri-Georges Clouzot (30e div.) et du chanteur Michel Berger (29e div.). Avenue de Montmorency s'alignent d'imposants mausolées, dont celui des frères Goncourt (13e div.). De superbes statues en marbre ou en bronze sont à découvrir aux abords des avenues Cordier et Montebello : *La Douleur* sur la tombe du colonel Herbillon (5e div.), *La Muse Calliope* sur celle de Théophile Gautier et *La Fileuse de Bou-Saada* sur celle du peintre Gustave Guillaumet (3e div.). Edgar Degas repose dans la 4e division. En prenant l'avenue Hector-Berlioz, on ira voir le monument funéraire de Jean-Baptiste Greuze, gardé par une *Jeune fille à la cruche cassée* inspirée d'un de ses tableaux, le gisant du député Alphonse Baudin sculpté par Millet et le tombeau de Heinrich Heine (27e div.), ou encore ceux de François Truffaut (21e div.) et d'Hector Berlioz (20e div.). Au nord, l'avenue des Anglais conduit aux sépultures du dessinateur montmartrois Francisque Poulbot, du compositeur Offenbach (9e div.) et du physicien Foucault (7e div.). *M° Blanche 20, av. Rachel 75018 Tél. 01 53 42 36 30 Ouvert nov.-mars : tlj. 8h-17h30 (sam. 8h30, dim. 9h) ; avr.-oct. : tlj. 8h-18h (sam. 8h30, dim. 9h)*

Place de Clichy (plan 1, D3) Elle brasse les populations bigarrées des ar-

rondissements limitrophes (8e, 9e, 17e et 18e). La statue en bronze qui trône au milieu rappelle que, le 30 mars 1814, le maréchal de Moncey tenta vainement de défendre la barrière de Clichy contre la coalition prusso-russe. Aujourd'hui comme autrefois, les trottoirs, souvent noirs de monde, sont dévolus aux loisirs et aux divertissements : complexes de cinéma multisalles, bars à bières ou à tapas, brasseries et leurs bancs d'écaillers, telle la célèbre maison Wepler, sise au n°14 depuis

1810 et très fréquentée à la Belle Époque. En revanche, le Gaumont Palace, monumental cinéma des années 1930, n'est plus qu'un souvenir. Disparu aussi, le café Guerbois (9, av. de Clichy), où se retrouvaient les impressionnistes et leurs amis (Manet, Degas, Pissarro, Monet, Cézanne, Renoir, Zola, Nadar). De même, le restaurant du Père Lathuille, peint par Manet, est devenu l'excellent Cinéma des Cinéastes (7, av. de Clichy). En descendant l'**avenue de Clichy** jusqu'à la **rue Ganneron** (n°35), vous pourrez voir les ateliers de la villa des Arts (entrée principale 15, rue Hégésippe-Moreau), où ont travaillé Eugène Carrière, Paul Cézanne, Paul Signac, Louis Marcoussis et d'autres. Regagnez la place de Clichy et traversez-la pour descendre la rue de Clichy et aller admirer les façades éclectiques de la **rue Ballu** : les hôtels jumeaux coiffés d'ateliers des n°s5 et 7, les hôtels néoclassiques des n°s9 et 11bis, la silencieuse villa Ballu, au bout d'une arcade sculptée d'angelots (n°23, accès libre dans la journée en semaine). *M° Place de Clichy*

Découvrir la Nouvelle Athènes et le quartier Saint-Georges

☆ **À ne pas manquer** Le musée de la Vie romantique, le musée Gustave-Moreau
Sans oublier nos adresses Faites-vous coiffer dans un appartement hausmannien, chinez chic chez Wochdom

Rattachées en 1790 à la capitale, les terres du bas Montmartre ont connu une destinée toute différente de la Butte. La soudaine poussée démographique de Paris (dont la population double de 1800 à 1840) motive leur urbanisation rapide. De fructueuses opérations immobilières, montées conjointement par des sociétés privées, de grandes banques et la municipalité, font ainsi sortir de terre, de 1820 à 1860, le quartier délimité par les rues Blanche, Saint-Lazare et des Martyrs. Autour de la rue de la Tour-des-Dames, l'architecte Auguste Constantin, associé au receveur général des finances de la Seine Jean Joseph Lapeyrière, planifie l'émergence, entre 1819 et 1824, d'un secteur chic destiné à l'élite artistique et littéraire de la capitale, sorte de petite république des arts et des lettres que l'on baptisera Nouvelle Athènes. Le quartier Saint-Georges voit le jour à partir de 1824, sous l'impulsion du même Constantin et du promoteur Alexis André Dosne. Une brillante société de gens de lettres, de peintres et d'actrices tenant salon s'installe dans les plus belles demeures de ce périmètre bucolique à souhait. L'endroit devient vite aussi celui des lorettes, jeunes femmes à la mise élégante et aux mœurs licencieuses, qui réservent leurs charmes au plus offrant. Ces entreprises immobilières, réalisées dans un laps de temps très court, lui valent une remarquable homogénéité architecturale : hôtels néoclassiques, typiques de la Restauration (1815-1830) côté Nouvelle Athènes ; façades éclectiques sculptées des motifs Renaissance chers au romantisme de la monarchie de Juillet (1830-1848), côté Saint-Georges. Le promeneur se doit d'être attentif aux détails des garde-corps et portails en fonte ajourée, des pilastres ioniques qui rythment les façades, des frises à fleurons et médaillons sculptés qui encadrent les fenêtres.

La Nouvelle Athènes

Pour gagner la Nouvelle Athènes à partir de Pigalle, descendez la rue Jean-Baptiste-Pigalle. Elle croise la rue Chaptal, qui abrite le bucolique musée de la Vie romantique (cf. plus bas), puis la **cité Pigalle**, où Van Gogh séjourna chez son frère Theo (au n°8), peu avant son départ pour Auvers-sur-Oise et son suicide, en mai 1890. Un peu plus bas, **rue La Bruyère**, des ateliers d'artistes occupent encore les étages supérieurs des nᵒˢ1 à 7. Louise Colet, qui échangea avec Flaubert une correspondance intense et passionnée, vécut au n°1 ; Gauguin et Berlioz logèrent respectivement aux nᵒˢ15 et 53. Descendez la **rue de La Rochefoucauld**, siège du musée Gustave-Moreau, pour prendre la première à gauche, la **rue d'Aumale**, et admirer son alignement de façades Louis-Philippe. Gagnez ensuite la rue de la Tour-des-Dames, artère principale de la Nouvelle Athènes. Elle débouche sur le chevet de l'**église de la Trinité** (1861-1867), dressée par Théodore Ballu à la croisée de larges artères percées par Haussmann. Un double escalier la relie au square ovale qui s'étend en contrebas. Loin des rigoureuses églises néoclassiques de la première moitié du XIXᵉ siècle, elle présente une façade néo-Renaissance abondamment sculptée, coiffée d'un audacieux clocher haut de 65m en forme de beffroi. À l'intérieur, *La Trinité et les Anges*, fresque de Barrias, domine le chœur surélevé et l'autel. Olivier Messiaen en fut l'organiste titulaire pendant 40 ans. Les amoureux de l'Art nouveau feront un petit crochet pour aller admirer, au n°16 de la rue de Clichy, la façade rehaussée de verrières et mosaïques du **Casino de Paris** (1880, refait en 1922), music-hall où s'illustrèrent Mistinguett, Maurice Chevalier et Joséphine Baker. *Mᵒ Trinité-d'Estienne d'Orves*

☺ **Musée de la Vie romantique** (plan 2, A3) Au cœur de la Nouvelle Athènes, l'hôtel Scheffer-Renan restitue à merveille le cadre champêtre du quartier à l'époque romantique. Au bout d'une allée, ce charmant pavillon à l'italienne, donnant sur une courette et un jardin fleuri, devient en 1830 la demeure d'Ary Scheffer, peintre renommé et professeur de dessin des enfants du duc d'Orléans, le futur Louis-Philippe. Scheffer, alors au sommet de sa gloire, réalise aussi bien des portraits de mondanités que des commandes officielles ou religieuses. Il fait construire, pour vivre, travailler et recevoir, les deux ateliers jumeaux donnant sur la cour. Y passent Delacroix, Pauline Viardot, George Sand et Chopin, venus en voisins, mais aussi Liszt, Rossini, Tourgueniev, Dickens. Le musée consacre le rez-de-chaussée de la demeure à l'évocation de la vie de George Sand (portraits, tableaux, meubles, bijoux, ayant appartenu à l'écrivain et sa famille, ainsi que ses aquarelles). À l'étage sont exposées les œuvres d'Ary Scheffer et de ses contemporains. Les ateliers accueillent des expositions temporaires. Si vous le pouvez, prenez le temps de vous installer sous la verrière ou dans le jardin de l'agréable salon de thé, entre roses et lilas (repas légers, tartes salées et sucrées). *Mᵒ Saint-Georges, Blanche, Pigalle 16, rue Chaptal 75009 Tél. 01 55 31 95 67 Ouvert mar.-dim. 10h-18h Tarif 7€, réduit 5,50€, moins de 26 ans 3,50€*

☺ **Musée Gustave-Moreau** (plan 2, A3 et plan 8, D1) Gustave Moreau (1826-1898) se préoccupe assez tôt du sort que ses œuvres connaîtront après sa mort. Mais c'est seulement en 1895 que, pour éviter leur dispersion, il mène à bien son projet de musée, transformant les 2ᵉ et 3ᵉ étages de sa maison en deux grands ateliers vitrés. La présentation actuelle de la collection (près de 6 500 œuvres) respecte scrupuleusement les dernières volontés du peintre. Elle donne une vision exhaustive de son travail et en détaille les étapes grâce aux nombreux dessins préparatoires, aquarelles inachevées et calques conservés. Les appartements du 1er étage, où Gustave Moreau vécut avec ses parents, constituent, selon son vœu, un "petit musée sentimental" : objets, portraits de famille, œuvres d'amis (Fromentin, Degas), souvenirs de sa muse, Alexandrine Dureux, mis en scène dans les pièces reconstituées avec les meubles de famille – bureau, salon, chambre à coucher. Les 2e et 3e étages, reliés par un superbe escalier tournant, rassemblent un nombre considérable de tableaux, d'aquarelles et de dessins, accrochés aux murs ou exposés dans d'originaux meubles à panneaux mobiles que le public peut manipuler à loisir. Malgré l'absence de cartels, on aura un bel aperçu des thèmes mythologiques, bibliques et littéraires chers au peintre symboliste. Parmi ses compositions gigantesques figurent *Les Prétendants* (1852), *Tyrtée chantant pendant le combat* (1860), *Le Retour des Argonautes* (1891) et *Jupiter et Sémélé* (1895). L'œuvre de cet artiste inclassable, foisonnant de détails et de coloris recherchés, forme un univers étrange, sensuel et fantastique, dont se réclameront plus tard les surréalistes. *M° Trinité-d'Estienne d'Orves* 14, rue de La Rochefoucauld 75009 Tél. 01 48 74 38 50 www.musee-moreau.fr Ouvert tlj. sauf mar. 10h-12h45 et 14h-17h15 Tarif 5€, moins de 25 ans et dim. 3€ ; moins de 18 ans et 1er dim. du mois gratuit

Rue de la Tour-des-Dames (plan 8, C1-D1) Elle se compose d'une suite harmonieuse d'hôtels néoclassiques des années 1820 dont les jardins couraient alors jusqu'à la rue Saint-Lazare. Son nom rappelle la présence, à l'emplacement du n°4, d'un moulin ("tour") appartenant aux Dames de Montmartre. L'hôtel qui porte le n°1 (construit par Constantin en 1822) fut acquis en 1824 par Mlle Mars, illustre actrice du Théâtre-Français. L'hôtel à la sobre façade concave du n°3 (Constantin, 1820) fut vendu à une autre comédienne, la Duchesnois, dont Victor Hugo fréquenta le salon. Le peintre Horace Vernet habitait au n°5 (Haudebourt, 1822), et son gendre, le peintre Paul Delaroche, au n°7, également dû à Constantin. Le n°9 fut construit par Charles Lelong, en 1821, pour le tragédien Talma, qui fit décorer sa salle à manger par le jeune Delacroix, encore méconnu. *M° Trinité-d'Estienne d'Orves*

Le quartier Saint-Georges

De la rue Henri-Monnier à la rue Saint-Lazare (plan 2, A3 et plan 8, C1-D1) Par son exubérance décorative, la façade (1845) qui marque l'angle des rues Victor-Massé et Henri-Monnier est représentative du quartier Saint-Georges. De là, descendez la rue Henri-Monnier jusqu'à la **place Gustave-Toudouze**, esplanade triangulaire agrémentée de marronniers et d'une fontaine Wallace, sur laquelle donnent plusieurs terrasses de restaurants. C'est dans la rue Clauzel, au n°14, que le Père Tanguy, fournisseur et ami de Van Gogh, Cézanne, Renoir, Gauguin, tenait sa boutique de couleurs. La rue Monnier débouche rue Notre-Dame-de-Lorette, percée en 1824 (Gauguin naquit au n°56 et Delacroix eut son atelier au n°58). Cette dernière traverse au sud la très élégante place Saint-Georges pour aboutir au chevet de l'église Notre-Dame-de-Lorette, au croisement de deux anciens chemins médiévaux, la **rue des Martyrs** et la rue Saint-Lazare. La première mérite une incursion pour son animation commerçante : ses marchands de primeurs, poissonniers, fromagers forment une longue haie d'étals gourmands, dominée par le profil blanc du Sacré-Cœur. Le dimanche matin, le secteur devient piéton jusqu'à la rue Clauzel, accentuant ses airs de marché. Géricault a travaillé au n°49. La rue Saint-Lazare, lotie en 1830, étire vers l'ouest son enfilade de façades homogènes. Remontez la rue Taitbout jusqu'au n°80 : vous aurez peut-être la chance de pouvoir découvrir le très secret **square d'Orléans** (digicode), petite enclave romantique aménagée dans les années 1830 par l'architecte britannique Cresy sur le modèle des squares londoniens. Passé le premier porche, laissez-vous guider par le vrombissement de l'eau jusqu'à la seconde cour carrée, cernée d'élégantes façades rehaussées de colonnes à chapiteaux ioniques et rafraîchie par une fontaine et deux magnolias. Parmi les résidants de cette cité de luxe on compta Alexandre Dumas (n°2), Frédéric Chopin (n°9), George Sand (n°5), la cantatrice Pauline Viardot et la danseuse étoile Maria Taglioni. *M° Saint-Georges, Trinité-d'Estienne d'Orves*

☺ **Place Saint-Georges (plan 2, A3 et plan 8, D1)** Au n°27, sur une parcelle qu'il s'était réservée, le promoteur Dosne se fit construire un hôtel particulier qu'il revendit par la suite à son gendre, Adolphe Thiers. L'insurrection communarde ayant eu raison de la belle demeure, Thiers la fit relever presque à l'identique, avec les indemnités de l'État. Propriété de la fondation Dosne-Thiers, cette résidence dans le goût du XVIIIᵉ siècle abrite aujourd'hui une bibliothèque consacrée à l'histoire civile et militaire du XIXᵉ siècle, réservée aux chercheurs. On peut en apprécier la façade arrière du petit **square Alex-Biscarre**, aménagé dans ses jardins. En face, au n°28, se dresse l'un des premiers hôtels locatifs de luxe (1840), dont les fastueux appartements du rez-de-chaussée furent occupés jusqu'en 1851 par Thérèse Lachmann, célèbre demi-mondaine du Second Empire – après son mariage avec le marquis de Païva, elle emménagea aux Champs-Élysées. La façade, typique du style néo-Renaissance à l'honneur sous la monarchie de Juillet, foisonne de sculptures allégoriques (l'Abondance et la Sagesse), d'angelots (l'Architecture, avec la règle, et la Sculpture, avec le marteau), de médaillons (figures de Diane et d'Apollon), de frises et de pilastres. Au milieu de la place, le buste du caricaturiste Gavarni (1804-1866), juché sur une colonne décorée de ses personnages les plus connus (la lorette, l'arlequin), a remplacé en 1911 un abreuvoir à chevaux. *M° Saint-Georges*

☺ **Église Notre-Dame-de-Lorette (plan 8, D1)** Édifiée pour accueillir la nouvelle bourgeoisie fortunée du quartier (1823-1836), elle prêta son nom aux nombreuses femmes entretenues vivant dans ces ruelles voisines. Elle fut projetée par Louis-Hippolyte Lebas, sur un modèle de basilique paléochrétienne : une nef aux dimensions modestes, sans transept, séparée des doubles collatéraux par une rangée de colonnes ioniques, et une abside en cul-de-four. La façade néoclassique est précédée d'un portique corinthien, dont le fronton triangulaire est sculpté d'un *Hommage à la Vierge*. Sa sobriété contraste avec le luxe de la décoration intérieure (marbres, dorures, laves émaillées, peintures d'une éclatante polychromie), que Théophile Gautier compara, en des termes assassins, à un "boudoir d'actrice"… Des peintres connus de la première moitié du XIXᵉ siècle – Hesse, Heim, Drolling, Picot, Blondel – y ont contribué. L'église a subi peu d'altérations, mis à part la destruction du maître-autel lors de la Commune (le nouveau masque, hélas, les peintures néo-byzantines du cul-de-four, dues à Picot). Dans la sacristie, la verrière représentant l'Assomption de la Vierge, issue des manufactures de Sèvres, témoigne du retour à la mode du vitrail au XIXᵉ siècle. L'église célèbre le miracle de Loreto, ville italienne où les anges auraient transporté la maison de la Vierge à Nazareth, donnant naissance à un important pèlerinage au XIIᵉ siècle. *M° Notre-Dame-de-Lorette*

GÉOQUARTIERS

18bis, rue de Châteaudun 75009 www.notredamedelorette.org Ouvert lun. 11h-19h, mar.-sam. 9h-19h et dim. 9h-19h30

Vers le quartier Milton (plan 2, A3) L'implantation d'usines, de manufactures et des abattoirs de Montmartre, créés en 1810 (à l'emplacement du lycée Jacques-Decour, avenue Trudaine), fit naître un quartier à forte empreinte ouvrière à l'est de la rue des Martyrs. Entre la rue de la Tour-d'Auvergne et la rue Lamartine, on aménagea au Second Empire le petit quartier Milton, lacis de ruelles bordées de maisons ouvrières. De la rue de la Tour-d'Auvergne, descendez la cité Charles-Godon ou la rue Milton pour vous infiltrer dans cette enclave tranquille, au cœur du 9e arrondissement. La courette pavée bordée d'habitations et d'ateliers d'artisans du n°3, rue de l'Agent-Bailly illustre bien cette vocation du quartier. Autre exemple parlant, la **cité Napoléon**, la pionnière du genre, construite juste après les insurrections ouvrières de 1848, sous le patronage de Louis Napoléon Bonaparte (accès libre le jour en semaine ; suivez la rue de la Tour-d'Auvergne jusqu'au bout, puis remontez la rue de Rochechouart jusqu'au n°58). Destinée aux travailleurs de l'usine à gaz de la rue Condorcet, elle s'inspire du phalanstère imaginé par Charles Fourier. Le projet, mi-philanthropique, mi-paternaliste, prévoyait des visites médicales gratuites et obligatoires, des services de garderie et pourvoyait la résidence de lavoirs communs et d'une fontaine collective, installée dans la cour arborée. Les corps de bâtiment dressés autour du square forment chacun un cube. L'escalier central, éclairé par une verrière, distribue les coursives sur lesquelles donnent les appartements. Ce système, tout en permettant d'aérer les communs, facilitait aussi le contrôle des résidants. *M° Notre-Dame-de-Lorette, Anvers*

☺ Le canal Saint-Martin et les Buttes-Chaumont *plans 2, 4, 11, 12*

Il ne reste plus grand-chose du passé industrieux du canal Saint-Martin, mis à part le charme rétro de ses ponts mobiles, de ses passerelles métalliques et de ses usines en brique. Les Parisiens se sont bel et bien approprié les abords de la voie d'eau, réaménagés pour la promenade à pied, à rollers ou à vélo. Une véritable respiration dans un arrondissement si densément bâti… Le spectacle insolite des péniches patientant derrière les écluses enchante les badauds postés sur les passages en dos-d'âne qui enjambent le canal. Dès les premières chaleurs, les pêcheurs aiment à taquiner la carpe et le gardon sur ses rives. Sur les quais, là où la largeur du trottoir le permet, une multitude de cafés en vogue étalent leurs petites terrasses au soleil et l'on vient pique-niquer sur les berges pavées jusque tard dans la nuit. Des boutiques de créateurs et des galeries ont également vu le jour, profitant du vent de "branchitude" qui souffle sur le vieux canal. Mais on peut également profiter du beau temps sur les belles pelouses et les allées faussement sauvages du majestueux parc des Buttes-Chaumont, poumon vert de l'Est parisien.

LES TRANSFORMATIONS DU CANAL Si l'idée d'un canal traversant Paris germe dans l'esprit des ingénieurs dès 1805, ce n'est qu'en 1825 que le projet aboutit, avec le prolongement du canal de l'Ourcq jusqu'à la Seine. Ce raccourci entre deux méandres du fleuve permet aux embarcations de gagner 12km de navigation. Le secteur s'industrialise : des manufactures utilisatrices d'eau (faïenceries, papeteries, tanneries) et des entrepôts s'installent le long des quais. Les travaux d'Haussmann imposent l'abaissement du canal sur une partie de son cours, afin de laisser passer les grands boulevards qui partent des places de la République et de la Bastille. Puis, de 1862 à 1907, on enterre progressivement la portion altérée, transformée en promenade plantée – les actuels boulevards Jules-Ferry et Richard-Lenoir. Mais l'activité batelière ne cesse de décliner avec l'essor du fret automobile. Dans les années 1960, la municipalité envisage même de remplacer le canal par une 8-voies reliant la place d'Italie à la Villette ! Le projet avorte, heureusement, et la voie d'eau est classée, grâce à la mobilisation de ses riverains, en 1990.

Le canal Saint-Martin et les Buttes-Chaumont, mode d'emploi

orientation

Le canal Saint-Martin semble scinder le 10ᵉ ardt en deux mondes très différents : à l'ouest du quai de Valmy, le quartier dense et grouillant des gares de l'Est et du Nord (cf. Montmartre, Découvrir Barbès) ; à l'est du quai de Jemmapes, les ruelles paisibles qui cernent l'hôpital Saint-Louis. Au sud-est du canal, la rue du Faubourg-du-Temple sépare les 10ᵉ et 11ᵉ ardts. Au nord-est, au-delà du boulevard de la Villette, dans le 19ᵉ ardt, le parc des Buttes-Chaumont dessine un grand croissant de verdure des hauteurs de la rue Botzaris à la rue Manin. Longeant le parc au nord, cette artère sinueuse qui file vers la porte de Pantin, à l'est, croise la rue de Crimée, longue ligne droite reliant la place des Fêtes au bassin de la Villette.

Le canal Rendu culte par *Hôtel du Nord* de Marcel Carné, branché depuis que les ricochets d'*Amélie Poulain* ont effleuré ses eaux, le canal Saint-Martin attire pêle-mêle riverains, Parisiens venus des quatre coins de la capitale, touristes français et étrangers. Parmi ses attraits : les écluses et ponts pivotants, les cafés, les boutiques des ruelles adjacentes (rues des Vinaigriers, de Lancry, de Marseille…), les péniches naviguant presque à portée de bras.

Les Buttes-Chaumont Le joli parc des Buttes-Chaumont invite à s'aventurer au-delà du boulevard de la Villette. Ses abords, notamment les charmants îlots pavillonnaires du quartier de la Mouzaïa et de la butte Bergeyre, sont plus résidentiels.

accès

EN MÉTRO Descendez à la station République (lignes 3, 5, 8, 9 et 11) pour gagner le sud du canal Saint-Martin. Les stations Jacques Bonsergent, Gare de l'Est (ligne 5), Château-Landon et Louis Blanc (ligne 7) desservent l'amont du canal. La ligne 7bis traverse le quartier des Buttes-Chaumont. Vous pouvez rejoindre le parc des Buttes-Chaumont des stations Laumière (ligne 5) et Colonel Fabien (ligne 2).

EN BUS De nombreuses lignes de bus (20, 54, 56, 65, 75) traversent la place de la République. Le 75 dessert aussi le parc des Buttes-Chaumont (rue Manin) et la mairie du 19e ardt. Les bus 48 et 68 vous déposeront devant la mairie, face à l'entrée principale du parc.

EN VOITURE Vous trouverez un **parking ouvert 24h/24** près de la place de la République : **Alhambra** (plan 11, D3) 50, rue de Malte Tél. 01 48 05 35 39, et un autre près du quai de Valmy : **Grand Garage Saint-Laurent** (plan 11, C1-C2) 52ter, rue des Vinaigriers Tél. 01 46 07 77 26

À VÉLO Des pistes cyclables longent les canaux, de la Bastille à la Villette. "Paris respire" ferme les quais de Valmy et de Jemmapes à la circulation automobile des rues de Lancry et de la Grange-aux-Belles jusqu'à la rue Louis-Blanc. Du côté des Buttes-Chaumont, les côtes peuvent décourager les cyclistes les plus intrépides ! Paris respire dim. et j. fér. 10h-18h (20h en été)

informations touristiques

Mairie du 19e ardt (plan 4, A3). M° Laumière 5-7, pl. Armand-Carrel 75019 Tél. 01 44 52 28 90 www.mairie19.paris.fr

marché

Marché couvert Saint-Quentin (plan 11, B1). M° Gare de l'Est 85bis, bd Magenta 75010 Ouvert mar.-sam. 8h30-13h et 16h-19h30, dim. 8h30-13h

Découvrir le canal Saint-Martin et les Buttes-Chaumont

☆ **À ne pas manquer** Le parc des Buttes-Chaumont **Sans oublier nos adresses** Buvez une bière quai de Jemmapes, attardez-vous chez les créateurs du quai de Valmy

Le long du canal Saint-Martin

De l'écluse de l'Arsenal à celles du bassin de la Villette, le canal Saint-Martin s'étire sur quelque 4,5km, dont 2km souterrains. Ses neuf écluses permettent aux péniches de franchir 25m de dénivellation. Avec leurs équipements du xixe siècle, leurs bâtiments industriels reconvertis et les berges plantées de marronniers, peupliers et platanes centenaires, les abords du canal dégagent un charme certain et méritent qu'on leur consacre quelques heures d'un bel après-midi ensoleillé.

De la place de la République au canal (plan 11, C3-D3) Vous pourrez longer aisément le canal à pied, à vélo ou le remonter en péniche. La voie d'eau retrouve l'air libre au niveau de la rue du Faubourg-du-Temple, qui monte de la place de la République jusqu'à Belleville. Sur cette artère très vivante, jalonnée de commerces divers (vêtements à bas prix, supermarchés chinois, épiceries et bazars),

se croisent les populations bigarrées de ce quartier mi-populaire, mi-bobo. Côté boulevard Jules-Ferry, une statue, *La Grisette*, évoque le passé ouvrier de Belleville. Côté canal, devant le square Frédéric-Lemaître, se dresse le buste de ce célèbre comédien (1800-1876) qui se produisait dans les théâtres du "boulevard du Crime" tout proche – actuel boulevard du Temple. Les cinéphiles se souviendront que Pierre Brasseur l'incarna dans *Les Enfants du paradis* (1945, Marcel Carné). Le square entoure les écluses du Temple, juste à la sortie du souterrain qui abrite le canal depuis la Bastille. *M° République*

Quai de Jemmapes (plan 11, D1-D2) Sur le quai de Jemmapes, quelques établissements entretiennent l'identité artisanale du quartier – la peausserie du n°64, la cristallerie du n°84. Au nord du pont mobile (à hauteur de la rue Alibert) s'étend la portion "branchée" du quai, avec son lot de petits bars aux terrasses convoitées. Passé le pont tournant de la Grange-aux-Belles, les passerelles qui surplombent les écluses des Récollets campent le décor bien connu du film de Marcel Carné (*Hôtel du Nord*, 1938). De l'hôtel du Nord, au 102, quai de Jemmapes, ne reste que la façade – un restaurant occupe depuis 2004 le rez-de-chaussée du nouvel édifice. La célèbre scène jouée par Louis Jouvet et Arletty ("atmosphère, atmosphère, est-ce que j'ai une gueule d'atmosphère ?") n'a cependant pas été tournée sur le canal, mais en studio. *M° Jacques Bonsergent*

☺ **Hôpital Saint-Louis** (plan 11, D1-D2) Du square des Récollets, la rue Bichat remonte vers la rue du Faubourg-du-Temple en longeant le vieil hôpital Saint-Louis. Ne manquez pas d'en franchir le porche pour aller admirer l'harmonie des façades (classées) qui donnent sur sa vaste **cour** plantée. Aux beaux jours, les enfants du quartier et les salariés, profitant de leur pause déjeuner vont squatter ses pelouses et l'ombre de ses ormeaux et de ses acacias. Cet ensemble est l'un des rares vestiges du Paris d'Henri IV avec la place des Vosges. En mai 1607, à la suite d'une nouvelle épidémie de peste, le bon roi Henri décide de faire construire un hôpital sur un terrain aéré, en hauteur, hors les murs de Paris. Avec les grandes épidémies qui frappent le royaume depuis la fin du XVIe siècle, l'Hôtel-Dieu ne peut plus résorber l'afflux des malades, toujours plus nombreux. Henri IV choisit les plans de l'édifice, qui est achevé en 1611. Les travaux, fort coûteux, sont dirigés par l'architecte Claude Vellefaux. L'établissement, qui ne fonctionne d'abord qu'en période d'épidémie, devient un hôpital permanent au XVIIe siècle. La vaste cour-jardin est cernée d'élégants bâtiments en brique et pierre qui forment un quadrilatère de 120m de côté. Un passage central, sur chaque côté, donne accès au chemin de ronde qui séparait cet ensemble réservé aux malades des bâtiments dévolus au personnel et aux services généraux de l'hôpital. La petite chapelle de l'hôpital (en cours de restauration) s'ouvrait sur l'extérieur, rue de la Grange-aux-Belles, pour éviter tout contact entre les malades contagieux et ceux qui venaient prier pour eux ou avec les simples paroissiens. Elle est consacrée à Saint Louis, mort de la peste en 1270. Au XIXe siècle, le centre hospitalier acquit une réputation mondiale dans le domaine de la dermatologie. De cette époque date le **musée des Moulages**, où l'on peut voir quelque 4 800 reproductions en cire de diverses maladies de peau. Des bâtiments modernes complètent l'ensemble, côté avenue Claude-Vellefaux. *Cour historique* Ouvert lun.-ven. 8h-18h *Musée des Moulages* Tél. 01 42 49 99 15 visite sur rdv *M° Goncourt, Colonel Fabien* Pl. du Docteur-Albert-Fournier 75019

Place du Colonel-Fabien (plan 11, D1) Vous pouvez faire un détour par la petite rue Marie-et-Louise, qui doit sa sympathique atmosphère à ses nombreux restaurants et bars. Remontez ensuite la rue Alibert puis l'avenue Claude-Vellefaux pour rejoindre la place du Colonel-Fabien, aisément reconnaissable aux bâtiments modernistes du siège du Parti communiste français. L'architecte brésilien Oscar Niemeyer dessina bénévolement la façade ondulante et vitrée de noir du bâtiment principal (1971) et la salle sphérique du Comité central, à demi enterrée sous son dôme blanc (1980). Aux abords de la place s'éleva, du XIIIᵉ au XVIIᵉ siècle, le tristement célèbre **gibet de Montfaucon**, structure à plusieurs étages où l'on pouvait pendre une soixantaine de condamnés en même temps. Enguerrand de Marigny, chambellan de Philippe le Bel, à qui l'on attribue la paternité de ce gibet, y fut lui-même pendu pour sorcellerie en avril 1315 et son cadavre y demeura exposé deux ans. **Mᵒ Colonel Fabien**

Quai de Valmy (plan 11, C1-D2) En le descendant, vous passerez devant le square Eugène-Varlin, qui borde les dernières écluses avant le bassin de la Villette. Presque en face (au n°130-134, quai de Jemmapes), remarquez les élégants bâtiments en brique polychrome, verre et métal construits en 1898 par Paul Friésé pour la Compagnie parisienne d'air comprimé. Ils abritent aujourd'hui une imprimerie. Au sud du square s'étend la portion branchée du quai de Valmy : les boutiques de vêtements le disputent aux bars bobos. **Mᵒ Colonel Fabien**

Ancien couvent des Récollets (plan 11, C1) Le square Villemin est l'une des rares enclaves vertes du 10ᵉ ardt, arrachée aux promoteurs immobiliers au terme d'une bataille acharnée menée par les associations de quartier. Un kiosque à musique, des pelouses vallonnées, des parterres de fleurs et, au fond du jardin, l'ancien couvent des Récollets (XVIIᵉ siècle), transformé en hospice à la Révolution, puis en hôpital militaire. Après avoir connu diverses réaffectations, un abandon puis une réhabilitation, les bâtiments abritent désormais le Conseil régional de l'ordre des architectes en Île-de-France, une résidence internationale pour chercheurs et artistes (le Centre international d'accueil et d'échange des Récollets), des associations culturelles (La Cité européenne des Récollets) et un café, le A majuscule. Certaines œuvres laissées par les Anges des Récollets – le collectif d'artistes qui squatta les lieux au début des années 1990 – ont été réemployées. La chapelle du XVIIᵉ siècle est devenue un lieu d'échanges, de rencontres et de spectacles autour de la ville et de l'architecture et de ses croisements avec d'autres pratiques artistiques : la **Maison de l'architecture** en Île-de-France. Le jardin et les restes du cloître sont aussi ouverts au public. **Maison de l'architecture** 148, rue du Fg-Saint-Martin 75010 Tél. 01 42 09 31 81 www.maisonarchitecture-idf.org Ouvert mar.-ven. 10h-19h, sam. et dim. 14h-19h **Mᵒ Gare de l'Est**

Gare de l'Est (plan 11, C1) La vice-doyenne des gares parisiennes fut élevée de 1847 à 1850 par Duquesney pour accueillir les trains à destination de Strasbourg. Sans cesse agrandie pour pouvoir faire face à l'accroissement du trafic, elle fut même dédoublée en 1931. Aussi, seule l'aile gauche – la structure d'origine – demeure-t-elle dans l'axe du boulevard de Strasbourg. Amplement rénovée, la gare accueille depuis 2007 le TGV Est. Sur les frontons de ses deux demi-rosaces trônent des allégories des villes de Strasbourg (par Lemaire, à gauche) et de Verdun (par Varenne, à droite). Dans le hall des grandes lignes, l'imposant tableau d'Alfred

Herter (1926) montrant le départ des poilus pour l'Est, en 1914, nous rappelle le rôle stratégique de la ligne lors des deux guerres mondiales. *M° Gare de l'Est Pl. du 11-Novembre-1918 75010*

Autour du parc des Buttes-Chaumont

Au XIXᵉ siècle, on appelait ce secteur de l'Est parisien le "quartier d'Amérique" parce que la pierre à bâtir, l'argile et le plâtre extraits de ses carrières s'exportaient outre-Atlantique. De nos jours, un superbe parc paysager occupe la plus grande partie de la butte. Sur ses flancs, à côté de grands ensembles modernes, s'accrochent deux charmants quartiers pleins de caractère, la butte Bergeyre à l'ouest et la Mouzaïa à l'est.

☆ **Parc des Buttes-Chaumont (plan 4, A3 et plan 12, A1)** C'est Haussmann qui décida de doter le Nord-Est parisien d'un gigantesque espace vert de 25ha (de nos jours le 3ᵉ après le parc de la Villette et le jardin des Tuileries). Et c'est à son paysagiste Alphand que l'on doit la transformation du "mont Chauve" en un somptueux jardin romantique, à la nature foisonnante et soigneusement domestiquée (1867). Alphand profita des stigmates laissés par les carrières pour donner au parc son relief théâtral : ravin, falaises, un lac artificiel et une grotte (l'entrée d'une ancienne carrière) hérissée de fausses stalactites et fermée par une cascade de 20m. Au milieu du lac émerge un îlot coiffé d'un temple de la Sibylle, d'où s'offre une vue remarquable sur la capitale. Le pont suspendu et le "pont des Suicidés" permettent d'y accéder des hauteurs du jardin. Le botaniste averti s'attardera sur certaines des nombreuses essences représentées dans le parc : le majestueux sophora pleureur dressé près du lac, le platane d'Orient planté en 1862 (6,35m de circonférence), les ginkgos bilobas… Côté faune, canards, poules d'eau, oies et cygnes font la joie des plus petits, de même que les ânes et poneys qui prêtent leur croupe le temps d'une balade dans les allées du jardin. *M° Buttes Chaumont, Botzaris Entrées rue Manin et rue Botzaris 75019 Ouvert tlj. 7h-20h15 (jusqu'au coucher de soleil de mai à sept.)*

Aux abords du parc La façade flamande de la mairie du 19ᵉ arrondissement (1876, par Davioud et Bourdais) se dresse face à l'entrée principale du parc, de l'autre côté de la rue Manin. En descendant cette majestueuse rue vers l'est, puis la rue de Crimée jusqu'au n°93, on pourra jeter un coup d'œil à la discrète église russe Saint-Serge, invisible de la rue. Le portail cache une cour paisible et des maisonnettes délabrées, propriété de l'Institut de théologie orthodoxe Saint-Serge. La surprenante église en brique et bois peint de vert et de rouge se cache derrière des arbres. Édifiée en 1861 sous l'impulsion d'un vicaire luthérien allemand, elle fut rachetée par l'Église orthodoxe russe le 18 juillet 1924, jour de la Saint-Serge. De l'autre côté du parc (sortie rue Botzaris) s'étend le quartier du Plateau. Depuis 2002, le centre Le Plateau, géré par le Fonds régional d'art contemporain d'Île-de-France, occupe les anciens studios Gaumont et SFP, désaffectés dans les années 1980. Ses expositions, performances, créations de danse et de musique viennent dynamiser ce quartier populaire. *Le Plateau 33, rue des Alouettes 75019 Tél. 01 53 19 88 10 www.fracidf-leplateau.com Ouvert mer.-ven. 14h-19h, sam.-dim. 12h-20h Entrée libre aux expositions (4€ lors d'événements) M° Botzaris*

GÉOQUARTIERS

Butte Bergeyre (plan 12, A1) Des avenues Mathurin-Moreau et Simon-Bolivar, il faut gravir quelques volées de marches pour atteindre ce quartier haut perché. En remontant la rue Georges-Lardennois, une vue saisissante sur le Sacré-Cœur récompensera vos efforts ! Cinq ruelles, bordées de maisonnettes aux toits pointus et aux façades en brique tapissées de vigne vierge, donnent des allures de village à cette butte atypique perdue en plein Paris. *M° Colonel Fabien, Bolivar*

☺ **Quartier de la Mouzaïa (plan 4, B3)** Les rues qui rayonnent à partir de la place du Rhin-et-Danube desservent une vingtaine de "villas", étroites voies bordées de maisonnettes à un étage, dotées d'un jardinet d'où débordent glycines, chèvrefeuilles et lilas. Ce quartier fut urbanisé après la fermeture définitive des carrières, en 1872. L'instabilité du sous-sol ne permettait guère de bâtir que ces pavillons légers, qui convenaient à la population ouvrière de l'Est parisien. Un charme provincial qui leur vaut aujourd'hui d'être disputés à prix d'or ! De la place, prenez la rue de la Fraternité pour rejoindre les rues silencieuses de la Liberté et de l'Égalité. La villa du Progrès débouche rue de Mouzaïa, sur laquelle donnent une dizaine d'autres villas. Le nom de ce quartier est aussi celui d'une gorge d'Algérie où eurent lieu deux batailles (1839, 1840) de la guerre de colonisation. *M° Danube*

Où glisser sur l'eau ou sur la glace?

☺ **Espace sportif Pailleron (plan 2, D3).** On attendait la réouverture de la piscine classée monument historique depuis longtemps ! Un modèle de style Art déco avec ses cabines en galeries hautes autour du bassin, ses murs tapissés de mosaïque. Construite en 1933, elle avait dû fermer en 1990 pour cause de vétusté. Fin 2006, le cadre d'exception a enfin rouvert ses portes, agrandi d'espaces de fitness et de remise en forme. La patinoire qui lui avait été adjointe dans les années 1970 a également retrouvé ses patineurs. *M° Bolivar, Jaurès* 32, rue Édouard-Pailleron 75019 Tél. 01 40 40 27 70 Tarif piscine 3,10€-4,80€, patinoire 4€-6€ (location patins 3€)

☺ La Villette

plans 2, 4

Le nord du 19e arrondissement est en pleine mutation : l'ouverture d'espaces culturels et de loisirs, au bord du bassin de la Villette, lui a permis de renouer avec l'ambiance festive qui régnait sur la "Petite Venise" au temps de Napoléon Ier. Aux beaux jours, les parties de pétanque, les terrasses de restaurants, les cinémas et les kayaks du club nautique municipal font régner une ambiance mi-urbaine, mi-champêtre au bord de l'eau. Au-delà du croisement des canaux de l'Ourcq et de Saint-Denis, ce mélange des genres se poursuit avec brio : le parc de la Villette prête son architecture futuriste et ses immenses tapis de gazon à toutes les envies. On s'y rend pour visiter ses musées, lézarder au soleil, participer à une partie de foot, à un cours de danse afro en plein air, ou écouter les attroupements de percussionnistes qui se déchaînent sur leurs djembés. **Tout ce petit monde se côtoie sans embarras, comme si ce parc sans règles, ni barrières, ni horaires de fermeture incitait naturellement au civisme… L'été, ne manquez pas de feuilleter les programmes culturels : les concerts sur la pelouse et les manifestations gratuites y sont fréquents.**

DES ABATTOIRS AU PARC DE LA VILLETTE En 1865, dans le cadre de sa politique d'assainissement de Paris, le préfet Haussmann décide de regrouper hors des nouvelles limites de la capitale ses abattoirs et marchés aux bestiaux. Le site de la Villette accueille ainsi, en 1867, les services et équipements de cette gigantesque usine en plein air qui emploie 3 000 ouvriers. Au sud du canal de l'Ourcq, trois grandes halles servent à parquer les bêtes, tandis que les établissements de la rive nord sont destinés à l'abattage et à l'équarrissage. Vers 1900, 23 000 moutons et 5 000 bœufs y sont abattus et dépecés chaque jour. À maintes reprises, le développement de la capitale et l'essor de sa consommation commandent la modernisation des installations. Mais les grands travaux lancés en 1958 restent inachevés, rendus obsolètes par l'avènement de l'industrie du froid – l'abattage à proximité des zones d'élevage devenant plus rentable. Les abattoirs ferment en 1974, sur un gouffre financier qui scandalise l'opinion publique. Il faudra attendre une dizaine d'années avant qu'un projet de réhabilitation de cette friche industrielle voie le jour. Bernard Tschumi livre en 1987 ce parc paysager de 35 ha (le plus grand de Paris), qui intègre différentes institutions culturelles. Trait d'union entre la capitale et sa banlieue nord-est, le parc de la Villette connaît depuis un succès populaire qui ne s'est jamais démenti et il a contribué à régénérer ce secteur longtemps à l'abandon.

La Villette, mode d'emploi

orientation

De la place de la Bataille-de-Stalingrad, les avenues de Flandres et Jean-Jaurès partent respectivement vers la porte de la Villette et la porte de Pantin. Entre les deux s'étend le bassin de la Villette, prolongé, au-delà du pont de Crimée, par le canal de l'Ourcq. À l'orée du parc de la Villette, ce dernier est rejoint par le canal Saint-Denis, dont les eaux sont retenues par l'écluse du Pont-de-Flandre.
Bassin de la Villette Une agréable promenade au bord du bassin, qui étend ses eaux paresseuses jusqu'au parc de la Villette. Le quartier, avec la réhabilitation de ses bâtiments industriels, est en passe de devenir un nouveau pôle de loisirs.
★ **Parc de la Villette** Absolument incontournable ! Il vous sera impossible de tout voir en une seule fois : un pique-nique, une exposition, ou un concert en plein air, tout est prétexte à y passer de longues heures.

accès

EN MÉTRO Deux accès au parc de la Villette : les stations Porte de Pantin (ligne 5, côté place de la Fontaine-aux-Lions) et Porte de la Villette (ligne 7, côté Cité des sciences). Pour le bassin de la Villette, descendez à Stalingrad (lignes 2, 5 et 7) ou Jaurès (lignes 2, 5 et 7bis).

EN BUS Le PC et le bus 75 (Pont-Neuf-Porte de la Villette) desservent les deux sorties du parc de la Villette par les boulevards des Maréchaux (bd MacDonald et bd Sérurier). Le 60 (Porte de Montmartre-Gambetta) traverse le bassin de la Villette par le pont de Crimée ; le 48 (Palais Royal-Porte des Lilas) passe par la place de la Bataille-de-Stalingrad et l'avenue Jean-Jaurès, au sud du bassin.

EN VOITURE Deux grands parkings permettent de se garer aisément aux abords du parc : **Cité de la Villette** (plan 4, B2) *211, av. Jean-Jaurès (sous la Cité de la musique Tél. 01 42 06 96 14 Ouvert 24h/24 et **Cité des sciences** (plan 4, A1) 30, av. Corentin-Cariou Tél. 01 40 05 79 90 Ouvert 6h-23h.*

À VÉLO Il est très agréable et vivement conseillé de se rendre au parc de la Villette à vélo. La piste cyclable des quais de la Loire et de la Marne traverse le parc et se poursuit vers Sevran.

informations touristiques

Folie Information-Parc de la Villette (plan 4, B2). Kiosque d'accueil et d'information sur toutes les activités du parc de la Villette. Brochures sur la programmation culturelle et plans du parc. *M° Porte de Pantin Pl. de la Fontaine-aux-Lions Tél. 01 40 03 75 75 www.villette.com Ouvert tlj. 9h30-18h30 Visites guidées avr.-oct. le premier sam. du mois à 15h*

Mairie du 19e ardt (plan 4, A3). *M° Laumière 5-7, pl. Armand-Carrel 75019 Tél. 01 44 52 28 90 www.mairie19.paris.fr*

marché

Marché Joinville (plan 4, A2). Un marché sympathique, bruyant et coloré. *Place de Joinville, rue Jomard 75019 Jeu. et dim. 7h-13h30*

fêtes et manifestations

Biennale internationale de la marionnette. Rencontres autour du théâtre d'objets et de marionnettes au Théâtre Paris-Villette, à l'Espace Chapiteaux, à la Maison de la Villette, en plein air... *www.villette.com Fin mai-début juin les années impaires*
Fêtes du bassin de la Villette. Un festival de trois jours organisé par la mairie du 19e ardt : arts de rue, concerts, installations, jeux d'eau, feux d'artifice... *Sur les quais de la Seine et de la Loire Mi-juin*
Feed back. Festival d'*electro* dans le parc de la Villette. *www.villette.com Juil.*
☺ **Cinéma en plein air.** L'un des grands rendez-vous de l'été sur les gazons de la prairie du Triangle, au parc de la Villette. On s'y rend en fin d'après-midi avec son pique-nique, puis on enchaîne avec la séance du jour, dès la nuit tombée. *www.villette.com début juil.-mi-août Location de transats et couvertures 6,50€*
Scènes d'été. Bals-concerts gratuits de musique du monde au kiosque à musique du parc. *www.villette.com Début juil.-fin août, le dim.*
Jazz à la Villette. Concerts de jazz donnés par des têtes d'affiche ou de jeunes talents du jazz à la Cité de la musique. *www.villette.com Fin août-début sept.*

Découvrir le bassin de la Villette

À voir La rotonde de la Villette **Sans oublier nos adresses** S'il fait beau, disputez une partie de pétanque au BarOurcq, sinon, offrez-vous une séance de cinéma au bord du bassin

Ce bassin de 800m sur 80m, alimenté par le canal de l'Ourcq, fut creusé en 1809 pour approvisionner Paris en eau potable. Guinguettes et fêtes foraines peuplaient ses berges avant que son prolongement en aval, le canal Saint-Martin (1821), ne lui donnât une vocation industrielle. La disparition de l'activité batelière a rendu le bassin aux plaisanciers. La municipalité entend accélérer le mouvement en aménageant une piste cyclable sur le quai de Seine et en réhabilitant la plupart de ses bâtiments industriels. Des appels d'offres ont été lancés : les projets retenus devront être à même de revitaliser ce secteur et de le rendre plus attachant.

De la rotonde de la Villette à la rue de Crimée (plan 2, D2-D3) De

sa massive silhouette néoclassique ceinte d'une colonnade, la rotonde de la Villette (1785-1789) dessinée par Ledoux domine la perspective du bassin, à son extrémité sud. C'est l'un des quatre derniers pavillons d'octroi du mur des fermiers généraux – Paris en comptait 47, dont les noms sont inscrits autour du bâtiment. Son dernier occupant, la Commission du Vieux Paris, a été relogé ailleurs. La décision a été prise de réhabiliter le bâtiment avec l'objectif de développer un véritable lieu de vie culturel et festif ouvert sur l'esplanade tout au long de la journée et en soirée qui devrait voir le jour au cours de l'année 2008. Par ailleurs, des travaux d'aménagement de la place de la Bataille-de-Stalingrad sont prévus afin de la rendre plus accueillante et plus fréquentable. Au n°6 du quai de la Seine, le pavillon des services des canaux de Paris va bientôt être reconverti et ses nouvelles attributions devront également favoriser l'animation du site. À côté, le cinéma MK2 (cf. GEOAdresses, Sortir à La Villette), fer de lance du renouveau culturel du bassin, occupe d'anciens entrepôts depuis 1996. Six autres salles se situent juste en face, quai de la Loire. À l'autre bout du bassin se profile l'un des deux entrepôts encore debout des **Magasins généraux** (1853), où les péniches livraient leurs chargements de céréales et de farine. Ses 5 niveaux (10 000m²), restaurés, accueillent désormais des logements d'étudiants, des ateliers d'artistes et un espace d'exposition. Une base nautique municipale occupe le rez-de-chaussée. Ravagé par un incendie en 1990, l'entrepôt jumeau du quai de la Seine va être relevé. Il abritera un hôtel, un restaurant, une auberge de jeunesse et des équipements de quartier. Derrière les Magasins généraux, le **pont levant** (1855) de la rue de Crimée sépare le bassin du canal de l'Ourcq. Ce bel ouvrage possède un système de levage hydraulique que l'on voit fonctionner au passage des péniches. *M° Stalingrad, Crimée*

À l'ouest du canal de l'Ourcq (plan 2, D2 et plan 4, A2) Faites un cro-

chet par la place de Bitche et l'intérieur de l'arrondissement, où la large avenue de Flandre dresse son interminable haie d'immeubles modernes aux profils fantaisistes. Ce secteur devrait participer au renouveau du 19e ardt. Depuis longtemps désaffectées, les anciennes pompes funèbres de la ville (104, rue d'Aubervilliers) vont se muer en centre de la création contemporaine d'ici 2008. Une fonction très éloignée de sa mission antérieure et qui s'adapte parfaitement au site. L'immeuble industriel en brique, fonte et verre de 25 000m² bâti en 1873 offrira aux artistes des espaces de travail très spacieux. À proximité, les jardins d'Éole, parc de 4,2 hectares gagnés sur des terrains de la SNCF, donne depuis 2007 une bouffée d'air frais aux riverains. Avec une grande esplanade plantée d'arbres, un quai en bois équipé de tables, un canal paysagé, une aire de jeux et plusieurs jardins, il propose une large gamme d'espaces et d'équipements. On peut rallier le parc de la Villette par la paisible rue de l'Ourcq et le quai de l'Oise. En chemin, on passe sous la petite ceinture. Côté quai de l'Oise, des ateliers et une galerie d'artistes se sont installés sous les voûtes du pont ; côté quai de la Marne œuvre un loueur-réparateur de vélos. La balade s'achève au bord du canal Saint-Denis et de l'**écluse du pont de Flandre**, qu'on franchit pour rejoindre le parc. **M° Crimée, Corentin Cariou**

Où ramer ou pagayer sur le bassin de la Villette ?

Base nautique municipale (plan 2, D2). Ses services, gratuits, sont réservés aux Parisiens. Apportez un justificatif de domicile et, pour les enfants, un brevet de natation. Vous pourrez vous essayer à l'aviron (45min, réservation obligatoire le samedi précédent), au canoë et au kayak sur les eaux paisibles du bassin de la Villette. **M° Jaurès, Riquet** 41bis, quai de la Loire Tél. 01 42 40 29 90 Adultes : sam. 9h-12h et 14h-17h Enfants : mer. 9h-12h et 14h-17h et stages en été (lun.-ven. 9h30-17h)

★ Découvrir le parc de la Villette

☆ **À ne pas manquer** La Cité des sciences et de l'industrie, la Cité de la musique, la Géode **Sans oublier nos adresses** Programmez un concert au Zénith

Ce gigantesque parc urbain (35ha), entièrement ouvert sur la ville, offre mille et une possibilités de loisirs et de visite. Bernard Tschumi et la dizaine d'architectes qui ont œuvré sur le site en ont fait un passionnant champ d'expérimentations architecturales : ses immenses espaces verts ponctués d'étonnants volumes futuristes ou ludiques et les pavillons néoclassiques des abattoirs, habilement réutilisés, composent un ensemble harmonieux. Philippe Starck a signé le mobilier (poubelles, lampadaires et chaises pivotantes). Le canal de l'Ourcq traverse le parc, départageant deux univers : au sud, la Cité de la musique et les équipements culturels ; au nord, la Cité des sciences et de l'industrie et les animations consacrées à la vulgarisation scientifique.

☺ **Le parc (plan 4, A1-A2, B1-B2)** Son aménagement est régi par trois systèmes qui se superposent et se combinent : points, lignes, surfaces. Les points, ce sont les 26 structures rouges dessinées par Bernard Tschumi et qui quadrillent le parc tous les 120m, dans une logique géométrique rigoureuse. Ces **"folies"** servent lors des manifestations ou accueillent à l'année les services du parc, ses points d'information, espaces de restauration, un belvédère, une salle de concert… Les vastes **prairies du Cercle** (de part et d'autre du canal de l'Ourcq) **et du Triangle** (à côté de la Grande Halle), 7ha de gazon dévolus au farniente, constituent les surfaces. Le système des lignes, ou mouvements, est matérialisé par des rideaux d'arbres, la promenade des jardins et les deux galeries axiales qui se croisent au niveau du canal. Axe nord-sud, la **galerie de la Villette**, reconnaissable à son auvent ondulé, relie les portes de la Villette et de Pantin en desservant les principaux équipements culturels du parc. La **galerie de l'Ourcq** relie Paris à sa banlieue en longeant le canal d'ouest en est. La "**promenade cinématique**" trace un parcours sinueux à partir du pavillon Paul-Delouvrier. Telle une pellicule géante déployée sur le sol, elle conduit le visiteur de jardins clos en aires de jeux, traverse des espaces humides et des ambiances intimistes avant d'aboutir à l'écluse du canal Saint-Denis. Parmi les "jardins thématiques" disséminés le long de la promenade figurent le jardin de la Treille, avec ses ceps de vigne et plantes grimpantes, le jardin des Bambous et ses passerelles suspendues, le jardin des Frayeurs enfantines, bosquet aux sonorités inquiétantes, ou encore le jardin du Dragon, du nom d'un fabuleux toboggan dont raffolent les enfants. *M° Porte de Pantin 211, av. Jean-Jaurès 75019*

Au sud du canal de l'Ourcq

Une Folie Information est installée face à la sortie du métro Porte de Pantin, sur la **place de la Fontaine-aux-Lions**, vaste esplanade qui accueille les visiteurs à l'entrée sud du parc. La fontaine aux Lions de Nubie (1811), qui ornait jadis la place de la République, fut installée là en 1867 pour servir d'abreuvoir aux bêtes conduites aux abattoirs. En face s'élève la Grande Halle et partent les allées qui longent la prairie du Triangle. L'ancienne Bourse aux cuirs, à l'ouest de la Grande Halle, héberge le **Théâtre Paris-Villette**, tandis que l'ancien pavillon du Charolais (buvette du marché aux bestiaux), derrière la Grande Halle, abrite le **Tarmac de la Villette**, un théâtre dédié à la création francophone. À l'ouest et à l'est de la place se dressent les deux ailes de la Cité de la musique. *M° Porte de Pantin*

Grande Halle (plan 4, A2-B2) Cette halle de style Baltard, due à Jules de Mérindol (1867), est l'unique vestige des trois marchés aux bestiaux installés au sud du canal. Celle-ci, la plus grande, abritait le marché aux bœufs. Sa structure en verre et fonte fut réhabilitée par Bernard Reichen et Philippe Robert pour pouvoir accueillir, en 1985, des expositions, des débats, des concerts et autres spectacles : 20 000 m² d'espace polyvalent et modulable. Après plusieurs années de travaux, elle a rouvert ses portes en 2007 avec la création, sur son flanc ouest, d'un vaste espace dédié à l'accueil du public, et avec une librairie et un restaurant. *M° Porte de Pantin*

☺ **Cité de la musique** (plan 4, B2) Ce grand complexe dessiné par Christian de Portzamparc est distribué de part et d'autre de la fontaine aux Lions : à l'ouest, le Conservatoire national supérieur de musique et de danse de Paris (1990). À l'est, la Cité de la musique (1996), sa salle de concert modulable, son Centre d'information musique et danse, sa médiathèque et son musée de la Musique. L'architecture fluide et transparente des deux bâtiments associe des volumes en cube, en cône et en ellipse à des couloirs de circulation baignés de lumière. Ainsi, la "rue musicale", qui part de l'entrée de la Cité de la musique, dessert différents espaces du bâtiment, notamment son musée, tandis qu'un foyer verrière s'enroule en spirale autour du cône elliptique de la salle de concert. *M° Porte de Pantin 221, av. Jean-Jaurès 75019 Tél. rens. 01 44 84 44 84 www.cite-musique.fr*

☺ **Musée de la Musique** À l'aide d'un millier d'instruments, de maquettes et d'œuvres d'art, il propose une histoire en 9 chapitres de la musique savante européenne, de la Renaissance à la fin du XIXᵉ siècle. Ces chapitres inscrivent l'évolution des instruments de musique dans leur contexte historique et culturel. Ainsi, une maquette du palais ducal de Mantoue, où fut donnée, en 1607, la première d'*Orfeo* de Monteverdi, sert d'introduction à l'Italie baroque, au travail des luthiers vénitiens, aux instruments du début du XVIIe siècle – clavecins, cornets à bouquin, luths... La dixième et dernière salle est consacrée aux instruments du monde – dont un gamelan javanais, orchestre de métallophones et de gongs en bronze, offert à la France au XIXe siècle. Au final, cette très belle exposition vous fait découvrir l'admirable travail d'artisans connus ou anonymes : cistre italien de 1570, guitare incrustée d'ivoire et de nacre de 1648, clavecins flamands somptueusement décorés du XVIIIe siècle. Des audioguides permettent, en plus du commentaire, d'écouter des extraits d'œuvres emblématiques à chaque chapitre. Renseignez-vous sur la programmation du musée : des musiciens viennent régulièrement interpréter des extraits sur des instruments d'époque. Les enfants de 4 à 16 ans peuvent suivre des visites contées et participer à des ateliers adaptés à leur âge. Les expositions temporaires explorent généralement la musique contemporaine ou les musiques extra-européennes. La Cité dispense aussi des cours de pratique musicale (à l'année) et des colloques. *Ouvert mar.-sam. 12h-18h, dim. 10h-18h Tarif 7€, réduit 5,60€ Visite guidée (sam.-dim. et vac. scol. 15h) 10€, réduit 8€*

Au nord du canal de l'Ourcq

Outre la Cité des sciences et de l'industrie, dont dépendent la Géode, le Cinaxe et l'Argonaute, la rive nord du canal de l'Ourcq porte le Cabaret sauvage près du canal, le Zénith, l'Espace Chapiteaux (arts du cirque) et le Kiosque à musique (concerts en plein air), tous deux entre le canal Saint-Denis et la galerie de la Villette. Deux bâtiments anciens, la Maison de la Villette et la rotonde des Vétérinaires, accueillent des expositions temporaires.

☆ Cité des sciences et de l'industrie (plan 4, A1) Ce parallélépipède monumental à l'ossature métallique et aux parois de verre, posé sur un miroir d'eau, aurait dû accueillir la salle des ventes des abattoirs. Demeuré inachevé à la fermeture du site, le bâtiment doit son allure actuelle à Adrien Fainsilber (1986). Ce gigantesque complexe de 100 000m², répartis sur 5 niveaux, a ouvert ses portes le 13 mars 1986, le jour du passage de la comète de Halley, date on ne peut plus symbolique pour un lieu dévolu à la vulgarisation scientifique. Une muséographie ludique et interactive facilite la compréhension des thématiques les plus complexes. Tout au long de la journée, des démonstrations et des ateliers animés par des scientifiques permettent d'aborder ou d'approfondir un thème (voir le programme à l'accueil). *M° Porte de la Villette 30, av. Corentin-Cariou 75019 Tél. 01 40 05 80 00 www.cite-sciences.fr. Ouvert mar.-dim. 10h-18h (dim. 19h) Cité-Pass Accès illimité annuel aux expositions, au planétarium, à la Cité des enfants et à l'Argonaute adulte 25€, pour les moins de 25 ans 20€, famille 65€ Cité des Enfants Tarif 6€/pers. la séance de 1h30 ; accompagnement obligatoire, 2 adultes max., cinéma Louis-Lumière inclus Explora Tarif 8€ (cinéma Louis-Lumière inclus), réduit 6€, gratuit moins de 7 ans Casques audioguides 4€ Planétarium suppl. 3€ Label Tourisme et Handicap*

Rez-de-chaussée Outre l'accueil du public et les billetteries, on trouve au rez-de-chaussée des salles d'expositions temporaires, le cinéma Louis-Lumière (films en relief avec des lunettes polarisées), la médiathèque enfantine et la Cité des enfants : deux grands espaces de découverte des sciences et des techniques, l'un consacré aux 3-5 ans, l'autre aux 5-12 ans. Également à ce niveau, les cinémas Jean-Bertin et Les Shadoks (documentaires scientifiques et animaliers pour petits et grands) ainsi qu'un auditorium.

Niveaux 1 et 2 Ils sont occupés par les grandes expositions permanentes et temporaires qu'Explora consacre au développement des sciences et des techniques et à leur impact sur la planète et le vivant. Étant donné la richesse de l'ensemble, nous vous conseillons de sélectionner des thèmes en fonction de vos centres d'intérêt. Au niveau 1 sont présentés "L'espace et l'aventure de la conquête spatiale" ; "Les coulisses de l'eau" pour suivre le cycle de l'eau potable en ville ; "L'océan et l'exploration sous-marine" ; "L'homme et les gènes" pour comprendre l'évolution des espèces et les enjeux de la bioéthique ; "Les sons, les images et les mathématiques" à travers une série de jeux de manipulation amusants ; ou encore "L'automobile, l'aéronautique et l'énergie". Le niveau 2 retrace la fascinante histoire de la genèse de l'Univers et de la planète bleue : "Roches et volcans" explique les séismes, les éruptions volcaniques, la dérive des continents ; "Étoiles et galaxies" parle du système solaire et de la vie des étoiles ; "Jeux de lumière" aide à comprendre les effets de la lumière et les illusions optiques à travers des expériences. Les séances du planétarium complètent ce voyage dans le système solaire.

Niveaux −1 et −2 Ils rassemblent une vaste médiathèque, le carrefour numérique (mêmes horaires), qui propose des initiations, formations et ateliers à Internet et aux nouvelles technologies de l'information et de la communication, la Cité des métiers, qui aide à la recherche d'emploi et à la formation, et la Cité de la santé, qui dispense des informations médicales et juridiques, des conseils pour vivre ou accompagner un handicap. Au niveau −2 se trouvent notamment un aquarium d'espèces méditerranéennes (entrée libre), le cinéma Jean-Painlevé (entrée libre) et l'accès à la Géode. *Médiathèque et carrefour numérique* Ouvert mer.-dim. 12h-18h45 ; mar. 19h45 *Cité des métiers* Ouvert mar.-ven . 10h-18h ; sam. 12h-18h *Cité de la santé* Ouvert mar.-dim. 12h-18h45

☆ **La Géode (plan 4, A1)** Cette grosse boule métallique (1985, par Adrien Fainsilber), dont les 6 500 écailles en Inox poli réfléchissent les humeurs du ciel, est devenue l'un des symboles du parc de la Villette. À l'intérieur, une salle de cinéma aux 400 sièges inclinables, dotée d'un écran hémisphérique de 1 000m² (dix fois plus grand qu'un écran classique). Le spectateur a ainsi l'illusion d'être au centre de l'image et en prend plein les yeux, en accompagnant les spectaculaires mouvements de caméra des documentaires animaliers ou scientifiques projetés. Images grandioses et vertige au rendez-vous ! *M° Porte de la Villette* En face de la Cité des sciences Tél. 01 40 05 79 99 www.lageode.fr Ouvert mar.-dim. 10h30-21h30 (dim. 19h30) Ouverture aléatoire les lun. et j. fér. Tarif 9€, réduit 7€

L'Argonaute (plan 4, A1) Ce sous-marin de chasse des années 1950 a échoué en 1989 sur les pelouses du parc de la Villette. Les visiteurs peuvent y pénétrer pour découvrir les conditions de vie des équipages, les couloirs étroits, les salles des machines impressionnantes et les cabines de commandement. Une exposition sur les sous-marins complète la visite. *M° Porte de la Villette* À côté de la Géode Ouvert mar.-ven. 10h30-17h30, sam.-dim. 11h-18h Tarif 3€, gratuit pour les moins de 7 ans

Le Cinaxe (plan 4, A1) Grâce à la technologie d'un authentique simulateur de vol, le Cinaxe vous embarque dans un cinéma de la troisième dimension : sa cabine mobile bouge, en parfaite synchronie avec les images projetées en relief, pour procurer des sensations très réalistes de vitesse, de mouvement, d'ascension... Frissons garantis ! *M° Porte de la Villette À l'ouest de la Cité des sciences Tél. 01 42 09 85 83 Ouvert mar.-dim. 11h-13h et 14h-17h (mi-juil.-mi-août : lun. 13h-18h, mar.-dim. 11h-18h) Séances toutes les 15min Tarif 5,40€, réduit (ou en supplément d'Explora ou de la Géode) 4,80€*

Faire un tour en péniche sur les canaux

Pour une agréable balade de la Villette à la Seine en franchissant les écluses et ponts mobiles qui rythment le canal Saint-Martin puis en passant sous les voûtes du Temple – à peine éclairées par les bouches d'aération qui communiquent avec les boulevards Jules-Ferry et Richard-Lenoir.

Canauxrama (plan 2, D3). Une excursion de 2h30 à bord de l'*Arletty* ou du *Marcel-Carné* sur les canaux de l'Ourcq et Saint-Martin. Embarquement au port de l'Arsenal (M° Bastille) et accostage au bassin de la Villette, avec dépose possible au parc. L'été, service de navettes entre le bassin et le parc de la Villette à 9h45 et 14h45. *M° Jaurès 13, quai de la Loire 75019 Tél. 01 42 39 15 00 www. canauxrama.com Départs face au 50, bd de la Bastille à 9h45 et 14h30 ; en haute saison, départs supplémentaires du bassin de la Villette à 9h45 et 14h45, arrivée port de l'Arsenal Tarif Adulte 15€, étudiant et senior 11€, 6-12 ans 8€, gratuit pour les moins de 6 ans Tarif unique sam. et dim. après-midi et j. fériés 15€*

Paris Canal (plan 2, D3). Paris Canal propose aussi des croisières sur le canal Saint-Martin, mais un peu plus longues, puisqu'on prend le bateau au parc de la Villette et que l'on débarque face au musée d'Orsay. *M° Jaurès Bassin de la Villette 19, quai de la Loire 75019 Tél. 01 42 40 96 97 www.pariscanal.com Départs quai Anatole-France (75007 M° Solferino) à 9h30 ou parc de la Villette (Folie des visites du parc) à 14h30 Tarif Adulte 17€, senior et moins de 25 ans 14€, 4-11 ans 10€*

Où louer un vélo ?

Cyclo-Pouce (plan 4, A2) Un service de location et de réparation de vélos assuré par une association de réinsertion professionnelle, sur les bords du canal de l'Ourcq. L'été, une antenne s'installe dans le parc de la Villette (*mer., sam. 13h-19h ; dim. 10h-20h*). Parfait pour sillonner les quais et le parc le temps d'un après-midi. Tarifs dégressifs au-delà de 1h. Vélo 4€/h ; 11,50€/j. (7,50€ en sem.). Tandem 7,50€/h ; 26,50€/j. (18,50€ en sem.). *M° Ourcq 38bis, quai de la Marne 75019 Tél. 01 42 41 76 98 Ouvert mar. 10h-18h, mer.-dim., j. fér. 9h30-19h*

☺ **Vélo et Chocolat (plan 2, D2).** Quoi de mieux qu'un bon chocolat après une balade à bicyclette dans Paname ? Le bien nommé Vélo et Chocolat vous simplifie la démarche en vendant de beaux vélos de type hollandais (à partir de 199€), et en réparant votre vieille bécane (14€ crevaison, 8€ pose d'un panier), sous vos yeux, au milieu de son salon de chocolat. Car c'est aussi un lieu de détente où l'on sirote des chocolats à se damner à 3€, et où l'on brunche pour 10€. Que du bon et du bio à petits prix dans un cadre aéré, judicieusement placé au bord du canal Saint-Martin, point de départ de longues pistes cyclables. *M° Crimée 77, quai de la Seine 75019 Tél. 01 46 07 07 87 En hiver, ouvert mer.-dim. 10h-19h ; en été : mer.-dim. 10h-20h*

Belleville
et Ménilmontant

plans 12, 13

Belleville est sans doute, avec Montmartre et la Bastille, l'un des quartiers les plus emblématiques de Paris. Avec sa voisine Ménilmontant, elle évoque un Paris populaire et convivial, gouailleur et cosmopolite : celui des gargotes et des guinguettes, mais aussi celui des nombreuses communautés immigrées qui n'ont cessé de s'y installer depuis le début du xxe siècle. Cette "Babelville" si bien décrite par Daniel Pennac prend tout son charme lors du marché bihebdomadaire. En dépit des immeubles modernes qui ont défiguré une partie de la colline, Belleville et Ménilmontant ont su conserver quelques vestiges du passé. Ici, des rues pentues aux pavés usés, là, un passage envahi par la verdure, que fréquentaient sûrement ceux que l'on surnommait les "apaches", les voyous des années 1900. Les chansons d'Edith Piaf, la "Môme" du quartier, résonnent encore par endroits. Entre shopping multiethnique et balade à la recherche du vieux Paris, il ne faut pas manquer un tour au superbe parc de Belleville, qui réserve un panorama magique sur toute la capitale.

GUINGUETTES ET BATAILLES DE RUE Si l'on a coutume de distinguer Belleville et Ménilmontant, la frontière entre les deux quartiers est assez floue. À l'origine, Belleville est un village, apparu au Moyen Âge sur les coteaux viticoles des grandes abbayes et prieurés parisiens. Son hameau, Ménilmontant, abrite des vignes mais aussi des carrières de gypse, les "plâtrières". La construction du mur des fermiers généraux, en 1783, qui autorise le commerce de vin non taxé en dehors de la capitale, lance l'âge d'or des guinguettes et cabarets bellevillois. À la même époque, la "descente de la Courtille", carnaval populaire follement exubérant, attire une fois par an le Tout-Paris, qui vient s'encanailler parmi le prolétariat.

UNE TERRE D'ACCUEIL À partir de la seconde moitié du xixe siècle, les industries polluantes et les ouvriers chassés du centre de Paris par les grands travaux haussmanniens affluent à Belleville et Ménilmontant. La colline s'urbanise alors très rapidement. En 1860, Belleville est rattachée à Paris et coupée en deux entre le 19e et le 20e arrondissement. En 1871, lors de la Commune, Belleville, qui s'est rangée du côté des fédérés, est le théâtre de violents combats de rue qui lui vaudront longtemps une image de quartier rebelle. Elle est la dernière à rendre les armes. Le début du XXe siècle marque l'arrivée d'une longue série d'immigrés : Juifs d'Europe de l'Est, Arméniens, Grecs, républicains espagnols, Algériens, Juifs allemands et tunisiens et, enfin, réfugiés d'Indochine et Chinois de Wenzhou. Ici plus qu'ailleurs, quelques pas suffisent à vous faire changer de continent : un parfum d'Afrique du Nord flotte sur le boulevard de Belleville tandis que la rue de Belleville aligne ses restaurants chinois, à deux pas des boucheries kasher de la rue Ramponeau... Dernière touche au tableau : la présence de nombreux artistes, qui ont trouvé ici des ateliers spacieux à des prix modérés.

Belleville et Ménilmontant, mode d'emploi

orientation

On a coutume de localiser Belleville entre la rue des Couronnes et la rue de Belleville ; et Ménilmontant, au sud, entre la rue des Couronnes et l'avenue Gambetta. Enfin, les hauts de Belleville se déploient autour du cimetière de Belleville, tandis que le bas de Belleville est enserré entre le boulevard de la Villette et la rue Saint-Maur.
Belleville Quartier multiculturel, Belleville cache des trésors de poésie urbaine.
Ménilmontant Le relief grimpe et Paris prend de la hauteur à "Ménilmuche", un quartier populaire très attachant. Dans le bas Ménilmontant, les noctambules se donnent rendez-vous dans la rue Oberkampf.

accès

EN MÉTRO Les stations Belleville (lignes 2, 11), Couronnes, Ménilmontant (ligne 2), au pied de la colline, et Pyrénées (ligne 11) vous laisseront au plus près de Belleville et Ménilmontant.

EN BUS La ligne 26 contourne Belleville par le nord. La ligne 96 traverse Ménilmontant du nord au sud en suivant les rues de Ménilmontant et Oberkampf.

EN VOITURE Le relief escarpé des deux quartiers, souvent encombrés par un important trafic, rend problématique l'usage de la voiture et du vélo. Mieux vaut se déplacer en métro, en bus et à pied. Mais attention : ça grimpe !
Parkings 24h/24. *Belleville-Maronite* (plan 12, B2) 30, bd de Belleville Tél. 01 43 66 00 12 *Gambetta* (plan 12, C1) 211, av. Gambetta Tél. 01 43 64 97 76 *Télégraphe* (plan 12, C1) 18, rue du Télégraphe Tél. 01 46 36 19 60 *MEA-Saint-Fargeau* (plan 12, C1) 4, villa Saint-Fargeau Tél. 01 47 97 46 28 *Olivier Métra-Rue de l'Ermitage* (plan 12, B1-C1) 35-49, rue Olivier-Métra Tél. 01 46 36 75 41

adresses utiles

Commissariat de police (plan 12, C2). *M° Gambetta* 48, av. Gambetta 75020 Tél. 01 40 33 34 00
Hôpital Tenon (plan 12, C2). *M° Gambetta* 4, rue de la Chine 75020 Tél. 01 56 01 70 00

marchés

Marché de Belleville (plan 12, A2). M° Belleville *Esplanade du bd de Belleville (entre les stations de métro Belleville et Ménilmontant) Ouvert mar. et ven. 7h-14h30*
Marché Belgrand (plan 12, C2). M° Gambetta *Rue Belgrand, rue de la Chine et place Édith-Piaf Ouvert mer. 7h-14h30 et sam. 7h-15h*

fêtes et manifestations

Journées portes ouvertes des ateliers d'artistes de Belleville (ABB). À la fin mai et pendant quatre après-midi, près de 230 artistes bellevillois ouvrent les portes de leurs ateliers au public : cours intérieures, grandes verrières, lofts sous les toits, etc. Retirer un plan des ateliers à la galerie des AAB. **M° Couronnes** *32, rue de la Mare 75020 Tél. 01 46 36 44 09 www.ateliers-artistes-belleville.org*
Journées portes ouvertes des ateliers de Ménilmontant. Comme à Belleville, les 130 artistes de Ménilmontant ouvrent leurs ateliers l'après-midi pendant cinq jours, entre septembre et octobre. Plan disponible gratuitement au point accueil. **M° Ménilmontant, Père Lachaise** *40-42, rue des Panoyaux 75020 Tél 01 43 66 54 87 http://ateliersdemenilmontant.org*
Le xxe en CultureS. Onzième édition d'un festival éclectique qui propose, en juin, des spectacles en tous lieux (rues, jardins, mairie, bars, etc.) et dans toutes les disciplines : chanson, slam session (mouvement d'expression orale libre), théâtre, marionnettes, danse… *Tél. 01 43 15 20 79 www.20encultures.com*

Découvrir Belleville

À voir Le belvédère du parc de Belleville, les cours et passages de la rue du Faubourg-du-Temple **Sans oublier nos adresses** Installez-vous en terrasse au Café Chéri(e)

Le bas Belleville

Pour découvrir ce quartier rattaché au 10e arrondissement, entamez la visite de préférence à partir de la station de métro Belleville. Comptez environ 45min.

☺ **Marché de Belleville (plan 12, A2)** Le cœur de Belleville bat plus fort chaque mardi et vendredi matin, quand le marché envahit joyeusement le boulevard. On retrouve ici un concentré du quartier cosmopolite et bon enfant cher à Daniel Pennac : les mamas en boubou, les anciens en djellaba, les Bellevillois d'origine et ceux d'adoption, les vendeurs à la sauvette… Fruits, olives, épices, tissus africains, on peut acheter de tout au son des *"Yalla, yalla !"* et *"Wesh ! Wesh !"* des commerçants. **M° Belleville, Ménilmontant** *Bd de Belleville Mar. et ven. 7h-14h30*

Rue du Faubourg-du-Temple (plan 12, A2) Cet axe qui mène à la place de la République prolonge l'esprit asiatique de la rue de Belleville. **M° Belleville Cours et passages** Au n°129 de la rue du Faubourg-du-Temple, quelques ateliers subsistent encore dans la cour de la Grâce-de-Dieu. Au n°94, le petit passage Piver conduit à la façade extravagante du théâtre du Tambour royal, où Maurice Chevalier se produisit en 1902. Au n°105, la Java est une ancienne galerie marchande restaurée. Sa façade vétuste est percée d'un patio encadré de galeries qui courent sur deux étages. Les effluves de *chicha* vous accompagnent jusqu'à la salle de concert du fond, dotée d'une belle grille en fer forgé. Au n°99, traversez la cour des Bretons, îlot de calme et de propreté, pour ressortir rue du Buisson-Saint-Louis. Tournez à gauche, prenez à droite la rue Saint-Maur, qui passe devant de longues allées d'ateliers aux n°s208-210 et 212, et remontez à droite par la pittoresque rue Sainte-Marthe.

Autour de la place Sainte-Marthe Si les devantures colorées des boutiques apportent une touche de gaieté, les façades décrépies trahissent la vétusté des immeubles. La rue Jean-Moinon, sur la droite, donne une bonne image du bas Belleville d'autrefois, pauvre et populaire, avec ses pavés et ses façades lépreuses. Le linge qui pend aux fenêtres y fait presque flotter un air napolitain. Ce parfum d'authenticité séduit une clientèle bohème et branchée, qui aime déjeuner en terrasse, à l'ombre des arbres de la place Sainte-Marthe. Le soir, en revanche, on ne s'attarde pas...

☺ Autour du parc de Belleville

Bellevillle cosmopolite ! Avec ses devantures rouges, ses restaurants proposant les incontournables "spécialités vapeur" et ses bazars-épiceries, la rue de Belleville plonge d'emblée le visiteur en Asie. La balade prolonge le voyage dans le Belleville d'autrefois, et grimpe sur la colline jusqu'à son point le plus haut (pour la promenade complète, comptez environ 3h).

Rue de Bellevillle (plan 12, A1-B1-C1) Remontez jusqu'au bar Aux Folies – troquet à l'ancienne, avec tables décorées et devanture en mosaïque, fréquenté par une population mélangée représentative du quartier. Au coin, l'anarchique **rue Dénoyez** donne un bon aperçu du Belleville actuel, patchwork d'architectures anciennes et modernes, avec ses vieux pavés, ses murs tagués, ses minuscules ateliers-galeries d'art (notez, au n°22bis, la galerie et son enseigne-slogan "Friche et nous la paix") et ses petits bars et restaurants kasher. C'est ici que, fuyant les pogroms de Pologne et de Russie, la communauté juive s'implanta au début du xxe siècle. Remontez ensuite, à gauche, la cosmopolite rue Ramponeau jusqu'au n°48, où s'ouvre une paisible cour pavée, couverte de vigne et occupée par plusieurs ateliers de sculpteurs, que l'on peut visiter lors des journées portes ouvertes en mai (cf. Belleville et Ménilmontant, mode d'emploi). Rejoignez la rue de Belleville par la **rue Jouye-Rouve** : aux n°s 15-17, sur la façade d'un immeuble récent, deux surprenantes sculptures semblent sortir du mur. On retrouve ensuite la rue de Belleville au coin de la **place Fréhel**, qui se reconnaît à ses deux murs peints monumentaux. Cette œuvre collective intitulée *Paris-trois-temps* a été mise en place en 1986. Pourquoi "trois temps" ? Avec son personnage sur fond de vieilles publicités, la fresque signée par Jean Le Gac évoque le passé. L'autre, œuvre du célèbre "trublion de l'art" Ben, traduit le présent. Son message lapidaire qui interpelle le passant est régulièrement changé : à "Il faut se méfier des mots" succède "N'importe qui peut avoir une idée", ou encore "Il n'y a pas d'art sans liberté". L'avenir est représenté par une installation au sol due à l'artiste Marie Bourget. Les admirateurs d'Édith Piaf remonteront jusqu'au n°72, où la légende voudrait que la "Môme" soit née, sur le trottoir, le 9 décembre 1915. La célèbre chanteuse est en fait née à l'hôpital Tenon… Redescendez et prenez, sur la gauche, la **rue Piat**, qui mène au parc de Belleville. Après une promenade dans le parc, empruntez la rue du Transvaal jusqu'à la villa Castel, au n°16. À travers la grille, la vision idyllique d'une douzaine de maisonnettes en brique datant de la fin du XIX\ :sup:`e`-début du XX\ :sup:`e` siècle, avec marquise en verre et massifs de verdure, titillera peut-être la mémoire des cinéphiles. C'est en effet ici que François Truffaut (1932-1984) tourna en 1962 l'une des scènes de *Jules et Jim*. Juste après la villa, l'étroit passage Plantin a, lui aussi, un air champêtre. Prenez à droite la rue des Couronnes, puis à gauche la rue Henri-Chevreau, remontez à droite la rue de la Mare puis la **rue de Savies**, qui débouche sur le regard Saint-Martin. Cette petite construction en pierre calcaire est l'un des multiples regards qui permettaient autrefois de protéger les sources, très nombreuses sur la colline de Belleville et dont l'eau était acheminée par un système d'aqueducs jusqu'au centre de la capitale. La toponymie des rues du quartier évoque d'ailleurs ces sources bellevilloises : rue des Cascades, des Rigoles, de Savies, de la Mare ; le parc de Belleville, avec ses nombreuses fontaines, cascades et rigoles en donne lui aussi une très belle évocation contemporaine. Tournez à gauche dans la charmante et pittoresque **rue des Cascades**. Nouvel arrêt pour les cinéphiles au n°44 : c'est dans cet atelier occupé par un artisan d'art, le maître verrier Xavier de Mirbeck, que fut tourné en 1952 l'émouvant *Casque d'or* de Jacques Becker (1906-1960). Le film est tiré de l'histoire d'Amélie Hélie – incarnée par Simone Signoret – et de sa passion violente pour un caïd – Serge Reggiani – dans le Paris 1900 des caboulots et des malfrats. Au n°70, notez le curieux immeuble gothique avec ses briques et marbres en trompe-l'œil. En revenant sur vos pas, vous découvrirez deux autres regards au bas de la rue des Cascades, au n°41 (regard des Messiers) puis au n°17 (regard de la Roquette). Vous pourrez ensuite rejoindre les hauts de Belleville. **M° Belleville, Pyrénées**

☺ **Parc de Belleville (plan 12, B1-B2)** Véritable poumon vert de Belleville, ce très agréable parc ouvert en 1988 grimpe à flanc de colline sur 4,5ha et 25m de dénivelé. Un relief parfaitement appréhendé : les tonnelles dégringolent la pente en escaliers et la verdure tombe en terrasses, en suivant les cascades d'eau qui font la joie des Parisiens en été. On admirera également la grande variété de plantes, la bambouseraie et les 400 arbres. Pour rappeler l'identité viticole du quartier, 140 pieds de vigne ont été plantés en hauteur. Clou de la balade, la vue panoramique, l'une des plus belles sur Paris, de la terrasse en haut du parc : le regard englobe toute la capitale ! Juste au-dessous, la Maison de l'air intéressera surtout les petits. Ce musée pédagogique, assez ludique, se penche sur l'air et l'atmosphère, surtout en milieu urbain. L'accent est ainsi logiquement mis sur la pollution à Paris. Une station d'Airparif permet d'ailleurs de surveiller la qualité de l'air. *Parc Ouvert tlj. 8h (9h week-end)-17h30 (jusqu'au coucher de soleil de mai à sept.), selon la saison* **Maison de l'air** *Tél. 01 43 28 47 63 Ouvert tlj. sauf. lun., sam. et dim. 13h30-17h30 et 13h30-17h (nov.-fév.) Entrée libre* **M° Pyrénées, Couronnes** *27, rue Piat 75020*

Les hauts de Belleville

En allant vers Télégraphe (plan 12, B1-C1) Traversez la rue des Pyrénées pour emprunter la rue de l'Est, puis prenez la rue Pixérécourt à gauche, et enfin le minuscule **passage de la Duée**, à droite, l'un des plus étroits de la capitale. Sur la gauche, ne manquez pas la rue de la Duée, qui donne dans la **villa Georgina** (faites le tour par la rue Taclet), où, tapies derrière leurs grilles au fond de jardins de poche, une poignée de maisonnettes ont su s'entourer d'une végétation touffue. Notez au passage les fresques de Némo et Jérôme Mesnager, dont les figures humaines ou animalières rythment les murs du quartier. Remontez la rue de la Duée jusqu'au carrefour des rues des Pavillons, Pelleport et du Borrégo. Là, impossible de manquer la silhouette futuriste et extravagante de l'immeuble de logements de Frédéric Borel (1999). Un bel exemple d'architecture contemporaine ! En remontant la rue du Borrégo, on dépassera la rue du Télégraphe jusqu'à la **villa du Borrégo**, charmant ensemble de maisons avec balcons, vérandas, marquises et vieux pavés. Le fouillis des jardins apporte une touche de poésie urbaine à cette villa miraculeusement épargnée par les bulldozers. Revenez sur vos pas et prenez la rue du Télégraphe. Au n°33, la Crèche laïque de Saint-Fargeau présente une belle façade Art nouveau. Plus loin, après les deux châteaux d'eau, on atteint le cimetière de Belleville. Le quartier ne s'appelle pas les "hauts de Belleville" pour rien : nous sommes ici au point culminant de Paris (128m d'altitude). En 1792, Claude Chappe y testa son télégraphe aérien, qui permettait la transmission de messages au moyen de signaux obtenus à l'aide de bras articulés. L'expérience faillit mal tourner : on soupçonna l'ingénieur de vouloir communiquer avec Louis XVI, alors enfermé au Temple ! Ce n'est qu'en 1793 que Claude Chappe parvint à transmettre un message à Saint-Martin-du-Tertre, près de Pontoise. Un an plus tard, un message entre Lille et Paris mettait 3h quand trois jours étaient nécessaires auparavant. **M° Télégraphe**

Autour de la place des Fêtes (plan 12, B1-C1) À la station de métro Télégraphe, la rue de Romainville mène à deux autres charmants îlots hors du temps : sur la droite, le **passage du Monténégro** aligne vieilles bâtisses campagnardes et maisons d'architecte contemporaines. Sur la gauche, la rue Émile-Desvaux forme, avec la rue Paul-de-Kock, un pâté de maisons pleines de charme. Manoir en meulière, tourelle Art déco, palais en briques jaunes et colonnettes, audacieuses baies vitrées... Tous les styles sont représentés dans ces maisons des années 1930 ! En descendant la rue de Belleville, peu à son avantage dans cette partie-là, on atteindra la place des Fêtes en passant, rue Compans, devant le joli regard de la Lanterne, en forme de dôme surmonté d'un lanternon. Contournez la vaste place ornée d'une sculpture-fontaine contemporaine en forme de labyrinthe, œuvre de l'artiste d'origine roumaine Marta Pan, installée en 1986. Prenez à gauche la rue des Fêtes. Au n°11, la façade rose et blanc, ponctuée de têtes grimaçantes, d'une Folie du XIXe siècle abrite depuis peu l'Espace culturel inuit. Rejoignez ensuite la rue de Belleville et descendez celle-ci jusqu'à la station de métro Jourdain. Là, l'esprit de Belleville renaît : la rue s'anime à nouveau de commerces traditionnels avant de retrouver son visage asiatique. **M° Place des Fêtes**

Découvrir Ménilmontant

À voir La villa de l'Ermitage, le panorama sur le sud de Paris en haut de la rue de Ménilmontant **À proximité** Le cimetière du Père-Lachaise **Sans oublier nos adresses** Prenez un verre en terrasse au Soleil, bd de Ménilmontant, avant de passer la soirée dans les bars d'Oberkampf

La rue de Ménilmontant et ses alentours

Balade architecturale (plan 12, B2-C2) Au terme de cette promenade tout en montée, vous découvrirez, par temps clair, l'un des plus beaux panoramas sur le sud de Paris. Au départ de la station Ménilmontant, comptez environ 1h de promenade, attention : ça grimpe !

Place Maurice-Chevalier En partant du métro, empruntez la rue de Ménilmontant qui enjambe assez vite une voie ferrée bordée de talus verdoyants. Il s'agit des vestiges de la petite ceinture, ligne de train circulaire mise en service entre 1862 et 1934 et qui nécessita le creusement de deux tunnels dans les coteaux de Belleville et de Charonne. En prenant la rue Julien-Lacroix sur la gauche, on atteint la place Maurice-Chevalier. Hélas, rien n'y rappelle le souvenir du célèbre chanteur au canotier (1888-1972), qui fut l'un des premiers artistes français de music-hall à connaître une carrière internationale. En haut de ses 54 marches, la monumentale église Notre-Dame-de-la-Croix possède la troisième nef de Paris par la longueur, après Notre-Dame et Saint-Sulpice. Sa construction, de 1863 à 1872, répondait à l'augmentation de la population du hameau de Ménilmontant. Durant la Commune, elle fut le siège d'un club révolutionnaire. Sa crypte abrite aujourd'hui une mosquée, signe de la mixité confessionnelle de Belleville.

ZAC des Amandiers Dans la rue de Ménilmontant, il faut s'engouffrer, au n°24, dans un étroit passage qui mène à la **cité du Labyrinthe**. Inutile de sortir son fil rouge : cette ruelle en coude abrite un ensemble disparate de maisons vétustes couvertes de lierre, de constructions récentes et d'ateliers d'artistes en brique et verre. On se trouve ici au cœur de la ZAC (zone d'aménagement concerté) des Amandiers, créée en 1972. Ce quartier qui s'étend sur presque 20ha – compris entre l'avenue Gambetta et les rues de Ménilmontant et des Sorbiers – est l'un des premiers de la capitale à avoir bénéficié d'un plan de modernisation et de réhabilitation de l'urbanisme de ce type. La rénovation, qui a commencé dès les années 1950, a été repensée et accélérée dans les années 1980-1990 avec la construction de nombreux immeubles de logements, d'équipements et d'activités dont l'organisation en îlots rappelle la structure ancienne et traditionnelle du quartier. À gauche, la rue des Panoyaux remonte jusqu'au square du Sorbier en traversant un îlot de logements sociaux moderne et sans âme : l'autre visage du quartier... Là se trouvaient de nombreuses carrières de gypse, exploitées à outrance depuis le Moyen Âge et jusqu'à un écroulement de terrain en 1778 qui fit sept morts. Arrivé au square, longez la rue de la Bidassoa et rejoignez par un escalier la rue d'Annam, qui abrite aux n°s 5-7 un immeuble typique du logement social du début du siècle, construit par la fondation de Mme Jules Lebaudy en 1906. L'entrée, tout en faïence bleu et or, est une merveille, et bien qu'un immeuble récent gâche la cour centrale, les bâtiments d'origine en meulière et brique ont gardé leur charme d'antan.

Ménilmontant, côté village Au bout de la rue d'Annam, tournez à gauche dans la rue du Retrait, puis encore à gauche et descendez par la charmante et paisible rue Laurence-Savart, dont les maisonnettes ornées de glycines et de jardinets prennent des airs de maisons de campagne. Prenez à droite la rue Boyer : au n°25, la belle façade en brique de la Bellevilloise abrita, de 1877 à 1936, une société coopérative de consommation pour les ouvriers du quartier. Témoin de l'esprit coopératif ouvrier qui se développa à Paris après la Commune, la Bellevilloise compta jusqu'à 9 000 sociétaires. Notez sur la façade le bas-relief représentant la faucille et le marteau, et les mosaïques "Science" et "Travail". Le bâtiment accueille à présent une école de théâtre et des salles de danse africaine. Juste à côté, vous pour-rez faire une pause au café-restaurant de La Maroquinerie, une salle d'exposition et de spectacles très conviviale (cf. GEOAdresses, Sortir à Belleville et Ménilmontant). **Vers la villa de l'Ermitage** Remontez la rue de Ménilmontant qui offre une re-marquable vue plongeante sur Paris (on distingue très bien le centre Pompidou). Face au n°102, la cité de l'Ermitage présente un ensemble de petits immeubles re-croquevillés derrière leurs jardins enfouis sous la végétation. Pavés de guingois, grilles rouillées, herbes folles... Une vraie touche de poésie urbaine. Remarquez au n°9, à hauteur du lampadaire, la statue ligotée et étranglée par la glycine ! Descendez ensuite la rue de Ménilmontant et rejoignez sur la droite la rue de l'Ermitage. Au n°19 se dresse la façade en briques rouges d'un manoir néogothique (1906), ornée de figures humaines en pierre. Un peu plus loin, sur le trottoir d'en face, des tags et pochoirs (parmi lesquels les animaux signés "Mosko et associés") annoncent la villa de l'Ermitage, bordée de petits immeubles, de maisons et d'ateliers. Là encore, la nature déborde des jardins et les rosiers s'invitent sur le bitume. Au fond de la villa, sur la gauche, la cité Leroy offre à peu près le même visage. Cette impasse de 4m de large, qui fut récemment menacée par des projets immobiliers, doit à la longue lutte de ses habitants d'avoir été gardée intacte. L'esprit de combat n'a pas quitté le quartier !

Du côté de la rue Oberkampf

De l'autre côté de la rue de Ménilmontant, la rue Oberkampf (plan 10, A2), bien connue des noctambules parisiens, change de visage à partir de 22h, heure à la-quelle les bars et autres lieux de nuit branchés "montent le son" (cf. GEOAdresses, Boire un verre, Sortir à Oberkampf). En journée, on y retrouve l'ambiance plus au-thentique d'un "village" parisien, notamment dans les rues alentour. Au niveau du n° 105 de la rue Oberkampf, prenez à droite la rue Saint-Maur – gourmands, ne manquez pas l'arrêt à la pâtisserie orientale La Bague de Kenza –, puis remontez la rue Jean-Pierre-Timbaud vers le métro Couronnes, boulevard de Belleville.

Musée Édith-Piaf (plan 13, B1) Ce minuscule musée privé, ouvert sur rendez-vous uniquement, n'a d'autre ambition que de perpétuer le souvenir de la Môme Piaf (1915-1963). Ses deux uniques pièces sont chargées d'objets ayant appartenu à la chanteuse native de Belleville : sa célèbre robe noire, le canapé de son apparte-ment du boulevard Lannes, un gramophone, mais aussi les gants de boxe de son amant Marcel Cerdan. Sur les murs, disques de platine et peintures côtoient des lettres manuscrites, comme celle, furibarde, écrite à Gilbert Bécaud. Notez dans l'entrée le panneau représentant Édith Piaf en taille réelle : 1,47m de talent ! Tandis que *La Vie en rose* résonne, Bernard Marchois, qui a connu la chanteuse, apporte son éclairage aux curieux. Conseillé aux admirateurs de Piaf. *M° Ménilmontant 5, rue Crespin-du-Gast 75011 Tél. 01 43 55 52 72 Ouvert sur rdv. uniquement lun.-mer. 13h-18h Participation libre*

Maison des métallos (plan 13, A1-B1) Espace de création artistique et lieu associatif très actif, la Maison des métallos appartient au patrimoine industriel pa-risien de la fin du XIXe siècle. Le bâtiment abrita d'abord la manufacture d'instruments de musique Couesnon (1881-1936), avant que la grande halle métallique ne soit ra-chetée par l'Union fraternelle des métallurgistes sous le Front populaire, en 1936.

L'enseigne de la CGT est d'ailleurs toujours visible sur la façade. Ce haut lieu du syndicalisme ouvrier a rouvert ses portes en novembre 2007 avec comme mission d'être "un laboratoire du Beau et du Vivre Ensemble". ***M° Couronnes*** *94, rue Jean-Pierre-Timbaud 75011 Tél. 01 47 00 25 20 www.maisondesmetallos.org*

Autour du Père-Lachaise

plans 12, 13, 21

Le plus célèbre cimetière de France attire chaque année près de deux millions de visiteurs. À la fois cimetière et jardin, musée à ciel ouvert et espace de verdure, le Père-Lachaise est le prétexte à une passionnante balade bucolique et historique. On y va pour s'émouvoir de la destinée des grands hommes ou simplement se promener le long des allées ombragées d'ifs, de saules et de pins. Il est vrai que, forte de ses 44ha de verdure au cœur du 20e arrondissement, la plus vaste nécropole parisienne est aussi le plus grand espace vert de Paris ! À deux pas de là, la place Gambetta insuffle une bouffée de vie et de fraîcheur au quartier avec ses avenues ombragées et ses nombreux commerces. Plus à l'est, l'emprise de la ville se relâche et de charmants îlots de verdure apparaissent : c'est le quartier de la Campagne à Paris et le village de Charonne. Maisons basses, jardinets, chants d'oiseaux : pas de doute, le Père-Lachaise n'a pas le monopole de la tranquillité !

UN CIMETIÈRE JARDIN Le Père-Lachaise fut ouvert sur ordre de Napoléon en 1804, peu avant les cimetières Montparnasse (1824) et Montmartre (1825). Reclus sur l'île de Sainte-Hélène, Napoléon demanda même à y être inhumé... en vain ! Le cimetière, dessiné par Alexandre Brongniart, auteur du palais de la Bourse, occupe l'emplacement d'un domaine tenu par les Jésuites au XVIIe siècle. Le père François de La Chaise (1624-1709), confesseur et conseiller de Louis XIV, y résida et lui donna son nom. Sa construction sur une colline à l'extérieur de la ville, qui répondait aux nouvelles exigences de salubrité publique, fut également conçue sur le modèle anglais du cimetière jardin. Le Père-Lachaise fut aussi le premier cimetière à recevoir des sépultures privées, car, à l'époque, la grande majorité des défunts était enterrée dans des fosses communes. Cependant, l'autorité publique dut user de ruse afin de susciter l'engouement du public, qui considérait avec mépris ce quartier populaire. Ainsi, en 1817, on fit inhumer ici les restes – supposés – de Molière, de La Fontaine et des célèbres et malheureux amants Héloïse et Abélard. Pari gagné : peu de temps après, les notables et les grands bourgeois se faisaient enterrer aux côtés de ces hôtes prestigieux... Si, en 1812, on ne compte qu'un peu plus de 800 tombes, ce nombre passe en 1830 à plus de 30 000, et ce "panthéon municipal" et laïque qui, à l'origine, ne dépassait pas 17ha connaît plusieurs agrandissements successifs entre 1824 et 1850, portant sa superficie à 44ha. Les paisibles allées du cimetière furent le théâtre d'affrontements tragiques, ce qui en fait un haut lieu de la mémoire collective. Le 30 mars 1814, peu avant l'abdication de Napoléon, les étudiants des écoles militaires, retranchés dans l'enceinte, sont massacrés par les troupes russes. Plus de cinquante ans plus tard, le 27 mai 1871, au terme de la "Semaine sanglante", les derniers défenseurs de la Commune s'y réfugient et résistent une journée entière à l'assaut des Versaillais, avant d'être fusillés sans procès. L'emplacement de l'exécution et de l'inhumation des nombreuses victimes de cette révolte, qui a pris le nom de mur des Fédérés, est devenu depuis un lieu de commémoration – Clemenceau, ancien communard, y fera apposer une plaque en 1908 – et de rassemblement pour de nombreuses et diverses causes politiques et sociales. Depuis 1962, le secteur le plus ancien du cimetière, appelé aussi quartier romantique, est classé.

Autour du Père-Lachaise, mode d'emploi

orientation

Situé au cœur du 20e ardt, le cimetière du Père-Lachaise occupe 44ha entre la rue des Rondeaux, l'avenue Gambetta, le boulevard Ménilmontant et la rue de Bagnolet. Cette dernière rejoint au nord-est la porte de Bagnolet où se trouve le charmant quartier de la Campagne à Paris. À mi-chemin, la place Saint-Blaise marque l'entrée du village de Charonne. La place Gambetta est une base parfaite pour rayonner dans le secteur.

★ **Le Père-Lachaise** Le long des allées bordées de tombes et d'arbres centenaires, les grands noms de l'histoire de France et de Navarre défilent, gravés pour la postérité. Incontournable.

Village de Charonne Ambiance de village provincial dans cet Est parisien si proche du périphérique, et pourtant si éloigné de ses nuisances…

accès

EN MÉTRO Principales stations : Gambetta (3, 3bis), Père-Lachaise (3, 2) et Porte de Bagnolet (3).

EN BUS De la place Gambetta, bus 26, 60, 61 et 69. Les bus 61 et 69 desservent le Père-Lachaise. Bus 57, 76 et PC2 à la porte de Bagnolet. La ligne de quartier La Traverse de Charonne sillonne tlj. jusqu'à 20h30 le quartier de Charonne.

EN VOITURE La circulation est assez fluide dans cette partie du 20e ardt, qui est desservie par de grandes artères. Cependant, pour explorer le village de Charonne ou le cimetière du Père-Lachaise, rien ne vaut la marche à pied.
Parkings 24h/24. *Belleville-Maronite* (plan 12, B2) 30, bd de Belleville 75020 Tél. 01 43 66 00 12 *Gambetta* (plan 12, C1) 211, av. Gambetta 75020 Tél. 01 43 64 97 76 *Rue du Clos* (plan 21, D1) 2-4, rue du Clos 75020 Tél. 01 44 64 90 60 *MEA-Saint Fargeau* (plan 12, C1) 4, villa Saint-Fargeau 75020 Tél. 01 47 97 46 28

adresses utiles

Commissariat de police (plan 12, B3-C3). 48, av. Gambetta 75020 Tél. 01 40 33 34 00

Hôpital Tenon (plan 12, C2). *4, rue de la Chine 75020 Tél. 01 56 01 70 00*

marchés

Marché Belgrand (plan 12, C2). *Rue Belgrand, rue de la Chine et place Édith-Piaf Mer. 7h-14h30 et sam. 7h-15h*
Puces de la porte de Montreuil (plan 21, D1). *Le long du périphérique entre le rond-point de la Porte-de-Montreuil et l'avenue du Professeur-André-Lemierre Sam.-lun. 7h-20h*

★ Découvrir le Père-Lachaise

☆ **À ne pas manquer** Les tombes d'Héloïse et Abélard, Victor Noir, Oscar Wilde, Allan Kardec, Jim Morrison, le mur des Fédérés **Sans oublier nos adresses** Reprenez des forces en terrasse chez La Mère Lachaise

Cimetière du Père-Lachaise (plan 12, B3-C3) Ouvert à toutes les confessions et aux agnostiques, le Père-Lachaise fut le premier cimetière à reconnaître à chacun la liberté de choisir les ornements de sa tombe et le rituel de son enterrement. Ses hôtes ne s'en sont pas privés, rivalisant d'audace dans la décoration de leurs sépultures : flèches, dômes, tours, pyramides... Les amateurs d'architecture et de statuaire funéraires seront comblés. Aujourd'hui, passionnés d'histoire, curieux, vieux habitués et simples touristes parcourent les allées du cimetière à la recherche des personnages illustres qui y sont inhumés : poètes, romanciers, peintres, musiciens, comédiens, chanteurs, mais aussi hommes politiques, militaires, architectes, etc. On dénombre pas moins de 69 000 tombes au Père-Lachaise. L'itinéraire suivant, qui s'effectue en une demi-journée, permet de voir les plus connues. Il est recommandé de s'équiper de chaussures confortables, car le terrain est escarpé. *Plan* du cimetière distribué gratuitement à la conservation Porte principale Ouvert *lun.-ven. 8h30-12h30 et 14h-17h* **Visites guidées** *Organisées par la Mairie de Paris tous les samedis à 14h30 et certains dimanches à 15h (1h30 à 2h), rendez-vous porte principale Tarif 6€, réduit 3€ (7-25 ans)* **Visites thématiques** *Programme dans les mairies d'arrondissement* **Entrée principale** : *M° Philippe Auguste À l'angle de la rue de la Roquette et du bd de Ménilmontant* **Autres accès** *M° Père Lachaise Porte des Amandiers* *M° Philippe Auguste Porte du Repos* *M° Alexandre Dumas Porte de la Réunion* *M° Gambetta Rue des Rondeaux Tél. 01 55 25 82 10 www.pere-lachaise.com* **Ouvert** *16 mars-5 nov. : lun.-ven. 8h-18h, sam. 8h30-18h, dim. et j. fér. 9h-18h ; 6 nov.-15 mars : mêmes horaires d'ouverture mais fermeture à 17h30* **Entrée libre**
Allée principale (div. 1, 2, 3, 4) Entrez par cette porte située boulevard de Ménilmontant et remontez l'allée jusqu'à l'avenue du Puits où, sur la gauche, repose Colette. Poursuivez dans l'allée principale jusqu'à la tombe d'**Alfred de Musset**, sur la gauche. Le saule planté derrière sa tombe, ornée d'un buste en marbre blanc, est une belle réponse posthume à son épitaphe : "Mes chers amis, quand je mourrai / Plantez un saule au cimetière. J'aime son feuillage éploré..." Sa sœur repose derrière lui et, juste à côté, se dresse le tombeau du baron Haussmann. En face dans l'allée, les bustes d'Arago et de Ledru-Rollin précèdent la tombe de **Félix Faure** (président de la République de 1895 à 1899), représenté en gisant enveloppé dans

GEOQUARTIERS

les drapeaux français et russe. Au fond de l'allée, le monument aux Morts est l'œuvre de Paul-Albert Bartholomé (1895). Ce cénotaphe dédié à tous les défunts représente un couple nu pénétrant par une porte béante dans le royaume des morts. En prenant les escaliers sur la droite, on passe devant la tombe du sculpteur Falguière, avant d'atteindre la terrasse ombrée de marronniers où s'élève le monumental tombeau de **Thiers** (div. 55). Ironie du sort : celui qui écrasa la Commune de Paris occupe le même cimetière que les fédérés qu'il fit fusiller contre un mur de la nécropole le 27 mai 1871.

Avenue de la Chapelle (div. 12, 11, 10) Représenté, pinceau et palette aux mains, en train d'exécuter *Le Radeau de la Méduse*, apparaît **Géricault**, dont la tombe se trouve sur la droite de l'avenue. Poursuivez et prenez à droite par le chemin Talma, puis à gauche par le chemin Denon, qui mène à la tombe constamment fleurie de **Frédéric Chopin**, surmontée d'une muse sculptée par Clésinger. À côté repose le pianiste de jazz **Michel Petrucciani**, tandis qu'en face **Pierre Desproges** ricane sûrement au nez de la Camarde. En continuant le chemin sur la droite, notez la stèle de style précolombien du prix Nobel de littérature 1967 **Miguel Ángel Asturias**. Bifurquez sur la droite par le chemin du Coq, puis suivez le chemin de l'Ancienne-Porte sur la gauche jusqu'à l'avenue Rachel.

Avenue Rachel (div. 7) Au milieu de cette allée, sur la gauche, le caveau des banquiers Rothschild est sobrement signalé par un double "R". Plus loin, sur le même côté, repose le peintre **Camille Pissarro**. Autour, des tombes portant des inscriptions hébraïques indiquent qu'il s'agit là du carré israélite. Au-dessus, impossible de manquer la sépulture d'**Héloïse et Abélard**. Les deux amants, représentés en gisants, sont unis pour l'éternité dans un superbe tombeau de style médiéval, conçu en 1817 par Alexandre Lenoir et encadré par quatre colonnes portant des baies ajourées en forme de trèfle.

Avenue et rond-point Casimir-Perier (div. 6, 5, 14) Prenez cette avenue dans son sens ascendant, puis empruntez sur la droite le chemin Serré et tout de suite à gauche le chemin Maison. C'est là, en haut de la 6e division, que se "cache" la tombe de **Jim Morrison**, le légendaire chanteur des Doors mort à 27 ans. Les hordes de fans qui vont s'y recueillir ont longtemps eu la fâcheuse habitude de couvrir les tombes voisines de graffitis dédiés au beau Jim. Aujourd'hui, les graffitis ont été effacés et une grille protège la tombe, sobrement fleurie. Rejoignez le rond-point Casimir-Perier par les chemins de Lesseps et de Lauriston.

Avenue des Acacias (div. 18, 17, 19) Un obélisque signale, sur la gauche, la tombe de **Champollion**. Cent mètres plus loin, un double escalier escarpé mène à l'imposant et extravagant mausolée de Marie-Élisabeth Demidov, née baronne Stroganov. Le monument se compose de trois étages surmontés d'un temple à l'antique. Cette aristocrate russe avait épousé un prince qui exploitait des mines en Asie centrale. Une légende prétend que celui qui parvient à se laisser enfermer dans son tombeau héritera la fortune familiale...

Quartier des maréchaux d'Empire (div. 28, 25) En continuant sur la droite, on pénètre dans ce quartier où les tombeaux rivalisent de pompe : ceux du général Foy, des maréchaux Ney, Murat, Masséna et Suchet. Mais le plus spectaculaire reste sans nul doute celui du général Gobert et sa statue équestre signée David d'Angers, qui fait face à des tombes chinoises. Remontez le chemin Masséna et suivez le chemin Camille-Jordan qui bifurque à droite et passe devant la tombe de l'agronome **Antoine Parmentier**, malicieusement décorée d'un bas-relief représentant un plant de pomme de terre. Molière et La Fontaine sont réunis dans le même enclos.

Des doutes subsistent toutefois sur l'authenticité de leurs restes, rapportés ici en 1817. La tombe de La Fontaine est illustrée par une scène de l'une de ses *Fables*.

Avenue transversale n°1 (div. 45, 91, 44) Remontez le chemin Laplace, dominé par un obélisque. Vous déboucherez alors dans l'avenue transversale n°1, face aux tombes de Gilbert Bécaud, Sophie Daumier, Marie Trintignant et Daniel Toscan du Plantier, toutes très fleuries. Coupez ensuite la transversale n°1, puis le chemin du Quinconce. En contournant sur la gauche un imposant caveau, vous découvrirez la sépulture de l'actrice **Sarah Bernhardt** (div. 91). À gauche, visez l'immense marronnier : il marque la fin de l'allée où reposent Yves Montand et Simone Signoret.

Avenue transversale n°2 (div. 92) Dans cette division, la tombe de **Victor Noir** ne manque pas d'intérêt. Ce jeune journaliste républicain tué en janvier 1870 par le prince Pierre Bonaparte est représenté sous la forme d'un gisant de bronze. Le sculpteur Dalou a privilégié une approche naturaliste en faisant saillir l'appareil génital. Certaines visiteuses virent là un symbole de fertilité, lustrant la proéminence à force de frottements. On entoura même de barrières provisoires la tombe en 2004 pour faire cesser ces agissements incongrus.

Avenue transversale n°3 (div. 96, 97) Passez devant la division 95, prenez à gauche l'avenue Pacthod puis à droite pour rejoindre cette allée transversale. Cherchez sur la droite la tombe de Modigliani. En descendant l'avenue, les amoureux d'**Édith Piaf** feront une pause nostalgique devant la tombe de la "Môme" (sur la gauche), née non loin d'ici, à Belleville, selon la légende.

Avenue circulaire et mur des Fédérés (div. 97, 94, 93, 95) En poursuivant la descente, on rejoint l'avenue circulaire qui, à cet endroit, est bordée de monuments dédiés à la mémoire des déportés. Plus loin, sur la gauche, reposent des dirigeants communistes : Jacques Duclos, **Maurice Thorez**, Paul Vaillant-Couturier, mais aussi le poète **Paul Éluard**. Au pied de l'enceinte, à l'angle sud-est du cimetière, le **mur des Fédérés** rappelle la "Semaine sanglante" (21-28 mai 1871) à l'issue de laquelle les derniers communards furent exécutés par les troupes de Versailles. Le 27 mai, après une journée de combats entre les tombes du cimetière où ils avaient trouvé refuge, près de 200 hommes, femmes et enfants furent fusillés contre le mur, classé monument historique en 1983. Presque en face, la tombe de **Jean-Baptiste Clément** abrite les restes de l'auteur du *Temps des cerises*, le chant symbole de la Commune. Remontez l'avenue circulaire, bordée de monuments aux victimes de la Shoah ; leurs sculptures sont glaçantes de réalisme. Arrivé à la division 89, qui fait face au jardin du Souvenir – espace aménagé en 1985 pour la dispersion des cendres –, engagez-vous à gauche dans l'avenue Carette. Sur la droite, un sphinx ailé, signé Jacob Epstein, signale la tombe d'**Oscar Wilde**. Notez comme le dandy suscite de l'émoi : sa tombe est criblée de traces de rouge à lèvres ! Rejoignez ensuite l'avenue transversale n°2 sur la droite pour atteindre le columbarium.

Crématorium et columbarium Conçu dans le style néobyzantin par l'architecte Jean-Camille Formigé (1848-1926), le premier columbarium de France date de 1886-1889 – l'autorisation d'incinérer les corps avait été proclamée peu de temps avant par une loi de 1887 relative à la liberté des funérailles. Dans ses galeries couvertes sont conservées, parmi tant d'autres, les cendres du peintre Max Ernst, du clown Achille Zavatta, du violoniste de jazz Stéphane Grappelli ou encore de l'humoriste Pierre Dac. Reprenez l'avenue transversale n°2 et cherchez sur la droite la discrète pierre tombale de **Marcel Proust**, à mi-hauteur dans la division 85.

Avenue des Combattants-Étrangers (div. 86, 44, 48) Revenez sur vos pas et engagez-vous sur la droite dans l'avenue des Combattants-Étrangers (morts pour la France). Après quelques pas, sur la droite, une stèle en granit aux allures de menhir signale la sépulture de **Guillaume Apollinaire**. Il faut se tourner le cou pour déchiffrer le calligramme en forme de cœur qui y figure : "Mon cœur pareil à une flamme renversée". Plus loin, sur la gauche, la tombe d'**Allan Kardec** demeure la plus visitée du Père-Lachaise. Le père du spiritisme (1804-1869) est enterré sous un dolmen toujours fleuri par ses adeptes, même si les messes clandestines qui s'y déroulaient la nuit ont à présent cessé. Revenez à droite dans l'avenue transversale n°1 et rejoignez, au bout, l'un des plus extravagants monuments funéraires du cimetière, le mausolée de Félix de Beauséjour, reconnaissable de loin à son cône de 16m de haut surmonté d'une lanterne qui marque la limite entre le cimetière d'origine et son dernier agrandissement de 1850. Pour l'anecdote, on notera que cette impressionnante "cheminée" est l'œuvre d'un sculpteur nommé Alexis Cendrier.

Chemins Delavigne (div. 48, 49) et Mont-Louis Dans le chemin Delavigne, deux grands écrivains se font face : **Gérard de Nerval** et **Honoré de Balzac**, représenté par un buste en bronze dû au sculpteur David d'Angers ; **Eugène Delacroix** repose à deux pas de là, en remontant sur la gauche l'avenue du même nom. Le chemin Mont-Louis descend jusqu'à la terrasse du mausolée de Thiers, en passant devant la tombe de Cino del Duca, représentant une pietà (div. 53). Avant de regagner la sortie par l'allée latérale nord, remarquez sur la terrasse, à droite, la tombe du peintre David ornée d'un médaillon.

Découvrir le village de Charonne

À voir La Campagne à Paris, l'église Saint-Germain-de-Charonne **Sans oublier nos adresses** Dînez rue Saint-Blaise et prolongez la soirée à la Flèche d'Or

Aux alentours de la porte de Bagnolet

☺ **La Campagne à Paris (plan 12, D2)** Perché sur une butte, ce mini-quartier aux airs de village semble échappé de la campagne francilienne. Les rues Irénée-Blanc et Jules-Siegfried s'entortillent pour former une enclave paisible et bucolique. De charmantes maisons en brique et pierre meulière s'y alignent, précédées chacune d'un jardinet fleuri. Le périphérique a beau rugir à quelques centaines de mètres, on n'entend ici que le gazouillement des oiseaux ! La construction de ces 92 pavillons, réservés à l'origine aux familles défavorisées, fut lancée en 1907 par la coopérative La Campagne à Paris et achevée en 1926. Toutes les maisons sont signées par des architectes différents, voire pas signées du tout. Ne manquez pas la rue Paul-Strauss avec son étonnante et massive maison de brique au n°15. Une fête de quartier anime le village chaque année en juin. *M° Porte de Bagnolet (sortie bd Mortier) Bus 57, 76, PC2 et la Traverse de Charonne*

Place Édith-Piaf (plan 12, C2-D2) La "Môme", native du quartier, y est représentée par une petite statue en bronze plus vraie que nature : le visage chaviré d'émotion, les bras tendus vers le ciel, la chanteuse semble pousser un cri silencieux au milieu des badauds. *M° Porte de Bagnolet*

Pavillon de l'Ermitage (plan 12, C3-D3) De la place Édith-Piaf, prenez la rue Pelleport jusqu'au square Debrousse pour découvrir la seule folie de style Régence à Paris, ni plus ni moins... Édifiée entre 1723 et 1727, et ouverte à la visite depuis 2005, elle est l'unique rescapée des trois folies (riches maisons de plaisance) construites pour la duchesse d'Orléans, fille de Louis XIV et épouse du Régent, Philippe d'Orléans. Le pavillon tire son nom des peintures murales de style rocaille figurant des ermites en méditation. Du fait de l'absence de mobilier, les trois petites pièces paraissent bien nues, mais on en apprécie d'autant mieux le style Régence : des courbes souples et gracieuses, comme dans le vestibule ovale avec ses niches et ses murs ondoyants aux angles arrondis. Bien loin du style Louis XIV, rigide et orthogonal ! En sortant du pavillon par la rue de Bagnolet, accordez-vous une "folie" en prenant un verre au Condor, qui fait l'angle avec la rue des Balkans. *M° Porte de Bagnolet 148, rue de Bagnolet 75020 Tél. 01 40 24 15 95 Ouvert ven. et sam. 14h-17h Tarif 3€, réduit 2€ Visite guidée sur rdv. exclusivement 8€*

Au cœur du vieux village

L'église Saint-Germain-de-Charonne et son cimetière (plan 12, C3-D3)

Juchée en haut d'une butte, cette église au clocher râblé domine le quartier Saint-Blaise. Édifiée au XVIIIe siècle et maintes fois remaniée, elle fut le théâtre de violents affrontements pendant la Commune, en mai 1871. Un joli petit cimetière en pente jouxte l'église. On y voit, dans l'allée centrale, la tombe de l'écrivain collaborateur Robert Brasillach (1909-1945), qui fut exécuté à la Libération. Plus amusante, la tombe de François Éloy Bègue, dit Magloire, domine le haut du cimetière avec sa statue en bronze enfermée dans un enclos. Ce peintre en bâtiment, "patriote, poète et philosophe", se présentait comme le secrétaire de Robespierre. Ce personnage fantasque était surtout un grand buveur : la légende prétend même qu'il repose une bouteille à ses côtés ! *M° Gambetta 111, rue de Bagnolet 75020*

La rue Saint-Blaise (plan 12, C3-D3)

Au pied de l'église Saint-Germain-de-Charonne, la rue Saint-Blaise était l'artère principale du village de Charonne, avant que celui-ci ne fût annexé à Paris en 1860. Si les maisons de plaisance que s'y faisaient construire les bourgeois et aristocrates de la capitale ont disparu, la rue a cependant conservé ses pavés et ses habitations basses, qui lui donnent un charme campagnard d'antan. Le contraste est frappant lorsqu'on avise les tours modernes qui se dressent à quelques centaines de mètres de là. Au n°21, la porte s'ouvre sur une verdoyante cour pavée, bordée de petites maisons blanches. Au n°25, notez l'auvent qui abrite un escalier en bois. Arrivé sur la place des Grès, reconnaissable à sa fontaine récente, on admirera la belle perspective offerte par la rue Saint-Blaise et l'église en arrière-plan. De la place, une ruelle pavée mène au square des Grès. On y découvre une jolie vue sur la rangée de maisons de la rue Saint-Blaise. Retour sur la place, où l'on peut déjeuner d'une crêpe chez Martine ou fumer le narguilé au Rotana Café. Prendre ensuite la rue Vitruve sur la droite. Au n°50, les admirateurs de Barbara feront une pause émue devant le modeste immeuble où vécut la chanteuse en noir de 1946 à 1959.

Le Jardin naturel (plan 12, C3)

Ouvert en 1996, ce jardin reconstitue le milieu sauvage de la campagne d'Île-de-France dans toute sa biodiversité. Ici, ni engrais, ni arrosage, ni tonte ! Mention spéciale pour la mare avec ses tritons, grenouilles et libellules que l'on peut observer au ras de l'eau. Sur les treillages fixés aux murs poussent de la vigne et du houblon. En ressortant par la rue de Lesseps, on rejoint

GÉO**QUARTIERS**

la rue de Bagnolet en passant devant de belles maisons en brique, coiffées de tuiles et noyées sous la végétation. La marquise, les frises en faïence et la tourelle donnent à celle du n°4 un air de manoir. *M° Alexandre Dumas 120, rue de la Réunion 75020, juste avant l'escalier qui mène au Père-Lachaise Tél. 01 43 28 47 63 Ouvert lun.-ven. 7h30-17h30 (jusqu'à 22h selon le coucher du soleil) ; sam., dim. et j. fér. à partir de 9h Entrée libre*

★ La Bastille

plans 11, 12, 18, 20, 21, 24

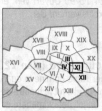

Du sang, de la sueur et de la musique ! Le quartier de la Bastille évoque tour à tour la Révolution française, les artisans ébénistes du faubourg Saint-Antoine et les bals musettes de la rue de Lappe. De son passé agité, il n'a guère conservé que le souvenir. La Bastille offre aujourd'hui le visage d'un quartier très animé, surtout le soir, lorsque la jeunesse parisienne afflue dans ses nombreux restaurants, bars et clubs à la mode. Les bourgeois bohèmes, cabinets d'architectes et sociétés de conseil ont peu à peu remplacé les artisans du faubourg Saint-Antoine. Est-ce si étonnant ? Le 11e arrondissement a su attirer une nouvelle population en conservant ses charmantes cours verdoyantes, ses passages hors du temps et ses ateliers spacieux. Telle est la Bastille moderne, mélange de jeunes et d'anciens, de gouaille populaire et de "branchitude" parisienne.

UN CERTAIN 14 JUILLET 1789... Le quartier doit son nom à la prison de la Bastille, qui fut le théâtre du coup d'envoi de la Révolution française le 14 juillet 1789. Avant d'être assaillie par les futurs sans-culottes, la prison était une forteresse, érigée entre 1370 et 1382 par le prévôt Hugues Aubriot pour défendre la capitale et protéger l'hôtel Saint-Pol, où résidait le roi Charles V. Malgré ses huit tours rondes, ses remparts de 24m de haut et son large fossé circulaire, la forteresse ne tint pas son rôle de verrou militaire. Devenue prison d'État sous Richelieu, la Bastille accueillit le surintendant Nicolas Fouquet, le Masque de fer, Voltaire et le marquis de Sade. Symbole de l'arbitraire royal (une simple lettre de cachet suffisait à embastiller tout opposant au pouvoir), elle fut logiquement la cible des révolutionnaires. Le 14 juillet 1789, 600 émeutiers, issus en grande partie des classes laborieuses du faubourg Saint-Antoine, prennent la Bastille, où croupissent sept prisonniers, dont un fou. Ces derniers sont portés en triomphe par la foule, tandis que la garnison du marquis de Launay est massacrée. La prison est démolie en hâte : à la fin de l'année 1789, il ne reste plus rien de la forteresse qui symbolisait l'arbitraire royal. Certaines de ses pierres serviront à la construction du pont de la Concorde. D'autres finiront, sculptées, en maquettes de la Bastille.

TRADITION ARTISANALE ET INSURRECTIONS OUVRIÈRES L'esprit de révolte qui souffle sur le faubourg Saint-Antoine à la veille de la Révolution est apparu dès le xve siècle. Louis XI décide alors de libérer de la tutelle des corporations les artisans qui travaillent sur le territoire de l'abbaye cistercienne des Femmes de Saint-Antoine-des-Champs. Un privilège qui signe l'essor et la prospérité du quartier. Les artisans peuvent désormais créer en toute liberté et inventent de nouvelles techniques (comme la marqueterie) en utilisant des bois exotiques. Affranchies des tutelles, les classes laborieuses du faubourg sont bientôt réceptives aux idées révolutionnaires. Dès avril 1789, les ouvriers mettent à sac la manufacture Réveillon, prélude à la prise de la Bastille. Au cours du XIXe siècle, de nombreuses émeutes populaires enflamment le quartier. En 1830 et en 1848, des barricades sont érigées ; et, en 1871, le quartier participe ardemment à la Commune.

UN QUARTIER FESTIF La Bastille et ses alentours sont également associés à l'idée de fête dès le XVIIIe siècle. Les drames sanglants joués dans les salles de spectacle du boulevard du Temple valent à ce dernier le surnom de "boulevard du Crime". Au début du XXe siècle, les premiers bals musettes, lancés par les Auvergnats et fréquentés par les "apaches" (voyous), animent la rue de Lappe. L'écho de l'accordéon résonne encore au Balajo, inauguré en 1936 par Mistinguett. Aujourd'hui, les dancings ont fait place aux boîtes de nuit, mais le cœur de la vie nocturne parisienne bat toujours aussi fort rue de Lappe, rue du Faubourg-Saint-Antoine, rue de Charonne et, depuis quelques années, rue Oberkampf. Quant à l'Opéra Bastille, qui a ouvert ses portes en 1989, il s'est d'ores et déjà imposé comme le nouveau temple de la musique lyrique à Paris.

La Bastille, mode d'emploi

orientation

Le quartier s'articule autour de la place de la Bastille, qui draine un important trafic. La rue du Faubourg-Saint-Antoine pique à l'est vers la place de la Nation (12e), tandis que la rue de la Roquette remonte jusqu'au Père-Lachaise (20e). À l'ouest, la rue Saint-Antoine mène au quartier du Marais et, au sud, le boulevard de la Bastille longe le port de l'Arsenal. Les boulevards Beaumarchais et Richard-Lenoir rejoignent la place de la République *via* le quartier Oberkampf.

★ **La Bastille** Entre cafés branchés, vieux passages et lofts, la Bastille a trouvé l'art et la manière de mélanger les genres sans perdre pour autant son esprit. De l'eau, des mâts, des pelouses, des massifs fleuris : bienvenue au port de plaisance de Paris pour une pause fraîcheur dans le quartier de l'Arsenal. La Promenade plantée, ou Coulée verte, relie Bastille à Vincennes et se parcourt à pied ou à vélo (pour partie). Entre le vieux Bastille et le tout nouveau Bercy, un détour s'impose à la gare de Lyon, qui abrite l'un des plus beaux restaurants de la capitale.

Faubourg Saint-Antoine Si les fabricants et les marchands de meubles ont peu à peu déserté le quartier au profit de grandes enseignes de la mode, on peut encore, au détour d'une cour ou d'un passage, voir quelques artisans à l'œuvre. Le soir – particulièrement le week-end –, bars et clubs attirent une clientèle de noctambules.

accès

EN MÉTRO La station Bastille est très centrale (lignes 1, 5 et 8). Sur le quai de la ligne 1, notez la fresque représentant la prise de la Bastille. Principales stations : Nation (lignes 1, 2, 6, 9 et RER A), Gare de Lyon (lignes 1, 14, RER A et D).

EN BUS À la Bastille, lignes 20, 29, 65, 69, 76, 86, 87 et 91. Ligne 96 rue Oberkampf. Lignes 20, 63, 65 à la gare de Lyon. Lignes 56, 57 et 86 de la place de la Nation. Noctilien (0h30-5h30) : 13 lignes à la gare de Lyon. Pour les bus touristiques : le Balabus relie la gare de Lyon à la Grande Arche de la Défense en passant par la place de la Bastille et l'OpenTour propose, au départ de la place de la Bastille (en face de l'Opéra), un circuit Bastille-Bercy.

EN VOITURE Il vaut mieux éviter la voiture, surtout dans la soirée autour de la place de la Bastille et de la rue Oberkampf.

Parkings 24h/24. *Bastille* (plan 20, A2) 53, bd de la Bastille 75011 Tél. 01 43 46 74 14 *République-Oberkampf* (plan 11, D3) Alhambra 50, rue de Malte 75011 Tél. 01 48 05 35 39 *Opéra Bastille* (plan 20, A2) 75011 Tél. 01 43 44 71 74 *Gare de Lyon* (plan 21, A2) 191, rue de Bercy 75012 Tél. 01 44 68 01 23 **Ledru-Rollin** (plan 20, B2) 121, av. Ledru-Rollin 75011 Tél. 01 47 00 50 66

informations touristiques

Point accueil de l'office de tourisme de la gare de Lyon (plan 21, A2). Réservation d'hôtels sur place, billetterie spectacles, expos, excursions, pass RATP. *M° Gare de Lyon* 20, bd Diderot 75012 Ouvert tlj. 8h-18h Fermé dim. et j. fér. **Mairie du 11e ardt (plan 12, A3).** *M° Voltaire* Place Léon-Blum 75011 Tél. 01 53 27 11 11 www.mairie11.paris.fr **Mairie du 12e ardt (plan 21, B3).** *M° Daumesnil, Dugommier* 130, av. Daumesnil 75012 Tél. 01 44 68 12 12 www.mairie12.paris.fr

adresses utiles

Commissariat de police (plan 20, B1). *M° Ledru-Rollin* 10-14, passage Charles-Dallery 75011 Tél. 01 53 36 25 00 **Hôpital Saint-Antoine (plan 21, A2-B2).** *M° Faidherbe-Chaligny* 184, rue du Faubourg-Saint-Antoine 75012 Tél. 01 49 28 20 00

accès Internet

Malte 38 (plan 11, D3). *M° Oberkampf* 38, rue de Malte 75011 Tél. 01 48 87 86 46 www.malte38.com Ouvert lun.-sam. 10h30-20h30 **Cybercafé Le Meilleur des Mondes (plan 21, A2).** *M° Gare de Lyon* 4bis, rue Michel-Chasles 75012 Tél. 01 43 46 01 64 www.meilleurdesmondes.com Ouvert lun.-ven. 9h-23h, sam. 10h-19h

marchés

Marché Bastille (plan 20, A1-A2). *M° Bastille* Terre-plein du bd Richard-Lenoir (de la place de la Bastille au métro Bréguet-Sabin) Jeu. 7h-14h30 et dim. 7h-15h **Marchés d'Aligre (plan 21, A2).** *M° Ledru-Rollin* Produits d'alimentation rue d'Aligre, puces sur la place d'Aligre *Rue et place d'Aligre* Mar.-dim. 7h30-13h30 *Marché couvert Beauvau* Place d'Aligre Mar.-ven. 9h-13h et 16h-19h30, sam. 9h-13h et 15h30-19h30 et dim. 9h-13h30 **Marché parisien de la Création (plan 20, A1-A2).** Il regroupe 260 artistes :

peintres, céramistes, stylistes, photographes, etc. *M° Bastille Terre-plein du bd Richard-Lenoir (de la place de la Bastille au métro Bréguet-Sabin) Sam. 9h30-13h30*

fêtes et manifestations

Bal du 14 Juillet. Chaque année, lors de la fête nationale, grand concert gratuit.
Fête de la Trôle. Fête de quartier tournée vers l'artisanat, les métiers du bois et les arts décoratifs. *Place d'Aligre À la mi-mai*
Journées portes ouvertes dans les ateliers d'artistes de Bastille. Elles ont lieu au début du mois d'octobre. *Rens. Association Le Génie de la Bastille 27, rue de la Forge-Royale 75011 Tél. 01 43 48 15 85 www.legeniedelabastille.net*

☆ Autour de la place de la Bastille

☆ **À ne pas manquer** L'Opéra Bastille, la rue de Lappe **À proximité** Le Marais, l'Institut du Monde Arabe **Sans oublier nos adresses** À l'heure du café ou du thé, installez-vous dans les salons classés du Train bleu, ne manquez pas de faire une pause shopping rue Keller et en soirée, allez guincher au Balajo

La place et ses alentours

Ce vaste carrefour giratoire qui fait le lien entre le Marais et le faubourg Saint-Antoine est aisément repérable à sa haute colonne de 47m. On appréhendera mieux le quartier en flânant à pied au gré des rues et des passages. De pittoresques cours se cachent à l'abri des regards, rue de Charonne et rue de la Roquette. C'est assurément là qu'il faut musarder. Attention : la plupart sont fermées le soir (à partir de 19h) et le week-end.

Colonne de Juillet (plan 20, A2) Érigée en 1833 par Alavoine et surmontée du *Génie de la Liberté* signé Augustin Dumont, elle célèbre la mémoire des morts des Trois Glorieuses. Sur son fût en bronze sont inscrits en lettres d'or les noms des 615 victimes de ces journées révolutionnaires de juillet 1830 qui mirent fin au règne de Charles X, et dont les restes reposent aux côtés des victimes de 1848 dans les soubassements. C'est pourtant à la Révolution de 1789 qu'est le plus souvent rattachée la place de la Bastille. De la forteresse d'origine, assaillie par le peuple le 14 juillet 1789, il ne subsiste plus qu'une rangée de pavés dessinant le contour des tours et courtines, entre le n°5, place de la Bastille, et le n°49, boulevard Henri-IV. Les maigres vestiges de la tour de la Liberté ont été transportés au square Henri-Galli (*M° Sully-Morland*). La place faillit présenter un tout autre visage : Napoléon envisagea en effet d'y installer une fontaine monumentale en forme d'éléphant, de 24m de haut et 16m de long ! *M° Bastille*

☆ **Opéra Bastille (plan 20, A2)** Impossible de manquer la façade gris argenté de l'Opéra Bastille, qui trône à l'angle des rues de Lyon et de Charenton. Avec sa paroi de verre et son imposant escalier coiffé d'un portique en marbre, le bâtiment conçu par Carlos Ott – inclus dans le programme des Grands Travaux du président Mitterrand et inauguré le 13 juillet 1989 – a fait l'objet de nombreuses controverses : conception hasardeuse (des filets de Nylon corsètent une partie de la façade pour empêcher les plaques de tomber sur la chaussée), direction contestée, politique trop ambitieuse (le prix des places reste cher pour un opéra se voulant populaire)... Ces péripéties ne remettent pas en cause les atouts de l'opéra, comme sa majestueuse salle principale (2 700 places) semi-cylindrique à l'acoustique exceptionnelle, ni la qualité de ses productions (cf. GEOAdresses, Sortir à la Bastille). Granit gris et bois de poirier se marient à merveille autour de l'immense scène. Les coulisses bénéficient d'un espace considérable, conçu pour la construction et le stokage des décors sur place. *M° Bastille* 120, rue de Lyon 75011 Tél. 0892 89 90 90 ou 01 40 01 17 89 www.opera-de-paris.fr Visite guidée de 1h15 (11€)

Cour Darmoye (plan 20, A2) Entre les terrasses des cafés Fasltaff et Indiana, cette ancienne ruelle qui rejoint la rue Daval a été entièrement réhabilitée. Inaugurée en 1999, elle constitue aujourd'hui un passage privatif joliment pavé et fleuri occupé par des boutiques-ateliers et des galeries et même un torréfacteur. *M° Bastille* 12, pl. de la Bastille 75011 Ouvert aux piétons dans la journée

Brasserie Bofinger (plan 18, D3) Côté Marais, la brasserie Bofinger déploie ses fastes : coupole en verre, banquettes de moleskine, miroirs et vitraux. Cette brasserie, classée monument historique en 1982, est l'une des plus anciennes de Paris (créée en 1864 et modifiée en 1919) et l'une des toutes premières à servir de la bière à la pompe. On y entrera autant pour le décor que pour l'excellente choucroute maison (cf. GEOAdresses, Manger dans le 4e ardt). *M° Bastille* 5-7, rue de la Bastille 75004

☆ **Rue de Lappe** (plan 20, A2) La rue mythique de la Bastille... Son nom suffit à évoquer la grande époque des bals musettes tenus par des Auvergnats et fréquentés par des gouapes qu'on surnommait les "apaches". En 1930, on dénombra 17 bals populaires dans cette seule rue. Aujourd'hui, le son de l'accordéon ne retentit plus qu'au **Balajo**, un monument du piano à bretelles ! C'est dans cette salle de bal (cf. GEOAdresses, Sortir à La Bastille) ouverte en 1936 qu'Yvette Horner et Jo Privat firent leurs gammes. Aujourd'hui, on y guinche encore au son de l'accordéon-musette le dimanche après-midi. Le soir, le rock'n'roll, le funk, le disco et le R'n'B résonnent sur la piste de danse, comme partout ailleurs dans le quartier. La rue, bien calme le jour, est jalonnée de boutiques de vêtements, de bars et de restaurants branchés aux ambiances variées : latino, américaine, jazzy, parigote, orientale... Elle s'anime vers 18h pour la happy hour. Au n°6, la belle vitrine à l'ancienne de la boutique Chez Teil étale saucissons du Cantal et autres charcuteries et fromages d'Auvergne, ainsi que des galoches (sabots auvergnats). C'est avec le restaurant La Galoche d'Aurillac (au n°41) le seul vestige de la présence des "bougnats" qui colonisèrent la rue dès la fin du XVIIIe siècle. Aux nos24 et 34, deux jolies cours pavées et ombrées d'arbres étonnent par leur air bucolique. Au n°41, poussez la porte. Surprise : ce n'est pas l'entrée d'un immeuble mais celle de l'étroit passage pavé – cour Quellard – qui mène au **passage Thiéré**, où est installée la salle de spectacle du Café de la Danse. De là, on tournera à gauche pour rejoindre la rue de la Roquette, ou à droite pour atteindre la rue de Charonne à hauteur du passage Lhomme. Cette balade sera aussi l'occasion de découvrir ce que l'on appelle l'art urbain et de sortir son appareil photo pour saisir ces œuvres relativement éphémères : les pochoirs et affiches sérigraphiées, aujourd'hui pratiquement disparus, d'artistes reconnus et courtisés par les galeries – notamment Jérôme Mesnager ou

Miss Tic, qui fut très active dans le quartier dans les années 1980-1990 – ceux, plus rares, du Bateleur (disparu en 1996) ou de Némo, et plus récemment les mosaïques de "Space Invaders" qui prolifèrent depuis 1998. Pour les amateurs, ou pour en savoir plus, rendez-vous passage Thiéré chez Lazy Dog (cf. GEOAdresses, Shopping à la Bastille). *M° Bastille*

☆ **Rue de la Roquette (plan 20, A1-A2, B1)** Une rue bien longue puisqu'elle traverse tout l'arrondissement, de la place de la Bastille au cimetière du Père-Lachaise, alternant dans un joyeux désordre immeubles anciens et récents, boutiques de mode, commerces de bouche et bars. La portion la plus intéressante et vivante se situe cependant entre la Bastille et la place Léon-Blum. *M° Bastille*

Cours et passages Au n°2 de la rue de la Roquette, le **passage du Cheval-Blanc** se présente comme une succession de cours pavées – qui portent les noms des cinq premiers mois de l'année – bordées de bâtiments en brique, pour la plupart refaits à neuf, avec verrière et toit en zinc. Ici, les ateliers de doreurs et d'orfèvres côtoient les locaux d'une radio rock et ceux des sociétés de production. Les cours dites de "Février" et de "Mars", avec leurs colombages et leurs passerelles en bois sur deux étages, méritent un coup d'œil. En revenant dans la rue de la Roquette, prenez à droite après le passage Thiéré : la cité de la Roquette recèle une surprenante demeure néogothique, décorée de vitraux. Cette ancienne maison de maître de la fin du XIXᵉ siècle est désormais occupée par un luthier. La cour attenante, hors du temps avec ses pavés moussus, abrite l'atelier d'ébénisterie Xylos, qui perpétue l'activité traditionnelle du quartier sous une forme résolument moderne. On retrouve du reste des créations de cet atelier dans l'église Notre-Dame-de-l'Espérance installée au n°47 de la rue de la Roquette. Juste avant la rue Keller, au n°70, la fontaine Louis-Philippe à la voûte en cul-de-four s'ouvre par une arcade au fronton triangulaire. Au n°71, un vénérable portail du XVIIIᵉ siècle a été conservé au-devant d'un immeuble récent. Au n°76, les amateurs de théâtre et de danse contemporaine se donnent rendez-vous : le Théâtre Bastille propose une programmation résolument avant-gardiste (cf. Sortir à Bastille). Au n° 84, légèrement en retrait, une synagogue construite en 1966 se singularise par sa façade ajourée d'étoiles de David. À l'angle de la rue Basfroi, pause au café-restaurant La Fée verte (108, rue de la Roquette Ouvert tlj. jusqu'à 2h) pour profiter du cadre Art déco, avec boiseries et grands miroirs. Arrivés sur la place Léon-Blum – dont le réaménagement fait actuellement l'objet de projets pour une mise en valeur –, les plus courageux pourront continuer à remonter la rue jusqu'au Père-Lachaise. Ils croiseront d'abord la rue Pache, sur la gauche, qui accueille l'intéressant musée du Fumeur, puis longeront le square Marcel-Rajman, dont le portail d'entrée est tout ce qu'il reste de l'ancienne prison de la Petite Roquette. Édifiée entre 1825 et 1886 pour recevoir les jeunes prévenus puis les femmes, elle fut détruite en 1974. Près de 4 000 résistantes furent emprisonnées ici entre juin 1940 et la libération de Paris, le 25 août 1944. En face, au début de la rue de la Croix-Faubin, cinq dalles en granit, à présent presque recouvertes par le bitume, marquent l'emplacement de la guillotine qui attendait les condamnés à mort de la prison de la Grande Roquette (1813-1899). Plus de 200 condamnés furent guillotinés ici durant la seconde moitié du XIXᵉ siècle.

Église Notre-Dame-de-l'Espérance (plan 20, A1-B1) Son architecture contemporaine sobre et épurée a été conçue par Bruno Legrand. Sa construction sur le site d'une église du début du XXᵉ siècle date de 1997. Sa façade en verre ne manque pas de surprendre : elle est gravée sur 20m de hauteur de citations du Nouveau Testament, dont vous ne pourrez lire qu'une ligne sur deux. Cette écriture de type boustrophédon se déchiffre de l'extérieur, mais il faut pénétrer dans le bâtiment et passer de l'autre côté de la verrière pour découvrir les lignes intermédiaires. Le sanctuaire abrite du mobilier et des œuvres commandées à des artistes contemporains, telle, derrière l'autel éclairé par un puits de lumière, la croix du sculpteur Nicolas Alquin formée d'une poutre de chêne du XVIIIe siècle et d'une traverse pontuée de trois carrés d'or marquant la barre horizontale, ou encore la cuve baptismale et l'ambon réalisés par l'atelier Xylos. *M° Bréguet-Sabin* 47, rue de la Roquette 75011

☺ **Musée du Fumeur (plan 12, A3-B3)** Pas besoin d'être un fumeur de havane pour pousser la porte de ce curieux musée-café-restaurant bio. Dès l'entrée, l'exposition propose une belle collection d'objets : calumet sioux, pipe en écume de mer, tabatières, *bong* asiatique, briquet tibétain... Le minuscule couloir arrive à rassembler un séchoir à tabac, un plantarium, des gravures anciennes et d'intéressantes expos-ventes. La visite s'achève au café-resto autour d'une garbure béarnaise ou d'une soupe ukrainienne 100% maison et 100% bio. Le plafond de la salle a été décoré par un collectif d'artistes de la BD. À la boutique : grand choix de cigares, papier à rouler aromatisé, beaux livres, mais aussi des ouvrages pour arrêter de fumer et des substituts de tabac ! *M° Voltaire* 7, rue Pache 75011 Tél. 01 46 59 05 51 www.museedufumeur.net Ouvert tlj. sauf lun. de 14h à 19h Entrée 4€

Vers la place de la République

Le boulevard Beaumarchais – surnommé "boulevard de la photo" en raison d'une importante concentration de boutiques de matériel photographique neuf et d'occasion et lieu de rendez-vous des *bikers* (boutiques Harley-Davidson et Triumph aux n[os]47 et 59) – rejoint la place de la République *via* les boulevards des Filles-du-Calvaire et du Temple. Autre itinéraire pour rejoindre la République : empruntez la Promenade plantée du boulevard Richard-Lenoir qui recouvre le canal Saint-Martin et bifurquez vers l'ouest par le boulevard Voltaire qui attire, lui, les passionnés de consoles et jeux vidéo.

Cirque d'hiver (plan 18, D1) Pas de chapiteau dans ce cirque mais une étrange architecture en forme de polygone à vingt pans. Construit par l'architecte Jacques Hittorff en 1852, le Cirque d'hiver pouvait accueillir jusqu'à 4 000 spectateurs (contre 1 600 aujourd'hui). Louis Dejean, qui possédait déjà le Cirque d'été, situé dans les jardins des Champs-Élysées, souhaitait un second cirque pour la saison hivernale. L'édifice actuel fut élevé en trois mois. On notera la curieuse frise extérieure qui représente la création du cheval par Jupiter et l'éducation des coursiers par Minerve, ainsi que les statues en fonte de l'entrée : une amazone signée Pradier, et un guerrier antique de Borio et Duret. Tenu par la famille Bouglione depuis 1934, le cirque accueille aujourd'hui des spectacles de cirque, bien sûr, mais aussi des pièces de théâtre, des concerts, etc. Pas de visite, mais si vous vous trouvez là, à l'heure du déjeuner, vous pourrez faire une pause au restaurant Le Clown Bar et profiter de son beau décor en hommage au monde du cirque. *M° Filles du Calvaire* 110, rue Amelot 75011 Tél. 01 47 00 28 81 www.cirquedhiver.com

Autour du port de l'Arsenal

Port de plaisance de l'Arsenal (plan 20, A2) Après une demi-journée de marche dans le quartier, il fait bon s'asseoir sur les pelouses qui bordent le bassin. Le port, qui occupe une partie des anciens fossés de la prison de la Bastille, marque l'entrée sud du canal Saint-Martin, qui passe sous la place de la Bastille et le boulevard Richard-Lenoir avant de ressortir en plein air à hauteur de République – on peut d'ailleurs s'embarquer pour une croisière sur le canal (cf. La Villette, Découvrir le parc de la Villette). La construction du bassin fut entreprise sous Napoléon qui voulait ouvrir de nouvelles voies navigables et alimenter les fontaines et réservoirs de la capitale avec les eaux de l'Ourcq et de la Marne. Le bassin servit de lieu de transit de marchandises avant d'accueillir un port de plaisance en 1893. Aujourd'hui, près de 900 bateaux y mouillent par an, dont 70% d'étrangers. *M° Bastille Bd de la Bastille 75012*

Maison rouge-Fondation Antoine-de-Galbert (plan 24, D1) Face au port de plaisance, cette fondation privée, ouverte en 2004, présente trois fois par an des expositions d'art contemporain : installations, art brut, etc. Le visiteur déambule dans un vaste et bel espace de 1 300 m², réparti en quatre salles. L'architecte chargé de la rénovation et de l'aménagement du lieu, où se marient béton, verre et métal, a gardé l'aspect industriel de cette ancienne fabrique, conservant au centre du bâtiment un petit pavillon d'habitation – repeint en rouge vif – autour duquel avait été construite l'usine. C'est le plasticien Jean-Michel Alberola qui a conçu les espaces d'accueil. *M° Quai de la Rapée, Bastille 10, bd de la Bastille 75012 Tél. 01 40 01 08 81 www.lamaisonrouge.org Ouvert mer.-dim. 11-19h (21h jeu.) Plein tarif 6,50€, tarif réduit 4,50€ Visite conférence sam. et dim. 16h*

Pavillon de l'Arsenal (plan 18, C3 et plan 24, C1) Dans un bâtiment de la fin du XIXe siècle, au porche surmonté d'une élégante verrière, l'exposition permanente "Paris, visite guidée" présente chronologiquement sur 800 m² les évolutions de l'urbanisme parisien de l'enceinte de Philippe Auguste aux réalisations les plus contemporaines. Au sol, une gigantesque carte en relief reproduit les rues et les monuments de la capitale. Au 1er étage, des présentations temporaires privilégient des approches thématiques : le fer à Paris, les toits de Paris, Paris-Haussmann… *M° Sully-Morland 21, bd Morland 75004 Paris Tél. 01 42 76 33 97 www.pavillon-arsenal.com Ouvert mar.-sam. 10h30-18h30, dim. 11h-19h Fermé août et Noël Entrée libre*

Bibliothèque de l'Arsenal (plan 18, C3-D3) Elle regroupe la collection du marquis de Paulmy (1722-1787), riche en manuscrits médiévaux et en estampes, et un fonds spécialisé dans le théâtre et la littérature qui s'est constitué tout au long du XIXe siècle, par dépôt légal, par acquisition d'archives (comme celles des saint-simoniens) et par des dons (fonds Lambert consacré à Huysmans, fonds Georges Perec). Hélas pour le grand public, ses 12 000 manuscrits, ses 100 000 estampes et ses 3 000 cartes et plans ne sont accessibles qu'à ceux pouvant se prévaloir d'un travail de recherche. Ces privilégiés pourront alors tout à loisir compulser les précieux ouvrages à dos de cuir et admirer les chaudes boiseries qui font le charme des bibliothèques historiques… Les autres se contenteront de l'extérieur de l'édifice et se consoleront en pensant qu'il s'agit de la résidence des grands maîtres de l'artillerie, construite en 1594 pour le duc de Sully, puis modifiée et embellie en 1745. **M° Sully-Morland** *1, rue de Sully 75004 Tél. 01 53 01 25 25 www.bnf.fr Fermé lun. et j. fér.*

Caserne des Célestins (plan 18, C3-D3) Située à l'emplacement de l'ancien couvent des Célestins, elle fut conçue entre 1890 et 1905 pour abriter les états-majors de la garde républicaine et du régiment de cavalerie. Elle renferme également la seule fanfare montée à cheval, celle de la cavalerie de la garde républicaine qui, depuis 1802, après s'être illustrée dans les guerres napoléoniennes, perpétue les traditions musicales lors des défilés commémoratifs et des visites des chefs d'État étrangers. **M° Sully-Morland** *12, bd Henri-IV 75004 Fermé au public sauf pendant les portes ouvertes du patrimoine*

Partir en croisère sur le canal Saint-Martin

Canauxrama (plan 20, A2). Promenades en bateau de 2h30 du port de plaisance de l'Arsenal jusqu'au parc de la Villette. On passe d'abord sous la voûte de la Bastille avant de franchir les écluses du canal Saint-Martin. Une façon originale de découvrir Paris au fil de l'eau. Départs à 9h45 et 14h30. **M° Bastille, Port de l'Arsenal** *Tél. 01 42 39 15 00 www.canauxrama.com* **Tarif** *Adulte 15€, étudiant et senior 11€, 6-12 ans 8€, gratuit pour les moins de 6 ans Tarif unique les a.-m. de w-e et fêtes : 15€*

Où louer un vélo ou des rollers ?

Pour pédaler ou rouler au vert, empruntez la piste cyclable de la Promenade plantée, entre le métro Bel Air et le jardin Charles-Péguy (voire jusqu'au bois de Vincennes) ou profitez de l'opération "Paris respire" organisée le dimanche. Pour les amateurs de rollers, la Bastille est le point de départ d'une randonnée dominicale ouverte à tous (cf. Paris à la carte, Paris du promeneur).

Maison Roue libre (plan 24, D1). Location de vélos. Compter 10€ à 14€/j. **M° Bastille** *37, bd Bourdon 75011 Tél. 01 42 71 54 54 Ouvert tlj. 9h-19h et aussi* **Vélo Services M° Ledru-Rollin** *25, rue Crozatier 75011 Tél 01 43 07 39 05 www.veloservices.fr*

Paris à vélo, c'est sympa (plan 18, D1). Balades à thème dans tout Paris, notamment dans le 19e et le 20e ardt avec le circuit "Paris contraste" (env. 3h). Un départ par semaine d'avril à octobre. Compter 34€ pour un forfait vélo et assurance (28€ pour les moins de 26 ans). **M° Saint-Sébastien-Froissart, Richard-Lenoir** *22, rue Alphonse-Baudin 75011 Tél. 01 48 87 60 01 www.parisvelosympa.com*

Paris Vélo. Balades variées dans Paris, notamment sur la Coulée verte et dans l'est de Paris. Compter 23€ les 3h avec vélo et assurance (18€ pour les moins de 26 ans). Attention : 7-8 pers. minimum (sinon tarifs plus élevés). Location simple de vélo à 14€/jour. **M° Censier-Daubenton** *2, rue du Fer-à-Moulin 75005 Tél. 01 43 37 59 22 www.paris-velo-rent-a-bike.fr Lun.-sam. 10h-19h (18h d'oct. à mars), dim. permanence 10h-14h et 17h-19h*

Nomades Roller Shop (plan 24, D1). C'est le QG des maniaques de rollers, pros ou débutants, qui y louent des paires (5€/demi-journée en semaine ; 6€ le week-end, où il est conseillé de venir tôt le matin pour trouver roller à son pied !) ou acheter l'un des 95 modèles sélectionnés pour tous les âges et tous les styles en le testant au préalable sur la piste d'essai. Nomades assure aussi la réparation et la customisation dans son atelier. Véritable plate-forme du roller, le magasin partage ses vastes locaux avec l'un des acteurs majeurs de la discipline : le Roller Club de France qui propose 5 niveaux de cours pour enfants et adultes (15€ /1h30 équipement compris). Autres colocataires : rollernet.com, portail dédié au roller sur la toile et l'association Rollers et Coquillages, maître d'œuvre de la fameuse randonnée gratuite de Paris qui part tous les dimanches de la place de la Bastille et rassemble jusqu'à 12 000 personnes. *Roller Club de France* Tél. 01 44 54 94 41 www.rollerclubdefrance.jepose.com *Rollers et Coquillages* Tél. 01 44 54 94 42 *Préinscription téléphonique obligatoire 48h à l'avance (permanence dim. 13h-14h30) www.rollers-coquillages.org et www.rollernet.com* **M° Bastille** *37, bd Bourdon 75004 Tél. 01 44 54 07 44 www.nomadeshop.com Ouvert mar.-ven. 11h30-19h30, sam. 10h-19h, et dim. 12h-19h*

Au fil de la Promenade plantée

☺ **Promenade plantée-Coulée verte (plan 21, A2)** 4,5km à pied, ça use, ça use ? Pas si l'on emprunte la Promenade plantée, beau trajet verdoyant qui court de la Bastille au périphérique en suivant l'ancienne ligne de chemin de fer qui reliait la Bastille à La Varenne-Saint-Maur de 1859 à 1969. Depuis le début des années 1990, les Parisiens s'y promènent, de viaduc en passerelle, au-dessus du trafic automobile. De la place de la Bastille, descendez la rue de Lyon jusqu'aux escaliers qui mènent au viaduc. Le chemin surélevé file à hauteur d'immeuble, entre toits en zinc et frondaisons, réservant des angles surprenants. En prenant la passerelle qui franchit la rue de Rambouillet, notez sur la droite les atlantes monumentaux qui rythment le sommet de l'hôtel de police conçu par l'architecte Manolo Nunez-Yanowsky en 1990 ; il s'agit de répliques de l'*Esclave mourant* de Michel-Ange. La promenade se faufile ensuite entre deux bâtiments de construction récente avant d'arriver au jardin de Reuilly. Dès les beaux jours, la belle pelouse, qu'enjambe une passerelle en bois, est envahie par la foule. Entre pique-nique, bronzette et Frisbee, on jettera un coup œil à la grotte, aux bassins et aux agréables terrasses plantées. La promenade, revenue au niveau de la rue, emprunte ensuite l'allée Vivaldi, ombragée de tilleuls. Avant d'entrer dans le tunnel, remarquez sur la droite l'ancienne gare de Reuilly. Passé le tunnel, on longe un chemin encaissé, dominé par des talus verdoyants. Une piste cyclable a été aménagée dans cette portion. La Coulée verte se prolonge jusqu'au square Charles-Péguy, aux confins du 12e ardt, mais on peut décider de s'arrêter à la station Bel Air, au-dessus du troisième tunnel. **M° Bastille, Bel-Air** *Ouvert lun.-ven. 8h-21h, sam.-dim. 9h-21h Attention, les cyclistes sont autorisés à partir des entrées allée Vivaldi et rue de Picpus vers le bois de Vincennes*

Viaduc des Arts (plan 21, A2) Témoins de l'ancienne ligne de chemin de fer, les belles voûtes en brique de ce viaduc abritent depuis les années 1990 une cinquantaine d'artisans et créateurs : décorateur, luthier, cadreur, designer, etc. Le long de l'avenue Daumesnil, les grandes baies vitrées permettent d'admirer le travail de certains d'entre eux, qui ouvrent aussi leurs portes lors de visites guidées (sur réservation). *M° et RER Gare de Lyon* Av. Daumesnil 75012 Tél. 01 44 75 80 66 www.viaduc-des-arts.com

Atelier Le Tallec (plan 21, A2). Spécialisé dans la décoration sur porcelaine, cet atelier né dans les années 1930 organise trois fois par an des visites de 1h dans un décor majestueux. L'occasion d'observer les mains minutieuses occupées à peindre les nombreux vases et plats de porcelaine. *M° Gare de Lyon* 93-95, av. Daumesnil 75012 Tél. 01 43 40 61 55 www.atelierletallec.com Ouvert lun.-ven. 9h30-18h Tarif 5€ (sur réservation)

Automates et Poupées (plan 21, A2). Ici, on restaure les poupées de grand-mère, les boîtes à musique du XIXe siècle et les jouets mécaniques à l'ancienne. Une belle plongée dans le monde de l'enfance, version début du siècle passé... *M° Gare de Lyon* 97, av. Daumesnil 75012 Tél. 01 43 42 22 33 www.automatesetpoupees.fr Visites de 45min à partir de 10 pers. Tarif 5€

Atelier du cuivre et de l'argent (plan 21, A2). Pour les amateurs des arts de la table, cet atelier propose des visites guidées (10 pers. minimum) avec vidéo, observation des artisans au travail ainsi que des cours de cuisine. Le débosselage, la réargenture et le repoussage n'auront plus de secrets pour vous ! *M° Gare de Lyon* 111, av. Daumesnil 75012 Tél. 01 43 40 20 20 Tarif 6,50€

☆ **Gare de Lyon (plan 21, A2)** Construite au milieu du XIXe siècle puis rebâtie en 1899 pour l'Exposition universelle de 1900, la gare de Lyon étonne les visiteurs en provenance du sud-est de la France et de l'Italie par la dimension de son immense verrière soutenue par des poutres métalliques. Quelques palmiers plantés au niveau des quais donnent au lieu une touche méridionale. Autre clin d'œil : dans la longue salle des guichets, une fresque peinte représente les grands monuments des villes traversées par la ligne Paris-Lyon-Méditerranée. Il faut absolument se rendre au 1er étage, où sont installés les salons du Train bleu, pour en admirer les magnifiques décors et boiseries (Cf. GEOAdresses, Manger dans le 12e ardt). À l'extérieur, la tour de l'horloge, beffroi de 67m de haut récemment restauré, est la plus grande de Paris avec ses cadrans de 6,5m de diamètre et sa grande aiguille de 3,20m. Elle a été classée monument historique en 1970. *M° Gare de Lyon*

☺ Découvrir le faubourg Saint-Antoine

☆ **À ne pas manquer** Les cours et passages du faubourg, notamment les cours de l'Étoile-d'Or et de l'Industrie **À proximité** Le cimetière du Père-Lachaise, le parc de Bercy **Sans oublier nos adresses** Amateurs de shopping tendance, rendez-vous rue de Charonne

Au fil de la rue du Faubourg-Saint-Antoine

Rue du Faubourg-Saint-Antoine (plan 21, A1-B2) De la place de la Bastille à la place de la Nation, le faubourg regorge de passages labyrinthiques. La rue marque la limite entre le 11e (nos impairs) et le 12e ardt (nos pairs). En partant de la place de la Bastille, on découvre, au n°33, une charmante cour enveloppée de verdure et de silence, comme si les pavés moussus et le lierre étouffaient le brouhaha du faubourg. On y remarquera l'étonnant mélange des époques et des styles architecturaux.

Du côté pair du faubourg Au n°56, la superbe cour du Bel-Air est tout aussi féerique. Ses belles façades couvertes de vigne vierge, ses pavés usés, ses bambous et ses bouleaux en font un havre de paix. Notez le bel escalier en bois sculpté à l'intérieur de l'entrée G. Au centre de la cour, un des pavés est plus large que les autres : la légende prétend que les mousquetaires y jouaient aux dés. Au n°66, le passage du Chantier, tout hérissé de pancartes, regroupe quelques artisans du bois. Certains fabriquent et restaurent encore des meubles et des fauteuils à l'ancienne, mais la plupart des magasins ne sont plus que des espaces-ventes. Le Manoir de Gilles (n°7) fait exception à la règle : on peut encore y voir des artisans passer le rabot (*Ouvert mar.-sam. 10h-18h30 Entrée libre*). **M° Bastille**

☆ **Du côté impair du faubourg** Au n°71, la charmante cour des Shadoks se signale par une belle verrière décorée des célèbres personnages chers à Claude Piéplu et dont le créateur, Jacques Rouxel, avait installé ici son studio de dessins animés (Aaa). Au fond de la cour, dans l'escalier, une charte parodique fait même des habitants des lieux "les ultimes représentants de la civilisation shadok". Les Gibis apprécieront ! Au n°75, un arrêt s'impose à la cour de l'Étoile-d'Or, l'une des plus ravissantes du faubourg. Le tableau est complet : végétation exubérante, vieilles façades, pavés verdis, silence... L'effervescence qui animait les lieux au temps des fabriques artisanales paraît bien loin ! Une superbe glycine, un cadran solaire de 1751 et d'antiques inscriptions effacées par le temps ornent la maison qui garde la seconde cour.

Passage et rue de la Main-d'Or Passé le carrefour Ledru-Rollin, au n°133 de la rue du Faubourg-Saint-Antoine (face au square Trousseau), ce passage étroit et pavé conduit à la rue de Charonne. Son nom viendrait du fil d'or utilisé jadis par les tapissiers du quartier. Rue de la Main-d'Or, jetez un coup d'œil au vieux bistrot À l'ami Pierre (n°5), situé au pied d'un bel immeuble de la fin du XIXe siècle. Ici officiait autrefois l'un des nombreux "rebouteux" qui travaillaient autour de l'hôpital Saint-Antoine. En rejoignant la rue Trousseau, notez au n°22 de cette rue l'admirable façade sculptée de marguerites, de tournesols et de ferronneries en volutes. Plus haut dans la rue du Faubourg-Saint-Antoine, sur la gauche, la rue de la Forge-Royale abrite au n°22 un atelier de création et de restauration de vitraux tenu par Nolwenn de Kergommeaux, qui donne de temps à autre des conférences guidées (*Au passeur de lumière Tél. 01 42 38 08 19 et 06 24 97 17 87*). **M° Bastille, Ledru-Rollin**

Église Sainte-Marguerite (plan 21, B1) Fondée en 1624-1626 et rebâtie aux XVIIIe-XIXe siècles, l'église renferme de beaux vitraux, une chaire aux remarquables bas-reliefs (1704), et l'impressionnante chapelle des Âmes-du-Purgatoire (1759-1760), tout en trompe-l'œil, avec ses colonnes ioniques et sa voûte à caissons. Aujourd'hui disparu, le cimetière attenant reçut en juin 1794 les corps de 300 guillotinés des places de la Bastille et de la Nation. La légende a longtemps prétendu que le corps du dauphin Louis XVII, mort au donjon du Temple, avait été inhumé ici le 10 juin 1795. De récentes fouilles ont réfuté cette thèse. **M° Charonne** *36, rue Saint-Bernard 75011 Ouvert lun.-sam. 8h-12h et 14h-19h30, dim. 8h45-12h30*

Rue de Montreuil (plan 21, B2-C1) Cette rue aux abords plutôt quelconques présente un intérêt particulier et révélateur de ce que fut l'industrialisation du faubourg au XIXe siècle et de ce que cela entraîna en termes d'urbanisation, soit un mo-

GEOQUARTIERS

dèle rationnel de cités ouvrières avec ateliers au rez-de-chaussée et à l'entresol, et logements à l'étage. Au n°37bis, la **cour de l'Industrie** semble tout droit sortie du XIXᵉ siècle, lorsque le faubourg Saint-Antoine vrombissait d'activité, avec ses trois cours se succédant joliment. On peut y voir des bâtiments à colombages, un escalier en bois et une cinquantaine d'ateliers d'artistes ou d'artisans, travaillant parfois les portes grandes ouvertes. En remontant la rue, on croise, sur la droite, la très singulière **rue des Immeubles-Industriels**, aux façades rythmées de colonnettes en fonte de couleur. Cet ancien phalanstère, construit 1872 par Émile Leménil, compta vers 1900 pas moins de 2 000 ouvriers, généralement des fabricants de meubles et des menuisiers. Une puissante machine à vapeur alimentait alors les 230 ateliers de la rue. Suivez ensuite la rue de Montreuil en traversant le boulevard Voltaire pour découvrir, au n°95, un bel exemple de cité ouvrière qui s'ouvre sur un bâtiment en brique de 1892 orné de plaques en faïence où est inscrite la devise "*Fiat lux*", et où sont représentés des torches et des sphinx. Sous le double porche, notez les belles briques de faïence colorées. *M° Nation, Faidherbe-Chaligny*

Au fil de la rue de Charonne

Rue de Charonne (plan 20, B2 et plan 21, A1, B1, C1) Signalée dans la rue du Faubourg-Saint-Antoine par la fontaine Trogneux, la rue de Charonne menait au village de Charonne, absorbé par la capitale en 1860. *M° Ledru-Rollin*
De la fontaine Trogneux au carrefour Ledru-Rollin C'est à cette fontaine sculptée de dauphins et de têtes de lions, réalisée par Jean Beausire en 1719, que les habitants et les artisans sur bois du faubourg venaient s'approvisionner. Il faut remonter la rue et oser pousser les portes pour découvrir de charmantes cours intérieures et des passages verdoyants, comme le **passage Lhomme** au n°46. Au rez-de-chaussée, des ateliers aux façades enfouies sous le lierre et les grappes de glycine sont occupés par des artisans d'art ; au fond, vous pourrez voir, encore intact, un pochoir de Miss Tic. Au n°37, la **cour Delépine** prend la forme d'une longue allée pavée, bordée de bambous, forsythias, lauriers et camélias. Symbole de la Bastille d'aujourd'hui, elle abrite une galerie d'art tribal, un atelier de bronzier et de luxueux lofts.
Vers le métro Charonne À l'angle de la rue de Charonne et de l'avenue Ledru-Rollin, le Bistrot du Peintre arbore un superbe décor Art nouveau, où dominent boiseries patinées, vieux zinc et faïences. Sur la façade, une inscription d'époque trahit le grand âge de l'établissement (1902) : la tasse de café est à 10 centimes... Au n°53, enlaidi par la proximité d'un immeuble moderne, se dresse l'hôtel de Mortagne, édifié en 1660 par Delisle-Mansart. C'est dans cette vaste demeure que l'illustre mécanicien et montreur d'automates Jacques de Vaucanson (1709-1782) rassembla en 1746 ses inventions et machines-outils, collection qui constituera les premiers fonds du Conservatoire national des arts et métiers. À deux pas de là, jetez un coup d'œil aux curieuses mosaïques animalières qui ornent le **passage Rausch**. Au n°59, une lourde porte cache une cour pavée très coquette avec ses cerisiers et ses façades ocre couvertes de vigne vierge. Avis aux *fashion victims* : la verrière au fond abrite l'atelier du styliste Bernard Willhelm. Au n°77, ambiance presque new-yorkaise dans cette cour cernée de bâtiments en brique de cinq étages agrémentés de coursives. Dans la cour, qui accueille souvent des tournages de cinéma, une petite salle de spectacle, le Théâtre de la Fenêtre, a élu domicile. Au n°94, à l'angle de la rue Faidherbe, la façade Art nouveau du **Palais de la Femme** ne manque pas

d'étonner les passants. Construit en 1910, cet hôtel populaire réservé aux hommes célibataires fut racheté en 1926 par l'Armée du Salut, qui le transforma et le destina alors à l'accueil "des jeunes filles et des femmes seules", mission qui perdure et qui en fait actuellement "le plus grand hôtel social féminin d'Europe". Au croisement de la rue avec le boulevard Voltaire, le métro Charonne fut le théâtre d'un drame sanglant le 8 février 1962. Ce jour-là, des dizaines de milliers de personnes défilent dans le secteur Bastille-République pour protester contre les actions terroristes de l'OAS et demander la fin de la guerre en Algérie. Sur ordre du préfet de police d'alors, Maurice Papon, les forces de l'ordre acculent les manifestants dans l'escalier de la station Charonne, fermée par des grilles. Neuf personnes meurent écrasées dans la bousculade, suscitant un grand émoi dans l'opinion publique : des pacifistes sont morts. Les noms des victimes sont inscrits sur un pilier de la station de métro, face aux guichets.

Place d'Aligre

☺ **Marché d'Aligre (plan 21, A2)** Moitié marché, moitié brocante, c'est l'un des lieux les plus typiques et vivants de Paris. Ici, l'Afrique du Nord côtoie le vieux Paris dans une ambiance de village bon enfant. Les marchands de fruits et légumes se succèdent le long de la rue d'Aligre, bordée de pâtisseries et épiceries orientales. Le week-end, les Parisiens aiment y discuter le prix des tomates et faire le plein de victuailles exotiques. Retrouver une vraie vie de quartier, en somme. Sur la place d'Aligre, on farfouillera dans les cartons remplis de vaisselle, de vieux livres et de fripes. Jetez aussi un coup d'œil au marché Beauvau, grande et belle halle dont la charpente en bois abrite bouchers, crémiers, charcutiers, tripiers... *M° Ledru-Rollin Rue et place d'Aligre Mar.-dim. 7h30-13h30*

Nation et le 12ᵉ
plans 21, 24, 26, 27

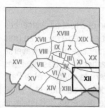

À l'écart des circuits touristiques, le Sud-Est parisien a longtemps été ignoré des visiteurs et des Parisiens eux-mêmes. On le redécouvre depuis quelques années à la faveur de vastes projets d'urbanisme destinés à le revaloriser. Et ça marche ! Le 12ᵉ arrondissement perd peu à peu son étiquette de quartier résidentiel sans vie grâce au succès des chais de la cour Saint-Émilion et du parc de Bercy, qui attirent une population à la fois familiale et branchée. La Promenade plantée, ou "Coulée verte", est une autre bonne raison de s'enfoncer dans ce nouvel Est plus verdoyant et attrayant qu'il n'y paraît et de rejoindre l'un des plus vastes poumons verts de Paris, le bois de Vincennes ; à proximité, le château de Vincennes, étape incontournable des circuits historiques.

BERCY, LE VISAGE DU NOUVEL EST Ancien marché aux vins, dont il a conservé les chais, le quartier de Bercy est souvent associé au quartier Tolbiac-Bibliothèque François-Mitterrand, sur la rive gauche. Les deux entités forment un ensemble qui aiguise l'appétit des promoteurs depuis quelques années. Longtemps en friche, le quartier de Bercy a changé de visage dès le milieu des années 1980 dans le cadre du "rééquilibrage vers l'est" (cf. GEOPanorama, GEOPlus Les grands travaux). La construction du palais omnisports de Paris-Bercy (POPB) et du ministère des Finances a lancé les bases d'une réhabilitation du quartier. Dans les années 1990, un vaste parc est sorti de terre ainsi qu'un ensemble de 1 500 logements, et une partie des anciens entrepôts de vins ont été reconvertis en boutiques, bars et restaurants. Après un long sommeil, Bercy revit donc. La récente ligne 14 de métro automatique le met à quelques minutes du centre de Paris et, depuis juillet 2006, la passerelle piétonne Simone-de-Beauvoir le relie à l'esplanade de la Bibliothèque François-Mitterrand, dans le 13ᵉ arrondissement.

LE BOIS DE VINCENNES Avec celui de Boulogne, ce bois est tout ce qu'il reste de l'immense forêt qui ceinturait Lutèce au Iᵉʳ siècle de notre ère. Terrain de chasse royal dès le XIIᵉ siècle, la forêt gagne ses lettres de noblesse un siècle plus tard, lorsque Saint Louis (Louis IX) décide de rendre la justice sous l'un de ses chênes. Transformée en promenade publique sous Louis XV, elle est amputée d'une partie de sa surface et défrichée à des fins militaires au début du XIXᵉ siècle. Le succès rencontré par le bois de Boulogne décide Haussmann et Napoléon III à créer, en 1857, un parc semblable à l'est de Paris. Jean-Charles Alphand est chargé de sa conception : il reboise, dessine les pelouses et les massifs, bâtit les reliefs et fait creuser trois lacs, complétés ensuite par le lac Daumesnil. Plus tard, on construira l'hippodrome, l'école d'horticulture du Breuil puis, au XXᵉ siècle, le zoo et le Parc floral. Récemment mis à mal par la terrible tempête de l'hiver 1999, le bois a perdu de nombreux arbres séculaires. Heureusement, les collectivités locales se sont mobilisées et travaillent à son reboisement.

Le 12ᵉ, mode d'emploi

orientation

Délimité à l'ouest par le port de l'Arsenal, au sud par la Seine et à l'est par Vincennes et par la place de la Nation au nord, le 12ᵉ arrondissement peut être divisé en trois secteurs : la Nation, Bercy et le bois de Vincennes. La Promenade plantée traverse l'arrondissement d'est en ouest, du boulevard Soult au quartier de la Bastille. Dans le bois trois points de repère permettent de ne pas s'égarer : le château et le Parc floral au nord, le zoo et le lac Daumesnil à l'ouest, l'hippodrome au sud-est.

La Nation À quelques stations de métro de la trépidante place de la Bastille, le quartier de la Nation, comme tracé au cordeau, offre calme et sérénité aux visiteurs.

Bercy Appelé aussi "Nouvel Est", ce quartier s'étirant le long de la Seine s'articule autour d'un magnifique parc contemporain propice à la flânerie, bordé au sud par les anciens chais réaffectés aux loisirs et au shopping.

★ **Château et bois de Vincennes** Synonyme de verdure, de promenade et de canotage, le bois de Vincennes attire chaque fin de semaine une foule de Parisiens en quête d'oxygène. Le château médiéval de Vincennes, au nord, est l'un des mieux conservés d'Europe. Avec autant d'atouts, le bois mérite bien une journée de balade, si possible hors week-end pour éviter la foule.

accès

EN MÉTRO Principales stations : Nation (lignes 1, 2, 6, 9 et RER A), Gare de Lyon (lignes 1, 14, RER A et D) et Bercy (lignes 6, 14). Pour les chais de Bercy Village, descendre à la station Saint-Émilion (ligne 14). La station Château de Vincennes (ligne 1) dessert le nord du bois (château de Vincennes, Parc floral). La station Porte Dorée (ligne 8) dessert l'ouest (aquarium tropical, foire du Trône, lac Daumesnil, zoo). Le RER A2 s'arrête au nord-est du bois, station Fontenay-sous-Bois.
EN BUS Lignes 56, 57 et 86 de la place de la Nation. Lignes 20, 63, 65 et Balabus à la gare de Lyon. Ligne 87 à Bercy. Le 46 relie la porte Dorée au château et au bois de Vincennes. Le 56 part également du château et rejoint Paris par Saint-Mandé. Le PC2 dessert la porte Dorée.

À DEUX-ROUES Pour pédaler au vert, empruntez la piste cyclable aménagée dans la Coulée verte, entre le métro Bel Air et le jardin Charles-Péguy (voire jusqu'au bois de Vincennes). Les amateurs de rollers disposent de rampes dans le parc de Bercy. Une piste cyclable court le long de l'avenue Daumesnil permettant une liaison continue entre Bastille et le bois de Vincennes dans lequel on trouve également des loueurs de vélos.

EN VOITURE La circulation se révèle assez facile. Malgré les efforts pour faire vivre les nouveaux quartiers (Bercy en tête), le 12ᵉ est encore épargné par les bouchons. Le carrefour de la place de la Nation régule convenablement le flux automobile. Attention, en revanche, à la circulation dans le bois de Vincennes : très fluide en semaine, elle se révèle souvent chargée aux beaux jours et le week-end.
Parkings 24h/24. *Picpus-Nation (plan 21, C2)* 96, bd de Picpus Tél. 01 46 28 60 47 *Daumesnil (plan 21, B2)* 196bis, rue de Charenton Tél. 01 53 17 00 44 *Gare de Lyon* 191, rue de Bercy *(plan 21, A3)* Tél. 01 44 68 01 23 et 26-44, rue de Chalon *(plan 21, A2)* Tél. 01 43 07 48 58 *Gare de Bercy (plan 21, A3)* 48bis, bd de Bercy Tél. 01 44 75 83 42 *Bercy (plan 21, A3)* 210, quai de Bercy Tél. 01 43 47 00 01 *Bercy-Terroirs (plan 26, C1)* 28, av. des Terroirs-de-France Tél. 01 43 07 87 87 *Saint-Émilion (plan 26, C1)* 12, place des Vins-de-France Tél. 01 44 68 89 59

informations touristiques

Point accueil de l'office de tourisme de la gare de Lyon (plan 21, A2). Réservation d'hôtels sur place, billetterie spectacles, expos, excursions, pass RATP. *20, bd Diderot Ouvert tlj. sauf dim. et j. fér. 8h-18h Mᵒ Gare de Lyon*
Office de tourisme de Vincennes (plan 27, B1). Il délivre des renseignements sur les loisirs et activités du bois. On peut y retirer un plan des pistes cyclables et des sentiers de randonnée. *11, av. de Nogent 94300 Vincennes Tél. 01 48 08 13 00 Ouvert lun.-ven. 9h-12h30 et 13h30-18h, sam. 10h-16h Fermé lun. en été*
Mairie du 12ᵉ ardt (plan 21, B3). *130, av. Daumesnil 75012 Tél. 01 44 68 12 12 www.mairie12.paris.fr Mᵒ Daumesnil*

adresses utiles

Commissariat de police (plan 21, A2). *78, av. Daumesnil 75012 Tél. 01 44 87 50 12*

GÉOQUARTIERS

Hôpital Saint-Antoine (plan 21, A2-B2). *184, rue du Faubourg-Saint-Antoine 75012 Tél. 01 49 28 20 00*

marchés

Marché du cours de Vincennes (plan 21, C2). *Cours de Vincennes Mer. et sam. 7h-14h30*
Marché de Bercy (plan 26, C1). *Rue Baron-le-Roy Dim. 7h-15h, mer. 15h-20h*

fêtes et manifestations

Paris Jazz Festival. Ce rendez-vous incontournable pour les amateurs de jazz comme pour les curieux se déroule dans le Parc floral. *Week-ends en juin-juil.*
Festival Classique au Vert. Concerts de musique classique. *Week-ends en août et septembre.*
Foire du Trône (plan 27, A2). Temple de l'amusement populaire et bon enfant, la foire du Trône s'installe chaque année sur la pelouse de Reuilly (bois de Vincennes) pendant les mois d'avril et de mai. Manèges infernaux, montagnes russes décoiffantes et stands de tir à l'ancienne s'y côtoient dans une ambiance de liesse. Attention, énormément de monde les fins de semaine et jours fériés. Mieux vaut s'y rendre en transport en commun. *M° Liberté, Porte Dorée RER A (navette gratuite les week-ends et j. fér.) Bus 46 et PC2 Pelouse de Reuilly 75012 Ouvert tlj. 12h-0h (jusqu'à 1h sam. et veille de fêtes) www.foiredutrone.com*

Découvrir la Nation

À voir L'aquarium tropical et la Cité nationale de l'histoire de l'immigration **À proximité** La Bastille

Autour de la place de la Nation

Place de la Nation (plan 21, C2) Immense carrefour giratoire bien connu des automobilistes, cette place est souvent associée aux grandes manifestations sociales et syndicales qui s'en servent comme point de départ (ou d'arrivée) avant de rallier Bastille ou République. Cette belle place ronde bordée de marronniers était à l'origine dénommée place du Trône : le 26 août 1660, elle accueillit en effet le trône royal édifié pour l'entrée dans Paris de Louis XIV et de l'infante Marie-Thérèse d'Espagne. À la Révolution, on la rebaptisa "place du Trône-Renversé" ! La plaisanterie n'eut qu'un temps : sous la Convention, en 1794, une guillotine y décapita plus de 1 300 personnes soupçonnées de sentiments antirévolutionnaires. Leurs corps furent jetés dans les fosses communes du cimetière de Picpus. En 1880, le 14 juillet fut décrété fête nationale et la place rebaptisée place de la Nation. En son centre, une sculpture monumentale en bronze, signée Jules Dalou, représente le triomphe de la République, encadrée par le Travail et la Justice, dont le char est tiré par deux lions. *M° Nation*

Avenue du Trône (plan 21, C2) Les deux hautes colonnes surmontées des statues de Philippe Auguste et de Saint Louis qui marquent l'entrée du cours de Vincennes sont l'œuvre d'Augustin Dumont, auteur également du génie de la Liberté qui domine la place de la Bastille. Chaque colonne est flanquée d'un pavillon d'octroi de forme carrée. Les deux édifices, conçus par Claude Nicolas Ledoux en 1787, font partie du mur des fermiers généraux, enceinte ponctuée de "barrières" destinées à la perception de l'octroi. Cet impôt qui taxait les marchandises à l'entrée de Paris avait pour but d'éviter la contrebande. Impopulaires, les "barrières" furent pour certaines détruites dès la Révolution. **M° Nation**

Cimetière de Picpus et chapelle des Sœurs-de-Picpus (plan 21, C2)

Les passionnés de la Révolution trouveront quelque intérêt à visiter ce paisible cimetière. C'est en effet ici que furent jetés, dans deux fosses communes, les corps des 1 306 victimes de la Terreur, guillotinées sur la place du Trône-Renversé entre le 14 juin et le 27 juillet 1794 – parmi elles, le poète André Chénier et seize carmélites de Compiègne. Leurs noms inscrits dans le transept de la chapelle sont accompagnés par la profession de chacun : prêtre, cantatrice, domestique, peintre sur porcelaine, charron... Le cimetière, situé au fond d'un vaste domaine appartenant aux sœurs de l'Adoration perpétuelle du Sacré-Cœur, a gardé la trace de ces deux fosses communes de sinistre mémoire (derrière les grilles bleues). Juste à côté, impossible de manquer la tombe de La Fayette, reconnaissable au drapeau américain qui flotte au-dessus d'elle. Tout à gauche du cimetière, après la pelouse, on peut voir la porte charretière où passaient les tombereaux de la guillotine avant de précipiter les cadavres dans les deux fosses communes. Le linteau de bois de la porte est d'origine. **M° Picpus** 35, rue de Picpus Tél. 01 43 44 18 54 Ouvert mar.-dim. 14h-18h (14h-16h en hiver) Fermé jours fériés Tarif 2,50€

Autour de la porte Dorée

Palais de la porte Dorée (plan 27, A1) À l'origine destiné à glorifier "l'entreprise civilisatrice" de la colonisation française, le palais construit à l'occasion de l'exposition coloniale internationale de 1931 porte dans ses décorations l'empreinte idéologique de son époque. Sur la façade, l'immense bas-relief d'Alfred Janniot a nécessité trois ans de travail (1928-1931), le sculpteur y a représenté les grands ports maritimes et aériens du temps des colonies. Dans la salle principale une fresque de 600m^2 illustre les apports moraux et politiques de la mère-patrie à son Empire. Dans le vaste hall, les deux salons ovales, l'un dédié à l'Afrique, l'autre à l'Asie, comportent d'élégantes pièces de mobilier des artistes Art déco Ruhlmann et Printz et leurs murs exaltent la contribution intellectuelle et artistique de ces continents à la civilisation européenne. Ce lieu chargé d'histoire, qui a longtemps abrité le musée des Arts africains et océaniens, dont les collections ont rejoint le musée du Quai Branly, accueille désormais la Cité nationale de l'histoire de l'Immigration. Depuis 2005, le bâtiment a fait l'objet de travaux d'importance, destinés à en optimiser la luminosité, la circulation et la convivialité. Ainsi, la façade nord du bâtiment – à l'origine aveugle – propose-t-elle aujourd'hui, le long des galeries rythmant les principaux espaces d'exposition, de vastes baies vitrées ; l'ancienne salle de fêtes est devenue le "Forum", lieu d'échange et de rencontre ; enfin de nombreux aménagements techniques ont été effectués… et le chantier n'est pas terminé : verront le jour en 2008 un auditorium de 200 places et en 2009 une médiathèque.

Cité nationale de l'Histoire de l'Immigration Inauguré en octobre 2007, ce musée national a pour vocation, à travers ses collections qui rassemblent images, objets et œuvres d'art, de mettre en valeur l'histoire et les cultures de l'immigration

GÉOQUARTIERS

en France depuis le xix° siècle, contribuant ainsi à la reconnaissance des populations immigrées dans la société française. L'**exposition permanente "Repères"** retrace 200 ans d'histoire de l'immigration, au rythme de témoignages, documents d'archives, dessins, photographies et installations qu'orchestre une scénographie interactive. Vécus individuels et mémoire collective s'entrecroisent pour en faire revivre les temps forts : au tournant du xx° siècle, dans les années 1930 et durant les Trente glorieuses mais également de nos jours. La visite se termine par un jeu de questions-réponses, remettant en perspective données historiques et culturelles évoquées pendant la visite et problématiques actuelles. La **galerie des Dons** s'attarde sur des trajectoires plus personnelles : y seront sauvegardés souvenirs et objets du quotidien assortis d'un commentaire explicatif des donateurs, contribuant ainsi à la construction d'un patrimoine commun. Enfin, expositions temporaires, partenariats, colloques, conférences et manifestations internationales relaient le propos dans et hors les murs de la Cité.

La visite L'exposition "Repères" est accessible au niveau 3 du musée ; en vous y rendant, n'hésitez pas à faire un crochet par la Mezzanine : la vue plongeante depuis la galerie des Dons sur le Forum est impressionnante ! Au seuil de l'exposition, trois écrans géants immergent le visiteur dans ces lieux d'attente, d'espoir et de brume que sont les paquebots, les quais de gare et les ports maritimes. Au-delà, voix, installations vidéo, photographies et objets d'une familiarité inattendue multiplient regards et points de vue sur autant de pages d'histoire que de destins isolés. L'immense retient en fin de parcours retient l'attention : écoutez la rupture des voix dans *Mother Tongues*, goûtez à l'étrangeté de la langue française dans le jeu des étymologies sur les écrans tactiles. Pointez enfin le stylo du casque vers les panneaux de plexiglas colorés, accoudez-vous au bastingage et rêvez en musique...

Aquarium tropical Au sous-sol du palais, chirurgiens jaunes, poissons néons (phosphorescents), demoiselles bleues, murène verte, balistes bariolés composent un véritable arc-en-ciel de couleurs ! Dans un aquaterrarium sont également présentés des crocodiles et quelques variétés de petits requins. En tout, pas moins de 300 espèces et 5 000 animaux. **M° Porte Dorée** *293, av. Daumesnil 75012* **Cité nationale de l'histoire de l'immigration** *Ouvert mar.-ven. 10h-17h30, sam.-dim. 10h-19h Fermé lun. Tarifs Repères et expos temporaires 5€ / Réduit 3,50€ Repères hors expos 3€ / Réduit 2€ Billet combiné Cité + Aquarium + 2 expos 8,50€ Gratuit premier dim. du mois Tél. 01 53 59 58 60 www.histoire-immigration.fr* **Aquarium** *Tél. 01 44 74 84 80 www.aquarium-portedoree.fr Ouvert tlj. sauf lun. 10h-17h30 (fermeture des caisses 45min avant) Tarifs hors période d'exposition : 4,50€, réduit 3€ (moins de 25 ans) Tarifs en période d'exposition : 5,70€, réduit 4,20€, gratuit pour les moins de 4 ans, billet famille ou jumelé (Aquarium et Cité) 6-7€ (1 adulte avec 1 ou 2 enfants entre 4 et 12 ans) Visites pour adultes individuels sur réservation Cafétéria ouverte à partir du 2° trimestre 2008 Médiathèque, espace chercheurs, Auditorium, Ateliers pédagogiques prévus 2009*

☺ **Parc zoologique de Paris (plan 27, A1-B1, A2-B2)** Lieu d'émerveillement constant pour les Parisiens depuis 1934, le zoo de Vincennes commence à souffrir du poids des années. Des travaux sont actuellement en cours pour réaménager l'espace des animaux, notamment les faux rochers, très vétustes, et renforcer la sécurité des visiteurs. On risque donc de trouver certains enclos vides : les fauves, les éléphants, les ours ont été transportés vers d'autres zoos... Les galeries couvertes, le Nocturama sont actuellement (mais provisoirement) fermés. La visite, dont le tarif a été revu à la baisse, reste cependant fort agréable. Les quelques 13 ha de verdure abritent près de 600 animaux de 70 espèces différentes : girafes, zèbres, hippopotames, okapis, antilopes, flamants roses, etc. Le grand rocher, construit en 1932, est un promontoire artificiel de 65 m, restauré à l'identique en 1996, offrant un panorama incroyable sur le zoo, Paris, le bois de Vincennes et, en saison, les attractions de la foire du Trône ! Ses 352 marches sont relativement faciles à gravir et laissent tout le loisir d'admirer l'impressionnante structure en béton dans le ventre du rocher (qui est également équipé d'un ascenseur). On peut assister au repas des otaries, loutres et manchots dans l'après-midi. **Grand rocher** *Fermé pour raisons techniques pour une durée indéterminée* **M° Porte Dorée** *53, av. de Saint-Maurice 75012* *Tél. 01 44 75 20 10 Ouvert tlj. : hiver 9h-17h/17h30 ; été 9h-18h/18h30*

Découvrir le quartier de Bercy

☆ **À ne pas manquer** Le parc de Bercy **À proximité** La Bibliothèque nationale de France **Sans oublier nos adresses** Programmez une séance à la Cinémathèque, offrez-vous une pause shopping dans les boutiques aménagées dans les chais de la cour Saint-Émilion

Ministère de l'Économie et des Finances (plan 21, A3) Ce long bâtiment horizontal, qui enjambe la rue et le quai de Bercy avant de finir à l'aplomb de la Seine et marque la limite nord du "nouveau quartier de Bercy", est l'œuvre de Paul Chemetov et Borja Huidobro, architectes qui ont également participé, en 1994, à la conception de la Grande Galerie de l'évolution du Muséum d'histoire naturelle. C'est en 1989 que le personnel du ministère des Finances, jadis situé au Louvre, a gagné ce bâtiment conçu "comme une porte et comme un pont". Chemetov et Huidobro ont réussi à donner à cette structure massive de l'élan et de la légèreté : sur une longueur de 357 m, ce grand vaisseau déploie deux arches de 72 m, l'une enjambant le quai de Bercy, l'autre la rue de Bercy, reliées par une série d'arches plus petites. Surpenante par son effet de contraste avec cette architecture contemporaine, l'entrée principale est logée rue de Bercy dans un bâtiment d'octroi du XVIIIe siècle (cf. GEOpanorama, Les enceintes de Paris) **M° Bercy** *139, rue de Bercy 75012*

Palais omnisports de Paris-Bercy-POPB (plan 21, A3) Cette imposante pyramide tronquée aux pans couverts de gazon et coiffée d'une structure métallique bleue fut le premier bâtiment moderne construit dans le quartier (1984). Avec une capacité de 17 000 places, c'est actuellement la plus grande salle de Paris (cf. GEOAdresses, Sortir à Bercy). Le POPB abrite également une patinoire. Juste devant l'entrée de celle-ci, jetez un coup d'œil à *Canyone austrate*, insolite sculpture-fontaine creusée dans le sol. Réalisée par Gerard Singer en 1988, elle évoque un canyon du Grand Ouest américain. **Patinoire** *Ouvert mer. 15h-18h, ven. 21h30-0h30, sam. 15h-18h et 21h30-0h30, dim. 10h-12h et 15h-18h Tarif 4€, réduit 3€* **M° Bercy** *8, bd de Bercy 75012 Tél. 01 40 02 60 60 www.popb.fr*

☺ **Cinémathèque française (plan 21, A3-B3)** Sur la place Leonard-Bernstein se dresse l'étrange façade gris et blanc de la Cinémathèque française, une œuvre postmoderne signée en 1994 par Frank O. Gehry, l'architecte du fameux Guggenheim Museum de Bilbao. Le bâtiment a d'abord abrité l'American Center entre 1994 et 1996 avant d'être racheté par l'État, et c'est finalement la Cinémathèque, créée en 1936 par Henri Langlois et Georges Franju, qui a le privilège d'occuper les lieux depuis 2005. Une exposition permanente, "Passion cinéma", retrace l'histoire des collections qui ont enrichi la Cinémathèque depuis sa création. Parmi les trésors exposés : la tête momifiée de Mme Bates dans *Psychose* (A. Hitchcock), la reconstitution à l'identique du robot de *Metropolis* (F. Lang) ou encore l'une des plus célèbres robes de Louise Brooks. La Cinémathèque, c'est aussi un espace d'expositions temporaires d'excellente facture, des projections de films présentés ou commentés, des cycles thématiques, des rencontres, des débats, des lectures… Le temple des cinéphiles, en somme (cf. GEOAdresses, Sortir à Bercy et à la Bnf). **M° Bercy** 51, rue de Bercy 75012 Tél. 01 71 19 33 33 www. cinemathequefrancaise.com **Expositions** *Ouvert lun.-ven. 12h-19h, sam.-dim. 10h-20h, nocturne jeu. jusqu'à 22h Fermé mar. Tarif 4€ (expo permanente), 9€ (expo temporaire)* **Visite guidée des expositions** *sam. et dim. à 15h (expo permanente et temporaire)* **Visite guidée architecturale** *sur réservation chaque 1ᵉʳ ven. du mois (8€ plein tarif)*

★ **Parc de Bercy (plan 26, B1-C1)** Vaste espace vert rectangulaire de 14ha séparant le POPB des chais de la cour Saint-Émilion, le parc de Bercy offre un magnifique lieu de flânerie et de pique-nique. Créé au cours des années 1993-1997, ce "jardin de la Mémoire", implanté sur le site du marché aux vins, a gardé de ce passé des allées pavées où courent parfois d'anciens rails sur lesquels circulaient les wagons-citernes, 3 anciens bâtiments viticoles tranformés en lieux d'exposition, ainsi que des arbres centenaires. **M° Bercy**, *Cour Saint-Émilion Rue Paul-Belmondo 75012 Ouvert tlj. : mars 8h-19h ; mi-avr.-mi-mai 8h-21h ; mi-mai-août 8h-21h30 ; sept. 8h-20h30 ; oct. 8h-20h ; fin oct.-mi-nov. et fév. 8h-18h ; mi-nov.-déc. et jan. 8h (9h le w.-e.)-17h30* **Visite guidée** *du parc une fois par mois sur rdv (3 à 6€) Tél. 01 40 71 75 60*

La grande prairie Ce jardin ouvert composé de pelouses bien ombragées qui jouxte l'esplanade du POPB est surtout le terrain de jeux des amateurs de parties de foot amicales. Côté Seine, le haut talus gazonné, doté d'un escalier encadrant une fontaine cascade, mène à la passerelle piétonne Simone-de-Beauvoir qui rejoint, sur la Rive gauche, l'esplanade de la Bibliothèque nationale de France.

Les "Parterres"-jardin Yitzhak-Rabin Dans la partie centrale du parc, le promeneur découvre un jardin très structuré, soit neuf "carrés de cultures", parmi lesquels : un potager cultivé par des écoliers, une roseraie, un verger, des treilles ou encore un jardin des senteurs, sans oublier, bien sûr, un bel espace planté de 400 pieds de vigne. Une ruine qui se résume à quelques pierres encore debout rappelle l'époque où Bercy avait son château (XVIIᵉ siècle). Les enfants aiment jouer dans le labyrinthe de haies. Côté Seine, un terre-plein accueille d'amusantes statues ethniques.

La Maison du jardinage Installée au cœur du parc dans un ancien pavillon de perception des taxes, cette maison et sa serre constituent un lieu d'accueil et d'information où sont également dispensés des conseils sur l'art de planter ou de tailler : expositions saisonnières, espace de documentation et cours de jardinage. *Tél. 01 53 46 19 19 Ouvert avr.-sept : mar.-ven. 13h30-17h30 (13h30-18h w.-e. et j. fér.) ; oct.-mars : mar.-dim. 13h30-17h30 ; nov.-fév. : mar.-sam 13h30-17h Fermé lun. tte l'année Entrée libre*

Le Jardin romantique On accède à la partie sud du parc en prenant l'une des trois passerelles qui enjambent la rue Joseph-Kessel. Là, le relief se fait plus accidenté. Le promeneur déambule entre des buttes gazonnées et un bassin frangé de joncs où nichent des colverts. La Maison du lac, au centre du bassin principal, accueille des expositions temporaires.

Bercy Village-cour Saint-Émilion (plan 26, B1-C1) Au sud du parc de Bercy, plusieurs passages mènent à la cour Saint-Émilion, longue allée piétonne bordée d'anciens chais désormais classés et restaurés. C'est là que les vignerons bourguignons entreposaient leur vin dès le XVIIIe siècle. Bercy n'était pas alors rattaché à Paris, ce qui évitait aux commerçants de payer l'octroi de la capitale. Ce quartier, qui abrita le plus grand marché aux vins de France sur une superficie de 35 ha, est devenu aujourd'hui le parc de Bercy. La vocation viticole de Bercy perdura jusqu'en 1979. Dans les jolis chais se sont installés de nombreux restaurants, bars à vins et boutiques. Aux beaux jours et le week-end, l'allée est bondée ! L'imposant complexe cinématographique UGC qui trône à l'extrémité sud-ouest, côté Seine, n'est sans doute pas étranger au succès du site. Pour échapper à la foule et découvrir d'autres chais, allez flâner vers l'avenue des Terroirs-de-France ou la rue des Pirogues-de-Bercy – dont le nom évoque les embarcations du néolithique mises au jour en 1991 et aujourd'hui visibles au musée Carnavalet. *M° Cour Saint-Émilion*

☺ **Musée des Arts forains (plan 26, C1)** Approchez, approchez ! C'est à une plongée dans le merveilleux que nous convie ce musée, *sis* depuis 1996 dans les anciens entrepôts de vins Lheureux de Bercy. Ces immenses chais en meulière abritent une extraordinaire collection d'objets de foire rassemblés depuis plus de vingt ans par le collectionneur Jean-Paul Favand. Les visites guidées font revivre pour petits et grands la magie des fêtes foraines du XIXe siècle et de la Belle Époque. Ici, on fait un tour sur les chevaux de bois d'un somptueux carrousel-salon. Là, on vibre au son d'un orgue de Barbarie. Clou du spectacle : le tour dans le manège en bois à vélocipèdes de 1907, qu'on actionne soit-même en pédalant dans une course folle. Ajoutez un décor baroque de dorures et de velours rouge, et le tableau est complet. Depuis 1999, deux nouvelles salles, ouvertes occasionnellement à la visite, prolongent la magie : le salon Vénitien et le théâtre du Merveilleux. Un rêve éveillé... *M° Cour Saint-Émilion 53, av. des Terroirs-de-France 75012 Tél. 01 43 40 16 15 Visites sur rdv. uniquement (1h30) Adultes 12,50€, enfants 4€*

Découvrir le château et le bois de Vincennes

☆ **À ne pas manquer** Le château, le Parc floral

Autour du château de Vincennes

★ **Château de Vincennes (plan 27, B1)** Résidence royale du XIIe au XVIIIe siècle, le château de Vincennes a gardé dans ses murs les traces d'un passé riche et mouvementé. Près de neuf cents ans d'Histoire sont concentrés dans cet ensemble hétéroclite de bâtiments d'époques différentes. L'enceinte médiévale abrite un donjon du XIVe siècle, une Sainte-Chapelle ornée de vitraux du XVIe, deux pavillons royaux du XVIIe et des casemates du XIXe occupés aujourd'hui par les services historiques des armées. Depuis 1998, les vestiges du tout premier château de Vincennes, édifié sous Philippe Auguste, sont visibles sur la place d'Armes. Pour un panorama complet de l'histoire de l'édifice, nous vous conseillons d'opter pour la visite guidée. Attention : l'accès à la Sainte-Chapelle est réservé aux visites guidées. Après plus de dix années de restauration, le beau donjon a rouvert ses portes au public au printemps 2007. Un parcours intégrant projections murales, évocations sonores et des œuvres symboliques évoque la vie de la cour au Moyen Âge. *Visites guidées Tlj. sauf 1er jan., 1er mai, 1er et 11 nov., 25 déc. Circuits 45min (4,60€) et 1h15 (6,10€), gratuit pour les moins de 18 ans Départs de l'accueil Charles-V (dans l'enceinte)* **M° Château de Vincennes** *Tél. 01 48 08 31 20 www.chateau-vincennes.fr Ouvert tlj. 10h-12h et 13h-17h (18h mai-août)*

Le château D'abord simple pavillon de chasse sous Louis VII (1137-1180), la résidence de Vincennes est transformée et agrandie par Philippe Auguste (1180-1223). Mais c'est au XIIIe siècle qu'elle commence à prendre son essor : Saint Louis (1226-1270) en fait son principal lieu de séjour après le palais de la Cité. Il faut attendre Charles V (1364-1380) pour que le site prenne toute son ampleur. Afin d'asseoir son autorité, contestée par la révolte d'Étienne Marcel et la Jacquerie, le roi décide d'édifier une résidence royale fortifiée qui en impose. Il achève d'abord le donjon, entamé sous Philippe VI, dans lequel il loge. Il entreprend ensuite la construction de l'enceinte, puis de la Sainte-Chapelle en 1379. Sous son règne, Vincennes devient l'une des plus imposantes forteresses médiévales d'Europe. Délaissée dès la fin du XVe siècle au profit des châteaux de la Loire, elle retrouve un peu de son prestige sous François Ier et Henri II, qui achèvent la Sainte-Chapelle. Entre 1654 et 1660, Louis XIV y fait même construire les pavillons du Roi et de la Reine, avant de s'installer à Versailles. Vincennes entame alors son déclin. Le donjon est transformé en prison et, sous la Révolution, le château est sauvé de la destruction par l'installation d'un grand arsenal. Important centre de garnison jusqu'à la Première Guerre mondiale, il abrite les archives historiques des armées. L'idée d'en faire une résidence présidentielle sous Charles de Gaulle resta à l'état de projet.

L'enceinte L'enceinte actuelle fut édifiée dès 1372 par Charles V. Des neuf tours d'origine qui gardaient la forteresse, seule la spectaculaire tour du Village subsiste, avec son pont-levis, sa herse et ses mâchicoulis (face au métro Château de Vincennes). Toutes les autres furent arasées sous Napoléon Bonaparte.

Le donjon Aussi haut que l'Arc de triomphe avec ses 52m, c'est le deuxième donjon d'Europe par sa hauteur ! Près de 1 500 tailleurs de pierre furent réunis par Charles V pour en assurer la construction. Véritable forteresse à l'intérieur de la forteresse, il possède son propre système de défense, avec ses fossés et son enceinte de 50m de côté. La tour servit de résidence royale jusqu'au règne de Charles IX, avant d'être transformée en prison en 1574. Le cardinal de Retz, Nicolas Fouquet, le marquis de Sade, Mirabeau, Raspail ou encore Diderot en furent les "hôtes".

La Sainte-Chapelle Édifiée par Charles V en 1379, après le donjon et l'enceinte, elle fut achevée sous Henri II en 1552. Inspirée de la Sainte-Chapelle de Paris, elle reçut les reliques de la Passion du Christ, et abrite le tombeau du duc d'Enghien, accusé de complot antibonapartiste et fusillé en 1804 dans les fossés du château. Sauvée de la destruction sous la Révolution par La Fayette, la chapelle possède de superbes vitraux du XVIe siècle, représentant l'Apocalypse de saint Jean. Hélas, la terrible tempête de décembre 1999 a soufflé six de ses baies, détruisant une grande partie des vitraux, dont seulement 60% à 70% sont désormais d'origine.

Les pavillons du Roi et de la Reine De part et d'autre de la cour d'honneur, le cardinal Mazarin fit construire dans les années 1650 ces deux pavillons, séparés des vieux bastions médiévaux de Charles V par une galerie. Louis Le Vau, architecte du roi, signa les deux bâtiments, et Le Nôtre dessina à l'extérieur de l'enceinte des jardins qui ne sont malheureusement plus visibles. Louis XIV fera araser la tour du Bois pour en faire un arc de triomphe, comme on peut le constater côté cour.

Où se mettre au vert en famille ?

☺ **Parc floral (plan 27, B1-C1)** Ce superbe parc aménagé en 1969 alterne avec élégance grandes pelouses fleuries, jardins à thème, vallons herbeux, bassins d'eau et pavillons de plantes tropicales, méditerranéennes et médicinales. Ses 35ha abritent une hêtraie, une cédraie, une pinède de pins laricios, mais aussi un superbe jardin de tulipes et un surprenant pavillon de bonsaïs. Au printemps, les couleurs éclatent sur les massifs : tulipes en avril, rhododendrons en mai, iris en mai-juin, puis dahlias en septembre-octobre. Pour ne rien manquer, le "jardin des Quatre Saisons" est fleuri toute l'année, tandis que la "vallée des Fleurs" reconstitue la flore des paysages peints par les impressionnistes. Le pavillon des papillons est ouvert de la mi-mai à la mi-octobre. Les enfants peuvent se défouler à la grande aire de jeux équipée d'attractions gratuites (toboggans, balançoires, cages à écureuils) et payantes (piscine à boules, chevaux à pédales, balançoires, minigolf, etc.). De nombreuses animations sont programmées tout au long de l'année : guignol (gratuit, tous les sam.), spectacles au Théâtre astral (payant) et festival "Pestacles" de juin à septembre (gratuit). À noter également des concerts de jazz gratuits tous les week-ends de juin à juillet lors du Paris Jazz Festival, puis de musique classique les week-ends d'août. Restaurants-buvettes, minigolf, petit train payant, location de rosalies (véhicules à pédales). Attention, attachez vos vélos à l'entrée, ils sont interdits dans l'enceinte du parc. *M° Château de Vincennes RER Vincennes Bus 46 et 112 Esplanade du château de Vincennes 75012 Tél. 01 49 57 15 15 www. parcfloraldeparis.com Ouvert tlj. 9h30-20h (avr.-sept.) ; le reste de l'année jusqu'à 19h (sept. et mars), 18h (oct. et fév.), 17h (nov.-jan.) Entrée libre*

☆ **Le bois de Vincennes**

Créé sous le Second Empire, il s'étend au sud-est de Paris sur près de 1 000ha. Avec près de 130 000 arbres, il est considéré, à juste titre, comme l'un des deux poumons verts de la capitale, avec le bois de Boulogne à l'ouest. Impossible, ici, de s'ennuyer : le bois accueille un parc, un arboretum, un hippodrome, une ferme pédagogique, cinq théâtres et une poignée de lacs que les amoureux parcourent en barque. Le bois est également quadrillé de circuits pédestres et de pistes cyclables balisées.

Lac Daumesnil (plan 27, A2) Coincé entre le zoo et la pelouse de Reuilly, ce lac de 10ha créé en 1860 est un des lieux de rendez-vous préférés des amoureux romantiques... N'hésitez pas à louer une barque et à faire le tour des deux îlots, en jetant au passage un coup d'œil à la grotte artificielle. Les promeneurs peuvent accéder à pied à ces deux îlots, reliés par une passerelle. On peut même déjeuner au vert sur l'île de Reuilly, au célèbre Chalet des Îles. Attention, aux beaux jours, ne vous attendez pas à être seul sur les rives du lac : les pelouses sont bondées et la bronzette de rigueur, comme sur les plages de la Côte d'Azur ! *M° Porte Dorée Location de barques sur la rive nord, face à l'île de Bercy Tél. 06 60 94 45 75 Ouvert tlj. en été : 9h-20h ; en hiver : 9h30-18h Fermé 11 nov.-fév. Tarif env. 10,50€ la barque 1-2 pers., 11,50€ la barque 3-4 pers. (10€ de caution)*

Lac des Minimes (plan 27, C1) L'ancien couvent des Minimes, fondé en 1155 dans la forêt royale de Louis VII, a donné son nom à ce vaste lac de 8ha ponctué de trois îlots. La végétation est ici plus sauvage et luxuriante qu'au lac Daumesnil. On peut faire le tour du lac en barque ou en canoë. Location de vélos et buvettes. Location de barques près de l'île de la Porte-Jaune : compter 9€/h pour 1-2 pers., 11€ pour 3-4 pers. (10€ de caution). *M° Château de Vincennes RER A Fontenay-sous-Bois Location de barques Ouvert mer., sam., dim., j. fér. et vac. scol. 13h30-19h (20h30 en été) Fermé fin nov.-fin fév. (selon la météo)*

Lac de Gravelle (plan 27, C2) Ce charmant petit lac est moins fréquenté, et pour cause : on n'y loue pas de barques. On y trouve en revanche de beaux bosquets d'arbres et quelques pêcheurs de truites à la mouche. On peut même apercevoir les courses de l'hippodrome de Vincennes, juste à côté. *M° Charenton-Écoles*

Institut international bouddhique (plan 27, A2) Impossible de manquer l'immense pagode qui se dresse sur la rive sud du lac Daumesnil. Elle a été édifiée, avec les deux pavillons voisins, pour représenter le Cameroun et le Togo à l'Exposition coloniale de 1931. L'édifice, coiffé d'un toit cônique, abrite depuis 1977 une pagode dédiée à l'exercice du culte, et renferme la plus grande statue de Bouddha dorée à la feuille d'Europe (9m). Notez également le temple tibétain, plus petit mais très coloré, inauguré en 1985. Pas de visite ; profitez des fêtes traditionnelles pour approcher le *Bouddha* (de mars à octobre, et notamment la fête annuelle du "Bouddhisme à Paris" mi-juin, consulter le calendrier sur le site Internet). *M° Porte Dorée 40, route de la Ceinture-du-Lac-Daumesnil 75012 Tél. 01 43 42 01 69 www.kagyu-dzong.com*

Où s'initier à la tonte des moutons ?

Ferme pédagogique de Paris ou ferme Georges-Ville (plan 27, B2).

C'est ici que les petits Parisiens découvrent avec émerveillement les joies de la ferme : la traite des vaches (à 16h), la tonte des moutons, les moissons, etc. Cette ferme, qui s'étend sur 5ha, abrite une étable, un enclos à ânes, des clapiers à lapins, une porcherie, un verger, un potager et des parcelles de cultures de céréales. *Route du Pesage 75012 Tél. 01 43 28 47 63 Ouvert juil.-août et vacances de printemps : mar.-dim. 13h30-18h ; avr.-juin et sept. : week-end et j. fér. 13h30-18h30 ; mars et oct. : week-end 13h30-17h30 ; nov.-fév. : week-end 13h30-17h Entrée libre*

Où découvrir l'"arbre au caramel" ?

Arboretum de l'école du Breuil (plan 27, C2) Ce bel arboretum de 12ha

réunit une collection de 1 158 arbres, indigènes ou exotiques, appartenant à plus de 45 familles différentes. Bien que la tempête de décembre 1999 ait décimé une partie du parc, il reste beaucoup d'arbres vénérables à admirer le long des allées ou au milieu des larges pelouses. La plupart sont étiquetés et un plan très bien conçu permet de connaître leurs caractéristiques. Un endroit calme et bien moins fréquenté que le Parc floral, à découvrir, qu'on soit passionné de botanique ou pas. Si vous venez en automne, ne manquez pas, près de l'étang, l'"arbre au caramel" : ramassez et froissez une de ses feuilles en forme de cœur et humez alors sa délicieuse odeur… *M° Château de Vincennes puis bus 112* Route de la Ferme 75012 Tél. 01 53 66 14 00 Ouvert toute l'année : lun.-ven. 8h-18h ; sam., dim. et j. fér. : 10h-18h (mars et oct.), 10h-19h (avr.-sept.), 10h-17h (nov.-fév.) Entrée libre Visites guidées sur rdv. d'avr. à oct.

Où assister aux courses hippiques ?

Hippodrome de Vincennes (plan 27, C2). Créé en 1863, l'hippodrome de Vincennes (42ha) s'est très vite spécialisé dans la course d'obstacles puis dans celle de trot en 1879, date de sa reconstruction après la guerre franco-allemande de 1870. Aujourd'hui, grâce aux nouveaux aménagements réalisés en 1983, il est devenu l'un des lieux de réunions hippiques les plus modernes : 2 pistes, écran géant, tribunes extérieures et intérieures. Preuve en est la renommée des prix qu'il organise, à l'exemple du plus fameux, le prix d'Amérique, qui a lieu le dernier dimanche de janvier. Ses salons, ses deux restaurants chic – Le Prestige et Le Sulky – avec vue panoramique, sa brasserie Le Paddock, ses animations pour enfants (5-12 ans) en font un lieu convivial, même pour ceux qui ne se sentent pas l'âme d'un turfiste. À noter les Nocturnes, qui offrent la possibilité de visiter les coulisses et des écuries. *M° Château de Vincennes puis bus 112* RER A2 Joinville (des navettes font le trajet du RER à l'hippodrome) Autoroute A4 sortie Joinville (parking à prox. de l'hippodrome) 2, route de la Ferme 75012 Tél. 01 49 77 17 17 et 0821 224 224 Tarif selon les courses 3€ à 5€, réduit (18-25 et plus de 60 ans) 1,50€ à 2,50€, gratuit pour les moins de 18 ans Nocturnes de mars à déc., mar. et ven. 19h-23h

Où randonner, se promener à vélo ?

Outre ses 35km de sentiers, le bois offre aux marcheurs deux itinéraires de randonnée (un PR© signalé par un trait jaune et un GR® balisé en rouge et blanc, et décrits dans les topoguides de la FFRP), et 15km de pistes cyclables traversent le bois.

Roue libre (plan 27, B1). Un cyclobus du réseau parisien Roue libre s'installe de mars à octobre sur l'esplanade Saint-Louis devant le Parc floral. *M° Château de Vincennes* Tél. 08 10 44 15 34 www.rouelibre.fr Ouvert avr.-oct. : dim. et j. fér. 10h-18h Tarif 10€ la journée en semaine, 15€ en w.-e. avec caution (pièce d'identité ou chèque)

Location de vélos des lacs (plan 27, C1). *Lac Daumesnil* Tél. 06 81 34 47 19 Ouvert mer. 12h-19h, sam.-dim. 10h-19h, vac. scol. tlj. 12h-19h Tarif env. 12€ la demi-journée avec caution (pièce d'identité ou chèque 150€) *Lac des Minimes* Tél. 01 30 59 68 38 Ouvert mer., sam. 13h30-19h30/20h, dim. et j. fér. 9h30/10h-19h, vac. scol. 13h-20h Tarif env. 10€ la journée avec caution (pièce d'identité)

Le 13ᵉ

plans 24, 25, 26

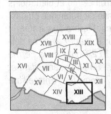

Juchée au sommet d'une petite colline d'où descendent plusieurs artères, la place d'Italie est moins un centre qu'un point de jonction, une zone de friction entre des mondes contrastés. Mais ce statut frontalier et instable en fait un lieu stratégique pour qui se promène dans cet arrondissement. Jugez-en : vous attendent au sud l'exotisme de Chinatown, à l'ouest les ruelles bucoliques et ouvrières de la Butte-aux-Cailles, au nord le calme bourgeois des Gobelins, à l'est le futurisme un peu abstrait du quartier de la Bibliothèque nationale de France. Et chacun de ces mondes possède son représentant sur la place, où les voitures tournent comme sur un manège en longeant successivement les hautes tours peuplées d'Asiatiques, l'immeuble Grand Écran de l'architecte Japonais Kenzo Tange (1991) et la petite mairie républicaine, bonhomme et haussmannienne, derrière laquelle se détache la silhouette du Panthéon.

Le 13ᵉ, mode d'emploi

orientation

La place d'Italie trône au centre de trois quartiers : Chinatown au sud, la Butte-aux-Cailles à l'ouest et les Gobelins au nord, auxquels on accède respectivement par l'avenue de Choisy, le boulevard Auguste-Blanqui et l'avenue des Gobelins. L'immense espace (26ha) actuellement occupé par les rails de la gare d'Austerlitz et par la halle de la Sernam sera recouvert de manière à restaurer une continuité entre les quais de Seine et l'ouest de l'arrondissement. Ce nouveau quartier de la BnF s'inscrira alors à l'intérieur d'un triangle limité par le boulevard Masséna au sud, la gare d'Austerlitz au nord, la Seine à l'est, et la rue du Chevaleret à l'ouest.

Les Gobelins Centré sur l'ancienne Manufacture royale, ce quartier cossu et paisible a tout oublié de son passé industrieux lorsque les tanneurs polluaient les eaux de la Bièvre, aujourd'hui disparue.

☆ **La Butte-aux-Cailles** Un ancien faubourg ouvrier, pittoresque et populaire, célèbre pour ses bars et ses restaurants où flotte encore le souvenir de la Commune.

Chinatown Une ville chinoise, dans un urbanisme très années 1970.

Quartier de la BnF Un Paris futuriste, qui se construit peu à peu, autour de la Bibliothèque nationale de France (BnF).

accès

EN MÉTRO Les lignes 7, 5 et 6 se rejoignent place d'Italie. La 14 qui, venant du centre, dessert la Bibliothèque François-Mitterrand s'arrête depuis peu à la station Olympiades et sera prolongée, à terme, vers Maison Blanche.

EN BUS Les lignes 47, 27, 57, 67 et 83 se croisent place d'Italie. Le bus 89 rejoint la Bibliothèque François-Mitterrand *via* la gare d'Austerlitz ; le 62 remonte la

GEO**QUARTIERS**

rue de Tolbiac de la Bibliothèque François-Mitterrand à Glacière, desservant au passage Chinatown.

EN TRAMWAY La ligne de tramway T3 relie le pont de Garigliano à la porte d'Ivry. Les stations porte d'Ivry, porte de Choisy, porte d'Italie, Poterne des Peupliers et Stade Charléty desservent d'est en ouest le sud du 13e ardt.

EN VOITURE Trois avenues et trois boulevards convergent vers la place d'Italie : les avenues des Gobelins, de Choisy et d'Italie, les boulevards Auguste-Blanqui, de l'Hôpital et Vincent-Auriol. L'avenue de France, qui prolonge l'avenue Pierre-Mendès-France, reliera à terme la gare d'Austerlitz au boulevard Masséna. Elle devrait absorber une partie du flux automobile de la voie sur berge.
Parking 24h/24 Italie 2 (plan 25, D2) 30, av. d'Italie 75013 Tél. 01 45 89 21 30 **Tolbiac-Bibliothèque** (plan 26, D1) Entre la rue Neuve-Tolbiac et la rue Émile-Durkheim 75013 Tél. 01 44 06 60 50

informations touristiques

Mairie du 13e ardt (plan 25, D1). M° Place d'Italie 1, pl. d'Italie 75013 Tél. 01 44 08 13 13 www.mairie13.paris.fr
Centre d'information Paris Rive gauche (plan 26, B1). Une exposition permanente présente sur maquette et en dessins l'évolution des projets. **M° Bibliothèque** 180, av. de France (angle rue Abel-Gance) 75013 Tél. 01 45 82 27 45 www.parisrivegauche.com Ouvert mar.-sam. 13h-18h, dim. 10h-18h

fêtes et manifestations

Nouvel An chinois. Il fait l'objet d'une grande célébration dans les rues de Chinatown, qui se remplissent alors de dragons colorés, de jongleurs, de danseurs en costumes traditionnels rouge et or (couleurs protectrices, que l'on retrouve sur les robes des mariées), de percussionnistes, de pétards et de banderoles célébrant les quatre coins de l'Asie. À ne manquer sous aucun prétexte si vous avez l'occasion d'y assister. *Entre fin janv. et début fév. Attention : selon les années, peut aussi se dérouler à Belleville ou dans le Chinatown du 3e ardt*

Découvrir les Gobelins

☆ **À ne pas manquer** La manufacture des Gobelins **À proximité** Le Jardin des Plantes

La Bièvre coulait jadis au pied de la Butte-aux-Cailles, remontant vers le nord par l'actuel quartier des Gobelins (cf. GEOPanorama, Géographie). Les teinturiers qui en polluaient le cours pouvaient écouler leur production à la manufacture des Gobelins, où étaient fabriqués les tapisseries et les tapis les plus réputés du royaume. L'enfouissement de la rivière permit l'assainissement de la zone, qui s'urbanisa et se développa autour de la manufacture. C'est aujourd'hui un quartier paisible et bourgeois, où l'on apprécie l'alternance de petites rues pavées et de larges boulevards arborés, à mi-chemin entre le Quartier latin et la place d'Italie, Port-Royal et le Jardin des Plantes.

Des Gobelins à la rue Croulebarbe

De la manufacture des Gobelins, empruntez les rues des Gobelins et Gustave-Geoffroy. Vous longerez ainsi les superbes vestiges de l'**hôtel de la Reine Blanche**, un ensemble construit entre 1500 et 1535 par les descendants du teinturier Jean Gobelin et agrandi au xviiᵉ siècle. Là s'était élevé l'hôtel de Blanche de Bourgogne, où, dit-on, Charles VI faillit périr lors du bal des Ardents. Jetez un coup d'œil à la tour d'angle et à son escalier à vis, puis tournez à gauche et rejoignez la rue Croulebarbe (du nom d'une famille propriétaire d'un des anciens moulins de la Bièvre) par la rue Berbier-du-Mets, dont le tracé épouse l'ancien cours de la Bièvre et longe l'arrière de la manufacture des Gobelins (le chevet de sa chapelle apparaît en saillie, percé de deux hautes fenêtres). Terminez votre promenade en rejoignant le boulevard Auguste-Blanqui par la rue Edmond-Gondinet. Un peu plus bas à droite se dresse la façade toute blanche du nouvel immeuble du journal *Le Monde*, couverte d'un texte de Victor Hugo illustré par le dessinateur Plantu. En traversant le boulevard, vous pourrez rejoindre le quartier de la Butte-aux-Cailles.

☆ **Manufacture nationale des Gobelins (plan 25, D1)** Le teinturier Jean Gobelin installa ici son atelier vers 1440 pour profiter de la Bièvre voisine. En 1601, Henri IV, désireux de créer un atelier royal de tapisserie, fit venir à Paris deux tapissiers flamands renommés, Marc de Coomans et François de La Planche. En 1662, Colbert y transféra les divers ateliers jusque-là dispersés dans Paris (ateliers de la Chaise, de la Trinité et du Louvre) pour fonder la Manufacture royale des tapisseries de la Couronne. La Manufacture royale des meubles la rejoignit bientôt, ainsi que la fabrique de tapis de la Savonnerie. Cette dernière avait été créée en 1604 par un certain Pierre Dupont pour mettre fin à l'hégémonie des Arabes (les seuls tapis tissés en Occident l'étaient alors en Espagne). Les divers ateliers fusionnés furent placés sous l'autorité du peintre Charles Le Brun en 1667. Au cours des années suivantes, les meilleurs tapissiers, orfèvres et ébénistes du royaume y produisirent des chefs-d'œuvre de style Louis XIV puis Régence. En partie brûlée sous la Commune, en 1871, puis placée sous l'autorité du Mobilier national en 1937, la manufacture continue de produire des tapisseries d'une qualité exceptionnelle en recourant à d'antiques savoir-faire et à certains métiers à tisser du xixᵉ siècle. Elle se divise en plusieurs ateliers : dans celui des Gobelins on utilise la technique de haute lice (le lissier travaille, assis derrière un métier vertical, sur l'envers de la tapisserie en surveillant l'endroit au moyen d'un miroir), dans celui de Beauvais, on préfère celle de basse lice (on tisse sur un métier horizontal, en suivant un modèle placé sous la chaîne du métier), enfin, à la Savonnerie, on exécute le point noué, à raison de 8 à 20 points par centimètre carré, réalisant ainsi des velours extrêmement serrés. Les bâtiments, à la sobriété industrieuse, datent pour la plupart du xviiᵉ siècle, mais la chapelle, ornée de tapisseries d'époque Louis XIV, est légèrement plus tardive (1723). Le bâtiment, qui longe l'avenue des Gobelins, date lui de 1914. L'allée centrale est l'endroit le plus ornementé, car c'est là que l'on exposait les pièces produites. Après trente ans de fermeture et treize ans de travaux, la magnifique Galerie nationale a enfin rouvert ses portes depuis 2007. Elle accueille désormais, sur deux étages, des expositions temporaires permettant de mettre en valeur les métiers de l'art et la collaboration entre savoir-faire d'exception et création contemporaine. Le public peut également y admirer de célèbres tapisseries ainsi que le patrimoine unique conservé par le Mobilier national. **Mᵒ Les Gobelins Visite des manufactures** 1, rue Berbier-du-Mets 75013 Tél. 01 44

*08 52 00 Ouvert mar.-jeu. de 14h à 16h30 Billets jumelés avec la Galerie : 10€,
réduit 7,50€* **Visite de la Galerie nationale :** *42, av. des Gobelins 75013 Tél. 01 44
08 53 49 Ouvert mar.-dim. 12h30-18h30 Tarif: 6€, réduit 4€*

Mobilier national (plan 25, D1) Implanté au croisement des rues Croulebarbe
et Berbier-du-Mets, l'ex-Garde-Meuble royal, institution créée par Charles V et réor-
ganisée par Colbert en 1663, se consacre à la gestion, à l'entretien et à la restauration du mobilier national (env. 200 000 objets), dispersé dans plus de 600 lieux
de dépôt : ministères, ambassades, palais et châteaux de la République (Rambouillet,
Matignon, Élysée). Le bâtiment actuel fut érigé en 1934 par Auguste et Gustave
Perret dans les anciens jardins des Gobelins. En 1964, André Malraux y lança l'idée
d'un atelier de recherche et de création, qui a réalisé des projets conçus par des
designers tels que Jean-Michel Wilmotte, Philippe Starck ou Richard Peduzzi. *M° Les
Gobelins 1, rue Berbier-du-Mets 75013 Tél. 01 44 08 52 00 Ne se visite pas*

Square René-Le-Gall (plan 25, D1) Là où, jadis, se situait l'île aux Singes entre
deux bras de la Bièvre, l'architecte-paysagiste-décorateur Jean-Charles Moreux a
aménagé, en 1938, un jardin typique des années 1930 : quatre gloriettes, un obélisque et des haies bien propres. Une allée de peupliers, au milieu du square, indique le tracé du lit de la Bièvre, ensevelie en 1910 après avoir été transformée en
égout à ciel ouvert par les teinturiers des Gobelins. C'est ici que l'héroïne de *La
Femme de trente ans*, de Balzac, voit son enfant disparaître dans les eaux troubles
et tumultueuses de la rivière. *M° Les Gobelins, Corvisart 43, rue Corvisart, autre
entrée rue Croulebarbe 75013 Ouvert 8-9h jusqu'au coucher du soleil*

Tour Albert (plan 25, D1) Face au Mobilier national s'élève à 65m la première
tour d'habitation érigée dans Paris, en 1960. Sa façade en inox et ses poteaux
d'acier creux sont caractéristiques de l'architecture tubulaire métallique d'Édouard
Albert. Au 6e étage, une ouverture était destinée à accueillir une passerelle qui
aurait dû la relier à la rue Abel-Hovelacque, située juste derrière. *M° Corvisart
33, rue Croulebarbe 75013*

Au sud de la gare d'Austerlitz

Aux confins nord de l'arrondissement, à proximité du Jardin des Plantes et de la superbe halle de la gare d'Austerlitz (1840), se déploie le plus vaste hôpital d'Europe,
né de la fusion en 1964 des établissements de la Pitié et de la Salpêtrière.

Hôpital de la Salpêtrière (plan 26, A1) Créé en 1656, par un édit de
Louis XIV, il tire son nom de la fabrique de poudre qui occupait précédemment les
lieux. Initialement destiné à "accueillir" les miséreuses de la capitale, il s'ouvrit un peu
plus tard aux prostituées puis aux aliénées. En 1791, le docteur Pinel parvint à faire
libérer les malheureuses de leurs chaînes. Dans l'allée des Étoffes, trois maisons
basses ont conservé les bancs où elles étaient autorisées à se reposer, ainsi que
les anneaux qui servaient à les attacher. En 1885, Sigmund Freud y effectue un
stage auprès du neurologue Martin Jean Charcot, spécialiste de l'hystérie, et assiste aux célèbres séances d'hypnose et de suggestion. Dans la cour centrale, ne
manquez pas la **chapelle Saint-Louis-de-la-Salpêtrière,** l'un des chefs-d'œuvre
de l'architecte Libéral Bruant, à qui l'on doit également l'hôtel des Invalides. Il conçut

GEOQUARTIERS

un édifice en forme de croix grecque, centré sur un chœur octogonal, autour duquel s'organisent quatre nefs et quatre chapelles. Cette disposition originale présentait l'avantage de séparer les différentes catégories de population selon leur richesse, leur état de santé ou même le sexe auquel elles appartenaient. Des expositions et des concerts d'orgue y sont régulièrement organisés. *M° Saint-Marcel 47, bd de l'Hôpital 75013 Tél. 01 42 16 04 24 Ouvert tlj. 8h30-18h30*

☆ Découvrir la Butte-aux-Cailles

☆ **À ne pas manquer** Les cités-jardins **Sans oublier nos adresses** Achetez du miel de Paris aux Abeilles, allez faire la fête au Merle moqueur

Ce quartier pittoresque aux ruelles étroites a conservé quelque chose du vieux Paris populaire d'avant-guerre. Rien de spectaculaire, mais de l'ambiance et quelques cités-jardins ouvrières pleines de caractère qui datent des premières décennies du xxᵉ siècle. Son nom provient de Pierre Caille, qui planta des pieds de vigne sur les flancs de cette butte de 63m d'altitude au milieu du xvɪᵉ siècle, à une époque où les moulins à vent se succédaient le long de l'actuelle rue de la Butte-aux-Cailles. La colline sera annexée à Paris en 1860. La puanteur de la Bièvre qui coulait à proximité, avec son cortège de tanneurs et de teinturiers alimentant la manufacture des Gobelins voisine, en freina longtemps l'urbanisation. L'enfouissement de la rivière, en 1910, en permit le développement. Le sol, fragilisé par les carrières toutes proches, n'a pas permis l'édification de bâtiments élevés, ce qui contribue à son charme.

Promenades sur la butte

Quittez le bruit et la circulation de la place d'Italie et du boulevard Auguste-Blanqui et engagez-vous à gauche dans la **rue du Moulin-des-Prés**, au charme champêtre avec ses petites maisons et ses ateliers nantis de courettes et de petits escaliers. Prenez les rues Gérard puis Jonas, à droite, pour rejoindre la **rue des Cinq-Diamants**, bordée de cafés, de restaurants, et même d'un théâtre, au n°5, le bien nommé Théâtre des Cinq-Diamants. Le square Brassaï a été aménagé un peu plus bas, dans la rue Jonas. Sa verdure offre un contraste saisissant avec la longue façade en béton de la barre d'habitation qui sépare le quartier du boulevard Auguste-Blanqui.

Villas ouvrières (plan 25, D2) Sur le versant nord, l'impression de village campagnard devient plus nette en remontant la rue des Cinq-Diamants jusqu'au verdoyant passage Barrault, suivi de la rue Alphand et du petit passage Sigaud, dont les pavés irréguliers mènent à la rue Barrault située en contrebas. Du virage du passage Sigaud, vous verrez les toits des maisons de la **Petite Russie**. Cet ensemble de pavillons de brique, agrémenté de deux vastes terrasses (l'une au nord, l'autre au sud) où les habitants mélangent leurs barbecues, fut bâti en 1920 sur le toit d'un garage par le propriétaire d'une compagnie de taxis afin d'y loger ses chauffeurs, des Russes blancs fuyant la révolution bolchevique. Prenez la rue Barrault à gauche, puis descendez la rue Daviel jusqu'au n°10, où s'ouvre la **Petite Alsace**, composée de pavillons à colombages de 1913 encadrant une cour-jardin. Juste en face, l'agréable

villa Daviel, dont les maisonnettes en brique et l'étage en entresol (avec jardinet datant de la même époque) évoquent les échoppes bordelaises. *M° Corvisart*

Rue de la Butte-aux-Cailles (plan 25, D2) Remontez vers le sommet de la butte par la rue Michal, que les amateurs d'architecture religieuse parcourront jusqu'au bout pour jeter un coup d'œil à l'église néoromane Sainte-Anne-de-la-Butte-aux-Cailles (1894-1912), enchâssée dans les maisons. Les autres remonteront directement la sympathique rue de la Butte-aux-Cailles : les moulins qui, jadis, épousaient la ligne de crête ont cédé la place à une succession de cafés et de restaurants aux noms évocateurs de la Commune (Le Merle moqueur, Le Temps des cerises...). *M° Corvisart*

Place Paul-Verlaine (plan 25, D2) C'est ici que l'audacieux Pilâtre de Rozier et son fidèle compagnon le marquis d'Arlandes posèrent en 1783 leur engin après avoir effectué le premier vol en montgolfière (on comprend mieux l'exploit quand on sait que l'air de leur ballon était chauffé par un feu de paille !). Une petite stèle leur rend hommage. La fontaine qui, au centre de la place, étend ses bras de pieuvre en Inox fournit une excellente eau de source, puisée à quelque 620m de profondeur. Le préfet Haussmann lui-même lança les travaux le 19 juin 1863, mais les troubles de la Commune en repoussèrent la réalisation à 1904. *M° Corvisart*

☆ **Cités-jardins (plan 25, D2)** Remontez la rue du Moulin-des-Prés jusqu'au délicieux square des Peupliers (au n°70), un étroit triangle bordé de coquettes maisons en brique de deux ou trois étages, dont les jardinets exhalent au printemps d'envoûtantes odeurs de lilas et de chèvrefeuille. La nuit, la lumière de ses antiques lampadaires vous plonge dans l'univers des films de Prévert et Carné. Poursuivez votre déambulation jusqu'aux belles maisons en meulière qui longent la rue Henri-Pape, qui conduit au petit hôpital de la Croix-Rouge (1908) sur la place de l'Abbé-Georges-Hénocque, et aux maisons aux toits d'ardoises de la rue Dieulafoy. Cet ensemble plein de caractère fut construit par l'architecte Jean Walter à l'époque bénie (1910-1920) où les urbanistes s'étaient épris du concept de cité-jardin, mariage utopique de la campagne et de la ville qui devait apporter le bonheur aux ouvriers. Vous pouvez prolonger votre promenade vers un autre exemple de cité-jardin, la **cité Florale** (plan 25, C2), à deux pas de la place de Rungis et des immeubles de la rue Brillat-Savarin, où les noms des ruelles parlent d'eux-mêmes : rue des Liserons, rue des Volubilis, rue des Glycines... *M° Tolbiac*

Où se rafraîchir dans une piscine classée ?

Piscine de la Butte-aux-Cailles (plan 25, D2). Ouverte au public en 1924, cette célèbre piscine, alimentée par un puits artésien, arbore une façade Art nouveau en brique rouge qui contraste avec un intérieur très moderniste : la voûte, en ciment armé, est soutenue par sept arches en béton. Fidèle aux conceptions hygiénistes en vogue à l'époque, elle fut pourvue dès l'origine de bains-douches qui permettaient d'associer hygiène et natation. Un bassin extérieur doté d'un solarium fait la joie des habitués en été. C'est l'une des deux piscines classées de Paris (avec celle des Amiraux, d'Henri Sauvage, dans le 18e ardt). *M° Place d'Italie 5, place Paul-Verlaine 75013 Tél. 01 45 89 60 05 Ouvert tlj. sauf lundi Tarif 2,60€*

GÉOQUARTIERS

Découvrir Chinatown

À voir Les temples bouddhistes **Sans oublier nos adresses** Approvisionnez-vous en spécialités asiatiques chez Tang

Paris compte plusieurs quartiers "chinois", notamment autour des Arts et Métiers et à Belleville. Mais un seul est appelé Chinatown : le plus vaste d'entre eux, qui s'étend à proximité de la place d'Italie, dans le triangle formé par les avenues de Choisy et d'Ivry et le boulevard Masséna au sud. Un habitant sur deux y est originaire d'Asie du Sud-Est, ce qui représente environ 35 000 personnes réparties en une dizaine de nationalités différentes, composant un microcosme à l'intense activité commerciale. Mais ne vous attendez pas à vous promener au milieu des pagodes et des temples en bois : ici domine l'urbanisme des années 1960-1970, épris de tours, de "dalles" et de centres commerciaux. Ses promoteurs naïfs étaient convaincus que leur création allait attirer les jeunes cadres dynamiques issus des Trente Glorieuses et du baby-boom. Dédaignés par cette population, ces nouveaux logements se remplirent au cours des années 1970 d'une population arrivant des régions pauvres de la Chine. Suivront, à partir de 1975, les membres des minorités chinoises chassés et des Asiatiques fuyant les pays affectés par les soubresauts de la décolonisation de l'ex-Indochine française : régime sanguinaire des Khmers rouges au Cambodge, guerre du Vietnam, dictature militaire au Laos et guerre sino-vietnamienne de 1979. Par un effet boule de neige, la communauté ne cessa ensuite de croître. Notons que le quartier est particulièrement animé le dimanche : temples, restaurants et supermarchés accueillent alors les Asiatiques du reste de Paris et de la banlieue (notamment de Seine-et-Marne, de Seine-Saint-Denis et du Val-d'Oise).

Promenades dans Chinatown

De la place d'Italie, empruntez l'avenue de Choisy : nous ne sommes pas encore dans le "triangle de Choisy", mais les enseignes asiatiques commencent déjà à apparaître. Sur la gauche, le parc de Choisy, aménagé au milieu des années 1930, est bordé par le bâtiment en briques rouges de l'Institut dentaire : il fut créé par un mécène américain, George Eastman, inventeur de la pellicule photo et créateur de la compagnie Eastman-Kodak en 1880. La tour composée d'un empilement de cubes marron que l'on voit derrière le parc est l'université de Tolbiac. Chinatown *stricto sensu* commence quelques mètres plus loin, au croisement avec la rue de Tolbiac.

Temple bouddhiste de l'Arfoi (plan 26, A2) Engagez-vous dans la peu accueillante rue du Disque, une artère souterraine à laquelle on accède par l'avenue d'Ivry, au pied de la tour Helsinki. La pagode, qui dépend de l'Arfoi (Association des résidents en France d'origine indochinoise), accueille les habitants du quartier, qui vont y bavarder, boire le thé, jouer aux échecs chinois et, bien sûr, prier. La religion pratiquée incorpore des éléments de bouddhisme, de confucianisme et de taoïsme sur lesquels se greffent toutes sortes de rituels et de superstitions populaires. À droite en entrant, la déesse de la Miséricorde côtoie l'autel dédié au génie de la Justice. La déesse de la Fertilité et de la Terre se tient face à eux. On peut aussi y voir des adeptes de la divination chinoise qui consultent des oracles au moyen de baguettes jetées au sol : la position qu'elles adopteront sera alors interprétée… Le jour du Nouvel An chinois, la foule se presse pour déposer ses offrandes dans un tintamarre de cymbales et de tambours. **M° Tolbiac, Olympiades** *37, rue du Disque (par le 70, av. d'Ivry) 75013 Tél. 01 45 86 80 99 Ouvert tlj. 9h-18h*

Temple bouddhiste Teochew (plan 26, A2) Le lieu est géré par la puissante amicale des Teochew, une association créée en 1985 pour défendre les intérêts de cette ethnie majoritaire à Chinatown. Initialement originaire d'une région située à l'est de Canton, elle essaima ensuite dans toute l'Asie du Sud-Est. C'est ainsi que les célèbres frères Tang sont des Teochew du Laos, alors que leurs concurrents de Paris Store sont des Teochew du Cambodge. Dans le temple, au sol couvert de tapis (se déchausser), et dans les volutes d'encens veillent trois bouddhas devant lesquels les fidèles déposent leurs offandes (fleurs, fruits, gâteaux, alcool, viande...). **M° Olympiades** *44, av. d'Ivry 75013 Derrière la tour Anvers, sur l'esplanade des Olympiades Tél. 01 45 82 06 01 Ouvert 9h-12h, 14h-18h Visites de 10h à 13h et de 14h à 16h*

Esplanade des Olympiades (plan 26, A2) Des tours de 30 étages vous entourent : un paysage saisissant digne du film *Brazil*. Érigées sous la houlette de l'architecte Michel Holley, elles portent toutes des noms de villes ayant accueilli les jeux Olympiques (d'hiver et d'été) : Athènes, Rome, Mexico, Grenoble, Londres... Au pied de la tour Oslo, une galerie commerciale très dépaysante dédiée aux magasins et restaurants asiatiques ravira les amateurs de produits exotiques. **M° Olympiades** *44, av. d'Ivry 75013 Accès par l'Escalator au pied de la tour Helsinki puis par une galerie couverte*

Autour de la porte d'Ivry

À quoi ressemblait le quartier avant l'érection des tours ? Vous le saurez en continuant l'avenue d'Ivry jusqu'à l'ancienne ligne de la petite ceinture. Juste après le pont qui enjambe les voies ferrées se dresse un bâtiment aux vastes volumes, en meulière et brique rouge, portant l'inscription "Usine Panhard". En 1905, l'usine employait 1 500 ouvriers logés, pour la plupart, dans le voisinage.

Passages National et Bourgoin (plan 26, A2) Il subsiste quelques maisons des ouvriers de chez Panhard. Pour les découvrir, prenez la rue Regnault, qui longe la voie ferrée, puis la première à gauche (rue Nationale), et engagez-vous dans le passage National, sur la droite, bordé de maisonnettes en brique à un ou deux étages. L'étroit passage Bourgoin, qui lui est parallèle, est peut-être plus charmant encore, avec ses gros pavés et sa verdure qui s'échappe des anciens jardins ouvriers. On se croirait dans un film de Jacques Tati, où une minuscule enclave champêtre survit comme par miracle au milieu des tours et du béton ! **M° et Tram Porte d'Ivry**

Maison Planeix (plan 26, A3) En 1927, Le Corbusier réalise cette villa sur un terrain ingrat coincé entre une voie ferrée et un boulevard à forte circulation. La façade s'organise autour d'un cube en saillie sur lequel repose le balcon de l'atelier principal. La fille de la propriétaire, elle-même architecte, habite et fait visiter les lieux. **M° et Tram Porte d'Ivry** *24bis, bd Masséna 75013 Tél. 08 79 28 02 41 (après 20h) Visite sur rdv le week-end*

GÉOQUARTIERS

Refuge de l'Armée du salut (plan 26, B2) Annonçant la Cité radieuse de Marseille (1945-1952), cet immeuble d'habitation collectif construit par Le Corbusier en 1930-1933 pour servir de quartier général à l'Armée du salut héberge toujours les personnes nécessiteuses. Afin de respecter l'intimité des pensionnaires, la visite se limite au seul hall d'accueil. *Mᵒ Bibliothèque, Porte d'Ivry* 12, rue Cantagrel 75013 Tél. 01 53 61 82 00 Ouvert 9h-12h et 14h-16h

Découvrir le quartier de la BnF

☆ **À ne pas manquer** La Bibliothèque nationale de France (BnF) **À proximité** Le parc de Bercy **Sans oublier nos adresses** Programmez une soirée sur l'eau au Batofou ou à la Guinguette Pirate

Comment naît un nouveau quartier ? Lorsqu'en 1991 les élus de Paris et du 13ᵉ ardt décident d'aménager cette partie de l'arrondissement, ils fixent un triple objectif au projet **"Paris Rive gauche"** : redonner vie à cet ancien faubourg industriel couvert de friches et de voies ferrées, restaurer une continuité entre le 13ᵉ ardt et la Seine, et corriger le déséquilibre croissant entre l'ouest et l'est de la capitale en matière d'équipements publics, de qualité du logement et de dynamisme économique. Planifié sur plus de vingt ans, "Paris Rive gauche" est le plus grand projet urbain depuis les aménagements du baron Haussmann au XIXᵉ siècle. Le risque d'une naissance si soudaine est naturellement d'accoucher d'un quartier privé d'âme et d'histoire. Mais un effort considérable a été consenti pour valoriser le patrimoine architectural existant (Grands Moulins de Paris, halle aux farines, usine SUDAC...) et promouvoir une architecture douce. Au final, dans un périmètre urbain qui s'étend de la gare d'Austerlitz au boulevard Masséna, logements, universités, bureaux attireront près de 15 000 habitants, 30 000 étudiants et professeurs et près de 60 000 salariés. Dans le futur, le Tribunal de Grande Instance, trop à l'étroit sur l'île de la Cité, viendra s'établir dans le quartier mais son lieu reste encore en débat.

La BnF : un projet controversé

En juillet 1989, un jury international présidé par Ieoh Ming Pei soumit quatre projets au président Mitterrand, qui choisit celui de Dominique Perrault. Le concept originel, qui justifiait la forme du bâtiment, prévoyait que les quatre tours représentent quatre livres ouverts soient transparentes afin que les passants pussent voir les tours se remplir petit à petit de livres. Mais c'était oublier que la lumière du soleil est incompatible avec la préservation de tout ouvrage imprimé... Perrault a donc dû renoncer à la transparence, et ajouter à ses tours une deuxième épaisseur de verre (séparée de la première par un vide de 7cm), des volets en bois d'okoumé double face, et un puissant système de climatisation – terriblement consommateur d'énergie. Autre problème : les livres stockés dans les tours doivent parcourir des kilomètres avant d'atteindre leurs lecteurs installés autour du jardin... Un système de robot extrêmement sophistiqué a bien été conçu pour acheminer les ouvrages en un temps supposé très rapide, mais sa complexité a donné naissance à d'innombrables pannes lors de l'ouverture de la BnF au public, en 1997. Troisième critique : les tours seraient vulnérables en cas de collision avec un avion (criminelle ou accidentelle), sans parler des risques de surchauffe encourus en cas de panne d'électricité généralisée... Quoi qu'il en soit, tout fonctionne parfaitement aujourd'hui et la BnF a trouvé son public, avec environ un million d'utilisateurs annuels (env. 3 000 par jour) venant consulter plus de 11 millions d'ouvrages (en accroissement de 120 000 par an) et 170 000 visiteurs attirés par les expositions temporaires.

★ **Bibliothèque nationale de France-François-Mitterrand (plan 26, B1)** Dominique Perrault conçoit entre 1991 et 1995 un bâtiment organisé autour d'un socle évidé et de quatre tours d'angle, hautes de 79m (tours des Lois, des Nombres, du Temps, des Lettres), qui abritent chacune 7 étages de bureaux et 11 étages de magasins. L'ensemble, vu de loin, surprend. L'impression s'affine quand on atteint l'esplanade par les grandes volées de marches en bois qui s'élèvent face à la Seine. On découvre alors un environnement chaleureux, concentré autour du jardin de 1ha situé en contrebas. Durant les travaux, 250 arbres de 20 à 30m de haut y furent convoyés par hélicoptère. Cet espace, accessible uniquement aux jardiniers et aux oiseaux, est entouré par deux étages de salles de lecture : la bibliothèque d'étude du "haut-de-jardin", qui accueille les collections en libre accès, et la bibliothèque de recherche, au "rez-de-jardin", réservée aux chercheurs. Les magasins de livres (395km de linéaires) sont logés en partie dans le socle, à proximité immédiate des salles de lecture, et en partie dans les étages supérieurs des tours. Le hall ouest expose les globes de Coronelli, deux immenses sphères baroques (4m de diamètre, 12m de circonférence, plus de 1 tonne chacune) conçues entre 1681 et 1683 pour Louis XIV, qui représentent l'une le ciel, l'autre la Terre. *M° Bibliothèque, Quai de la gare Quai François-Mauriac 75013 Tél. 01 53 79 59 59 www.bnf.fr* **Visites guidées** *Informations au bureau des visites et des réservations Tél. 01 53 79 49 49 ou visites@bnf.fr Durée 1h30 mar.-sam. à 14h et dim. à 15h Inscription obligatoire et réservation aux banques d'accueil du hall Est Tél. 01 53 79 40 43 Label Tourisme et Handicap*

Passerelle Simone-de-Beauvoir (plan 26, B1) Le 37e pont de Paris relie l'esplanade de la BnF au parc de Bercy depuis 2006. Signée par l'architecte autrichien Dietmar Feichtinger, la structure métallique gracile et ondulée s'étire sur 270m entre les deux rives. *M° Bibliothèque, Quai de la gare*

Où s'adonner à la création contemporaine ?

Les Frigos (plan 26, B1) Ces anciens entrepôts frigorifiques de 20 000m³ se cachent entre la BnF et les Grands Moulins de Paris. Construits en 1921 par la compagnie ferroviaire du Paris-Orléans pour conserver les denrées périssables qui étaient acheminées par rail *via* la gare d'Austerlitz voisine, ils se composent de deux corps de bâtiment disposés en L, et d'un château d'eau circulaire au coin. Les entrepôts sont percés de petites fenêtres carrées, alors que l'ancien bâtiment administratif dispose, lui, de fenêtres plus vastes et d'un toit pentu couvert d'ardoises qui lui confère une certaine élégance. L'ensemble fonctionna jusqu'à la fin des années 1960, où la disparition des Halles de Paris le rendit inutile. Laissés à l'abandon, les locaux furent loués par la SNCF à une quinzaine d'artistes, en partie en 1980, puis en totalité dès 1985. Aujourd'hui, 80 espaces répartis sur six niveaux servent de lieu de travail (ateliers de peintres et de plasticiens, studios d'enregistrement, salles de théâtre...) à environ 250 artistes, qui s'acquittent d'un loyer modéré. On est surpris par le silence monacal qui règne à l'intérieur, alors que l'on s'attend à une ruche bourdonnante : les murs sont extrêmement épais (70cm de béton, brique et liège assurent l'isolation) et les artistes travaillent derrière les lourdes portes des anciens locaux frigorifiques. Tout est couvert de graffitis. Après une longue série de procès entre la SNCF, qui voulait récupérer les lieux, et les associations d'artistes, la mairie a décidé en 2003 de racheter le bâtiment pour y pérenniser l'activité artistique. Des journées portes ouvertes sont organisées à intervalles réguliers. *M° Bibliothèque 19, rue des Frigos 75013 www.les-frigos.com*

Les Voûtes (plan 26, B1) Sous la rue de Tolbiac, en lisière des Frigos, quatre voûtes hébergent cette association, qui organise des expositions, des spectacles, des performances et des soirées thématiques. *M° Bibliothèque 19, rue des Frigos 75013 www.lesvoutes.org lesvoutes@lesvoutes.org*

Rue Louise-Weiss (plan 26, A1) Percée en 1993, entre le bd Vincent-Auriol et la rue du Chevaleret, cette rue devint dès 1997 (avec les rues du Chevaleret et Duchefdelaville voisines) le siège d'une dizaine de galeries d'art contemporain renommées. La foule du petit monde de l'art s'y presse lors des vernissages collectifs organisés tous les 2 mois. *M° Bibliothèque, Chevaleret Tél. 01 48 51 33 21ou 06 01 94 53 57 (association Louise 13) www.louise13.fr louise13@freesurf.fr*

Où nager… presque dans la Seine ?

Piscine flottante Joséphine-Baker (plan 26, B1) S'inspirant de la maxime "un esprit sain dans un corps sain", c'est sous la BnF que la piscine flottante a été amarrée afin que chacun puisse cultiver son corps à proximité de ce vertigineux temple du savoir. Dès les beaux jours, les Parisiens se prélassent dans les transats installés sur la terrasse entre deux longueurs et quelques exercices dans la salle de fitness. La barge de 90m de long dispose d'un bassin de 25m et d'une pataugeoire pour les enfants qui sont alimentés en eau puisée dans la Seine, filtrée et purifiée… La piscine peut accueillir jusqu'à 500 nageurs qui sont protégés en hiver par un toit coulissant. Également hammam, jacuzzi et sauna et un espace "forme" prévu pour début 2008. *M° Bibliothèque Quai de la gare, quai François-Mauriac 75013 Tél. 01 56 61 96 50 Ouverte tlj. Nocturnes mar. et ven. jusqu'à 0h Tarif 2,60€, réduit 1,50€ Fermée actuellement Renseignements sur www.paris.fr*

Le pôle universitaire et de compétitivité

Le projet "Paris Rive gauche" a prévu la restauration d'un certain nombre de bâtiments industriels à l'architecture remarquable pour accueillir le futur pôle universitaire. Outre l'université elle-même et l'école d'architecture, il hébergera l'Inalco (Institut national des langues et civilisations orientales, dit Langues O'), dans un bâtiment neuf rue des Grands-Moulins. Le futur quartier latin de l'Est parisien a été confié à l'architecte Christian de Portzamparc. Les étudiants de Paris VII–Denis-Diderot et de l'école d'architecture s'y installent progressivement depuis 2007, suivis en 2010 par ceux de l'Inalco.

Usine SUDAC (plan 26, C2) Ce bâtiment inscrit à l'Inventaire supplémentaire des monuments historiques, long de 70m, en brique et acier, doté de hautes verrières, fut érigé en 1891 par la Société urbaine de distribution d'air comprimé à l'angle de la rue Jean-Antoine-de-Baïf et du quai Panhard-et-Levassor. Sa restauration confiée à l'architecte Frédéric Borel est actuellement en cours d'achèvement. L'usine réhabilitée, reliée par une série de passerelles à une nouvelle construction, accueille depuis avril 2007 les 1 500 étudiants de l'école d'architecture Paris-Val-de-Seine. Pendant près d'un siècle, elle alimenta en air comprimé les ascenseurs, le service des "pneumatiques" (envoi de messages exprès par un système de "tubes" reliant toutes les postes de Paris) et les horloges de la capitale (synchronisées avec celle de la SUDAC grâce à des impulsions d'air *via* un immense réseau de canalisations qui courait dans les égouts sur plus de 1 000km. Six chaudières à charbon produisaient 30 tonnes de vapeur par heure dans un bruit terrifiant ("Les compresseurs de la SUDAC palpitaient dans la nuit comme un cœur angoissé", note Léo Malet dans *Brouillard au pont de Tolbiac*). Quand la technique de l'air comprimé devint obsolète, l'usine connut diverses reconversions (couplé à une dynamo, l'air comprimé servit un temps à fabriquer de l'électricité, puis de la glace), avant d'être fermée en 1994. Restaurée pour loger l'école d'architecture Paris-Val-de-Seine et ses 1 500 étudiants, elle a rouvert en 2007. *M° Bibliothèque 3-15, Quai Panhard-et-Levassor 75013 Tél. 01 44 50 56 00 www.paris-valdeseine.archi.fr*

Grands Moulins de Paris (plan 26, B1) Ces majestueux bâtiments se dressent à quelques mètres de l'usine SUDAC. Entre leur construction entreprise par Georges Wybo (l'architecte des Grands Magasins du Printemps), entre 1917 et 1921, et leur fermeture, en 1996, ils transformèrent en farine quelque 1 700 tonnes de blé par jour, convoyées par péniches de la Beauce et de la Brie. Reconfigurés par l'architecte Rudy Ricciotti, les 30 000m² des **moulins** accueillent désormais la bibliothèque centrale de 1 800 places, les services administratifs et les services de formation continue de la nouvelle université Paris VII–Denis-Diderot. Les 17 000m² de la **halle aux farines** voisine, un long bâtiment à la toiture en voûte datant de 1950, abritent quant à eux les amphithéâtres, les salles de travaux dirigés, le centre informatique et le restaurant universitaire après leur réhabilitation par l'architecte Nicolas Michelin, qui n'en a conservé que les façades et le toit. À terme, environ 20 000 étudiants et 4 000 enseignants y sont attendus. À proximité de l'université Paris-VII–Denis-Diderot, les locaux du **biopark** (plan 26, B2-C2) ont accueilli fin 2006 les premières entreprises de biotechnologies qui renforcent la dimension économique et scientifique de ce quartier en pleine mutation. *M° Bibliothèque Quai Panhard-et-Levassor*

Un pôle culturel et de loisirs

Les magasins généraux, unique bâtiment parisien ayant les pieds dans l'eau à proximité de la gare d'Austerlitz, sont en cours de réhabilitation. Situé en bord de Seine, ce lieu attractif accueillera en 2008 une Cité de la mode et du design. Le cahier des charges prévoit que tous les équipements proposés devront avoir une vocation culturelle et de loisirs et devront tenir compte des activités liées au fleuve.

Cité de la mode et du design
Les nouveaux docks dessinés par les architectes Jakob et MacFarlane allieront verre et métal et préserveront la structure initiale en béton construite au début du XXᵉ siècle entre les ponts de Bercy et Charles-de-Gaulle. Un toit végétalisé et une vaste piazza lui assureront à coup sûr un grand succès. L'idée de la Mairie de Paris est de créer une cité de la mode et de l'ameublement, comme à Milan. Un programme ambitieux ! *M° Gare d'Austerlitz Ouverture prévue courant 2008*

GÉO**QUARTIERS**

GEOQUARTIERS

Montparnasse et le 14ᵉ

plans 22, 23, 24, 25

Entre la Première et la Seconde Guerre mondiale, le quartier de Montparnasse fut le théâtre d'une véritable explosion artistique. Le carrefour de la rue Vavin et du boulevard Montparnasse se mua en nombril du monde, et tout ce que la planète portait d'intelligence et de créativité sembla défiler dans ses cafés mythiques. La guerre mit fin à cette effervescence, avant que le quartier ne fût en partie défiguré par de grands projets urbanistiques nés des Trente Glorieuses et de l'imaginaire pompidolien. Aujourd'hui, la tour Montparnasse jette sur le voisinage son ombre froide, mais de larges pans de l'ancien quartier des Montparnos subsistent. Si l'on n'y croise plus autant d'artistes qu'autrefois, ces lieux très vivants n'en restent pas moins empreints d'un charme certain, où la modernité se mêle partout aux brillants témoignages du passé.

NAISSANCE DU QUARTIER Contrairement à ce que son nom pourrait laisser croire, et à la différence de Montmartre ou de Belleville, Montparnasse n'a jamais été une colline. Au XVIᵉ siècle, l'actuel carrefour Vavin-Raspail, alors perdu en rase campagne, servait de dépotoir aux Parisiens et des tonnes de gravats issus des carrières alentour y étaient amoncelées. Au XVIIᵉ siècle, cette éminence artificielle fut ironiquement surnommée le "mont Parnasse" par les étudiants du Quartier latin, qui venaient se distraire dans les guinguettes des environs. Au début du XIXᵉ siècle, le boulevard Montparnasse et ses rues adjacentes, alors bordées de jardins potagers, de maisons modestes et de cabanes en bois susceptibles d'être aménagées en ateliers, attirèrent des artistes en quête d'espace et de tranquillité. En 1827, Victor Hugo s'installa rue Notre-Dame-des-Champs, à deux pas du futur atelier du peintre Henri Regnault. Sainte-Beuve l'imita quelques années plus tard, bientôt suivi des peintres Jean Léon Gérôme et William Bouguereau et du sculpteur Frédéric Auguste Bartholdi. L'Américain James Abbott McNeill Whistler se fixa rue d'Assas et le Hollandais Johan Barthold Jongkind boulevard du Montparnasse. En 1860, ce qui était encore une partie de la commune de Montrouge fut annexé à Paris par le baron Haussmann. La vie nocturne battait alors son plein autour du célèbre bal de la Grande Chaumière, qui avait connu un immense succès en lançant la mode de la polka, avant d'être détrôné par le bal Bullier. Les théâtres se multiplièrent rue de la Gaîté : Bobino en 1867, la Gaîté-Montparnasse en 1869, le Théâtre Montparnasse en 1886, tandis qu'au café Chez Génin de la rue Vavin le père Génin inventa une formule qui allait connaître un succès foudroyant : le "café à quatre sous et son petit verre"...

L'ÂGE D'OR En 1900, le poète Paul Fort créa La Closerie des lilas, une vaste brasserie Art nouveau où de jeunes écrivains se réunissaient tous les mardis soir : ils furent les précurseurs de l'explosion artistique qui se préparait. La seconde vague, dite École de Paris (cf. GEOPanorama, Beaux-arts), fut composée de jeunes peintres et sculpteurs qui avaient délaissé le vieux Montmartre au profit du nouveau Montparnasse. Ils venaient des quatre coins du monde et étaient tous de la même génération. Le peintre italien Amedeo Modigliani (1884-1920) s'installa en 1910, vite rejoint par le peintre lituanien Chaïm Soutine (1893-1943) et par le peintre japonais Foujita (1886-1968). Les écrivains français Guillaume Apollinaire (1880-1918) et Blaise Cendrars (1887-1961) se mêlèrent à eux, ainsi que les révolutionnaires russes Lénine (1870-1924) et Léon Trotski (1879-1940).Le carrefour Vavin et ses cafés devinrent l'épicentre de la vie artistique et intellectuelle : Le Dôme servait de repaire aux artistes allemands de l'école de Munich, tandis que Le Café du Parnasse accueillait les cubistes Pablo Picasso, Georges Braque, Juan Gris, Fernand Léger et Ossip Zadkine. Le phénomène prit de l'ampleur. La célèbre Rotonde (créée en 1924) et la non moins célèbre Coupole (ouverte en 1927) attirèrent bientôt une foule de peintres, de sculpteurs et d'écrivains, parmi lesquels André Derain, Maurice de Vlaminck, Max Jacob, Joseph Kessel, Jacques Prévert, Louis Aragon, Elsa Triolet, Joan Miró, Alberto Giacometti, Max Ernst, Wassily Kandinsky, Kees Van Dongen, Francis Picabia, Marcel Duchamp, Moïse Kisling... Les musiciens n'étaient pas en reste avec le "groupe des Six", formé sous la houlette d'Erik Satie et de Jean Cocteau en 1918, composé de Darius Milhaud, Arthur Honegger, Georges Auric, Francis Poulenc, Louis Durey et Germaine Tailleferre. Le monde avait envie d'oublier la guerre, et le "Montparnasse doré, aérien, tendu qui met en fuite les démons de la solitude" chanté par Léon-Paul Fargue était l'endroit idéal pour ça. Les Américains de la "génération perdue" comme Henry Miller, Man Ray, William Faulkner, Alexander Calder et Ernest Hemingway se retrouvaient au Sélect, avant d'aller faire la fête au Jockey, où trônait la fameuse Kiki de Montparnasse, tandis qu'au dancing de la Coupole André Derain et Foujita, qui avaient fait fortune, payaient de généreuses tournées. Le quartier connaissait son âge d'or, qui se prolongea jusqu'à la Seconde Guerre mondiale. La terrasse du Dôme fut alors envahie par les uniformes verts de la Wehrmacht : le temps joyeux des Montparnos était bel et bien révolu. À la Libération, le centre de la vie artistique et intellectuel se déplaça à Saint-Germain-des-Prés, puis les années 1960-1970 virent le remodelage en profondeur du quartier, avec en point d'orgue l'érection de l'imposante tour Montparnasse en 1973.

Montparnasse et le 14ᵉ, mode d'emploi

orientation

La tour Montparnasse, visible de partout, vous servira de point de repère permanent. Les bds du Montparnasse et Raspail, ainsi que l'av. du Maine, constituent les principales artères du quartier. La promenade de Denfert-Rochereau à Montsouris suit un axe nord-sud, matérialisé par les avenues du Général-Leclerc et René-Coty.

☆ **Montparnasse** Ce quartier au riche passé artistique regroupe un urbanisme antérieur à la Seconde Guerre mondiale autour du carrefour Vavin, et un Paris largement remanié après les années 1960 autour de la gare et de la tour Montparnasse.
Denfert-Rochereau et Montsouris Des quartiers résidentiels et commerçants ponctués d'impasses riches en demeures d'artistes s'échelonnent jusqu'aux confins sud de la ville : les puces de Vanves, le parc Montsouris et la Cité universitaire.

accès

EN MÉTRO Les lignes 4, 13 et 6 traversent l'arrondissement. Elles se rejoignent aux stations Montparnasse et Denfert-Rochereau, où le RER B permet d'accéder tant au sud de l'agglomération *via* Cité Universitaire qu'au nord et au centre de la ville.

EN BUS Les lignes 58, 87, 88, 89, 91, 92, 94, 95, 96 desservent la gare Montparnasse ; associées aux lignes 28, 38, 68, 88 qui se rejoignent à Denfert-Rochereau, elles irriguent l'ensemble de l'arrondissement.

EN TRAMWAY La ligne de tramway T3 relie le pont du Garigliano à la porte d'Ivry. Les stations Cité Universitaire, Montsouris, Porte d'Orléans, Jean Moulin, Didot et Porte de Vanves desservent d'est en ouest le sud du 14ᵉ ardt.

EN VOITURE Empruntez les grands axes boulevard Raspail, avenue du Maine, avenue du Général-Leclerc, ainsi que la rue d'Alésia, qui traverse tout l'arrondissement. **Parking 24h/24** *Gaîté Montparnasse* (plan 23, B3). 15, rue du Commandant-Mouchotte 75014 Tél. 01 43 20 56 99 **Porte d'Orléans** (plan 25, B3). 1, rue de la Légion-Étrangère 75014 Tél. 01 40 52 09 20

informations touristiques

Mairie du 14ᵉ ardt (plan 25, B1). **M°** *Denfert-Rochereau* 2, pl. Ferdinand-Brunot 75014 Tél. 01 53 90 67 14 www.mairie14.paris.fr

marchés

Puces de Vanves (plan 22, D3). Situées aux limites du 15ᵉ ardt, les puces de Vanves se tiennent à quelques centaines de mètres du marché aux livres (cf. Vaugirard et le 15ᵉ). Elles furent créées en 1920 à Vanves, avant que la pression immobilière ne les fît migrer vers leur emplacement actuel. Petit mobilier, décoration, objets en tous genres (cf. GEOAdresses, Shopping dans le Sud parisien). **M°** *Porte de Vanves* **Tram Didot** Angle av. Georges-Lafenestre et av. Marc-Sangnier 75014 Ouvert sam., dim. 7h-14h env.
Marché de la création (plan 23, B2-C2). Depuis 1994, des artistes et des artisans d'art (peintres, photographes, bijoutiers…) y proposent leurs créations. **M°** *Edgar Quinet* Terre-plein du bd Edgar-Quinet Ouvert dim. 9h-19h30
Marché biologique (plan 23, B3). L'un des 3 marchés bio de la capitale avec Raspail et Batignolles. **M°** *Gaîté* Place Constantin-Brancusi Ouvert sam. 9h-15h

☆ **Découvrir Montparnasse**

☆ **À ne pas manquer** La vue sur Paris du haut de la tour Montparnasse **À proximité** Saint-Germain-des-Prés, le jardin du Luxembourg **Sans oublier nos adresses** Dînez à La Coupole, prenez un cocktail à La Closerie des lilas en souvenir d'Hemingway

La visite de Montparnasse vous fera marcher sur les traces des nombreux artistes qui ont fait la réputation du quartier, d'Antoine Bourdelle à Man Ray en passant par Alberto Giacometti et Pablo Picasso, mais aussi découvrir l'un des quartiers les plus puissamment modifiés par l'urbanisme des années 1970, notamment par l'opération Maine-Montparnasse, qui restructura le secteur de la tour et de la gare Montparnasse.

Autour de la tour Montparnasse

★ **Tour Montparnasse (plan 23, B2)** L'immeuble le plus haut de France culmine à 210m et ses fondations s'enfoncent à 70m dans le sol. Sa construction, achevée en 1973, marque l'apogée des conceptions urbanistiques en vigueur sous la présidence de Georges Pompidou. Il accueille, chaque jour, 5 000 employés et, chaque année... 600 000 visiteurs ! La Tour offre il est vrai la plus belle vue de Paris, un panorama à 360°, accessible depuis le 56e étage et le toit terrasse au 59e étage. Par temps clair, la vue porte jusqu'à 40km. À savoir : le désamiantage actuellement en cours, suite à l'alerte donnée en 2005, devrait se poursuivre jusqu'en 2009. *M° Montparnasse* Tél. 01 45 38 52 56 www.tourmontparnasse56.com Ouvert tlj. : *1er avr.-30 sept. : 9h30-23h30 (dernière montée à 23h) ; 1er oct.-31 mars : dim.-jeu. 9h30-22h30, ven., sam. et veille de fête 9h30-23h00 Tarif 9,50€, étudiants et 16-20 ans 6,80€, enfants 7-15 ans 4€, gratuit pour les moins de 7 ans*

Gare Montparnasse et jardin Atlantique (plan 23, B2-B3) Le premier édifice, bâti en 1840, fut reconstruit en 1849, dans un style proche de celui de la gare de l'Est. Lors de l'opération Maine-Montparnasse (1962-1969), il fut détruit au profit d'un immeuble banalisé, où la gare était dissimulée sous des étages de bureaux. On choisit aussi de le déplacer au-delà de l'avenue du Maine, au lieu de son emplacement originel, au débouché de la rue de Rennes, libérant ainsi plusieurs hectares d'espaces où furent érigés la tour Montparnasse et un centre commercial. Les travaux liés à l'arrivée du TGV Atlantique, entre 1990 et 1995, parachevèrent l'opération : une grande verrière, la "porte océane", lui rendit son statut de monument ferroviaire ; et les voies furent recouvertes d'une dalle en béton de 3,4ha, suspendue à 18m au-dessus des rails. Les paysagistes François Brun et Michel Péna y ont aménagé un "jardin Atlantique", où des vagues en métal, des passerelles en forme de ponton et des grilles de couleur bleue sont censées illustrer le thème de l'océan... Vous y trouverez un musée Jean-Moulin et le mémorial du maréchal Leclerc. *Jardin Nombreux accès (pas facile à trouver) Place des Cinq-Martyrs-du-Lycée-Buffon, rue du Cdt-René-Mouchotte, bd de Vaugirard et divers accès à l'intérieur de la gare Musée et mémorial 23, allée de la 2e D-B, jardin Atlantique 75015 Tél. 01 40 64 39 44 Ouvert mar.-dim. 10h-18h Tarif 4€, réduit 3€ M° Montparnasse*

☺ **Musée Bourdelle (plan 23, B2)** Comme Camille Claudel, le sculpteur Antoine Bourdelle (1861-1929) fut l'élève de Rodin. Mais il s'affranchit rapidement de l'influence du maître et devint l'ami de grandes figures de la culture d'avant-guerre : André Suarès, Anatole France et Henri Bergson. Son œuvre réussit, encore de nos jours, à nous émouvoir profondément par sa puissance généreuse et lyrique. Le musée occupe l'ancien logement-atelier de l'artiste, un lieu très "habité" qui justifie à lui seul la visite et fut agrandi en 1992 par l'architecte Christian de Portzamparc. Parmi les chefs-d'œuvre exposés, ne manquez pas les nombreux Héraclès archer, dont vous verrez un premier exemplaire dans la cour et d'autres variantes dans une salle adjacente à celle des plâtres. Dans l'ancien appartement, remarquez, dans une vitrine, le petit *Hamlet*, une œuvre de jeunesse (1891) très impressionnante. Attardez-vous dans l'atelier, dominé par la haute figure du *Centaure mourant*, à la fois douloureuse et sensuelle. Tout aussi remarquable, le grand buste de Rodin semble faire écho, par sa compacité et sa puissance, au *Balzac* de Rodin qui se dresse au croisement des boulevards Raspail et Montparnasse. Citons également l'*Anatole France nu*, la *Vieille Bacchante*, et l'extraordinaire suite consacrée à la guerre : *L'Épopée polonaise*, *La Guerre* et *Le Grand Guerrier*, qui semblent tous habités par l'angoisse. Mais c'est l'envoûtante série des bustes de Beethoven qui constitue le sommet de son œuvre, une longue méditation sur le génie et la force créatrice que Bourdelle commença à 28 ans et poursuivit jusqu'à sa mort. **M° Montparnasse, Falguière** *18, rue Antoine-Bourdelle 75015 Tél. 01 49 54 73 73 Fax 01 45 44 21 65 www.bourdelle.paris.fr Ouvert tlj. sauf lun. et j. fériés 10h-18h (salle pédagogique, cabinet des dessins et documentation sur rdv)* **Collection permanente** *Entrée libre* **Expositions** *Tarif 4,50€, réduit 3€,14-26 ans 2,20€, gratuit pour les moins de 14 ans*

Musée de La Poste (plan 23, A2)

Que les passionnés de philatélie se réjouissent, La Poste leur dédie un musée entier. L'histoire du transport du message y est retracée, depuis la tablette d'argile au timbre-poste, en passant par l'aéropostale, les boules de Moulins, la malle-poste et les ballons montés, sans oublier les figures du postillon et surtout du facteur, auquel est rendu un vibrant hommage. Les riches collections sont réparties dans 15 salles que l'on parcourt du 5ᵉ étage au rdc, où un point philatélie attend les collectionneurs. Nombreuses expositions temporaires. **M° Montparnasse** *34, bd de Vaugirard 75015 Tél. 01 42 79 24 24 www.museedelaposte.fr Ouvert lun.-sam. 10h-18h Fermé j. fériés Tarif 5€, réduit 3,5€, gratuit pour les moins de 18 ans*

Place de Catalogne (plan 23, A3-B3)

On critiqua beaucoup le style néoclassique (frontons, colonnes, pierre de taille...) de cette place circulaire bordée par les immeubles d'habitation de Ricardo Bofill, les "Échelles du baroque" (1984-1986). Jetez un coup d'œil à la place de Séoul (plan 19, A3-B3), toute proche, qui illustre le sens du détournement et de la dérision de l'architecte catalan : d'immenses colonnes vitrées, surmontées de chapiteaux monumentaux, servent de bow-windows aux appartements et ne soutiennent que le vide... **M° Gaîté, Montparnasse**

☺ Notre-Dame-du-Travail (plan 23, A3)

Cette église fut bâtie (1899-1901) par l'architecte Jules Astruc, pour les ouvriers du quartier, dont beaucoup travaillèrent aux Expositions universelles de 1855 et de 1900. C'est d'ailleurs l'un des bâtiments de l'Exposition de 1855, le palais de l'Industrie (démonté pour laisser place au Grand et au Petit Palais), qui fournit les colonnettes de fer et les arceaux métalliques qui composent la charpente. La façade en meulière, moellon et pierre de taille adopte un style roman qu'actualise le métal. La cloche est une prise de guerre : elle provient de la bataille de Sébastopol et fut offerte à la paroisse par Napoléon III. L'acoustique de l'orgue, de style Art nouveau, est, paraît-il, la meilleure de Paris. **M° Gaîté** *59, rue Vercingétorix 75014 Ouvert lun.-ven. 8h-12h15 et 14h-18h30, sam.-dim. 8h-12h15 et 15h-19h*

Fondation Henri-Cartier-Bresson (plan 23, B3) Ouverte en 2003 dans un atelier d'artiste rénové, elle a pour vocation de faire connaître l'œuvre du grand photographe disparu en 2004. À cet effet, deux salles présentent en alternance des expositions dédiées au maître ou au lauréat du prix Henri-Cartier-Bresson, décerné tous les deux ans. Au troisième étage, sous une verrière classée, les visiteurs peuvent se reposer et se documenter tandis qu'au quatrième les chercheurs ont accès à une bibliothèque rassemblant la documentation consacrée au personnage. *M° Gaîté 2, impasse Lebouis 75014 Tél. 01 56 80 27 00 www.henricartierbresson.org Ouvert mar.-dim. 13h-18h30, sam. 11h-18h45 Nocturne mer. jusqu'à 20h30 Fermé lun. en août, j. fériés et entre Noël et le jour de l'an Tarif 6€, réduit 3€*

Autour du carrefour Vavin

Rebaptisé "place Pablo-Picasso", le carrefour Vavin, au croisement des boulevards Raspail et Montparnasse, fut le centre de la bohème artistique et intellectuelle des Années folles, le point de ralliement des Montparnos, qui aimaient se retrouver dans les cafés légendaires qui l'entourent : *Le Dôme* (108, bd du Montparnasse), créé en 1906, avec ses longues banquettes et ses belles boiseries, où l'on déguste des fruits de mer ; *La Rotonde* (105, bd du Montparnasse), fondée en 1903, dont les box équipés de banquettes rouges sont aujourd'hui encore peuplés d'intellectuels et d'artistes en tout genre venus lire, écrire ou bavarder ; *Le Sélect* (99, bd du Montparnasse), qui ouvrit ses portes en 1925 à l'angle de la rue Vavin et qui conserve une ambiance chaleureuse et intime ; *La Coupole* (100-102, bd du Montparnasse) enfin, inaugurée en 1927, qui a perdu une part de son charme après sa reprise et sa transformation par un grand groupe de brasseries, mais dont vous pourrez encore admirer la coupole Art déco et les 32 piliers décorés par de nombreux artistes.

☺ **Le *Balzac* de Rodin (plan 23, C2)** Sur le terre-plein central du boulevard Raspail, ne manquez pas l'extraordinaire statue de Balzac réalisée par Auguste Rodin, qui signa là l'un de ses plus grands chefs-d'œuvre. La statue lui fut commandée en 1891 ; il lui faudra sept longues années et une cinquantaines d'études pour s'acquitter de sa tâche. Quand il la livrera enfin, le scandale sera si grand ("C'est Balzac ? Allons donc. C'est un bonhomme de neige. Il va tomber, il a trop bu. C'est Balzac dans un sac. On dirait du veau. Un dolmen déséquilibré. Monstruosité obèse. Fœtus colossal. Monstrueux avortement. Michel-Ange du goitre. Colossal guignol. Voyez à quelle aberration mentale l'époque est arrivée. On ne montre pas une ébauche…") qu'elle ne sera mise en place qu'en 1939. *M° Vavin*

☺ **Angle Vavin et Notre-Dame-des-Champs (plan 23, C2)** Le croisement des rues Vavin, Notre-Dame-des-Champs et Bréa compose l'une des places les plus charmantes de Paris, à mi-chemin entre le boulevard du Montparnasse et le jardin du Luxembourg. Le théâtre-cinéma-bar-restaurant du Lucernaire, au 53, rue Notre-Dame-des-Champs, draine une clientèle d'habitués. Face au théâtre, la Fnac a repris un ancien atelier d'artistes. Au n°26, rue Vavin, se dresse un immeuble de six étages particulièrement remarquable, à la façade toute de faïence blanc et bleu, conçu par Henri Sauvage (1873-1932) en 1912. Ses larges balcons-terrasses disposés en gradins, couverts de végétation, arborent une forme évasée qui facilite l'entrée de la lumière dans l'appartement du dessous. L'ensemble est à la fois discret et spectaculaire. *M° Vavin*

Rue de la Grande-Chaumière (plan 23, C2) C'est ici que tout commença, ou presque, avec le bal de la Grande Chaumière, où l'on dansait la polka, le cancan et le chahut entre la fin du XVIIIe et le milieu du XIXe siècle. En 1904, le sculpteur Antoine Bourdelle y fonda la célèbre académie de la Grande Chaumière (au n°14), toujours en activité, où étudièrent de nombreux artistes comme Alberto Giacometti. Au n°8, une plaque indique l'emplacement des ateliers de Gauguin et de Modigliani. Au n°6, un bel atelier en brique arbore ses hautes verrières. Des marchands de couleurs perpétuent la vocation artistique de la rue. *M° Vavin*

Musée Zadkine (plan 23, C2-D2) Russe émigré à Paris en 1909, Ossip Zadkine vécut avec sa femme dans cette maison-atelier jusqu'à sa mort, en 1967. La visite permet de saisir l'évolution de son style, du primitivisme au cubisme, qui s'épanouira dans des œuvres comme la célèbre *Femme à l'éventail* de 1923 et *La Belle Servante* de 1926. Le musée accueille régulièrement des expositions temporaires qui tentent de maintenir le lieu en prise avec l'avant-garde. *M° Vavin 100bis, rue d'Assas 75006 Tél. 01 55 42 77 20 Fax 01 40 46 84 27 musee.zadkine@paris.fr http://paris.fr/musees/zadkine/ Ouvert tlj. sauf lun. et j. fériés 10h-18h*

Rue Campagne-Première (plan 23, C3) Voici une autre rue emblématique du Montparnasse de la Belle Époque. Si vous arrivez par le métro Raspail, observez avant de vous et engager l'imposante maison-atelier où Picasso s'installa en 1911 après avoir quitté Montmartre (242, bd Raspail). Au 31, rue Campagne-Première, on remarque un bâtiment exceptionnel, aux larges verrières et à la façade couverte de belles céramiques en grès flammé : Man Ray y habita de 1922 à 1940, et il abrite aujourd'hui des ateliers d'artistes. Plus haut, le passage d'Enfer est bordé d'ateliers et d'anciens immeubles ouvriers. Au 9, rue Campagne-Première, la porte s'ouvre sur une centaine d'ateliers d'artistes, édifiés par l'architecte Taberlet avec des matériaux de récupération issus de l'Exposition universelle de 1889. Le peintre Giorgio De Chirico y travailla, et le poète Rainer Maria Rilke y vécut une époque de profonde misère matérielle et psychologique qu'il décrivit dans *Le Livre de la pauvreté et de la mort* ("C'est là que vivent, dans la misère et la détresse, en de profondes chambres, des hommes aux gestes anxieux, plus angoissés que troupeaux d'agnelets, cependant qu'au-dehors la terre veille et vit ; eux cependant existent et ne le savent plus"). Juste en face, au n°8bis, un chemin pavé mène à une courette verdoyante dominée par une antique cheminée d'usine, solitaire et décalée. Quant au fameux Jockey, où Kiki de Montparnasse envoûtait les jeunes artistes en état d'ébriété, il se dressait au n°2, à l'angle avec le boulevard Montparnasse : hélas, il a été détruit voilà fort longtemps... *M° Raspail*

Fondation Cartier pour l'art contemporain (plan 23, C3) La façade en verre de l'édifice, qui longe le boulevard Raspail, s'ouvre sur un jardin aux allures de sous-bois où poussent plus de 200 espèces de plantes sauvages. Œuvre de Lothar Baumgarten, il est à découvrir au gré des saisons. Le bâtiment lui-même, très aérien, tout en verre et en métal, est une véritable réussite architecturale réalisée par Jean Nouvel en 1994. Devant l'entrée, le grand cèdre du Liban planté par Chateaubriand en 1823 surgit d'un pot de fleurs géant couvert de mosaïque signé Alessandro Mendini. Les 1 200m² d'exposition accueillent une programmation exigeante souvent renouvelée (Jean-Pierre Raynaud, César, Miguel Barceló, Matthew Barney...). Tous les jeudis, notamment, des Soirées nomades confrontent les arts plastiques à d'autres formes d'expression, littérature, musique, danse, cinéma, théâtre, mode... *M° Raspail, Denfert-Rochereau 261, bd Raspail 75014 Tél. 01 42 18 56 50 Fax 01 42 18 56 52 www.fondation.cartier.com Ouvert tlj. sauf lun. 10-20h Nocturne mar. jusqu'à 22h Tarif 7,50€, réduit 5,50€*

Cimetière du Montparnasse (plan 23, B3-C3)
Le cimetière du Montparnasse s'étend sur 19ha répartis en deux secteurs (le grand et le petit cimetière), que sépare la rue Émile-Richard, l'unique artère de Paris dépourvue d'habitants et de commerces. Ses 1 200 arbres (essentiellement des tilleuls, des sophoras, des thuyas, des érables, des frênes et des conifères) en font l'un des plus grands espaces verts de Paris. S'il n'a pas le charme du Père-Lachaise, quantité de "célébrités" y reposent, dont nombre d'artistes et d'intellectuels qui ont fait la renommée du quartier. Un plan gratuit est mis à la disposition du public à l'entrée du cimetière.

Les personnages célèbres Qu'on en juge plutôt : le cinéaste Claude Sautet et le cofondateur de la Cinémathèque française, Henri Langlois (1re div.), le romancier Joris-Karl Huysmans, le théoricien socialiste Pierre Joseph Proudhon et le photographe Brassaï (2e div.), le lexicographe Émile Littré et l'écrivain Julio Cortázar (3e div.), les comédiens Jean Carmet et Jean Poiret (4e div.), les écrivains Charles Baudelaire et Eugène Ionesco (6e div.), le photographe Man Ray (7e div.), l'écrivain Tristan Tzara et le sculpteur Ossip Zadkine (8e div.), le cinéaste Maurice Pialat et le poète Pierre Jean Jouve (9e div.), le peintre Fantin-Latour (10e div.), l'architecte Charles Garnier et l'écrivain homme politique Edgar Quinet (11e div.), l'écrivain Samuel Beckett (12e div.), le poète Théodore de Banville, le compositeur Camille Saint-Saëns, l'actrice Jean Seberg et le dessinateur Reiser (13e div.), le président Paul Deschanel, le lexicographe Pierre Larousse et l'écrivain-dessinateur Roland Topor (14e div.), le sculpteur Antoine Bourdelle, le poète Robert Desnos, le navigateur Jules Dumont d'Urville, l'actrice Delphine Seyrig, le peintre Chaïm Soutine (15e div.), le critique Charles Augustin Sainte-Beuve (17e div.), le sculpteur Constantin Brancusi, le poète Léon-Paul Fargue et le romancier Alphonse Boudard (18e div.), les écrivains et philosophes Jean-Paul Sartre et Simone de Beauvoir (20e div.), l'écrivain Marguerite Duras (21e div.), le philosophe Raymond Aron (24e div.), les écrivains Paul Bourget, Pierre Louÿs et Guy de Maupassant (26e div.), le sculpteur Frédéric Auguste Bartholdi, l'industriel André Citroën, le lieutenant-colonel Alfred Dreyfus et le romancier Joseph Kessel (28e div.). Mais, si l'on en juge par le nombre d'offrandes sur sa tombe (fleurs, tickets de métro, poèmes, dessins, photos, paquets de cigarettes...), la star du cimetière reste Serge Gainsbourg (1re div., à deux pas du rond-point central), disparu en 1991. *Visites thématiques* "De poète en poèmes", "Romantisme fantastique" ou "Art funéraire et symbolique des plantes" *Tél. 01 40 71 75 60 Prix 3-6€ M° Edgar Quinet, Raspail 3, bd Edgar-Quinet 75014 Tél. 01 44 10 86 50 Ouvert 8h-17h30 (8h30 le sam., 9h les dim. et j. fériés, fermeture à 18h du 16 mars au 5 nov.)*

Rue de la Gaîté (plan 23, B3)
Avec sa succession de théâtres, de bars, de restaurants et de sex-shops (héritiers des maisons closes qui s'y succédaient autrefois), la rue de la Gaîté vous plonge dans un microcosme coloré et vivant qui contraste avec le reste du quartier. Elle doit son nom à la profusion de bals, guinguettes et théâtres qui s'y concentraient déjà à la fin du XVIIIe siècle : la rue était alors située en dehors de la ville et le vin y était moins cher. Arpentez-la de préférence en soirée, au moment où elle se met à vivre. **Bobino** : les grands noms du music-hall

(de Fernandel à Barbara, en passant par Renaud, Guy Bedos et Paco Ibañez) ont fait la renommée de cette salle créée en 1867, hélas détruite en 1980, avant d'être remplacée en 1985 par l'actuelle, qui n'aura jamais la même aura. On notera, au n°31, la ravissante façade ornée de frises et de cariatides du théâtre Montparnasse, édifiée en 1886. Jean Anouilh y monta de nombreuses pièces dans les années 1950. Plus loin, au n°17, la charmante Comédie italienne perpétue la tradition de la commedia dell'arte face à l'antique théâtre de la Gaîté-Montparnasse (n°26), que le limonadier François Jamin bâtit avec des matériaux récupérés sur le chantier de démolition du théâtre de l'Exposition universelle de 1867. *M° Edgar Quinet, Gaîté*

☆ Découvrir Denfert-Rochereau et Montsouris

☆ **À ne pas manquer** Les catacombes **Sans oublier nos adresses** Revoyez un film d'art et d'essai au cinéma L'Entrepôt, faites de bonnes affaires rue d'Alésia, paradis du déstockage

Qu'on l'aborde à pied, en voiture ou en transport en commun, la première chose qui accroche le regard quand on approche de la place Denfert-Rochereau est un fauve : fièrement campé au centre de la place, l'impassible *Lion de Belfort* scrute le sud de Paris comme s'il attendait un improbable envahisseur. La succession des microquartiers qui s'étendent entre la place Denfert-Rochereau et le parc Montsouris compose pourtant une zone des plus paisibles, remarquable pour son alternance de larges boulevards arborés et discrètement bourgeois et d'étroites ruelles serties de villas, de jardins et d'ateliers d'artistes. Son exploration vous réserve une multitude de découvertes, depuis les sombres catacombes jusqu'à la lumineuse Cité universitaire, lieu le plus cosmopolite de Paris.

Les alentours de la place Denfert-Rochereau

Entamez votre promenade par la place Denfert-Rochereau. Le *Lion de Belfort*, qui la domine, est une réplique en bronze du lion que Bartholdi, l'auteur de la statue de la Liberté, sculpta à Belfort à même le roc en l'honneur des défenseurs de la ville lors du siège de 1870-1871. Le courageux colonel Denfert-Rochereau (1823-1878), alors gouverneur de Belfort, est représenté en médaillon. Mais, avant de visiter le quartier, nous vous invitons à en explorer le sous-sol.

★ **Catacombes (plan 25, B1-C1)** Le sous-sol parisien est un véritable gruyère (cf. GEOPanorama, Géographie). À l'époque gallo-romaine déjà, on en extrayait les pierres sédimentaires nécessaires à l'édification des grands monuments. Cette exploitation s'accéléra à partir du XIIᵉ siècle avec les grands travaux de Philippe Auguste, avant d'être sévèrement réglementée, puis interdite en 1813 du fait des effondrements de terrain qui se multipliaient depuis le XVIIIᵉ siècle. Créée en 1777, l'Inspection générale des carrières s'attela à la surveillance et à la consolidation des galeries. Quelques années plus tard, on eut l'idée de se servir de cet immense réseau pour vider les cimetières parisiens saturés. Les premiers déplacements eurent lieu en 1785 du cimetière des Innocents, responsable de l'insalubrité des Halles : très vite, les catacombes de Paris accueillirent les restes de six millions de Parisiens. C'est à Louis Étienne de Thury (1776-1854), ingénieur en chef et poète à ses heures, que l'on doit l'ordonnancement esthétique des ossements (jusqu'alors jetés pêle-mêle) dans l'idée de les rendre accessibles au public. La visite commence par un escalier à vis vertigineux qui vous conduit 20m sous terre. On emprunte un réseau de longues galeries, dont les voûtes ont été marquées d'un trait noir pour guider les visiteurs du XIXᵉ siècle qui, faute d'éclairage, venaient avec une bougie. À l'entrée de l'ossuaire, une inscription grandiloquente annonce : "Arrête ! C'est ici l'empire de la mort." Derrière ce portique s'alignent des milliers de crânes et de fémurs, disposés en mille-feuille de chaque côté de l'allée. Des poèmes, incrustés au milieu des crânes, accompagnent la déambulation. À la sortie, un gardien vous attend près d'une table couverte de crânes et de fémurs récupérés dans les sacs des visiteurs… Le parcours s'est récemment enrichi des galeries du secteur Port-Mahon qui renferment une étonnante maquette en bas-relief réalisée entre 1777 et 1778 par un ancien carrier, qui sculpta la forteresse de Port-Mahon où il avait été emprisonné. *Mᵒ Denfert-Rochereau 3, av. Colonel Henri-Rol-Tanguy (entre la pl. Denfert-Rochereau et l'av. du Général-Leclerc) Tél. 01 43 22 47 63 Ouvert tlj. sauf lun. et certains j. fériés 10h-17h (accès public jusqu'à 16h) Tarif 7€, réduit 5,50€, jeunes 3,50€, gratuit pour les moins de 14 ans*

Rue Daguerre (plan 25, B1)

Une antique rue commerçante, grouillante de vie, qu'Agnès Varda filma en 1975 dans *Daguerréotypes*, le documentaire qu'elle consacra aux habitants de la rue. L'augmentation des loyers n'a pas chassé ses marchands de fruits et légumes, ses petits commerces et ses nombreux cafés, dont l'antique La Bélière, au n°74, qu'une association de quartier a sauvée de la disparition. L'animation est maximale le week-end, notamment le dimanche matin. *Mᵒ Denfert-Rochereau*

Rue Hallé (plan 25, B1)

Son centre est occupé par une placette en demi-lune, ceinte de maisons hétéroclites. La villa Hallé, qui commence à côté de la placette, est encore plus séduisante, avec son petit chemin aux pavés irréguliers bordé de belles maisons et de jardins d'où s'échappent des parfums de roses… *Mᵒ Mouton-Duvernet*

De Pernety à Alésia

En poursuivant votre promenade vers le sud, vous retrouverez un Paris épargné par les projets mégalomaniaques qui défigurèrent Montparnasse au cours des années 1960-1970. Rien de majestueux, sans doute, mais beaucoup de charme, comme dans la rue des Thermopyles (plan 21, A1) et dans l'impasse du Moulin-Vert (plan 25, B1), toutes deux pavées, aux murs envahis de glycine et de lierre, ou dans la villa d'Alésia (plan 25, B2), où Matisse eut son atelier (au n°17bis) et où quelques artisans continuent de travailler. Un petit passage conduit à un jardin public, dépourvu de nom et absent des plans de Paris, mais où des bancs vous permettront de vous reposer. Un peu plus loin vers l'ouest, l'impasse Florimont (plan 25, A1) est bien connue des amoureux de Georges Brassens, qui y vécut de 1944 à 1966. La maison de la célèbre Mme Jeanne est au n°9 : Brassens y composa ses premières chansons.

Villas d'artistes (plan 25, B2-C2) Peu après le croisement entre l'avenue René-Coty et la rue d'Alésia, empruntez les escaliers qui montent sur la droite jusqu'à la rue des Artistes, qui doit son nom à une cité d'artistes, aujourd'hui reconvertie en cabinet d'architecture. Nicolas de Staël occupa un atelier dans la rue Gauguet, au n°7. Hans Hartung et sa femme, la peintre Anna Eva Bergman, travaillèrent au n°5 de la même rue, en 1959, dans deux ateliers superposés. Non loin, la villa Seurat, bâtie vers 1925, est entièrement bordée de maisons-ateliers, pour la plupart conçues par André Lurçat. Henry Miller, Anaïs Nin, Chana Orloff, Chaïm Soutine, Salvador Dalí, Marcel Gromaire vécurent et travaillèrent ici. Profitez de votre passage dans le quartier pour jeter un coup d'œil à la cité du Souvenir, au n°11 rue Saint-Yves (entre les rues de la Tombe-Issoire et des Artistes), un ensemble de logements sociaux en brique aménagé autour d'une chapelle par l'abbé Keller en 1925. *M° Alésia*

Rue Marie-Rose (plan 25, B2) L'imposant couvent Saint-François (1936), en brique rouge, qui domine la rue mérite une petite visite, notamment sa nef au 1ᵉʳ étage. Lénine habita au n°4. *M° Alésia*

Autour du parc Montsouris

Empruntez l'avenue Reille, qui longe le réservoir Montsouris par le sud. On distingue deux petits immeubles-ateliers aux nᵒˢ 53 et 57. Réalisés par l'architecte Déchelette en 1925, ils côtoient la maison-atelier (au n° 53) que Le Corbusier bâtit en 1923 pour son ami Amédée Ozenfant, dont le toit, jadis en dents de scie, a malheureusement été aplani et converti en terrasse. À cet endroit débute l'étonnant square de Montsouris, une ruelle pavée bordée de plusieurs maisons remarquables, notamment une villa des années 1930 au n°17, et, au n°2, la maison Gaut, imaginée par Auguste Perret en 1923. La rue Georges-Braque, qui lui est parallèle, abrite l'ancien atelier du peintre au n° 6, conçu également par Perret en 1927. Au n°5 se dresse une maison-atelier réalisée par Fischer en 1929 ; au n°8, l'architecte Zielissky construisit sa propre maison en 1932. Ne manquez pas, au n°14 de la rue Nansouty, les lignes épurées de la villa Guggenbuhl, dessinée par André Lurçat en 1927. La rue du Parc-Montsouris et la villa du Parc-Montsouris abritent également quelques superbes demeures, certaines dotées de vastes jardins.

Réservoirs de Montsouris (plan 25, B2-C2) L'une des principales réserves d'eau douce de la capitale (cf. GÉOPanorama, Géographie), qui alimente tout le Sud parisien. Bâtie en 1874, par l'ingénieur Belgrand, cette véritable cathédrale souterraine d'une capacité de 200 000m³ est l'un des plus beaux édifices de Paris, tant par ses dimensions que par ses proportions. Ses voûtes d'arêtes reposent sur 3 600 piliers (1 800 en brique dans le bassin supérieur, 1 800 en pierre meulière dans le bassin inférieur), qui se reflètent sur la surface parfaitement immobile de l'eau. La toiture, d'une grande légèreté, est composée de deux couches de briques de 3cm d'épaisseur, recouvertes de 35cm de terre garnie de gazon assurant une isolation thermique parfaite. *M° Porte d'Orléans Tram. Montsouris* Rue de la Tombe-Issoire, av. Reille Ne se visite pas

Parc Montsouris (plan 25, B2-C2) Le plus vaste parc parisien après celui des Buttes-Chaumont. Sa création répondait au souhait de Napoléon III et du baron Haussmann de créer un grand espace vert aux quatre points cardinaux : les bois de

Boulogne et de Vincennes à l'ouest et à l'est, les parcs des Buttes-Chaumont et Montsouris au nord et au sud, tous deux dessinés par l'ingénieur Alphand. Les formes tourmentées du parc Montsouris résultent d'un authentique tour de force puisqu'elles masquent deux voies ferrées, la petite ceinture (aujourd'hui abandonnée) et la ligne de Sceaux (l'actuel RER B). Le jour de son inauguration, l'ingénieux Alphand faillit pourtant s'évanouir, car le lac se vida entièrement... La station météorologique située au sud du parc enregistre les températures parisiennes depuis 1872, ce qui en fait la plus ancienne de France. *RER Cité Universitaire Tram. Montsouris* Av. Reille, bd Jourdan Ouvert 8h (en semaine), 9h (le week end) jusqu'au coucher du soleil

Cité universitaire (plan 25, C3) Face au parc, de l'autre côté du boulevard Jourdan, la Cité internationale universitaire (la "cité U" pour les familiers) est assurément l'endroit le plus cosmopolite de Paris. On y croise plus de 130 nationalités, représentées par 5 000 étudiants répartis en une trentaine de bâtiments qu'entoure un parc de 34ha. Créé en mai 1923 par Émile et Louise Deutsch de la Meurthe, ce vaste campus est l'occasion d'une agréable promenade architecturale. La fondation Deutsch de la Meurthe, bâtiment "rustique" en brique, évoque les collèges anglais. La Maison des étudiants de l'Asie du Sud-Est, la Maison du Japon, la Maison des étudiants suédois ou encore la Maison des étudiants arméniens évoquent toutes l'architecture traditionnelle de leur pays d'origine. À l'inverse, certaines fondations arborent un style résolument moderne, comme le Collège néerlandais (1928), œuvre de l'architecte Willem Marinus Dudok, la fondation Avicenne (ex-pavillon de l'Iran, 1968), conçue par Claude Parent, ou les deux bâtiments signés Le Corbusier : la Fondation suisse (1932), dont les formes austères reposent sur des pilotis, et la Maison du Brésil (1959), qui évoque la Cité radieuse de Marseille. Centre de l'animation culturelle de la Cité, l'imposante Maison internationale, aux allures de château Louis XIII, s'inspire quant à elle du château de Fontainebleau. Elle abrite le théâtre de la Cité internationale qui propose une programmation riche et variée. *Théâtre* 17, bd Jourdan 75014 Tél. 01 43 13 50 50 www.theatredelacite.com *Visite guidée* Tous les 1ᵉʳ dim. du mois, à 15h (rdv dans l'espace Architecture, Collège néerlandais, 61, bd Jourdan) *RER et Tram. Cité Universitaire* 19, bd Jourdan 75014 Tél. 01 43 13 65 00 www.ciup.fr Ouvert 6h30-22h30

Vaugirard et le 15ᵉ
plans 5, 22, 23

Lors de son annexion à Paris en 1860, la commune de Vaugirard s'étendait au sud du mur des Fermiers généraux, aujourd'hui remplacé par les boulevards de Grenelle, Garibaldi et Pasteur. À l'origine, ces terres vallonnées où alternaient bois et pâturages étaient administrées par les moines de Gérard de Moret, abbé de Saint-Germain-des-Prés entre 1258 et 1278, d'où le nom de val Gérard, devenu Vaugirard par déformation. Le temps s'y écoulait paisiblement, loin des soubresauts de la capitale. Les lieux de villégiature et les résidences secondaires se multiplièrent entre

les fermes, bientôt suivis par quelques fabriques et ateliers d'artisans. Vaugirard comptait 37 000 âmes quand le baron Haussmann l'intégra à Paris, avec le village de Grenelle voisin, en 1860. Le nouveau quartier conserva toutefois sa tranquillité et il compose aujourd'hui un secteur résidentiel très agréable et familial, où l'on perçoit encore en de nombreux endroits les bourgs d'autrefois. Le sud de Vaugirard vous fera découvrir quelques cités d'artistes, tandis que l'ouest, en bord de Seine, arbore un visage nettement plus contemporain avec, notamment, le parc André-Citroën, construit à l'emplacement des usines automobiles, et le quartier du Front de Seine, qui développe un urbanisme hérissé de tours d'habitation et de bureaux, assez rare à Paris *intra-muros*.

Vaugirard et le 15ᵉ, mode d'emploi

orientation

L'Institut Pasteur à l'est, la place du Commerce au centre, le parc Georges-Brassens au sud et la Seine à l'ouest (parc André-Citroën et Front de Seine) vous serviront de repères dans cette vaste zone. Le quartier est traversé par la rue de Vaugirard, la plus longue de Paris, qui relie la porte de Versailles au jardin du Luxembourg.
Grenelle et Vaugirard Sur les traces des anciens villages de Grenelle et de Vaugirard, parisiens seulement depuis l'annexion de 1860.
Bord de Seine Le Front de Seine, à l'urbanisme très années 1970, et un jardin contemporain, le parc André-Citroën, ont remplacé les anciens faubourgs industriels des ports de Javel et de Grenelle.
Parc Georges-Brassens Installé à l'emplacement des anciens abattoirs de Vaugirard, il est environné de nombreuses villas d'artistes ; celle de la Ruche demeure la plus célèbre d'entre elles.

accès

EN MÉTRO Les lignes 6, 8, 10 se rejoignent à La Motte-Picquet-Grenelle. Très utile, la 12 dessert la porte de Versailles *via* Convention, Vaugirard et Pasteur.

EN BUS Le 80, qui relie la porte de Versailles à La Motte-Picquet *via* Cambronne, Convention et Vaugirard, est essentiel. Le 88, qui raccorde le parc André-Citroën à l'Institut Pasteur *via* Balard, Vaugirard, Cambronne, est tout aussi utile.

EN TRAMWAY La ligne de tramway T3 circule du pont de Garigliano à la porte d'Ivry. Les stations Brancion, Georges Brassens, Porte de Versailles, Desnouettes, Balard, Pont du Garigliano desservent d'est en ouest le sud du 15ᵉ ardt.

EN VOITURE Deux axes transversaux : la rue de la Convention au sud et le boulevard de Grenelle au nord. Plusieurs pénétrantes : la rue de Vaugirard, la rue Lecourbe, la rue de la Croix-Nivert ainsi que l'avenue Félix-Faure qui se prolonge en rue du Commerce.
Parking 24h/24 *Convention* *(plan 22, C1). 98, rue de la Convention 75015 Tél. 01 45 54 21 56 **Porte de Versailles** (plan 22, C2). Face au 39, bd Victor 75015 Tél. 01 45 33 01 91*

informations touristiques

Mairie du 15ᵉ (plan 22, D1). **M° Vaugirard** *31, rue Péclet 75015 Tél. 01 55 76 75 15 www.mairie15.paris.fr*
Bureau d'accueil Paris Expo (plan 22, C2). L'office de tourisme de Paris dispose d'un bureau d'accueil sur le site du parc des Expositions. **M° et Tram Porte de Versailles** *1, pl. de la Porte-de-Versailles 75015 Tél. 0892 68 30 00 www.parisinfo.com Ouvert 11h-19h en période de salons*

marchés et Salons

Marché aux livres (plan 22, D3). Sous les halles qui bordent le parc Georges-Brassens, vous bénéficierez d'un choix très large, des poches à quelques centimes d'euros aux éditions rares nettement plus onéreuses. Les meilleures affaires se font le matin. Ambiance très conviviale. **M° Porte de Vanves Tram. Brancion** *106, rue Brancion 75015 Tél. 01 45 32 12 75 Ouvert sam.-dim. 9h-18h*
Parc des Expositions (plan 22, C2-C3). Les 8 halls s'étendant sur 220 000m² accueillent chaque année 200 salons et plus de 6 millions de visiteurs. Le Salon de l'agriculture fin février, le Mondial de l'automobile (ex-Salon de l'auto) tous les 2 ans à l'automne en sont les moments forts. **M° et Tram. Porte de Versailles** *1, place de la Porte-de-Versailles 75015 Tél. 01 72 72 17 00 www.parisexpo.fr*

Découvrir le 15ᵉ

☆ **À ne pas manquer** Le parc André-Citroën

Entre Grenelle et Vaugirard

Ancien village de Grenelle (plan 22, C1-D1) Entamez votre promenade par la place du Commerce, une longue esplanade rectangulaire plantée de vieux marronniers à l'atmosphère très villageoise : tandis que les magasins de proximité se succèdent dans la rue du Commerce, le square accueille les joueurs de pétanque et les mères de famille promenant leur progéniture. Nous sommes là au cœur du **village de Grenelle**, loti en 1824 par Léonard Violet et Alphonse Letellier en marge de celui de Vaugirard. Ce nouveau quartier se développa rapidement sous l'appellation de Beaugrenelle et finit par obtenir son détachement de Vaugirard sous le nom de commune de Grenelle (elle ne profita que très brièvememt de son indépendance, puisque, comme Vaugirard, elle fut rattachée à Paris en 1860…). L'ancienne mairie, de style Louis-Philippe, se dresse toujours à l'ouest de la place. Prenez la **rue Violet** sur la gauche (admirez, au passage, les très beaux immeubles en brique dorée et pierre de taille de la rue Edmond-Roger) pour rejoindre la place Violet, dominée par la caserne des sapeurs-pompiers. Pénétrez dans le square Violet, qui abrite quelques très beaux arbres, dont trois platanes imposants et un peuplier de Virginie haut de 25m. Ils furent plantés au temps où le square composait le jardin de l'hôtel particulier de Léonard Violet, que l'on peut voir derrière le mur, intégré à la caserne. Remontez la rue de l'Église sur la gauche jusqu'au spectaculaire immeuble Art nouveau, conçu par S. Wagon en 1905, qui marque l'angle de la rue avec la place Étienne-Pernet, où au n°23 se dresse l'église Saint-Jean-Baptiste-de-

Grenelle, construite en style néoclassique sous le règne de Charles X (1824-1830) pour remplacer l'ancienne église de Vaugirard et accueillir les paroissiens du nouveau quartier de Beaugrenelle. **M° Commerce**

Ancien village de Vaugirard (plan 22, D1-D2) Du square Saint-Lambert, créé en 1935 à l'emplacement d'une ancienne usine à gaz d'éclairage, rejoignez l'église Saint-Lambert-de-Vaugirard (1853), qui trône au centre d'une ravissante placette cernée de marronniers, puis traversez la place Adolphe-Chérioux pour entrer dans le square Vergennes. Au n°15, l'**atelier Louis-Barillet** a été conçu par l'architecte Robert Mallet-Stevens (1886-1945) pour le maître verrier Louis Barillet. Après avoir risqué la disparition, le bâtiment a été restauré en 2000 et classé à l'Inventaire supplémentaire des monuments historiques. Il accueille désormais les collections du sculpteur-ingénieur Yonel Lebovici (1937-1998) et des expositions temporaires. Au sortir de l'impasse, traversez la rue de Vaugirard et descendez la rue du Général-Beuret jusqu'à la charmante place du même nom. Triangulaire, arborée et dotée d'une fontaine Wallace, elle donne accès à un quartier très commerçant, centré sur le croisement des rues Cambronne et Lecourbe. Empruntez cette dernière sur la droite jusqu'au n°91 ; poussez la porte cochère et passez devant la maisonnette de brique couverte d'une énorme glycine : vous voilà face à l'incongrue petite église en bois, de rite russe orthodoxe, Saint-Séraphin-de-Sarov (1933), surmontée de son bulbe bleu azur et agrémentée d'un jardinet. **Atelier** Tél. 01 56 23 00 22 www.15squaredevergennes.com Ouvert mar.-sam. 12h-19h Tarif 5€, réduit 2,50€ **Église** www.saint-seraphin.net **M° Vaugirard**

Musée de l'Institut Pasteur (plan 22, D1-D2) Il occupe l'appartement où l'inventeur du vaccin antirabique, Louis Pasteur (1822-1895), vécut les sept dernières années de sa vie, au centre de l'institut fondé en 1888. Restés inchangés, les lieux permettent de découvrir le versant intime du grand homme. La salle des Souvenirs scientifiques, riche d'un millier de pièces, permet quant à elle de faire plus ample connaissance avec son œuvre. **M° Pasteur** 25, rue du Docteur-Roux 75015 Tél. 01 45 68 82 83 www.pasteur.fr Ouvert tlj. sauf sam., dim. et j. fériés 14h-17h30 Fermé en août Tarif 3€, réduit 1,50€

Autour du parc Georges-Brassens

Parc Georges-Brassens (plan 22, D2-D3) Les anciens abattoirs de Vaugirard, créés en 1898, occupèrent les lieux jusqu'à la création du parc, en 1982. Quelques témoins nous le rappellent : les deux taureaux en bronze qui en gardent l'entrée principale, le "fort des Halles" qui veille sur celle de la rue de Brancion, les halles de l'ancien marché aux chevaux, qui accueillent chaque week-end un très agréable marché aux livres, dont la visite peut être couplée avec celle des puces de Vanves voisines, ou encore l'élégant campanile de l'ancienne criée qui domine la pièce d'eau centrale. Au sud-est du parc, on découvrira une roseraie et un jardin odorant conçu pour les aveugles, avec des pancartes en braille indiquant les noms des espèces. Le buste en bronze de Georges Brassens se tient dans un coin discret, au sud de la pièce d'eau : le poète habitait à quelques pas de là, rue Santos-Dumont. **M° Convention, Porte de Vanves** 36, rue des Morillons 75015 Ouvert 8h (semaine), 9h (week-end et jours fériés) jusqu'au coucher du soleil

Rue et villa Santos-Dumont (plan 22, D2) Vous les trouverez en suivant la rue des Morillons sur quelques dizaines de mètres vers l'est, après le parc. Ce havre de verdure et de tranquillité, bordé de maisonnettes du début du XXᵉ siècle, séduisit Georges Brassens, qui y emménagea au n°42 en 1968 et y vécut jusqu'à sa mort, en 1981. D'autres artistes l'y avaient précédé, comme le peintre Fernand Léger et le sculpteur Ossip Zadkine, qui séjournèrent respectivement au n°4 et au n°3, tandis que le sculpteur Guérin habitait au n°13. *M° Plaisance, Convention*

La Ruche (plan 22, D2) Alors qu'il était en pleine gloire, le sculpteur Alfred Boucher eut l'idée d'acheter quelques éléments de l'Exposition universelle de 1900 qui venait de se terminer, dont la rotonde des Vins, la grille Art nouveau du pavillon de la Femme et deux cariatides du pavillon du Pérou. Il remonta le tout sur un terrain de 5 000 m² qu'il possédait pour en faire un phalanstère artistique de 140 ateliers, qu'il loua à prix très modéré à de jeunes artistes : Léger, Chagall, Zadkine, Soutine, Archipenko... Boucher les appelait les abeilles, et le pavillon fut surnommé la Ruche. Lui-même y vécut jusqu'à sa mort, en 1934. En 1960, des promoteurs peu portés sur les arts et la poésie voulurent détruire l'endroit pour y élever une tour HLM, mais des artistes se mobilisèrent et la Ruche fut classée monument historique en 1970. Restaurée, elle accueille à nouveau des artistes ; on peut contempler de la grille les cariatides qui en gardent l'entrée et le lierre qui s'enroule autour de son élégante structure de fer et de brique. *M° Convention 2, passage de Dantzig (à l'ouest du parc Georges-Brassens) Ne se visite pas*

Le 15ᵉ ardt, côté Seine

Les quais du 15ᵉ ardt, à la longue vocation industrielle, ont été peu à peu reconvertis. Selon l'époque, des options très différentes ont été adoptées : dalle de béton à Beaugrenelle dans les années 1970, jardin contemporain à Javel en 1992, geste architectural pour la maison de la culture du Japon en 1997.

★ Parc André-Citroën (plan 22, B1-B2) Inauguré en 1992, ce grand jardin a remplacé les anciennes usines Citroën, fermées en 1980. Ses 14 ha ont été dessinés par les paysagistes Gilles Clément et Alain Provost, et par les architectes Patrick Berger, François Jodry et Jean-Paul Viguier. Cet espace à la fois naturel et conceptuel est d'organisation un peu complexe : nous vous conseillons de vous référer aux plans installés aux entrées pour mieux vous repérer. *M° Balard, Javel Accès rue Balard, quai André-Citroën Ouvert 8h (semaine) ou 9h (week-end) jusqu'au coucher du soleil*

La visite Commencez votre déambulation par le **jardin Blanc**, entouré de murs en pierre blanche, qui évoque un cloître monastique. Son jardin central est rempli de plantes aux fleurs blanches : magnolias, saules crevettes, anémones du Japon, tulipes... Le jardin fait joliment écho au petit cimetière de Grenelle voisin, ceint d'un beau mur de pierre et traversé par une immense croix romaine formée de deux doubles haies de vieux marronniers. Pénétrez maintenant dans la partie principale du parc : un parterre de magnolias vous conduit aux deux grandes serres (visites de 11h à 18h), qui s'appuient sur de hauts piliers de bois très réussis ; la végétation n'a pas encore atteint son plein développement et elles semblent un peu vides. L'une d'elles est consacrée à la flore australienne et néo-zélandaise. Entre les deux serres, le péristyle d'eau enchante les enfants durant l'été avec ses 120 jets d'eau.

Symétrique du jardin Blanc, le **jardin Noir** se divise en deux niveaux. Le niveau inférieur privilégie les plantes de couleur sombre : pins sylvestres, rhododendrons, buis, fougères, eremurus de l'Himalaya, érables du Japon... Attention, une fois rentré, vous devrez en faire tout le tour avant de sortir ! Retournez dans la partie centrale pour gagner les six **jardins sériels**, aux six thèmes différents. Le jardin Doré, par exemple, rend hommage au soleil avec son cadran solaire et ses plantes aux reflets dorés (noisetiers, robiniers, hêtres, sureaux dorés...) ; nous vous laissons découvrir à quoi renvoient les cinq autres espaces, appelés Argent, Rouge, Orange, Vert et Bleu. Entre chaque jardin, des confessionnaux de verre, accessibles par des passerelles en bois, confirment la thématique mystico-religieuse de l'ensemble... La bonne surprise vient du jardin en Mouvement, où les ronces du Tibet et les fusains ailés s'entremêlent avec les bambous à charmes noirs en un désordre réconfortant après la géométrie un peu stricte des jardins sériels.

Front de Seine (plan 22, B1-C1)

Cet ensemble monumental comprend une quinzaine de tours de 98m de haut, réparties sur 25ha entre le quai de Grenelle, la rue Émeriau, la rue du Docteur-Finlay et la rue de l'Ingénieur-Robert-Keller. Accueillant un mélange de logements, de bureaux, de résidences hôtelières et un centre commercial, il fut édifié dans les années 1970 sur un emplacement précédemment occupé par des entrepôts et des usines. Selon les conceptions des urbanistes de l'époque, très influencés par Le Corbusier, le niveau de la rue est voué aux automobilistes et aux parkings, tandis que les piétons sont invités à évoluer à 3m au-dessus du sol sur une dalle de béton entrecoupée de passerelles. Ce vaste espace hésitant entre public et privé souffre d'un revêtement dégradé et dangereux, qui fait l'objet d'une importante rénovation jusqu'en 2011. Parmi les édifices les plus réussis, notons la tour Totem (1978), à la structure en béton apparente sur laquelle se greffent des alvéoles abritant des logements de standing. Prestigieuse et fortement sécurisée, elle a attiré de nombreuses communautés étrangères issues initialement d'Iran, du Liban et de la région du Golfe. Quantité de commerces orientaux se sont d'ailleurs installés dans les rues avoisinantes. *M° Bir-Hakeim, Charles Michels, Javel*

Maison de la culture du Japon (plan 5, C3)

Érigé entre 1994 et 1997, cet élégant centre culturel témoigne de convictions urbanistiques radicalement opposées à celles qui gouvernèrent l'édification du Front de Seine. Ici, tout a été mis en œuvre par les architectes Yamanaka Masayuki et Kenneth Armstrong pour assurer une intégration la plus fluide et la plus harmonieuse possible du bâtiment dans son environnement direct : forme courbe de la façade, hall d'accueil largement ouvert sur le trottoir, surfaces semi-transparentes, baies vitrées, couleurs douces. Le rez-de-chaussée dissimule une boutique (théières, livres, objets de décoration) et un centre d'information sur les activités proposées : expositions, concerts, danse, cinéma, théâtre, conférences, cours. Au 3ᵉ étage, vous trouverez une bibliothèque lumineuse, conviviale et richement équipée, et au 5ᵉ une salle réservée à la cérémonie du thé (tous les mer. 15h, 8€, réservation obligatoire), version résumée (45min) d'une tradition emblématique de la culture japonaise. Ce niveau bénéficie d'une vue superbe sur la tour Eiffel, le Trocadéro et la Seine. *M° Bir-Hakeim, RER Champ de Mars 101bis, quai Branly Tél. 01 44 37 95 00 www.mcjp.asso.fr Ouvert mar.-sam. 12h-19h (13h-18h bibliothèque et espace audiovisuel), jeu. nocturne jusqu'à 20h*

Où profiter d'une piscine découverte ?

Aquaboulevard (plan 22, B2-B3). Si l'ambiance du Club Med vous manque, le plus grand club aquatique d'Europe (7 000m²) vous réconfortera avec son immense piscine à vagues, ses toboggans, ses canons à eau, ses jacuzzis, son eau à 29°, son minigolf, ses courts de tennis, ses restaurants, et même sa plage... *M° et Tram Balard* 4, rue Louis-Armand 75015 Tél. 01 40 60 10 00 www.aquaboulevard.com Ouvert lun.-jeu. 9h-23h, ven. 9h-24h, sam. 8h-24h, dim. 8h-23h Clôture des caisses à 21h Tarif 20€ (ou 25€ d'avr. à sept.) 10€ pour les moins de 12 ans

Piscine du Novotel Tour Eiffel (plan 22, C1). Pour nager avec une vue imprenable sur la Seine, nul n'est besoin d'être client de l'hôtel, il suffit de se présenter dans le bâtiment de l'annexe de l'ex-hôtel Nikko et de monter au dernier étage. Vous y trouverez, outre le bassin – surmonté d'un toit ouvrant –, plusieurs saunas et des appareils de musculation. *M° Charles Michels* 61, quai de Grenelle 75015 Tél. 01 40 58 20 00 Ouvert lun.-ven. 8h-22h, sam. 8h-21h, dim. et j. fér. 10h-18h Tarif 14€

Où survoler Paris en montgolfière ?

Ballon Eutelsat (plan 22, B2). Le centre du parc André-Citroën accueille une grande montgolfière qui s'élève à 150m de haut pour le plus grand plaisir des enfants et de leurs parents. Le vol dure une dizaine de minutes. Sa capacité (30 personnes maximum) en fait le plus grand ballon du monde. Il ne vole que si le vent est très faible. *M° Balard* Tél. 01 44 26 20 00 www.aeroparis.com Ouvert 9h jusqu'à 30min avant la fermeture du parc Tarif 12€, 12-17 ans 10€, enfants 6€, gratuit pour les moins de 3 ans

GEOADRESSES

Tout, tout de suite ! Dans ce cas, les grands magasins vous attendent, mais allez-y le plus tôt possible afin d'éviter la foule. Plutôt envie de flâner à la recherche de la perle rare ? Ciblez quelques rues du 11e, du 18e, du Marais et des alentours du canal Saint-Martin, où se pressent créateurs et boutiques *trendy*. Pour des vêtements et des sacs griffés, rendez-vous rue du Faubourg-Saint-Honoré, avenue Montaigne et Rive gauche. En quête de basiques, optez pour la rue de Rivoli, très commerçante, en plein cœur de Paris. Amateurs de vintage et de bons plans, vous devriez trouver votre bonheur aux puces de Montreuil et dans le 18e qui regorge de friperies… Le shopping à Paris, c'est tout ça et plus encore : intimiste ou électrique, ultra branché ou classique, très abordable ou hyper cher, la capitale de la mode a de quoi faire tourner toutes les têtes : vous n'avez pas une minute à perdre.

Shopping à Paris

GEOMEMO

Grands magasins	BHV (4e), Printemps (9e), Galeries Lafayette (9e), Le Bon Marché (7e), Franck et Fils (16e)
Ouvert le dimanche	Bercy Village (12e), Carrousel du Louvre (1er), rue des Francs-Bourgeois (3e, 4e), av. des Champs-Élysées (8e), canal Saint-Martin (10e)
Soldes	Jusqu'à 6 semaines, 2 fois par an : **en hiver** à partir de mi-janvier, **en été** de fin juin à début août
Marchés aux puces	**Montreuil** M° Pte de Montreuil Sam.-lun. 7h-19h30 **Saint-Ouen** M° Pte de Clignancourt Sam.-lun. 10h-18h **Vanves** M° Pte de Vanves Sam.-dim. 7h-13h (15h)
Petits prix et dégriffés	Autour de **Barbès** (18e) : fripes et démarques À **Alésia** (14e) : déstockage de grandes marques

Le shopping à la carte

ET AUSSI...
Animaux empaillés, matériel
de rando ou fleurs coupées,
ces inclassables sont
incontournables !

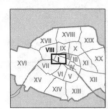

Palais-Royal

plans 8, 9, 28

De la rue du Louvre à la place de la Concorde, les alentours du Palais-Royal mêlent enseignes haut de gamme et tendance. Terrain de jeu d'une faune branchée et des *beautiful people*, ici shopping rime souvent avec budget conséquent.

Autour de Palais-Royal

Rapporter des souvenirs du Louvre

Comme le veut la tradition, le Louvre (plan 28) accueille, le matin, les copistes venant imiter les grands maîtres – comme le faisaient les plus grands, de Rubens à Van Gogh, Matisse et Picasso, en passant par Delacroix. Faute de pouvoir vous offrir une de leurs productions, qui doivent obéir à des critères bien précis (format inférieur à l'original, signature, estampille du Louvre, etc.), rendez-vous dans les **boutiques du Louvre**, gérées par la Réunion des Musées nationaux (RMN), pour y dénicher un beau souvenir. Les célèbres reproductions de bijoux antiques (égyptiens, étrusques, grecs, etc.) sont en vente à la "Monnaie de Paris". À la Chalcographie sont conservés des cuivres gravés du département des Arts graphiques, dont on peut consulter et acheter les tirages actuels (estampes d'artistes du XVIIe siècle à nos jours). *M° Palais Royal-Musée du Louvre 75001 Tél. 01 40 20 53 53 http://boutique. louvre.fr Ouvert tlj. sauf mar. 9h30-19h, jusqu'à 21h45 mer. et ven.*

Où faire du shopping le dimanche ?

Galerie du Carrousel (plan 28). Rayonnant autour de la pyramide inversée, une quinzaine de boutiques de grandes chaînes (bijouterie, parfumerie, déco, disques, etc.). Proximité du Louvre oblige, la plupart sont fermées le mardi, mais toutes ouvrent le dimanche. *M° Palais Royal-Musée du Louvre 99, rue de Rivoli Accès également par le jardin du Carrousel 75001 Ouvert tlj. sauf mar. 10h-20h*

Où trouver des produits de luxe ?

Les galeries du Palais-Royal (plan 9). Ici, le luxe se fait discrétion, finesse, raffinement, courtoisie. L'endroit est inclassable, d'un charme absolu. Depuis des années, les élégantes chinent chez Didier Ludot (*20-24, galerie de Montpensier 75001 Tél. 01 42 96 06 56)* leurs robes couture vintage. Dior, Chanel, Nina Ricci, Courrèges, Céline, Givenchy, Lanvin, Hermès… Tous les grands noms de la mode s'affichent sur les portants du maître de céans, qui propose aussi une sélection incomparable d'accessoires. Autre lieu d'exception, les salons du Palais-Royal Shiseido (*25, galerie de Valois 75001 Tél. 01 49 27 09 09)* : le géant de la cosmétique japonaise a créé une boutique-boudoir unique au monde, où il diffuse une gamme de senteurs exceptionnelles. Comble du chic, ces parfums ne sont vendus que dans cet écrin. Pierre Hardy (*156, galerie de Valois 75001 Tél. 01 42 60 59 75)*, le chausseur star des maisons Hermès et Balenciaga, ouvre sa première boutique, où l'on retrouve sa collection personnelle. Autre créateur de mode à ne pas manquer, Jérôme Lhuillier (*27, galerie de Valois*

75001 Tél. 01 49 26 07 07) et ses imprimés chatoyants. Si vous avez la main verte et l'allure smart, faites un tour au Prince jardinier ! (*37, rue de Valois 75001 Tél. 01 42 60 37 13*). *M° Palais Royal-Musée du Louvre*

Où satisfaire les enfants ?

Boîtes à musique Anna-Joliet (plan 9). Dans les galeries du Palais-Royal, une adresse obligée pour petits et grands qui, génération après génération, s'émerveillent devant les boîtes à musique de cette jolie boutique. *M° Palais Royal-Musée du Louvre 9, rue de Beaujolais 75001 Tél. 01 49 27 98 60 www.boitesamusiqueannajoliet.com www.boitesamusique-paris.com Ouvert lun.-sam. 10h-19h*

Zef (plan 9). En arabe, *zef* signifie "vent". À Paris, c'est un autre type de souffle que ce Zef-là, celui de la mode enfantine qui fait fureur chez les bobos. La marque de Mariú Paolo Reversi a rencontré un tel succès que la demoiselle, fille du célèbre photographe, a ouvert deux échoppes en l'espace de quelques mois. *M° Palais Royal-Musée du Louvre 32, rue de Richelieu 75001 Tél. 01 42 60 61 04 Ouvert lun. 12h-19h mar.-sam. 11h-19h Autres adresses : 55bis, rue des Saints-Pères 75006 Tél. 01 42 22 02 93 lun.-sam. 11h-19h, 15, rue Debelleyme 75003 Tél. 01 42 76 09 65 (enfant, bébé) ouvert tlj. 11h-19h, Zef Piccolo 55, rue des Saints-Pères 75001*

Shopping gourmand

Kioko (plan 9). Les Japonais de Paris comme les Parisiens de retour de Tokyo, tels sont les habitués de cette vaste épicerie fine où l'on peut tout acheter, du frais comme du lyophilisé, de la *junk food* comme des produits raffinés, du radis *daïkon* au poivre *matcha* (thé vert) en passant par différentes huiles de sésame, du riz (parfois californien car le Japon n'en exporte que très peu) et de la sauce Bulldog pour préparer ses *yakisoba* (nouilles frites) à la maison. Magique quand on aime les impressions Soleil-Levant. *M° Pyramides 46, rue des Petits-Champs 75001 Tél. 01 42 61 33 66 Ouvert mar.-sam. 10h-20h, dim. 11h-19h*

Caves Legrand (plan 8). On y entre pour y acheter une cinquantaine de grammes de berlingots, du vinaigre de Banyuls, un bon porto blanc, un armagnac hors d'âge, une bouteille d'absinthe de Pontarlier, à moins d'essayer une bouteille de pétrus (mais quelle année choisir ?), quoique non, autant rester sage, un petit beaujolais fera bien l'affaire. Voilà les Caves Legrand, monument historique du vin et de l'épicerie fine depuis 1880, à visiter impérativement si vous êtes amateur de bonnes choses (cf. Manger dans le 3e ardt). *M° Bourse 1, rue de la Banque et 12, galerie Vivienne 75002 Tél. 01 42 60 07 12 Ouvert lun. 11h-19h, mar.-ven. 10h-19h30, sam. 10h-19h Fermé dim.*

Autour de Tuileries
Où découvrir les dernières tendances ?

Colette (plan 9). Une grande baie vitrée, des murs sobres, des vendeurs impeccablement tendance, ça y est, vous êtes dans le temple de la "branchitude"

GÉOADRESSES

SHOPPING

parisienne. Tout ce qui se fait de plus pointu en matière de mode, déco, design, beauté, nourriture, musique, livres d'art… passe d'abord sur ses rayonnages avant d'être éventuellement distribué ailleurs dans la capitale. Le bar à eaux et le restaurant accentuent le côté *hype* du lieu. Le point fort de Colette, c'est non seulement de faire dans l'ultrapointu, mais de permettre aussi aux petites bourses de dénicher un gadget rigolo. Même si ce n'est pas votre tasse de thé habituelle, faites une visite chez Colette, c'est le lieu où la réalité dépasse la fiction ! *M° Tuileries, Pyramides 213, rue Saint-Honoré 75001 Tél. 01 55 35 33 90 www.colette.fr Ouvert lun.-sam. 11h-19h*

Maria Luisa (plan 8). Autre prénom mythique qui se décline sur le fronton de plusieurs boutiques. Les collections des créateurs les plus en vogue pour hommes comme pour femmes sont ici sélectionnées par Maria Luisa Poumaillou elle-même, grande prêtresse de la mode et dénicheuse de talents. À la boutique accessoires, le cultissime chausseur Manolo Blahnik (celui-là même dont Sarah Jessica Parker ne se lassait pas dans le célèbre *Sex & the City*) est à l'honneur. C'est évidemment très sélect, et les prix sont à la hauteur des étiquettes griffées. *M° Concorde 38, rue du Mont-Thabor 75001 Tél. 01 42 96 47 81 Boutique femme 2, rue Cambon 75001 Tél. 01 47 03 96 15 Boutique homme 19bis, rue du Mont-Thabor 75001 Tél. 01 42 60 89 83 Boutique accessoires 40, rue du Mont-Thabor 75001 Tél. 01 47 03 48 08 Ouvert lun.-sam. 10h30-19h*

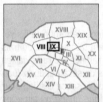

Opéra

plans 8, 9, 10

Indissociable des grands magasins concentrés autour de Havre-Caumartin, le quartier de l'Opéra s'étire des Grands boulevards (Richelieu-Drouot), où les passages couverts du XIXᵉ siècle réservent de bonnes surprises shopping, à Madeleine, haut lieu des épiceries fines et des enseignes prestigieuses. Pour toute la famille et tous les budgets.

Autour d'Opéra

Où chausser un petit rat ?

☺ **Repetto (plan 9).** Ici, rien ne semble avoir bougé malgré l'engouement qui a déferlé sur les fameuses ballerines à bout rond. Les lustres, la moquette, les poufs en velours rouge, le comptoir en bois massif… tout semble figé dans le temps ! Il faudra prendre votre mal en patience si vous souhaitez acquérir une précieuse paire de ballerines (ultraplates), qui se déclinent dorénavant dans toutes les couleurs et toutes les matières (cuir, daim, résille, etc.). Victimes de la mode et touristes venus du monde entier se pressent autour des étagères. Foule mise à part, les tutus et justaucorps sont toujours aussi impeccables. *M° Opéra 22, rue de la Paix 75002 Tél. 01 44 71 83 12 Ouvert lun.-sam. 9h30-19h30*

Rester zen

Spa des Cinq Mondes (plan 8). Une bonne idée pour les amateurs de sensations : rassembler les techniques ancestrales de massages du monde entier pour se relaxer à la carte et voyager à travers l'Inde, la Chine, le Japon, etc., emmené par des mains expertes, tout cela dans un seul spa. Un espace de 500m² où les masseuses officient dans des tenues amples d'inspiration asiatique, dans un cadre prune et blanc à la déco japonisante qui convient aussi bien à une clientèle féminine que masculine. On opte pour un bain chaud japonais (48€/30min) relaxant, aux huiles essentielles et pétales de rose dans une baignoire de cèdre rouge et pour un massage ayurvédique (90€/1h) à l'huile chaude qui alterne les mouvements doux et toniques et se termine par l'application d'un spray rafraîchissant. On aime l'atmosphère parfumée du lieu et la qualité des massages, on regrette son côté quelque peu impersonnel et son manque d'espace pour se prélasser et prolonger sa détente après les soins. Il est préférable de prendre rdv un mois à l'avance pour le samedi. Tarifs soins visage à la carte : la séance de 30min à 48€, la séance d'1h à 90€, la séance d'1h30 à 125€. *M° Opéra* 6, square de l'Opéra-Louis-Jouvet 75009 Tél. 01 42 66 00 60 www.cinqmondes.com Ouvert lun. mer. ven. 11h-20h, sam. 10h-20h, mar. et jeu. jusqu'à 22h

Autour de Havre-Caumartin

Les grands magasins

Difficile de dissocier les deux plus grands magasins parisiens – véritables temples du shopping au rayonnement international –, tant ces deux voisins du boulevard Haussmann rivalisent d'ingéniosité et de créativité pour attirer le chaland et être à la pointe de la mode. Une émulation et une surenchère – de moyens, de services, d'événements – qui ne peuvent que combler les nombreux visiteurs, touristes ou mordus du shopping, qui savent bien que ces deux colosses méritent le détour, chacun proposant des marques en exclusivité. Au moment de Noël, une visite s'impose avec les enfants pour admirer leurs vitrines animées : féerique !

Galeries Lafayette (plan 8). La magnifique coupole de verre néobyzantine ravit les visiteurs. Les galeries circulaires entendent satisfaire toutes les générations et tous les goûts, des plus branchés aux plus classiques. Vous trouverez les espaces beauté au rez-de-chaussée, créateur au 1ᵉʳ étage, et mode et sport au 5ᵉ. Les ados et adeptes de cultures urbaines ont pris leurs quartiers au sous-sol, où ils font une razzia de marques de *streetwear* dans l'espace VO (Version originale) décoré de graffitis et où des DJ officient régulièrement dans une caravane. Mention spéciale au Lafayette Maison, qui a judicieusement recréé l'univers domestique en attribuant une pièce à chaque étage (sous-sol : cuisine ; 3ᵉ : salon…), dans un cadre aéré et lumineux où l'on peut grignoter sur le pouce (au rez-de-chaussée). Les fines bouches font leurs courses et se régalent de produits fins au Lafayette Gourmet, tandis que les curieux admirent Paris du haut de la terrasse du 7ᵉ… où un avion s'est illégalement posé en 1919 ! *M° Havre-Caumartin*, RER Auber 35-40, bd Haussmann 75009 Tél. 01 42 82 34 56 Ouvert lun.-sam. 9h30-19h30, nocturne le jeu. jusqu'à 21h **Terrasse** Accès par l'escalator Mogador, 8ᵉ étage Ouvert 9h30-19h Café-restaurant de début mai à fin sept. ; télescopes (vue à 180°) Autres adresses www.galerieslafayette.com

Printemps (plan 8). Pionnier du boulevard Haussmann, le Printemps est toujours à la pointe de la création et du luxe, auquel il a affecté un étage entier. En perpétuel mouvement, il a ouvert en septembre 2005 de nouveaux espaces : enfant (de la naissance aux préados), lingerie (pensé dans un esprit boudoir design), accessoires (auxquels il consacre le rez-de-chaussée de ses magasins hommes et femmes : Printemps de l'Homme, Printemps de la Mode). Impossible de manquer le Printemps Beauté dont les 4 000m² en font le plus grand espace du monde dédié aux parfums, maquillages, soins du corps et du visage – le plus : la terrasse du 9ᵉ étage, où l'on peut se reposer sur un banc en admirant Paris ou commander un repas ou une boisson. D'autres préféreront le Café Flo, situé sous la coupole du Printemps de la Mode, au 6ᵉ. Les hommes s'en donnent à cœur joie au Printemps de l'Homme où les styles (streetwear, luxe...) sont déclinés selon les étages. *Mᵒ Havre-Caumartin, RER Auber, Haussmann-Saint-Lazare 64, bd Haussmann 75009 Tél. 01 42 82 50 00 Ouvert lun.-sam. 9h35-19h, nocturne le jeu. jusqu'à 22h* **Terrasse** *Printemps de la maison ; accès par ascenseur jusqu'au 8ᵉ étage puis escaliers jusqu'au 9ᵉ ; mêmes horaires que le magasin Café-restaurant intérieur-extérieur ouvert toute l'année lun.-sam. 9h30-18h45, nocturne le jeu. jusqu'à 22h Autres adresses : www.printemps.com/magasins*

☺ **Citadium (plan 8).** Ce temple du sport et de la mode rassemble aussi bien les sportifs urbains que les fous de glisse (skate, roller, snowboard) et les simples accros aux dernières tendances du streetwear. Que vous cherchiez une paire de baskets originale, un parka, une casquette ou un tee-shirt, vous êtes sûr de trouver votre bonheur dans ce mégastore de 6 000m². Et les filles sont comblées : un étage entier leur est dédié, rassemblant la crème des marques de streetwear trendy (Insight, Zoo York, Misericordia...). *Mᵒ Havre-Caumartin, RER Auber, Haussmann-Saint-Lazare 50-56, rue Caumartin 75009 Tél. 01 55 31 74 00 www.citadium.com Ouvert lun.-sam. 10h-20h, nocturne le jeu. jusqu'à 21h*

Shopping gourmand

Augé (plan 8). Elle vaut le coup (d'œil), elle vaut le goût (le bon, bien sûr) : millésimée 1850, voici probablement la plus belle maison parisienne au service du vin. Comme Marcel Proust en son temps, chacun peut encore venir piocher un petit ou un très grand flacon dans l'un des vieux casiers en bois qui recouvrent l'ensemble des murs de la boutique. Plusieurs centaines de références, y compris en vins étrangers : de quoi y passer des heures. *Mᵒ Saint-Augustin 116, bd Haussmann 75008 Tél. 01 45 22 16 97 Fermé dim. et lun. matin*

Autour de Richelieu-Drouot

Où faire du shopping avec les enfants ?

Village JouéClub (plan 10). Qui n'a jamais rêvé, petit, de passer une journée dans un magasin de jouets géant ? C'est possible au Village JouéClub, la plus grande enseigne de la capitale consacrée aux jouets et aux jeux. On parcourt ses 2 000m² répartis en huit boutiques thématiques en empruntant le passage (des Princes) restauré sous une superbe verrière. Espace jouets en bois, Côté jardin (avec "cabanes témoin"), Maison des tout-petits, Maison des poupées, Maison des jeux éducatifs,

Maison du modélisme, etc., tout est prévu pour satisfaire toutes les envies, même un salon de coiffure pour les bouts de chou et un espace réservé à l'organisation des anniversaires. Un paradis que l'on aurait adoré visiter enfant mais qui manque d'un soupçon d'âme pour les plus grands ! *M° Richelieu-Drouot Passage des Princes, 3-5, bd des Italiens 75002 Tél. 01 53 45 41 41 www.villagejoueclub.com Ouvert lun.-sam. 10h-20h*

La Tête dans les nuages (plan 8). On n'y a pas tant la tête dans les nuages que les yeux rivés à l'écran. Au-dessous du Village JouéClub, ce lieu confiné, tristounet et bruyant, n'a qu'une fonction : vous faire vivre dans des mondes virtuels. Les *aficionados* de jeux vidéo le savent bien et s'y pressent. Avec 250 postes de jeux, les *gamers* ont de quoi assouvir leur soif de nouvelles aventures, sachant qu'ici, tout est – presque – possible : danser, piloter, skier, surfer, pêcher, faire du skate, du bobsleigh ou du kart… dans un simulateur ou sur une borne d'arcade ! *M° Richelieu-Drouot 5, bd des Italiens 75002 Tél. 01 42 44 19 19 www.ltdn.com Ouvert lun., mar., jeu. 11h-0h30 ; mer., dim. 10h-0h30 ; ven. 11h-2h ; sam. 10h-2h*

☺ **Pain d'épices (plan 10).** Depuis 35 ans, on y meuble et bricole sa maison… de poupées ! Niché au cœur du passage Jouffroy, Pain d'épices propose plus de 4 000 accessoires en miniature : mobilier, lampadaires, bibelots, ustensiles de cuisine, personnages… sans oublier une vaste sélection de boîtes à musique, des jouets anciens et des kits pour confectionner des oursons en laine cardée. Une boutique au charme d'antan qui donne envie de retomber en enfance. *M° Grands Boulevards 29-31, passage Jouffroy 75009 Tél. 01 47 70 08 68 www.painde-pices.fr Ouvert lun. 12h30-19h, mar.-sam. 10h-19h, nocturne le jeu. jusqu'à 21h en fin d'année uniquement*

Un peu plus au nord, shopping design

☺ **PA Design (plan 8).** Un vase ventouse en PVC transparent qui adhère aux vitres, un tee-shirt blanc doté de petites ailes d'ange matelassées, une toise en plastique sur laquelle on glisse les photos d'identité de son bambin au fil de sa croissance, une étagère en forme de nuage, des tasses japonaises en porcelaine blanche couvertes de silicone colorée pour ne pas se brûler les mains… Derrière sa devanture vermillon, PA Design a de quoi ravir petits et grands avec ses créations et sa sélection d'objets pratiques, ludiques et beaux de 1€ à 400€, afin que chaque portemonnaie s'y retrouve. Idéal pour choisir un cadeau original. *M° Notre-Dame-de-Lorette 2bis, rue Fléchier 75009 Tél. 01 42 85 20 85 www.pa-design.com Ouvert mar.-ven. 11h-14h et 15h-19h, sam. 10h-3013h et 14h-19h*

Shopping gourmand

À la mère de famille (plan 8). Vénérable, la mère ! Même s'il est impoli de demander leur âge aux dames, il faut tout de même signaler que cette splendide confiserie remonte à… 1761. Aujourd'hui comme hier, un réjouissant programme pour becs sucrés, avec pâtes de fruits, fruits confits, macarons, bêtises de Cambrai, bergamotes de Nancy, négus, confitures et madeleines de Commercy pour aller à la recherche du temps perdu. *M° Le Peletier 35, rue du Faubourg-Montmartre 75009 Tél. 01 47 70 83 69 lun.-sam. 9h30-20h30, dim. 10h-13h*

Autour de Madeleine

Shopping gourmand

Cap sur le côté nord de la place *(plan 8)* où se côtoient les maisons Fauchon *(nᵒˢ 24-30)* et Hédiard *(n°21)*. Même si l'on ne compte pas acheter, il faut absolument s'attarder devant les vitrines de ces vénérables institutions (la maison Hédiard est installée ici depuis plus de 130 ans), sans quoi on risque de ne rien comprendre au quartier ! Difficile toutefois de s'en tenir au lèche-vitrines et de ne pas succomber à la tentation. Autour de la place, on découvrira aussi la Maison de la Truffe, la Marquise de Sévigné, célèbre pour ses chocolats, des magasins de fromage et de caviar. Autre ambiance du côté est de la place, où se déploie un marché aux fleurs, qui existe depuis 1834. Le côté ouest ménage des passages secrets : la galerie de la Madeleine, percée en 1840, longue de 53m et large de 4m, et, plus au nord, le passage de la Madeleine. À l'angle du boulevard de la Madeleine, moment d'émotion devant le n°9 où Marcel Proust passa son enfance. Le rez-de-chaussée de l'immeuble est occupé aujourd'hui par le restaurant Senderens. *M° **Madeleine** 75008*

Ladurée (plan 8). Historique, cette vieille et belle boutique mérite nettement plus la visite que son duplicata installé sur les Champs-Élysées. La salle, pleine de moulures et de fixés sous verre, offre un cadre délicieusement rétro, idéal pour picorer quelques-uns des macarons qui ont fait (et font encore) la gloire de la maison : citron vert basilic, cassis violette, menthe glaciale, poivre… Mais vous pouvez aussi vous laisser tenter par une religieuse à la rose, parfaite dans ce genre d'atmosphère. *M° **Madeleine**, **Concorde** 16, rue Royale 75008 Tél. 01 42 60 21 79 Ouvert tlj.*

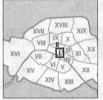

Châtelet-Les Halles plans 11, 14, 16

Au centre de Paris, c'est l'un des grands axes du shopping parisien. Le samedi, la jeunesse prend d'assaut ce quartier et ses grandes chaînes mode abordables, disséminées de la rue de Rivoli au Forum des Halles. On bifurque du côté d'Étienne Marcel, plus calme et paisible, où créateurs et boutiques pointues ont pris place.

Les rues à ne pas manquer

Rue Étienne-Marcel (plan 11) De la rue de Turbigo près des Halles à la place des Victoires, la rue Étienne-Marcel est un passage obligé des accros du shopping. Un axe qui peut satisfaire tous les budgets, réconciliant les amoureux de créateurs chic et branchés et les abonnés au *streetwear*. Les *fashionistas* ne manqueront pas la boutique à l'esprit boudoir de Paul & Joe (n°46 Tél. 01 40 28 03 34), l'enseigne design de Marithé + François Girbaud (n°38 Tél. 01 53 40 74 20), Bill Tornade (n°44 Tél. 01 42 33 66 47), ou encore les lignes épurées de Barbara Bui (n°23 Tél. 01 40 26 43 65). Rayons accessoires et chaussures, la sélection de grandes marques (Prada, Marc Jacobs…), opérée par Kabuki (n°21 Tél. 01 42 33 13 44 et n°25 Tél.

01 42 33 55 65), et les sacs Mandarina Duck (*n°36 Tél. 01 40 13 02 96*), sont un must. Les plus jeunes dévaliseront Replay (*n°36 Tél. 01 42 33 16 00*), Ddp (*n°44 Tél. 01 40 13 78 34*). Sans oublier Cop Copine (*n°37 Tél. 01 53 00 94 80*), le magasin acidulé de Miss Sixty (*n°32 Tél. 01 40 39 09 82*), Diab'less (*n°32 Tél. 01 42 36 10 50*), la sélection de baskets collectors de Shinzo (*n°39 Tél. 01 42 36 40 57*) et le *streetwear* ludique de Kana Beach, à deux pas (*78, rue Jean-Jacques-Rousseau*). **M° *Étienne Marcel*** 75001, 75002

Rue Montmartre (plan 11) Ici, les magasins de matériel pour la restauration ont laissé place aux créateurs de vêtements et d'accessoires : Jack Henry (*n°1 Tél. 01 42 21 46 01*), Claudie Pierlot (*n°1 Tél. 01 42 21 38 38*), Jack Gomme (*n°6 Tél. 01 40 41 10 24*), Territoire (*n°10 Tél. 01 42 33 15 52*). Un petit coup de cœur aussi pour la boutique de jouets à l'ancienne Moi, le héros (*n°32 Tél. 01 42 21 07 17*). A voir aussi les trois étages de Diesel (*n°21 Tél. 01 42 36 55 55*), décorés comme un vaste appartement. **M° *Les Halles, Sentier*** 75001, 75002

Rue du Jour (plan 16) Elle abrite de nombreuses boutiques mode, dont quatre sont consacrées à l'univers de la créatrice Agnès b. (enfant *n°2 Tél. 01 40 39 96 88*, femme *n°6 Tél. 01 45 08 56 56*, homme *n°3 Tél. 01 42 33 04 13* et bébé *n°19 Tél. 01 42 33 27 34*). Sans oublier les tops rétros de Maje (*n°16 Tél. 01 42 36 36 75*), les belles perles et les rubans soyeux de la mercerie La Droguerie (*n°9 Tél. 01 45 08 93 27*), ni les magnifiques tricots du Mont-Saint-Michel (*n°29 Tél. 01 53 40 80 44*). **M° *Les Halles*** 75001

Rue Tiquetonne (plan 11) Synonyme de collectors, elle figure parmi les bonnes adresses des chasseurs de perles rares et traqueurs de tendances. Première halte : Royalcheese (*n°24 Tél. 01 40 28 06 56 www.royalcheese.com*) pour débusquer des marques étrangères de *streetwear* (Stüssy, Kitten, 2K…), souvent trop rares en France, pour filles et garçons. Côté créateurs émergents, Kokon To Zai (*n°48 Tél. 01 42 36 92 41*) reste la référence. Depuis 2000, ce petit laboratoire à la pointe de la mode sélectionne quelques pièces des jeunes stylistes qui feront les beaux jours de demain (Marjan Pejoski, Raf Simons…) – Björk y fait son shopping quand elle est à Paris. Chez Maman (*n°4 Tél. 01 40 28 46 09*) remet les pendules à l'heure avec sa sélection de rééditions de montres des années 1970 et 1980 (Timex, Lip, Adidas, etc.). Les vraies mamans, elles, ne manqueront pas de flâner chez Notsobig (*n°38 Tél. 01 42 33 34 26*). Ce *concept store* clair et spacieux dorlote les marmots et bébés branchés avec ses vêtements et doudous amusants, craquants mais pas donnés. *Last but not least*, on fera une pause chez Patrick Cox pour se chausser avec style (*n°62 Tél. 01 40 26 66 55*). **M° *Étienne Marcel*** 75002

Où trouver fripes et *streetwear trendy* ?

Kiliwatch (plan 11). Temple ultramode de la fripe parisienne, Kiliwatch et ses dizaines de mètres linéaires règnent sur le marché du vintage. Si les vêtements d'occasion sont de qualité et très soigneusement sélectionnés, voire reprisés, ils restent chers pour les porte-monnaie modestes et les amateurs de bonnes affaires. Il n'empêche que ceux qui ne possèdent ni le doigté magique, ni la patience du chineur peuvent y dénicher de pimpantes chemises hawaïennes, de belles vestes en cuir, et de sexy jupons froufroutants. Sans oublier un formidable comptoir à jeans et un beau rayon chaussures. **M° *Étienne Marcel*** *64, rue Tiquetonne 75002 Tél. 01 42 21 17 37 Ouvert lun. 14h-19h, mar.-sam. 11h-19h30*

Street Machine (plan 16). Les puristes du genre connaissent ce *skate shop* depuis qu'il a ouvert en 1988 avant de s'exporter à San Diego. Ici, précise-t-on, on ne s'intéresse qu'au skateboard et surtout pas aux rollers ! Tee-shirts, casquettes, jeans, chaussures (pour filles aussi) et, bien sûr, les fameuses planches, tout est présenté avec style. Que l'on pratique le skate ou pas, c'est un bon *spot* pour les accros du *streetwear*. **M° *Châtelet*** *12, rue des Halles 75001 Tél. 01 40 26 47 90 www.streetmachine.fr Ouvert lun. 12h30-19h30, mar.-sam. 10h30-19h*

Où dénicher des créateurs ?

Surface to Air (plan 16). Ce collectif de graphistes touche-à-tout a décidé d'avoir pignon sur rue en installant son studio dans une boutique. Il y met en avant des créateurs qu'il apprécie tout en éditant des tee-shirts sous son nom. Un lieu branché aux allures de loft, dont la mise en scène et la décoration changent régulièrement et qui attire les avant-gardistes de la mode comme les curieux venus prendre le pouls des dernières tendances : vêtements, accessoires, bijoux et magazines étrangers confondus. **M° *Louvre-Rivoli, Châtelet*** *46, rue de l'Arbre-Sec 75001 Tél. 01 49 27 04 54 www.surface2air.com Ouvert lun.-sam. 12h30-19h30*

Espace Créateurs du Forum des Halles (plan 16). Trop souvent ignoré, l'Espace Créateurs du Forum des Halles est la plus grande concentration *fashion* de la capitale ! Ses huit boutiques diffusent les créations de jeunes talents, connus comme Xuly Bët et les Blancs Manteaux, ou plus anonymes mais dont le travail mérite une vitrine. Les styles sont variés et chacun peut y trouver la perle rare qui fera la différence. Gilles Rosier et Isabel Marant ont démarré là. **M° *Les Halles*** *Forum des Halles, porte Berger, niveau –1, 75001 Tél. 01 44 76 96 56 www.forum-des-halles.com*

Éric & Lydie (plan 11). Cette ravissante boutique présente les créations du duo de choc Éric & Lydie et quelques pièces de créateurs amis. Des colliers, bracelets, bagues et accessoires à cheveux travaillés dans différents métaux et agrémentés de perles et de pierres fines. L'esprit délicatement romantique d'Éric & Lydie fait mouche et l'on apprécie particulièrement leur mini-collection de tiares. Si vous avez cinq minutes, n'hésitez pas à jeter un coup d'œil aux vitrines voisines du passage du Grand-Cerf et à son architecture. Cette merveilleuse galerie couverte a été entièrement restaurée il y a quelques années. **M° *Étienne Marcel*** *7, passage du Grand-Cerf 75002 Tél. 01 40 26 52 59 Ouvert mar.-sam. 12h30-19h*

Où faire des affaires ?

Kookaï, le stock (plan 11). Rue Réaumur, un immense espace divisé en deux. D'un côté la collection de la saison en cours et de l'autre celle de la saison passée. Le stock est une véritable mine d'or pour se fabriquer une silhouette à moindre coût. Les fans de la marque le savent bien puisqu'elles peuvent rester des heures à passer en revue les portants et les bacs. Les étiquettes affichent au minimum 50% de rabais. N'oubliez pas de jeter un coup d'œil aux bacs "fins de série", vous pouvez y trouver de belles jupes à 9€! *M° Réaumur-Sébastopol 82, rue Réaumur 75002 Tél. 01 45 08 93 69 Ouvert lun.-sam. 10h30-19h30*

Où customiser sa garde-robe ?

Dylon Colour Center (plan 11). Lue comme ça, l'enseigne évoque une centrale informatique éclairée au néon. Mais les pros de la mode du Sentier, à deux pas de la boutique, savent bien que Dylon est la référence en matière de teinture textile. Les produits de la marque sont traditionnellement distribués en quincaillerie, mais cette boutique offre l'avantage de proposer aux coloristes amateurs toute la palette des teintures Dylon. Petit plus, on vous explique très gentiment quel produit utiliser sur quelle matière, ou encore comment obtenir les indémodables motifs *tie & dye*. *M° Étienne Marcel 25, rue Étienne-Marcel 75001 Tél. 01 45 08 08 46 www.dylon.fr Ouvert lun.-ven. 10h-12h45 et 14h-18h15*

Où agrandir sa discothèque ?

Urban Music (plan 16). En face du Forum des Halles, derrière sa devanture graphée, Urban Music propose essentiellement des vinyles, surtout des maxis, mais aussi des albums, en provenance du monde entier. Également des disques de *break-beat*, de l'*old school*, des *mixtapes*, etc., que vous pouvez écouter sur place, mixés en direct par le DJ de la maison. À deux pas de là, **Sound Records** (*6, rue des Prêcheurs*) propose un choix aussi vaste dans une boutique plus petite. Faites encore un saut chez **Monster Melodies** (*9, rue des Déchargeurs*) : impressionnante sélection de vinyles collectors (prix en conséquence) à l'étage, et soldes au rez-de-chaussée. *M° Châtelet, Les Halles 22, rue Pierre-Lescot 75001 Tél. 01 40 13 99 28 www.urbanmusic.fr Ouvert lun.-sam. 11h-19h30*

S'offrir une pause relaxante

☺ **Spa Nuxe 32 Montorgueil (plan 11).** Pierres apparentes, poutres en chêne et déco mêlent à ravir l'ancien et le moderne. Cet ancien chai de 400m² niché au fond d'une cour est un havre de paix en retrait de la passante rue Montorgueil. Installée dans l'une des quatre cabines spacieuses – dont l'une permet de venir à deux pour bénéficier d'un soin en duo –, on se laisse transporter par l'"Escapade éclat immédiat" (130€), un soin corps et visage de 1h30. Modelée par des mains expertes, on apprécie les effluves des produits du laboratoire Nuxe. Un sas bienfaisant et relaxant dont on sort fraîche et détendue, où l'on rêve de retourner au plus vite, ne serait-ce que pour une "beauté des mains" (35€/45min) ou un "massage détente" (77€/45min). À s'offrir ou à se faire offrir ! Mieux vaut réserver un mois ou deux à l'avance, mais en tentant votre chance à la dernière minute vous bénéficierez peut-être d'un désistement. *M° Les Halles 32, rue Montorgueil 75001 Tél. 01 55 80 71 40 Ouvert lun.-ven. 9h-21h, sam. 9h-19h30 Autres adresses : www.nuxe.com*

Shopping gourmand

Le Comptoir de la gastronomie (plan 11). Foie gras, truffes, salaisons, comestibles de choix : tout est dit sur la devanture de cette belle boutique des Halles d'antan, dont le millésime ne doit pas être loin des années 1890. Ce qui est bien, c'est que le foie gras, la grandiose *bellota* espagnole, les rillettes de canard, le confit d'oignons et allez savoir quoi encore peuvent se déguster sur place, la maison ayant le bon goût de laisser ses clients jouer à la dînette après avoir acheté qui de l'huile de truffe, qui du jambon de Bayonne des Salaisons pyrénéennes, qui des palets bretons, qui une boîte de salmis de palombe... Prévoyez 2h pour une visite complète. Formule (déj.) 22€, carte env. 30€. *M° Les Halles 34, rue Montmartre 75001 Tél. 01 42 33 31 32 Ouvert lun.-sam. 12h-22h30, brunch le dim. 9h-17h*

Stohrer (plan 11). Avec ses fresques sur verre du XIXᵉ siècle, Stohrer est évidemment l'une des plus charmantes pâtisseries qui soient. Les Japonais et les Américains la photographient d'ailleurs religieusement avant de s'y engouffrer pour engloutir deux babas et trois religieuses. Quand on s'appelle Élisabeth II et qu'on est en visite à Paris, on vous y offre un œuf de Pâques. Quand on s'appelle lambda, on a le droit (le devoir) de découvrir *la* spécialité maison, le puits d'amour caramélisé au fer rouge, un feuilletage enfermant une crème pâtissière vanillée divinement suave. *M° Les Halles, Étienne Marcel 51, rue Montorgueil 75002 Tél. 01 42 33 38 20 Ouvert tlj. 7h30-20h30*

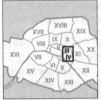

Le Marais

plans 11, 18, 19

De l'Hôtel de Ville jusqu'aux confins de Bastille et de République, le Marais rime surtout avec mode et tendance. Sa particularité : offrir une belle palette de boutiques *trendy* ouvertes le dimanche et se prêter parfaitement à la flânerie avec son entrelacs de ruelles, même si ne s'en tenir qu'au lèche-vitrines demande une réelle force de caractère. Vous voilà prévenus.

Autour d'Hôtel de Ville

Le Bazar de l'Hôtel de Ville

BHV (plan 18). Ce grand magasin a pignon sur la rue de Rivoli depuis 1856. Le BHV, c'est un vaste choix de luminaires, d'encadrements, une papeterie bien fournie, sans oublier les jouets, la parfumerie, les vêtements, l'électroménager... Cependant, on ne raterait pour rien au monde son sous-sol affecté au bricolage : une quincaillerie géante qui défie le temps et les modes et où l'on est sûr de trouver la pièce rare, l'outil et les conseils futés pour tout refaire chez soi ! On peut même faire une pause au "Bricolo Café", dans un décor d'atelier d'autrefois. Possibilité de se restaurer au 5ᵉ étage : privilégiez le self avec vue sur l'Hôtel de Ville (*Tél. 01 42 74 97 21*). À noter que depuis mars 2007 est installé le BHV Homme. Derrière une étonnante façade végétale, 4 000m² dédiés aux hommes qui allient la mode, les tendances, les services avec café, barbier, lunetier et même cireur de chaussures... Et le Top Ten des meilleures ventes au rez-de-chaussée ! *M° Hôtel de Ville 52, rue de Rivoli 75001 Paris Tél. 01 42 74 90 00 Ouvert lun.-sam. 9h30-19h30, nocturne le mer. jusqu'à 21h Autres adresses : www.bhv.fr BHV Homme 36, rue de la Verrerie 75004 Tél. 01 42 74 90 00 www.bhvhomme.fr Ouvert lun.-sam. 10h-20h, nocturnes les mer. et ven. jusqu'à 21h*

Où faire du shopping le dimanche ?

Anatomica (plan 19). Avant tout un concept : celui de la chaussure anatomique! Celle dans laquelle nos orteils et notre voûte plantaire respirent et ne sont pas à l'étroit. Dans cette belle échoppe meublée d'un grand comptoir et d'étagères en bois, on trouve le fin du fin en matière de semelles, importé d'Allemagne avec les célèbres Birkenstock (tous les modèles pour femmes, hommes et enfants) et le beau design des Trippen... Également une jolie sélection de vêtements. Les prix sont à la hauteur de la réputation : élevés! *Mº Hôtel de Ville* 14, rue du Bourg-Tibourg 75004 Tél. 01 42 74 10 20 Ouvert lun.-sam. 11h-19h, dim. 15h-19h

Dom Christian Koban (plan 19). Importé d'Allemagne, ce *concept store* orienté déco et gadgets s'est imposé comme l'un des temples du kitsch, quand la vague a déferlé sur la capitale il y a quelque temps. Preuve de son succès, une foule bigarrée s'y presse quotidiennement. Sur fond de musique techno, on trouve un peu de tout chez Dom: des meubles, de la vaisselle et des objets de déco, dont des copies de classiques du design à des prix défiant toute concurrence ! Et tout un tas d'idées cadeaux un peu zinzin comme une vache volante en plastique ou des pâtes en forme de zizi ! *Mº Hôtel de Ville* 21, rue Sainte-Croix-de-la-Bretonnerie 75004 Tél. 01 42 71 08 00 Ouvert lun.-sam. 11h-20h, dim. 14h-20h

Se délasser au hammam

Bains du Marais (plan 19). Une adresse bien connue des *aficionados* du hammam et, pour les néophytes, une bonne initiation au rituel du bain de vapeur oriental, dans un cadre qui évoque plus le spa d'un hôtel chic (marbre, grès, tons ocre) qu'un hammam traditionnel. Les initiés apprécieront son côté intimiste, mais regretteront l'absence d'une piscine d'eau froide. Après un bain de vapeur dans la salle chaude et un agréable gommage-massage au savon noir (35€), on peut opter pour un sauna et se prélasser dans la salle de repos en buvant un thé à la menthe, puis poursuivre sa détente au salon de coiffure ou enchaîner sur une manucure (31€), un soin du visage (de 65€ à 75€) ou profiter du café-restaurant pour prendre une collation. Un vrai moment à soi. Pour le week-end, il est conseillé de réserver deux semaines à l'avance. Entrée simple avec accès hammam, sauna et salle de repos (peignoir, serviette, claquettes fournies) et thé 35€. *Mº Hôtel de Ville, Rambuteau* 31-33, rue des Blancs-Manteaux 75004 Tél. 01 44 61 02 02 www.lesbainsdumarais.com Ouvert femmes : lun. 11h-20h, mar. 11h-23h, mer. 10h-19h ; hommes : jeu. 11h-23h, ven. 10h-20h ; mixte : mer. 19h-23h, sam. 10h-20h, dim. 11h-23h (maillot obligatoire)

Shopping gourmand

☺ **Mariage Frères (plan 19).** Difficile d'échapper à cette institution ! Si l'enseigne possède plusieurs boutiques dans la capitale, celle-ci reste notre préférée, notamment pour son petit musée consacré aux thés et à leur culture. Ah! prendre son quatre-heures sous la verrière du petit salon qui jouxte le comptoir à thé et ses dizaines de boîtes renfermant de précieux nectars du monde entier, ces jolies tables aux nappes d'une blancheur immaculée, ces serveurs en veste du même ton, le chariot à pâtisseries avec ses sablés et ses scones divins. Un instant à savourer avant

de plonger dans les subtiles senteurs de la boutique et de repartir avec son petit sachet. Un pur moment de bonheur! Thé à partir de 7€, brunch le dim. 30€.
M° Hôtel de Ville 30, rue du Bourg-Tibourg 75004 Tél. 01 42 72 28 11 Ouvert tlj. 10h30-19h30 (boutique), 12h-19h (salon)

☺ **Izrael (plan 19).** Quand on a l'esprit mal tourné, on est parfois tenté d'y entrer pour demander un produit découvert à plusieurs milliers de kilomètres de Paris. "Une pâte pour préparer un *mole* mexicain, vous n'avez pas ça, hein ?" La réponse sera probablement "si", car Izrael est l'un des plus fabuleux comptoirs à épices et à produits du monde qui soient. Du poivre de Tellichery, des haricots noirs brésiliens, des feuilles de bergamotier thaï, du *lime pickle* indien et mille autres choses : il faudrait être de bien mauvaise humeur pour ne pas trouver là son bonheur. **M° Saint-Paul** 30, rue François-Miron 75004 Tél. 01 42 72 66 23 Ouvert mar.-sam. 9h30-13h et 14h30-19h

Autour de Saint-Paul
Où faire du shopping le dimanche ?

Rue des Francs-Bourgeois (plan 19) Entre la rue des Archives et la place des Vosges, c'est l'une des rares artères parisiennes où l'on peut faire son shopping le dimanche. Victime de son succès, elle est souvent bondée ce jour-là. Mieux vaut donc savoir jouer des coudes ou en profiter plus calmement en semaine. Difficile de résister à la tentation, tant l'offre est alléchante et variée. On se chausse chez Camper (n°9 Tél. 01 40 41 98 47), Jean-Claude Monderer (n°22 Tél. 01 48 04 51 41), Mellow Yellow (n°43 Tél. 01 44 54 11 51) ou Parallèle (n°2 Tél. 01 42 72 97 94). Puis on s'habille chic et créateur chez A.P.O.C., la griffe urbaine et avant-garde d'Issey Miyake (n°47 Tél. 01 44 54 07 05), Zadig & Voltaire (n°42 Tél. 01 44 54 00 60), Et Vous (n°6 Tél. 01 42 71 75 11), Barbara Bui (n°43 Tél. 01 44 59 94 06) ou Ventilo (n°10 Tél. 01 40 27 05 58). On apprécie aussi les enseignes plus abordables et toujours *fashion* : Les Petites (nᵒˢ41-43 Tél. 01 44 59 36 54), Antoine et Lili (n°51 Tél. 01 42 72 26 60), Comptoir des Cotonniers (n°33 Tél. 01 42 76 95 33) et American Retro (n°40 Tél. 01 42 78 42 40), avec ses coupes originales inspirées du vintage. Impossible de manquer la collection Bensimon chez Autour du monde (n°12 Tél. 01 42 77 16 18), ni son espace Home dédié à la maison (n°8 Tél. 01 42 77 06 08). Enfin, on parfait sa tenue de bijoux fantaisie en piochant chez Metal Pointus (n°19 Tél. 01 40 29 44 34), Satellite (n°23 Tél. 01 45 44 67 06), Cécile Jeanne (n°12 Tél. 01 44 61 00 99), Monic (n°5 Tél. 01 42 72 39 15), Swatch (n°17 Tél. 01 44 59 80 86). Les fanas de gadgets fonceront chez La Chaise longue (n°20 Tél. 01 48 04 36 37), où ils trouveront des cadeaux rigolos et décalés, tandis que les amateurs de beaux agendas apprécieront le Filofax Centre (n°32 Tél. 01 42 78 67 87) et L'Art du buro (n°47 Tél. 01 48 87 57 97). Pendant ce temps, on se refait une beauté avec un stock de produits Kiehl's – que les New-Yorkaises s'arrachent depuis 1851 (n°15 Tél. 01 42 78 70 11) –, puis on passe chez Fragonard (n°51 Tél. 01 44 78 01 32), en s'arrêtant en chemin chez Esteban (n°20 Tél. 01 40 27 04 16), pour parfumer sa maison. **M° Saint-Paul** 75003, 75004

Abou d'Abi Bazar (plan 19). Si l'enseigne invite au voyage sous d'autres cieux, il n'y a rien de très exotico-kitsch sur les portants... mais toutes les marques que les filles dans le vent aiment porter : Isabel Marant, Ch'Ind, Vanessa Bruno, Maje, Stella Forest, Antik Batik, Les Petites… et une belle brochette d'accessoires (sacs, chaussures et bijoux). Si la sélection est inégale d'une saison à l'autre, on craque toujours sur une pièce ou deux. *M° Saint-Paul* 10, rue des Francs-Bourgeois 75003 Tél. 01 42 77 96 98 Ouvert lun. 14h-19h15, mar.-sam. 10h30-19h15, dim. 14h-19h

Muji (plan 19). En japonais, *muji* est l'abréviation de "produits de qualité sans marque". Créée en 1981, la marque nippone a conquis Paris en 1998 avec ses basiques pour la maison, le bureau et la vie quotidienne, des créations que l'on reconnaît souvent à leur sobriété : boîtes de rangement en carton, stylo et classeurs en plastique transparent, vêtements et linge de maison gris chiné, blanc, kaki ou noir. Une simplicité presque austère, qui transforme les objets en classiques intemporels et apporte une touche zen chez soi. *M° Saint-Paul* 47, rue des Francs-Bourgeois 75004 Tél. 01 49 96 41 41 Ouvert lun.-ven. 10h-19h30, sam. 10h-20h, dim. 13h-19h Autres adresses : www.muji.fr

CSAO (plan 19). Au rez-de-chaussée, vous trouverez de la vaisselle *tie & dye*, des fauteuils et des nattes multicolores en plastique tressé, des sacs, des porte-monnaie et des trousses en tissu bariolé, des objets sculptés dans des matériaux de récup' par des artisans du Sénégal et des pays voisins… Dans la salle du fond, jetez un coup d'œil au fabuleux comptoir de tissus traditionnels. *M° Saint-Paul* 9, rue Elzévir 75003 Tél. 01 42 71 33 17 Ouvert lun.-sam. 11h-19h, dim. 14h-19h

Où customiser sa garde-robe ?

Entrée des fournisseurs (plan 18). Cette mercerie d'un troisième type, cachée au fond d'une cour pavée, est une véritable mine d'or pour les couturières, stylistes et modeuses qui se sont mises à la customisation. Elle regorge de trésors soigneusement sélectionnés : boutons, pelotes de laine, rubans, patrons, galons, paillettes, perles, toiles de coton ou liberty au mètre… Tout est si joliment mis en valeur que même celles qui n'ont jamais touché une aiguille se piqueront de se lancer dans la confection. *M° Saint-Paul* 8, rue des Francs-Bourgeois 75003 Tél. 01 48 87 58 98 Ouvert lun. 14h-19h, mar.-sam. 10h30-19h

Où habiller les enfants ?

Carabosse (plan 19). Cette Carabosse-là est mille fois plus diabolique que la célèbre fée. Impossible de résister au style de cette adorable boutique de vête-ments pour bambins. Les matières, du coton à l'éponge, les coupes toujours impec-cables, les couleurs raffinées et les imprimés à rayures sont de pures merveilles. De 3 mois à 12 ans. *M° Saint-Paul* 11, rue de Sévigné 75004 Tél. 01 44 61 05 98 www.carabosse.eu Ouvert mar.-sam. 11h-19h, dim. 15h-19h

Où se meubler design ?

Cappellini (plan 19). Attention, lieu culte des *design victims*! Dans cet ancien hammam de la célèbre rue des Rosiers, sur deux étages, on peut admirer le mobi-lier sélect signé par des stars et des valeurs montantes du design qu'édite cette pres-

GÉOADRESSES

SHOPPING

tigieuse maison. Les prix sont eux aussi flamboyants. Les bourses modestes mais amoureuses de belles lignes pourront toujours se consoler en visitant ce temple comme un monument à la gloire de l'esthétique chic ! *M° Saint-Paul 4, rue des Rosiers 75004 Tél. 01 42 78 39 39 Ouvert mar.-sam. 10h30-13h et 14h-19h*

Autour de Filles-du-Calvaire

Une rue qui monte...

☺ **Rue Charlot (plan 18)** Entre la rue des Quatre-Fils et le boulevard du Temple, cette belle rue du haut Marais a le vent bobo en poupe. La rue Charlot attire des créateurs et boutiques de mode branchés : Gaspard Yurkievich (*n°43 Tél. 01 42 77 55 48*), Moonyounghee (*n°62 Tél. 01 42 72 12 59*), Les Belles Images (*n°74 Tél. 01 42 76 93 61*), AB 33 (*n°33 Tél. 01 42 71 02 82*). S'y sont aussi installées une libraire – Librairie 213, spécialisée dans le livre de photos d'art (*n°58 Tél. 01 43 22 83 23*) – et des galeries : Dansk, dédiée au design danois des années 1950-1970 (*n°31 Tél. 01 42 71 45 95*), Anne Vignial (*n°53 Tél. 01 48 87 01 00*) et Jacques Levy (*n°62 Tél. 01 42 78 79 24*). Les cinéphiles se donnent rdv chez Blaqout, une boutique en noir et blanc qui ne vend que des DVD de films d'auteur (*n°52 Tél. 01 42 77 88 18*), à accompagner d'un bon cépage conseillé par Julien, le caviste (*n°50 Tél. 01 42 72 00 94*). On entre au Boudoir et sa philosophie (*n°18 Tél. 01 48 04 89 79*) pour transformer sa chambre en salon XVIIIe siècle. Et difficile de résister à l'envie de se faire tirer le portrait par le photographe de quartier, à chacun son image. Installé à l'entrée du marché des Enfants-Rouges, il vend aussi des petites photos d'anonymes et des cartes postales anciennes (*nos35-37 Tél. 06 65 23 95 03*). On n'oubliera pas les sacs et accessoires de Pauline Pin (*n°51 Tél. 01 42 78 06 67*) avant d'aller siroter un thé dans le jardin d'Altéa (*n°41 Tél. 01 42 77 71 00*). Lessivé ? On s'abandonnera aux mains des masseuses d'India & Spa (*n°76 Tél. 01 42 77 82 10*) pour repartir du bon pied. *M° Filles du Calvaire 75003*

Où acheter des disques collectors ?

Oldies but Goodies (plan 18). Tenue avec passion depuis au moins vingt-cinq ans par Roger Veinante (le premier à avoir importé en France les productions du label Stax !) et réputée pour ses imports des États-Unis, Oldies but Goodies propose surtout des vinyles (par milliers, en 33t et en 45t) de blues, de rock, de rockabilly, de pop, de soul, de funk, de country, etc. Le collectionneur y trouvera certainement son bonheur mais à condition, parfois, d'y mettre le prix. *M° Filles du Calvaire 7-9, rue des Filles-du-Calvaire 75003 Tél. 01 48 87 14 37 Ouvert lun.-sam. 10h-12h30 et 14h-19h30*

Shopping gourmand

Goumanyat (plan 11). Une flopée de chefs célèbres (et moins célèbres) a le bon goût de venir s'approvisionner chez Jean-Marie Thiercelin, descendant d'une famille de fins connaisseurs du safran. Il faudra donc jouer à pile ou face le Gâtinais ou l'Espagne, à moins d'être simplement venu chercher une dose de ras-el-hanout ou de poivre de Java, de curry de Bombay ou de poivre de Tasmanie... *M° République 3, rue Dupuis 75003 Tél. 01 44 78 96 74 Ouvert mar.-sam. 14h-19h*

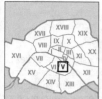

Quartier latin

plans 17, 18, 24

Fidèle à sa tradition estudiantine, le Quartier latin demeure un repaire de librairies et de disquaires bon marché. Les campeurs et voyageurs au long cours ne manqueront pas l'institution locale qui leur est dédiée.

Autour de Saint-Michel

Où trouver des livres anglo-saxons ?

Librairie Shakespeare & Co (plan 17). Une véritable institution de la littérature anglo-saxonne. Ouverte en 1951 par George Whitman, digne petit-fils du célèbre poète américain Walt Whitman, cette librairie anglo-saxonne présente un incroyable dédale de rayonnages encombrés de milliers de livres (parfois introuvables ailleurs), mais aussi... d'alcôves ! Depuis cinquante ans, George y héberge gracieusement des jeunes fauchés du monde entier en échange de quelques menus travaux, écriture de textes ou lecture de poèmes... Henry Miller, Anaïs Nin, Bertolt Brecht, Arthur Miller, William Styron, Jacques Prévert, Louis Aragon, François Truffaut et les grandes figures de la *beat generation* – William Burroughs, Allen Ginsberg et Gregory Corso – y ont eux-mêmes séjourné, et ça continue ! Au petit matin, il faut enjamber les jeunes qui dorment encore sur leurs matelas après une courte nuit passée à refaire le monde... Toute la vie de bohème à Paris ! *M° Saint-Michel, RER Saint-Michel-Notre-Dame 37, rue de la Bûcherie 75005 Tél. 01 43 25 40 93 Ouvert tlj. 11h-0h*

Où satisfaire campeurs et randonneurs ?

Au vieux campeur (plan 17). Depuis 1941, il campe dans le Quartier latin. Installé historiquement au 38 de la rue des Écoles, transformé en petit musée retraçant l'histoire de l'entreprise – il a désormais 25 magasins à son actif dans un périmètre de quelques pâtés de maisons entre la rue des Écoles et le boulevard Saint-Germain. Spécialisé dans l'équipement de randonnée, de montagne, de plongée, de voile ou de camping, on y trouve tout pour partir en expédition, de la forêt de Fontainebleau à la Patagonie. Un paradis pour les fous de plein air et les voyageurs au long cours. *M° Cluny-La Sorbonne 48, rue des Écoles 75005 Tél. 01 53 10 48 48 www.au-vieux-campeur.fr Ouvert lun.-ven. 11h-19h30, sam. 10h-19h30, nocturne le jeu. jusqu'à 21h*

Pause gourmande

La Pâtisserie viennoise (plan 18). Délicieux *strudel*, fameuse *sachertorte*, alléchants danube pavot-griotte... Si vous avez l'eau à la bouche, n'hésitez pas et poussez la porte de ce minuscule établissement qui dispose de quelques petites tables, prises d'assaut à l'heure du déjeuner par les étudiants du quartier. *M° Odéon 8, rue de l'École-de-Médecine 75006 Tél. 01 43 26 60 48 Ouvert 9h-19h Fermé sam., dim. et j. fér.*

GÉOADRESSES

SHOPPING

Autour de Jussieu

Repaires de mélomanes

La Dame blanche (plan 24). Toute la musique classique est proposée chez La Dame blanche, boutique de charme située à côté de l'église Saint-Étienne-du-Mont. On peut y trouver de nombreux collectors et raretés, aussi bien en musique contemporaine qu'en musique de chambre, ainsi que des enregistrements pour audiophiles. Possibilité d'écouter les disques et de déposer des listes de disques recherchés. Un peu l'équivalent de Paris Jazz Corner pour le classique : collectionneurs bienvenus ! *Mᵒ Cardinal Lemoine, Maubert-Mutualité 47, rue de la Montagne-Sainte-Geneviève 75005 Tél. 01 43 54 54 45 www.ladameblanche.fr Ouvert lun.-sam. 10h30-20, dim. 11h30-19h30*

Paris Jazz Corner (plan 24). Depuis 1991, Paris Jazz Corner est le magasin de référence de la culture jazz au sens large (big bands, gospel, free-jazz mais aussi Dixieland, New-Orleans, boogie-woogie, be-bop, cool, etc.), des années 1930 à nos jours. Bénéficiant d'un cadre privilégié en face des arènes de Lutèce, ce temple des collectionneurs français et internationaux propose vinyles (originaux, rééditions, collectors), CD, livres et revues. En 1996, l'équipe a ouvert tout près Jazz ensuite, spécialisé dans le jazz vocal, le blues et le funk. *Mᵒ Place Monge 5, rue de Navarre 75005 Tél. 01 43 36 78 92 www.parisjazzcorner.com Ouvert lun.-sam. 11h30-20h30*

Crocodisc (plan 24). Ses deux boutiques attenantes, aux façades bleue et jaune, sont bien connues (depuis 1978 !) des collectionneurs de disques vinyles et CD : on trouve dans la première soul, funk, rap, *world music* et dans la seconde rock (tous les styles), chanson française, musiques de films, etc. Le tout à des prix abordables, à condition de savoir fouiner ! Crocodisc a un point fort : un stock imposant, renouvelé chaque jour. On peut donc en ressortir les bras vides ou chargés de trouvailles, selon son humeur... ou celle des vendeurs. Un passage obligé, qu'on ne manquera pas de compléter par un saut chez Croco Jazz, spécialisé en jazz et blues. *Croco Jazz Mᵒ Cardinal Lemoine, Maubert-Mutualité 64, rue de la Montagne-Sainte-Geneviève 75005 Tél. 01 46 34 78 38 Fermé j. fér. et les 3 premières semaines du mois d'août Crocodisc Mᵒ Cluny-La Sorbonne 40-42, rue des Écoles 75005 Tél. 01 43 54 33 22 www.crocodisc.com Ouvert mar.-sam.11h-19h*

Jussieu Music (plan 24). Jussieu Music, avec ses cinq boutiques spécialisées toutes situées dans le même périmètre, à quelques pas les unes des autres (jazz, rock, classique, techno-rap et reggae-world), est un passage obligé des amateurs de CD d'occasion. Jussieu Music propose un choix immense et constamment renouvelé, des nouveautés et des raretés, des coffrets et, depuis peu, une vaste sélection de DVD musicaux (concerts, etc.). La spécialisation des boutiques permet de dénicher des perles, majoritairement sur CD mais aussi sur vinyles : une étape de choix sur le parcours des soldeurs parisiens. *Mᵒ Jussieu 19, rue Linné 75005 Tél. 01 43 31 14 18 www.jussieumusic.com Ouvert lun.-sam. 11h30-19h30*

Saint-Germain-des-Prés

plans 14, 15, 23

Au cœur de la rive gauche, Saint-Germain-des-Prés, qui s'étire jusqu'à Saint-Sulpice et la rue du Bac, est, avec ses enseignes luxueuses, le fief de l'élégance chic et raffinée. Agréable à arpenter, ce quartier a aussi su conserver une âme commerçante et animée. Vers le sud, la rue de Rennes aligne boutiques et magasins de toutes sortes jusqu'à Montparnasse.

Autour de Saint-Germain-des-Prés

Où trouver des créateurs ?

Les Prairies de Paris (plan 15). Pour aller brouter cette herbe-là, on n'hésitera pas à se transformer en bovidé ! Dans ce pré a germé le talent d'une charmante jeune femme dont les créations affolent toutes les marguerites du bitume. Laetitia Ivanez, c'est simple, on l'aime pour sa finesse, sa féminité, sa légèreté, sa façon naturelle de se situer en décalage, avec candeur et élégance, par rapport aux tendances qui nous submergent chaque saison. Résultat : des jupes évanescentes, des pulls sexy juste comme il faut, des pantalons et des vestes aux coupes classiques rehaussés d'un détail *fashion*. **Mo Saint-Germain-des-Prés** 6, rue du Pré-aux-Clercs 75007 Tél. 01 40 20 44 12 Ouvert lun.-sam. 10h30-13h30 et 14h30-19h

Irié Wash (plan 15). Plus qu'un nom, c'est avant tout un concept, mis au point par un ancien assistant de Kenzo. L'idée est simple et fait rêver depuis des lustres toutes les ménagères : le vêtement infroissable même au lavage. Irié Wash a donc développé toute une gamme de textiles comme le polyester japonais ou le polyamide Lycra, déclinés ensuite en collection de basiques bon teint. Immanquable donc pour les grandes voyageuses ou les vraies paresseuses. **Mo Saint-Germain-des-Prés** 8, rue du Pré-aux-Clercs 75007 Tél. 01 42 61 18 28 Ouvert lun.-sam. 10h15-19h

Où dénicher de véritables sabots suédois ?

Kerstin Adolphson (plan 14). Coincée entre la Brasserie Lipp et la Compagnie française de l'Orient et de la Chine, cette petite boutique en bois bleu est courue par toutes les "Heidi" de Paris. Ses superbes sabots en bois et cuir peints sont une pure merveille, que la mode remet de manière cyclique au goût du jour. On y vient aussi pour les beaux collants rayés en laine multicolore et les authentiques chaussons suédois… Mais si ! Ce sont de grosses chaussettes tricotées, cousues sur une fine semelle de cuir. Petit plus : la quasi-totalité des articles existe en taille enfant et adulte. **Mo Saint-Germain-des-Prés** 157, bd Saint-Germain 75006 Tél. 01 45 48 00 14 Ouvert lun.-sam. 10h-19h30

GÉOADRESSES

SHOPPING

Shopping gourmand

Da Rosa (plan 14). Pour les amateurs, cette épicerie est tout simplement paradisiaque : on y trouve le meilleur de l'Espagne ou de l'Italie, de la vallée du Rhône comme du Pays basque, de vieux *jabugo* comme des *culatellos* moelleux, de la poutargue de Messolongi, des mélanges d'épices signés Olivier Roellinger... Également de quoi se restaurer sur place, cf. Manger dans le 6e ardt. *M° Mabillon* 62, *rue de Seine 75006 Tél. 01 40 51 00 09 Ouvert tlj.*

Autour de Saint-Sulpice

Où trouver des créateurs ?

Vanessa Bruno (plan 14). Vraie star au Japon avec huit boutiques, Vanessa Bruno est aussi une styliste très prisée par les *fashionistas* parisiennes, bien qu'elle n'y ait jusqu'à présent ouvert que deux échoppes. Un juste succès qu'elle doit à ses célèbres tee-shirts en fil d'Écosse, devenus depuis un grand classique. Les porte-monnaie les plus minces apprécient sa seconde ligne baptisée Athé, moins chère et plus jeune. *M° Saint-Sulpice 25, rue Saint-Sulpice 75006 Tél. 01 43 54 41 04 Ouvert lun.-sam. 10h30-19h Autre adresse : M° Tuileries 12, rue Castiglione 75001*

APC surplus (plan 23). Les lignes épurées des vêtements APC font désormais partie des classiques que toute bonne penderie se doit de contenir. Les vestes, les pantalons, les parkas, les chemises, aux coupes impeccables, et taillés dans des matières solides, sont célébrés jusque dans les pages d'un vénérable catalogue de VPC. Le hic : les prix ! Heureusement, le stock, APC surplus, affiche de moins 40% à moins 60% sur les anciennes collections. Si l'on veut y faire de bonnes affaires, il faut pouvoir y passer plusieurs fois car les arrivages sont variables... *M° Saint-Sulpice 4, rue de Fleurus 75006 Tél. 01 45 49 19 15 www.apc.fr Ouvert lun.-sam.13h-19h30*

Où acheter *kurtas* et tissus orientaux ?

Liwan (plan 14). C'est dans le très BCBG quartier Saint-Sulpice, derrière la célèbre église du même nom, que Liwan a choisi de planter sa tente au charme discret. Dans cette boutique orientale, certes, mais loin de l'aspect bric-à-brac des souks, vous est proposé un voyage sous les palmiers grâce aux djellabas, aux *kurtas* et aux pyjamas taillés dans de belles étoffes. On aime la noblesse des tissus et la sobriété des couleurs, loin d'une image stéréotypée de l'Orient. *M° Saint-Sulpice 8, rue Saint-Sulpice 75006 Tél. 01 43 26 07 40 Ouvert lun. 14h-19h, mar.-sam. 10h30-19h*

Une rue à ne pas manquer

Rue du Cherche-Midi (plan 15) Très longue, elle s'étire jusqu'à Montparnasse. Elle est à parcourir pour ses chausseurs comme Fausto Santini (*n°4ter*), Robert Clergerie (*n°5*), Accessoire Diffusion (*n°6*) ou David Orcel (*n°7*), mais aussi pour de belles adresses mode avec Erès (*n°4bis*), Marithé François Girbaud (*n°7*), Lilith (*n°12*) ou encore Diplodocus (*n°13*). Les gourmands iront chez le célèbre Poilâne (*n°8*), aux Comptoirs Richard (n°48) et aux Contes de Thé (n°60). Enfin, les amateurs de bonnes affaires fileront chez Chercheminippes, le dépôt-vente le plus couru du quartier et des environs (femme n°102, déco n°109, enfant n°110, femme couture n°111 et homme n°124). *M° Sèvres-Babylone, Vaneau 75006*

Karine Dupont (plan 15). C'est comme une grande que la charmante Karine Dupont a su imposer toute seule sa griffe de sacs – désormais des incontournables puisqu'elle a déjà ouvert trois boutiques dans la capitale. Pas mal pour une jeune créatrice ! Chez elle, on aime le côté jolie fille qui s'assume : ses créations vont du rétro au glam'rock. Elle n'hésite pas à faire dans la paillette, le doré, les couleurs vives et les imprimés chatoyants. Son best-seller : sa besace à trois pochettes que l'on clippe et déclippe à volonté. *M° Sèvres-Babylone 16, rue du Cherche-Midi 75006 Tél. 01 42 84 06 30 Ouvert lun.-sam. 11h-14h30 et 15h30-19h*

Shopping gourmand

Pierre Hermé (plan 14). Le virtuose de la pâtisserie, idolâtré de New York à Tokyo, est passé maître dans l'art d'exposer ses créations comme de véritables pièces d'orfèvrerie. Un passage salé-sucré dans sa boutique de la rue Bonaparte s'impose, et ce malgré la queue de 15m de long qui s'étire sur le trottoir ! Mais il faut bien cela pour goûter l'une de ces merveilles. *M° Saint-Sulpice 72, rue Bonaparte 75006 Tél. 01 43 54 47 77 Ouvert tlj. 10h-19h, sam. jusqu'à 19h30 Autre adresse : M° Pasteur 185, rue de Vaugirard 75015 Tél. 01 47 83 89 96*

Au-delà du Luxembourg

Shopping gourmand

Les Bonbons (plan 23). L'artisanal, il n'y a rien de tel : histoire de rappeler aux petits becs sucrés qu'il n'y a pas que les fraises Tagada dans la vie, cette boutique met en avant caramels de Biarritz, biscuits de Reims, calissons d'Aix et bergamotes de Nancy. Un choix impressionnant. *M° Vavin 6, rue Bréa 75006 Tél. 01 43 26 21 15 Ouvert mar.-sam. 10h30-19h30*

Le Comptoir des Andes (plan 23). L'originalité de la démarche de ce caviste mérite d'être saluée. Avec sa sélection d'une centaine de crus exclusivement chiliens, il rappelle qu'à quelques milliers de kilomètres de chez nous, on connaît aussi la façon de tirer le meilleur du malbec comme du merlot, du sauvignon comme du chardonnay. *M° Edgar Quinet 19, rue Delambre 75014 Tél. 01 43 20 03 00 Ouvert mar.-ven. 14h-19h, sam. 10h30-13h30 et 15h-19h*

Autour de Sèvres-Babylone

Le Bon Marché

Le Bon Marché (plan 15). Ce temple de la mode bourgeoise est aussi celui de la création et c'est le mérite de ce grand magasin. Dans les rayons se croisent les fidèles du quartier et les *fashion victims*. Sur les portants, même topo : du classique, du basique, de la couture, de la tendance. Le Bon Marché propose également tout au long de l'année des expositions autour de thématiques toujours originales. Ce magasin reste une valeur sûre, même si ses concurrents directs ont su diablement évoluer avec l'air du temps. *M° Sèvres-Babylone 24, rue de Sèvres 75007 Tél. 01 44 39 80 00 Ouvert lun., mar., mer., ven. 9h30-19h, jeu. 10h-21h, sam. 9h30-20h*

La Grande Épicerie de Paris (plan 15). La supérette la plus chic et la plus avant-gardiste de Paris. Indétrônable avec ses kilomètres de rayonnages qui proposent le haut de gamme de l'alimentaire ! Ses acheteurs sillonnent le monde entier pour en rapporter des produits étonnants et surtout nouveaux, introuvables ailleurs, de l'escarpin en chocolat dans sa boîte à chaussures spécial fêtes aux sucettes avec inclusion de scorpion pour des fêtes pimentées… Les étals impressionnent par leur richesse et leur variété. Les gourmands le savent bien, car même si ce n'est pas le lieu pour garnir son cabas à moindres frais, on accourt de partout pour acheter la dernière trouvaille épicée de la GEP ! *M° Sèvres-Babylone 38, rue de Sèvres 75007 Tél. 01 44 39 81 00 Ouvert lun.-sam. 8h30-21h*

Une rue à ne pas manquer

Rue du Bac (plan 15) Elle est à parcourir au départ du Bon Marché, en démarrant par la papeterie suédoise Ordning & Reda (n°130). Des cahiers, des cartes, des crayons magnifiquement stylisés ! Impossible de ne pas trotter dans les rayons design du Conran Shop (n°117), aux mobilier, vaisselle, lampadaires, linge de maison haut de gamme mais encore abordables. Autres adresses déco incontournables, Le Cèdre Rouge et ses meubles cosy, et Le Grand Comptoir et son bazar chic et pas cher, tous deux au n°116. Pour donner à votre nid douillet le raffinement des vieilles demeures, direction Blanc d'Ivoire (n°104), notamment pour ses illustres boutis. N'oubliez pas de rendre visite à Yves Deshoulières (n°101) pour son amour de la porcelaine de Limoges, puis filez à La Paresse en douce (n°97), pour ses plaids en cachemire ou alpaga, ses chemises de nuit en dentelle, ses draps en soie… so chic ! *M° Sèvres-Babylone, Rue du Bac 75007*

Conran Shop (plan 15). Proposer la crème du design contemporain à presque tout un chacun pour sa maison, c'est l'ambition de l'Anglais Terence Conran (fondateur d'Habitat), qui a traversé la Manche en 1992 pour installer son concept de magasin à Paris dans un bel immeuble construit par Eiffel derrière Le Bon Marché. On y trouve aussi bien les créations du maître lui-même que celles de jeunes designers et des rééditions de classiques (Eames, Starck…). Si l'on a souvent seulement les moyens de rêver devant le mobilier aux lignes épurées, on pourra se rattraper sur les luminaires, les rideaux, la vaisselle ou les bibelots ! Un lieu plein d'inspiration. *M° Sèvres-Babylone 117, rue du Bac 75007 Tél. 01 42 84 10 01 Ouvert lun.-ven. 10h-19h, sam. 10h-19h30*

Donner une touche design à son intérieur

Sentou (plan 15). En quelques années, Sentou s'est imposé comme le lieu incontournable pour les jeunes designers et leurs créations d'avant-garde, conférant une grande visibilité à des objets qui sont depuis devenus des classiques. C'est là que se côtoient, par exemple, le vase d'avril, la guirlande cubique et la vaisselle irrégulière des fines mouches Tsé & Tsé, que Robert le Héros nous propose son linge de maison à rayures ou à fleurs. Là également que 100drine a mis en boîte notre quotidien avec ses dessins naïfs appliqués sur la vaisselle, les tissus et ses incontournables boîtes de rangement métalliques… Bref, les jolies choses sont ici. *M° Sèvres-Babylone* 26, bd Raspail 75007 Tél. 01 45 49 00 05 www.sentou.fr Ouvert lun. 14h-19h, mar.-sam. 11h-19h Autres adresses : M° Saint-Paul 24, rue du Pont-Louis-Philippe 75004 Tél. 01 42 71 00 01 Ouvert lun. 14h-19h, mar.-sam. 10h-19h et 29, rue François-Miron 75004 Tél. 01 42 78 50 60 Ouvert lun. 14h-19h, mar.-sam. 10h-19h

Où habiller les enfants ?

Bonton (plan 15). Premier *concept store* pour bambins, Bonton et ses 450m² ont immédiatement rencontré le succès. Normal, car ici tout est craquant, mignon, joli, chou… bref, irrésistible ! On aime particulièrement la simplicité des coupes, la sobriété des couleurs et des imprimés. Les collections sont déclinées pour les chérubins de 0 à 10 ans. Belles gammes de linge de lit et de maison, de mobilier et d'accessoires pleins d'esprit. Autre particularisme : le baby-salon de coiffure qui jouxte la boutique ! *M° Rue du Bac* 82, rue de Grenelle 75007 Tél. 01 44 39 09 20 Ouvert lun.-sam. 10h-19h

☺ **Coquelicot et Paprika (plan 15).** Olivia Farkas s'est mise à coudre pour sa petite fille, née en 2000. Des habits avec un petit supplément d'âme qui l'ont conduite à ouvrir une boutique et à lancer sa propre collection, tant ses créations séduisaient son entourage. Dans sa sublime boutique, elle réinvente les codes des classiques pour bambins de moins de 7 ans, avec de belles matières : liberty, popeline de coton, flanelle, velours… Tout cela est charmant, délicat et doux. Petit plus, une sélection de jouets à l'ancienne, de livres et d'objets de déco, dont de sublimes mobiles en zinc signés par une jeune artiste, Julie O. *M° Sèvres-Babylone, Rue du Bac* 99, rue du Bac 75007 Tél. 01 42 22 69 68 www.coquelicotpaprika.com Ouvert mar.-sam. 10h30-19h

Où louer un tigre empaillé ?

☺ **Deyrolle (plan 15).** Au rdc, c'est une boutique d'accessoires luxueux de jardinage de la marque "Le Prince jardinier". Seule bizarrerie : les mannequins en bois ont des têtes d'antilope. À l'étage, on se croirait dans une annexe du Muséum d'histoire naturelle où le temps se serait arrêté au XIXe siècle, en 1888 exactement, quand Émile Deyrolle promouvait l'"éducation par les yeux" et s'installait rue du Bac. Son pari est toujours d'actualité : on n'en croit pas ses mirettes dans ce magasin – probablement l'un des plus fous de la capitale –, où l'on côtoie une véritable ménagerie, tigre, lion, mouton, lapin, cheval, poules, perroquet, ours blanc, éléphant, chèvre, poney… tous empaillés ! À adopter pour un jour (location) ou pour la vie (achat). Passé la surprise, on découvre une pièce entière dédiée à l'entomologie et aux coquillages. On en repart avec un équipement pour chasser les papillons, de quoi entamer un herbier et des planches murales illustrées de botanique (27€). Un lieu magique qui inspira Magritte, Breton, Ernst et plus récemment Paul Smith. *M° Rue du Bac* 46, rue du Bac 75007 Tél. 01 42 22 30 07 Ouvert mar.-sam. 10h-19h Fermé lun. 13h-14h

Autour d'Invalides

Où admirer des chênes miniatures ?

☺ **Bonsaï Rémy Samson** (plan 7). Des pommiers en fleur, des érables aux feuilles rougies, des sapins aux aiguilles piquantes… Dans cette boutique, s'étend une forêt d'arbres harmonieusement disposés. Des arbres, oui, mais miniatures. Nous sommes ici chez Rémy Samson, maître ès bonsaïs. Les plus beaux spécimens sont vendus avec amour et respect. Il faut vous promener dans l'arrière-boutique tout en longueur et sa courette pour admirer de superbes chênes âgés de 150 ans ! **Mᵒ La Tour-Maubourg** 10, rue de la Comète 75007 Tél. 01 45 56 07 21 Ouvert mar.-sam. 10h30-13h et 14h-19h

Shopping gourmand

Jean-Paul Hévin (plan 7). Parmi les trois boutiques ouvertes dans Paris par ce Meilleur ouvrier de France, voici la plus design, où l'on aimera découvrir d'étonnants chocolats au fromage, à déguster à l'apéritif, ou d'autres encores, à savourer en fin de repas, qu'on appelle ici "dynamiques" (poivre du Sichuan, fève de Tonka, graine de paradis, piment, gingembre). **Mᵒ La Tour-Maubourg** 16, av. de La Motte-Picquet 75007 Tél. 01 45 51 99 49 Fermé dim. et lun.

Davoli (plan 7). Les zélotes de la Botte connaissent par cœur cette vieille et belle maison spécialisée dans les charcuteries transalpines depuis le début du xxᵉ siècle. Histoire de changer de la rosette et d'élargir ses horizons, il y a matière à découvrir ici quelques délicats jambons de Parme, des salamis ou une délicieuse saucisse au fenouil. **Mᵒ École Militaire** 34, rue Cler 75007 Tél. 01 45 51 23 41 Ouvert 8h-13h et 15h30-19h30 Fermé lun., mer. et dim. a.-m.

Plus à l'ouest

Shopping gourmand

Laurent Dubois (plan 22). Meilleur ouvrier de France, Laurent Dubois (une dynastie qui compte, dans le petit monde du fromage) dirige cette superbe boutique des années 1930 de main de maître. Son talent, c'est l'affinage, et l'on ne peut que saliver d'avance à l'idée de croiser ses pâtes au meilleur de leur saison : beaufort d'alpage, saint-nectaire, vieux comté, mais aussi quelques spécialités plus "élaborées" comme le brie de chèvre aux figues. **Mᵒ Dupleix** 2, rue de Lourmel 75015 Tél. 01 45 78 70 58 Fermé dim. a.-m. et lun.

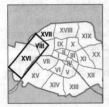

L'Ouest parisien

plans 1, 5, 6, 8

Des Champs-Élysées aux rues commerçantes du 16ᵉ ardt, les beaux quartiers de l'Ouest parisien sont synonymes de luxe, de classicisme… et de prix élevés : les amateurs de bonnes affaires tenteront leur chance au moment des soldes.

Autour de Franklin D. Roosevelt

Où faire du shopping de luxe ?

Avenue Montaigne (plan 6) Tous les grands noms de la haute couture se sont donné rendez-vous le long de la somptueuse avenue Montaigne, à deux pas des Champs-Élysées : Chanel (n°42), Louis Vuitton (n°22), Christian Dior (n°30), Gucci (n°60), Prada (n°10), Pucci (n°36), Nina Ricci (n°39)... Pour visiter ce temple du luxe, il faut oser pousser les portes de ces vastes boutiques très haut de gamme, parfois intimidantes – qui peuvent dévoiler de bonnes surprises au moment des soldes –, où il n'est pas rare qu'un portier vous ouvre. Une bonne occasion de se prendre pour Pretty Woman ou de croiser des célébrités en plein shopping ! *M° Franklin D. Roosevelt, Alma-Marceau 75008*

Rue du Faubourg-Saint-Honoré (plan 8) La haute couture, la joaillerie, les grandes marques de prestige se bousculent au fil de la rue du Faubourg-Saint-Honoré. Lanvin, Cardin, Christian Lacroix, Karl Lagerfeld affichent en vitrine leurs collections de prêt-à-porter. Au n°24, il n'est pas rare de voir un petit attroupement devant la boutique Hermès, surtout en période de soldes. Si vous avez encore un peu de temps et que vous aimez les bijoux, allez rêver devant les dernières créations de Boucheron, Piaget ou Pomellato. *M° **Saint-Philippe-du-Roule**, **Concorde**, **Madeleine** 75008*

Où faire monter les enchères ?

Artcurial (plan 6). La grille en fer forgé s'ouvre sur un hôtel particulier, propriété des Dassault, qui abrite une galerie d'art, une librairie et les bureaux de cette maison de vente aux enchères. Fin 2004, Artcurial s'était signalée par la vente aux enchères d'une partie du mobilier de François et Danielle Mitterrand. *M° **Franklin D. Roosevelt** Hôtel Dassault 7, rond-point des Champs-Élysées 75008 Tél. 01 42 99 16 16 Fax 01 42 99 16 17 www.artcurial.com*

Drouot-Montaigne (plan 6). La succursale de l'Hôtel Drouot expose régulièrement des œuvres avant leur mise aux enchères. De très belles pièces. *M° **Franklin D. Roosevelt** 15, av. Montaigne 75008 Tél. 01 48 00 20 80*

Christie's (plan 8). On ne présente plus Christie's, la fameuse maison de vente aux enchères fondée à Londres au XVIIIe siècle. Le siège social de Christie's France est installé dans l'ancien hôtel particulier des sœurs Callot, célèbres couturières du début du siècle. Il comprend cinq salles d'exposition et deux salles de vente. *M° **Franklin D. Roosevelt** 9, av. Matignon 75008 Tél. 01 40 76 85 85 Fax 01 40 76 85 86 www.christies.com*

Sotheby's (plan 8). L'antenne française de cette autre célèbre maison a choisi la rue du Faubourg-Saint-Honoré et l'ex-galerie Charpentier face aux portes du palais de l'Élysée. *M° **Champs-Élysées-Clemenceau** 76, rue du Faubourg-Saint-Honoré 75008 Tél. 01 53 05 53 05 Fax 01 47 42 22 32*

GÉOADRESSES

SHOPPING

Où trouver galeries d'art et antiquaires ?

Une poignée de galeristes contemporains réputés est installée avenue Matignon et rue du Faubourg-Saint-Honoré. Parmi les grands noms, citons Maurice Garnier, Tamenaga, Daniel Malingue, Bernheim Jeune. Les antiquaires se concentrent davantage place Beauvau, à proximité du palais de l'Élysée. *M° Franklin D. Roosevelt, Concorde*

Shopping gourmand

Granterroirs (plan 8). Les terroirs sont là et ils sont grands : l'Aubrac pour la charcuterie, le Pays basque pour les piments d'Espelette, la Corse ou Les Baux-de-Provence pour l'huile d'olive… À signaler, lorsqu'elles sont au meilleur de la saison, une sélection d'espèces oubliées de tomates cultivées dans le Var, rose de Berne, andine cornue, green zebra… *M° Miromesnil 30, rue de Miromesnil 75008 Tél. 01 47 42 18 18 Ouvert lun.-ven. 9h-20h*

Autour de Charles de Gaulle-Étoile

Où trouver des objets d'art asiatiques ?

Galerie Loo (plan 5). Ouverte en 1926 par l'antiquaire Ching-Tsai Loo, la galerie contribua à diffuser l'art asiatique auprès de grands collectionneurs. Elle est hébergée dans une étonnante pagode de plusieurs étages qui la distingue des maisons voisines. Beaucoup de meubles et d'objets d'art chinois. *M° Courcelles 48, rue de Courcelles 75008 Tél. 01 45 62 53 15*

Pause gourmande

Le Stübli (plan 1). Sucré ou salé, il vous faudra jouer la boutique à pile ou face. Ici, vous êtes côté pâtisserie, avec tout ce que l'Allemagne ou l'Autriche comptent de classiques : la tarte au pavot et aux griottes, les strudels, la fameuse *Schwarzwälderkirschtorte* (ou forêt-noire, c'est plus court), le palatinat au fromage blanc. Avant ou après, visite du *Delikatessen*, pour ses saucisses, son lard paysan, sa choucroute aux pommes… *M° Ternes 11, rue Poncelet 75017 Tél. 01 42 27 81 86 Fermé dim. après-midi et lun.*

Autour de Trocadéro

Shopping *trendy* au palais de Tokyo

Blackblock (plan 6). Le graffeur André a installé son échoppe *hype* à l'intérieur du palais de Tokyo, en face de l'entrée. On la repère à ses néons roses et à ses hauts frigos qui font office de vitrines-présentoirs dont on ouvre les portes vitrées pour se saisir d'un objet. Il y présente ses coups de cœur : gadgets, tee-shirts, objets d'artistes, disques, jouets… et ses produits dérivés à l'effigie de son personnage, Monsieur A. Une sélection pointue du monde entier qu'on ne trouve pas facilement à Paris, comme les chewing-gums Red à la cannelle ! De quoi parfaire sa panoplie d'accessoires *hype* ou, pour certains, combler son mal du pays ! *M° Iéna, Alma-Marceau Palais de*

Tokyo 13, rue du Président-Wilson 75016 Tél. 01 47 23 37 04 Ouvert mar.-dim. 12h-0h www.blackblock.org www.palaisdetokyo.com

Plus au sud, une rue à ne pas manquer

Rue de Passy (plan 5) Envie d'une virée shopping dans les quartiers chic de l'ouest de la capitale ? La rue de Passy s'impose ! Très animée, on y passe aisément la journée tant elle fourmille de boutiques pour tous les budgets, tous les âges et tous les goûts. Coup de cœur pour Franck et fils (*n°80 Tél. 01 44 14 38 00*) , entièrement dédié à la femme, qui mêle avec goût jeunes créateurs pointus et *trendy* (Vanessa Bruno, Marc Jacobs) et classiques chic (Chanel). On poursuit en faisant un tour chez Kenzo (*n°99 Tél. 01 42 24 92 92*), Infinitif (*n°79 Tél. 01 42 88 24 83*), Gérard Darel (*2, pl. de Passy Tél. 01 42 88 01 11*), Teenflo (*n°49 Tél. 01 42 30 99 97*), Tara Jarmon (*n°51 Tél. 01 45 24 65 20*), Victoire (*n°16 Tél. 01 42 88 20 84*), Zadig & Voltaire (*n°16 bis Tél. 01 45 25 04 07*), Biscote (*n°58 Tél. 01 45 20 71 46*), Mac Douglas (*n°27 Tél. 01 42 88 29 03*), Furla (*n°9 Tél. 01 45 27 94 14*), et Lancel (*n°93 Tél. 01 40 50 30 06*)… Les plus jeunes iront chez United Colors of Benetton (*n°71 Tél. 01 45 25 45 32*), Esprit (*n°52 Tél. 01 45 27 40 53*), Dim (*n°38 Tél. 01 45 20 67 39*), et ne manqueront pas le petit centre commercial Passy Plaza (*n°53*). On se maquille chez Mac (*n°62 Tél. 01 53 92 08 60*) ou Sephora (*n°50 Tél. 01 42 24 77 45*) sans oublier de se parfumer chez Guerlain (*n°93 Tél. 01 42 88 41 62*), et on cherche chaussure à son pied chez Ann Tuil (*n°63-68 Tél. 01 42 88 37 52*), Jonak (*n°41 Tél. 01 45 27 00 30*), Bocage (*n°56 Tél. 01 45 24 23 36*), Pinet (*n°70 Tél. 01 53 92 20 26*), Till (*n°54 Tél. 01 42 88 11 50*) pour les petits. La maison n'est pas en reste : Descamps (*n°44 Tél. 01 42 88 10 01*), Carré Blanc (*n°72 Tél. 01 42 24 90 33*), Christofle (*n°95 Tél. 01 46 47 51 27*), Culinarion (*n°24 Tél. 01 42 88 21 51*), Bouchara (*n°57 Tél. 01 45 25 74 46*) et surtout L'Entrepôt (*n°50 Tél. 01 45 25 64 17*), dont l'entrée sur rue est très discrète, mais qui se déploie à l'étage sous une belle verrière avec ses 500m² consacrés à la décoration (rideaux, bibelots, meubles, mais aussi papeterie…). Faites un crochet **rue Guichard**, un paradis où les futures mamans renouvelleront leur garde-robe : Balloon (*n°2 Tél. 01 42 88 19 40*), 1 et 1 font 3 (*n°9 Tél. 01 42 24 42 52*), Véronique Delachaux (*n°7 Tél. 01 42 15 57 26*)… avant de revenir rue de Passy chez Formes (*n°41 Tél. 01 46 47 50 05*). **Mᵒ La Muette, Passy** 75016

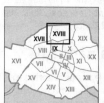

Montmartre

plans 1, 2, 3

Atmosphère, atmosphère, c'est l'un des QG des titis parisiens. Un mélange détonnant de petits créateurs, de bons plans intemporels et, autour de la Chapelle, de shopping indien. Un must pour les petits budgets.

Autour d'Abbesses

Où dénicher des créateurs ?

☺ **Rue Houdon (plan 3)** Patricia Louisor (*n°16 Tél. 01 42 62 10 42*) est l'une des premières créatrices à s'établir aux Abbesses. Sa signature : le carré de tissu qu'elle coud sur ses vêtements. Elle vend d'abord des accessoires, puis décide de lancer sa propre collection en 1994. Son idée : habiller les femmes avec style et originalité tout en restant abordable. Le pari est plus que réussi : ses marcels colorés, jupes mi-longues à taille haute, hauts aux manches pagodes... en ont converti beaucoup au *patch* ! On continue ce "parcours créateur" chez les Filles à l'anis (*n°19 Tél. 01 42 64 40 54*), qui partagent un atelier-boutique et nous font craquer avec leur accueil chaleureux et leurs vêtements, des plus basiques aux plus raffinés. On pioche quelques pièces de créateurs pointus (Néologie, Ch.Ind, Miriam Ocariz...) chez Séries limitées (*n°20 Tél. 01 42 55 40 85*) et on ne résiste pas aux stickers et autres babioles amusantes de Just for Life (*n°20 Tél. 01 42 23 07 14*). On visite ensuite le somptueux atelier-boutique au sol peint de nuages de Géraldine Valluet (*n°5 Tél. 01 42 52 29 63*), où l'on se laisse tenter par ses bijoux fantaisie et précieux (bague cabochon de cristal 50€). Les fanas de *streetwear* dévalisent Le Corner (*n°21 Tél. 01 42 58 19 19 14h-19h*) pour sa bonne sélection homme et femme. Toujours vaillant ? La vibrante **rue des Martyrs**, à deux pas, réserve d'autres bonnes surprises. *M° Abbesses*, *Pigalle 75018 Ces boutiques sont généralement ouvertes le dimanche*

Spree (plan 3). Blanc, vaste, épuré, cet espace consacré aux créateurs pointus du monde entier est né en 2001 de l'imagination d'une styliste et d'un artiste. Roberta sélectionne les vêtements (Tsumori Chisato, Vanessa Bruno, Preen, etc.), accessoires et bijoux (Jérome Dreyfus, Tatty Devine...), tandis que Bruno s'occupe des expos et chine mobilier et luminaires des années 1950 à 1980 (Eames, Prouvé, etc.). Dans cette boutique-galerie à la déco changeante, on peut flairer les tendances, se faire plaisir (porte-monnaie Comme des Garçons 50€) et parfois croiser du beau monde : Audrey Marnay, Élodie Bouchez, Cécile de France... *M° Abbesses 6, rue de La Vieuville 75018 Tél. 01 42 23 41 40*

Où trouver des fripes de luxe ?

Wochdom (plan 2). Nous sommes ici dans le temple du vintage *fashion*. La fripe soigneusement sélectionnée (des années 1950 à 1990) se fait haut de gamme, tout comme les prix parfois. Ici, pas d'odeur de vieux vêtements ou de naphtaline, chaque article passe au pressing avant sa mise en vente. Un bon spot pour chiner chic, bien connu des célébrités de passage à Paris : The White Stripes et l'actrice Kirsten Dunst, par exemple ! *M° Pigalle, Saint-Georges 72bis, rue Condorcet 75009 Tél. 01 53 21 09 72 Ouvert lun.-sam. 12h-20h*

Où habiller les enfants et leurs mamans ?

Gaspard de la Butte (plan 3). Une mosaïque rouge sur le pas de la porte : vous êtes bien chez Gaspard de la Butte. Ce farceur montmartrois habille vos chérubins de 3 mois à 6 ans depuis 1993, et récemment leurs mamans. Sa créatrice, Catherine Malaure, aime s'inspirer des coupes des années 1950 et 1960. Imprimés toniques, pantalons en velours aux poches rondes, casquettes de style chinois, et ses fameux tee-shirts (Moulin-Rouge, tour Eiffel) aux sérigraphies renouvelées chaque année. Les bobos parigots et les touristes en redemandent ! *M° Abbesses 10bis, rue Yvonne-Le Tac 75018 Tél. 01 42 55 99 40 Ouvert mar.-dim. 11h-19h30*

Où donner des couleurs à sa déco ?

Pylônes (plan 3). Ludiques, décalées, ultracolorées, pleines d'humour, les créations Pylônes ont su redonner de la gaieté aux objets les plus quotidiens. La râpe à fromage Nana s'occupe de votre gruyère avec sa longue jupe de métal, tandis qu'Achille l'éléphant fait entonnoir avec sa trompe ! Le plumeau Cancan, en plastique vert pomme, a tout d'une tête d'autruche, le grille-pain se veut *flower power* avec son imprimé de fleurs et la patère chenille vous sourit d'un air goguenard. Une ménagerie d'objets déco et de petit mobilier kitsch rigolo à deux pas du Sacré-Cœur. *Mᵒ **Abbesses, Anvers** 7, rue Tardieu 75018 Tél. 01 46 06 37 00 Ouvert lun.-ven. 10h30-20h, sam.-dim. 10h-22h (été), 10h-20h (hiver) Autres adresses : www.pylones.com*

Autour de Place de Clichy

Où trouver des objets de créateurs ?

French Touche (plan 1). Ne vous fiez pas à sa sobre devanture noire. À l'intérieur, French Touche foisonne de créations multicolores : tee-shirts, sacs, luminaires, bijoux, doudous, cahiers, bibelots, qui nous font de l'œil, disposés sur une grande table ou accrochés à des cintres, du sol au plafond. Cette petite boutique s'est donné pour mission de se transformer en galerie d'objets émouvants. Touché coulé, on en repart avec une ravissante lampe en tissu japonais (64€), un mouchoir rigolo brodé d'un nez en fil doré (14€), et d'une "chansonpoche" (4€), un mini-CD à offrir à un copain collectionneur de disques. *Mᵒ **La Fourche** 1, rue Jacquemont 75017 Tél. 01 42 63 31 36 www.frenchtouche.com Ouvert lun.-ven. 11h-14h30 et 15h30-20h, sam. 11h-20h*

Pause coiffure en appartement

☺ **La Nouvelle Athènes (plan 1).** L'ambiance des salons de coiffure vous hérisse le poil ? Sylvie Coudray a pensé à vous en installant le sien dans un appartement de 150m². Moulures au plafond, parquet et grandes tentures de velours rouge, c'est aussi l'occasion, pour les curieux de passage, de découvrir un cadre haussmannien. On patiente au salon avec un thé, dans un canapé moelleux, avant de passer à la coupe (65€) dans une vaste pièce claire aux meubles des années 1940, sur fond de musique douce. On y vit l'expérience de la coiffure autrement, comme un hôte de marque qui reçoit un service personnalisé. Un vrai moment de détente dans un cadre cosy. *Mᵒ **Liège** 1, rue de Liège 75009 Tél. 01 48 74 86 89 Ouvert mar.-sam. 10h-18h*

Autour de Barbès-Rochechouart

Où faire des affaires ?

Tati (plan 2). Stores de vichy rose, enseigne bleue géante sur le toit (visible du métro aérien), Tati trône à Barbès depuis 50 ans, avec pour seule devise : "Les plus bas prix." Difficile de trouver ici plus cher que 15€. Lingerie à prix riquiqui (ensemble slip soutien-gorge 2,50€), tennis en toile (3,99€), robes (7€), polo homme (3€), et un large rayon enfants, sans oublier le linge de maison, les fournitures scolaires, de quoi satisfaire tout un chacun. Les futures mariées y trouveront même un diadème, des cotillons ou la robe de leurs rêves (199€), rue… Belhomme ! Une institution à visiter absolument, sauf si l'on ne supporte pas de jouer des coudes ou de patienter aux caisses. *M° Barbès-Rochechouart* 4, bd de Rochechouart 75018 Tél. 01 55 29 50 00 Ouvert lun.-ven. 10h-19h, sam. 9h15-19h Autres adresses : www.tati.fr

Sympa (plan 3). Si l'on peut faire abstraction du cadre, si l'on n'a pas peur de retrousser ses manches pour plonger ses mains dans les bacs, si l'on est prêt à se faufiler dans des rayons étroits remplis à ras bord… alors on peut y faire de vraies trouvailles. Rois de la dégriffe (hommes, femmes, enfants), les magasins Sympa proposent des collections de marques (Naf Naf, Sinéquanone, Bel Air, Gossard, Sergent Major, Ventilo, Perèle…) des années passées à des prix qui frôlent le plancher. Comme ces pantalons pour enfants Cyrillus (1,99€) ou ces robes Les Petites (7,99€). Les amateurs se laisseront gagner par la frénésie de la chasse aux bonnes affaires ! *M° Anvers* 66, bd de Rochechouart 75018 Tél. 01 46 06 46 01 Autres adresses : nᵒˢ1-1bis et 7, rue de Steinkerque et au 4, rue d'Orsel 75018 Tél. 01 46 06 34 40 Ouvert lun.-sam.

☺ **Guerrisol (plan 3).** Amoureux de la fripe, mais seulement quelques euros à débourser ? Foncez chez Guerrisol, où se presse une foule bigarrée : habitués du quartier et branchés en quête de la perle rare. Il faut avoir la main heureuse dans cette débauche de vêtements d'occasion. Ici, deux mots d'ordre : prix ridicules et FOUILLER ! Selon sa chance, on en repart bredouille ou relooké d'une paire d'escarpins des années 1980 (1€), d'une ceinture disco (1€) et d'une robe des années 1970 (3€). Pourquoi se priver ? *M° Barbès-Rochechouart* 17bis, bd de Rochechouart 75009 Ouvert lun.-sam. 10h30-19h30 Autres adresses : 21, bd Barbès 75018, 47, bd de la Chapelle 75010, 19 et 33, av. de Clichy 75017

Où dénicher fausse fourrure et toile de Jouy ?

☺ **Dreyfus Déballage du marché Saint-Pierre (plan 3).** Une façade bleu polaire, des portes en bois blond et des coupons empilés sur des tables à l'extérieur, on repère facilement le marché Saint-Pierre, au pied de la butte Montmartre. Les couturières le savent bien, c'est ici que depuis 80 ans on déniche les tissus les moins chers de la capitale. Et quel choix ! Toile de Jouy, fausse fourrure, lamé, dentelle, crêpe de soie, vinyle, velours, lainages, lin, tulle, voilage, toile de chaises longues… tout est là, en vrac, sur 2 000m² et quatre étages, prêt à être vendu à la coupe. La facture, dont le montant est noté sur un ticket, se règle à la caissière qui trône dans sa cabine en bois, dans un décor qui n'a pas changé depuis l'après-guerre… À voir ! *M° Anvers* 2, rue Charles-Nodier 75018 Tél. 01 46 06 92 25 www.marche-saint-pierre.fr Fermé en août

Une rue qui monte…

☺ **Rue des Gardes (plan 2)** Depuis 2001, cette rue accueille des boutiques showrooms de créateurs sans craindre de mélanger les styles. Vêtements, accessoires, design, une pépinière de talents à suivre de près. On craque sur l'une des pionnières et star montante de la rue, la Comorienne Sakina M'sa (nᵒ6 Tél. 01 56

55 50 90), dont les vêtements pleins d'âme ont inspiré Jean Baudrillard. Puis on jette un coup d'œil chez la Brésilienne Marcia de Carvalho (*n°2 Tél. 01 42 51 64 05*), qui raffole des mélanges de matières, maille et dentelle, des broderies et des couleurs... Rayon homme, Moto 777 (*n°8bis Tél. 01 42 23 31 45*) séduit avec ses vestes vintage et ses cravates sérigraphiées. Stéphane (*n°8*), lui, customise des fripes qu'il transforme en pièces uniques. Sylviane Nuffer (*n°6bis Tél. 01 42 55 11 80*) nous fait voyager dans le temps avec ses corsets chamarrés et ses serre-taille. Puis on admire les sacs en cuir de Dognin (*n°4 Tél. 01 44 92 32 16*) – portés dans *Sex & the City* – et ceux de Dominique Petris (*n°5 Tél. 01 45 35 02 66*), qui réalise aussi des colliers. On adore les bijoux de Flux (*n°7 Tél. 01 42 23 36 73*), *hype* et plus *street*, qui détournent avec humour des objets du quotidien, et ses tee-shirts "Barbes Business School" singeant ceux des grandes universités américaines. En haut de la rue, Lily Latifi (*n°11 Tél. 01 42 23 30 86*) étonne avec ses inventions de tissus et ses objets déco comme ce dessous-de-plat en feutre. Puis on emprunte la **rue Polonceau,** qui regorge de magasins africains et on dégote des wax à prix mini au Marché Africain Bazar (*36, rue Polonceau 75018 Tél. 01 42 23 33 24, environ 15€ les 5,50m*). ***M° Barbès-Rochechouart*** *75018*

Autour de La Chapelle

Où faire ses courses à l'heure indienne ?

Rue du Faubourg-Saint-Denis (plan 2) Indian Silk Palace est le temple du sari, des bracelets de verrerie, des bijoux clinquants et des bindis. Pour une dizaine d'euros, on y dégote une tunique tendance en coton brodé, ou de belles boucles d'oreilles et des mules (*n°197 Tél. 01 42 09 30 88 Ouvert lun.-sam. 9h30-20h*). Puis on poursuit sa balade indienne en remontant cette rue qui fourmille de magasins kitsch. On déniche l'une des dernières sorties de Bollywood en DVD (*8€*) ou un CD de musique tamoule chez Indian Music Centre (*n°199 Tél. 01 42 05 30 84*), et l'on s'approvisionne en épices, riz basmati, lentilles et légumes chez Shamina Supermarket (*n° 184 Tél. 01 40 35 44 41*) ou chez G. and Co. (*72, rue Louis-Blanc*) pour préparer un curry en rentrant chez soi. Dépaysement garanti ! ***M° Gare du Nord, La Chapelle*** *75010*

À la périphérie

Où aller aux puces ?

☺ **Marché aux puces de Saint-Ouen (plan 2)** Au-delà du bd périphérique, au bout de l'av. de la Porte-de-Clignancourt, se déploie le plus grand marché aux puces du monde. Le week-end, de 120 000 à 150 000 visiteurs, Parisiens et touristes, déambulent entre ses 2 500 stands répartis en 16 marchés. Marchands étrangers, collectionneurs avisés ou chineurs dilettantes farfouillent, marchandent, flairent les bonnes affaires dans ce bric-à-brac hétéroclite. D'autres brocanteurs se sont implantés dans les rues qui desservent ces marchés en dur. Là, les puciers déballent leurs marchandises à même le trottoir, dans l'esprit des chiffonniers du XIXe siècle qui, chassés du centre-ville à partir de 1860, passaient les fortifications pour s'installer sur les glacis. Le long des av. Michelet et Jean-Henri-Fabre, aux limites du secteur des puces, se greffent des étals volants chargés d'articles neufs et de contrefaçons (jeans, tee-shirts, tennis).

Les principaux marchés La rue des Rosiers dessert la plupart des marchés. Au début à droite (*n°99*) s'ouvre l'une des entrées du plus ancien d'entre eux, le **marché Vernaison** (*entrée principale 136, av. Michelet*). Les baraques en bois n'y sont plus, mais il a conservé son labyrinthe d'allées étriquées, couvertes ou à l'air libre, et son esprit de vide-grenier (une multitude d'objets disparates, bradés à des prix attractifs). Le **marché Antica**, qui lui est accolé, se résume en une galerie de 12 stands d'antiquaires (vieux bibelots, mobilier). En face, au **marché Malassis** (*n°142*), on musarde entre les étals thématiques (montres, cartes postales), les boutiques de vieilleries "déco" (armoires et coffres anciens restaurés) et les spécialistes du mobilier 1930-1970. Le **marché Dauphine** (*n°140*) s'est spécialisé dans les antiquités (objets des XVIIIe et XIXe s., gravures, lithographies…) que l'on peut faire expertiser sur place. Au **marché Biron** (*n°85*) et au **marché Cambo** (*n°75*), meubles Napoléon III, verres et carafes anciennes, vieux linge de maison brodé… Le **marché Serpette** (*n°110*), le plus chic de tous, crâne avec ses allées tapissées de velours rouge, son mobilier Art nouveau, ses bronzes et son argenterie haut de gamme, sa clientèle de décorateurs étrangers… et ses prix exorbitants ! Il est entouré par les allées du **marché Paul-Bert** (*18, rue Paul-Bert ou 96, rue des Rosiers*), sympathique brocante à ciel ouvert aux objets insolites et tendance : meubles de bistrots parisiens, design *seventies*, art africain… Les connaisseurs de l'Art nouveau se donnent rendez-vous au **marché des Rosiers** (*3, rue Paul-Bert*), consacré aux luminaires, pâtes de verre, laques, vases, bronzes et meubles marquetés, signés Gallé, Lalique, Majorelle, Daum. L'autre grande artère des puces, la rue Jules-Vallès, dessert le **marché Jules-Vallès** : affiches, anciens livres, vinyles, poupées anciennes. Enfin, au début de la rue (*n°7*), le **marché Malik**, où les fripes cèdent de plus en plus la place aux vêtements neufs. *M° Porte de Clignancourt, Garibaldi Bureau d'informations 7, impasse Simon (au niveau du n°96 de la rue des Rosiers) Tél. 0 892 705 765 www.parispuces.com Ouvert sam.-lun. 10h-18h*

Canal Saint-Martin plans 2, 11

Destination bohème et branchée des Parisiens qui s'y rassasient de shopping tendance et *arty* au bord du canal, même le dimanche !

Où faire du shopping le dimanche ?

La tournée commencée **quai de Valmy** (*plan 11*), chez Antoine et Lili (cf. ci-dessous), se poursuit chez Stella Cadente (*n°93 Tél. 01 42 09 27 00*). Imprimés maison pétillants, coupes ultraféminines : ses robes romantiques évoquent des rêves de petite fille. Puis, on fait une pause chez OBA (*n°83 Tél. 01 42 40 39 91*), qui se consacre au design brésilien : bijoux, vêtements de créateurs et accessoires. On flâne **rue Beaurepaire** (*plan 11*), une mine de bonnes surprises : Ginger Lyly (*n°33 Tél. 01 42 06 07 73*), Liza Korn (*n°19 Tél. 01 42 01 36 02*), Idéco (*n° 19 Tél. 01 42 01 00 11*), Onaya (*n°31 Tél. 01 42 26 07 77*). Enfin, on explore la charmante **rue de la Grange-aux-Belles** (*plan 11*), avec une mention spéciale pour la créatrice suédoise Viveka Bergström (*n° 23 Tél. 01 40 03 04 92*), qui nous ravit avec ses bijoux inspirés du rock, de l'Art déco et de la nature. *M° Jacques Bonsergent La plupart des boutiques mode du quartier ouvrent le dim.*

Antoine et Lili (plan 11). Les façades rose, jaune et vert égaient les rives du canal Saint-Martin. À l'intérieur, c'est une explosion de couleurs ! Bienvenue au royaume de l'exotico-kitsch, où les babioles (sac en toile cirée pétante) côtoient les souvenirs de voyages (nattes africaines 18€), les bijoux, les accessoires de déco et les vêtements aux tissus éclatants et aux coupes simples, tendance ethnique (pantalon chinois 85€). Un bon remède à la grisaille parisienne. Allergiques au kitsch, passez votre chemin ! *M° Jacques Bonsergent 95, quai de Valmy 75010 Tél. 01 40 37 41 55 et déco. 01 40 37 34 86 Ouvert lun.-ven. 11h-14h30 et 15h30-20h, sam. 10h-20h, dim. 11h-19h Autres adresses : www.antoineetlili.com*

Où habiller les petits ?

Wowo (plan 11). Cette petite boutique est l'un des repaires les plus prisés des mamans branchées qui s'y arrachent pantalons, chemises, jupes et robes taillés dans des tissus aux couleurs pétillantes et aux imprimés charmants pour bambins âgés de 3 mois à 12 ans. Un vrai succès que l'on doit à l'ingéniosité d'une mère styliste, lassée de ne pas trouver de modèles à son goût. *M° Jacques Bonsergent 11, rue de Marseille 75010 Tél. 01 53 40 84 80 Ouvert mar.-sam. 11h-30-19h30, dim. 14h-19h*

Shopping gourmand

Donostia (plan 11). Il faut aimer s'éloigner des sentiers un peu trop battus pour aller à la découverte de cette petite boutique, l'une des plus exigeantes en matière ibère. La *soubressade* de Majorque, les chorizos de León, le *jabugo* de Sánchez Romero Carvajal : on se fait un bel assortiment et on n'oublie ni le *manchego* très sec ni le fringant *txacoli*, qui se boit si facilement. *M° Colonel Fabien 10, rue de la Grange-aux-Belles 75010 Tél. 01 42 08 30 44 Fermé lun.*

En allant vers La Villette, pause bien-être

☺ **Hammam Medina Center (plan 4).** Besoin d'un break et envie de vous faire du bien ? Faites une pause au hammam Medina Center. On y va sans rendez-vous, avec seulement son maillot de bain, la maison fournissant peignoir, serviette, paréo, claquettes et savon noir. Puis on entame le rituel : douche, application de savon noir, bain de vapeur, pierre thermale chaude, gommage, piscine d'eau froide, jet d'eau glacé et sauna si on le souhaite. Quand on se sent régénéré, on monte s'allonger dans la salle de repos où l'on déguste une pâtisserie orientale et un thé à la menthe avant de se faire masser. Un petit effort pour l'accueil, et ce hammam d'une propreté irréprochable serait parfait. On ressort de cette bulle hors du temps détendu, avec la peau douce, prêt à sombrer dans les bras de Morphée. Forfait Classique : accès hammam, sauna, piscine et salle de repos, gommage, thé et pâtisserie 39€. Forfait Détente : avec un massage à l'huile parfumée en sus 55€. *M° Laumière 43, rue Petit 75019 Tél. 01 42 02 31 05 www.hammam-medina.com Ouvert lun.-ven. 11h-22h femmes ; sam. 10h-21h mixte (maillot de bain obligatoire) ; dim. 9h-19h femmes*

GÉOADRESSES

SHOPPING

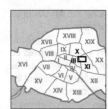

Oberkampf

plans 13, 18, 21

Une ribambelle d'enseignes *trendy* et décalées ont éclos dans le quartier des bars, autour d'Oberkampf : créateurs, brocantes, vintage ou jeux vidéo, à vous de choisir.

SHOPPING **GÉOADRESSES**

Une rue à ne pas manquer

Rue Oberkampf (plan 18) Une rue qui monte au propre comme au figuré. Surtout connue pour son animation nocturne et ses bars qui en font l'un des points de rendez-vous des Parisiens, elle est en passe de devenir un haut lieu bobo chic avec l'ouverture – dans le bas de la rue, entre le Cirque d'hiver et l'avenue de la République – de nouvelles boutiques assez sélectes. On y court pour admirer les anneaux ciselés et les bijoux faits main d'Yves Gratas, qui aime s'inspirer de l'Antiquité (n°9 Tél. 01 49 29 00 53). Précieux mais onéreux (de 100€ à 7 000€). Aux Nuits de Satin, on déniche un maillot de bain vintage de James Bond Girl ou de la lingerie d'époque, du xixe siècle aux années 1970 (n°9 Tél. 01 43 57 65 05). Puis on s'habille "jeunes créateurs" (Dice Gayek, Gianni Barbatto...), en fouinant dans la sélection de la maîtresse des lieux de Onze, elle-même styliste (n°11 Tél. 01 43 55 32 11). La maison n'est pas en reste chez Mahatsara, qui vend de l'artisanat design d'Afrique australe (n°8 Tél. 01 58 30 89 29). Les hippies chic dévaliseront la boutique souk Nomad's Land pour y dégoter babouches, tuniques et tongs en cuir indiennes ou marocaines (n°24 Tél. 01 48 05 59 45). **M° Oberkampf** 75011

Où chiner ?

Rue du Marché-Popincourt (plan 13) En remontant la rue Oberkampf au-delà du boulevard Richard-Lenoir, les chineurs prendront à droite rue Neuve-Popincourt et s'en donneront à cœur joie autour de la rue du Marché-Popincourt, zone à haute concentration en brocantes abordables : La Maison, spécialisée dans les années 1950 à 1970 (3, rue Neuve-Popincourt Tél. 01 48 06 59 47), Alasinglinglin (1, rue du Marché-Popincourt Tél. 01 43 38 45 54), Belle Lurette (5, rue du Marché-Popincourt Tél. 01 43 38 67 39) et enfin Trolls et Puces, où il fait bon farfouiller (1, rue du Marché-Popincourt Tél. 01 43 14 60 00). **M° Oberkampf, Parmentier** 75011

Où s'offrir des objets kitsch et rigolos ?

☺ **L'Auto-École (plan 13).** Cette ancienne auto-école reconvertie en joyeux bazar coloré donne le ton du quartier depuis fin 1996. Mission de la maison : mélanger le plus de choses possible de toutes provenances tout en restant accessible. Ceintures à impression BD (6€), sacs aux imprimés joyeux, beaux carnets, barrettes, tee-shirts, bijoux de créateurs, toile cirée fleurie, cerfs-volants chinois, bavoirs amusants... Chaque semaine L'Auto-École fourmille de nouvelles trouvailles kitsch et décalées à prix doux. **M° Parmentier** 101, rue Oberkampf 75011 Tél. 01 43 55 31 94 Ouvert lun. 16h-20h30, mar.-sam. 12h-20h30

Où satisfaire les *gamers* ?

Le boulevard Voltaire est l'eldorado des *gamers*. Ils viennent y acheter, échanger ou vendre des jeux vidéo, neufs ou d'occasion, dénicher des imports, faire réparer ou même customiser leur console ! Impossible de ne pas trouver son bonheur dans ces dizaines de boutiques qui s'alignent dans un petit périmètre entre le début du boulevard Voltaire, la rue Rampon, la rue de Malte et le bas de la rue Jean-Pierre-Timbaud. **Maxxi-Games** 7, bd Voltaire Tél. 01 47 00 22 75 **Sat.elite** 15, bd Voltaire (Espace Sony) et 13, passage du Jeu-de-Boules (Espace Nintendo et Microsoft X-Box) Tél. 01 48 06 70 70 et 01 49 23 64 68 **Plugin** 42, rue de Malte Tél. 01 48 06 10 59 **Vision invasion** 19, bd Voltaire Tél. 01 48 06 16 54 **Square Games** 5, bd Voltaire Tél. 01 48 06 29 70 ; 28, rue de Malte Tél. 01 48 05 73 22 et 13, bd Voltaire Tél. 01 43 55 64 50 **Abyss Games** 8, rue Jean-Pierre-Timbaud Tél. 01 43 38 23 89 **Trader** 10, rue Jean-Pierre-Timbaud Tél. 01 43 55 22 90 **M° Oberkampf, République** 75011

Pause gourmande

La Bague de Kenza (plan 13). Algérienne, sucrée, salée : voilà résumée la maison, l'une des seules vraies pâtisseries maghrébines du pavé parisien. On y vient pour s'acheter un pain de semoule ou des *baghrir*, des cheveux d'ange ou des *baklavas*… et l'on se laisse tenter par le salon de thé. Une visite indispensable pour une bonne cure de fleur d'oranger et d'amande. **M° Rue Saint-Maur** 106, rue Saint-Maur 75011 Tél. 01 43 14 93 15 Ouvert tlj. 9h-22h, ven. ouverture à 14h30 Autres adresses : 173, rue du Faubourg-Saint-Antoine 75011 Tél. 01 43 41 47 02, 233, rue de la Convention 75015 Tél. 01 42 50 02 97 et 7, av. Charles de Gaulle 91600 Savigny-sur-Orge Tél. 01 69 44 39 29 Ouvert tlj. 9h-20h, ven. 14h30-21h

À la périphérie

Où aller aux puces ?

Puces de Montreuil (plan 21) On trouve un peu de tout dans ces puces très populaires : fripes, meubles anciens, outils, électroménager, vaisselle… et en vrac ; mais les vrais étals de brocanteurs sont de moins en moins nombreux. Les chineurs exigeants préféreront les puces de Clignancourt ou de Vanves. **M° Porte de Montreuil** Av. du Professeur-André-Lemierre 75020 Ouvert sam. et dim. 7h-20h

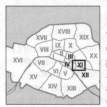

Bastille

plans 18, 19, 20, 21

Cœur battant de l'Est parisien tendance et populaire, c'est l'un des épicentres du shopping, adapté à tous les budgets. Des créateurs pointus aux repaires *streetwear*, les petites rues de la Bastille méritent plus qu'un détour.

GEOADRESSES

SHOPPING

Shopping pointu : les rues à ne pas manquer

☺ **Rue Keller (plan 20)** Nichée entre la rue de la Roquette et la rue de Charonne, la rue Keller est à la fois pointue et diversifiée. C'est l'un des QG des maniaques de **mangas**, qui en parcourent les librairies spécialisées – Mangarake (n°11 Tél. 01 48 06 79 00), Tonkam (n°29 Tél. 01 47 00 78 38) – , pour trouver des numéros neufs ou d'occasion et compléter leur collection de figurines (Myth and Magic n° 23 Tél. 01 43 55 34 68). Les fans de rock et de **musique** expérimentale y vont aussi pour fouiller les bacs à disques de Born Bad et Wave (cf. Où acheter des disques collectors, p. 507), suivis de près par les ados accros de *hardcore* métal venus chercher un badge ou un tee-shirt (L'Indien, La Boutik). C'est aussi le coin des **jeunes créateurs** : difficile de choisir entre les accessoires et les tops (tee-shirts, gilets…) colorés et très mode Des Petits Hauts (n°5 Tél. 01 43 38 14 39 et aussi 24, rue de Sévigné 75004), les vêtements nostalgiques et les imprimés joyeux de Gaëlle Barré, les lignes fluides et classiques d'Anne Willi et les coupes originales de Moloko (n°18 Tél. 01 43 38 84 01). Chez St-Charles De Rose (n°15 Tél. 01 48 05 47 37), on craque sur des cadeaux déco ludiques ou de la layette qui sort de l'ordinaire. Les futurs Fred Astaire ne manqueront pas de se chausser chez Swingtap, le spécialiste des claquettes (n°21 Tél. 01 48 06 38 18 www.swingtap.com). Si après ce parcours lèche-vitrines, vous ne pouvez plus mettre un pied devant l'autre, direction To Diffusion (n°22 Tél. 01 48 06 39 04 www.todiffusion.com), l'un des spécialistes des vélos, trottinettes et mini-scooters électriques. Pour rentrer chez soi, écolo et tranquille, sans avoir à pousser sur les pédales ! *M° Bastille, Ledru-Rollin 75011*

☺ **Gaëlle Barré (plan 20).** "Il y a un esprit rétro, féminin et raffiné dans mes vêtements qui me ressemble", avoue Gaëlle Barré dans sa boutique-atelier claire aux murs peints de pastilles colorées où elle s'est installée en 1998. La jeune femme aime les mélanges de matières et surtout les imprimés, qu'elle marie audacieusement dans des coupes qui évoquent les années 1930, 1950 ou même 1970. Ses clientes accourent pour ses petites robes gaies et fleuries (environ 180€), mais aussi pour ses accessoires ultracolorés, écharpes tricotées main et bijoux, plus abordables. Certaines lui demandent même de leur confectionner leur robe de mariée ! Ici, l'accueil est chaleureux et attentif, et les retouches sont effectuées sur place : "C'est presque du sur mesure !" sourit la styliste. Si vous aimez Gaëlle Barré, ne manquez pas de jeter un œil sur les créations d'Anne Willi, qui habille les femmes et les bébés, car ces deux stylistes pourraient être sœurs. *M° Bastille, Ledru-Rollin* 17, rue Keller 75011 Tél. 01 43 14 63 02 Ouvert lun. 14h-19h, mar.-sam. 11h30-20h **Anne Willi** 13, rue Keller 75011 Tél. 01 48 06 74 06 www. annewilli.com Ouvert lun. 14h-20h, mar.-sam. 11h30-20h

Rue de Charonne (plan 20) À parcourir de la rue du Faubourg-Saint-Antoine à la rue Keller, ce petit poste avancé de la mode semble en éternel mouvement au gré des nouvelles enseignes qui y fleurissent. On démarre par la pionnière du renouveau "**mode**" de cette rue, l'incontournable Isabel Marant, dont les Parisiennes raffolent du style bohème chic. On apprécie la sélection très féminine de Deca (n°8 Tél. 01 47 00 05 62), Bel Air (n°9 Tél. 01 47 00 07 51) et le premier étage cosy de La Fée maraboutée (n°5 Tél. 01 48 05 97 89). Les filles ancrées mode urbaine et *streetwear* se délecteront dans les boutiques montantes Be You K (nos 7-9 Tél. 01 40 21 02 20), Sessùn (n°30 Tél. 01 48 06 55 66) et Oxyde (n°28 Tél. 01 48

05 07 55), qui ravissent avec leurs vêtements aux coupes originales et leurs accessoires très tendances à prix abordables. Des envies de luxe ? On se jettera – si son budget le permet – sur la maroquinerie branchée de Philippe Roucou, à laquelle il est difficile de résister (n°30 Tél. 01 43 38 81 16). Puis on voyagera sans quitter Paris en s'approvisionnant avec bonne conscience dans deux boutiques dédiées au **commerce équitable**. Direction Bazar do Brasil (n°33 Tél. 01 48 05 67 93), qui porte bien son nom, pour faire le plein de maillots de bain, de hamacs, de musique, de tenues de capoeira, de tongs et *cachaça* (eau-de-vie de canne). Et destination Inde, Afrique et Haïti au 39, rue de Charonne qui offre une belle sélection de bijoux, d'objets de déco et de produits naturels (n°39 Tél. 01 48 05 11 81). *M° Bastille, Ledru-Rollin* 75011

Isabel Marant (plan 20). C'est peut-être parce qu'elle s'inspire de ses voyages (Inde, Afrique, Maghreb), mais aussi de l'atmosphère du vieux Paris, de la musique – de Gainsbourg au rock – et de ses copines, qu'Isabel Marant plaît tant aux Parisiennes. Installée rue de Charonne depuis 1998, elle a imposé son style en habillant les femmes avec élégance et naturel tout en se tenant à la pointe de la mode. Simples, fluides, ses vêtements aux couleurs fanées ravissent les *fashionistas* férues d'ethnique chic et de métissage urbain. Bohème et intemporel. *M° Bastille, Ledru-Rollin* 16, rue de Charonne 75011 Tél. 01 49 29 71 55 Ouvert lun.-sam. 10h30-19h30 Autre adresse : 1, rue Jacob 75006 Tél. 01 43 26 04 12

Où trouver chaussures sur mesure et maroquinerie *fashion* ?

☺ **Atelier SKG.** Envie de chaussures *made in Paris*, entièrement faites main ? C'est ce que proposent les talentueuses filles de l'atelier SKG : de petites séries de paires exquises, d'inspiration rétro décalée, très féminines et surtout confortables (de 180€ les sandales à 400€ les bottes). Pas de noir (sauf sur commande), mais une dominante de tons lumineux, un amour des détails et l'utilisation récurrente de tissu pour leurs modèles. Leur griffe ? L'étiquette unique à l'intérieur – logo vert d'eau brodé sur un morceau de cravate ancienne – et souvent, un point de couture sur le devant. Exclusif ! *M° Bastille* www.skg.fr

Louison (plan 20). Les Japonaises sont dingues des collections de cette boutique qui donne sur une jolie cour intérieure à l'écart de la rue du Faubourg-Saint-Antoine, à deux pas de la rue de Charonne. Ici, la maroquinerie sort des sentiers battus et se décline dans des matières et des tons inhabituels. Cuirs métallisés, toile pailletée, sacs couverts de fleurs en cuir, cabas *my dog is my friend*, ballerines plates aux semelles rose fluo (225€, tout de même…) ; Louison aime les formes classiques dans des couleurs détonantes. Si votre budget est un peu serré pour vous offrir un sac, vous pourrez vous rattraper sur les porte-clés en forme de… clé (23€) ou sur les "tags" à bagage miroirs de poche en cuir coloré. *Flashy* ! *M° Ledru-Rollin* 20, rue Saint-Nicolas 75012 Tél. 01 43 44 02 62 Ouvert mar.-sam. 11h30-19h

Où s'initier à la *street culture* ?

☺ **Lazy Dog (plan 20).** Amateurs de graphisme en général et de graffiti/*street art* en particulier, cette boutique est pour vous. Depuis fin 2003, Romuald et Aurélie y reçoivent les aficionados de cultures urbaines et les non-initiés avec le sourire. Difficile de ne pas craquer sur les tee-shirts d'artistes en série limitée, les livres de graphistes, la presse magazine internationale ou les *toys* à collectionner. Ne pas oublier de terminer sa visite par la galerie, au sous-sol, qui présente régulièrement des expos. *M° Bastille, Ledru-Rollin* 2, passage Thiéré 75011 Tél. 01 58 30 94 76 www.thelazydog.fr Ouvert lun. 14h-19h, mar.-ven. 11h-19h et sam. 11h-19h30

Carhartt (plan 20). Cette marque de *workwear* (vêtements de travail) vieille de 115 ans a habillé de nombreux Américains avant de devenir un classique du *streetwear* en Europe. Sa signature : la toile canvas en coton tissé, la triple surpiqûre et les coupes simples style uniforme qui font de ces vêtements des basiques costauds – parkas, sweats, jeans, jupes, tee-shirts –, très prisés des jeunes urbain(e)s, skateurs et branchés. Le plus : la déco éphémère de la boutique, qui change au gré des interventions d'artistes du graffiti. *M° Bastille, Ledru-Rollin* 38bis, rue du Faubourg-Saint-Antoine 75012 Tél. 01 40 02 02 20 www.carhartt-europe.com Ouvert lun.-sam. 10h30-19h

SnowBeach Warehouse (plan 20). *Tricks, trucks, tail, ollie, switch, 3-6 flip,* ça vous dit quelque chose ? Alors, foncez chez SnowBeach, l'un des spécialistes du skateboard à Paris depuis 1995. Avec plus de 250 plateaux différents, une sélection de 400 modèles de chaussures, autant de sweat-shirts et tee-shirts pour filles et surtout garçons, on y trouve tout pour le skate. Une fois la planche achetée et ajustée sur place, on peut s'entraîner à deux pas sur l'un des spots connus de la capitale : "Les Trois Marches", place de la Bastille, côté port de l'Arsenal. Cherchez les skateurs ! *M° Bastille, Bréguet-Sabin* 30, bd Richard-Lenoir 75011 Tél. 01 43 38 62 50 www.snowbeach.com Ouvert lun. 14h30-19h30, mar.-sam. 10h30-19h30

L'Indien Boutique (plan 20). Ado ou adulescent, fan de rock et de métal à la recherche de badges, de patchs ou de tee-shirts de groupes ? L'Indien a tout ce qu'il faut dans son tipi ! Sweat-shirts à tête de mort, treillis, chaussures (Creepers, Vans, Globe ou New Rock pour les gothiques), cet énergumène peut vous équiper des pieds à la tête, sans oublier les bracelets de force ou la ceinture cloutée… Une boutique digne de Carnaby Street : c'est Londres à la Bastille ! Les connaisseurs fonceront aussi à La Boutik, également spécialisée dans le *streetwear* rock, techno, *hardcore* et métal. *M° Bastille, Ledru-Rollin* 30, rue Keller 75011 Tél. 01 47 00 92 97 www.indienboutique.fr Ouvert lun.-sam. 10h30-19h *La Boutik* 17, rue Keller 75011 Tél. 01 48 05 57 71 www.laboutik.fr Ouvert lun. 14h-19h et mar.-sam. 11h-19h

Où trouver des vêtements d'enfants *flashy* ?

Petit Pan (plans 19 et 21). À deux pas de la place d'Aligre, ce chenapan mène la vie dure aux tons pastel. Sa mission ? Redonner des couleurs aux vêtements et à l'univers de vos bambins. C'est en Chine que Petit Pan déniche ses tissus *flashy*, qu'il décline en vestes croisées, pyjamas, chemises, casquettes, et même linge de lit. Sans oublier le mobilier pour chambre d'enfant, et les jouets de l'empire du Milieu : cerfs-volants en papier ou animaux en tissu qu'on adore détourner pour décorer sa maison ! Craquant. Plaid pour bébé 30€. Veste croisée 45€. *M° Ledru-Rollin* 7, rue de Prague 75012 Tél. 01 43 41 88 88 Ouvert mar.-sam. 10h-14h et 15h-

19h Autre adresse : M° Saint-Paul 39, rue François-Miron 75004 Tél. 01 42 74 57
16 Ouvert mar.-sam. 10h30-14h et 15h-19h30

Où acheter des disques collectors ?

☺ **Bimbo Tower (plan 20).** Spécialisée dans les musiques insolites et expérimentales de toutes sortes, Bimbo Tower, boutique minuscule et discrète, est devenue la référence en ce domaine. On y trouve disques (sur tout format, du vinyle
33t, 45t, maxis aux cassettes en passant par les CD autoproduits), livres, revues,
fanzines, graphzines, tee-shirts, vidéos et DVD, objets, etc., avec une ouverture
particulière sur les musiques et labels japonais. Bimbo est une boutique à part,
tenue avec passion, qui a pour seul mot d'ordre : underground ! *M° Bastille,
Ledru-Rollin 5, passage Saint-Antoine (au niveau du n°40 de la rue de Charonne)
75011 Tél. 01 49 29 76 70 Ouvert lun.-ven. 13h-19h, sam. 11h-19h*
http://bimbo.tower.free.fr

Born Bad (plan 20). Amateurs de rock garage, de punk, de *hardcore*, d' oï, de
ska, etc., Born Bad est là pour vous ! Tout le rock des années 1960 à nos jours (y
compris une sélection française) attend le fan de *kustom culture*, ainsi que des tee-
shirts, badges, fanzines, magazines… Finissez, non loin de là, chez **Patate Records**
(*57, rue de Charonne Tél. 01 48 06 58 11*), très bon disquaire reggae/dub,
ou au **Silence de la Rue** (*M° Faidherbe ou Charonne 39, rue Faidherbe plan 17,
Tél. 01 40 24 16 16*), spécialisé en punk, rock, soul, reggae, aux prix plutôt abordables. *M° Bastille 17, rue Keller 75011 Tél. 01 43 38 41 78 Ouvert lun.-sam.
12h-20h*

Shopping gourmand

Moisan-Le Pain au naturel (plan 21). Aux abords du marché d'Aligre, la queue
devant la porte parle d'elle-même : ici, vrais, grands, bons, sains pains travaillés
dans une démarche bio. On aime le complet comme la simple baguette – à moins
de craquer pour l'une des fougasses ou pizzas. À visiter les jours de marché, pour
profiter au mieux de l'ambiance du quartier. *M° Ledru-Rollin, Faidherbe-Chaligny
5, place d'Aligre 75012 Tél. 01 43 45 46 60 Ouvert mar.-sam. 7h-20h Fermé dim.
a.-m. et lun.*

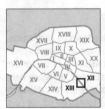

Bercy

plans 21, 26

À deux pas du parc de Bercy, le cour Saint-
Émilion, voie piétonne et commerçante qui abrite
de grandes enseignes et un multiplex, attire
les shoppeurs-flâneurs du dimanche.

Où faire du shopping le dimanche ?

Bercy Village (plan 26) Les anciens chais de Bercy ont été transformés en
2000 en minicentre commercial à ciel ouvert où il fait bon battre le pavé avant de

se faire une toile au multiplex UGC. De quoi ravir les petits dans les boutiques de jouets, intriguer les explorateurs en herbe chez Nature & Découvertes et combler les accros de BD et de mangas chez Album. Les amateurs de travaux manuels trouveront de quoi s'occuper chez Loisirs et Création, tandis que les adeptes de sports de plein air préféreront s'équiper chez Andaska et Pacific Adventure, boutique spécialisée dans la pêche sportive. On pourra s'habiller avec goût chez Agnès b., faire des emplettes beauté chez Sephora B., s'offrir une séance détente chez Onmisens (formule hammam à partir de 75€) puis revoir la déco de son intérieur chez Résonances, Côté Maison ou Musée & Compagnie. Enfin, si l'on souhaite rentrer avec à la maison avec un chartreux, un labrador ou un simple poisson tropical, une pause chez Animalis s'impose ! Le plus : les boutiques de Bercy Village sont ouvertes le dimanche. ***M° Cour Saint-Émilion*** *75012 www.bercyvillage.com Label Tourisme & Handicap Ouvert tlj. 11h-21h*

Résonances (plan 22). Cette chaîne de magasins a eu la bonne idée d'éveiller la nostalgie d'une époque révolue en rééditant une série d'objets d'antan qui ont bercé notre enfance. Elle s'attaque désormais à notre bien-être, de la cuisine à la salle de bains. Masque réfrigéré à poser sur les yeux (5,95€), oreiller anatomique, cireuse à chaussures (99€), caddie rigolo, cave à vin d'appartement, et même épicerie fine, tout un programme – dans l'air du temps – pour (se) faire plaisir et se sentir bien à la maison. ***M° Cour Saint-Émilion*** *Bercy Village 9, cour Saint-Émillion 75012 Tél. 01 44 73 82 82 www.resonances.fr Autres adresses : Carrousel du Louvre 99, rue de Rivoli 75001 Tél. 01 42 97 06 00 et M° Madeleine 3-5, bd Malesherbes 75008 Paris Tél. 01 44 51 63 70*

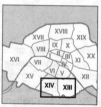

Le Sud parisien

plans 22, 25, 26

Ambiance Chinatown et dépaysement garanti à prix mini au sud de la place d'Italie. Les bêtes de mode accros aux bons plans feront un crochet par Alésia, où se concentrent les boutiques de déstockage des grandes marques de prêt-à-porter.

Autour de Place d'Italie

Où trouver des produits d'Asie ?

Esplanade des Olympiades (plan 26) Au centre des tours de l'esplanade, quelques magasins, cafés et brasseries aux toits en forme de pagode. Sous vos pieds se cache l'immense marché au gros, une sorte de Rungis asiatique et souterrain, le plus grand centre d'approvisionnement des Asiatiques en Europe, aménagé dans l'ancienne gare de marchandises des Gobelins, dont les voies et les rails désaffectés servent d'étals. Des entrepôts imposants y abritent des tonnes de riz, de poissons séchés, de raviolis aux crevettes et autres fruits déroutants importés des quatre coins du monde et acheminés ici *via* les rues souterraines du Disque et du Javelot (accès interdit au public). ***M° Tolbiac, Les Olympiades*** *44, av. d'Ivry 75013 Accès par l'escalator au pied de la tour Helsinki puis par une galerie couverte*

Galerie commerciale Oslo (plan 22) Peu connue des "gens de l'extérieur", elle constitue pourtant l'une des zones les plus dépaysantes de Chinatown : s'y alignent agences de voyages spécialisées dans l'Asie, restaurants thaïlandais et chinois, toutes sortes de négoces experts en films de kung-fu, en livres cambodgiens, en CD vietnamiens, en vêtements laotiens... Prenez l'embranchement à droite pour rejoindre le premier étage du grand restaurant Paris Store, paradis du panier vapeur, du vase géant et des fleurs en papier, puis descendez par l'escalator pour rejoindre l'avenue d'Ivry. *Mᵒ Tolbiac, Les Olympiades 44, av. d'Ivry 75013 Sur l'esplanade des Olympiades au pied de la tour Oslo*

Tang Frères (plans 25 et 26). Durians dorés, racines de lotus, liserons d'eau, mangoustans, papayes, fruits du dragon, champignons *shitake* ou simplement soja frais, on trouve tout cela et encore bien plus chez Tang, le supermarché asiatique de référence de la capitale. Nichée en plein Chinatown, cette grande surface ne paie pas de mine, mais on se laisse vite transporter par la diversité de ses étals. Orchidées, bonsaïs et sacs de riz à l'extérieur, annexe réservée aux objets, vaisselle et cadeaux (lampions en papier à partir de 70c), et surtout rayon alimentaire géant où l'on s'approvisionne en herbes, thés, fruits et légumes exotiques, boissons, surgelés (raviolis, nems) à petits prix. On poursuivra son voyage en Asie au centre commercial des Olympiades, à deux pas. *Mᵒ Porte d'Ivry, Maison Blanche,* **Les Olympiades** *48, av. d'Ivry 75013 Tél. 01 45 70 80 00 Ouvert mar.-dim. 9h-19h30 Autres adresses : 168, av. de Choisy 75013 Tél. 01 44 24 06 72 et 44, av. d'Ivry (Les Olympiades) 75013 Tél. 01 45 85 19 85*

Shopping gourmand

Les Abeilles (plan 25). Une adresse formidable pour épater les blasés : mais oui, on peut faire du miel à Paris, et du bon ! En revanche, pour le pin, il faut s'approvisionner en Grèce, pour le rhododendron, dans les Pyrénées et pour le châtaignier, dans les Cévennes. *Mᵒ Corvisart 21, rue de la Butte-aux-Cailles 75013 Tél. 01 45 81 43 48 Fermé dim. et lun.*

Autour d'Alésia

Où faire des affaires ?

Rue d'Alésia (plan 25) Bien connue des amateurs de bonnes affaires, la rue d'Alésia est le paradis du déstockage dans Paris *intra-muros*. Bien qu'excentrée, elle mérite le détour pour la profusion de ses stocks. On y déniche les collections de l'année passée à prix réduits (de –30% à –50%), avec encore davantage de réductions en période de soldes ! Coup de cœur pour les stocks Sonia Rykiel (n°64 Tél. 01 43 95 06 13 et n°112 Tél. 01 45 43 80 86) et Cacharel (n°114 Tél. 01 45 42 53 04) qui, s'ils restent encore un peu chers, permettent de s'habiller et de se chausser chic (hommes, femmes et enfants), accessoires compris. Puis on fait un saut chez Zapa (n°82 Tél. 01 45 43 95 48) et GR Stock/George Rech (n°100 Tél. 01 45 40 87 73), pendant que les hommes optent pour Chevignon (n°122 Tél. 01 45 43 40 25). Rayon sportswear, Dorotennis (n°74 Tél. 01 45 42 13 93) propose une vaste gamme de maillots de bain, joggings et vêtements de ski à petit prix. Réservé aux enfants, NC Kids (n°143 Tél. 01 58 14 00 33) brade les anciennes collections Naf Naf et Chevignon. Hormis ces enseignes célèbres, ne pas hésiter à arpenter la rue et à entrer dans les boutiques avoisinantes qui ne payent pas de mine, comme Stock 149 (n° 149 Tél. 01 45 43 52 26) et Zolderine (n°137 Tél. 01 45 42 76 28), où l'on peut parfois faire de véritables trouvailles... **Mᵒ Alésia** 75014 Fermé dim. et souvent le lun.

Plus au sud

Où chiner ?

Puces de Vanves (plan 22). Plus de 350 exposants vous proposent en vrac de quoi relooker votre intérieur dans le style des années 1970 ainsi que d'innombrables objets en tous genres pour lui donner une touche *sixties* ; s'ajoutent à cela des lampes Berger, des appareils photo Voygtlander, des transistors Radiola, de vieux phonographes, de la fripe, des jouets, des assiettes et de la verrerie toutes époques confondues, des cartes postales et dessins anciens, sans compter tout un bric-à-brac à explorer dans les caisses des brocanteurs, à même le pavé... (cf. GEOQuartiers Montparnasse et le 14ᵉ, Mode d'emploi). **Mᵒ et Tram Porte de Vanves** Bus 28, 38, 48, 58, 95 75014 Av. Marc-Sangnier Ouvert sam.-dim. 7h-13h Av. Georges-Lafenestre Ouvert sam.-dim. 7h-15h www.pucesdevanves.typepad.com

GÉO**ADRESSES**

SHOPPING

GÉOADRESSES

Les bars évoluent. Les vieux piliers cèdent peu à peu la place aux jeunes gominés, le zinc et le plaqué bois s'effacent au profit des murs chocolat et des écrans plasma. Trois banquettes et deux poufs constituent maintenant un lounge et il existe une profession de décorateur de troquet. Vacuité que tout cela ? Peut-être, mais en tout état de cause, bars chic comme rades interlopes continuent à faire le plein. On aime à s'y retrouver pour y croiser nos congénères malgré nos 200 chaînes satellites, nos téléphones 3G et notre Internet haut débit. Et ça c'est plutôt une bonne nouvelle.

Boire un verre à Paris

GÉOMEMO

(S')en mettre plein la vue	Kong (1er), Tokyo Self (16e), Georges (4e)
Retourner dans les 60's	Chez Georges (6e), Le P'tit Garage (11e), Le Rosebud (14e)
Croiser des *people*	Hôtel Costes (1er), Le Sancerre (18e), La Perle (3e)
Voyager au coin du zinc	Le Jungle Montmartre (18e), L'Envol québécois (5e), Le Bombardier (5e)
Se damner pour un cocktail	Le Murano (3e), Le Zéro Zéro (11e), Hemingway Bar (1er)
Faire son Parisien	Les Taulières (18e), Le Mange-disque (11e), Le Cinquante (10e)

Cafés, bars et pubs à la carte

À DEUX

Si Paris "capitale de l'Amour" vous semble une vue de l'esprit après une journée au milieu des touristes, il est grand temps de faire une petite pause romantique au calme dans un de ces nids douillets.

EN BANDE

Une soirée sans votre bande n'est pas une vraie soirée ? Voilà quelques endroits où débarquer une troupe.

GÉOADRESSES

BOIRE UN VERRE

ATMOSPHÈRE

L'atmosphère d'un bar ? Cela recouvre aussi bien un décor particulièrement soigné, qu'une clientèle jet set sortie des magazines, ou qu'un vieux rade survivant d'un Paris oublié et ses arsouilles magnifiques. Des lieux à part, quoi.

CONCERT LIVE
Parce que finalement, rien ne remplacera l'énergie d'un musicien se démenant sur son instrument.

OUVERT TARD
Continuer la soirée au-delà des 2h fatidiques ? C'est possible…

OUVERT LE DIMANCHE
Scoop : le blues du dimanche soir n'existe pas autour des zincs.

GEOADRESSES

BOIRE UN VERRE

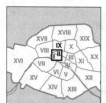

Palais-Royal et Opéra

plans 8, 9, 28

Malgré quelques mastodontes de spots touristiques (le Louvre, vous connaissez ?), ce vaste quartier chic réussit quand même à réserver quelques excellentes adresses, aussi bien à l'amateur de petits bars qu'à l'aficionado de lieux à la pointe.

Où s'accouder au zinc ?

Le Rubis (plan 9). Ne dites pas au patron que les années 1950 sont finies depuis un petit bout de temps, ça le tuerait ! Installez-vous plutôt sur une banquette (en moleskine d'origine forcément) dans ce petit coin de Paris oublié du temps. Commandez un verre des nombreux vins proposés à la carte (des panneaux en Bakélite forcément) et laissez passer le temps en écoutant les discussions des habitués de ce troquet magique, décoré de faïence. Des jeunes, des vieux, des oisifs pressés qui ne quittent pas le zinc, des travailleurs nonchalants qui reprennent une bouteille tout en déjeunant au bar... Il y a même une salle cachée à l'étage. Ça n'avait pas l'air mal, finalement, les années 1950 ! De 2,60€ à 4,80€ le verre. *M° Pyramides* 10, rue du Marché-Saint-Honoré 75001 Tél. 01 42 61 03 34 Ouvert lun.-ven. 7h-22h, sam. 9h-15h

Où profiter d'une vue sur la Pyramide ?

Le Café Marly (plan 28). Pour la terrasse évidemment. Unique, elle donne sur la Pyramide, la statue de Louis XIV, les façades de la cour Napoléon et le Carrousel, offrant une vue imprenable sur... une cohorte polyglotte de visiteurs. Autour de vous, d'inévitables victimes de la mode et autres stars improbables. Un monde fou, donc, sous les arcades et les dorures Napoléon III qui font encore courir les branchés, un service un peu débordé et une addition coup de fusil ; la marque des Costes finalement, dont le lieu est l'un des fleurons. La prestation culinaire hésite entre le "modeux" et le "branchouilleux", le classique et l'italianisant : *penne* au basilic, cabillaud vapeur, macaron aux framboises... Mais si vous revenez de boîte vers 7h, demandez au taxi de vous y arrêter, le temps d'un café, avant l'affluence : pour 5min, Paris est à vous et vous, tout à votre aise, dans un de ces fauteuils pseudo-années 1930. Café 3€, bière 6€. Carte env. 50€. *M° Palais Royal-Musée du Louvre* 93, rue de Rivoli 75001 Tél. 01 49 26 06 60 Ouvert tlj. 8h-1h30

Où siroter un cocktail mythique ?

☺ **Hemingway Bar (plan 8).** Vous avez laissé votre smoking au "5 à sec" ? Dommage, car il vous faudra, pour rejoindre ce minuscule temple boisé dédié au culte du cocktail, traverser l'intégralité du Ritz ! Ça y est ? Détendez-vous... Essayez de faire abstraction des noceurs texans qui commandent du champagne dans un coin, du surendettement qui vous guette si vous abusez et goûtez, par exemple, un bloody mary d'anthologie ou l'une des centaines d'autres recettes concoctées par Colin

GÉOADRESSES

BOIRE UN VERRE

Peter Field, redoutable alchimiste des mélanges alcoolisés. Cocktail 24€.
M° Madeleine 15, pl. Vendôme 75001 Tél. 01 43 16 30 30 Ouvert tlj. 18h30-2h
Tenue correcte conseillée

Café de la Paix (plan 8). À l'angle du boulevard des Capucines et de la place de
l'Opéra, ce café mythique et chic eut pour habitués Maupassant, Zola, Maurice
Chevalier, Joséphine Baker, Mistinguett, et bien d'autres. Aujourd'hui, les touristes
affluent en journée, mais les Parisiens regagnent du terrain en soirée, après le
théâtre, pour une soupe à l'oignon dans la déco rétro et fastueuse dessinée par
Garnier lui-même en 1862. Aux beaux jours, prenez une table en terrasse pour sa
vue imprenable sur la place de l'Opéra… Mais comptez 6€ le café ! *M° Opéra
2, rue Scribe 75009 Tél. 01 40 07 36 36 Ouvert tlj. 7h-0h30*

Où côtoyer le monde de la mode ?

Le Fumoir (plan 28). Lors des semaines de défilés, tout le gotha de la mode
(oui, oui, mannequins compris !) se retrouve dans ce QG design, stratégiquement situé
en face du Louvre. Dans les profonds canapés en cuir, ça palabre collections, ça
renifle les tendances et ça sirote des cocktails irréprochables sous les ventilos qui
brassent un air pas plus enfumé qu'ailleurs. Les plus acharné(e)s du travail (une
brève à finir d'urgence pour *Vogue* ?) vont chercher un peu de tranquillité et l'inspiration dans la bibliothèque du fond, parmi les livres en anglais. Pour l'anecdote, le
bar en acajou viendrait d'un club de Chicago. Demi 4,30€. Cocktail 9,50€-11€.
*Happy Hour 18h-20h. M° Louvre-Rivoli 6, rue de l'Amiral-de-Coligny 75001
Tél. 01 42 92 00 24 Ouvert tlj. 11h-2h*

Où spéculer sur un verre ?

Le Footsie (plan 8). Mais où vont-ils chercher tout ça ? Après les bars à vins ou
les bars à hôtesses, voici le bar à boursicoteurs. Le principe est simple : le prix de
consommation varie en fonction de la demande. Tout le monde se rue sur le pastis ? Le pastis augmente. À vous donc de repérer, sur les écrans derrière le bar, la
boisson que personne ne prend, histoire de payer moins. Vous risquez de vous
retrouver avec du nectar de goyave. Vous parlez d'une efficacité des marchés !
Régulièrement, un "krach boursier" réinitialise les compteurs. Qui vient s'amuser
à ça ? Essentiellement des jeunes de la finance qui travaillent à côté. Ça doit leur
rappeler le bureau… Demi de 3€ à 6€ selon le cours de la Bourse ! *M° Opéra
10-12, rue Daunou 75002 Tél. 01 42 60 07 20 Ouvert lun.-jeu. 18h-2h, sam.-dim.
18h-4h*

Où boire un verre sur des *mixes* ?

Hôtel Costes (plan 8). Le vaisseau amiral de la flotte Costes continue à en imposer. Certes, on peut trouver que Jacques Garcia a un peu poussé sur le velours dans
cette bonbonnière pseudo-Napoléon III, mais reconnaissons tout de même la vraie
réussite du magnifique patio genre maison en Toscane. Un havre de paix à l'abri de
l'agitation de la rue Saint-Honoré. Ajoutez à cela la bande-son du célébrissime DJ
Pompougnac et on pourrait presque oublier le coup de bambou de l'addition. Avec
un peu de chance, vous croiserez même une star ou deux. Sinon, il faudra subir les

touristes richissimes pas toujours raffinés. Cocktail 16€. *M° Concorde 239, rue Saint-Honoré 75001 Tél. 01 42 44 50 25 Ouvert tlj. 7h30-2h*

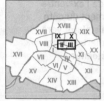

Grands Boulevards   *plans 10, 11*

Au soleil, le boulevard accumule les bars où il faut être si on est étudiant en art ou créatif. Côté ombre, en revanche, on tombe dans du plus populaire. Attention à bien choisir votre côté !

Où prendre un verre ?

Au Xᵉ (plan 11). À portée de pieds des célèbres clubs des Grands Boulevards, il y a curieusement un déficit de bars sympas. Ce nouveau venu ouvert par une évadée du terrible monde de la com' vient combler cette grave lacune. L'ancienne brasserie a été redécorée du sol au plafond entre kitsch assumé et bon goût assuré : poufs en fourrure, murs gris perle et photos de voyages de la patronne accrochées partout. De temps à autre, un DJ se charge du fond sonore. Une ambiance artistico-cool qu'adore la faune bobo employée par les nombreux labels de musique environnants. Pourquoi ne pas y prendre un verre avant d'aller danser ? Demi 2,50€. Cocktail 6,50€. *M° Strasbourg-Saint-Denis 22, rue de Mazagran 75010 Tél. 01 47 70 47 52 Ouvert dim.-ven. 8h15-2h, sam. 17h-2h Concert de jazz mer. 18h30-22h*

☺ **Delaville Café (plan 11).** Il est grand, il est beau, il sent bon l'électro. Ce bar devrait faire du cinéma. Le héros et l'héroïne se rencontreraient sur sa terrasse (vue imprenable sur l'agitation des Grands Boulevards) avant d'aller conclure sur la piste du Vinyle ou du Rex. La magnifique salle aux mosaïques héritées du xixᵉ siècle pourrait prêter son emphase décatie à la scène où le méchant fomente ses sombres projets devant un cocktail compliqué (mais très bon). Et on verrait bien la bizarre salle du fond, tout en bois et têtes empaillées, sorte de chalet suisse sous acide, dans une séquence onirico-inquiétante. Et puis tout se terminerait en musique parce qu'il y a toujours un DJ qui mixe dans ce bel endroit. Alors ça tourne ? Demi env. 3,50€. *M° Bonne Nouvelle 34, bd de Bonne-Nouvelle 75010 Tél. 01 48 24 48 09 Ouvert tlj. jusqu'à 2h*

La Petite Porte (plan 11). On pourrait croire que ce bar vieille école doit son nom à la majestueuse porte Saint-Martin voisine. Pas du tout ! Il lui vient, plus modestement, de la porte, maintenant condamnée, que le public du Théâtre de la Renaissance passait jadis à l'entracte, histoire de se rincer le gosier pour tenir pendant les pièces pénibles. Aujourd'hui, on fréquente ce troquet immémorial tout en zinc, bois verni et fresques passées pour une vraie démonstration de chaleur humaine. Le morgon aidant, il y a de fortes chances que vous deveniez copain avec votre voisin avant d'avoir fini votre délicieuse tartine chaude. Dès que le soleil se décide, l'immense terrasse devient un point d'observation idéal des Grands Boulevards. Le théâtre ? Pour quoi faire ? Demi 2€ au bar, 2,70€ en salle. *M° Strasbourg-Saint-Denis 20, bd Saint-Martin 75010 Tél. 01 40 18 56 31 Ouvert tlj. 9h-2h*

GÉOADRESSES

BOIRE UN VERRE

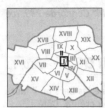

Châtelet-Les Halles plans 11, 16, 18

Le versant le plus intéressant de l'ex-ventre de Paris ne se trouve pas vraiment du côté du Forum (bientôt rénové), mais plutôt vers le versant nord et la rue Montmartre, entre rades de caractère et rues piétonnes.

Où boire un verre et grignoter ?

Le Black Dog (plan 16). Fans de métal, de cavalcades, de guitares torturées et de modifications corporelles plus ou moins permanentes, voilà votre grotte. Le Black Dog, ouvert par le patron du Katabar, accueille les fans de Marilyn Manson de l'apéro (*happy hour* jusqu'à 20h) au petit matin (soirées métal/gothique dans la cave le week-end). Si vous n'êtes pas habitué à cette musique un peu rugueuse, avalez une ou deux boules Quiès et passez quand même la tête, histoire de voir un peu ce drôle de milieu furieusement looké. Ne vous fiez pas aux tatouages qui font peur, les gens sont charmants ! Et, en plus, vous pourrez goûter l'une des meilleures viandes du quartier. Pinte 3€ jusqu'à 20h. **M° Châtelet** *26, rue des Lombards 75004 Tél. 01 42 77 66 85/01 42 71 22 27 Ouvert dim.-jeu. 16h-2h, ven.-sam. 16h-5h*

☺ **Le Troisième Lieu (plan 18).** Animé par les Ginettes armées, un collectif de filles bourrées d'idées, l'ancien bar La Traverse s'est métamorphosé en cette cantine joyeusement bordélique à la déco délirante (ah ! le faux salon de grand-mère au fond, oh ! la fausse jungle). Une faune branchouille (et largement lesbienne) vient vider un verre ou manger une salade sur les grandes tables et se mettre en jambes pour la nuit sur les *mixes* improbables de la cave. Ne croyez pas que les activités se limitent à de l'électro pointue : on y trouve aussi des concerts, de la poésie, des thés dansants. Troisième Lieu, mais premier pour l'éclectisme. Cocktail 7€. Bière 2,50€. **M° Châtelet, Les Halles** *62, rue Quincampoix 75004 Tél. 01 48 04 85 64 Ouvert tlj. sauf dim. 18h-2h www.letroisiemelieu.com*

Wine and Bubbles (plan 11). La nouvelle génération de bars à vins arrive. Fini l'ambiance "vieille France" immortelle et le caviste qui ressemble à votre grand-père. Désormais, on est servi par de jeunes branchés et l'on sent que les héroïnes de *Sex & The City* peuvent débarquer d'un moment à l'autre pour siroter un verre d'un domaine qui monte. Baies vitrées, mobilier design et musique électro dans les oreilles : attention au dépaysement. Cela n'empêche pas le succès. Au contraire ! Ce bar attire tous les cadres du quartier qui viennent engloutir une assiette de charcuterie avec un vin choisi. Le terroir sans la tradition finalement. Verre 3€-7€. **M° Étienne Marcel** *3, rue Française 75001 Tél. 01 44 76 99 84 Ouvert tlj. sauf dim. 18h-2h*

Où prendre un verre avec vue ?

Kong (plan 16). On se croirait dans un décor de film, là où le héros retrouve le grand méchant. Les videurs à l'entrée, l'arrivée par un immeuble évidé, la coupole en verre dominant Paris et les chaises genre Ikea nippon : tout est là pour en faire le lieu design chic parisien vu par les Américains, addition coup de fusil et bande-son dénichée par l'équipe de Béatrice Ardisson comprises. Chic, mais pas des plus rigolos… Carte 40€-45€. *M° Pont-Neuf* 1, rue du Pont-Neuf 75001 Tél. 01 40 39 09 00 Ouvert tlj. 12h15-2h, ven.-sam. jusqu'à 3h

Dépaysement garanti

Le Comptoir (plan 16). Au fond trône un magnifique et gigantesque bar en zinc, vestige de la brasserie précédente. Tout le reste de ce resto-bar est placé sous le signe du Maroc : les tables en cuivre, les lampes colorées et des coussins partout. Un Maroc de conte de fées revu et corrigé pour la faune des Halles : étudiants en archi, groupes de filles encombrées de sacs, petits couples en balade. Bref, une ambiance "luxe, calme et volupté" bercée par une électro orientale inoffensive. L'été, on peut profiter de la belle terrasse à l'écart de l'agitation du Forum, et les patrons vous prêteront des boules de pétanque si vous voulez faire un peu de sport. Cocktail 10€. Bière 4,50€. *M° Châtelet, Les Halles* 37, rue Berger 75001 Tél. 01 40 26 26 66 Ouvert tlj. jusqu'à 2h

Où prendre l'apéritif ?

Le Jip's (plan 16). Le Jip's fait un peu figure d'ovni dans le quartier, avec son intérieur en bois sculpté, ses ti-punchs assassins et sa musique afro-antillaise. On peut regretter que les bobos blancs soient plus nombreux que les mamas en bou-bou mais, au moins, on y goûte une ambiance à des années-lumière de celle des bars *lounge* des environs. L'été, la terrasse est prise d'assaut et, l'hiver, on peut se réchauffer pendant un cours de salsa le dimanche de 15h à 18h. Bière 4€. Ti-punch 9€. *M° Châtelet* 41, rue Saint-Denis 75001 Tél. 01 42 21 33 93 Ouvert tlj. 12h-2h

☺ **Le Cœur fou (plan 11).** Avec ses murs blancs, ses gros coussins, son petit bar et ses bougies partout, Le Cœur fou fait un peu penser à un café de plage cata-lan. On a tout de suite envie d'y attendre l'arrivée des vacances, du soleil et des minijupes, solidement arrimé à un *mojito* ou à la spécialité brésilienne du nom de *caïpirinha*. Sa faune de trentenaires en jeans, tee-shirt et baskets vintage semble souffrir du même syndrome. Pourquoi se presser quand on peut reprendre un verre, bercé par un gros *dub* des familles ? Qu'on le veuille ou non, voilà le QG des apéros du printemps. Demi 2,50€. Cocktail 8€. Pinte 4,80€. *M° Sentier, Les Halles* 55, rue Montmartre 75002 Ouvert tlj. 17h-2h

Le Café noir (plan 11). Bien sûr, il y a la terrasse qui donne sur une rue piétonne, idéale pour le petit verre d'après le boulot. D'ailleurs, les cadres en goguette ne se font pas prier pour la squatter. Mais on préfère l'intérieur de ce drôle de bar, véritable institution du quartier (les patrons tiennent la barre depuis les années 1990), avec son bar d'inspiration tauromachique et sa clientèle assez brut de décoffrage qui vient dis-cuter de tout et de rien devant son anisette. Dans ce quartier assez chic, un troquet *roots*, ça fait plaisir à voir. Demi en salle 2,50€. Cocktail 4,60€. *M° Sentier, Les Halles* 65, rue Montmartre 75002 Tél. 01 40 39 07 36 Ouvert lun.-sam. 8h-2h

Le Café (plan 11). Pour le nom, ils auraient pu faire un effort. Heureusement que la déco pseudo-coloniale avec les scuptures africaines et la jolie terrasse sur la rue piétonne rattrapent largement ce manque d'imagination. Coincé entre deux poids lourds du secteur (Le Lézard et L'Étienne Marcel), ce bar à la minuscule façade (mais à la grande salle) plein d'atmosphère attire aussi bien les DJ que les bandes de filles de retour de shopping. Le café du coin version Montorgueil. Il faudrait juste qu'ils fassent quelque chose pour la musique : cette *house* à fond les ballons use un peu les nerfs. Demi 3,50€. **M° Étienne Marcel** 62, rue Tiquetonne 75002 Tél. 01 40 39 08 00 Ouvert lun.-sam. 12h-2h, dim. 12h-0h

Et un peu plus tard...

Le Frog & Rosbif (plan 11). Si Londres vous manque, mais que vos finances ne vous permettent pas de prendre l'Eurostar, direction Le Frog & Rosbif ! Pour le prix d'une pinte (brassée sur place *please* !), vous voilà transporté dans un pub plus anglais que ceux d'Elephant & Castle ! Les serveurs s'expriment en anglais, les clients et la télé aussi. Du français ? Oui, pour la devise du lieu : comme là-bas on vous dit ! Il faut y passer lors d'un championnat de foot pour voir cette grande salle boisée résonner des cris de supporters déchaînés, ou le dimanche midi pour un gros brunch en terrasse, souverain après une nuit en club. Pinte 6€. **M° Étienne Marcel** 116, rue Saint-Denis 75002 Tél. 01 42 36 34 73 Ouvert tlj. 12h-2h

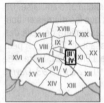

Le Marais
plans 11, 18, 19

Autant l'avouer, la fermeture de Chez Raymond, formidable bar pied-noir culte, nous a mis un coup. Dans le Marais, la profusion de lieux pseudo-gay branchés tous clonés oblige à un effort supplémentaire pour dégotter quelques pépites.

Où prendre l'apéritif ?

Open Café (plan 19). La vision du trottoir débordant de clients à l'heure de l'apéro, qu'il pleuve ou qu'il vente, doit faire rêver plus d'un patron de bar ! C'est bien simple, pour passer il faut parfois changer de trottoir ! Les férus de gym en marcel et coupe courte doivent également être comblés devant l'assortiment qui se présente... Sinon pour les autres, voilà l'archétype du bar gay du Marais : bondé, bruyant, joyeusement bordélique et ouvertement tourné vers la drague la plus éhontée. Pas spécialement fermé aux filles, mais on leur fera comprendre qu'à partir d'une certaine heure on préfère rester entre hommes. Finalement pas si *open* que ça... Demi 3,60€. **M° Hôtel de Ville** 17, rue des Archives 75004 Tél. 01 42 72 26 18 Ouvert dim.-ven. 11h-2h, sam. 11h-4h

☺ **Art brut (plan 18).** Le décorateur de ce bar inclassable fait partie des Têtes raides. D'où la même ambiance de recyclage artistique minutieux, de capharnaüm étudié que dans les albums et les pochettes de ce groupe folk bizarre. Et coup de bol, on y entend aussi la même musique, entre chanson française déglinguée et jazz manouche hanté. Dans une ambiance crépusculaire et des tons de bois sombre rarissimes à Paris, les étudiants et artistes du quartier se retrouvent depuis des années pour vider des ballons d'un vin chilien qui décape, grignoter du saucisson labellisé et rêver d'un monde plus juste. Décalé, modeste et précieux ! Verre de vin à partir de 2,50€. *M° Rambuteau 78, rue Quincampoix 75003 Tél. 01 42 72 17 36 Ouvert mar.-sam. 16h-2h, dim.-lun. 17h-2h*

La Perle (plan 18). Figurez-vous que les bars moches se font rares ! La faute aux décorateurs omniprésents qui ne proposent que des lieux raffinés afin d'attirer une clientèle de bobos exigeants quant à l'ameublement. Heureusement, le patron de La Perle insiste pour ne rien changer dans cette brasserie terriblement années 1970 avec sa lampe bulle, son bar à angles aigus et sa mosaïque orange. Jean Richard débarquerait se jeter un blanc-cassis qu'on ne s'en étonnerait pas plus que ça. Il paraît alors comme compagnons de zinc un bel éventail, des *fashion victims* du Marais de retour de shopping en passant par les trentenaires en RTT jusqu'aux vieux du quartier. Demi 3€. *M° Hôtel de Ville, Chemin Vert 78, rue Vieille-du-Temple 75003 Tél. 01 42 72 69 93 Ouvert lun.-ven. 6h-2h, sam.-dim. 8h-2h*

Où prendre un verre sur les toits de Paris ?

Georges (plan 18). Hymne au design le plus contemporain dans un haut lieu de l'art moderne, ce café-restaurant époustouflant dessiné par D. Jakob et B. Mac Farlane et ouvert sur les toits de Paris est aussi un hommage à la capitale. Les lignes géométriques des tables et des fauteuils répondent au tracé des grandes artères parisiennes, tandis que d'insolites masses en aluminium surgies du sol font écho aux clochers et aux dômes de la ville. Comme les prix (café 3,20€, cocktail autour de 15€), l'ambiance relativement glacée qui sied à ce lieu "branché" et une musique techno appuyée en rebuteront certains. Aficionados et sociologues amateurs jugeront, eux, qu'il s'agit d'un observatoire unique sur les hauteurs vertigineuses de Paris. *M° Rambuteau Centre Georges-Pompidou (niveau 6) 75004 Tél. 01 44 78 47 99 Accès par ascenseur puis escalator au pied gauche du centre, sur la piazza ; après 21h, accès direct par ascenseur, rue Rambuteau Ouvert tlj. sauf mar. 11h-2h Restauration en continu ; rés. conseillée après 19h*

Où boire un verre en soirée ?

The Quiet Man (plan 18). On pourrait en faire un axiome : le degré de bonnes vibrations d'un bar est inversement proportionnel à sa surface. Ainsi, prenez The Quiet Man. On ne fait pas entrer deux Irlandais de front dans ce placard à balais, mais on y passe des soirées formidables à écouter de la vraie musique celtique (des mini concerts dans la mini-cave), à jouer aux fléchettes ou à vider, en toute modération, quelques pintes de Guinness servies comme là-bas. Évidemment, il faut y passer le soir de la Saint-Patrick pour goûter la vraie fête irlandaise, mais vous avez alors plus de chances de vous retrouver sur le trottoir qu'au bar ! Pinte 5,90€. Happy hour 17h-20h. *M° Rambuteau 5, rue des Haudriettes 75003 Tél. 01 48 04 02 77 www. thequietman.eu Ouvert tlj. 17h-2h*

Andy Wahloo (plan 11). Voilà un resto-bar marocain, très *lounge* dans l'esprit, qui change agréablement de ses confrères. On peut se vautrer dans ses canapés moelleux au milieu d'une jolie déco de brocante. Les tableaux de paquets de semoule ou de femmes en djellaba Vuitton valent leur pesant de pois chiches ! Une sorte de rencontre entre le souk et la Fabric de Warhol... Pour manger ? Un *mezze* de petites choses marocaines délicieuses. Avec quelques tournées de *bourrah*, vous voilà fin prêt à danser sur les *mixes* des DJ qui passent par là. Un excellent *before* apéritif. Pour faire le malin, glissez donc que vous savez que "Andy Wahloo" veut dire "je n'ai rien" en marocain. Demi 5€, cocktail 9€. *M° Arts et Métiers* 69, *rue des Gravilliers 75003 Tél. 01 42 71 20 38 Ouvert mar.-sam. 11h-2h*

The Auld Alliance Pub (plan 19). Un patron avec un kilt et un poignard dans les chaussettes, une tête de chevreuil au mur (tué par le taulier, vous croyez ?), des assiettes difficilement identifiables (mais très mangeables) et des dizaines de whiskys goûteux à la carte. Pas de doute, nous sommes bien dans la *Public House* la plus écossaise de Paris. Dans la foule qui s'y presse, par exemple, lors des matchs du tournoi des 6 Nations, on trouve autant de Highlanders en tartan loin de leur base que de Français amoureux du *single malt*. Tout ce beau monde se vanne gentiment dans ce bar boisé hautement recommandable. S'il ne doit en rester qu'un, ce sera celui-là ! Pinte 4€-6,50€. *Happy hour pinte 5€ (17h-20h). M° Saint-Paul 80, rue François-Miron 75004 Tél. 01 48 04 30 40 Ouvert lun.-ven. 15h-2h, sam.-dim. 12h-2h*

Apparemment Café (plan 18). Des murs lambrissés, de jolis meubles chinés dans des brocantes, de petites lampes qui diffusent une lumière chaleureuse, un fond jazzy : voilà un endroit éminemment cosy, idéal pour passer un bout de nuit d'hiver à l'abri des frimas. On se commande un vin chaud, on choisit un jeu de société et c'est parti. On se croirait dans un chalet des Trois Vallées alors qu'on se trouve en face du musée Picasso. Bien sûr, côté folie nocturne et plongée sans filet dans l'interlope noctambule il y a un risque de rester un peu sur sa faim, mais on a le droit à un peu de tranquillité de temps en temps, non ? Demi 4€. Cocktail 8€-9,50€. *M° Saint-Sébastien-Froissart* 18, *rue des Coutures-Saint-Gervais 75003 Tél. 01 48 87 12 22 Ouvert lun.-sam. 12h-2h, dim. 12h30-0h Fermé sam. midi en juillet-août*

Le Stolly's (plan 19). Dans l'une des plus petites rues de Paris (10m de long à tout casser), on trouve logiquement l'un des plus petits pubs de Paris. Dehors, une mini terrasse (8 tables) qui réussit l'exploit d'être ensoleillée quelques heures par jour. À l'intérieur, 4 tables, 4 murs couverts d'un improbable bazar nicotiné et un bar ventru bien doté en bière... Avec un bon chausse-pied, on doit pouvoir y faire entrer une vingtaine d'amateurs, s'ils n'ont pas de trop grosses boucles de ceinturon. Et pourtant, tout cela génère une ambiance énorme, ne serait-ce que parce que vous devez briser la glace avec votre voisin ; il a son coude dans votre œil... Demi 3€. *M° Hôtel de Ville, Saint-Paul* 16, *rue Cloche-Perce 75004 Tél. 01 42 76 06 76 Ouvert tlj. 16h30-2h*

Le Politburo (plan 19). Vous attendez la révolution dans le Marais ? Allez donc fomenter votre révolte avec vos compagnons de lutte devant un demi au Politburo, un bar intello et crypto-soviétique un peu perdu au milieu des bars embourgeoisés. Ironie de l'histoire, Thomas a lancé ce lieu avec les plus-values démentielles réalisées dans la nouvelle économie ! La déco est minimaliste et l'offre d'alcool digne d'une épicerie polonaise des années 1980, mais l'ambiance est chaleureuse et la musique rock change agréablement dans un quartier aliéné par de la *house* de rentier. *Happy* *hour* tlj. de 18h-21h. Demi 2,50€. *Shot* vodka 3€. *M° Hôtel de Ville, Saint-Paul* 25, rue du Roi-de-Sicile 75004 Ouvert tlj. 18h-2h

Klein Holland (plan 19). Des bouteilles de "Bols" en guise de chandelier, des verres de bière "Grolsch" et des "Bitterbaalu" à grignoter. Nous ne sommes pas dans un lieu ouvert par un traumatisé du Scrabble, mais dans le seul bar hollandais de Paris avec sa collection de petites spécialités de là-bas. On vous voit venir : non, il n'y a pas les "spécialités" des *coffee-shops* d'Amsterdam ! Sinon, tout cela ressemble fortement à un pub anglais plutôt cosy avec sa déco tout en bois (un café brun quoi !). L'écran diffusant en permanence une chaîne musicale est-il indispensable ? Pas sûr. Heureusement, ils proposent des animations plus originales comme les journées quizz. Pinte 3€. *M° Hôtel de Ville, Saint-Paul* 36, rue du Roi-de-Sicile 75004 Tél. 01 42 71 43 13 Ouvert tlj. 17h-2h

La Belle Hortense (plan 19). Chuuuut, pas de bruit ! Ici tout est calme et volupté. Pour le luxe ? Contentez-vous de vous accouder au comptoir et de commencer à feuilleter un bon bouquin avec un verre d'un excellent vin. Le luxe intérieur, y a que ça de vrai. Que voudriez-vous de plus ? Cela fait six ans que la confiserie miniature est devenue ce bar à vins à la ligne cosy et intello. On n'y croise pas tellement de touristes – ils pensent sans doute passer devant une librairie –, mais plutôt des fidèles qui discutent calmement de choses et d'autres (plutôt de philo que de courses automobiles) sur un fond de jazz. Verre de vin de 3€ à 7€. *M° Hôtel de Ville, Saint-Paul* 31, rue Vieille-du-Temple 75004 Tél. 01 48 04 71 60 Ouvert tlj. 17h-2h www.cafeine.com

La Chaise au plafond (plan 19). À quoi ça tient l'image "intello" d'un bar ? Une sculpture au plafond, une poésie au mur, un intérieur tout en bois ciré et hop vous vous sentez l'envie de commencer votre autofiction devant un verre de vin. Ou au moins de faire les mots croisés directement au Bic. La faune s'est enrichie d'individus en velours côtelé, duffle-coat et *Le Monde* sous le bras. Impeccable pour un apéro feutré ou un rendez-vous amoureux. Dans la très calme impasse du Trésor, ce joli resto-bar possède, en plus, une terrasse fort appréciée, car un peu éloignée du monoxyde de carbone. Dommage qu'il y ait ces ridicules plates-bandes… Par ailleurs : allez jeter un coup d'œil aux toilettes, elles sont magnifiques. Verre de vin 3€. *M° Hôtel de Ville, Saint-Paul* 10, rue du Trésor 75004 Tél. 01 42 76 03 22 Ouvert tlj. 9h-2h

Le Pick-Clops (plan 19). Les grincheux vont dire que ce n'est plus la même chose, que l'ambiance est retombée, que le bar s'est embourgeoisé autant que le quartier. Certes, le côté rock'n'roll un peu cru des années 1980 a vécu, les bananes se sont dégarnies et les baskets de marque ont remplacé les santiags en terrasse. Mais, dans ce quartier où finalement beaucoup de bars lorgnent vers le *lounge* insipide, son côté vieillot avec ses mosaïques, ses tables en Formica et ses néons roses gardent un charme 1950 toujours vaillant et plutôt original. La lutte contre le conformisme des zincs est un combat de tous les instants ! En plus, on y sert tard de bonnes salades… Demi 3,60€. *M° Hôtel de Ville, Saint-Paul* 16, rue Vieille-du-Temple 75004 Tél. 01 40 29 02 18 Ouvert lun.-sam. 7h-2h, dim. 8h-2h

Où aller au café-concert ?

L'Attirail (plan 11). S'enfoncer dans cette rue assez peu engageante en se disant qu'on va y passer une agréable soirée requiert une bonne dose de confiance. Mais vous avez bien fait d'insister puisque L'Attirail est l'un des meilleurs (et rares) cafés-concerts un peu alternatifs de la capitale. Décoré (enfin personnalisé serait plus juste) par les élèves des Arts et Métiers voisins et tenu par des Berbères souriants, ce bar vous propose d'assister tous les jours dans la minuscule salle du fond, au hasard de la programmation, à un concert dès 21h de jazz polonais, de punk musette ou de chanson réaliste. En général, on paie au chapeau. Demi 2€. **M° Arts et Métiers** 9, rue au Maire 75003 Tél. 01 42 72 44 42 www.lattirail.com Ouvert tlj. 10h-2h

Un verre, de l'électro en plus

Mixer Bar (plan 19). Passez outre le sas peu engageant, l'éclairage au néon vert, aussi chaleureux qu'un sous-marin nucléaire soviétique en exercice. Concentrez-vous plutôt sur la musique dispensée par le DJ du soir, perché dans sa drôle de nacelle au-dessus de la porte. Car ici vous êtes dans le temple de la techno apéritive et du *mix* alcoolisé (d'où le nom). Un DJ différent chaque jour pour du *break-beat*, de la techno, de la *house* ou toute autre forme de musique électronique. La population est en majorité gay, mais la maison reste tout ce qu'il y a de plus ouverte. Heureusement que le *mix* ne s'arrête pas à la musique. Demi 3,10€. **M° Hôtel de Ville** 23, rue Sainte-Croix-de-la-Bretonnerie 75004 Tél. 01 48 87 55 44 Ouvert tlj. 17h-2h

Lizard Lounge (plan 19). Un peu schizophrène, ce beau bar sur trois niveaux, très loft d'artiste d'allure, a récemment été rénové. L'après-midi, les épuisé(e)s du shopping viennent se détendre dans une atmosphère feutrée limite ambiance Central Perk (le *coffee-shop* de *Friends*). En soirée, changement radical de style : les décibels dégringolent, des touristes anglais apparaissent comme par magie et le bar ressemble à ces pubs londoniens où tout le monde se parle en hurlant. On peut danser sur de l'électro dans la jolie salle du bas. Dommage que tout cela se termine à 2h, mais le Lizard Lounge reste un bon endroit où entamer une nuit. L'assortiment de cocktails force le respect. Demi 3,50€. Cocktail 7,50€ (5€ en happy hour 16h-22h). **M° Hôtel de Ville, Saint-Paul** 18, rue du Bourg-Tibourg 75004 Tél. 01 42 72 81 34 Ouvert tlj. 12h-2h

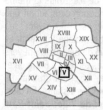

Quartier latin

plans 17, 18, 23, 24

Les étudiants sont toujours là, les touristes aussi, et le mélange ne s'effectue pas si mal que ça. Évidemment, pour aller boire un verre pas trop cher après une séance en VO dans les cinémas d'art et d'essai du quartier, on suivra les premiers et, pour les cafés chargés d'histoire après une partie de shopping, on ne fera pas l'économie des seconds.

Repaires d'étudiants

Le Pantalon (plan 24). Quand on voit un troquet comme ça, on se dit que le patron a dû être brocanteur dans une vie antérieure ! ou décorateur dans le cinéma. Pêle-mêle s'amassent ici une fausse roue, une bicyclette, un aspirateur, un feu rouge, des porte-bagages de train et tout un tas d'autres trouvailles – dont un pantalon, évidemment. Dans ce joyeux bazar, des étudiants de l'Europe entière et des piliers de comptoir du quartier réussissent à boire un verre dans une ambiance en or. Comme le dit le patron, "les grands hommes d'autrefois sont au Panthéon, ceux de maintenant sont au Pantalon !". Pinte 4,50€. *Mᵒ Cluny-La Sorbonne,* RER Luxembourg *7, rue Royer-Collard 75005 Ouvert lun.-jeu. 10h-2h, ven.-dim. 17h30-2h*

Chez Léa (plan 24). Il n'y a pas de raison que les bars à la décoration pseudo-brocante soient l'apanage du 11ᵉ ardt. Dans le bas de la rue Mouffetard aussi on y a droit. Tout y est : lustres en ferronnerie, vieux meubles de récup', murs peints à l'éponge et petites loupiotes. Certes, on a connu plus original, mais l'atmosphère chaleureuse est vraiment attachante. Depuis leur déménagement, les journalistes du *Monde* ont disparu mais les étudiants du coin continuent à venir en masse se désaltérer dans ce havre de bobohitude. Même les serveurs des cafés touristiques des environs viennent décompresser ici ! Demi 2,60€. *Mᵒ Place Monge 5, rue Claude-Bernard 75005 Tél. 01 43 31 46 30 Ouvert tlj. 8h30-2h*

Bistrot des artistes (plan 17). Un bar situé rue des Anglais, on l'imagine tout en cuir et bois avec de gros fauteuils club. Eh bien pas du tout. Ici, la déco lorgne franchement du côté de l'Afrique avec masques, tissus et même un hamac. Convenons que cela sied tout de même mieux à la clientèle estudiantine qui squatte le lieu, épuisée par tous ces TD qu'elle est en train de manquer. Pour la musique, le choix est plus bizarre : elle oscille entre rock *seventies* oublié et funk vintage de 82. Si ça se trouve, le DJ doit jouer un solo sur le disque qu'il passe ! Les jeunes patrons, très à l'écoute de la demande de leur clientèle, proposent une *happy hour* royale (lun. 18h-2h, mar.-ven. 18h-21h). Demi 2,50€. *Mᵒ Maubert-Mutualité 6, rue des Anglais 75005 Tél. 01 43 29 06 73 Ouvert lun.-sam. 16h-2h, dim. 21h-2h*

Le Rallye (plan 18). Un tout petit trottoir et une circulation infernale : le quai de la Tournelle ne semble pas tellement propice aux balades en amoureux et aux apéritifs les yeux dans les yeux. Pourtant, en poussant un peu, on trouve ce vieux bar-tabac tout en moleskine. Il n'y a pas si longtemps, on sirotait son verre entouré d'effigies en carton de Tintin ou du capitaine Haddock. Désormais, la décoration est plus épurée mais l'atmosphère précieuse et intemporelle demeure. Finalement, un bon rendez-vous pour les amoureux de ce quai. Demi 2,50€. *Mᵒ Cardinal Lemoine, Maubert-Mutualité 11, quai de la Tournelle 75005 Tél. 01 43 54 29 65 Ouvert tlj. 10h-2h*

Le Piano Vache (plan 24). Si on grattait les murs de ce bar, on gagnerait bien 1 ou 2m³ d'espace. Mais la couche sédimentée d'affiches, de photos et de nicotine fait partie intégrante du charme détraqué et troglodytique du Piano Vache depuis 1969. On aime ou on n'aime pas, mais on ne le changera pas. Tout comme on ne changera pas ces célèbres soirées gothiques du mercredi, rock années 1980 du jeudi, pop-rock du vendredi, où un DJ passe des perles qui attirent encore et toujours une foule compacte de corbeaux en goguette dans cette grotte estudiantine indémodable. La quintessence du rock dans un écrin poussiéreux comme il se doit. Plus qu'un bar : un pèlerinage. Réductions sur les boissons avant 21h. Demi 3,50€. **Mᵒ Maubert-Mutualité** 8, rue Laplace 75005 Tél. 01 46 33 75 03 Ouvert lun.-ven. 12h-2h, sam.-dim. 21h-2h

Académie de la bière (plan 23). Ici, la bière c'est sérieux ! Les nouveaux tauliers de cette institution fondée en 1960 ont même retiré toutes les bières folkloriques (australienne et autres) pour ne garder que les meilleures productions des abbayes belges. Douze pépites d'amertume en fût et une centaine en bouteilles : il y a du choix. Raffinement suprême : on déguste le velours houblonné dans le verre voulu par les moines (comme cette drôle de chope à six anses par exemple). On peut regretter le manque notable de musique mais le patron n'aime pas avoir à crier pour raconter ses histoires de bière. Enfin, l'été, l'immense terrasse est une véritable bénédiction. Pression 4€-4,50€, pinte 8€. **Mᵒ Raspail**, RER Port-Royal 88 bis, bd du Port-Royal 75005 Tél. 01 43 54 66 65 Ouvert tlj. 10h-2h

Où trouver un bar d'atmosphère ?

Le Verre à pied (plan 24). "Oui, c'est mon manteau dans le livre." Il n'est pas peu fier, cet inoxydable habitué, d'apparaître (de dos) dans le bouquin qui met en vedette ce troquet historique de la rue Mouffetard. Vu le temps qu'il y passe, il était difficile de faire des photos sans lui ! Ça fait plus de cent ans que ce bar-tabac (autrefois un simple passage) occupe cette place stratégique dans le bas du marché. Maraîchers, commerçants, habitants et touristes viennent s'accrocher à ce bar minuscule et vider un verre de vin choisi en discutant avec la patronne pince-sans-rire dans une ambiance qui n'a pas dû changer depuis un siècle. Verre de vin de 2,50€ à 4€. **Mᵒ Censier-Daubenton** 118bis, rue Mouffetard 75005 Tél. 01 43 31 15 72 Ouvert mar.-sam. 9h-21h, dim. 9h-16h

L'Envol québécois (plan 24). Vous cherchez un endroit où vous rincer le dalot ? Où prendre une bonne brosse avec vos chums ou vos blondes ? Si vous ne comprenez rien, c'est que vous n'avez pas fait un stage suffisant dans le cœur du Québec échoué en plein 5ᵉ ardt ! Parce que vous allez en croiser des vrais Québécois, élevés à la poutine et qui parlent comme là-bas, dans ce chaleureux bar en bois (contre les tempêtes de neige, probablement) bercé par les chants de Charlebois. Charlebois que l'on retrouve dans la marque de bières directement importées (à 7,80€, elles ont dû faire le voyage en *business class* !). Demi 3,80€. **Mᵒ Place Monge** 30, rue Lacépède 75005 Tél. 01 45 35 53 93 Ouvert tlj. 16h30-2h

Où jouer entre amis ?

OYA (plan 24). Pour vous, les jeux de société se limitent à un Monopoly une fois par an au ski ? Détrompez-vous ! Et courez dans cette grande salle, remplie de boîtes de jeux jusqu'au plafond, perdue dans une petite rue du 13ᵉ. Des allemands, des américains, des faciles, des compliqués... vous n'avez que l'embarras du choix. Laissez-vous guider par l'équipe, adorable et ultracompétente, et découvrez, pour 6€ (par pers., boisson comprise), un passe-temps inédit avec vos amis. Vous ne repaierez que si vous changez de jeu. Si vous êtes mordu, il est évidemment possible de l'acheter à la fin. Dernier détail : on a beau se trouver entre joueurs compulsifs, on n'est pas dans un casino de Macao : alcool et cigarettes sont interdits ! Changement de jeu 3€. Boisson 2€. *M° Les Gobelins* 25, rue de la Reine-Blanche 75013 *Tél.* 01 47 07 59 59 *Ouvert mar.-sam.* 14h-0h, dim. 14h-21h

Où boire un thé à la menthe ?

☺ **Le Café de la Mosquée (plan 24).** Cela a été un indicateur de l'inflation de l'euro : le thé à la menthe de la Mosquée de Paris, ce fidèle compagnon des dimanches où se remettre des fêtes de la veille, passait de 10 francs à… 2€. Le temps a effacé l'outrage fait au portefeuille (c'est cher pour un mini verre) car, tout bien réfléchi, même avec une pâtisserie, ça reste encore beaucoup moins cher qu'un billet d'avion tant le dépaysement est grand. Cour aux carreaux colorés, minaret, ballet des serveurs moustachus… on se sent à Marrakech à deux pas du Jardin des Plantes. Ça n'a pas de prix. L'été, la petite fontaine glougloute dans la cour et l'illusion est encore plus parfaite. Après (ou avant) le thé à la menthe, vous pouvez également passer un moment relaxant au hammam de la mosquée, l'un des plus traditionnels de Paris. *M° Censier-Daubenton*, *Place Monge* 39, rue Geoffroy-Saint-Hilaire 75005 *Café Tél.* 01 43 31 18 14 *Ouvert tlj.* 12h-15h30 et 19h-0h (restaurant 19h-23h30) *Hammam Tél.* 01 43 31 18 14 *Horaires : femmes lun., mer-sam.* 10h-21h, sauf ven. 14h-21h ; hommes mar. 14h-21h, dim. 10h-21h *Entrée* 15€ *Forfait gommage, massage plus thé* 38€ (hors forfait gommage et massage à 10€) *Forfait plus repas* 58€ *Location de linge :* serviette 4€, peignoir 5€

Comme à Londres

The Long Hop (plan 17). Immense ! Ce pub est immense. D'ailleurs ils le disent bien sur la devanture : "le plus grand du 5ᵉ". Mais quand même, on reste impressionné par la hauteur sous plafond qui se cache derrière cette petite façade et cette collection de jeux (billard, baby-foot). Tout cela favorise en semaine une ambiance calme bien agréable. Profitez-en car le week-end, des cohortes d'étudiants Erasmus viennent poursuivre la politique d'échanges européenne sur la piste de danse du sous-sol, rythmée par un puissant *big beat* d'outre-Manche. La terrasse vaut aussi le coup dès qu'il fait un brin de soleil. Demi 3,50€. *M° Maubert-Mutualité* 25-27, rue Frédéric-Sauton 75005 *Tél.* 01 43 29 40 54 *Ouvert tlj.* 16h-2h

Le Bombardier (plan 24). Dans l'ombre du Panthéon, épicentre de la fierté nationale, on trouve ce morceau de perfide Albion plus vrai que nature. Ces Anglais, ça ose tout, c'est même à ça qu'on les reconnaît ! Entre ces augustes murs en pierre de taille, on retrouve tous les attributs d'un pub certifié : de la cible de fléchettes à la marque des bières en passant par les tabourets à coussins. Évidemment, le personnel parle à peine français et les télés sont bloquées sur le championnat anglais. Cela dit, on trouve dans la foule de nombreux Français et Françaises conquis par l'ambiance cosy de ce bar – et peut-être par les Anglais(es) de passage… Aux beaux jours, la toute petite terrasse jouit d'une vue unique ! Pinte 6€-6,50€. *M° Maubert-Mutualité*, RER Luxembourg 2, pl. du Panthéon 75005 *Tél.* 01 43 54 79 22 *Ouvert tlj.* 12h-2h

The Hide Out (plan 24). On peut être une institution du pub anglo-parisien et rester décontracté et bon marché. Voilà une bonne nouvelle – qui semble assez connue puisque ce vaste lieu aux murs rouges et au plafond bas accueille souvent une meute bruyante d'étudiants de tous les pays. Il faut dire qu'avec ses trois bars et son manque flagrant de chaises, ce grand pub s'avère plus particulièrement adapté pour vider des pintes (avec plus ou moins de modération) que pour parler fiançailles avec sa moitié. Côté musique, il faut s'attendre à un mélange rock U2 et *big beat* à la Fat Boy Slim. Très anglais, donc. *Happy hour* de 16h à 22h (mar.). Pinte Guinness 5€. *M° Place Monge* 11, rue du Pot-de-Fer 75005 *www.hideout-bar.com Ouvert dim.-jeu. 16h-2h, ven.-sam. jusqu'à 5h Autre adresse : 46, rue des Lombards 75001*

Où trouver une ambiance jazzy ?

Le Café universel (plan 24). Faites abstraction du décor, franchement pas terrible : une sorte de café pour routiers américains qu'on croise dans des téléfilms fauchés. Faites aussi abstraction d'un service pas toujours efficace qui s'emmêle parfois dans les cocktails (il n'y en a pourtant pas tant que ça). Vous pouvez le faire ? Dans ce cas, venez boire un verre en écoutant un concert de jazz gratuit tous les soirs à partir de 21h (ça ne court pas les rues de nos jours), en compagnie d'étudiants et de vieux habitués, dans ce bar tenu par une crème d'homme. Il faudrait juste lui dire que cette statue de la Liberté à l'entrée est vraiment moche. Demi 4,50€ pendant les concerts. *M° Saint-Sulpice, RER Luxembourg 267, rue Saint-Jacques 75005 Tél. 01 43 25 74 20 www.cafe-universel.com Ouvert lun.-sam. 18h-2h*

Caveau des oubliettes (plan 17). Boire une bière fraîche les pieds dans le gazon à deux pas d'une guillotine : une expérience rare de nos jours. Pourtant, il suffirait d'aller se poser dans ce drôle de café-concert médiéval. La guillotine est un vestige du musée de la Torture et l'herbe une lubie des patrons. Au sous-sol, les cachots de l'ancienne prison de la Petite Bastille sont devenus une salle de concerts de jazz. Curieusement, les étudiants mélomanes du quartier qui la fréquentent ne se mélangent pas trop avec les adorateurs du gazon (ou de la guillotine ?) de l'étage au-dessus. Demi 3,90€. *M° Saint-Michel 52, rue Galande 75005 Tél. 01 46 34 23 09 Ouvert tlj. dim.-mar. 17h-2h, mer.-sam. 17h-4h Club de jazz tlj. 22h-2h*

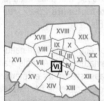

Saint-Germain-des-Prés

plans 14, 15, 23

Y a-t-il encore un attrait à Saint-Germain-des-Prés ? Le matérialisme a bien remplacé l'existentialisme, mais il se passe toujours quelque chose à l'ombre de l'auguste clocher et la jeunesse dorée fréquente encore la rue de Buci.

Où boire un verre dans un café littéraire ?

☺ **Les Deux Magots (plan 14).** Bien sûr, il y a l'Histoire, les surréalistes, Sartre, le Saint-Germain immortel. Bien sûr, il y a la vue sur la place de l'église, petit bout de carte postale en vrai. Bien sûr, il y a les lustres Art déco, les serveurs "comme avant" et la moleskine carmin des banquettes. Mais sinon, on a l'impression de se trouver là davantage dans un musée que dans un véritable "café littéraire", comme les propriétaires aiment à appeler leur enseigne. Une antenne japonaise de ce monument de la culture française a d'ailleurs été ouverte à Tokyo. À essayer quand même les après-midi d'hiver : le chocolat chaud est vraiment cher mais vraiment bon. Verre de vin 7€. *Mᵒ Saint-Germain-des-Prés 6, pl. Saint-Germain-des-Prés 75006 Tél. 01 45 48 55 25 Ouvert tlj. 7h30-1h*

☺ **Le Café de Flore (plan 14).** Voilà encore un des piliers du Saint-Germain littéraire qui vit sur sa légende. Car dans un quartier où les boutiques de luxe ont remplacé les libraires et les artistes révolutionnaires ont cédé le pas aux demi-mondains autofictionnels, logiquement, les acharnés du shopping et des sacs monogrammés prévalent sur les écrivains engagés. Commercialement, c'est un beau succès : ça ne désemplit pas depuis 1890 ! Si le style "vieille France" irréprochable des garçons véloces et la déco années 1930 (toute cette moleskine rouge !) gardent encore un cachet certain, pour l'âme, en revanche, on arrive vraiment trop tard. Verre de vin 6,70€-10,50€. *Mᵒ Saint-Germain-des-Prés 172, bd Saint-Germain 75006 Tél. 01 45 48 55 26 Ouvert tlj. 7h30-1h30*

La Closerie des lilas (plan 23). Quand on passe sous ses tonnelles, on pénètre davantage dans un temple de l'esprit que dans un simple café littéraire. Pensez, elle existe depuis 1840 ! Et la liste des sommités intellectuelles qui ont trinqué entre ces augustes murs laisse rêveur. Hemingway y a écrit *Le soleil se lève aussi* (une plaque le rappelle sur le comptoir), les surréalistes y ont fait scandale et Lénine y a même joué aux échecs. Si vous buvez en silence votre cocktail (assez cher), vous devez pouvoir entendre l'esprit de tous ces grands hanter le salon cosy en bois ciré ou la magnifique terrasse protégée. Cocktail 12€. *Mᵒ Vavin, RER Port Royal 171, bd du Montparnasse 75006 Tél. 01 40 51 34 50 Ouvert tlj. jusqu'à 1h30*

Où boire un verre avec la jeunesse dorée ?

☺ **La Palette (plan 14).** La terrasse ? La salle ? On hésite entre les deux ambiances. La terrasse, au cœur de l'animation germanopratine et à l'ombre de drôles d'arbres, reste un classique de la drague version École des beaux-arts. Tout ce que le coin compte d'étudiants en chemises ouvertes et lunettes de soleil de marque vient expliquer la difficulté d'être riche aux belles touristes du Nord. La salle, grandiose avec ses palettes de peintre (eh oui, d'où le nom), ses moulures fatiguées et ses tableaux partout, penche davantage vers le troquet classique, immuable repaire d'artistes (plus ou moins) maudits. Alors, finalement, à vous de voir : un cocktail dehors ou une fée verte à l'intérieur. Demi 4,50€. *Mᵒ Odéon 43, rue de Seine 75006 Tél. 01 43 26 68 15 Ouvert lun.-sam. 9h-2h*

Le Bar du marché (plan 14). Ça, un vrai bar de quartier ? Avec ses serveurs déguisés en faux poulbots de la place du Tertre et ses affiches des Frères Jacques ? Se moquerait-on de vous ? On n'oserait pas. Car, sous ses aspects de troquet parisien revu par Disney, ce lieu se révèle vraiment être le rendez-vous de la faune du coin. Sa grande terrasse (chauffée) constitue à toute heure une vigie privilégiée pour surveiller les hommes d'affaires qui comptent, les comtesses qui s'affairent et les célébrités qui vont faire leur marché. La prochaine génération de starlettes de la télé vient rencontrer ici les surdoués de la Bourse jusqu'à fort tard. Prévoyez une solide carte Gold si vous comptez les imiter ! Demi 4,10€. *M° Mabillon* 75, rue de Seine 75006 *Tél. 01 43 26 55 15 Ouvert tlj. 8h-2h*

Les Étages Saint-Germain (plan 14). Un tant soit peu victime de son succès, ce bar ne ménage pas un accueil des plus agréables. Sans doute fourbus de grimper ces escaliers plutôt raides, les garçons insistent lourdement pour que vous vous asseyiez au 1er étage, à côté des toilettes. Dommage, le 2e se montre bien plus agréable : on y trouve une déco très Sud avec des murs peints en rouge, des fauteuils tout neufs mais il y a bien moins de passage et on y jouit d'une vue plongeante sur l'étal du fleuriste d'en face. Pour un peu, ainsi installé en hauteur, on se croirait en train de prendre un verre chez des amis. Les étudiants du coin ne s'y trompent pas et viennent en nombre descendre des demis dès l'apéritif. Demi 4€. *M° Odéon* 5, rue de Buci 75006 Tél. 01 46 34 26 26 Ouvert tlj. 11h-2h

So chic

Bar de l'Hôtel (plan 15). Foin de clinquant, de paillettes et de vulgaire. Dans ce petit hôtel retiré, le vrai luxe se fait discret. Le minuscule bar ménage une douzaine de places dans une atmosphère cosy de bibliothèque napoléonienne. Ça change des designs ultra tendance. Signe qui ne trompe pas : cette sobriété teintée de bon goût attire régulièrement quelques pointures (Johnny Depp, Mick Jagger ou Vincent Gallo par exemple…), en plus de riches touristes en prince-de-galles. Dommage que les patrons éprouvent le besoin de mettre les photos de ces stars en évidence. Foin de clinquant, on avait dit. Coupe de champagne 11€. *M° Saint-Germain-des-Prés* 13, rue des Beaux-Arts 75006 Tél. 01 44 41 99 01 Ouvert tlj. 11h30-1h

La Mezzanine de l'Alcazar (plan 14). Il fut un temps où, quand on avait un postérieur célèbre, il fallait aller le poser sur les coussins douillets de la mezzanine du restaurant parisien de sir Terence Conran (le créateur d'Habitat). Depuis, ce temple du *lounge* ouaté a un peu perdu de sa notoriété. Du coup, cette mezzanine est devenue parfaitement fréquentable, débarrassée d'une "branchitude"pesante. Les cocktails se boivent sans que l'on s'en rende compte, les DJ restent des pointures dans le genre moelleux et le décor n'a finalement pas vieilli. Les épuisantes stars de la nuit ont été remplacées par quelques hommes d'affaires et des touristes intimidés. Cocktail 11€. *M° Odéon* 62, rue Mazarine 75006 Tél. 01 53 10 19 99 www. alcazar.fr Ouvert tlj. 19h-2h

Où retrouver le Saint-Germain éternel ?

Chez Georges (plan 14). Bienvenue dans un épisode de Maigret. Jean Richard et Jean Gabin risquent d'avoir du retard, prenez donc un verre de rouge, histoire de patienter. Oui, là, sur le zinc du début du siècle dernier, entre deux habitués du quartier à la chevelure argentée et à la brève de comptoir en or massif. Ou dans la petite salle qui sent bon l'encaustique, à côté des joueurs d'échecs. Goûtez le luxe rare de regarder passer le temps, égrainé par les cloches de Saint-Sulpice, dans un quartier si agité. Les soirées de fin de semaine, l'ambiance de bar de province cède le pas aux étudiants qui viennent rire et danser dans la cave. Demi 3,50€. *M° Mabillon*

11, rue des Canettes 75006 Tél. 01 43 26 79 15 Ouvert mar.-sam. 12h-2h Fermé au mois d'août et pendant les fêtes de fin d'année

Le Café de la Mairie (plan 14). Vous êtes de passage à Paris et vous n'avez pas encore vu de célébrités dans leur milieu naturel ? Alors vous ne pouvez pas couper à une petite halte sur la terrasse mythique de ce café qui donne sur la magnifique place Saint-Sulpice. Avec un peu de chance, vous verrez déambuler une Catherine Deneuve (mal coiffée ?) ou un Édouard Baer (bien rasé ?). Et, assis à côté de vous, il y a sans doute un mannequin célèbre. Vous préférez les troquets qui n'ont pas changé depuis les années 1950, avec mosaïque et néon ? Délaissez la terrasse pour la salle hors du temps et si loin de ce quartier hyper chic. Demi 3,80€. **M° Saint-Sulpice** *8, pl. Saint-Sulpice 75006 Tél. 01 43 26 67 82 Ouvert lun.-ven. 7h-2h, sam. 8h-2h, dim. 9h-21h*

Le Dix (plan 15). On ne parle pas assez de la contribution de ce bar à la repopulation de la France. Pourtant, depuis 1968, dans ce petit recoin d'Odéon, des cohortes d'étudiants plus ou moins chevelus sont venus se conter fleurette entre deux charges de CRS et autour d'un verre de sa mythique sangria (3€). Cela fait quarante ans que ça dure et rien n'a vraiment changé : le juke-box reste imperméable à la musique électronique, Nougaro n'a pas pris une ride sur les affiches et évidemment les étudiants, propres sur eux, continuent de venir discuter dans ce boudoir crépusculaire. **M° Odéon** *10, rue de l'Odéon 75006 Tél. 01 43 26 66 83 Ouvert tlj. 18h-2h*

La Pinte (plan 14). Dans cet arrondissement où tout est historique et/ou culturel, La Pinte, fondée en 1971, peine un peu à faire illusion dans l'immuable (mais cela force quand même le respect). En revanche, côté culture, elle assure. Mais du houblon essentiellement, parce que, pour ce qui est des prix littéraires, mieux vaut chercher ailleurs. Il y a de la bière partout, dans tous les recoins de ce bar troglodytique, des affiches, des pubs, des photos de chopes. À la carte, une cinquantaine de marques en bouteilles et une dizaine à la pompe. Et comme vous avez beaucoup de retard sur le sujet, les séminaires de remise à niveau se prolongent jusqu'à fort tard le week-end. Demi 3,50€-4,50€. **M° Odéon** *13, carrefour de l'Odéon 75006 Tél. 01 43 26 26 15 Ouvert tlj. 17h-2h*

Où bouger sur des rythmes latinos ?

La Peña Saint-Germain (plan 14). Traditionnellement, une *peña* est un café littéraire où se retrouvent les intellectuels. Mais ici, en plein cœur de Saint-Germain, pas besoin d'avoir lu tout Garcia Marquez pour se sentir à l'aise. Il suffit de savoir apprécier la salsa et de se laisser entraîner par le démon de la danse. Attention, il y a là de vrais pros, il s'agit d'être à la hauteur ! Le week-end, la piste de danse de la cave devient à peine praticable tant la foule bigarrée d'Espagnols, de Brésiliens, de Colombiens et de Français amateurs d'Amérique latine est dense. *Muy caliente !* Seul le salon *cosy* du rez-de-chaussée reste à peu près accessible. Les amateurs de cigares et de rhum vieux ne s'y trompent pas. Cocktail 9€. **M° Mabillon** *3, passage de la Petite-Boucherie 75006 Tél. 01 46 33 19 89 www.lapena.fr Ouvert mar.-sam. 22h-6h*

Autour d'Invalides

Café Thoumieux (plan 7). Scoop : le 7e est un arrondissement pauvre. Pauvre en bars ouverts après 19h, s'entend. Eh oui, au milieu des ministères, des ambassades et des monuments grandioses, on n'a réussi à dégotter que ce petit havre bruyant, agité et sympathique, qui se retrouve bien seul. Certes, dans ce quartier, il ne faut pas s'attendre à un PMU plein de punks. La clientèle qui se précipite dès 18h dans ce décor nettement inspiré du Sud (murs ocre peints à l'éponge, petites lumières) sort davantage des écoles privées environnantes que d'un squat précaire. Entre deux partiels de droit commercial, des jeunes propres sur eux alignent donc des *mojitos* de qualité ou des vodkas aromatisées (les deux spécialités du lieu), sur des accords de Manu Chao ou Gilberto Gil. À voir si vous êtes perdu dans le coin. Cocktail env. 10€. *M° La Tour Maubourg 4, rue de la Comète 75007 Tél. 01 45 51 50 40 Ouvert mar.-sam. 12h-2h*

Champs-Élysées

plans 5, 6, 8

Un bar, pas trop cher, sympa, sur les Champs : mission impossible ? Non. Mais pas loin, tant la "plus belle avenue du monde" s'est muée en une artère sclérosée de publicité, sillonnée par des touristes argentés et des pseudo-VIP.
Restent heureusement quelques lieux disséminés çà et là qui conjuguent classe et amusement (c'est possible).

Comme à Londres

The Freedom (plan 6). Non, les "Champs" ne sont pas entièrement colonisés par les bars aseptisés, où la quantité de velours chocolat sur les fauteuils se montre proportionnelle au montant de l'addition. Ici on entre dans un vrai bar *british*, sans fioriture excessive. Du bois, du cuivre, des anglophones, une belle collection de whiskys et un billard : que demander de plus pour commencer en douceur un apéritif et se remettre d'une épuisante séance de shopping ? Les prix ont le bon goût de ne pas être (trop) excessifs pour le quartier. C'est pourquoi de nombreux cadres viennent vider une pinte en fin d'après-midi, comme à Londres. Le week-end, ce bar hautement recommandable a la bonne idée de fermer à 5h pour prolonger tranquillement le dépaysement. Demi 4€. Pinte 5€. *M° George V 8, rue de Berri 75008 Tél. 01 53 75 25 50 Ouvert lun.-jeu. 17h-2h, sam. 14h-5h, dim. 14h-2h*

Sir Winston (plan 5). Normalement, vous n'avez pas dû connaître les fastes de l'Empire colonial anglais (sinon quelle santé !), les comptoirs des Indes et les ventilateurs qui brassent l'air lourd de la mousson. Le mieux pour vous en faire une idée, c'est d'aller, un livre de Marguerite Duras sous le bras, vous écrouler dans un fauteuil club de ce grand bar de l'Étoile. Plus s'avance la soirée, plus la faune s'enrichit de jeunes yuppies gominés. Mais il y a quand même moyen de danser sur la piste du bas jusqu'à point d'heure sur de la *house* inoffensive. Bière 5€. Whisky à partir de 9€. *M° Charles de Gaulle-Étoile 5, rue de Presbourg 75016 Tél. 01 40 67 17 37 Ouvert dim.-lun. 21h-2h, mar.-jeu. 21h-3h, ven.-sam. 21h-4h*

Bar mutant

Tokyo Self (plan 5). Avec ses expos mutantes, son ouverture jusqu'à minuit et son parti pris décoratif de "squat légal en cours de démolition", le palais de Tokyo s'impose comme un musée vraiment hors normes. Du coup, sa buvette ne peut pas se contenter d'être un bar classique où l'on prend rapidement un expresso après l'exposition. Beaucoup de victimes de la mode s'y montrent dans leurs dernières baskets *collectors*, sirotant une bière d'importation assis à une table basse design. Une ambiance tokyoïte assez curieuse. Ce lieu n'est rien de moins que le prolongement naturel du musée, même si les VIP vont désormais au restaurant à l'étage supérieur. Demi 2,50€. *M° Iéna 13, av. du Président-Wilson 75016 Tél. 01 47 20 00 29 Ouvert mar.-dim. 12h-23h30*

Où siroter un cocktail design ?

Bar du Plaza-Athénée (plan 6). Faites comme toutes les célébrités et autres mannequins-vedettes habitués de l'endroit, appelez-le "le bar du Plaza", tout simplement. Et posez-vous sur un de ces tabourets Louis XVI mutants près du bar-iceberg (évitez de vous extasier quand il s'allume à votre toucher), imaginé par le génial décorateur Patrick Jouin. Commandez un cocktail solide (une invention de la maison) et regardez passer sans sourciller la jet-set qui pétille. Vous voilà au cœur du très chic parisien, dans un lieu qui a réussi le grand écart entre l'ultraclassicisme (les boiseries, les fauteuils en cuir, le service irréprochable) et l'hyper modernité (les alcôves dans des cadres, la bande-son électro-*hip-hop*). Évidemment, c'est hors de prix, mais est-ce vraiment le propos ? À partir du jeudi, la porte se montre très sélective. Coupe de champagne 24€. *M° Alma-Marceau, Franklin D. Roosevelt 25, av. Montaigne 75008 Tél. 01 53 67 66 00 Ouvert tlj. 18h-1h30*

Le Pershing Hall (plan 6). *Sic transit gloria mundi…* Dans le monde sans pitié des lieux à la mode, un jour on est au sommet, le lendemain on n'existe plus. C'est dur mais c'est comme ça. Le Pershing Hall, ouvert en 2001, se retrouve maintenant dans le creux de la vague. La bonbonnière rétro-futuriste et immaculée d'Andrée Putman a finalement mal vieilli (on parle de meubles d'il y a six ans : une éternité !), et le prodigieux mur végétal de la cour créé par Patrick Blanc a lassé les VIP qui sont partis vider des coupes ailleurs. Ce qui pourrait passer pour un constat amer se retourne finalement en atout : le lieu est beau et, débarrassé d'une faune pénible, il devient presque fréquentable. À noter, une restauration qui ne vaut pas son prix. Limitez-vous aux cocktails. *M° George V 49, rue Pierre-Charron 75008 Tél. 01 58 36 58 36 Ouvert tlj. 18h-2h*

Bar du Raphaël (plan 5). De la modernité ? Pour quoi faire ? Ce petit bar tout en acajou, tentures pourpres et lumières chaudes n'a pas bougé d'un iota depuis 1925. Et cela fait 80 ans que tout le gotha parisien (et international) vient ici, à un jet d'escarpin de la place de l'Étoile, s'offrir une parenthèse hors du temps dans de larges fauteuils en velours, bichonné par un personnel impeccable. Parfait pour donner un rendez-vous galant à sa moitié et rendre plus supportable l'agitation parisienne. Serge Gainsbourg ne s'y était pas trompé : il avait réservé une suite à l'année dans l'hôtel. Aux beaux jours, la terrasse arborée du 7e étage ménage une vue unique sur l'Arc de triomphe. Il faut impérativement réserver le jour même. Cocktail 23€.

Coupe de champagne 19€. **M° Kléber** 17, av. Kléber 75016 Tél. 01 53 64 32 00 Ouvert lun.-ven. 10h-1h, sam.-dim. 10h-23h

Buddha Bar (plan 8). Mieux vaut ne pas être un bouddhiste fervent pour boire sereinement un cocktail dans ce lieu chic et toc. Car la vision de ce vaste Bouddha imitation bronze trônant sur l'immense assemblée d'hommes d'affaires en train de finaliser un contrat, de VIP autoproclamés et de demi-mondains agacerait le plus placide des bonzes. Mais si un beau décor, une ambiance très tamisée, une musique très *lounge* (Claude Challe a inventé ici une variante orientalisante de la musique d'ascenseur), des cocktails très chers et des serveurs très désagréables suffisent à votre élévation d'âme, ne vous privez pas, vous serez comblé par ce Buddha Bar en voie de ringardisation avancée. Cocktail 13€. **M° Concorde** 8 bis, rue Boissy-d'Anglas 75008 Tél. 01 53 05 90 00 Ouvert tlj. 16h-2h

Où continuer la soirée ?

Impala Lounge (plan 6). Vous rêvez d'une Afrique de cinéma avec sièges en zèbre, murs ocre à l'éponge, masques africains et atmosphère conditionnée ? L'Impala Lounge devrait vous ravir, lui qui se place dans la même lignée ethnique que les autres bars d'influences cubaine ou brésilienne. Même si le cocktail n'est pas donné, cela reste plus économique qu'une suite dans le Hilton de Nairobi. Vers minuit, on arrête le CD de *lounge world* insipide (en vente sur place), et un DJ parfois accompagné de percussionnistes prend le relais. L'ambiance décolle alors, les cadres dynamiques n'hésitent pas à danser et l'endroit se décoince pour prendre un peu plus des allures de fête. Mais on demeure bien loin de l'énergie et de la chaleur des vrais bars africains de la capitale. Cocktail 10,50€. **M° George V** Borne taxi Place de l'Étoile : 01 43 80 01 99 2, rue de Berri 75008 Tél. 01 43 59 12 66 Ouvert tlj. à partir de 12h

Charlie Birdy (plan 6). Ici on vient pour écouter des groupes en *live*. Si le nom fait penser à un caveau de jazz, on a plutôt affaire à un grand espace à l'américaine où on écoute du blues et du rock en sirotant une bière d'importation. Et si vous préférez vous déhancher jusqu'à pas d'heure sur un *mix* tout public, il y a une salle au sous-sol pour ça ! Finalement, un lieu assez à part et séduisant parmi le cortège des bars sans âme du quartier. Demi 3,90€, cocktail 8,50€. **M° Miromesnil, Franklin D. Roosevelt** Borne taxi Rond-Point des Champs-Élysées : 01 42 56 29 00 124, rue La Boétie 75008 Tél. 01 42 25 18 06 Ouvert tlj. 9h-5h

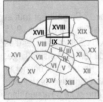

Montmartre

plans 1, 2, 3

Bonne nouvelle : la Butte garde bien son caractère contre vents, marées et boboïsation. Selon l'humeur, lieux de nuit hors du temps, rustauds mais cœur d'or, ou nouveaux bars pointus, plein de l'énergie de la jeunesse. À vous de boire.

Sur la Butte

Où retrouver le Montmartre éternel ?

☺ **La Chope de Château-Rouge (plan 3).** Imperméable aux changements qui s'opèrent sur la Butte, La Chope poursuit son apostolat à base de semoule de blé et de bonne ambiance. Le jeudi et le vendredi, c'est couscous gratuit (faut consommer quand même, on n'est pas à l'Armée du salut non plus !) et voilà tout le quartier qui rapplique pour se retrouver autour de pois chiches fumants et de demis moussus. Il faut une bonne dose de patience et pas mal de chance pour dégotter une place parmi la joyeuse faune qui se pose là jusqu'à la fermeture. De jeunes créateurs fauchés, des retraités en quête de compagnie, des Noirs, des Blancs et des entre les deux, bref tout ce qui fait la nature du 18e fait un saut ici, histoire de voir ce qui s'y passe. Une base, on appelle ça. La musique n'est pas terrible, la déco plutôt pourrie, l'hygiène loin d'être irréprochable, mais pourtant on adore. Demi 2,50€. *Mojito 6€.* **M° Château Rouge** *40, rue de Clignancourt 75018 Tél. 01 46 06 20 10 Ouvert tlj. 6h-2h*

Chez Hammad (plan 3). Non, la butte Montmartre n'a pas vendu son âme au parti des "CSP++ en jean vintage". Enfin, pas entièrement. Il existe encore, Dieu merci, des troquets qui rappellent qu'il faut un peu plus qu'un auvent chocolat et des tables en faux vieux pour se retrouver avec un bar de caractère. Chez Hammad on plonge dans l'un des derniers carrés de la Butte qui respirent encore le populo des années 1950. Le numéro de téléphone à 3 lettres et 4 chiffres collé sur la porte (toujours valable, à condition d'ajouter 014 si vous appelez du XXIe siècle) est là pour témoigner de la résistance effrénée à l'évolution (pas amélioration, attention !) du coin. Sous les néons, les vieux de la vieille, les figures des cabarets du quartier et quelques jeunes en pèlerinage viennent partager un bout de nuit autour du zinc. Santé ! Demi 2€. **M° Abbesses** *18, rue Véron 75018 Tél. 01 46 06 40 99 Ouvert lun.-sam. 12h-2h*

La Divette de Montmartre (plan 2). Vous regrettez l'époque bénie où les disques étaient grands, noirs, avec de vastes pochettes ? Allez donc faire un pèlerinage dans le troquet de Serge. Du sol au plafond, les murs sont couverts de vinyles : des rares (l'un date de 1902), des cultes (un Mano Negra dédicacé à l'époque où le groupe passait des heures ici), des kitsch (Spiderman)… bref, un peu de tout ! Il en a casé plus de 2 000 dans son bar tout en longueur. Aussi les costumes du film *Podium* offerts par Yann Moix, un baby-foot et des soirées vrai foot chauffées à blanc. Encore plus rare : c'est l'un des derniers bars-tabac de la Butte. Et comme il se doit dans un bar authentiquement rock'n'roll, les prix des consos préservent votre pouvoir d'achat. Pour commencer à collectionner les vinyles par exemple ? Demi 2,50€. **M° Lamarck-Caulaincourt** *136, rue Marcadet 75018 Tél. 01 46 06 19 64 Ouvert lun.-sam. 8h-1h, dim. 17h-23h*

Au rendez-vous des amis (plan 3). Cela pourrait être un épisode de *Friends* à la française. Trois garçons et trois filles qui, au lieu de squatter les canapés d'un bar à expressos, reprennent un bistrot déglingué de la butte Montmartre. Et, belle histoire, ces novices, étudiants dans le civil, accomplissent un petit miracle : conserver l'ambiance de ce lieu immémorial et y attirer sensiblement plus de jeunes, sans pour autant énerver les voisins. Des magiciens ! "Plus qu'un bar, c'est une maison de quartier", résume Claire, une des patronnes. Ici passent des peintres qui se lâchent sur la façade, des musiciens qui tapent de petits bœufs acoustiques et tout un mélange de figures du quartier venues se retrouver dans la déco bancale. Bienvenue chez les amis. Demi 2,70€ (2€ de 20h à 22h) *M° Abbesses* 23, rue Gabrielle 75018 Tél. 01 46 06 01 60 Ouvert tlj. 8h-2h

Plus branché

Les Taulières (plan 3). Alors que le versant sud de la Butte déborde de bars, de boîtes et de citadins en goguette, au Nord c'est un peu le désert. Il ne semble pas encore à la mode de s'y aventurer. Heureusement, Les Taulières ont débarqué pour animer tout ça. Aux commandes de ce petit bar de quartier deux pétroleuses qui organisaient des buffets aux puces. Elles ont donc troqué le solide contre de drôles de liquides (création de cocktails "fraîcheur" aux fruits frais ou tequila au cactus par exemple), mais conservé un amour immodéré pour la brocante. Les DJ mixent sur un vieux buffet, les clients se posent sur des poufs en fourrure, et une tête de sanglier orne les toilettes. Entre le bar branché fréquenté par les artistes du coin et le troquet de quartier doté de solides habitués, ces Taulières donnent envie de mettre le cap au nord. Mojito 5€. *M° Lamarck-Caulaincourt* 10, rue de la Fontaine-du-But 75018 Tél. 01 42 58 60 64 www.myspace.com/lestaulières Ouvert lun.-sam. 18h-2h

Le Sancerre (plan 3). Voilà l'un des artisans de la transformation du quartier populo des Abbesses en un quartier bobo. Qu'on le déplore ou qu'on s'en réjouisse, tel est l'avenir de la Butte. Les jeunes patrons ont fait de cette vieille brasserie assez commune le QG chocolat des branchés du coin. De l'apéro à la fermeture, les créatrices de mode à frange, les journalistes à baskets japonaises et les nouveaux artistes maudits à iPod viennent voir et s'y faire voir. Trouver une table aux beaux jours sur la mini-terrasse ou tomber sur un serveur aimable relève de l'exploit, tout comme ne pas étouffer dans la jolie salle surpeuplée. Attention, en fin de service, l'alcool aidant, l'ambiance peut se tendre un peu. La Butte ne sera jamais complètement pacifiée ! Tant mieux ! Demi 3,20€. *M° Abbesses* 35, rue des Abbesses 75018 Tél. 01 42 58 08 20 Ouvert tlj. 7h-0h

Autour de Pigalle
Où boire un verre en soirée ?

La Fourmi (plan 3). On ne sait pas bien comment ils font pour rester, année après année, LE bar de Pigalle, ceux-là ! Celui où l'on va forcément quand on est dans le coin pour un apéro, avant une soirée près de La Cigale (d'où le nom !). Ou plutôt si, on ne le sait que trop : la déco genre vide-grenier d'un marchand de vin est plaisante, la musique électro choisie avec goût, les serveurs restent sympas et pas chichiteux et les prix raisonnables. Le quarté de la réussite en somme ! Ça marche tellement bien que La Fourmi s'est agrandie en 2005 en phagocytant un voisin. Cette saine ambiance attire toute la bande bobo rigolarde du quartier, genre trentenaires consciencieusement mal rasés et filles à la frange millimétrée. Demi 2,70€. *M° Pigalle* 74, rue des Martyrs 75018 Tél. 01 42 64 70 35 Ouvert dim.-jeu. 8h30-2h, ven.-sam. 8h30-4h

Katabar (plan 2). Dans ce QG parisien des gothiques, les clients comme les serveurs arborent un look radical. Cette faune en grands pardessus en cuir noir, piercings partout et yeux passés au khôl qui hoche la tête sur des solos de scies à métaux pourraient inquiéter le novice, s'il n'est pas prévenu. Mais cela vaut le coup de faire l'effort. Parce que, en général, tous ces gens se montrent bien plus cool que n'importe quel type en costard de marque, que les prix, eu égard au quartier, ne font pas se retourner Maître Kanter dans son tombeau et parce qu'il s'y passe toujours quelque chose : une séance de dédicace d'un groupe, un *mix* bizarre ou une expo décalée. Bière 3€, pinte 5€ (*happy hour* 18h-20h pinte 3€) **Mᵒ Blanche** 37, rue Fontaine 75009 Tél. 01 45 96 03 08 www.katabar.com Ouvert tlj. 17h-2h

Le Divan du Monde (plan 3). Disons que ce qui en met plein la vue au 1ᵉʳ étage du Divan du monde, ce n'est pas tellement la déco. L'ancien mobilier oubliable (pas celui de l'époque de Toulouse-Lautrec, disparu de longue date, celui des années 1990) a en effet laissé place à un style métallo-gothique pas forcément du meilleur goût. Heureusement, les nouveaux boss (ceux du Glaz'Art) n'ont pas tout misé sur les tabourets et davantage soigné l'installation vidéo. Tout le bar est construit autour d'un cylindre d'écrans et les VJ disposent enfin d'une place de choix pour s'exprimer. Côté musique, la programmation est bien éclectique avec, par exemple, des soirées rock ou musiques du monde, en plus des classiques mixes électro. Une bonne adresse pour une soirée plus calme qu'en club. **Mᵒ Pigalle** 75, rue des Martyrs 75018 Tél. 01 40 05 06 99 Ouvert lun.-sam. 19h-3h Apéro 19h Concert 20h

Autour de Place de Clichy

Où boire un verre ?

Le Cyrano (plan 1). Disons-le, quitte à décevoir, personne ici n'a le nez particulièrement long. Mais Claude, le barman, a une superbe moustache cirée digne des *Brigades du Tigre*. Ça vous va ? Cela colle d'ailleurs bien mieux à l'ambiance Années folles de ce beau troquet racheté récemment par le patron du Tambour. Par suite d'une politique de reprise musclée, le bar ferme maintenant à 2h, la collection de fanions de foot de l'ancien proprio a disparu et les habitués un peu déglingués (et peu soucieux) ont été poussés dehors. Du coup, maintenant on y croise surtout des artistes du théâtre voisin ou des étudiants en archi, bref plutôt des intellos calmes venus trouver refuge dans ce beau bistrot à l'abri des fast-foods épuisants de la place de Clichy. Demi 2,80€. **Mᵒ Place de Clichy** 3, rue Biot 75017 Tél. 01 45 22 53 34 Ouvert lun.-sam. 9h-2h, dim. 16h-0h

Le Cello (plan 1). Les Batignolles demeurent, encore un peu, un quartier à l'écart des mouvements de mode, avec un esprit village assez prononcé et franchement séduisant. Allez-y boire un verre pour respirer à pleins poumons cette ambiance hors du temps. Posez-vous donc au Cello, pas loin de la place de l'église et du parc. Le cadre à lui seul a des vertus apaisantes. L'ambiance aussi est assez décontractée : les jeunes patrons empruntent des cigarettes aux habitués, plaisantent à la cantonade et parfois dorment chez un voisin. On regrette juste une déco trop vue, genre velours et ferronneries. Qu'on le veuille ou non, un bar de village doit présenter un certain pourcentage de Formica pour être homologué ! Demi 3€. Mojito 8€. *M° Rome* 2, rue des Moines 75017 Tél. 01 46 27 86 61 Ouvert tlj. 17h-2h

Le Refuge (plan 1). Aux Batignolles comme ailleurs, l'embourgeoisement sournois gagne sans cesse du terrain. Avec le flair du chien truffier, on a quand même réussi à dégotter dans les environs un bar branquignol comme on les aime. Une déco inexistante, des murs peints un peu n'importe comment, des chaises dépareillées, un fond musical curieusement vieillot et un patron taiseux : voilà les bonnes recettes d'un rade hors mode où il fait bon boire. Attention, ici on ne plaisante pas avec les horaires : à 22h pile, la majoration de nuit s'abat. Demi 2,40€, cocktail 6,20€ (+0,50€ après 22h). *M° La Fourche* 34, rue Lemercier 75017 Tél. 01 42 93 46 16 Ouvert tlj. 16h-5h

Autour de Barbès-Rochechouart

Où boire un verre en musique ?

Olympic Café (plan 2). Un jour, le quartier de la Goutte-d'Or (malfamé depuis Zola !) va s'embourgeoiser, comme Belleville et Oberkampf avant lui. Fatalement, les mamas africaines en boubou, les vieux Arabes tirés à quatre épingles et les nuées de gosses qui jouent au foot dans ses rues devront partir, poussés par plus solvables qu'eux. Alors l'Olympic Café, pionnier du bistrot bohème *world* dans ce 18e populaire, aura sa clientèle fétiche. Pour l'instant, ce vaste bar tout en bois, inchangé depuis 1934, doit parfois importer ses jeunes bobos de loin. Les amateurs de concerts d'afro-jazz, de *mojitos* (très bons) et de discussions enflammées sur l'altermondialisme ne sont pas si nombreux dans les parages. Attention, quand le quartier sera bourgeois, il y aura probablement des plaintes pour le bruit ! Demi 2,50€. Concert 5€. *M° Château Rouge* 20, rue Léon 75018 Tél. 01 42 52 29 93 www.rueleon.net Ouvert mar.-sam. 17h-2h

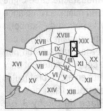

Canal Saint-Martin
plans 2, 11

C'est là que ça se passe. Pas un mois sans qu'un bar-dj-récup' de plus n'ouvre son rideau de fer… et la foule des bobos d'affluer, constante été comme hiver, tentes sur les quais ou pas. Reste que l'ambiance est bonne et les soirées longues, juste comme il faut. La surconcentration des zincs autour du Canal oblige les nouveaux venus à investir les rues perpendiculaires, notamment vers la gare de l'Est, le nouvel Eldorado.

En direct sur le canal

☺ **Le Jemmapes (plan 11).** D'avril à septembre, aller chercher une bière en gobelet au Jemmapes pour la boire au soleil, au bord du canal, est devenu un véritable pèlerinage pour les 25-35 ans de passage dans l'arrondissement. Un apéro à organiser à l'improviste ? Le Jemmapes ! Du coup, il devient difficile de trouver un bout de quai où poser une fesse à proximité. Quand il se met brusquement à pleuvoir (cela arrive), c'est assez rigolo de voir la foule essayer d'entrer dans la salle minuscule. C'est d'ailleurs un peu dommage que l'intérieur de ce sympathique établissement soit délaissé : sa déco façon bric-à-brac n'est pas désagréable (à défaut d'être très originale), les patrons sont franchement cool et la musique rock à souhait. Demi 2,50€. *M° Jacques Bonsergent* 82, quai de Jemmapes 75010 Tél. 01 40 40 02 35 Ouvert tlj. 11h-2h

Chez Prune (plan 11). Cette histoire de sociologie parisienne vous a complètement échappé et vous vous demandez : "Ce bobo dont tout le monde parle et qui envahit les anciens quartiers populaires, c'est quoi exactement ?" Pour vous faire une idée, plutôt qu'un long discours, allez prendre un apéro Chez Prune un dimanche après-midi. Depuis 1998, cet ancien bar-tabac est le centre névralgique de cette petite-bourgeoisie qui tente de rester cool. La preuve ? Elle boit des coups dans un troquet au décor de brocante et à l'éclairage chiche juste ce qu'il faut, elle porte des vestes militaires customisées, des baskets japonaises et elle achète des bouquins de design allemand qu'elle lit en terrasse entre les voitures et le canal. Bienvenue à boboland. Demi 2,70€. *M° Jacques Bonsergent, République* 36, rue Beaurepaire 75010 Tél. 01 42 41 30 47 Ouvert lun.-sam. 8h-2h, dim. 10h-2h

Où trouver un bar hors mode ?

L'Apostrophe (plan 11). Assez calme en semaine (seule une poignée d'habitués squatte le bar multicolore), L'Apostrophe s'ébroue et s'agite le week-end, quand il se transforme en salle de concert. Dans une ambiance bon enfant, les patrons, des Kabyles rigolards, poussent les tables de la brasserie, ferment les rideaux, et les artistes entonnent la chansonnette. Selon l'ambiance, jeunes et moins jeunes se lancent volontiers dans quelques danses pour accompagner les artistes. C'est sûr, ici, pas de *mix* de David Guetta, mais une bonne tranche d'humanité, et ça fait du bien ! Bière 2,50€. *M° Colonel Fabien* 23, rue de la Grange-aux-Belles 75010 Tél. 01 42 08 26 07 Ouvert tlj. jusqu'à 2h

Le Cinquante (plan 11). Voilà un rade qui n'a pas volé son nom. Le patron l'a lancé quand il avait 50 ans, au numéro 50 de la rue, et entièrement meublé dans le style des années 1950. Certains bars-tabac "Le Narval" devraient en prendre de la graine : après tout on n'y voit jamais de narval. Ici, en revanche, on croise une vraie brochette d'habitués. Le patron a réussi à animer un vrai bar de quartier design et populaire dans une ambiance tout ouatée. Des ouvriers du coin viennent s'accouder au même zinc que les communicants de quelque entreprise voisine pour prendre un pastis. Le dimanche, des concerts tout en douceur facilitent la transition vers le terrible lundi matin. Bière 3€. *M° Jacques Bonsergent* 50, rue de Lancry 75010 Tél. 01 42 02 36 83 Ouvert tlj. 17h30-2h

En terrasse

Café A (plan 11). La rénovation de l'ancien couvent des Récollets a mis du temps, mais ça valait le coup d'attendre ! Le café dispose d'une gigantesque terrasse (la plus grande de Paris ?). On y prend l'apéro à l'ombre de grands arbres et à l'abri de la circulation. Une ambiance de campagne à un jet de sous-bock de la gare de l'Est.

Avantage non négligeable : les prix sont plus que raisonnables. On comprend mieux pourquoi les jeunes parents branchés qui constituent le gros de la clientèle ne veulent pas trop que cette adresse s'ébruite. On peut juste regretter l'absence d'autorisation de nuit : à 19h l'hiver, et 22h l'été, il faut plier bagage ! Bière 2,80€. *M° Gare de l'Est* 148, rue du Faubourg-Saint-Martin 75010 Tél. 01 40 34 06 57 Ouvert mar.-ven. 11h-22h (19h hiver), sam.-dim. 14h-22h (19h hiver)

En chanson

Chez Adel (plan 11). Si vous avez une envie d'ambiance parigote en or massif, rendez-vous chez Adel. Véritable pionnier du renouveau du quartier, ce Syrien affable s'est installé là il y a quinze ans, quand le canal Saint-Martin était encore à peine fréquentable. Dans son drôle de bar décoré de loupiotes, de plantes et de statues (assez moches), vous trouvez le mélange subtil de vieux Kabyles et de jeunes branchés typique de ce coin de Paname. Prix minuscules, ambiance sans chichis et chanteurs sans play-back (rock, jazz, chanson française) figurent au programme tout au long de la semaine. Malgré une rude concurrence, une foule toujours compacte vient se ressourcer à coups de rhums arrangés et de chaleur humaine. *M° Jacques Bonsergent* 10, rue de la Grange-aux-Belles 75010 Tél. 01 42 08 24 61 Ouvert mar.-ven. 17h-2h, sam.-dim. 12h-2h

Un verre, de l'électro en plus

Le Zoco (plan 11). Totalement à contre-pied des troquets plutôt bruts de décoffrage de la rue Saint-Maur, Le Zoco a opté pour une classe discrète. Des murs bruns, des fauteuils design prune et un petit éclairage orangé : on nage dans l'esprit *lounge*. Sans y prendre garde, armé du *mojito* réglementaire, on pourrait se croire dans le 8e ! Mais les prix mini et l'accueil fraternel nous ramènent à la réalité : on est bien dans un quartier populaire ! Régulièrement, de petites fêtes animent la salle du fond où des DJ, plus ou moins débutants et de styles très variés, font danser la clientèle. Demi 2,50€. *M° Goncourt, Colonel Fabien* 22, av. Claude-Vellefaux 75010 Tél. 01 42 01 03 92 Ouvert lun.-sam. 8h-2h

☺ **L'Île enchantée (plan 11).** Il y a quatre ans, le quartier de Colonel-Fabien n'était pas du tout à la mode. Le café Chéri(e) matérialisait la limite nord du circuit branché, et l'on ne s'aventurait guère au-delà. L'Île enchantée nous prouve aujourd'hui le contraire. C'est dans l'ancienne brasserie musicale Le Cervoisier que les nouveaux bobos du quartier viennent boire un verre, discuter et danser. Dommage que la salle du haut soit condamnée, on s'y amusait bien ! Désormais, du jeudi soir au samedi soir, les DJ déroulent leurs *mixes* au rez-de-chaussée où, du coup, on s'entend difficilement. L'endroit reste gentiment animé tous les jours de la semaine (et ce dès le matin par les intermittents du spectacle qui reviennent des Assedic en face). Bière 3€. *Mojito* 6,50€. *M° Colonel Fabien* 65, bd de la Villette 75010 Tél. 01 42 01 67 99 Ouvert lun.-ven. 8h-2h, sam. 18h-2h

La Pointe Lafayette (plan 2). C'est l'histoire d'un bar kabyle posté au milieu d'un carrefour assez sordide. Un coin de zinc perdu qui, sous l'impulsion de deux frères férus de musique, est devenu un bar *hype* à l'aube du IIIe millénaire. Un endroit soudain fréquentable où des DJ pointus venaient jouer pour des branchés précaires. Les frères sont partis vers d'autres troquets, mais le pli de la musique électronique est resté. Karim, le patron, a donné un coup de neuf à sa déco (des murs colorés), insonorisé sa cave mais pas touché à ses prix mini. Du coup, les branchés un peu alternatifs continuent à danser ici, notamment le vendredi soir, sur de la *jungle* ou de la *drum'n'bass* sur ce qui doit être le plus petit *dancefloor* de Paris. Demi 2,50€. *M° Louis Blanc 230, rue La Fayette 75010 Tél. 01 46 07 29 30 Ouvert lun.-sam. jusqu'à 2h*

La Villette

plans 2, 4

Le parc de la Villette est le seul espace vert parisien qui ne ferme pas la nuit. Pas de soucis, on peut s'y promener sans risque à n'importe quelle heure. Vous avez fait le tour des théâtres, des salles de concert et du cinéma géant ?
Les environs proposent quantité de lieux chaleureux dans un quartier qui s'invente doucement.

Où jouer à la pétanque en prenant l'apéro ?

BarOurcq (plan 2). Allez, on lâche le plan : voilà LE bar où il faut aller en bande quand il fait beau à Paris. L'un commande une bière, un complice s'occupe des chaises longues et un troisième emprunte le jeu de boules aux patrons. Et voilà comment on passe sans s'en rendre compte un après-midi au bord du canal avec, pour seul fond sonore, les équipages d'aviron qui filent, les oiseaux dans les arbres et les conversations des jeunes bobos habitués de l'endroit. Les nuits d'hiver, le BarOurcq reste très fréquentable, avec ses jeux de société, gros coussins et son électro tranquille. Demi 2€. *M° Laumière 68, quai de la Loire 75019 Tél. 01 42 40 12 26 www.barourcq.com Ouvert mer., jeu. et dim. 15h-0h, ven. et sam. 15h-2h*

Où prendre un verre en musique ?

Abracadabar (plan 4). Sur cette avenue Jean-Jaurès, riante comme une nationale de la Creuse un soir de Toussaint, une foule d'étudiants rigolards et de trentenaires curieux se pressent sous les loupiotes de l'Abracadabar. Y a forcément un truc pour attirer tous ces gens dans ce coin du 19e ! La raison de ce succès : des prix d'amis, une programmation quotidienne de concerts éclectique et pointue (*slam*, *dub*, rock, nouveaux talents), une déco de bric et de broc et un accueil en copains. Bref, pas de tour de magie, et pourtant pourquoi tout le monde ne fait pas comme eux ? La grande salle, récemment insonorisée, vire au *dancefloor* du jeudi au samedi avec une fermeture à 5h et un mix généraliste de bon aloi. Demi 2,80€, cocktail 6€. Happy hour 18h-20h30. *M° Laumière, Ourcq 123, av. Jean-Jaurès 75019 Tél. 01 42 03 18 04 Ouvert dim.-mer. 18h-2h, jeu.-sam 18h-5h*

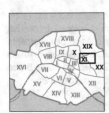

Belleville et Ménilmontant

plans 12, 13, 21

**Des bars popu, jeunes et tonitruants :
pour ceux qui considèrent le reste de la ville
comme vraiment trop commercial.**

Autour de Ménilmontant

Où prendre un apéritif en terrasse ?

Le Soleil (plan 13). Il faudra bien dire un jour que même l'intérieur du Soleil vaut le déplacement avec ses peintures naïves, son éclairage au néon et ses turfistes concentrés. Mais évidemment, s'il fait un peu beau, on ne pense qu'à trouver une place à LA terrasse de Ménilmontant que le patron, un Kabyle taciturne, déploie sur l'immense trottoir dès les premiers rayons. On ne trouve pas de meilleur endroit pour, en buvant frais, regarder passer la vie trépidante du quartier. Bobo à rollers, musicien en goguette, mama en boubou et, avec un peu de chance, Vincent Cassel… Ajoutez à ça l'entretien du bronzage, une ambiance bourrue et une addition tenue : pourquoi aller ailleurs ? Direction au Soleil exactement. Demi 2,60€. *M° Ménilmontant 136, bd de Ménilmontant 75020 Tél. 01 46 36 47 44 Ouvert lun.-dim. 8h-2h*

Lou Pascalou (plan 12). Après vingt ans de bons et loyaux services à la cause de la fête sur les tables, d'apéros qui se terminent en n'importe quoi et de copinages instantanés sur le zinc, Lou Pascalou s'est bien assagi, à l'image d'un quartier bobo en diable qui se prétend encore populaire. Une victime du syndrome *Amélie Poulain*… La déco pseudo-patinée fait tout propre, on se croirait à Oberkampf. Même les toilettes sont impeccables maintenant, c'est dire ! De bar alternatif confidentiel, Lou Pascalou est devenu un incontournable du coin qui vit un peu sur sa légende. Reste que son emplacement à l'écart de la circulation de Ménilmontant, ses prix toujours aussi retenus et sa terrasse tellement agréable font oublier, le temps d'une anisette, la disparition des heures plus insouciantes. Whisky 5€-6€. *M° Ménilmontant 14, rue des Panoyaux 75020 Tél. 01 46 36 78 10 Ouvert tlj. 9h-2h*

La Mère Lachaise (plan 12). Dans la famille des bars sympas, je voudrais une terrasse idéalement située en face du Père-Lachaise, un cadre surprenant mais plutôt marrant et une clientèle branchée typiquement parisienne. Vous dites La Mère Lachaise ? Bonne pioche ! Bénéficiant du même décorateur (Ulysse Ketseledis) que le mythique Café Charbon (cf. Belleville et Ménilmontant, Sortir à Belleville), cette institution du boulevard de Ménilmontant créée en 1997 attire toujours autant de monde pour grignoter une grosse salade ou prendre un apéro jusque tard dans la nuit. Appréciez la différence de décors entre la salle à l'ancienne et celle en aluminium capitonné, où l'on a l'impression de boire un verre dans la salle à manger d'Haroun Tazieff (ou dans une papillote). Bière 3,60€. Café 2,20€. *M° Père-Lachaise 78, bd de Ménilmontant 75020 Tél. 01 47 97 61 60 Ouvert lun.-ven. 9h-0h, sam.-dim. 10h-0h*

GEOADRESSES

BOIRE UN VERRE

Où écouter de la musique *live* ?

☺ **Aux Trois Chapeaux (plan 12).** Il faut le savoir : le patron fait beaucoup pour l'âme d'un bistrot. Aux Trois Chapeaux, l'arrivée de Makhlouf et de sa douce folie a transformé ce troquet de quartier en un vrai bar couru. Ce fils naturel d'Oscar Wilde et de Fellag, moustache fine et blagues énormes, fait d'ailleurs semblant de s'étonner que les gens traversent les arrondissements voisins pour aller s'en jeter un dans son rade perdu dans sa rue toute calme. Mais peut-être que les gens ne viennent pas pour son accueil en or massif ni par le spectacle permanent qu'il donne derrière son zinc. Peut-être viennent-ils pour les concerts de jazz pointus et gratuits, à moins que ce ne soit pour les prix défiant toute concurrence ? Allez voir et décidez par vous-même pourquoi vous reviendrez ! Demi 2,50€. *M° Pyrénées, Jourdain 48, rue des Cascades 75020 Tél. 01 46 36 90 06 Ouvert mar.-dim. 18h-2h*

Où assister à du "théâtre de bar" ?

L'Écume-bar (plan 12). Un portail en fer forgé, une statue en stuc dans la cour, une maison basse, un coin tout calme. Il manque un panneau "attention au chien", mais sinon on se croirait vraiment devant un pavillon de banlieue en plein Paris. L'Écume-bar, improbable café-concert perdu dans l'une de ces précieuses allées arborées, cultive le côté familial. Ouvert en 2002, il est géré par des quasi-bénévoles. Pas de déco tape-à-l'œil ni de cocktails compliqués : ici, comme à la maison, on a droit à des assiettes de charcuterie, des verres de rouge et une belle ambiance chaleureuse. Djamel, le patron rigolard, tutoie tout le monde. Trois soirs par semaine, un concert ou une pièce de théâtre décalé(e) attire un public curieux et souriant. Une joyeuse alternative à une soirée devant la télé. *M° Jourdain 7, villa de l'Ermitage 75020 Tél. 01 44 62 73 09 Programme des spectacles http://perso. wanadoo.fr/ecume-bar Ouvert 19h30-2h Fermé mer.-dim. Juillet-août uniquement pour locations*

Autour de Belleville

Où boire un verre ?

Le Panier (plan 12). La place Sainte-Marthe devrait faire carrière dans le cinéma. De gros arbres pour l'ombre, des immeubles décrépits, des mômes qui jouent au ballon sous la surveillance de mamas en boubou et un petit demi en terrasse. Que demander de plus ? Dès qu'il y a un peu de soleil, tout ce que le quartier compte de jeunes en tongs et pantacourts de marque afflue pour dérouler d'interminables apéros dans une ambiance de Canebière. S'il fait un peu frais, pas de problème, il suffit de se rapatrier dans la jolie salle carmin où l'on peut écouter des classiques français, assister à du théâtre de bistrot ou encore écouter les brèves de comptoir des habitués du zinc. Un troquet plus simple que son voisin immédiat. Demi 2,50€ (3€ en terrasse). *M° Belleville, Colonel Fabien 32, rue Sainte-Marthe 75010 Tél. 01 42 01 38 18 Ouvert tlj. 10h-2h Hors période estivale : sam. 16h-2h*

Le Café Chéri(e) (plan 12). Vous voulez voir le nouveau visage de Belleville ? Asseyez-vous à la grande terrasse du Chéri(e) par une journée ensoleillée et vous voilà au cœur de ce quartier en pleine mutation, entre artistes précaires mal rasés, journalistes en retard (il y a de l'Internet sans fil gratuit) et webdesigner en RTT. Ouvert il y a trois ans par Kader Attia, photographe et organisateur habile, ce café tout en longueur et tout en rougeur demeure toujours un haut lieu de retrouvailles pour les bourgeois bohèmes qui vont y boire des verres pas cher et écouter des *mixes* recherchés. À noter, le distributeur de plats algériens dans un coin qui permet de se caler rapidement une petite faim. Demi 2,90€. *Mᵉ Belleville* 44, bd de la Villette 75019 Tél. 01 42 02 02 05 Ouvert tlj. 8h-2h

☺ **Le Zorba (plan 12).** Ça commence dès l'ouverture vers 5h du matin. Les fêtards refusant le diktat du lit croisent au coin du zinc les bouchers s'accordant un petit jus avant de mettre en place les étals. Puis, un peu plus tard, les retraités tirés à quatre épingles arrivent pour commenter les nouvelles du *Parisien* devant un petit blanc. Plus on approche de l'heure de l'apéro, plus la proportion de jeunes branchés augmente sous les néons rouges de ce formidable bar de quartier. Vers 20h, le basculement est opéré, la musique monte en volume et des cohortes de jeunes en baskets *collectors* enchaînent les demis. Pour les plus déchaînés, une minuscule salle de danse a été aménagée au sous-sol. À 2h, tout ce beau monde file vers d'autres fêtes. Et le cycle repart. Imperturbable. Demi 2€. *Mᵉ Belleville* 137, rue du Faubourg-du-Temple 75010 Tél. 01 42 39 68 68 Ouvert tlj. 5h-2h

Les 9 Billards (plan 12). Quand il a la flemme d'aller en boîte mais pas envie de rester assis devant un verre dans un bar, le jeune Parisien au courant des choses file aux 9 Billards. Cette salle de billard accueille tous les vendredis (et depuis peu le jeudi aussi) une fête formidable et bon enfant menée par l'hirsute mais mélomane Guido. Les thèmes varient : parfois il faut soi-même apporter son disque favori pour espérer surprendre les danseurs, parfois on a droit à un *mix* obsessionnel (que des versions des Beatles par exemple), mais on trouve toujours une ambiance de feu où tout le monde danse sur la petite piste basse de plafond. Malheureusement tout cela se termine à 2h sauf, les soirs du Ramadan, où la fête continue jusqu'à l'aube ! Demi 2,50€. *Mᵉ Goncourt, Belleville* 179, rue Saint-Maur 75010 Tél. 01 40 40 05 42 Soirées jeu. et ven. 21h -2h, sinon billard

Autour de Père Lachaise

Où boire un verre ?

Le Zikadélic (plan 12). Franchement à l'écart des adresses tendance, Le Zikadélic mérite le détour. Ici, pas de chichis : une salle décorée de pochettes de disques d'anthologie (on a beau dire, les vinyles restent indépassables pour ça) et des meubles achetés dans un vide-grenier. Petit miracle du monde de la limonade, on s'y sent très bien, loin des postures branchées. Les habitués (un peu rockers, un peu cadres) racontent leurs histoires autour d'un demi à prix d'ami, des platines restent à dispo pour le volontaire à la sonorisation de l'endroit. Demi 2,50€(*happy hour* 2€), cocktail 6€. *Mᵉ Gambetta* 26, rue Orfila 75020 Tél. 01 46 36 01 02 Ouvert lun.-ven. 11h-0h, sam. 17h-0h

Jawad K. Fé (plan 12). Du jazz tout là-bas dans l'Est parisien ? Bien sûr que c'est possible. Et une fois à l'intérieur du Jawad K. Fé, quand on juge la batterie de projecteurs façon Hollywood et la quantité d'amplis, on se dit que la musique, ici c'est du sérieux. Pas besoin d'aller dans un caveau enfumé du Quartier latin pour profiter d'un concert tous les soirs de la semaine. De la fusion, du blues, de l'afro, du be-bop : vous y trouverez votre bonheur avec les vieux habitués qui viennent swinguer. Dommage qu'il n'y ait pas davantage de jeunes, car les prix sont très doux, l'entrée est gratuite, et l'accueil adorable. Ça change du centre de Paris ! Demi 2€ (4€ pendant le concert). Tapas 4€-7€. Cocktail 7€-8€. *Mº Alexandre Dumas, Porte de Bagnolet 114, rue de Bagnolet 75020 Tél. 01 43 67 73 35 Ouvert tlj. 15h-2h Concert 21h*

Où trouver un zinc authentique ?

Le Piston Pélican (plan 21). Au Piston, on peut aisément pister les différentes époques de ce beau bar ancien. Le nom rappelle la période rock alternatif du quartier, quand une fanfare (le Piston Circus) avait repris les commandes du bistrot pour y faire sonner les cuivres. Les barriques qui trônent au fond sont des vestiges de la période épicerie où l'habitué venait y remplir son gorgeon. Désormais, c'est un zinc cosy et embourgeoisé où l'on apérote sur fond jazzy en pensant au temps qui passe. Un regret : il n'y a pas de vestige de la période lupanar… Du jeudi au samedi : soirées jazz, musette et rock. Bière 2€ (3€.pendant les concerts). Cocktail 6€. *Mº Alexandre Dumas 15, rue de Bagnolet 75020 Tél. 01 43 70 35 00 Ouvert tlj. 15h-2h*

Où écouter de la musique *live* ?

La Flèche d'or (plan 12). Installé dans une ancienne gare de la petite ceinture, ce café-concert a connu bien des déboires avec les autorités ; on a même cru qu'il allait disparaître. Heureusement, trois courageux ont repris l'affaire et lui donnent une deuxième jeunesse. Le décor mi-cirque mi-usine est resté en l'état. Côté musique, désormais, les concerts ont lieu tous les soirs ; la programmation est résolument branchée – révisez vos *Inrock'* –, avec, à suivre, du clubbing jusqu'à l'aube. Bonne nouvelle, tout est gratuit ! Demi 4,50€ (5€ le week-end). *Mº Alexandre Dumas, Porte de Bagnolet 102bis, rue de Bagnolet 75020 Tél 01 44 64 01 02 www. flechedor.fr Ouvert lun.-sam. 20h-2h (6h le week-end)*

Autour de Nation

Où boire un verre ?

Chez Gudule (plan 21). Voilà un bar comme on aimerait en avoir en bas de chez soi pour pouvoir en être un habitué. La déco, avec tout son bric-à-brac curieusement collé au plafond (des bicyclettes, une table, une lampe en chasse d'eau etc.), ne se voit pas tous les jours. Cette drôle de brocante des antipodes crée une ambiance agréablement décalée qui attire une clientèle assez mélangée : tablée d'étudiants, jeunes couples d'amoureux et inévitables branchés faussement bohèmes. Mais quand on sait que Chez Gudule appartient à la même équipe que Chez Prune (cf. Canal Saint-Martin), on apprécie l'atmosphère simple et sans chichis de ce bar-ci. La terrasse, idéalement placée à l'écart des voitures, se révèle assez vaste pour accueillir toute une équipe de hockey sur glace à l'arrivée des beaux jours. Enfin, les prix se montrent plus que raisonnables. Reste à trouver un appartement à côté, donc. Bière 2,80€. *Mº Picpus 58, bd de Picpus 75012 Tél. 01 43 40 08 28 Ouvert lun.-ven. 7h-2h, sam. 8h-2h, dim. 9h-22h*

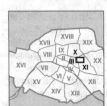

Oberkampf

plans 11, 13, 18

Après plus d'une décennie d'hyperactivité nocturne, le quartier s'est un peu stabilisé. Certains pionniers ont jeté l'éponge (Le Cithéa, Les Couleurs), d'autres demeurent vaillants (Le Charbon), et enfin certains jeunes restent sur la brèche (Mercerie). Bref, Oberkampf a trouvé sa maturité. En semaine, ça reste le royaume des trentenaires branchés, le week-end, la foule des étudiants dissout tout ça.

Où boire un verre et grignoter ?

La Caravane (plan 13). Deux copains de régiment, une envie de monter son affaire, et voilà un resto-bar opportunément situé à l'écart du maelström Oberkampf-Saint-Maur-Canal saint-Martin… peut-être la future rue où il faudra être ? Ce bar, récemment redécoré par un architecte, avec vidéo-projecteurs, propose des consos pas trop chères et, régulièrement, des spectacles et des concerts animent la clientèle gentiment bobo. Côté assiette, on s'aventure dans la *world food* pas toujours convaincante. Reste que pour un apéro au calme dans un endroit chaleureux qui change un peu, cette caravane vaut largement le détour. Verre de vin 3€. **M° Goncourt** *35, rue de la Fontaine-au-Roi 75011 Tél. 01 49 23 01 86 Ouvert lun.-ven. 11h-2h, sam. 17h-2h, dim. 12h-2h*

Cannibale (plan 13). Au milieu des boutiques de corans et de tapis de prière et des chalands en djellaba, se tient le Cannibale, refait à neuf, et sa clientèle bobo en veste militaire customisée. Juste à l'écart de l'agitation d'Oberkampf et de sa faune parfois fatigante, on trouve dans ce décor de troquet d'avant-guerre une ambiance propice aux apéros marathon et aux brunchs pour s'en remettre le lendemain. Trouvez-vous une banquette et laissez-vous bercer par ce vrai bar parigot des années 2000. Pourquoi Cannibale, au fait ? Sans doute en référence à la peinture de Goya au-dessus du magnifique zinc d'époque. Demi 2,30€ au bar. 2,60€ en salle. Soirées DJ ven.-sam. Concerts dim. **M° Couronnes, Parmentier** *93, rue Jean-Pierre-Timbaud 75011 Tél. 01 49 29 95 59 Ouvert lun.-ven. 8h-2h, sam.-dim. 9h-2h*

Où côtoyer la jeunesse *hype* ?

Le Zéro Zéro (plan 18). Si ce n'était pas un bar, ce Zéro Zéro aurait fait une cabine téléphonique très correcte (en ajoutant un téléphone). Car on a vraiment affaire à l'un des plus minuscules bistrots de Paris. On doit pouvoir loger 12 personnes pas trop corpulentes dans ce cagibi kitsch spécialisé dans les cocktails et le papier peint à fleurs millésime 1975. Évidemment, il y a toujours beaucoup plus de monde et les apéros finissent très tard et sur le trottoir. Les jeunes patrons ayant des amis bien placés, dans le monde de la musique et de la mode, certains soirs des événements de type lancement de label ont lieu ici avec 3 stars au m² (3 stars en tout donc). Sinon, profitez de l'*happy hour* pour faire une balade dans la carte des cocktails, elle vaut largement le détour. Demi 2,80€. Cocktail 4,50€ (jusqu'à 20h30) et jusqu'à 8€ (après 20h30). *M° Saint-Sébastien-Froissart* 89, rue Amelot 75011 Tél. 01 49 23 51 00 Ouvert tlj. 18h-2h

Le Rosso (plan 13). Ce tout jeune bar ose le design chic à deux pas d'Oberkampf, royaume incontesté du faux vieux zinc pseudo-populaire. Reconnaissons que le parti pris "tout rouge" du lieu est assez classieux. Joli bar en Plexiglas translucide (rouge) rétro-futuriste en diable avec mobilier en Formica (rouge) à l'avenant. La petite touche kitsch des scènes de chasse en toile de Jouy (rouge évidemment) complète le tout. Pour vous donner une idée, ça fait penser à un Cab (la boîte à yuppies du Palais-Royal) en modèle réduit. "Le rouge c'est bien, ça sera plus chaleureux cet hiver", explique en rigolant Traoré, la maîtresse des lieux qui s'est associée avec un Anglo-Saxon. La clientèle est pour l'instant essentiellement féminine, anglophone et agréable à regarder. Qui s'en plaindra ? Demi 2,80€. *M° Parmentier* 4bis, rue Neuve-Popincourt 75011 Tél. 01 49 29 06 36 www.lerosso.com Ouvert mar.-sam. 18h-2h

Où trouver un café populaire ?

La Gouttière (plan 13). Preuve que ce bistrot est un vrai bar de quartier non génétiquement modifié : la branche Attac du 11ᵉ y organise ses réunions d'information mensuelle. Un autre monde de l'apéro est possible ! On y trouve également des tournois de belote réguliers, une bande son très jazz et rock et une faune gentiment altermondialiste qui vient réfléchir à la taxe Tobin en buvant un demi pas cher. Voilà un endroit atypique dans ce quartier Oberkampf largement contaminé par la mode et le superficiel. Et attention, on n'est pas ici dans le pseudo-populaire : dès 8h du matin, Kamel et Barth, les deux patrons, ouvrent leur zinc pour fournir au travailleur sa dose de caféine. Demi 2,50€. Mojito 5,50€. *M° Parmentier* 96, av. Parmentier 75011 Tél. 01 43 55 46 42 Ouvert lun.-ven. 8h-2h, sam. uniquement l'après-midi

Le P'tit Garage (plan 13). Vous n'avez pas connu les débuts de Gene Vincent, les premiers déhanchements de Dick Rivers ni le *groove* corrosif des Beatstalkers ? Pas grave, ici personne non plus, mais cela ne les empêche pas de faire comme si et d'entretenir leur culte pour les *golden sixties*. Dans ce petit bar tout semble directement importé des années 1960 : musique délicieusement décalée, radio en bakélite, mobilier vieillot et clients à banane et petit polo boutonné jusqu'en haut. On danse sur des 45t qui craquent, on cause mécanique de scooters (il y a toujours d'incroyables Vespa devant la porte)... Bref, comme disait Fonzy, ici c'est cool. Bière 2,50€. *M° Parmentier* 63, rue Jean-Pierre-Timbaud 75011 Tél. 01 48 07 08 12 Ouvert tlj. 18h-2h

Où boire un verre en musique ?

La Cantada 2 (plan 13). Vous avez peut-être raté La Cantada première du nom qui dispensait il y a 10 ans la bonne (mais rude) parole punk/métal rue de Bagnolet. Voilà de quoi rattraper le retard ! Plus grande, plus torturée, plus médiévale, La Cantada 2 s'impose comme l'un des bars rock les plus originaux de Paris. Déjà il faut absolument voir la clientèle, intraitable sur le look cuir, piercing et tatouage. Ça change de la veste en velours caramel ! Ensuite, voilà un bar qui vend de la vraie absinthe en poussant le vice jusqu'à préciser la teneur en herbe qui rend fou. Pas banal. Enfin, des spectacles un peu Grand-Guignol sont régulièrement organisés dans l'inquiétante cave. Trois bonnes raisons de se convertir, pour une soirée au moins, aux délices torturés du rock gothique ! Demi 2,30€. *M° Ménilmontant, Couronnes 13, rue Moret 75011 Tél. 01 48 05 96 89 www.cantada.net Ouvert lun.-jeu. 18h-1h30, ven.-sam. 18h-4h*

Le Pop In (plan 18). Pour rejoindre la salle de concert, il faut monter un escalier, traverser un petit salon, dépasser 12 personnes installées dans un canapé défoncé, descendre un escalier, croiser un autre salon et enfin descendre à la cave, surchauffée. En général, c'est à ce moment-là qu'on se rend compte qu'on a oublié de commander un verre au bar à l'entrée... Outre cette disposition labyrinthique plutôt originale, Le Pop In se démarque par une programmation et une clientèle résolument rock. Étudiante Erasmus et jeune dandy parisien habitué des lieux, tous arborent une dégaine directement inspirée du Swingin' London des *sixties*. Dommage que le bar n'ait pas d'autorisation de nuit, on aimerait rester danser plus longtemps dans cette ambiance décalée. Il y a un monde fou à partir du jeudi. Bière 2,60€. Whisky 5,50€. *M° Filles du Calvaire 105, rue Amelot 75011 Tél. 01 48 05 56 11 Ouvert mar.-dim. 18h30-1h30*

La Favela Chic (plan 11). Ce resto-bar a été doublement pionnier quand il s'est installé en 1996 rue Oberkampf. À l'époque dans le coin, il n'y avait vraiment pas grand-monde pour lui emboîter le pas et la mode du Brésil restait encore bien confidentielle. Presque 10 ans plus tard, le minuscule boui-boui a pris de l'ampleur en déménageant, en 2001, près de République – et tout le monde adore les rythmes brésiliens. C'est désormais une immense *cantina* dans laquelle officient régulièrement des DJ reconnus. Pour être franc, le côté chic a pas mal pris le dessus : la porte se montre ainsi intraitable le week-end si vous ne correspondez pas aux critères – jeune, joli(e) et largement solvable. Heureusement, en semaine, ça se détend et on peut danser sur les tables dans une ambiance de feu dès le mercredi, même si on ne ressemble pas à un mannequin en promenade. *Tudo bom !* Cocktail 9-10€. *M° République 18, rue Faubourg-du-Temple 75011 Tél. 01 40 21 38 14 Ouvert mar.-jeu. 19h30-2h, ven.-sam. 19h30-4h*

Le Mange Disque (plan 11). Un magasin de disques ? Un bar ? Un peu tout ça en même temps. Hubert, le jeune taulier, a ramené cette idée de Londres : vendre de la musique et du vin au même endroit, histoire de discuter électro autour d'un verre de rouge. Ou discuter vin en écoutant de la musique, au choix. Pour le vin il a fait appel à ses cousins du Languedoc qui lui procurent un goûteux panel de bouteilles bien charpentées, pour les disques, plutôt techno/électro, il fait confiance à ces nombreux copains DJ qui viennent jouer les week-ends. Et pour la déco, minimaliste mais classe, il s'en charge lui-même en tant qu'ancien de la mode. Ce pachtwork fait finalement un lieu certes très bobo mais bien agréable pour prendre l'apéro et, pourquoi pas, danser un peu. Verre de vin env. 3€. *M° Goncourt 58, rue de la Fontaine-au-Roi 75011 Tél. 01 58 30 87 07 Ouvert mar.-sam. 16h-0h*

Pour pousser plus tard

Le Café Charbon (plan 13). La Favela a déménagé, le bar Les Couleurs dans la rue voisine est devenu une cantine insipide : Le Café Charbon reste donc, avec le Cithéa, le dernier des pionniers de la rue d'Oberkampf époque 1996. Et surprise, il n'a pas bougé d'un iota. Toujours le même décor néo-industriel revu par Ulysse Ketseledis que certains pensent encore entièrement d'époque (le faux vieux vieillit bien finalement !). Toujours la même agitation de branchés de jour comme de nuit, même si avant ils venaient de Bastille, maintenant ils sont en bas de chez eux. Toujours la même bande son électro rock. Toujours des prix raisonnables pour une telle institution et une fermeture à 4h. Franchement pas de raison de faire du snobisme : le Charbon reste un bon filon. Demi 2,80€. *M° Parmentier, Ménilmontant* 109, rue Oberkampf 75011 Tél. 01 43 57 55 13 Ouvert dim.-mer. 9h-2h, ven.-sam. 9h-4h

Bastille

plans 18, 20, 21

Les branchés ont déserté les lieux pour Oberkampf il y a maintenant une quinzaine d'années, laissant à la foule une avalanche de cafés formatés, avec serveurs mal-aimables et *house* à fond de série. Là encore, il faut opérer une sélection drastique pour trouver les vrais rades chaleureux, vestiges encore vivaces d'un quartier qui a inventé la nuit parisienne moderne.

Où trouver un bistrot de quartier ?

Le P'tit Bar (plan 21). Dépêchez-vous d'aller voir Mme Paulo. Elle refuse de dire son âge, mais comme elle fait la sentinelle derrière son incroyable zinc depuis plus de 40 ans, elle risque bien de partir bientôt à la retraite. Ce serait dommage de rater cet incroyable bazar de chat roulé en boule, de cages à oiseaux et de dictons pyrogravés. On touche du coude le "vrai" bar de quartier parisien chanté par Doisneau, Prévert ou Gabin. Ici, un simple apéro prend des allures de voyage dans le temps. Pas de pression, seulement des bières à la bouteille (2,50€ la bière belge), pas de lave-vaisselle mais des verres douteux et pas de machine à glaçons. Pour la musique ? "Le soir on passe des cassettes." *M° Charonne* 7, rue Richard-Lenoir 75011 Ouvert tlj. 11h30-2h

La Liberté (plan 21). Vous pensez que Paris n'a plus de bar populaire ? Qu'on n'y croise plus que des *lounge* chic pour jeunesse dorée s'ennuyant devant les cocktails hors de prix ? Erreur ! À La Liberté, ça fait quinze ans qu'on fait le plein avec les Clash à fond. Et quel plein dans ce minuscule placard qui sert de salle ! Des rockers au look bien marqué, des Algériens dragueurs, des Ivoiriens hilares, des pulpeuses enivrées... tout un mélange qui carbure au Super. Ça vitupère, ça gueule, ça se menace (parfois), ça rigole (souvent), ça chante faux et ça boit frais. L'été, les plaintes des voisins de l'arrondissement d'en face obligent à arrêter les concerts (genre fanfare punk), mais les apéros débordent largement sur le trottoir. Demi 2€. *M° Faidherbe-Chaligny* 196, rue du Faubourg-Saint-Antoine 75011 Tél. 01 43 72 11 18 Ouvert tlj. jusqu'à 2h

GÉOADRESSES

BOIRE UN VERRE

Où boire un verre de vin et grignoter ?

Le Baron Bouge (plan 21). Et une assiette de charcuterie, une ! Et deux assiettes de fromages, deux ! Et une bouteille de sancerre, une ! Et une douzaine d'huîtres, une (ça, c'est le week-end, en hiver) ! L'image d'Épinal du bar à vins, la carte postale bien vivante du bistrot à jaja avec, dedans et dehors, ce qu'il faut de barriques et de tonneaux et, en bande sonore, des conversations de copains et le bruit des bouchons qu'on libère. Le coup de feu ? Le week-end autour de midi, juste après le marché d'Aligre. Assiettes fromage et charcuterie de 5€ à 13€ selon l'appétit. **M° Ledru-Rollin** 1, rue Théophile-Roussel 75012 Tél. 01 43 43 14 32 Ouvert mar.-jeu. 10h-14h et 17h-22h, ven.-sam. 10h-22h, dim. 10h-15h

Où se poser pour une *happy hour* ?

Le Bottle Shop (plan 20). Pas de doute là-dessus : les Anglais savent faire des bars. Prenez celui-ci, difficile de mettre le doigt sur ce qui le rend si agréable pour l'apéro. Son intérieur, mi-classique à boiseries, mi-moderne à œuvres d'art ? Sa faune, mélange de jeunes anglophones débarqués de la YMCA voisine et de trentenaires parisiens discrètement à la pointe ? Peut-être sa musique, agréablement rock ? Ça doit provenir d'un peu tout ça, associé à de solides *happy hours* où la pinte et les cocktails (comme le délicieux mais traître Long Island) se bradent à 4,80€. L'occasion de creuser ce mystère des bars anglais… Bière 2,60€. Cocktail env. 7€. **M° Ledru-Rollin** 5, rue Trousseau 75011 Tél. 01 43 14 28 04 Ouvert tlj. 11h30-2h

L'Objectif Lune (plan 20). Le plus ancien des bars de nuit de Bastille encore debout (avant, il s'appelait le Zorro) affiche toujours un méchant succès. Au plus tard des soirées d'été les plus moites, on voit toujours une foule compacte étouffer le sourire aux lèvres dans ce troquet tout en longueur et en bois sombre. En fait, outre les insomniaques qui cherchent l'âme sœur au fond d'une mousse, beaucoup de barmen des lieux voisins viennent ici après leur service. Curieusement pour un bar de nuit, il vaut mieux s'y précipiter à l'heure de l'apéro : à 3€ la pinte, on frise l'imbattable dans le quartier. Il manque juste une terrasse, finalement. Cocktail 6,50€ (3,80€ en *happy hour*). Demi 2,50€ (pinte avant minuit). **M° Bastille** 19, rue de la Roquette 75011 Tél. 01 48 06 46 05 Ouvert dim.-jeu. 18h-2h, ven.-sam. 18h-6h

Où trouver des rades rock ?

Les Furieux (plan 20). Non, Bastille ne se résume pas à un chapelet de bars *lounge* bercés par de la musique d'ascenseur. Aux Furieux, on croit dur comme métal au rock. La faune est d'ailleurs à l'image de la bande son métallo-gothique du lieu : on ne compte plus les Morticia Addams blafardes et les pseudo-Marilyn Manson en vinyle qui viennent traîner ici. Comme toujours, ces gens ont l'air plus méchants qu'ils ne le sont vraiment et ce vaste bar carmin se révèle un excellent QG pour se retrouver en bande (il sert d'ailleurs des pichets de bière pas cher) ; et, le week-end, l'autorisation de nuit fournit une bonne alternative aux autres bars hors de prix du coin. Le salon du fond, très lynchien, peut même faire illusion : vous pouvez vous y installer pour boire un cocktail comme dans un bar *lounge* ! Demi 3€ (*happy hour* 2,60€). **M° Bastille** 74, rue de la Roquette 75011 Tél. 01 47 00 78 44 Ouvert mar.-jeu. 16h-2h, ven.-sam. 16h-5h, dim. 19h-2h

Le Fanfaron (plan 20). L'ancien bar rock alternatif, La Grosse Caisse, a été remplacé par Le Fanfaron, bar tout aussi rock mais encore plus décalé. Ici, les punks reconvertis dans la fanfare ont cédé la place aux rockers coincés dans les années 1960. Ambiance gomina, rouflaquettes et bracelet de force, à l'image de Xavier, le patron, avec ses chemises en viscose près du corps. Bien installé dans des banquettes défoncées, on écoute des vinyles saturés d'orgues Hammond et de guitare wah-wah, on discute mécanique de scooter en buvant des ti-punchs dosés à l'ancienne. En arrivant de cette rue toute calme, on a l'impression de débarquer dans un décor du Paris d'après-guerre. Dommage que l'ancien baby-foot ait disparu, il aurait bien été dans la ligne ! Demi 2,40€. Ti-punch 5€. Pas de CB. *M° Ledru-Rollin 6, rue de la Main-d'Or 75011 Tél. 01 49 23 41 14 Ouvert mar.-sam. 18h-2h*

Un verre avec supplément d'âme…

☺ **L'Or en bar (plan 20).** Drôle de destin pour ce bar d'acharnés. Auparavant, il n'ouvrait qu'à 4h pour fermer sur le coup de midi, mais la police et le voisinage ont dit stop. Et le voilà maintenant avec des horaires de nuit plus classiques. "Je comprends pas, on réveille plus de gens en fermant à 5h !" s'étonne Laurent, le sympathique patron. Quoi qu'il en soit, c'est, avec La Bastide, l'autre zinc un peu sincère de la très aseptisée rue de Lappe. Dans ce lieu bas de plafond et haut en couleur, personne n'est en représentation. Ça parle fort (pour couvrir la musique), ça rigole, des fois ça s'embrouille aussi, bref ça vit. Si vraiment vous n'avez pas sommeil, recommandez un verre et commencez à déchiffrer les couches de graffitis au mur. Cela devrait vous emmener loin. Demi 3€. *M° Bastille 30, rue de Lappe 75011 Tél. 01 49 23 07 22 Ouvert mar.-sam. 19h-5h30*

Le Lèche-vin (plan 20). Une Vierge grandeur nature sert de physionomiste et une foule de christs vous suivent des yeux quand vous commandez un verre. Une crise mystique ? Pas du tout, vous êtes ici dans le seul (à notre connaissance) bar entièrement décoré d'images pieuses toutes plus incroyables les unes que les autres (et pas seulement catholiques, d'ailleurs). Belle preuve d'œcuménisme du kitsch ! Dans ce quartier de révolutionnaires, c'est presque de la provocation ! Rassurez-vous, les deux patrons restent proches du peuple avec des consommations les moins chères à la ronde et un accueil en or massif, loin de la morgue ambiante. Ne manquez pas l'artiste en gabardine qui passe tous les soirs pour vendre de vieilles réclames des années 1950 et n'oubliez pas d'aller faire un tour aux toilettes pour profiter de l'autre facette du décor. Demi 2,50€. *M° Bastille 13, rue Daval 75011 Tél. 01 43 55 98 91 Ouvert lun.-sam. 18h-2h, dim. 18h-0h*

Le Trucmush (plan 20). Quelqu'un a dû dire à un moment au décorateur "fais ce que tu veux" avant de le laisser seul. Du coup, il ne s'est vraiment rien refusé. Quand on prend un verre dans une baignoire, sur un lavabo ou une chaudière, que la cabine de DJ est un avant de Twingo et qu'elle fait face à une fausse fenêtre de chalet suisse (et à la tour Eiffel), on peut parler sans exagérer d'un improbable bric-à-brac. Mais, magie des bars parisiens, tout cela va plutôt bien ensemble et donne une agréable atmosphère déglinguée dans cette ruelle toute calme, bien à l'écart du bourdonnement de Bastille. Dans ce bazar vont se tapir pas mal d'étudiants, qui profitent des prix contrôlés et des *mixes* larges bandes des DJ invités qui passent du funk, du reggae ou du rock selon le jour. Spécialité: la pinte de mojito. Demi 3€. *Happy hour* :

doses doublées. Salle climatisée. *M° Bastille 5, passage Thiéré 75011 Tél. 01 48 07 11 91 www.letrucmush.com Ouvert lun.-sam. 18h-2h, dim. 18h-0h*

En musique

Le Wax (plan 20). Parfois trop de décoration tue la décoration. Le thème des années 1970 est, ici, exploité jusqu'à la nausée : lumière orange, banc en plastique blanc, fauteuil bulle et appliques chromées. Rien ne nous est épargné. Du coup, l'ancien What's Up, légendaire bar gay des années 1990, ressemble maintenant à la salle d'exposition d'un brocanteur. Mais si l'on parvient à faire abstraction de tout ça, Le Wax est une excellente adresse pour ceux qui veulent danser après la fermeture des derniers bars (le week-end seulement). La musique à la coloration *house* se laisse danser sans forcer, la clientèle est plutôt agréable et les prix se montrent raisonnables. N'oubliez pas votre sous-pull en Nylon orange pour rester dans le ton ! Entrée libre. Bière 5,50€. *M° Bastille 15, rue Daval 75011 Tél. 01 40 21 16 16 Ouvert mer.-dim. jusqu'à l'aube*

Le Café de la Plage (plan 20). Ce vieux bar du quartier a été repris par trois garçons issus de l'informatique. Est-ce leur connaissance aiguë des clients-serveurs qui leur a permis de réussir leur coup ? Mystère ! En tout cas, c'est une réussite qui attire une faune sympathique de quadras un peu rock. Les prix se montrent plus que raisonnables, le barman allemand à l'accent anglais est charmant. À peu près tous les soirs, il se passe quelque chose dans la jolie cave voûtée de ce bar simple et chaleureux : concerts, poésie, slam, projection vidéo. Dommage que le trottoir tellement étroit de la rue de Charonne empêche d'installer une terrasse digne de ce nom. Demi 2€ (2,50€ après 21h, 3€ après 22h). *M° Charonne 59, rue de Charonne 75011 Tél. 01 43 38 48 19 Ouvert lun.-sam. 16h-2h*

Le Léopard Café (plan 21). On a beau être dans le 11e, l'arrondissement qui bouge, ce bout de boulevard Voltaire se montre plutôt morne le soir venu. Heureusement que le "Léo" est là pour animer les environs. Ce long bar cosy fait office de troquet de quartier branché. Des fauteuils club, un éclairage chaleureux et un solide zinc sur lequel viennent s'accouder les habitués : la panoplie est complète pour passer une bonne soirée. Pardon ? Et le DJ ? Mais bien sûr qu'il y a un DJ ! En général, ce sont de jeunes talents qui viennent du jeudi au samedi se faire les dents sur l'excellente sono. Virginie, la programmatrice, ouvre aussi le lieu à des expos. Concernant les nourritures plus terrestres : les assiettes de charcuterie sont énormes. Demi 3€. *M° Charonne 149, bd Voltaire 75011 Tél. 01 40 09 95 99 Ouvert lun.-ven. jusqu'à 2h, sam. 18h-2h*

Lieux uniques

Barrio Latino (plan 20). Changement de décor pour cet énorme et impressionnant resto-bar. Les propriétaires ont abandonné le côté cubain pseudo-révolutionnaire. Il faut dire que le portrait du Che dans un lieu peuplé de cadres supérieurs où le moindre cocktail coûte 10€ faisait désordre ! Désormais, on boit des verres et on grignote des plats vaguement Amérique du Sud dans un décor de *lounge* plus classique. Mais les défauts persistent : les videurs se montrent toujours aussi mal aimables, la lumière plus que chiche ne permet pas tellement de savoir ce qu'on mange et la musique tonitruante interdit toute conversation. Reste que le lieu sur trois niveaux coupe le souffle. Après le repas, vous pouvez rejoindre la piste pour danser sur des rythmes latinos. Demi 6€. *M° Bastille 46-48, rue du Faubourg-Saint-Antoine 75012 Tél. 01 55 78 84 75 Ouvert tlj. 12h-2h*

Le Murano (plan 18). Il faut savoir que le must pour les happy few consiste à siroter des cocktails hors de prix dans un bar d'hôtel de luxe. Problème : ils commençaient à avoir fait le tour des palaces parisiens. Heureusement que Le Murano est arrivé. Attiré par la nouveauté, tout le monde s'y précipite. Entre le luxe discret et l'ostentation, le propriétaire (celui du Byblos) a opté pour la seconde. Vous débarquez donc dans un *lounge* pop art assez chargé, avec tabourets multicolores et murs capitonnés. Qu'y voir ? Qu'y boire ? On vous conseille une vodka, à siroter à côté de la belle cheminée ouverte (la curiosité du lieu). Dépêchez-vous : il y a fort à parier que la déco prenne un coup de vieux d'ici peu. Cocktail : 16€. Brunch sam.-dim. *M° Filles du Calvaire 13, bd du Temple 75003 Tél. 01 42 71 20 00 Ouvert tlj. 7h-2h*

Plus au sud

Où boire un café dans un cadre d'exception ?

☺ **Le Train bleu (plan 21).** Plus qu'un simple buffet de gare, une institution ! Sur le quai, face aux nez effilés des TGV, un double escalier mène à ce bar-restaurant classé monument historique depuis 1972. Passé la porte tambour, c'est l'émerveillement. Les plafonds et les murs croulent sous les dorures, les moulures et les peintures monumentales évoquant les grandes villes traversées par le Paris-Lyon-Méditerranée. Une profusion représentative du style de la fin du Second Empire. Pour profiter du décor des deux grandes salles Réjane et Dorée, on peut s'attabler au restaurant gastronomique, qui propose deux menus à 48€. Moins onéreux, les salons du Big Ben Bar sont parfaits pour jouir de la beauté du lieu autour d'un thé ou d'un café, ou encore en prenant un brunch (35€, le dimanche 11h30-14h30 sur réservation). Confortablement installé dans l'un des magnifiques canapés Chesterfield, vous pourrez admirer à loisir le décor fastueux des salons Tunisien et Algérien. Après tout, c'est ce que faisaient Coco Chanel, Cocteau, Sarah Bernhardt, Dalí, Jean Gabin et bien d'autres habitués du lieu. Seul risque à la rêverie contemplative : manquer son train... *M° Gare de Lyon Pl. Louis-Armand (accès par la gare) 75012 Tél. 01 43 43 09 06 Bar Ouvert lun.-ven. 7h30-23h, sam., dim. et j. fér. 9h-23h Restaurant Ouvert tlj. 11h30-15h et 19h-23h*

Butte-aux-Cailles *plan 25*

La Butte-aux-Cailles, ancien repaire d'anarchistes, est devenue une place forte estudiantine avec kyrielle de bars et cohortes de jeunes rigolards. Bref, pour une nuit pas prise de tête (ça fait pas de mal), c'est ici que ça se passe.

Où boire un verre en soirée ?

Le Merle moqueur (plan 25). Typique de l'esprit festif sans complexe de la Butte-aux-Cailles, ce bar aux faux airs de case antillaise est rempli jusqu'à la garde quasiment tous les soirs. On peut même dire qu'on touche là les limites de l'entassement dans un lieu clos ! Une foule d'étudiants rendus hilares par la visite en profondeur de la carte des délicieux rhums arrangés (celui au chocolat vaut le détour) dansent sur de vieilles chansons de plus ou moins 1980, draguent plus ou moins discrètement, chantent plus ou moins juste et rigolent beaucoup dans une ambiance explosive. On se croirait dans une *bodega* en plein milieu d'une feria du Sud. Si vous arrivez à éviter la suffocation, il y a de fortes chances que vous gardiez un excellent souvenir de votre soirée ! 15€ les 6 rhums. *M° Corvisart 11, rue de la Butte-aux-Cailles 75013 Ouvert tlj. 17h-2h*

La Folie en tête (plan 25). Treize ans de bons et loyaux services pour la fête sur la Butte, de bœufs afro-jazz bouillants et voilà comment on est remercié : fini le droit aux concerts à cause d'une plainte du voisinage ! C'est à désespérer. Mais il en faudrait plus pour décourager Jean-Pierre, le volubile patron de ce bar atypique. Les instruments de musique figurent toujours en bonne place ici. Ils servent de décoration, voilà tout. Tout comme les vieilles affiches de mai 68 et les quelques panneaux de signalisation. Dans ce sympathique bric-à-brac se retrouve toute une frange de fidèles : de vieux piliers de bar copains du patron comme de jeunes étudiants gentiment rebelles qui s'emploient à vider des chopes sur une bande-son discrètement jazzy. Là, au moins, les voisins ne peuvent rien dire ! Demi 2,70€. Spécialités au rhum. *M° Corvisart 33, rue de la Butte-aux-Cailles 75013 Tél. 01 45 80 65 99 Ouvert lun.-sam. 18h-1h*

Montparnasse

plans 22, 23, 25

Au premier abord très touristique, Montparnasse recèle, disséminés un peu partout, une belle collection de lieux atypiques et attachants entre souvenir de l'âge d'or et *hype* décentralisée.

Où prendre l'apéritif ?

Le Tournesol (plan 23). Autant dans le triangle Oberkampf-Saint-Maur-Belleville, des bistrots comme celui-ci on en trouve à profusion, autant rue de la Gaîté, royaume longitudinal du sushi et du sex-shop à l'ombre de la tour Montparnasse, ils se font rares. Mais l'équipe de La Fourmi (bar de Pigalle) a osé donner à la Rive gauche son troquet dans le genre loft new-yorkais à la déco de bon goût et pas tape-à-l'œil. Un rade avec une bande-son rigoureusement électronique, un zinc franchement branché où les journalistes de i-télé se joignent aux étudiants du coin, un lieu tenu avec le sourire, qui permet de prendre des apéros au soleil malgré l'étroitesse de la rue mais qui saura aussi occuper vos nuits à refaire le monde. Bref : un endroit précieux. Demi 2,70€. *M° Edgar Quinet 9, rue de la Gaîté 75014 Tél. 01 43 27 65 72 Ouvert lun.-sam. 8h30-1h30, dim. 9h30-1h30*

Le Cristal (plan 22). Bien sûr, comparé à certains troquets plus au nord-est, celui-ci peut paraître bien gentillet, sa faune un peu trop portée sur la chemise vichy, sa déco de faux pub un peu toc et sa bande-son un peu trop FM. Mais, dans le grand désert glacé qui court entre le 15e et le 7e arrondissement, il faut bien reconnaître qu'on ne trouve aucun autre coin pétaradant où la jeunesse écoute du rock'n'roll (même FM), joue aux fléchettes et rit fort dans une infernale odeur de cigarettes. Et, pour ne rien gâcher, la carte affiche des prix parmi les plus raisonnables de la capitale. Si vous êtes perdu dans les parages, Le Cristal peut vous sauver un apéro. Et on lui pardonne tout pour ça. Demi 2,10€. *Happy hour de 18h à 20h: pinte à 2€. M° Sèvres-Lecourbe 163, av. de Suffren 75015 Tél. 01 47 34 47 92 www. bar-le-cristal.com Ouvert lun.-dim. jusqu'à 2h*

☺ **Le Breguet (plan 23).** Lumière orangée, musique pop assourdissante, atmosphère enfumée et dessins d'avion (en rapport avec Breguet, l'industriel aéronautique) réalisés par un artiste du quartier qui a ici ses habitudes. Cela fait plus de dix ans que ce petit bar insuffle à coup de pressions un peu de vie après 19h dans cette rue du 15e franchement morose. La grande salle permet, de temps en temps (demandez au bar), d'organiser des soirées et des concerts entre amis. Et comme s'il fallait une excuse supplémentaire de se rendre dans ce 15e pas drôle : la bière se montre bon marché. Demi 2,40€. *M° Pasteur 72, rue Falguière 75015 Tél. 01 42 79 97 00 Ouvert lun.-sam. 18h-2h*

Où allier bar et cinéma ?

Le Lucernaire (plan 23). Dans la catégorie "bar sympa", le sud de l'arrondissement se retrouve fort dépourvu, bise venue ou pas. Heureusement que la dépendance limonadière de ce théâtre et cinéma d'art et d'essai veille au grain et dispense un peu de chaleur humaine au milieu de ces canyons d'immeubles haussmanniens. Dans ce local à la décoration minimale (pour être franc, cela fait davantage penser à une annexe de salle polyvalente qu'à un vrai bar), on discute Celluloïd bien sûr mais pas seulement. Lors de la Coupe du Monde, le patron avait sorti l'écran géant pour soutenir l'effort des Bleus. Sport et culture, on la joue fine sur les deux tableaux. *M° Notre-Dame-des-Champs 53, rue Notre-Dame-des-Champs 75006 Tél. 01 45 48 91 10 Ouvert lun.-sam. 12h-0h*

Où siroter un cocktail ?

☺ **Le Rosebud (plan 23).** On ne va pas au Rosebud pour connaître les dernières tendances du design. Rien n'a changé ici depuis 1960 et surtout pas, Dieu merci, le service. Car les vraies stars de cet endroit feutré ne sont plus dans la salle (Sartre y venait) mais derrière le bar où les serveurs, sortes de tontons flingueurs sexagénaires en veste blanche et humour noir, officient depuis quarante ans. Le petit sourire en coin et les manières irréprochables de ce personnel pléthorique donnent toute l'ambiance de ce lieu unique. Ayant passé l'âge de confondre vitesse et précipitation, ils se mettent à deux pour faire votre *Whisky Sour* et continuent à deviser tout en retenue avec un habitué. Un concentré de classe des grands palaces. Cocktail 12€. *M° Vavin 11bis, rue Delambre 75014 Tél. 01 43 35 38 54 Ouvert tlj. 19h-2h Fermé en août*

Pour pousser plus tard

Le Shannon Pub (plan 23). Ce nom fleure bon le whisky tourbé, les chants de supporter du XV au chardon et les 3ᵉ mi-temps éthyliques… Eh bien vous avez tout faux. La page rugbystique a été tournée il y a bien dix ans maintenant. Adieu les boiseries et les maillots aux murs, ce bar de nuit se pare d'une déco bricolée mais réussie qui rappelle la *cantina* de *La Guerre des étoiles*. Il accueille jusqu'à très tard et avec le sourire (les serveurs sont charmants) les orphelins des autres bars de Montparnasse qui ne veulent pas finir en boîte. On y trouve donc principalement des étudiants ravis d'avoir la possibilité de continuer à vider des pintes pas trop chères et de danser (s'il n'y a pas, comme souvent, trop de monde) sur une sélection mi-rock-mi-électronique. Pinte 6€ (4€ en happy hour). Cocktail 11€. **M° Vavin** *23, rue Bréa 75006 Tél. 01 43 26 34 70 Ouvert dim.-jeu. 17h-4h30, ven.-sam. 17h-5h*

Un peu plus au sud

Le Général Beuret (plan 22). Autrefois, à la place de ce sympathique bistrot rouge et turquoise, une banale brasserie fermait à 19h. Et c'était tout. Au beau milieu du 15ᵉ, trouver un havre à apéritif nécessitait un long et frustrant voyage en métro. Heureusement que tout cela est bien fini depuis l'apparition de ce bar coloré tenu par une bande de jeunes portés par une idée : on peut rigoler dans le sud de Paris. Avec leur déco à base de comics américains et leur superbe zinc rond (entièrement refait), ce bar fait tache dans le quartier et tant mieux ! L'accueil est familial et les prix restent raisonnables. Aux premiers rayons de soleil, on peut même siroter son demi sur la terrasse toute calme (avantage du quartier !) en profitant d'une vue sereine sur la place arborée. Demi 2,50€. **M° Vaugirard** *9, pl. du Général-Beuret 75015 Tél. 01 42 50 28 62 Ouvert tlj. 8h-2h*

Le Bock de bohème (plan 23). Attendez l'hiver et les premiers frimas pour vraiment apprécier ce bar atypique. Pourquoi ? Évidemment pour profiter pleinement de la cheminée qui crépite dans la salle du fond. Mais pas seulement. Avec le froid du dehors, on a davantage besoin de chaleur humaine, et à cela le couple de tenanciers pourvoit sans compter. Le taulier discute jazz avec les habitués et Michèle, sa femme, vous parle de ses projets artistiques (fabrication de chapeaux, exposition de peintures…) comme si vous étiez un ami de la famille. Le samedi, elle ouvre même son bar-atelier (un concept !) à toutes les âmes de bonne volonté. Du coup, le bar devient le rendez-vous d'une certaine bohème de tous les âges, loin des effets de mode. Tout cela fait oublier les horaires réduits et les prix un peu élevés. Le retour en grâce du 14ᵉ artistique, ça se fête ! **M° Pernety** *104, rue du Château 75014 Tél. 01 43 22 62 96 Ouvert mer.-ven. 20h-0h, sam. 15h-0h*

L'Utopia (plan 25). Cela fait plus de vingt ans que Jacques, rude d'accès mais au cœur d'or, distille chaque soir le meilleur du blues américain dans sa petite salle où sédimentent nicotine, photos souvenirs et générations d'affiches. À L'Utopia, quelques-unes des plus grandes légendes du genre (Memphis Slim, Bill Deraime ou Champion Jack Dupree) ont chanté le poids de la vie pour le rendre moins lourd à porter. Tout cela attire une foule nombreuse, mélangée (parfois quelques célébrités comme Michel Jonasz, nous dit-on) et conquise d'avance. Si la musique se concentre sur le meilleur des States, les bières, elles, viennent du monde entier, histoire de continuer le voyage tranquillement. Bière 8€. Cocktail 12,20€. **M° Pernety** *79, rue de l'Ouest 75014 Tél. 01 43 22 79 66 www.utopia-cafeconcert.fr Ouvert lun.-sam. 21h30-4h*

GEOADRESSES

La nuit parisienne aurait donc du souci à se faire. Le riverain ne tolère plus le moindre bruit sous les fenêtres de son loft du Canal, les patrons de cafés auraient vendu l'âme de leur rade contre un tiroir-caisse, et avec les prix de l'immobilier, il devient plus rentable de construire un parking qu'une boîte de nuit… Et pourtant. Et pourtant elle bouge toujours cette satanée nuit parisienne qu'on veut voir morte régulièrement. Des Champs à Ménilmontant en passant par les Grands Boulevards, des clubs se montent, des bars ouvrent, le parcours des tribus de noctambules demeure parsemé de lieux branchés comme de cafés borgnes, de nuits chaudes et de matins blêmes (ou le contraire), de moments fulgurants et de gueules de bois. Pigalle change, Oberkampf se maintient, l'Ouest renaît… La nuit parisienne continue son cinéma et il ne tient qu'à vous d'être au générique.

Sortir à Paris

GEO**MEMO**

Kiffer du R'n'B trop mortel	Club Med World (12e), La Scala (1er), Les Bains (3e)
Frayer avec des créatures de la nuit	Chez Carmen (2e), Le Couloir (18e), Banana Café (1er)
Danser avec la jeunesse dorée	Régine's Club (8e), Le Madam (8e), Maxim's (8e)
Croiser les stars insomniaques	VIP Room (8e), Le Mathis Bar (8e), Chez Castel (6e)
Un *after* en douceur	Le Tambour (2e), Don Carlos (6e), Le Bar (6e)
La nuit au jour le jour	**www.parissi.com** : fournisseur de plan depuis 1998 **www.lesinrocksparis.com** : la déclinaison purement parisienne de l'hebdo culturel **www.vodkacoca.com/vodka/** : très hype donc très bien

Salles de spectacle, boîtes et clubs à la carte

PLUTÔT JAZZ

Le jazz est une drôle de fleur vénéneuse qui ne distille son nectar que tard dans la nuit.

PLUTÔT ROCK

Le retour en grâce du rock redonne enfin à la nuit parisienne sa dose de guitares furibardes. Yeah !

PLUTÔT ÉLECTRONIQUE

Selon la population, ce n'est pas la même musique. Sur les Champs, on préfère de la *house* assez commerciale alors que sur les Grands Boulevards, on penche pour une techno plus rude.

DES VIP
Si vous aimez vous frotter aux gens qui font la une des programmes télé, c'est là qu'il faut aller…

DE LA HYPE
Vous voulez garder toujours une mode d'avance, écouter un disque six mois avant tout le monde, connaître un groupe "avant qu'il soit trop commercial" ?

DANSE À DEUX
Non, l'individualisme ambiant n'a pas tué le bonheur de danser joue contre joue !

PLUTÔT TRANQUILLE
C'est pas parce qu'il est tard qu'on a envie d'un déluge de décibels. Sélection de *lounge* nocturne…

PLUTÔT GAY
Ces lieux sont évidemment ouverts aux hétéros larges d'esprit.

GÉOADRESSES

SORTIR

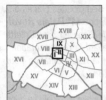

Palais-Royal et Opéra

plans 8, 9, 10, 28

Ce quartier, qui a retrouvé un peu du lustre nocturne qu'il avait perdu depuis la fin des années 1970, compte aussi des habitués des Champs.

Où voir Paris de Lutèce à nos jours ?

Paris-Story (plan 8). Tout près de l'Opéra, une salle de cinéma pas comme les autres retrace l'histoire de Paris, de Lutèce à nos jours, à travers un montage audiovisuel original et très réussi à base de diapositives, tableaux, dessins, photographies mais aussi d'images virtuelles et holographiques. L'histoire de la capitale est évoquée par le biais de son patrimoine – ses monuments, ses rues, ses jardins, ses places – en une agréable promenade musicale, guidée par un Victor Hugo plein de verve. Après le film, qui dure 50min, on peut visiter l'exposition "Paris miniature", pour en savoir plus plus sur les principaux styles architecturaux de la capitale. Également à voir, l'exposition "Paris Expérience" qui représente la ville de Paris en 3D à travers des séquences des frères Lumière. *M° Opéra 11bis, rue Scribe 75009 Tél. 01 42 66 62 06 www.paris-story.com Ouvert tlj., 1 séance/heure de 10h à 18h Tarif 10€, réduit 6€ (6-18 ans)*

Où aller au spectacle ?

Hormis les deux incontournables du répertoire classique que sont le "Français" et l'Opéra Garnier, le quartier possède de nombreuses salles de spectacle. On peut tenter sa chance et obtenir une place pour le jour même, à moitié prix, au kiosque-théâtre de la Madeleine ou à celui situé sur l'esplanade de la tour Montparnasse (cf. GEOPratique, Spectacles). **Théâtre Édouard-VII-Sacha-Guitry (plan 8)** *M° Opéra*, RER Auber 10, place Édouard-VII 75009 Tél. 01 47 42 59 92 www.theatreedouard7.com **Théâtre Louis-Jouvet-Athénée (plan 8)** *M° Opéra*, RER Auber 7, rue Boudreau Tél. 01 53 05 19 19 www.athenee-theatre.com **Théâtre de la Pépinière-Opéra (plan 9)** *M° Opéra* 7, rue Louis-le-Grand 75002 Tél. 01 42 61 44 16 **Bouffes-Parisiens (plan 9)** *M° Quatre Septembre* 4, rue Monsigny 75002 Tél. 01 42 96 92 42 www.bouffesparisiens.com **Opéra-Comique (plan 8)** *M° Richelieu-Drouot* Place Boieldieu 75002 Tél. 0 825 01 01 23 (0,34€/min) www.opera-comique.com **Olympia (plan 8)** *M° Madeleine* 28, bd des Capucines 75009 Tél. 08 92 68 33 68 (0,34€/min) www.olympiahall.com **Comédie Caumartin (plan 8)** *M° Madeleine, Opéra, Havre-Caumartin*, RER Auber 25, rue Caumartin 75009 Tél. 01 47 42 43 41 **Michodière (plan 9)** *M° Quatre Septembre* 4bis, rue de la Michodière 75002 Tél. 01 47 42 95 22

Comédie-Française (plan 8). La salle Richelieu, jouxtant le Palais-Royal, est dédiée aux pièces du répertoire. Un incontournable pour les amoureux du théâtre classique. Le prix des places est variable. Les places à 11€ sont tout en haut des gradins, sous la galerie. Des générations entières d'étudiants y ont attendu l'entracte avant de descendre vers l'orchestre ! Autres places 26€ et 37€ Billets moins chers 1h avant le spectacle pour les - de 28 ans et les demandeurs d'emploi; les places disponibles de cat. C et/ou à visibilité réduite vendues 5€ environ. *M° Palais Royal-Musée du Louvre* 2, rue de Richelieu 75001 **Location** Salle Richelieu 1, pl. Colette Ouvert tlj. 11h-18h **Réservations** De 2 mois à 15 jours avant la représentation : www.comedie-francaise.fr ; à partir du 14ᵉ jour précédant la représentation : sur place ou par tél. au 08 25 10 16 80 (0,15€/min) tlj. 11h-18h30

Théâtre du Palais-Royal (plan 9). Programmation grand public, spécialisée dans le théâtre de boulevard. *M° Palais Royal-Musée du Louvre* 38, rue de Montpensier 75001 Tél. réservation 01 42 97 40 00 www.theatrepalaisroyal.com

Opéra Garnier (plan 8). Comme son nouveau nom l'indique, le Palais de la danse est dédié à l'art chorégraphique. Certaines catégories de places (debout, de dernière minute, etc.) ne sont vendues qu'aux guichets. Forfait spectacle-parking disponible. *M° Opéra*, RER Auber Place de l'Opéra 75009 Tél. 0892 89 90 90 (0,337€/min) www.operadeparis.fr Réservation sur place (tlj. 10h30-18h30 sauf dim. et j. fér.), par tél. (tlj. 9h-18h ; sam. 9h-13h) ou en ligne

Où écouter du rock ?

Le Truskel (plan 10). Maintenant que les boursicoteurs restent devant leur écran loin du palais Brongniart, le quartier de la Bourse peut laisser parler son côté puissamment rock and roll, trop longtemps retenu. De la guitare saturée, du tee-shirt trempé de sueur et de la danse-en-bougeant-la-tête, voilà ce que propose jusqu'à tard dans la nuit cette sorte de pub mutant qui accueille aussi bien les supporters de foot que les fans des Libertines. Aux platines, des DJ improbables (mais précieux) comme Luz de *Charlie Hebdo* ou Éric Débris de Métal Urbain, groupe punk des années 1980. En un mot: Yeah! Demi 2,50€. Cocktail 7,50€. *M° Bourse* 12, rue Feydeau 75002 Tél. 01 40 26 59 97 www.truskel.com Ouvert mar. 20h-3h, mer.-sam. et veilles de fêtes 20h-5h

Où danser jusqu'à l'aube ?

La Scala (plan 28). Par un miracle que seule la quête sans fin de nouveauté de la *hype* parisienne explique, La Scala est redevenue fréquentable. Les branchés ont redécouvert cet immense club labyrinthique doté d'un système de laser qui laisse bouche bée les plus blasés. Bien sûr on préfère y aller lors de soirées spéciales et difficilement prévisibles, mais même les nuits classiques, prises d'assaut par les ados en visite dans la capitale, méritent qu'on y jette un coup d'œil. Attention, il faut alors supporter l'eurodance à plein tube. Mention spéciale à la petite piste du haut, avec ses basses puissantes et son étrange inscription en néon. Entrée 12€ (avec 1 conso) ; le samedi 15€. Entrée gratuite pour les filles lun.-ven. *M° Palais Royal-Musée du Louvre* 188bis, rue de Rivoli 75001 Tél. 01 42 61 64 00 www.lascalaparis.com Ouvert mer.-dim. 23h jusqu'à l'aube

Le Cab' (plan 28). En étant un peu bougon, on pourrait reprocher au designer Ora Ïto (pas japonais pour deux sous) d'avoir rendu un hommage un peu trop appuyé à *2001* en redécorant de ce club. Mais en fait, on aime bien cet endroit tout blanc et rouge, délicieusement rétrofuturiste, à la mode 1960 comme c'était la mode en

2002. L'aquarium, les alcôves et surtout le boudoir où l'on s'allonge : de vraies belles idées. Dommage que la programmation musicale se hisse rarement à la hauteur des ambitions du décor. Allez-y faire un tour pendant les *fashion weeks* pour voir se dandiner les mannequins au bras de leurs compagnons fortunés. Entrée 20€ (conso comprise). *M° Palais Royal-Musée du Louvre* 2, pl. du Palais-Royal 75001 *Tél.* 01 58 62 56 25 www.cabaret.fr Ouvert lun.-sam. 23h30-6h

Où avoir votre dose d'électro ?

Le Triptyque (plan 10). Depuis son ouverture, en 2003, ce club à la programmation large bande s'est taillé une part de choix dans l'itinéraire du *clubber* parisien. Pour une boîte installée dans l'ancienne imprimerie de *L'Aurore*, s'imposer si vite dans le monde de la nuit parisienne, on mesure l'exploit ! Le secret de la réussite de ce groupe de cinq copropriétaires ? La diversité. Chacun d'eux vient d'horizons différents et compte bien le faire sentir dans l'image de la salle. Du coup, on se retrouve avec des concerts rock, des soirées hip-hop ou des fêtes électro selon un programme foisonnant. La disposition en U de la salle permet d'aller discuter au calme dans les canapés sans être assourdi par les basses de la piste. On regrette juste qu'une des bonnes résolutions de l'ouverture – un club vraiment pas cher – soit passée à la trappe. Agrandissement en projet. Entrée 5€. Conso 6€. *M° Bourse* 142, rue Montmartre 75002 www.letriptyque.com Ouvert lun.-mer. 20h30-2h et jeu.-sam. 23h30-5h

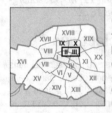

Grands Boulevards plans 10, 11

Ils ne se résument pas à un défilé de cars de Japonais venus dévaliser les parfumeries *duty free* ! Ce quartier industrieux regorge de bars pour banquiers exténués, de théâtres (… de boulevard) et de clubs pour jeunesse *hype*.

Où aller au cinéma ?

☺ **Le Grand Rex (plan 11).** Il faut, au moins une fois, assister à une séance de cinéma sous la voûte étoilée de cette salle de 2 800 places, perché au-dessus d'un extravagant décor de ville baroque imaginaire. En novembre et décembre, la traditionnelle projection du Disney de Noël s'accompagne d'un spectacle de jets d'eau féerique. Et aux 6-12 ans, la visite "**Les Étoiles du Rex**" propose un voyage de 50min dans l'envers du cinéma : elle les conduit dans les coulisses du Rex, en passant par le bureau d'un producteur, une cabine de projection, un studio de bruitage, l'ascension dans un monte-charge derrière l'écran géant. Au cours de la déambulation, les enfants participent à un tournage fictif, un face-à-face avec King Kong, rencontrent les héros du grand écran… et repartent, s'ils le veulent, avec le DVD de leurs exploits. La grande salle accueille aussi des concerts ; 3 autres salles de cinéma complètent l'ensemble. *M° Bonne Nouvelle* 1, bd Poissonnière 75002 *Tél.* 08 92 68 05 96 "Les Étoiles du Rex" mer.-dim. et j. fér. 10h-19h (départ toutes les 5min) En vac. scol.: lun. 14h-19h, mar.-dim. 10h-19h Tarif 7,50€, réduit 6,50€ (moins de 12 ans) Forfait Étoiles + film 12€, réduit 11€ (moins de 12 ans et groupes adultes de plus de 20 pers.)

GÉOADRESSES

SORTIR

Max Linder Panorama (plan 10). Juste à côté du théâtre des Nouveautés, l'enseigne de ce cinéma pas comme les autres attire l'œil. À juste titre. N'hésitez pas à vous installer à la mezzanine, au balcon ou à l'orchestre de cette salle de 700 places, qui allie pourtant comme nulle autre chaleur et convivialité. Écran panoramique de 18m de large et son THX devraient achever de vous convaincre d'aller visionner films d'auteur, grand spectacle, classiques ou films cultes ! *M° Grands Boulevards* 24, Bd Poissonnière 75009 Plein tarif 9€, réduit 7€ www.maxlinder.com

Où aller au théâtre ?

Depuis le XIXᵉ siècle, les Grands Boulevards vibrent au rythme des saisons théâtrales. On se presse toujours sous les lambris dorés de ces salles à l'italienne pour applaudir pièces de boulevard, one-man-show ou classiques remis au goût du jour. **Théâtre des Variétés (plan 10)** *M° Grands Boulevards* 7, bd Montmartre 75002 Rés. tél. 01 42 33 09 92 www.theatre-des-varietes.fr **Théâtre des Nouveautés (plan 10)** *M° Grands Boulevards* 24, bd Poissonnière 75009 Rés. tél. 01 47 70 52 76 www.theatredesnouveautes.com **Théâtre Antoine (plan 11)** *M° Strasbourg-Saint-Denis* 14, bd de Strasbourg 75010 Rés. tél. 01 42 08 77 71 (mar.-sam. 11h-19h) www.theatre-antoine.com **Théâtre du Gymnase (plan 11)** *M° Bonne-Nouvelle* 38, bd de Bonne-Nouvelle 75010 Rés. tél. 01 42 46 79 79 http://theatredugymnase.com **Théâtre de la Porte-Saint-Martin (plan 11)** *M° Strasbourg-Saint-Denis* 16, bd Saint-Martin 75010 Rés. tél. 01 42 08 00 32 www.portestmartin.com **Théâtre de la Renaissance (plan 11)** *M° Strasbourg-Saint-Denis* 20, bd Saint-Martin 75010 Rés. tél. 01 42 08 18 50

Où trouver une programmation éclectique ?

Le Gibus (plan 11). Il y a tout eu dans ce club historique : du rock séminal dans les années 1960, du punk énervé dans les années 1970, du gothique hanté dans les années 1980 et de la techno extasiée depuis les années 1990. La déco a été refaite afin de rendre le lieu un peu moins claustrophobique mais bon, une cave reste une cave et cela fait presque partie de son charme. Plutôt que les quelques soirées revival 1980 qui tentent de capter les trentenaires, on préfère se rendre aux nuits *hardtek* en semaine, qui attirent toute la faune en veste militaire et casquette vissée sur le crâne. Une ambiance de Teknival à deux pas de République ! À noter : le Gibus reçoit chaque année le festival Emergenza d'octobre à avril. Entrée 20€ (avec 1 conso). *M° République* 18, rue Faubourg-du-Temple 75011 Tél. 01 47 00 78 88 www.gibus.fr Ouvert ven.-sam.

Seven to One à la galerie (plan 10). Dans cette salle géante sur plusieurs niveaux se presse le jeudi tout ce que Paris compte de jeunes loups (et louves) de la finance. Pour échanger des secrets d'initiés ou faire des origamis avec des actions Eurotunnel ? Non, juste pour draguer, boire et danser sur un *mix* "tous publics" (tiens un U2 ! tiens un Téléphone !). Le lendemain, tout ce beau monde peut continuer à faire des miracles dans le CAC 40, car la soirée commence tôt et se termine très tôt. Pour prolonger la nuit, rdv dans les clubs voisins (Rex ou Triptyque) mais, attention, on change radicalement de genre. *M° Grands Boulevards* 161, rue Montmartre 75002 Tél. 01 40 26 92 00 www.seven2one.com www.lagalerie-paris.com Ouvert mer.-jeu. 19h-1h

Où écouter du jazz ?

New Morning (plan 11). Ce club, à l'entrée discrète et aux allures de studio, n'en demeure pas moins un lieu mythique. Depuis 1981, s'y sont succédé les plus grands noms du jazz, d'Art Blakey à Dizzie Gillespie, Dexter Gordon, Kenny Clarke ou même Chet Baker... *M° Château d'Eau 7-9, rue des Petites-Écuries 75010 Tél. 01 45 23 51 41 Ouverture 20h Concert 21h www.newmorning.com*

Sur le boulevard de l'électro

Le Rex (plan 11). Bienvenue chez les purs et durs de la techno. Ici le look importe peu, l'âge aussi (disons que ça va de 16 ans à 50 ans) et la déco passe finalement au second plan. Des soirées *drum'n'bass* gratuites du mercredi, au samedi plutôt *tech-house*, en passant par les soirées Automatik du vendredi, tous les soirs se donne là une messe électronique sans concession, pulsée par un son surpuissant. Le meilleur de Paris, dit-on – sans doute avec raison. De Laurent Garnier, dont c'est la seconde maison, à Carl Cox et Jeff Mills, les plus grands DJ du monde sont passés prêcher la bonne parole derrière les platines. Ne vous faites pas prier. Allez recevoir l'eucharistie sonique au centre de la piste. Vous serez plongé dans une bulle de basses et n'en ressortirez peut-être qu'au petit matin. Entrée env. 13€. Bière 6€. *M° Bonne Nouvelle 5, bd Poissonnière 75002 Tél. 01 42 36 10 96 Ouvert mer.-sam. 23h-6h*

Où se retrouver pour un *after* d'*after* ?

☺ **Chez Carmen (plan 10).** Après les apéros, les *before*, les soirées et même après les *after*, il reste quoi ? Le lit ? Pas question ! Ne cherchez pas plus loin. Il reste Chez Carmen et son cortège d'insomniaques déglingués, de soiffards inextinguibles, de fêtards d'un autre monde et de travestis démaquillés qui se cloîtrent là, bien protégés du jour. Le dernier carré irréductible de la vraie nuit sans frou-frou ni clinquant. Le décor avec ses mauvais spots est à pleurer, le juke-box passe de la variété épuisante selon le bon vouloir de la clientèle (non ! pas encore *Les Lacs du Connemara* !) et parfois Carmen fait son repassage derrière le bar... Pourtant on ne voudrait aller nulle part ailleurs. Et surtout pas se coucher. Whisky 8€. *M° Richelieu-Drouot, Grands Boulevards 53, rue Vivienne 75002 Tél. 01 42 36 45 41 Ouvert dim.-jeu. 18h-9h, ven.-sam. 0h-12h Fermé lun.*

Châtelet-Les Halles *plans 11, 16*

**Un quartier qui ne dort pas de la nuit : des bars gays ouverts jusqu'à l'aube et, côté ravitaillement, une profusion de gargottes et restaurants.
À ne pas manquer : Le Tambour sur les coups de 4h du matin...**

Où voir Paris sur grand écran ?

☺ **Forum des images (plan 16).** Cette institution originale conserve plus de 6 500 films consacrés à Paris ou tournés là, que l'on peut visionner à la demande

GÉOADRESSES

SORTIR

sur des postes individuels. Elle assure aussi une programmation éclectique sur grand écran, souvent accompagnée de débats et de rencontres avec des professionnels. Enfin, les festivals qu'elle organise chaque année permettent de découvrir des œuvres du monde entier et de tous les genres (Rencontres internationales de cinéma à Paris, Festival des films gays et lesbiens, etc.). Après d'importants travaux de rénovation, le Forum devrait rouvrir ses portes fin 2008. L'espace agrandi et modernisé accueille un café et sa façade vitrée qui donne sur la Grande galerie des Halles est plus visible. Par ailleurs, l'ensemble des collections a été numérisé dans un souci de conservation. Procurez-vous le programme ! *M° **Les Halles** Grande galerie des Halles 75001 Tél. 01 44 76 63 00 www.forumdesimages.fr*

Où aller au théâtre ?

Théâtre du Châtelet (plan 16). Programmation éclectique et de qualité : opéras, ballets, concerts. Très agréables, les concerts du dimanche matin. *M° **Châtelet** 1, pl. du Châtelet 75001 Rens. et rés. sur place tlj. 11h-19h, par tél. 01 40 28 28 40 www.chatelet-theatre.com Ouvert 10h-19h Fermé sam.-dim. et j. fér.*

Théâtre de la Ville (plan 16). D'excellents spectacles de danse et de théâtre contemporains, concerts de musique classique et du monde. Attention : certains ont lieu au théâtre des Abbesses et au théâtre de la Cité internationale. *M° **Châtelet** 2, pl. du Châtelet 75001 Rens. et rés. sur place mar.-sam. 11h-20h, par tél. 01 42 74 22 77 www.theatredelaville-paris.com Ouvert lun.-sam. 11h-19h*

Où écouter du jazz ?

☺ **Le Baiser salé (plan 16).** Sur cette artère majeure du jazz parisien, cela devient compliqué de trouver un lieu pas (trop) ruineux pour assouvir son besoin de musique. Heureusement que Le Baiser salé est fidèle aux potes depuis plus de 20 ans. Le lundi, les jam-sessions enfiévrées de François Constantin ont le bon goût d'être gratuites. La programmation fait une large place aux jeunes talents de la fusion et de l'afrojazz. Autant d'excellentes raisons de découvrir ce beau lieu façon loft aux briques apparentes en compagnie d'une foule de mélomanes déjà conquise. Entrée 8€-20€. Bière 2,50€ de 17h à 20h30, puis 4,80€. 1ᵉ conso 7€ (quand l'entrée est gratuite). *M° **Châtelet-Les Halles** 58, rue des Lombards 75001 Tél. 01 42 33 37 71 www.lebaisersale.com Ouvert tlj. 17h-6h*

Sunset & Sunside (plan 16). Comme dans les discothèques de vacances, deux salles, deux ambiances ! Honneur aux anciens : le Sunset, au sous-sol, existe depuis plus de 20 ans. Sous un ciel en faïence inspiré des stations de métro y a défilé une belle brochette de légendes (Lockwood et Texier, par exemple). Le programmateur, Stéphane Portet, met un point d'honneur à s'ouvrir aux jeunes talents de l'électro jazz ou de la fusion. Le Sunside, au rez-de-chaussée, occupe une ancienne salle de restaurant tout en longueur (pour 50 pers. à peine) aux murs en brique rouge. Sa couleur musicale se veut plus classique, avec du swing et du be-bop. Attention, en jazz, même les classiques peuvent surprendre ! Entrée gratuite ou jusqu'à 25€ selon le concert. Bière 4,80€. *M° **Châtelet-Les Halles** 60, rue des Lombards 75001 Tél. 01 40 26 46 60 www.sunset-sunside.com Ouvert tlj. 20h-3h*

Où danser sur du R'n'B ?

Les Bains (plan 11). Si l'on avait une ancienne célébrité sous la main, on la forcerait à nous parler de l'âge d'or de ce club mythique, de la façon dont Thierry Ardisson, Prince et les autres lui ont donné ses heures de gloire et de décadence fascinantes dans les années 1980. Mais plus de 20 ans et quelques propriétaires plus tard, il ne reste pas grand-chose des fastes d'antan. Ah si ! la mosaïque de la piste et une politique d'entrée hyper-restrictive, comme si Les Bains étaient encore un lieu important. Bref, difficile d'entrer si l'on n'est pas apparu dans une émission de télé-réalité ou si l'on ne ressemble pas à une star jetable. Chouette ! Une bonne raison pour faire demi-tour et aller dans un lieu plus sympa. **M° Étienne Marcel** 7, rue du Bourg-l'Abbé 75003 Tél. 01 48 87 01 80 www.lesbainsdouches.net Ouvert mar.-dim. 23h30-5h Fermé lun.

Où trouver des bars gays qui dansent ?

☺ **Banana Café (plan 16).** Faisons abstraction des *gogo dancers* en string qui ondulent sur les tables et de cette ambiance *Cage aux folles* qui peut fatiguer. Le vrai bonheur, au Banana, se situe (très) tard dans la nuit et (à peine) sous le niveau de la mer. La grande cave est bercée par des reprises de variétés au piano et peuplée d'irréductibles noctambules enivrés, de quelques travelos harassés et, parfois, des people plongés dans l'anonymat de la nuit. On nous chante du Dalida comme un jazz hanté, et l'idée d'aller se coucher devient un projet insensé. Cocktail 8€. **M° Châtelet-Les Halles** 13-15, rue de la Ferronnerie 75001 Tél. 01 42 33 35 31 Ouvert tlj. 18h-6h

Le Bar du Palmier (plan 16). Il n'y a pas tromperie sur la marchandise. Côté palmiers on est servi : y en a devant, y en a dedans. Et entre les palmiers et la déco baléarique volontairement *cheap*, que trouve-t-on ? Une faune largement gay (mais pas seulement) venue se rassasier de *house* à fond les manettes après la fermeture des autres bars du Marais. Pas très raffiné, mais rudement efficace. On y croise aussi des hétéros bon teint profitant de cette ambiance électrique et déglinguée qui manque à de nombreuses boîtes parisiennes. Pas étonnant, la taulière a lancé les mythiques *afters* KitKat du Palace à la fin des années 1980 ! Cocktail 8€ (4€ en Happy Hour de 18h à 21h). **M° Châtelet-Les Halles** 16, rue des Lombards 75004 Tél. 01 42 78 53 53 www.lepalmier-paris.com Ouvert tlj. 15h-6h

Où se retrouver pour un *after* ?

☺ **Le Tambour (plan 11).** Devant une solide entrecôte et un ballon de côtes-du-rhône, des piliers de comptoir se racontent des exploits imaginaires et un vieux monsieur fait son courrier. On se croirait dans une brasserie à l'heure du déjeuner et pourtant l'horloge ne laisse planer aucun doute : il est 4h. Tellement plus sympathique que les restaurants ouverts 24h/24h, ce havre décoré n'importe comment (tiens une plaque d'égout ! tiens un arrêt de bus !) est précieux. Rejoignez donc l'étrange confrérie des indécrottables noctambules et des patrons de boîte qui viennent lutter contre l'hypoglycémie et les matins blêmes. Demi 3€. **M° Les Halles, Étienne Marcel** 41, rue Montmartre 75002 Tél. 01 42 33 06 90 www. restaurantletambour.com Ouvert dim.-lun. 18h-6h, mar.sam. 12h-15h et 18h-6h

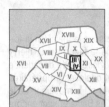

Le Marais

plans 11, 18, 19

Si vous êtes gay, vous avez l'embarras du choix pour prolonger la nuit. En revanche, pour les hétéros qui cherchent l'âme sœur sur une piste de danse… ça se complique. Peut-être un petit café-théâtre à la place ?

Où voir un film argentin ou roumain ?

Le Latina (plan 18). Ce cinéma d'art et d'essai ne projette que des films en langues latines (espagnol, français, italien, portugais et roumain), en VO, bien sûr. Dans le Bistrot latin du 1ᵉʳ étage, on peut déjeuner après le ciné (menu 11€) ou prendre des cours de danse (tango : mer.-ven. 6€, sam. 9€ ; salsa : dim. 8€ ; *sevillana* : lun. 6€), soirées dansantes dès 20h30. Forfait ciné/resto/bal à 16€. **M° Hôtel de Ville** 20, rue du Temple 75004 Tél. 01 42 78 47 86 Bistrot latin Tél. 01 42 77 21 11 www.lelatina.com Ouvert tlj. 12h-16h sauf mar., dim. et ouvert lun., mar., jeu. 19h-1h et ven.-dim. 19h-2h

Où aller au café-théâtre ?

Trois des plus célèbres cafés-théâtres de Paris sont installés dans le Marais. Ces salles ont vu naître des noms de légende, de la troupe du Splendid à Coluche et Jacques Higelin. Au programme : one-man-shows comiques, chansonniers… **Café de la Gare (plan 18)** *M° Rambuteau* 41, rue du Temple (au fond de la cour) 75004 Tél. 01 42 78 52 51 Ouvert tlj. www.cdlg.org **Point-Virgule (plan 19)** *M° Hôtel de Ville* 7, rue Sainte-Croix-de-la-Bretonnerie 75004 Tél. 01 42 78 67 03 www.lepointvirgule.com **Blancs-Manteaux (plan 19)** *M° Hôtel de Ville* 15, rue des Blancs-Manteaux 75004 Tél. 01 48 87 15 84 Billetterie sur place tlj. à partir de 19h www.blancsmanteaux.fr

Où écouter de la musique sacrée ?

Sainte-Chapelle (plan 18). Le cadre magnifique de la chapelle Haute accueille de temps à autre des concerts, de mars à nov. tous les soirs à 19h et 20h30. **M° Cité** 6, bd du Palais 75001 Tél. 01 44 07 12 38 sainte-chapelle@monumentsfrance.fr

Où participer à un bal gay ?

Le Tango (plan 11). "Hétéro *friendly*" : c'est marqué sur la porte. Au-delà de la blague de bon aloi, on est en droit de se demander si cette remarque ne sert pas davantage de pense-bête au videur, particulièrement peu ouvert avec les hétéros justement, que de publicité. Si on n'a pas l'air homo (c'est quoi l'air homo ?), il faut parlementer sans fin pour pouvoir entrer. Dans le cas contraire, on loupera une ambiance pas banale à Paris dans ce décor hors d'âge. Dans une totale décontraction, une foule de gays et de lesbiennes commence par des danses à deux (paso doble, tango…), puis enchaîne sur une surboum tendance Bee Gees et Wham jusqu'à l'aube.

Entrée 7€. Thé dansant le dim. *M° Arts et Métiers* 13, rue au Maire 75003 Tél. 01 42 72 17 78 www.boite-a-frissons.fr Ouvert ven.-sam. et veilles de fêtes 22h30-5h (musette jusqu'à 0h)

Quartier latin

plans 17, 23, 24

Jazzmen fusion et étudiants en surchauffe sont les deux populations nocturnes qui hantent le quartier. Autant dire que tout ça ne se couche pas tôt...

Où aller au cinéma ?

Envie de vous initier au néoréalisme italien avec *Le Voleur de bicyclette* de De Sica, d'être emporté par les sentiments déçus de Bardot et Piccoli dans *Le Mépris* de Godard, de voir enfin toute la série des Doisnel de François Truffaut, de découvrir Monica Vitti dans *L'avventura* d'Antonioni ? Désirs d'amours fleur bleue avec la pétillante Audrey Hepburn dans *Vacances romaines* ou de terribles frissons à la vue de Robert Mitchum dans *La Nuit du chasseur* ? Profitez-en, les nombreux cinémas d'art et essai du Quartier latin multiplient les reprises de classiques, en particulier en été : une occasion rare de les voir sur grand écran ! Dans un autre genre, le studio Galande cultive chaque week-end la légende du *Rocky Horror Picture Show*, cette comédie musicale kitchissime à laquelle des générations de fans vouent un véritable culte. La projection est assortie d'un spectacle dont le principe est simple : tout ce qui se passe sur l'écran se passe dans la salle. Gare aux averses ! Les amateurs de franche (et un peu graveleuse) rigolade seront ravis... *Programme disponible chez tous les marchands de journaux* **Studio Galande (plan 17)** *M°* *Saint-Michel* 42, rue Galande 75005 Tél. 08 92 68 06 24 www.studiogalande.fr Séances Rocky Horror Picture Show les ven. et sam. à 22h10 Tarif 7,80€ Réservation conseillée **Accatone (plan 24)** *M°* *Cluny-La Sorbonne*, RER Luxembourg 20, rue Cujas 75005 Tél. 01 46 33 25 97 **Reflet Médicis (plan 17)** *M°* *Saint-Michel* 3, rue Champollion 75005 Tél. 01 43 54 42 34 **Le Champo (plan 17)** *M°* *Odéon* 51, rue des Écoles 75005 Tél. 01 43 54 51 60 **Action Écoles (plan 24)** *M°* *Maubert-Mutualité* 23, rue des Écoles 75005 Tél. 01 43 25 72 07

Où aller au théâtre ?

Petit théâtre de la Huchette (plan 17). "Chaque fois qu'on sonne, c'est qu'il y a quelqu'un. – Cela est vrai en théorie. Mais dans la réalité, les choses se passent autrement. Tu as bien vu tout à l'heure." La pièce de Ionesco, *La Cantatrice chauve*, n'a rien perdu de sa fraîcheur ! Pour preuve, le Petit théâtre de la Huchette, au cœur du quartier Saint-Séverin, la donne depuis 1957 sans interruption : une véritable institution qui a fêté en 2007 ses 50 ans de représentations ! Si l'on a l'esprit surréaliste, on peut enchaîner, selon la programmation, sur une deuxième pièce de l'auteur, *La Leçon*, tout aussi drôle. Attention, la salle est minuscule (90 places) et ne désemplit pas : il est préférable de réserver. *M°* *Saint-Michel* 23, rue de la Huchette 75005 Tél. 01 43 26 38 99 www.theatrehuchette.com **La Cantatrice chauve**

Tlj. sauf le dim. à 19h Tarif 19€, réduit 14€ (moins de 25 ans) Tarif ville de Paris pour les moins de 26 ans billet 10€ à prendre sur place Tarif pour deux spectacles 29€, réduit 21€ Réservation conseillée

Où écouter du jazz ?

Caveau de la Huchette (plan 17). Si l'on dit "jazz à Paris", on pense évidemment à Saint-Germain-des-Prés et aux caves qui firent sa célébrité après la Libération. Pourtant, ces clubs ont fermé ou s'ils s'adonnent encore au jazz, leur programmation n'atteint plus les sommets d'autrefois. En réalité, c'est le Quartier latin qui cultive toujours cette tradition. Au cœur de Saint-Séverin, le caveau de la Huchette fut le premier club de jazz parisien, ouvert dès l'après-guerre. Dans sa cave du XVIᵉ siècle, il accueille chaque soir un orchestre et, à la suite de Sidney Bechet, Lionel Hampton, Nancy Holloway et Al Gray, parfois de véritables stars. Tout pour swinguer ! *Mᵒ Saint-Michel 5, rue de la Huchette 75005 Tél. 01 43 26 65 05 www.caveaudelahuchette.fr Ouvert tlj. dès 21h30 Dim.-jeu. 11€, ven.-sam. 13€, réduit tlj. 9€ (moins de 25 ans), conso à partir de 4,50€*

Le Petit Journal (plan 23). Face au jardin du Luxembourg, sa cave voûtée ne rappelle pas moins le Saint-Germain-des-Prés des années 1950, même si elle a été inaugurée en 1971. Sa spécialité, qui lui a valu un certain renom, c'est le jazz Nouvelle-Orléans. Le clarinettiste Claude Luter, Jean-Marie Hurel et ses Fidgety Feet ou Marcel Zanini et Claude Tissendier s'y produisent régulièrement… Deux menus (cuisine traditionnelle française) à 45€ ou 50€, ou 17€ l'entrée avec une conso (non alcoolisée). *Mᵒ Saint-Michel 71, bd Saint-Michel 75005 Tél. 01 43 26 28 59 www.petitjournalsaintmichel.com Ouvert tous les soirs 20h-1h30*

Où guincher sous le ciel de Paris ?

☺ **Jardin Tino-Rossi (plan 24).** Au pied de l'Institut du Monde arabe, dès les beaux jours venus, c'est l'effervescence ! Tout a commencé il y a une dizaine d'années, quand une poignée de danseurs ont choisi de s'y réunir pour assouvir leur passion en plein air. À force d'attirer les amateurs, l'endroit est devenu l'un des hauts lieux des soirs d'été parisiens ! Dans chacune des petites arènes qui ont été aménagées juste au bord de l'eau, on peut danser au choix le tango, la salsa, le rock, la capoeira, la samba et même du folklore breton ou flamand ! Tout cela est complètement improvisé, l'ambiance est très conviviale et le spectacle des danseurs se détachant sur le reflet des lampions sur la Seine est d'un charme fou… *Mᵒ Jussieu Sur le quai Saint-Bernard 75005 Accès libre tous les soirs en été de 21h jusqu'à 0h, voire 2h-3h du matin et les sam.-dim. a.-m.*

Où prendre un cocktail tardif ?

Le Crocodile (plan 24). Les premiers à se désaltérer dans ce bar jaune de nicotine ont été quelques rebelles chevelus, épuisés de lancer des pavés sur les CRS. C'était en mai 68. Depuis, les étudiants se sont bien assagis, mais ils ont toujours aussi soif et viennent encore au Crocodile pour s'en jeter un. Entre ces augustes murs bruns, on se fiche un peu de la déco, on fait dans le cocktail et rien que le cocktail. Il y en a plus de 300 à la carte, il suffit de noter leurs noms étranges sur un papier et de passer celui-ci au barman qui travaille à la vitesse de la lumière. Les places sont tellement serrées que vous finirez bien par raconter des histoires à votre voisin. Révisez vos anecdotes sur mai 68… ou mai 86. Cocktail 6€ (avant 0h), 9€. *Mᵒ Cluny-La Sorbonne*, *RER Luxembourg 6, rue Royer-Collard 75005 Tél. 01 43 54 32 37 www.lecrocodile.fr Ouvert lun.-sam. 22h-5h*

Le Shywawa (plan 17). À deux pas de la Seine, les bars de nuit abondent. Raison de plus pour choisir le bon. Évitez le Polly Magoo qui a perdu son âme en même temps que sa salle historique, et allez donc dans ce Shywawa qui, pas chien, ferme vaillamment aux lueurs de l'aube. Il faut juste essayer d'oublier une musique (funk-rock) vraiment très forte et l'omniprésence des télés. Sinon, le mélange d'Américains en goguette et de Parisiens en perdition fonctionne plutôt bien, les cocktails à la bière sont originaux, et la déco à base d'anciennes réclames et de phrases de Guitry change agréablement. Et puis, assister au lever du jour sur Notre-Dame, c'est quelque chose ! Cocktail 8,50€-12€. *Mᵒ Saint-Michel 7, rue du Petit-Pont 75005 Tél. 01 46 33 16 76 Ouvert lun.-mar. 17h-5h, mer.-ven. 13h-6 et dim. 13h-5h Fermé sam.*

Où danser ?

Le Pop Corner (plan 17). Au cœur du 5ᵉ ultrachic, entre anciens appartements présidentiels et nouvelles galeries d'art, derrière une façade minuscule, on trouve ce bar étrange et inattendu. Dans une salle qui ressemble à un bazar de plage (une bouée, des lampes multicolores, du mobilier de récup') officient des patrons à la dégaine de surfeurs, à l'accent du Sud et à la sympathie communicative. D'ailleurs, la brochette d'habitués est bien à l'image du lieu : cool et de bonne humeur. Le weekend, les tauliers ouvrent la petite cave noyée sous les spots pour faire danser jusqu'à l'aube les clients (plutôt jeunes) sur un mix de reggae et de funk imparable. Une pépite dans ce quartier. Demi 3€. Cocktail 5€-7€. *Mᵒ Maubert-Mutualité 16, rue des Bernardins 75005 Tél. 01 44 07 12 47 Ouvert mar.-jeu. 17h-2h, ven.-sam. 17h-4h*

Saint-Germain-des-Prés

plans 14, 15

Quand les Deux Magots ferment boutique, que reste-t-il à Saint-Germain ? Quelques lieux fort recommandables, disséminés çà et là… N'oubliez pas qu'en cas de match de rugby, c'est dans le coin de la rue Princesse que ça se passe.

Où aller au cinéma ?

☺ **La Pagode (plan 15).** Un toit japonais pointe entre les immeubles paisibles du quartier Vaneau. Ce pavillon insolite fut construit en 1895, en pleine mode japonisante, par un directeur du Bon Marché qui l'offrit à son épouse. L'architecture respecte strictement les traditions asiatiques – les boiseries sculptées de la charpente viennent directement du Japon. Depuis 1931, La Pagode abrite un cinéma : les premiers films de Renoir, Delluc, Buñuel, Cocteau et de la nouvelle vague y furent projetés. Elle fut, de 1950 à 1970, une salle d'art et essai réputée. Restaurée récemment, La Pagode est toujours un lieu culte pour les cinéphiles. Un petit salon de thé est aménagé dans le jardin, entre les saules, les fontaines et les lions de pierre couverts de mousse. *M° Saint-François-Xavier 57bis, rue de Babylone 75007 Tél. 01 45 55 48 48 Ouvert aux horaires de projections*

Où aller au théâtre ?

Théâtre du Vieux-Colombier (plan 15). Il fut fondé en 1913 par Jacques Copeau puis repris par Louis Jouvet, et un temps par Sartre qui y créa *Huis clos*, et depuis 1993 par la Comédie-Française, qui a retrouvé grâce à cette seconde salle la rive gauche de sa jeunesse. Malgré des mises en scène encore souvent classiques, la réputation des comédiens du Français n'est plus à faire : c'est là un beau moyen pour découvrir le répertoire. *M° Saint-Sulpice 21, rue du Vieux-Colombier 75006 Tél. 01 44 39 87 00 www.theatreduvieuxcolombier.com Programme et locations par tél. ou sur place Ouvert mar.-sam. 11h-19h et dim.-lun. 13h-19h*

☺ **Théâtre de l'Odéon (plan 15).** De 1959 à 1968 sa salle à l'italienne renoua avec le prestige en ayant pour directeur Jean-Louis Barrault. Aujourd'hui, sous la tutelle directe du ministère de la Culture, le théâtre accueille des metteurs en scène de grand renom pour des créations qui font souvent l'événement de la saison culturelle parisienne. Procurez-vous le programme ! *M° Odéon 1, pl. Paul-Claudel 75006 Tél. 01 44 85 40 40 www.theatre-odeon.fr Locations par tél. lun.-sam. 11h-18h30*

Où croiser des people...

Chez Castel (plan 14). Revêtez vos plus beaux atours et vos chaussures cirées, coiffez-vous bien. Mieux que ça : appelez votre cousin célèbre. Voilà. Vous allez – peut-être – pouvoir entrer dans ce classique des classiques de la nuit parisienne. On ne dirait pas comme ça, mais sa porte s'est bien entrouverte. Avant, il fallait être parrainé pour pouvoir accéder au droit de payer pour devenir membre. Tout un parcours ! Une fois à l'intérieur, vous allez retrouver tout ce que Paris compte de demistars (des gens de télé, de vieux chanteurs, de vieux-jeunes écrivains), de banquiers en complet et de lolitas aux nombrils à l'air. Un monde fou, une déco en velours qu'on imagine rachetée au Lyon's Club de Bergerac, et un DJ qui passe le meilleur des années 1980 dans des volutes de cigares. Bref, si vous n'entrez pas, ce n'est pas si grave. Cocktail 16€. *M° Mabillon 15, rue Princesse 75006 Tél. 01 40 51 52 80 Ouvert mar.-sam. 21h-6h*

... ou la *hype* ?

Bateau Concorde Atlantique (plan 15). Les beaux jours venus, le Parisien attend impatiemment la réouverture de la terrasse de cette péniche, véritable emblème flottant de la nuit. Tout ce que la capitale compte de jeunes branchés en goguette et de noctambules au pied (plus ou moins) marin vient danser ici à l'air libre. Rendez-vous à ne pas manquer : les soirées estivales (mi-mai-fin sept.), *Respect* dédiée à la *house* de qualité (les DJ invités sont toujours des pointures) et *Discoblue* dédiée à la musique disco tous les vendredis ; les soirées hivernales (oct.-mai), comme *Family* dédiée à une musique plus généraliste le 3ᵉ samedi du mois ; enfin les Terrassa, brunchs dominicaux où les *clubbers* sortis d'*after* continuent leur marathon. Hors saison, comme dans toutes les stations balnéaires, l'ambiance tombe d'un cran. *M°* **Assemblée nationale** *Face au 8, quai Anatole-France, port Solferino 75007 Tél. 01 47 05 71 03 Ouvert mar.-sam. 23h-6h, dim. dès 16h (l'été), ven.-sam. 22h-5h (l'hiver) Tarif entrée 10€ (conso 7€-15€)*

Pour les amateurs de funk...

Le Wagg (plan 14). Ça y est ! Le Wagg (l'ancien Whisky à gogo des années 1960) a enfin trouvé sa place dans le monde encombré des clubs parisiens. Finalement, il y avait vraiment trop de concurrence sur la rive droite dans le domaine de l'électro, et c'est par le bon vieux funk des familles que cette boîte a gagné sa clientèle et son ambiance. Ainsi les soirées Car Wash du vendredi font-elles le plein dans cette belle cave voûtée : beaucoup de jeunes découvrent les bienfaits de Motown aux côtés de quelques vénérables anciens descendus de la Mezzanine de l'Alcazar, juste au-dessus. Ça rigole, ça ondule et ça drague au rythme des grosses basses des maîtres du funk. Un mélange festif et bon enfant qui fait plaisir à voir. Entrée 12€ (avec conso). Gratuit le jeu. avant 0h Cocktail 12€. *M°* **Odéon** *62, rue Mazarine 75006 Tél. 01 55 42 22 01 www.wagg.fr Ouvert jeu.-sam. 23h30-6h, dim. 17h-0h*

... de rythmes latinos

Don Carlos (plan 14). Parfois, même si l'idée d'aller se coucher n'effleure personne, on n'a pas envie de s'assourdir de musique dans un club surpeuplé. Juste le désir à peine formulé de se laisser bercer par les feulements d'une guitare andalouse et les roucoulades rauques de son propriétaire, tout en échafaudant des projets d'avenir avec sa moitié. Dans une ambiance à cheval entre l'opérette mexicaine (pour le décor, très Luis Mariano) et les films de David Lynch (pour la dégaine des vieux musiciens latinos, imperturbables à 5h du matin), le Don Carlos reste unique dans la capitale. Dans les années 1960, le tout-Paris venait y faire la bringue avec le proprio (le fameux Don Carlos). Aujourd'hui, sa fille a repris le flambeau et les souvenirs de cette gloire passée hantent les murs ajoutant encore au cachet de ce lieu improbable. Cocktail 10€. *M°* **Mabillon** *66, rue Mazarine 75006 Tél. 01 43 54 53 17 Ouvert mar.-sam. 21h-5h*

... ou de rock !

New Riverside (plan 14). Rock rock rock ! Assez de la techno, ce chant de machines, froid et impersonnel, ou des jérémiades fatigantes du R'n'B ! Vous voulez de la guitare, des chanteurs échevelés et des refrains à brailler en mouillant votre tee-shirt ? Il faut reconnaître que ça se fait rare. Heureusement, le New Riverside tient bon. Une belle cave, un accueil à l'ancienne, un public très estudiantin, fanatique de Deep Purple et de Placebo, un DJ qui passe simplement les disques les uns après les autres. Bref, tout ce qu'il vous faut. Un bain de jouvence de simplicité. Même si les baskets ont remplacé les santiags, cette recette efficace dure depuis trente-six ans. Pas de raison de changer ! Entrée 12€-15€. *M°* **Odéon** *7, rue Grégoire-de-Tours 75006 Tél. 01 43 54 46 33 Ouvert mar.-sam. 23h-5h*

Le Cavern (plan 14). À Saint-Germain, les mesures antibruit, les voisins sour-cilleux et le bug de l'an 2000 n'y ont rien fait. On continue à swinguer jusqu'à l'aube dans les caveaux comme s'il n'y avait pas de lendemain. Ça vient peut-être de la nature du sous-sol, allez savoir. Beau représentant de la vigueur insomniaque du coin : Le Cavern. Autant la salle au niveau de la rue se montre calme, voire lymphatique, autant dans la cave noyée de spots, ça déménage. Il s'y organise des concerts (ven.-sam. 22h30-2h) de rock ou jazz donnés par de – plus ou moins – jeunes espoirs : jam-session à partir de 22h les mercredi et jeudi. Un DJ prend la suite jusqu'au matin le week-end pour la petite foule d'étudiants qui vient se défouler. Le rhum arrangé est bon, l'entrée gratuite et l'idée d'aller dormir saugrenue. Pinte 7€ (en bas), 6€ (en haut). *M° Odéon 21, rue Dauphine 75006 Tél. 01 43 54 53 82 Ouvert mar.-jeu. 19h-2h, ven.-sam. 19h-5h Fermé 3 sem. en août*

Où prendre un cocktail tardif ?

Le Bar (plan 15). Certains l'appellent Le Bar noir, d'autres "Tes yeux", rapport à la pierre gravée sur le seuil. En vrai c'est Le Bar tout court et voilà un peu le secret le mieux gardé du 6e. Derrière cette devanture qui fait penser à un lieu de débauche on trouve un rade de nuit unique et improbable tenu de main de maître par Patrick, le taulier gouailleur. À coups de cocktails détonants, il a su fidéliser dans son cocon orientalisant aussi bien les fils de ministres que les sénateurs en vadrouille ou les policiers en civil ! Voilà. Parfait aussi bien pour un verre en tête à tête que pour refaire le monde avec un syndicaliste en goguette. Cocktail 9€. *M° Odéon 27, rue de Condé 75006 Tél. 01 43 29 06 61 Ouvert lun.-sam. 21h-4h*

Champs-Élysées

plans 5, 6, 8

Depuis quelques années, les Champs sont redevenus la destination de plusieurs tribus de *clubbers* : le Baron pour la *hype*, le VIP pour les fans de la Star Ac', le Queen pour les jeunes nostalgiques.

Où aller au cinéma ?

☺ **Le Balzac (plan 6).** À rebours des autres salles des Champs-Élysées, Le Balzac cultive sa différence. Dès 1935, il fait fureur en projetant les premiers films américains en France. Après la guerre, il devient l'un des temples du septième art à Paris. Alors que, chassés par les loyers prohibitifs, les cinémas ferment les uns après les autres dans la grande avenue, il se distingue par une programmation personnelle qui privilégie le cinéma d'auteur. *M° George V 1, rue Balzac 75008 Tél. 08 92 68 31 23*

Cinéma Mac-Mahon (plan 5). Ils sont nombreux à s'être assis dans cette salle pour découvrir à la Libération les films américains censurés sous l'Occupation. La magie opère toujours sous sa voûte étoilée. Fred Astaire, Gene Kelly, Ernst Lubitsch, Cary Grant, Audrey Hepburn… sont des noms qui reviennent régulièrement à l'affiche. *M° Charles de Gaulle-Étoile 5, av. Mac-Mahon 75017 Tél. 01 43 80 24 81*

GEOADRESSES

SORTIR

Où aller au théâtre ?

Espace Cardin (plan 8). Acquis par le grand couturier, il ouvre son espace aussi bien au théâtre, au cinéma qu'à l'art contemporain. *Mᵒ Concorde* 1, av. Gabriel 75008 Tél. 01 44 56 02 02 www.pierrecardin.com

Théâtre Marigny (plan 8). Situé en lisière des jardins de l'Élysée, il se porte plutôt bien. Dirigé par Robert Hossein, autrefois par Elvire Popesco, il offre une programmation grand public qui remporte un vrai succès. *Mᵒ Champs-Élysées-Clemenceau, Franklin D. Roosevelt* Carré Marigny Av. de Marigny 75008 Tél. 01 53 96 70 30 www.theatremarigny.fr

Théâtre du Rond-Point (plan 6). Voisin du précédent, plane encore sur ce théâtre l'ombre tutélaire du couple Renaud-Barrault et d'Elvire Popesco. Son directeur actuel, Jean-Michel Ribes, convoque des pièces contemporaines jouées par des acteurs au talent confirmé. *Mᵒ Franklin D. Roosevelt, Champs-Élysées-Clemenceau* 2bis, av. Franklin-D.-Roosevelt 75008 Tél. 01 44 95 98 00 www.theatredurondpoint.fr

Théâtre national de Chaillot (plan 5). "Faire partager au plus grand nombre ce que l'on a cru devoir réserver jusqu'ici à une élite", telle est l'ambition de Jean Vilar quand il reprend le TNP (Théâtre national populaire) fondé en 1920 par Firmin Gémier. Sous sa direction, le futur Théâtre national de Chaillot connaît sa période la plus faste, grâce à une pléiade d'acteurs prestigieux : Gérard Philipe, Germaine Montero, Monique Chaumette, Maria Casarès, Silvia Monfort, Jean Le Poulain, Charles Denner, Philippe Noiret ou encore Philippe Avron. Excusez du peu ! Grâce aussi à la mise en œuvre de tarifs réduits, de matinées pour les scolaires, afin d'inciter toutes les classes sociales à fréquenter cette institution culturelle assez fermée. Après lui se succéderont de grands noms du monde du spectacle comme Jack Lang, Antoine Vitez ou Jérôme Savary, qui a cédé sa place en 2000 à Ariel Goldenberg. L'ancien théâtre de Jean Vilar s'attache à présenter à chaque saison une programmation ambitieuse et variée. *Mᵒ Trocadéro* 1, pl. du Trocadéro 75016 Tél. 01 53 65 30 04 www.theatre-chaillot.fr

Théâtre du Ranelagh (plan 5). Dans son salon de musique en chêne sculpté du XIXᵉ siècle, il a accueilli *L'Or du Rhin* de Wagner pour une première, puis un cinéma d'art et essai. Aujourd'hui, il alterne pièces de théâtre et spectacles vivants. *Mᵒ La Muette, Passy*, RER Boulainvilliers 5, rue des Vignes 75016 Tél. 01 42 88 64 44 Fax 01 42 30 81 19 www.theatre-ranelagh.com

Comédie et Studio des Champs-Élysées (plan 6). Louis Jouvet y joua *Knock* de Jules Romains en 1923 avant de prendre la direction du théâtre. Après la guerre, les pièces de Jean Anouilh remporteront un grand succès. Sur les traces de ses prédécesseurs, Michel Fagadau, le directeur actuel, opte depuis son arrivée en 1994 pour une programmation soignée qui a la faveur du public. *Mᵒ Alma-Marceau* 15, av. Montaigne 75008 Tél. 01 53 23 99 19 www.comediedeschampselysees.com

Où assister à une revue parisienne ?

Les girls du Crazy Horse et du Lido offrent ici des spectacles pleins de lumière, de plumes et de paillettes, dans leurs costumes dénudés. Leurs shows très professionnels sont la clé de leur éternel succès. **Crazy Horse (plan 6)** *Mᵒ Alma-Marceau* 12, av. George-V 75008 Tél. 01 47 23 32 32 *www.lecrazyhorseparis.com* **Lido (plan 6)** *Mᵒ George V* 116bis, av. des Champs-Élysées 75008 Tél. 01 40 76 56 10 *www.lido.fr Label Tourisme & Handicap*

Où assister à un concert de musique classique ?

Théâtre des Champs-Élysées (plan 6). Pour beaucoup, il n'y a pas à Paris de meilleure salle que le théâtre des Champs-Élysées pour assister à un concert. Des artistes de renom sont régulièrement à l'affiche. Décrit par Marcel Proust comme un "vrai temple de la musique, de l'architecture et de la peinture", ce théâtre inauguré en 1913 est issu d'une collaboration fructueuse des frères Perret avec le sculpteur Antoine Bourdelle et le peintre nabi Maurice Denis. Dédié à la danse et à la musique, il entame sa longue carrière avec le scandale provoqué par la création du *Sacre du printemps* de Stravinski, avec Nijinski, qui bouscule les conventions de la danse. Une pléiade d'artistes prestigieux se sont illustrés dans ce lieu : les Ballets russes de Diaghilev, la troupe de Maurice Béjart… La grande salle décorée par Maurice Denis est désormais consacrée aux concerts symphoniques et aux représentations lyriques. Claude Debussy, Karl Boehm, Pierre Boulez, William Christie y ont dirigé. *Mᵒ Alma-Marceau* 15, av. Montaigne 75008 Tél. 01 49 52 50 50 *www.theatrechampselysees.fr*

Salle Gaveau (plan 8). Après son classement par les Monuments historiques en 1992 et une restauration réussie, la salle de concert a retrouvé son lustre d'antan. Le programme s'ouvre à des genres variés avec une préférence notable pour le piano et la musique de chambre. *Mᵒ Miromesnil* 45, rue La Boétie 75008 Tél. 01 49 53 05 07 *www.sallegaveau.com*

Salle Pleyel (plan 5). Restaurée et dépouillée d'ajouts superficiels qui avaient mis à mal son style des années 1920, elle accueille de nouveau depuis 2006 des orchestres symphoniques du monde entier et l'orchestre de Paris y a sa résidence permanente. Ce bijou Art déco a également retrouvé une acoustique parfaite. *Mᵒ Ternes* 252, rue du Faubourg-Saint-Honoré 75008 Rés. tél. 01 42 56 13 13 *(tlj. 11h-19h, dim. 17h), aux guichets : lun.-sam. 12h-19h (20h les soirs de concert), dim. ouverture 2h avant le concert www.sallepleyel.fr*

Où écouter du jazz ?

Jazz-Club Lionel Hampton (plan 1). Il ouvre ses portes tous les soirs à l'hôtel Méridien de la porte Maillot. Un classique du jazz traditionnel. *Mᵒ Porte Maillot* 81, bd Gouvion-Saint-Cyr 75017 Tél. 01 40 68 30 42 *Ouvert 22h30-2h*

Où croiser des *people* ?

Le Mathis Bar (plan 6). Comme dans tous les vrais repaires de stars, il est très difficile d'entrer dans ce petit bar d'hôtel de luxe. Si vous arrivez bien habillé et en compagnie d'Édouard Baer ou de Monica Belluci, vous avez plus de chance qu'avec votre bande de copains en jogging. On tient à la tranquillité des prestigieux noctambules qui aiment vider des coupes jusqu'à tard dans cette minuscule bonbonnière en velours carmin et moulures dorées. Le patron veille à ce que nul ne vienne importuner les célébrités. Magie du lieu : même après une nuit à se déhancher en boîte, on se sent presque classe devant son ultime verre de whisky, en train de hocher la tête sur le rythme de la bande-son très années 1980. Cocktail 15€. *M° Saint-Philippe du Roule, Franklin D. Roosevelt* Borne taxi Rond-point des Champs-Élysées : 01 42 56 29 00 *3, rue de Ponthieu 75008 Tél. 01 53 76 01 62 Ouvert lun.-sam. à partir de 22h*

VIP Room (plan 6). Verre de thé à la main et sourire permanent sur un visage toujours bronzé, Jean Roch règne sur le "Vipe", sa cantine à stars, avec une efficacité redoutable. Il ne se passe pas une semaine sans qu'un lancement de produit de luxe ou une fête pour happy few ait lieu dans son petit club des Champs-Élysées. Cette concentration de stars de la télé-réalité ou d'anciens chanteurs de variétés attire immanquablement les très jeunes noctambules, éblouis par les feux de la rampe et assourdis par la *house* au kilomètre qu'assènent les DJ. Pour passer la porte, mettez-vous du gel dans les cheveux et sortez votre jean Dolce&Gabbana. Dommage que la décoration façon peau de panthère ait disparu ; elle donnait un ton kitsch assez amusant à ce lieu qui manque singulièrement d'humour. *M° George V Borne taxi Place de l'Étoile : 01 43 80 01 99, rond-point des Champs-Élysées : 01 42 56 29 00 78, av. des Champs-Élysées 75008 Tél. 01 56 69 16 66 Ouvert dim.-jeu. 0h-4h30, ven.-sam. 0h-5h30*

Le Baron (plan 6). Les voies des branchés sont parfois impénétrables. Rouvert en 2004, cet ancien bar à hôtesses pour VRP est devenu en quelques mois l'endroit où se pressent en rangs serrés tout ce que Paris compte de prescripteurs de tendances, de dandies décalés et de noctambules infatigables. Bref, *the place to be*. Pour passer la barrière du physionomiste, essayez d'arriver avec quelques mannequins au bras et surtout soignez votre look. Vous avez un complet *seventies* acheté aux puces avec une coupe de cheveux déstructurée de chez Tony & Guy ? Ça devrait marcher. Une fois à l'intérieur, profitez de cette ambiance kitsch où le DJ enchaîne Kate Bush et AC-DC sous le dais des rideaux argentés. Combien de temps durera l'engouement ? Entrée libre. Consommation 15€. *M° Alma-Marceau Borne taxi Alma-Marceau : 01 40 70 96 04 6, av. Marceau 75008 Tél. 01 47 20 04 01 www.clublebaron.com Ouvert tlj. 23h-6h*

Où se déhancher sur de la *house* ?

Le Mandala Ray (plan 6). Difficile de ne pas s'imaginer dans un film sur les gangs de Macao dans cet immense bar pseudo-asiatique. Le bois sombre, les panneaux laqués, les clients aux costumes très chers dégustant des sushis : on se croirait dans la scène d'ouverture d'*Indiana Jones 2*. Pour profiter pleinement du tableau il faut mettre ses plus beaux habits et tenter d'atteindre la mezzanine, là où se terrent les stars. Le samedi on échange l'ambiance feutrée pour VIP en goguette contre de grosses soirées *house* qui attirent de nombreux jeunes gens. Entrée 20€. Consommation 12€. *M° Franklin D. Roosevelt 32, rue Marbeuf 75008 Tél. 01 56 88 36 36 www.mandalaray.com Ouvert tlj. Restaurant : 19h-0h Club : mar.-mer. 0h-2h, jeu.-dim. 0h-5h30*

Le Madam (plan 6). Dans la famille des petites boîtes chic et gratuites je demande Le Madam… Ouvert à la rentrée 2005, ce club au format de poche se veut moins second degré décadent que Le Baron mais plus pointu que le fade Milliardaire. On a ainsi droit le jeudi à des concerts électro jazz où se mêlent DJ et musiciens pour des bœufs, rares dans le quartier. L'originalité s'arrête (comme partout) le week-end avec une programmation qui bascule dans la *house* commerciale et efficace. Malheureusement, pour espérer pénétrer dans cette bonbonnière gris perle, il faut plaire au videur, c'est-à-dire ressembler impérativement aux cadres dynamiques du 8e qui s'encanaillent : chemise blanche ouverte pour monsieur avec à son bras une jeune fille en bottes de marque… Au fond, rien de vraiment neuf dans le triangle d'or parisien. Consommation à partir de 12€. *M° George V 128, rue La Boétie 75008 www.madam.fr Ouvert mer.-sam à partir de 23h Entrée libre*

Queen (plan 6). Que de tourmente autour de la boîte emblématique des débuts de la *french touch* ! D'abord, le club tente de négocier un changement brutal de public. L'âge d'or des soirées *Respect* et des lundis soirs est maintenant loin derrière. Les fêtes échevelées des années 1990 peuplées de gays surexcités ont fait place à un *clubbing* plus hétéro, plus jeune, plus calme et finalement moins rigolo. Le Queen est devenu une grosse boîte comme les autres. Ensuite le risque d'une expulsion plane après plus de douze ans de bons et loyaux services. Il ne faut pas vendre si vite la peau de la reine. Il est de bon ton de se tenir au courant des soirées, car, régulièrement, des pointures internationales viennent profiter du son puissant et redonner du lustre et de l'énergie à la majesté des Champs. Entrée de 15€ à 20€. Consommation 12€. *M° George V Borne taxi Place de l'Étoile : 01 43 80 01 99 102, av. des Champs-Élysées 75008 Tél. 01 53 89 08 90 www.queen.fr Ouvert lun. et mer. 23h-6h, jeu. 23h30-6h, mar. et ven.-dim. 0h-6h*

Maxim's (plan 8). Sans doute pour de stupides histoires de finances, Maxim's, haut lieu du chic parisien un peu clinquant, s'ouvre désormais tous les samedis aux fêtes pour roturiers. Comme on ne bouleverse pas tout d'un coup une telle institution, il reste impératif de se présenter un peu beau (au choix : très classique ou très original), pour espérer pouvoir danser dans les magnifiques et labyrinthiques salons de ce lieu prestigieux, tout en boiseries et velours. De nombreuses stars de la mode et du cinéma viennent s'amuser ici. La musique ? De la *house* de qualité. Mention spéciale au service toujours onctueux et efficace, comme il sied à cet endroit mythique. Que les autres boîtes en prennent de la graine ! Entrée 20€. Consommation 15€. *M° Concorde Borne taxi Madeleine : 01 42 65 00 00 3, rue Royale 75008 Tél. 01 42 65 27 94 Ouvert le sam. jusqu'à 5h30*

Régine's Club (plan 6). La reine de la nuit n'a laissé que son nom à cet établissement délicieusement rétro. Les nouveaux patrons n'ont quasiment rien changé à la déco style 1970 avec miroirs partout, murs rouges et banquettes en velours. La soirée la plus drôle dans ce temple du kitsch BCBG demeure sans conteste le "Bonheur des dames" du jeudi soir. Les filles, plutôt serre-tête que string apparent, entrent gratuitement, profitent d'un *open bar*, d'un buffet et, cerise sur le gâteau, assistent à un spectacle de strip-tease masculin. Un peu plus tard dans la soirée, les garçons, plutôt chemise et petit pull que jogging, peuvent rejoindre l'assemblée féminine chauffée à blanc pour danser sur un mix tous publics. Étonnant. Entrée libre. *M° Franklin D. Roosevelt, George V Borne taxi Rond-point des Champs-Élysées :*

01 42 56 29 00 49-51, rue de Ponthieu 75008 Tél. 01 43 59 21 13 Ouvert jeu.-sam. et veilles de fêtes 23h-6h

Pour du strip-tease chic

Pink Paradise (plan 6). En 2002, les Guetta ont voulu lancer la mode du strip-tease chic. Résultat : ils ont ouvert ce petit club dans les profondeurs de la rue de Ponthieu. Il a un peu des airs de bunker classe, avec son intérieur gris tout en angles et ses lumières chiches. On sent qu'on n'est pas ici pour rigoler. Quand les filles vont danser sur la petite piste centrale, pas de sifflements à la Tex Avery : la retenue polie de l'homme d'affaires est de rigueur. Comme d'habitude dans ce genre d'endroit, vous pourrez profiter contre une coquette somme d'une danse personnelle derrière les rideaux de perles des salons privés. Mais le vrai succès a lieu durant l'*after* du week-end, où des noctambules plus classiques remplacent les danseuses et prennent d'assaut la piste sur une sélection très R'n'B et *house*. Entrée 25€ (avec 1 conso). Conso 20€. Danse 30€. *Mᵒ Franklin D. Roosevelt Borne taxi Rond-Point des Champs-Élysées : 01 42 56 29 00 49-51, rue Ponthieu 75008 Tél. 01 58 36 19 20 www.pinkparadise.fr Ouvert ven.-sam. 4h-7h*

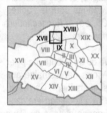

Pigalle

plans 1, 2, 3

Entre les bars de nuit chicos et les clubs déglingués, l'insomniaque a de quoi s'occuper à Pigalle sans avoir à sombrer dans les bars à hôtesses.

Autour de Pigalle

Où passer de "grosses" soirées ?

La Loco (plan 2). On ne dit plus La Locomotive, mais à part cette nuance sémantique, rien n'a vraiment changé dans ce club gigantesque qui attire depuis des années des foules de jeunes fêtards. On y danse depuis 1960 et la nouvelle installation sur plus de 2 000m² date de 1986. C'est ici même qu'eut lieu, en 1988, l'une des premières soirées *house* de la capitale. Autant dire une institution sur des rails, sans faire de mauvais jeux de mots. Selon les jours, la couleur musicale va du rock gothique noir au zouk chamarré. Entre les 3 pistes de danse, vous trouverez forcément votre bonheur, à condition d'accepter de danser au milieu d'une foule très dense et plutôt très jeune. On peut juste regretter que le physionomiste et les videurs soient vraiment désagréables. Entrée en semaine 12€ (sans conso), 14€ (avec 1 conso), 19€ (avec 2 consos), dim. gratuit pour les filles jusqu'à 1h Conso 9€. *Mᵉ Blanche 90, bd de Clichy 75018 Tél. 01 53 41 88 89 www.laloco.com Ouvert tlj. 23h-6h*

L'Élysée Montmartre (plan 3). Cette salle n'est pas tout à fait aussi vieille que Pigalle, mais presque. Au xixᵉ s., on y donna des bals. Au xxᵉ s., des combats de boxe, puis des concerts de rock. Au xxiᵉ s., la musique électronique s'y installe régulièrement pour des soirées d'anthologie. Les plus courues sont les *Paniks* mensuelles, qui proposent toujours un plateau de DJ aux petits oignons. Débouler pour la première fois dans ce vaste espace rempli à craquer de danseurs extatiques fait toujours son effet ! Dans un tout autre genre, cela fait une dizaine d'années que le bal de l'Élysée – presque une institution ! – propose de danser sur des reprises de classiques de la variété revus par un orchestre déglingué. *M° Anvers 72, bd de Rochechouart 75018 Tél. 01 44 92 45 36 www.elyseemontmartre.com*

Où prendre des verres nocturnes ?

Le Couloir (plan 3). Certains lieux doivent pousser aux horaires atypiques. Avant nichait ici Le Trou gaulois, un bar pour rockers insomniaques. Désormais, c'est Le Couloir. La *house* a remplacé les tubes de La Mano Negra et les *clubbers* en goguette entre deux soirées techno, les blousons en cuir. Mais cela reste un lieu pour noctambules. La preuve ? La *happy hour* dure jusqu'à minuit et la maison ferme à l'aube. Fabrice, le patron, qui fait aussi office de portier, adore cette ambiance un peu interlope, typique de Pigalle, ce mélange de travestis en promenade, de danseurs à la recherche d'une *after* et de piliers de bar qui veulent juste un autre verre pour continuer de parler de leur quartier. Après quelques rhums arrangés, si vous le demandez gentiment, il y a même moyen de récupérer des invitations pour les boîtes voisines. Demi 3€ (2€ avant 0h). *M° Pigalle, Anvers 108, bd de Rochechouart 75018 Tél. 01 42 64 08 14 ou 06 08 43 51 36 Ouvert mar.-sam. 22h-6h*

Aux noctambules (plan 3). Ah, Pierre Carré ! Qu'il pleuve ou qu'il vente, ce pilier de la nuit montmartroise continue de se produire trois soirs par semaine aux Noctambules. Les patrons ont changé, les musiciens aussi, mais Pierre Carré, lui, à environ 72 printemps (il ne veut pas dévoiler son âge) et 50 ans de carrière dans ce bar, reste fidèle au micro. Jusqu'à 5h du matin et sa reprise habitée du *Paris s'éveille* de Dutronc, il égrène des classiques français de sa voix de stentor. Il doit son look incroyable, sorte de Dick Rivers revu et corrigé par David Lynch, qui lui a redonné une aura médiatique, à Manu Chao, qui l'a découvert quand Pigalle n'était plus à la mode. Chaque fois qu'il chante, son public l'attend, fidèle, curieux mélange d'anciens de la Butte, de touristes éberlués et de jeunes férus de chansons réalistes et d'ambiances décalées. À voir absolument avant que la limite d'âge ne le rattrape. Bière 9€ (concert) ou 4€ (bar). *M° Pigalle 24, bd de Clichy 75018 Tél. 01 46 06 16 38 Ouvert tlj. 22h-4h30*

Le Moloko (plan 3). Avec la récente fermeture du Dépanneur voisin, Le Moloko est le dernier bar de nuit historique du coin. Si son nom d'origine russe fait autant penser à *Orange mécanique* qu'aux exilés moscovites qui le fréquentaient au début du xxᵉ s., on trouve peu de Cosaques ou de hooligans en chapeau melon parmi la clientèle. Plutôt un mélange d'étudiants et de touristes venus danser et draguer sur un *mix* tout public et sous le regard absent des masques africains. Une mini-boîte de nuit pour ceux que les grosses machines des environs ne tentent pas. Attention, vu les dimensions réduites de l'endroit, on se retrouve vite avec le nez de son voisin dans l'oreille. Seule solution pour profiter d'un peu plus de calme et d'espace : le bar du haut. Cocktail 10€. *M° Blanche 26, rue Fontaine 75009 Tél. 01 48 74 50 26 Ouvert lun.-sam. 20h30-6h, dim. 23h-6h*

Sur la Butte

Où aller au cinéma ?

Studio 28 (plan 3). La première salle de cinéma d'avant-garde (1928), où furent données, en 1930, deux tapageuses projections de *L'Âge d'or* de Luis Buñuel, reste un haut lieu du septième art. Une salle aux fauteuils rouges moelleux, aux lustres dessinés par Jean Cocteau, qui accueille des avant-premières et les meilleurs films d'art et essai du moment. Un hall qui sert de galerie d'expo. Et un bar avec jardin où l'on peut se désaltérer tranquillement et grignoter une tarte salée ou sucrée. **M° Abbesses** 10, rue Tholozé 75018 Tél. 01 42 54 18 11

Où danser ?

Le Soleil de la Butte (plan 3). Voilà encore un secret bien gardé dans la nouvelle tendance à utiliser les lieux les plus kitsch pour faire la fête hors des sentiers battus. Sous ce bar anodin de la butte Montmartre et son agréable terrasse donnant sur une place tellement typique, au bas d'un curieux escalier décoré de vieilles photos, un club minuscule qui a conservé sa précieuse déco des années 1980. Dans ce lieu insolite tapissé de moquette moka, des organisateurs de soirées pointues, mais amusantes, ont trouvé le temple qui leur manquait. On y a vu un karaoké déglingué, des soirées électro expérimentales et des fêtes rock mémorables. Difficile de dire ce qui va arriver, mais il faut en tout cas aller y faire un tour. **M° Château Rouge, Anvers** 32, rue Muller 75018 Tél. 01 46 06 18 24 Ouvert dim.-jeu. 9h-2h, ven.-sam. 22h-6h

Autour de Place de Clichy

Où fêter la Saint-Patrick ?

The Harp (plan 2). À l'heure où certains reprennent un croissant avec leur café, les irréductibles accoudés au bar en bois de ce petit pub de Clichy vident une dernière (?) pinte de brune pour la route. En fermant à 9h du matin à partir du jeudi, The Harp invente l'*after pub*. On retrouve dans ce bout d'Irlande de l'extrême tous les serveurs des bars des alentours, après leur ménage, et quelques boit sans soif. Ce petit pub fréquenté par une écrasante majorité d'anglophones (un bon signe) s'est spécialisé dans la chanson indépendantiste. Curieux (et rare) spectacle que ces Irlandais déchaînés chantant en cœur des chants de l'IRA à l'heure où les derniers fêtards en sont à leur deuxième cycle de sommeil paradoxal. Pinte 6€. **M° Blanche, Place de Clichy** 118, bd de Clichy 75018 Tél. 01 43 87 64 99 www.harpbar.com Ouvert lun.-ven. 15h-2h, sam.-dim. 12h-2h

Où trouver une soirée gothique ?

Les Caves Lechapelais (plan 1). Un peu à l'écart de la place de Clichy, une fois par mois, une étrange congrégation se réunit ici depuis plus de dix ans. Les garçons portent des capes en velours grenat et des tatouages cybernétiques, des filles au teint laiteux se glissent dans des guêpières en cuir et des justaucorps en résille… N'ayez pas peur, c'est seulement la célèbre soirée gothique du Bal des vampires.

Sous les voûtes de cette cave fleurant bon le salpêtre et la poussière, cette faune curieuse qui met un point d'honneur à s'habiller pour la fête vient danser jusqu'à l'aube sur des musiques mi-liturgie électronisante mi-rock spectral... et plus prosaïquement boire des bières et s'amuser. Ne vous fiez pas à leur apparente froideur, ces gens savent faire la fête en dehors de toutes les modes. Entrée 5€ jusqu'à 23h pour les filles et les travestis, 15€ pour les hommes. Après 23h entrée 20€. *Mᵒ La Fourche* 7, rue Lechapelais 75017 Tél. 01 42 93 76 49 Ouvert tlj. 22h-6h

À la périphérie

Où écouter de la musique live ?

Mains d'œuvres (plan 2). Pour aller s'amuser dans cet immeuble de bureaux reconverti en lieu de fête inclassable, il faut franchir le périphérique. Présenté comme ça, cela peut faire peur, mais ça vaut le coup. Parce que l'équipe qui était aux manettes du squat artistique de L'Hôpital éphémère dans les années 1990 applique ici les mêmes recettes. On a donc droit à des concerts et à des *mixes* d'artistes rarement entendus ailleurs. La décoration à base de récup' impose une ambiance sans chichis, pas branchée pour deux sous, ce qui change des boîtes pointues de la capitale. Enfin, assister à une performance vidéo dans la salle délicieusement *seventies* (judicieusement baptisée salle Star Trek) est une expérience mémorable. *Mᵒ Mairie de Saint-Ouen* 1, rue Charles-Garnier 93400 Saint-Ouen Tél. 01 40 11 25 25 www.mainsdoeuvres.org Ouvert les soirs de concert 20h-1h

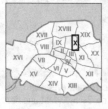

Canal Saint-Martin plan 2

Encore un quartier bourré de bars mais bien mal loti en clubs. En général, les clients motivés se lancent dans une migration vers les Grands Boulevards, pas si loin.

Où écouter du rock pointu ?

Le point FMR (plan 2). Après bien des tractations, cette ancienne succursale d'un vendeur de béton est devenue un lieu artistique éminemment tendance, et le ballet des camions de chantier a fait place au va-et-vient des scooters de la frange branchée parisienne. Dans un décor dépouillé à l'extrême (sol et murs en béton nu), la programmation fait la part belle aux découvertes rock, électro et à tout ce qui se passe entre les deux. La clientèle est évidemment au diapason : artistes fauchés, journalistes de revues confidentielles et étudiants en arts plastiques. Cela peut agacer, mais certaines soirées valent vraiment le coup d'œil. On attend l'été avec impatience, histoire de pouvoir prendre un verre au frais, face au canal... *M° Louis Blanc* 190, quai de Valmy 75010 Tél. 01 40 34 02 48 www.pointephemere.org Ouvert lun.-sam. 20-2h (5h pour certaines soirées)

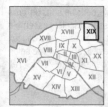

La Villette

plans 2, 4

C'est dans la Grande halle de La Villette que *Libé* a organisé une des premières *raves* françaises pour ses 10 ans… Mais il y a plus régulièrement de petites fêtes au Glaz'Art ou des concerts de jazz au Cabaret sauvage.

Où se faire une toile au bord du bassin ?

☺ **MK2 Quai de Seine (plan 2)** et **MK2 Quai de Loire (plan 2)**. Au 14, quai de Seine (M° Stalingrad), 6 salles, une cafétéria et un restaurant ; en face, au 7, quai de Loire (M° Jaurès), 6 autres salles, un café, une boutique de DVD et une librairie. Une navette fluviale baptisée *Zéro-de-Conduite* en hommage au réalisateur Jean Vigo relie les deux complexes. Outre la programmation de qualité (films d'auteur, séances en VO, soirées débats, courts-métrages) et le confort des salles, les lieux bénéficient du charme du coin. La façade vitrée et les terrasses de leurs bistrots au bord de l'eau invitent à traîner encore un peu après la séance, le temps d'un verre au clair de lune… *M° Stalingrad, Jaurès* Quai de Seine et Quai de Loire 75019 Tél. 0892 698 484 (0,34€/min) www.mk2.com

Où assister à un concert ?

Zénith (plan 4). C'est à Renaud que revint l'honneur d'inaugurer, en 1984, cette scène spécialement conçue pour les concerts de rock. Toutes les grandes figures de la variété française lui ont emboîté le pas, ainsi que plusieurs stars en tournée internationale. Philippe Chaix et Jean-Paul Morel ont conçu cette étonnante structure métallique recouverte de toile argentée, entièrement démontable et modulable et capable d'accueillir 6 400 personnes. Ses qualités acoustiques et sa fonctionnalité lui ont valu de devenir un label – une quinzaine de Zénith ont proliféré dans les grandes villes de France. *M° Porte de Pantin* 75019 Tél. 01 42 08 60 00 www.le-zenith.com

Cabaret sauvage (plan 4). Dans le beau jardin de la Villette se cache un magnifique et inattendu cirque en bois monté en 1997. On s'attend à voir déambuler des pur-sang sur la piste, tant ce décor rappelle un chapiteau tzigane, mais sous les lustres et les miroirs, ce sont plutôt les humains qui font tourner les têtes : lors de concerts de jazz dantesques, de soirées orientales pour le ramadan ou d'*afters* électro énervées. Bref, l'éclectisme est au pouvoir dans ce coin de verdure. Dommage que les activités y soient aussi irrégulières. Une bonne raison de se tenir au courant de ce qui s'y passe. Entrée 15€-25€. *M° Porte de la Villette* Parc de la Villette 75019 Tél. 01 42 09 01 09 www.cabaretsauvage.com

Glaz'Art (plan 4). D'un côté le périf', de l'autre une caserne de CRS. On a connu des voisinages plus réjouissants pour un club. Faisant fi de ces écueils géographiques, ce grand bâtiment orange a réussi en une quinzaine d'années à devenir un rendez-vous apprécié pour lequel le noctambule ose la traversée de Paris. On y entend des sons rares comme de la jungle vitaminée, du dub enfumé ou des espoirs

GÉOADRESSES

SORTIR

rock déchaînés, tout cela dans une ambiance pas bégueule pour un sou. Un gros effort a été fait autour de la déco. L'intérieur, autrefois assez bricolé, ressemble maintenant à un cabaret sous LSD et l'été le parking est transformé en aire de jeux géants. Des lieux comme ça il n'y en a pas deux à Paris. Demi 3,50€. Entrée selon événement. *M° Porte de la Villette* 7-15, av. de la Porte de la Villette 75019 Tél. 01 40 36 55 65 www.glazart.com Fermé dim. et lun.

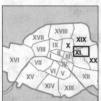

Belleville
et Ménilmontant

plan 12

À 2h du matin, ça sent le couvre-feu dans ce quartier populaire… Les rideaux de fer se baissent dans un bel ensemble. Deux adresses cependant.

Où assister à un spectacle ?

Le Zèbre (plan 12). Cet ancien cinéma de quartier, reconverti avec succès en salle de spectacle (concerts, cirque, cabaret) en 2002, nous rappelle que Belleville comptait une quarantaine de cinémas après-guerre. Il n'en reste aucun. Belle façade blanche avec son zèbre bondissant. *M° Belleville* 63, bd de Belleville 75011 Tél. 01 43 55 55 55 www.lezebre.com Label Tourisme & Handicap

La Maroquinerie (plan 12). Assister à une lecture d'auteur, à une soirée théâtrale ou à un concert, participer à un débat d'actualité, voir une exposition… La programmation de La Maroquinerie – salle créée en 1997 dans une ancienne maroquinerie – se veut éclectique ! Vous pourrez également y boire un verre et dîner (plat 10€-15€). *M° Gambetta, Ménilmontant* 23, rue Boyer 75020 Tél. 01 40 33 35 05 www.lamaroquinerie.fr

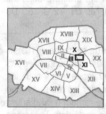

Oberkampf

plan 13

À cause des problèmes de voisinage, il n'existe pas tant de lieux de nuit que ça dans le coin. Reste Le Nouveau Casino pour patienter jusqu'à l'ouverture du Zorba (cf. Boire un verre à Oberkampf), à 5h…

Où danser jusqu'au bout de la nuit ?

☺ **Le Nouveau Casino (plan 13).** Ouvert en 2001, ce club communiquant avec Le Café Charbon voisin devait damer le pion au Batofar (cf. La BnF et Bercy ci-dessous), alors tout-puissant, en proposant la même combinaison de concerts de qualité et de clubbing pointu. Le bateau du 13ᵉ s'est un peu égaré tout seul et cette salle à dimension humaine s'est taillé une vraie place dans la vie nocturne parisienne. Le son est bon sous les lustres et la déco n'a finalement pas si mal vieilli que ça avec son bar lumineux rondouillard et son impressionnant plafond à facettes. Ici, vous entendrez en compagnie de la frange très branchée du quartier une programmation assez confidentielle et plutôt sérieuse – beaucoup de *minimal* électro. Mais, à part le concours de faux joueurs de guitare de la fête de la musique, ça ne rigole pas des masses. Entrée gratuite ou jusqu'à 20€ selon les concerts. Bière 3,50€. *M° Parmentier, Ménilmontant 109, rue Oberkampf 75011 Tél. 01 43 57 57 40 www.nouveaucasino.net Clubbing jeu.-sam. 0h-5h*

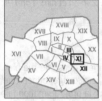

Bastille

plans 18, 20

Autour de la place, plus rien de bien intéressant : tout a été phagocyté par les bars concepts. Il faut s'éloigner vers la rue Keller pour trouver quelques clubs qui continuent de faire bouger ce mythe de la nuit parisienne.

Où aller au spectacle ?

La Bastille offre quelques salles de concert et de spectacle réputées. **Café de la danse (plan 20)** *M° Bastille 5, passage Louis-Philippe 75011 Tél. 01 47 00 57 59* **Bataclan (plan 18)** *M° Oberkampf 50, bd Voltaire 75011 Tél. 01 43 14 00 30*

Opéra Bastille (plan 20). Pour un opéra populaire, le prix des places est effectivement élevé (de 35€, peu de visibilité, à 150€). À noter cependant, l'opération "places à 5€", une soixantaine de places debout au fond du parterre sont mises en vente dès l'ouverture des portes, env. 1h30 avant le lever de rideau. Également quelques séries de manifestations gratuites : "Plein feux", qui convie le public à des présentations des spectacles à l'affiche par différents intervenants (metteurs en scène, chanteurs, spécialistes, etc.) ; et "Le Casse-Croûte", programme de concerts et conférences ou rencontres qui se déroulent au Studio Bastille, le jeu. 13h-14h (programme sur le site Internet). *M° Bastille 130, rue de Lyon 75012 Tél. 08 92 89 90 90 www.operadeparis.fr Guichets ouverts tlj. sauf dim. et j. fér. 10h30-18h30* **Théâtre de la Bastille (plan 20)**. Danse et théâtre contemporains. Deux salles, place 20€ (tarif réduit 13€). *M° Bastille 76, rue de la Roquette 75011 Tél. 01 43 57 42 14 www.theatre-bastille.com Guichets ouvert lun.-ven. 10h-18h et sam. 14h-18h*

Cirque d'hiver Bouglione (plan 18). Programme de cirque traditionnel (dompteurs, clowns, prestidigitateurs, etc. ; places de 10€ à 37€), mais aussi spectacles et concerts. Réservation en ligne sur le site ou aux guichets. *M° Filles du Calvaire 110, rue Amelot 75011 Tél. 01 47 00 28 81 www.cirquedhiver.com Guichets ouverts tlj. 11h-19h*

Où aller au bal ?

Le Balajo (plan 20). Dire qu'on a construit la Bastille autour du Balajo serait un peu exagéré, mais pas tant que ça. L'aventure du bal à Jo France commence en 1936. Ça fait donc un sacré bail que les couples guinchent dans la grande salle décorée par Henri Mahé (on lui doit aussi Le Rex) et font le pied de grue dans la rue de Lappe. On y a vu défiler un peu tous les grands de l'époque, de Piaf à Django Reinhardt en passant par Sophia Loren, Céline, Jo Privat ou Rita Hayworth. Loin de s'essouffler avec le temps, cette institution continue d'attirer les foules, que ce soit les férus d'exotisme parisien délicieusement suranné (les après-midi musette du dimanche) comme les vrais amateurs de danse à deux (rock and roll le mercredi : cours et soirée, salsa le jeudi) ou les fêtards plus traditionnels (soirée disco et latino le samedi). Entrée 12€-20€. *M° Bastille 9, rue de Lappe 75011 Tél. 01 47 00 07 87 www.balajo.fr Ouvert mer.-jeu. jusqu'à 3h, ven.-sam. 23h-5h et dim. 15h-19h*

Où assister à des concerts et danser sur des *mixes* ?

L'OPA (plan 20). Derrière une façade classée (signée Eiffel), dans une rue bien sage, se cache un des meilleurs lieux de nuit de Bastille. Apéro *lounge*, concert de jazz, installation vidéo, *mixes* électro pointu jusqu'au matin : la programmation fait feu de tout bois tout en évitant habilement les écueils de la routine. Une véritable résurrection pour cet ancien antre techno qui a eu maille à partir avec les autorités. Thierry et Marie, les deux nouveaux patrons, ont réussi, sans changer la déco genre loft new-yorkais, à en faire un vrai rendez-vous où on passe à tout hasard, quel que soit le jour, histoire de voir ce qu'ils concoctent. Tout cela provoque un beau mélange de population comme Bastille n'en faisait plus depuis trop longtemps. Attention : le succès aidant, pensez à arriver tôt le week-end. *M° Bastille 9, rue Biscornet 75012 Tél. 01 46 28 12 90 www.opa-paris.com Ouvert mar.-jeu. 20h-2h, ven.-sam. 21h-6h*

☺ **Le Satellit'Café (plan 13).** Il y a deux Satellit'. En semaine, il ressemble à un café jazz intemporel, une cave hérissée de piliers d'un Saint-Germain fantasmé. Philippe, le DJ à l'impressionnante tignasse blanche, passe une sélection world de son cru pour une faune clairsemée et un peu âgée qui sirote tranquillement. La lueur diaphane des quelques globes lumineux donne une ambiance crépusculaire propice aux chuchotements complices… En revanche, le week-end, la foule des bars d'Oberkampf arrive en masse pour danser sur un mix rock/funk jusqu'à l'aube. Largement au-dessus des modes : ça fait douze ans que ça dure et que les filles ne payent pas l'entrée jusqu'à 2h. Pourquoi voulez-vous que ça change ? Entrée 12€ avec 2 conso. *M° Saint-Ambroise 44, rue de la Folie-Méricourt 75011 Tél. 01 47 00 48 87 www.satellit-cafe.com Ouvert mar.-mer. 20h-1h, jeu. 20h-4h, ven.-sam. 22h-6h*

La Scène Bastille (plan 20). Fini le loft new-yorkais avec brique apparente et petit restaurant haut perché. En 2004, cet ancien entrepôt a basculé dans un décor *lounge* nettement plus cosy (et pas très original) aux murs rouges, chauffeuses mandarine et rideaux chocolat. Côté programmation, en revanche, le lieu reste sur la brèche. Outre les concerts quotidiens, pour la nuit on fait dans la qualité. Les soirées clubbing du vendredi au dimanche alternent rock, funk, techno, électro… Cela a l'avantage de drainer une clientèle plus large. Tant mieux. Entrée 10€-15€. *M° Bastille 2bis, rue des Taillandiers 75011 Tél. 01 48 06 50 70 www.scenebastille.com Ouvert tlj.*

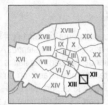

Bercy et la BnF
plans 21, 24, 26, 27

Le quartier change à toute vitesse : un nouveau pont, un quai autrefois casse-patte refait à neuf… Aller (et surtout revenir) au Batofar ou au Cabaret Pirate n'a jamais été plus facile.

Où aller au cinéma ?

MK2 Bibliothèque (plan 26). Le complexe culturel ouvert en février 2003 par Marin Karmitz a été entièrement conçu par l'architecte Jean-Michel Wilmotte. Vous y trouverez non seulement 14 salles de cinéma, mais aussi une librairie, une boutique de DVD, un magasin de CD, deux restaurants et une cafétéria… *M° Bibliothèque 128-162, av. de France 75013 Tél. 08 92 69 84 84 www.mk2.com*

Cinémathèque française (plan 21). Histoire du cinéma, intégrales, hommages, cycles, etc. se déclinent à la cinémathèque autour de tous les acteurs de ce champ d'activités : auteurs, réalisateurs, producteurs, techniciens, comédiens… Bien sûr, expositions, débats, lectures, rencontres sont aussi au programme, avec des visites et ateliers à destination du jeune public. Bref, le paradis du cinéphile en herbe ou confirmé ! Cf. GEOQuartiers Nation et le 12ᵉ, Découvrir le quartier de Bercy. *Cinéma (projections, rencontres, débats, lectures) mer.-lun. Plein tarif 6€, réduit 5€, moins de 12 ans 3€ M° Bercy 51, rue de Bercy 75012 Tél. 01 71 19 33 33 www.cine-mathequefrancaise.com*

Où aller au spectacle ?

Palais omnisports de Paris-Bercy-POPB (plan 21). Pas moins de 17 000 places pour la plus vaste salle parisienne ! Compétitions sportives et spectacles artistiques s'y succèdent tout au long de l'année. Le terrain central sert tour à tour de court de tennis, de bassin à planche à voile, de piste cyclable, de scène de concert… (cf. GEOQuartiers Nation et le 12ᵉ, Découvrir le quartier de Bercy). *M° Bercy 8, bd de Bercy 75012 Tél. 01 40 02 60 60 www.popb.fr*

Où profiter d'un bar design ?

Le Djoon (plan 24). La rive gauche a elle aussi ses cafés design jusqu'au bout des verres. Le Djoon, nouveau bar installé dans ce drôle de quartier en rodage de la Bibliothèque, a d'abord tout misé sur sa déco à la pointe de la mode (de 2003…), mélangeant allégrement pseudo-classique (plafond peint façon Renaissance…) et ultramodernité (murs de béton brut) pour attirer les cadres en promenade. Mais tout le monde sait que ce n'est pas ça qui rend un lieu chaleureux. Soft 5€, demi 4,10-6€. Alcool proscrit. *M° Quai de la Gare 22, bd Vincent-Auriol 75013 Tél. 01 45 70 83 49 www.djoon.fr Ouvert lun. 11h-16h, mar.-jeu. 11h-2h, ven. 11h-5h, sam. 18h-5h et dim. 18h-0h*

GEOADRESSES

SORTIR

Où danser sur des *mixes* électro ?

☺ **Batofar (plan 26).** Ouvert en 1999, cet ancien bateau-phare qui signalait l'entrée des ports est vite devenu un repaire incontournable des sorties parisiennes. Pendant trois ans tous les *clubbers* se sont pressés pour aller danser dans les flancs rubis du rafiot et y écouter de l'électro berlinoise, de la techno américaine ou du *drum'n'bass* français. Toujours pointu, toujours de qualité. Avec le départ de l'équipage culturel à la suite de divergences avec le gérant, le "Bato" s'est retrouvé un peu en cale sèche d'idées pendant presque deux ans. Même si les branchés purs et durs vont maintenant plus volontiers au Nouveau Casino, la salle semble émerger du calme plat en proposant à nouveau des soirées excitantes comme les *Batocool* du week-end. Le programme s'est ouvert à davantage de concerts et d'autres sonorités, comme la *world music* ou le jazz... Entrée env. 13€. **M° Bibliothèque** *Face au 11, quai François-Mauriac 75013 Tél. 01 53 60 17 30 www.batofar.org Ouvert mar.-dim. 19h-6h et dim. tous les 15 j. 19h-12h*

Où écouter de la *world* ?

Le Cabaret Pirate (plan 26). Une véritable jonque orientale qui a fait le tour du monde pour faire le plein de *world* musique, ça va de soi. En dix ans d'activités et de concerts, ce lieu improbable, pionnier de la réhabilitation culturelle du quai, est devenu une vraie référence. Jazz manouche, fanfare raï, surf rock, chanson française ou reggae anglais : tout ce que vous n'entendez nulle part ailleurs est passé, passe ou passera dans le bel écrin de bois rare de ce bateau. En général, après les concerts, un DJ vous accompagne jusqu'à 2h, mais pas plus, les autorisations de nuit sont malheureusement rares. À noter que l'été, l'équipage prend d'assaut le quai et propose une des terrasses les plus agréables de la ville pour y déguster un mojito. **M° Bibliothèque** *Face au 11, quai François-Mauriac 75013 Tél. 01 44 06 96 45 www.guinguettepirate.com Ouvert mar.-jeu. 19h30-2h, ven.-sam. 19h30-6h*

Où se bouger sur de la *house* ?

Club Med' World (plan 26). Sans doute le plus grand club de Paris. Il y a au moins 10m sous plafond dans la salle principale, pas moins de deux restaurants et deux bars sur 2 niveaux et le moindre salon semble aussi grand que nombre de boîtes des Grands Boulevards. Pour autant, la taille ne fait pas tout. La programmation reste timorée (un peu de R'n'B, pas mal de dance formatée FM, soirées de célibataires). Bref, on a connu plus excitant. Dommage, car cet espace tentaculaire, avec une programmation plus folle, pourrait devenir le Palace du XXIᵉ siècle. Entrée 20€ (avec 1 conso). **M° Cour Saint-Émilion** *Cour Saint-Émilion 75012 Tél. 08 10 81 04 10 www.clubmedworld.fr Ouvert mar.jeu. 23h-2h, ven.-sam. 23h-6h*

Où se retrouver pour un *after* d'*after* ?

Follow Me (plan 26). On entre là dans les *after* extrêmes, où le concept commence à se confondre avec les *before*... Jugez plutôt : la fête commence à 6h du matin et se poursuit parfois jusqu'à 19h, et ce du jeudi au lundi ! De quoi mettre sur les rotules les danseurs les plus intrépides. Tout se déroule dans un ancien pub biscornu désormais dûment insonorisé. La déco a même été refaite, mais qui s'en soucie ? On est ici pour danser jusqu'à épuisement. Pour rejoindre la foule orgiaque des jeunes *clubbers* surexcités, il vous faut obligatoirement un sésame à récupérer sur le site ou sur l'*infoline*. Le style musical ? De la *house* ultravitaminée. À visiter vers 15h une fois dans sa vie de noctambule de l'après-midi. Entrée 20€ + 2 conso, sauf le 3ᵉ dimanche du mois : 25€ + 1 conso + 1 cocktail. *M° Bastille Quai de la Gare 75013 Sur le bateau Nix Nox, entre le pont de Bercy et le pont de Tolbiac en face de la BnF www.followme-paris.com Ouvert dim. uniquement 6h-16h30*

À la périphérie

Où aller au spectacle ?

Cartoucherie de Vincennes (plan 27). Lieu de culture et de création, la Cartoucherie rassemble dans un cadre bucolique cinq théâtres : L'Épée de bois, L'Aquarium, La Tempête, Le Chaudron et, le plus connu, le mythique Théâtre du Soleil d'Ariane Mnouchkine. L'ensemble abrite aussi un atelier de danse Carolyn Carlson et une école de théâtre. Les soirs de représentation, liaison par navette avec la station Château de Vincennes avant et après le spectacle. *M° Château de Vincennes puis bus 112 ou navette Cartoucherie Route du Champ-de-Manœuvre 75012* **La Tempête** *Tél. 01 43 28 36 36 www.la-tempête.fr* **Autres théâtres** *www.cartoucherie.fr*

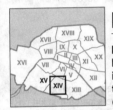

Montparnasse

plans 23, 25

L'âge d'or de l'entre-deux-guerres est loin...
Mais ce n'est pas le bonnet de nuit pour autant :
il vous reste les grands clubs de la Tour,
très jeunes ou très gays, et quelques bars
de nuit qui attirent les étudiants en goguette.

Où danser latino ?

La Coupole (plan 23). Ce vaste café est un grand classique parnassien avec son lot de serveurs affairés en noir et blanc et de bourgeoisie rive gauche installée sur ses banquettes de moleskine. Rien de bien passionnant. Mais le sous-sol abrite une petite merveille de dancing délicieusement désuet. Dans un cadre rappelant celui du *Bal* d'Ettore Scola (parquet, colonnes 1930, lumières tamisées) ont lieu des soirées bouillonnantes le week-end, loin de l'ambiance compassée du rez-de-chaussée. Les mardi, vendredi et samedi, c'est salsa. Attention, le niveau des danseurs ne pardonne pas les errements des débutants. Révisez avant de venir ! Les portiers sont assez rigoureux : pour entrer à coup sûr, présentez-vous en couple. Entrée mardi et vendredi 10€-12€ (cours + soirée + 1 conso). Samedi 12€ (soirée + 1 conso). Conso 16€. *M° Vavin 102, bd du Montparnasse 75014 Tél. 08 26 10 09 36 Ouvert mar., ven. et sam. à partir de 19h et jusqu'à 3h*

Où écouter de la *tech-house* ?

Redlight (plan 23). La page exclusivement gay de ce vaste club façon entrepôt (anciennement L'Enfer) est bel et bien tournée. Désormais, pour la majorité des soi-

rées, les hétéros (plutôt banlieusards stakhanovistes de la danse que stars précieuses du 8ᵉ) investissent en masse les deux immenses pistes de danse puissamment éclairées. C'est une boîte qui en impose. Une foule de 3 000 *clubbers* les bras
en l'air, on n'a pas l'habitude de voir ça à Paris. Les DJ invités sont souvent prestigieux (Deep Dish, Erick Morillo…), le son dépote, le style est largement *house* et
techno et la décoration minimale. À noter, les excellentes et décalées *after French
Kiss* du dimanche matin (jusqu'à midi) avec, cette fois, une forte proportion de messieurs en marcel. Entrée 20€ (avec 1 conso). *M° Montparnasse* 34, rue du Départ
75015 Tél. 01 42 79 94 53 www.enfer.fr Ouvert ven.-sam. à partir de minuit

Mix Club (plan 23). Johnny Hallyday et ses associés ont bu la tasse avec ce gros
club, anciennement baptisé L'Amnesia, rendez-vous autoproclamé de tous les VIP de
Paris. Est-ce la déco genre Ibiza avec murs immaculés, fontaine et palmiers qui n'a
pas convaincu ? La musique résolument *house* FM qui a lassé ? Toujours est-il que
ni les stars ni les clients ne sont venus, et qu'en 2005 le club a été repris par Philippe
Fatien, propriétaire du Queen. La nouvelle équipe *Pure* commence à prendre ses
marques et a rebaptisé les lieux Le Club by Pure puis finalement le Mix Club. Le
blanc des murs a cédé la place au chocolat, le carré VIP a subi une cure d'amai-
grissement et la programmation se tourne vers une *house garage* plus musclée.
Cela suffira-t-il à apporter le succès ? Entrée 12€ (1 conso incluse). Conso 8€.
M° Montparnasse 24, rue de l'Arrivée 75015 Tél. 01 56 80 37 37 www.
mixclub.fr Ouvert jeu.-sam. 23h-6h

Autour d'Alésia

Où allier bar, cinéma et concert ?

L'Entrepôt (plan 25). Voulue par Frédéric Mitterrand, cette maison de la culture
chic associe cinéma, concerts et restaurant dans le cadre superbe d'un loft post-
industriel tout en boiseries et fer. Après s'être délecté d'un film indépendant anglais,
d'une assiette de nouvelle cuisine française ou des accords d'une formation de jazz
manouche, vous pouvez aller tranquillement siroter un cocktail sous la belle verrière
ou, encore mieux, déambuler dans l'immense jardin (à l'échelle parisienne s'entend)
planté d'arbres. Cette atmosphère ouatée se montre parfaite pour conter fleurette
à votre moitié. Si vous espériez une ambiance rock and roll avec vos quinze amis,
en revanche… Demi 3€-5€. *M° Pernety* 7-9, rue Francis-de-Pressensé 75014 Tél.
01 45 40 07 50 www.lentrepot.fr Ouvert tlj. 9h-0h

ien ne vous transporte comme un Folio

Olivier Barrot
Décalage horaire
INÉDIT

離港
Departures

Folio Senso, des récits de voyages inédits et illustrés.

folio
SENSO

folio
vous lirez loin

André Bercoff
Retour
au pays natal
INÉDIT

folio
SENSO

Claude Arnaud, Élisabeth Barillé
Gérard de Cortanze, Daniel Maximin
Paris Portraits
INÉDIT

folio
SENSO

Alain Gerber
Balades en jazz
INÉDIT

folio
SENSO

GÉOADRESSES

Il faudrait prendre des accents à la Piaf et entonner "Paname, Paname, Paname" en poussant la porte de ces bistrots parigots immémoriaux. Ou bien siffloter les *Concertos Brandebourgeois* en appelant pour réserver sa table dans un trois-étoiles. Ou encore chantonner du Sanseverino en choisissant le nouvel établissement "bistronomique" dont la chronique fait ses choux gras. Qu'il s'agisse de tortorer une andouillette au coude à coude, de lever le petit doigt en attaquant des cannelonis aux truffes et au foie gras ou de jouer les aventuriers du goût à la recherche de langues de canard dans Chinatown, Paris a un sacré répondant : à l'image de la ville, la scène gastronomique a, d'évidence, de la gueule et de la gouaille. On passe à table ?

Manger à Paris

Gamme de prix	Dormir	Manger
Très petits prix	moins de 40€	moins de 10€
Petits prix	de 40€ à 60€	de 10€ à 20€
Prix moyens	de 60€ à 100€	de 20€ à 30€
Prix élevés	de 100€ à 150€	de 30€ à 50€
Prix très élevés	plus de 150€	plus de 50€

Grandes tables et petits bistrots à la carte

LES TERROIRS À PARIS
Cassoulet ou saucisse-aligot :
la cuisine des provinces
a du bon.
Alsace

FRUITS DE MER
La bolée iodée, la fraîcheur
d'huîtres de Marennes ou
de Bretagne, des bulots dodus :
Paris sait fêter les mois en "r".

CUISINE NATURELLE
Qu'ils s'affichent "bio" ou
"végétariens", qu'ils soient
simples ou plus élaborés,
sélection de quelques (rares)
restaurants pour allier goûts
et convictions.

CUISINE ACTUELLE
Parce que la cuisine n'est pas
immuable, les chefs parisiens
prennent le pari de la faire vivre
avec son époque : on a faim
de nouveauté !

SAVEURS D'AILLEURS
Pour changer de l'andouillette-
frites, tour du monde en
1001 papilles...

OUVERT LA NUIT
Une côte de bœuf ou une choucroute à 4h17 du matin ?

OUVERT LE DIMANCHE
Il n'y a pas que le brunch !

ET AUSSI...
De petites tables de quartier, une cantine de musée, un bistrot aux ambitions "gastro" : Paris, c'est aussi ça.

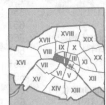

Le 1ᵉʳ ardt

plans 8, 9, 11, 16, 28

Le ventre de Paris de Zola n'est plus, mais il restera à jamais par ici quelque chose de la mémoire d'antan : les vieux bistrots continuent de côtoyer les bars à vins, mais aussi les échoppes à sushis ou les adresses de prestige.

très petits prix

Kunitoraya (plan 9). Imaginez le bon dom Patillo avec son accent rocailleux : "Seigneur, ce ne sont que quelques pâtes..." Certes, mon père, certes, mais des japonaises ! Des *udon* brûlantes qui s'avalent en faisant beaucoup de bruit – une pratique excusable, puisqu'il s'agit, ce faisant, de les refroidir. Voilà pour le mode d'emploi, il ne reste plus maintenant qu'à trouver une place (plus facile à dire qu'à faire !), choisir, enfin, entre *udon* et *tempura* ou *udon* et canard, aspirer (ses pâtes) bien fort et repartir l'estomac calé. Carte à partir de 8,50€. *M° Pyramides 39, rue Sainte-Anne 75001 Tél. 01 47 03 33 65 Ouvert lun.-sam. 11h30-22h Ouvert tlj. 11h30-22h*

petits prix

Yasubé (plan 9). Ce restaurant japonais est spécialisé dans les *yakitori*, ces fameuses petites brochettes cuites au charbon de bois. Mieux vaut en profiter en s'installant sur les tatamis du sous-sol (après s'être déchaussé) : on évite ainsi la fumée qui, généralement, envahit la salle du rez-de-chaussée. Menus soir env. 13,50€-18,70€. *M° Pyramides 9, rue Sainte-Anne 75001 Tél. 01 47 03 96 37 Ouvert lun.-sam. 12h-14h30 et 19h-22h30 Fermé dim.*

La Cloche des Halles (plan 11). Un jour, qui sait ? La Cloche finira par être classée monument historique. Non qu'elle ait l'éclat d'un Grand Véfour, loin de là, mais il faut bien admettre que la mémoire des Halles passe par ce genre de troquet en forme de bar à vins, "gouailleur" comme on les aime, vibrionnant, assailli, bruyant, vivant. Au déjeuner, c'est la bagarre assurée pour trouver une table (à croire qu'il n'y en a pas d'autre dans le quartier !), tout le monde se réconciliant autour des quiches, tartes et cochonnailles généreuses et pansues. Beaujolais de rigueur : la maison connaît la musique. Carte env. 15€. *M° Les Halles, Louvre-Rivoli 28, rue Coquillière 75001 Tél. 01 42 36 93 89 Ouvert lun.-ven. 8h-20h30, sam. 10h-17h Fermé dim.*

prix moyens

Le Coude-à-Coude (plan 16). La banalité absolue de la façade et de la salle ne doit surtout pas décourager. Car si Le Coude-à-Coude n'est qu'un troquet de quartier, c'est l'un des plus sincères qui soient, misant tout sur la qualité et l'origine de quelques vrais produits : les fromages du Cantal, la charcuterie aveyronnaise, l'andouillette 5A, la baguette craquante, voilà de quoi faire un déjeuner simple mais réjouissant. Les vins sont évidemment du même tonneau : bus et approuvés. Menu (déj.) 13,50€. Carte env. 20€-25€. *M° Louvre-Rivoli, Châtelet-Les Halles 46, rue Saint-Honoré 75001 Tél. 01 40 28 15 64 lun.-ven. : déjeuner, mer. et ven. : dîner jusqu'à 22h*

La Mousson (plan 9). Dès l'entrée, de subtils parfums viennent confirmer l'impression donnée par le décor : le basilic, le lait de coco, la citronnelle, les viandes grillées, pas de doute possible, cette petite paillote a le bon goût de l'Asie – et même du Cambodge, si l'on veut rester aussi précis que la maison entend l'être. Pas chères, d'une fraîcheur incontestable, d'une subtilité et d'une douceur exemplaires : les assiettes servies par l'équipe féminine ne méritent que des éloges, qu'il s'agisse de la salade de bœuf khmère, des calamars au basilic, des gambas aux "fines herbes khmères" ou du *hamok* de poulet. Menus de 13,80€ à 17,80€ (midi) et de 17,70€ à 22,50€ (soir). Carte env. 20-25€. **M° Pyramides** 9, rue Thérèse 75001 Tél. 01 42 60 59 46 Ouvert lun.-sam. 12h-14h30 et 19h-22h30 Fermé dim.

Olio Pane Vino (plan 8). Charcuteries, fromages, *antipasti*, *pasta del giorno* : a priori, une adresse italienne parmi mille autres. Mais pas tout à fait, car cette épicerie-*trattoria*-table d'hôte (coude à coude quasi obligatoire), dont la déco hésite entre vieilles pierres et design épuré, est tout bonnement meilleure que d'autres. La recette est si simple qu'on s'étonne qu'il y ait aussi peu de monde pour y avoir pensé : de bons produits (la saucisse au fenouil), de vraies cuissons sincères et senties (*fusilli* aux oignons, thon confit, poivrons rouges et olives noires), et voilà comment on fait le plein, chaque jour, au déjeuner. Carte midi env. 20€, soir 30€. **M° Palais Royal-Musée du Louvre, Louvre-Rivoli** 44, rue Coquillière 75001 Tél. 01 42 33 21 15 Ouvert lun.-sam. 12h-14h45 et jeu.-ven. 19h30-22h30

Juvénile's (plan 9). Mi-caviste, mi-troquet : on doit ce pas de deux plutôt rigolo à un Écossais fou de vins, qu'ils soient d'ici ou d'ailleurs. Tim Johnston connaît sur le bout de langue les chardonnays d'Australie ou de Chablis, les rouges épicés de la vallée du Rhône comme les stellenbosch sud-africains, et son impeccable sélection s'accompagne d'assiettes gentillettes, plutôt assaisonnées à la sauce "fusion" (caille tandoori, saumon *a la plancha* aux petits légumes). Si les fromages fermiers anglais sont de sortie, il ne faut pas hésiter à en faire un repas. Formules (déj.) 14,50€, 17€ (dîner). Menu 23€ (dîner). **M° Pyramides** 47, rue de Richelieu 75001 Tél. 01 42 97 46 49 Ouvert lun. 18h-23h et mar.-sam. 10h-23h Fermé dim.

Nodaiwa (plan 9). À ceux qui ignoreraient encore les richesses de la cuisine japonaise (qui, faut-il le répéter ? ne se limite ni aux sushis ni aux brochettes *yakitori*), Nodaiwa se charge d'une savoureuse leçon de choses : de l'anguille sous toutes ses formes (ou presque), mais tout particulièrement selon la vieille recette *kabayaki*, autrement dit cuite à la vapeur puis caramélisée au gril dans une sauce savoureuse mais assez mystérieuse – on se contente d'expliquer ici qu'il y a du soja, entre autres. Un repas pour véritables aventuriers du goût. Menus de 19€ à 62€. **M° Tuileries, Pyramides, Palais Royal-Musée du Louvre** 272, rue Saint-Honoré 75001 Tél. 01 42 86 03 42 Ouvert lun.-sam. 12h-14h30 et 19h-22h Fermé dim.

prix élevés

L'Autobus impérial (plan 16). On ne trouve pas si aisément, aux Halles, une brasserie contemporaine s'efforçant de ne pas se moquer du monde. Dans un décor néorétro du plus bel effet (la verrière est bluffante), le jeune chef déploie de gros efforts pour maintenir un rapport qualité-prix favorable, avec un sauté de volaille chasseur à l'estragon ou une côte de veau fermière. Les desserts sont particulièrement soignés : ne manquez pas le tiramisu aux fraises… Formules (déj.) 14€-23,50€ et 28€-32€ (dîner). Carte 32-43€. Salon de thé l'après-midi. **Mᵒ Les Halles** 14, rue Mondétour 75001 Tél. 01 42 36 00 18 Ouvert tlj. sauf dim.

L'Absinthe (plan 9). Aux beaux jours, c'est peu dire qu'il faut se battre pour arriver à décrocher une table en terrasse, au calme. Mais il ne faudrait pas négliger pour autant les volumes de la salle intérieure, superbe, mi-brute, mi-chic, mi-loft new-yorkais, mi-brasserie parigote. L'adresse est entre les mains de la fille d'un fameux restaurateur parisien (Mlle Caroline Rostand), et la cuisine surfe habilement entre le néo et le classique en renouvelant sa carte tous les deux mois. Formules à 29€ et 37€. **Mᵒ Pyramides, Tuileries** 24, pl. du Marché-Saint-Honoré 75001 Tél. 01 49 26 90 04 Ouvert lun.-ven. 12h-14h et 19h-22h30, ven. et sam. soir jusqu'à 23h

Isse Tapas & Tempura (plan 9). Voilà un restaurant japonais qui soigne sa forme comme son fond. Dans un décor à mi-chemin du minéral et du végétal, ponctué de belles estampes contemporaines, le propos est à la tempura, cette friture de légumes ou de crustacés très légère, délicatement croustillante, et pas toujours exécutée avec autant d'exigence qu'ici. Mais quid des tapas ? C'est uniquement au dîner que l'on pourra tenter l'expérience et découvrir ces petites bouchées à la japonaise que sont les huîtres à la menthe ou les sardines farcies à la prune. La carte change env. tous les trois mois. Menus de 10€ à 25€ (déj.), 30€ à 50€ (dîner). **Mᵒ Pyramides** 45, rue de Richelieu 75001 Tél. 01 42 96 26 60 Ouvert lun.-sam. 12h-14h et 19h-22h

L'Ardoise (plan 8). C'est le genre de salle qui fait un bien fou, car on n'a strictement rien à en penser : une vague fresque bachique, voilà ce dont il faut se contenter. Ça n'est pas plus mal, puisqu'on peut ainsi chercher ailleurs matière à se distraire, du côté de la carte des vins, justement, où paradent quelques sérieuses pointures du vignoble. Et tant qu'à faire, du côté de la longue ardoise, où s'affichent salade tiède de mini-poireaux et caille confite, volaille de Touraine en cocotte, tartelette aux mirabelles proposées au gré du marché, au gré des saisons. Menu-carte 32€ (déj. et dîner). **Mᵒ Concorde** 28, rue du Mont-Thabor 75001 Tél. 01 42 96 28 18 Ouvert mar.-sam. 12h-14h30 et 18h30-23h Fermé dim. midi et lun.

Willi's Wine Bar (plan 9). L'enseigne en anglais n'a rien de snob : Mark Williamson, le patron, est bel et bien sujet de Sa Gracieuse Majesté. Mais c'est surtout un grand spécialiste ès vins de la vallée du Rhône, pour qui les subtilités des côtes-rôties brunes ou blondes, des cairannes, des saint-joseph et autres condrieu n'ont plus guère de secret. L'homme n'étant pas du genre à boire avec des œillères, on lui fera tout autant confiance pour ses choix en Espagne (les xérès) qu'en Italie (le vino santo toscan), sans oublier de goûter, tout de même, à la cuisine plutôt fine qui accompagne toutes ces fabuleuses bouteilles : tartare de thon, agneau à la fleur de sel, cabillaud à la marmelade d'aubergine, terrine de chocolat amer. Formule (déj.) 19,50€. Menus-cartes 25€ (déj.), 34€ (dîner). **Mᵒ Palais Royal-Musée du Louvre, Bourse** 13, rue des Petits-Champs 75001 Tél. 01 42 61 05 09 Ouvert lun.-sam. 12h-14h30 et 19h-22h30

Le Dauphin (plan 28). Derrière des allures de brasserie (certes belle, certes cossue, mais finalement assez commune) se cache en fait un restaurant à la personnalité nettement plus affirmée. On le doit à deux cuisiniers qui ont travaillé autrefois aux côtés de Michel Guérard, fameuse toque landaise. Du Sud-Ouest, ils ont gardé le sens des coups de jurançon blanc qu'on partage en sacrifiant une terrine de foie gras, avant de piocher dans les *parilladas* (de grandes assiettes de viande ou de poisson cuits *a la plancha*) ou de succomber, en saison, à un vrai beau cassoulet. Appétits en berne, s'abstenir. Menus-cartes 20€-25€ (déj.), carte 38€ (midi et soir). *M° Palais Royal-Musée du Louvre* 167, rue Saint-Honoré 75001 Tél. 01 42 60 40 11 Ouvert tlj.

Baan Boran (plan 9). Comme pour prouver que, en matière de cuisine asiatique, il y a bel et bien une vie en dehors du 13e arrondissement et de Chinatown, de son ordinaire sino-vietnamo-thaïlando-cambodgien et de ses décors photocopiés, Baan Boran joue plutôt la déco chic et claire, avec personnel en tenue traditionnelle et grands sourires. C'est beau comme dans les brochures des tour-opérateurs. Mais la cuisine est nettement plus soignée que dans un charter Paris-Phuket : suaves soupes au lait de coco, parfait canard au curry et petites saucisses thaïes bien relevées à l'ail. Carte (vin compris) env. 35€. Menu 14,50€ (déj.). *M° Palais Royal-Musée du Louvre* 43, rue de Montpensier 75001 Tél. 01 40 15 90 45 Fermé sam. midi et dim.

La Robe et le Palais (plan 16). Deux options s'offrent aux amateurs : plonger dans l'interminable carte des vins (astucieusement classés pour faciliter le choix, tout de même) ou se laisser prendre par la main pour baguenauder entre les vignobles de Moselle ou des Corbières. On l'aura compris : les robes sont ici faites pour flatter les palais, tout comme les impeccables conchonnailles de Bigorre. L'atmosphère est plutôt joyeuse et, en saison, la petite terrasse est l'une des plus courues du quartier. Formule (déj.) à partir de 14,50€. Carte 35€-40€. *M° Châtelet* 13, rue des Lavandières-Sainte-Opportune 75001 Tél. 01 45 08 07 41 Fermé dim.

A Casaluna (plan 9). Les affiches façon office de tourisme placardées ici et là n'y vont pas par quatre chemins : "La Corse, c'est tout le temps le bon moment." Pas faux ! D'autant plus qu'on a le droit, dans cette taverne aux murs de pierre, à un accueil d'une chaleur rare : habillés de noir des pieds à la tête, les membres de l'équipe ont la complicité souriante et vantent avec cet accent inimitable les charcuteries (parfait *lonzo*), la fraîche salade de supions, les glaces de chez Batistelli au cédrat, à la figue ou au romarin, sans oublier le vin (patrimonio de Leccia). Formules de 16,50€ à 21,50€. Menu 22€. Carte env. 35€-40€. *M° Pyramides* 6, rue de Beaujolais 75001 Tél. 01 42 60 05 11 Ouvert tlj.

Lavinia (plan 8). C'est d'abord un caviste – et certainement pas le plus petit de Paris avec ses quelque 1 500m². C'est aussi, le temps d'un déjeuner, un bistrot très sélect, où les cadres n'hésitent pas à dénouer la cravate (Hermès le plus souvent) et à oublier les affres de la Bourse l'espace d'une amusante séance de dégustation : toutes les bouteilles de la cave (6 000 références !) sont en effet susceptibles d'être goûtées à table, en accompagnement d'une simple assiette de jambon espagnol par exemple (les assiettes les plus simples sont toujours les plus convaincantes). Ambiance chic, additions choc, mais difficile de ne pas sortir en disant "bu et approuvé". Carte 35€-50€ (ou beaucoup plus si vous prenez un pétrus 1947). *M° Madeleine* 3, bd de la Madeleine 75001 Tél. 01 42 97 20 27 Déj. seulement Ouvert lun.-sam.

L'Atelier Berger (plan 16). Pourquoi le cacher ? L'Atelier ne fait pas l'unanimité : ses partisans ne cessent d'en vanter l'exceptionnelle carte des vins, les moelleux *puros* cubains et les vertus d'une cuisine inventive, tandis que quelques langues, pas nécessairement fourchues, critiquent les prix (pas facile, en effet, de mettre la main sur des bouteilles abordables) ou les hauts et les bas des assiettes. Difficile de réconcilier les deux camps, d'autant que leurs arguments sont tous recevables. Si l'aventure vous tente, sachez que le tartare de thon et son sorbet à l'encre de seiche ou la tourte de pigeon Apicius font partie des classiques assez finement tournés de la maison. Formule déj. uniquement l'été en terrasse 14€. Menu-carte 36€. Menu dégustation à 58€. *M° Les Halles* 49, rue Berger 75001 Tél. 01 40 28 00 00 Ouvert lun.-ven. 12h-14h30 et 19h-23h Fermé sam. midi et dim.

Pierre au Palais-Royal (plan 8). L'expression "table d'affaires" a sans doute été brevetée pour cette adresse distillant de solides climats bourgeois, et c'est bien dommage. Les inspirations sudistes du chef méritant en effet quelque considération, on ne peut que regretter que l'atmosphère ne soit pas au diapason de cette cuisine joliment ensoleillée : pressé d'aubergines et tomates confites au pistou, carré d'agneau au thym sauvage et marmelade de topinambours, thon rouge au pistou de courgettes… La carte change selon la saison. Formule 31€. Menu 38€. *M° Pyramides* 10, rue de Richelieu 75001 Tél. 01 42 96 09 17 Fermé sam. midi et dim.

Point Bar (plan 9). Tenu par Alice Barbet, la fille d'un très fameux restaurateur tourangeau, ce joli petit bistrot sur deux niveaux (mais la salle du haut n'est pas si haute, d'où quelques bouffées d'angoisse si l'on est claustrophobe) est l'une des bonnes pioches du quartier. Cuisine inspirée et plutôt finement réalisée : saumon mariné et crème de raifort, rognon à la diable, thon au satay, moelleux au chocolat, pastilla de fraises… Plat du jour 16€. Menus (déj.) de 22€ à 27€. Carte env. 38-50€. *M° Pyramides, Tuileries* 40, pl. du Marché-Saint-Honoré 75001 Tél. 01 42 61 76 28 Fermé dim.-lun. et deux semaines à Noël

Cibus (plan 9). Douze couverts, pas un de plus : c'est dire si cette jolie petite salle relève du délit d'initié… À l'image de la discrète façade (à gauche de l'auvent, *vino* ; à droite, *cucina* ; au milieu, *CIBVS*, à la latine) où l'on ne distingue guère de menu… Normal, puisqu'il faut entrer, s'asseoir et attendre que le chef sorte de sa cuisine et récite tous les plats du jour qu'il prépare en fonction de ses achats au marché. Il faut alors être attentif et ne rien manquer quand il lâche, avec l'accent et rapidement, "seiche, roquette, figue noire, thon, carpaccio, langoustines"! Qu'importe si l'on n'a pas tout suivi : les pâtes sont dignes de confiance, surtout les spaghettis à l'encre de seiche. Carte env. 40€-45€. *M° Pyramides, Palais Royal-Musée du Louvre* 5, rue Molière 75001 Tél. 01 42 61 50 19 Fermé sam. midi, dim. et lun. midi

Chez Denise, "À la tour de Montlhéry" (plan 16). Réserver une table pour 3h du matin ? C'est possible ici ! Ouvert en continu, ce vieux troquet est l'une des dernières adresses pour forts des Halles, mêlant de façon singulière les noceurs en quête d'*after* décalé et les vrais travailleurs nyctalopes. La promiscuité, le brouhaha et les plats de ménage (poireaux vinaigrette, pot-au-feu, belle côte de bœuf pour deux louchebems, haddock au beurre blanc) participent au charme du lieu. Attention : les portions sont aussi solides que les additions. Carte env. 45€. *M° Les Halles* 5, rue des Prouvaires 75001 Tél. 01 42 36 21 82 Ouvert lun.-ven. 12h-16h et 19h30-6h

Chez la Vieille (plan 16). Les nostalgiques des plats et des climats d'autrefois vont faire des bonds de joie : Chez la Vieille est, en effet, de ces institutions qu'il est bon de retrouver une fois l'an, comme lors d'agapes dominicales avec des cousins qu'on aurait un peu perdus de vue. Le coude à coude est indispensable, l'appétit se doit d'être solide et le moral au beau fixe : car avant le pot-au-feu ou le bœuf-carottes, il faudra goûter les terrines et les harengs qu'on se passe de table en table. Le mouvement se poursuit au dessert, avec les tartes, le baba, la mousse au chocolat… Promenade digestive recommandée : trois heures. Menu (déj.) 27€, à la carte env. 50€. *M° Louvre-Rivoli* 1, rue Bailleul (angle rue de l'Arbre-Sec) 75001 Tél. 01 42 60 15 78 Ouvert lun.-ven. déj. 12h-14h30, jeu.-ven. dîner 19h30-21h30 Fermé sam. et dim.

Le Pied de cochon (plan 16). La maison aime à dire qu'elle n'a jamais éteint ses fourneaux depuis… 1946 ! C'est sans doute vrai, puisqu'elle ouvre 365 jours par an et 24h/24. On ira y chercher une vague évocation des Halles d'antan (les fameux "forts" sont, il faut bien l'avouer, désormais moins nombreux que les touristes) plus qu'une expérience gastronomique. Même si, à 2h du matin, personne ne viendrait dire du mal de quelques huîtres de Saint-Vaast, d'un pied de cochon (évidemment!) béarnaise, de crêpes flambées et d'un coup de beaujolais. Non ? Formules 19,50€ et 24€ midi et soir, vin et café compris. Carte env. 50€. *M° Les Halles* 6, rue Coquillière 75001 Tél. 01 40 13 77 00 Ouvert tlj. 24h/24

prix très élevés

Takara (plan 9). Monument historique ? Il y a de ça : voici en effet le plus vieux restaurant japonais de la capitale, ouvert à la fin des années 1950. Il n'y avait alors pas grand monde pour connaître ou apprécier les sushis et les *maki* ! La mode a, depuis, fait son effet, mais c'est toujours ici qu'il faut revenir apprécier la subtilité du riz (tout est dans la cuisson et la température) ou la finesse d'une découpe de poisson (ventrèche de thon, petites seiches). Les amateurs (plutôt fortunés) apprécient aussi les spécialités à base de bœuf, pas si fréquentes à Paris : *sukiyaki, shabu-shabu*. Carte environ 60€. Menus de 23€ à 26€ (déj.), de 48€ à 63€ (dîner). *M° Pyramides, Palais Royal-Musée du Louvre* 14, rue Molière 75001 Tél. 01 42 96 08 38 Ouvert mar.-ven. 12h-14h30 et 19h-22h30 Fermé sam. et dim. midi, lun.

Maceo (plan 9). À un jet de bouchon du Willi's Wine Bar, voici la deuxième adresse de sir Mark, l'Anglais qui connaît les vins mieux que les Français ! L'adresse vaut d'abord pour son décor hérité de la fin des années 1880, subtilement modernisé de touches ethniques et design : en fonction de l'heure et des circonstances, on choisira le petit salon de l'entrée ou les tables du fond, près des fenêtres qui donnent sur les colonnades du Palais-Royal. Original, Maceo l'est aussi dans son choix régulièrement renouvelé de propositions végétariennes (taboulé de quinoa aux artichauts, risotto d'orge perlé aux morilles fraîches…), sans négliger pour autant un public de carnivores convaincus (les joues de porcelet au miel de sésame sont pour eux). Pour les vins, *no comment* : la *wine list* est pour le moins *interesting* et *tasty* ! Carte env. 60€. Formules et menus 30€ et 37€. *M° Palais Royal-Musée du Louvre, Bourse* 15, rue des Petits-Champs 75001 Tél. 01 42 97 53 85 Fermé sam. midi et dim. et trois semaines en août

Gérard Besson (plan 11). Cet ouvrier discret, mais solide, a fait de sa table l'une des valeurs les plus sûres du quartier. Certains traversent même religieusement

Paris au printemps et à l'automne pour faire provision de morilles (poêlées à l'écha-lote grise, avec une escalope de foie gras grillée et sa crème de petits pois) ou de gibier (le lièvre, évidemment à la royale). Le reste du temps, la côte de veau et ses petits pois à la française comme le ragoût de homard aux ailerons de volaille caramélisés valent autant le coût que le coup. Jolie salle du même esprit, classique et raffinée. Carte et menus env. 52€ (déj.), 115€ (dîner). **M° Les Halles** *5, rue Coq-Héron 75001 Tél. 01 42 33 14 74 Fermé sam. et lun. midi, dim.*

Le Meurice (plan 8). Qui nierait les charmes de la vie de palace ? Pour peu que l'on en ait l'envie (et les moyens, évidemment…), le mythique Meurice peut se prévaloir d'une véritable bonbonnière, l'une des plus opulentes salles à manger parisiennes. Tout cela ne serait rien sans des cuisiniers de talent pour la faire vivre : ils sont là, emmenés par le trois-étoiles Yannick Alleno, dont le classicisme se révèle souvent inspiré. On tentera l'expérience le temps d'un déjeuner, presque abordable, avec une carte qui change à chaque saison et selon l'humeur du chef. Menu (déj.) 75€, menu dégustation (déj. ou dîner) à 190€. Carte env. de 190€ à 250€. **M° Tuileries** *228, rue de Rivoli 75001 Tél. 01 44 58 10 55 Fermé sam. midi et dim.*

Le Grand Véfour (plan 9). Quand on a vu le jour en 1784, il n'y a pas à se van-ter d'avoir été fréquenté, au fil des siècles, par les plus grands noms, de Napoléon à Hugo en passant par Balzac, Colette ou Cocteau. En cherchant bien, on tombe d'ailleurs forcément sur l'une de ces petites plaques qui rendent hommage, autour de la plupart des tables, à tel ou tel habitué célèbre. Mais l'ancien Café de Chartres (c'était le premier nom du Véfour) ne se contente pas de cultiver *ad vitam æternam* cette image de "vieux beau", bien au contraire. Si la salle est sublime (et classée), la cuisine sait aussi l'être, grâce à la griffe du trois-étoiles Guy Martin. Carte env. 250€-300€. Menus 78€ (déj.) et 265€ en dégustation le soir. **M° Palais Royal-Musée du Louvre** *17, rue de Beaujolais 75001 Tél. 01 42 96 56 27 Fermé ven. soir, sam. et dim.*

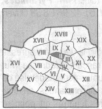

Le 2ᵉ ardt

plans 8, 9, 10, 11

Entre la frénésie des Grands Boulevards et le charme vénéneux des petits passages couverts, le 2ᵉ se refuse à trancher. Quelques vénérables adresses de bouche semblent en avoir accepté l'augure : quand immuable rime avec éternel.

petits prix

Les Caves Legrand (plan 8). Un comptoir chic au cœur de la maison Legrand, caviste monumental et historique dont les murs fin XIXᵉ sont parmi les plus beaux du genre : c'est dire si la maison s'y entend en matière de bons breuvages (dommage, les verres sont tout de même un peu chers). Pour accompagner la dégustation, de très belles assiettes froides et des produits d'origine bien contrôlée (foie gras, saumon sauvage fumé…). La table d'hôte qui donne sur la galerie est parfaite, quand le mercure y met du sien. Assiettes de 6,50€ à 22€ env. **M° Bourse** *1, rue de la Banque et 12, galerie Vivienne 75002 Tél. 01 42 60 07 12 Ouvert lun.-sam. 10h-19h*

prix moyens

Le Mesturet (plan 9). Il faut être un expert en cuisine de terroir pour savoir que le mesturet est un dessert du Quercy à base de potiron... Il est, par contre, pratiquement donné à tout le monde de savoir que c'est aussi un café-bistrot parisien qui fait les belles heures du quartier, de potron-minet jusqu'à l'heure du dîner. Les clés du succès ? Une cuisine qui sait ce que signifie traçabilité (tarte fine de sardines en escabèche au thym-citron, magret des Landes et sauce aigre-douce aux fruits rouges, crème brûlée à la verveine), des prix tenus, une ambiance parfois surchauffée : pourquoi bouder son plaisir ? formules 19,50€ et 25,50€. Menu-carte 20€-26€. **M° Bourse** 77, rue de Richelieu 75002 Tél. 01 42 97 40 68 Ouvert lun.-ven. 12h-15h et sam. 19h-23h

Le Gavroche (plan 10). Un bistrot tout ce qu'il y a de parisien. Une salle bondée et bruyante, des serveurs parfois débordés, et des petits plats très "vieille France", de la terrine au bœuf-carottes en passant par l'œuf mayo, le céleri rémoulade, le tartare et l'andouillette. Une vraie cantine de quartier ! Quand on est à la recherche de jovialité et qu'on n'a pas le cœur aux chichis, on y passe un moment pas désagréable. Carte env. 25€. **M° Bourse** 19, rue Saint-Marc 75002 Tél. 01 42 96 89 70 Ouvert tlj. en continu 7h-2h sauf dim.

Le Gallopin (plan 10). Millésimée 1876, cette brasserie est probablement l'une des plus belles de Paris, avec ses boiseries, ses cuivres et son service virevoltant en noir et blanc qui, lui aussi, mériterait d'être classé. La carte décline les grands classiques du genre (escargots, andouillette, tartare, sole meunière et baba au rhum) tout en se gardant un œil sur notre époque (parmesan, *wasabi* et *pesto* ont évidemment droit de cité) : de quoi satisfaire tous les publics. Formule express à 19,50€, menus de 23€ à 33,50€, carte env. 30€. **M° Bourse** 40, rue Notre-Dame-des-Victoires 75002 Tél. 01 42 36 45 38 Ouvert tlj. en continu jusqu'à 2h

Yo (plan 9). Les mauvaises brasseries ne manquant pas dans le quartier, on comprend qu'il faille parfois faire la queue avant de pouvoir s'asseoir dans ce joli bistrot habillé de pistache et de violet, et se faire (inévitablement) bercer par une sono *lounge* (assez sirupeuse). La carte s'affiche franco-thaïe et tient plutôt habilement ses promesses, le wok de pintade à la cannelle, au gingembre et aux oignons succédant logiquement au toast de crevettes à la coriandre. Formule (déj.) 20€ et menu (déj.) 24€. Carte env. 30€-35€. **M° Quatre Septembre, Opéra** 10, rue de Port-Mahon 75002 Tél. 01 47 42 00 33 Fermé sam. midi et dim.

prix élevés

Le Mellifère (plan 9). À un pas des Bouffes-Parisiens et à trois de plus de la Michodière : pas étonnant qu'on croise ici quelques têtes connues... Mais star ou pas, chacun a droit au même régime : les charcuteries du Pays basque de Pierre Oteiza, l'œuf cocotte au foie gras, le boudin noir et quelques jolis desserts façon mamie Sud-Ouest (le gâteau basque à noyer dans quelques cuillerées de crème anglaise). Ambiance mi-bistrot, mi-brasserie souvent nerveuse, à privilégier en bande plutôt qu'en tête à tête. Menus-carte 33€. **M° Quatre Septembre** 8, rue Monsigny 75002 Tél. 01 42 61 21 71 Fermé dim.

L'Écaille de la Fontaine (plan 9). Entre la cambuse et le minitroquet, voici l'annexe de Monsieur Gégé, dont La Fontaine Gaillon est située juste en face. Joliment décorée – rouge pétard, boiseries, design du sol au plafond – l'enseigne ne ment pas : de l'iode, rien que de l'iode, des huîtres et encore des huîtres – spéciales n°2, énormes belons n°0 – mais aussi tout ce qu'on aime croiser sur un beau plateau : des bigorneaux, des bulots bien tendres, des tourteaux pansus, des langoustines... Carte env. 35€-40€. Plateau de l'écailler 68€. **M° Quatre Septembre** 15, rue Gaillon 75002 Tél. 01 47 42 02 99 Ouvert lun.-ven. 12h-14h30 et 19h-23h30 Fermé sam. et dim.

Angl'Opéra (plan 9). Ludique, régressif, créatif, voire bravement azimuté : le chef de ce chic restaurant installé au cœur de l'hôtel Édouard-VII n'est pas de ceux qui laissent indifférent. On ne lui reprochera pas en tout cas d'essayer de surprendre, même si les amateurs de saucisse-aligot risquent d'être assez peu sensibles à la réinterprétation de leur plat préféré. Les autres trouveront sans doute matière à stimuler synapses et papilles en découvrant les gambas *a la plancha* assorties de poireaux, de réglisse et de salsifis, le foie gras en lamelles à l'orange ou le magret au café. Formule (déj.) 29€. Menu-carte 60€. **M° Opéra, Pyramides** 39, av. de l'Opéra 75002 Tél. 01 42 61 86 25 Fermé sam. et dim.

Silk & Spice (plan 11). Pour peu qu'on connaisse un peu, mais pas trop, la cuisine siamoise et que l'on cherche un cadre raffiné, avec ce qu'il faut de lumières douces comme de la soie, de fleurs exotiques et de "sourire thaï" – celui que vantent les brochures des voyagistes. Pour peu qu'on soit du côté de la rue Montorgueil et qu'on n'ait pas envie d'aller plus loin. Alors on ira goûter des mets délicatement relevés à cette chic adresse : soupe *tom yam koong*, bœuf au curry vert, riz gluant au lait de coco... Formules (déj.) 20€-25€, 47€ (dîner) et 65€ (dégustation). Carte 45€-50€. **M° Sentier, Étienne Marcel** 6, rue Mandar 75002 Tél. 01 44 88 21 91 Ouvert tlj. 12h-14h et 19h30-23h Fermé sam. midi

Un jour à Peyrassol (plan 8). Un bistrot à vins, mais sans les habituels flacons de morgon, nappes à carreaux et autres bacchantes du patron – ici, l'ambiance est celle d'une table d'hôte chic, un peu rustique avec des touches design subtiles. C'est un domaine viticole de l'arrière-pays varois qui est à la tête de l'affaire, pour mieux faire connaître ses côtes-de-provence, ainsi que ses truffes, dont la région est grande productrice. Si l'on en abuse, l'addition s'en ressent fortement, mais on peut, l'espace d'un déjeuner, se contenter des délicieuses charcuteries varoises plutôt qu'une brouillade au "diamant noir". Formule (déj.) sans truffe 15€, repas avec truffes 50€. **M° Bourse** 13, rue Vivienne 75002 Tél. 01 42 60 12 92 Ouvert lun.-ven. 12h-14h et 19h30-22h

Chez Georges (plan 11). Terrine de foies de volailles, harengs pommes à l'huile, jambon persillé, andouillette, turbot sauce béarnaise, entrecôte, tarte Tatin : pas de doute, le menu est de ceux qui renvoient d'emblée à un glorieux passé bistrotier. Le voyage n'est certes pas donné, mais il n'y existe pas tant d'adresses à cultiver aussi sincèrement le rétropédalage culinaire. La preuve ? Les touristes américains ou japonais ne sont pas si nombreux à s'y faire dorloter... Carte env. 45€-55€. **M° Sentier, Bourse** 1, rue du Mail 75002 Tél. 01 42 60 07 11 Fermé sam. et dim.

Aux Lyonnais (plan 8). Piloté par le jet-chef Alain Ducasse, voici un bistrot sélect, beau comme une carte postale sépia, authentique survivant des bouchons parisiens de la fin du xixᵉ siècle. Pas question de chicaner, avec une histoire et une enseigne pareilles, les Lyonnais cultivent donc logiquement le souvenir d'une certaine cuisine bleu-blanc-rouge, un imaginaire de plats ventrus et de joyeusetés caloriques : œuf cocotte aux écrevisses et sa mouillette géante, foie de veau persillé, tarte aux pralines roses… La cervelle de canut, en amuse-bouche, ne manque évidemment pas à l'appel. Menu 30€. Carte env. 50€. *M° Bourse, Richelieu-Drouot* 32, rue Saint-Marc 75002 Tél. 01 42 96 65 04 Fermé sam. midi, dim. et lun.

prix très élevés

Bizan (plan 9). Succédant à l'un des plus vieux représentants du circuit parisien du sushi-sashimi, une nouvelle équipe s'emploie à être à la hauteur de l'héritage : autant dire qu'on sait ici ce que marée signifie. En prime, nombre de réalisations témoignent d'une attention soutenue à la cuisine "cuisinée" : daurade, anguille et coquillages marinés en purée de concombre, rouget barbet à la vapeur de saké, glace au sésame noir délicieusement déroutante. Carte env. 50-60€. Menus 19€-30€ (déj.), 60€-100€ (dîner). *M° Pyramides, Quatre Septembre* 56, rue Sainte-Anne 75002 Tél. 01 42 96 67 76 Fermé dim.

La Fontaine Gaillon (plan 9). L'adresse n'est certes pas des moins dispendieuses, mais elle a deux atouts à ne pas négliger : d'abord, à la belle saison, une terrasse vraiment magique (surtout le soir, quand le quartier se calme) ; ensuite, toute l'année, la présence d'un célèbre patron, Gérard Depardieu, dont le goût pour le bien-manger et le bien-boire ne sont plus à vanter. Reste qu'on aimerait avoir son compte en banque pour faire de cette chic maison une cantine de tous les jours, histoire de profiter du bon goût classique de la côte de veau aux carottes caramélisées, et du clafoutis aux framboises. Menu 41€ (déj.). Carte env. 55-60€. *M° Quatre Septembre* 1, rue de la Michodière 75002 tél. 01 47 42 63 22 Ouvert lun.-ven. 12h-14h30 et 19h-23h30

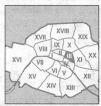

Le 3ᵉ ardt
plan 18

Le Marais semble avoir tant à offrir au piéton de Paris qu'il ne lui vient pratiquement pas à l'idée de lui nourrir le corps après lui avoir ouvert l'esprit. Heureusement, quelques solides bistrots font de la résistance…

petits prix

L'Estaminet du Marché (plan 18). L'affaire se cache dans l'ancienne réserve du poissonnier, pas loin d'un marchand de fruits et légumes, en face d'un traiteur nord-africain : pile au cœur du plus vieux des marchés couverts parisiens. C'est un caviste qui a aménagé ce lieu, dont l'atmosphère est à la chaleur complice et l'assiette à la calorie canaille. Des produits bruts de décoffrage, presque tous en direct de la ferme : foie gras aux figues, charcuteries, fromages bien affinés, boudin aux pommes… Très agréable table d'hôte à l'extérieur, aux beaux jours. Brunch dim. jusqu'à 14h. Carte env. 15€-20€. *M° Filles du Calvaire, Saint-Sébastien-Froissart* 33bis, rue Charlot 75003 Tél. 01 42 72 34 85 Ouvert mar.-sam. jusqu'à 20h, dim. jusqu'à 14h

prix moyens

Le Baromètre (plan 18). Dans un quartier en voie de "branchisation" aiguë, voilà une adresse qui met le moral de l'amateur de bistrots au beau fixe. Les vrais mangeurs s'y offrent une tranche de vie bien épaisse, en sacrifiant aux assiettes pleines des mêmes bons sentiments : gratin d'andouillette, tartare au couteau, côte de bœuf… En prime, des vins tout aussi complices. Carte 25€. **M° Filles du Calvaire** 17, rue Charlot 75003 Tél. 01 48 87 04 54 Ouvert lun.-ven. 8h-0h, sam. 11h-0h

Les Enfants-Rouges (plan 18). Ce petit bistrot niché dans une ruelle discrète est néanmoins connu des amateurs : sa carte des vins est, en effet, digne d'éloges (avec, notamment, quelques bouteilles de côte-rôtie à des prix abordables). Pour accompagner cette sélection imparable, une cuisine ménagère d'un bon niveau : saladier de harengs, terrine de foies de volailles, andouillette, magret aux clémentines… Accueil adorable, ambiance quelquefois torride. Dîners jeu., ven. et sam. Formule (déj.) 16,50€. Menu-carte (trois plats) 30€. **M° Temple, Filles du Calvaire** 9, rue de Beauce (autre entrée 90, rue des Archives) 75003 Tél. 01 48 87 80 61 Ouvert mar.-mer. déjeuner uniquement, jeu.-sam. déjeuner et dîner Fermé dim., lun. et trois semaines en août

prix élevés

L'Ambassade d'Auvergne (plan 18). Pourquoi changer ? Pourquoi couper les moustaches du patron, décrocher les jambons qui pendent au plafond, cesser de servir de drôles de liqueurs vertes à l'apéro ou des vins nommés boudes, châteaugay et chanturgues ? À voir les visages rosis par tant de sensations estampillées "Auvergne", on se dit que cette auberge on ne peut plus rustique a encore de beaux jours devant elle, et que des millions de saucisses-aligot feront, dans les vingt ans à venir, le bonheur des touristes comme des Parisiens pas (encore) blasés. Menu 28€. Carte env. 36€-40€, boisson comprise. **M° Rambuteau, Arts et Métiers, Les Halles** 22, rue du Grenier-Saint-Lazare 75003 Tél. 01 42 72 31 22 Ouvert tlj.

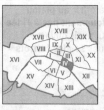

Le 4ᵉ ardt

plans 16, 18, 19, 24

Un pied dans le Marais, l'autre tourné vers le centre et la tête dans les îles : autant de raisons d'arpenter l'ardt, à la recherche d'un vieux troquet amical comme d'une grande maison de tradition sous les arcades de la place des Vosges.

très petits prix

Sacha Finkelstajn (plan 19). En plein *pletzl*, la jolie boulangerie à la façade jaune pétard dispense des plaisirs tant salés que sucrés : on se demande avec quoi on va bien pouvoir remplir son bagel au *pastrami*, puis on hésite longuement entre un strudel et une *Sachertorte*. **M° Saint-Paul** 27, rue des Rosiers 75004 Tél. 01 42 72 78 91 Ouvert lun. 11h-19h, mer.-jeu. 10h-19h, ven.-dim. 10h-19h30

petits prix

Le Pain quotidien (plan 19). S'il est parfois difficile de reconnaître aux enseignes de chaîne quelque vertu, celle-ci fait exception à la règle. Importé de Belgique, Le Pain quotidien offre, outre son service restauration (pains, pâtisseries, tartines salées, salades et de délicieux brunchs sam. et dim.) dans un décor nature très réussi, la possibilité d'acheter les produits goûtés sur ses grandes tables. Les crémeuses pâtes à tartiner au chocolat, à la praline ou au lait sont à se damner. Aussi de jolies salières rondes remplies d'un mélange d'épices et de sel, et du bon miel bio. *M° Hôtel de Ville 18-20, rue des Archives 75004 Tél. 01 44 54 03 07 www.painquotidien.com Ouvert tlj. 8h-21h*

prix élevés

La Canaille (plan 24). Parfaitement planqué, ce vaste bistrot gentiment libertaire a un sacré goût de revenez-y. Avec ses quelque trente années au compteur, il force le respect : celui dû aux patriarches, bien entendu, mais surtout celui que méritent les défenseurs de la bonne cause bachique. Sachez qu'il y a ici une armada de bouteilles, souvent d'origine biologique, avec un patron expert pour les conseiller. Vu de l'assiette, le propos est peut-être moins percutant, mais, on ne restera pas l'estomac vide après avoir tâté du sauvignon de Touraine de chez Puzelat ou des crus corses de chez Leccia : un onglet de veau à la moutarde ou un confit de canard devraient parfaitement faire l'affaire. Formule 13,50€ (déj.). Carte 30€-35€ *M° Sully-Morland, Bastille 4, rue Crillon 75004 Tél. 01 42 78 09 71 Fermé sam. midi et dim.*

Napoli Food (plan 18). Traduisez *cucina napoletana* pour être vraiment dans le ton et l'accent de cette trattoria réjouissante où la vingtaine de couverts se joue au coude à coude. Antipasti de légumes, *scaloppine al marsala*, *linguine vongole* et autres *pasta* à toutes les sauces (à l'encre, un régal !)… On ne badine pas avec la qualité des produits – ni avec les prix pratiqués, d'ailleurs. Pour les budgets serrés, rendez-vous au déjeuner. Menu (déj.) 15€. Carte 30€-35€. *M° Bastille 6 et 8, rue Castex 75004 Tél. 01 44 54 06 61 Fermé dim. et lun. midi*

L'Enoteca (plan 19). Pour être à la hauteur de son enseigne, la maison ne pouvait pas faire moins que de proposer quelque 400 bouteilles transalpines – il y en a d'ailleurs tant que, à moins d'avoir un sacré connaisseur à son côté, mieux vaut se rabattre sur la dizaine de crus au verre qui changent régulièrement… Pour coller à cette exigence bachique, la cuisine s'efforce de sortir des sentiers rebattus de la *pasta*, en proposant la *salsiccia* aux haricots blancs, le thon au pesto de roquette et des *antipasti* pas banals qu'on dévore avec une *focaccia* particulièrement moelleuse. Formule (déj.) 14€ (vin compris) Menu (dîner) 29€. Carte env. 30-35€. *M° Sully-Morland, Saint-Paul 25, rue Charles-V 75004 Tél. 01 42 78 91 44 www.enoteca.fr Ouvert tlj. 12h-14h30 et 19h30-23h30*

Le Bourguignon du Marais (plan 19). C'est d'abord pour sa très flatteuse sélection de vins (évidemment tous bourguignons) qu'on fréquente la maison : Jayer-Gilles, Raveneau, Confuron, Groffier, voilà des noms qui disent forcément quelque chose aux amateurs, ravis de profiter, au passage, du jambon persillé, de l'andouillette (à l'aligoté, cette question !) ou de l'époisses (alors, rouge ou blanc avec ce fromage ?).

Quelques assiettes plus "fusion", curieusement, parviennent à cohabiter avec les escargots en persillade. Carte env. 30€-40€. **M° Saint-Paul** 52, rue François-Miron 75004 Tél. 01 48 87 15 40 Ouvert mar.-sam. en service continu Fermé dim.-lun.

Le Rouge-Gorge (plan 18). Un bar à vins à thèmes, qu'il s'agisse des nectars, de la cuisine ou des programmes de la quinzaine, histoire de s'amuser et de ne surtout pas lasser, il fallait juste y penser. C'est ainsi que ce bistrot mignon comme tout passe de la Corse au Maroc, de la Loire au Bordelais via le Jura, sans jamais déroger à une règle : l'exigence de la sélection (souvent bio) et du discours (si on vous dit qu'un vin blanc un peu tiède est à température, vous avez intérêt à acquiescer!). Formule (déj.) 10€. Carte 40€. **M° Sully-Morland, Saint-Paul** 8, rue Saint-Paul 75004 Tél. 01 48 04 75 89 Fermé dim.

Le Coude fou (plan 19). Il faudrait être fou pour ne pas venir lever le coude ici ! Toute une foule saine de corps et d'esprit le sait et elle prend régulièrement d'assaut cette belle salle de troquet (le coin avec les fresques est toujours aussi sympa) pour refaire le monde en sifflant verre de blanc sur verre de rouge sur verre de rosé (doucement, tout de même!). Les habitués, curieusement, ne cessent de mégoter sur le rapport qualité-prix, mais n'en reviennent pas moins commander une bonne assiette de cochonnailles et plébisciter la chaleur de l'accueil. Menus 16,50€ ou 19,50€ (déj., vin compris), uniquement en semaine. Carte env. 35€. **M° Hôtel de Ville** 12, rue du Bourg-Tibourg 75004 Tél. 01 42 77 15 16 Ouvert tlj.

Thanksgiving (plan 19). Fried green tomatoes, oysters Rockefeller, filé gumbo : voilà qui change des banalités et des caricatures, du hamburger et des French fries. Car en sortant du métro Saint-Paul, sans y prêter vraiment attention, on a fait quelques milliers de kilomètres, destination la Louisiane – comme ils disent ici, "bienvenue à Bayou-sur-Seine". La singularité du propos et la sincérité de l'interprétation n'empêchent pas les aventuriers du goût les mieux disposés de revenir en se demandant le pourquoi du comment de ce qu'ils ont mangé : des huîtres chaudes, un jambalaya qui tient au corps, une tarte aux noix de pécan. Brunch (sam. et dim. midi) 20€ et 25€. **M° Saint-Paul, Sully-Morland** 20, rue Saint-Paul 75004 Tél. 01 42 77 68 29 Ouvert tlj. Fermé le soir (sauf salle privée), brunch sam.-dim. midi

L'Alivi (plan 19). On aimerait tant que les quelques tables en terrasse donnent, l'été, sur une petite "marine" (comme celle d'Erbalunga, peut-être ?) bercée par le ronronnement du moteur des "pointus" ramenant la pêche du jour. La carte postale est idyllique, mais illusoire, à deux pas de la rue de Rivoli. Reste que nombre de fadas de l'île de Beauté passent régulièrement se faire faire une petite piqûre de rappel, avec des filets de sardine au fenouil, des aubergines gratinées au fromage de brebis, quelques belles cochonnailles du cru et le patrimonio du domaine Leccia pour faire descendre. Pace e salute. Formule déj. 17€. Menu (change tous les soirs) 17€-23€. Carte env. 40€. N'accepte pas les tickets restaurant. **M° Hôtel de Ville, Saint-Paul** 27, rue du Roi-de-Sicile 75004 Tél. 01 48 87 90 20 Ouvert tlj. 12h-14h et 19h-23h, jusqu'à 23h30 le week-end

L'Osteria (plan 19). Une façade discrète, presque secrète, aucun menu affiché : à croire que L'Osteria voudrait qu'on la laisse dans son coin… À moins qu'elle aime, justement, cultiver ces airs de délice d'initié et se réserver aux seuls connaisseurs (fortunés, en l'occurrence). Si l'aventure mérite d'être tentée, c'est pour les risotti du chef Pietro Matranga, maestro en la matière. Au fil des saisons, les recettes changent : asperges et morilles, encre de seiche, truffes (noires, voire blanches, exceptionnelles). Carte 45€-50€. *M° Saint-Paul 10, rue de Sévigné 75004 Tél. 01 42 71 37 08 Fermé sam.-dim. et lun. midi*

Bofinger (plan 18). Si on vous dit andouillette, choucroute et plateau de fruits de mer, vous répondez brasserie. Oui mais, attention, pas n'importe laquelle, un monument du genre avec sa verrière 1880, ses salles Belle Époque, ses banquettes moelleuses, sa dame au vestiaire et son public tous azimuts, du fidèle de toujours aux groupes de touristes en passant par quelques noceurs en faim de nuit. Menu (déj.) 23,50€ et (dîner) env. 30,50€. Carte 40€-60€. *M° Bastille 5-7, rue de la Bastille 75004 Tél. 01 42 72 87 82 Ouvert tlj. 12h-15h et 18h30-1h, service en continu week-end et j. fér.*

prix très élevés

Benoît (plan 16). Un monument historique ? Oui, on peut le dire de ce bistrot fondé en 1912. Inutile d'imaginer se voir servir ici une cuisine "fusion" ou des pizzas aux quatre fromages : la tradition, rien que la tradition, voilà ce que Benoît n'a jamais cessé de cultiver. Et ce n'est pas l'arrivée récente d'Alain Ducasse qui va y changer quelque chose. Nul doute que les serveurs seront toujours en noir et blanc, la tête de veau forcément ravigote et l'aile de raie aux câpres. Si seulement l'addition pouvait être en anciens francs ! Carte env. 100€. Menu (déjeuner) 38€. *M° Châtelet, Hôtel de Ville 20, rue Saint-Martin 75004 Tél. 01 42 72 25 76 Ouvert tlj.*

L'Ambroisie (plan 18). Il suffit d'un rien pour se sentir "chez quelqu'un" – même sous les arcades de la place des Vosges, dans un écrin aussi délicatement imposant que cette maison XVIIIe siècle tout en marqueteries, orchidées et tapisseries. Il suffit juste de voir le patron, Bernard Pacaud, avec son polo et son petit tablier blanc, dire bonjour à ses clients avant d'aller faire rugir ses fourneaux pour en tirer des plats majestueux : la feuillantine de langoustines au sésame, le bar au caviar, la tarte fine au chocolat. Unique, imparable, très étoilé, et donc réservé aux très grandes occasions. Carte env. 200€-250€. *M° Bastille, Saint-Paul 9, place des Vosges 75004 Tél. 01 42 78 51 45 Fermé dim. et lun.*

Manger dans les îles

prix élevés

Mon Vieil Ami (plan 18). Surveillée de près par un très fameux chef alsacien (Frédéric Crochet), voici la parfaite auberge contemporaine. Le mobilier sobrement et "sombrement" design contraste avec les pierres et poutres anciennes, rappelant habilement les nobles bâtisses au charme fou de ce coin de Paris. On s'installe autour de la vaste table d'hôte pour goûter une cuisine d'inspiration maternelle qui fait la part belle aux légumes : lieu jaune rôti aux tomates, basilic et blettes ou oignon et ail confit, compotée de pommes de terre et carottes à la coriandre fraîche et poitrine de veau braisée et caramélisée aux agrumes. Plat du jour (déj.) 15€. Menu-carte 41€. *M° **Pont Marie*** *69, rue Saint-Louis-en-l'Île 75004 Tél. 01 40 46 01 35 Ouvert mer.-dim. 12h-14h30 et 19h-22h30 Fermé lun. midi et mar.*

Le Vieux Bistrot (plan 18). C'est ce qu'on appelle une maison de tradition, pérenne, rassurante, caressant ses habitués dans le sens du poil. Ces conservatoires de la gourmandise à l'ancienne ont du bon, au moment d'attaquer la frisée aux lardons (l'œuf poché ne manque évidemment pas à l'appel), le pâté de tête (maison, cela va sans dire), les quenelles de brochet sauce aux étrilles, le bœuf bourguignon ou la tarte Tatin. Parce qu'ils témoignent tous d'une authentique générosité, et qu'à l'ombre de Notre-Dame, cela n'est pas si fréquent. Les touristes américains, en tout cas, l'ont compris et prennent d'assaut ce vieux bistrot. Menu (déj.) 20-26€. Carte env. 45€. *M° **Cité, Hôtel de Ville*** *14, rue du Cloître-Notre-Dame 75004 Tél. 01 43 54 18 95 Ouvert tlj.*

Isami (plan 18). Les horaires paraîtront peut-être un peu restrictifs (mieux vaut finir son dîner avant 21h30), les réservations difficiles, mais c'est sans doute la rançon de la gloire. Une gloire, certes discrète, mais bien réelle, Isami se situant dans le peloton de tête des *sushi-ya* (maisons à sushis) parisiennes. Installé au petit comptoir, on salive d'avance en voyant le chef confectionner de délicats sushis d'anguille ou de ventrèche de thon. Le respect de la marée est absolu : il ne viendrait à l'idée de personne de contester la fraîcheur du poisson servi dans cette charmante maison de poupée. Carte env. 50€. *M° **Pont Marie*** *4, quai d'Orléans 75004 Tél. 01 40 46 06 97 Ouvert mar.-sam. 12h-14h et 19h-22h Fermé dim. et lun.*

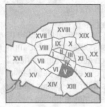

Le 5ᵉ ardt

plans 17, 18, 23, 24

Un tiers de bohème estudiantine, deux tiers de bourgeoisie bon teint : voilà comment un quartier se forge une identité, déployant au passage bistrots de toujours, troquets d'aujourd'hui, bars à vins et petites pioches joliment dépaysantes.

petits prix

Mirama (plan 17). Rien ne distingue vraiment la vitrine de ce restaurant chinois discret. Mais celui-ci, l'un des plus constants du quartier, mêle, dans une ambiance simple comme tout, communautés asiatique et estudiantine. Pour un déjeuner ou un dîner rapide et pas trop cher (soupe de raviolis aux nouilles, travers de porc aux prunes…), difficile de faire plus singulier. Carte env. 20€. *M° **Cluny-La Sorbonne** 17, rue Saint-Jacques 75005 Tél. 01 43 54 71 77 Ouvert tlj. 12h-22h45*

prix moyens

Les Pipos (plan 24). Sur une charmante petite place, Les Pipos n'en jouent pas trop mais rendent simplement hommage au surnom des élèves de l'École polytechnique, située juste en face. On trouve là tout ce que l'on est en droit d'attendre d'un bistrot historique du quartier : une atmosphère patinée, des touristes américains à la pelle, des habitués d'une autre époque, tout ce petit monde ingurgitant du morgon et du saucisson sans faire attention au temps qui passe. Carte 20€-25€ (pas de CB, ni tickets restaurant). *M°* ***Maubert-Mutualité, Cardinal Lemoine*** 2, rue de l'École-Polytechnique 75005 Tél. 01 43 54 11 40 Fermé dim.

Le Porte-Pot (plan 17). Sous la houlette d'une équipe jeune et motivée, voici le dernier-né des bistrots-caves du quartier. Dans un décor à mi-chemin entre le rustique et le design, on profite de vins soigneusement choisis (le cheverny de chez Villemade ou le côtes-du-rhône blanc des vignerons d'Estézargues, tous également proposés en vente à emporter) et d'une cuisine qui tient plutôt bien au corps. Confit, andouillette, salade de chou aux gésiers, fromages et charcuteries affichent fièrement leur pedigree : au déjeuner comme au dîner, il ne faut pas hésiter à s'y arrêter. Formule (déj.) 9,90€-11€ (salade ou tarte salée, dessert, verre de vin, café). Carte env. 25€. *M°* ***Cluny La Sorbonne***, RER Saint-Michel 14, rue Boutebrie 75005 Tél. 01 43 25 24 24 Ouvert lun.-sam 12h-14h et 19h-23h Fermé dim., lun. midi

Le Pré verre (plan 17). Il manquait au quartier une adresse à la fois sérieuse sur le fond et décontractée sur la forme. Deux frères au passé respectable y ont remédié en ouvrant ce vaste bistrot pêchu, pris d'assaut midi et soir – pour un repas au calme, on repassera. Le succès doit autant aux prix qu'à l'esprit : la cuisine *spicy* s'accompagne de vins malins, la purée fumée avec le cabillaud rôti au bois de casse finissant forcément par trouver qu'un vrai muscadet lui ira à merveille. Parmi les autres bons tours du chef, la hure de cochon aux dattes, le riz au lait cacahuètes-persil. Ré-ser-vez (uniquement par téléphone) ! Formule (déj.) 13€ (vin et café compris). Menu carte 26,50€. *M°* ***Maubert-Mutualité*** 8, rue Thénard 75005 Tél. 01 43 54 59 47 www.lepreverre.com Ouvert 12h-14h et 19h30-22h30 Fermé dim. et lun.

Le Jardin des Pâtes (plan 24). Depuis des années, le credo du Jardin n'a pas varié d'un iota : des pâtes maison, bio, généreuses, comme ces tagliatelles à la farine de seigle et au jambon, ou ces autres, version châtaigne, avec aiguillettes de canard et un soupçon de crème. La petite salle faisant souvent le plein, on n'oubliera pas de réserver une table. Carte env. 25-30€. *M°* ***Place Monge, Jussieu*** 4, rue Lacépède 75005 Tél. 01 43 31 50 71 Ouvert tlj. 12h-14h30 et 19h-23h

Les Papilles (plan 24). Une trentaine de couverts dans un beau décor de bistrot-cave-épicerie, boisé, boisé, boisé : jolies tables en bois, chaises en bois, banquette en bois, bar en bois (superbe), casiers à bouteilles en bois... et porte de bois pour les clients qui n'auraient pas réservé. On vient en effet du 5e arrondissement et de beaucoup plus loin pour profiter de l'ambiance de copains, de bons vins (on se lève pour les choisir soi-même) et des petits plats pétris de bons sentiments : le menu étant unique et renouvelé régulièrement, difficile d'indiquer ce qui sera proposé – peut-être une poitrine de porc braisée aux tomates et olives ? Menu (déj.) 20€. Menu (dîner) 28,50€. *M°* ***Maubert-Mutualité***, RER Luxembourg 30, rue Gay-Lussac 75005 Tél. 01 43 25 20 79 Fermé dim.

prix élevés

Tao (plan 24). C'est vrai, Tao n'est pas le moins dispendieux des "petits" restaurants vietnamiens. Mais leurs brochettes de crevettes à l'émincé de porc grillé, la fricassée de tofu, le bœuf épicé, la soupe à la citronnelle ou un *bô-bun* témoignent d'une authentique finesse. Accueil chaleureux pour ne rien gâter. Menu-enfant 9€. Carte env. 25€-35€ **M° Maubert-Mutualité**, RER Luxembourg 248, rue Saint-Jacques 75005 Tél. 01 43 26 75 92 Fermé dim. et au mois d'août

L'Équitable (plan 24). Avec ses vieilles pierres aux murs, ses tomettes, ses poutres apparentes et ses tables joliment dressées, l'atmosphère est celle d'une brave auberge de province (ce qui n'a, évidemment, rien de péjoratif). C'est aux assiettes que le chef laisse le soin de jouer quelques agréables notes contemporaines avec une cuisine de saison, témoignant d'une belle maîtrise des saveurs. Et, pour ne rien gâter, l'addition reste sage au regard de tant de qualités. Formules et menus de 16€ à 21€ (déj.), 32€ (dîner). **M° Censier-Daubenton, Les Gobelins** 47bis, rue Poliveau 75005 Tél. 01 43 31 69 20 Fermé lun.

Chantairelle (plan 24). Des œufs pochés à la fourme d'Ambert, des lentilles vertes du Puy aux copeaux de jambon, de la truffade, du pounti, du chou farci et des bouteilles de chateldon pour faire passer : pas de doute possible, voici, à l'ombre du Panthéon, une amusante enclave auvergnate que l'on a plaisir à fréquenter à la belle saison, pour profiter du calme de son patio. On y est à peine dérangé par le piaillement des oiseaux… Menus de 16 à 21€ (déj., vin compris). Carte env. 32€. **M° Cardinal Lemoine, Maubert-Mutualité** 17, rue Laplace 75005 Tél. 01 46 33 18 59 Fermé sam. midi et dim.

Anahuacalli (plan 17). Le succès jamais démenti de cette maison au bord de l'eau (anahuacalli, en aztèque) tient en un mot : qualité. Qualité de l'accueil, d'abord, tout en sourires. Qualité de la cuisine, ensuite, qui laisse à distance l'ordinaire "tex-mex". Ce n'est évidemment pas dans cette cantina chic que l'on viendra commander des nourritures semi-industrielles. En revanche, si l'on n'a jamais fait l'expérience du mole poblano (la fameuse dinde marinée au cacao, piments et épices), il n'y a pas lieu d'hésiter. En profitant au passage, et avec modération, du joli choix de tequilas. Carte env. 35€. **M° Mauber-Mutualité** 30, rue des Bernardins 75005 Tél. 01 43 26 10 20 Ouvert tlj. le soir 19h-23h et dim. midi 12h30-14h30

Les Fontaines (plan 24). Pile ou face, addition tenue ou un peu plus débridée : les Fontaines nécessitent un petit mode d'emploi. Selon que l'on s'oriente vers des assiettes toutes simples (salade d'endives au bleu, harengs pommes à l'huile, concombres à la crème) ou qu'on préfère les produits plus nobles (foie de veau au vinaigre de xérès, "belle entrecôte", rognon à la dijonnaise). Décor d'un kitsch total et personnel virevoltant. Très parisien, en somme… Formule (déj.) 15€. Carte 30€-40€. **M° Maubert-Mutualité**, RER Luxembourg 9, rue Soufflot 75005 Tél. 01 43 26 42 80 Ouvert tlj. en continu lun.-ven. 7h-0h, sam. 8h-0h, dim. 9h-0h

Les Délices d'Aphrodite (plan 24). À un jet de feuille de vigne farcie de la maison-mère, voici le petit "bistrot" des frères Mavrommatis, un peu moins cher. Généralement, on ne fait pas attention à la carte, l'assiette d'entrées froides suffisant pratiquement à elle seule pour un repas léger et savoureux. En été, la petite terrasse verdoyante est de celles qui provoquent quelques émeutes – chacun, par la suite, faisant la paix en partageant tabouté, tarama, purée de pois chiches et poulpe poêlé à l'huile d'olive. Formule (déj.) 17,50€ (4 entrées froides et 6 chaudes en petites portions) et 19,50€ (entrée et plat). Carte env. 32€-43€. **M° Censier-**

Daubenton *4, rue de Candolle 75005 Tél. 01 43 31 40 39 Ouvert tlj. 12h-15h et 19h-23h*

Chieng Mai (plan 17). Il se murmure que c'est l'une des plus anciennes ambassades thaïlandaises de la capitale : possible, à en juger par le décor certes confortable mais un rien *old school*. Il n'y a, cela dit, pas grand-monde sur qui porter son attention, au moment d'attaquer le poisson au lait de coco en feuille de bananier, le magret au basilic, la soupe de crevettes à la citronnelle. Parfois animé quand les bandes de copains de la Sorbonne y organisent leurs soirées-retrouvailles. Menus de 11,30€ à 14,50€ (déj.), de 20€ à 27€ (dîner). Carte env. 35€. *Mº Maubert-Mutualité 12, rue Frédéric-Sauton 75005 Tél. 01 43 25 45 45 Ouvert tlj. 12h-14h30 et 19h-23h30 Fermé dim. et au mois d'août*

Le Vin sobre (plan 23). En un mot comme en deux : du vinsobres au Vin sobre. Ou du cairanne, ou de l'anjou, ou du mâcon, ou du brouilly, qu'importe : on fera aveuglément confiance au patron de ce bistrot à vins posé non loin de la chapelle du Val-de-Grâce, avant de piocher dans la planche de cochonnailles ou de commander une deuxième assiette de frites pour accompagner l'entrecôte du Limousin. Deux mots encore : le vinsobres est un superbe cru de la vallée du Rhône, et Le Vin sobre a une petite terrasse vraiment pas désagréable. Carte env. 35€. *Mº Maubert - Mutualité, RER Luxembourg, Port-Royal 25, rue des Feuillantines 75005 Tél. 01 43 29 00 23 Ouvert tlj.*

Le Mauzac (plan 24). Il règne ici une atmosphère immuable sur laquelle personne ne semble avoir prise : comme si ce troquet avait toujours été là, comme s'il avait toujours accueilli les touristes avec leur plan de Paris ouvert à la page 5ᵉ ardt, les universitaires aux cheveux plus sel que poivre, les cols bleus trimant au zinc sur les mots croisés du *Parisien*. Depuis toujours, tout ce petit peuple se frotte à la grosse et belle entrecôte et au morgon de Foillard, dans une atmosphère de surchauffe maîtrisée. Aux beaux jours, délicieuse terrasse sous les marronniers. Carte env. 35€-40€. *Mº Maubert-Mutualité, RER Luxembourg 7, rue de l'Abbé-de-l'Épée 75005 Tél. 01 46 33 75 22 Ouvert lun.-sam. 9h-15h et 20h-22h30, dim. 9h-15h*

La Table corse (plan 24). Discrète, très discrète, l'adresse : de là à invoquer la légendaire "discrétion" insulaire... Qu'importe : si l'on aime l'île de Beauté et que l'on cherche une table feutrée pour un joli tête-à-tête, autant choisir celle-ci, nettement plus soignée et sérieuse que la plupart des autres mangeoires du quartier. D'autant que le chef s'efforce de proposer une relecture des recettes et traditions d'entre Corse et Méditerranée : foie gras de canard au muscat de Patrimonio, les ventrèches de thon et de cochon au risotto. Carte 35€-45€. *Mº Place Monge 8, rue Tournefort 75005 Tél. 01 43 31 15 00 Ouvert lun.-sam. uniquement le soir jusqu'à 23h30 Fermé dim.*

Le Petit Pontoise (plan 18). Bistrot mais pas trop ? Si l'on se fie au décor (avec l'horloge, le buffet, les tables et les chaises en bois, les ardoises accrochées sur les murs) et à l'ambiance (conviviale, simple), la réponse est évidemment oui. Si l'on se fie à l'addition, en revanche, il faut admettre que celui-ci a plutôt tendance à se hausser du col – sans doute est-ce le quartier qui veut ça... Reste que la foule de touristes anglo-saxons comme les Parisiens du coin de la rue ne trouvent pas à y redire, et font la queue pour le parmentier de canard au foie gras et l'île flottante aux pralines roses. Carte (changeant tous les trimestres) env. 40€. *M⁰ Maubert-Mutualité 9, rue de Pontoise 75005 Tél. 01 43 29 25 20 Ouvert tlj. 12h-14h30 et 19h30-22h30*

La Rôtisserie du Beaujolais (plan 18). Pourquoi changer une recette qui gagne ? En quelque douze années d'existence, La Rôtisserie a en effet passé un nombre incalculable de volailles à la broche (le demi-poulet est servi avec une vraie purée), les faisant précéder, généralement, d'œufs meurette. Une cuisine pleine de gouaille, donc, pour un public qui sait aussi apprécier les joies simples de la côte de bœuf de Salers et du millefeuille au pralin. Ambiance souvent animée, coude à coude de rigueur, brouhaha dans l'air et beaujolais dans les verres. Carte env. 50€. *M⁰ Maubert Mutualité 19, quai de la Tournelle 75005 Tél. 01 43 54 17 47 Ouvert tlj. 12h-15h et 19h30-0h*

Mavrommatis (plan 24). À ceux qui douteraient encore de la possibilité de trouver un restaurant grec de qualité dans le quartier (les vrais-faux hellènes pullulent, par ici), Mavrommatis ne cesse d'apporter un démenti cinglant. Les classiques y sont évidemment au cordeau (moussaka, caviar d'aubergines…), mais c'est bien pour les recettes réinterprétées avec esprit qu'on aime y aller (l'été notamment, sur la terrasse abritée d'oliviers), en profitant du subtil dépaysement qu'offrent la friture de calamars à la roquette et aux poivrons, les superbes crépines d'agneau rôties, les gambas gratinées à la feta, la crème de lait à la fleur d'oranger. Carte 45€-60€. *M⁰ Censier-Daubenton 42, rue Daubenton 75005 Tél. 01 43 31 17 17 Ouvert mar.-sam. 12h-14h15 et 19h-23h Fermé dim.-lun. et trois semaines en août*

prix très élevés

Le Moulin à vent (plan 24). Difficile de ne pas faire attention à sa cave quand on porte le nom de l'un des (meilleurs) crus du Beaujolais : autant commencer par là, en profitant d'un décor immuable et du spectacle des vieux habitués frayant avec les touristes d'un jour. Les uns comme les autres trouvent ce qu'ils sont venus chercher, une cuisine elle aussi d'avant-hier, avec les grenouilles fraîches à la provençale, le saucisson chaud de Lyon et le châteaubriand au poivre. Les additions passent un peu moins facilement que les verres de saint-amour… Menu (déj.) 35€. Carte env. 60€. *M⁰ Jussieu, Cardinal Lemoine 20, rue des Fossés-Saint-Bernard 75005 Tél. 01 43 54 99 37 Fermé sam. midi, dim. et lun.*

La Tour d'argent (plan 18). La terre entière y a dîné, de Dumas à Balzac, de Kennedy à Nixon, de Dalí à Karajan, de Bogart à Bacall – on en oublie certainement, forcément, volontairement. Monument historique de la restauration parisienne, La Tour reste l'une de ces adresses à l'atmosphère *so French* que le monde nous envie, pour le plaisir d'un repas dans l'esprit d'antan, face à Notre-Dame éclairée par les projecteurs des bateaux-mouches. Le moment est évidemment magique quand on est installé près des baies vitrées, avec pour compagnons les quenelles de brochet "André Terrail", le fameux canard à l'orange et les poires "Vie parisienne" du chef Stéphane Haissant. Menu 70€ (déj.). Carte env. 250€. *M⁰ Pont Marie, Cardinal Lemoine 15-17, quai de la Tournelle 75005 Tél. 01 43 54 23 31 Fermé lun. et mar. midi*

Le 6ᵉ ardt

plans 14, 15, 18, 23

Chic et gourmand : ainsi va l'arrondissement. De l'Italie au Sud-Ouest en passant par les cases Asie ou brasserie, Saint-Germain sait ce que manger veut dire.

très petits prix

Cosí (plan 14). Vous êtes-vous déjà rêvé en chef italien ? C'est ce que vous permettra cette petite échoppe où les paninis sont composés à votre demande. Entre autres produits bien frais : pain cuit sur place, roquette, jambon de pays, tapenade, tomates confites, etc. Sur place ou à emporter, sur la place de Furstemberg, toute proche. De 5,50€ à 8,80€ le sandwich. **M° Odéon, Saint-Germain-des-Prés** *54, rue de Seine 75006 Paris Tél. 01 46 33 35 36 Ouvert tlj. 12h30-23h*

prix moyens

Midi Vins (plan 23). Oh, c'est vrai, certains ne verront jamais là qu'un banal petit troquet d'angle comme Paris en compte plusieurs milliers. À ceci près que celui-ci cultive l'esprit BCBG du quartier : bon coût, bon goût. Du coup, les touristes du coin de la rue de Rennes, du xixᵉ comme de l'Upper East Side débarquent en masse vérifier qu'on peut encore, à Paris, manger correctement pour 21€ – deux ou trois bouteilles et vins au verre permettent, accessoirement, de ne pas trop plomber cette pas-si-douloureuse que ça. Le menu ? Vous verrez bien : peut-être une frisée aux lardons, un thon sauce vierge, un rognon à la moutarde à l'ancienne, une tarte aux pommes – certes pas follement généreux, mais suffisamment sincères pour qu'on y (re)vienne. Plat du jour (déj.) 14€. Formule (déj.) 18€. Menu 21€. **M° Vaneau** *83, rue du Cherche-Midi 75006 Tél. 01 45 48 33 71 Ouvert mar.-sam. 12h-15h et 19h30-22h30*

La Crémerie-Les Vents d'Anges (plan 14). Millésimée 1880, cette boutique est l'une des plus belles qui soient : on pourrait très bien n'y passer qu'une tête, sans nécessairement penser à s'y arrêter, mais ce serait tout de même dommage. D'abord, parce qu'il y a ici une rafale de bons vins, ensuite parce que la maison a le bon goût de les accompagner de charcuteries italiennes et de plats du jour savamment mijotés. Pour un repas sur le pouce, en une demi-heure ou en deux heures… Carte env. 25€. **M° Odéon, Mabillon** *9, rue des Quatre-Vents 75006 Tél. 01 43 54 99 30 Fermé dim. et lun. (le soir, accueil jusqu'à 21h)*

prix élevés

Da Rosa (plan 14). Pour un picorage chic-choc, la maison a tout prévu : quelques tables en mezzanine, histoire de goûter à un vrai tarama ou à un saumon authentiquement norvégien… avant de faire son choix parmi les innombrables produits que rassemble cette épicerie d'exception, cf. Shopping à Saint-Germain-des-Prés. Formule (de 12h à 17h) 21€ (verre de vin compris). Carte env. 30€. **M° Mabillon** *62, rue de Seine 75006 Tél. 01 40 51 00 09 Ouvert tlj. 10h-22h (hiver), 10h-2h (été)*

Chez Marcel (plan 23). Tout petit, certes, mais avec une âme grosse comme ça. Imaginez des casiers à serviettes pour les habitués, qui viennent du lundi au vendredi soir commander leurs plats de mémoire (coquelet à l'estragon, saucisson pistaché, quenelles, saint-marcellin toujours bien coulant), un zinc lustré par tant et tant de coudes, des banquettes même pas fatiguées. Le millésime de ce troquet que les Américains nous envient est à chercher du côté des années 1920 ou 1930, et cela suffit amplement à ce qu'on aille, comme les touristes, lui présenter nos respects. Formule (déj.) 18€. Carte 35€. *M° Notre-Dame-des-Champs 7, rue Stanislas 75006 Tél. 01 45 48 29 94 Fermé sam. et dim.*

Le Comptoir du Relais (plan 14). Le mode d'emploi est important : pas de réservations (sauf si on passe une tête et qu'on demande poliment), pas vraiment de téléphone (essayez peut-être le 01 44 27 07 97), brasserie hautement améliorée de 12h à 19h, dîner à partir de 20h. Voilà tout ce qu'il faut savoir avant de s'installer dans la toute nouvelle adresse d'Yves Camdeborde, le chef qui fit les beaux jours de la Régalade pendant une bonne dizaine d'années. Dans cette charmante salle de bistrot, il sert de la salade de ventrèche de thon comme du pâté en croûte (superbe !), du petit salé comme du thon *a la plancha* avant, le soir, de proposer un menu unique de saison. Connaissant le sérieux du bonhomme, on peut y aller les yeux fermés. Carte 30€-35€. Menu (dîner) 45€. *M° Odéon 7-9, carrefour de l'Odéon 75006 Tél. 01 44 27 07 50 Ouvert lun.-ven. 12h-18h, sam.-dim. 12h-22h30*

L'Épi Dupin (plan 15). Les défauts de la maison ? Tout le monde les connaît (l'impossibilité de débarquer à l'improviste, le brouhaha, le coude à coude façon boîte à sardines, le service forcément monté sur ressorts), mais personne n'en a vraiment cure. Parce qu'il y a simplement ici un talent discret qui sait comment améliorer (voire mieux que ça !) l'ordinaire, en associant dorade et boudin en millefeuille, moules et sésame avec patates douces et émulsion de curry, jarret de veau et gingembre, la carte étant renouvelée selon la saison. Conclusion : autant faire comme tout le monde, réserver sa place, sous peine de voir un car de touristes japonais s'en emparer. Formule (déj., vin compris) 24€. Menu-carte 32€. Terrasse. *M° Sèvres-Babylone 11, rue Dupin 75006 Tél. 01 42 22 64 56 Fermé sam., dim. et lun. midi.*

Fish, la Boissonnerie (plan 14). L'humour anglais, ce n'est pas une légende. Voyez la splendide façade en mosaïque, qui rappelle le passé de la maison : il y avait autrefois ici une poissonnerie, dont le "p" a simplement été remplacé par un "b", pour donner naissance à un barbarisme explicite – il sera plus question ici de jus de raisin que d'eau de mer. Entre les mains d'une équipe d'Anglo-Saxons qui maîtrise sur le bout des doigts les vignobles du Rhône, du Languedoc-Roussillon, de Loire ou de Provence, Fish propose donc une sélection régulièrement renouvelée d'une petite dizaine de crus à tester au verre, pour accompagner des assiettes à la fois malignes et sérieuses, revues tous les mois. Vu le succès, difficile de ne pas réserver. Formule (déj.) 21,50€. Menu carte 29,50-34,50€. Carte env. 35€. *M° Mabillon 69, rue de Seine 75006 Tél. 01 43 54 34 69 Ouvert mar.-dim. 12h30-14h30 et 19h-22h45*

Fogon Saint-Julien (plan 18). Est-ce parce que Paris file une histoire d'amour plus ou moins sincère avec l'Italie qu'elle mésestime à ce point l'Espagne ? Le Fogon est en tout cas le seul digne représentant d'une cuisine "cuisinée" – de celles qu'on croise, au hasard, du côté de Barcelone – où les tapas ne sortent pas d'un sachet, le jambon de son emballage Cellophane, le riz d'une conserve. À l'image du décor, Alberto Herraiz signe au contraire des assiettes modernes (les sardines fraîches compotées à la tomate, servies dans leur boîte en alu, les mini-desserts à avaler d'une traite), sans pour autant mépriser les traditionnels riz nommés *arroz*, superbes, préparés à l'encre, aux légumes, aux grosses langoustines, à la valencienne… Charcuteries irrésistibles mais assez dispendieuses. Menus 39€ et 45€. *M° Saint-Michel* 45, quai des Grands-Augustins 75006 Tél. 01 43 54 31 33 Ouvert mar.-dim. 19h-0h et sam.-dim. midi

Yugaraj (plan 14). Cette ambassade raffinée ne joue pas du tout dans la même cour que les autres restaurants indiens de la capitale : rue Dauphine, les additions ont plutôt tendance à s'aligner sur le prix moyen du mètre carré dans le quartier. Mais c'est aussi parce que le poulet au tandoori comme le *biryani* d'agneau misent tout sur le produit noble – les serveurs ne manquent d'ailleurs pas de souligner que les cailles ont vu le jour dans le bocage de l'Orne, avant d'être fumées ici même et servies en salade. Accueil d'un moelleux absolu, ambiance pas nécessairement épicée. Formule (déj.) 19€. Menu 29,80€. Carte 40€. *M° Odéon, Pont-Neuf* 14, rue Dauphine 75006 Tél. 01 43 26 44 91 Fermé lun. et jeu. midi

La Bastide Odéon (plan 23). Une bastide à l'ombre du théâtre ? La Provence à Paris ? C'est ce qu'offre cette belle maison sur deux niveaux, avec l'appui d'une cave misant elle aussi sur quelques bonnes valeurs du Sud (le cassis du clos Sainte-Magdelaine, le bandol du château Pibarnon…). Si les fameux pieds paquets, le suprême de pintade *a la plancha*, les légumes oubliés et le bouillon au foie gras, ne manquent jamais à l'appel, le chef ne se contente pas de réciter une partition trop facile : il mise plutôt sur la réinterprétation pleine d'esprit, avec le magret à l'orange, purée de dattes, la polenta et les asperges sauvages ou le thon *a la plancha* flanqué d'*orrechiette* aux anchois. La carte change tous les mois. Menu déj. 26€ et menu carte 39,40€. *M° Odéon, RER Luxembourg* 7, rue Corneille 75006 Tél. 01 43 26 03 65 Ouvert mar.-sam. 12h15-14h et 19h30-22h30 Fermé dim. et lun.

Aux Charpentiers (plan 14). Fidèles aux compagnons (leur musée est attenant) comme à la Corrèze, les Charpentiers sont de ces institutions que les touristes plébiscitent religieusement, après le Louvre, avant Orsay. On aurait cependant tort de les laisser faire la visite seuls, car les repas et les ambiances délicieusement rétro ont du charme. Boudin de Corrèze ou tête de veau, pot-au-feu et chou farci, voilà l'ordinaire de ce bistrot qu'on pourrait presque qualifier d'extra, tant il s'efforce de maintenir le ticket d'entrée à un prix abordable. Menus 19,50€ (déj.) et 27€ (dîner). Carte env. 35€-40€. *M° Mabillon* 10, rue Mabillon 75006 Tél. 01 43 26 30 05 Ouvert tlj. 12h-15h et 19h-23h30

Bartolo (plan 14). Avec son service tout sourire et ses fresques fatiguées de la baie de Naples, Bartolo met déjà dans le mille. Mais si l'on y fait encore et toujours la queue, c'est que de son four à bois sortent parmi les meilleures pizzas de Paris : du coup, on en accepte le prix, sans rechigner. Le reste de la carte est tout aussi soigné, à l'instar des raviolis ou des spaghettis *alle vongole*, qu'on fera précéder d'une belle salade de trévise ou d'endives aux pistaches et gorgonzola. Menu (déj.) 35€. Carte env. 40€ (pas de CB). *M° Mabillon, Saint-Sulpice* 7, rue des Canettes 75006 Tél. 01 43 26 27 08 Ouvert 12h-14h30 et 19h-23h30 Fermé dim. soir et lun.

GÉOADRESSES

MANGER

Azabu (plan 14). À moins d'aimer se parfumer au graillon, on jouera sagement la table d'hôte du sous-sol pour mieux apprécier la cuisine de ce joli petit restaurant japonais. Mais, si l'on aime le principe du *teppanyaki*, il ne faut pas hésiter à s'installer autour du bar et de la vaste plaque chauffante sur laquelle tous les plats sont préparés à la minute : racines de lotus à l'ail, tofu sauté, magret, coquilles Saint-Jacques, calamars… Une expérience tout en finesse. Menus 18,50€ à 39€ (déj.), de 33€ à 59€ (dîner). *M° Odéon* 3, rue André-Mazet 75006 Tél. 01 46 33 72 05 Ouvert mar.-sam. 12h-14h et 19h-22h30 Fermé dim. midi et lun.

Casa Bini (plan 14). Vous êtes à la recherche d'une trattoria chic et people du côté de Saint-Germain ? Ne bougez plus, la voilà ! Mais sachez aussi que si les stars devaient manquer à l'appel, l'adresse vaut le détour à elle seule, pour sa poêlée de seiches à l'encre et polenta, sa souris d'agneau au vinaigre balsamique, son carpaccio au gorgonzola et petits légumes, son escalopine de veau au citron. Menus 23€ et 29€ (déj.). Carte 40€-45€. *M° Odéon* 36, rue Grégoire-de-Tours 75006 Tél. 01 46 34 05 60 Ouvert tlj. 12h30-14h30 et 19h30-23h Fermé j. fér.

Tsukizi (plan 14). Le bar à sushis le plus riquiqui de Saint-Germain, sinon de Paris. Il n'y a donc pas lieu d'hésiter pendant des heures (d'autant que quelqu'un guigne sûrement la place !), ce sera sushi ou sashimi, d'un grand raffinement quand les chers oursins sont de la partie… Formule (déj.) 15€. Menu 24,50€. Carte 40€-50€. *M° Saint-Germain-des-Prés, Mabillon* 2bis, rue des Ciseaux 75006 Tél. 01 43 54 65 19 Ouvert mar.-sam. 12h-14h15 et 19h-22h30 Fermé dim. midi et lun.

La Closerie des lilas (plan 23). Dans la série des monuments historiques de Montparnasse, voilà l'un des fleurons, fréquenté par Hemingway hier, Philippe Sollers aujourd'hui (pour s'en tenir à la plus courte des listes cinématographico-politico-journalistico-littéraires). Mais qu'on se rassure : le commun des mortels a droit à la même terrasse protégée des regards, ainsi qu'aux œufs mayo, à l'andouillette et au millefeuille. Un mode d'emploi qui vaut ce qu'il vaut : ne pas manquer le piano-bar à la nuit tombée, et préférer, pour les additions, le côté brasserie au côté restaurant. Brasserie : menu 45€ (déj., vin compris), carte 45€-50€. Restaurant : carte env. 80€. *M° Raspail,* RER Port-Royal 171, bd du Montparnasse 75006 Tél. 01 40 51 34 50 Ouvert tlj.

L'Alcazar (plan 14). L'adresse reste l'un des "midi-minuit" les plus chic-choc de la capitale : pour ceux qui auraient raté les épisodes précédents, rappelons que l'on est ici dans la brasserie contemporaine de sir Terence Conran, celui des magasins de meubles à trois ou quatre zéros, et que la mezzanine n'a jamais été moins prise d'assaut par une foule de minets sévèrement lookés. Autant dire qu'on viendra d'abord pour l'ambiance, même si la maison fait de gros efforts pour ne pas décevoir au moment de passer à table : millefeuille de thon, avocat et mangue, *fish & chips* à l'anglaise, côte de bœuf et belles frites maison, quinoa au piment doux… Menus (déj.) 20€, 26€ et 30€ (vin et café compris). Menu (dîner) 40€. Carte 45€-50€. Brunch dim. 30€. *M° Mabillon* 62, rue Mazarine 75006 Tél. 01 53 10 19 99 www.alcazar.fr Ouvert tlj. 12h-15h et 19h-2h

Yen (plan 14). Il faut, bien sûr, avoir la curiosité chevillée au corps pour venir découvrir ce qui se trame dans cette très élégante cantine nippone, glamour, glaciale et spartiate mais d'une authenticité absolue : la spécialité maison, ce sont les *soba*, fameuses nouilles de sarrasin fabriquées sur place avec de la farine impor-tée du Hokkaido. Avec quelques légumes et crevettes en *tempura* et un thé vert, voilà un repas qui laisse l'estomac et l'esprit légers. En cas de grosse faim, néanmoins, il y a matière à la combler avec de délicieuses soupes chaudes ou une salade de thon cru et avocat assaisonnée de soja et de *wasabi*. Menu (déj.) 30,50€. Carte env. 50€. *M° Saint-Germain-des-Prés* 22, rue Saint-Benoît 75006 Tél. 01 45 44 11 18 Ouvert lun.-sam. 12h-14h et 19h30-22h30

prix très élevés

Ze Kitchen Gallerie (plan 15). Difficile de prévoir ce qui sortira, lors de votre visite, des cuisines de ce restaurant chic aux allures de galerie d'art. Son chef aime à le définir comme un "atelier de cuisine", histoire de faire comprendre à chacun qu'il est aussi question, ici, de chercher ce qui peut être inventé en matière de styles et de saveurs. C'est donc une carte aux accents personnels qu'il faut venir découvrir, sans œillères, sans crainte de passer d'influences asiatiques en clins d'œil italiani-sants, avec, qui sait, un minestrone de crustacés au *miso*, basilic thaï et algues *nori* ou des crevettes et ailerons de volaille dans un jus curcuma-vanille. Formules (déj., vin et café compris) de 26€ à 36€. Carte env. 70€. *M° Mabillon, Odéon* 4, rue des Grands-Augustins 75006 Tél. 01 44 32 00 32 Ouvert lun.-ven. 12h-14h30 et 19h30-22h45 Fermé sam. midi et dim.

Les Bouquinistes (plan 15). Plein à midi, plein le soir : il y a des restaurants qui n'ont visiblement pas trop de souci à se faire… Ce n'est que justice, quand on connaît le caractère chic et *arty* de cette salle, finalement aussi belle que sa clientèle. C'est néanmoins au déjeuner qu'on préférera en profiter, histoire de ne pas trop faire chauf-fer sa carte de crédit : avec des prix plus contenus, Les Bouquinistes n'en ont que plus de charme. Mais si l'on a les moyens d'explorer la carte, on peut toujours jeter son dévolu sur le pressé de canard mariné au chutney de fruits exotiques ou le dos de cabillaud mi-fumé et sa brandade de patates douces. Formules (déj. verre de vin et café compris) 25€ et 28€. Menu dégustation (dîner) 70€. Carte env. 60€. *M° Pont-Neuf, RER Saint-Michel* 53, quai des Grands-Augustins 75006 Tél. 01 43 25 45 94 Ouvert lun.-ven. 12h-14h30 et 19h-23h Fermé sam. midi et dim.

Lapérouse (plan 15). On pourrait aligner les chiffres, les dates, les noms qu'on ne parviendrait pas à rendre compte de ce sublime vieux de la vieille de la restauration parisienne. Millésimé mi-XVIIIe s., il a vu passer quelques têtes bien faites et bien pleines (Zola, Sand, Hugo, Musset, Maupassant ou Dumas) avant d'avoir, au début du XXe s., les honneurs tri-étoilés du nouveau guide Michelin. Les salons privés de la maison ont également eu leur heure de gloire, les cercles libertins promouvant l'idée d'y associer chair et chère – l'époque n'est plus à ce genre de polissonneries, mais il y a tout de même quelque chose de délicieux à imaginer ce qui a pu se passer ici ou là que la morale réprouve. Entre deux soupirs, on jettera un coup d'œil à l'assiette pour y décou-vrir une cuisine enlevée et contemporaine : filet de bar en croûte d'agrumes et pommes de terre écrasées à l'olive, filet de bœuf *a la plancha* et pomme Anna, terrine de foie gras de canard et tutti frutti. Formules (déj.) 35€-40€ (verre de vin compris). Carte 90€ (120€ dans salon privé). *M° Saint-Michel* 51, quai des Grands-Augustins 75006 Tél. 01 43 26 68 04 Ouvert lun.-ven. (et sam. soir) 12h-15h et 19h30-22h30

Hélène Darroze (plan 15). Du Sud-Ouest peut-être, des Landes à coup sûr, du Pays basque à n'en pas douter, mais alors très, très haut de gamme : voilà le credo de ce joli bout de chef nommé Hélène Darroze, descendante d'une sérieuse lignée de gens de bouche. On jouera sa cuisine à pile ou face, en fonction de ses envies et, surtout, de ses moyens. Le rez-de-chaussée accueille en effet un élégant "bistrot" à tapas (comptez tout de même une cinquantaine d'euros au minimum, en fonction de l'appétit et de la soif), laissant au premier étage le soin de cultiver le genre "étoilé", avec des plats quelquefois percutants dans le genre rustique-chic : le foie gras au feu de bois, le poulet jaune des Landes farci de morilles, la côte de bœuf de Chalosse au lard de Bellota... Menus (déj.) 35€, 45€ (au rdc), 72€ (1er étage). Menus (dîner) 88€ (rdc), 175€ (1er étage). Carte env. 180€. *M° Sèvres-Babylone* 4, rue d'Assas 75006 Tél. 01 42 22 00 11 Fermé dim. et lun.

Le 7ᵉ ardt

plans 5, 7, 15, 23

Très bon chic et très bon genre, le 7ᵉ ne sait plus où donner de la tête au moment de passer à table. Trois étoiles, brasserie élégante, bistrot enfiévré, cochonnaille espagnole et bon vin bio de chez nous : par ici, on a tout ça, et plus...

petits prix

Au Pied de Fouet (plan 15). Petits prix et grosse atmosphère dans cet ancien relais de diligences, qu'on imagine posé là depuis un ou deux siècles. Au coude à coude, les habitués à rond de serviette et quelques Américains ravis de ne pas lâcher trop d'euros en échange de leurs dollars, tout ce petit monde fait un sort à une cuisine aussi franche que celle d'une mamie *fifties* : des foies de volailles, un poulet au vinaigre, une tarte aux pommes, un pot de rouge – que demande le peuple, par ici ? Carte 15€-20€. Accueil jusqu'à 23h30. *M° Sèvres-Babylone* 45, rue de Babylone 75007 Tél. 01 47 05 12 27 Ouvert lun.-sam. 12h-15h et 19h-23h

Chez Germaine (plan 23). Mini-prix, maxi-sourire : démonstration en deux lignes. Mini prix, c'est clair : à l'heure où les tarifs de la restauration parisienne prennent leur envol, on cultive ici encore l'addition modeste (la cuisine et l'ambiance relèvent de la même démarche, notez). Maxi-sourire : sachant ce qui précède, on n'a encore jamais entendu un client se plaindre des œufs mayo, des poireaux vinaigrette, du bœuf bourguignon ou du foie de veau. Menu 13€ ou 15€. Carte 15€-20€. *M° Vaneau, Duroc* 30, rue Pierre-Leroux 75007 Tél. 01 42 73 28 34 Ouvert lun.-sam. 12h-15h et 19h-22h30 Fermé dim.

prix moyens

☺ **Café Constant (plan 7).** Môssieu Constant (prénom Christian) est depuis quelques années à la tête de l'excellent Violon d'Ingres (au n°135), idéal pour une belle soirée de "haute" gastronomie. Mais il dirige également un autre établissement plus abordable. Ainsi, c'est au Café qu'il faut aller pour trouver une véritable ambiance de... café. De ceux où l'on sirote un verre de blanc au comptoir en attendant sa table. Au fait, le menu ? De belles terrines et des classiques comme les quenelles de brochet, en saison. Menu (déj.) 16€, Menu carte 31€. *M° École Militaire*, RER Pont de l'Alma 139, rue Saint-Dominique 75007 Tél. 01 47 53 73 34 Fermé dim. et lun.

Le Vin de Soif (plan 23). On ne va pas nier l'évidence : l'allure est au café de quartier, dans son jus. Mais il ne faut pas hésiter à en pousser la porte pour voir que dans son genre, celui-ci met tout de même la barre plus haut que nombre de ses semblables. C'est d'abord l'ardoise des vins qui met dans le mille : ça, c'est déjà un signe. Mais c'est surtout les assiettes faussement modestes qui emportent l'adhésion, prouvant qu'avec de bons produits et un rien de savoir-faire on arrive à un résultat plus qu'honorable : poivrons doux marinés à la ricotta, énorme entrecôte, andouillette, tarte aux pommes.... Menu (déj.) 14€. Carte 28€. *M° Vaneau* 24, rue Pierre-Leroux 75007 Tél. 01 43 06 79 85 Fermé sam. et dim.

L'Ami Jean (plan 7). Il ne faut pas nécessairement se fier à l'enseigne, à l'extérieur : "cuisine basque". L'Ami Jean, c'est un peu plus que cela. Si le décor rappelle effectivement celui d'une auberge du côté de Bayonne, avec ses tresses de piments d'Espelette et ses photos de rugby, le chef Stéphane Jégo ne se contente pas de servir de la piperade et une tranche de tomme de brebis à ses clients. Mois après mois, il cuisine avec esprit les produits de saison en (se) jouant de son terroir, farcissant de tourteau des *pimientos del piquillo*, préparant le boudin noir en salade, faisant sauter les pétoncles à la ventrèche. Et mois après mois, ça ne désemplit pas. Menu-carte 30€. Menu dégustation 60€ *M° La Tour Maubourg, Invalides* 27, rue Malar 75007 Tél. 01 47 05 86 89 Fermé dim.-lun. et août

Bellota-Bellota (plan 7). De deux choses l'une : ou vous connaissez déjà ce jambon espagnol qu'est le *jabugo*, et vous payez au prix fort votre addition ; ou tel n'est pas (encore) le cas, et vous voilà à deux doigts de lâcher énormément de monnaie pour une assiette qui sera aussi une magistrale leçon de choses. Car vous êtes ici dans la *bodega* la plus haut de gamme de Paris, tout entière tournée vers ces jambons d'exception qu'on coupe délicatement à la main et qu'on sert à une température précise pour qu'ils exhalent leurs délicats parfums. Ou vous vous contentez d'une assiette de *lomo* et de quelques prodigieux anchois fumés et l'addition n'atteindra pas des sommets. Belle sélection de vins d'Espagne, vente à emporter. Carte 50€. *M° La Tour Maubourg* 18, rue Jean-Nicot 75007 Tél. 01 53 59 96 96 Fermé dim. et lun.

prix élevés

Le P'tit Troquet (plan 7). Les Américains l'adorent, ce tout, tout petit troquet, et pas seulement pour son amusant décor (très) vieille France, avec force carafes et cafetières, tables en marbre, zinc vénérable, plaques émaillées, siphons, moleskine et tout le toutim. Le risotto aux asperges et parmesan, ici, on connaît, mais on lui ajoute un rien de zeste de citron pour l'aiguiser encore plus. Reste que c'est d'abord pour un simple filet de bœuf avec une purée généreuse qu'on aime s'attabler ici, prouvant qu'il n'y a pas lieu de laisser les seuls touristes profiter de l'adresse. Menu-carte 32€. Formule (déj.) 19,50€. possibilité de banquet (40 pers.) *M° École Militaire* 28, rue de l'Exposition 75007 Tél. 01 47 05 80 39 Fermé sam. midi, dim., lun. midi

Le Florimond (plan 7). Une raison de fréquenter ce petit troquet de quartier ? La cuisine. Ravioles de homard, chou farci, gratin dauphinois ou de estouffade de joue de bœuf (qui fait partie du "Face à face"), tout est bon... Accueil agréable, bonnes bouteilles abordables. Menus (déj.) 21€, 34,50€. Carte 35€-40€. *M° École Militaire* 19, av. de La Motte-Piquet 75007 Tél. 01 45 55 40 38 Fermé sam. midi (les 1er et 3e sam. de chaque mois) et dim.

Le 5 Mars (plan 15). Une carte de bistrot amélioré dans un cadre néorétro : en moins de temps qu'il ne faut pour l'écrire, le 7e a fait de cette adresse l'un de ses chouchous. Le succès tient en peu de mots : une équipe compétente et avenante, des assiettes plutôt finaudes dans le registre classique (salade de concombres au chèvre, saucisse-purée, pot-au-feu, mousse au chocolat) et une sélection de vins témoignant d'un intérêt certain pour la chose (côtes-du-roussillon du domaine des Foulards rouges, parmi d'autres). Formule et menu (déj.) de 17€ à 21,50€. Carte 35€-40€. Restaurant climatisé. *M° Solférino, Rue du Bac* 51, rue de Verneuil 75007 Tél. 01 45 44 69 13 Ouvert mar.-sam. 12h-14h30 et 20h-23h

La Ferronnerie (plan 15). La simplicité et le bon goût d'un bistrot sans histoire(s) : voilà ce que cherchent – et trouvent – les habitués de cette petite salle toute simple, où l'on se pose pour quelques assiettes classiques plutôt bien tournées, les ravioles à la crème de ciboulette, les langoustines mayonnaise, le confit de canard ou le filet de bœuf au poivre. Carte env. 35€-45€. *M° Sèvres-Babylone* 18, rue de la Chaise 75007 Tél. 01 45 49 22 43 Ouvert lun.-ven. 12h-14h15 et 19h15-22h15

Les Anges (plan 7). À une époque, comme dit Aznavour, que les moins de vingt ans ne peuvent pas connaître, on composait le SOLferino 89 86 pour réserver sa table aux Anges. Si on fait aujourd'hui pratiquement le même numéro, on ne tombe plus tout à fait sur la même adresse. Voici un restaurant qui a troqué les œufs meurette ou le foie de veau, qui clignaient de l'œil du côté des années 1950 ou 1960, avec la sole meunière au beurre aux deux citrons, aux raviolis chauds aux gambas et étrille, au ris de veau céleri et truffe, et la soupe de mangue à la verveine et sorbet. Dommage que le décor au design étudié ne distille plus qu'une atmosphère élégante mais un rien éthérée. Menu 34€. Carte 45€. *M° La Tour Maubourg* 54, bd de La Tour-Maubourg 75007 Tél. 01 47 05 89 86 www.chezlesanges.com Fermé sam. et dim.

La Fontaine de Mars (plan 7). En entrant, vous ne manquerez pas de remarquer ces caractères gothiques au milieu de vieilles photos en noir et blanc, de nappes à carreaux, d'atmosphère sépia : "Nous, maîtres artisans, mandons à tous gens de bien, trognes, panses et gueules fines, qu'icy vous boirez, à plein gosier, le vin de Cahors." Le message est clair : on n'est pas vraiment là pour plaisanter. Du côté des vins comme des assiettes, le propos est donc à la bistrote extrêmement soignée, aux classiques éprouvés. Une simple terrine de canard comme un boudin aux pommes, des œufs meurette comme une andouillette : il est des fidèles qui refusent de les manger ailleurs. À signaler, la terrasse sous les arcades d'une placette délicieuse. Carte 45€. *M° École Militaire* 129, rue Saint-Dominique 75007 Tél. 01 47 05 46 44 Ouvert tlj.

L'Auberge bressane (plan 7). Un décor à l'ancienne, une cuisine à l'ancienne : si les additions étaient elles aussi en anciens francs, il y aurait sans doute matière à visiter plus souvent ce drôle de musée. Il faut imaginer une salle dans le goût médiéval, avec ce qu'il faut de vitraux colorés, de beaux diplômes de confréries bachiques ou gastronomiques, d'ambiance IVᵉ République, de menus en lettres rouges et noires, de quenelles de brochet et d'omelette norvégienne. Reste que cette cuisine-là a du bon quand elle fait l'effort de s'appliquer, et qu'un vol-au-vent suivi d'un poulet au vin jaune et morilles font parfois du bien au corps et à l'esprit. Menu (déj.) 24€. Carte env. 45€. *Mᵒ La Tour Maubourg 16, av. de La Motte-Picquet 75007 Tél. 01 47 05 98 37 Fermé sam. midi*

La Cigale-Récamier (plan 15). "Que gourmet sache que jamais il ne devra faire attendre le soufflé qu'il a souhaité et attendu" : en toutes lettres sur la carte, la phrase donne le ton et livre le mode d'emploi de l'ancienne institution journalistico-intello-littéraire du quartier, nichée au fond d'une petite allée pas désagréable aux beaux jours. Des soufflés, donc, en veux-tu en voilà, des salés comme des sucrés, au crabe, au foie gras, au fromage, aux pistaches, au Cointreau, avec, tout de même, le renfort ici ou là d'une belle terrine de foies de volailles ou d'un filet de bœuf au poivre. Carte 45€-50€ (vin compris). *Mᵒ Sèvres-Babylone 4, rue Récamier 75007 Tél. 01 45 48 86 58 Ouvert lun.-sam. 12h-14h30 et 19h30-23h*

Lei (plan 7). Chez Elle, vous êtes chez vous – ou presque. Car Lei ("elle" en italien) accueille tout le monde avec la même bonhomie, même quand on n'a pas ses habitudes dans le quartier. Lei cuisine l'Italie le plus simplement du monde, comme elle le ferait à la maison : des *linguines* à la sauge, aux moules piquantes ou aux palourdes, des tagliatelles au citron, précédées peut-être d'une simple mais superbe assiette de jambon de Parme ou de sardines marinées. En revanche, si le décor de Lei ressemble à celui de votre salon, c'est que vous faites partie de la catégorie enviée des décorateurs de talent : dans le "branchic-bon genre" néominimaliste, elle est jolie comme tout, Lei. Carte env. 50€. *Mᵒ École Militaire, La Tour Maubourg 17, av. de La Motte-Picquet 75007 Tél. 01 47 05 07 37 Ouvert tlj. uniquement le soir*

Au Bon Accueil (plan 7). À la fois simple et chic, entre le bistrot et le resto, voilà le Bon Accueil et son ambiance plutôt débonnaire (pour le quartier, s'entend), ses conversations politiques, ses vins très fins, ses additions le petit doigt en l'air, ses rondelles d'un délicieux saucisson sec en guise de bienvenue. Et sa cuisine de beaux produits de saison qui, logiquement, veut qu'on ne croise pas ici d'asperges en décembre ou de cèpes en juillet. Mais, à moins d'être invité par un touriste nippon fortuné, mieux vaut se cantonner au menu, d'un bon rapport qualité-prix, avec le pressé de sardines marinées à cru, l'épaule d'agneau confite et sa galette de pommes de terre, le sablé de mûres et myrtilles en gelée de menthe. La carte change tous les jours, selon le marché, mais les plats reviennent régulièrement. Menu-carte 31€ (27€ au déj.). Carte (de saison) env. 50€. *Mᵒ Alma-Marceau, RER Pont de l'Alma 14, rue de Monttessuy 75007 Tél. 01 47 05 46 11 Fermé sam. et dim.*

prix très élevés

Caffè Minotti (plan 15). L'enseigne parle d'elle-même : il est question d'Italie. Mais, connaissant le profil du chef et son parcours (un ancien de la galaxie Alain Ducasse), il s'agira plutôt d'un regard sur la cuisine transalpine, une interprétation façon Riviera pleine d'esprit, élaborée à partir de bons produits. On s'installera donc sans crainte

GÉOADRESSES

MANGER

sous le spectaculaire lustre de Murano rouge, avant de piocher les yeux fermés dans l'assiette de *gamberoni fritti*, de se faire de belles lèvres noires en avalant les spaghettis à l'encre de seiche et de partager les petites *pannacotta* à la réglisse, à la vanille et aux agrumes. Additions plutôt dépaysantes, elles aussi, mais c'est sans doute lié au quartier. Menus 29€-39€. Carte 55€-60€. *M° Rue du Bac* 33, rue de Verneuil 75007 Tél. 01 42 60 04 04 Ouvert mar.-sam. 12h-14h30 et 19h30-22h30

Auguste (plan 15). Pour peu que vous trouviez porte de bois à L'Arpège (voir ci-après), sur le trottoir d'en face, ou que vous n'ayez pas des sommes faramineuses à investir pour un repas, Auguste vous tend les bras. Si l'addition reste tout de même digne, elle est simplement à la hauteur d'un établissement de ce rang dans un quartier de ce rang – ou, pour le dire autrement, à clientèle classique, cuisine classique et tarifs classiques. C'est dans une atmosphère élégante et subtilement "designée" qu'on vient donc découvrir les assiettes d'un chef formé au Meurice, pour qui la crème glacée de chou-fleur et gelée d'huîtres n'a plus aucun secret. Formule (déj.) 35€. Carte 55€-65€. *M° Varenne* 54, rue de Bourgogne 75007 Tél. 01 45 51 61 09 Ouvert lun.-ven. 12h-14h30 et 20h-22h30

Gaya (plan 15). Cinq "mises en bouche", trois "huîtres d'Yvon Madec", six "insolites", quatre "essentiels", cinq "marée noble", quatre "marée modeste", un plat du jour, neuf desserts : si l'on a bien compté, cela fait trente-sept. Trente-sept entrées, bouchées, curiosités, petits plats, grandes assiettes, classiques, relectures, griffés du très inspiré Pierre Gagnaire, qui a repris à la rentrée 2005 cette vénérable institution. Éditeurs, avocats, demi-stars : le public n'a pas bougé, qui (re)découvre sa cantine marine et ses plats désormais plus percutants que ronronnants : croque-monsieur noir, céréales en risotto et haddock effeuillé, huîtres boudeuses et mousseline de foie gras… Carte 60€-65€. Terrasse pour six personnes. *M° Rue du Bac* 44, rue du Bac 75007 Tél. 01 45 44 73 73 Ouvert lun.-ven. 12h-14h et 19h30-22h Ouvert tlj.

D'Chez Eux (plan 5). Quand le 7e ardt est en manque de calories gouailleuses et joyeuses, c'est généralement ici qu'il finit, dans cette auberge qui se transmet de génération en génération depuis quelques dizaines d'années. Aujourd'hui comme hier, le propos est à la cochonnaille généreuse, aux nappes à carreaux, à l'accueil complice et au cassoulet pansu, dans une belle ambiance mêlant touristes ébahis devant les portions servies et politiques plus ou moins discrets. Menus 34€, 40€ (midi), 99€ (soir). Carte env. 70€. *M° École Militaire* 2, av. de Lowendal 75007 Tél. 01 47 05 52 55 Fermé dim.

L'Atelier de Joël Robuchon (plan 15). Les nostalgiques de "JR" comme ceux qui n'avaient jamais eu l'occasion de dîner chez le "maître", dans les années 1990, ont sauté de joie à l'annonce de l'ouverture de cet Atelier en forme de brasserie élégante. On y mange en effet au coude à coude, au comptoir, juché sur des tabourets hauts – cela, évidemment, à condition qu'il reste de la place, car la maison ne pratique pas les réservations (sauf en début de service). Cuisine classique d'un soin extrême (palourdes farcies à l'ail violet, papillote de langoustine croustillante au basilic, suprêmes de pigeon au chou et au foie gras), plus ou moins chère en fonction de l'appétit et de l'envie, nombre de plats étant proposés en petites portions. Carte 70€-120€. *M° Rue du Bac* 5, rue de Montalembert 75007 Tél. 01 42 22 56 56 Ouvert tlj. 11h30-15h30 et 18h30h-0h

L'Arpège (plan 15). Les pages de ce guide regorgent d'adresses nettement moins dispendieuses, mais si vous êtes à la recherche d'une véritable expérience (on pourrait même utiliser une majuscule), le restaurant d'Alain Passard se pose tout de même là. Puissamment étoilée, sa cuisine met tout particulièrement l'accent sur les légumes cultivés dans ses potagers sarthois, sublimés dans des préparations à la fois simples et d'une complexité inouïe. L'espace d'un déjeuner, un menu entièrement articulé autour de cette thématique permet de découvrir la soupe de tomate à la moutarde d'Orléans en crème glacée, les légumes en fin couscous parfumés au safran de Taliouine, la pomme de terre fumée au hêtre et émulsion de côtes-du-jura à l'huile de noisette. Cérébral, sans doute, mais logiquement imparable. Menus 130€ (déj.), 340€ (dîner). Carte 150€-300€. *M° Varenne 84, rue de Varenne 75007 Tél. 01 45 51 47 33 Fermé sam. et dim.*

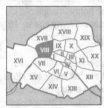

Le 8e ardt

plans 6, 8

Chic, frime, doré sur tranche : pour un peu, on pourrait se dire que le 8e est l'archétype de l'arrondissement à fuir ! Mais au moment de passer à table, il faut bien se résoudre à l'évidence : au milieu de tant et plus d'adresses de prestige, on peut sans peine parcourir de très gourmands chemins de traverse.

prix moyens

Kokohana (plan 6). Pas facile, dans le 8e ardt, de trouver beaucoup d'adresses aussi avenantes, abordables et idéales pour une soirée informelle entre amis. Autant venir à cinq ou six pour s'installer autour de ces plaques chauffantes géantes que les Japonais appellent *teppan*, avant d'admirer la dextérité des cuisiniers faisant sauter foie gras, bœuf, légumes, crustacés... Menus 14,50€-38€. *M° Franklin D. Roosevelt 1bis, rue Jean-Mermoz 75008 Tél. 01 45 62 15 68 Fermé dim.*

La Brasserie du Drugstore Publicis (plan 6). On a tous la rengaine en tête, les minets, le ronron... Mais la séquence nostalgie s'arrête net face à l'immense façade et la brasserie en prise sur les Champs : non, décidément, ce drugstore-là ne ressemble pas à celui de Dutronc. Qu'importe, la table est plutôt du genre pratique et pas mauvaise, avec notamment un hamburger costaud, surveillé du coin de l'œil par le chef, Erwan Gestain. Formule (déj.) 18€-25€. Carte 15€-45€. Brunch dim.29€ de 10h à 16h. *M° Charles de Gaulle-Étoile 133, av. des Champs-Élysées 75008 Tél. 01 44 43 77 64 Ouvert tlj. lun.-ven. 8h-1h, sam.-dim. 10h-1h*

Les Amis du Beaujolais (plan 6). L'enseigne n'est-elle pas suffisamment explicite ? Faut-il vraiment en rajouter ? Parler d'œufs mayo, d'andouillette beaujolaise, de saucisson de Chénas, d'échine aux lentilles et de crème caramel ? Préciser que le chiroubles est servi en pot ? Ou qu'on est ici plutôt du genre à la bonne franquette que collet monté ? Alors c'est fait. Menu 20,90€ (dîn. jusqu'à 21h). Carte env. 28€. *M° Saint-Philippe-du-Roule, Charles de Gaulle-Étoile 28, rue d'Artois 75008 Tél. 01 45 63 92 21 Fermé dim.*

prix élevés

La Maison de l'Aubrac (plan 6). Il n'y a pas à mégoter : vers 3h45 du matin, lorsqu'une grosse faim vous tenaille, rien de tel que de venir se remettre dans cette espèce de buron parigot ouvert 24h/24, dont les viandes ou l'aligot n'atteindront sans doute jamais l'amplitude de la cave. Le mode d'emploi est donc clair : une (très) bonne bouteille, de bons sentiments, une bonne nuit. Carte env. 35€-40€. *Mᵒ Franklin D. Roosevelt 37, rue Marbeuf 75008 Tél. 01 43 59 05 14 Ouvert tlj.*

Le Bistrot Napolitain (plan 6). Napolitain peut-être, pour la (trop ?) grosse ambiance et la cuisine, mais peut-être un rien plus parisien pour les prix... Reste que pour une dizaine d'euros, on voit débarquer ici une impeccable pizza cuite, comme il se doit, au feu de bois : de la tomate, de la mozzarella, un peu de basilic et peut-être un soupçon de parmesan ou d'huile d'olive, une bonne margherita n'a besoin de rien d'autre. Carte 30€-35€. *Mᵒ Champs-Élysées-Clemenceau 18, av. Franklin-D.-Roosevelt 75008 Tél. 01 45 62 08 37 Fermé sam. et dim.*

Café Lenôtre (plan 8). Tout à la fois école de cuisine, resto-bar et boutique : voilà comment, en deux temps trois mouvements, le Café Lenôtre a fait les beaux jours du carré du Pavillon Élysée, situé, faut-il le rappeler, en pleine verdure (véridique : on entend à peine le bruit des voitures de la terrasse, en été). Joliment décoré, gentiment cuisiné, on y picore en fonction de l'heure et de l'humeur une salade Paris-Marrakech, ou un duo sucré-glace "juste pimenté" s'il fait vraiment trop chaud. Carte saisonnière 40€-50€. *Mᵒ Franklin D. Roosevelt, Pavillon Élysée 10, av. des Champs-Élysées 75008 Tél. 01 42 65 85 10 Fermé dim. soir*

Zen Garden (plan 6). Si l'on est à la recherche d'une adresse "dépaysante" dans le quartier, les deux niveaux de ce très grand Jardin du Zen ont du répondant. Canton, Pékin, Shanghai ou Sichuan : les assiettes brassent toutes ces influences, passant du crabe aux légumes croustillants à la dorade à la vapeur et soja noir, sans oublier les inévitables petites bouchées à la vapeur, elles aussi. Formules (déj.) 17€ et 19,50€. Menus 29,50€-49€ (dégustation et gourmand). Carte env. 40€. *Mᵒ Franklin D. Roosevelt 15, rue Marbeuf 75008 Tél. 01 53 23 82 82 Ouvert tlj.*

L'Alsace (plan 6). Pour peu que La Maison de l'Aubrac, à deux pas, affiche déjà complet. Pour peu que la faim soit insupportable. Pour peu qu'on n'ait plus envie de chercher un point de chute. Alors on résiste difficilement à l'appel de la "choucrouterie" des "Champs", ouverte sans discontinuer pour le plus grand bonheur des touristes comme des oiseaux de nuit. Menus 18,50€-24€ (déj.), 24€-30€ (soir). Carte 40€-45€. *Mᵒ Franklin D. Roosevelt 39, av. des Champs-Élysées 75008 Tél. 01 53 93 97 00 Ouvert tlj. 24h/24*

Music-Hall (plan 6). Difficile de savoir si cet établissement sera encore là au moment où vous lirez ces lignes, tant la mode fait et défait les adresses en périphérie des Champs-Élysées. Mais il y a fort à parier qu'il n'aura pas, comme nombre de ses prédécesseurs, mis la clé sous la porte. Pour une raison simple. Par-delà l'inévitable morgue de la clientèle attirée par ce genre d'endroit (le décor est franchement réussi, avec des murs changeant de couleur toutes les trente secondes), il y a là, en cuisine, un tandem de chefs qui font le maximum pour ne pas décevoir les attentes de son public (qui, pourtant, ne doit pas en attendre beaucoup), avec le foie gras à la gelée de pomme, la lotte en tempura, le canard rôti au cacao, le carpaccio de poire au sirop de tabac. Carte 40€-50€. **Mᵒ Saint-Philippe-du-Roule** 63, av. Franklin-D.-Roosevelt 75008 Tél. 01 45 61 03 63 Ouvert tlj. dim.-jeu. jusqu'à 2h et ven.-sam. jusqu'à 4h

L'Évasion (plan 8). Bistrot, peut-être, mais alors très, très bien élevé. À l'image de son quartier, l'Évasion joue la carte de la simplicité chic (et accessoirement du *slow foodisme* militant) : la carte est composée à partir des produits du marché et la viande selectionnée par Hugo Desnoyer, boucher. Cave du même tonneau, à fréquenter en côtes-du-ventoux ou en bourgogne selon l'épaisseur de son portefeuille. Menu 35€-40€. Carte env. 50€. **Mᵒ Saint-Augustin** 7, pl. Saint-Augustin 75008 Tél. 01 45 22 66 20 Fermé sam. et dim.

prix très élevés

Rue Balzac (plan 6). L'addition ? Elle est fonction de l'appétit. Nombre de plats étant ici proposés en demi-portions, il y a moyen de dépenser moins… mais plutôt plus : c'est le charme vénéneux du 8ᵉ ardt. Surveillé de près par un grand chef et une grande star (Johnny Halliday, pour ne pas le nommer), voilà un très, très chic néo-bistrot-resto où des clients plus ou moins connus avalent au coude à coude des langoustines croustillantes, du tartare de bœuf, du bar *a la plancha*… Très amusant décor, baroque, bigarré. Carte 50€-70€. **Mᵒ George V** 3-5, rue Balzac 75008 Entrée 8 rue Lord-Byron Tél. 01 53 89 90 91 Fermé sam. et dim. midi

Flora Danica (plan 6). Des caillebotis, des arbres à ne plus savoir où donner de la tête, des fleurs, de la mousse, des bambous : vous ignoriez qu'il y avait une terrasse pareille au fond de la maison du Danemark ? Rien de tel que de la pratiquer aux beaux jours, en laissant à distance le bruit et la foule des Champs-Élysées. En profitant évidemment, au passage, de cette belle leçon de choses en matière de poisson : si vous ne savez pas encore ce qu'est un *gravlax* de saumon, si vous ne pensez pas que des harengs marinés peuvent être succulents, il est temps d'aller l'apprendre ici. Menu 33€. Carte 60€. Brunch dim. et j. fér. 12h-16h, buffet scandinave 40€. **Mᵒ Charles de Gaulle-Étoile** 142, av. des Champs-Élysées 75008 Tél. 01 44 13 86 26 Ouvert tlj.

Kinugawa (plan 6). Ce n'est certes pas le restaurant japonais le plus abordable de Paris, mais l'expérience vaut d'être tentée ! Car à côté des traditionnels sushis (ici, ils écrivent "soushis") et sashimis, remarquables, tentez votre chance avec le consommé de poisson aux pleurottes et fruits de mer ou la tête de dorade au soja et saké. Service parfaitement à l'aise au moment de sous-titrer la carte. Formule déj. 30€. Menus de 32€-54€ (déj.) à 75€-125€ (dîner). Carte env. 60€. **Mᵒ Saint-Philippe du Roule** 4, rue Saint-Philippe-du-Roule 75008 Tél. 01 45 63 08 07 Fermé sam. midi et dim.

Chiberta (plan 6). Vous cherchez un trois-étoiles mais pas les additions qui vont avec ? Le Chiberta de Guy Savoy vous tend les bras. Sans aller jusqu'à parler d'une succursale du fameux restaurant que possède le chef rue Troyon, il faut reconnaître que le même esprit y souffle : un décor particulièrement élégant et discret (le noir domine la salle à manger principale), un service compétent et aimable, une cuisine misant plus sur la simplicité raffinée que sur l'extravagance et la recherche. Parmi les recettes qui ont déjà fait leurs preuves, les gambas croustillantes aux épices, l'agneau de lait et sa purée à l'ail doux, la terrine de pamplemousse au thé – pas vraiment donnés, mais c'est paraît-il le prix à payer quand on mange à deux pas des Champs. Accessoirement, le bar est idéal pour partager une côte de bœuf avec un bon ami banquier. Menu de saison 60€, 100€ (dégust.). Carte env. 100€. *M° Charles de Gaulle-Étoile* 3, rue Arsène-Houssaye 75008 Tél. 01 53 53 42 00 Fermé sam. midi et dim.

☺ **Les Saveurs de Flora (plan 6).** Dans une ambiance de boudoir *girly*, la "cheffe" Flora Mikula met en scène une cuisine d'inspiration assez personnelle, tantôt classique, tantôt sudiste, souvent surprenante : au milieu de tant et tant de cantines plus ou moins branchées, il faut rendre hommage à cette démarche. D'autant qu'elle n'est finalement pas si chère payée que cela (pour le quartier, du moins), le petit menu permettant de se faire très plaisir avec une rémoulade de coquillages au fenouil, un filet de rascasse à la *caponata* sicilienne, une coupe de gelée d'agrumes à l'hibiscus. Menus 36€-68€ (dégustation). Formule (déj.) 28€. Carte saisonnière env. 80€. *M° George V, Alma-Marceau* 36, av. George-V 75008 Tél. 01 40 70 10 49 Fermé sam. midi et dim.

Spoon, Food & Wine (plan 6). On n'y mange pas qu'avec des cuillères, mais il y a bel et bien de la nourriture et du vin dans le très "fusionnant" restaurant d'Alain Ducasse, lancé au siècle passé à coups de *doughnuts* aux fruits rouges, de pizzas au chocolat, de glace au Malabar et de sole laquée au caramel de soja. Le principe, depuis, n'a pas varié d'un iota : des recettes zappant les méridiens, cuisinées avec cette *french touch* dont le fameux chef aime à s'enorgueillir. L'expérience est nettement moins potache qu'on pourrait l'imaginer, certains plats faisant aujourd'hui figure de quasi-classiques, à l'instar du calamar grillé à la sauce rougaille-mangue ou de la canette aigre-douce. Pour ne rien gâter, la cave, tout aussi cosmopolite, est remarquable. Menus 47€ (déj.) et 89€. Carte saisonnière env. 80€. Restaurant climatisé, service voiturier. *M° Franklin D. Roosevelt* 14, rue de Marignan 75008 Tél. 01 40 76 34 44 Fermé sam. et dim.

Terre de Truffes (plan 8). Difficile de faire mieux, dans le genre adresse monomaniaque… L'enseigne ne ment pas, on ne mange ici que de la truffe, d'hiver ou d'été, *melanosporum* ou *aestivum*, de Bourgogne ou d'Alba, blanche, noire ou d'un grismarron délicat, avec un œuf de poule poché au caviar d'aubergine, un tournedos Rossini (un excellent classique), du pigeon ou, véridique, en crème glacée. Des plaisirs dont le prix est forcément aligné sur celui du diamant noir… Carte env. 80€-90€. *M° Madeleine* 21, rue Vignon 75008 Tél. 01 53 43 80 44 Fermé dim.

Stella Maris (plan 6). Ni japonais, ni français : cuisinier ! Tel pourrait être le mot d'ordre de ce chef discret nommé Tateru Yoshino, aussi à l'aise avec un risotto d'asperges au parmesan qu'avec un couscous de poissons et crustacés. Mais c'est bien pour le regard porté sur quelques grands classiques (terrine de ris de veau et langoustines, tourte de lapereau et jus à la sarriette, soufflé au Grand-Marnier) que la clientèle, fidèle, prend d'assaut l'élégante salle à manger aux accents Art déco. Menus 45€ (déj.), 95€-130€. Carte 90€. *M° Charles de Gaulle-Étoile* 4, rue Arsène-Houssaye 75008 Tél. 01 42 89 16 22 Fermé sam. midi et dim.

☺ **La Table du Lancaster (plan 6)**. "L'esprit de la tomate", "l'éclat des citrons et des agrumes", "le piquant des condiments et des épices", "la vivacité et le mordant des vinaigres", "la verdeur des légumes, des herbes et des fruits", "l'aigrelet des laitages" : un simple coup d'œil à la carte permet de saisir toute l'originalité de la démarche de Michel Troisgros. Pour l'ouverture de sa première annexe parisienne, le chef trois-étoiles de Roanne a misé sur une cuisine percutante, souvent légère, toujours astucieuse. Carte selon la saison, disponible sur le site de l'hôtel. Divin petit patio aux beaux jours. Menu 52€ (déj.). Carte env. 110€-120€. **M° George V** 7, rue de Berri 75008 Tél. 01 40 76 40 18 www.hotel-lancaster.fr Fermé sam. midi et dim.

Senderens (plan 8). Alain Senderens, pape de la "nouvelle cuisine", a eu le mérite de créer un joli "buzz" en annonçant, à l'automne 2005, qu'il rendait les trois-étoiles du Lucas-Carton. Résultat : son "nouveau" restaurant, rebaptisé sobrement "Senderens", en a quand même conservé deux, mais les additions ont bel et bien été divisées par trois. C'est dire s'il y a matière à (re)venir ici, dans cette sublime salle entre Belle Époque et Art Nouveau, revisitée avec maestria par un jeune décorateur qui a joué de climats tantôt classiques, tantôt néo-futuristes. Quant à la carte, elle varie selon la saison avec, toujours, de passionnants accords mets-vins. Carte : env. 130€. **M° Madeleine** 9, place de la Madeleine 75008 Tél. 01 42 65 22 90 Ouvert tlj.

Apicius (plan 6). Un vaste hôtel particulier donnant sur un délicieux jardin, de l'art en veux-tu en voilà, du design par touches subtiles : faut-il en conclure qu'Apicius possède l'un des plus beaux décors de Paris ? Peut-être bien. Raison de plus pour aller découvrir la cuisine du deux-étoiles Jean-Pierre Vigato, pape de l'assiette canaille (très) chic. Dans un cadre pareil, il y a quelque chose d'assez grisant à passer d'une tête de veau ravigote à une côte de bœuf. Mais pour les amateurs, la maison ne manque évidemment pas de foie gras (aux radis noirs confits). Menu (dégustation) 150€. Carte 120€-150€. **M° Saint-Philippe-du-Roule** 20, rue d'Artois 75008 Tél. 01 43 80 19 66 Fermé sam. et dim.

Lasserre (plan 6). C'est le "grand restaurant" tel qu'on l'imaginait dans les années 1960, à l'époque de De Funès et des DS noires : rien ne semble avoir vraiment bougé depuis, ni les lustres ni l'argenterie, ni le service amidonné, ni, surtout, le toit magique dont l'ouverture, à la belle saison, reste un grand moment. Autant dire que les soirées relèvent ici du romantisme le plus doucereux, les tourtereaux de 27 à 77 ans se lâchant à peine du regard quand arrivent les macaronis aux truffes et foie gras, le pigeon "André Malraux" et les crêpes Suzette, surveillés de près par un chef qui connaît son métier sur le bout de la langue. Menus 75€ (déj.), 185€ (dégustation). Carte 150-200€. **M° Champs-Élysées-Clemenceau** 17, av. Franklin-D.-Roosevelt 75008 Tél. 01 43 59 53 43 www.restaurant-lasserre.com Fermé dim. Déjeuner jeu.-ven. uniquement

Le Bristol (plan 8). Amuser la galerie tout en sachant la rassurer : le chef deux-étoiles Éric Fréchon a sans doute tout compris à ce que doit être la cuisine de palace. La prestation qu'il offre (façon de parler) navigue donc entre les classiques au petit point (des macaronis truffés) et quelques inspirations plus contemporaines, à la fois dans l'esprit et la forme. Dans les deux cas, c'est imparable – mais il vaut mieux en profiter le temps d'un déjeuner, avec un menu finalement raisonnable… pour une maison de ce rang. Menus 90€ (déj.), 190€ (dégustation). Carte 200€-300€.

Mº Saint-Philippe-du-Roule *112, rue du Faubourg-Saint-Honoré 75008 Tél. 01 53 43 43 34 Ouvert tlj.*

Les Ambassadeurs (plan 8). Après avoir passé des années aux côtés d'Alain Ducasse, Jean-François Piège est désormais seul aux commandes de "son" restaurant, une splendide salle à manger du XVIIIe siècle qui n'est pas sans rappeler la Galerie des Glaces à Versailles. Le marbre, le cristal et les belles tentures sont à l'honneur, les fenêtres donnent directement sur la place de la Concorde, le service est en uniforme noir (mais spécialement conçu pour ne pas paraître *old school*), les additions sont cinglantes : on comprendra facilement qu'une soirée ici relève de l'exceptionnel… Avec comme compagnons des plats tantôt classiques tantôt (ré)créatifs, le blanc-manger d'œuf aux morilles et écrevisses avec huile de ciboulette, le thon façon Rossini, le vacherin fraise et fraise Tagada. Menu 75€ (déj. du mar. au ven.). Carte 250€. **Mº Concorde** *Hôtel Crillon 10, pl. de la Concorde 75008 Tél. 01 44 71 16 16 Fermé dim. et lun.*

☺ **Pierre Gagnaire (plan 6).** La lecture de la carte est de celles qui peuvent faire saliver d'avance ou au contraire laisser l'amateur pas trop éclairé bouche bée : des noms de plats qui disent tout sans pour autant expliciter quoi que ce soit, des mariages de saveurs pour le moins étonnants. Mais Pierre Gagnaire est de la race des très grands : une créativité sans pareille, des saveurs qu'on n'aurait jamais imaginé exister. L'expérience vaut sans doute d'être tentée une première fois au déjeuner, histoire de découvrir une rafale de petites entrées, suivies d'un seul plat puis de desserts pétaradant de nouveau dans tous les sens. À la carte, si le pressé de rouget de roche sur un toast de pain aux mendiants et foie gras cru au sel de Maldon sur un jus de bouillabaisse glacé venait à passer par là, n'hésitez pas. L'expérience est unique. Menus 95€ (déj.). Dégustation 245€. Carte env. 250€. **Mº George V, Charles de Gaulle-Étoile** *6, rue Balzac 75008 Tél. 01 58 36 12 50 Fermé sam., dim. midi*

Alain Ducasse au Plaza-Athénée (plan 6). Tout oublier, l'espace d'une soirée : à la place de la nervosité de la ville, du bruit et de la frénésie (on en est victime, même avenue Montaigne !), du luxe, du calme et de la volupté. Ou plutôt des voluptés, griffées du sceau du célèbre chef qui a fait de son nom un synonyme de tradition et d'excellence. On s'installe donc dans la sublime salle à manger du palace (les lustres signés d'un designer renommé sont magiques, tout comme les fauteuils mi-futuristes, mi-Régence), pour découvrir une carte où affleure le meilleur des produits de saison et des recettes de toujours : pâté en croûte Lucien Tendret, sole à la grenobloise, pigeonneau à la diable, (prodigieux) baba au rhum… Menus 220€-320€. Carte 250€. **Mº Alma-Marceau** *25, av. Montaigne 75008 Tél. 01 53 67 65 00 Fermé sam.-dim., et au déj. lun.-mer.*

Le Cinq (plan 6). Comme on dit, "ça, c'est palace" – et du palace mythique, même. Logique, dès lors, que les grands patrons aient tenu à recruter quelques très grands talents pour animer le restaurant de l'hôtel. À la tête d'une équipe redoutablement efficace, deux sommeliers de renom (la cave est évidemment l'une des plus fortes de Paris) mettent une belle ambiance, pendant qu'en cuisine le chef magnifie les classiques, les langoustines en carpaccio au cédrat et caviar Osciètre, le ris de veau poêlé aux morilles, le millefeuille aux pommes confites. Additions forcément à la hauteur, l'établissement étant hautement étoilé. Menus 75€ (déj.). Découverte

135€. Dégustation 210€. Carte env. 200€. **M° George V** 31, av. George-V 75008
Tél. 01 49 52 70 00 Ouvert tlj.

Le 9e ardt

plans 3, 8, 10

Autrefois gentiment bohème, désormais sensiblement bourgeois : dans le 9e, on continue d'aimer les petits italiens du coin de la rue, mais on ne va pas se refuser une soirée aux côtés d'un chef aux ambitions nettement plus créatives.

petits prix

Pakito (plan 10). Avec ses bérets verts ou rouges, ses tresses de piment d'Espelette, ses jambons de Bayonne et ses tonneaux de cidre, ce petit troquet annonce la couleur et joue les Basques bondissants ! On aime la simplicité du lieu, son jambon et son chorizo, mais surtout l'ambiance ultraconviviale qu'impose le coude à coude autour du bar. Carte env. 15€. **M° Grands Boulevards, Bonne Nouvelle** 11, rue Rougemont 75009 Tél. 01 47 70 78 93 Ouvert lun.-ven. midi ; mar.-ven. soir et régulièrement sam. soir Fermé dim.

Autour d'un verre (plan 10). C'est sans doute l'un des plus discrets bars à vins parisiens, niché dans une rue pas spécialement passante. On aime sa sélection de crus exclusivement naturels, les Foillard, les Pacalet, les Breton, les Gramenon, les Villemade, les Estézargues, qu'on accompagne d'assiettes toutes simples, sincères et vraiment pas chères : harengs et pommes vapeur, saucisse de Montbéliard, belles charcuteries, charlotte aux fruits... Formule 12,50€. Menu 16€. Carte env. 15€. **M° Grands Boulevards, Cadet** 21, rue de Trévise 75009 Tél. 01 48 24 43 74 Fermé sam. midi, dim. et lun. soir

Chartier (plan 10). Où diable peut-on croiser, côte à côte, de jeunes Japonais terriblement *trendy* et un couple de retraités tout ce qu'il y a de pépère (et de mémère, aussi) ? Des habitués qui mangent tous les jours à la même heure et à la même place ? Des costumes desserrant leur cravate ? Des œufs mayonnaise à vil prix ? Chez Chartier, bien sûr, et nulle part ailleurs. Car voici le plus belle survivance du Paris des "bouillons", sublime café[ ] 1896 brassant quotidiennement plusieurs centaines de couverts – difficile, dès lors, de demander un sourire aux serveurs. Vu le prix, vu l'ambiance, on n'en voudra pas davantage à la cuisine à tendance sépia d'être aussi expédiée : salade de tomates, rôti de porc, poulet-frites, mousse au chocolat... Carte 16€-20€. **M° Grands Boulevards** 7, rue du Fg-Montmartre 75009 Tél. 01 47 70 86 29 Ouvert tlj.

prix moyens

La Clairière (plan 8). Un fast-food à la sauce *slow food* ? Il y a de ça ! En tout cas, mieux vaut ne pas être pressé pour venir déjeuner parmi la horde de cadres affamés qui prend d'assaut les lieux à midi. Les serveuses ont beau proposer gentiment "un verre de blanc pour patienter", rien n'y fait, il faut attendre la carteche de cochon-

GÉOADRESSES

MANGER

nailles pour deux ou le saucisson lyonnais (mince, il n'en reste déjà plus) ! Carte env. 20€-25€. *M° Trinité 43, rue Saint-Lazare 75009 Tél. 01 48 74 32 94 Dîner jeu. et ven. seulement Fermé sam. et dim.*

prix élevés

J'Go (plan 10). Il faut lire l'enseigne comme on décrypterait un SMS sur son téléphone portable : "J'go" égale "gigot" ! Duplicata parisien d'une fameuse table toulousaine, ce vaste bistrot sur deux niveaux s'amuse donc à jouer de l'agneau dans tous ses états (le carré est superbe), sans pour autant renier les autres (bons) produits du Sud-Ouest, le fantastique jambon noir de Bigorre, le poulet du Gers, le porc gascon, le tariquet blanc et le fronton rouge. Formule déj. 16-29€. Formule dîner 22-29€. Carte env. 30-35€. *M° Richelieu-Drouot 4, rue Drouot 75009 Tél. 01 40 22 09 09 Fermé dim.*

Velly (plan 8). Certes, on ne va pas au restaurant pour manger les rideaux, comme disait l'autre, mais un chouette décor est quand même de nature à jouer les amuse-bouche. Celui-ci, par exemple, avec sa superbe patine, ses luminaires 1930, son car-relage et son bar lambrissé, distille d'emblée de bonnes vibrations, à l'image de la carte à l'ardoise où le chef récite ses bons petits tours néobistrotiers autour d'une cuisine de marché. Carte des vins maligne et pas trop chère. Formule (déj.) 24€. Menu-carte 31€. *M° Notre-Dame-de-Lorette 52, rue Lamartine 75009 Tél. 01 48 78 60 05 Fermé sam. et dim.*

Chez Georgette (plan 8). Georgette ne s'appelle pas Georgette mais ça ne l'em-pêche pas d'emballer son monde avec quelques assiettes finaudes qui misent tout sur le produit quasi brut de décoffrage (comme le croustillant de veau aux pommes sautées), servies dans un amusant décor mi-*fifties*, mi-*sixties*. Réservation haute-ment recommandée, l'adresse étant connue par les fines fourchettes du coin comme de New York. Carte env. 35€. *M° Notre-Dame-de-Lorette 29, rue Saint-Georges 75009 Tél. 01 42 80 39 13 Fermé sam., dim. et lun.*

I Golosi (plan 10). Ceux qui maîtrisent l'italien auront un petit sourire aux lèvres : quand on décide de s'appeler "Les Gourmands", c'est qu'on a un soupçon d'ambition. C'est le cas, avec une cave transalpine comme Paris n'en compte guère (quelques 500 crus, dont une dizaine sont présentés chaque semaine au verre et classés par genre, "de soif", "de méditation", "importants") et une cuisine qui mise tout sur les meilleurs produits et les recettes singulières. La carte étant sans cesse renouvelée, difficile de prévoir si la mortadelle au couteau, le risotto à la trévise ou les lasagnes à la bolognaise seront de sortie. Mais ce qui est sûr, c'est que le joli décor contem-porain d'inspiration milanaise sera forcément là. Carte env. 35€. *M° Richelieu-Drouot 6, rue de la Grange-Batelière 75009 Tél. 01 48 24 18 63 Fermé sam. soir et dim.*

Casa Olympe (plan 8). L'adresse a beau ne pas être la plus économique du quar-tier, elle n'en fait pas moins toujours le plein d'une clientèle en quête d'une cuisine directe mais sensuelle. Dominique Versini, surnommée Olympe, connaît les beaux produits et les cuissons justes, et elle fait l'unanimité en saupoudrant ses assiettes saisonnières de saveurs du Sud. Formule (déj.) 29€. Menu-carte 38€. *M° Saint-Georges 48, rue Saint-Georges 75009 Tél. 01 42 85 26 01 Fermé sam.-dim., deux semaines en août et une semaine à Noël*

L'Oriental (plan 3). Ambiance *lounge* franco-marocain et d'une bienveillance parfaite. Cela explique sans doute le succès de l'adresse et la fidélité d'une clientèle pas aussi "boboïsée" que le quartier. Au programme, une rafale de couscous et de tajines, ceux-ci quelquefois plus élaborés qu'ailleurs, à l'image de la version "des Rois" mêlant agneau, figues, abricots, dattes et amandes. Menus 14,50€ (déj.) ou 39€ (gastronomique). Carte env. 30€-40€. *M° Pigalle, Anvers 47, avenue Trudaine 75009 Tél. 01 42 64 39 80 Ouvert tlj.*

Dell'Orto (plan 8). *Attenzione !* Écoutez religieusement le serveur quand il viendra décliner le menu *del giorno* à votre table. Pas nécessairement donnés mais d'une belle générosité, les plats témoignent surtout d'une authentique créativité – à mille lieues de ces vrais-faux restaurants italiens qui babillent sottement leur tomate-mozzarella. Poulpe chaud au fenouil et crème d'anchois balsamique, tagliatelles au ris de veau, magret de canard au café. Pour se convaincre qu'il existe, à Paris, une autre cuisine transalpine. Carte env. 45€. *M° Saint-Georges 45, rue Saint-Georges 75009 Tél. 01 48 78 40 30 Dîner seulement Fermé dim. et lun.*

Au petit Riche (plan 8). C'était, dans les années 1850, un bistrot pour petites gens ; avec le temps, c'est devenu une sublime brasserie pour une clientèle un peu plus fortunée – mieux vaut effectivement être pourvu de quelque menue monnaie pour barboter dans cette superbe carte de vins de Loire et s'offrir des vouvrays des années 1920… Mais en s'en tenant aux menus, il y a tout de même matière à maintenir l'addition à flot, avec le secours des rillons de chez Hardouin aux lentilles du Berry et de la tête de veau ravigote en cocotte. Menus 26,50€-30,50€. Carte env. 45€-50€. *M° Richelieu-Drouot 25, rue Le Peletier 75009 Tél. 01 47 70 68 68 Fermé dim.*

prix très élevés

Chez Jean (plan 8). Quand on est un restaurateur ambitieux, à Paris, on ne réfléchit pas bien longtemps : on opte pour la Rive gauche et pour nulle part ailleurs. Mais le patron, Frédéric Guidoni, qui a repris il y a quelques années cette sorte de brasserie boisée, pour en faire un lieu à l'esprit cottage anglais, a fait un tout autre choix. Cet ancien maître d'hôtel chez Taillevent a parié sur la Rive droite et le boboïssime quartier des Martyrs, recrutant, au passage, un jeune plein d'idées répondant au nom de Benoît Bordier. Son porc fermier confit aux carottes (entre autres) vaut franchement qu'on traverse la Seine – sans oublier de profiter, aussi, de l'accueil impeccable et de la cave pleine de pépites. Menus 65€-85€ (dégustation). Carte 65€. *M° Notre-Dame-de-Lorette 8, rue Saint-Lazare 75009 Tél. 01 48 78 62 73 Fermé sam.-dim.*

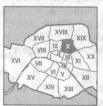

Le 10e ardt

plans 2, 11

Le canal, le canal, encore le canal : difficile de sortir de la carte postale et de l'"atmosphère atmosphère" à la façon d'Arletty. On aime les troquets vivants, par ici, et s'ils sont un poil branchés, c'est de façon discrète et maligne.

GÉOADRESSES

MANGER

prix moyens

☺ **Le Verre volé (plan 11).** Caviste, bistrot et bar à vins : Le Verre volé joue à plein sur les trois registres. Et fait très, très rapidement le plein : il ne doit pas y avoir plus de vingt places, méchamment convoitées par une foule de bons vivants, d'ici comme d'ailleurs. Assiettes pas bégueules et pas chères : fromages, charcuterie, plat du jour, caillette ardéchoise, huîtres de temps en temps, et toujours la baguette posée entière sur la table. À un jet de bouchon du canal Saint-Martin, la tranche de vie est épaisse, et la leçon de choses en matière de vins sacrément enthousiasmante. Carte (avec le vin) env. 25€-30€. *M° Jacques Bonsergent, République 67, rue de Lancry 75010 Tél. 01 48 03 17 34 Ouvert tlj.i*

☺ **Le Sporting (plan 11).** Difficile de faire plus bobo que Le Sporting, avec sa superbe bouille néorétro, son parquet qui craque et sa terrasse qui fait craquer. À deux pas du canal, que demander de plus qu'une place près des baies vitrées, histoire de profiter vite fait d'un plat bravement popoté et d'un verre de vin sélectionné bien plus sérieusement : le côtes-du-rhône de chez Richaud, ça ira bien avec le filet de canette aux poires ? Formule (déj. en sem.) 14€. Carte env. 20€-25€. *M° Gare de l'Est 3, rue des Récollets 75010 Tél. 01 46 07 02 00 Ouvert tlj.*

Pooja (plan 11). Pas facile de s'y retrouver, dans ce fabuleux passage, parmi tant et tant de restaurants estampillés "indiens" – la plupart sont en réalité aux mains de cuisiniers pakistanais. Au milieu de tout ça, Pooja se flatte d'être spécifiquement de l'Uttar Pradesh (l'un des États du nord de l'Inde), ce qui ne signifie pas nécessairement que ses poulets *tikka*, *biryani* d'agneau, *samossa* et *lassi* soient à bondir de joie, mais tout simplement qu'ils sont exécutés avec une sincérité incontestable. Menus 12€, 17,50€ et 24€. Carte env. 25€-30€. *M° Château d'Eau, Strasbourg-Saint-Denis 91, passage Brady 75010 Tél. 01 48 24 00 83 Ouvert tlj.*

☺ **La Madonnina (plan 11).** Des madones ici et là, des guirlandes, des photophores, des piments, peut-être quelques tableaux et des nappes à carreaux : voilà le genre de bric-à-brac qui attire la boboîtude du quartier comme les médecins de l'hôpital voisin, tout ce petit monde faisant un sort à des assiettes italiennes plutôt correctes, la *bruschetta al pomodoro*, la *scamorza alla napoletana* ou les *linguine alle vongole*. Formule (déj.) 12€. Carte 25€-35€. *M° Goncourt, République 10, rue Marie-et-Louise 75010 Tél. 01 42 01 25 26 Fermé sam. midi et dim.*

☺ **Trëma (plan 11).** Les tapas ont-elles perdu le nord ? Que nenni, elles l'ont gagné ! Explication : à la place de l'Espagne, du chorizo et des calamars à l'encre, Trëma mise sur la Scandinavie, le saumon en *gravlax*, les harengs à l'aneth, les oignons rouges et le raifort. Une prestation aussi amusante qu'honorable, dans un joli décor nordique très *seventies*. Belle sélection de champagnes à prix presque coûtants. Formules (déj.) 13€-17€. Carte env. 30€. *M° Jacques Bonsergent 8, rue de Marseille 75010 Tél. 01 42 49 27 67 Fermé sam.-dim.*

Chez Casimir (plan 2). Mettons que Chez Michel (cf. ci-après), dans la même rue et sur le même trottoir, affiche complet. Mettons que vous ayez tourné pendant une demi-heure avant de trouver une place de stationnement. Et que vous ayez maintenant la flemme de repartir. Alors Casimir, l'annexe bistrotière de Chez Michel, vous tend les bras. Vous trouverez effectivement un petit Casimir orange sur le tonneau du bar, mais aussi une foule assez pépère, de grands torchons en guise de serviettes, de vrais bons vins (avez-vous déjà goûté au cerdon ?) et quelques braves plats de ménage, ici une terrine, là un bœuf mode, plus loin une soupe de fraises au vin rouge. Carte env. 28€-30€. **M° Gare du Nord, Poissonnière** 6, rue de Belzunce 75010 Tél. 01 48 78 28 80 Fermé sam.-dim.

prix élevés

☺ **Ploum (plan 11).** Inutile de chercher à décrypter l'enseigne ou son succès : le charme de Ploum tient à son caractère singulier. Autant, donc, témoigner d'une certaine curiosité au moment de pousser la porte de cette salle aux larges baies vitrées, habillée d'un rien de design et de pas mal de béton : vous voilà dans un néo-japono-français, avec thon et poireaux à la crème de miso, sashimi et saumon teriyaki, bœuf de la Coutancie à la fleur de sel et tiramisu au thé vert pour poursuivre dans une veine aussi déroutante qu'attachante. Formules (déj.) 15€-18€. Carte env. 30€. **M° Goncourt** 20, rue Alibert 75010 Tél. 01 42 00 11 90 Fermé sam. midi et dim.

Chez Michel (plan 2). Philippe Starck n'a visiblement pas signé le décor de cette auberge du 10e, quelque peu perdue derrière une jolie église : l'ambiance y est plus crêperie que trendy, mais tout le monde s'en moque. Car on y va d'abord pour la cuisine de Thierry Breton, un authentique chef (breton, en effet) formé à bonne école, capable de réinterpréter les classiques de son terroir. Les poissons sont particulièrement bien traités (le cabillaud est salé sur place avant de finir en brandade), mais les viandes ne sont pas ignorées (en hiver, c'est une bonne adresse à gibier, avec notamment de la grouse). Menu-carte 30€. **M° Gare du Nord, Poissonnière** 10, rue de Belzunce 75010 Tél. 01 44 53 06 20. Fermé sam., dim. et lun. midi

Le Terminus Nord (plan 2). Mi-Art nouveau, mi-Art déco, terriblement frénétique, à la fois parisienne et européenne (le Thalys et l'Eurostar se prennent en face, à la gare du Nord), cette vaste brasserie est l'une des plus belles du célèbre groupe Flo. On aime s'y poser pour une salade de haricots verts au foie gras, quelques huîtres et des crêpes Suzette. Formules du jour 23,50€-30,50€. **M° Gare du Nord** 23, rue de Dunkerque 75010 Tél. 01 42 85 05 15 Ouvert tlj.

La Grille (plan 11). La grille ? Elle est bel et bien là, sombre, robuste, inaltérable, gardant l'entrée depuis des lustres. Monument historique ? Il y a de ça… Quand on passe une tête à l'intérieur, du porte-chapeaux au zinc, du vieux carrelage aux petits rideaux, on se dit forcément que l'expression "dans son jus" a été inventée ici. La terrine de canard aux noisettes, le turbot au beurre nantais, les profiteroles ? Eux aussi, peut-être… Carte env. 40€-50€. **M° Poissonnière** 80, rue du Faubourg-Poissonnière 75010 Tél. 01 47 70 89 73 Fermé sam. et dim. Attention : dernier service à 21h30

Flo (plan 11). L'ancien dépôt de bière dissimulé dans cette cour secrète fut la première des brasseries parisiennes relancées par le groupe éponyme. Des années 1900, elle a gardé un décor façon Winstub très boisée, laissant le soin aux années 2000 de cuisiner les penne aux supions poêlés et jus de crustacés ou l'émincé de bœuf avec sa polenta aux champignons. Quoique : pourquoi voir plus loin que la choucroute spéciale dans une ambiance pareille ? Formules 23,50€-

GÉOADRESSES MANGER

30,50€. Menu 34,50€ (vin compris). Carte env. 45€. **M° Château d'Eau** 7, cour des Petites-Écuries 75010 Tél. 01 47 70 13 59 Ouvert tlj.

Julien (plan 11). Le décor Art nouveau (inspiré par Mucha) vaut à lui seul qu'on se pose sous l'un des portemanteaux (et porte-chapeaux) en cuivre avant de commander un tartare de daurade, un foie de veau balsamique et des œufs à la neige, servis par une équipe qui a tout saisi de ce qu'est l'esprit brasserie. Menus déj. 20,50€-26,50€. Menus dîner 23,50€-30,50€ (vin compris). Carte env. 45€. **M° Strasbourg-Saint-Denis** 16, rue du Faubourg-Saint-Denis 75010 Tél. 01 47 70 12 06 Ouvert tlj.

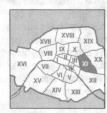

Le 11ᵉ ardt

plans 12, 13, 18, 20, 21

C'est à se demander si le 11ᵉ n'est pas en train de devenir l'un des meilleurs coins de Paris pour manger : la néobistrote s'y porte à merveille et les bons vins sont à l'honneur !

petits prix

Les Crâneuses (plan 13). Monté par un adorable duo de copines, ce bar à vins aux allures de café du coin a conquis la mouvance "néo-oberkampfienne" en moins de temps qu'il ne faut pour l'écrire. La recette est simple comme bonjour : une atmosphère complice, un quasi-non-décor, quelques jolis vins de soif ou de méditation et des assiettes toutes simples pour ne pas boire l'estomac vide : charcuteries et fromages en direct de chez quelques fournisseurs réputés, poisson fumé et *potjevlesch* (spécialité du nord de la France). Petites assiettes 7€-9€. Grandes assiettes 13-16€. **M° Parmentier** 72bis, rue Jean-Pierre-Timbaud 75011 Tél. 01 47 00 37 59 Uniquement le soir (à partir de 18h) Fermé dim.

☺ **Amici Miei (plan 20).** La toute petite (mais alors toute petite) trattoria installée autrefois boulevard Beaumarchais s'est rapprochée de Bastille pour investir un écrin à la mesure de son succès. Le décor ? Parquet vieilli, poutres et pierres apparentes, cuisine ouverte et terrasse sur le trottoir. Les pizzas ? Plébiscitées comme les meilleures de Paris par le Tout-Bastille. Et c'est vrai qu'elles sont bonnes ! Tout comme le sont les pâtes, souvent d'inspiration sarde : voyez les divines petites *fregole*, cuisinées aux palourdes et aux courgettes… Réservations fermement non souhaitées : ainsi va la politique maison. Carte env. 20 €. **M° Bréguet-Sabin** 44, rue Saint-Sabin 75011 Tél. 01 42 71 82 62 Fermé dim. et lun.

prix moyens

Le Marsangy (plan 13). Paumée, l'auberge, mais vraiment "pittoresque", comme on dit dans les guides de voyage… Cela dit, attention : derrière ce décor d'antan se cache une adresse plus futée qu'elle n'en a l'air, comme en témoignent les noms inscrits sur les vitres de la devanture, les Sénat, Richaud, Gramenon, Goisot, Faller, Puzelat – des pointures du vignoble, tout simplement. Le mode d'emploi est donc simple : on choisit d'abord la bouteille, puis on étudie rapidement l'ardoise avant de se décider pour le saucisson lyonnais aux cocos blancs ou la compotée de lapin à la moutarde. Formule 24€ midi et soir. **Mᵒ Parmentier** 73, av. Parmentier 75011 Tél. 01 47 00 94 25 Fermé sam. midi et dim.

☺ **Le Café du Passage (plan 20).** Vu la quantité de carafes qui trônent sur le zinc, on devine au premier abord qu'ici on se passionne pour le vin. Gagné ! De la mini terrasse au salon déco sur l'arrière, ce bistrot jazzy déploie un attirail de première classe : un livre de cave de 400 références de grosses étiquettes et de grands "petits" vins (et d'innombrables whiskys), à accompagner d'une sélection de purs produits, entre fromages corses et *lardo di Colonnata*. Carte 20€-30€. **Mᵒ Bastille** 12, rue de Charonne 75011 Tél. 01 49 29 97 64 Ouvert tlj. à partir de 18h

New Nioulaville (plan 12). A42, F23, B31... Une bataille navale ? Non, les codes des plats d'une carte proportionnelle au gigantisme de cette usine chinoise qui peut nourrir sans vaciller quelques centaines de couverts. Un vrai spectacle : les chariots de *dim-sum* (raviolis) circulent entre les tables, les Chinois endimanchés fêtent mariages et anniversaires et, perdus dans la foule, quelques vagues aventuriers occidentaux s'offrent leur tranche d'exotisme sino-bellevillois. Carte 20€-30€. **Mᵒ Belleville** 32-34, rue de l'Orillon 75011 Tél. 01 40 21 98 38 Ouvert tlj.

Le Clown Bar (plan 18). À un jet de nez rouge du Cirque d'hiver, voilà l'un des plus beaux troquets qui soient : seuls les clowns tristes trouveront à redire au décor – des céramiques de la manufacture de Sarreguemines rendent hommage au monde du cirque, photos et affiches anciennes dans la deuxième salle –, ou à la cuisine toute bistrotière (terrine au poivre vert, parmentier de boudin, crème brûlée... Quelques jolies bouteilles pour se faire le nez rouge. Formule (déj.) 13,50€. Menu-carte 25€ (le soir). **Mᵒ Filles du Calvaire** 114, rue Amelot 75011 Tél. 01 43 55 87 35 Ouvert tlj.

Naoki (plan 13). Loin, très loin du Tokyo *Town* de la rue Sainte-Anne... Et pourtant, qui contesterait l'authenticité de cette vaste carte, qui permet de ratisser à peu près tous les classiques de la cuisine nipponne ? Des palourdes au saké aux *yakitori* de cœurs de poulet, il y a ici des dizaines de plats à tenter. Dans un sage décor japonisant, avec l'inévitable fond sonore de koto et une équipe aussi douce que lente. Menus 15€ et 23€ (déj.), 23€ et 25€ (dîner). **Mᵒ Saint-Maur** 5, rue Guillaume-Bertrand 75011 Tél. 01 43 57 68 68 Fermé dim. soir et lun.

La Muse Vin (plan 21). Avez-vous entendu parler de la nouvelle génération de bistrots-caves à vins, ces lieux jeunes et pleins de pep qui vous cassent le vieil élitisme des cercles d'initiés à la chose viticole ? Eh bien vous voici en plein dedans, avec cette adresse tout en couleurs et en bouteilles qui vous donne du vin, du bio et du très bon, à emporter ou à boire sur place pour accompagner les tomates à l'ancienne de Joël Thiébault (la star des maraîchers parisiens), l'espadon rosé au pistou rouge ou le carré d'agneau en croûte et son jus de romarin. Formules (déj.) 10€, 14€ et 16€. Menus 25€-30€ (dîner). Carte 8€-16€. **Mᵒ Charonne** 101, rue de Charonne 75011 Tél. 01 40 09 93 05 Fermé dim.

☺ **Le Réfectoire (plan 13).** On peut y entrer en sifflotant "je préfère manger à la cantine", puis commander des raviolis parce que c'est lundi et qu'à midi tout est permis. Vraie-fausse cantoche pour bobos vaguement régressifs, ce troquet joliment emballé est signé de l'équipe de La Famille (cf. Le 18ᵉ ardt) : autant dire qu'on y mange du gentiment twisté dans une ambiance de feu et que les vins sont aussi malins que le reste. Des plats ? Il y a bel et bien eu du poisson pané à la carte saisonnière, mais aussi de la seiche et des rognons marinés et grillés ensemble, d'énormes nems d'agneau confit aux épices et agrumes, une soupe glacée de maïs au lait de coco. Menus (déj.) 14€-17€. Carte 28€. **M° Saint-Ambroise, Richard-Lenoir** 80, bd Richard-Lenoir 75011 Tél. 01 48 06 74 85 Ouvert tlj.

Le Sot-l'y-Laisse (plan 21). Petit cours d'anatomie : le sot-l'y-laisse est un morceau délicat situé au-dessus du croupion d'une volaille. C'est dit ! Un peu caché, comme ce bistrot sans chichis mais pas sans chien, à frise viticole et nappes en papier, qui vous prend par les sentiments avec des petites choses bien ficelées, comme du foie de veau sauce au vinaigre de xérès, des asperges vertes à l'orange et au chorizo, du côtes-du-roussillon de chez Olivier Pithon ou du morgon de chez Thévenet. Formules (déj.) 13€ et 17€. Carte env. 30€. **M° Alexandre Dumas** 70, rue Alexandre-Dumas 75011 Tél. 01 40 09 79 20 Fermé dim. et lun.

Chez Ramulaud (plan 21). Dépliez le torchon sur vos genoux, commandez le filet de rouget rôti et artichauts poivrade, la fricassée de canettes aux abricots et l'une des 350 bouteilles d'une carte des vins au bon jus du vignoble. Dimanche, brunch-guinguette, pour guincher en tranchant dans son pâté. Formule (déj.) 17€. Menu-carte 29€. **M° Faidherbe-Chaligny** 269, rue du Faubourg-Saint-Antoine 75011 Tél. 01 43 72 23 29 Fermé sam. midi et dim.

Le Bistrot Paul-Bert (plan 21). Le "Paul-Bert", c'est le vieux gréement de la bistrote parisienne, le bon comptoir où l'on revient se ressourcer, toujours prompt à vous servir son immuable recette : un service le torchon sur l'épaule, des ardoises qui volent de table en table, sa clientèle d'épicuriens, son marbré de poireaux au foie gras, sa joue de bœuf confite à la bourguignonne, et son livre de cave majuscule. Menus 16€ (déj.) et 32€. **M° Faidherbe-Chaligny** 18, rue Paul-Bert 75011 Tél. 01 43 72 24 01 Fermé dim. et lun.

☺ **Le Temps au temps (plan 21).** La maison est vite remplie, avec sa petite vingtaine de couverts, mais il y en aurait deux fois plus qu'il faudrait encore pousser les murs. Tout ça pour quoi ? Pour un décor chic et détendu, pour la jeune maîtresse de maison qui envoie de belles gorgées de vins et de sourires, et pour son mari qui signe des plats pleins d'esprit, comme la crème de topinambours et copeaux de *pata negra* (jambon espagnol) ou l'aile de raie aux poireaux en cocotte. Réservation in-dis-pen-sa-ble ! Formule (déj.) 16€. Menu-carte 30€. **M° Faidherbe-Chaligny** 13, rue Paul-Bert 75011 Tél. 01 43 79 63 40 Fermé dim. et lun.

Casa Vigata (plan 21). Dans le clan des Siciliens, je voudrais la cuisinière… J'ai nommé Roberta, qui passe son temps à jouer des casseroles dans sa toute jolie *casa* de quartier. Les mains dans la "tambouille" et un œil sur sa vingtaine de couverts tassés entre tables en zinc et toiles de copains, la *signora* s'amuse à mitonner *pasta*, filet de porc mariné aux herbes ou dorade farcie *caponata* (extra !). En salle, ça rigole, d'autant plus que l'ardoise des vins propose elle aussi de plaisantes envolées. Formule (déj.) 12€. Carte env. 30€. **M° Charonne** 44, rue Léon-Frot 75011 Tél. 01 43 56 38 66 Fermé lun., mar., sam. midi et dim. midi

Jacques Mélac (plan 21). Par où commencer ? Par les moustaches de Maître Jacques, par ses origines aveyronnaises, par la vigne qui court le long de la façade et les vendanges de septembre, par la belle sélection de vins, les charcuteries et les fromages à tomber, les plats chauds un peu moins tranchants... Le mieux est encore de pousser la porte de ce dinosaure des bars à vins parisiens, de se caler au comptoir avec un verre de gaillac du domaine des Causses-Marines en attendant qu'une table se libère. Formule (déj.) 14,50€. Carte env. 30€. *M° Charonne 42, rue Léon-Frot 75011 Tél. 01 43 70 59 27 Fermé dim. et lun.*

La Plancha (plan 20). Comment faire tenir le Pays basque et ses amoureux dans un mouchoir de poche ? À la hussarde, en bousculant la maison d'un tas de références "rrrrrugbystiques" et tauromachiques, en se serrant les coudes (à 22h, c'est bondé) pour, sur un coin de table, poser sa bouteille de rioja (35€, un peu cher !) ou de navarre (18€) et des assiettes de tapas imparables (les chipirons frits, quel délice !)... Le tout sous l'autorité d'un patron mi-sévère mi-pépère. Carte env. 30€. Pas de CB. *M° Bastille, Voltaire 34, rue Keller 75011 Tél. 01 48 05 20 30 Ouvert le soir seulement Fermé dim. et lun.*

Chez Paul (plan 20). "Chez Paul... Comme chez soi : ouvert 7 jours/7". Voilà comment cette vieille adresse plus Bastoche que Bastille aime à se résumer. Le reste, dès lors, va de soi : l'adorable patron qui trône de tout son charisme derrière le comptoir, les vieux murs tordus par le temps, la patine nicotinée, l'humeur bouillonnante, les Américains en extase, les escargots de Bourgogne, le tartare de bœuf, la souris d'agneau. Et les souriants "merci, au revoir et à demain". Carte env. 30€ (pas de menus). *M° Bastille, Ledru-Rollin 13, rue de Charonne 75011 Tél. 01 47 00 34 57 Ouvert tlj.*

prix élevés

Au Vieux Chêne (plan 21). Vu la mine réjouie des clients qui descendent de l'arbre, on se dit qu'il s'est passé quelque chose. Tout simplement la renaissance d'un très joli bistrot, qui retrouve ses vingt ans, son lustre et toute sa verve sous la houlette d'une équipe qui travaille dans le bon sens du produit. Et ça donne quoi ? Cochonnailles parfaites à l'apéro, râble de lapin farci aux herbes et mousserons à la crème, pigeon rôti, petits pois et copeaux de foie gras, entrecôte plus que généreuse. Le tout porté par une carte des vins qui va à l'essentiel... le "très bon". Formule (déj.) 13€. Menu 29€. Carte 30€-35€. *M° Faidherbe-Chaligny 7, rue du Dahomey 75011 Tél. 01 43 71 67 69 Fermé sam. midi et dim.*

Khun Akorn (plan 21). Loin d'être la plus connue des tables thaïes de Paris, et pourtant bien considérée par de nombreux aficionados... Voilà le paradoxe de cette maison discrète qui joue l'exotisme chic avec son bar en acajou et ses bouddhas en bois doré et sa carte qui propose un large "éventhaï" de plats entre marinade de porc grillé aux herbes et au miel, coquelet de printemps avec sa salade de papaye et banane à la crème de noix de coco. En saison, très jolie terrasse en surplomb de la rue. Carte 30-45€. *M° Nation 8, av. de Taillebourg 75011 Tél. 01 43 56 20 03 Fermé lun.*

L'Osteria dell'Anima (plan 11). Deux loupiotes, 1,50m de façade en trompe-l'œil coloré... Bienvenue dans le restaurant le plus étroit de Paris ! Tout petit par la taille mais franchement grand par le talent d'une cuisine italienne maison de A à Z, qui vous fait redécouvrir ce que sont les lasagnes, les vraies de vraies, les *pap-pardelle* à l'encre de seiche ou les pâtes aux fruits de mer. C'est écrit en toutes lettres sur la carte : *live-made pasta* ! Formule (déj.) 11,50€. Carte 20€-40€. **Mᵒ Oberkampf** *37, rue Oberkampf 75011 Tél. 01 43 38 40 03 Fermé sam. midi, dim. midi et lun.*

Le Repaire de Cartouche (plan 18). Délicieusement désuète dans son décor d'auberge à l'ancienne (nappes amidonnées, nobles boiseries et fresques murales), voilà une adresse à double entrée : une sur le boulevard et l'autre sur la rue, une pour des formules à midi comme un don du ciel, l'autre pour des repas du soir dans les grandes largeurs de la superbe cuisine de Rodolphe Paquin. La cuisine est de sai-son, avec une carte qui change toutes les semaines. Une cave de vins "nature" plus que convaincante. Formules (déj.) 14€ et 16€. Menu (déj.) 25€. Carte 35€-40€. **Mᵒ Saint-Sébastien-Froissart** *8, bd des Filles-du-Calvaire et 99, rue Amelot 75011 Tél. 01 47 00 25 86 Fermé dim. et lun.*

Les Bas-Fonds (plan 18). À mi-chemin du bar à vins chic-bobo et de la brasse-rie contemporaine, Les Bas-Fonds est l'une des toutes dernières adresses ouvertes du côté du Cirque d'hiver : à la fois proche des centres névralgiques du quartier et suffisamment à l'écart pour que la foule qui la fréquente soit finalement plus mêlée que branchée. Pour le côté tendance, en revanche, la cuisine donne le change, avec une carte mixant de façon astucieuse *tempura*, coco-curry, pavot, chorizo, blinis, ricotta, Cæsar, crumble Nutella, *pasta* et probablement soja. À l'arrivée, la réalisa-tion est plutôt correcte : ouf... Formules (déj.) 12€-16€. Carte 30-40€. **Mᵒ Filles du Calvaire** *116, rue Amelot 75011 Tél. 01 48 05 00 30 Fermé dim. midi*

L'Écailler du Bistrot (plan 21). Savez-vous faire la différence entre une normande, une bretonne, une charentaise, une plate, une creuse, une pleine mer, une fine de claire ? Sous ses airs de pont supérieur, ce bistrot clean et iodé vous apprendra tout ce que vous voulez savoir sur les huîtres sans jamais avoir osé le demander. Le reste ? Langoustines de Loctudy, saint-jacques d'Erquy, sole du Guilvinec au four et émincé de pommes au beurre salé (évidemment !). Formule (déj.) 16€. Carte env. 40€. Menu "homard breton" (huîtres, demi-homard, pommes au beurre salé) 45€. **Mᵒ Faidherbe-Chaligny** *20-22, rue Paul-Bert 75011 Tél. 01 43 72 76 77 Fermé dim. et lun.*

Mansouria (plan 21). Chez qui ? Fatéma Hal, cuisinière-ethnologue marocaine. Où ? De préférence dans la petite alcôve du fond avec banquettes et coussins. Avec qui ? Ses beaux-parents, un copain nord-af' souffrant du mal du pays ou une cousine scan-dinave en manque d'exotisme chic. Quoi ? L'assortiment d'entrées suivi d'un *kacsou* (c'est ainsi qu'on appelle le couscous, ici), d'un *touagin* (même exigence de vérité pour le mot tajine) ou de la *mourouzia*, une souris d'agneau avec sauce au miel, semoule à la cannelle, parfumée au *ras-el-hanout*, le fameux mélange de… 27 épices. Menus 30€ et 46€ (demi bouteille de vin comprise). Carte 40-45€. **Mᵒ Faidherbe-Chaligny** *11, rue Faidherbe 75011 Tél. 01 43 71 00 16 Fermé dim., lun. midi et mar. midi*

Le Villaret (plan 13). Le néologisme n'a pas encore été déposé à l'INPI, mais voilà ce qu'il est convenu d'appeler une adresse "bistronomique". Le bistrot ? Le coude à coude, l'ambiance très souple, le brouhaha, les cravates qui se dénouent, les petites dames du quartier qui traversent la rue pour un (grand) déjeuner, les visages de plus en plus rouges. Le gastro ? Des prix qui jouent dans la cour des grands, des produits qui, finalement, les justifient, une cave bluffante et des assiettes beaucoup plus pensées qu'elles n'en ont l'air. L'esprit est certes classique, mais toujours avec ce petit rien qui fait du bien : tartines de sardines marinées, terrine d'agneau, thon rouge à la maniguette, pigeon aux petits pois, fraises au vin rouge et à l'estragon. Conclusion ? Pour nombre de fines fourchettes, voilà une table essentielle. Formule (déj.) 22€. Menus 27€ (déj.) et 50€ (dégustation le soir). Carte 50€. *Mº Parmentier, Oberkampf* 13, rue Ternaux 75011 Tél. 01 43 57 89 76 Fermé sam. midi et dim.

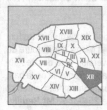

Le 12ᵉ ardt

plans 21, 24, 26, 27

Ça démarre tout doucement, la branchitude commence à trouver que le quartier a du charme, mais ça, on le savait déjà. On aime ici les troquets qui ont su rester popu, qu'ils cuisinent bien de chez nous ou d'un peu plus loin.

prix moyens

☺ **Les Jardins de Mandchourie (plan 21).** Avec ses tons orange et chocolat, ce pourrait n'être qu'un énième café de quartier, vaguement branché, propre comme un sou neuf. Mais quand une adresse s'affiche aussi clairement de Mandchourie, pas de doute : il faudra aller assouvir ailleurs ses envies de saucisson-beurre. À la place, autant flâner du côté du nord-est de la Chine pour découvrir une cuisine mêlant influences mongoles et coréennes, généreuse en légumes et fort respectueuse des saisons : quand on vous dit que ce n'est pas vraiment la période des fleurs d'ail, qu'elles seront un peu dures à mâcher, vous vous inclinez et oubliez les encornets avec lesquels ils les font sauter. À la place, vous prenez de vrais raviolis de bœuf, cuits minute, moelleux à souhait et agacés d'un rien de vinaigre. Vous foncez ensuite sur les aubergines confites, la salade de gésiers au sésame, l'agneau piquant au cumin (grande spécialité maison) et vous vous dites que la Mandchourie vaut son pesant de dépaysement. Menus 10€-12€ (déj.), 15€-20€. Carte 20€-25€. *Mº Daumesnil* 32-34, allée Vivaldi 75012 Tél. 01 43 45 58 88 Fermé lun.

Bihan Café (plan 26). Au concours de la plus grande ardoise des bistrots parisiens, celle du Bihan Café aurait son mot à dire. Dessus, la leçon du jour comme une recette de toujours, une liste longue comme un rang de vignes de purs vins de terroir, et des propositions solides : de la bavette à l'échalote au pavé de salers en passant par les planches et les grosses salades. Et avec ça ? Une vraie ambiance de copains. Formule (déj.) 13,50€. Menu 16€. Carte 20€-25€. Planches 16€. *Mº Bercy* 4, rue de Bercy 75012 Tél. 01 40 19 09 95 Fermé sam. midi et dim.

Le Duc de Richelieu (plan 21). À mi-chemin du bouchon lyonnais et du zinc parisien, de la brasserie et du bistrot, voilà le genre d'adresse qui ne cherche pas midi à quatorze heures ni vingt heures trente à vingt-deux heures quarante-six. Du jambon persillé, du saucisson chaud, de la côte de bœuf, du vin rouge et du rhum (sur le baba, bien entendu) : que demande le peuple, surtout quand il a faim et qu'il erre du côté de la gare de Lyon ? Formule 14,50€. Carte env. 20€-25€. **M° Gare de Lyon** 5, rue Parrot 75012 Tél. 01 43 43 05 64 Fermé dim.

L'Auberge aveyronnaise (plan 26). Pas la peine de se voiler la face… Au rez-de-chaussée d'un immeuble du flambant neuf quartier de Bercy, on a bien du mal à s'imaginer dans un buron aveyronnais. Mais la maison, au garde-à-vous de la tradition rouergate, fait tout son possible pour nous faire entrevoir le clocher de Bozouls ou d'Espalion avec son accueil familial, ses nappes à carreaux, ses rillettes de truite de Laguiole, sa planche de charcuterie et sa saucisse-aligot. Formule (déj.) de 18,20€ à 28€. Menus (soir) de 19,80€ à 29,50€. **M° Cour Saint-Émilion** 40, rue Gabriel-Lamé 75012 Tél. 01 43 40 12 24 Ouvert tlj.

Le Lys d'Or (plan 21). Décor "kitschi-Chine" avec profusion de verdure et de fontaines, service en costume traditionnel, photos du grand chef Ming Chen entouré de stars du show-biz, carte longue comme la muraille… La version chic des restaurants chinois de Paris. Pour ouvrir en grand la fenêtre sur la gastronomie de là-bas, commander le menu des quatre cuisines régionales, Sichuan, Shanghai, Canton et Pékin. Menus 11,50€ à 14€ (déj.), et de 22€ à 26€. Carte 25€-35€. **M° Reuilly-Diderot** 2 rue de Chaligny 75012 Tél. 01 44 68 98 88 Ouvert tlj.

prix élevés

L'Ébauchoir (plan 21). Couple en recherche d'intimité s'abstenir… Plus "coude à coude" de copains que "face-à-face" d'amoureux, ce grand bistrot rassembleur attire son monde avec son vieux zinc, sa fresque géante et naïve de Tati Muzo, ses jolis flacons de vignerons, et sa cuisine bonne et vraiment pas chère à midi, plus travaillée mais plus onéreuse le soir. Des exemples ? Tartare de thon et purée d'avocat à la coriandre, selle d'agneau rôti au jus d'ail et romarin. Menu (déjeuner sauf sam.) 13,50€ (3 plats). Menu-carte 22,50€ (deux plats) et 25€ (trois plats). Carte 30€-35€. **M° Faidherbe-Chaligny** 43-45, rue de Cîteaux 75012 Tél. 01 43 42 49 31 Fermé dim. et lun. midi et exceptionnellement en juillet pour travaux

☺ **Sardegna a tavola (plan 21).** Italien ? Disons qu'Antonio Simbula est sarde et fier de l'être. Mais il fait bien plus que de brandir le drapeau de son île pour nous émouvoir dans sa trattoria diablement attachante. Ses arguments ? Des assiettes calibrées à l'authentique et aux bons produits comme la marinade de mérou à l'huile d'olive, les *gnochetti* à la farine de blé dur ou les saucisses maison au fenouil. C'est où, précisément, la Sardaigne ? Au sud de la Corse ou, pour faire plus simple, à deux pas du marché d'Aligre. Carte env. 35€. **M° Ledru-Rollin** 1, rue de Cotte 75012 Tél. 01 44 75 03 28 Fermé dim. et lun. midi

O'Rebelle (plan 21). Une authentique adresse "fusion", loin du 8e arrondissement et des cartes bancaires dorées sur tranche ? C'est bien ce qu'a à offrir cette jolie salle assez sage, où la carte propose un méli-mélo plutôt savoureux, ici du miso, là du thon, plus loin de l'igname (peut-être avec le filet de bar grillé et vinaigrette au zinfandel ?), et dans les verres des crus tout aussi dépaysants. Formule 30€. Menu-carte 38€. **M° Gare de Lyon** 24, rue Traversière 75012 Tél. 01 43 40 88 98 Fermé sam. midi et dim.

Chai 33 (plan 26). Entre le grand complexe UGC Ciné-Cité et le Club Med' World, il fallait voir les choses en grand pour ne pas avoir l'air ridicule. Pari tenu dans ce dédale de 1 300m² et en grande partie dédié au vin (bien choisi d'ailleurs). Suivez le guide : une cave, une boutique, 2 terrasses, un bar, un *lounge* et un restaurant pour une carte qui se décline en différentes palettes aux noms évocateurs... Concept ! Formule 16€ (déj.). Carte env. 40€. *M° Cour Saint-Émilion* 33, *cour Saint-Émilion 75012 Tél. 01 53 44 01 01 Ouvert tlj.*

prix très élevés

Le Quincy (plan 24). "N'oubliez pas : vous êtes mes invités, jusqu'à l'addition !" Le mot d'ordre figure en toutes lettres sur la carte, aux côtés de quelques autres gauloiseries du même tonneau... Sublime monument de la bistrote "vieille France", Le Quincy est de ces adresses qu'il faut avoir vues au moins une fois dans sa vie, histoire de ne jamais oublier à quoi pouvaient ressembler les restos avant les décors de Starck et la mode du thon au sésame. Aujourd'hui comme avant-hier, Bobosse (le fabuleux taulier, une tronche qui aurait mérité le 7ᵉ art) continue donc d'emballer son monde à coup de vachardises et de grandes claques dans le dos, de cochonnailles, de côtes de bœuf et de mousse au chocolat. Les tarifs ne sont, hélas, pas en anciens francs, mais qu'importe : le ticket d'entrée dans certains musées n'a pas de prix. Carte 60€-70€ (pas de CB). *M° Quai de la Rapée* 26, *av. Ledru-Rollin 75012 Tél. 01 46 28 46 76 Fermé sam., dim. et lun.*

Le Trou gascon (plan 21). Alain Dutournier, du Carré des Feuillants : ce nom vous dit quelque chose ? Alors sachez que ce (grand) bonhomme garde toujours un œil aiguisé sur ce qui fut sa première adresse parisienne, au siècle dernier. Chic et sobre, la demeure reste droite dans son Sud-Ouest. Pour aller au plus simple d'une carte alléchante, le cassoulet aux haricots tarbais est un modèle du genre, mais les interprétations plus contemporaines comme la cuisse d'oie confite ou mignon et riz de veau valent aussi le goût. Menus 36€ (déj.), 50€. Menu carte 56€-68€. *M° Daumesnil* 40, *rue Taine 75012 Tél. 01 43 44 34 26 Fermé sam. et dim.*

À la périphérie

prix moyens

Les Coteaux (plan 27). Ce n'est pas parce que M. et Mme Olry ont quitté le 15ᵉ pour la banlieue qu'ils ont baissé la garde. Attendez voir... La carte des beaujolais ? Elle justifie toujours les diplômes bachiques du patron accrochés aux murs. La cuisine ? Saucisson de Lyon, tête de veau, oreille de cochon grillée, quenelles de brochet... Plus sincère que jamais. Ce qui a changé ? Juste l'adresse et le décor, un bistrot-brasserie un rien chic après un bouchon de chez bouchon. Formule 34€ (demi bouteille de vin comprise). Menu-carte 30€. *M° Saint-Mandé* 8, *rue Jeanne-d'Arc 94160 Saint-Mandé Tél. 01 48 08 74 81 Fermé sam. et dim.*

L'Ambassade de Pékin (plan 27). Une ambassade, rien que ça ? Oui, mais pas de celles qui draguent les candidats au voyage avec un décor ultra-clinquant (on reste raisonnablement dragonnant, ici), plutôt de celles qui mettent toute leur diplomatie au service de l'assiette. Mis à part quelques échappées vietnamiennes, la leçon est donc chinoise, sichuanaise même, avec bœuf sauce malas ou sole aigre-douce. Carte 28€-35€. *M° Saint-Mandé* 6, av. Joffre 94160 Saint-Mandé Tél. 01 43 98 13 82 Ouvert tlj.

Le 13ᵉ ardt

plans 24, 25, 26

Deux tiers d'Asie, un tiers de vrais bons bistrots : le 13ᵉ se joue nécessairement à pile ou face. On aime à la fois l'ambiance en surchauffe des cantines thaïes comme le caractère rassérénant des vieux buffets de grand-mère.

petits prix

Bi Da Saigon (plan 26). Il faut, c'est vrai, être dans des dispositions d'esprit assez particulières pour accepter de se perdre dans un centre commercial asiatique. Mais quitte à s'offrir un voyage dans l'Asiatown parisien, autant jouer les aventuriers du goût jusqu'au bout, et tenter de découvrir cette adresse vraiment pas chère, qui sert des soupes *phô* de 1 litre, du poulet grillé à la citronnelle ou des grillades de porc accompagnées d'herbes fraîches presque impossibles à finir tant elles sont généreuses. Ambiance et tarifs hautement dépaysants. Carte env. 10€. *M° Porte d'Ivry, Olympiades* 44, avenue d'Ivry 75013 Tél. 01 45 84 04 85 Ouvert tlj.

Le Temps des cerises (plan 25). Géré en coopérative, l'endroit a un caractère gentiment bravache, vaguement révolutionnaire : de quoi fredonner "la nostalgie, camarade, la nostalgie, communard" au moment de s'installer (en prenant soin de couper son portable, sous peine de se faire rudoyer par un personnel chauffé à la gouaille parigote !). Cuisine du même métal, entre petit salé aux lentilles et filet de bœuf à la périgourdine. Menus déj. 9,50€-12,50€.et dîner 14,50€-22,50€. Une terrasse a récemment été aménagée. *M° Place d'Italie* 18, rue de la Butte-aux-Cailles 75013 Tél. 01 45 89 69 48 Fermé sam. midi et dim.

Lao Viet (plan 26). Totalement perdu sur les boulevards des maréchaux, mais une vraie petite aubaine pour les palais en mal d'aventures. Mi-laotienne, mi-vietnamienne, la cuisine est à la fois brute, fine et fraîche, et permet de découvrir quelques spécialités pas nécessairement courantes, comme le porc fermenté à l'ail et au piment (redoutablement brûlant) ou le bœuf séché à la citronnelle. Fruits de mer soignés, à essayer en version brochette. Carte env. 20€. *M° Porte d'Ivry, Olympiades* 24, bd Masséna 75013 Tél. 01 45 84 05 43 Fermé mar.

prix moyens

Suave (plan 25). Une décoration vraiment raffinée, des tons clairs, des baguettes ouvragées, une fontaine qui clapote en fond sonore : c'est sûr, Suave n'est pas une banale cantine à *bô-bun* comme il y en a tant. D'obédience vietnamienne, la maison s'autorise pourtant quelques clins d'œil à la Chine ou à la Thaïlande, passant des vapeurs de crevettes au porc au caramel *via* les crabes mous flambés au sel et au poivre. Menus (déj.) 11,50€ (deux plats) et 14,50€ (trois plats). Carte 20€-25€. *M° Corvisart* 20, rue de la Providence (angle rue de l'Espérance) 75013 Tél. 01 45 89 99 27 Fermé dim.

La Tonkinoise (plan 26). Particulièrement esseulée à l'ombre de quelques vilaines barres d'immeubles, cette Tonkinoise mérite pourtant qu'on laisse la foule et l'agitation à distance pour découvrir une cuisine vietnamienne fraîche, soignée et pas courante : *bô-bun*, *bahn cuon*, mais aussi bulots à la vapeur (autrement plus intrigants que leur intitulé), cuisses de grenouilles au citron vert... Menu (déj. en semaine) 10€. Carte 20-25€. Pas de CB. *M° Maison Blanche, Porte de Choisy* 20, rue Philibert-Lucot 75013 Tél. 01 45 85 98 98 Fermé lun.

Sukhothaï (plan 25). Petit mais joliment emballé, ce thaïlandais à la déco "exo" pas trop toc mérite qu'on réserve sa table pour y découvrir la salade de poulet haché, le *hor mok* (sorte de curry de fruits de mer), les crevettes au lait de coco ou le canard au poivre vert. Accueil plutôt sympathique, prix assez doux, eux aussi. Menus déj. 12€ et 13,50€ ; soir 20€ et 24€. Carte env. 25€. *M° Place d'Italie* 12, rue du Père-Guérin 75013 Tél. 01 45 81 55 88 Fermé dim. et lun. midi

Villa d'Or (plan 26). À moins d'habiter dans le quartier et d'avoir passé trois années d'affilée à en visiter tous les restaurants asiatiques, pas facile de s'y retrouver... Les amateurs plébiscitent en tout cas la constance de celui-ci, même si sa façade en évoque certainement mille autres à la ronde. Preuve parmi d'autres de la régularité de la maison, la nécessité d'y réserver sa place, avant de se laisser guider vers quelques plats aventureux : les tripes croquantes, les crabes sautés au poivre et au gingembre, les langues de canard, les brioches salées à la vapeur, auxquels on peut, éventuellement, préférer de consensuels rouleaux de printemps. Menus 8€ (déj.), 12,80€ et 14,50€. Carte env. 25€. *M° Maison Blanche* 84, rue Baudricourt 75013 Tél. 01 45 86 99 95 Fermé mar.

Paradis Thaï (plan 25). Malgré l'enseigne, malgré le quartier, ce n'est pas un énième petit thaïlandais (comme l'excellent Lao Thaï, à deux pas, au n°128), mais bien une très vaste usine joliment emballée et vaguement branchée. Appréciez au passage les savants clairs-obscurs, les statuettes dorées et l'aquarium, juste sous vos pieds en entrant. Le mieux, c'est de tenter l'aventure à plusieurs, pour voir débarquer une foultitude de petites choses : calamars en brochette, salade de crevettes à la citronnelle, poulet *satay* (auquel on peut préférer celui enveloppé dans des feuilles de pandanus), canard au basilic... Menu (déj.) 11,90€, pour deux 44,80€. Carte 20€-30€. *M° Tolbiac* 132, rue de Tolbiac 75013 Tél. 01 45 83 22 26 Ouvert tlj.

Les Cailloux (plan 25). Cette trattoria à bobos n'a qu'un seul défaut : son succès. D'où la foule compacte, le fond plus que sonore et le coude à coude obligatoire... Mais quelques atouts sérieux continuent néanmoins de lui valoir une estime sincère : sa déco pas vraiment passe-partout, ses prix tenus, sa belle ambiance, ses assiettes d'une simplicité absolue, ses vins bien vus. Dans le quartier, difficile, donc, de ne pas sacrifier à la *bruschetta* aux légumes grillés, aux *linguine* aux calamars et artichauts ou à la *tagliata* de filet de bœuf sur son matelas de roquette. Formules (déj.) 13,50€-17,50€. Carte 25€-28€. *M° Place d'Italie, Corvisart* 58, rue des Cinq-Diamants 75013 Tél. 01 45 80 15 08 Fermé dim. et lun.

Sala Thaï (plan 26). La modestie des lieux, l'atmosphère tranquille, les prix tenus : trois atouts pour cette ambassade thaïe plutôt régulière, dont les habitués élisent systématiquement la salade de bœuf ou le magret de canard émincé, les saucisses au riz fermenté et le poulet dans sa sauce *coco-galanga*, qu'on finit toujours d'éponger avec un bon vieux riz gluant. Menus 13,75€-19,85€. Carte 25€-30€. *M° Maison Blanche* 13, rue des Frères-d'Astier-de-La-Vigerie 75013 Tél. 01 45 84 13 22 Fermé mar.

Tandem (plan 25). L'enseigne ne ment pas : cet établissement est bel et bien emmené par un tandem de bons gars, deux frangins en l'espèce, le premier en cuisine et le second en salle. Tous deux ont une haute idée de leur métier, lâchant à qui veut l'entendre que "les seules choses congelées, ici, sont les glaces". Voilà qui met de bonne humeur au moment de commander les gésiers de canard au balsamique puis le faux-filet argentin ou le bon boudin noir, avant de tenter un choix de vin. Là, autant se laisser faire si l'on n'y connaît rien : car la carte a beau être didactique, elle promeut des crus hors des sentiers battus : la maison travaille d'ailleurs beaucoup avec le vigneron Claude Courtois. Carte env. 28€. *M° Corvisart* 10, rue de la Butte-aux-Cailles 75013 Tél. 01 45 80 38 69 Fermé dim. et lun. midi

Café Bibliothèque (plan 26). Dans l'impressionant complexe conçu par Jean-Michel Wilmotte autour des cinémas MK2, l'architecture très contemporaine de ce café impressionne agréablement par sa scénographie très étudiée, notamment les deux petits salons et le ton rouge dominant... En avant ou en après-séance, voire sans séance aucune, on s'y pose pour quelques assiettes de brasserie, salade Cæsar, tartare, moelleux au chocolat. Encore mieux quand l'énorme terrasse est de sortie. Carte environ 25€-28€. *M° Quai de la Gare, Bibliothèque* 128, av. de France 75013 Tél. 01 56 61 44 00 Ouvert lun.-jeu. jusqu'à minuit, ven.-dim. jusqu'à 1h

L'Ourcine (plan 24). Le mot d'ordre de ce petit bistrot récemment ouvert est simple : "Cuisine de cuisinier et vins de vignerons", en toutes lettres sur la vitrine. Difficile de ne pas souscrire, d'autant que les promesses sont tenues, avec des assiettes à mi-chemin du bourgeois et du canaille : fraîcheur de langue de bœuf et soubise, filet mignon rôti à l'ail et ragoût de légumes nouveaux, crémeux de café au chocolat et au mascarpone (l'une des "signatures" sucrées de la maison, qu'il est de bon ton de ne pas refuser !). Amusant décor de bric et de broc façon vide-grenier : buffet vitré, casiers, moulins à café, fers à repasser et balance millésimés 1900. Formule (déj.) 22€. Menu-carte 30€. *M° Les Gobelins* 92, rue Broca 75013 Tél. 01 47 07 13 65 Fermé dim. et lun.

La Douceur angevine (plan 26). Avec son carrelage, ses tables et ses chaises en bois, ses vieilles pendules, ses vénérables postes de radio, son joli petit bar et ses moulures au plafond, c'est un bistrot de quartier comme on les aime, convivial et chaleureux. La patronne, d'une famille de vignerons angevins, est enjouée, prend le temps de faire un brin de causette et de commenter ses vins. À la limite, autant la laisser choisir pour vous les rillauds tièdes en salade, le boudin noir et le clafoutis aux figues. Saumur ou bourgueil, avec ça ? Carte env. 30€. *M° Nationale, Bibliothèque* 1, rue Xaintrailles 75013 Tél. 01 45 83 32 30 Ouvert lun.-ven. à midi, jeu. et ven. midi et soir

prix élevés

Le Petit Marguery (plan 24). Les zélotes de la cuisine moderne passeront bien gentiment leur chemin : Le Petit Marguery n'est pas pour eux. Voilà au contraire une maison immuable et rassurante, cultivant comme pas deux les vertus du classicisme et de l'esprit vieille France. Pour peu qu'on soit sensible au genre, on appréciera forcément la compagnie de serveurs ayant probablement grandi entre ces murs, avant de faire un sort, selon la saison, au fromage de tête, au foie de veau aux framboises, à la rascasse rôtie à la tapenade et au soufflé au Grand-Marnier. Menus déj. 23,20€ et 26,20€, 30€-35€. *M° Les Gobelins 9, bd de Port-Royal 75013 Tél. 01 43 31 58 59 Fermé dim. et lun.*

La Mer de Chine (plan 26). La croisière est certes un peu plus chère que la moyenne, mais tellement plus inattendue… En lisière du Chinatown parisien, comme pour laisser l'ordinaire à distance, La Mer de Chine est de ces adresses qui s'efforcent de ne pas se cantonner aux banalités d'usage – quand on y tente de simples *siu-mai*, on risque en effet d'être déçu tant ils paraissent banals comparés aux spécialités teochew que la maison propose. Des plats pour aventuriers du goût ? Il y a de ça, au moment de passer commande d'une assiette de langues de canard sautées au sel et poivre, d'une langue de bœuf dans une impeccable sauce sirupeuse au poivre noir voire d'une simple salade de méduse émincée, pour le coup nettement plus "dépaysants" qu'un bœuf aux oignons. Menus 15€ (déj.), 25€ (soir). Carte 30€-35€. *M° Nationale 159, rue du Château-des-Rentiers 75013 Tél. 01 45 84 22 49 Fermé mar.*

L'Avant-Goût (plan 25). Véritable star de la cuisine néo-bistrote, Christophe Beaufront connaît un succès jamais démenti – au point qu'il ne vient même plus à l'idée de ses fidèles de remarquer les horaires de service contraignants, le coude à coude de rigueur et la surchauffe générale… Mais voilà : ce troquet tout de jaune vêtu va les défauts de ses qualités, une bonne cuisine servie dans une bonne ambiance, soutenue par de très bons vins, le tout à des prix encore corrects. D'où l'obligation de réserver si l'on veut s'asseoir face au fameux pot-au-feu de cochon aux épices. Formule (déj., vin compris) 14€. Menu-carte 31€. *M° Place d'Italie 26, rue Bobillot 75013 Tél. 01 53 80 24 00 Fermé dim.-lun.*

Pasta e basta (plan 26). Niché sur la dalle d'un centre commercial, plutôt esseulé au milieu de cantines nommées New China Town, Phuong Hoang ou Lê Lai (elles sont d'ailleurs tout ce qu'il y a de fréquentables), voici donc un coin d'Italie en plein milieu de l'Asie à Paris. On aime l'atmosphère cultivée par un patron exigeant, les vins conseillés avec enthousiasme, le parfum des pizzas qui cuisent dans le four à l'entrée et, tout simplement, la justesse d'une cuisine italienne qui ne refuse pas les beaux produits : jambon San Daniele, calamars frits, *rigatoni alla carbonara*, *scamorza* panée au sésame… Formules (déj.) 16,50€, 23,50€. Menus 29,50€. Carte 35€-40€. *M° Olympiades, Tolbiac 103-105, rue de Tolbiac 75013 (en haut des escalators) Tél. 01 44 24 54 84 Fermé dim.-lun., mi-juillet-mi-août*

GÉOADRESSES

MANGER

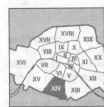

Le 14ᵉ ardt

plans 23, 25

L'ardt ne se limite pas au Montparnasse des années folles, mais quelques vieilles et belles brasseries en perpétuent habilement l'esprit. Et pour ceux que les bonnes petites tables cachées inspirent, il n'y a que l'embarras du choix !

petits prix

Ti Jos (plan 23). Pour peu qu'on soit d'humeur à cultiver la nostalgie de Montparnasse la bretonnante, autant le faire ici, en compagnie d'une vraie cervoise et de galettes de sarrasin qui remplissent leur office. L'adresse fait aussi bar musical à la sauce celte, au sous-sol. Carte 15-20€. *Happy hour 19h-21h pinte 5€. M° Edgar Quinet, Vavin 30, rue Delambre 75014 Tél. 01 43 22 57 69 www.restaurant-tijos.com Fermé dim. midi et mar. soir Pub breton ouvert à partir de 19h*

Enzo (plan 23). Dans le quartier, cette petite trattoria se distingue sans mal de ses semblables, abonnées aux clichés transalpins, aux posters de la tour de Pise et au fond sonore "eros-ramazzotisé". Enzo cultive, au contraire, une sobriété assez chic qui rend l'adresse agréable pour une dégustation sur le pouce de pâtes ou de pizzas – la "spéciale", avec son cortège calorique de gorgonzola, *montanella*, crème fraîche et poitrine fumée, fait l'unanimité, bien que des options moins "chargées" s'offrent aux amateurs. Carte env. 15€-20€. *M° Denfert-Rochereau, Gaîté 72, rue Daguerre 75014 Tél. 01 43 21 66 66 Fermé sam. soir et dim.*

prix moyens

La Chopotte (plan 25). Le bistrot tel qu'on l'imagine : de la terrine, des harengs, des cochonnailles, de l'andouillette, du bœuf de Salers et de bons vins produits par de vrais vignerons pour faire passer le tout. Vous ne voudriez pas, pour le prix, un décor signé d'un designer célèbre, tout de même ? Carte 20€-25€. *M° Plaisance 168, rue d'Alésia 75014 Tél. 01 45 43 16 16 Ouvert tlj.*

La Coupole (plan 23). C'est sans doute la plus grande brasserie de Paris mais, curieusement, il faut systématiquement patienter à l'entrée... Qu'importe : cela laisse largement le temps de découvrir cette salle d'une beauté folle, un véritable monument historique et artistique ponctué d'une trentaine de piliers décorés par quelques pointures de la peinture (dans un autre registre, Hemingway ou Kessel ont autrefois joué les piliers de bar ici). Peu importe ce qu'on y mange (quelques huîtres, le "fameux" curry d'agneau à l'indienne, un homard avec un verre de champagne, un tartare-frites), l'essentiel, chacun l'aura compris, n'est pas nécessairement dans l'assiette. Formules et menus de 23,50€ à 30,50€. *M° Vavin 102, bd du Montparnasse 75014 Tél. 01 43 20 14 20 Ouvert tlj.*

Giufeli (plan 25). Des tables de quartier comme celles-là, il en faudrait à tous les coins de rue ou presque. Sans réservation, tournez les talons... Sinon, installez-vous dans la petite salle pistache où ça ne sent pas le tabac (proscrit, ouf !), avant de voir ce que le chef aura décidé de préparer pour son unique menu renouvelé tous les jours : un mignon de porc rôti au miel, une effilochée de bœuf parmentière, un sabayon aux abricots ? Pas très copieux mais pas très cher : tout est là… Menu 26€. *M° Pernety* 129, rue du Château 75014 Tél. 01 43 27 32 56 Ouvert lun.-sam. dîner uniquement

La Cerisaie (plan 23). Vingt couverts, et pas un de plus. La réservation est donc in-dis-pen-sable ! Et tout ça pour un troquet aussi modeste ? Un "petit bistrot du Sud-Ouest", comme il est justement écrit sur la porte ? Certes, mais tellement plus encore. Il n'y a en effet qu'un couple aux manettes de cette mini-maison, elle en salle et côté cave (très jolis vins), lui seul devant ses fourneaux, cuisinant Sud-Ouest, mais avec pas mal d'esprit, de doigté et de légèreté. À l'arrivée, le menu se décrypte à l'ardoise, que l'on parcourt en salivant d'avance : terrine de confit de canard et piment basque au vinaigre, magret d'oie des Landes et poire rôtie aux épices, pain perdu brioché et pruneaux à l'armagnac. Une aubaine, une vraie. Carte env. 30€. *M° Edgar Quinet* 70, bd Edgar-Quinet 75014 Tél. 01 43 20 98 98 Fermé sam.-dim.

prix élevés

☺ **La Régalade (plan 25).** Loin, très loin de tout, mais, comme disent les guides gastronomiques institutionnels : "Vaut le déplacement." Pour le plaisir de découvrir un bistrot bonhomme comme on aime, où le coude à coude est obligatoire, l'ambiance nécessairement en surchauffe et l'assiette forcément pleine de cœur. Mais attention : n'imaginez pas commander ici une bavette-échalote, car le chef a du talent à revendre. Voyez plutôt l'ardoise : royale de foie gras du Gers et mousseux de lentilles vertes du Puy, pavé de lieu jaune de ligne rôti à l'huile d'olive et haricots de Paimpol cuisinés à la tomate, grosse quenelle de chocolat Guanaja et crème anglaise au thé – avouez que cet ordinaire-là est plutôt du genre extra ! Menu-carte 32€. *M° Alésia, Porte d'Orléans* 49, av. Jean-Moulin 75014 Tél. 01 45 45 68 58 Fermé sam.-dim. et lun. midi

À mi-chemin (plan 25). Discret, presque planqué, ce joli petit restaurant vaut qu'on laisse à distance l'agitation de Denfert pour lui préférer cette rue calme. L'ambiance y est plus familiale que familière, les vins sont à l'ardoise (quelques bouteilles futées sortent du lot) et la cuisine se livre de la même manière : terrine de queue de bœuf aux pruneaux, rognon de veau entier à la badiane, moelleux au chocolat avec une amusante glace au thym, pastilla de poisson, selon le marché. Formules (déj.) 20€-25€. Carte env. 35€. *M° Denfert-Rochereau* 31, rue Boulard 75014 Tél. 01 45 39 56 45 Fermé dim. et lun.

☺ **Le Severo (plan 25).** Une belle tranche de vie, épaisse et juteuse ? Dans le genre franc du collier et vivifiant, le bistrot de William Bernet en connaît un bon rayon. Sa recette ? Elle n'est pas bien compliquée : une cave majuscule (100, 200 vins ? Plus ?), des cochonnailles et de la viande extra "made in Aubrac", une cuisine ouverte pour voir le tout se faire bichonner et une ambiance du tonnerre lorsque la mini-salle fait le plein (tout le temps !). Carte env. 35€. *M° Mouton-Duvernet* 8, rue des Plantes 75014 Tél. 01 45 40 40 91 Fermé sam. et dim.

Sushi Gozen (plan 23). Feutré et raffiné, ce sushi-bar des coulisses de Montparnasse a le bon goût d'aller chercher ses poissons chez des fournisseurs de confiance et de présenter ses sushis et sashimis dans des assiettes qui proviennent exclusivement du Japon. Mais attention, il vous faudra naviguer en dehors des menus battus pour accéder au plus noble de la pêche. Formules et menus déj. 9-16,90€ et dîner 17,50€-30€. Carte 25€-40€. *M° Vavin, Edgar Quinet 22, rue Delambre 75014 Tél. 01 40 47 55 01 Fermé dim. et lun.*

L'Opportun (plan 23). De deux choses l'une : ou bien y aller en plein hiver, après deux heures de marche, ou bien n'être accompagné que de vrais, de bons, de gros, de solides mangeurs. Il faut en effet être d'humeur sacrément rabelaisienne pour aborder cet assez chic néo-bouchon à la sauce parigote, où l'on s'enfile à l'apéro un petit plat de salade de peaux de canard ou une grosse assiette de cochonnailles, avant de poursuivre par un onglet d'un calibre particulièrement costaud. Carte env. 38€. *M° Edgar Quinet 62, bd Edgar-Quinet 75014 Tél. 01 43 20 26 89 Fermé dim.*

Le Pavillon Montsouris (plan 25). Le parc Montsouris ? Pour mémoire, 16ha sublimes dont quelques ares s'offrent au regard depuis la terrasse : là réside en effet l'intérêt majeur de ce restaurant millésimé fin XIXᵉ siècle, situé en pleine verdure – par une douce soirée d'été, difficile d'imaginer situation plus privilégiée. Cuisine soignée et plutôt dispendieuse, changeant tous les mois : haricots verts et thon rouge façon *bresaola*, magret d'oie au thé vert et tagliatelles aux épices, *panna cotta* au gingembre. Menu-carte 49€. *M° Alésia, RER Cité-Universitaire 20, rue Gazan 75014 Tél. 01 43 13 29 00 Ouvert tlj.*

prix très élevés

☺ **La Cagouille (plan 23).** Le spécialiste du poisson ! Le menu ? C'est la marée qui décide : peut-être un magnifique dos de cabillaud à peine relevé d'une crème d'ail, des rougets barbets à l'huile d'olive, des encornets frits, des langoustines ultra-fraîches, peut-être des sardines crues à la charentaise ou encore un thon cru aux framboises ? Agréable terrasse aux beaux jours, derrière une épaisse rangée de bambous. Formule 26€. Menu (vin compris) 42€. Carte 50€-60€. *M° Gaîté 10, pl. Constantin-Brancusi (le long de la rue de l'Ouest) 75014 Tél. 01 43 22 09 01 Ouvert tlj.*

Le Dôme (plan 23). Une adresse incontournable à Paris lorsqu'il s'agit de poisson – ici on n'imaginerait pas servir une sole pesant moins de 500 g... Épaisse comme la main, effectivement superbe, elle nage dans une délicieuse petite marée beurrée dans laquelle il est bon de laisser imbiber les petites crêpes de pomme de terre qui l'accompagnent. Tout aussi hautement recommandable : une vraie bouillabaisse, une rare mouclade qui vaut ses 20min d'attente, des fruits de mer cinglants de fraîcheur. Le tout servi dans un vrai-faux décor 1920-1930, nostalgique à souhait. Carte 70€-80€. *M° Vavin 108, bd du Montparnasse 75014 Tél. 01 43 35 25 81 Ouvert tlj.*

Le 15e ardt

plans 22, 23

De l'élégance mais point trop d'ostentation, du confort mais des additions tenues : le quartier n'aime rien tant que ces tables qui font rimer proximité et qualité. Dans l'assiette ? Un aller-retour entre le Pays basque et la Chine, le poulet à la broche et les nems au chocolat – de quoi satisfaire pas mal d'appétits !

petits prix

Couleurs de vigne (plan 22). Caviste, certes, mais pas seulement. Bar à vins, sans doute, mais pas tout à fait. Loin de l'agitation du carrefour Convention, voilà "le" bon petit plan du quartier, idéal pour un grignotage sur le pouce accompagné de vrais bons flacons. La passion du patron étant hautement communicative, on lui laissera le soin de confectionner l'assiette idéale (fromages, charcuteries, peut-être un petit plat de ménage) qui mettra en valeur le chitry, le bergerac, le chambolle-musigny ou le marsannay, qu'il aura choisi avec le même enthousiasme.Menu-carte env. 15€ (ou plus en fonction du vin). *M° Convention 2, rue Marmontel 75015 Tél. 01 45 33 32 96 Fermé sam.-dim. et j. fér.*

☺ **La Cave de l'Os à moelle (plan 22).** Le mode d'emploi est tout ce qu'il y a de plus simple : D*o it yourself*, comme disent les (nombreux) Américains qui fréquentent ce bistrot-cave en forme de table d'hôte, où l'on vient plus facilement en bande qu'en solitaire. Après avoir coupé son pain, chipé une bouteille dans les casiers, on fait un sort aux assiettes surveillées de près par un bon chef qui sait ce que sont soupes, coquillages, terrines, petits plats des familles, fromages et desserts, tous servis "à discrétion" – en clair, on en prend autant qu'on veut, et c'est réjouissant comme tout. Formule à volonté 20€. *M° Lourmel 181, rue de Lourmel 75015 Tél. 01 45 57 28 28 Fermé lun.*

prix moyens

Le Pétel (plan 22). Pas très moderne, pas spécialement effréné, plus porté sur les cuivres patinés que le mobilier Starck : on viendra avant tout ici pour profiter de climats apaisants et d'une cuisine du même métal, où la terrine de canard aux pistaches est logiquement flanquée d'une "compotine" d'oignons, le carré d'agneau de crème d'ail et le foie de veau de vinaigre de framboise. Quelques bouteilles (un rien) moins convenues, comme pour donner le change. Menus à 18€, 25€ et 29,90€. *M° Vaugirard 4, rue Pétel 75015 Tél. 01 45 32 58 76 Fermé dim. et lun.*

Le Bec rouge (plan 23). Quand Alsace rime avec Montparnasse (et qu'Alsaco rime avec *Montparnos*), la carte postale a forcément l'allure d'une *winstub* gentiment folklorique. Vieilles réclames, boiseries, inévitables cigognes : rien ne manque à l'appel, pas même les *flammenkueches* et la choucroute, le *baeckeoffe* qui tient au corps étant, lui, réservé au lundi soir. À envisager, si possible, quand le mercure est plus proche des 8° C que des 28° C. Formule 20€ (deux plats). Menu-carte

24€ (trois plats). **M° Montparnasse** 1, rue d'Alençon angle 46bis, bd du Montparnasse 75015 Tél. 01 42 22 45 54 Ouvert tlj. 12h-15h et 19h-23h

Le Mûrier (plan 22). Un troquet de quartier ? Tout est dit, il n'y a pas grand-chose à ajouter. Si : un patron impeccable avec les habitués de toujours comme avec les clients d'un soir, des vins malins (domaines Richaud, Goisot...), une ambiance pas vraiment propice à la prise de tête, un décor d'une neutralité bienveillante (les bonnes vieilles affiches Orangina ou Maggi) et des assiettes surfant forcément sur le même créneau. Millefeuille de mozzarella au jambon cru, rognons à la moutarde, crème brûlée aux framboises... Menu-carte 24,90€. **M° Convention** 42, rue Olivier-de-Serres 75015 Tél. 01 45 32 81 88 Fermé sam. et dim.

Marie-Édith (plan 22). Traditionnel, rassurant, immuable : en un mot comme en cent, voilà un bistrot comme les Américains et le quartier les aiment, avec ce qu'il faut de zinc, de lustres, de fixés sous verre, de voisins en chaussons et de turbot au champagne. Reste que pour une halte conviviale, le foie gras aux figues et pain d'épice, le bar grillé à l'huile vierge ou le foie de veau à la lyonnaise font l'affaire (carte variable au gré du marché...). Menu-carte 25€-29€. **M° Cambronne** 34, rue du Laos 75015 Tél. 01 45 66 44 60 Ouvert tlj. midi et soir

Le Troquet (plan 22). Le quartier n'étant pas spécialement touristique, on pourra profiter d'une visite à la tour Eiffel, le matin, suivie de 20min de marche afin de s'ouvrir l'appétit, pour aller découvrir ce beau resto aux mains d'un chef nommé Christian Etchebest. Sa cuisine basque moderne mérite en effet qu'on témoigne d'un bel appétit, tant sa carte est bourrée de propositions alléchantes. Le menu change pratiquement tous les mois, passant des coquilles Saint-Jacques rôties dans un beurre aux herbes à l'agneau de lait des Pyrénées accompagné de haricots blancs. Très bruyant, très chaleureux, donc très enthousiasmant. Menus-carte 24€-28€ (déj.), 30€ (dîner), 40€ (dégustation). **M° Sèvres-Lecourbe** 21, rue François-Bonvin 75015 Tél. 01 45 66 89 00 Fermé dim. et lun.

Le Bélisaire (plan 22). Un adorable troquet veillé par des luminaires Art déco, une ambiance nerveuse, une ardoise qui virevolte : que demander de plus – un emplacement moins perdu, peut-être ? Cherchez et trouvez, car vous ne serez pas déçu des petites attentions d'un chef qui cuisine astucieusement : nage de coquilles Saint-Jacques et légumes aux senteurs de tajine, foie gras poêlé aux poires, pain perdu et sorbet à la mûre (la carte varie en fonction des saisons et du marché). Menu (déj.) 20€. Menu-carte 30€. Menu dég. 40€. Sam. uniquement Menu dég. 37€. **M° Convention** 2, rue Marmontel 75015 Tél. 01 48 28 62 24 Fermé sam.-dim.

Le Café du Commerce (plan 22). Quel paquebot ! Imaginez une brasserie montée sur trois niveaux, des mezzanines, un ahurissant puits de lumière, une verdure luxuriante, et vous aurez une vague idée de ce qu'est l'historique Café du Commerce qui, dans les années 1920, s'appelait... Aux mille couverts ! Difficile, dans une ambiance pareille, de trouver à redire à une andouillette 5A, à l'une des huit préparations de bœuf (de l'araignée, par exemple, qu'on ne trouve pas à tous les coins de rue) ou à la si bien nommée poire "vie parisienne". Formule (déj.) 15€. Menu-carte 28,90€. Carte env. 30€. Restaurant climatisé et service voiturier. **M° Émile Zola** 51, rue du Commerce 75015 Tél. 01 45 75 03 27 Ouvert tlj.

prix élevés

L'Ami Marcel (plan 22). On pourrait ne voir là qu'un petit bistrot de quartier, certes paumé mais mignon. On pourrait imaginer n'y commander que de la saucisse-purée. Erreur sur toute la ligne, le menu-carte fait défiler les beaux produits (la carte change tous les mois…), comme à la parade, avec la fraîcheur d'avocat et langoustines rôties, le magnifique jambon espagnol, le foie gras de canard aux mirabelles, le dos de cabillaud au cidre et à l'épeautre ou le pigeonneau en cocotte. Des apparences anodines dissimulent donc le talent discret d'une équipe professionnelle jusqu'au bout des ongles. Formule 25€. Menu-carte 32€. *M° Plaisance 33, rue Georges-Pitard 75015 Tél. 01 48 56 62 06 Fermé dim. et lun.*

Beurre noisette (plan 22). De la salle, il n'y a pas grand-chose à dire et c'est tant mieux, car il paraît qu'il ne faut pas parler la bouche pleine. Oubliez donc assez rapidement l'absence de décorum, et concentrez-vous sur ce qui débarque, en fonction des saisons, dans les assiettes : cochon de lait rôti aux épices et gratin de céleri, foie gras poché au vin rouge, pintade rôtie aux choux, crème au chocolat noir et gelée d'*espresso*. Humez, mangez, dévorez même, mais retenez-vous de lécher l'assiette. Quoique les madeleines au miel avec leur petite crème à la vanille autoriseraient bien ce genre d'excès. Formules (déj.) 18-22€ (sauf sam. midi). Menu-carte 32€ (sam. midi et soir). *M° Lourmel, Balard 68, rue Vasco-de-Gama 75015 Tél. 01 48 56 82 49 Fermé dim. et lun.*

Le Banyan (plan 22). Un restaurant exotique, voilà ce qui est courant à Paris, mais un qui propose une cuisine inventive, c'est déjà beaucoup plus rare. À l'arrivée, des assiettes pas banales, plutôt fines et légères (macarons croustillants aux crevettes, poulet à la citronnelle, nems au chocolat) servies dans une petite salle feutrée et raffinée. Formule (déj.) 14€. Menu 55€. Menu dégustation 35€. Carte 35€-40€. *M° Félix Faure 24, place Étienne-Pernet 75015 Tél. 01 40 60 09 31 Fermé dim.*

La Casa Alcalde (plan 22). Espagnole certes, basque un peu, *bodega* assurément : voilà comment La Casa a réussi son pari et réunit une foule en manque de sensations et/ou d'atmosphère gentiment olé, olé. Le programme est aussi prévisible que réjouissant : le *jabugo* avant la piperade, la paella puis le gâteau basque, la *manzana verde* pour aider à digérer la *zarzuela*. Menu 28€. Carte env. 40€. *M° La Motte-Picquet-Grenelle 117, bd de Grenelle 75015 Tél. 01 47 83 39 71 Ouvert tlj.*

Thierry Burlot (plan 23). Passionnément breton, transi d'Italie, amateur de beaux produits : le chef est tout cela à la fois et fait rimer voyageur et saveur. La carte change tous les mois, mais nous vous donnons néanmoins quelques exemples pour vous faire saliver : ravioles de gambas au combava, langoustines à la vanille, vrai risotto au parmesan, épaule d'agneau de lait au cumin et boutons de rose. Dans une atmosphère apaisante, propice aux tête-à-tête. Formule 29€. Menu 35€. *M° Pasteur 8, rue Nicolas-Charlet 75015 Tél. 01 42 19 08 59 Fermé sam. midi et dim.*

Le Père Claude (plan 22). C'est le point de chute incontournable des carnivores et des bandes de pas-si-jeunes-bien-sous-tous-rapports. Une côte de bœuf à l'improviste, une envie furieuse de viande à la broche (du bœuf, de l'agneau, du poulet, du boudin, du veau…), de la tête de veau, sinon rien, et une cocotte de tapas *a la plancha* à partager avant tout ça. Le Père Claude a tout prévu, même des bouteilles de côtes-roannaises pour accompagner sa cuisine avec la même franchise. Carte env. 50€. **M° La Motte-Picquet-Grenelle** 51, av. de la Motte-Picquet 75015 Tél. 01 47 34 03 05 Ouvert tlj.

prix très élevés

Chen (plan 22). La meilleure table chinoise de Paris est aussi la plus dispendieuse. Qu'on le regrette ou qu'on le comprenne, on tombera d'accord au moins sur un point : ce n'est pas ici qu'il faut venir commander, vite fait, des rouleaux de printemps puis un bœuf aux oignons. L'expérience (il faudrait presque une majuscule) mérite qu'on prenne son temps, pour apprécier l'exceptionnel canard laqué, souvent précédé de cuisses de grenouilles sautées au sel et poivre de Sichuan. Ou le pigeonneau aux cinq parfums… Ou les raviolis grillés ?… Menus 40€ (déj.), 75€ (dégustation). Carte 80€-100€. **M° Charles Michels** 15, rue du Théâtre 75015 Tél. 01 45 79 34 34 Fermé dim.

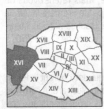

Le 16e ardt
plans 5, 6, 7, 22

Le 16e, il est vrai, se préserve – et, ce faisant, se mérite. On y fera autant de jolies balades que de jolies agapes, dans un japonais tout simple, un bistrot tout chic ou un grand trois-étoiles.

prix élevés

Le Petit Rétro (plan 5). Millésime 1900 : tout est dit, il n'y a plus qu'à laisser la mâchoire se décrocher. Un décor classé n'étant pas tout (quoique), on profitera du passage du saumon fumé aux sarments de vigne, de la blanquette au riz basmati et du millefeuille de crêpes à l'orange et au Grand Marnier. Formules et menus 19,90€-24,90€. Carte 30-35€ (soir). **M° Victor-Hugo** 5, rue Mesnil 75016 Tél. 01 44 05 06 05 Fermé sam. et dim.

Terrasse Mirabeau (plan 22). On aimerait y voir le XV de France mettre le feu à l'occasion d'une 3e mi-temps (forcément) trop arrosée, mais pour l'ambiance, désolé, on repassera. Aussi tranquille que le quartier, voilà une table (un peu trop ?) sérieuse, sur la forme comme sur le fond. Le constat sonne effectivement comme un reproche, même si, concernant la cuisine, on est en droit de penser que c'est plutôt flatteur : sérieux, les terrines comme les pâtés en croûte ; sérieux, le risotto aux gambas. En prime, un agréable décor contemporain et un personnel sérieux comme au premier jour. Formule (déj.) 23€. Menus 29€-39€ et dégustation 49€. **M° Mirabeau** 5, pl. de Barcelone 75016 Tél. 01 42 24 41 51 Fermé sam. et dim.

Le Beaujolais d'Auteuil (plan 22). Le restaurant n'est certes pas le plus révolutionnaire qui soit, mais Auteuil aime bien y faire quelques repas de dépannage, surtout quand la terrasse est de sortie. Pour des œufs meurette, un tartare et une mousse au chocolat sur le pouce, avant de reprendre son vélo en entonnant "un, deux, trois, nous irons au bois" – celui de Boulogne est à deux pas. Menu 25,50€-28,50€. Carte env. 35€. *M° Porte d'Auteuil* 99, bd Montmorency 75016 Tél. 01 47 43 03 56 Ouvert tlj.

Rosimar (plan 22). Les miroirs omniprésents ne forment sans doute pas le décor le plus reposant qui soit, mais qu'importe, puisqu'on a le plus souvent le nez dans l'assiette, d'où émanent quelques vraies, belles, franches sensations ibériques. Les cochonnailles sont indispensables pour patienter quelques longues minutes avant l'arrivée du très moelleux riz à l'encre de seiche – à moins que la morue aux oignons confits, le poulet catalan ou la paella ne vous tirent par la *mancha*. Menus 34€-36€. Carte env. 40€-45€. *M° Michel Ange Auteuil* 26, rue Poussin 75016 Tél. 01 45 27 74 91 Fermé sam. et dim.

Il Fra Diavolo (plan 5). Ce n'est évidemment pas une adresse à traverser la ville, mais si on soit en manque d'une bonne pizza, de probes *calamari fritti* ou d'un simple risotto au parmesan, cette trattoria plutôt chic vous tend les bras. Le quartier étant ce qu'il est, la clientèle est ce qu'elle est, et les additions sont ce qu'elles sont – mais, après tout, ce serait mal vu de pinailler face à un accueil plutôt avenant. Carte env. 30€. *M° Trocadéro* 73, av. Kléber 75016 Tél. 01 47 27 73 75 Ouvert tlj.

Tokyo Eat (plan 6). Au cœur du palais de Tokyo, l'espace de béton brut, géant dans tous les sens du terme, impressionne et amuse dans le genre contemporain poussé (les toilettes valent, elles aussi, le détour). Au milieu, la cuisine est ouverte, histoire de surveiller la préparation des ravioles de crevettes en bouillon *miso*, des gambas au miel de vanille ou du *cheese-cake* citron-speculoos. Pas mal, assez cher, mais personne n'a réellement l'air de s'en soucier. Menu (déj., 3 plats) 26€. *M° Iéna* 13, av. du Président-Wilson 75016 Tél. 01 47 20 00 29 Fermé lun.

Le Stella (plan 5). Vous cherchez "la" brasserie du 16e ? La voilà, avec son lot d'atmosphère, de terrines, de harengs à l'huile, de quenelles de brochet (sauce Nantua, voyons !), de foie de veau (à l'anglaise, cette question !) et de profiteroles. À l'image du quartier : bon coût, bon goût. Carte env. 45€. *M° Victor-Hugo* 133, av. Victor-Hugo 75016 Tél. 01 56 90 56 00 Ouvert tlj.

Essaouira (plan 5). Pas facile de trouver un restaurant marocain qui connaisse la musique tout en sachant ne pas rester trop classique… Essaouira y parvient, passant de la soupe glacée de carottes à la cannelle au tajine de boulettes de sardines ou au méchoui au riz safrané, pour conclure par une pastilla au lait d'une sensualité absolue. Et la prochaine fois, ce sera soupe de concombre glacée à l'eau de rose, puis tajine aux coings. Menu (déj.) 14,90€. Carte env. 45€. *M° Ranelagh* 135, rue du Ranelagh 75016 Tél. 01 45 27 99 93 Fermé dim. et lun. midi

Il Gusto Sardo (plan 6). Chic le quartier, toc le décor, choc l'assiette – pour qui, du moins, imaginait que la cuisine italienne se résumait à la tomate-mozza et aux spaghettis carbonara. Erreur sur toute la ligne qu'Il Sardo se propose de réparer en rappelant aux distraits que la Sardaigne a une cuisine bien à elle, à la fois rustique, délicate et profonde, à l'image de la *salatina* de gambas au parmesan, des petits gnocchis de blé dur aux saucisses sardes délicatement parfumées de fenouil ou des *linguine* aux palourdes et tomates siciliennes. Le service est avenant, les vins sont impeccables (et en l'occurrence trop mal connus) : que demander de plus, à part des additions moins bouillantes ? Carte 50€. *M° Iéna, Alma-Marceau* 17, *rue Georges-Bizet 75016 Tél. 01 47 20 08 90 Fermé sam. midi, dim. et mois d'août*

La Table Lauriston (plan 7). Une table pareille devrait valoir moitié moins cher, pour que tout le monde en profite. (Le chef-patron ne sera certainement pas d'accord avec ce genre d'assertion, expliquant que, au contraire, les produits nobles appellent forcément une addition du même métal.) Ce préambule posé, personne ne devrait trouver à redire à la cuisine de bistrot (très) chic servie dans une salle à manger joliment mise : terrine de lapin aux oignons confits, belle entrecôte au gratin dauphinois, rougets poêlés au piment d'Espelette… Et, surtout, l'une des plus belles crèmes brûlées qui soient. Menu (déjeuner) 25€. Carte environ 50€. *M° Trocadéro* 129, *rue Lauriston 75016 Tél. 01 47 27 00 07 Fermé sam. midi et dim.*

prix très élevés

Le Chalet des Îles (plan 5). Napoléon III savait vivre. Et aimer. Le jour où l'impératrice lui demanda (commanda ?) un adorable pavillon au cœur du bois de Boulogne, il s'exécuta, et rien ne manqua : des paons, de la verdure à ne plus savoir où donner de la tête, des terrasses, des massifs fleuris… C'est peu dire que, quelques décennies plus tard, la magie opère toujours dès qu'arrive le bac, indispensable pour traverser le lac. Elle se poursuit quand les petits oiseaux viennent accompagner le repas, se posant de chaise en chaise pour picorer un reste de pain. Dans un cadre pareil, inutile de préciser que la cuisine est forcément réduite au rôle de figurante, même si le simple carpaccio d'espadon comme la morue au beurre noisette jouent bravement leur rôle. Formules (déj.) 25€-31€ lun.-ven. Carte saisonnière env. 50€-60€. Menu enfant 14€. Traversée du lac 1,50€. *M° Porte Maillot, Porte Dauphine, Porte d'Auteuil* puis taxi lac Inférieur du bois de Boulogne 75016 Tél. 01 42 88 04 69 Ouvert tlj.

L'Acajou (plan 5). De l'acajou ? La maison n'en manque évidemment pas, même si elle a aussi le bon goût de le saupoudrer ici et là de quelques touches d'art contemporain. L'affaire est entre les mains d'un jeune chef au parcours solide, formé par quelques vraies pointures. On ne s'étonnera pas, du coup, de trouver plutôt rigoureux et savoureux les légumes-racines au foie gras de canard poché, le thon rouge à la marmelade d'agrumes et la clémentine "dans tous ses états". Plat du jour 20€. Menus 28€, 35€ et 40€. Carte 50€-60€. *M° Jasmin, Église d'Auteuil* 35bis, *rue La Fontaine 75016 Tél. 01 42 88 04 47 Fermé sam. midi et dim.*

Comme des Poissons (plan 5). Le débat fait rage : y a-t-il huit places ou bien neuf au comptoir ? Tranchons une bonne fois pour toutes : ce restaurant japonais est probablement le plus petit du coin, si ce n'est du 16ᵉ, si ce n'est de toute la ville. D'où l'impossibilité d'y rester bien longtemps à midi devant une impeccable formule alternant soupe *miso*, sushis ou sashimis, riz et thé. Le soir, en revanche, c'est un rien plus calme et l'on profite alors au mieux du menu unique du chef qui officie devant ses hôtes, préparant, au gré de ses envies, salade d'épinards et champignons noirs marinés, tofu en beignet aux herbes, *tempuras* de sardines, anguilles… Menus 13,50€ (déj.), 65€ (dîner). *M° Passy* 24, *rue de la Tour 75016 Tél. 01 45 20 70 37 Fermé dim. midi et lun.*

6, New York (plan 6). Branchic-bon genre, terriblement 16ᵉ, logiquement dispendieux, ce restaurant à l'enseigne mnémotechnique mérite pourtant qu'on ne se contente pas de n'y jeter qu'un coup d'œil distrait. Parce qu'un chef renommé le surveille (de très près, d'assez loin ? allez savoir…) et que, dans le genre Rive droite, la cuisine s'en sort plutôt honorablement, avec, dans des assiettes griffées Dior, quelques bons tours contemporains : carpaccio de tête de veau et ravigote relevée, bon pavé de thon *a la plancha* et risotto de coquillettes… Menus (déj.) 28€-30€. Carte 60€-70€. **Mᵒ Iéna** 6, av. de New-York 75016 Tél. 01 40 70 03 30 Fermé *sam. midi et dim.*

Passiflore (plan 5). Un tiers d'Asie, un tiers de fonds classique, un tiers d'Auvergne : voilà (très) rapidement résumée la cuisine de ce Meilleur ouvrier de France qu'est Roland Durand. Son élégant restaurant distille de parfaits climats exotisants, histoire d'être en phase avec les assiettes les plus recherchées comme les ravioles de homard en *mulligatowny* au *n'go gaï*, le riz noir de coquilles Saint-Jacques au basilic doux ou ces sorbets verts "pimentés" qui permettent de continuer à enrichir son vocabulaire culinaire en découvrant ce que sont le *mo-om* ou le *combawa*. Avec, en prime, le renfort d'une cave de passionné. Menus 35€ (déj.), 38€-54€. Carte env. 60-70€. **Mᵒ Trocadéro, Boissière** 33, rue de Longchamp 75016 Tél. 01 47 04 96 81 Fermé *sam. midi et dim.*

La Table de Joël Robuchon (plan 5). Certaines fines fourchettes parisiennes ont une nette préférence pour la deuxième adresse ouverte par Joël Robuchon, après son Atelier du 7ᵉ ardt. Pour deux raisons. La première, incroyable mais vrai, c'est qu'on peut y réserver sa table : à L'Atelier (rue Montalembert), ce n'est tout simplement pas possible. La deuxième, c'est que le chef pâtissier est pétri de talent, et ne se contente pas de proposer des tartes aux fruits à sa clientèle. Il faut enfin ajouter que la cuisine classique (merlan frit, agneau au thym) et de saison (tourteau en gelée acidulée à l'avocat, bar et macaronis à la ricotta et au basilic…) y est vraiment bien vue, et qu'une vingtaine de vins sont disponibles au verre. Histoire d'accompagner son repas d'un latour 1990 sans payer le prix d'une bouteille entière : délicate attention. Menus 55€ (déj., deux verres de vin compris), 150€ (dégustation). Carte 90€-120€. **Mᵒ Victor Hugo** 16, av. Bugeaud 75016 Tél. 01 56 28 16 16 Ouvert *tlj.*

Tang (plan 5). Autant oublier vite fait les petites cantoches du XIIIᵉ ou les usines de Belleville : si Tang affiche ses origines asiatiques, c'est bien le seul point commun entre lui et les autres. Le quartier et ses additions permettent en l'occurrence de laisser l'ordinaire à distance, et au chef de mettre en scène une cuisine certes chinoise mais sans exclusive – la technique et les produits français ont largement droit de cité – pour donner naissance à ce qui pourrait être une forme de "nouvelle cuisine" du Milieu. La salade d'enoki aux langoustines et truffes noires comme le plus classique pigeonneau laqué aux cinq parfums donnent le ton : ce voyage-là est voluptueux (comme les grands bordeaux dont la cave s'enorgueille). Menus 39€-98€. Carte 80€-100€. **Mᵒ Rue de la Pompe** 125, rue de la Tour 75016 Tél. 01 45 04 35 35 Fermé *dim. et lun. midi*

Cristal Room (plan 5). Philippe Starck sera-t-il un jour ennuyeux ? Cela paraît difficile à croire, tant le designer parvient, à chacun de ses nouveaux projets, à trouver de nouvelles idées. Le restaurant Cristal Room, installé dans les murs du siège social de Baccarat, offre ainsi une atmosphère unique, poétique et souvent rigolote comme tout. Il ne faut donc pas manquer de jeter un coup d'œil aux gigantesques lustres, au boudoir rose et noir, aux fauteuils pour géants, aux murs de brique, à la table du showroom longue de 15m... Une interprétation brillante de l'esprit surréaliste et extravagant de l'ancienne propriétaire des lieux, Marie-Laure de Noailles, amie de Cocteau, Dalí, Buñuel et Man Ray. En cuisine, la créativité est aussi de mise : huîtres en raviole "éphémère", homard rôti à la vanille et boudin noir, barbe à papa pétillante... Tout cela a un prix : élevé, forcément élevé. Menu déj. et soir dégustation 120€. Carte mensuelle 80€-120€. *M° Boissière, Iéna* 11, pl. des États-Unis 75016 Tél. 01 40 22 11 10 Fermé dim.

L'Astrance (plan 5). À Paris, tout le monde le sait : la toute petite trentaine de tables de ce grand petit restaurant se mendie littéralement. Accessoirement, il est difficile d'obtenir une réservation. Autant, donc, se préparer à appuyer frénétiquement sur la touche *bis* de son téléphone, ou tenter, le jour pour le lendemain, de vérifier que quelqu'un ne s'est pas désisté pour le déjeuner (quelle idée !). D'où vient un succès pareil ? D'un tandem d'anciens de chez Passard, qui ont lancé, voilà cinq ans, cette adresse qui tient autant du restaurant que du laboratoire. Le chef Pascal Barbot n'est en effet pas de ceux qui laissent ronronner les fourneaux, préférant la quête incessante de l'idée neuve, de l'association qui fait mouche ou du produit méconnu. À l'arrivée, ses plats se nomment fine tarte aux champignons de Paris, pigeon aux fruits rouges, réglisse et basilic, homard aux cèpes et parmesan... Ils ne seront sans doute plus là quand paraîtront ces lignes, mais d'autres les auront remplacés, tout aussi incisifs et jouissifs. Menus 70€ (déj.), 110€-270€. *M° Passy* 4, rue Beethoven 75016 Tél. 01 40 50 84 40 (réservation 2 mois à l'avance) Fermé sam., dim. et lun.

Le Relais d'Auteuil (plan 22). Luxe, calme et volupté*s* (le pluriel est de rigueur) : comment voulez-vous ne pas succomber ? Avec ses deux étoiles, voilà un établissement qui ne s'offre évidemment pas au premier venu (même si, le temps d'un déjeuner, l'affaire est nettement plus abordable). Mais la cuisine néoclassique du chef Patrick Pignol vaut vraiment le goût, d'autant que l'amandine de foie gras de canard des Landes, le ris de veau au beurre de cardamome et pistaches torréfiées ou les beignets de chocolat amer à la menthe fraîche s'accompagnent de l'une des plus belles caves qui soient, où les amateurs ne manqueront pas de repérer les grands noms bourguignons, mais aussi quelques crus dont la (relative) modestie permet de se faire plaisir à moindre prix. Menus 58€ (déj.), 118€-148€. Carte env. 150€. *M° Porte d'Auteuil* 31, bd Murat 75016 Tél. 01 46 51 09 54 Fermé sam. midi, dim.-lun.

Le Pré-Catelan (plan 5). La campagne à quelques minutes de Paris ? De la verdure à ne plus savoir où donner de la tête, des arbres, des fleurs, des pelouses ? C'est ce qu'offre ce magnifique pavillon Napoléon III. Ajoutez à cela l'un des meilleurs chefs de sa génération, trois étoiles depuis février 2007, et vous comprendrez qu'il y a matière à se précipiter chez Frédéric Anton, qui signe une partition tout à la fois classique et extrêmement personnelle : étrille en fine gelée de caviar et crème de fenouil, pigeonneau poché aux épices et semoule de brocoli façon couscous, sabayon de café expresso et amandes écrasées. Délicieuse terrasse, à fréquenter assidûment aux beaux jours. Menus 75€ (déj.), 140€-180€ (dîner). Carte env. 160€.

M° **Porte Maillot, Porte Dauphine** *(puis taxi) Bois de Boulogne Route de Suresnes 75016 Tél. 01 44 14 41 14 Fermé dim. et lun. Ouvert dim. midi mai-oct.*

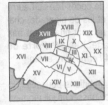

Le 17e ardt

plans 1, 5

Quoi de commun entre les abords de l'Étoile et les coulisses des Batignolles ? Pas grand-chose, et c'est bien là le charme du 17e, à la fois "business" et familial. Une flopée de saveurs, tantôt bistrotières tantôt affaires.

petits prix

Oh Bigre (plan 1). Le rade est minuscule, perdu mais bondé. Car le programme a beau être bête comme chou, il rallie les amateurs de sensations brut de décoffrage : des vins fantastiques (le bistrot est entre les mains d'un bon caviste du quartier), avec de petites assiettes toutes bêtes et toutes bonnes (cochonnailles de chez un faiseur talentueux nommé Meurdesoif – on ne rit pas – jambons espagnols, fromages signés Alléosse) et un pain succulent. Il arrive que ce viatique suffise à tirer des sourires larges comme la main. Assiettes 5€-20€. *M°* **La Fourche** *2, rue Lamandé 75017 Tél. 01 44 90 05 04 Fermé dim. et lun. Dîner uniquement (18h-2h)*

prix moyens

La Cabane (plan 1). Petite pioche, certes, mais bonne pêche "spéciales" Perle blanche, et bonne idée de les proposer dans un cadre tout chic, tout simple. On peut poursuivre avec des moules poulette, et/ou commencer par un saumon mariné à l'aneth. Accueil cordial, vins blancs du même tonneau. Formules et menus (déj.) 16-24€-31€ (vin compris). Plateaux 39€. *M°* **Villiers** *96, rue de Lévis 75017 Tél. 01 46 22 51 50 Fermé sam. midi, dim. et lun.*

F. Landeau (plan 1). Ça n'est évidemment pas ici qu'il faut venir chercher une ambiance *lounge* pour siroter des *mojitos* jusqu'à 2h du matin. Cette petite cabane de pêcheur chic sur elle avec sa façade verte, ses bourriches à l'extérieur, son ambiance d'épicerie d'antan est à la fois simple et élégante, comme un petit cachemire jeté sur les épaules pendant des vacances à l'île de Ré. Le propos est direct : une passion revendiquée pour la Bretagne ostréicole, avec notamment des huîtres "spéciales" Perle blanche, vraiment excellentes. Carte 25€-30€. *M°* **Brochant** *86, rue Lemercier 75017 Tél. 01 46 27 81 12 Fermé dim. soir, lun. et mar.*

Mon Marché (plan 1). Un peu épicerie, pas tout à fait bar à vins mais presque, quasiment bistrot : voilà une amusante valse à trois temps qui permet d'acheter des jus de fruits de chez Milliat ou un pot de chutney à la mangue, de commander une belle planche de cochonnailles ou une simple assiette de foie gras, une souris d'agneau et sa crème brûlée à l'ail, un verre de côtes-de-provence ou une bouteille de mâcon rouge. Voire tout ça à la fois. Formules (déj.) 12€, 16€, 20€. Menu 28€. Carte env. 30€-35€. *M°* **Pereire** *31, rue Guillaume-Tell 75017 Tél. 01 43 80 04 73 Fermé sam. soir, dim. et lun. soir*

L'Entredgeu (plan 1). Le troquet a beau être méchamment paumé, il n'en est pas moins systématiquement assailli par une foule de bons vivants, bons bruyants. L'ardoise virevolte au-dessus de la foule, ça fume à tout va, les bouteilles se débouchent à la louche, et après le gigot d'agneau et sa mijotée de cocos liée au beurre d'escargots ou les *piquillos* farcis à la brandade de merlu et jus de piperade, chacun se dit que les coulisses de la porte de Champerret ne sont finalement pas dépourvues de charme. Formule (déjeuner) 22€. Menu-carte 30€. *M° Porte de Champerret* 83, rue Laugier 75017 Tél. 01 40 54 97 24 Fermé dim. et lun.

Le Bistral (plan 1). Dans le genre vrai-faux bistrot aux ambitions poussées, le Bistral est l'un de ces endroits où l'on est pratiquement sûr de passer un joli moment – le mot d'ordre en devanture est d'ailleurs tout ce qu'il y a de prometteur : "Cuisine d'appellation contrôlée, vins bus et approuvés." Au gré du marché, l'ardoise se chargera donc de faire virevolter quelques assiettes inspirées, le sablé aux poires à la fourme d'Ambert et au boudin noir, la pissaladière de bonite aux légumes provençaux, le filet de rouget souligné d'un jus de vin à l'orange. Vu le succès, impossible d'y débarquer à l'improviste. Menus 30€-35€. Menu-carte 30€. *M° Brochant* 80, rue Lemercier 75017 Tél. 01 42 63 59 61 Fermé dim. et lun.

Zenzan (plan 5). À ceux qui l'ignoreraient, la cuisine japonaise ne se limite pas aux sushis – considérés là-bas, en l'espèce et à juste titre, comme des mets de luxe. Zenzan en propose, évidemment, mais met surtout l'accent sur une forme de cuisine familiale améliorée, boulettes de poulet, concombre au *miso*, radis au *shiso*, sardines en un pot-au-feu marin… L'expérience est aussi déroutante que délicieuse, pour peu qu'on soit un aventurier du goût. *Bento* (boîte-repas, le soir) 30€. Carte 20€-40€. Menu Zenzan de luxe 50€. *M° Charles de Gaulle-Étoile, Ternes* 4, rue Brey 75017 Tél. 01 53 81 00 75 Fermé sam. midi et dim.

prix élevés

Le Palanquin (plan 1). Discret, pour ne pas dire planqué, sur cette jolie placette, le Palanquin est l'une des bonnes pioches du quartier pour les palais en mal de dépaysement. Au programme, les saveurs du Vietnam, certes classiques mais bien tournées, *phô*, crêpes à la vapeur, crêpes saigonnaises, porc à la citronnelle et crème de coco. Accueil amical, salle minuscule. Carte 30€-35€. *M° Ternes* 4, pl. Boulnois 75017 Tél. 01 43 80 46 90 Fermé sam. midi et dim.

Le Petit Verdot du 17e (plan 1). Vous voilà donc dans un établissement où l'on sait ce que boire veut dire… (Oui, car quand on a quelques lettres de noblesse bachique, on ne peut ignorer que ce bistrot tout ce qu'il y a de banal tire son nom d'un fameux cépage bordelais.) Il faudra donc prendre soin d'entrecouper la séance de dégustation de quelques petits verres d'eau, histoire de prolonger le moment en profitant des découvertes bourguignonnes ou ligériennes du patron. Et, bien entendu, de ce que l'ardoise aura à offrir ce jour-là, une terrine ou une côte de bœuf. Plat du jour à partir de 13€. Carte (avec le vin) 30€-40€. *M° Ternes* 9, rue Fourcroy 75017 Tél. 01 42 27 47 42 Déj. uniquement Dîner jeu.-ven Fermé sam.-dim.

La Divina (plan 1). À la fois folklo et chic, cette trattoria cligne gentiment de l'œil du côté de Little Italy avec ce qu'il faut de faconde, de drapeaux et de photos en noir et blanc. Généralement, personne ne cherche à y manger autre chose que des pâtes : servies en cocotte en fonte, bouillantes, elles suffisent largement à contenter deux bons mangeurs. Alors, *carbonara*, boulettes de viande ou coquilles Saint-Jacques ? Menu (déj.) 15€ et 30€ (soir). Carte 35€-40€. **M° Ternes, Pereire** 45, rue Bayen 75017 Tél. 01 45 72 60 02 Fermé dim., lun. midi

Caïus (plan 5). Fou de saveurs épicées, le chef est de ceux qui saupoudrent leur carte de sel de Maldon, poivre de moine, graine de rocou, vanille, curcuma et autre thé Baïkal : autant dire qu'il vaut mieux écouter attentivement les explications des serveurs au moment de passer commande… Car loin d'être un gadget, cette cuisine-là fait preuve d'un allant véritable, comme en témoignent l'œuf coque au caviar de hareng, le lapin aux olives cassées et polenta, les langoustines au cédrat confit et l'ananas en croûte de sel. Formule (déjeuner) 23€. Carte 35€-40€. **M° Argentine** 6, rue d'Armaillé 75017 Tél. 01 42 27 19 20 Fermé sam.-dim.

Kifuné (plan 5). La déferlante modeuse du sushi et du sashimi n'a jamais vraiment réussi à troubler la quiétude de cette maison bien planquée – et qui fait tout pour le rester : toujours pas d'enseigne (ni en français ni en japonais) sur la façade en bois légèrement décrépite, pas de poster (sponsorisé par des brasseurs du Soleil levant) vantant le *kappa maki* ou le *toro sushi*, pas de petit rideau zen. Rien de tout ça, mais, une fois à l'intérieur, pas de doute : les effluves sont à 100% nippons (c'est sûrement de l'anguille qui grille), la clientèle s'en tenant, elle, à un bon 99%. Mieux vaut donc avoir son dico sous la main (ou un bon ami bilingue) pour éviter de voir débarquer du saumon alors qu'on croyait avoir commandé du thon. Mais tout ça importe finalement peu : le saumon comme le thon sont franchement bons, et c'est donc par ici qu'il faut aller dégotter quelques sushis parmi les meilleurs de Paris. Parmi les plus chers, aussi, à moins de venir à midi. Formules (déj.) 25€ et 28€. Carte env. 50€. **M° Porte Maillot, Argentine** 44, rue Saint-Ferdinand 75017 Tél. 01 45 72 11 19 Fermé dim.-lun. midi

Les Caves Pétrissans (plan 1). Si les Caves Pétrissans valent évidemment le coup de fourchette (la cuisine, classiquement bistrotière ou ménagère, est parfaite), c'est aussi – et d'abord ? – pour la sélection de bouteilles ultra-affûtée qu'il faut se poser dans ce vieux et très, très beau troquet. Quand on n'y connaît rien, autant choisir au hasard dans la liste des vins de la semaine. Sinon, direction la cave, où il suffit de chiper la bouteille qu'on veut, moyennant, tout de même, un assez solide droit de bouchon. Menu 34€. Carte env. 40€. Service voiturier. **M° Ternes, Péreire** 30bis, av. Niel 75017 Tél. 01 42 27 52 03 Fermé sam. et dim.

Graindorge (plan 5). Waterloo, morne plaine… Voilà le clin d'œil qui peut venir à l'esprit au moment d'aborder cette maison plutôt feutrée, dont le propos est, à Paris, tout simplement unique : la mémoire et l'hommage aux Flandres, dans des assiettes réinterprétant avec esprit quelques plats ou produits classiques outre-Quiévrain, comme les filets de *maatjes* aux blinis de pomme de terre, le *waterzooi* de la mer aux crevettes grises d'Ostende ou le pain perdu de cramique caramélisé à la cassonade. Avec, en prime, une remarquable carte de bières artisanales pour apprendre à marier l'Angelus, la Colvert, la Moinette blonde ou la blanche des Honelles avec cette cuisine de cœur. Menus 32€-60€. Carte env. 45€. **M° Charles de Gaulle-Étoile** 15, rue de l'Arc-de-Triomphe 75017 Tél. 01 47 54 00 28 Fermé sam. midi et dim.

Le Bistrot d'à côté (plan 1). C'est peut-être l'un des plus beaux représentants du genre sphère 1900, le cadre idéal pour des assiettes classiques au cordeau, le pâté en croûte de canette des Dombes au foie gras, les quenelles de brochet à la crème de homard et riz basmati, la volaille de Bresse rôtie entière, les diaboliques petits pots de crème au chocolat. Vu le quartier, les additions ne sont évidemment pas données. Formule (déjeuner) 29€. Carte 45€-55€. *Mᵒ Ternes, Pereire* 10, *rue Gustave-Flaubert 75017 Tél. 01 42 67 05 81 Fermé sam. midi, dim. et lun.*

prix très élevés

Meating (plan 1). Irlandaise, charolaise, blonde d'Aquitaine, Chalosse : le bœuf a la cote, comme on dit quand on aime les jeux de mots… De la viande, rien que de la viande, donc, et même de noble extraction : voilà le credo de cette *steak house* aussi chic que le quartier, aux additions aussi choc que le prix du mètre carré. Reste qu'au déjeuner, l'affaire est plus abordable, même s'il vaut mieux tenter une belle côte de bœuf à la carte pour laisser parler le matériel du chef, un *broiler* importé des États-Unis qui permet de cuire une bête d'un kilo et quelque en lui conservant un moelleux sans pareil. Carte 50€-60€. *Mᵒ Pereire* 122, *av. de Villiers 75017 Tél. 01 43 80 10 10 Ouvert mar.-sam.*

Guy Savoy (plan 5). Une maison, une vraie. On a beau être dans l'une des plus huppées de la capitale, on n'en a pas moins le sentiment de pénétrer chez quelqu'un : c'est sans doute dû à l'atmosphère, mise en musique par le décorateur Jean-Michel Wilmotte, le grand ami du patron, mais aussi à la présence massive d'œuvres d'art contemporain (Tony Soulié, autre copain) ou de sculptures africaines. À table ? De l'art aussi (les assiettes), pour accompagner avec esprit les huîtres en nage glacée, le fondant chocolat au pralin feuilleté et crème chicorée. Remarquable accueil, cave essentielle. Carte env. 190€. Menus 245€-295€. *Mᵒ Charles de Gaulle-Étoile* 18, *rue Troyon 75017 Tél. 01 43 80 40 61 Fermé sam. midi, dim. et lun.*

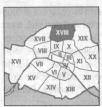

Le 18ᵉ ardt

plans 1, 2, 3

L'arrondissement est en train de devenir le nouveau 9ᵉ, mais il reste encore pas mal de cachet popu derrière le vernis branché. Des Abbesses à Château-Rouge, le 18ᵉ a cent visages différents et autant de parfums.

petits prix

Sale e Pepe (plan 3). Du sel et du poivre ? L'enseigne n'a pas tout dit. Elle aurait dû ajouter *pizza e pasta* pour coller à la réalité de cette amusante *tavola calda*, dont le succès tient autant aux petits prix qu'au caractère astucieux de la formule. Nul ne connaît le menu d'avance (à moins de demander à ses voisins, installés comme tout le monde à la table d'hôte), on mange ce qui se présente : une salade, une assiette de pâtes, une pizza pas mauvaise du tout, un dessert et voilà, *arrivederci*, à la prochaine ! Formule unique 15€ (déj.) ou 20€ (soir). *Mᵒ Château Rouge, Jules Joffrin* 30, *rue Ramey 75018 Tél. 01 46 06 08 01 Fermé mar. midi, dim.-lun.*

prix moyens

Wassana (plan 1). Oubliez la déco façon maison de poupée à Phuket, les tables à touche-touche, les conversations des voisins et les repas pris en vingt minutes chrono, car Wassana est de ces adresses qui se méritent. Le mieux est de s'y rendre à plusieurs pour faire le tour le plus complet possible de la carte : de la salade de bœuf thaïe à la soupe de crevettes au lait de coco en passant par la salade de seiche (on se damnerait pour en reprendre !) et le canard au curry rouge. Aux fourneaux, deux femmes, que l'on aperçoit de temps à autre, toujours souriantes, comme leur cuisine. Assiette 8€. Menu (déj.) 12€. Carte env. 20€-25€. *M° Place de Clichy, La Fourche* 10, rue Ganneron 75018 Tél. 01 44 70 08 54 Fermé sam. midi et dim.

Thu Thu (plan 2). S'il n'y a rien à dire de la salle (d'une banalité à pleurer), on peut, en revanche, broder *ad libitum* sur la cuisine vietnamienne servie ici. D'une fraîcheur sans faille, elle est livrée avec les conseils du patron, qui passe de table en table expliquer comment assaisonner correctement son *bô bun* pour éviter que les nems ramollissent. Gros succès, aussi, pour le large menu autour du bœuf. Réservation recommandée : même les touristes américains, en revenant de Saint-Ouen, ont leurs habitudes ici... Carte env. 20€-30€. *M° Jules Joffrin* 51bis, rue Hermel 75018 Tél. 01 42 54 70 30 Fermé sam. midi, dim. midi et lun.

Le Rez-de-Chaussée (plan 2). Sur le chemin du retour des puces de Saint-Ouen, voilà un bon petit bistrot à l'accent auvergnat. Dans un décor plutôt soigné aux tons crème, avec un soupçon de déco, au lieu des "bougnateries" habituelles, on mange une cuisine qui s'efforce de ne pas rester braquée sur le terroir, même si les amateurs se réjouiront d'entamer le repas avec une assiette de charcuteries de chez Conquet, à Laguiole, avant de commander le cabillaud au curry de lentilles blondes de Planèze. Accueil charmant, jolis vins de soif. Formules de 12,50€ à 17,20€. Carte 21€. *M° Porte de Clignancourt* 65, rue Letort 75018 Tél. 01 42 64 64 39 Fermé dim.

Dan Bau (plan 3). Ce coin de Montmartre est si improbable en matière de restauration (au Refuge des fondus, en face, on vous sert le vin au biberon !) que rien n'incite à pousser la porte du Dan Bau plutôt qu'une autre, si ce n'est la devanture proprette. Et voilà comment on fait l'une des bonnes petites pioches exotiques du quartier ! Là, la salade de fleurs de bananier au bœuf et le filet de lotte sauté à l'ail s'efforcent de ne pas reprendre banalement le répertoire vietnamien. Menus 9,50€ (déj.) ou 19,50€. Carte env. 25€. *M° Abbesses* 18, rue des Trois-Frères 75018 Tél. 01 42 62 45 59 Ouvert tlj.

Chez Eusebio (plan 1). L'endroit est inattendu... Imaginez un simple bistrot perdu dans l'une des charmantes petites rues d'un quartier plutôt résidentiel. Vous poussez la porte. Eh bien, sans les chorizos et les jambons qui trônent sur le comptoir et le délicieux accent de l'adorable patron pour confirmer le caractère ibère de l'endroit, vous seriez tenté de commander une andouillette frite ou une tête de veau vinaigrette alors qu'on y sert des croquettes de *bacalhau* (morue), des calamars à l'encre de seiche et de la paella ! Elle est pas belle la vie ? Formules (déj.) 10€ ou 13,50€. Carte env. 25€. *M° La Fourche* 11, rue Hégésippe-Moreau 75018 Tél. 01 44 70 05 42 Fermé dim.

Le Mono (plan 3). Le Mono coule certes du Bénin au Togo, mais le restaurant, lui, propose une cuisine aux horizons un peu plus larges, avec un zeste de Sénégal et un soupçon d'Antilles. Pour ceux qui recherchent ce genre de gastronomie, Le Mono a tout bon : un accueil d'une vraie gentillesse, des prix tout en douceur et des punchs puissants ! Dans l'assiette, pain de haricot, cochon de lait à accompagner d'igname frite ou poulet grillé et sa délicieuse pâte spéciale de semoule à la vapeur. Aux tables d'à côté, branchouilleux et habitués. Carte env. 30€. *M° Abbesses 40, rue Véron 75018 Tél. 01 46 06 99 20 Dîner uniquement Fermé mer.*

Chez Grisette (plan 3). Des bouteilles, encore des bouteilles, toujours plus de bouteilles. Un tiers caviste, deux tiers bistrot, à emporter ou à consommer sur place, voilà le mode d'emploi de cette adresse emmenée par une femme à la passion bachique communicative. À moins de connaître son vignoble sur le bout de la langue, autant lui faire confiance au moment de choisir la bouteille qui accompagnera le mieux l'assiette de charcuteries du Cantal et le boudin aux deux pommes. Formule 23€. Menu 29€. *M° Pigalle, Abbesses 14, rue Houdon 75018 Tél. 01 42 62 04 80 Dîner uniquement 19h-23h Fermé sam.-dim.*

prix élevés

La Famille (plan 3). On réservera cette espèce de petit loft montmartrois aux esprits les plus ouverts, aux profils les plus décontractés. Car il y règne une ambiance souvent assez chaude : la clientèle est ravie et bruyante, parfois show et toujours bises, les décibels de rigueur, la bonne humeur contagieuse. Parfaitement en phase avec cette atmosphère, la cuisine mise sur des clins d'œil ludiques et savoureux, proposant un foie gras en milk-shake à l'infusion de maïs, un thon en crumble aux éclats de cacahuètes et combava, un After Eight à déguster dans un verre. Menu-carte 35€. *M° Abbesses 41, rue des Trois-Frères 75018 Tél. 01 42 52 11 12 Dîner uniquement Fermé dim.-lun.*

Le Sourire de Saigon (plan 3). Sur les contreforts de la Butte, cette petite enclave vietnamienne fait systématiquement le plein : la présence, de temps à autre, de quelques têtes connues n'y est sans doute pas pour rien. À moins que chacun ne s'accorde, tout simplement, sur les vertus d'une cuisine fraîche, soignée et sincère, les raviolis à la vapeur, nems, beignets de calamars ou *bô bun* ne souffrant guère de reproche. Carte env. 35€. *M° Jules Joffrin 54, rue du Mont-Cenis 75018 Tél. 01 42 23 31 16 Ouvert tous les soirs*

La Mascotte (plan 3). Mi-brasserie, mi-bistrot, mi-zinc, mi-banquette : en fonction de l'heure et de l'humeur, on choisira l'une ou l'autre des ambiances, puis les plats qui vont avec. Assiette de l'Auvergnat, saucisse au couteau et son indispensable aligot, beaux fruits de mer en saison, dorade à la tapenade, crêpes flambées au Grand-Marnier : les Américains encore "amélie-poulaintoxiqués" comme les Montmartrois purs et durs s'y retrouvent logiquement. Menu déj. 19,50€, dîner 33€. Carte env. 40€. *M° Abbesses, Blanche 52, rue des Abbesses 75018 Tél. 01 46 06 28 15 Ouvert tlj.*

L'Entracte (plan 3). Il se murmure que les meilleures frites de la ville se dégusteraient là. Pas facile de trancher, mais il faut bien admettre que dans ce petit bistrot délicieusement désuet, on soigne son affaire en émincant à la main, en cuisant juste ce qu'il faut et en salant délicatement. Que ce soit l'énorme carré d'agneau ou un tartare, c'est un pur petit plaisir. Carte 45€. *M° Anvers, Abbesses* 44, rue d'Orsel 75018 Tél. 01 46 06 93 41 Fermé dim. soir, lun. et mar.

Le Wepler (plan 1). C'est dans cette brasserie monumentalement historique de la Rive droite que Henry Miller allait s'arsouiller alors qu'il écrivait *Jours tranquilles à Clichy*. On peut aussi imaginer que Picasso y a picoré des huîtres et François Truffaut des assiettes de choucroute. C'est dire si l'on tient là une adresse à atmosphère, où les serveurs ont des allures de tontons flingueurs, où de vieux amis viennent fêter leurs retrouvailles, où les bandes de "djeunes" partagent des moules-frites après le cinoche à côté. L'après-midi, amusante formule de *happy hour* autour... des huîtres ! Menu 20€-26€. Carte env. 40€-60€. *M° Place de Clichy* 14, pl. de Clichy 75018 Tél. 01 45 22 53 24 Ouvert tlj.

À la périphérie

prix élevés

Le Soleil (plan 2). Un bistrot ? Peut-être, mais avec le petit doigt en l'air, alors ! Aussi bien élevé que ses produits, Le Soleil est de ces maisons qui mettent un point d'honneur à ne proposer que du bon, voire du meilleur. Quand les girolles sont de sortie, ce n'est pas sans fierté qu'on vous explique qu'elles sont françaises, monsieur ! et qu'elles seront en persillade ou en garniture de la côte de veau à l'os. Cette exigence-là a un prix, mais les grands chefs qui fréquentent l'adresse comme les chineurs semi-professionnels américains ne sont pas de ceux qui mégotent. Carte env. 50€. *M° Porte de Clignancourt* 109, av. Michelet 93400 Saint-Ouen Tél. 01 40 10 08 08 Ouvert tlj. uniquement le midi

Le 19e ardt

plans 4, 12

Entre le haut Belleville et les souvenirs des abattoirs du côté de la Villette, le 19e a su rester authentiquement gouailleur. Les petits bistrots à vins comme les chinois familiaux, ici, on connaît et on aime.

petits prix

Le Bar fleuri (plan 4). À celui qui s'est ouvert l'appétit en montant et descendant les collines du parc des Buttes-Chaumont, Le Bar fleuri offre une halte appréciable pour un déjeuner rapide et pas cher. Au milieu d'un incroyable bric-à-brac des années 1950, on fait un sort à l'œuf mayo et à la bavette aux échalotes sur des nappes en papier à petits carreaux rouge et blanc, en se disant qu'en matière d'atmosphère, on fait difficilement mieux dans le secteur. Carte env. 15€. *M° Buttes-Chaumont* 1, rue du Plateau 75019 Tél. 01 42 08 13 38. Déjeuner seulement (fermeture à 20h30) Fermé dim. et j. fér.

Ly Ya (plan 4). Un peu perdu, certes. Banal, assurément. Trop calme, sans aucun doute. Mais tout de même : après avoir effectué une visite à la Cité de la musique, il y a matière à venir donner quelques coups de fourchette chez ce sino-vietnamien à peine plus cher qu'un mauvais fast-food. Car les calamars sautés au gingembre et à la ciboulette chinoise, les brochettes de poulet à la citronnelle ou le classique porc au caramel ont tout de même un autre goût qu'un hamburger mou. Menus (déj.) 8€ et 11€. Carte env. 15€-18€. *M° Ourcq* 5, rue du Hainaut 75019 Tél. 01 42 08 34 98 Fermé dim. et lun. soir

Lao Siam (plan 12). De la masse de cantines asiatiques de Belleville, celle-ci a su émerger. Comment ? Pas spécialement grâce à l'accueil, neutre, pas forcément pour son décor, plutôt kitsch, mais bien pour l'essentiel, une cuisine qui exécute au plus-que-parfait les basiques du registre thaï, soupe de crevettes au galanga, nouilles au bœuf sauté, canard sauté au basilic… Réservation plus que recommandée. Pas de menu, carte 15€-20€. *M° Belleville* 49, rue de Belleville 75019 Tél. 01 40 40 09 68 Fermé dim. et lun. soir

Le Pacifique (plan 12). "Mer de Chine" lui irait aussi comme un gant. Un énième restaurant chinois sur le pavé de Belleville, un de plus ? Un peu mieux que ça tout de même, pour son décor impeccable entre aquariums et dragons, son service attentionné, ses prix doux, et sa cuisine qui assure le voyage, entre la soupe de raviolis aux crevettes, la caille sautée au sel et poivre et l'inévitable boule coco en dessert. Menus 15€ et 35€ (pour 2 pers.). Carte 25€-30€. *M° Belleville* 35, rue de Belleville 75019 Tél. 01 42 49 66 80 Ouvert tlj.

prix moyens

Chez Valentin (plan 12). Belleville, Buenos Aires, Clermont-Ferrand ? Bien calée au cœur du "village" Rébeval, cette maison simple et enveloppante fait le grand écart au-dessus de l'Atlantique… Un soupçon d'Auvergne et beaucoup d'Argentine, la carte affiche tripoux, *quesadillas*, *cerdo chimichurri* et *dulce de leche*. À vous de choisir… bougnat ou gaucho ? Formules (déjeuner) 12,50€-15€. Carte 25€. *M° Belleville* 64, rue Rébeval 75019 Tél. 01 42 08 12 34 Fermé sam. midi et dim.

prix élevés

La Cave gourmande (plan 4). Tant qu'à monter là-haut, autant prendre son temps et se ménager une petite heure de promenade. Villa Eugène-Leblanc, villa de Bellevue, villa Sadi-Carnot, villa du Progrès, des lampadaires et des pavés : bienvenue à la Mouzaïa, formidable quartier qu'on rêverait d'habiter si les prix au mètre carré ne s'étaient pas alignés sur ceux de Saint-Germain-des-Prés. On pourra se livrer à ces considérations immobilières à l'occasion d'un repas dans ce néobistrot de bon aloi, où le meilleur du vignoble accompagne une cuisine inspirée : cochon de lait à l'aigre-doux d'ananas et girofle, colombo de turbot et quinoa à la cardamome, tarte fine aux pêches blanches. Formule (déj.) 31€. Menu-carte 36€. *M° Botzaris* 10, rue du Général-Brunet 75019 Tél. 01 40 40 03 30 Fermé sam. et dim. midi

Chez Vincent (plan 4). Au cœur des buttes Chaumont, cette trattoria connaît un succès phénoménal depuis des années : les têtes connues y côtoient les anonymes

GÉOADRESSES

MANGER

absolus, le patron pousse la chansonnette et fait la bise aux copains, les assiettes d'*antipasti* assaisonnés à la minute suscitent de larges sourires, le carpaccio de bœuf succède au carpaccio de thon, les *penne alla puttanesca* sont meilleures que l'escalope *al limone*, et personne ne trouve à redire aux additions quelque peu tendues pour le quartier. Menus 35€-40€-50€. *M° Botzaris* 5, rue du Tunnel 75019 Tél. 01 42 02 22 45 Ouvert lun.-sam. uniquement le soir

L'Hermès (plan 12). Qu'est-ce qu'un restaurant de quartier ? Une maison comme on aimerait en avoir en bas de chez soi, une adresse généreuse dans l'assiette et dans le sourire, un bistrot coquet et coquin qui ajoute des "superbes" et des "magnifiques" devant les intitulés de l'ardoise, le cœur de filet de bœuf aux cinq poivres et jus corsé au gingembre ou le loup rôti en persillade d'herbes fraîches… Laissez-vous faire, on s'occupe de vous, car L'Hermès est un excellent restaurant de quartier. Menus 15,30€ (déj.) et 30€ (midi et soir). Carte env. 40€. *M° Pyrénées* 23, rue Mélingue 75019 Tél. 01 42 39 94 70 Fermé dim., lun. et mer. midi

Café de la Musique (plan 4). Branchouilleux mais pas trop, très joliment emballé par Élisabeth de Portzamparc (mobilier et murs en poirier, bar en pierre verte, verre sablé, courbes en pleins et déliés) et fondu dans une sono de l'époque, le Café vaut évidemment plus pour son atmosphère que pour ses assiettes, qui assurent plus gentiment que leurs prix : salade de mâche et blancs de volaille au curry, tartare aller et retour, morue à la vapeur, c'est de la "Costes-food" et ça remplit son office. Surtout si l'on est installé sur l'impeccable terrasse. Formule du jour (lun.-ven., midi et soir) 19€-23€. Carte env. 35€-55€. *M° Porte de Pantin* Cité de la musique, pl. de la Fontaine-aux-Lions, 213, av. Jean-Jaurès 75019 Tél. 01 48 03 15 91 Ouvert tlj.

Au bœuf couronné (plan 4). Roc, pic, cap, péninsule, monument historique, carte postale, musée des bovidés : sortez le dictionnaire à clichés et choisissez le mot qui vous plaît, car voici l'une de ces bonnes vieilles adresses à papa, de celles où l'on va cultiver la nostalgie de l'époque des abattoirs de la Villette, des forts des Halles, du cresson qui accompagnait forcément le pavé avec des tomates taillées en forme de rose, du chateaubriand ou de l'entrecôte persillée marchand de vin… Dans une belle ambiance de brasserie façon années 1930, pour ne rien gâcher. Menu 32€ (apéritif, vin et café compris). Carte env. 50€. *M° Porte de Pantin* 188, av. Jean-Jaurès 75019 Tél. 01 42 39 44 44 Ouvert tlj.

Où s'inviter à une table d'hôte ?

prix moyens

Mon oncle le vigneron (plan 12). Une naissance au Pays basque, un père allemand et des affinités africaines, ça vous ouvre l'esprit et vous décomplexe les casseroles. Derrière ses baies vitrées, entre les étagères à conserves et à bouteilles, le patron-cuistot de cette épicerie-table d'hôte cuisine à l'humeur, envoie aussi bien du poulet yassa que du pot-au-feu ou du gâteau basque, peut déboucher un bergerac bien de chez nous comme un blanc d'outre-Rhin. Ça se passe comme à la maison, à l'épicentre d'un quartier Rébeval mi-bobo mi-canaille. Comptez 25€-30€. *M° Pyrénées, Belleville* 2, rue Pradier 75019 Tél. 01 42 00 43 30 Fermé dim.-lun.

Chapeau Melon (plan 12). Chapeau à Olivier Camus qui, dans les murs de sa pépite de cave, dresse tous les soirs ou presque une table d'hôte pour une douzaine de chanceux. On connaissait le bonhomme infatigable renifleur de superbes vins naturels (il l'est toujours !), on le découvre cuisinier plein d'idées au fil d'un menu monté comme une suite de fameux *mezze* : soupe de fèves au fenouil, Saint-Jacques crues à la gelée d'algues, daube de joue de bœuf au cassis et à l'orange, arrosés de flacons on-ne-vous-dit-que-ça. Comptez 30€ sans le vin. *M° Pyrénées* 92, rue Rébeval 75019 Tél. 01 42 02 68 60 Ouvert mar.-sam., sur réservation uniquement

Le 20ᵉ ardt

plans 12, 21

Des petites rues secrètes, des bistrots qui réinventent le sigle BCBG (bon coût/bon goût) : dans le coin, on ne manque vraiment pas de délices pour initiés !

petits prix

Au Rouleau de Printemps (plan 12). Allez comprendre pourquoi on fait des courbettes au Président, la sommité qui bombe le torse et les néons au carrefour de Belleville, quand on peut se régaler dans une anonyme cantoche (pour cantine de poche) pour trois euros six sous. Peut-être parce que le décor de cette dernière est inexistant, peut-être aussi parce que ses prix sont si bas qu'on a du mal à croire à cette soupe de nouilles aux beignets de crevettes, à ces nems de porc, à ces gambas sautées à l'ail... Pas de menu. Carte 10€-15€. *M° Belleville, Pyrénées* 42, rue de Tourtille 75020 Tél. 01 46 36 98 95 Fermé mer.

L'Échappée (plan 12). C'est Jean qui s'est échappé ! Mais sûr que ce vieux de la vieille de Ménilmuche a pris soin d'assurer sa succession en lâchant l'affaire à quelques énergumènes vibrant d'une jolie fibre bistrotière. Voyez le programme : prix tout doux pour vraie cuisine sans frime (tartare de hareng, bœuf bourguignon mais aussi poulet yassa), vins malins et miniconcerts le week-end. Allez, on y retourne ? Menus déjeuner 12€ (2 plats), 15€ (3 plats) et dîner 17,50€. *M° Gambetta, Ménilmontant* 38, rue Boyer 75020 Tél. 01 47 97 44 58 Ouvert midi mer.-ven. et soir mar.-dim.

prix moyens

Le Saint-Amour (plan 12). Un peu de douceur et d'amitié à la face d'un carrefour carrément brutal, voilà ce qu'insuffle Le Saint-Amour. Une brasserie *lambda*, voire moche, vue de loin, mais une "bougnaterie" efficace considérée de plus près, au niveau de la saucisse-aligot, de l'assiette de cochonnailles, du confit de canard, de la tarte Bourdaloue et de quelques honnêtes flacons. Si vous êtes dans les parages et que la visite du cimetière du Père-Lachaise vous a ouvert l'appétit... Menus de 10€ à 12,50€ (lun.-sam. midi). Carte 20€-30€. Terrasse. Salon à l'étage pour les groupes. *M° Père-Lachaise* 2, av. Gambetta 75020 Tél. 01 47 97 20 15 Ouvert tlj.

Le Bœuf gros (plan 21). Le lieu n'a sans doute pas dû bouger depuis les années... combien, au fait ? Disons qu'on ne cherchera pas à dater Le Bœuf au carbone 14, mais à profiter des plaisirs simples qu'il distribue depuis des lustres, dans une ambiance forcément du même métal : une espèce de capharnaüm d'objets d'où se détache, tout de même, un vaste buffet d'entrées (crudités, terrines, œufs mayo, pâté de tête, rillettes et autres joyeusetés bistrotières). Après, en fonction de la saison, de l'humeur, de la température de la salle, une simple entrecôte frites ou le fameux bœuf gros sel pour perpétuer la mémoire des repas d'antan. Menus 12€ (déj.) et 22€. **M° Maraîchers** *120, rue des Grands-Champs 75020 Tél. 01 43 73 96 58 Fermé dim. et lun.*

Le Chantefable (plan 12). Passons sur les plats : les viandes servies sur planche et les fruits de mer ne déméritent pas tant que ça, mais ce qui régale au chevet de cette adresse, c'est avant tout sa mine d'épopée bistrotière, le souvenir d'un Paris oublié, sa magnifique allure de brasserie début de siècle, avec ses boiseries et ses lustres, son zinc rutilant et ses grandes fresques. Ici, on aimerait pouvoir encore payer avec nos bons vieux francs, les anciens, les vrais. Carte 25€-30€. **M° Gambetta** *93, av. Gambetta 75020 Tél. 01 46 36 81 76 Ouvert tlj.*

La Villa (plan 12). Il faut y aller, ne serait-ce que pour la quiétude et la "gueule d'atmosphère" du village de Charonne, avec sa rue piétonne, son église et ses petites maisons en rang d'oignons. Il faut y aller aussi pour s'amuser du décor flamenco-corrida un peu toc, pour profiter de la petite terrasse de province et de la cuisine hispano-argentine qui combine plutôt bien tapas andalouses, paella et noix d'entre-côte de la pampa. Une sangria, *por favor* ! Formules 17€ et 23€. Carte 25€-30€. **M° Porte de Bagnolet** *15, rue Saint-Blaise 75020 Tél. 01 40 09 92 36 Ouvert uniquement le soir Fermé lun.*

Krung Thep (plan 12). Vu de l'extérieur, on ne miserait pas un bath sur cette adresse ! Et pourtant, derrière cette devanture... disons improbable pour rester gentil, se camoufle l'une des plus pures auberges thaïes de Paris, à aborder en souplesse (un peu de gym au moment de glisser ses jambes entre banquettes hautes et tables basses), pour se laisser bluffer par quelques banderilles exotiques comme le crabe farci ou le curry de poulet au lait de coco. Au fait, Krung Thep (littéralement "Cité des anges"), c'est le nom thaï de Bangkok. Carte 25€-30€. **M° Pyrénées, Belleville** *93, rue Julien-Lacroix 75020 Tél. 01 43 66 83 74 Ouvert tous les soirs, sam. et dim. midi*

☺ **La Boulangerie (plan 12)**. Ou quand Ménilmontant dévoile ses charmes par le prisme d'une vieille boulangerie transformée en restaurant appelé La Boulangerie... Caché dans l'arrière-cour du boulevard, ce néo-bistrot carrossé à l'ancienne avec ce qu'il faut de lustres, de mosaïques et de banquettes rouges est une vraie maison de gentillesses. Après des débuts tâtonnants, et un changement de propriétaire en juin 2005, la cuisine s'est nettement améliorée ; l'occasion d'y retourner et de se faire materner par une merveilleuse terrine, un pavé de biche ou un magret à l'aigre-douce. Belle carte de vins. Menus (déjeuner) 13€ et 16€. Menu carte 29€. **M° Ménilmontant** *15, rue des Panoyaux 75020 Tél. 01 43 58 45 45 Fermé sam. midi et dim.*

Le Baratin (plan 12). Vous prenez une franche trogne de bistrot accroché sur les pentes de Belleville, vous y suspendez quelques vieux tableaux, vous confiez vos assiettes à une Argentine qui fait des miracles dans sa petite cuisine, vos verres à un fameux spécialiste ès vins naturels, et vous obtenez Le Baratin, fameuse maison à boire et à manger, avec par exemple une estouffade de jarret de veau du Limousin au citron arrosé d'un côtes-du-rhône du domaine de l'Anglore. Menu (déj.) 15€. Carte env. 30€. *M° Pyrénées 3, rue Jouye-Rouve 75020 Tél. 01 43 49 39 70 Fermé sam. midi, dim. et lun.*

Le Bistrot des Soupirs (plan 12). Jusqu'à l'été 2004, on sous-titrait "Chez Raymonde"... Et puis l'adorable patronne, sûrement rattrapée par une retraite bien méritée, a passé la main à une équipe de jeunes qui a le bon goût de ne pas trahir l'esprit et la patine de cette auberge pur beurre, confite dans les années 1950. Mieux que ça, la cuisine, toujours dans la veine du jambon persillé maison, du civet de lièvre et de la sole meunière, a même gagné en tenue sans rien perdre de sa gouaille. Intéressante sélection de vins. Formules (déj.) 15€ et 16€. Carte env. 30€-35€. *M° Pelleport, Gambetta 49, rue de la Chine 75020 Tél. 01 44 62 93 31 Fermé dim. soir et lun.*

À la périphérie

prix moyens

Rio dos Camarãos (plan 21). C'est le nom donné à une rivière africaine par un découvreur portugais à la fin du XVe siècle. Donc, à la "Rivière des Crevettes", on vit, on se cultive et on mange africain. Pas la queue d'une *bacalao* à la carte de cette grande maison hyperchaleureuse, mais bien du poulet Directeur général, du *tiep bou dienn* ou du *maffe kandja*. Dix ans que ça dure à coups d'assiettes ultra-soignées, de petits verres de vin de palme, d'expos photos, de soirées contes (le 1er mardi de chaque mois) et de très bonnes vibrations. Carte 15€-20€. *M° Robespierre 55, rue Marceau 93100 Montreuil-sous-Bois Tél. 01 42 87 34 84 Fermé sam. midi, dim.-lun.*

L'Histoire est faite par les hommes.
Traversez les lieux témoins de notre Europe.

Geert Mak

Voyage
d'un
Européen
à travers
le XXᵉ siècle

Gallimard

Gallimard

GEOADRESSES

Si vous comptez séjourner dans un quartier très touristique, comme le Marais, les Champs-Élysées, Montmartre, le Quartier latin ou celui de Saint-Germain, les bonnes affaires sont rares et les établissements souvent complets plusieurs semaines à l'avance. Ne désespérez pas, Paris est grand et les lignes de métro suffisamment nombreuses pour relier rapidement les différents points de la capitale. Il est donc tout à fait envisageable de loger à quelques stations des principaux lieux touristiques. Vous bénéficierez d'ailleurs d'un environnement plus calme ! Du petit hôtel bon marché à l'hébergement de charme sans oublier les auberges de jeunesse, notre sélection d'adresses n'oublie personne, pas même les campeurs qui iront planter leur tente au bois de Boulogne. **À savoir** Et si vous réserviez une chambre d'hôte ? Une occasion de faire la connaissance de Parisiens et de profiter de leurs bons conseils. Consultez le site : www.hotesqualiteparis.fr

Dormir à Paris

1er ardt	**688**
2e ardt	**691**
3e ardt	**692**
4e ardt	**694**
5e ardt	**698**
6e ardt	**702**
7e ardt	**716**
8e ardt	**711**
9e ardt	**712**
10e ardt	**714**
11e ardt	**716**
12e ardt	**719**
13e ardt	**722**
14e ardt	**723**
15e ardt	**726**
16e ardt	**727**
17e ardt	**730**
18e ardt	**733**
19e ardt	**735**
20e ardt	**736**

Gamme de prix	Dormir	Manger
Très petits prix	moins de 40€	moins de 10€
Petits prix	de 40€ à 60€	de 10€ à 20€
Prix moyens	de 60€ à 100€	de 20€ à 30€
Prix élevés	de 100€ à 150€	de 30€ à 50€
Prix très élevés	plus de 150€	plus de 50€

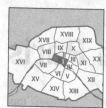

Le 1er ardt

plans 8, 9, 16, 18, 28

Le quartier est celui des hôtels de luxe et des palaces, tel le Ritz de la place Vendôme... S'il n'est pas interdit de rêver, on trouve aussi des établissements très corrects et abordables aux alentours du Palais-Royal.

petits prix

Hôtel Henri IV (plan 18). Un hôtel bas de gamme assez bien tenu, aménagé dans un vieil édifice. Situation unique, à deux pas du Pont-Neuf. La plupart des chambres se partagent des toilettes et sdb sur le palier. L'ensemble mériterait d'être rafraîchi, mais les prix s'en ressentiraient... Double de 52€ à 64€ (sdb et sanitaires dans les chambres). Cartes acceptées. *M° Pont-Neuf* 25, pl. Dauphine 75001 Tél. *01 43 54 44 53 Réserver longtemps à l'avance*

Hôtel de Rouen (plan 8). Ce petit hôtel occupe les étages d'un immeuble étonnamment étroit, face à la Banque de France. Confort et service basiques, mais les chambres sont propres et correctes pour le prix. Certaines sont très étroites et, de manière générale, les plus agréables donnent sur la rue. Double à partir de 38€ (douche et WC sur le palier), 48€ (WC sur le palier) et 54€ (avec douche et WC), triple 61€ et quadruple 72€, petit déj. 6€. Réception au 1er étage. *M° Palais Royal-Musée du Louvre* 42, rue Croix-des-Petits-Champs 75001 Tél./fax 01 42 61 38 21 reservation@hotelderouen.net

Hôtel de Lille (plan 28). Cet hôtel de 13 chambres est réservé à ceux qui sont peu regardants sur le confort... Mais les prix sont très doux pour le quartier, dans une ruelle pittoresque à deux pas du Palais-Royal, face au ministère de la Culture. Pour tout dire, les lieux ont le charme des vieilles choses fragiles, à l'image de la devanture sans âge et de l'escalier biscornu montant vers les chambres. Double à partir de 48€ (WC et sdb sur le palier) et à partir de 58€-60€ avec WC et douche. *M° Palais Royal-Musée du Louvre* 8, rue du Pélican 75001 Tél. 01 42 33 33 42

BVJ Louvre (plan 28). Le décor et l'ambiance d'une auberge de jeunesse et un emplacement incomparable à deux pas du Louvre... Deux cents lits dans des chambres d'1 à 8 couchages, avec douches à l'étage. Pas de réservation plus de 2 semaines avant la date d'arrivée. 27€/pers. pour une chambre à plusieurs couchages, 29€/pers. pour une chambre double. *M° Louvre-Rivoli* 20, rue Jean-Jacques-Rousseau 75001 Tél. 01 53 00 90 90 Fax 01 53 00 90 91 bvj@wanadoo.fr www.bvjhotel.com

prix moyens

Hôtel Victoria-Châtelet (plan 16). L'un des 3 étoiles les moins chers du quartier, à défaut d'être le plus charmant. Vous serez aux premières loges pour les spectacles du Châtelet, puisque l'hôtel est intégré au flanc nord du théâtre. Chambres

GÉOADRESSES

DORMIR

sans imagination, mais fonctionnelles et bien équipées (douche ou bain, TV, tél., Internet wi-fi). Accueil expéditif... Double à partir de 95€-96€. Petit déjeuner 7,50€. **M° Châtelet** 17, av. Victoria 75001 Tél. 01 40 26 90 17 Fax 01 40 26 35 61 www.hovicha.com

prix élevés

Hôtel Londres-Saint-Honoré (plan 9). Ce petit 2 étoiles qui jouxte l'église Saint-Roch, à l'angle de la rue Saint-Honoré, est l'un des plus plaisants du quartier. Le vieil escalier sur lequel veillent des statues classiques mène à la réception, au 1er étage. Grande amabilité, 29 chambres confortables à défaut d'être luxueuses. La plupart donnent sur la rue, calme la nuit. Double vitrage, air conditionné. Double à partir de 98€ (petites chambres), 120€ (plus grandes, lit double). Triple à partir de 136€, quadruple 152€. Petit déjeuner 8€. **M° Tuileries** 13, rue Saint-Roch 75001 Tél. 01 42 60 15 62 Fax 01 42 60 16 00 www.hotellondressthonore-paris.com

Hôtel Prince Albert-Louvre (plan 9). Certes, la décoration de l'entrée et du salon est à l'extrême limite du kitsch... Mais ce 2 étoiles paisible, blotti dans une charmante ruelle voisine du marché Saint-Honoré, est une bonne surprise pour le quartier. L'accueil et le service sont de qualité, les 30 chambres, récemment refaites, bien équipées et confortables. Certaines sont climatisées. Celles qui donnent sur la rue, avec leurs géraniums à la fenêtre, sont fort plaisantes. Le tout à des prix raisonnables. Double 110€-120€, lit supplémentaire 19€. Petit déjeuner 7€. **M° Pyramides** 5, rue Saint-Hyacinthe 75001 Tél. 01 42 61 58 36 Fax 01 42 60 04 06 www.hotelprincealbert.com

Hôtel Saint-Roch (plan 9). Mêmes propriétaires que le Londres Saint-Honoré, dans cette charmante rue Saint-Roch : tarifs identiques, confort plus moderne, mais une ambiance moins familiale. De très belles chambres sous les combles, avec poutres apparentes. Une bonne adresse. Double de 110 à 120€, selon la taille et le confort. Petit déj. 8€. **M° Pyramides, Tuileries** 25, rue Saint-Roch 75001 Tél. 01 42 60 17 91 Fax 01 42 61 34 06 www.hotelsaintroch-paris.com

prix très élevés

☺ **Hôtel Le Relais du Louvre (plan 28).** Cet immeuble du XVIIIe siècle, distribué autour d'une cour, jouit d'une situation privilégiée face au décor gothique de Saint-Germain-l'Auxerrois, à deux pas du Louvre. Refaites en 2006 (peinture, literie, air conditionné), les 21 chambres et suites sont impeccables et bien équipées (TV écran plat...). Accueil chaleureux, beaucoup de charme et de tranquillité. Double à partir de 160€, suite 232€-265€. **M° Pont-Neuf** 19, rue des Prêtres-Saint-Germain-l'Auxerrois 75001 Tél. 01 40 41 96 42 Fax 01 40 41 96 44 www.relaisdulouvre.com

Hôtel Brighton (plan 8). Dominant les arcades de la rue de Rivoli, ce 4 étoiles est installé dans un bel immeuble de la fin du XIXe s. Les 62 chambres ont été récemment entièrement rénovées. Les chambres côté rue ne sont pas les plus calmes de Paris malgré le double vitrage. En revanche, la vue sur les Tuileries avec, en arrière-plan, les monuments des beaux quartiers est époustouflante, surtout du 5ᵉ étage. Demandez de préférence l'une des chambres "supérieures", équipées de l'air conditionné, aménagées avec goût et très confortables. Certaines disposent d'un balcon. Double de 173€ à 190€ selon la saison. Petit déj. 16€ (buffet). **M° Tuileries** 218, rue de Rivoli 75001 Tél. 01 47 03 61 61 Fax 01 42 60 41 78 www.brightonhotelparis.com brighton@espritfrance.com

Hôtel Britannique (plan 16). À deux pas de Châtelet. Cet auguste 3 étoiles ouvert en 1861 a toute l'élégance des vieilles demeures anglaises, un comble pour séjourner à Paris ! Les 39 chambres, récemment refaites, sont décorées avec goût, quoiqu'un peu petites. Elles sont bien équipées (tél., minibar, TV écran plat), disposent de double vitrage et d'air conditionné, d'une ambiance feutrée, avec un accueil prévenant. Double à partir de 178€. Petit déjeuner 16€ **M° Châtelet** 20, av. Victoria 75001 Tél. 01 42 33 74 59 Fax 01 42 33 82 65 www.hotel-britannique.fr

Hôtel Mansart (plan 8). Juste au nord de la fastueuse place Vendôme, à l'angle de la rue des Capucines, ce 3 étoiles offre l'un des meilleurs rapports qualité-prix du quartier des affaires et du luxe. Ne vous laissez pas rebuter par la décoration du hall, étonnant mélange de minimalisme zen et de couleurs criardes censé évoquer les jardins à la française du Grand Siècle, car l'accueil et le service sont irréprochables, les 57 chambres impeccables et bien équipées (air conditionné...). Double à partir de 180€ ("classique"), 200€ ("supérieure"), 265€-315€ ("luxe"). Petit déjeuner 12€. **M° Opéra, Madeleine, Concorde**, RER Auber 5, rue des Capucines 75001 Tél. 01 42 61 50 28 Fax 01 49 27 97 44 mansart@ espritfrance.com

Grand Hôtel de Champaigne (plan 16). Au cœur de l'ancien quartier des orfèvres. Installé dans le cadre somptueux de l'hôtel des Tailleurs (1562), meublé d'antiquités Louis XIII, Louis XV et Louis XVI, ce 3 étoiles haut de gamme est d'un grand romantisme. Parmi les 43 chambres dont l'hôtel dispose, les chambres "supérieures", récemment rénovées, sont les plus agréables. Certaines sont munies d'un balcon. La grande classe ! La façade a été refaite en 2006. Double de 225€ à 245€. **M° Pont-Neuf** 17, rue Jean-Lantier 75001 Tél. 01 42 36 60 00 Fax 01 45 08 43 33 www.grand-hotel-dechampaigne.com

Ritz (plan 8). Hemingway, habitué des lieux, résuma mieux que quiconque l'aura de luxe et d'élégance qui émane de ce palace pas comme les autres : "Quand je rêve du paradis, cela se passe toujours au Ritz". Le Ritz et ses fêtes fastueuses séduisirent, en effet, dans les années 1920, les Américains de la *Lost Generation*, Scott Fitzgerald en tête. Proust et Colette comptèrent parmi ses habitués. Coco Chanel y résida de 1935 à 1971... Chambres entièrement rénovées (peintures, moquettes, literie, air conditionné) et très bien équipées (TV écran plat, Internet wi-fi) (cf. Découvrir le quartier du Palais-Royal). Double 710€-810€. Suites 910€-9120€. Petit déj. 36€-65€. **M° Opéra, Tuileries, Concorde** 15, pl. Vendôme 75001 Tél. 01 43 16 30 30 Fax 01 43 16 31 78 resa@ritzparis.com www. ritzparis.com

GEOADRESSES

DORMIR

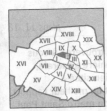

Le 2e ardt

plan 10, 11

Aussi grand qu'un mouchoir de poche, le 2e arrondissement, parfaitement desservi par le métro, jouit d'un emplacement très central à deux pas du Louvre, du Châtelet, des Grands Boulevards.

petits prix

Hôtel Sainte-Marie (plan 11). Cette ruelle silencieuse qui relie le Sentier aux Grands Boulevards cache quelques hôtels bon marché, dont le Sainte-Marie, dans un petit immeuble sans ascenseur. Les 19 chambres sont simplissimes, mais proprettes (peintures refaites) et calmes. Avouons un faible pour les triples du dernier étage, au toit mansardé et aux poutres apparentes. Accueil cordial. Wi-fi offert. Chèques vacances acceptés. Double sans douche 30€-42€, avec douche 46€-58€, triple 72€. Petit déj. 4€. *M° Sentier, Bonne-Nouvelle* 6, *rue de la Ville-Neuve 75002 Tél. 01 42 33 21 61 ou 01 53 89 77 59 reserve@hotelsaintemarie.com*

prix moyens

Hôtel Bonne Nouvelle (plan 11). Parmi les adresses pour petits budgets du Sentier, le Bonne Nouvelle propose quelques chambres rénovées, et assez bien aménagées (tentures assorties) et correctement tenues. Les sdb possèdent toutes une grande baignoire ou une baignoire-sabot. Certaines sont équipées de l'Internet wi-fi. Doubles 60€, 65€ ou 75€ selon la taille, petit déj. 7€. *M° Sentier, Bonne-Nouvelle* 17, *rue Beauregard 75002 Tél. 01 45 08 42 42 www.hotel-bonne-nouvelle.com*

Hôtel Vivienne (plan 10). Quarante-cinq chambres fraîches et spacieuses, joliment décorées, à deux pas du musée Grévin. Celles du 6e étage offrent, de leur balcon, une vue sur les toits de Paris et de la Bourse. La localisation, très centrale, permet de rejoindre facilement les grands magasins, les passages des Grands Boulevards et les quartiers plus chic au sud. Double de 85€ à 112€ (douche), et de 88€ à 112€ (bain). Petit déj. 8€. *M° Bourse, Richelieu-Drouot, Grands Boulevards* 40, *rue Vivienne 75002 Tél. 01 42 33 13 26 paris@hotel-vivienne.com*

prix élevés

Cyrnos Hôtel (plan 10). Le hall joue sur une ambiance zen – petite fontaine relaxante, plantes vertes, lignes modernes et sobres – du meilleur effet quand on vient de quitter la bruyante rue Montmartre. Cependant, bien que climatisées, les 23 chambres sont, il faut bien le reconnaître, d'une banalité un peu décevante. En revanche, les 2 suites sont très bien équipées avec bain et sauna (250€). Accueil très aimable et entretien correct. Double 120€ (140€ bain). Petit déj. 9€. *M° Bourse* 154, *rue Montmartre 75002 Tél. 01 42 33 54 23 hotelcyrnos@aol.com www.cyr-nos-paris-hotel.com*

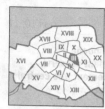

Le 3e ardt

plans 11, 18

Autour du métro Temple, vous trouverez à vous loger à bon compte. D'une manière générale, les hôtels de ce quartier parisien situé à la périphérie du Marais offrent un meilleur rapport qualité-prix que les alentours du métro Saint-Paul.

très petits prix

Hôtel du Marais (plan 18). Dans un recoin agréable du quartier du Temple, à deux pas du marché des Enfants-Rouges. En journée, il faut s'adresser au bar paisible du rez-de-chaussée. Ce petit hôtel, pour le moins spartiate, vaut surtout pour ses tarifs avantageux, l'idéal pour les fauchés peu soucieux de luxe. Les 20 chambres sont exiguës, les douches et WC sur le palier. L'unique chambre avec douche, un peu plus chère, ne se réserve pas : demandez-la en arrivant. Attention ! l'hôtel ferme à 2h, et c'est sans appel. Double à partir de 35€ (grand lit, sanitaires sur le palier) et 38€ (2 lits). Douche 3€. Petit déj. 3,50€. *M° Temple, Filles-du-Calvaire 16, rue de Beauce 75003 Tél. 01 42 72 30 26 hotelmarais@yahoo.fr*

petits prix

Hôtel du Séjour (plan 18). Les nostalgiques du Beaubourg populaire seront ravis de trouver, derrière une humble façade qui rompt avec les somptuosités haussmanniennes, un escalier étroit menant, en guise de réception, à la salle de séjour des gérants ! L'accueil est sympathique. Les prix le sont plus encore, surtout dans l'un des quartiers les plus en vue de la capitale, mais il ne faut pas se faire d'illusion sur le charme du décor : chambre simple 45€ (avec douche sur le palier), chambre double de 55€ à 60€ (avec douche et WC). Pas de petit déjeuner. *M° Rambuteau 36, rue du Grenier-Saint-Lazare 75003 Tél./fax 01 48 87 40 36 www.hoteldusejour.home.sapo.pt*

Hôtel des Fontaines (plan 11). Ce "sans étoile" voisin du square du Temple est assez bien tenu, surtout si l'on considère la modestie du prix de ses 12 chambres. Certaines sont exiguës, mais les aventuriers sans le sou en feront leur base arrière pour l'exploration du quartier. Simple 35€. Double à partir de 40€ (avec douche et WC sur le palier) et 55€ (avec douche et WC). Le propriétaire possède, deux rues plus loin (rue des Vertus), l'hôtel du Cantal, avec des chambres plus confortables (avec sdb) à partir de 60€. *M° Temple 2, rue des Fontaines-du-Temple 75003 Tél. 01 42 72 25 53 Fax 01 42 77 18 35 hoteldesfontaines@wanadoo.fr*

prix moyens

☺ **Hôtel Paris-France (plan 11).** Accolé à l'église Sainte-Élisabeth, ce petit hôtel joue la carte "vieille France" avec son décor bourgeois et cossu – tentures rouges, tapis moelleux, lustres. Les 46 chambres sont plus impersonnelles, mais néanmoins agréablement décorées, spacieuses, claires et très bien tenues. À partir de l'été 2007, elles seront toutes dotées de l'air conditionné. La rue de Turbigo étant très passante, préférez l'une des chambres qui donnent sur l'église. Double de 89€-109€ (douche) à 109€-129€ (bain). Petit déj. 6€. *M° Temple* 72, rue de Turbigo 75003 Tél. 01 42 78 00 04 Fax 01 42 71 99 43 www.paris-france-hotel.com

Hôtel du Marais (plan 18). À deux pas du Cirque d'hiver, en bordure du quartier du Temple, un hôtel modeste et bien tenu. Les 38 chambres donnent sur la rue, plutôt calme. Elles n'ont d'autre charme que leur propreté et leur bon rapport qualité-prix. S'il y a de la place, demandez à visiter : certaines sont plus spacieuses que d'autres. Double de 85€ à 105€. Twin 125€. Petit déj. 7€. *M° Filles-du-Calvaire, Saint-Sébastien-Froissart* 2bis, rue Commines 75003 Tél. 01 48 87 78 27 Fax 01 48 87 09 01 www.hoteldumarais.com

prix élevés

Hôtel Saintonge (plan 18). Dans l'un des secteurs les plus plaisants du Marais, près du marché des Enfants-Rouges. Les 23 chambres, sur cour ou sur rue (les plus lumineuses), sont confortables mais sans grand charme, même si certaines se distinguent par leurs poutres apparentes. Les plus ? Un accueil sympathique et une situation privilégiée dans la partie la plus populaire du Marais, à deux pas du musée Picasso. Simple à partir de 105€, double à partir de 115€, suite au dernier étage à partir de 170€. Petit déjeuner 10€€ *M° Saint-Sébastien-Froissart* 16, rue de Saintonge 75003 Tél. 01 42 77 91 13 Fax 01 48 87 76 41 www.saintongemarais.com

Hôtel École centrale (plan 11). Pour séjourner dans le voisinage du carré chic du Marais. Dans une ruelle calme, à deux pas du Conservatoire des arts et métiers, 22 chambres claires avec sdb spacieuses, et bien équipées (minibar, climatisation, prêt d'ordinateur portable), dans un décor chaleureux (fauteuils en rotin, fleurs fraîches, panneaux en fer forgé). L'accueil est d'une extrême gentillesse, et la réception a été récemment rénovée avec un accès Internet wi-fi. Double 135€, petit déjeuner 10€. *M° Arts et Métiers* 3, rue Bailly 75003 Tél. 01 48 04 77 76 Fax 01 42 71 23 50 www.hotelecolecentrale.fr

prix très élevés

☺ **Golden Tulip Little Palace (plan 11).** Ce bel hôtel est installé dans un bâtiment des Années folles, face au square Émile-Chautemps et à l'ancien théâtre de la Gaîté lyrique. Les parties communes sont raffinées, notamment la salle des petits déjeuners sous ses vitraux colorés. Meubles en bois contemporains aux lignes épurées, tissus aux couleurs douces et coussins pour les 53 chambres rénovées. Du grand confort et de l'élégance. Double à partir de 172€, petit déj. 13€. *M° Réaumur-Sébastopol* 4, rue Salomon-de-Caus 75003 Tél. 01 42 72 08 15 www.littlepalacehotel.com

Hôtel du Petit Moulin (plan 18). Installé à l'angle des rues du Poitou et de Saintonge, ce petit joyau romantique du quartier du Temple mérite le coup d'œil. Abrégeons le suspense, c'est le couturier Christian Lacroix qui a réalisé la décoration des 17 chambres, toutes différentes : collages inspirés, miroirs vénitiens, motifs floraux, mosaïques bigarrées. La devanture classée de la réception est celle d'une

GÉOADRESSES · DORMIR

boulangerie pas comme les autres. Ce serait la plus ancienne de Paris, remontant à Henri IV. Victor Hugo, dit-on, allait y acheter son pain en voisin. Un beau mariage d'ancien et de moderne. Double de 180€ à 250€, suite de 280€ à 350€. Petit déj. 15€. *M° Saint-Sébastien-Froissart* 29-31, rue de Poitou 75003 Tél. 01 42 74 10 10 Fax 01 42 74 10 97 www.hoteldupetitmoulin.com

Murano Urban Resort (plan 18). Ouvert en 2004 en bordure du Marais, face au Cirque d'hiver, le Murano Urban Resort est vite devenu un incontournable des adresses parisiennes branchées. Réservé à ceux qui ont l'attitude, et les moyens, de se fondre dans son décor ultramoderne : sculptures transparentes, marbre de Carrare, tableaux inspirés du pop' art, mobilier *seventies* revisité, immenses sofas blancs, spas... Ses 52 chambres et suites, vastes et dépouillées, ont déjà autant de succès que son restaurant au décor fastueux et son bar interminable d'où l'on observe les *beautiful people* tandis que passent en boucle des vidéos contemporaines sur fond de musique électronique. L'accueil surprendra ceux qui ne sont pas coutumiers de cette nonchalance de rigueur. Double de 350€ à 650€, suite de 750€ à 2 500€. Petit déj. 20€-35€. *M° Filles-du-Calvaire* 13, bd du Temple 75003 Tél. 01 42 71 20 00 Fax 01 42 71 21 01 www.muranoresort.com

Le 4e ardt

plans 16, 18, 19

Le Marais abrite une foule d'hôtels, adaptés à toutes les envies et toutes les bourses : établissements bas de gamme ou destinés aux jeunes (les 3 hôtels de la MIJE), 2 et 3 étoiles confortables et bien placés, demeures historiques de charme, adresses mode décorées par de célèbres designers... Réservez dès que possible : vous n'êtes pas seul à vouloir séjourner dans un quartier qui marie, comme nul autre, monuments, musées et lieux de sortie animés...

prix moyens

Grand Hôtel du Loiret (plan 19). Si la façade ne manque pas d'allure, avec son enseigne fleurdelisée et ses balcons, les 28 chambres sont quelconques. Mais les prix restent très doux... La proximité du quartier gay et des lieux de sortie comblera les fêtards, et encore plus les "mauvais garçons"... Simple avec lavabo (sdb sur le palier) à partir de 50€. Simple avec douche et WC 70€, triple à partir de 90€, quadruple à partir de 100€. Petit déj. 7€. *M° Hôtel de Ville* 8, rue des Mauvais-Garçons 75004 Tél. 01 48 87 77 00 Fax 01 48 04 96 56 hotelduloiret@hotmail.com www.hotel-loiret.fr

Hôtels MIJE (plan 19). Le quartier Saint-Paul regroupe dans un petit périmètre 3 résidences (appartenant aux Maisons internationales de la jeunesse) de 400 lits. Pour y accéder, il faut acheter la carte "MIJE" : 2,50€/an. La principale, et la plus pratique puisque y sont centralisés les repas (bon marché) du déjeuner et du dîner pour les 3 adresses, est la MIJE "Le Fourcy", plaisante avec son immense cour pavée. Les chambres sont spartiates, mais claires et bien tenues, et elles disposent d'une salle de bains. Il en va de même dans les deux autres MIJE du quartier, elles aussi installées dans de vieilles demeures merveilleusement restaurées. Les prix sont corrects sans être modestes, et la formule séduira surtout ceux qui apprécient l'ambiance "jeune" et veulent rencontrer des voyageurs d'autres nationalités. Les fêtards, eux, ne pourront pas faire les choses à moitié : la porte reste close de 1h à 7h... 47€ la chambre simple, 34€ la double, 30€ la triple, 29€ la quadruple ou chambre de 4 à 10 lits (petit déj. compris). Repas (soir) 10,50€. **M° Saint-Paul** *MIJE "Le Fourcy" 6, rue de Fourcy 75004 ; "Le Fauconnier" 11, rue du Fauconnier 75004 ; "Maubuisson" 12, rue des Barres 75004 Tél. 01 42 74 23 45 Fax 01 40 27 81 64 www.mije.com*

Hôtel Sévigné (plan 19). Derrière la belle façade de l'hôtel Sévigné se répartissent 30 chambres sur 6 étages. Ces dernières se soucient plus de confort que d'esthétique, mais elles sont louées à des tarifs intéressants pour le quartier. Elles sont toutes équipées de double vitrage, et certaines offrent une vue sur la façade de l'église Saint-Paul. Double (avec cabinet de douche) à partir de 77€. Double (avec sdb) à partir de 88€, twin à partir de 83€, triple à partir de 104€. Petit déj. 7€. **M° Saint-Paul** *2, rue Malher 75004 Tél. 01 42 72 76 17 Fax 01 42 78 68 26 www.le-sevigne.com*

☺ **Hôtel Jeanne d'Arc (plan 19).** Une excellente adresse, mais qui n'a plus rien de confidentiel : réservez longtemps à l'avance ! Situé entre la légendaire place des Vosges et la romantique place du Marché-Sainte-Catherine, le Jeanne d'Arc offre à ses hôtes un je-ne-sais-quoi de "typiquement parisien", accueil aimable et prix raisonnables en prime. Trente-six chambres coquettes et bien tenues, même si certaines sont exiguës. Rassurez-vous : le kitsch affiché par le miroir délirant de la réception ne présage en rien leur décoration ! Chambres rénovées en 2006 (mobilier, moquette, rideaux...) et Internet wi-fi nouvellement installé. Double de 84€ à 97€, triples à partir de 116€, quadruple à partir de 146€. Petit déjeuner 6€. **M° Saint-Paul** *3, rue de Jarente 75004 Tél. 01 48 87 62 11 Fax 01 48 87 37 31 information@ hoteljeannedarc.com*

Hôtel du 7ᵉ Art (plan 19). Ce petit hôtel de 23 chambres a pignon sur l'agréable rue Saint-Paul, à deux pas du dédale de cours du village Saint-Paul. À la réception et dans le salon de thé du rez-de-chaussée, on découvre une décoration tout entière vouée au cinéma, et tout particulièrement aux grands classiques hollywoodiens : le cinéma français brille curieusement par son absence ! Un thème repris dans les chambres, climatisées et bien équipées, dont le prix varie en fonction de la taille. Bon accueil. Sur place, boutique spécialisée dans le cinéma : posters, souvenirs, statuettes... Simple 65€, double de 85€ à 145€. Petit déj. 8€. Cartes de crédit acceptées. **M° Saint-Paul, Sully-Morland** *20, rue Saint-Paul 75004 Tél. 01 44 54 85 00 Fax 01 42 77 69 10 www.paris-hotel-7art.com*

prix élevés

Hôtel de Nice (plan 19). La déco de ce 2 étoiles a le mérite d'être originale : le classique des tentures et des portraits anciens côtoie des détails très techno, tel le bleu presque fluo de l'escalier qui mène à la réception, au 1ᵉʳ étage. Les 23 chambres ne sont pas très grandes (sauf celles qui font l'angle), mais

GÉOADRESSES

DORMIR

accueillantes : couvre-lits fleuris, papier peint coloré, tableaux et dessins à l'ancienne, et air conditionné. Mais, malgré le double vitrage, ce ne sont pas les plus calmes de Paris, puisqu'elles donnent sur la rue de Rivoli et la place du Bourg-Tibourg, dont les terrasses sont envahies aux beaux jours... Pour jouir du spectacle, demandez une chambre avec balcon. Simple à partir de 75€, double à partir de 105€, triple à partir de 130€, quadruple à partir de 145€. Petit déj. 7€. *M° Hôtel de Ville, Saint-Paul 42bis, rue de Rivoli 75004 Tél. 01 42 78 55 29 Fax 01 42 78 36 07 www.hoteldenice.com*

Hôtel de la Place des Vosges (plan 18).

Ne vous bercez pas d'illusions : les 16 chambres ne donnent pas sur la place des Vosges, même si celle-ci n'est qu'à quelques mètres de l'hôtel ! Ce dernier occupe un édifice ancien, et les chambres, sans être d'une beauté stupéfiante, sont fort bien tenues. Suite avec Jacuzzi au 6ᵉ étage. À noter : l'hôtel loue également un véritable loft de 90m² ouvrant sur sa cour du XVIIᵉ siècle... Accueil excellent. Double de 107€ à 140€. Suite 210€. Loft 250€. Petit déj. 8€. *M° Saint-Paul, Bastille 12, rue de Birague 75004 Tél. 01 42 72 60 46 Fax 01 42 72 02 64 www.hotelplacedesvosges.com*

Hôtel Saint-Louis Marais (plan 18).

Dans un coin presque champêtre du quartier Saint-Paul, idéal pour une retraite au calme à portée de l'animation du Marais ! Les poutres apparentes et les pierres de taille de cette vieille demeure sont bien mises en valeur, comme dans la salle voûtée des petits déjeuners. On se croirait presque dans une maison d'hôte campagnarde... L'hôtel, entièrement rénové en 2005, propose 19 chambres, qui sans être extraordinaires, séduisent par leurs couleurs douces et leurs sdb modernes. Wi-fi et borne Internet à disposition. Installation de l'air conditionné dans certaines chambres en projet. Double à partir de 115€ (140€ avec 2 lits). Suite (4 pers.) 160€. Petit déjeuner continental 10€. *M° Saint-Paul, Sully-Morland 1, rue Charles-V 75004 Tél. 01 48 87 87 04 Fax 01 48 87 33 26 www.saintlouismarais.com*

Grand Hôtel Malher (plan 19).

Cet hôtel familial séduit par l'élégance discrète de sa façade, avec sa devanture en bois peint, ses petits balcons en fer forgé, et la qualité de l'accueil et du service. Idéalement situé, entre le quartier Saint-Paul et celui des Archives, en plein Marais. Réception récemment rénovée et façade refaite tout en pierre. Les 31 chambres sont aménagées avec goût et soigneusement tenues. Les doubles "supérieures" offrent un plus grand confort et une sdb, pour un prix à peine plus élevé. La salle du petit déjeuner occupe une splendide cave voûtée du XVIIᵉ siècle. Single 100€-125€. Double 125€-145€. Triple 175€-190€. Petit déj. 9€. *M° Saint-Paul 5, rue Malher 75004 Tél. 01 42 72 60 92 Fax 01 42 72 25 37 ghmalher@yahoo.fr*

Hôtel Caron de Beaumarchais (plan 19).

Ce petit 3 étoiles de 19 chambres a un charme fou. L'enseigne rend hommage à Beaumarchais (qui logea au n°47 de la rue et y écrivit *Le Mariage de Figaro*) et la décoration reprend avec bonheur l'esprit du XVIIIᵉ s. Le hall d'entrée, intimiste, donne le ton : pianoforte de 1792, harpe et lustre anciens, cheminée Louis XVI. Les chambres, elles, ne déçoivent pas. Le classique y côtoie le moderne : TV à écran plat, Internet wi-fi... Accueil tout à la fois décontracté et prévenant : le petit déjeuner est servi dans les chambres jusqu'à midi. La salle du petit déjeuner a été rénovée. Double de 125€ à 162€. Petit déj. 12€. *M° Hôtel de Ville, Saint-Paul* 12, rue Vieille-du-Temple 75004 Tél. 01 42 72 34 12 Fax 01 42 72 34 63 *www.carondebeaumarchais.com*

Hôtel Saint-Louis (plan 18). Sur l'axe central de l'île Saint-Louis, un 3 étoiles accueillant, 19 chambres avec leur mobilier ancien, des poutres apparentes et une atmosphère romantique et familiale. Double à partir de 140€, une chambre plus spacieuse avec balcon (dernier étage) à 220€, twin 155€, triple 270€. Petit déjeuner 12€. *M° Pont-Marie* 75, rue Saint-Louis-en-l'Île 75004 Tél. 01 46 34 04 80 Fax 01 46 34 02 13 *www.hotel-saint-louis.com*

prix très élevés

☺ **Hôtel Saint-Merry (plan 16).** Amateurs du Moyen Âge, vous serez comblés par cette adresse, installée dans l'ancien presbytère de l'église Saint-Merri (XVIIᵉ s.). Ses vieilles pierres, ses poutres apparentes et son mobilier haute époque au bois ciselé comme un tympan de cathédrale transportent au cœur de l'âge gothique ! L'une des 12 chambres est vraiment extraordinaire : elle est traversée par deux des arcs-boutants de l'église Saint-Merri ! Un ciel de lit unique, qui vous coûtera tout de même 230€ la nuit (chambre *deluxe*). Certaines chambres ont été récemment rénovées. Double 160€ (*supérieure*). Suite 335€. Petit déj. 11€. Wi-fi offert *M° Châtelet, Hôtel de Ville* 78, rue de la Verrerie 75004 Tél. 01 42 78 14 15 Fax 01 40 29 06 82 *www.hotelmarais.com*

Hôtel de Lutèce (plan 18). Un petit 3 étoiles bien situé au cœur de l'île Saint-Louis. Accueil agréable dans un hall chaleureux meublé d'antiquités, avec des boiseries polies et une grande cheminée en pierre. Vingt-trois chambres confortables et coquettes. Simple 150€, double 185€, triple 215€, petit déjeuner 12€. *M° Pont-Marie* 65, rue Saint-Louis-en-l'Île 75004 Tél. 01 43 26 23 52 *www.paris-hotel-lutece.com*

Hôtel Bourg Tibourg (plan 19). Une adresse 3 étoiles confidentielle, à l'image de son enseigne minimaliste et de sa devanture discrète. La décoration intérieure, due à Jacques Garcia, mêle influences gothique et arabo-andalouse. Une réussite, jusque dans les moindres détails : sdb dallées de granit noir, lampes de chevet ciselées, portraits romantiques en médaillon, tissus délicats et tentures luxueuses. Une excellente raison de partir, ou de repartir en lune de miel ! Double 220€-250€. Suite 350€. Petit déj. 14€. *M° Hôtel de Ville* 19, rue du Bourg-Tibourg 75004 Tél. 01 42 78 47 39 Fax 01 40 29 07 00 *www.hotelbourgtibourg.com*

Hôtel du Jeu de Paume (plan 18). Ce 4 étoiles intimiste vaut surtout pour son site : un ancien jeu de paume (1634). Sous Louis XIII, Paris en comptait près de 150, et celui-ci est le seul à ne pas avoir été détruit. Murs à colombages, recoins fleuris, les lieux ne manquent pas de charme. Les 28 chambres, elles, sont assez fonctionnelles. Simple 180€, double de 275€ à 305€. Suite 545€. Appartements de 600€ à 900€. Petit déjeuner continental 18€ *M° Pont-Marie* 54, rue Saint-Louis-en-l'Île 75004 Tél. 01 43 26 14 18 Fax 01 40 46 02 76 *www.hoteldujeudepaume.com*

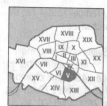

Le 5e ardt

plans 17, 23, 24

Ah ! dormir au cœur de Paris, dans un quartier chargé d'histoire, à deux pas de Notre-Dame ou du jardin du Luxembourg... Malheureusement, si les hôtels sont nombreux, les prix pratiqués sont très élevés, même pour des chambres blafardes, à la propreté et au goût douteux ! Un investissement qui ne nous aît pas paru en valoir la chandelle... Pas d'alternative, donc : réservez suffisamment à l'avance pour obtenir un hébergement dans les quelques établissements à prix modérés qui sont de bonne tenue ou cassez votre tirelire pour les hôtels dont nous jugeons le prix plus en accord avec le charme. Un sacrifice, certes, mais qui passe beaucoup mieux...

très petits prix

Maison des Mines et des Ponts-et-Chaussées (plan 23). Ce n'est ni un hôtel ni une auberge de jeunesse mais une résidence étudiante dont les chambres libres pendant l'été (du 15 juin au 30 sept.) peuvent être louées pour au moins 7 nuits. Pas de surprise sur le style : si vous êtes logé pendant l'année en cité U, vous n'aurez pas l'impression d'avoir quitté votre chambre... Cependant la maison est bien placée (entre le Panthéon et le Val-de-Grâce) et les prix imbattables : 20€-24€ par personne pour une chambre simple, 15€-17€ pour une chambre double (chambres avec kitchenette), 3€ supplémentaires pour une chambre avec douche individuelle. **M° Maubert-Mutualité**, RER Luxembourg 270, rue Saint-Jacques 75005 Tél. 01 43 54 77 25 ou 01 43 54 90 70 Fax 01 43 54 73 33 www.maisondesmines.com

Young and Happy (plan 24). Parce qu'on est jeune, on est forcément heureux ? Oui, si l'on en juge par les couleurs qui égayent le lieu (jaune, violet, vert...) et sa situation privilégiée au cœur de la pétillante rue Mouffetard. Les dortoirs sont propres et clairs et l'ambiance très conviviale : il faut dire que l'établissement accueille des jeunes du monde entier. Nuit par personne (petit déjeuner inclus) : selon la saison, de 23€ à 26€ en chambre double, de 21€ à 23€ en dortoir. Réservez suffisamment à l'avance. **M° Place Monge** 80, rue Mouffetard 75005 Tél. 01 47 07 47 07 Fax 01 47 07 22 24 www.youngandhappy.fr

petits prix

BVJ-Quartier latin (plan 17). L'une des auberges de jeunesse les plus centrales de la capitale, à 2min du quai de la Tournelle. L'ensemble est très fonctionnel et pas vraiment dans le ton des ruelles environnantes, mais l'auberge est propre et chaleureuse et l'on y rencontre des jeunes de tous les horizons. Nuit par personne (petit déjeuner compris) : en chambre individuelle 40€, en chambre double 30€, en dortoir de 4 ou 6 personnes 28€. **M° Maubert-Mutualité** 44, rue des Bernardins 75005 Tél. 01 43 29 34 80 Fax 01 53 00 90 91 www.bvjhotel.com

Hôtel du Commerce (plan 17). Pourquoi faire compliqué quand on peut faire simple ? L'investissement principal de la récente rénovation des lieux a consisté dans l'achat d'une literie de qualité : les 32 chambres sont très sommaires, sans télévision ni téléphone, avec quelques étagères et du papier peint uni (jaune, blanc ou bleu), une véritable aubaine pour les petits budgets au cœur de Paris ! Selon la saison, la single 39€; double avec douche et WC sur le palier 49€ ; avec douche 59€; douche et WC 69€. Une cuisine est laissée à la disposition des hôtes, notamment pour le petit déjeuner. Accès internet gratuit **M°** **Maubert-Mutualité** 14, rue de la Montagne-Sainte-Geneviève 75005 Tél. 01 43 54 89 69 Fax 01 43 54 76 09 www.commerceparishotel.com

prix moyens

Hôtel Marignan (plan 17). À deux pas du musée de Cluny et de la Sorbonne, cet hôtel convivial propose des chambres très simples mais propres, relativement spacieuses, avec une cuisine parfaitement équipée (four, micro-ondes, cafetière...), et aux prix mesurés. Une bonne adresse pour les budgets limités qui veulent découvrir Paris à pied et dormir en son cœur. Quelques chambres spéciales pour les familles. Chambre simple de 47€ à 75€ selon la saison ; double de 60€ à 90€ ; triple de 75€ à 110€ ; quadruple de 95€ à 135€ ; pour 5 personnes de 105€ à 150€. Service lingerie gratuit au rez-de-chaussée (machine à laver, sèche-linge, fer à repasser). **M°** **Cluny-La Sorbonne, Maubert-Mutualité** 13, rue du Sommerard 75005 Tél. 01 43 54 63 81 Fax 01 43 25 16 69 www.hotel-marignan.com

☺ **Hôtel Esmeralda (plan 17).** On verrait bien la belle Bohémienne y filer le parfait amour avec Phœbus, surveillés par le pauvre Quasimodo du haut des tours de Notre-Dame ! Car ce petit hôtel surplombe le charmant square de l'église Saint-Julien-le-Pauvre qui borde la Seine face à Notre-Dame... On peut toiser la cathédrale du coin de l'œil depuis les chambres ou d'un seul regard en ouvrant la fenêtre au réveil. La petite bâtisse, construite en 1640, conserve son étroit escalier de bois, ses plafonds bas soutenus par de grosses poutres et ses petites pièces aux murs de guingois. Certaines chambres ont été rénovées en 2006. Simple avec lavabo mais douche sur le palier 40€, double avec sdb de 70€ à 105€, triple à partir de 115€, quadruple à partir de 125€. Petit déj. 6€. **M°** **Saint-Michel** 4, rue Saint-Julien-le-Pauvre 75005 Tél. 01 43 54 19 20 Fax 01 40 51 00 68

Hôtel Cluny-Sorbonne (plan 24). À proximité du jardin du Luxembourg, il fait face à la Sorbonne et ses chambres sur rue offrent une vue en coin sur son beau dôme. Toutes sont relativement modestes mais meublées avec une simplicité qui permet d'éviter les fautes de goût. La rue est calme et l'arrière-cour encore davantage. Si vous le pouvez, demandez la chambre 62 : Rimbaud lui-même y a dormi ! Une petite gloire qui ne fait pas enfler démesurément les prix : toutes les chambres sont à 90€, sauf la grande, située au dernier étage, qui peut loger 4 personnes et jouit d'une belle vue sur le Panthéon : comptez 150€. Petit déj. 6€. Des promotions intéressantes en basse saison. **M°** **Cluny-La Sorbonne,** RER Luxembourg 8, rue Victor-Cousin 75005 Tél. 01 43 54 66 66 Fax 01 43 29 68 07 www.hotel-cluny.fr

prix élevés

Hôtel Résidence-Monge (plan 24). Si vous jetez votre dévolu sur cet hôtel, réservez longtemps à l'avance pour profiter de l'une de ses chambres qui surplombent les arènes de Lutèce : une vue unique ! Le jardin qui entoure les ruines est également très apaisant… L'hôtel est tenu par une dame charmante qui porte un soin particulier à son entretien et à sa décoration. On ne partage pas forcément ses goûts, mais l'ensemble est d'une fraîcheur appréciable. Sa situation ne justifie pas des prix beaucoup plus élevés qu'ailleurs pour la même catégorie d'établissement : chambre double de 100€ à 120€ sur rue, de 110€ à 150€ sur les arènes. Petit déj. 8€. *M°* *Place Monge* 55, rue Monge 75005 Tél. 01 43 26 87 90 Fax 01 43 54 47 25 www.hotelmonge.com

Hôtel du Levant (plan 17). Un havre de paix étonnant dans l'une des rues les plus animées du Quartier latin, au cœur du très médiéval îlot Saint-Séverin. Après avoir fendu la foule pour atteindre la porte, le calme qui règne dans les petits salons à la décoration raffinée, dans les chambres récemment rénovées et très confortables est d'autant plus assourdissant… Le prix est intéressant : chambre double "standard" de 100€ à 118€, "confort" de 120€ à 145€, "supérieure" de 135€ à 160€ selon la période de l'année (petit déjeuner compris). Malgré le double vitrage, les chambres sur cour sont plus calmes, mais elles sont privées du spectacle pittoresque de la rue. Wi-fi gratuit. *M°* *Saint-Michel* 18, rue de la Harpe 75005 Tél. 01 46 34 11 00 Fax 01 46 34 25 87 www.hoteldulevant.com

☺ **Hôtel des Grandes Écoles (plan 24).** C'est d'abord un bel endroit, niché au fond d'une cour bordée de murets de pierre et de petites allées de buis fleuries. Ajoutez-y une jolie demeure du XIXᵉ siècle aux murs couverts d'un crépi rose tendre et vous aurez une idée de ce charmant havre de quiétude situé à deux pas de la très pittoresque place de la Contrescarpe… Les papiers peints et le mobilier ancien ne seront pas au goût de tous, mais on ne peut nier qu'ils confèrent au lieu l'allure d'une véritable maison de famille… L'une des adresses les plus agréables du quartier. Chambre double de 113€ à 138€. Petit déj. 9€. Réservez. *M°* *Cardinal Lemoine* 75, rue du Cardinal-Lemoine 75005 Tél. 01 43 26 79 23 Fax 01 43 25 28 15 www.hotel-grandes-ecoles.fr

Hôtel Les Degrés de Notre-Dame (plan 17). Au cœur du charmant lacis de ruelles qui borde le quai de Montebello, cet hôtel surplombe une petite place arborée très calme qui ouvre magnifiquement sur le chevet de Notre-Dame. Il a tout d'une adresse confidentielle avec ses chambres peu nombreuses (10) et leurs poutres, leurs vieux miroirs, leurs boiseries et leurs lustres anciens qui en font d'agréables cocons. Simple 95€, double de 115€ à 165€, grande chambre avec vue sur Notre-Dame 170€. Promotions intéressantes au cours de l'année. Petit déjeuner (compris dans les prix annoncés) servi dans le restaurant situé au rez-de-chaussée, sympathique avec son allure de bistrot parisien. *M°* *Maubert-Mutualité* 10, rue des Grands-Degrés 75005 Tél. 01 55 42 88 88 Fax 01 40 46 95 34 www.lesdegreshotel.com contact@lesdegreshotel.com

☺ **Hôtel des Jardins du Luxembourg (plan 23).** Une situation privilégiée, à deux pas du Panthéon et du jardin du Luxembourg, dans une impasse très calme ; un style mêlant mobilier des années 1920 et 1950, inspiration provençale, kilims et natures mortes contemporaines ainsi qu'une ambiance feutrée et cordiale rendent cet établissement particulièrement agréable. Freud lui-même ne s'y était pas trompé en y séjournant en 1883 ! Chambre double "standard" 142€, "supérieure"

152€. Petit déjeuner 10€. Wi-fi dans les chambres *M° Maubert-Mutualité*, *RER Luxembourg 5, impasse Royer-Collard 75005 Tél. 01 40 46 08 88 Fax 01 40 46 02 28 www.les-jardins-du-luxembourg.com*

prix très élevés

Hôtel de Notre-Dame "Saint-Michel" (plan 17). Idéalement situé sur le quai Saint-Michel, il jouit de la meilleure vue qui soit sur Notre-Dame. Un tableau magnifique pour les chambres qui dominent la Seine ! La décoration n'est pas toujours à l'unisson (mobilier contemporain un peu stéréotypé…), mais certaines chambres sont plus chaleureuses avec leurs murs tendus de tissus imprimés ou leurs poutres et leurs murs en pierre apparente… Le double vitrage assourdit heureusement le volume sonore du quai. Chambre double sur cour 150€, avec vue sur Notre-Dame 199€. Possibles remises de 50€ en fonction de la fréquentation. Petit déj. 7€. *M° Saint-Michel 1, quai Saint-Michel 75005 Tél. 01 43 54 20 43 Fax 01 43 26 61 75 www.paris-hotel-notredame.com*

Hôtel de Notre-Dame "Maître Albert" (plan 17). Il est situé dans l'une de ces ruelles typiques du vieux Paris qui donnent l'impression de remonter le temps, à un jet de pierre de Notre-Dame… Ce sentiment vaut particulièrement pour le hall de l'établissement installé derrière la devanture toute de bois d'une ancienne boutique. À l'intérieur, murs en pierre, poutres et beau mobilier. Certaines chambres sont d'un esprit plus contemporain mais restent confortables. L'ensemble est bien tenu et d'un grand calme. Chambre double de 155€ à 165€. Réduction de 10 à 20% de nov. à mars (à l'exception du 25 déc. au 2 janv.) et en juillet-août. Petit déjeuner 7€. *M° Maubert-Mutualité 19, rue Maître-Albert 75005 Tél. 01 43 26 79 00 Fax 01 46 33 50 11 www.hotel-paris-notredame.com*

☺ **Hôtel Les Rives de Notre-Dame (plan 17).** Un petit nid installé dans une vieille maison du quai Saint-Michel. Les chambres côté rue ouvrent magnifiquement sur la Seine, miroitant à leur pied comme un bassin qui n'aurait d'autre vocation que de refléter Notre-Dame… Romantisme garanti ! La décoration des chambres s'y prête bien : influences provençales, murs en pierre, couleurs gaies, literie confortable, climatisation… Chambres standard ouvrant sur le quai de 195€ à 255€ selon la saison, chambres de catégorie supérieure de 275€ à 305€. Belle suite mansardée de 400€ à 550€. Petit déjeuner 11€, buffet 14€. Seulement 10 chambres : réservez. *M° Saint-Michel 15, quai Saint-Michel 75005 Tél. 01 43 54 81 16 Fax 01 43 26 27 09 www.rivesdenotredame.com*

Villa Daubenton (plan 24). Une formule qui peut s'avérer intéressante pour les familles : cet établissement propose 16 appartements dotés d'une cuisine parfaitement équipée (lave-linge, four, cafetière et même grille-pain !). La décoration est contemporaine et l'ensemble calme et confortable. À 1min de la rue Mouffetard, c'est l'idéal pour flâner dans l'un des marchés parisiens les plus pittoresques. Du studio au trois pièces, comptez env. 180€ la nuit, l'appartement 1 chambre à partir de 250€, l'appartement 2 chambres à partir de 297€ (prix selon la saison et le nombre de nuits réservées). Petit déj. 10€. *M° Censier-Daubenton 34, rue de l'Arbalète 75005 Tél. 01 55 43 25 50 Fax 01 55 43 81 40 www.regetel.com*

Hôtel du Panthéon (plan 24). Cet établissement de standing bénéficie d'une position de choix : la plupart de ses chambres ouvrent sur le Panthéon. Un cadre magnifique qui sied bien à leur décoration opulente, tout en poutres, beau mobilier et riches tentures. Grand confort et propreté impeccable ! Se rêver en grand homme a cependant un coût : à partir de 285€ la chambre double avec vue sur le Panthéon (à partir de 255€ sur cour), la triple à partir de 315€. Petit déjeuner continental 12€ (soit *room service*, soit formule buffet au rez-de-chaussée). *M°* *Maubert-Mutualité*, *RER Luxembourg 9, pl. du Panthéon 75005 Tél. 01 43 54 32 95 Fax 01 43 26 64 65 www.hoteldupantheon.com*

Le 6ᵉ ardt

plans 14, 15, 17, 23

La vie de bohème à Saint-Germain-des-Prés, c'est fini ! Le quartier est devenu l'un des plus élégants de Paris et, si l'on veut dormir dans quelques-uns de ses rares hôtels "bas de gamme", il faut compter au moins 90€ la nuit… Ce choix, hormis quelques heureuses exceptions que nous vous signalons, ne nous paraît pas acceptable. Aussi vous proposons-nous essentiellement des établissements de première catégorie. Nous avons sélectionné les plus agréables et charmants à moindre coût. Ils se placent donc dans les premiers rangs pour un séjour "luxe, calme et volupté" dans la capitale de l'amour ! Selon nous, le meilleur point de chute de Saint-Germain-des-Prés : à l'arrière des quais, face à l'île de la Cité ou tout près du très romantique pont des Arts, au cœur du vieux Paris.

petits prix

Hôtel Stella (plan 15). Cet hôtel conviendra aux budgets serrés : un mobilier sommaire dans des chambres vieillottes mais non sans charme avec leurs poutres, murs en pierre et parfois colombages. L'ensemble étant relativement calme et bien le compromis est intéressant : double avec eau courante 35€, avec douche 55€-85€, chambre pour 4 personnes 85€. *M°* *Odéon 41, rue Monsieur-le-Prince 75006 Tél. 01 40 51 00 25 Fax 01 43 54 97 28 http://membres.lycos.fr/ stellahotel*

prix moyens

Delhy's Hôtel (plan 17). Difficile de dormir plus au cœur de Paris, à deux pas de la place Saint-Michel, mais particulièrement à l'abri de l'agitation qui y règne ! Cet hôtel se cache dans une jolie ruelle piétonne calfeutrée derrière un passage couvert et un petit escalier à l'esprit presque montmartrois… Le bâtiment est ancien et ne manque pas de charme : murs en pierre, vieil escalier de bois, solives et poutres, le tout mis en valeur par une décoration simple mais chaleureuse. Les prix sont compétitifs : simple de 45€ à 55€, double avec lavabo de 62€ à 68€ (accès à la douche au rdc 4€), avec douche de 76€ à 83€, triple de 108€ à 124€ (petit déj. compris). *M°* *Saint-Michel 22, rue de l'Hirondelle 75006 Tél. 01 43 26 58 25 Fax 01 43 26 51 06 delhys@wanadoo.fr*

☺ **Hôtel de Nesle (plan 14).** Sans conteste l'adresse la plus originale du quartier ! Chaque chambre répond à un thème particulier : décor de théâtre pour la "Molière", style maison de famille pour "La bonbonnière", ambiance hautement exotique pour "L'orientalisme" (avec un hammam pour soi seul !), retour d'expédition d'Égypte pour la "Champollion"... L'établissement donne dans une jolie ruelle, très calme, qui ouvre sur le Pont-Neuf. Cerise sur le gâteau, il dispose à l'arrière d'un agréable petit jardin. Chambre simple de 55€ à 75€, double de 75€ à 100€, triple à 115€. Pas de petit déjeuner. Attention, la propriétaire des lieux est fort sympathique mais également très bohème : elle aime consigner ses réservations sur des Post-it, ce qui peut s'avérer hasardeux... Suivez votre réservation jusqu'au dernier moment ! *M° Odéon 7, rue de Nesle 75006 Tél. 01 43 54 62 41 Fax 01 43 54 31 88 www.hoteldenesleparis.com*

Hôtel Saint-André-des-Arts (plan 14). Sa situation est idéale face au très beau passage de la cour du Commerce-Saint-André. L'immeuble date de la fin du XVIe siècle et ne manque pas de charme : grand escalier de bois, murs en colombage, solives, pierres de taille. Si la décoration des chambres est plus modeste, l'ensemble est calme et bien tenu pour des prix intéressants : chambre simple 67€, double 89€, twin 93€, triple 113€, quadruple 124€ (petit déj. compris). Accueil très cordial. *M° Odéon 66, rue Saint-André-des-Arts 75006 Tél. 01 43 26 96 16 Fax 01 43 29 73 34 hsaintand@wanadoo.fr*

prix élevés

☺ **Hôtel du Globe (plan 14).** Au calme d'une ruelle discrète à deux pas de la superbe place Saint-Sulpice, l'adresse est confidentielle. Elle ne dispose que de 14 chambres (réservez longtemps à l'avance) et tire le meilleur parti de son petit immeuble vieux de quatre siècles : mobilier opulent, murs capitonnés de tentures soyeuses, sdb d'une propreté irréprochable... De véritables petits cocons ! Vu le niveau de la prestation, les prix sont compétitifs : chambre double de 105€ à 130€ selon la saison. Petit déj. 10€. Wi-fi gratuit. *M° Odéon 15, rue des Quatre-Vents 75006 Tél. 01 43 26 35 50 Fax 01 46 33 62 69 www.hotel-du-globe.fr*

Hôtel de l'Avenir (plan 23). Il jouxte le portail d'entrée de l'allée de Fleurus, l'une des plus belles du jardin du Luxembourg : l'idéal est de s'y enfoncer pour partir à la découverte de Paris à pied... pour un début de journée d'un romantisme fou ! Les 35 chambres sont parfaitement tenues et confortables, mêlant lignes contemporaines d'une belle sobriété et tissus imprimés chaleureux. Ambiance feutrée appréciable. Chambre simple avec douche 135€, double "bain" 163€, double "maxi" 180€. Lit en plus : 25€. Petit déjeuner 8€. Taxe de séjour 1€. *M° Rennes 65, rue Madame 75006 Tél. 01 45 48 84 54 Fax 01 45 49 26 80 www.hoteldelavenir.com*

Résidence Saint-Sulpice (plan 14). Cet établissement propose de petits appartements meublés et équipés de salle de bains et kitchenette. La décoration, moderne et fonctionnelle, n'est pas extraordinaire, mais il bénéficie d'une situation très privilégiée, à deux pas de la place Saint-Sulpice. Studio pour une personne 95€, double 130€, duplex 160€. *M° Saint-Sulpice 23, rue Guisarde 75006 Tél. 01 40 46 07 99 Fax 01 43 26 62 10 www.saintsulpiceresidence.com*

prix très élevés

Hôtel Danemark (plan 23). Une localisation exceptionnelle, face au magnifique immeuble d'Henri Sauvage (cf. Découvrir Montparnasse), à mi-chemin entre le jardin du Luxembourg et Montparnasse. La décoration soignée mêle agréablement le moderne et l'ancien, les fauteuils club aux chaises design. On retrouve cette élégance dans les chambres : celles qui donnent sur la rue vous permettront d'admirer à loisir les faïences du chef-d'œuvre de Sauvage, tandis que celles qui regardent côté cour bénéficient d'une plus grande luminosité et de sdb plus spacieuses. Double 148€-168€, petit déj. 11€. *M° Vavin* 21, rue Vavin 75006 Tél. 01 43 26 93 78 Fax 01 46 34 66 06 www.hoteldanemark.com

Hôtel des Marronniers (plan 14). Cet hôtel est connu pour son charme et sa situation avantageuse à deux minutes de la place Saint-Germain-des-Prés : il importe donc de réserver longtemps à l'avance. Niché au fond d'une cour d'immeuble très calme, il ouvre à l'arrière sur un beau jardin. Le bâtiment est de belle tenue avec ses hauts plafonds et ses larges volumes, son vieil escalier de bois et ses airs de maison de famille. La décoration est riche (ciels de lit, épaisses tentures) mais moins ostentatoire qu'il n'y paraît au premier abord, et le niveau de confort, très appréciable, ainsi que l'accueil sympathique font qu'on s'y sent vite comme chez soi. Chambre double "standard" (sur cour) 161€, "supérieure" (sur jardin) 176€, triple 216€. Petit déjeuner 12€-14€. *M° Saint-Germain-des-Prés* 21, rue Jacob 75006 Tél. 01 43 25 30 60 Fax 01 40 46 83 56 www.paris-hotel-marronniers.com

Hôtel du Danube (plan 15). Cet hôtel est cher mais offre l'un des meilleurs rapports qualité-prix du quartier. Il dispose notamment de chambres doubles standard à 135€, certes étroites, mais confortables et d'une sobriété agréable (style contemporain teinté d'une pointe d'exotisme). Elles permettent de profiter du cadre très élégant de l'établissement : salons à la décoration soignée, patio paisible et accueil d'une infinie bienveillance. Les chambres de catégorie "confort" 160€, "supérieure" 175€, "familiale" (pour 4 pers. 240€) sont d'un grand raffinement avec leur beau mobilier et leurs riches tentures. Petit déjeuner 10€. *M° Saint-Germain-des-Prés* 58, rue Jacob 75006 Tél. 01 42 60 34 70 Fax 01 42 60 81 18 www.hoteldanube.fr

Hôtel Prince de Conti (plan 14). Dans cet hôtel particulier du XVIIIe siècle à quelques encablures du Pont-Neuf, le décor, élégant, concourt à une ambiance feutrée délicieuse. Certaines chambres (hélas un peu petites) ouvrent de plain-pied sur le patio intérieur, ce qui est fort agréable. D'autres, à l'étage, sont plus vastes et offrent parfois une belle vue sur les toits germanopratins et même sur la coupole de l'Académie... Double "standard" 165€, "supérieure" 195€, triple 280€. Suite/duplex à partir de 280€. Petit déj. 13€. Promotions intéressantes en juil.-août, le week-end et à Noël. *M° Pont-Neuf, Odéon* 8, rue Guénégaud 75006 Tél. 01 44 07 30 40 Fax 01 44 07 36 34 www.prince-de-conti.com

☺ **Hôtel Le Relais Médicis (plan 15).** Nous aimons beaucoup cet établissement, son accueil généreux, son salon aux murs d'un rouge intense et aux fauteuils douillets, son petit jardin avec ses vieux pavés et ses boules de buis, sa salle de déjeuner avec ses portraits de famille… Ses vieilles poutres et portes ont été entièrement décapées et leur bois laissé à nu, un charme champêtre auquel les papiers peints et les tissus imprimés aux couleurs fraîches ajoutent leur caractère. Les chambres sont très confortables, relativement spacieuses, calmes et impeccablement tenues. Le tout situé à deux pas du jardin du Luxembourg… Double "standard" de 172€ à 208€, "supérieure" de 200€ à 228€, chambre *deluxe* de 222€ à 258€, triple de 240€ à 298€ (selon l'époque de l'année). Petit déj. compris. Seulement 16 chambres : réservez impérativement. *M° Odéon 23, rue Racine 75006 Tél. 01 43 26 00 60 Fax 01 40 46 83 39 www.relaismedicis.com*

Hôtel Louis II (plan 14). Une vieille demeure tout près de la place de l'Odéon, qui a été rénovée en 2006 par le nouveau propriétaire : changement de literie, sdb refaites, installation de la climatisation, accès Internet wi-fi… Chambre double 190€-220€, suite (2-3 pers.) 290€. Petit déj. 14€. Promotions en hiver. *M° Odéon 2, rue Saint-Sulpice 75006 Tél. 01 46 33 13 80 Fax 01 46 33 17 29 www.hotel-louis2.com*

☺ **Hôtel Prince de Condé (plan 14).** Avec seulement 12 chambres, cette adresse confidentielle se prête à une fugue romantique au cœur de Saint-Germain-des-Prés… Située derrière l'Institut de France, à deux minutes du pont des Arts, elle profite du calme des ruelles environnantes et du charme de ses vieilles pierres. Si la décoration Empire peut ne pas être du goût de tous, elle est raffinée tout en offrant un haut niveau de confort. Au dernier étage, une petite suite ouvre sur le clocher de Saint-Germain-des-Prés… Chambre double "supérieure" 195€, *deluxe* 310€. Petit déj. 13€. Promotions au cours de l'année (3 nuits pour le prix de 2 avec petit déj.). *M° Mabillon 39, rue de Seine 75006 Tél. 01 43 26 71 56 Fax 01 46 34 27 95 www.prince-de-conde.com*

☺ **Relais-Hôtel du Vieux Paris (plan 17).** Dans les années 1950, les ruelles étroites du quartier Saint-André-des-Arts étaient encore mal famées et on n'y trouvait que des hôtels minables… Celui-ci, installé dans une demeure construite en 1480, attira la jeunesse internationale venue vivre la légende de Paris, dont Kerouac, Burroughs, Ginsberg et Corso. L'adresse est restée célèbre aux États-Unis, où elle est connue comme le "Beat Hotel". Le lieu a évolué avec les générations et est devenu un établissement de grand standing. Des 42 chambres d'autrefois, il ne reste que 5 suites et quelques chambres doubles. Les suites avec leurs murs en pierre et leurs colombages restaurés, richement meublées et parfois dotées d'un Jacuzzi, sont superbes… mais très chères (de 307€ à 330€). La chambre double "standard" est à 220€, la "supérieure" à 230€, l'*executive* à 245€. Petit déjeuner 13€. L'ambiance reste cependant bon enfant : la propriétaire des lieux, Mme Rachou, a mille histoires à raconter… *M° Saint-Michel 9, rue Gît-le-Cœur 75006 Tél. 01 44 32 15 90 Fax 01 43 26 00 15 www.vieuxparis.com*

Relais Saint-Germain (plan 14). L'un des hôtels les plus luxueux et les plus beaux des environs, cher, certes, mais qui ne peut vous décevoir : beau mobilier, objets d'art contemporain, magnifiques charpentes, boiseries chaleureuses, chambres vastes et très confortables (TV écran plat, câble, air conditionné, Internet wi-fi dans le salon), emplacement stratégique sur le carrefour de l'Odéon… Single 220€. Twin 320€. Suites de 370€ à 440€. Petit déj. compris. *M° Odéon 9, carrefour de l'Odéon 75006 Tél. 01 44 27 07 97 Fax 01 46 33 45 30 www.hotelrsg.com*

GÉOADRESSES

DORMIR

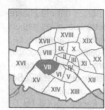

Le 7e ardt

plans 7, 15, 23

Ici, tout revient cher, même dormir. Les hôtels se font rares, les administrations ayant raflé la plupart des sites immobiliers. Il n'y a donc pas un choix très étendu de commodités, surtout pour les porte-monnaie normalement dotés ou pour les familles. Les clients des hôtels du quartier sont surtout des députés ou des hommes d'affaires. Dormir dans le faubourg séduira pourtant quelques irréductibles en raison du confort et de la modernité des chambres proposées par la plupart des hôtels, et du cachet si XVIIIe siècle que certains ont su conserver et que l'on ne trouve nulle part ailleurs à Paris.

prix moyens

Hôtel Eiffel Rive gauche (plan 7). Situé dans une ruelle calme et piétonne au pied de la tour Eiffel, ce petit hôtel cultive une ambiance espagnole. Ses 29 chambres sont distribuées sur 4 étages, reliés par un système de passerelles, surplombant un charmant patio noyé de plantes grimpantes. On y prend un verre ou le petit déjeuner à la belle saison sur des tables en fonte forgée. Les chambres sont propres et décorées avec goût, dans des teintes ocre ou crème, avec des tentures et dessus-de-lit assortis. Des chambres du dernier étage, on aperçoit la tour Eiffel. Au rez-de-chaussée, la salle à manger intérieure renoue avec l'esprit "bistrot parisien". Une adresse agréable, à la situation idéale. Double de 75€ à 125€ selon la saison. Petit déj. 9,50€. *M° École Militaire 6, rue du Gros-Caillou 75007 Tél. 01 45 51 24 56 Fax 01 45 51 11 77 www.hotel-eiffel.com*

☺ **Hôtel du Champ-de-Mars (plan 7).** Cet hôtel est un joyau, un vrai trésor, de taille lilliputienne. *Small is beautiful*, plus que jamais. 25 chambres rénovées, décorées avec le plus grand soin par le couple de propriétaires. Tout est en bleu et jaune. On se croirait en Provence si la tour Eiffel ne pointait à quelques pas. Dans les chambres, frises, papier peint, doubles rideaux, dessus-de-lit jouent l'accord parfait. Salles de bains carrelées de blanc, impeccables, avec baignoire pour les doubles (un luxe que les hôtels de la même catégorie dans le quartier n'offrent pas). Confortable, moderne (TV satellite, téléphone et prise modem), l'hôtel est également très accueillant. La propriétaire, même affairée, garde le sourire. À l'arrière s'ouvrent deux cours fleuries et arborées, typiquement parisiennes, sur lesquelles donnent certaines chambres. Côté rue, l'hôtel est situé à l'angle de la rue Cler et de son marché animé. Seule contrainte : il faut réserver longtemps à l'avance, l'hôtel étant petit, peu cher et plébiscité. Double avec grand lit et bain 90€, avec lits jumeaux 94€. Triple 112€ seulement ! Petit déj. 8€. *M° École Militaire 7, rue du Champ-de-Mars 75007 Tél. 01 45 51 52 30 Fax 01 45 51 64 36 www.hotelduchampdemars.com*

prix élevés

Grand Hôtel Lévêque (plan 7). Un hôtel grand par la réputation, plus petit par la taille. Pour avoir la satisfaction de pouvoir dormir, en couple, dans une chambre propre, agréable, équipée de tout l'arsenal moderne (a/c, TV satellite, tél. privé et prise modem, coffre-fort, etc.), à 5min de la tour Eiffel et des Invalides pour 90€ seulement, pensez impérativement à réserver. Trois mois à l'avance est un minimum. Les touristes anglais, américains, allemands et de toute l'Europe le prennent d'assaut. Témoins, les nombreux drapeaux bigarrés qui flottent au-dessus de son porche et les innombrables coupures de presse chantant les louanges de l'hôtel, qui sont affichées dans le hall d'entrée. La décoration des chambres est certes simple, mais personne ne s'en plaindra. Celles sur rue (et pas n'importe laquelle : il s'agit de la rue Cler, la plus charmante et animée du Gros-Caillou) sont dotées de double vitrage et plus spacieuses que celles sur cour. Double avec grand lit 97€ (102€ sur rue), avec lits jumeaux 97€ (122€ sur rue). Petit déj. 9€ en buffet. **M° École Militaire** 29, rue Cler 75007 Tél. 01 47 05 49 15 Fax 01 45 50 49 36 www.hotel-leveque.com

☺ **Hôtel Muguet (plan 7).** Ce petit hôtel (48 chambres) est aussi discret que la fleur dont il porte le nom. Comme elle, il pousse à l'ombre, dans le sous-bois de la rue Chevert, peu connue, peu empruntée, et pourtant voisine des Invalides. Il est donc très calme. Les chambres sont coquettes, récemment rénovées, avec un mobilier agréable et de beaux accords de tissus. Le confort n'a pas été oublié : TV satellite, téléphone, climatisation, coffre-fort... L'accueil est très sympathique. Mais surtout l'hôtel cache une perle : un patio intérieur, où poussent de beaux bambous et autres plantes touffues. On y prend le petit déjeuner quand le temps le permet. Sinon, on se retire à l'intérieur, dans une salle attenante, très claire et meublée de façon contemporaine : buffet en merisier, potiches chinoises, gravures... Les prix se font eux aussi doux et discrets. Single 103€. Double de 125€ à 190€. Petit déj. 9,50€. **M° École Militaire** 11, rue Chevert 75007 Tél. 01 47 05 05 93 Fax 01 45 50 25 37 www.hotelmuguet.com

Hôtel Valadon (plan 7). L'établissement ne comptant que 12 chambres, c'est une adresse pour initiés. L'accès à l'hôtel relève d'ailleurs plus de l'entrée dans un club privé : il faut sonner et parler au propriétaire par l'interphone. Pour montrer patte blanche et le petit nombre de chambres, il vaut mieux prendre les devants au téléphone et réserver. L'hôtel a changé de mains récemment et a été totalement rénové : les espaces ont été restructurés pour agrandir les chambres, plutôt spacieuses. La décoration est sobre, contemporaine, dans les tons écrus et gris, rayures noires sur les lits, moquette brune au sol. TV satellite, téléphone, prise modem, ventilateur complètent l'équipement. Le petit déjeuner se prend dans une salle elle aussi très design. Une adresse zen tout près des Invalides. Double 125€ (grand lit), 135€ (lits jumeaux). En août, double 95€ ! Petit déj. offert. **M° École Militaire** 16, rue Valadon 75007 Tél. 01 47 53 89 85 Fax 01 44 18 90 56 www.hotelvaladon.com

☺ **Hôtel Lindbergh (plan 15).** Situé dans une rue calme tout à côté du carrefour Sèvres-Babylone, cet hôtel est une véritable trouvaille. Un des ingénieurs ayant participé à la construction du *Spirit of Saint-Louis*, l'avion mythique de Lindbergh, aurait habité l'immeuble dans les années 1920. Des gravures du célèbre aviateur, offertes par les fidèles clients de l'hôtel, ornent d'ailleurs les murs du hall d'entrée. Le couple propriétaire des lieux tient à recevoir ses clients comme s'ils étaient chez eux. Il a fait appel à un décorateur pour rénover les chambres, le hall, le salon et la salle du petit déjeuner. Le résultat est raffiné : pierre blanche et tenture rouge grenat dans

GÉOADRESSES

DORMIR

le hall et les couloirs ; teintes chocolat et vert amande dans les chambres les plus récentes, dotées de TV à écran plat, les autres étant décorées dans de chaudes harmonies rouge orangé, ou crème et bleu. Salles de bains ou de douche impeccables, TV câblée, prise modem. Simple ou double 136€, grande double 160€. Triple à 180€. Petit déj. 8€, servi en salle ou dans la chambre. Borne Internet (2€/15min) et espace wi-fi dans le petit salon (près de l'accueil). Réservation vivement conseillée. *M° Sèvres-Babylone* 5, *rue Chomel 75007 Tél. 01 45 48 35 53 Fax 01 45 49 31 48 www.hotellindbergh.com*

Bersolys Hôtel (plan 15). À mi-chemin entre Saint-Germain-des-Prés et le musée d'Orsay, cet hôtel profite agréablement du calme des ruelles environnantes. Son décor de maison de famille plaisant et l'accueil cordial font oublier les quelques meubles qu'on pourra éventuellement ne pas juger à son goût : on ne choisit pas sa famille ! Sur les murs, des reproductions de Modigliani, Renoir, Gauguin… assez réussies. Double "standard" avec douche 132€, twin 152€. Petit déjeuner 10€. *M° Rue du Bac* 28, *rue de Lille 75007 Tél. 01 42 60 73 79 Fax 01 49 27 05 55 hotelbersolys@wanadoo.fr www.bersolyshotel.com*

Hôtel du Quai Voltaire (plan 15). Nous jugeons que les beaux panoramas valent quelques sacrifices, c'est pourquoi nous sélectionnons cet établissement qui jouit d'un emplacement privilégié : situé sur le quai Voltaire, il domine la Seine, ses bouquinistes, ses péniches et surtout le Louvre qui s'étend majestueusement sur le quai opposé… Une vue magnifique qui compense la fraîcheur relative des chambres, leur mobilier classique, leurs salles de bains vieillottes et la circulation automobile sur le quai. En leur temps, Baudelaire, Wagner et Wilde ont séjourné dans l'hôtel. Une partie des chambres a été rénovée en 2006 (sdb, moquette, tapisserie, literie...), et l'Internet wi-fi a été installé dans toutes les chambres. Simple 108€. Double "standard" 125€-133€, twin 133€, triple 160€. Petit déj. 10€. *M° Rue du Bac* 19, *quai Voltaire 75007 Tél. 01 42 61 50 91 Fax 01 42 61 62 26 www.quaivoltaire.fr*

Hôtel du Palais-Bourbon (plan 15). Une adresse simple, mais propre, confortable et avec de grandes chambres (denrée rare dans le faubourg). Malgré son nom, l'hôtel, qui donne sur la très commerçante rue de Bourgogne, n'est pas voisin du Palais-Bourbon, mais il est très proche du musée Rodin et de la rue de Varenne. Le hall d'entrée et le petit salon d'accueil n'ont rien d'exceptionnel, mais les chambres rachètent de loin la première impression, faisant de cet hôtel l'un des meilleurs rapports qualité-prix du faubourg : lumineuses, agréables, de belles proportions. On aime leur parquet, leur mobilier sobre et leurs salles de bains carrelées jusqu'au plafond. TV satellite et climatisation dans toutes les chambres. Double avec bains 140€, triple 165€, quadruple 180€-195€. Petit déjeuner inclus, servi dans la cave restaurée, à l'ambiance monacale, du sous-sol. Accueil très cordial. *M° Varenne* 49, *rue de Bourgogne 75007 Tél. 01 44 11 30 70 Fax 01 45 55 20 21 www. hotel-palais-bourbon.com*

Hôtel de Varenne (plan 15). L'hôtel, sis rue de Bourgogne, à deux pas du musée Rodin et de la rue de Varenne, est installé dans un ancien hôtel particulier du début du XIXe s. On y accède par un porche, suivi d'un patio intérieur planté d'arbustes où quelques tables sont sorties dès les beaux jours, où l'on peut se détendre, prendre un verre ou le petit déjeuner. Le hall élégant, dans les tons pêche, jouxte sur la droite un salon meublé dans le style XVIIIᵉs., destiné au petit déjeuner dans la matinée, converti en salon dans l'après-midi, avec un espace wi-fi. Les chambres, récemment rénovées, sont garnies de moquettes moelleuses, de dessus-de-lit et de doubles rideaux assortis dans des tons riches et motifs classiques. Le décor des salles de bains est personnalisé et raffiné. Tout évoque donc dans cet hôtel le bon goût propre au faubourg Saint-Germain. Le confort est évidemment au rendez-vous : climatisation, fax, accès Internet, TV câblée, coffre-fort dans les chambres. Des promotions spéciales en hiver : baisse des tarifs et petit déjeuner offert (se renseigner pour connaître les dates exactes). Double "standard" avec douche 137€, avec bain 157€-167€, "supérieure" avec bain 177€-197€, *deluxe* avec bain 207€-227€. Lit supplémentaire 30€. Petit déj. 10€. *M° Varenne* 44, rue de Bourgogne 75007 Tél. 01 45 51 45 55 Fax 01 45 51 86 63 www.hoteldevarenne.com

prix très élevés

Hôtel de Suède-Saint-Germain (plan 15). Un bel hôtel à la façade blanche étincelante et aux chambres agréables, dans les teintes pastel, très claires. Celles des étages supérieurs ont pour grande qualité de donner sur les jardins de l'hôtel de Matignon ! La réception est vaste et l'accueil très sympathique. TV câblée, accès Internet, climatisation dans chacune des chambres. Un jardin permet de prendre le petit déjeuner à l'extérieur dès que le temps s'y prête. Double "standard" 179€-195€, "supérieure" 195€, *deluxe* 230€. Triple et quadruple 260€-270€. Suite junior 260€-270€. Suite 300€. Petit déj. 12€. *M° Varenne* 31, rue Vaneau 75007 Tél. 01 47 05 00 08 Fax 01 47 05 69 27 www.hoteldesuede.com

Hôtel Vaneau-Saint-Germain (plan 23). Tout près du Bon Marché et de La Pagode, cet hôtel, qui a récemment changé de propriétaire, fait désormais partie de la chaîne France Patrimoine mais garde beaucoup d'originalité, notamment avec ses vitraux très Art déco qui ornent les fenêtres des chambres. Celles-ci sont propres et spacieuses, souvent dotées d'une cheminée en marbre, d'un bureau et d'une TV câblée. L'hôtel a été rénové dans un style classique aux teintes beiges et brunes. Double "standard" 119€-195€, triple 139€-225€. Petit déj. 14€. *M° Vaneau* 86, rue Vaneau 75007 Tél. 01 45 48 73 11 Fax 01 45 49 27 74 www.vaneausaintgermain.com

Hôtel La Bourdonnais (plan 7). Autant le dire tout de suite, c'est un établissement très classique, qui ne plaira pas aux jeunes aventuriers, touristes artistes ou même aux bourgeois bohèmes. Mais tous les goûts sont dans la nature et il faut avouer que l'hôtel La Bourdonnais ne manque ni d'élégance ni de confort, qu'il est même la parfaite expression du quartier. On y retrouve en effet tout le chic discret typique du 7ᵉ arrondissement. Les chambres climatisées sont spacieuses, meublées de commodes sombres, de fauteuils en velours et de dessus-de-lit aux motifs de tapisserie. Le charme discret de la bourgeoisie s'exprime également dans le salon du rez-de-chaussée et la très agréable salle de petit déjeuner aménagée en véranda et pavée à l'ancienne, qui s'ouvre par une porte vitrée coulissante sur un patio débordant de végétation. Double 170€-185€ ("supérieure" 185€-215€). Petit déj. 12€. Les tarifs changeront en avril 2008. *M° École Militaire* 111-113, av. de La Bourdonnais 75007 Tél. 01 47 05 45 42 Fax 01 45 55 75 54 www.bourdonnais-paris-hotel.com

GÉOADRESSES

DORMIR

☺ **Hôtel de Londres-Eiffel (plan 7).** Niché presque sous les jupes de la tour Eiffel, cet hôtel 3 étoiles a des allures de petite auberge perdue dans la campagne anglaise. Sa jolie devanture bleue cache un intérieur délicieux : un beau salon d'accueil aux teintes ensoleillées, puis 30 chambres récemment rénovées aux couleurs gaies et fraîches (le rose et l'écru dominent) avec des rideaux à fleurs, des dessus-de-lit à carreaux, des frises de papier peint courant le long des murs et de jolies gravures. Télévision satellite, téléphone, climatisation, tout le "confort moderne". La salle du petit déjeuner avec sa moquette framboise, ses murs safran et ses sièges rose saumoné réveillera les plus endormis. Une adresse charmante, aux prix honnêtes au regard du service et de l'excellente situation de l'hôtel. Double 175€ (195€ avec vue sur la tour Eiffel). Petit déj. 12€. **M° École Militaire** 1, rue Augereau 75007 Tél. 01 45 51 63 02 Fax 01 47 05 28 96 www.londres-eiffel.com

Hôtel Bourgogne-et-Montana (plan 15). L'hôtel est installé dans une demeure aristocratique du XVIIIᵉ siècle. Dès l'entrée, le luxe du décor et du mobilier saute aux yeux. Pas de doute : on est ici au cœur du faubourg Saint-Germain, à quelques pas du Palais-Bourbon. L'établissement reçoit une importante clientèle de députés et d'hommes d'affaires, et cela se sent. L'atmosphère est feutrée, les pas amortis par une moquette épaisse. Miroirs, tapisseries, tableaux ornent les murs. Un salon-bar occupe une pièce en rotonde près de l'accueil. Chaque chambre possède une décoration différente, raffinée jusque dans le moindre détail. Celles du 4ᵉ étage ont vue sur la place de la Concorde. Les salles de bains sont spacieuses et luxueusement équipées. Le petit déjeuner, composé d'un buffet copieux, est servi dans une salle jouxtant le salon, au rez-de-chaussée, dont la décoration ne dépare pas l'ensemble. Climatisation, TV câblée, minibar. Double "standard" de 180€ à 200€, "luxe" de 210€ à 240€, executive de 270€ à 280€. Suite 340€. Lit en supplément (pour 1 pers. de plus de 12 ans) 70€. Petit déj. inclus. **M° Varenne** 3, rue de Bourgogne 75007 Tél. 01 45 51 20 22 Fax 01 45 56 11 98 www.bourgogne-montana.com

Eiffel Park Hôtel (plan 7). Ceux qui apprécient les chaînes hôtelières raffinées seront ici comblés. L'hôtel appartient à l'enseigne Best Western. Doté d'une importante clientèle d'affaires, il a su cultiver un esprit maison original qui le rend également attachant auprès d'une clientèle plus touristique. Dès le hall, le ton est donné : fauteuils en cuir, musique jazzy, tons chocolat et crème, un salon-bar jouxtant l'accueil, de grosses potiches de terre cuite avec des orchidées blanches, l'ambiance est chaleureuse et feutrée. Dans les étages, tout change : papier peint dans les tons verts aux murs, chambres coquettes, confortables, quoique plus ou moins spacieuses, qu'agrémentent bibelots, meubles ou gravures exotiques (les propriétaires, collectionneurs, aiment les objets asiatiques). Au 5ᵉ et dernier étage, la terrasse-solarium, ouverte 24h sur 24h, est l'endroit idéal pour prendre le petit déjeuner, siroter une orangeade ou, pourquoi pas, un dernier verre, dès les beaux jours. La salle à manger du rez-de-chaussée est elle aussi très réussie, avec sa décoration à la fois rustique et contemporaine. Bref, une belle adresse dans une petite rue calme du Gros-Caillou. Double 215€, "supérieure" 240€. Petit déj. 12€. **M° La Tour-Maubourg** 17bis, rue Amélie 75007 Tél. 01 45 55 10 01 Fax 07 47 05 28 68 (réservation n° vert 08 00 90 44) www.eiffel-tower-paris-hotel.com

☺ **Hôtel Duc de Saint-Simon (plan 15).** Par sa personnalité et son décor, cet hôtel est le bijou du faubourg et l'une des adresses de la capitale les plus attachantes. L'entrée est nichée au fond d'une cour intérieure pavée, protégée par un porche et noyée sous la glycine. On a l'impression de rentrer dans une maison et de laisser Paris derrière soi. Tout, à l'intérieur, tend à cultiver cette atmosphère de demeure particulière : boiseries patinées, étoffes, tableaux ou meubles anciens. Les chambres ne se distinguent pas par leur grande taille, mais par leur caractère raffiné et leurs salles de bains, délicieuses. Certaines sont dotées d'une terrasse. Petit déjeuner dans la cour aux beaux jours. Accès Internet wi-fi, climatisation (climatiseur naturel), TV câblée. Double de 245€ à 275€, suite de 375€ à 385€. Petit déj. 15€. *M° Rue du Bac* 14, rue de Saint-Simon 75007 Tél. 01 44 39 20 20 Fax 01 45 48 68 25 www.hotelducdesaintsimon.com

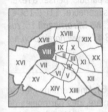

Le 8ᵉ ardt

plans 1, 6, 8

La proximité des Champs-Élysées et le standing élevé du quartier ne favorisent pas la modération des tarifs. Mais parmi les adresses retenues, les coups de cœur abondent.

prix moyens

Hôtel d'Argenson (plan 8). Bien peu de choses semblent avoir changé dans cette demeure du Second Empire proche du boulevard Haussmann. De beaux volumes, des tissus délicieusement désuets, du mobilier d'époque, tout concourt à vous transporter dans le passé. Revers de la médaille, l'insonorisation n'est pas parfaite. La plongée dans le temps commence à peine le porche franchi quand madame, vêtue d'un élégant tailleur et coiffée d'un impeccable brushing, vous accueille avec grâce. La sagesse des tarifs constitue une véritable aubaine dans ce quartier au standing élevé. Double de 90€ à 105€ (+7% à partir de mars). Petit déj. inclus et servi en chambre s'il vous plaît ! *M° Saint-Augustin, Miromesnil* 15, rue d'Argenson 75008 Tél. 01 42 65 16 87 Fax 01 47 42 02 06 www.hotel-argenson.com

prix élevés

Hôtel des Champs-Élysées (plan 6). La façade décrépite n'a rien d'engageant mais c'est bien le seul reproche qu'on puisse faire à cet établissement. Les 35 chambres rénovées dans un esprit Art déco offrent d'excellentes prestations, elles sont notamment toutes équipées de la climatisation, ce qui n'est pas courant pour un 2 étoiles. Outre ses chambres douillettes et ses prix doux, l'hôtel occupe une position très centrale entre les Champs-Élysées et le faubourg Saint-Honoré. Double de 102 à 117€. Petit déj. 8,50€. *M° Saint-Philippe-du-Roule, Franklin D. Roosevelt* 2, rue d'Artois 75008 Tél. 01 43 59 11 42 Fax 01 45 61 00 61 www.champselysees-paris-hotel.com

☺ **New Orient Hôtel (plan 1).** Pas besoin d'être très perspicace pour comprendre le succès de cet hôtel. Sa façade en bois noir sur laquelle se détache son nom gravé en lettres d'or attire l'attention ; passé l'élégant perron, vous êtes accueilli avec beaucoup d'amabilité dans un hall néocolonial sophistiqué. Meubles patinés, rideaux et couvre-lits chatoyants décorent chacune des 30 chambres insonorisées, équipées pour

GÉO**ADRESSES**

DORMIR

certaines de balcons, voire de petites terrasses fleuries. Qu'exiger de plus d'un 2 étoiles ? Double 105€-140€. Petit déj. 11€. Hôtel non fumeur; chambres climatisées. Accès wi-fi gratuit. **Mᵒ Europe, Villiers** 16, rue de Constantinople 75008 Tél. 01 45 22 21 64 Fax 01 42 93 83 23 www.hotel-paris-orient.com

☺ **Hôtel d'Albion (plan 8).** Notre préférence va aux chambres mansardées des deux derniers étages tout en angles et recoins et pourvues de petites fenêtres ouvrant sur les toits. Aux étages inférieurs, les chambres sont plus spacieuses et toutes offrent un excellent rapport qualité-prix dans un quartier très sûr : le ministère de l'Intérieur est tout proche ! Le petit jardin et l'accueil des propriétaires achèvent de convaincre les clients les plus exigeants. Pour séjourner dans ce coin de paradis, pensez à réserver longtemps à l'avance. Double "standard" 85€-120€, "supérieure" 110€-150€, triple 130€-170€. Suite familiale 200€-280€. Petit déj. 9€. **Mᵒ Miromesnil** 15, rue de Penthièvre 75008 Tél. 01 42 65 84 15 Fax 01 49 24 03 47 www.hotelalbion.net

prix très élevés

☺ **Hôtel du Rond-Point des Champs-Élysées (plan 6).** Une certaine idée du luxe qui passe par des volumes spacieux baignés de lumière, des harmonies de couleurs et un confort irréprochable. À Paris, où l'espace est compté, les plus petites des 40 chambres de l'hôtel mesurent 15m². La façade Art déco donne le ton de l'ensemble : élégance et raffinement. Le buffet dressé sous une coupole de verre propose de délicieuses pâtisseries maison. On ne se lasse pas de cet établissement très accueillant situé à deux pas des "Champs". Double classique 150€. Double spacieuse 140€-210€, "prestige" à 220€. Petit déj. 15€. **Mᵒ Franklin D. Roosevelt, Saint-Philippe-du-Roule** 10, rue de Ponthieu 75008 Tél. 01 53 89 14 14 Fax 01 45 63 99 75 www.hoteldurondpoint.com

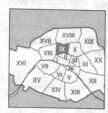

Le 9ᵉ ardt

plans 1, 2, 3, 8, 10, 11

Dans le 9ᵉ ardt où débarquent, entre autres, les voyageurs de la gare Saint-Lazare, les hôtels sont nombreux mais ne se distinguent guère par leurs prestations. En revanche, quelques adresses sans chichis permettent de se loger à moindres frais.

prix moyens

☺ **Hôtel Rotary (plan 1).** À deux pas de Pigalle, cet ancien lupanar vous reçoit dans un décor digne des années folles : un étroit colimaçon dessert des chambres toutes différentes, ronde pour la n°8 ; avec lit à baldaquin, miroir au plafond et ciel étoilé pour la n°5 ; toute lilas pour la n°3... Les prix sont imbattables, l'entretien est tout à fait correct et l'accueil familial... À savoir, sdb dans les chambres, mais WC sur le palier (3 chambres par palier). Double 53€-73€. Petit déj. 7€. **Mᵒ Place de Clichy** 4, rue de Vintimille 75009 Tél. 01 48 74 26 39 www.hotel-rotary.fr

Hôtel Victoria (plan 10). Vous n'aurez que l'embarras du choix, dans cette cité Bergère, pour trouver l'hôtel qui convient le mieux à votre bourse. Le Victoria dispose de chambres assez charmantes, avec leurs tentures à rayures bleu et vert, simples sans verser dans le kitsch ni dans le vieillot, éclairées par de grandes fenêtres. Double 77€. Petit déj. 6€. **Mᵒ Grands Boulevards** 2bis, cité Bergère 75009 Tél. 01 47 70 20 01 http://victoria9.free.fr

☺ **Hôtel Riboutté-Lafayette (plan 11).** Un établissement au charme feutré, meublé avec soin, embaumant les fleurs fraîches et le propre. Sobrement meublées et tapissées de papier en fibres naturelles, les chambres sont plus simples que le hall, mais bénéficient toutes d'un petit détail, meuble ou grand miroir, qui leur confère charme et confort. En somme, un très bon rapport qualité-prix, près du square Montholon. Double selon la saison de 95€ à 135€. Petit déj. 7€. Wi-fi gratuit, écrans plats, TNT intégrée (6 chaînes étrangères). **Mᵒ Poissonnière** 5, rue Riboutté 75009 Tél. 01 47 70 62 36 www.tripadvisor.fr

☺ **Hôtel Chopin (plan 10).** Niché au fond du charmant passage Jouffroy, l'hôtel Chopin vous héberge dans une atmosphère délicieusement surannée : un vieux piano, des gravures jaunies, un fauteuil en cuir capitonné, des abat-jour à la lueur diaphane et de longs et tortueux couloirs épousant les recoins de parcelle où s'est lové le passage couvert. Les chambres les plus chères jouissent d'une décoration plus élaborée – têtes de lit en bois, meubles peints, tentures assorties – et d'une meilleure exposition à la lumière du jour, au-dessus des toits et des verrières biscornus du passage. Double 88€-102€. Petit déj. 7€. **Mᵒ Grands Boulevards** 46, passage Jouffroy (au niveau du 10, bd Montmartre) 75009 Tél. 01 47 70 58 10 www. hotelbretonnerie.com

prix élevés

☺ **Hôtel Arvor-Saint-Georges (plan 2).** Lové dans une ruelle résidentielle, à deux pas de l'élégante place Saint-Georges, l'hôtel bénéficie d'un calme olympien. De belles chambres lumineuses et soignées, récemment rénovées dans un style contemporain associé à des petites touches de mobilier ancien. Literie de qualité. Pour couronner le tout, un personnel très agréable. Chambre double de 130€ à 150€, suite 180€. Comptez 9€ pour le petit déjeuner. **Mᵒ Saint-Georges** 8, rue Laferrière 75009 Tél. 01 48 78 60 92 www.arvor-hotel-paris.com info@ arvor-hotel-paris.com

Hôtel Lamartine (plan 8). Des chambres fleuries et douillettes, égayées de tentures choisies : pour les romantiques, en écho à ceux qui ont contribué à l'essor du quartier… Seul regret, la rue Lamartine est bruyante – demandez une chambre côté cour. Double 160€. Petit déj. 12€. **Mᵒ Notre-Dame-de-Lorette** 39, rue Lamartine 75009 Tél. 01 48 78 78 58 www.hotel-paris-lamartine.com

Hôtel Résidence des Trois Poussins (plan 2). À deux pas de la charmante place Gustave-Toudouze, un hôtel moderne, un peu impersonnel, mais aux chambres impeccables. Celles donnant côté cour sont un peu plus petites, mais bénéficient de sdb plus grandes. Double 156€. Petit déj. 10€. Wi-fi, écrans plats, climatisation. **Mᵒ Saint-Georges** 15, rue Clauzel 75009 Tél. 01 53 32 81 81 www. les3poussins.com

GÉOADRESSES

DORMIR

prix très élevés

Hôtel Carlton's (plan 3). Son imposante façade domine le boulevard. Des chambres d'un style très classique – tentures fleuries, moquette, dorures – mais impeccables. Ne manquez pas la terrasse au 9ᵉ étage, pour une vue à 360° sur Paris. Double 162€, petit déj. inclus. **Mᵒ Pigalle, Anvers** 55, bd de Rochechouart 75009 Tél. 01 42 81 91 00 info@hotelschart.com

☺ **Villa Royale (plan 3).** Pour séjourner à côté de Pigalle, dans un fabuleux décor baroque ! Étoffes chatoyantes jouant des tons chauds (bordeaux, rose, violet) et froids (argent, or), mobilier en bois doré, lustres en fer forgé, pierreries… Jusque dans la salle de bains, le cadre évoque le boudoir d'une demi-mondaine. Dépaysement garanti ! Double 250€-410€; chambre "royale" 350€-650€. Petit déj. 18€. **Mᵒ Pigalle** 2, rue Duperré 75009 Tél. 01 55 31 78 78 www.leshotelsdeparis.com

☺ **Pavillon Opéra-Grands Boulevards (plan 11).** La chaîne Les Hôtels de Paris a misé sur la déco pour se démarquer de ses concurrents. Le résultat est séduisant : de l'ascenseur transparent qui dévoile une fresque au cours de sa montée jusqu'aux chambres (mobilier et luminaires contemporains, lits *king size*, tentures contrastées), en passant par l'accueil, jeune et dynamique, tout est fait pour vous rendre le séjour agréable. Le cadre, à dominante rouge et or, s'inspire des sonorités du jazz – si l'hôtel affiche complet, on vous conduira au pavillon Opéra-Bourse, 100m plus loin, décoré dans le style "exotico-chic". Double 290€. Petit déj. 9€. **Mᵒ Grands Boulevards** 11, rue Geoffroy-Marie 75009 Tél. 01 48 01 97 97 grandsboulevards@ leshotelsdeparis.com

Pavillon de Paris (plan 1). Pour les amateurs de design, une maison à la décoration très contemporaine. On aime les chambres spacieuses, aux tons bruns et beiges, dotées de meubles en bois sombre et de sdb toutes blanches. Le petit déjeuner se prend au bar, à la lumière du jour, que diffuse une grande verrière. Du grand confort, et les prestations d'un 4 étoiles. Double 270€ (296€ en période de salons). Petit déj. 16€. **Mᵒ Liège** 7, rue de Parme 75009 Tél. 01 55 31 60 00 www.pavillondeparis.com mail@pavillondeparis.com

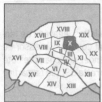

Le 10ᵉ ardt

plan 11

L'offre hôtelière, dense aux abords des gares de l'Est et du Nord, se raréfie considérablement lorsqu'on remonte vers les Buttes-Chaumont. On trouvera néanmoins quelques adresses de charme à proximité du canal Saint-Martin.

très petits prix

Hôtel Palace (plan 11). Le nom est certes exagéré… Ce petit hôtel sans ascenseur et aux chambres quelque peu vétustes (moquettes et tapisseries fatiguées) propose néanmoins des prix imbattables, un accueil familial d'une grande gentillesse et un entretien correct. Vous vous trouvez dans l'une des rares artères peu passantes du 10e arrondissement, non loin du marché couvert Saint-Martin. Double 38€. Petit déj. 3,50€. **M° Strasbourg-Saint-Denis** 9, rue Bouchardon 75010 Tél. 01 40 40 09 45 *palace.hotel@club-internet.fr*

petits prix

Hôtel du Brabant (plan 11). À deux pas des gares du Nord et de l'Est, un établissement sans prétention mais agréable pour ses airs de vieil hôtel familial : un hall tout en longueur, jalonné de plantes vertes, du carrelage ou des pastilles multicolores au sol, du papier peint à motif de roses aux murs. Une bonne affaire pour ceux qui n'exigent pas tout le confort moderne. Double 45€ sans douche, 55€ avec douche. Petit déj. 3,50€. **M° Poissonnière, Gare de l'Est** 18, rue des Petits-Hôtels 75010 Tél. 01 47 70 12 32 *reservation@hotel-brabant.com*

prix moyens

☺ **Hôtel du Nord (plan 11).** Sa façade croulant sous les fleurs et les plantes grimpantes se repère aisément. À l'intérieur, vous découvrez un petit hôtel familial de caractère : poutres apparentes, tomettes lustrées, parquets cirés et plantes vertes. Les chambres sont gaies, toutes différentes et garanties sans tentures murales ni moquette ! Petit plus : les vélos mis à la disposition des hôtes, pour découvrir les berges du canal. Double de 68€ à 79€. Petit déj. 7,50€. **M° Jacques Bonsergent** 47, rue Albert-Thomas 75010 Tél. 01 42 01 66 00 *www.hoteldunord-leparisvelo.com*

Hôtel Nord-et-Champagne (plan 11). Des vieux hôtels il a conservé les dimensions spacieuses de ses chambres, décorées de tons clairs. On apprécie la sympathique courette cachée derrière le corps de bâtiment principal – les chambres de l'annexe sont plus calmes, mais vous n'aurez pas l'ascenseur. L'ensemble est bien tenu, bien situé (dans une ruelle qui longe le marché couvert Saint-Quentin) et abordable, compte tenu des tarifs parisiens. Accueil agréable. Single 80€, double 95€. Petit déj. 7€. **M° Poissonnière, Gare de l'Est** 11, rue de Chabrol 75010 Tél. 01 47 70 06 77 *www.hotel-nordetechampagne.com*

Hôtel Gilden-Magenta (plan 11). Cet hôtel de 6 étages est niché dans une ruelle étonnamment calme, à deux pas du canal Saint-Martin. Au charme de cet emplacement agréable s'ajoutent un accueil particulièrement aimable et des chambres simples, mais très correctes, réchauffées par leurs lambris en pin. Double 85€. Petit déj. 8€. **M° Jacques Bonsergent** 35, rue Yves-Toudic 75010 Tél. 01 42 40 17 72 *www.gilden-magenta.com*

Hôtel Mulhouse-Gare de l'Est (plan 11). À côté de la gare de l'Est, les voyageurs trouvent là un cadre plutôt agréable où poser leurs valises. Les chambres douillettes aux tentures claires offrent un contraste reposant avec l'agitation du boulevard. Celles qui donnent sur celui-ci sont équipées de l'indispensable double vitrage. La réception se trouve à l'entresol. Double "standard" 95€. Petit déjeuner 7€. Accès wi-fi payant (avec code) ; écrans LSD et coffres privatifs dans chaque chambre. **M° Gare de l'Est** 87, bd de Strasbourg 75010 Tél. 01 42 09 12 28 *www.accorhotels.com*

GÉOADRESSES

DORMIR

prix élevés

Hôtel Français (plan 11). Les abords des gares du Nord et de l'Est regorgent d'hôtels aux prestations sensiblement équivalentes. L'hôtel Français se distingue par son cadre pompeux et très classique : d'épais rideaux assortis aux dessus-de-lit, des dorures, des tableaux. La majorité des chambres a été rénovée. Celles-ci sont pimpantes dans leur décor moutarde, bleu ou vert, équipées d'une literie confortable et certaines bénéficient d'un balcon sur la gare de l'Est. Double "standard" 104€, "supérieure" 111€. Petit déj. 8,50€. **M° Gare de l'Est** 13, rue du 8 Mai-1945 75010 Tél. 01 40 35 94 14 www.hotelfrancais.com info@hotelfrancais.com

À la villa Saint-Martin (plan 11). Face à l'ancien couvent des Récollets, cet hôtel joue la carte de la sobriété et du confort feutré pour fidéliser une clientèle d'affaires. Mais tous les hôtes peuvent profiter de la connexion Internet haut débit gratuite, du service de pressing et du prêt d'ordinateur. Chambres soignées et localisation sympathique, entre le canal et la gare de l'Est. Accueil diligent et dynamique. Double 146€. Petit déj. 10€. **M° Gare de l'Est** 27, rue des Récollets 75010 Tél. 01 46 07 07 07 www.villastmartin.com

☺ **Pavillon République-Les Halles (plan 11).** Tout est impeccable : les chambres lumineuses, les sdb et les équipements tout confort. On choisira une chambre "romantique", joliment décorée dans des tons pastel et fleuris, ou "Art déco", aux lignes audacieusement courbes. À deux pas de la place Jacques-Bonsergent. Double 130€ (hors périodes salon). Petit déj. 9€. **M° Jacques Bonsergent, République** 7-9, rue Pierre-Chausson 75010 Tél. 01 40 18 11 00 republique@leshotelsdeparis.com

La Fayette (plan 11). Un hôtel sans surprise mais au cadre neutre et moderne qu'apprécie la clientèle d'affaires. Chambres refaites (literie neuve), bien tenues et sobrement décorées dans les tons moutarde et bordeaux. Double 160€. Petit déj. 8,50€. **M° Poissonnière, Gare de l'Est** 7, rue des Petits-Hôtels 75010 Tél. 01 42 46 33 00 www.lesrelaisdeparis.fr

Le 11e ardt

plans 11, 13, 18, 20, 21

Très fréquenté par les noctambules pour ses nombreux lieux de sorties (Bastille, Oberkampf, rue du Faubourg-du-Temple…), ce quartier encore un peu populaire offre un bon choix d'établissements modestes et très corrects.

très petits prix

Auberge de jeunesse Jules-Ferry (plan 11). Idéalement situé à deux pas de République et des bars de la rue Oberkampf, cet établissement sympathique ravira les jeunes voyageurs au budget serré. Les chambres, de 2 à 6 places, impeccables, avec lavabo et coffre-fort (pensez au cadenas, non fourni), donnent sur un square agréable. L'auberge est bien équipée : laverie, sèche-linge, four à micro-ondes, réfrigérateur et borne Internet. Attention : 5 étages et pas d'ascenseur. Ouvert 24h/24h mais pas de réservation. Comptez 21€/pers. avec petit déj. et draps (carte FUAJ obligatoire ; achat sur place). CB acceptées. **M° *République*** 8, bd Jules-Ferry 75011 Tél. 01 43 57 55 60 paris.julesferry@fuaj.org

petits prix

Hôtel Rhetia (plan 13). Les petits budgets en quête de verdure peuvent faire une halte dans ce modeste hôtel 1 étoile aux airs de pension de famille. La moitié des 24 chambres (TV, tél., douche) donnent sur les marronniers touffus du beau square Maurice-Gardette. Les autres ouvrent sur une cour assez sinistre. Le confort reste très rudimentaire, rien d'étonnant pour le prix : 48€ la double. Petit déj. (3€) "comme à la maison", c'est-à-dire sans croissants mais avec des tartines de baguette. **M° *Saint-Ambroise, Voltaire*** 3, rue du Général-Blaise (square Gardette) 75011 Tél. 01 47 00 47 18 Fax 01 48 06 01 73 hotel.rhetia@free.fr

prix moyens

Hôtel Les Chansonniers (plan 13). Au cœur de Ménilmontant, cet établissement sympathique cultive le souvenir d'un des enfants du quartier : Maurice Chevalier, qui y chanta quand l'hôtel s'appelait encore l'hôtel Sans-Souci. Le café du rez-de-chaussée, avec sa mezzanine, sa cage à pinsons et ses guitares, accueille des artistes chaque vendredi et samedi soir (musique andalouse, chanson française, *drum'n'bass*). Côté hôtel, il flotte un délicieux parfum désuet dans les couloirs lambrissés et dans les chambres, hautes de plafond et ornées d'un joli papier peint à fleurs. Dessus-de-lit en coton piqué, petits meubles de style, mais aussi minibar, TV, tél., coffre et sèche-cheveux. Un beau mariage des genres à petits prix : double de 59€ (douche) à 62€ (bain). Deux chambres avec Jacuzzi 105€. Petit déj. de 6€ à 8€. Parking 8€. Bon accueil. **M° *Ménilmontant*** 113, bd de Ménilmontant 75011 Tél. 01 43 57 00 58 Fax 01 48 05 03 78 www.leschansonniers.fr

Hôtel Camélia-Prestige (plan 21). À deux pas de la place de la Nation, cet hôtel 2 étoiles de bonne facture abrite 31 chambres (douche ou bains, WC, TV) peu spacieuses mais confortables et bien insonorisées. La décoration oscille entre le style Ancien Régime (lustres, moulures, lampes et guéridons) et les clins d'œil à l'Orient (lampes arabisantes, statues ethniques). Kitsch ou audacieux, à chacun de voir ! Une chose est sûre : les prix sont très raisonnables. Double 60€ avec douche et 70€ (bain). Petit déj. 5€. Accueil tâtonnant. **M° *Nation*** 6, av. Philippe-Auguste 75011 Tél. 01 43 73 67 50 www.hotel-camelia.com

Hôtel Saint-Sébastien (plan 18). Ce 2 étoiles sans prétention a pour lui d'être central, entre République, Bastille et Marais. Les 40 chambres ne dégagent aucun charme mais sont propres et disposent de TV, tél., douches ou bains. Les prix font oublier la décoration (à rafraîchir) et l'accueil (sec) : 70€ la double. Petit déjeuner 3€. Pas facile de trouver moins cher dans le quartier ! Parking payant. CB acceptées. **M° *Saint-Ambroise, Richard-Lenoir*** 42, rue Saint-Sébastien 75011 Tél. 01 43 38 57 57 Fax 01 43 38 46 57 www.hotel-st-sebastien.com

☺ **Hôtel Baudelaire-Bastille (plan 20).** En plein cœur du Bastille branché, cet hôtel sympathique offre un pied-à-terre idéal pour les touristes, fêtards ou non. On se sent tout de suite à son aise dans ses 46 chambres, pimpantes, bien équipées et dotées d'une bonne literie et d'un double vitrage efficace. Nous vous conseillons celles orientées côté cour, d'autant que la vue sur la verrière est délicieuse. Notre coup de cœur revient à la chambre 206, particulièrement charmante avec ses murs tendus de velours et ses poutres apparentes. Si les quelques chambres installées sous les toits ont également du cachet, attention : il n'y a pas d'ascenseur ! Prix abordables : 67€-76€ la double selon la saison. Petit déj. 7€. Borne Internet. Parking à 100m. *M° Ledru-Rollin 12, rue de Charonne 75011 Tél. 01 47 00 40 98 Fax 01 43 38 57 81 baudelairebastille@wanadoo.fr*

Hôtel de Nemours (plan 13). À deux pas de l'agitation de la rue Oberkampf, cet hôtel 2 étoiles situé dans une rue calme arbore une belle façade classée, ornée de deux atlantes et de panneaux de faïence. L'intérieur est moins enthousiasmant : déco gris-rose fade, vue sur cour déprimante... L'adresse reste néanmoins très recommandable (TV, tél.) pour ses chambres doubles (côté rue). Double de 75€ à 80€. Petit déj. 6€. *M° Parmentier 8, rue de Nemours 75011 Tél. 01 47 00 21 08 Fax 01 47 00 01 53 hotel.nemours@gmail.com*

Hôtel du Nord et de l'Est (plan 11). Une clientèle d'hommes d'affaires et de touristes apprécie l'accueil et le sérieux de cet hôtel de 45 chambres, tenu depuis 1929 par la même famille. Les salles de spectacle et les bars de la rue Oberkampf sont tout proches. En réservant, demandez les chambres rénovées : salle de bains étincelante, écran plasma et literie moelleuse (a/c aux derniers étages). La décoration manque un peu de fantaisie, mais cet établissement a le mérite d'être rafraîchi au fur et à mesure. Borne wi-fi. Double de 79€ à 89€. Petit déj. 8€. *M° Oberkampf 49, rue de Malte 75011 Tél. 01 47 00 71 70 Fax 01 43 57 51 16 www.paris-hotel-nordest.com info@hotel-nord-est.com*

prix élevés

Hôtel Bastille de Launay (plan 20). À quelques enjambées de la Bastille et du Marais, cet hôtel très soigné et rénové il y a peu abrite 36 chambres coquettes et impeccables. Le papier peint à rayures, les rideaux à fleurs et les armoires en bois grillagées évoquent des chambres de jeunes filles. Certaines chambres sont plus ordinaires, et celles côté rue légèrement moins calmes. Le confort est irréprochable : literie confortable, TV, tél., minibar, coffre-fort, sèche-cheveux et a/c. Tout cela se paie au prix fort : de 140€ à 160€ la double ! Petit déj. 11€. Personnel sérieux. *M° Chemin Vert 42, rue Amelot 75011 Tél. 01 47 00 88 11 Fax 01 47 00 24 92 www.paris-hotel-launay.com*

Hôtel Beaumarchais (plan 18). Qui a dit que Paris était une ville grise ? Ce sympathique 3 étoiles a parié sur la couleur et la gaieté. Pari gagné ! Du salon psychédélique aux 31 chambres pimpantes, avec sdb en mosaïque, l'œil n'a pas le loisir de broyer du noir. Qu'on se rassure : le confort et l'équipement ne sont pas mis de côté (TV, tél., sèche-cheveux). Aux beaux jours, on prend le petit déjeuner dans le patio verdoyant. Si l'on veut acheter les œuvres ou les belles porcelaines exposées dans le hall, c'est possible ! Personnel jeune et serviable. Double 130€. Petit déj. 10€. *M° Filles-du-Calvaire 3, rue Oberkampf 75011 Tél. 01 53 36 86 86 Fax 01 43 38 32 86 www.hotelbeaumarchais.com reservation@hotelbeaumarchais.com*

prix très élevés

Le Général Hôtel (plan 11). Ouvert en août 2003 dans le quartier de la République, le "Général" ne vole pas ses galons... ni ses trois étoiles. La clientèle, très branchée, apprécie le design épuré de la décoration : tons clairs ou chocolat dans les 47 chambres (a/c, TV, tél., coffre, wi-fi), moquette à motifs vifs dans les couloirs, galets et fleurs dans la salle de fitness et le sauna, fauteuils *seventies* au bar... Dommage que la *lounge music* soit omniprésente. Comptez de 175€ à 205€ (selon la saison) pour une chambre double classique. Petit déjeuner 16€. Service de massage. **M° République** *5-7, rue Rampon 75011 Tél. 01 47 00 41 57 Fax 01 47 00 21 56 www.legeneralhotel.com info@legeneralhotel.com*

Les Jardins du Marais (plan 18). Luxe, calme et volupté... À équidistance de la Bastille et du Marais, cette résidence hôtelière 4 étoiles dispose de 265 chambres réparties autour d'une authentique rue pavée, avec lampadaires et parterres fleuris. Les 7 bâtiments en brique, anciens ateliers Eiffel, sont classés et la décoration soignée de chaque chambre fait honneur au style Art déco. Seul le hall ose une touche très moderne avec ses murs capitonnés lilas et son mobilier design signé Philippe Starck. Confort, espace et propreté garantis dans toutes les chambres. Attention à la note : comptez de 350€ à la double classique à... 900€ la "présidentielle" et ajoutez encore 20€/pers. au petit déj. Tarifs négociables. **M° Saint-Sébastien-Froissart** *74, rue Amelot 75011 Tél. 01 40 21 20 00 Fax 01 47 00 82 40 www.home-plazza.com resabastille@homeplazza.com*

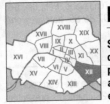

Le 12e ardt
plans 21, 24

Si vous ne souhaitez pas passer trop de temps dans les transports, privilégiez les adresses proches de la place de la Nation car ce vaste arrondissement s'étend jusqu'à la périphérie est de la capitale.

très petits prix

Hostel Blue Planet (plan 21). Les baroudeurs peuvent poser leur sac à dos dans cette auberge de jeunesse sise juste derrière la gare de Lyon. Si l'environnement immédiat ne respire pas la gaieté, l'intérieur est bien tenu et les dortoirs (3 lits avec lavabo et pour certains douche/WC) sont propres et bien sécurisés. Comptez 21€/pers. avec petit déj. Draps et serviettes 2€ (possibilité d'apporter son sac de couchage). Borne Internet. Pas de réservation en été : les premiers arrivés sont les premiers servis. Accueil aimable. Pas de CB. **M° Gare de Lyon** *5, rue Hector-Malot 75012 Tél. 01 43 42 06 18 www.hostelblueplanet.com contact@blueplanet.com*

petits prix

Centre international de séjour de Paris (CISP) Maurice-Ravel (plan 21). À 15min à pied du bois de Vincennes, ce centre d'hébergement reçoit les groupes comme les individuels dans son immeuble de 10 étages. Propreté irréprochable dans les chambres (de 1 à 8 lits). Certaines offrent une vue plongeante assez sympathique sur le périphérique et le rocher du zoo de Vincennes. Le plus : la piscine voisine, couverte l'hiver, en plein air l'été, à tarifs préférentiels. Comptez 55,80€ la double (douche, WC) avec petit déj. et 19,10€/pers. dans une chambre de 8 lits. Taxe 1,60€ si une nuit uniquement. Self-service et restaurant. Pas de TV dans les chambres, mais le centre accueille de temps en temps des spectacles de théâtre et de danse. Borne Internet. **M° Porte de Vincennes** 6, av. Maurice-Ravel 75012 Tél. 01 44 75 60 06 www.cisp.fr reservation@cisp.fr

Lux Hôtel Picpus (plan 21). Pas le grand luxe, non, mais une bonne petite adresse tout de même. À un jet de pierre du square Courteline, cet hôtel des années 1930 possède un certain cachet avec sa moquette grenat, ses couloirs étroits et son escalier en colimaçon (rassurez-vous, il y a un ascenseur !). Les 38 chambres (avec TV, minibar, sèche-cheveux) sont impeccables et rénovées régulièrement. Celles donnant sur le boulevard sont plus gaies et ensoleillées. Les sommeils sensibles doivent être prévenus : le métro gronde légèrement jusqu'à minuit et demi. Double de 49€ à 58€. Petit déj. 7€. Garage payant. Réservation conseillée. **M° Picpus** 74, bd de Picpus 75012 Tél. 01 43 43 08 46 www.parisluxhotel.com lux.hotel@wanadoo.fr

Hôtel de l'Aveyron (plan 24). Sans doute la meilleure adresse dans cette petite rue bordée d'hôtels bon marché. Nulle trace d'Aveyron, ici : le réceptionniste est danois et les propriétaires sont libanais. Les chambres sont simples, fonctionnelles et un peu tristes, mais pour 59€ la double avec douche et WC, on ne trouve pas mieux dans le quartier. Attention : certaines sont équipées uniquement d'un lavabo. Petit déj. 5€. **M° Gare de Lyon** 5, rue d'Austerlitz 75012 Tél. 01 43 07 86 86 hotelaveyron@gmail.com

prix moyens

☺ **Hôtel Cosy (plan 21).** L'ancien hôtel-restaurant Moderne a été repris par des propriétaires corses. Son nom lui va comme un gant : les 28 chambres présentent de beaux murs patinés aux tons pastel, un faux parquet plus vrai que nature, et des portes de guingois qui trahissent l'âge de l'immeuble. Excellente literie, jetés de lit en coton piqué et, pour certaines chambres, écrans plasma dernier cri. Coup de cœur pour celles sur cour. Accueil dynamique. Prix indicatifs : double 50€ (lavabo), 65€ ("cosy confort") et 99€ (douche, WC, TV, tél. et climatisation). Petit déj. 7€. Midi et soir, on peut s'attabler au restaurant-bar mitoyen, qui propose quelques bonnes spécialités méditerranéennes. **M° Picpus** 62, bd de Picpus 75012 Tél. 01 43 43 10 02 www.hotel-cosy.com

☺ **Grand Hôtel du Bel Air (plan 21).** Des anges au plafond, des anges sur les murs, des anges en peinture... Ce bel hôtel de 26 chambres fait la part belle aux chérubins, qu'on retrouve sous toutes les formes. Kitsch, certes, mais original et très sympathique. Les chambres, toutes différentes, rivalisent de coquetterie (belles sdb en pâte de verre, par exemple) et sont impeccablement tenues et équipées (sèche-cheveux, TV, ventilateur, parfois a/c et coffre-fort). Sous les toits, les chambres mansardées offrent des nids parfaits aux amoureux. Coup de cœur pour la n°102 et ses colonnades à l'antique, sa mezzanine et son écran plasma (150€). Diablement osé ! Accueil chaleureux et pittoresque. Le métro est tout proche. Double 90€. Petit déj. 8€. Attention, les chèques vacances et la carte American Express ne sont pas acceptés. Parking payant. *M° Nation 102, bd de Picpus 75012 Tél. 01 43 45 30 51 www.grandhotelbelair.com dubelair@aol.com*

☺ **Nouvel Hôtel (plan 21).** Cet hôtel de charme aux allures de maison de campagne anglaise mérite amplement ses deux étoiles. Passé le salon décoré d'une frise 1915, la jolie cour agrémentée d'une glycine et d'un néflier nous appelle déjà. C'est là que se trouve la n°109, la seule des 28 chambres à donner de plain-pied sur le jardin. Le papier peint fleuri Laura Ashley et le secrétaire en bois laqué lui confèrent une délicieuse touche *british*. Les autres chambres, toutes différentes, sont aménagées avec le même sens du confort : moquette épaisse, gravures anciennes de fleurs et d'oiseaux, papiers peints gais et colorés... Le matin, à la belle saison, le petit déjeuner se prend dehors, sous l'œil des merles et des mésanges qui nichent dans le lierre. On se croirait dans le Dorset ! Excellent accueil et belle situation à deux pas du métro Nation. Réservation conseillée. Comptez de 66€ la single à 112€ pour 2 pers. Petit déj. 9€. Très raisonnable au vu de la qualité de la prestation. *M° Nation 24, av. du Bel-Air 75012 Tél. 01 43 43 01 81 www.nouvel-hotel-paris.com nouvelhotel@wanadoo.fr*

prix élevés

Hôtel Le Quartier Bercy Square (plan 21). Vous n'avez pas envie d'affronter le tumulte de la capitale ? Vous souhaitez du calme ? Alors n'hésitez pas à poser vos valises dans cet hôtel sis au fond d'une cour plantée d'arbres, dans un quartier paisible entre Bercy et la Nation. Les 61 chambres, assez petites, manquent un peu d'originalité, mais elles sont bien équipées. Le plus : le petit déjeuner servi sous la véranda donnant sur le jardin. Calme assuré : les jeunes visiteurs risquent même de s'ennuyer un peu ! Comptez de 110€ à 125€ pour 2 pers. en fonction des salons; la "supérieure" de 130€ à 150€. Petit déj. 12€. Attention : travaux en janvier, réouverture prévue février 2008 ! *M° Daumesnil 33, bd de Reuilly 75012 Tél. 01 44 87 09 09 www.lequartierhotelbs.com*

Hôtel Claret (plan 21). Cet ancien relais de poste situé en plein quartier de Bercy abrite 52 chambres confortables et bien équipées (a/c, TV, tél., connexion wi-fi). Au plafond, les poutres en bois peintes en turquoise apportent une touche gaie à la décoration relativement neutre. La proximité de la station Bercy (ligne 14) permet d'accéder en quelques minutes aux quartiers Opéra, Madeleine ou Saint-Lazare. Comptez de 129€ à 149€ la double (prix négociables hors saison). Petit déj. 10€. Au rez-de-chaussée, un restaurant façon bouchon lyonnais rappelle le passé viticole du quartier. Bon accueil. Parking privé 15€/jour. *M° Bercy 44, bd de Bercy 75012 Tél. 01 46 28 41 31 www.hotel-claret.com reservation@hotel-claret.com*

GÉOADRESSES

DORMIR

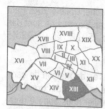

Le 13ᵉ ardt

plans 24, 25, 26

À l'exception de la Butte-aux-Cailles, l'animation du 13ᵉ ardt reste limitée. Les hôtels bénéficient donc d'un environnement calme mais la desserte en métro s'avère peu pratique dès qu'on s'éloigne de la place d'Italie.

petits prix

Hôtel Tolbiac (plan 26). Un établissement "à l'ancienne", où un escalier étroit au parquet grinçant conduit à de longs couloirs couverts de dessins d'enfants et à des chambres lumineuses à la décoration sans prétention (chaises paillées, armoires en bois, lavabos rustiques...). Tout cela est plein de charme, mais le "à l'ancienne" possède aussi ses inconvénients : seuls le premier et le second étage bénéficient d'un double vitrage. Chambres doubles récemment refaites 35€-45€. Petit déj. 6€. TV satellite, wi-fi et accès-internet. Une bibliothèque pour les amoureux de la lecture. *M° Tolbiac, Olympiades, Place d'Italie* 122, rue de Tolbiac 75013 Tél. 01 44 24 25 54 Fax 01 45 85 43 47 www.hotel-tolbiac.com info@hotel-tolbiac.com

Hôtel des Beaux-Arts (plan 25). Dans une petite rue, cet ancien relais de diligence en brique se niche juste en face du parc de Choisy. Aux beaux jours, on profite de sa cour intérieure aux murs couverts de lierre. Les chambres rénovées adoptent une esthétique dépouillée, à base de bois de pin et de bouleau, aux accents scandinaves. Double avec douche et WC 65€, avec un simple cabinet de toilette 39€. Petit déj. 6€. *M° Tolbiac, Place d'Italie* 2, rue Toussaint-Féron 75013 Tél. 01 44 24 22 60 Fax 01 44 24 52 10 www.hotel-beaux-arts.fr info@hotel-beaux-arts.fr

prix moyens

Hôtel des Arts (plan 25). Un bon 2 étoiles, à l'accueil cordial et énergique, tout près de la place d'Italie. Les doubles rénovées, toutes pimpantes aux tons bleus et jaunes, avec meubles en bois et lampes à abat-jour, coûtent 80€ ; les autres, un peu plus tristes, 65€. Quelques triples à 99€. On prend son petit déj. (7€) dans un agréable salon équipé de petites tables en faux bois de rosier. Wi-fi gratuit. Le parking du centre commercial Italie 2 est à deux pas. *M° Place d'Italie, Campo-Formio, Les Gobelins* 8, rue Coypel 75013 Tél. 01 47 07 76 32 Fax 01 43 31 18 09 www.escapade-paris.com arts@escapades-paris.com

Hôtel Résidence Les Gobelins (plan 24). Dans une petite rue très calme, à deux pas du château de la Reine blanche, de la manufacture des Gobelins et du formidable marché de la rue Mouffetard, ce 2 étoiles familial dégage une atmosphère décontractée. Aux beaux jours, une courette permet de lire son journal à l'ombre d'une pergola. L'hiver, on se repliera dans le salon de lecture. Les chambres, aux murs jaune pâle et aux meubles en osier, sont sobres et accueillantes. Les sdb, avec douche, très propres. Simple 63€-73€, double 83€-87€. Petit déj. 8€. *M° Les Gobelins* 9, rue des Gobelins 75013 Tél. 01 47 07 26 90 Fax 01 43 31 44 05 www.hotelgobelins.com hotelgobelins@noos.fr

prix élevés

Hôtel du Vert Galant (plan 25). Un petit coin qui fleure bon la province, dans la sympathique rue Croulebarbe, face au verdoyant square René-Le-Gall. L'impression se renforce encore à l'intérieur, car les lieux abritent un petit jardin où roses et tulipes égayent une pelouse bien tondue. L'atmosphère est intime, 15 chambres seulement, très calmes, décorées de tons ocre très chaleureux. Henri Laborde, le patron, est aussi le chef de l'auberge Etchegorry voisine, réputée pour ses spécialités du Sud-Ouest. Une adresse 3 étoiles recherchée, où il est prudent de réserver à l'avance. Selon la saison, la simple de 90€ à 120€, la double de 100€ à 170€. Lit supplémentaire 10€. Petit déj. 8€. Parking 15€. *M° Les Gobelins, Corvisart* 41-43, rue Croulebarbe 75013 Tél. 01 44 08 83 50 Fax 01 44 08 83 69 www.vertgalant.com hotel.vert.galant@gmail.com

prix très élevés

La Demeure (plan 24). Ce 3 étoiles occupe un bel immeuble haussmannien, implanté à mi-distance du Jardin des Plantes et du carrefour des Gobelins. L'entrée est luxueuse et l'accueil stylé. Notez, au rdc, les deux salons cossus, nantis de douillets fauteuils en velours. Dans les étages, les chambres, calmes et ensoleillées, ornées de vieilles photos, se rangent en 3 catégories : les supérieures (160€), les *deluxe* (197€), et les suites, munies de grandes sdb et d'un salon (260€). Le petit déjeuner vous coûtera 13€ et le parking 17€. *M° Les Gobelins, Saint-Marcel* 51, bd Saint-Marcel 75013 Tél. 01 43 37 81 25 Fax 01 45 87 05 03 www.hotel-lademeureparis.com

La Manufacture (plan 25). Un immeuble en pierre de taille, situé dans une rue tranquille à deux pas de la place d'Italie, qui arbore une décoration raffinée et discrète, chaleureuse et gaie, mêlant habilement modernité et tradition avec son beau parquet et ses fauteuils aux lignes design. Le bar donne envie d'y boire, et la salle à manger d'y prendre son petit déjeuner. Les 57 chambres, pas très vastes, sont toutefois à la hauteur. Trois catégories : les "standard" de 120€ à 145€, les *top floor* de 195€ à 230€, et une seule double dite "supérieure" 165€-190€. Les deux dernières catégories, situées au dernier étage, offrent de vues agréables (notamment la chambre n°74 de laquelle on admire la tour Eiffel). Accueil très cordial. TV satellite. Accès wi-fi offert. Petit déjeuner 10€. *M° Place d'Italie, Les Gobelins* 8, rue Philippe-de-Champagne 75013 Tél. 01 45 35 45 25 Fax 01 45 35 45 40 www.hotel-la-manufacture.com reservation@hotel-la-manufacture.com

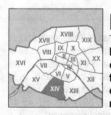

Le 14ᵉ ardt

plans 23, 25

Il est agréable de séjourner dans ce quartier élégant à l'ombre de la tour Montparnasse, à la fois résidentiel et commerçant. Par ailleurs, ce ne sont pas les bonnes adresses qui manquent dans la gamme des prix moyens.

GÉOADRESSES

DORMIR

petits prix

Sports Hôtel (plan 25). Ici, petit prix ne rime pas avec tristesse. Tout est très simple, mais l'endroit ne manque pas de cachet avec ses plafonds moulurés, ses lustres désuets et son escalier en bois contourné. Les 19 chambres, plus vastes que dans beaucoup d'établissements plus onéreux, sont parfaitement tenues. Ambiance chaleureuse et familiale. Une adresse 1 étoile à l'excellent rapport qualité-prix, où il convient de réserver 2 ou 3 semaines à l'avance. Double avec douche, TV et WC sur le palier 45€, dans la chambre 45€ ou 50€. Lit supplémentaire 15€. Petit déj. 5€. **M° Porte d'Orléans** 68, rue Beaunier 75014 Tél. 01 45 40 48 56 Fax 01 45 42 64 92

Hôtel des Voyageurs (plan 25). Une adresse qui séduit dès l'entrée, avec ses murs bleus et son agréable salle à manger en surplomb d'un petit jardin. L'accueil est jeune et décontracté, des expositions d'art et des visites du quartier sont organisées. Très bien placé, à deux pas de la rue Daguerre, du cimetière du Montparnasse et de la place Denfert-Rochereau. Les 26 chambres sont austères mais plaisantes. Accès handicapés. Internet gratuit. Double avec douche, WC et TV satellite 55€. Triple 75€. Petit déj. 5€. **M° Denfert-Rochereau**, RER Denfert-Rochereau 22, rue Boulard 75014 Tél. 01 43 21 08 20 Fax 01 43 21 08 21 www.hoteldesvoyageursparis.com hotel.des.voyageurs2@wanadoo.fr

Hôtel Le Lionceau (plan 25). Situé dans la partie la plus commerçante de la rue Daguerre, ce bâtiment de 3 étages en pierre et brique, géré par la même équipe que l'Hôtel des Voyageurs, offre des prestations similaires et des tarifs identiques à ce dernier. Une troisième annexe du nom du Petit voyageur existe (parquet, lustres, jeu de transparence et luminosité), que vous pouvez également joindre au même numéro. **M° Denfert-Rochereau**, RER Denfert-Rochereau 22, rue Daguerre 75014 Tél. 01 43 21 08 20 Fax 01 43 21 08 21

Hôtel de la Loire (plan 25). Caché dans une rue préservée, à deux pas de la place d'Alésia, ce 2 étoiles attire par ses volets en bois et sa façade évoquant la province. Les chambres sont toutes différentes, rénovées en 2007: n'hésitez pas à en visiter plusieurs. Celles qui donnent sur le jardin (on peut y prendre son petit déjeuner) sont un peu sombres, mais agréables et particulièrement calmes. Double tout confort de 60€ à 85€. Petit déj. 7,50€. Ecrans plasma, TNT, wi-fi gratuit. **M° Plaisance** 38bis, rue du Moulin-Vert 75014 Tél. 01 45 40 66 88 Fax 01 45 40 89 07 www.hoteldelaloire-paris.com hoteldelaloire@wanadoo.fr

prix moyens

Hôtel de Blois (plan 25). À 10min à pied de Montparnasse (mais les 5 étages sans ascenseur), c'est un hôtel 1 étoile qui séduit par la qualité de son accueil et son allure biscornue, loin de la raideur aseptisée des chaînes hôtelières. Racheté il y a peu, les chambres ont été rénovées. Double avec WC et douche 65€, avec WC et baignoire 80€. Petit déj. 6,50€, avec des fruits frais et du pain croustillant, non industriel. **M° Mouton-Duvernet** 5, rue des Plantes 75014 Tél. 01 45 40 99 48 Fax 01 45 40 45 62 www.hoteldeblois.com hoteldeblois@wanadoo.fr

Hôtel Mistral (plan 23). Simone de Beauvoir et Jean-Paul Sartre vécurent ici au cours des années 1930, à un jet de pierre du cimetière du Montparnasse. Depuis, la décoration a été refaite et c'est plutôt réussi : grandes surfaces boisées, cuivres bien astiqués, beaux parquets cirés, larges fauteuils club, tapis rouge dans l'escalier... L'été, on déjeune dans la cour arborée ; l'hiver, dans l'agréable salle à manger. Accueil charmant. Les chambres se répartissent en 2 catégories : avec WC/lavabo (50€-60€) ou avec douche (75€). Les secondes plus spacieuses que les premières, qui ne sont vraiment pas très grandes... Lit supplémentaire 10€. Petit déj.-buffet 7€. Une salle à manger équipée d'un micro-ondes est à la disposition des clients. **M° Gaîté** 24, rue Cels 75014 Tél. 01 43 20 25 43 Fax 01 43 21 32 59 www. hotel-mistral-paris.com mistral.hotel@wanadoo.fr

Hôtel du Parc Montsouris (plan 25). Difficile de trouver un emplacement plus envié ! Nombreux, en effet, sont les Parisiens qui rêvent d'habiter cette rue déli-cieuse en bordure du parc Montsouris, bordée de pavillons à colombages, décorés de faïences. Les chambres, très simples et pour la plupart très bien exposées, béné-ficient d'un calme campagnard. Préférez celles du bâtiment principal, celles de l'an-nexe étant un peu sombres. Double avec douche 64€, avec baignoire 75€, appartement 2 pièces 105€. Petit déj. 8€. Mieux vaut réserver longtemps à l'avance. 2 étoiles. **M° Porte d'Orléans**, RER Cité Universitaire 4, rue du Parc-Montsouris 75014 Tél. 01 45 89 09 72 Fax 01 45 80 92 72 www.hotel-parc-montsouris.com hotel-parc-monsouris@wanadoo.fr

Châtillon Hôtel (plan 25). Niché au fond d'une impasse de caractère, bordée d'immeubles des années 1930, ce 2 étoiles comblera les amateurs de tranquillité. L'accueil est familial, discret et efficace. Les 31 chambres, sans fioritures inutiles, sont plaisantes et bien tenues. Elles sont pourvues de douche ou de baignoire, du téléphone et de la TV satellite. Coffres-forts à disposition. Parking proche (rue Friant). Double 85€. Petit déj. 7€. **M° Alésia** 11, square de Châtillon (à hauteur du 33-35, av. Jean-Moulin) 75014 Tél. 01 45 42 31 17 Fax 01 45 42 72 09 www. hotelchatillon.fr chatillon.hotel@wanadoo.fr

Hôtel Virgina (plan 25). Bien qu'il soit un peu excentré, en bordure de l'ancienne petite ceinture, il possède un raffinement digne du 6e ardt. Méfiez-vous cependant, le bel ascenseur 1900 et les vitraux Art déco dissimulent deux types de chambres : les premières ont été rénovées avec élégance. Belle salle de petit déjeuner. Double 84€-96€. Petit déj. 8,50€. Wi-fi gracieusement offert. Parking privé. **M° Porte d'Orléans** 66, rue du Père-Corentin 75014 Tél. 01 45 40 70 90 Fax 01 45 40 95 21 www.hotel-virgina.com hotel.virgina@wanadoo.fr

Hôtel Apollon-Montparnasse (plan 25). Ce bon 2 étoiles conviendra à ceux qui privilégient le confort : literie de qualité, double vitrage, climatisation, Internet wi-fi, TV câblée, bureau, sdb refaites à neuf et bien chauffées, parking (15€). Préférez les chambres d'angle, équipées de 2 fenêtres. Belle salle voûtée pour le petit déj. buffet 8,50€. Double 96€. **M° Pernety** 91, rue de l'Ouest 75014 Tél. 01 43 95 62 00 Fax 01 43 95 62 10 www.apollon-montparnasse.com apollon@wanadoo.fr

Cécil Hôtel (plan 25). Un hôtel de charme 2 étoiles dont le salon confortable et ensoleillé ouvre sur une agréable terrasse fleurie. Les fauteuils et les canapés donnent envie de s'y installer pour lire son journal (il vous y attendra chaque matin…). Les revues de décoration qui s'empilent un peu partout augurent du soin apporté aux chambres, à l'élégante allure 1930. Double 98€. Lit suppl. 15€. Petit déj. 9€. **M° Porte d'Orléans** 47, rue Beaunier 75014 Tél. 01 45 40 93 53 Fax 01 45 40 43 26 www.cecil-hotel.net cecil-hotel@wanadoo.fr

prix très élevés

Hôtel Istria (plan 23). Un haut lieu de Montparnasse : Picabia, Duchamp, Kisling, Man Ray, Kiki de Montparnasse, Aragon, Elsa Triolet y passèrent (une plaque nous le rappelle à l'entrée) à l'époque où il était encore un établissement modeste et chaleureux. Depuis, l'accueil s'est refroidi, les chambres n'ont pas grandi et les prix ont flambé : 150€-170€ la double. Petit déj. 10€. Ecrans plats et minibars. **M° Raspail** 29, rue Campagne-Première 75014 Tél. 01 43 20 91 82 Fax 01 43 22 48 45 www.istria-paris-hotel.com hotel.istria@wanadoo.fr

Le 15ᵉ ardt
plan 22

Attention, les hôtels situés dans le sud du 15ᵉ arrondissement sont soumis à d'importantes variations de prix et de fréquentation en fonction des salons de la porte de Versailles.

petits prix

Three Ducks Hostel (plan 22). Aménagée dans d'anciennes écuries royales (un petit bâtiment en brique doté d'une agréable cour verdoyante), cette mini-auberge de jeunesse fréquentée par de jeunes voyageurs anglo-saxons dispose de dortoirs de 4 à 12 lits et de chambres pour 2 pers. : 23€/pers. (hiver), 26 €/pers. (été). Les douches et les WC sont sur le palier. Le rdc accueille un pub très convivial, proposant une vingtaine de bières et des accès Internet. **M° Félix Faure, Commerce** 6, pl. Étienne-Pernet 75015 Tél. 01 48 42 04 05 Fax 01 48 42 99 99 www.3ducks.fr

Nainville Hôtel (plan 22). Un lieu vraiment hors du temps ! Rien n'a bougé depuis trente ans : ni la décoration surannée, ni le café du rez-de-chaussée où l'on prend son petit déjeuner au milieu d'une clientèle d'habitués. Les couvre-lits à fleurs et le mobilier ne sont plus très pimpants, mais tout est propre et l'atmosphère chaleureuse. Les chambres avec douche donnent sur les beaux arbres du square Violet (avec WC et TV 72€, sans WC 61€) ; les autres (avec seulement un lavabo), sur rue, sont équipées de doubles vitrages (41€) ; la douche du rdc est accessible de 7h à 18h (4€). Petit déj. 6,80€. **M° Félix Faure, Commerce** 53, rue de l'Église (angle rue de la Rosière) 75015 Tél. 01 45 57 35 80 Fax 01 45 54 83 00

prix moyens

Hôtel de l'Avre (plan 22). La douceur et l'intimité qui se dégagent du hall d'entrée doivent beaucoup aux murs lambrissés de bois clair, aux meubles en osier et au jardin rempli de glycine et de lilas sur lequel donne la petite salle à manger coquette et rustique. Les chambres sont tout aussi lumineuses et hospitalières, avec leurs rideaux à fleurs et leurs tableaux. Certaines, un peu plus chères, ouvrent directement sur le jardin. Il est prudent de réserver à l'avance. Double 79€-92€. Petit déj. 8€. *M° La Motte-Picquet-Grenelle, Émile-Zola* 21, rue de l'Avre 75015 Tél. 01 45 75 31 03 Fax 01 45 75 63 26 www.hoteldelavre.com hotel.delavre@wanadoo.fr

Hôtel de la Paix (plan 22). On est accueilli par une dame charmante dans un salon très cosy, avec feu de cheminée, fauteuils Voltaire et pierres apparentes. Les 37 chambres sont toutes dissemblables, mais la plupart adoptent le même style classique et confortable, avec bureau de bois sombre et lit à l'ancienne. TV dans chacune, climatisation dans certaines. Double 91€ selon la saison et les salons de la porte de Versailles. Petit déj. 7,50€. *M° Boucicaut, Convention* 43, rue Duranton 75015 Tél. 01 45 57 14 70 Fax 01 45 57 09 50 www.hotelpaixparis.com

prix élevés

☺ **Villa Toscane (plan 22).** Le perron, envahi par le lierre, conduit à un restaurant très intime qui annonce la couleur : décoration foisonnante et baroque, tons chauds et matières raffinées, des fleurs peintes accrochées un peu partout... Les 7 chambres, toutes différentes, obéissent au même goût pour la profusion, avec leurs murs couverts d'étoffes fleuries, leurs lits en fer forgé, leurs miroirs et leurs coiffeuses en bois qui remplissent tout l'espace : un lieu hors norme et romantique en diable sur lequel veille la très accueillante Christelle. Un salon-atelier vous invite à boire un verre, en compagnie d'une exposition de tableaux : le cuisinier de l'hôtel est aussi un artiste-peintre. Double 110€, prix dégressifs à partir de 3 nuits ; après 6 nuits, la 7e est offerte. Petit déj. 12€. *M° Volontaires, Pasteur* 36-38, rue des Volontaires 75015 Paris Tél. 01 43 06 82 92 Fax 01 43 06 66 80 www. hotelvillatoscane.fr contact@villatoscane.fr

Hôtel du Parc Saint-Charles (plan 22). Récemment refait, son propriétaire n'a pas lésiné sur la qualité : TV plasma et connexion Internet haut débit dans chaque chambre, triple vitrage, literie équipée de couettes en soie naturelle, rideaux en taffetas moiré, serviettes épaisses, climatisation, restauration dans les chambres, service de blanchisserie et de conciergerie... Le personnel est aux petits soins. Les prix jouent aux montagnes russes en fonction des salons de la porte de Versailles. Doubles 95€-177€. Petit déjeuner 12€. *M° Balard*, tram Balard, RER Boulevard Victor 243, rue Saint-Charles 75015 Tél. 01 45 57 83 86 Fax 01 45 58 60 68 www.hotelduparcstcharles.com hpsc@free.fr

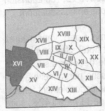

Le 16e ardt

plans 5, 22

Les inconditionnels du camping peuvent planter leur tente au bois de Boulogne en bordure de Seine. Pour les autres, les hôtels répartis dans le nord du 16e ardt sont proches des musées de la colline de Chaillot et de l'Arc de triomphe.

camping

Camping du bois de Boulogne (plan 5). Installé sur un vaste terrain de 7ha en bord de Seine dans la partie ouest du bois de Boulogne, le camping parisien s'étend sur un agréable site boisé. Vous pourrez y réserver un emplacement pour votre tente ou bien louer un des 75 mobil-homes entièrement équipés. D'avril à octobre, une navette payante dessert le camping au départ de la porte Maillot (ligne 1 du métro). Supérette et restaurant sur place. Emplacement pour 2 pers. avec une tente et une voiture de 27,90€ à 34,90€, mobil-home pour 4 pers. à partir de 64,50€ et jusqu'à 96,90€ (en haute saison). **M° Porte Maillot** Bus 244 ou navette 2, allée du Bord-de-l'Eau 75016 Tél. 01 45 24 30 81 Fax 01 42 24 42 95 www.mobilhome-paris.com/fr

prix moyens

Hôtel Villa d'Auteuil (plan 22). Cet hôtel domicilié dans une très chic rue d'Auteuil possède néanmoins un rapport qualité-prix imbattable. En un mot, on se sent ici comme dans une pension de famille. Préférez les chambres qui donnent sur un jardinet et demandez à Oscar, le perroquet de la maison, de vous chanter quelque chose ; à coup sûr, il entonnera *La Marseillaise.* Accueil souriant. Double de 68€ à 72€. Petit déj. 6€. **M° Porte d'Auteuil, Michel Ange-Auteuil** 28, rue Poussin, 75016 Tél. 01 42 88 30 37 Fax 01 45 20 74 70 villadauteuil@wanadoo.fr

Hôtel Boileau (plan 22). Ce sympathique hôtel de 31 chambres affiche complet lors des Internationaux de Roland-Garros. Rénovées récemment, les chambres offrent une décoration sage et des prestations honnêtes. Les tarifs suivent cette modération. Dans ce quartier tranquille, les chambres sur cour vous promettent des nuits parfaitement silencieuses. Double de 80€ à 95€. Petit déj. 9€. **M° Exelmans** 81, rue Boileau 75016 Tél. 01 42 88 83 74 Fax 01 45 27 62 98 info@hotel-boileau.com

prix élevés

Hôtel Ambassade (plan 5). Les 38 chambres peuvent sembler un peu tristes, d'autant que l'absence de lumière extérieure n'arrange rien. Il manque aussi une note personnelle pour les rendre plus attachantes. Les tarifs – très raisonnables – lèvent toutefois ces quelques réserves. Dans un quartier aussi huppé et surtout à proximité du Trocadéro, il est rare de trouver un rapport qualité-prix équivalent. Double "standard" de 110€ à 122€, "confort" de 124€ à 138€ (fourchettes selon la saison). Petit déj. 14€. **M° Boissière, Kléber** 79, rue Lauriston 75016 Tél. 01 45 53 41 15 Fax 01 45 53 30 80 www.hotel-ambassade.com

Queen's Hôtel (plan 22). Le tournoi de Roland Garros mis à part, vous n'aurez pas trop de difficulté pour obtenir une chambre dans cet hôtel situé en plein village d'Auteuil. Les propriétaires ont eu la bonne idée de décorer les murs de tableaux d'artistes contemporains ; ils apportent une touche personnelle à l'ensemble. Les 22 chambres sont petites mais charmantes et impeccablement tenues. Les plus confortables sont équipées d'un Jacuzzi. Double de 117€ à 142€, suite 165€. Petit déj. 9€. **M° Michel Ange-Auteuil** 4, rue Bastien-Lepage 75016

Tél. 01 42 88 89 85 Fax 01 40 50 67 52 www.hotel-queens-hotel.com info@ hotel-queens-hotel.com

Au Palais de Chaillot (plan 5). Les hôteliers parisiens, pas aimables, pas accueillants ? Voici la preuve du contraire – précisons tout de même par prudence que le réceptionniste n'est parisien que d'adoption. Les chambres sont bien entretenues, impeccables, et toutes porteuses d'une petite touche de décoration personnelle. Rien à redire sur les salles de bains, modernes et fonctionnelles. Placé entre l'Arc de triomphe et la tour Eiffel, "Au Palais de Chaillot" jouit d'une situation parfaite au cœur du Paris monumental. Double de 129€ à 149€. Petit déj. 9€. *M° Trocadéro, Victor-Hugo, Boissière 35, av. Raymond-Poincaré 75016 Tél. 01 53 70 09 09 Fax 01 53 70 09 08 www.hotelpalaisdechaillot.com*

Hôtel Nicolo (plan 5). Un petit bijou en retrait de la rue de Passy. Une série de tableaux colorés ornent les murs de l'escalier qui dessert 29 chambres pimpantes. Les lits sont larges et ornés d'une tête de lit en bois travaillé, l'espace est bien proportionné et la décoration marie des couleurs vives sur des murs clairs. On se sent un peu chez soi ici, à mille lieux des hôtels de chaîne standardisés. Double 130€, suites 180€, petit déj. inclus. *M° Passy, Muette, RER Boulainvilliers 3, rue Nicolo 75016 Tél. 01 42 88 83 40 Fax 01 42 24 45 41 www.hotel-nicolo.fr hotel.nicolo@wanadoo.fr*

Le Hameau de Passy (plan 5). L'hôtel occupe la totalité d'un immeuble récent dans une impasse arborée qui débouche sur la commerçante rue de Passy. Il bénéficie ainsi d'un calme absolu et d'un cadre très vert. Les 32 chambres s'ordonnent autour de 3 colonnes d'escalier. Une seule est équipée d'un ascenseur. Si vous êtes chargé, demandez à y être logé. Un mobilier moderne décore des chambres entièrement rénovées, gage d'un vrai confort. Double de 130€ à 140€, petit déj. inclus. Promotions à consulter sur le site Internet. *M° Passy, Muette, RER Boulainvilliers 48, rue de Passy 75016 Tél. 01 42 88 47 55 Fax 01 42 30 83 72 www.hameaudepassy.fr hameau.passy@wanadoo.fr*

prix très élevés

Hôtel Résidence Foch (plan 5). Dans une rue très sélecte proche de l'avenue Foch, cet établissement propose des prestations de qualité à ses clients. La réception spacieuse et décorée avec soin conduit à la salle du petit déjeuner qui s'ouvre sur un jardinet. Les chambres tapissées dans des couleurs vives et printanières forment autant de havres de paix. Les "supérieures" et les suites sont encore plus ravissantes. Calme assuré. Double de 150€ à 160€, "supérieure" de 180€ à 200€, suite de 200€ à 250€. Petit déjeuner 12€. *M° Porte Maillot, RER Porte Maillot 10, rue Marbeau 75016 Tél. 01 45 00 46 50 Fax 01 45 01 98 68 www. residencefoch.com residence@/.com*

Hôtel du Bois (plan 5). Tissus printaniers et moquettes moelleuses tapissent les 41 chambres coquettes de cet hôtel élégant. Au charme du lieu s'ajoute un personnel plein de prévenance qui concourt à rendre votre séjour des plus plaisants. L'établissement situé dans une rue pittoresque, en haut d'un escalier, est à deux pas de l'Arc de triomphe. Idéal pour ceux qui privilégient calme et luxe. Double de

170€ à 235€. Petit déj. 15€. Supplément périodes de salon 50€. **M° Kléber**, RER Charles de Gaulle-Étoile 11, rue du Dôme 75016 Tél. 01 45 00 31 96 Fax 01 45 00 90 05 www.hoteldubois.com reservations@hoteldubois.com

Hôtel de Sévigné (plan 5). Dans un bel immeuble haussmannien proche de l'Étoile, l'hôtel de Sévigné a opté pour un décor classique et discret. Les chambres "Charme" offrent de belles prestations en termes de confort, d'espace et de décoration soignée. Difficile de vous décrire chacune des 30 chambres qui diffèrent par leur taille et leur mobilier. On a beaucoup aimé la 552 et la 222 fort lumineuses dotées de grandes fenêtres et de balcons. Toutes sont précédées d'une antichambre qui préserve du bruit. Double de 160€ à 182€. Petit déj. 11€. Parking privé 25€. **M° Kléber, Boissière** 6, rue de Belloy 75016 Tél. 01 47 20 88 90 Fax 01 40 70 98 73 www.hotel-sevigne.fr hotel.de.sevigne@wanadoo.fr

☺ **Hôtel Gavarni (plan 5).** Marbre, Jacuzzi, télévision à écran plat, tissus soyeux… les chambres les plus haut de gamme s'apparentent à de petits appartements avec leur salon, leur salle de bains luxueuse, leur connexion wi-fi haut débit et leurs 2 téléphones. Les chambres standard n'en sont pas moins coquettes pour un tarif très intéressant. Chacun choisira le standing qui lui correspond et tous partageront le même bien-être. Excellent accueil. Double de 160€ à 240€, suite 380€-460€, suite "Eiffel" 450€-550€. Petit déj. 15€. **M° Passy** 5, rue Gavarni 75016 Tél. 01 45 24 52 82 Fax 01 40 50 16 95 www.gavarni.com reservation@gavarni.com

Le 17e ardt

plans 1, 5

Les hôtels situés autour de la porte Maillot et de l'Étoile affichent souvent complet car ils attirent aussi bien des touristes qu'une clientèle d'affaires. En vous en éloignant un peu, vous trouverez plus facilement à vous loger.

prix moyens

☺ **Eldorado Hotel (plan 1).** Un vrai coup de cœur pour ce petit hôtel plein de caractère. On aime le mélange des couleurs et des matières : murs ocre, jaunes ou verts, tomettes au sol, chaises et tables chinées dans les brocantes, tentures en bogolan ou en étoffes chatoyantes, cheminées surmontées de miroirs imposants… En somme, des chambres décorées avec le plus grand soin, distribuées entre un bâtiment principal et un pavillon campagnard que sépare une cour verdoyante. Petit plus, les propriétaires tiennent aussi le sympathique Bistro des Dames, au rdc, où vous pourrez vous régaler de tapas et assiettes aux parfums méditerranéens. La clientèle se chuchote l'adresse à l'oreille de peur qu'un tel trésor ne s'ébruite. Double 68€, 73€, 80€. Petit déj. 8€. **M° Place de Clichy** 18, rue des Dames 75017 Tél. 01 45 22 35 21 Fax 01 43 87 25 97 www.eldoradohotel.fr

Hôtel des Batignolles (plan 1). Pour les petites bourses, des chambres très sommaires mais d'un entretien rigoureux, au cœur de l'un des plus charmants "villages" parisiens, encore peu fréquenté par les touristes. Tarifs honnêtes, personnel accueillant. L'entrée de l'hôtel se trouve un peu en retrait, au bout d'une petite allée, dans la très commerçante rue des Batignolles. Attention, pas d'ascenseur… Double de 82€ à 90€. Petit déj. 7€. **M° Rome, Place de Clichy** 26-28, rue des Batignolles 75017 Tél. 01 43 87 70 40 Fax 01 44 70 01 04 www.batignolles.com

Hôtel Riviera (plan 1). Vous pensez qu'il est impossible de se loger décemment à Paris à moins de 100€ près de l'Étoile ? Eh bien, si. Pour preuve : cet hôtel familial de 26 chambres climatisées offre un bon confort. Les "classiques" sont un peu étroites mais les "supérieures", spacieuses et soignées, vous satisferont pleinement. Prévoyez de réserver longtemps à l'avance car l'établissement connaît un franc succès… jusqu'au Japon. Double de 78€ à 92€. Petit déj. 7€. **M° Charles de Gaulle-Étoile, Ternes,** RER Charles de Gaulle-Étoile 55, rue des Acacias 75017 Tél. 01 43 80 45 31 Fax 01 40 54 84 08 www.hotelriviera-paris.com

Hôtel Beauséjour-Montmartre (plan 1). Préférez les chambres sur rue, dont quelques-unes (5e ét.) bénéficient d'un charmant balconnet où pousse du lierre : la rue Lecluse est peu passante et les chambres côté jardin, plus chères, ne sont ni plus grandes ni plus lumineuses… Le petit déjeuner se prend sous la verrière du jardin d'hiver ou dans le jardin arrière. Accueil très agréable, rapport qualité-prix satisfaisant. L'hôtel se situe à deux pas des Batignolles et de la butte Montmartre. Double de 75€ à 100€. Petit déj. 7,50€. **M° Place de Clichy** 6, rue Lecluse 75017 Tél. 01 42 93 35 77 Fax 01 42 94 19 08 www.beausejour-montmartre.com info@beausejour-monmartre.com

Marmotel-Étoile (plan 5). À égale distance de la porte Maillot et de l'Arc de triomphe, cet établissement se révèle être une excellente option. Les 23 chambres fonctionnelles et impeccables sont proposées à un tarif imbattable. Elles s'ordonnent principalement autour d'un patio arboré où, aux beaux jours, est servi le petit déjeuner. Préférez les chambres sur cour à celles côté rue pour leur calme absolu. Double de 87 à 90€. Petit déj. 8€. **M° Argentine, Porte Maillot, Charles de Gaulle-Étoile** 34, av. de la Grande-Armée, 75017 Tél. 01 47 63 57 26 Fax 01 45 74 25 27 www.paris-hotel-marmotel.com marmotel@aol.com

Hôtel Champerret-Héliopolis (plan 1). Autour d'un patio fleuri s'ordonnent 22 chambres toutes très propres et sobres. Géraniums aux fenêtres et petit déjeuner servi dans la courette au printemps. Cette adresse sympathique située dans une ruelle tranquille à la limite du 17e ardt conviendra parfaitement à ceux qui disposent d'un budget limité, aux autres aussi ! Double de 90€ à 96€. Petit déj. 9,50€. **M° Porte de Champerret,** RER Pereire 13, rue d'Héliopolis 75017 Tél. 01 47 64 92 56 Fax 01 47 64 50 44 www.hotel-heliopolis.com champerretheliopolis@wanadoo.fr

Hôtel du Roi René (plan 1). Contre les flancs de l'église Sainte-Marie-des-Batignolles, à un saut d'un grand square où l'on aime flâner par beau temps. La localisation est sans aucun doute le meilleur atout du Roi René, immergé dans ce quartier villageois grouillant de petits restaurants et boutiques branchées. Les chambres sont d'un confort plutôt spartiate. Levers matinaux assurés par le son des cloches… Double 77€-92€. Petit déj. 6€. **M° Brochant** 72, pl. du Docteur-Félix-Lobligeois 75017 Tél. 01 42 26 72 73 Fax 01 42 63 74 99 hotelroirene@free.fr

GÉOADRESSES

DORMIR

prix élevés

Hôtel Médéric (plan 1). On se sent un peu chez soi dans cet hôtel familial posté à deux pas du très chic parc Monceau. Le propriétaire vous met d'emblée à l'aise et chacune de ses 29 chambres possède une touche d'originalité. Les plus jolies, les *cosy rooms*, ont été récemment refaites dans des couleurs chaudes et sont dotées de tout le confort. La mansarde confère un cachet supplémentaire à celles du dernier étage. Au rez-de-chaussée, une chambre est équipée pour accueillir des personnes handicapées. Double 95€ (douche) à 120€, suite 140€. Petit déj. 7€. **M° Courcelles** 4, rue Médéric 75017 Tél. 01 47 63 69 13 Fax 01 44 40 05 33

Hôtel Flaubert (plan 1). Ses 41 chambres pour 1, 2, ou 3 personnes vous accueillent dans un quartier très résidentiel. Elles sont distribuées autour d'un jardin intérieur qui confère à l'ensemble une note verte bien agréable. Les chambres sont spacieuses et confortables, l'accueil est plus aléatoire mais le rapport qualité-prix, indéniable. Double 115€. Petit déj. 9€. **M° Pereire, Charles de Gaulle-Étoile**, RER Pereire, RER Charles de Gaulle-Étoile 19, rue Rennequin 75017 Tél. 01 46 22 44 35 Fax 01 43 80 32 34 www.hotelflaubert.com paris@hotelflaubert.com

Hôtel Excelsior (plan 1). Des petites chambres bourgeoises, nichées dans le bas des Batignolles. On regrette la moquette au sol, mais les moulures au plafond, les cheminées en marbre, les livres et le mobilier en bois traduisent un réel effort pour les personnaliser. Double 110€-120€. Petit déj. 7€. **M° Place de Clichy** 16, rue Caroline 75017 Tél. 01 45 22 50 95 Fax 01 45 22 59 88 www.parishotelexcelsior.com excelsior-caroline@wanadoo.fr

☺ **Hôtel Palma (plan 1).** Le style néocolonial du hall et du salon apporte une vraie touche d'excentricité à cet hôtel situé dans un quartier très tranquille et très bourgeois. Changement d'ambiance dans les 37 chambres décorées de meubles en bois peint et de frises colorées. Chacune possède un caractère propre, une salle de bains moderne et respire un confort douillet. Celles du dernier étage sont mansardées. Vous tomberez sous leur charme, à n'en pas douter. Double de 135€ à 145€. Petit déj. 10€. **M° Porte Maillot, Argentine**, RER Porte Maillot 46, rue Brunel 75017 Tél. 01 45 74 74 51 Fax 01 45 74 40 90 www.hotelpalma-paris.com reservations@hotelpalma-paris.com

Hôtel Résidence Romance-Malesherbes (plan 1). Dans l'optique d'un séjour prolongé, pourquoi ne pas choisir la résidence-hôtel ? Une formule économique et intéressante, avec accent sur le confort hôtelier. Vous disposez d'une grande chambre double, d'un coin cuisine et d'une salle de bains. Ici l'ensemble est fort bien tenu et l'accueil bienveillant. Touristes étrangers et clientèle d'habitués se partagent les lieux. Studio douche 119€, pour 2 pers. 139€ par jour et 770€ la semaine. Petit déj. buffet 9€. **M° Villiers, Malesherbes** 129, rue Cardinet 75017 Tél. 01 44 15 85 00 Fax 01 44 15 85 29 www.hotelparis17.com

prix très élevés

☺ **Hôtel Centre-Ville-Étoile (plan 5).** Une tonalité Art nouveau imprègne cet hôtel de charme proche de l'Étoile dans une rue particulièrement calme. Une immense verrière illumine la réception, des coursives conduisent aux 15 chambres qui déclinent le noir et le blanc dans des compositions très élégantes et très étudiées. On se sent immédiatement à l'aise dans ce décor contemporain. Des forfaits week-end sont parfois proposés sur le site web. Double de 130€ à 160€. Petit déj. 10€. **M° Argentine, Charles de Gaulle-Étoile** 6, rue des Acacias 75017 Tél. 01 58 05 10 00 Fax 01 47 54 93 43 www.centrevillehotels.com

Regent's Garden Hôtel (plan 1). Cet ancien hôtel particulier du médecin de Napoléon III accueille désormais une clientèle d'hommes d'affaires en semaine et de touristes le week-end. Au nombre de ses atouts, des chambres spacieuses (dans la catégorie supérieure) avec une respectable hauteur sous plafond, décorées de meubles anciens, et surtout un jardin séduisant où il fait bon prendre son petit déjeuner bercé par le chant des oiseaux. Un vrai luxe au cœur de la capitale. Double 219€, 249€ et 259€ (la "régent" 309€). Lit supplémentaire 32€. Petit déj. 16€. Parking 18€. **M° Ternes, Charles de Gaulle-Étoile**, RER Charles-de-Gaulle-Étoile 6, rue Pierre-Demours 75017 Tél. 01 45 74 07 30 Fax 01 40 55 01 42 www.hotel-paris-garden.com hotel.regents.garden@wanadoo.fr

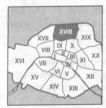

Le 18ᵉ ardt

plans 1, 2, 3

Curieusement, les hôtels perchés sur la Butte sont bien plus abordables que ceux qui donnent sur les bruyants boulevards de Clichy et de Rochechouart ! La faute à la clientèle d'affaires, qui privilégie la proximité des transports en commun et des axes routiers... N'hésitez pas à vous faire confirmer les prix : entre deux salons professionnels, il leur arrive de chuter de 40%.

petits prix

Hôtel Bonséjour (plan 3). Certainement le meilleur rapport qualité-prix de la Butte. Chambres simplissimes, mais très propres, avec petite cabine de douche pour certaines, parfois un balcon. Pas d'ascenseur, ni de petit déj. En revanche, vous êtes au cœur du quartier ultrabranché d'Abbesses-Lepic. Double avec douche 55€-59€ (balcon) ; double avec lavabo 48€. **M° Abbesses** 11, rue Burq 75018 Tél. 01 42 54 22 53 www.hotel-bonsejour-montmartre.fr hotel-bonsejour-montmartre@wanadoo.fr

Le Village Hostel (plan 3). Une auberge de jeunesse indépendante, au pied de la Butte, à côté de la place Saint-Pierre. Les dortoirs (2-5 lits) disposent tous d'une sdb et les plus sympathiques donnent sur la plaisante terrasse à mi-étage, d'où se détache la silhouette du Sacré-Cœur, encadrée par une haie d'immeubles. Accueil décontracté, couvre-feu à 2h (23h pour la terrasse). Double 30€ par personne avec le petit déjeuner. **M° Anvers, Abbesses** 20, rue d'Orsel 75018 Tél. 01 42 64 22 02 www.villagehostel.fr

Style Hôtel (plan 1). Une belle affaire, à côté de la place de Clichy, tout près du cimetière de Montmartre. Les chambres sont joliment décorées, avec tables de chevet, abat-jour, lits et armoires de style Art déco, et parquet au sol (une rareté !).

Tarifs très honnêtes et accueil aimable. Single 35€-45€. Double 50€. Petit déj. 6€. **M° La Fourche** 8, rue Ganneron 75018 Tél. 01 45 22 37 59

prix moyens

☺ **Hôtel du Moulin (plan 3).** Très bien situé, à côté de la rue des Abbesses, ce petit hôtel d'une trentaine de chambres affiche des tarifs plutôt abordables pour le secteur. Les chambres aménagées dans le pavillon indépendant s'ouvrent sur une courette pavée embaumée de roses. Personnel charmant et entretien soigné. Double 1 personne 83€, 2 personnes 88€. Petit déjeuner 7€. **M° Abbesses** 3, rue Aristide-Bruant 75018 Tél. 01 42 64 33 33 www.hotelmoulin.com

☺ **Hôtel Regyn's Montmartre (plan 3).** Une des rares adresses de charme de la Butte : 22 petites chambres décorées avec goût (TV à écran plat, belles tentures aux couleurs chaudes, lumière naturelle, sdb éclatantes de blancheur). À partir du 4e étage, panorama inouï sur les toits de Paris, d'où pointe la tour Eiffel... D'autres chambres donnent sur le Sacré-Cœur, le clocher de la place des Abbesses ou une courette tapissée de vigne, côté square Jehan-Rictus. Double 79€ (avec douche, sans vue) ou 111€ (avec bain et vue). Petit déj. 8€ salle, 9€ chambre. **M° Abbesses** 18, place des Abbesses 75018 Tél. 01 42 54 45 21 www.paris-hotels-montmartre.com hrm18@club-internet.fr

Hôtel des Arts (plan 3). Juste en face du Studio 28, à deux pas du Moulin de la Galette. Des chambres sans grand cachet, mais impeccables et d'un confort satisfaisant. Celles de l'annexe, dans l'arrière-cour, viennent d'être rénovées. Double 95€-160€. Petit déj. 8€. **M° Abbesses** 5, rue Tholozé 75018 Tél. 01 46 06 30 52 www.arts-hotel-paris.com hotel.arts@wanadoo.fr

Hôtel Roma-Sacré-Cœur (plan 3). Des chambres gaies, aux murs colorés, derrière la Butte. On appréciera ce quartier très commerçant, proche des pentes les plus sereines de Montmartre. Double 85€-120€. Petit déj. 8€. **M° Lamarck-Caulaincourt** 101, rue Caulaincourt 75018 Tél. 01 42 62 02 02 www.hotelroma.fr

☺ **Ermitage Hôtel (plan 3).** Une belle demeure Napoléon III avec l'ambiance et les services d'une maison d'hôte. On apprécie l'accueil, familial et personnalisé, et les chambres douillettes, parées de tissus à fleurs anglais et de superbes meubles chinés dans les brocantes. Les habitués prennent d'assaut celles qui donnent sur le jardin, pour le plaisir d'un petit déjeuner au soleil, et celles du dernier étage pour la vue dégagée. Les chambres familiales comptent un lit en alcôve, rêve de petites filles. Une atmosphère très british, tout en discrétion et élégance. Double 94€, petit déj. servi en chambre compris. **M° Château-Rouge, Anvers** 24, rue Lamarck 75018 Tél. 01 42 64 79 22 www.ermitagesacrecoeur.fr

prix élevés

☺ **Timhotel Montmartre (plan 3).** L'adresse à réserver, si l'on ne rechigne pas trop à grimper les abrupts escaliers montmartrois... non pas pour ses chambres, justes correctes, ni pour ses prix, plutôt salés, mais pour sa situation, sur la ravissante place Émile-Goudeau. Avec ses marronniers, ses bancs, sa fontaine Wallace, et les ruelles tortueuses qui rayonnent alentour, cette dernière évoque à merveille le Montmartre villageois d'antan. Les chambres des 4e et 5e étages dominent les toits en cascade de Montmartre, avec la ville pour toile de fond. À deux pas des places du Tertre et des Abbesses. Double 130€-160€, suite 210€-250€. Petit déj. 8,50€. *M° Abbesses* 11, rue Ravignan 75018 Tél. 01 42 55 74 79 www.timhotel.com

Hôtel Bellevue (plan 3). Dans un secteur mi-touristique, mi-commerçant, près du funiculaire et des magasins de tissus d'ameublement. Chambres convenables, aux tons crème, ce qui les rend plus lumineuses. Préférez celles sur cour. Double 150€. Petit déjeuner 10€. *M° Anvers* 19, rue d'Orsel 75018 Tél. 01 53 41 32 00 www.hotelbellevueparis.com

prix très élevés

Hôtel Prima Lepic (plan 3). Dans un secteur vivant, près du métro et des commerces, un étrange petit hôtel au romantisme champêtre. Chambres pimpantes, aux rideaux et couvre-lits fleuris, meublées de lits à baldaquin ou en fer forgé blanc. Double 145€-170€. Petit déj. 10€. *M° Blanche, Abbesses* 29, rue Lepic 75018 Tél. 01 46 06 44 64 www.hotel-prima-lepic.com reservation@hotel-prima-lepic.com

Terrass Hotel (plan 2). Une luxueuse adresse largement acquise à la clientèle d'affaires. Chambres classiques et impeccables, avec, à partir du 5e étage, des points de vue dégagés sur Paris et la masse verte du cimetière de Montmartre. Personnel souriant et diligent. Double 270€. Petit déjeuner 17€. *M° Blanche, Place de Clichy* 12-14, rue Joseph-de-Maistre 75018 Tél. 01 46 06 72 85 www. terrass-hotel.com reservation@terrass-hotel.com

Le 19e ardt

plans 2, 4

Hormis quelques hôtels un peu vétustes, le quartier de la Villette abrite surtout des établissements de chaîne, regroupés aux abords du parc.

prix moyens

Hôtel Rhin-et-Danube (plan 4). Une bonne solution pour un séjour prolongé ou des vacances en famille : cette maison en brique de 4 étages propose des studios tout équipés, avec kitchenette. Il faut reconnaître que le secteur est un peu excentré, mais la station de métro se trouve juste en face, sur la place, et les quartiers de la Mouzaïa et de Belleville, les parcs des Buttes-Chaumont et de la Villette sont facilement accessibles à pied. La clientèle, fidèle, réservant d'une année sur l'autre, il faut s'y prendre longtemps à l'avance. Studio 2 pers. 61€. *M° Danube* 3, pl. du Rhin-et-Danube 75019 Tél. 01 42 45 10 13

Hôtel Le Laumière (plan 4). Des chambres spacieuses aux couleurs vives – jaune, bleu, rouge – et rigoureusement tenues, avec le plus souvent des toilettes séparées

GÉOADRESSES

DORMIR

de la sdb, à des tarifs défiant toute concurrence… Nous apprécions le jardinet fleuri, garni de quelques tables rondes en teck où prendre le petit déjeuner, comme le quartier : une placette ornée d'une fontaine Wallace et d'un café avec terrasse, les commerces de bouche de la rue de Meaux, le parc des Buttes-Chaumont et le bassin de la Villette. Double avec douche 59€ (rue) ou 66€ (jardin) ; double avec bain 70€ (1 personne) ou 73€ (2 personnes). Petit déj. 7,90€. *M° Laumière* 4, *rue Petit 75019 Tél. 01 42 06 10 77 www.hotel-lelaumiere.com lelaumière@wanadoo.fr*

☺ **Hôtel Crimée (plan 2).** Un 2 étoiles agréable, près du parc de la Villette. Les 31 chambres, vastes et confortables, sont régulièrement rénovées. Literie et sdb soignées, accueil courtois et des prix très honnêtes pour Paris. Double 70€ (douche) ou 74€ (bains). Petit déj. 7€. *M° Crimée* 188, *rue de Crimée 75019 Tél. 01 40 36 75 29 www.hotelcrimee.com hotelcrimee19@wanadoo.fr*

prix très élevés

Holiday Inn Paris-La Villette (plan 4). La façade curviligne de ce 4 étoiles domine la Cité de la musique. Il accueille surtout les participants à des salons professionnels et des musiciens venus se produire à la Villette. Un peu excentré, mais pratique : il vous suffira de traverser l'avenue si vous devez assister à une manifestation à la Villette. Double à partir de 230€. Petit déj. 18€. *M° Porte de Pantin 216, av. Jean-Jaurès 75019 Tél. 01 44 84 18 18 www.holiday-parisvillette.com*

Le 20ᵉ ardt

plans 12, 21

Privilégiez les hôtels proches de la place Gambetta ; au-delà en effet, vous risquez d'être assez excentré. Ceux qui recherchent un hébergement à coût modique réserveront dans la plus grande auberge de jeunesse de France.

petits prix

Auberge de jeunesse d'Artagnan (plan 12). On ne cherchera pas l'intimité dans cet établissement situé dans le quartier Saint-Blaise : avec 442 places réparties sur 7 étages, c'est la plus grande de France ! En revanche, on ne manquera de rien : salle de cinéma, jeux vidéo, 2 bars, restauration midi et soir. Côté pratique : vente de tickets de transport, change, buanderie, bornes Internet et cabine pour appels en PCV. Chambres (2-9 places) impeccables. TV dans les doubles. Sanitaires collectifs ou privatifs. Bon à savoir : les chambres pour 5 pers. ont une douche, des WC et sont plus spacieuses. Accueil jeune : la moyenne d'âge du personnel flirte avec la vingtaine ! Carte FUAJ. Dortoir 20€/pers., chambre 3-4 pers. 22€, double 26€ (draps, couverture et petit déj. inclus). *M° Porte de Bagnolet, bus PC2 et 351 (aéroport Roissy) 80, rue Vitruve 75020 Tél. 01 40 32 34 56 Fax 01 40 32 34 55 www.hostel-in.com*

Tamaris Hôtel (plan 21). À 100m de la station Porte de Vincennes, ce petit hôtel a deux atouts : son calme et ses prix modestes. Les 42 chambres sont toutes équipées de douche, WC, TV et téléphone. Le confort est simple et la décoration, bien qu'un peu morne, n'est pas sans charme. Comptez 60€-85€ la double (1 personne) et 65€-95€ (2 personnes). Qui dit mieux ? Petit déj. 7€. Accueil agréable. *M° Porte de Vincennes* 14, rue des Maraîchers 75020 Tél. 01 43 72 85 48 Fax 01 43 56 81 75 www.hotel-tamaris.fr

Mary's Hôtel (plan 12). À 5min à pied de la place Gambetta et du Père-Lachaise, cet hôtel ne vole pas son unique étoile. Ses 24 chambres spacieuses disposent d'une literie correcte, de double vitrage, de sdb, de TV et de tél. Une bonne prestation au vu des prix : 54€ la double. Petit déj. 6€. Minibars dans la plupart des chambres. Néanmoins, accueil un peu sec. CB acceptées. *M° Pelleport* (bus 60, 61, 26) 118, rue Orfila 75020 Tél. 01 43 61 51 68 Fax 01 43 61 16 47 www.maryshotel.fr

Eden Hôtel (plan 12). Entre la rue des Pyrénées et la pittoresque rue de Belleville, cet hôtel modeste offre 32 chambres correctes (TV, tél.) quoiqu'un peu mornes, dont 17 avec douche. Par chance, la rue est calme et le parc des Buttes-Chaumont n'est qu'à 5min à pied. Borne Internet à l'accueil. Chambre double 57€-60€. Petit déj. 5€. *M° Jourdain, Pyrénées* 7, rue Jean-Baptiste-Dumay 75020 Tél. 01 46 36 64 22 Fax 01 46 36 01 11

☺ **Nadaud Hôtel (plan 12).** Voilà un véritable hôtel familial, et pas seulement parce qu'il est tenu par la même famille depuis 1925 ! L'accueil chaleureux donne une vraie plus-value à cette adresse. Certaines des 24 chambres, comme la 522 et surtout la 629 (sous les toits mais climatisées), offrent une vue magique sur Paris, du dôme du Panthéon jusqu'à celui du Sacré-Cœur. Propreté et confort garantis (excellente literie, TV, tél., wi-fi gratuit, double vitrage). À peine regrette-t-on la décoration assez convenue. Avis aux familles : certaines chambres sont communicantes. Double 58€ avec douche et WC. Petit déj. servi en chambre 7€. CB acceptées. *M° Gambetta* 8, rue de la Bidassoa 75020 Tél. 01 46 36 87 79 Fax 01 46 36 05 41 www.nadaud-hotel.com Fermé en août

prix moyens

Hôtel Lilas-Gambetta (plan 12). Bien qu'assez excentré dans les hauts de Belleville, ce 2 étoiles de 34 chambres apporte confort et repos aux voyageurs : bonne literie, TV, tél., minibar, sèche-cheveux, etc. On préférera le côté cour, plus calme. La propreté est irréprochable mais la décoration manque de fantaisie. Le matin, en été, on prend son petit déjeuner dans la cour minuscule. Le soir, difficile de se distraire dans le quartier, mieux vaut le savoir ! Comptez 74€ pour 2. Ajoutez 7€ pour le petit déj. *M° Porte des Lilas* 223, av. Gambetta 75020 Tél. 01 40 31 85 60 Fax 01 43 61 72 27 www.lilas-gambetta.com

Palma Hôtel (plan 12). Quasiment sur la place Gambetta, au cœur d'un quartier animé, cet hôtel ne mérite peut-être pas des palmes, mais ses deux étoiles, sûrement. Ses 32 chambres sont toutes climatisées, insonorisées et bien équipées (TV, tél., accès Internet). La décoration, assez vieillotte, gagnerait néanmoins à être rafraîchie. Double 73€-79€. Petit déj. 7€. Personnel souriant et serviable. Parking payant. *M° Gambetta* 77, av. Gambetta 75020 Tél. 01 46 36 13 65 Fax 01 46 36 03 27 www.hotelpalma.com hotel.palma@wanadoo.fr

GÉOADRESSES

DORMIR

Hôtel Paris-Gambetta (plan 12). Sans conteste le meilleur hôtel du quartier. Donnant dans une avenue paisible, à deux pas du cimetière du Père-Lachaise et de la place Gambetta, il abrite 33 chambres très soignées. Avis aux amoureux : certaines disposent de lits en alcôve. La moquette moelleuse et le papier peint à l'ancienne confèrent au lieu une élégance simple mais de bon aloi. TV, tél., minibar dans chaque chambre. Plus de lumière côté avenue. Accueil courtois. Double de 82€ (douche) à 88€ (bain). Suites 82€-120€. Petit déj. 8€. Service Internet gratuit. Parking privé 12€. *M° Gambetta* 12, av. du Père-Lachaise 75020 Tél. 01 47 97 76 57 Fax 01 47 97 17 61 www.hotelparisgambetta.com

Super Hôtel (plan 12). Voilà un nom un rien présomptueux ! Bien situé sur la place Gambetta, l'établissement ne manque pas de qualités mais ses 32 chambres bien équipées – douche, WC, TV, tél. et double vitrage bien utile – restent banales avec leur décoration passe-partout. Les nostalgiques des années 1970 apprécieront le hall et la salle du petit déjeuner violet et rose ! Accueil passable. Double 85€. Petit déj. 8€. *M° Gambetta* 208, rue des Pyrénées 75020 Tél. 01 46 36 97 48 Fax 01 46 36 26 10 http://superhotelparis.site.voila.fr superhotel@wanadoo.fr

Timhotel Nation (plan 21). Cette chaîne parisienne d'hôtels est présente depuis peu dans le quartier de la Nation, à 3 stations du Père-Lachaise. Les 50 chambres offrent tout le confort d'un 2 étoiles, même si la décoration manque un peu de fantaisie. Six d'entre elles donnent sur le jardin, pour plus de calme et de verdure. Petit déjeuner agréable sous la véranda ou, aux beaux jours, dans le jardin. Double 75€-110€ selon la saison. Petit déj. 8,50€. Accueil professionnel. *M° Avron* 5-7, rue d'Avron 75020 Tél. 01 43 56 29 29 Fax 01 43 56 88 50 www.timhotel.com

GEODOCS

Des *Mystères de Paris* d'Eugène Sue à *Quai des Orfèvres* de Clouzot, sur un air de Piaf, de Fréhel ou d'Arletty, retrouvez tous les artistes qui ont raconté, chanté, glorifié, magnifié la capitale…

Bibliographie, discographie, filmographie : l'essentiel pour approfondir vos connaissances sur Paris. Un **index des sites et des lieux de visite** ainsi que des classements thématiques pour une lecture transversale de l'ouvrage.

Pour en savoir plus

GEO**MEMO**

Office de tourisme	www.parisinfo.com tél. 08 92 68 31 12
Mairie de Paris	www.paris.fr tél. 01 42 76 43 43
Forum des images	www.forumdesimages.net tél. 01 44 76 63 00
Actualité culturelle	www.lemondedesarts.com
Sorties	www.parisbouge.com
Restaurants	www.restoaparis.com
Jardins	www.jardins.paris.online.fr
Balades	www.parisbalades.com

GEODOCS

BIBLIOGRAPHIE

HISTOIRE ET DOCUMENTS
Connaissance du Vieux-Paris,
J. Hillairet, Rivages, 1993
*Dictionnaire historique des rues
de Paris*, J. Hillairet, Minuit, 1985
Journal d'un bourgeois de Paris,
anonyme, 1405-1449, Le Livre de
poche, Hachette
Mémoires, baron Haussmann,
Le Seuil, 2000
*Comptes fantastiques
d'Haussmann*, J. Ferry, La Villette,
1996
Invention de Paris (L'), É. Hazan,
Le Seuil, 2002
Nouveau Paris (Le), É. de
Labédollière, ill. de Gustave Doré,
Gustave Barba libraire-éditeur
(v. 1860), SACELP, 1986
Paris, A. Vitu (paru fin du XIXᵉ s.),
Éditions RVG, Genève, 1996
Paris 1940-1944, P. Bourget, Plon,
1979
Paris années 50, S. Karnow,
Exils éditeur, 1999
*Paris, c'était hier, chroniques
d'une Américaine à Paris 1925-
1939*, Janet Flanner, Mazarine,
1981
*Paris, de la préhistoire à nos
jours*, collectif, Bordessoules,
Saint-Jean-d'Angély, 1985
Paris, deux mille ans d'histoire,
J. Favier, Fayard, 1997
Paris, histoire d'une ville, sous la
dir. de J.-R. Pitte, Hachette, 1993
Siège de Paris (Le), J. Favre et
A. Lambert, Calmann-Lévy, 1965

ARCHITECTURE
Cité Malesherbes (La), Thierry
Cazaux, Paris Musées, 2001
*Dictionnaire des monuments
de Paris*, Collectif, Hervas, 1992
*Grammaire des immeubles
parisiens*, Claude Mignot,
Parigramme, 2004

*Guide de l'architecture moderne
à Paris*, M. Martin, Syros-Alternative,
1990
Guimard, l'Art nouveau,
P. Thiébaut, Gallimard, 1992
*Histoire de Paris par la peinture
(L')*, sous la dir. de G. Duby, Belfond,
1988
*Paris, XIXᵉ siècle, l'immeuble et
la rue*, F. Loyer, Hazan, 1994
Paris et ses passages couverts,
Guy Lambert, Monum, 2002
*Promenades d'architecture à
Paris*, B. McClure et P. Régnier,
La Découverte-Le Monde-Sol, 1989
*Paris capitale du XIXᵉ siècle,
le Livre des passages*,
W. Benjamin, Éd. du Cerf, 1987
*Rues de Paris à travers les
dessins d'Albert Laprade (Les)*,
présentation de Y. Christ,
Berger-Levrault, 1992
Tableau de Paris, Mercier, L.-S.
(fin XVIIIᵉ s.), La Découverte, 1989
*Traversées de Paris (Les), deux
siècles de révolution dans la
ville*, sous la dir. de P. Pinon, Le
Moniteur, 1989

GUIDES
Guide des cimetières parisiens,
J. Barozzi, Hervas, 1990
Guide des musées de Paris,
A. Le Brusq, Syros-Alternative, 1990
Guide du Paris mystérieux,
collectif, Sand, 1985
Guide du patrimoine, sous
la dir. de J.-M. Pérouse de Montclos,
Hachette, 1994
Louvre (Le), "Encyclopédies du
voyage", Gallimard, 1994
Paris, "Encyclopédies du voyage",
Gallimard, 2000
Paris, "L'Art pour guide", Gallimard,
2005
*Paris-Guide par les principaux
écrivains et artistes de la
France*, La Découverte, 1983,
réimpression de l'édition de 1867

Paris secret, "Encyclopédies du voyage", Gallimard, 1997
Grands Boulevards (les boulevards de Clichy et de Rochechouart), T. Cazaux, "Quartiers de vie", Paris Musées, 2004
Paris-Seine, ville fluviale, F. Beaudouin, La Martinière, 1993
Paris, ses poètes, ses chansons, collectif, Seghers, 1980
Tour du monde dans Paris (Le), N. de Bélizal, Hervas, 1993

MONOGRAPHIES
À la découverte des souterrains de Paris, P. Saletta, Sides, 1993
Notre-Dame de Paris, A. Erlande-Brandenburg, Nathan-CMNHS, 1991
Petite histoire des stations de métro, P. Miquel, Albin Michel, 1993
Ponts de Paris, J. Van Deputte, Sauret-Paris-Musées, 1994
Quais et ponts de Paris, M. Gaillard, Martelle, 1993

LITTÉRATURE
Apollinaire, G. *Alcools* (poème "Zone" : "Bergère ô Tour Eiffel le troupeau des ponts bêle ce matin"), Gallimard, 1999
Aragon, L. *Le Paysan de Paris*, Gallimard, 1926
Aymé, M. *"La Traversée de Paris"*, in *Le Vin de Paris*, "Quarto", Gallimard, 2002
Balzac, H. *La Comédie humaine* (*Le Père Goriot*, *La Duchesse de Langeais*, etc.)
Breton, A. *Nadja*, "Folio", Gallimard, 1998
Calet, H. *Le Tout sur le tout*, "L'Imaginaire", Gallimard, 1948
Cendrars, B. *Paris ma ville*, illustré par Fernand Léger, La Bibliothèque des arts
Chabannes, J. *Paris à vingt ans*, Éd. France-Empire, 1974
Charensol, G. *De Montmartre à Montparnasse*, Julliard, 1990

Dorgelès, R. *Au beau temps de la Butte*, Albin Michel, 1963
Dos Passos, J. *USA* (*Le 42e Parallèle, 1919*), "Quarto", Gallimard, 2002
Du Camp, M. *Les Convulsions de Paris*, Hachette, 1878-1880
Fargue, L.-P. *Le Piéton de Paris* et *D'après Paris*, Gallimard, 1964
Georges-Michel, M. *Les Montparnos*, Le Livre de Poche, Hachette, 1976
Green, J. *Paris*, Le Seuil, 1989
Hemingway, E. *Paris est une fête*, "Folio", Gallimard, 1964
Hevesi, A. *Pluie de Paris*, Éd. des Syrtes, 1999
Hugo, V. *Notre-Dame de Paris*, "Folio", Gallimard, 2002 ; *Les Misérables*, "Folio", Gallimard, 1995
Huysmans, J.-K. *Croquis parisiens*, La Bibliothèque des arts, 1994
Kerouac, J. *Satori à Paris*, "Folio", Gallimard, 1993
Larbaud, V. *Lettres de Paris*, Gallimard, 2001
Mac Orlan, P. *La Lanterne sourde*, Gallimard, 1953
Malet, L. *La Nuit de Saint-Germain-des-Prés* ; *M'as-tu vu en cadavre ?* ; *Brouillard au pont de Tolbiac* ; *120, rue de la Gare* ; *Casse-Pipe à la nation* ; *Une gueule de bois en plomb* ; *Rendez-vous au 120 rue de la Gare*, Éd. Fleuve noir et Pocket
Maupassant, G. *Bel-Ami*, "Folio", Gallimard, 1999
Modiano, P. *Les Boulevards de ceinture*, Gallimard, 1972 ; *La Place de l'Étoile*, Gallimard, 1968
Monnier, A. *Les Gazettes*, "L'Imaginaire", Gallimard, 1961
Morand, P. *Paris*, illustré par Dunoyer de Segonzac, La Bibliothèque des arts
Murger, H. *Scènes de la vie de bohème*, "Folio", Gallimard, 1988
Perec, G. *La vie, mode d'emploi*, Le Livre de poche, Hachette, 1980

Proust, M. *Les Plaisirs et les Jours*, "Folio", Gallimard, 1973

Queneau, R. *Zazie dans le métro*, "Folio", Gallimard, 1959

Réda, J. *Les Ruines de Paris*, "Poésies", Gallimard, 1993

Roy, C. *Traversée du pont des Arts*, "Folio", Gallimard, 1983

Sachs, M. *Au temps du Bœuf sur le toit*, "Les Cahiers rouges", Grasset, 2005

Stendhal (Henri Beyle, dit). *Le Rouge et le Noir*, "Folio", Gallimard, 1992

Sue, E. *Les Mystères de Paris*, L'Harmattan, 1998

Tardi, J. *Les Aventures extraordinaires d'Adèle Blanc-Sec*, Éd. Casterman

Vautrin, J. *Le Cri du peuple*, Le Livre de Poche, Hachette, 2001

Vallès, J. *Jacques Vingtras I, II, III* (*L'Enfant, Le Bachelier, L'Insurgé*), "Folio", Gallimard, 1974-1975.
Le Tableau de Paris, Gallimard, 1932

Zola, É. *Les Rougon-Macquart* (*Au bonheur des dames, La Fortune des Rougon, La Curée, Le Ventre de Paris*, etc.), "Folio", Gallimard

DISCOGRAPHIE (CD)

"100 chansons pour Paris", compilation, Emi, 2003

À Paris dans chaque faubourg, in "*Lys Gauty 1932-1944*", Frémeaux & associés, 2003

"Arletty - Les grandes chansons", dont *Cœur de Parisienne*, Warner, 2002

"Bercy-Madeleine", Pierre Perret, Warner, 2002

Ça, c'est Paris, in "*Best of disco*", Patrick Juvet, Polydor, 2000

Ça, c'est Paris, in "*Le Meilleur de Mistinguett*", Emi, 1997

"Champs-Élysées (Les)", Joe Dassin, Columbia-Tristar, 1990

"Charles Trenet - Les plus grandes chansons", dont *La Romance de Paris, Ménilmontant*, Warner, 2004

"Cocteau et la musique", compilation (Erik Satie ; Darius Milhaud : *Le Bœuf sur le toit* ; Francis Poulenc : *Les Mariés de la tour Eiffel*, etc.), Milan, 2003

"Complainte de la Butte (La)", Mouloudji, coffret 2 CD, Universal France, 2004

"Cris de Paris (Les)", chansons de Janequin et Sermisy, Harmonia Mundi

"Édith Piaf - Les plus grandes chansons", dont *Elle fréquentait la rue Pigalle*, Emi, 2003

"Francis chante Lemarque (deux fois vingt ans de chanson), Francis Lemarque, EMP Une musique, 1992

J'ai deux amours, in "*Joséphine Baker*", Disques Pathé, 1997

Je n'en connais pas la fin, d'après Édith Piaf, in "*Jeff Buckley live à l'Olympia*", Sony Music Entertainment Inc., 2001

"Léo Ferré", intégrale Barclay **Ménilmontant**, en duo avec Charles Aznavour, in "*Entre deux*", Patrick Bruel, RCA, 2002

Où est-il donc ?, in "*Le Meilleur de Frehel*", Galaxy, 1997

Paname et Quartier latin, in "*Léo chante Ferré*", Léo Ferré, catalogue Barclay, Universal, 2002

Paris s'éveille, in "*Complètement Dutronc*", Jacques Dutronc, compilation, Vogue, 1993

Paris et **Rue Fontaine**, in "*C'est ça Lavoine*", Marc Lavoine, BMG 2001

Paris, in "*Champs du possible*", Bernard Lavilliers, Barclay, 2000

Paris au mois d'août et **J'aime Paris au mois de mai**, in *Platinum collection*, Charles Aznavour, Emi, 2004

"Paris canaille", Léo Ferré, éditions La Mémoire et la Mer, distribué par Harmonia Mundi, 2004

GEODOCS

Paris en colère (musique du film *Paris brûle-t-il ?*), in "Platinum collection", Mireille Mathieu), Emi, 2005

"Paris, je t'aime", Charles Dumont, Arcade

"Paris Rive gauche", compilation de chansons dans leur version originale, Soldore, 2003

"Paris Rive droite", *idem*, 2003

Poinçonneur des Lilas (Le), in "Du chant à la une", Serge Gainsbourg, Mercury, 2002

Paris sera toujours Paris, in "Le Meilleur de Maurice Chevalier", Pathé, 1997

"Roses blanches (Les)", Berthe Sylva, avec *Adieu Paris*, *Sous les toits de Paris*, Sony, 2002

Sur les quais du Vieux Paris, in "Le Meilleur de Lucienne Delyle", Emi, 1997

Sous les ponts de Paris [Under the bridges of Paris], in "Dino The Essential Dean Martin", platinum edition, Dean Martin, Capitol Records, 2005

"The Hawk in Paris", Coleman Hawkins, BMG, 2001

Un Américain à Paris, George Gershwin, dirigé par Arturo Toscanini, La Collection, 2001

"Yves Montand, les 100 plus belles chansons", dont 25 titres du récital au Théâtre de l'Étoile, album Emi, 2004

FILMOGRAPHIE

36, quai des Orfèvres, O. Marchal, 2004

125, rue Montmartre, G. Grangier, 1959

400 Coups (Les), Fr. Truffaut, 1959

À bout de souffle, J.-L. Godard, 1960

Air de Paris (L'), M. Carné, 1954

Alphaville, J.-L. Godard, 1965

Amants du Pont-Neuf (Les), L. Carax, 1990

Amants réguliers (Les), P. Garrel, 2005

Antoine et Antoinette, J. Becker, 1946

Ascenseur pour l'échafaud, L. Malle, 1957

Assassin habite au 21 (L'), H.-G. Clouzot, 1942

Au bonheur des dames, J. Duvivier, 1930

Atalante (L'), J. Vigo, 1934

Augustin, A. Fontaine, 1999

Aventures de Rabbi Jacob (Les), G. Oury, 1973

Baisers volés, Fr. Truffaut, 1968

Bête humaine (La), J. Renoir, 1938

Black mic mac, Th. Gilou, 1986

Bob le Flambeur, J.-P. Melville, 1956

Boudu sauvé des eaux, J. Renoir, 1932

Boulangère de Monceau (La), É. Rohmer, 1961

Casque d'or, J. Becker, 1952

Cercle rouge (Le), J.-P. Melville, 1970

Chacun cherche son chat, C. Klapisch, 1995

Charade, S. Donen, 1963

Cléo de 5 à 7, A. Varda, 1962

Compagnons de la Marguerite (Les), J.-P. Mocky, 1966

Comte de Monte-Cristo (Le), R. Vernay, 1942, et version de 1953, du même réalisateur

Crime de Monsieur Lange (Le), J. Renoir, 1936

Dames du Bois de Boulogne (Les), R. Bresson, 1945

Désordre et la Nuit (Le), G. Grangier, 1958

Discrète (La), C. Vincent, 1990

Diva, J.-J. Beineix, 1981

Domicile conjugal, Fr. Truffaut, 1970

Elle boit pas, elle fume pas, elle drague pas, mais elle cause, M. Audiard, 1970

GEODOCS

Déposez, échangez, partagez
vos plus belles photos

GEO Communauté Photo GEO : vos plus belles photos en ligne.

Communauté Photo GEO, c'est un espace illimité et gratuit pour stocker et mettre en valeur vos
photos. C'est aussi de nombreuses fonctionnalités pour partager et échanger vos photos avec vos
proches et d'autres photographes. **Connectez vous sur geomagazine.fr**

Remerciements à Claude Renault, membre de la Communauté GEO, pour les photographies réalisées en Inde.

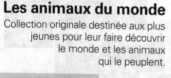

✂ Aidez-nous à construire des GEOGuide qui répondent encore mieux à vos envies !

Chers lecteurs, toutes vos remarques et propositions sont les bienvenues.
N'hésitez pas à nous en faire part et à répondre à ces questions : cela
nous permettra de mieux vous connaître et d'améliorer encore le contenu
de nos guides. Merci de retourner le questionnaire à l'adresse suivante :
Éditions Gallimard / Questionnaire GEOGuide / 5 rue Sébastien-Bottin 75007 Paris

Pour commencer, dans quel GEOGuide avez-vous trouvé ce questionnaire ?

....

VOS VOYAGES

Combien de séjours à but touristique effectuez-vous chaque année ?

	❑ 1	❑ 2	❑ 3 et +
en France	❑ 1	❑ 2	❑ 3 et +
à l'étranger	❑ 1	❑ 2	❑ 3 et +

Vous partez pour (plusieurs réponses possibles) :

	❑ 1 semaine	❑ 2 semaines	❑ 3 semaines et +
la France	❑ 1 semaine	❑ 2 semaines	❑ 3 semaines et +
l'étranger	❑ 1 semaine	❑ 2 semaines	❑ 3 semaines et +

Combien de week-ends à but touristique effectuez-vous chaque année ?
(hors visites parents et amis)

	❑ 1	❑ 2	❑ 3 et +
en France	❑ 1	❑ 2	❑ 3 et +
à l'étranger	❑ 1	❑ 2	❑ 3 et +

Vous partez (plusieurs réponses possibles) :

	Voyage en France	Voyage à l'étranger	Week-end
seul	❑	❑	❑
en couple	❑	❑	❑
en famille	❑	❑	❑
avec des amis	❑	❑	❑
en voyage organisé	❑	❑	❑

VOS GUIDES DE VOYAGE

Quand vous partez, combien de guides achetez-vous ?

	Voyage en France	Voyage à l'étranger	Week-end
Guides pratiques*	...	...	...
Guides culturels**	...	...	...

* axés sur les informations pratiques et les adresses, contenant plus de texte et de cartes que de photographies et d'illustrations
** axés sur l'histoire et la culture, contenant beaucoup de photographies et d'illustrations

Combien de temps avant votre départ achetez-vous votre (vos) guide(s) ?

	Voyage en France	Voyage à l'étranger	Week-end
entre 3 et 6 mois avant	❑	❑	❑
dans le mois qui précède	❑	❑	❑
sur place	❑	❑	❑

Avec les guides de quelles collections partez-vous le plus souvent ?
(plusieurs réponses possibles)

....

**Cherchez-vous de l'information sur votre destination ailleurs que dans les guides
de voyage ?** ❑ oui ❑ non

Si oui, où : ❑ presse magazine ❑ offices de tourisme

❑ Internet ❑ autre : ....

VOTRE GEOGUIDE

Si vous avez acheté ce guide vous-même, pourquoi avez-vous choisi GEOGuide ?
(plusieurs réponses possibles)

- ❏ conseil de votre libraire
- ❏ publicité
- ❏ confiance dans les guides Gallimard
- ❏ vous l'avez découvert vous-même sur votre lieu d'achat
- ❏ conseil de votre entourage
- ❏ article de presse
- ❏ confiance dans le magazine GEO

Dans le dernier cas, quels sont les critères qui ont motivé l'achat de ce GEOGuide ?
(plusieurs réponses possibles)

- ❏ aspect extérieur de l'ouvrage (couverture, format, etc)
- ❏ présence de photographies couleur
- ❏ présentation intérieure
- ❏ contenu pratique
- ❏ prix
- ❏ présence de cartes dépliantes
- ❏ contenu culturel
- ❏ volume d'information
- ❏ autre : ....

Que pensez-vous de votre GEOGuide et de ses différentes rubriques ?

Concernant les informations culturelles, vous avez trouvé GEOGuide :

	Dans la partie GeoPanorama	Dans les parties GeoRégions
très complet	❏	❏
complet	❏	❏
assez complet	❏	❏
pas du tout complet	❏	❏

Concernant les informations pratiques (prix, horaires, coordonnées), vous avez trouvé GEOGuide :

❏ très fiable ❏ fiable ❏ assez fiable ❏ pas du tout fiable

Votre opinion sur la sélection d'adresses :	Suffisant	Insuffisant
nombre d'adresses d'hébergement	❏	❏
nombre d'adresses de restauration	❏	❏
nombre de visites culturelles (musées, églises, sites...)	❏	❏
nombre de balades et randonnées	❏	❏
nombre d'activités de loisirs	❏	❏
nombre d'adresses shopping	❏	❏

Avez-vous des remarques et suggestions ?

....

....

Repartirez-vous avec un GEOGuide ?

❏ oui ❏ non

VOUS

Vous êtes : ❏ un homme ❏ une femme

Votre âge :

❏ moins de 25 ans ❏ 25-34 ans ❏ 35-44 ans ❏ 45-64 ans ❏ 65 ans et +

Votre profession :

- ❏ agriculteur
- ❏ employé
- ❏ retraité
- ❏ profession libérale
- ❏ ouvrier
- ❏ sans activité professionnelle
- ❏ cadre supérieur
- ❏ encadrement et technicien
- ❏ étudiant

Vous pouvez nous indiquer votre adresse si vous le souhaitez :

Nom : ....

Adresse : ....

Code postal : .... Ville : .... Pays : ....

★ Index des incontournables touristiques

(cf. premier rabat de couverture)

GÉODOCS

Index des sites et lieux de visite

GÉODOCS

GEODOCS

GEODOCS

GÉODOCS

GEODOCS

Index des adresses

BOUTIQUES

BARS

GÉODOCS

HÔTELS

Index des rues

Pour chaque référence,
le chiffre correspond
au numéro du plan couleur
situé en fin d'ouvrage, suivi
du renvoi au carroyage.

AUTEURS.

● À la carte : **Antoine Besse** Trois nuits à Paris, **Laurent Vaultier** Une journée au Louvre.

● GEOPanorama : **Laurent Vaultier, Odile George** (Le métropolitain, Beaux-arts, Paris populaire, Figures et images de Paris, Paris capitale de la mode et du luxe).

● GEOPlus : **Antide Viand** Le site de Lutèce, **Bertrand Lemoine** Les grands travaux, **Patrick Mandon** Flânerie littéraire, **Antoine Besse** Nuits parisiennes.

● GEOPratique : **Tiphaine Cariou.**

● GEOQuartiers et GEOHôtels : **Aurélia Bollé** L'Ouest parisien : Du Trocadéro à Auteuil, Le quartier des Champs-Élysées, Le quartier du parc Monceau **Emmanuelle Paroissien** Centre historique : de l'Opéra Garnier à la place Édouard-VII, Autour de la gare Saint-Lazare ; Rive gauche : Faubourg Saint-Germain ; L'Ouest parisien : Invalides et Champ-de-Mars **Virginia Rigot-Muller** Centre historique : bd des Italiens, La Bourse et le quartier de la Presse, quartiers du Sentier et des Arts et métiers ; L'Ouest parisien : Le quartier des Batignolles ; Le Nord parisien **Martin Angel** Le Sud parisien **David Fauquemberg** Centre historique : Le Louvre, Les Tuileries, Le Palais-Royal, Le quartier du Châtelet, quartiers de l'Horloge et Saint-Avoye, Le Marais, L'île de la Cité et l'Île Saint-Louis **Vincent Noyoux** L'Est parisien **Laurent Vaultier** Centre historique : introduction Châtelet, quartiers des Halles et de Beaubourg ; Rive gauche : le Quartier latin, Saint-Germain-des-Prés, Carré Rive Gauche, Autour de la rue du Cherche-Midi, le musée d'Orsay.

● GEOShopping : **Sandrine Pereira** 1er, 2e, 3e, 4e , 5e, 6e et 7e ardt sauf adresses spécifiées ci-après **Isabelle Vatan** 8e , 9e, 10e, 11e, 12e, 13e, 14e, 16e, 17e, 18e, 19e ardt ainsi que : Streetmachine, Surface to Air, BHV, Spa Nuxe 32 Montorgueil (1er ardt) ; La Tête dans les nuages, Village JouéClub, rue Tiquetonne, rue Étienne-Marcel (2e) ; rue Charlot (3e) ; Muji, rue des Francs-Bourgeois, Bains du Marais, Nomades Roller Shop, Atelier SKG (4e) ; Au vieux campeur (5e) ; Conran Shop, Deyrolle, Bon Marché (7e).

● GEODisquaires : **Nicolas Schœner.**

● GEOBars et clubs : **Antoine Besse.**

● GEORestaurants et commerces de bouche : **Sébastien Demorand.**

CRÉDITS PHOTOGRAPHIQUES. Couv. : © Daryl Benson/Masterfile. II/III : © Véronique Paul/Editingserver.com. IV h : © Fred Thomas/Hoa-Qui. IV b : © Patrick Léger/Gallimard. V h : © Francesco Acerbis/Editingserver.com. V b : © G. Goupi/Diaporama. VI/VII : © Bob Krist/Corbis. VIII : © Denis Bourges/Tendance Floue. IX : © Bertrand Rieger/hemis.fr X/XI : © Xavier Richer. XII h : © Xavier Richer/Photononstop. XII b : © Vincent Leblic/Photononstop. XIII h : © Thierry Orbant/Corbis. XIII b : © Pavel Wysocki.hemis.fr XIV : © Agnès Bichet/Photononstop. XV : © Jérôme Brézillon/Editingserver.com.

CARTOGRAPHIE INFOGRAPHIQUE. Édigraphie.

REMERCIEMENTS. Nous remercions tout particulièrement Alain Erlande-Brandenburg pour sa relecture avisée de l'ensemble du contenu culturel **ainsi que** Clémence Goldenberger (musée Rodin), Cécile Becker (musée Guimet), Niko-Salvatore Mélissano (musée du Louvre). **Merci aussi à** Christelle Andrieu, Dorothée Beunard, Margot Caïtucoli, Guillaume Chochon, Anaïs de Clercq, Constance de Mascureau, Alix Deschamps, Magalie Martin, Sophie Pelladeau, Lioubov Savova.

GALLIMARD LOISIRS. 5, rue Sébastien-Bottin 75007 Paris. **Tél.** 01 49 54 42 00 **Fax** 01 45 44 39 45 **Internet** www.guides.gallimard.fr

PRISMA PRESSE. Régie publicitaire : Prisma Presse 6, rue Daru 75379 Paris Cedex 08. **Directrice de la publicité** Valérie Ronssin. Tél. 01 44 15 34 32. **Responsable de clientèle** Évelyne Allain-Tholly. Tél. 01 44 15 32 77. Fax 01 44 15 31 44.

BOÎTE AUX LETTRES GEOGUIDE. GEOguide 5, rue Sébastien-Bottin 75007 Paris. geoguide@guides.gallimard.tm.fr

GEODOCS

GEO**CARTO**
Paris

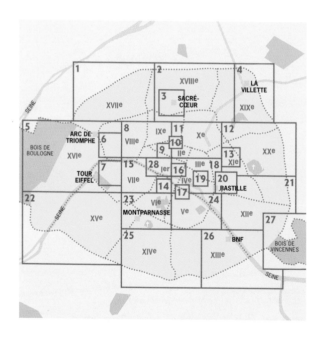

Légendes des cartes et des plans

- ····· Limite d'arrondissement
- Périphérique
- Axe principal
- Zone urbaine
- Espace vert
- Cimetière

- **i** Office de tourisme
- **☒** Gare ferroviaire
- **Ⓜ** Métro
- **Ⓡ** Réseau Express Régional
- **Ⓣ** Tramway
- **Ⓟ** Parking

1

Rue Baudin

Rue Victor-Hugo

Rue Henri-Barbusse

CLIC

1

LEVALLOIS-PERRET

PORTE D'ASNIÈRES

Rue Anatole-France

● ANATOLE FRANCE

Boulevard de Reims

Av. de la Porte-d'Asnières

2

NEUILLY-SUR-SEINE

● LOUISE MICHEL

PORTE DE CHAMPERRET

SQUARE SAINTE-ODILE

Boulevard Berthier

Boulevard de Reims

Bd Pereire (Nord)
Bd Pereire (Sud)

Wa

Boulevard Bineau

Bd V.-Hugo

Boulevard Périphérique

Bd Mallarmé

PORTE DE CHAMPERRET

PÉREIRE LEVALLOIS

Av. de la Porte-de-Champerret

Av. de Wagram

Bd de l'Yser

R. d'Héliopolis

■ 21

Place du Mar.-Juin

Rue Ampère

Av. de Villiers

PÉREIRE

WAGRAM

12

22

42

Rue Guillaume-Tell

R. Bayen

XVIIᵉ

Bd Gouvion-Saint-Cyr

14

Boulevard Pereire (Nord)
Boulevard Pereire (Sud)

Laugier

Rue Rennequin

R. G. Flaubert

16

Rue de

Rue Cardinet

Rue Jouffroy-d

Rue

3

Bd Pershing

Avenue Niel

■ 20

R. des Renaudes

46

Rue Fourcroy

■ 18

Avenue de Wagram

Courcelles

Rue Me

47

MARCHÉ DES TERNES

Rue Pierre-Demours

COURCEL

PALAIS DES CONGRÈS DE PARIS

48 ■

Rue Brunel

■ 52

Pl. Boulnois

17

R. Poncelet

62

Place des Ternes

R. Pierre-le-Grand

PORTE MAILLOT

31 ■

PORTE MAILLOT

Pl. St-Ferdinand

Rue d'Armaillé

49

Rue des Acacias

TERNES

Place de la Porte-Maillot

R

A

▼ Plan 5 ▼

B

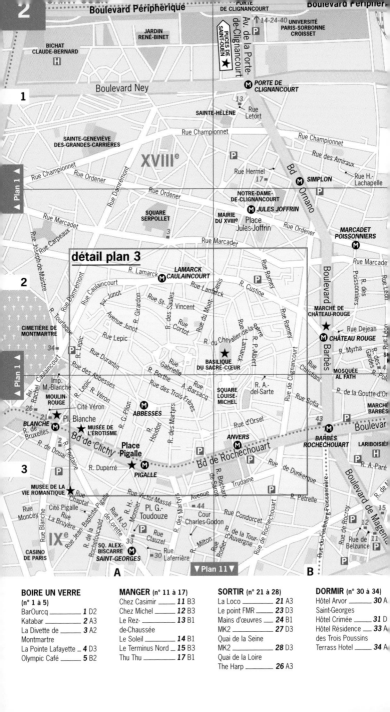

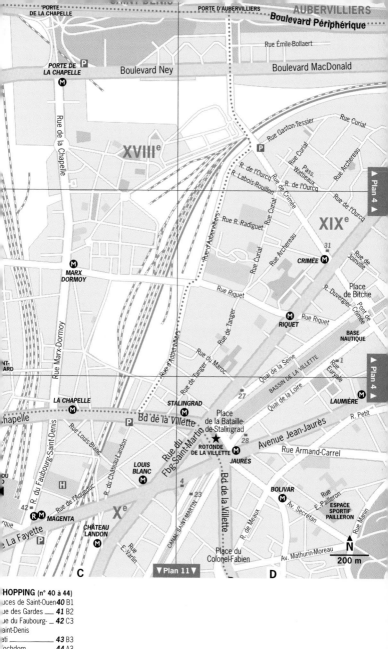

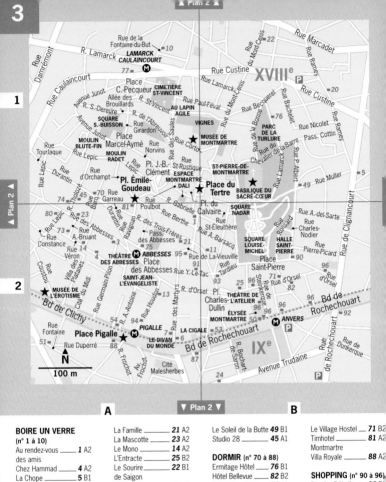

3

N
100 m

BOIRE UN VERRE
(n° 1 à 10)
Au rendez-vous _____ **1** A2
des amis
Chez Hammad _____ **4** A2
La Chope _____ **5** B1
de Château Rouge
La Fourmi _____ **6** A2
Le Divan du Monde _ **7** A2
Le Sancerre _____ **3** A2
Les Taulières _____ **10** A1

MANGER (n° 11 à 25)
Chez Grisette _____ **13** A2
Dan Bau _____ **11** B2

La Famille _____ **21** A2
La Mascotte _____ **23** A2
Le Mono _____ **14** A2
L'Entracte _____ **25** B2
Le Sourire _____ **22** B1
de Saigon
L'Oriental _____ **24** B2
Sale e Pepe _____ **20** B1

SORTIR (n° 45 à 54)
Aux noctambules _ **54** A2
Le Couloir _____ **53** B2
L'Élysée _____ **50** B2
Montmartre
Le Moloko _____ **51** A2

Le Soleil de la Butte **49** B1
Studio 28 _____ **45** A1

DORMIR (n° 70 à 88)
Ermitage Hôtel _ **76** B1
Hôtel Bellevue _ **82** B2
Hôtel Bonséjour _ **70** A1
Hôtel Carlton's _ **87** A2
Hôtel des Arts _ **74** A1
Hôtel du Moulin _ **73** A2
Hôtel Prima Lepic _ **80** A2
Hôtel Regyn's _ **75** A2
Montmartre
Hôtel Roma _____ **77** A1
Sacré-Cœur

Le Village Hostel _ **71** B2
Timhotel _____ **81** A2
Montmartre
Villa Royale _____ **88** A2

SHOPPING (n° 90 à 96)
Dreyfus Déballage _ **90** B2
du Marché Saint-Pierre
Gaspard de la Butte **91** A2
Guerrisol _____ **92** B2
Pylônes _____ **93** B2
Rue Houdon _____ **94** A2
Spree _____ **95** A2
Sympa _____ **96** B2

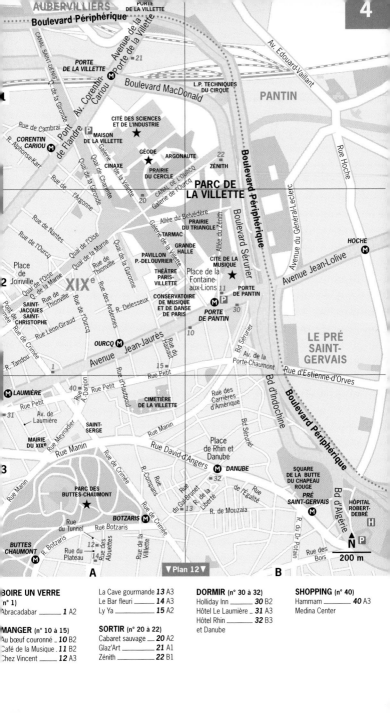

BOIRE UN VERRE (n° 1)
Abracadabar _____ **1** A2

MANGER (n° 10 à 15)
Au bœuf couronné _ **10** B2
Café de la Musique _ **11** B2
Chez Vincent _____ **12** A3

La Cave gourmande **13** A3
Le Bar fleuri _____ **14** A3
Ly Ya _____ **15** A2

SORTIR (n° 20 à 22)
Cabaret sauvage _ **20** A2
Glaz'Art _____ **21** A1
Zénith _____ **22** B1

DORMIR (n° 30 à 32)
Holliday Inn _____ **30** B2
Hôtel Le Laumière _ **31** A3
Hôtel Rhin _____ **32** B3
et Danube

SHOPPING (n° 40)
Hammam _____ **40** A3
Medina Center

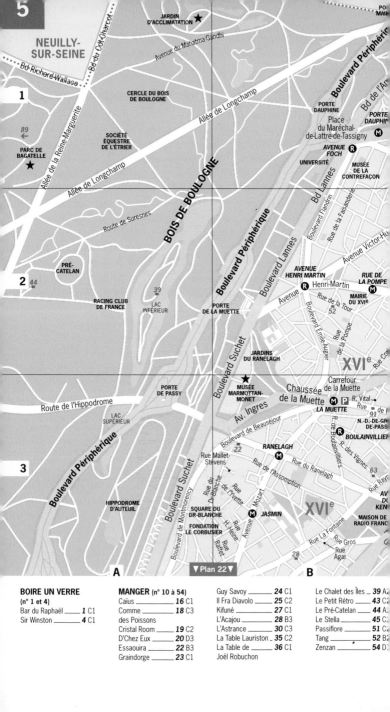

5

NEUILLY-SUR-SEINE

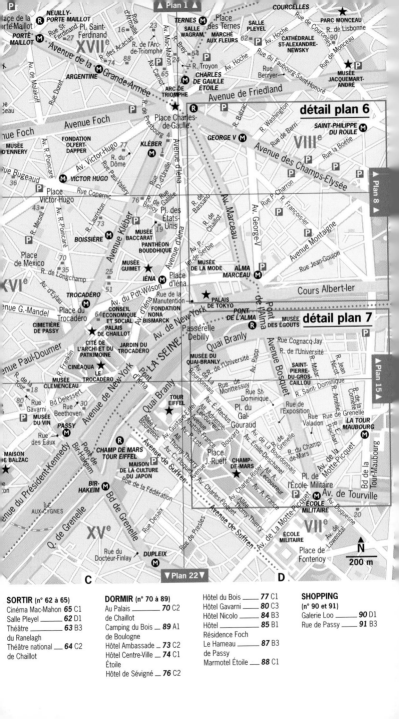

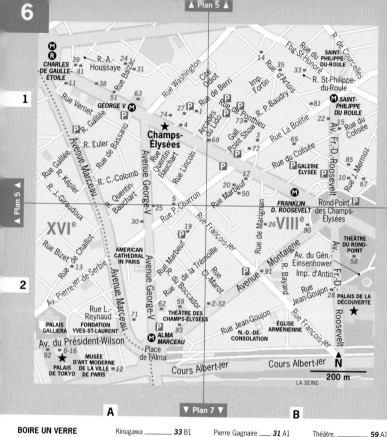

BOIRE UN VERRE
(n° 1 à 5)

Bar du Plaza Athénée **2** B2
Charlie Birdy _____ **3** B1
Impala Lounge _____ **4** A1
Le Pershing Hall _____ **5** A1
The Freedom _____ **1** A1
Tokyo Self _____ **6** A2

MANGER (n° 10 à 41)

6, New York _____ **12** A2
Alain Ducasse _____ **32** B2
au Plaza Athénée
Apicius _____ **35** B1
Chiberta _____ **39** A1
Flora Danica _____ **38** B1
Il Gusto Sardo _____ **13** A2

Kinugawa _____ **33** B1
Kokohana _____ **10** B1
La Brasserie _____ **11** A1
du Drugstore
L'Alsace _____ **17** A1
La Maison _____ **20** B1
de l'Aubrac
Lasserre _____ **28** B2
La Table _____ **27** A1
du Lancaster
Le Bistrot Napolitain **15** B1
Le Cinq _____ **30** A1
Les Amis _____ **14** B1
du Beaujolais
Les Saveurs _____ **25** A2
de Flora
Music Hall _____ **22** B1

Pierre Gagnaire _____ **31** A1
Rue Balzac _____ **24** A1
Spoon, Food & Wine **26** B2
Stella Maris _____ **41** A1
Tokyo Eat _____ **16** A2
Zen Garden _____ **19** A2

SORTIR (n° 50 à 74)

Crazy Horse _____ **62** A2
Le Balzac _____ **51** B1
Le Baron _____ **71** A2
Le Madam _____ **72** B1
Le Mandala Ray _____ **50** B1
Le Mathis Bar _____ **67** A1
Lido _____ **63** A1
Pink Paradise _____ **65** B1
Queen _____ **74** A1
Régine's Club _____ **73** B1

Théâtre, _____ **59** A2
Comédie & Studio
des Champs-Élysées
Théâtre _____ **58** B2
du Rond-Point
VIP Room _____ **69** B1

DORMIR (n° 81 et 85)

Hôtel des _____ **81** B1
Champs-Élysées
Hôtel du Rond-Point **85** B1
des Champs-Élysées

SHOPPING (n° 90 à 93)

Artcurial _____ **90** B2
Avenue Montaigne _ **91** B2
Blackblock _____ **92** A2
Drouot-Montaigne _ **93** A2

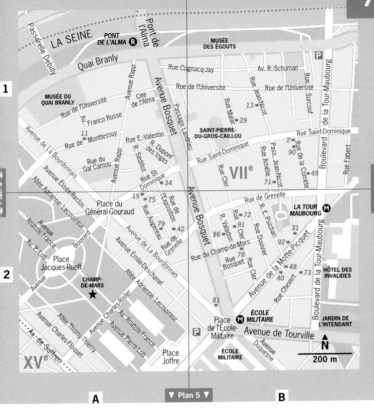

1

2

▲Plan 15 ▲

▼ Plan 5 ▼

A   **B**

BOIRE UN VERRE
(n° 2)
Café Thoumieux ____ **2** B1

MANGER (n° 11 à 49)
Au Bon Accueil ____ **11** A1
Bellota-Bellota ____ **13** B1
Café Constant ____ **15** A2

L'Ami Jean ____ **29** B1
L'Auberge bressane ____ **31** B2
La Fontaine ____ **34** A1
de Mars
Le Florimond ____ **40** B2
Le P'tit Troquet ____ **42** A2
Lei ____ **48** B2
Les Anges ____ **49** B1

DORMIR (n° 71 à 86)
Eiffel Park Hôtel ____ **71** B1
Grand Hôtel ____ **72** B2
Lévêque
Hôtel de ____ **75** A2
Londres-Eiffel
Hôtel du ____ **78** B2
Champ-de-Mars
Hôtel Eiffel ____ **79** A2
Rive gauche

Hôtel ____ **81** B2
La Bourdonnais
Hôtel Muguet ____ **73** B2
Hôtel Valadon ____ **86** B2

SHOPPING (n° 90 à 92)
Bonsaï ____ **90** B1
Rémy Samson
Davoli ____ **91** B2
Jean-Paul Hévin ____ **92** B2

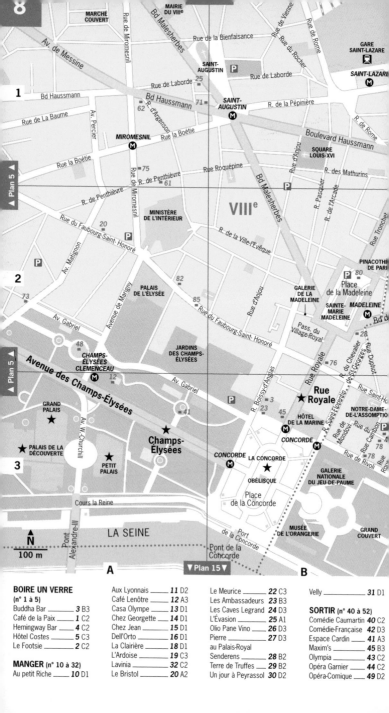

8

MARCHÉ COUVERT

MAIRIE DU VIIIᵉ

GARE SAINT-LAZARE

SAINT-LAZARE

SAINT-AUGUSTIN

1

MIROMESNIL

SQUARE LOUIS-XVI

VIIIᵉ

MINISTÈRE DE L'INTÉRIEUR

PINACOTHÈ DE PARI

2

PALAIS DE L'ÉLYSÉE

GALERIE DE LA MADELEINE

Place de la Madeleine

SAINTE-MARIE MADELEINE

MADELEINE

JARDINS DES CHAMPS-ÉLYSÉES

CHAMPS-ÉLYSÉES CLEMENCEAU

Avenue des Champs-Élysées

GRAND PALAIS

Rue ★ Royale

NOTRE-DAME-DE-L'ASSOMPTIO

HÔTEL DE LA MARINE

PALAIS DE LA DÉCOUVERTE

3

PETIT PALAIS

★ **Champs-Élysées**

CONCORDE

CONCORDE

LA CONCORDE

OBÉLISQUE

GALERIE NATIONALE DU JEU-DE-PAUME

Cours la Reine

N 100 m

LA SEINE

Place de la Concorde

MUSÉE DE L'ORANGERIE

GRAND COUVERT

Pont de la Concorde

A

▼ Plan 15 ▼

B

◄ Plan 5 ◄

BOIRE UN VERRE
(n° 1 à 5)

Buddha Bar _____ **3** B3
Café de la Paix _____ **1** C2
Hemingway Bar _____ **4** C2
Hôtel Costes _____ **5** C3
Le Footsie _____ **2** C2

MANGER (n° 10 à 32)

Au petit Riche _____ **10** D1

Aux Lyonnais _____ **11** D2
Café Lenôtre _____ **12** A3
Casa Olympe _____ **13** D1
Chez Georgette _____ **14** D1
Chez Jean _____ **15** D1
Dell'Orto _____ **16** D1
La Clairière _____ **18** D1
L'Ardoise _____ **19** C3
Lavinia _____ **32** C2
Le Bristol _____ **20** A2

Le Meurice _____ **22** C3
Les Ambassadeurs _____ **23** B3
Les Caves Legrand _____ **24** D3
L'Évasion _____ **25** A1
Olio Pane Vino _____ **26** D3
Pierre _____ **27** D3
au Palais-Royal
Senderens _____ **28** B2
Terre de Truffes _____ **29** B2
Un jour à Peyrassol _____ **30** D2

Velly _____ **31** D1

SORTIR (n° 40 à 52)

Comédie Caumartin _____ **40** C2
Comédie-Française _____ **42** D3
Espace Cardin _____ **41** A3
Maxim's _____ **45** B3
Olympia _____ **43** C2
Opéra Garnier _____ **44** C2
Opéra-Comique _____ **49** D2

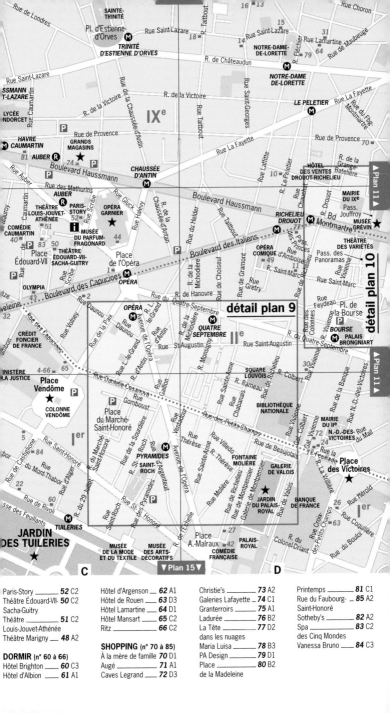

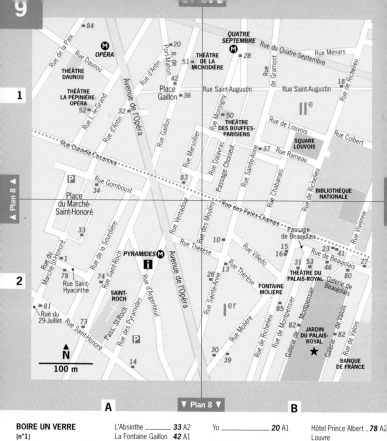

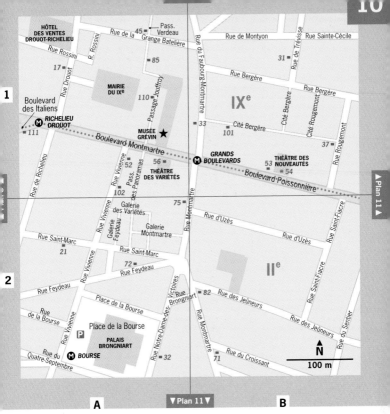

MANGER (n° 17 à 45)

Autour d'un verre — **31** B1
Chartier ———— **33** B1
I Golosi ———— **45** A1
J'Go ———— **17** A1
Le Gallopin ———— **32** A2
Le Gavroche ———— **21** A2
Pakito ———— **37** B1

SORTIR (n° 52 à 75)

Chez Carmen ———— **52** A1
Le Triptyque ———— **71** B2
Le Truskel ———— **72** A2
Max Linder ———— **53** B1
Panorama
Seven to One ———— **75** A2
à la galerie

Théâtre ———— **54** B1
des Nouveautés
Théâtre des Variétés **56** A1

DORMIR (n° 82 à 102)

Cyrnos Hotel ———— **82** B2
Hôtel Chopin ———— **85** A1

Hôtel Victoria ———— **101** B1
Hôtel Vivienne ———— **102** A1

SHOPPING
(n° 110 et 111)

Pain d'épices ———— **110** A1
Village JouéClub — **111** A1

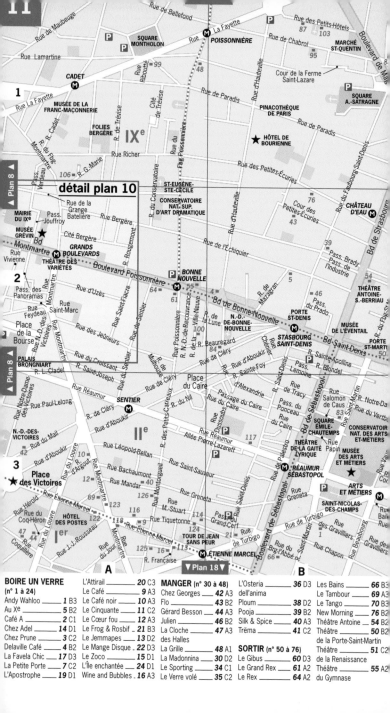

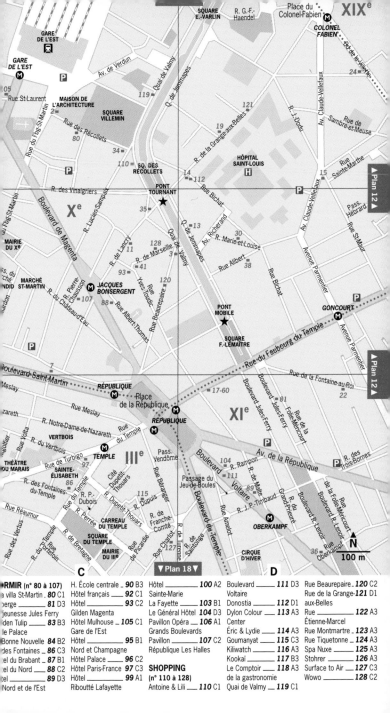

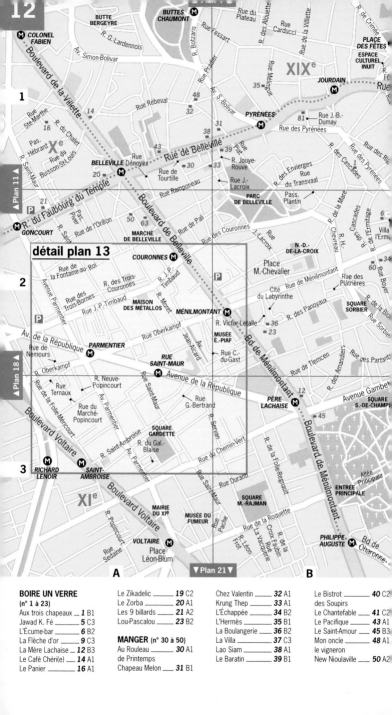

12

BUTTE BERGEYRE
BUTTES CHAUMONT
COLONEL FABIEN
Boulevard de la Villette
Rue du Plateau
Rue des Alouettes
Rue de la Villette
Rue Carducci
R. de Crimée
PLACE DES FÊTES
ESPACE CULTUREL INUIT
Av. Simon-Bolivar
R. G.-Lardennois
Rue Fessart
Rue Botzaris
Rue Pradier
Rue Mélingue
Av. S.-Bolivar
XIXᵉ
JOURDAIN
Rue
1
Rue Ste-Marthe
R. du Chalet
Rue Rébeval
48
32
31
PYRÉNÉES
81
Rue J.-B.-Dumay
Rue des Pyrénées
R. de la
Pas. Hébard
Rue du Buisson-St-Louis
Xᵉ
43
Rué de Belleville
39
Rue Piat
R. Jouye-Rouve
R. des Cascades
BELLEVILLE
20
Rue Dénoyez
Rue de Tourtille
30
33
R. J.-Lacroix
R. des Envierges
Rue du Transvaal
Villa l'Ermi
21
Rue Ramponeau
PARC DE BELLEVILLE
Pass. Plantin
R. de la Mare
R. des Cascades
GONCOURT
R. du Faubourg du Temple
Pas. Piver
Rue de l'Orillon
50
63
MARCHÉ DE BELLEVILLE
Rue de Pali
Rue des Couronnes
J.-Lacroix
Rue
N.-D.-DE-LA-CROIX
R. H.
Villa l'Ermi

détail plan 13

Rue de la Fontaine-au-Roi
COURONNES
Place M.-Chevalier
Rue des Plâtrières
2
Avenue Parmentier
R. des Trois-Couronnes
Rue des Trois-Bornes
R. J.-P.-Timbaud
R. J.-P.-Timbaud
R. Moret
MÉNILMONTANT
Cité du Labyrinthe
Rue de Ménilmontant
R. des Panoyaux
SQUARE SORBIER
MAISON DES MÉTALLOS
Rue Oberkampf
R. Victor-Letalle
36
23
Av. de la République
Rue de Nemours
PARMENTIER
MUSÉE É.-PIAF
Rue C.-du-Gast
R. Oberkampf
RUE SAINT-MAUR
R. Neuve-Popincourt
Jean-Aicard
Avenue de la République
PÈRE LACHAISE
12
Avenue Gambe
SQUARE S.-DE-CHAMPI
Rue Ternaux
Rue de la Folie-Mericourt
Av. Parmentier
Rue du Marché-Popincourt
Rue Saint-Maur
R. G.-Bertrand
Bd. de Ménilmontant
45
3
RICHARD LENOIR
SAINT-AMBROISE
R. Saint-Ambroise
R. du Gal.-Blaise
SQUARE GARDETTE
R. Servan
Rue du Chemin-Vert
Boulevard Voltaire
XIᵉ
R. Popincourt
MAIRIE DU XIᵉ
MUSÉE DU FUMEUR
SQUARE M.-RAJMAN
Rue Durand
ENTRÉE PRINCIPALE
Allée Principale
VOLTAIRE
Place Léon-Blum
Rue Sedaine
Rue de la Roquette
R. de la Croix-Faubin
PHILIPPE AUGUSTE
Bd. de Charonne
▼ Plan 21 ▼

A

B

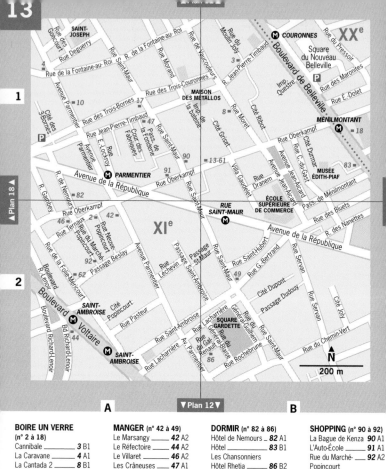

▼ Plan 12 ▼

BOIRE UN VERRE
(n° 2 à 18)

Cannibale	**3** B1
La Caravane	**4** A1
La Cantada 2	**8** B1
La Gouttière	**10** A1
Le Café Charbon	**13** B1
Le P'tit Garage	**17** A1
Le Rosso	**2** A2
Le Soleil	**18** B1

MANGER (n° 42 à 49)

Le Marsangy	**42** A2
Le Réfectoire	**44** A2
Le Villaret	**46** A2
Les Crâneuses	**47** A1
Naoki	**49** B2

SORTIR (n° 61 et 62)

Le Nouveau Casino	**61** B1
Le Satellit'Café	**62** A2

DORMIR (n° 82 à 86)

Hôtel de Nemours	**82** A1
Hôtel	**83** B1
Les Chansonniers	
Hôtel Rhetia	**86** B2

SHOPPING (n° 90 à 92)

La Bague de Kenza	**90** A1
L'Auto-École	**91** A1
Rue du Marché-	**92** A2
Popincourt	

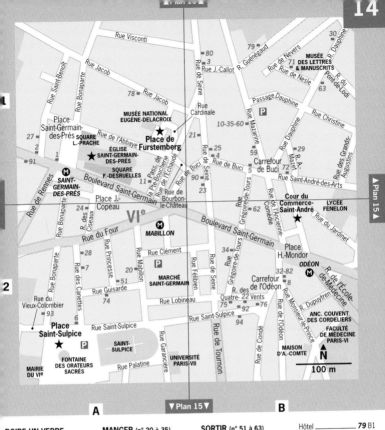

▼ Plan 15 ▼

A   B

BOIRE UN VERRE
(n° 1 à 11)
Chez Georges _____ **7** A2
La Mezzanine _____ **10** B1
de l'Alcazar
La Palette _____ **3** B1
La Peña _____ **11** A1
Saint-Germain
La Pinte _____ **8** B2
Le Bar du marché _ **4** B1
Le Café de Flore _ **2** A1
Le Café de la Mairie _ **6** A2
Les Deux Magots _ **1** A1
Les Étages _____ **5** B1
Saint-Germain

MANGER (n° 20 à 35)
Aux Charpentiers _ **20** A2
Azabu _____ **29** B1
Bartolo _____ **28** A2
Casa Bini _____ **34** B2
Cosí _____ **21** B1
Da Rosa _____ **23** B1
Fish, la Boissonnerie **25** B1
La Crémerie- _____ **22** B2
Les Vents d'Anges
L'Alcazar _____ **35** B1
Le Comptoir _____ **32** B1
du Relais
Tsukizi _____ **24** A2
Yen _____ **27** A1
Yugaraj _____ **30** B1

SORTIR (n° 51 à 63)
Chez Castel _____ **51** A2
Don Carlos _____ **59** B1
Le Cavern _____ **63** B1
Le Wagg _____ **60** B1
New Riverside _____ **62** B2

DORMIR (n° 71 à 82)
Hôtel de Nesle _ **71** B1
Hôtel _____ **78** A1
des Marronniers
Hôtel du Globe _ **75** B2
Hôtel Louis II _ **76** B2
Hôtel _____ **80** B1
Prince de Condé

Hôtel _____ **79** B1
Prince de Conti
Hôtel _____ **72** B1
Saint-André-des-Arts
Relais Saint-Germain **82** B2
Résidence _____ **74** A2
Saint-Sulpice

SHOPPING (n° 90 à 94)
Da Rosa _____ **90** B1
Kerstin Adolphson _ **91** A1
Liwan _____ **92** B2
Pierre Hermé _____ **93** A2
Vanessa Bruno _ **94** B2

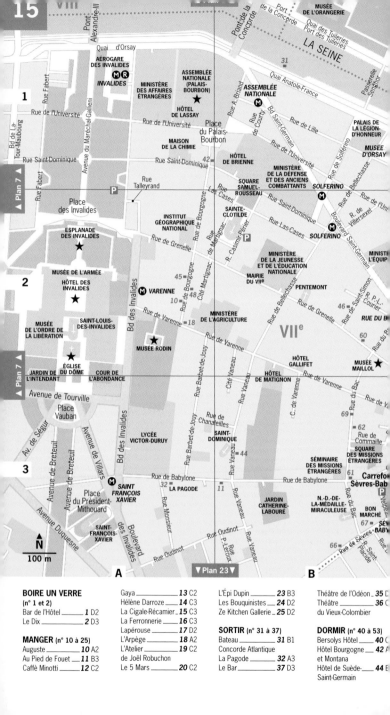

BOIRE UN VERRE
(n° 1 et 2)
Bar de l'Hôtel ___ **1** D2
Le Dix ___ **2** D3

MANGER (n° 10 à 25)
Auguste ___ **10** A2
Au Pied de Fouet ___ **11** B3
Caffè Minotti ___ **12** C2

Gaya ___ **13** C2
Hélène Darroze ___ **14** C3
La Cigale-Récamier ___ **15** C3
La Ferronnerie ___ **16** C3
Lapérouse ___ **17** D2
L'Arpège ___ **18** A2
L'Atelier ___ **19** C2
de Joël Robuchon
Le 5 Mars ___ **20** C2

L'Épi Dupin ___ **23** B3
Les Bouquinistes ___ **24** D2
Ze Kitchen Gallerie ___ **25** D2

SORTIR (n° 31 à 37)
Bateau ___ **31** B1
Concorde Atlantique
La Pagode ___ **32** A3
Le Bar ___ **37** D3

Théâtre de l'Odéon ___ **35** D
Théâtre ___ **36** C
du Vieux-Colombier

DORMIR (n° 40 à 53)
Bersolys Hôtel ___ **40** C
Hôtel Bourgogne ___ **42** A
et Montana
Hôtel de Suède ___ **44** B
Saint-Germain

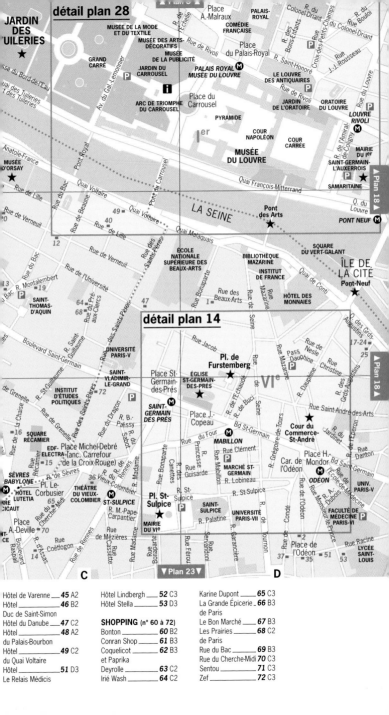

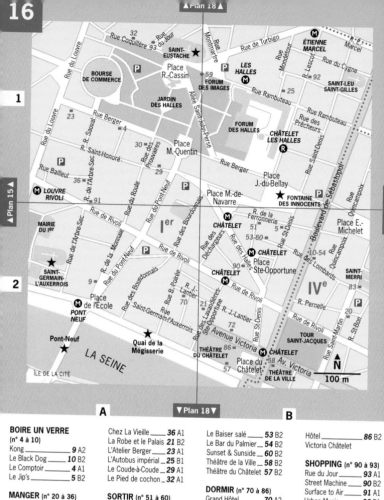

16

BOIRE UN VERRE
(n° 4 à 10)

Kong _____ **9** A2
Le Black Dog _____ **10** B2
Le Comptoir _____ **4** A1
Le Jip's _____ **5** B2

MANGER (n° 20 à 36)

Benoît _____ **20** B2
Chez Denise, _____ **30** A1
"À la tour de Montlhéry"

Chez La Vieille _____ **36** A1
La Robe et le Palais **21** B2
L'Atelier Berger _____ **23** A1
L'Autobus impérial _ **25** B1
Le Coude-à-Coude _ **29** A1
Le Pied de cochon _ **32** A1

SORTIR (n° 51 à 60)

Banana Café _____ **51** B2
Forum _____ **59** A1-B1
des Images

Le Baiser salé _____ **53** B2
Le Bar du Palmier _ **54** B2
Sunset & Sunside _ **60** B2
Théâtre de la Ville _ **58** B2
Théâtre du Châtelet **57** B2

DORMIR (n° 70 à 86)
Grand Hôtel _____ **70** A2
de Champaigne
Hôtel Britannique __ **72** B2
Hôtel Saint-Merry _ **83** B2

Hôtel _____ **86** B2
Victoria Châtelet

SHOPPING (n° 90 à 93)
Rue du Jour _____ **93** A1
Street Machine _____ **90** B2
Surface to Air _____ **91** A1
Urban Music _____ **92** B1

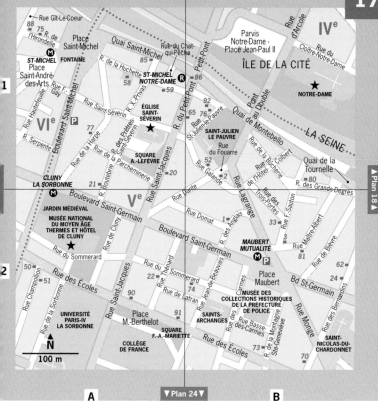

▼ Plan 24 ▼

A · **B**

OIRE UN VERRE
(n° 1 à 3)

Bistrot des artistes __ **1** B2	
Caveau __ **2** B1	
les oubliettes	
The Long Hop __ **3** B2	

MANGER (n° 20 à 33)

nahuacalli __ **24** B2	
Chieng Mai __ **33** B2	
e Porte-Pot __ **21** A1	
Le Pré verre __ **22** A2	

Mirama __ **20** A1	

SORTIR (n° 50 à 65)

Caveau __ **59** A1	
de la Huchette	
Le Champo __ **50** A2	
Le Pop Corner __ **62** B2	
Le Shywawa __ **65** B1	
Petit Théâtre __ **58** A1	
de la Huchette	
Reflet Médicis __ **51** A2	
Studio Galande __ **52** B1	

DORMIR (n° 70 à 88)

BVJ Quartier latin __ **70** B2	
Delhy's Hôtel __ **75** A1	
Hôtel __ **81** B2	
de Notre-Dame	
"Maître Albert"	
Hôtel __ **86** B1	
de Notre-Dame	
"Saint-Michel"	
Hôtel du Commerce **73** B2	
Hôtel du Levant __ **77** A1	
Hôtel Esmeralda __ **76** B1	

Hôtel Les Degrés __ **80** B1	
de Notre-Dame	
Hôtel Les rives __ **85** A1	
de Notre Dame	
Hôtel Marignan __ **74** B2	
Relais-Hôtel __ **88** A1	
du Vieux Paris	

SHOPPING (n° 90 à 92)

Au vieux campeur __ **90** A2	
Croco Jazz __ **91** A2	
Librairie __ **92** B1	
Shakespeare & Co	

18

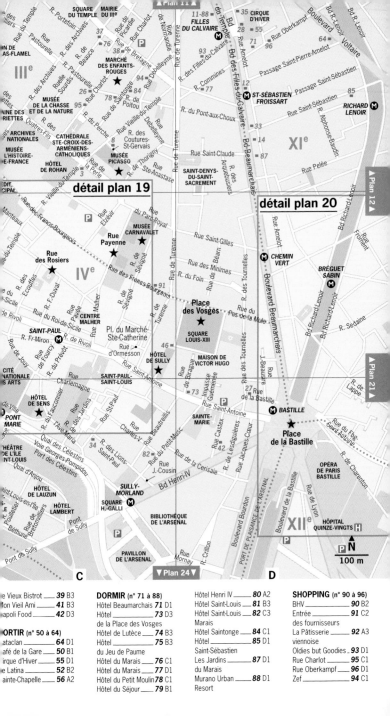

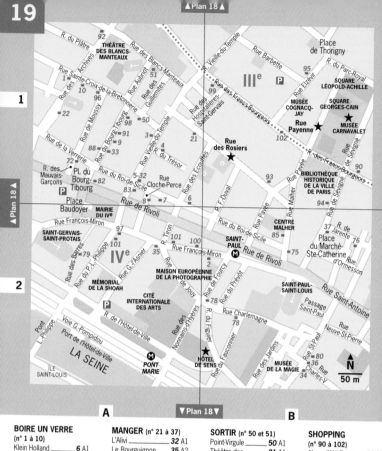

◀Plan 18◀

▲Plan 18▲

▼Plan 18▼

BOIRE UN VERRE
(n° 1 à 10)
Klein Holland	**6** A1
La Belle Hortense	**3** A1
La Chaise au plafond	**4** A1
Le Pick-Clops	**5** A1
Le Politburo	**7** A1
Le Stolly's	**8** A1
Lizard Lounge	**9** A1
Mixer Bar	**10** A1
Open Café	**1** A1
The Auld Alliance Pub	**2** B2

MANGER (n° 21 à 37)
L'Alivi	**32** A1
Le Bourguignon	**35** A2
du Marais	
Le Coude fou	**33** A1
L'Enoteca	**34** B2
L'Osteria	**37** B2
Le Pain quotidien	**22** A1
Sacha Finkelstajn	**21** A1
Thanksgiving	**36** B2

SORTIR (n° 50 et 51)
Point-Virgule	**50** A1
Théâtre des	**21** A1
Blancs-Manteaux	

DORMIR (n° 72 à 88)
Grand Hôtel	**72** A1
du Loiret	
Grand Hôtel Malher	**85** B2
Hôtel Bourg Tibourg	**88** A1
Hôtel Caron	**83** A1
de Beaumarchais	
Hôtel de Nice	**82** A1
Hôtel du 7e Art	**80** B2
Hôtel Jeanne d'Arc	**76** B2
Hôtels MIJE	**78,79** A2,B2
Hôtel Sévigné	**75** B2

SHOPPING
(n° 90 à 102)
Abou d'Abi Bazar	**90** B1
Anatomica	**91** A1
Bains du Marais	**92** A1
Cappellini	**93** B1
Carabosse	**94** B1
CSAO	**95** B1
Dom	**96** A1
Christian Koban	
Izrael	**97** A2
Mariage Frères	**98** A1
Muji	**99** B1
Petit Pan	**100** A2
Rue des	**102** B1
Francs-Bourgeois	
Sentou	**101** A2

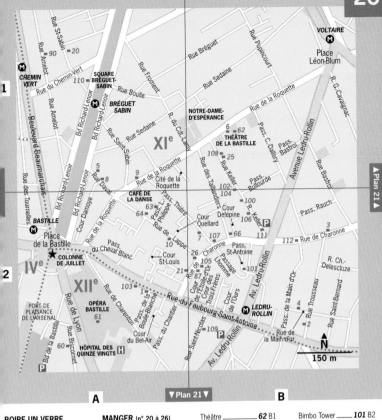

A   B

BOIRE UN VERRE
(n° 1 à 10)
Barrio Latino _____ **1** A2
Le Bottle Shop _____ **2** B2
Le Café de la Plage __ **3** B2
Le Fanfaron _____ **4** B2
Le Lèche-vin _____ **5** A1
Les Furieux _____ **6** B1
Le Trucmush _____ **7** B2
Le Wax _____ **8** A1
L'Objectif Lune _____ **9** A1
L'Or en bar _____ **10** A2

MANGER (n° 20 à 26)
Amici Miei _____ **20** A1
Chez Paul _____ **26** B2
La Plancha _____ **25** B1
Le Café du Passage __ **21** A2

SORTIR (n° 60 à 66)
Café de la Danse ___ **63** A2
La Scène Bastille ___ **66** B2
Le Balajo _____ **64** B1
L'OPA _____ **60** A2
Opéra Bastille _____ **61** A2

Théâtre _____ **62** B1
de la Bastille

DORMIR (n° 87 et 90)
Hôtel Bastille _____ **90** A1
de Launay
Hôtel Baudelaire ___ **87** B2
Bastille

SHOPPING
(n° 100 et 112)
Anne Willi _____ **100** B2

Bimbo Tower _____ **101** B2
Born Bad _____ **102** B1-B2
Carhartt _____ **103** A2
Gaëlle Barré _____ **104** B1-B2
Isabel Marant _____ **105** B2
La Boutik _____ **106** B2
Lazy Dog _____ **107** B2
L'Indien Boutique __ **108** B1
Louison _____ **109** B2
Rue de Charonne __ **112** B2
Rue Keller _____ **111** B2
Snow Beach _____ **110** A1
Warehouse

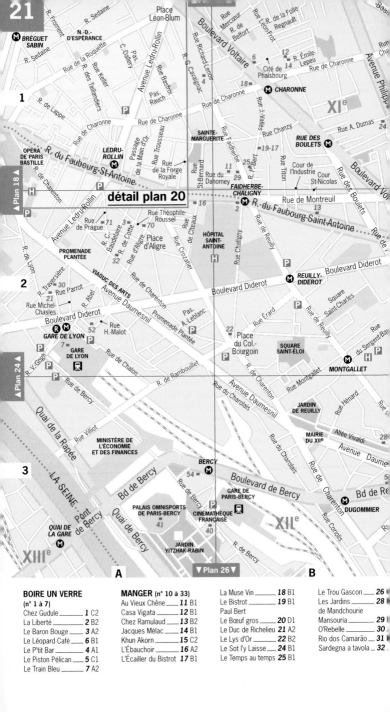

Place Léon-Blum

BRÉGUET SABIN · N.-D.-D'ESPÉRANCE

1

OPÉRA DE PARIS BASTILLE

LEDRU-ROLLIN

détail plan 20

CHARONNE

SAINTE-MARGUERITE

RUE DES BOULETS

FAIDHERBE-CHALIGNY

R.-du-Faubourg-St-Antoine

HÔPITAL SAINT-ANTOINE

2

PROMENADE PLANTÉE

Place d'Aligre

REUILLY-DIDEROT

GARE DE LYON

MONTGALLET

SQUARE SAINT-ÉLOI

Place du Col.-Bourgoin

JARDIN DE REUILLY

MINISTÈRE DE L'ÉCONOMIE ET DES FINANCES

MAIRIE DU XIIe

3

QUAI DE LA GARE

BERCY

PALAIS OMNISPORTS DE PARIS-BERCY

CINÉMATHÈQUE FRANÇAISE

GARE DE PARIS-BERCY

DUGOMMIER

JARDIN YITZHAK-RABIN

XIIIe

XIIe

A

▼Plan 26▼

B

BOIRE UN VERRE
(n° 1 à 7)

Chez Gudule	**1** C2
La Liberté	**2** B2
Le Baron Bouge	**3** A2
Le Léopard Café	**6** B1
Le P'tit Bar	**4** A1
Le Piston Pélican	**5** C1
Le Train Bleu	**7** A2

MANGER (n° 10 à 33)

Au Vieux Chêne	**11** B1
Casa Vigata	**12** B1
Chez Ramulaud	**13** B2
Jacques Mélac	**14** B1
Khun Akorn	**15** C2
L'Ébauchoir	**16** A2
L'Écailler du Bistrot	**17** B1

La Muse Vin	**18** B1
Le Bistrot Paul Bert	**19** B1
Le Bœuf gros	**20** D1
Le Duc de Richelieu	**21** A2
Le Lys d'Or	**22** B2
Le Sot l'y Laisse	**24** B1
Le Temps au temps	**25** B1

Le Trou Gascon	**26**
Les Jardins de Mandchourie	**28**
Mansouria	**29**
O'Rebelle	**30**
Rio dos Camarão	**31**
Sardegna a tavola	**32**

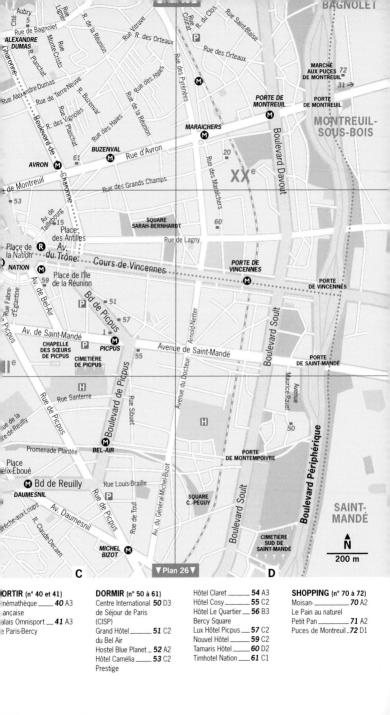

BAGNOLET

MONTREUIL-SOUS-BOIS

XXe

SAINT-MANDÉ

N
200 m

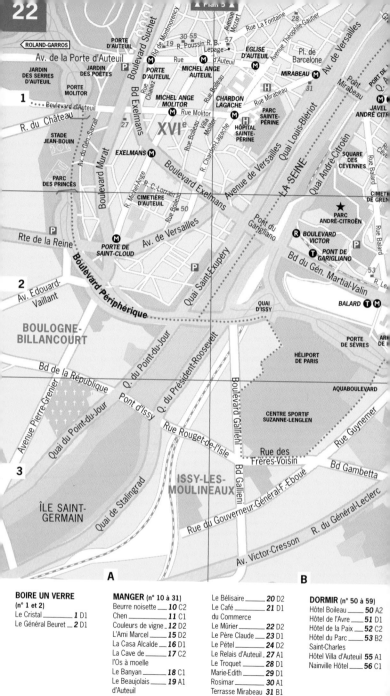

BOIRE UN VERRE
(n° 1 et 2)
Le Cristal _____ **1** D1
Le Général Beuret _ **2** D1

MANGER (n° 10 à 31)
Beurre noisette _ **10** C2
Chen _____ **11** C1
Couleurs de vigne _ **12** D2
L'Ami Marcel _ **15** D2
La Casa Alcalde _ **16** D1
La Cave de _____ **17** C2
l'Os à moelle
Le Banyan _____ **18** C1
Le Beaujolais _ **19** A1
d'Auteuil

Le Bélisaire _____ **20** D2
Le Café _____ **21** D1
du Commerce
Le Mûrier _____ **22** D2
Le Père Claude _ **23** D1
Le Pétel _____ **24** D2
Le Relais d'Auteuil _ **27** A1
Le Troquet _____ **28** D1
Marie-Edith _____ **29** D1
Rosimar _____ **30** A1
Terrasse Mirabeau _ **31** B1

DORMIR (n° 50 à 59)
Hôtel Boileau _ **50** A2
Hôtel de l'Avre _ **51** D1
Hôtel de la Paix _ **52** C2
Hôtel du Parc _ **53** B2
Saint-Charles
Hôtel Villa d'Auteuil **55** A1
Nainville Hôtel _ **56** C1

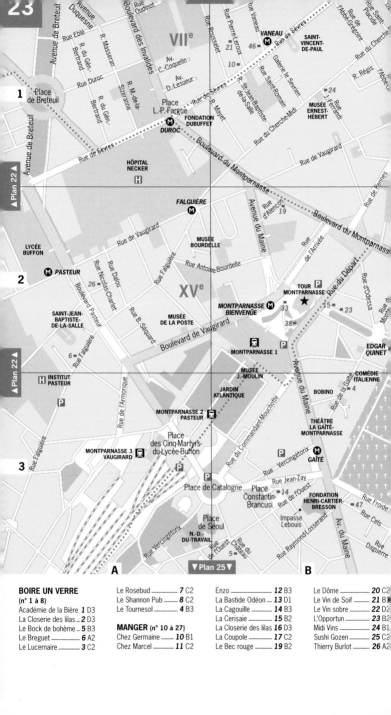

VIIe

XVe

BOIRE UN VERRE
(n° 1 à 8)
Académie de la Bière **1** D3
La Closerie des lilas **2** D3
Le Bock de bohème **5** B3
Le Breguet _____ **6** A2
Le Lucernaire _____ **3** C2

Le Rosebud _____ **7** C2
Le Shannon Pub _____ **8** C2
Le Tournesol _____ **4** B3

MANGER (n° 10 à 27)
Chez Germaine _____ **10** B1
Chez Marcel _____ **11** C2

Enzo _____ **12** B3
La Bastide Odéon _____ **13** D1
La Cagouille _____ **14** B3
La Cerisaie _____ **15** B2
La Closerie des lilas **16** D3
La Coupole _____ **17** C2
Le Bec rouge _____ **19** B2

Le Dôme _____ **20** C2
Le Vin de Soif _____ **21** B
Le Vin sobre _____ **22** D2
L'Opportun _____ **23** B2
Midi Vins _____ **24** B1
Sushi Gozen _____ **25** C2
Thierry Burlot _____ **26** A2

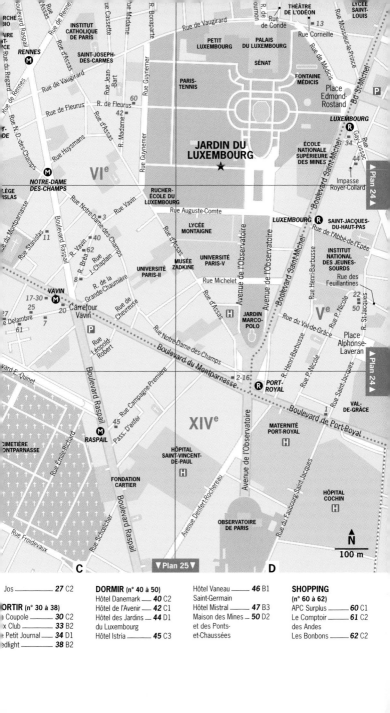

Jos ———— **27** C2

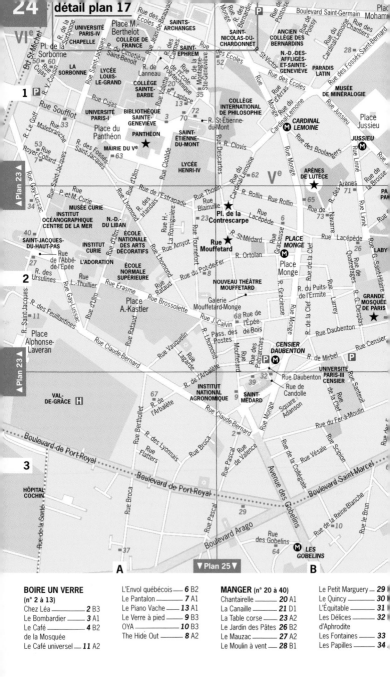

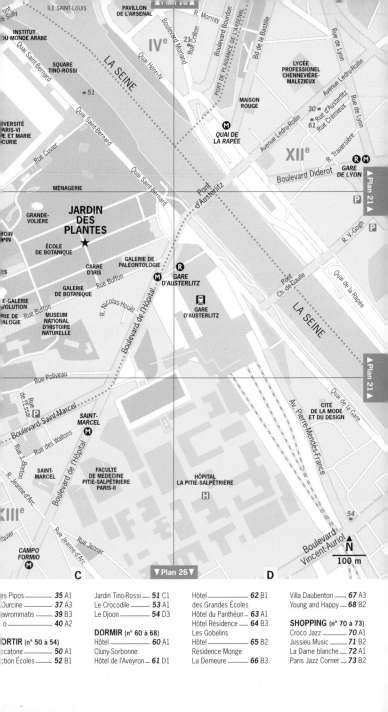

Map labels

PAVILLON DE L'ARSENAL

ÎLE SAINT-LOUIS

ont es Sully

INSTITUT DU MONDE ARABE

SQUARE TINO-ROSSI

R. Mornay

IVe

Boulevard Morland

Rue Crillon

Boulevard Bourdon

PORT DE PLAISANCE DE L'ARSENAL

Bd de la Bastille

Rue de Lyon

LA SEINE

Quai Saint-Bernard

Quai Henri-IV

LYCÉE PROFESSIONEL CHENNEVIÈRE-MALEZIEUX

Avenue Ledru-Rollin

Rue Ledru-Rollin

Quai Saint-Bernard

MAISON ROUGE

30

Rue d'Austerlitz

61

Rue Crémieux

Rue de Lyon

Rue Cuvier

VERSITÉ ARIS-VI E ET MARIE CURIE

QUAI DE LA RAPÉE

Avenue Ledru-Rollin

R. Traversière

XIIe

R R GARE DE LYON

Quai Saint-Bernard

Pont d'Austerlitz

Boulevard Diderot

P

MÉNAGERIE

GRANDE-VOLIÈRE

JARDIN DES PLANTES

RDIN PIN

ÉCOLE DE BOTANIQUE

CARRÉ D'IRIS

GALERIE DE PALÉONTOLOGIE

R

GARE D'AUSTERLITZ

R. V.-Gogh

P

ES

GALERIE DE BOTANIQUE

Rue Buffon

R. Nicolas-Houël

GARE D'AUSTERLITZ

Pont Ch.-de-Gaulle

Quai de la Rapée

E-GALERIE VOLUTION RIE DE ALOGIE

Rue Buffon

MUSÉUM NATIONAL D'HISTOIRE NATURELLE

Boulevard de l'Hôpital

LA SEINE

Rue Poliveau

Rue de l'Essai

Boulevard Saint-Marcel

P

SAINT-MARCEL

Quai de la Gare

Av. Pierre-Mendès-France

CITÉ DE LA MODE ET DU DESIGN

Rue des Wallons

Rue J.-Breton

R. Jeanne-d'Arc

SAINT-MARCEL

Boulevard de l'Hôpital

FACULTÉ DE MÉDECINE PITIÉ-SALPÊTRIÈRE PARIS-II

HÔPITAL LA PITIÉ-SALPÊTRIÈRE

H

XIIIe

quier

Rue Jenner

Rue Jeanne-d'Arc

54

CAMPO FORMIO

Boulevard Vincent-Auriol

N

100 m

C

▼ Plan 26 ▼

D

▲ Plan 16 ▲

▲ Plan 21 ▲

▲ Plan 21 ▲

Legend

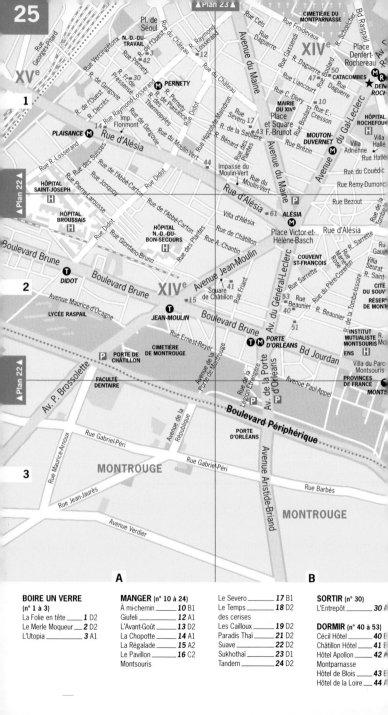

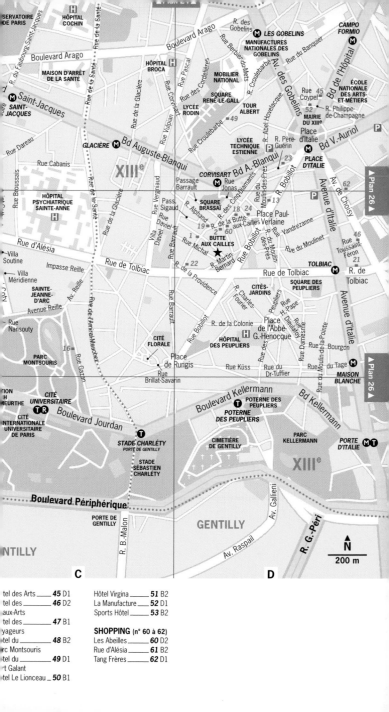

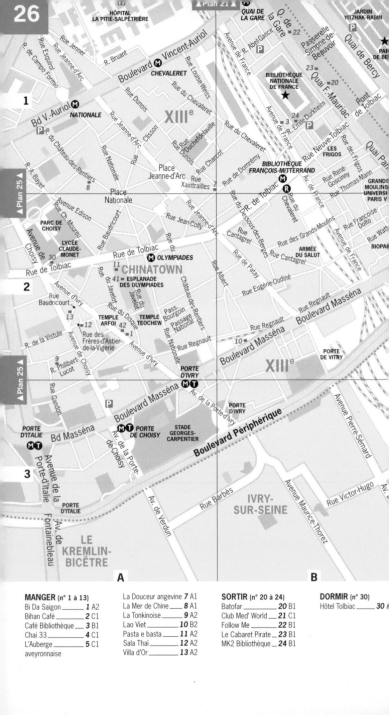

26

HÔPITAL
LA PITIÉ-SALPÊTRIÈRE

QUAI DE
LA GARE

Q. de la Gare — 22

JARDIN
YITZHAK-RABIN

PARC
DE BE

R. de Campo Formio · R. d'Esquirol · Rue Jeanne-d'Arc · Rue Jenner

Passerelle
Simones-de-
Beauvoir

Quai de Bercy

Rue Bruant

Avenue de France

R. Abel-Gance

Quai F.-Mauriac

Boulevard Vincent-Auriol

CHEVALERET

Rue Louise-Weiss

Rue du Chevaleret

BIBLIOTHÈQUE
NATIONALE
DE FRANCE

23 —

★

— 20

Pont
de Tolbiac

1

Bd V.-Auriol Ⓜ

NATIONALE

Rue Dunois

Rue Jeanne-d'Arc

Rue du Chevaleret

XIIIᵉ

Avenue de FR. Émile-Durkheim

— 3 · 24

Quai Pai

Ⓟ R. du Château-des-Rentiers

Rue Nationale

Rue du Chevaleret

Rue Dunois

Rue Charcot

Rue D'Ducheddeaville

Rue de Domrémy

Rue Neuve-Tolbiac

LES
FRIGOS

Rue René
Goscinny

Rue des Frigos

Quai Pai

R.-A.-Bayet

R. de Campo Formio

Place
Jeanne-d'Arc

Rue
Xaintrailles

BIBLIOTHÈQUE
FRANÇOIS-MITTERRAND

Rue de Tolbiac

Ⓡ

Rue du Chevaleret

Rue Thomas-Mann

GRANDS
MOULINS
UNIVERSI
PARIS V

Place
Nationale

Rue Jeanne-d'Arc

Rue Jean-Colly

Rue du R. de Tolbiac

Rue du Dessous-des-Berges

Rue de France

Rue Françoise-Dolto

Rue Wat

Avenue Edison

Rue Ch.-Moureu

PARC DE
CHOISY

Avenue de Choisy

LYCÉE
CLAUDE-
MONET

Rue Baudricourt

30

Rue de Tolbiac

Rue
Cantagrel

Rue des Grands-Moulins

ARMÉE
DU SALUT

Avenue de France

BIOPA

2

Avenue d'Ivry

11 · CHINATOWN

OLYMPIADES

Rue du Javelot

41 ESPLANADE
DES OLYMPIADES

Rue de Patay

Rue Cantagrel

Rue Eugène-Oudiné

Boulevard Masséna

PORTE
DE VITRY

Rue
Baudricourt

13

12

TEMPLE
ARFOI 42

TEMPLE
TEOCHEW

Passage
Bourgoin

Pass.
National

Rue de Patay

Rue Albert

Rue Regnault

Rue Regnault

Boulevard Masséna

10 —

R. de la Vistule

Rue des
Frères-d'Astier-
de-la-Vigerie

Avenue d'Ivry

Rue Nationale

Rue Regnault

9 · R. Philibert-
Lucot

Avenue de Choisy

PORTE
D'IVRY

Ⓜ Ⓣ

XIIIᵉ

Ⓟ

Boulevard Masséna

Av. de la Porte-d'Ivry

PORTE
D'IVRY

Avenue Pierre-Sénard

PORTE
D'ITALIE

Ⓜ Ⓣ

Bd Masséna

Ⓜ Ⓣ PORTE
DE CHOISY

Av. de la Porte-
de-Choisy

STADE
GEORGES-
CARPENTIER

Boulevard Périphérique

Avenue Pierre-Sénard

3

Avenue de la
Porte-d'Italie

Av. de
Fontainebleau

PORTE
D'ITALIE

Av. de Verdun

Rue Barbès

**IVRY-
SUR-SEINE**

Rue Victor-Hugo

Avenue Maurice-Thorez

Av.

**LE
KREMLIN-
BICÊTRE**

A   **B**

MANGER (n° 1 à 13)

Bi Da Saigon	**1** A2	
Bihan Café	**2** C1	
Café Bibliothèque	**3** B1	
Chai 33	**4** C1	
L'Auberge aveyronnaise	**5** C1	
La Douceur angevine	**7** A1	
La Mer de Chine	**8** A1	
La Tonkinoise	**9** A2	
Lao Viet	**10** B2	
Pasta e basta	**11** A2	
Sala Thaï	**12** A2	
Villa d'Or	**13** A2	

SORTIR (n° 20 à 24)

Batofar	**20** B1
Club Med' World	**21** C1
Follow Me	**22** B1
Le Cabaret Pirate	**23** B1
MK2 Bibliothèque	**24** B1

DORMIR (n° 30)

Hôtel Tolbiac	**30** A

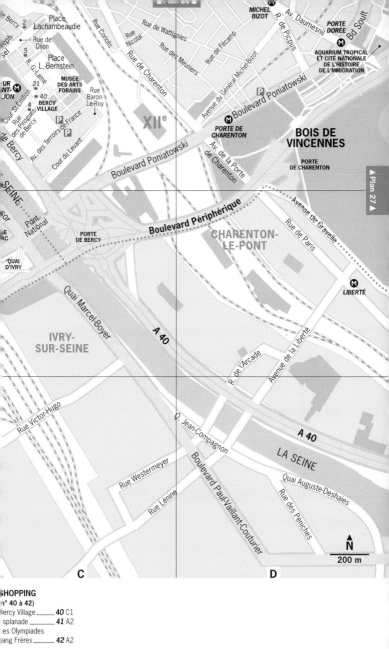

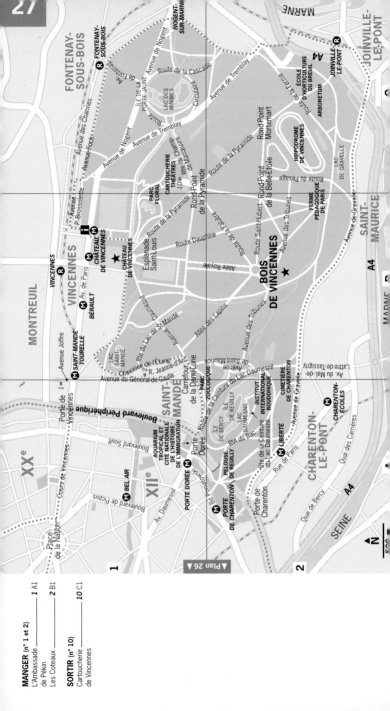

MANGER (n° 1 et 2)
L'Ambassade
de Pékin ——————— 1 A1
Les Coteaux ——————— 2 B1

SORTIR (n° 10)
Cartoucherie
de Vincennes ——————— 10 C1